欧洲法律史
从古希腊到《里斯本条约》

Geschichte des
Rechts in Europa

Von den Griechen bis zum
Vertrag von Lissabon

【德】乌维·维瑟尔（Uwe Wesel）著
刘国良 译

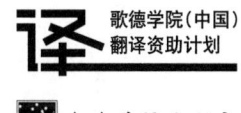

译者序

欧洲法律史学派的欧洲法治观

刘国良

20世纪60年代先后由赫尔穆特·科殷（Helmut Coing, 1912—2000）、弗朗茨·维亚克尔（Franz Wieacker, 1908—1994）、哈罗德·伯尔曼（Harold Berman, 1918—2007）三人创设了一种全新的理论学派，以研究欧洲整体文明，尤其是欧洲法律文明为己任，该学派后来被称为欧洲法律史学派。进入80年代后期，以德国学者乌维·维瑟尔（Uwe Welsel）、彼得·施泰因（Peter Stein）、曼利奥·拜络茂（Manlio Bellomo）和意大利学者保罗·克罗西（Paolo Grossi, 1933—）为代表，在先前的基础之上，将研究的重心细化至欧洲法治的问题上。在他们看来，"欧洲文明的主要标志或者欧洲文明的主要历史功绩必然是欧洲法律，这种法律有别于其他文明的法律，它有其独特的法律文化"[1]。这里的欧洲法不是一种地理性地域、国家间的法律，相反他们认为，在这个欧洲大陆之中存在一种相同的"法律传统"，且这种法律传统具有持续发展扩大的特性，能够跨越地域，不仅仅是指欧洲大陆，且能够超越欧洲走向世界。这种法律传统不仅能够在一个国家民族当中，同时也能够跨越国家民族，走跨文化的发展路径，并在这个发展过程中不断创造出可以遍布整个西方世界的价值理念，那就是欧洲法治理念、人权理念；其立法知识、立法技术以及法典编撰技术跨越欧洲，并向其他地方进行持续发展。

---

[1] Uwe Wesel, *Geschichte des Rechts in Europa*, Verlag C. H. Beck, 2010, S. 21.

一、欧洲法律史学派的历史研究法

在进入21世纪时候,德国学者乌维·维瑟尔(Uwe Wesel)在进行了十多年的资料收集整理之后,以全新的方法和视角重新解读了欧洲法律的整体历史变迁,并于2010年出版了《欧洲法律史》一书。在该书中,乌维·维瑟尔先后运用了三种全新的研究方法,即"不朽的历史解读法"(die unstrebliche Historieninterpretation)、"好古的历史解读法"(die Historieninterpretation aus Verherlichengeschichte)和"批判的历史解读法"(kritische Historieninterpretation)[①],对古希腊、古罗马等欧洲法治的起源、发展和成熟进行了解读。尤其在解读古希腊城邦法治、古罗马城邦法治、中古时期的西欧核心国家法治、欧洲大陆的近现代国家法治和欧洲法治时,分别运用了这三种研究方法,为研究法律文明的起源和发展问题提供了一种全新的研究范式。

(一)不朽的历史解读法

乌维·维瑟尔在解读欧洲法治的历史传承、发展与融合的原因与动力的问题时运用了不朽的历史解读法,即对欧洲法治的目的理性,坚持立德(die aufstehende Güte)、立功(das aufstehende Ausbilden)和立言(das aufstehende Sagen)三个方向上的解读。[②] 在解读欧洲法治传统的生成源自于古希腊、古罗马时,主要从原因和技艺层面解读,是什么原因,以及如何为欧洲的司法程序和刑事、民事立法树立高尚的道德。

首先,对于从中古世纪到近现代之前的黑暗时期,主要解读是什么原因推动了日耳曼部族国家传承希腊、罗马法治文化传统。

其次,解读在这一段时期之内日耳曼部族如何将西欧各部族习俗习惯法与古希腊、罗马法治文明传统相融合,以至于推动了古希腊、古罗马城邦部族法治文明的复兴。

第三,解读自欧洲文艺复兴起,古希腊、古罗马的城邦部族法治传统与西欧部族习俗习惯法的一次融合之后,是什么原因推动新兴的科学与传统的西欧

---

① Uwe Wesel, *Geschichte des Rechts in Europa*, Verlag C. H. Beck Muenchen 2010, S.81 108 201.

② Uwe Wesel, *Geschichte des Rechts in Europa*, Verlag C. H. Beck Muenchen 2010, S.98.

核心国家法治走向二次融合，并诞生了科学意义上的欧洲法治科学。

第四，解读自现代社会以来所产生的欧洲法治的立功之效，即欧洲法治如何为国为民建立欧洲法律秩序。

第五，在欧洲法治文明变迁的历史轨迹中，对其司法裁决的成文化（Schriftlichkeit des Rechts）、典籍化（in schriftlicher Form）与文明化的历史生成提出具有真知灼见的言论，并指出司法文明的内涵，即成文化、典籍化与以文明理，此三者虽久不费，流芳百世[①]。

(二) 好古的历史解读法

好古的历史解读法重在解读当下社会事实与事件的历史渊源，从历史上找寻经验，以期彰显其文化的特征与秉性。

首先，发掘出古希腊民主法治的组织原理、立法建构的合法性理论与法律智慧。

其次，解读古罗马帝国时期的法律至上与法律权威主义、司法实践中的理性主义与客观主义精神。

第三，解读在中世纪时期，司法者对古希腊、古罗马法律的民主科学精神的客观性传承，为希腊罗马法律文化的重生提供了思想和实践基础。在古典、平等、人权等自然法理念的推动下，诞生了第一部制定性宪章，进而融入民主生活，产生了宪政民主。随后，欧洲行政法治与欧洲刑法走上了文明化道路；终于在20世纪末废除专政，全面实现民主、法治、宪法救济，尊重人权，诞生了欧洲现代法治[②]。

(三) 批判的历史解读法

批判的历史解读法重在从历史角度出发，对传统的解释做出批判和提出挑战。这种解读之法重在强调，任何一名学者的观点和学说都有其局限性，体现在历史局限性的层面上。因此，任何学者的观点学说都要接受历史的挑战和批判。尽管他们所提出的思想在当时或者后世产生了深刻的影响，但他们自身并未形成一种能够对整体历史变迁过程中的各种元素进行充分而连贯一致的解释

---

① 见本书第六章，"核心欧洲的法律和法律的制定"。
② 见本书第二章、第六章、第八章。

的模式。① 任何解释都必须坚持一种历史使命，即尽最大可能地对整体历史变迁过程中的各种元素进行系统性、连贯性的解释，这是一种历史性的智识型解释模式。

应该说，这一主张不仅仅是对法律文化概念的一种描述，同时也是对历史经验的一种确信，这种确信既体现在对欧洲的历史性法律传统的瞻仰，更体现出欧洲人的信念、精神和责任。今天的欧洲人应该将这些欧洲历史上积攒的法律传统的精神理念予以倡导，并且寻求以一系列常规性、和平性、人文交往性的方式，在全球范围内予以施行。尽管这种对历史的确信，自从中世纪在西欧产生以来经历了种种磨难，这些磨难既有来自传统史学者的责难，又有来自那些期望透过武力方式改造世界的殖民学者的讽刺，还有来自于现实批判主义法学学者的批判；然而这并没有阻止这种确信的发展。由于这些学者的责难、讽刺和批判的缘故，欧洲法律史的研究者们不得不将其研究转向，不能再像以往那样仅仅关注欧洲内部，而是跳出欧洲站在一种欧洲化或全球化的视角去探知。尽管欧洲历史同样存在着农奴、暴力、剥削和压迫这一事实，但是绝对不能否定在它的历史当中还存在着另外一种非常重要的事实，那就是自由、平等和友爱。这两种史实在欧洲的历史长河中不断斗争和博弈，在这个过程中自由、平等和友爱的史实开始占据了主流，并成为欧洲的主体价值观。

二、欧洲法律史学派的欧洲法治观

在乌维·维瑟尔看来，欧洲（Europa）从其产生的那天起就已经是一个命运共同体，即欧罗巴命运共同体。在这个命运共同体中存在着一种共同的精神——欧罗巴精神，存在着一种理念——法治理念，存在着一种政治生活方式——民主性政治生活，而这些组成一个共同的传统，即法律传统。正是在这个意义上讲，欧洲人不管过去、现在还是将来，都在遵循着这一种精神、理念和政治生活方式去生存，去发展。因此，欧洲先民们尤其是古希腊的先民们为后续的欧洲人开创了一条发展道路，即将民主确定为命运共同体的发展道路；其次，将法治确定为欧罗巴命运共同体的核心理念。后来的欧洲人严格地遵循

---

① 见本书第二章，"自然法与法律哲学"。

这一核心理念,并将其内涵不断地扩充和发展。尽管,在这个扩充和发展过程中充满了诸多的分裂,但同时伴生更多的融合,并最终在今天再一次走向一体化。欧罗巴命运共同体发展成为今天的欧洲命运共同体,并能够最终走向一体化,其背后的文化推动力就是欧洲法治。正是由于欧洲法治不断地发挥作用,才使得希腊、罗马、欧罗巴这一部族性的命运共同体走向欧洲的一体化。显然,今天的欧洲法治作用不仅仅体现在它的具体内容上,而更多的体现在,它能够成为或者已经成为世界法治的模板,是世界所有国家法治发展道路的一种范式。

(一) 欧罗巴命运共同体

任何一个民族、任何一种社会在任何时候都面临着以下几个命题:首先,在一个命运共同体的社会之中是否能够存在一种主流的社会理念?其次,这种社会理念是否能够引领整个命运共同体的生存和发展?第三,这个命运共同体能否将这种社会理念的义理融入整个命运共同体的治理之中?欧洲先民们在面临这几个命题的时候,首先发明了民主这一政治性生活路径,因为民主在他们看来是指引欧洲命运共同体之中的每一个人追求个体幸福的唯一路径。[①] 为了保障每一个人能够去追求幸福,同时更是为了保证他们这个命运共同体的成员能够在安全有序而成为一体的前提下追求各自的幸福,欧洲先民们认识到必须要有法治作保障,只有法治才能保证命运共同体的整体有序、安全,才能保证其融为一体,不被征服。如此他们开创性地提出,必须将法治作为整个命运共同体的主流理念。他们进一步认识到,要想发挥法治这一主流理念的作用,就必须将法治置于命运共同体的至高无上的地位,这种地位一定要超越那些个体理念的地位,诸如上帝的地位——上帝只是每一个个体的心理依赖、个体的信念,上帝只能保证个体的心安而不能保证整体的安全。在将法治命运共同体理念落实到整体共同体内部治理的问题上,同样,欧洲先民们认识到必须走"法治化"的道路,因为只有这样才能保证法治的理念落实到命运共同体内部生活的每一个角落。[②] 也正是在这个意义上说,欧洲的历史就是一个法律的历史,

---

① Helmut Coing,*Handbuch der Quellen und Literatur der neueren europäischen Privatrechtsgeschichte*, 3 Bände, der zweite in 2, der dritte in 5 Teilbänden, Verlag C. H. Beck 1973/88, S. 88.

② Helmut Coing, *Europäisches Privatrecht* 1500 *bis* 1800, Verlag C. H. Beck 2 Bände, 1985/89, S. 77.

欧洲法律的历史就是一个法治的变迁史，欧洲法治的变迁史就是一个法治化不断变迁精细化的历史。在这个欧洲法治变迁史当中，存在着"古典欧罗巴城邦法治变迁史""中古时期西欧部族融合性封建城堡与市民城市群法治变迁史"与"欧洲大陆近现代国家法治变迁史。"①

在乌维·维瑟尔的《欧洲法律史》一书中首先引入一个欧罗巴神话，其目的是一种告知，即整个欧洲社会从一开始原本就是一体的，有着一个共同的命运传说，有着一种共同的精神理念，有着一种共同的法律文化（Rechtskultur）。② 在这个共同传说的感召下，古希腊、古罗马先民们创造了共同的精神理念即上文所言的法治理念，而后经由中古世纪西欧先民的继承，将法治理念不断地精细化，将各个部族习俗习惯融合其中而创制出全新的法治文明，这种法治文明为欧洲近现代法治文化奠定了坚实的基础。

（二）古希腊城邦民主法治理念

公元前650年左右，古希腊城邦产生了以货币为交换媒介的商品经济，随着这种商品经济的发展，古希腊城邦内部也产生了一种阶级对立关系，即贵族与民众之间的社会敌对关系。进入公元前620年，古希腊城邦内部的社会敌对关系最终演变成为一种战争状态，即货币战争。为了平息这场战争，古希腊民众共同推选德拉古充当独立裁决官（Diallektetes）③，负责调停贵族与民众之间的敌对关系，随后由德拉古提出了贵族、民众从事政治活动的规则——即争议双方不得采取偏激敌对行为，如果出现一方以偏激敌对行为对待另一方者，应处以酷刑。这项政治活动警戒性规则，应该以明确的条文公示于政治活动的各方，由此确立政治活动规则，史称德拉古立法。确切地说德拉古立法，是为所有参与政治活动的人确立了一项活动规则，这项规则虽然对缓解贵族与民众之间的敌对关系起到了积极的作用，但是并没有从根本上化解当时的矛盾。④ 后来由梭伦继续接手这项工作，梭伦被贵族和民众共同任命为仲裁法官，由其负

---

① Hans Hattenhauer, *Europäische Rechtsgeschichte*, C. F. Müller 1992, 4. Aufl. 2004, S. 32.

② 见本书第一章。

③ Uwe Wesel, *Geschichte des Rechts in Europa*, Verlag C. H. Beck Muenchen 2010, S. 18.

④ Mathias Schmoeckel, *Auf der Suche nach der verlorenen Ordnung: 2000 Jahre Recht in Europa-Ein Überblick*, Böhlau köln, 2005, S. 43.

责调停双方的矛盾。梭伦在德拉古政治规则的基础上明确规定：政治活动的任何一方在从事政治活动过程中地位是平等的，贵族在此过程中不享有有别于民众的特权。这项政治规则的提出得到了广大民众的积极响应，民众威胁贵族们如果不接受这项政治规则，他们将退出所有的政治活动。在梭伦游说之下，贵族们最终接受了这项政治活动规则。最终，在这项政治规则的作用下，贵族与民众由于货币战争而引发的敌对关系被彻底化解。从此古希腊人将政治活动过程中所有人地位平等的政治规则一直延续下去。直到150年后古希腊遭受到波斯人的入侵，古希腊贵族与民众不得不成为一种命运的共同体，他们必须团结起来共同抵御外敌。此时的古希腊雅典城邦，不仅仅是一种军事防御的城堡，更是一种文化精神的象征，即象征着在这个城堡中生活的每一个人都是平等的，每一个人都应该参与城邦的管理，共同保卫这个共同体的安全和法律秩序（Lexnomos）。[①] 从此，即人人平等、共同参与、共同管理、共同分担共同体的责任成为古希腊城邦法的核心内涵。这个城邦法的使命就是确保城邦整个命运共同体的安全，确保城邦命运共同体内部的秩序，确保每一个成员共同为城邦命运做主的资格。也正是在这个意义上，古希腊城邦法的产生必然是以应对当时的社会矛盾为己任的。

从此，古希腊城邦中每一个人的生活不再是以往的自然性生活，而是一种政治性公共生活（Vita active）[②]，每一个人都成为一种政治性的动物，他们共同在城邦公共区域内从事政治性交往，每一个人的活动都是试图为这个共同体增加一些共识，增强城邦命运共同体的凝聚性，并在此基础之上，能够为每一个政治活动参与者获取一种个体幸福。故此，个体幸福的获取途径仅仅体现在城邦的政治交往活动当中。每一个人，不管是贵族还是民众都在为城邦寻觅政治性活动规则，以此建立其安身立命的政治环境。每一个希腊人都认识到，只有透过公共化的政治活动，才能谋求最大的幸福和安全。从此，希腊人走上了公共性政治生活的民主化道路，并时时刻刻为这种民主化的道路寻求保障措施，

---

① Hans Hattenhauer, *Europäische Rechtsgeschichte*, C. F. Müller 1992, 4. Aufl. 2004, S. 33.

② A. Padoa-Schioppa, *Storia del diritto in Europa*, *Dal medioevo all' età contemporanea*, Il Mulino 2007. S. 32.

期望使这种民主化道路得以持久、安全。终于希腊人发现了能够保障民主化道路持久、安全的措施，那就是法治化（rechtsstaatliche）的制度措施，是唯一能够实现这一目标的手段。这种法治化①的制度措施存在的首要任务是保证参与政治活动的任何一方享有特权，绝对不允许贵族重新站在高位，要永远保证贵族、民众的政治活动民主化；其次，保障希腊城邦居民的人格权，不得以人格尊严作抵押；最后，最大限度地保障希腊城邦居民的诉权等方面的国民权利，任何违法的行为都要受到制裁，所有的权力都应确保以正确的方式来行使，不越权，以实现保障国民尊严的目标。这种法治化的制度措施在经历了彻底的贵族和贫民的阶级斗争之后，最终结出了阶级斗争的果实，即古希腊雅典时期的民主式宪章。这个民主式的城邦宪章确立了国民大会授权取得政治权力的原则；确立了城邦最高法院纯粹的中立性仲裁法庭的工作性质；确立了民主性政治活动的政治性职权位置和分配程序；确立了选票程序和轮换执政原则；确立了古希腊民主城邦形式的基本原理——自由、自愿原理；确立了城邦法庭运行机制——由独立仲裁法官主持下的古希腊城邦居民共同参与的民主司法；确立了城邦民主司法审判的依据——即坚持客观主义精神；明确规定了城邦居民的个体行为准则——任何人不能制造威胁城邦共同体团结的流言蜚语，如果有人这样做，将由城邦任何居民对其行为进行控告，城邦法庭将对其实行民主式司法审判以确定其行为是否构成城邦之罪，并根据其行为对城邦的危害性同样由民主式司法审批确定应该对其处以何种程度的惩罚；最后为了维系城邦居民内部的和谐与稳定，分别确立了物的私人所有权制度、婚姻家庭继承制度以及城邦居民的契约交换制度。②

总之，古希腊城邦的历史就是城邦民主性生活的法治化思想的理性精神聚合。这种理性精神能带给今天人们的反思是，这种城邦式的民主生活是每一个个体理性追求幸福的唯一途径；法治化的制度性保障措施追求的是其措施的有效性与具体制度、原理、原则的实践性，而其实践必须完全建立在法治化的目

---

① A. Padoa-Schioppa, *Storia del diritto in Europa, Dal medioevo all'età contemporanea*, Il Mulino 2007. S. 89.

② 见本书第二章"雅典的诉讼法"。

标之下；法治化的民主性政治活动是建立在剥夺贵族特权基础之上的，即人人平等地尊重法律规则，人人平等地接受法律规则的约束；这些平等更多的是从义务层面强调，不管是贵族还是平民都必须为城邦履行法律义务，因为只有这样，才能将城邦的所有人团结起来，凝聚起来，绝对不容许任何人从事离间城邦的活动，即使是纯粹的思想性言论也不容许。城邦的价值体现在思想与行动的高度统一，体现在城邦市民民主性政治活动的完全法治化，也正是在这种意义上古希腊城邦人民宁愿牺牲伟大的哲学家苏格拉底[1]，也要维护城邦思想与行动的统一性。[2]

（三）罗马法治化精神

尽管古罗马城邦在创建之初有别于古希腊城邦，处于集权统治之下；但是，在贵族、平民与皇权不懈地革命斗争之下，最终古罗马城邦同样步入了民主性政治活动轨道。在步入民主性政治活动轨道之初，古罗马城邦民主还仅仅是贵族之间的民主，而将平民排除在民主性生活之外[3]，形成一种贵族间的民主性专制——由贵族阶层民主性地对平民阶层实行专制。这种贵族间的民主性专治的措施在平民的撤离运动面前不断地被肢解，最终诞生了一种全新的古罗马城邦民主性政治生活范式[4]——即罗马宪政体制。这种政治体制的建立既体现了古希腊城邦民主性政治生活的一种文化传承，同时又是一种政治体的融合，即融合了古代雅典城邦民主、斯巴达克贵族势力与君主执政三种元素。正是这种方式的融合为西方文化奠定了基础，为后续的国家政体建立了一种范式。这种全新的罗马共和政体是由代表整体贵族意志的元老院、罗马公民大会与执政官三级组成的。元老院主持法庭，执政官负责执行法律，公民大会负责立法。从根本意义上说，古罗马的民主有别于古希腊的民主。前者是贵族阶层的民主；而古罗马贵族间民主性政治活动的保障措施却是传承了古希腊城邦的法治化制度保障措施，并在此基础上进一步对法治化活动进行社会分工，使其在建构上

---

[1] 见本书第二章"古典时期的希腊"，针对苏格拉底审判的程序。

[2] Wolfgang Reinhard, *Geschichte der Staatsgewalt: Eine vergleichende Verfassungsgeschichte Europas von den Anfängen bis zur Gegenwart*, Verlag C. H. Beck Muechen, 1999, 3. Aufl. 2003, S. 58.

[3] 见本书第三章。

[4] Mayer-Maly, Divisio obligationum, in The Irish Jurist 2, 1967, S. 375.

更加精细化、明确化。其目的就是期望将具体制度、原理、原则的实践性活动赋予一种精神，即后来所称的罗马法治化精神（die Geist von Rechtsstaatliche）。[1] 罗马法治化精神就像一盏明灯，为后来的中世纪西欧法治发展指明了方向。[2] 具体讲，罗马法治化精神既包括法律法规成文性制定精神[3]，这种成文性制定精神便于罗马城邦的法律法规在罗马城邦司法实践中的操作，同时又可以将那些成于司法实践中所得的经验记录留存于后世，从而使罗马城邦的立法与司法实践能够相互融合于一体，故此，罗马制定法与罗马司法融合于成文性制定精神，在这种精神之中体现出罗马法的品质，即其强大的融合性。[4] 同时，罗马法治化精神又包括法律权威主义精神，这种法律权威主义精神自从罗马建成以来就已经存在了，并且罗马人更注重维护他们的法律权威。因为罗马人认为法律的本质就在于它的社会有用性与司法活动的实践性，法律的智识就在于它与政治、社会伦理有着天然的联系，但它又不能停留在政治、社会伦理层面，它应该具有超越性，是一种超个人功利主义的，不允许任何人超越它，包括神化的耶稣也不例外，它注重法律的实践理性。正是从这时起，在罗马法治化精神的影响和鼓舞下产生了罗马法学，它的任务就是从学术层面上探讨如何在立法和司法上具体实现罗马法的成文制定性精神和法律权威主义精神，此时的法律思想者完全不同于古希腊哲学思想家的玄想，而是注重于法律实践经验主义精神。[5]

（四）中古时期西欧法律一体化

中古时期（the Middle Ages, Medieval）具体指公元500年到1500年的这一时间跨度，该术语是由16世纪文艺复兴和宗教改革时期的文人、学者们提出的。其首要目的是想借助于该术语本身所具有的时间传承和延续的特性来告诉当时的人们，欧洲大陆从公元500年到1500年间的这段时期不是文化的枯竭期，它是古典时期欧罗巴、古希腊、罗马城邦法治文明的传承和延续。其次是

---

[1] 见本书第三章，"罗马法的历史意义"。
[2] M. Fuhrmann, *Das systematische Lehrbuch*, 1960, S. 104.
[3] 见本书第三章，"罗马的历史与经济"，"罗马城邦的神话"。
[4] W. Kunkel, M. Schermaier, *Römische Rechtsgeschichte*, UTB, 14. Aufl. 2005. S. 98.
[5] 见本书第三章，"罗马法的历史意义"。

从对待古典欧罗巴、希腊、罗马文明的态度的角度看,想提醒和告诫当时的人们,不要急于对希腊、罗马文明予以否定或者肯定,此时应该静下心来对古典欧罗巴、希腊、罗马城邦法治文明进行赏鉴,只有通过对过去的文明进行细致的赏鉴和品评,当下的欧洲人才能真正地认识古典欧罗巴、希腊、罗马伟大的法治化历史成就。对过去的法律文化予以赏鉴和品评的过程是追求理性认识的一个必经阶段。文艺复兴之初的文人、学者们普遍认为,从罗马城陷落之后到哥伦布对美洲大陆的新发现这一千年的时间段,介于古代和现代两端黄金时期的中间。① 其内涵更多的是指社会充满着混乱,以及人们普遍还处于无知、迷信和野蛮阶段。中古时期恰好是古典欧罗巴、希腊、罗马城邦法治秩序的终结点,同时也是现代、理性和智慧的法治文明的开启点,并为现代法治社会的发展培育了一个完整的法治文化期。

1. 中古时期西欧法律典籍化与一体化

古典欧罗巴、希腊与罗马部族城邦法治文明与现代法治社会文明最大的不同在于,古典的部族城邦法治文明是建立在部族城邦性社会基础之上的;而现代法治社会文明是建立在法治化的社会基础之上。现代法治社会文明得以生成的根本就在于中古时期西欧各个部族能够逐步走向融合,组建西欧部族共同体。封建贵族城堡与市民城市群走向融合,透过这两个层面的融合,各个部族的习俗习惯法融合为一体性的成文典籍化的统一法律。这其中的动力和推手就是古典希腊和罗马城邦法治化与各个习俗习惯法相融合,这种融合使得原本没有任何联系的各个部族成为一种新的、大的命运共同体。这种命运共同体在疆域不断扩张的过程中,将古希腊和古罗马的法治经验不断融入各个政治团体的政治活动和司法活动当中;同时又将古罗马的法律实践经验做精细化的渗透,以期发挥更多的实践性效用。因此,中古时期的法治演变成为一种新的使命,即努力使西欧各个部族融合成一种新的不断扩张的命运共同体,使古典希腊、罗马部族城邦法治的特性发生一种转变——成为"多元性、跨越性、融合性与历史性"的法治,而不仅仅局限于某个或某几个部族城邦法治;并使这种全新的法

---

① J. Dhondt, *Das frühe Mittelalter*, *Fischer Weltgeschichte*, Fischer Taschenbuch Verlag, Band 10, 1968. S. 89.

治能够在各部族法治文化的交往过程中相互认同、相互融合而生成所有部族共同、共通的法治文化。随着军事扩张和地理新发现,西欧各部族共同文化也同样做地理性的文化征服与扩张活动,最终西欧各部族共同文化将其他部族文化予以同化。随后在各个部族共同体当中存在的跨部族性的共通文化之间也同样发生了互动交往过程,进而产生二次文化认同与融合,生成所有部族共同体共同文化。[1] 基于此点,欧罗巴、希腊、罗马法治文化不存在灭亡,只是在罗马城陷落之后,希腊、罗马的城邦文化发生新的解构,进而在中古世纪时期与新的部族文化相结合而完成新的建构,其结果就是现代欧洲法治文化。因此在这个解构和建构的过程中,中古时期是现代欧洲社会建构的酝酿期,是现代欧洲社会的苗圃。随着这种法治的不断融合,其内容也在不断扩张,即在传统的"正义至上、民主司法、法律权威、罗马帝国法治"四个元素的基础上,将世俗法与教会法予以融合,最终确立法律至上权威。同时,教会法和世俗部族习惯法在实用性与象征性的两个层面上相互借鉴,相互认同,并最终走向融合一体化,将法律的实用性与象征性确定为法律的价值。[2]

2. 中古时期法学技术革命推动欧洲法治的发展

中古世纪西欧日耳曼人为了宣扬教会法和世俗法的法律精神,维护政权和神权的稳定,开始在该区域开展法律人士的培养,提高法律职业人士的素养,即法律人的智识化。[3] 事实上,在整个中古时期,教士和法律人士作为整个社会的文化人,肩负着社会的治理职责,教化那些蛮族居民,使其从野蛮走向文明,此时的知识化很重要的就是能够普遍掌握法律知识;通过教化使法律实践从粗鄙残酷走向程序化、精细化和宽缓化。此时这些人成为法律实施的主要执行者。首先,这些法律执行人对古罗马法的经典判决文书以及经典学术理论进行反复抄写,并在抄写过程中不断地对其内容进行订正;其次,将这些经典判决和学术理论的精髓运用到他们所从事的司法实践活动中,以使古罗马积淀下

---

[1] H. Jakobs, *Kirchenreform und Hochmittelalter*, 1046 – 1215, Oldenbourg Wissenschaftsverlag, 4. Aufl. 1999. S. 30.

[2] M. Borgolte, *Europa entdeckt seine Vielfalt*, 1050 – 1250, UTB, 2002, S. 98.

[3] U. Dirlmeier, G. Fouquet, B. Fuhrmann, *Europa im Spätmittelalter*, 1215 – 1378, Oldenbourg Wissenschaftsverlag, 2003. S. 70.

来的经验智慧在当时的法律实践当中得以重生；最后，将罗马法的整体法治精神直接承接下来，并运用到实践中，保障其发挥更大的实用主义价值。如此，迦洛林所发起的文艺复兴不仅将几乎失落的古典希腊、罗马法治文化予以重拾，而且将其注入工具实用主义精神，最终使传统欧罗巴及其相关区域告别蒙昧蛮荒，走上独立的欧洲法治文明的发展道路。

查理曼大帝被加冕为罗马人的皇帝之后，其统治的触角不仅仅包括传统的欧罗巴区域，更包含当时的西欧，此时西欧一统于整个欧罗巴所有区域。从此欧罗巴的传统地理理念发生了根本性的变化，原本僵硬化、界限化的地理观念转变成了一种动态化、扩张化、跨越性的多元一统性的地理观念，即欧洲性的地理观念；并且形成了核心欧洲区域，即欧罗巴的区域转移到濒临大西洋的西北欧地区，并由此诞生了欧洲法治文明。因此从这个角度讲，中古世纪是欧罗巴、希腊、罗马地理观念向欧洲性区域一统性地理观念转变的转承期。透过格列高利教皇和查理曼大帝的文化传承，欧洲法治文明才得以在西方基督教和希腊、罗马拉丁法律遗产的基础之上形成一种统一的法律文化情感[①]；这种情感随着法律、经济、文化、政治、宗教条件的不断成熟，而推动欧洲文明快速发展。这种欧洲统一的文化情感的诞生时期恰好是中古时期，欧洲社会现代化的推动者恰好就是这种欧洲统一的文化情感。

同样，随着法学技术革新运动不断发展，那些原本粗犷的部族习俗习惯法与希腊的民主司法的程序正义主义，与罗马的实证实践法典主义相结合，并将基督教教义阐释技术融入，而产生了法律工具的创制，即法律解释学。[②] 这种法律解释学的工具不亚于农业中重犁的创制所产生的作用，法律解释学从此开垦了西欧、北欧及其传统的欧罗巴区域内的法律荒田，并为此产生了类似于农业三田制的三段式法律人的思维方略。西欧这次重犁三田制、马匹和铁的使用所带来的第一次农业革命也推动了以法律工具主义、程序主义、实用主义和法律解释学为核心内容的第一次法学革命的产生。这次革命使得西欧人、北欧人

[①] E. Meuthen, *Das 15. Jahrhundert*, Oldenbourg Wissenschaftsverlag, 3. Aufl. 1996. S. 66.

[②] C. M. Cipolla, K. Borchardt (Hg.), *Europäische Wirtschaftsgeschichte*, Gustav Fischer 1. Bd., Mittelalter, 1978. S. 19.

和欧罗巴人的法律知识产生了大量积累，这也为后续的由传统、野蛮、蒙昧的蛮族人走向新的理性、智慧及公正的法律人提供了精神性和知识性基础，也为希腊罗马法律技术向现代系统性、科学性的法律科学转变提供了基础。

（五）中古时期西欧封建民族国家法治

欧洲封建民族法治在其本质上是一种分散型的政治权力制度，它从一开始就对西欧部族的王权至上、王权独裁做出了屏障，使得王权不能集中，王权不能无限制，王权与贵族城堡治权处于平衡状态。因此，欧洲封建民族法治的核心体现在分权模式下的王权与贵族城堡治权的一种平衡化。在这种平衡化的作用下，整个西欧政治权力不是集中于部族国王手中，而是分散到各个地方贵族势力手中。由此可知，西欧封建民族国家法治首先为自己确定了一种内涵，即限制王权。由于这些地方贵族势力不但拥有土地及附属的人民，同时更拥有属于自己的军队，由此国王的统治权也就被各个地方贵族势力的统治权所限制，但是国王的统治权仅仅限定在属于国王自己的王宫之内，在王宫城墙之外国王没有统治权。各个地方贵族势力在其属地内行使统治权，且在其辖区内推行自己的原初性法律。此时的国王与王侯公爵们的权属关系仅仅停留在册封权和号召权这些层面上。

另外，西欧封建民族国家法治确立了一种关系，即封建采邑制义务本位关系。在后来的采邑理论诞生之后，西欧的君王、王公和地方领主之间出现了封建等级关系，各地方领主经由国王册封成为封臣，享有采邑，并要对国王承担一定义务，也即产生义务本位性的封建民族法治秩序。尽管，对那些没有完全履行义务的地方领主，诸如兵役义务，国王有权对该领主所有的采邑予以没收；但这种采邑没收权并不是绝对权力，其行使往往受到势力的限制。如果国王的经济军事实力不及于地方领主的实力，那么往往该权力就被弱化或者虚置。事实上，各地方领主的臣服只是名义上的，所需要履行的义务也同样是名义上的。故此，西欧封建民族国家法治秩序建构之初，仅仅保留了分权式的模式，甚至从一开始就已经阻止了权力集中趋势的发展。

西欧封建民族国家法治秩序的建立，为后续的欧洲国家法治制度的建构提供了一种进步力量，使得西欧王权统治一直保持着割据的现实、名义上差序的现实以及一种分权政治的事实。也正是在这三种原始事实的推动下，传统的欧罗巴区域和西欧区域开始走向新的认同与融合,并以西欧分权型政治为范式做"西欧洲化"的扩张与整合;最终发展形成一统化的欧洲。也正是从这个层面上说,整个欧罗巴传统区域、西欧、北欧以及其他区域开始跨越区域、跨越部族做政治性与文化性的整合,这种整合目标是形成一统化的欧洲观念。在这种欧洲观念的支配下形成一种政治稳定,各个部族之间相互团结,融合成为一个作为整体的国家,这种国家系一种部族整合性结果。[①] 在这种国家法治结构中,君王王权、贵族势力与地方领主统治权组成势力博弈性政治架构,在这种政治架构中,王权与贵族势力和地方领主统治权的博弈结果,决定了后期的政权是中央集权型还是分散型。在这种政治架构中,地方的主要统治来自地方领主,而地方领主往往选用符合当地风俗习惯的治理方式,这种习惯习俗型治理权具有高度的灵活性和高效性,地方领主有独立的自主权,往往不会受落后的原则所束缚,处理地方突发性、应急性状况的效力比较突出。同时与古罗马帝国的中央统治相比,地方领主治权在其有限制的领地范围内与其民众有着直接的关联性,民众能够明确感受到政权与自身有着直接关联性,对地方的治权往往是建立在初级认同意识的基础上。故民众直接认同的是地方领主本人,对于再上一级的贵族和君王认同较为模糊,帝国统治与己关联性不大,甚至是可有可无。正是在这个意义上,西欧封建制的地方领主治权制度将无数散沙凝结成为稳固的磐石,而在其上的各个部族君主经由不断的统合而建构成一个民族国家。因此,这里的民族国家的内涵是以部民为基石建构的部族联合而成的大家,这种原始的民族国家是一种民族君主制,诸如中世纪中后期的英、法两国。

另外,在这种民族君主法治国家产生之前的欧罗巴社会,存在着两种政治类型,即城邦和帝国,城邦法治高度集中,高度民主,整个城邦的主人是全民,他们共同参与政治活动,城邦对民众的要求是对城邦国家和执政的政府高度忠诚。城邦法治的先天弱势是防御能力差,城邦面积小,军事力量薄弱,无法抵御帝国力量的入侵,造成城邦法治先天生存能力和发展能力不足。同样,帝国军事进攻和占有能力强,但其对占领区域内的治理能力相对较弱,尤其随着占领区域的不断扩张,其地方治理能力不断衰弱,进而无能为力。占领区内民众

[①] O. Kimminich, *Deutsche Verfassungsgeschichte*, Nomos, 2. Aufl., 1987, S. 109.

与占领区政府缺乏沟通途径，他们之间的统治与被统治往往建立在敌对反抗关系的基础之上。帝国往往无法获得民众衷心拥护。应该说西欧民族君主法治政治制度恰好将城邦国家和帝国的优势融合在一起，而抛弃各自的缺点。从制度建构的角度讲，这一方面体现出西欧人在制度设计上的技术、知识和智慧，同时也是西欧人带领欧罗巴人、罗马人和日耳曼人走出野蛮、走向理性的一种真实写照。

民族君主法治政治制度将部族贵族势力、地方领主势力与投靠的臣民这三个阶层建构成一个稳固的整体，在这个整体中每个阶层互相依靠但没有身份依赖，互相独立，自由但又不脱离，不受限制，三者共同构成一个国家的整体，这种政体在政治制度的虚拟建构中实现国家整体安全至上、国家整体的稳定和平至上。① 国家与地方民众的关系是建立在认同的基础之上，国家不是国王的国家，不是贵族们的国家，而是整个利益共同体的国家，因此国家利益永远保持价值中性。正是从这个意义上说，这种经由部族君主共同体组建的民主国家制度构成了现代西方国家制度的先祖，同时也是中世纪西欧人留给现代西方的一份宝贵遗产。需要说明的是，这种制度设计的目的不是为了政治统一而做预备，仅仅是将各个部族单位整合在一起，构成一个生存发展共同体。因此，自从欧罗巴产生之后，不管是经过希腊、罗马还是经过西欧之后产生的现代欧洲，其关键的要素就是整合。经由欧罗巴、希腊、罗马的整合，再到中世纪西欧将欧罗巴、希腊、罗马和日耳曼其他相关部族再次整合成现代欧洲生存发展共同体，直至现今，欧洲整体社会仍然延续着欧洲一体化的整合。在这些整合过程中，所选择的方式表现不同，要么通过部族战争，要么通过部族投靠，要么通过共同体的协商谈判完成。因此，从这个意义上讲，欧洲不是一个国家，不是一个民族，却是各个部族共同体逐一聚集在部族国家共同体的一杆大旗。

总之，随着中古时期西欧封建民族国家法治化的不断发展，逐步在欧洲大陆产生了核心欧洲封建民族国家区域。尽管如此，欧洲大陆在其整体上还停留

---

① O. Brunner, *Neue Wege der Verfassungs-und Sozialgeschichte*, Vandenhoeck & Ruprecht 2. Aufl. 1968, S. 213.

在一种部族区隔型社会现实当中，尽管不是很明显。这种社会现实显然与其固有的历史是不相符的，欧洲未来的发展目标必须要尊重欧洲自身的历史，恢复历史本来面目。欧洲未来发展的路径就是不断地消除欧洲各部族国家间的区隔，使各部族国家融合成为一个一体化的欧洲国家。实现消除各部族国家间的区隔的方法不能像欧洲史所描述的那样，通过战争来实现武力统一。因为过去的欧洲历史已经证明了，战争在其形式上能够使欧洲各部族国家间存在某种程度的军事同盟，但是这种同盟不是融合或者统合，相反，却在不断地加深各部族国家间的区隔占仇恨。因此，从各个部族国家在欧洲社会历史变迁的轨迹当中不难发现一种更好的方式，那就是不间断地实行欧洲民族国家法治化。欧洲民族国家法治在其产生和不断发展过程中，能够不间断地整合欧洲各部族国家间的习俗、习惯，甚至是法律科学，并使一部分部族国家走向整合。在欧洲民族国家法治化进程中，不断涌现出诸多的普通法，并且能够在诸多民族国家间适用。于此同时，各个民族国家中的司法权逐步从行政权脱离出来，走向完全独立。在政体的走向上，民族国家的政体逐步走向宪法控制之下的宪政之路，议会制民主逐步取代封建君主制，刑法逐步从残酷走向理性与文明。

（六）欧洲大陆近现代国家立宪制法治

在进入 16 世纪以后，在欧洲大陆上逐步形成以巴黎为中心、半径为五百里的核心欧洲法治文明的辐射区。同时在这个区域内又形成日耳曼西欧法治文明辐射区域。[①] 由此产生了核心欧洲法治文化与近代西欧法治文明的重叠，这些重叠区域包括法国全部、英格兰、瑞士、再追溯上去，还包括苏格兰的平原区、日耳曼西部与中部、意大利北部。这便是人类历史学家所说的核心欧洲法治文化的扩散，从 17 世纪开始，四百多年来，这个区域正是核心欧洲文化扩散的中心区，居住在这个区域的西欧人不仅领导着欧洲大陆，在法治文化发展的各方面也都成为欧洲大陆其他人模仿的对象。更进一步来说，这种法治文化的扩散逐渐汇集于比利牛斯山以北的大西洋海滨，形成向外雄飞之势。东欧易伯尼半

---

① P. C. Hartmann, *Französische Verfassungsgeschichte der Neuzeit (1450 – 2002)*, Duncker & Humblot 2003, S. 58.

岛（高加索，今乔治亚地区）及美洲殖民地，无不在核心欧洲法治文化之风的熏陶下群起仿效，如世俗以部族、君王、贵族领主、资本性商业产业主和行业工会组成的功利型社会，现代理性思维与探索发现型的自然科学，高度发展的城市联盟与市场一体化的资本主义，消除部族割裂而走向融合型中央集权化的政府，近代形式的君主贵族权力限制与公民民主参与公共决策的法治化国家组织架构，民主政治的概念与法律权威至上，法律公共治理理念及工具制造型机械工业等，这些价值理念的诞生构成了核心欧洲的强大法治文化向心力，使得任何其他部族本土文化不自觉地被吸收进去，成为其中的一分子。从此这个区域法治文化不仅仅是欧罗巴文化或是日耳曼部族文化，甚至不是西欧及核心欧洲文化所能够涵盖的，而应以欧洲法治文化或欧洲化法治文明予以标示。从此，这种文化逐步向领导世界的趋势发展，到18世纪后逐渐形成。在这个时期，扮演着世界领军人物的不是意大利，更不是神圣的罗马帝国，也不是西班牙帝国，而是荷兰、英国、法国。

在这个核心欧洲法治文化向欧洲化法治文化的跨越过程中，西欧的科学家们，诸如伽利略、培根、笛卡尔、巴斯噶、牛顿与洛克等震古烁今的人物，为近代学者提供了学习思考的路径和方法，为近代的科学研究确立了理念精神，奠定了坚实基础，提供了不可或缺的研究工具，建立了各种思想方法——理性的、经验的、归纳的……这种知识与科学的革命破除了以往古希腊、罗马的个体本位主义研究方法，而建构了现代集体本位的整体性、系统性研究范式。从此欧洲大陆上的人不再是无知、野蛮、好战的形象，而被形塑成一种新形象——理性、智慧、富有挑战性的伟大思想家。这些天才的思想家们推动了伟大的第二次工业革命，产生了傲人的工具性技术，为欧洲大陆带来了前所未有的富足与丰饶。但它同时也为欧洲社会带来了史无前例的拜金物化主义，贫富差距加大，产生了贫穷的农民、市民阶层与工商资本剥削阶层之间的对立。

而在政治上，随着商人资本家加入欧洲君主、部族首领与贵族领主们的权力对立关系之中，欧洲平衡性政治统治权力结构产生，即产生了现代西欧制的法治政治体制模式，这种模式后来被惯称为法治国家体系。这个体系出现之时尚有三种类型：以西班牙、法国和英格兰为代表的西欧君主型法治国，以苏格兰、葡萄牙和北欧为代表的王国型法治国，以中欧的神圣罗马帝国及其所属依附型半独立的王国为代表的帝国型法治国。随后，欧洲大陆开始陆续消除邦国林立的分离状态，走向统一的现代西欧君主型法治国家模式，诸如意大利、普鲁士、沙皇俄国。这种法治国家在随后的发展中要么走加强王权专制统治道路，诸如法国的国家至上、王权至上、人民无权与人民义务、君权神授而不可侵犯①；要么是王权让渡宗教权威，王权受制于国会的制约型政权道路，诸如英国，虽然其君主专制有所发展，但是贵族掌控的国会对君王产生强大的制约甚至是监督作用并不断增强。英国的君主专制是君王、贵族和资本商人在制约过程中共同对人民实施专制，君主的名义权与国会的实质权相结合，而国家精神权威则让渡于宗教，期望以宗教的形式表现出国家的思想动力，进而在后续清教徒的革命之后经双方妥协而最终走上君主立宪制法治国家的道路。

（七）欧洲法治成熟

1. 欧洲的法典编撰与立法合法性原则

进入16世纪以后，欧洲先前发生了三次革命，即第一次以铁犁三田制为标志的农业革命、第二次以蒸汽机为标志的工具工业性革命、第三次以君主贵族权力制衡为标志的政治革命。而从19世纪初叶开始，欧洲开始酝酿了第四次革命，即最终于20世纪初得以成形的以法律文明化为标志的革命。这次革命使得法律文明产生根本性改变，首先使它脱离了近代早期所有的封建遗迹，在欧洲大陆，成文宪法的编撰逐步向外扩展，逐渐增加了诸如三权分立和议会制等原则，民主思想不断在国家治理体系中得到强化。但是实现人权还有很长的路要走。农奴解放是农业革命的最终结果，但是妇女的法律地位几乎没有什么变化。强制性的民事婚姻仍然存在，封建性、报复性刑法仍然广泛存在于欧洲国家的刑法体制当中。为了彻底地消除法律中所留存的封建遗迹，在法国拿破仑的带领下，欧洲法律开始走上了文明化的革命道路。

拿破仑先后在法典编撰的知识和技术上发挥着非凡的影响力。拿破仑在法典的编撰过程中，首先，确定法典本质属性和任务，即法典的本质体现在对希腊、罗马法治精神的文化传承，通过成文和典籍化的方式将治国的方略和理念予以明确；同时明确各个具体法典的确立必须具体落实哪些宪章性的方略和治

---

① H. Küpper, *Einführung in die Rechtsgeschichte Osteuropas*, Peter Lang, 2005, S. 277.

国理念。其次，明确法典中具体规范的上位任务与具体表述；最后，是有关规范与语言之间的关系确认，强调规范性语词在规范性语句当中做规范性表述的三位一体的规范元素。①

显然，拿破仑与尤士丁尼大帝有着明显的不同，尤士丁尼大帝更像是一个司法部长，仅仅是组织法典的编撰工作；而拿破仑更像是一个立法技术的革新者、法律思想的创造者、司法行政体制的改革者。他先后颁布了民法典、刑法典以及监狱法典；同时，还推行了司法权与行政权分离，确立司法独立模式与行政法治化模式，为欧洲各国司法法治和行政法治的发展提供了一个典范。拿破仑为欧洲刑法的发展指明了方向，即摆脱野蛮化的刑法文明化道路。

欧洲刑法在脱野蛮化过程中必须要走的道路是，首先确立刑法的本质属性是具体落实宪政治国理念，确保限制公权力能够在现实生活中得到实现。因为在任何一个命运共同体当中，只有那些公权力不受到限制的情况，才是整个命运共同体的危险根源；要想实现命运共同体安全的唯一方略就是限制公权力，且这种限制必须建立在刑法法治的基础之上，使得公权力永远低于刑法法治，刑法权威永远高于任何宗教、君王和贵族的特权。因此，刑法本体思想的转变，即从报复性刑法思想向限权性思想的转变，是野蛮性刑法向文明性刑法转变的标志。其次是刑法的规定必须确定法定性和确定性原则，即客观上国家对命运共同体所有成员的行为做出约束，必须明确地透过法典成文化的方式予以告知，这种告知从国家契约的角度讲是一种国家契约性义务。如果国家在履行这种契约性义务的过程中存在过失或者告知不明确的情况，那么国家应该承担责任，即该刑法条款在没有明确之前不对行为人有约束力；任何人按照这个刑法条款去评价行为人行为的，都是一种违法行为。因此，刑法确定性原则为司法行为合法性原则确立了客观标准；刑法条款的确定性原则和司法行为合法性原则构成了现代刑法的法定原则。从此，拿破仑为欧洲法律文明化革命开启了新的篇章。

---

① W. Reinhard, *Geschichte der Staatsgewalt*, Verlag C. H. Beck, 1999, S. 431.

2. 整体欧洲法治主义

紧随欧洲法律文明化革命运动之后，在以普鲁士为首的潘德克吞法学研究的推动之下，诞生了革命性的果实——欧洲法治。在拿破仑的立法技术指引下，潘德克吞法学家们开始思考，如何产生一部不受地域、民族、文化限制的，普遍适用的，完全理性的成文典籍化法典。此时的研究重点在于如何将希腊、罗马法治精神文化与西欧国家法治结合起来，以拿破仑的法律文明化范式为模板，强化法典的普遍一般性内涵与理性法律精神，确立走欧洲法治化道路。应该说这种欧洲法治化道路与拿破仑的雄伟计划不谋而合，其目的就是想消除欧洲部族城邦国家间的冲突，最终走向欧洲一体化。这种欧洲一体化正像拿破仑在1812年发动侵俄战争前，曾雄心勃勃地宣称的："我们应当有一部欧洲法典，一个欧洲的最高法院，一种统一的欧洲货币，统一的度量衡，统一的法律，实现统一的欧洲法治（Rechtsstaat von Europa）。"[1]

这里需要强调的是，这个一体化欧洲法治建立的目标不是虚无主义的、神性化的、纯粹道德消遣性的活动；相反，这个一体化活动本身是一种非虚无主义的、非神性的和非道德消费性的活动（nihilismus, atheismus and nonmoral verbraucherbewegung），是一种欧洲法治化的联合体。[2] 它高于所有国家政党之上而存在，有着自己的绝对权威原则，并以此对政治家、政党和国家做出正当评价。这些原则为：法治化的自由主义（liberalismus）、法治基督教精神（christentum von Rechtsstaat）、法治化社会责任（soziale Verantwortung）、为了整体法治欧洲主义（pro-Europäismus von Rechtsstaat）。

三、欧洲法治的启迪

欧洲法律史学派的研究范式和对欧洲法律史的分析，给我们的直观印象是：

第一，欧洲法律史学派非常明确地指出当下研究范式所发生的转变，即由一种较为形式化、教义式的实证主义研究方法，转向一种注重实质性、具有结果性的价值导向式的实用主义研究方法。这种实用主义包含着整体历史实用主

---

[1] P. C. Hartmann, *Franzosische Verfassungsgeschichte der Neuzeit*, Duncker & Humblot, 2. Aufl., 2003, S. 88.

[2] B. Chantebout, *Droit constitutionnel*, 20. Aufl. 2003, S. 137.

义、工具主义、印象主义、司法实践的实用主义和比较法的功能主义。这种方法的转变基于司法实践中的实质性权威，而非形式立法所造就的软法机能功效，同时法学教育中注重实证解析的研究范式对法学的转变起到推动作用。

第二，当下的法律实证研究（empirical legal studies）更多的建立在新古典经济学研究范式的基础之上，它仅仅在不同程度上研究一些不切实际的推定，而非研究规范本身所产生的问题，因此，这种法律实证主义研究更应该说是法律的实证性经济分析，而非规范性的法律分析。[1] 但是，法律实证主义研究本身对事实性的研究推定，却是其他研究方法所不能比拟的。尽管客观上事实本身不能量化，但它能推动人们对事实本身的认识，使推定走向相对客观化。从知识论的角度讲，它为推动人类认识去神性化，从个体经验偏见的主观化，走向事实认识的客观化，作出了巨大的贡献。

第三，欧洲法律史学派所指出的研究方略的转向，不是完全剔除之前的研究方法，相反，是同之前的研究方法进一步融合，以期弥补之前研究方法的不足和缺陷，使得人们对知识的认识更加全面，更加系统，对问题的研究更加适中，切合实际，并能够有效地解决问题。故此，这种形式上的研究方略的转变本身是一种新的研究理念的诞生，为开创新的知识风气作出了示范，取代以往对颠覆性理论的炽热追求，使得人们对历史恢复了翔实的数据性研究风范。

因此，欧洲法律史学派的的研究方略是建立在对欧洲整体历史的判别和认识基础之上的，该学派本身顺应了现实欧洲世界研究方略转变的需求。该学派的研究，期望透过其新的研究理念和新的研究范式来唤醒欧洲各国民众及其政党，不要再盲动无知，要回头静心地理性判读祖先所走过的历史之路和取得的历史性经验。从这个意义上讲，欧洲法律史学派是一种全新的历史经验主义法学派。这种经验主义研究不同于之前的法律实证研究中的经验，而是建立在整体性的欧洲法律变迁史的基础之上。它的这种历史性经验相对于法律实证的经验而言，是确定的，且经过长时间的历史生活验证，在历史长河中推动着欧洲

---

[1] 马丁·W·海塞林克著，魏磊杰译注，《新的欧洲法律文化》，中国法制出版社 2010 年版，第 4 页。

法律文化、欧洲法治、欧洲司法文明不断发展。通过对这些历史性经验的发掘，不仅仅为欧洲现实社会所存在的诸多问题提供了参考，同时也为未来的发展提供了一种价值导向。

本书在翻译过程中得到了德国歌德学院北京分院的大力支持和宝贵的资金援助。三年的翻译过程中经历兴奋、收获，同时也因为相关语句不能准确理解而产生困惑烦恼，而这些问题都被尊敬的导师、德国波恩大学法学院刑事法律研究所所长金德·霍伊尔德教授不遗余力地解决。他不但给了我问题的答案，同时也给了研究的路径与方向。东北财经大学法学院德国格赖夫斯瓦尔德大学博士李娜参加本书第七、八、九章的前期翻译工作，也为本书付出了辛勤的劳动。在这一千多天的日日夜夜里，我的爱人、我的两位母亲为我默默地付出，为我抚育宝贝女儿，她的健康成长、她的嫣然一笑使我忘记累与苦。最后该书翻译能够得以顺利出版完全受益于中央编译出版社原副社长薛晓源、总编助理贾宇琰及王琳编辑的帮忙，同时更感谢海南大学王崇敏校长、刁晓平校长和2011司法文明协同创新研究中心南方基地给予的精神鼓励和资金支持！

丙申岁庚寅月壬午日于美丽沙海边

前　言

　　本书将填补先前出版的法律史书的一些空缺，即开始于前城邦世界当中的族群社会以及其政权的产生。本书对美索不达米亚、埃及、古以色列、希腊、罗马等古代法律史当中存在的伟大场景予以详细描述；同时在中世纪阶段主要集中在德语区，但几个小国家是例外，最终完成了整个欧洲法律史学的描述。这些研究从希腊、罗马开始并延伸到西班牙，到挪威、英格兰，到俄罗斯整个欧洲大陆。我所做的这些工作获得了爱尔福特基金会和格尔达·汉高基金会长期的巨大支持，在此致以最诚挚的谢意。

2010 年 6 月于乌维·维瑟尔（Uwe Wesel）

目　录

第一章　欧罗巴 …………………………………………… 1
第二章　古希腊 …………………………………………… 20
　历史与经济 ……………………………………………… 20
　法律问题 ………………………………………………… 28
　雅　典 …………………………………………………… 29
　德拉孔和梭伦法律 ……………………………………… 31
　古典时期的雅典宪章 …………………………………… 32
　雅典的诉讼法 …………………………………………… 37
　私人刑法 ………………………………………………… 43
　公共刑罚法 ……………………………………………… 44
　针对苏格拉底审判的程序 ……………………………… 46
　私人所有权和占有 ……………………………………… 50
　继承法 …………………………………………………… 52
　婚姻、家庭、男人和女人 ……………………………… 53
　奴　隶 …………………………………………………… 54
　契　约 …………………………………………………… 55
　自然法与法律哲学 ……………………………………… 59
　希腊法律制度 …………………………………………… 63

第三章 古罗马 … 68
历史与经济 … 68
平民血泪渲染下的宪政 … 81
罗马法的历史意义 … 95
十二铜表法 … 102
罗马法的各项制度 … 104

第四章 拜占庭 … 138
历史与宪章 … 138
起源 … 140
审判业 … 143
法学与法律实践业 … 144
私法 … 151
刑法 … 152
法律 … 154

第五章 凯尔特人、日耳曼人、斯拉夫人 … 157
部族社会 … 157
凯尔特人 … 165
日耳曼人 … 171
斯拉夫人 … 182

第六章 启程:中世纪早期(公元500—1050年) … 188
经济与历史 … 188
君王与皇帝的区别 … 207
教会 … 211
君王、贵族、封地建制化、农民领主土地所有制 … 215
奴隶 … 225
核心欧洲的法律和法律的制定 … 227
教会法 … 237
继承法 … 243

第七章　巨变:中世纪的中期和晚期(1050—1500) …………… 262
　　历史和经济 ………………………………………………… 262
　　国王与贵族 ………………………………………………… 268
　　封建制度与封建主义 ……………………………………… 273
　　教会 ………………………………………………………… 278
　　农民、封建领主土地所有制及封建大地主 ……………… 280
　　奴　隶 ……………………………………………………… 283
　　乡　村 ……………………………………………………… 286
　　牧场争夺 …………………………………………………… 291
　　城　邦 ……………………………………………………… 293
　　习惯法、法律著作、法律律令 …………………………… 300
　　约翰·内格罗与其妻子之死 ……………………………… 310
　　普通法与罗马法 …………………………………………… 311
　　天主教教会法 ……………………………………………… 315
　　教会审判圣女贞德事件 …………………………………… 320
　　普通法 ……………………………………………………… 326
　　法庭与诉讼程序 …………………………………………… 330
　　婚姻家庭,男人与女人 …………………………………… 335
　　所有权制度和继承制 ……………………………………… 338
　　合同法 ……………………………………………………… 343
　　商法、票据法和公司法 …………………………………… 346
　　侵权法 ……………………………………………………… 349
　　马格德堡审判员对于因动物而造成的伤害案件的判决 … 352
　　刑法与刑罚 ………………………………………………… 353
　　刑讯制度 …………………………………………………… 359
　　法律的未来发展之路 ……………………………………… 361

第八章　近代的早期(1500—1800) ... 381

历史与经济 ... 381

国王,君主专制和共和制 ... 394

等级制度与贵族 ... 401

斯德哥尔摩惨案 ... 406

农场主庄园制、地主制和自由农民 ... 408

村庄一体化和城镇一体化 ... 410

习惯法与成文法 ... 413

成文法典 ... 416

普通法 ... 419

法院和诉讼法 ... 420

刑讯制度 ... 426

刑事法律 ... 429

监狱和收容所 ... 438

题外话 ... 440

"女巫追索"以及纠问诉讼 ... 444

对伽利略提起的指控 ... 448

伦普什·利百加、玛丽·霍尔于1590—1594年在诺德林根所
　　遭遇的"女巫"迫害事件 ... 450

家庭法,男人与女人 ... 452

所有权与占有权 ... 453

继承法 ... 456

合同(一) ... 458

1602年的斯莱德案 ... 461

合同(二) ... 462

侵权法 ... 464

1697年托马斯起诉约翰案 ... 465

商法、公司法以及票据法 …… 467
国际公法 …… 470
自然法、法哲学和政治哲学 …… 474
自然法的法典编撰 …… 484
宪法与人权 …… 487
法　律 …… 490

第九章　19世纪 …… 510

历史与经济 …… 510
宪　法 …… 522
人　权 …… 531
行政管辖权、行政法与法治国家 …… 536
一般法院 …… 541
刑　法 …… 544
刑事诉讼法 …… 549
监狱与教养所 …… 553
一般私法 …… 559
家庭法，男人与女人 …… 570
民事诉讼法 …… 574
劳动法 …… 579
商法、公司法以及票据法 …… 585
自然法、实证主义、历史法学派和潘德克吞法学 …… 590
国际公法 …… 594
世纪诉讼：阿尔弗雷德·德雷福斯案 …… 597
法律的文明进程 …… 602

第十章　20世纪 …… 620

经济发展与历史背景 …… 620
社会主义法律的属性 …… 633

宪　法 …………………………………………………… 638

　　欧洲一体化与欧洲法 ………………………………… 666

第十一章　欧洲法律史的回顾与比较 ……………………… 770

　　简短的回顾 …………………………………………… 770

　　中国法律 ……………………………………………… 771

　　印度法律 ……………………………………………… 773

　　伊斯兰法律 …………………………………………… 784

　　欧洲法律 ……………………………………………… 792

索　引 ………………………………………………………… 799

第一章 欧罗巴

今天我们是否应该再次关注古代的希腊？回答是肯定的！我们不仅应该关注而且更应该连同荷马也一同关注。因为这里包含了欧罗巴的起源，既有对希腊神话中所描述的地狱中的魔鬼的恐惧，也有属于他们的宗教。相传欧罗巴（Europa）是腓尼基（Phoenicia，今黎巴嫩）的公主，异常聪明美丽。有一天夜里，她做了一个奇异的梦。梦里她看见两个女人为了争夺她而相斗，一个是当地人的装束，紧紧地抱着欧罗巴，一再说是她生养并哺育了欧罗巴。另一个是外乡人打扮，用一双强有力的手要把她拉过去，还说要带她去见主神宙斯，欧罗巴公主命里注定是主神宙斯的情人。而这两个妇人代表了远方海岸上的那片大陆和亚细亚。

图1-1 《欧罗巴的掠夺》，提香，作于1559—1562年

欧罗巴起床后和女伴们来到了海边，并在岸上的草地上玩耍。宙斯正好出来在空中云游，他为她的美貌所倾倒。宙斯便要儿子赫尔墨斯（Hermes）在附近的一个小丘上放牛，而宙斯就化身为一只牛混在牛群中，趁机靠近嬉戏中的欧罗巴。由于此牛异常雪白，牛角又闪闪发光，欧罗巴深深地被此牛吸引，白

牛亲了一下欧罗巴的手，并示意她骑上去，欧罗巴年少无知，果然中计。欧罗巴从一个姑娘的手里接过一个花环，挂在了牛角上，然后骑上了牛背。公牛达到了目的，就立即跃身向大海奔去。欧罗巴回过头来，再三向着女伴们呼唤，向她们伸出双手，但她们已够不着她了。公牛踏海而去，最后到了克里特岛（Crete）。在岛上，狂奔的公牛停下了脚步，欧罗巴从牛背上下来，公牛变成了主神宙斯。此时欧罗巴只好默认了自己的命运，成为宙斯的妻子并生下三个儿子。欧罗巴的儿子们，在克里特岛建立了强大的克里特文明，建立了强大的海军，促进了地中海地区文化的繁荣。传说宙斯把欧罗巴公主带到克里特岛之后将这片土地赐予公主，并用公主的名字命名，离克里特岛不远的那片大陆从此被称作欧罗巴。据说宙斯留给欧罗巴三件宝物，其中一件是叫做"太阳"的战车，欧罗巴每天驾车从东向西行驶，所以爱琴海以东小亚细亚地区包含"日出之地"的意思，而爱琴海以西的欧罗巴地区又有"日落之地"的意思。还有个传说是在希腊神话中，德米特（Demeter）是专管农事的女神，她保佑人间五谷丰登、人畜两旺。在有关这位女神的画像中，人们总是把她画成坐在公牛背上。古代，公牛是人类不可缺少的耕畜，女神既然主管农事，自然就要坐在公牛背上了。这位女神的另一个名字叫欧罗巴，人们出于对女神的敬意，就把欧罗巴称为大洲的名字。奥林匹亚山上的众神们诸如伊利亚特、奥德赛以及荷马史诗等都发生了众多的变化。这既包含我们的辛苦也包含了我们的虔诚，这些在布鲁诺·斯泰尔（Bruno Snell）1946年写的《精神的发掘》一书当中的希腊对欧洲思想的形成研究当中总结为人们对这些鬼神表现的是"战栗当中恐惧"。公元前800年，荷马赋予了奥林匹亚山上众神以人性的特征，在学术上被称为人格化。这些原本是人们恐惧的鬼神，他们从那时开始仅仅生活在中世纪希腊的海拔3000米高的奥林匹亚山上，而不再生活在阴森的地狱。像宙斯、赫拉、波塞冬、雅典娜、赫耳墨斯、阿波罗，他们整天像人一样无忧无虑地生活，那里没有我们今天意义上的宗教威胁。但这种自由生活本身也带来了一些诸如宙斯通奸的问题。在希腊保存下来的大理石雕像对古希腊众神自由生活以及像萨福、阿尔凯奥斯、希罗多德、修昔底德、柏拉图、亚里士多德、埃斯库罗斯、阿里斯托芬等人的精神生活作出真实描述。然而，这些究竟是什么呢，这就是荷马起初谈论的吗？欧罗巴吗？欧罗巴是一个大陆，这个大陆有别于其他大陆。那个被称为乌拉尔的山脉将一个亚洲半岛分为两部分，尽管界限不是很清楚，其中一个是非常小的大陆，它只有另外一个的二分之一。这个小的大陆就是当时的欧罗巴，这里需要说明的是当时的土耳其和科索沃都属于欧罗巴部分，这个大陆在今天有46个国家。相比较而言：亚洲有4400平方公里和45个国家，北美、南美、中美有4300万平方公里和35个国家，非洲有3000万平方公里和53

个国家，欧洲有980万平方公里和46个国家，澳大利亚有770万平方公里和一个国家。

前面是有关希腊这个名字的神学传说，接下来是一个有关地理概念的传说。今天欧洲的地理全称是欧罗巴，这个名称同样遵循着神学概念，是以腓尼基国王的漂亮女儿的名字命名的。一天，欧罗巴在地中海大海边采摘鲜花。被"万神之王"宙斯见到后，想娶她作为妻子，但又怕她不同意，连忙变成一匹雄健、温顺的公牛，走到欧罗巴面前，欧罗巴看到这匹可爱的公牛伏在自己身边，便跨上牛背，并高呼："跨越高山，飞跃无限！"于是乎宙斯响应欧罗巴的呼唤，展开双翅，腾空而起，飞跃万山和大海，找寻一个自由有序的乐土。他们希望在那个乐土上共同过着自由自在、没有疆界限制的生活。这个乐土同样以美丽的公主的名字命名，叫作欧罗巴。从此，这个名字有着一种地理学上的寓意，即自由、无疆界限制、能够共同有序生活的乐土。自从公元前600年以后，这个名字有了具体的地理位置指向，即希腊中部与色雷斯马其顿北部，伯罗奔尼撒岛以南，爱奥尼亚岛以西，爱琴海以东这个区域内。后来这个概念得以延伸到与亚洲、非洲相对的整个地中海北部。大约在公元150年希腊天文学家和地理学家托勒密在他的地理学著作当中详尽地描述了古代欧洲结构，从西班牙经过加利安高卢法国直到德国以及英格兰以北的爱尔兰，所有超过8000个地区。

他当时就已经听说斯堪的纳维亚这个名字，而且他对这个岛屿的正确位置及其岛屿情况已经熟知了。相反，他对伟大的欧洲与亚洲、非洲之间的联系却过高评价了。直到进入16世纪后——透过地球的经纬度仪器显示，对他的描述加以补充后，才有了今天的认识。对岛屿的认识一直停留在前中世纪时期。当时人们只认为，亚洲是由一帮野蛮人和波斯人共同居住的，而欧洲却没法统计究竟有多少希腊人居住。希罗多德在他的波斯战争的历史的序言当中写道：公元前500年希腊终于成功地战胜了波斯。当时他还是孩子的时候就经历了这场在雅典海湾的萨拉米斯对波斯船队所取得的伟大胜利。欧罗巴①，这个术语从

---

① 欧罗巴（希腊文：Ευρώπη；Europa），是希腊神话的女神，一说其又被称为德米特（Demeter）是专管农事的女神，另一说其本是美丽的腓尼基公主，后来受变成公牛的宙斯的引诱，被带到克里特岛而成为宙斯的妻子。而古希腊的历史学家希罗多德则认为欧罗巴是被克里特人绑架到克里特岛的。他们这样做是为了报复对阿耳戈斯公主的绑架。传说欧洲的全称欧罗巴洲即是以欧罗巴的名字命名。而另一种关于欧洲命名的说法是，这个词可能来源于闪族语（ereb），表示"日落之地"。中文中的欧罗巴一词，是在由16世纪利玛窦所翻译的《坤兴万国全图》中所率先使用的。今天这个名称的使用是代表欧洲理念形成的历史文化探析与文化相对本性的诞生。——译者注

此开始第一次凸显出一种政治文化意义，日落之国即西方①相对于东方（日升之国）而言的，地中海东部的亚洲相对于非洲，犹太与希腊，西方与东方，文

---

① 这个西方（Abendland）概念是卡斯帕·海蒂欧（Kaspar Hedio）和马丁·路德（Martin Luther）在1529年首次在《圣经》翻译当中创造性地用日落之国来表述。《圣经》中主要从罗盘方位来确定各自的内涵，并通过这些内涵和它们的各自象征性寓意帮助解释一些《圣经》经文。我们通常以面向北方来给自己确定方向。在古时候，却是以东方来确定方位的。东面在他们的前方，西面在后方，南面在右方，北面在左方。未来不是在前面，而是在后面，那就是说，看不见。

1. 东方：作为主要的定位方向，东方的重要性可能与太阳的升起和太阳在古代近东宗教中的重要性有关。在《圣经》中，它的象征性第一次浮现于《创世记》里。伊甸园被安置在东方（创2：8），它的入口面向东方（创3：24）。犯罪之后，亚当和夏娃离开了伊甸园，向东方走去（创3：24）。该隐继续着这个朝向东方的运动（创4：16），这个运动在人类向东方的迁移中达到了顶点（创11：2－4）。在这些前后经文的关系中，东方在象征性上是相互矛盾的。伊甸园设立在那里象征着安全和稳妥。犯罪之后，当东方成了一个放逐的方向，它就代表一个与上帝疏远的情形了。它也是荒蛮之地，从那里有破坏性的风兴起来，威胁生命（诗48：7；结27：26）。对于先知们，东方是一个巴比伦之流亡与上帝同在之拯救的表号。上帝行至巴比伦，并最终赎回他的百姓（结10：18，19；11：22，23）。东方变成了一个上帝作为他百姓的代表而施行干预，带给他们救恩的地方（参阅启16：12）。

2. 西方：西方既象征消极的元素也象征积极的元素。地的西方就是海，代表罪恶和死亡（但7：2，3）。事实上，"海"这个字常常涉及西方（民3：23）。它也是黑暗之地，因为那里是太阳下沉的所在Abendländer（诗104：19，20）。积极的意义是它与以色列的会幕或圣殿的联结。尽管会幕或圣殿面朝东方，但进入其中却要向西运动。从这个意义上说，西方乃是指向与上帝之间合一的恢复；回归伊甸的乐园。当以色列人走向圣殿和在圣殿中敬拜，他们面朝西方，升起的太阳在他们的背后。这个西行的运动从埃布尔兰开始，他因顺从上帝而离开东方走向西方的迦南（创11：31）。这是一个神圣祝福的表号。一旦他们从东方敌人的放逐中被释放，他们就向西方以色列地行进。在那段旅程中，主上帝亲自与他们同行（结43：2—5）。

3. 北方：《圣经》学者提出北方乃是一个持久或永恒的表号，也许是因为极地天空中的星宿总是可以看见的缘故吧。北方是上帝在天的居所（赛14：13），从那里他的荣耀向外发散（伯37：22），伴随着祝福和审判（结1：4）。他是真正的北方王。但左手所代表的北方又是灾祸的表号。上帝百姓的敌人从北方而来（耶1：14，15；结38：6），带来毁灭。在某种意义上，敌人就是试图篡夺上帝之位的虚假的北方王，最终被上帝所消灭（番2：12；但11：21—45）。

4. 南方：南方主要是一个负面的表号。但南方是由右手所代表的，这实际上使它也有了积极的因素。南方是消极的，因为以色列南方是旷野，一个没有繁茂生命的区域（赛30：6）。再往南方就是反对上帝能力和压迫上帝百姓的埃及。但南方也是一个上帝向摩西显现，下到埃及，释放他的百姓，在西奈山向他的百姓显现的地方（申33：2）。邪恶存在于每一处地方，但无论上帝的百姓处在世界的哪个角落，上帝拯救的同在对他们而言也总是易于获得的（诗139：7—12），四个主要方位的表号所具有的矛盾性质似乎是以此为基础的。从某种意义上讲，它们所指出的不止是罗盘的方位，更是善恶的宇宙性冲突。——译者注

明与野蛮。随着罗马帝国控制着几乎整个西欧后，这个概念才开始有所转变，但是直到近代，欧罗巴这个概念仍然扮演着这样一个角色。罗马帝国衰落之后，进入中世纪的基督教世界，因为在西方日耳曼帝国与罗马天主教教会仍然保持着政教合一的状态，且这种状态一直延伸到北斯堪的纳维亚及东部波兰、匈牙利，甚至更远的地方。到了中世纪晚期这种政教合一的状态逐渐开始演变出很多棘手的问题，尤其是当时的西罗马天主教与东罗马拜占庭之间的对立。直到14世纪它们相互之间进行了几乎持续40年的教会分裂争夺，终于酝酿出两个教皇，一个是在罗马，一个是在阿维尼翁。不久之后，大约在1453年土耳其人占领了君士坦丁堡并最终消灭了拜占庭帝国。由此推动了基督教统一，期望借助于基督教的统一共同抵抗土耳其的攻击。但是，进入16世纪之初，这种统一受到路德和卡尔文的严重破坏。之后的一百多年的宗教性争吵使得基督教、天主教的思想正统性问题处于持续复杂多变的过程当中，直到公元1700年左右提出了一种比较中性的诠释方法。即用欧罗巴这个概念替代基督教。这不仅仅填补了通常认同的名称所不能涵盖的缺陷，而且也能与那种可以诠释的、可以批判的宗教性立场相符合。这就是这个术语所产生的历史，而且该术语在产生之初确实是毋庸置疑的，但是随着发展，这个术语不能仅仅停留在对欧洲历史的描述上，更应该透过这些描述，最终给以意见，显然，这已经是无能为力了。英国历史学家诺曼·达维斯（Norman Davies）1996年在他的《伟大欧洲历史》当中有这样一个非常不同的表述。

现在有太多人企图给欧罗巴界定出它的特性，每一个人都有其自己的描述，然而更多的历史学家根本没有给出清楚的回答，因此他得出了结论是：这样对欧洲历史的理解简直就像是一个笨蛋，他的可行性路径不是去理解它，而是去描述它。透过他的描述——超过1300页——使得人们对欧罗巴有了非常详尽的理解。他的这个描述显然对于欧罗巴的法律史而言是一种不错的启迪，并且也为我们提供一个回答。因为在这1300多页的描述当中，最为集中的就是阐释了科学的任务，那就是在一个清晰的秩序当中阐释现象的多样性，并将其带入概念当中，这个被埃贡·弗里德尔称为"意图之盒"。欧罗巴不仅是具有文化、政治特性的，更是一种地理空间。他的这种看法，首次平静地被人们所接受。

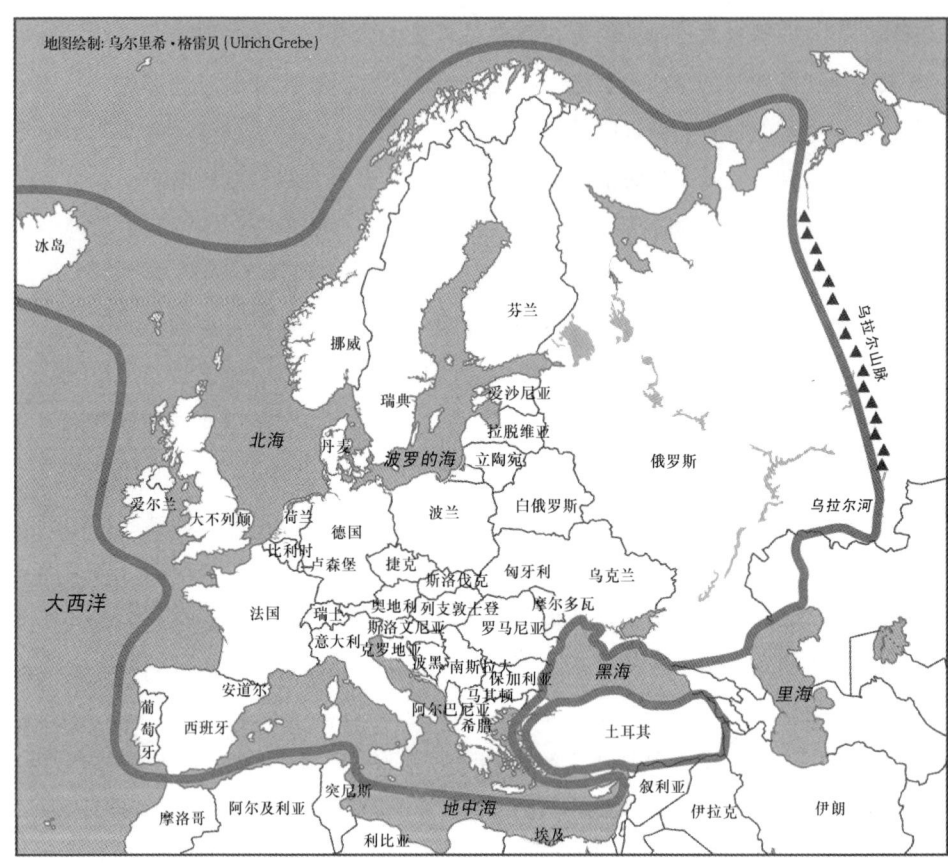

图1-2 今天的欧洲

那么，今天究竟哪些国家属于欧洲？首先是欧盟 27 个成员国，此外，根据普遍的说法是挪威冰岛以北，瑞士中部，阿尔巴尼亚以南，所有处于奥地利和希腊之间的前南斯拉夫加盟共和国，白俄罗斯以东，乌克兰和俄罗斯欧洲部分。还包括五个非常小的国家，即安道尔、里希滕斯泰因、摩纳哥、圣马力诺、梵蒂冈。这些由今天的欧洲地图可以看出。

土耳其是一个特例，它的地理范围在欧洲只有一小部分，那就是博斯普鲁斯以西的伊斯坦布尔，此外，它的文化政治同阿塔图尔克（1923—1938）时代非常接近，这种相近性在法律上也是一样的。但是邻近亚洲部分的地缘政治却是有别于欧洲，而这部分今天就需要单独阐释。需要说明，如果说这个国家作为欧洲共同体的成员国，我们就持有这种观点，如果不属于，我们就不能确定，显然这种看法是不肯定的；不管怎样，它都属于欧洲。自 1949 年它就已经是欧洲委员会的成员。

欧罗巴的基本特征为何？在古典时期基本上是以希腊、罗马为主，而且在希腊诞生了欧洲思想。荷马在他的史诗当中描述了希腊人在盲目专横的恶魔面前表现得如此敬畏，并且他还描述出了一种奥林匹亚山上的众神们身上所具有的那种可以预见得到的、近乎于人性的全新的本质特征。萨福和阿尔凯奥斯在公元前 600 年就已经开始居住在莱斯博斯岛上，并在那里开创了一种全新的独立个体意识。从那时开始，由希腊哲学诞生了西方意义上的、以目的自由为原则的、逻辑性实证为基础的、且与宗教相分离的科学概念。此外，希腊人自公元前 5 世纪开始对政治秩序予以思考，并首次对君主政体的政治理论予以探索，在这不断思考和探索的过程中逐渐地勾勒出民主与尊严的实质内涵。波斯战争之后，他们开始建构了一些城邦，这些城邦在希腊人看来是作为极端主义民主的一个组成部分；在那些城邦当中诞生了自由与法律面前人人平等的两个概念。后来这些都完全被罗马人所接受，尤其是尊严的概念，但是在政治上后来的罗马人走向的是共和制政体时代而不是君主制。希腊人的伟大功绩就在于他们为未来提供了一个法律发展的世界范式，并为契约中的自由意志和绝对的私人所有权奠定了基础。后期进入帝国时代，基督教被引进欧罗巴的历史当中。希腊的哲学、民主、罗马的法律和基督教先后在罗马世界帝国的各个行省之间获得完全的传播且在传播过程中不断地创造，且随着这些创造的再次传播而延伸到英格兰、北非以北、埃及以及邻近东方的南部地区。从文化融合意义上讲，在古典时期欧罗巴还不能说具有一种特别的欧罗巴式特质，但在进入后古典时期，尤其是从西罗马帝国分裂之后到中世纪早期，即公元 500 年之后在罗马帝国废墟上建立起来的日耳曼帝国，开始表现出了某种特质。还有比较重要的是在法兰克帝国当中的西班牙的西哥特人、意大利的伦巴德族人和英格兰的盎格鲁－撒克逊人，也包含基督教教皇帝国。早先在罗马聚居达几个世纪的、信奉天主教的那些较小的日耳曼统治阶层，法兰克帝国从易北河以东到意大利以南的广大区域进行扩展，并且他们经常将欧罗巴作为父亲一样予以虔诚的信奉。但是这也不是绝对的，雅克勒高夫使他的帝国流产，对这个意见也不是唯一的。因为一个统一的伟大帝国不能仅仅由唯一的国民诸如法兰克人来统治。雅克勒高夫曾经尝试将拿破仑的欧洲帝国与阿道夫·希特勒宏伟蓝图进行比较，在卡尔格勒身上我们惊人地发现了他与拿破仑、希特勒有着非常相似的思想。他们试图统一法律和货币，也许是正确的，但是欧罗巴不能作为一体化国家来理解，在雅克勒高夫看来是这样的，而且仅仅能作为一个具有更多政治体的一体联盟来理解，在这个联盟当中具有共同的文化认同性、具有共同社会一体性，具有科学的一致性，具有共同的法律。此外，查理大帝帝国确实经过半个世纪之后再次走向分裂。这次分裂使得法兰克帝国在西方兴起，德意志帝国在东方扩充，并延伸到意大利的南部到中部。德意志帝国的皇帝曾经属于德意志人、勃艮第人与意大利人的共同皇帝。在进入中世纪早期，欧罗巴的重心是以西罗马帝国为核心向西延伸到西班牙、法兰克帝国、英格兰和德意志帝国整个区域。不久之后，也就是在公元250年这种情况发生了变化，8世纪中叶之后的痛苦的200多年里，阿拉伯人、诺曼人、匈牙利人不断的征服、抢劫使得天国遭受重大的创伤。在经历了这场风暴后，尤其是进入中世纪早期的最后一百年里到11世纪的中叶，近代基督教教皇帝国在整个西方的欧罗巴中心的扩张使得该中心一分为二。

　　在其北部有丹麦、挪威、瑞典，在其东部有匈牙利、波兰和俄罗斯。匈牙利和俄罗斯虽然早已经存在基督教，但是现在的基督教却分为匈牙利的天主教和俄罗斯的东正教。还有先前就已经存在东正教的保加利亚，当时保加利亚不仅吸收了拜占庭人，而且在南部反而把一部分伊斯兰教区域的人予以征服。经过西班牙北部的基督教教皇帝国区域的纳瓦拉、卡斯提亚莱昂、亚拉贡等在中世纪盛期的时候发生根本性的转折，这种转折极大地促动了基督教的扩张，以至于延伸至近乎整个今天的欧洲，在拜占庭甚至很少有人不信奉基督教。近代欧罗巴的诞生是作为基督教的同化（Einheit der Christenheit）结果吗？人们可能看到这样一个事实，那就是东正教和天主教的分裂，但是无论如何，基督教与君主立宪却是不能否认的。因为除了基督教之外，尚缺乏一个能够超越信仰、超越文化的同化。这个同化是推动欧罗巴发展的动力。也就是在古高地时期所

采用的爆炸性的教化①活动，也正是基于这样一种活动，促使产生了一门新的科学，

---

① 在孔老夫子看来将理想政治实现的愿望寄托在读书人即"士"的身上，即对"士"教化——仁者的培养和仁政的实现，这是儒家学说的一大特色。学而优则仕，这是读书人的应当选择："君子之仕也，行其义也"。(《论语·微子》)而士子的责任也就很重大："士不可以不弘毅，任重而道远。仁以为己任，不亦重乎？"竭尽全力将仁德推行到全社会，才是合格的士子之所为。因为只有通过这条道路，仁德的精神才能波及全社会并深入人心，也只有在此基础上，仁政和礼制社会的实现才成为可能。(《论语·泰伯》)

1. 教化的词源内涵

教化的概念暗示着文化的概念。教化的对象是一个"文化的人"。那么什么是文化？文化，它的词源是拉丁语的 cultura，意即农作物（die Landwirtschaft）培育培养的过程（Kulturverfahren）（Karl Ernst Georges: lateinisch-Deutsches Handwörterbuch S.707），这一点从英文"农业"一词 agriculture 上也可以看出。农业在希腊人那里，尤其是在罗马人那里，已成为一种重要的和受人尊敬的技术，最有学问的人都热心于搜集农业的方法和教诫（孔多塞：《人类精神进步史表纲要》，何兆武、何冰译，第 31 页）。文化因而意味着对土壤的照料和培育，按土壤的本性对土壤品质的提升。相应地，教化乃是对心灵（die Seel soul）的培育，按心灵的内在本性对心灵品质的提升（列奥·施特劳斯：《什么是自由教育？》）。但这只是拉丁语源而来的文化和教化概念。德语 Bildung 翻译成中文乃是教化之意，而 bild 则是构形、图象。教化因而在此意味着构像，即赋予某种尚未定形之物以形式或外观，并使其在这种外观中得以显现。在这里，形式是先行从外部到来的，正如我们画图之前已经先直观到了图的形象，而被赋予形式的物像白纸一样是无（不是绝对的无，而是无定形）。显然，这种教化概念乃是一种制作技艺，而技艺（die Technik teche），在希腊文中的本源意义即是"让……显现"。在中文中，教化的另一说法乃是陶冶。陶冶一词来源于冶陶工艺，即把按照某种先行的模式予以塑造的泥胚置入熔炉的火中，使之在火中定形。在冶陶这一手工艺中，泥胚在尚未塑成之前乃是无形状的泥土，它的形状完全来自于模子。但是，即使是在这里，对泥土的土质的要求也是相当严格的，并不是任何泥土都适合于制成陶器，相反，泥土本身也必须受到严格的捡选，并按其土质予以赋形和制成适当的产品。

2. 教化的寓意内涵——理解与判断

教化由教师引导学生阅读和讨论合乎某种理念的经典作品构成，这些经典作品（klassische Werk），乃是第一流人物的杰作，它们集中了人类智慧的火焰。通过老师引导促使学生对作品的理解和对意义的追求，老师运用何种方法来引导学生是教化的核心。那就是与历史哲学相应的历史学方法。这种方法就是关注人性和历史独特性，因为历史是独特的和有个性的。这体现为德国历史主义的概念"理解"（Verstand）和对意义（Sinn/Sinnhaftigkeit）的追求。"Verstand"这个词具有理智、理解、判断力之意，故此首先是一种区分，在质或量的方面对世界形式作出的划分，而任何划分首当其冲地表现在语言中。任何划分都隐喻着一种理解世界的方式，浅白地说，划分对应着对世界的思。而对世界的思又是以语言结构的样式呈现的。这里意味着语言本身即已蕴含了以意义为基础的最基本的权力关系（无须引用《旧约·创世记》中神命名及赋予人命名的权力的创世全过程）。而这又最集中地表现在"判断"（Urteil）上。(转下页)

(接上页注文)

　　同时划分又是一种指向，指向可能作出区分的本源。语言，严格说来，是判断对这一指向进行了"实在化"或"现实化"，如果只关心这些现实化或实在化的形态，就会使判断中形成的指向性意义僵化，也就丧失了判断形成的意义过程。同时，对每一个判断（或意义形态）的关注，就是发现或重新意义化的过程。而这对于法官在司法实践中的意涵即在于，对相关法律事实及法律条文所进行法律的解释或适用等活动，二者虽均属司法活动，然而二者并非同义。为了不使法学蜕变为政治教条，就非常有必要，不断地以生成的历史意义的反思形式来消解固定形态的"客观的"（riplicable）正义（Richten）（波斯纳：《法理学问题》，苏力译，中国政法大学出版社2002年版，第9页），至少是不断地进行悬搁，使以前所述的所谓的经验在现实形态中涌现出来，而唯一可行的办法，首先即是理解，还原式的、但又切身的理解，而对意义的理解就是意义的现实——这是解决理性与启示，本质与存在诸种问题的切入点。由此，历史学理解的任务就在于从现存的作为历史世界内容的文本、器物、事件中，恢复它们所处的语境和生活世界。因为历史科学与自然科学研究的对象不同，历史是独一无二的，无法重复，也无法假设的。理解的主体应当尽量像历史中的当事人理解自己一样地理解他们。历史绝不仅仅是遗迹或陈列品，等待着人们来组合和安排，更重要的是一种如同伽达默尔所称的"效果历史"。解释者应向历史本文敞开自己，聆听历史本文的声音，在广阔的情境中把个人的视域与历史的视域进行调解与融合，两者相互作用、不断对话、碰撞和问答，这样，历史就将在解释者的体验、移情、想象中复活。也就是说，它要求的不是用肉眼观察，而是用心去体验，是一种直觉。萨维尼也认为，单纯的逻辑方法还不够，必须借助"直观"（Anschauung）的方法来弥补概念逻辑推理的不足，而直观则是文化科学中的核心概念之一。萨维尼的这一思路极大地影响了耶林，最终促成了"利益法学派"的形成。这是德国精神科学/文化科学（Geisteswissenschaften/Kulturswisshenschaften）留下的遗产。事实上，德国的精神科学，如狄尔泰的"体验"（Erfahrung Erlebnis，对精神科学演绎创造过程中强调情感与理智的交融，通过"演"与"创"表达情感与理智）、李凯尔特的自然科学与文化科学的两分，在很大程度上，甚至可以说最早就是建立在历史科学的基础上的。狄尔泰在评价耶林的著作时指出：

　　　　法律的装置，如特定时空的法律书、法官、诉讼当事人，首先都是法律的有目的的制度的表达，这些表达使法律有效力。目的制度创造了一个对个人意愿的清楚的、外在的规制，它创造了完美生命的条件，如果他们能够通过强制意识到的话……对在一个特定的社会、一个特定时期的有效的法律的历史理解，可以从法律外在的装置转向对法律宣称的东西，以及由集体意志产生并执行的法律强制的智识制度来实现。耶林讨论罗马法精神时采取的就是这种方法。他对这种精神的理解并不是来自心理学的直觉。而是通过回到人类心灵创造的有着自身模式和规律的结构中实现的。法学，从对法学汇纂的章节的理解，到对整个罗马法以及比较法的理解，都建立在这一基础上。（Wilhem Dilthey, *Selected Writings*, H. P. Rickman, ed., London: Cambridge University Press, 1976. Quoted from *Culture and Society: Contemporary Debates*, ed. by J. C. Alexander and Steven Seidman, Cambridge University Press, 1990, pp. 33 – 34)（转下页）

这门科学开始了一种持久性的追思和回答。在教会之外，这种追思性的标示更是一种开创。仅仅在拜占庭还保留着当时的一种古代精英文化的残余。除此之外，在中世纪早期的核心欧洲，以及在与世界历史完全不同的中国和伊斯兰地区仍然保留着经久不衰的精英文化（Hochkulturen，相对于泛文化）。自从进入公元7世纪以后，那里的人们的精神生活更加满足于中世纪中后期的基督教，但这些并不属于近代的欧罗巴，而且是一种停滞的欠发达的精神生活。当进入中世纪鼎盛时期，这种状况获得改变，尤其是在阿尔比斯山以北的古代核心欧洲的经济巨大发展的带动下，欧罗巴中心开始发光。随着气候条件的改善、新的建筑方法和技术的应用、农业经济生产的提升，地主压榨农民成为现实。人口爆炸性的增长也推动了土地和农副产品生产的发展，成百上千的城邦酝酿出大量的手工业工人和商人，这同时也使得商业和金融业获得巨大发展。最后，

（接上页注文）

教化的成品，在柏拉图的意义上并不是"文化的人"，而是公民（das Zivil populus，深受市民所爱戴的、保民的古罗马的执政官）。最高的教化产生最高贵的公民，亦即哲学之王——法律学家，它集哲学的爱智和政治的决断能力于一身。教化将使他们获得自由和卓越，而他们所完成的是法律学说典集[Iurisprudentia(Rechtsgelehrsamkeit, Rechtswissenschaft, Dr. H. G. Heumann: Handlexikon zu den Quellen des römischen Rechts Jena verlag von Gustab Fischer. 1884 S. 298)]，也因而体现了一个民族的理念。施特劳斯在论及自由教育时说的话：

> 自由教育，作为与最伟大心灵们的不断交流，是一种在温顺而不只是谦卑的最高形式之中的试验。它同时是一次勇敢的冒险：它要求我们完全冲破智识者的浮华世界，它和他们的敌人的世界完全相同，冲破它的喧嚣、它的浮躁、它的无思考和它的廉价。它要求我们勇敢，并意味着决心将所接受的观点都仅仅当成意见，或者把普通意见当成至少与最陌生和最不流行的意见一样可能出错的极端意见。自由教育是从庸俗中的解放。希腊人对庸俗有一个绝妙的词，他们称之为"apeirokalia"，形容其缺乏对美好事物的经历。而自由教育将赠予我们这样的经历，在美好之中。（列奥·施特劳斯：《什么是自由教育》）

迄今的历史所要表明的是法在受过法律职业的教养、深化和完善化的人们中间的进步的。下面有待于我们来看清楚它们之间的循环模式：法律是基于理性的，是一种人为理性，只有受过法律训练、有法律经验的人才会运用，是一种特殊理性而不只是常识，道德哲学的运用或政策分析与此相关的只有法学家才懂得法律。法律的存在是与统治的政治机构相脱离的，是一个职业等级的领地。因此，法律是由法官发展起来的并在他们的司法判决中表述或隐含的一个原则体系。（波斯纳：《法理学问题》，第13页）——译者注

城邦学校和大学替代了教化活动，从而带动了民众的知识的提升。美国历史学家查尔斯·哈尔金斯（Charles Haskins）1927年曾经指出这些活动完全可以与12世纪的文艺复兴相媲美的。在今天看来，这情况的发生完全是希腊哲学的新发现的结果，尤其是从柏拉图和亚里士多德开始时的信奉伊斯兰教的西班牙诠释阿拉伯科学家们的原文，并将其带入欧罗巴的核心。在西方用罗马字体拉丁语的宗教显得过于陈旧，现在人们也认识到欧洲的特性，这与伊斯兰和中国完全相反，凸显出它的反面。到了中世纪鼎盛时期，这种状况发生转变，并产生了欧罗巴的现代精神。这是一种现代精神。这种精神本身直到今天还处于持续的改变当中，而且在未来可能仍然不断地改变每一个科学性教化活动的基本原理。即这些改变在不断地清除原本属于那些宗教性义务而融入欲望教化、实验和无限制的统计。

同时在其他方面也发生了进步，诸如在人类的历史研究中也融入了科学，这就像我们联系到雅克布福格所做的研究一样，其中较为经典的是：我将要，就因为我能够！这些发展变化必将引向资本主义。这种认知推动了自然科学和科学技术的发展，诸如那个直到被教会烧死之前仍然在不断求真的伽利略，正是这种认知求真的欲望最后推动了工业革命。然而这些问题并不是所有文化都存在的，相反，在其他精英文化当中诸如中国、印度、伊朗，却不存在这个问题，它们并不想知道，经由哪些步骤最终能够有效阻碍教会与城邦以及法律与宗教的同化。确实在中世纪的鼎盛时期，欧罗巴作为文化统一体当中的特殊一级，并与宗教、法律形成三足鼎立的状态。首先是基督教，其次是民族联盟性的君主式统治，最后是逐渐从教会脱离出来的近代科学，这三者构成了欧罗巴的核心，不断传播并在周边区域不断产生影响力，最为明显的例子就是中世纪的大学所进行的传播。在大学这个屋檐下生活着许多使用不同语言、具有不同的生活习俗方式，以及民族之间存在着较大差异性的学生们，他们所具有的多样性从一开始就被归属为欧罗巴特性，就像其他三种特性一样。同样在法律当中也是一样的，但这种多样性在宪法当中却是微不足道的。只有在格雷戈尔七世①通过罗马教皇改革之后，才有现代国家的雏形，这也就使得那些期望通过教会而操纵世界大国的设想落空，最终国家与教会始终保持严格地分离。

---

① 11世纪格雷戈尔七世的这次改革，人称"格雷戈尔改革方案"，这是一次革命性的宗教改革，产生了教会宪章。其中规定，宗教权力是通过三种象征来呈现的，即"宗教桂冠""渔夫戒指"和"教宗祭服"。这些为中世纪罗马天主教提供了一种范式，即唯以教宗为依据，唯教宗一人有特权，成为了神的代理人。

随着时间的推移，同样刑罚法以相当有规律的方式获得发展。中世纪早期，欧罗巴中心的日耳曼法在当时曾经被称作野蛮法，这种状况直到《萨利克法典》（Lex Salica）才有些改变，并且自身也做了补充，这些在很大程度上被古罗马后期的刑罚法所吸收。在一些边缘性学科也曾经出现过比较详尽的阐述教会，但是其更多的是强调私法的多样性问题。在很多区域中罗马私法传统被保留在很多领域，并最终被习惯法所吸收，而且这些习惯法也被后来的日耳曼法所吸收，这些不是对罗马居民豁免，而是对日耳曼的统治阶层所做的豁免。以西哥特罗马法为范例不仅仅对于西班牙的西哥特法，而且对当时所有地区都生效，这种效力在法国南部地区一直保留到12世纪，甚至还扩展到勃艮第、普罗旺斯及整个意大利。

可是在进入12到13世纪后，查士丁尼逐渐将其发现的习俗习惯编撰进法典当中去。在这部法典当中既吸收了欧罗巴大陆核心区域广为接受的古典罗马法，同时也将天主教教会法作了大范围的调整后融入其中，最后落实职业法律人产生环节——即职业法律人必须经由大学的学术理论培训后方可进入职业工作。随着社会不断地发展，地方区域法律法规也不断地以各种不同的方式融入其中。但在英格兰和爱尔兰所产生的习惯性法律，却没有受到罗马法影响的习惯法，而职业法律人却是相同的——必须受过学术培训的法律人。斯堪的纳维亚大陆曾经出现过抵制罗马法的继受，创制属于自己的法律体系，但这种法律体系仍然同罗马法有着很多相近性，至少可以说产生的法源是彼此相近的。同样，东欧也不存在继受罗马法的情况。

到了19世纪后，各地开始产生了一些不同等级的、更加多元化的、马赛克式的习惯法（Tomasz Giaro）。这种情况自古高地时期的欧罗巴就已经存在了，而且在当时曾经有六大私法区域。应该说不管是罗马法还是其他区域大陆的习惯法都保留着陪审员制度、宗教以及庭外调解，而且这些也在欧罗巴核心区域不断地传播。具体如图3所示：

欧罗巴中西部：贵族领地法，西班牙、葡萄牙法国、比荷卢经济联盟德国、奥地利、意大利吸收了相关的农业经济法及贵族领地法。

英国和爱尔兰：没有继受罗马法、不成文法、领地法。

斯堪的纳维亚：丹麦、挪威、瑞典、芬兰，没有继受罗马法，没有领地法。

欧罗巴中东部：波兰、匈牙利、波西米亚，罗马天主教，没有封建制度，但是存在贵族特权，受罗马法影响较小主要是受天主教教会法影响。

欧罗巴东南部：塞尔维亚、黑山、希腊、罗马尼亚、保加利亚属于中世纪拜占庭区，受拜占庭法律的影响，属于奥斯曼土耳其控制区域。

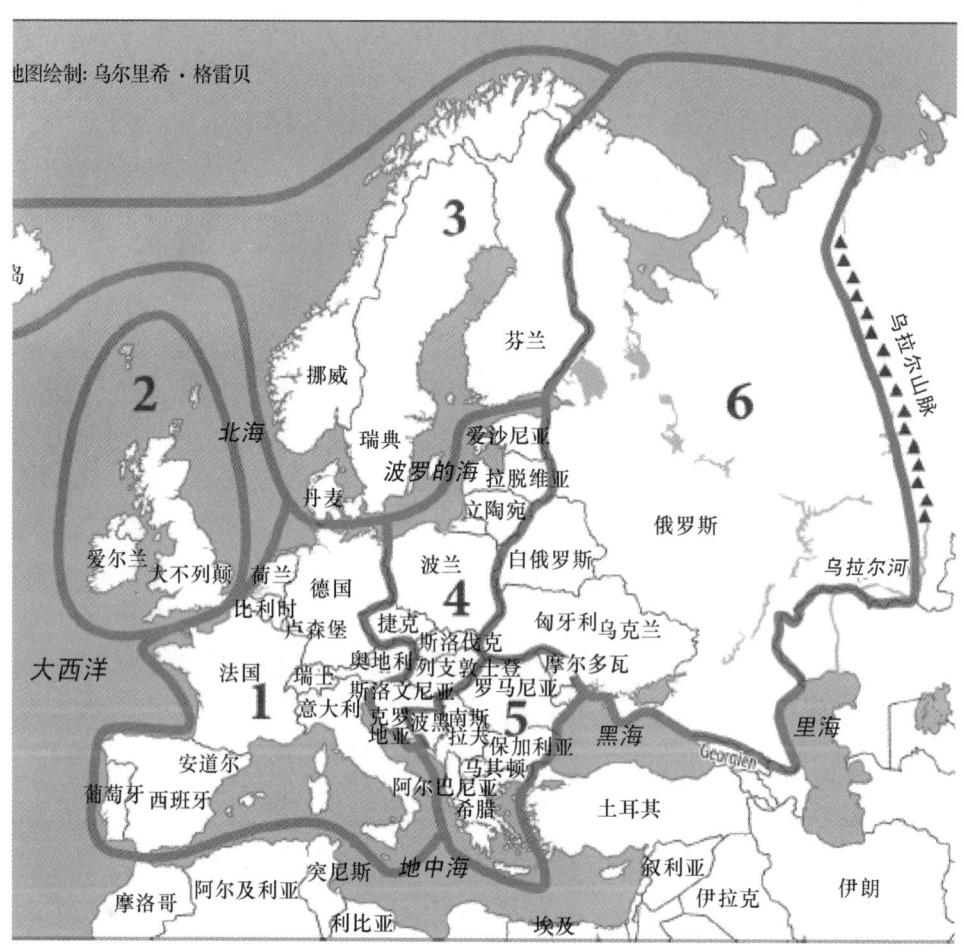

图1-3 欧罗巴六大法律区域图

俄罗斯：属于拜占庭区域接受正教信仰的，一直保持独立，就司法方面而言较少受到拜占庭的影响，而受东正教教会法的影响。没有封建制度，但有贵族特权。其他的，在进入16到18世纪的近现代早期的西欧仍然存在着大量的封建领主贵族对农民予以统治，在东欧也有类似地主①对农奴予以统治。进入中世纪之后，除了封建制度之外，还存在着等级制度，这种等级由贵族、僧侣神职人员及农民三个等级构成的。后来，市民介入这个等级社会。随着某种特定的社会分化的产生及其自身所可能完成的转变，社群性的社会学分类最终完成。不久之后，这些社群分类就由古代群众大会或者说是今天意义上的国民会议替代等级代表大会。尤其是在近现代早期，诸如如果需要取得征税许可，需要全体社会的代议机构共同倡议后，由国王颁布。由此，就从封建等级制度当中产生了欧洲的代议制度和民主制度。相对于其他文明而言，欧洲文明中具有其自身的特性，其融合了城邦与宗教、法律与宗教，这在其他文明中是不可能做到的。在英国，从1215年的大宪章开始，英国社会逐步走向议会制。同样在欧洲大陆上，1789年法国大革命后，从这个封建等级社会当中产生了民主，并且占据了整个19到20世纪。在私法领域里，在这两个世纪当中，欧洲法律多样性对东西方影响最为强烈，并且也受德国潘德克吞法学思想影响。现代的东欧、苏联的剧变确实令人惊讶，确实也没法把握。在这个社会体系崩溃之后，又再次发生巨变，尤其是欧洲一体化进程的推进，尽管在未来也许这是一种非

---

① 地主与封建领主如波西米亚的切尔尼伯爵、波兰的拉济维乌家族和查托里斯基家族，匈牙利经营葡萄酒和牲畜贸易的大贵族等等。他们把农奴纳入对外封闭的经济实体中，但这种经济实体其实不是真正的自给自足经济。为了奢侈品等生活花销，他们根据西欧工商业资产阶级的要求生产谷物、木材、牲畜、葡萄酒乃至烟草等商品和原料。但是他们又不懂得资本的经营，只会用重新推行野蛮的农奴制来强行增加生产以满足自己和西欧资本主义的需求。这就好比巴西和美国内战前的南方种植园经济。生产资料所有者推行最野蛮的奴隶制，目的却是为当时最先进的生产方式提供原材料。他们不懂得自己去经营庄园，雇佣廉价的农业工人来增加资本。农奴主们只知道坐享其成。但是他们的庄园又和从前的农奴制庄园不同，而是成为了当时商品经济中的一个环节。因此德国历史学家们往往借用"地主"（Gutsherrschaft）一词来称谓这些农奴主，以别于传统的"封建领主"（Grundherrshaft），一直到1820年左右在资本主义工业革命普遍展开后，形势才出现了转折。地主们才意识到自己的生产方式跟不上形势需要了。土地作为他们的最大资本，迫切需要加以维护和改良。所以他们逐渐开始解放农奴（与其说是解放，倒不如说是"抛弃那些被认为吃饭的人太多而能够劳动的人太少的农奴家庭"），农奴无偿的劳动又被更经济划算的农业工人所代替。更为重要的是在农奴"赎买"自由的过程中，地主们又得到一笔可观的原始资金。于是，资本主义的机器在德意志，特别是奥地利、普鲁士和波西米亚轰隆隆地开动起来。——译者注

常不确定的,但是欧罗巴是什么?欧罗巴就意味着欧洲的吗?在法律当中也同样是。

附注:

欧罗巴的法律史,从狭义上讲,是指中古世纪开始,经过近现代早期,最后到今天的希腊和罗马,广义上讲包括西班牙到挪威,从英国到俄罗斯及其他较远的区域都应该属于欧罗巴的法律史。为何?因为我们可能从历史当中学到如何更好地理解现实并思考未来,同样法律也是。这对于其他社群社会也仍然重要。经过过去几十年的辛劳,我们终于迎来了欧盟。尽管是这样,我们还是成功了,这种对欧洲的历史性回顾将扩充我们的眼界。在此,通过不同历史时期的不同作者的历史学方式分摊欧洲法律特性,同时也将从西班牙到挪威甚至更远的地域当中的一些重要的事情罗列到本书当中,以期望能够透过某些树木窥探整个森林的全貌。在这里也存在一个问题,那就是欧盟的问题。欧盟仅仅应该限定在目前的 27 个成员国吗?显然不是。那是否首先考虑还有哪些国家将加入,其次像第一章所描述的那样,欧罗巴的历史是如何在多样性中保持统一的。同样法律史也是一样的,是否包括所有 46 个国家。我们是否仅仅限定在六个法律区域并对其作出详细描述,而对其他较小国家只作总体性描述。从中世纪开始,我们所作的描述即按照从西到东的顺序开始的:即从西班牙、法国、英国、德国、意大利、丹麦、挪威、瑞典、波兰、波西米亚、匈牙利和俄罗斯。在进入近现代早期,荷兰和瑞士加入,以及 19 世纪的从比利时划分出的奥地利帝国和再次复兴的希腊。尽管是这样,有时候我们还是出于各种不同的原因考虑,尤其是地缘变化等因素,尽可能较少忽视诸如葡萄牙、伊朗、苏格兰、冰岛、芬兰、斯洛文尼亚、克罗地亚、塞尔维亚、黑山、波斯尼亚、波罗的海国家、罗马尼亚、保加利亚及其他国家和地区。本书所描述的国家区域有大约四分之三的欧洲区域,这应该是足够的。第三个问题是语言的问题,即如何理解北欧日耳曼语、斯拉夫语、匈牙利语,完全取决于对西欧的普遍性的描述问题,这些不可能是一种最后的状况,而且还有一个其他问题。在具体细节上对欧洲法的研究存在巨大的文献以及对文献理解的问题。最后,我想引用弗雷德里克·肖邦临终时对冯·格特弗德里德·本的音乐诗词当中的一句遗言结束本章:"按照我的意图,去实现我的追求。"为此,本书所呈现的这个欧洲法律史是按照时间顺序完成的。

附注文献：

亚瑟·杜克（Arthur Duck，1580—1648），曾经是英国的法官，并且是斯图亚特王朝卡尔一世（Stuart-Königs Karl I）的追随者，他最早写过欧洲法律史，讨论罗马法在德国、意大利、法国、西班牙、英国、波兰、匈牙利、丹麦、瑞士和波西米亚等地区的效力和时效性）。亚瑟·杜克的文献资料最早出现在冯·特·海因里希的《早期基督教城邦区域内的罗马市民法的适用与效力》(Über Gebrauch und Geltung des ius civile der Römer in den Staaten der christlichen Fürsten) 第 1990 行；亚瑟·杜克的著作最早由冯·特·勃门（F. T. Böhmen）翻译成德语，在其翻译当中尤其突出 1640—1649 年间发生在牛津大学附近的城堡主之间基于流放地而引发的战争，这场战争最终以卡尔一世 1648 年的死亡而结束。

Continental Legal History Series, herausgegeben von Law Schools der USA, 10 Bände, 1912/28, Neudruck 1968/69.

Helmut Coing, Handbuch der Quellen und Literatur der neueren europäischen Privatrechtsgeschichte, 3 Bände, der zweite in 2, der dritte in 5 Teilbänden, 1973 /88.

Helmut Coing, Europäisches Privatrecht 1500 bis 19. Jahrhundert, 2 Bände, 1985/89.

O. F. Robinson, T. D. Fergus, W. M. Gordon, European Legal History, 1985, 3. Aufl. 2000.

Hans Hattenhauer, Europäische Rechtsgeschichte, 1992, 4. Aufl. 2004.

Renée Martinage, Histoire du droit pénal en Europe (seit dem Ende des Mittelalters), 1998 (ein kleines Taschenbuch mit 126 Seiten).

Wolfgang Reinhard, Geschichte der Staatsgewalt. Eine vergleichende Verfassungsgeschichte Europas von den Anfängen bis zur Gegenwart, 1999, 3. Aufl. 2003.

Jean-Louis Halpérin, Histoire des droits en Europe de 1750 à nos jours, 2004.

Herbert Küpper, Einführung in die Rechtsgeschichte Osteuropas, 2005.

Mathias Schmoeckel, Auf der Suche nach der verlorenen Ordnung. 2000 Jahre Recht in Europa-Ein Überblick, 2005.

A. Padoa-Schioppa, Storia del diritto in Europa. Dal medioevo all'età contemporanea, 2007.

欧洲法律史

Geschichte des Rechts in Europa

Continental Legal History Series, herausgegeben von Law Schools der USA, IO Bände, 1912/28, Neudruck 1968/69.

Helmut Coing, Handbuch der Quellen und Literatur der neueren europäischen. Privatrechtsgeschichte, 3 Bände, der zweite in 2, der dritte in 5 Teilbänden, 1973/88.

Helmut Coing, Europäisches Privatrecht 1500 bis 19. Jahrhundert, 2 Bände, 1985/89.

O. F. Robinson, T. D. Fergus, W. M. Gordon, European Legal History, 1985, 3. Aufl. 2000.

Hans Hattenhauer, Europäische Rechtsgeschichte, 1992, 4. Aufl. 2004.

Renée Martinage, Histoire du droit pénal en Europe (seit dem Ende des Mittelalters), 1998 (ein kleines Taschenbuch mit 126 Seiten).

Wolfgang Reinhard, Geschichte der Staatsgewalt. Eine vergleichende Verfassungsgeschichte Europas von den Anfängen bis zur Gegenwart, 1999, 3. Aufl. 2003.

Jean-Louis Halpérin, Histoire des droits en Europe de 1750 à nos jours, 2004.

Herbert Küpper, Einführung in die Rechtsgeschichte Osteuropas, 2005.

Mathias Schmoeckel, Auf der Suche nach der verlorenen Ordnung. 2000 Jahre Recht in Europa-Ein Überblick, 2005.

A. Padoa-Schioppa, Storia del diritto in Europa. Dal medioevo all' età contemporanea, 2007.

文献资料:

Das Zitat Bruno Snells, in der 3. Auflage 1955 S. 43. Herodot, Historien I. 3. Zur Bedeutungsgeschichte des Wortes Europa im Altertum: Der Neue Pauly, Bd. 4, 1998, Sp. 290 – 293, seit dem Mittelalter: N. Davies, Europe. A History, 1996, Ausg. 1998, S. 7f., vgl. noch Wolfgang Schmale, Geschichte Europas, 2001, passim. Norman Davis zur Nichtidentität Europas: a. a. O., S. I – 46, das Kamel: S. 46. Egon Friedell: Kulturgeschichte der Neuzeit, 1927, Ausgabe 1996, S. 59. Die allgemeine Überzeugung von der Zugehörigkeit zu Europa z. B. die Listeder europäischen Staaten in Brockhaus, Die Enzyklopädie in 24 Bänden, 6. Band (1996) S. 658. Zu Griechenland: B. Snell, Die Entdeckung des Geistes. Studienzur Entstehung des europäischen Denkens bei den Griechen,1946,9. Aufl. 2000. Ihre politische Theorie:A. Demandt,9. Aufl. 2000. Der Idealstaat. Die politischen Theorien der Antike,1993. Ihre sehr radikale Demokratie z. B. ;M. H. Hansen,Die Athenische Demokratie im Zeitalter des Demosthenes,1995. Das Reich Karls des Großen als Fehlgeburt:J. Le Goff,Die Entdeckung Europas im Mittelalter, 2004,S. 48 - 61,der Vergleich mit Napoleon und Hitler S. 48. Zur "Entstehung Europas" im Mittelalter,meistens im Hochmittelalter und zur großen Wende im II. und 12. Jahrhundert außer Le Goff:M. Bloch,Aus der Werkstatt des Historikers,2000,S. 162 ff. (ein Aufsatz von 1928);O. Halecki,Limits and Divisions of European History,1950 (deutsch 1957);K. Bosl,Die Grundlagen der modernen Gesellschaft im Mittelalter,2 Bände,1972;R. Bartlett,The Making of Europe,1993;Lucien-Fèbre,L'Europe:Genese d'une civilisation,1999;R. Moore,The First European Revolution (c. 970 - 1215), 2000 (deutsch 2001),auch zum Europa der Verfolgungen;M. Borgolte,Europa entdeckt seine Vielfalt 1050 - 1250,2002,dort S. 221 die "besondere kulturelle Einheit". Über die Fähigkeit zum Fortschreiten:J. le Goff a. a. O. S. 267 ff. Zu den drei Säulen (so nicht ausdrücklich genannt,wohl aber beschrieben):Borgolte,S. 383 ff. und K. Zernack,Preußen-Deutschland-Polen,1991,S. 8 ff. ;M. Mitterauer,Warum Europa? Mittelalterliche Grundlagen eines Sonderwegs,2003. Zur Lex Romana Visigothorum und ihrer Verbreitung:H. Siems,s. v. ,Handwörterbuch zur deutschen Rechtsgeschichte,2. Band, 1978,Sp. 1940 ff. Zu den Rechtskreisen:K. Zweigert, H. Kötz,Einführung in die Rechtsvergleichung,3. Aufl. 1996,S. 62 ff. ,zu den osteuropäischen:T. Giaro, Westen im Osten,in:Rechtsgeschichte Bd. 2 (2003),S. 123 ff. ,dort auchzum Einfluss der Pandektistik.

第二章 古希腊

历史与经济

公元前2000年前，也就是从青铜时代中期开始，首批印欧人种的一个分支希腊人，来到了希腊的本土，他们被称为爱奥尼亚人。因为他们的到来，使得动乱、破坏、印欧的宗教传入，改变了原有的平静。而后，克里特岛上的米诺斯帝国，以严密的结构，取代了旧青铜时代众多分散的君主小国，它控制了爱琴海，发展了庞大的贸易事业。到了公元前800年左右，城邦制出现于此，有了民主及专制之分的雅典与斯巴达，希腊各城邦的内战就此开始。而在外面的世界，波斯也想并吞此地以建立帝国，在这种内忧外患的环境下，马其顿国王一统希腊，并且成立了一个大一统的王国，结束分散的城邦局面，正式进入希腊历史的高峰。亚历山大大帝的丰功伟业，就此展开序幕。提到古代的希腊，便使人联想到永无休止的战争，无论是外来民族的侵略，抑或是希腊人本身的斗争。例如，波斯人扩张版图的野心，使他们来到了希腊，而希腊本地的"自由社会"乃是波斯王大流士的心腹大患，因为恐怕已被收服在小亚细亚的希腊人，受其影响而再度反抗，因此并吞此地希腊本是当务之急。30年之后，战争落幕，波斯与希腊签了卡利亚斯和约，以维持两方的和平。雅典自恃掌握爱琴海的制海权，多次因利益冲突与各城邦起争执，其中也包括了和斯巴达的长期兵变。自古以来，战争在时代的递嬗中是不可或缺的，起因不外乎是无止境的欲望，或是对社会的不满。所以，建立了新王朝之后，如何带给百姓安定、繁荣的生活，便是统治者应深思熟虑的问题。虽然在一个国家之中，人民的地位永远不比国王高，但若引起人民的不满与愤怒，他们团结起来的力量就不是国王所能抵挡的了，所以这股人民的团结向心力，是不容被忽视的。在古希腊人的宗教信仰中，神祇承担着治国、统率军事、管理生产等功能，又因为人种的不同，所信服的神祇也大相径庭。各城邦居民属多神信仰，各城古代的英雄也成了被崇拜的偶像，受到民众的爱戴。希腊人的宗教信仰在波希战争中大大地增强，此时德尔菲神庙便是他们精神上的支柱，有助于克服战争所造成的严重困难，宗教对人民的影响非常巨大。在战乱频仍中，人人在心灵上，都需要一种寄托、安慰、警诫，策动自己度过人生的每一个阶段。尤其是在动荡不安的时代中，它更是扮演着举足轻重的角色，它可使人民免于恐惧，等待着黎明的到来。宗教信仰像一种调和剂，使社会达到平衡安定的状态，带领人们成长。公元前1200年左右，宏伟的迈锡尼宫殿受到一支海洋民族的侵袭而化为废墟，之后，希腊便进入了黑暗时代。但这却不是野蛮倒退，许多了不起的发明都在此时，例如，外表图案鲜明匀称、反映人的世界观的几何陶，已经公认为世界上少有的几何式特征；希腊人也接受了来自亚洲的神明，并且在公元前1000年左右，正式将他们供奉在万神庙中。公元前750年，希腊人接受了腓尼基文，并且创作出他们自己的希腊文字。诗人荷马生活于新旧世界交替之际，他所描写的内容为战争当时的社会景况；另外也有诗人以抒情诗来感时讽事。悲剧使平民对问题加以关注和思考；喜剧使宾客在酒酣耳热之余获得启迪。苏格拉底论人生的目的，柏拉图的观念论，亚里士多德的感官论，这些奠定了后世哲学研究的基础。文化的演变与历史的推进，有着密不可分的关系。由于社会的转变，所以有不同面貌的文化，通过一次又一次的改进，才有如今便利的生活环境及先进的想法。从文化中，我们可以想见当时的社会情况，并进一步了解当地人民的生活。希腊虽然远在欧洲，但她的文化却已散播至世界各地，希腊的古典文明，不论是政治、建筑、学术等，均深深地影响着各国的人们。前人历史的脚步，对应今日的所做所为，鉴往知来可预防错误再发生，也能使成就更深远。历史的重要性除此之外，其实还有更多、更丰富的意涵，必须靠你我用真心、诚心去领悟与感知。

如何解释欧洲缘起于荷马史诗当中的希腊？公元前2000年外来移民与当时生活在地中海的人们和平而团结地生活在一起，后来生活在那里的人们都称为希腊人。在这里产生了希腊文化，产生了一个好战的社群社会，建起了牢固而耐用的宫殿。尤其是在800年后的大约公元前1200年，这里产生了第二次希腊移民，这次移民人们称作多立克人。根据在之后的500年即公元前5世纪的罗马人的描述，在同期还有意大利人以及意大利的伊特拉斯坎人也来到这里。之后的400多年直到公元8世纪这段时间里是完全模糊的，而且对于在那一段时间里的希腊也好、意大利也好，我们今天知之甚少。应该说当时的希腊民众的生活在某种程度上讲，具有相当高的统一性的，他们主要过着农业生活，尽管当时没有城邦，但还是有一定强势的贵族存在的。进入公元前8世纪，这种状况发生改变,尤其是在不久之后进入荷马时代,那里出现了城邦的雏形。迈锡尼文明崩溃后,在整个爱琴海地区,人类的居住型态又回复到村落的水平。野蛮的入侵者放弃了以宫殿为中心的高度文化,却在他们从北方带来的部落传统的基础上,重新建立新的文明。希腊人在迁移的期间,基本上是从事畜牧,定居后就将传统的畜牧与农业结合起来,回复以务农为主的生活。因此形成了一些规模小、经济上自给自足的单位。在当时克里特向迈锡尼的海上贸易都已经萎缩衰退,但是希腊人从克里特文明中学来的航海技术却从未失落。制造铁器的新科技更加强了小规模、自给自足的经济单位。青铜往往是成本高昂的一种金属,因为它的构成元素(铜和锡)比较稀少;此外,因为铜和锡很少一起被发现,因此制造青铜便须经过以贸易或征服的方式,而使不同地区的经济结合起来。至于铁则分布广泛且易取得,铸造铁器的工匠因此就可从依附宫廷的地位解放出来,而自行开业制造工具,供应农村所需的便宜农具与防御用的廉价武器。农村网络就是这样建立起来,奠定了整个希腊古典时期的经济生活基础。即由于经济生活倾向于分散,所以从铁器时代初期开始就一直持续到公元前500年,使希腊文明能显著地发展出为数众多(几近数百)的小城市,且在这些小城市中培养出经济自足与政治自主的理想。由于村庄又回到经济上的自给自足,部落式的社会组织再度复苏。这种组织型态是希腊人在迁移时一起带过来的,但由于受到迈锡尼统治时期个人主义的影响,这种型态曾经一度衰落。最终的社会单位是家长制的家庭:一屋、一妻,及一头犁田的公牛。田园诗人赫西奥德(Hesiod)如是说。除了一些多瑞安人的城邦如斯巴达以外,家长制的传统在希腊文化中根深蒂固:城邦中活跃的公民,皆是成年男子。家长式的家庭被围绕在一连串以血缘为中心的家族、氏族、部族之中。在古典时期希腊的城邦从早期继承了一项观念,认为公民身份包含着某种兄弟血缘的意义在内,藉由参与祖先的宗教仪式以获得身份的认可。因此这项原始部落的传统,提供了希腊公民权观念的基础,这正如罗马人对于公共事务(也可译为共和)的观念,使国家像一家集体的大企业,它是属于人民,而非国王或神的财产。尽管在古典时期,对于土地的私有权仍存有若干的限制,但希腊早期的经济主要还是建立在私有财产的基础上,后来的发展使这项制度更为巩固。从迈锡尼时代开始,这种部落传统就因经济的不平等与社会阶级的继承变得更加复杂。在社会阶层的顶端,是一群拥有土地的武士;公元前800年以后,这个群体逐渐成为自觉的贵族阶级,并自行发展出一套与众不同的生活方式。他们注重体育竞赛、生活奢华的环境,在社交上表现得高傲自大。位于社会阶级底层的是奴隶,虽然在公元前800年之后,其数目已相当有限。介于其中的则是各阶层的自由民。在自由民中，部落城邦居民与外国居民，其差别最为悬殊，甚至在古典时期的外国居民不仅被排除在部落城邦区域的政治生活之外，同时在法律之前亦未能享有充分的平等。其次具有差别待遇的，是地主与无地者。最初的部落观念认为，所有的部落成员，也只有部落成员，才能分得一份部落的土地；无地的工匠和打零工的苦力因此退出了部落制度，而逐渐与外国居民阶层为伍。于是，早期的希腊便已发展出明确的社会阶级：最顶层的是地主贵族阶级；中间阶层在上者为有地的农人，无地的商人、工匠、农地苦力居中，外国居民在下；位于最底层者是奴隶与农奴。

在希腊文字以及铸币的推动下，城市联邦产生了。早期那里没有也不可能有决定性的权力中心，这些同意大利城邦的形成有着一定程度的对比。公元前8世纪中期的罗马城邦是在古老的乡村殖民地区域产生了小型城防型的城邦。这种情况在考古学的发现当中印证了罗马人的观点，他们的城市建于公元前753年。尽管当时存在着数百个希腊城邦，但是却没有两个有相同的城邦制度，每一个城邦都代表各自不同的政治型态，这些型态完全是在早期希腊历史变迁的基础上慢慢发展出来的。一个希腊城邦中主要的组织有：（1）执政官；（2）顾问委员会或元老院；（3）议会。

执政官脱胎自部落主权，而委员会及议会是脱胎自部落集体主义的传统：在荷马史诗中即可见到这两种传统的合作无间。荷马史诗中的国王是宗教的祭司、战争的领袖、正义的执行者；在他身边有一个由元老组成的顾问委员会，国王经常向他们征询意见；国王的决定必须通知人民议会。虽然最早期的城邦全都遵循着《荷马史诗》中的型态，然而一旦有土地的贵族阶级巩固了自己在希腊社会结构最上层的地位，王权便开始衰落了。贵族于是独占了执政地位，并将执政官贬于隶属顾问委员会之下，事实上顾问委员会成为全体贵族出席的会议。尽管希腊又退回到地方与封建的特殊现象，但政治集权的传统并未消失。在古典时代城邦形成的核心，却是由迈锡尼文化继承而来，在古典时代的初期，严格说起来，城市生活根本不存在，不过在众多农村中有些地区里的农村就脱颖而出，而被称为城邦。这些地区都是建有防御堡垒的高地，在它的下面有人垦殖定居，后来逐渐发展而为商业与工业的城镇，大多数都是迈锡尼时代军阀城堡的所在地，雅典的卫城便是一个最佳的显例。这些防御据点成为四周环绕村落的军事防御及宗教庆典与政治行政中心。城邦这个名词最初仅限于指防御的城堡；后来这个名词扩及防御城堡的范围，扩充涵盖了位于较下方的城镇；在古典时代，这个名词则是指被城邦所统治的整个地区及公民团体。城邦制的确立，在不同的地区，采取不同的方式，以不同的速度进行着。在希腊文明中，特殊倾向竟是如此强烈，以致在古典时代如果政治疆界与文化、地理界线一致，反而成为例外。其中最显著的例外便是，在斯巴达统一下的拉科尼亚，及在雅典统一下的亚地加。其他有共同利益与文化同构型的地区，往往包含着许多城邦，它们或以结盟来弥补政治不统一的缺点（如塞沙利、阿卡迪亚），或浪费它们的精力互相打仗（如比奥沙、亚哥利斯、尤比亚），或在政治的细微末节上不闻不问（如亚该亚、福基思、洛克里斯、埃托利亚、阿卡纳尼亚）。为了正确认识希腊城市文明的强度，我们必须时时记得，不论在地区或人口上，这些城邦都是很小的。斯巴达（8700 平方公里）及雅典（2750 平方公里）算是最大的。若想知道它们的平均规模，或许可以从以下的事实得知，最繁荣的农业地区比奥沙，除底比斯外，这个地区有 12 座城邦，每座城邦平均约 134 平方公里。雅典人口最多，公元前 5 世纪的巅峰时期，有公民 43000 名成年男子，且仅是这个阶级本身的人口数。大多数的城市，包括斯巴达，公民数皆不超过 5000 人。尽管那里的城邦统治者是由贵族担任的，但是在相对于罗马的其他地方，希腊贵族的权力基础是非常薄弱的，因为他们的城邦产生是基于一个民主宪章而形成的，他们是一种城市邦联制的城邦，最直接的体现在古典时期即公元前 5 到 4 世纪的雅典。直到今天人们还不能确切知道，究竟是哪些原因推动了当时雅典的惊人发展。也许是各个城邦处于共同御敌的目标，由众多较小的城邦联合起来共同抵御外敌。在公元前 5 世纪的时候，希腊各个城邦共同组织起来，开展了一场规模较大且卓有成效的抵御波斯人的防御战，在那次战争中希腊人获得了巨大的胜利。在随后即公元前 4 世纪产生了公认的战争指挥权，战争指挥权由当时的马其顿皇帝菲利普和亚历山大大帝共同行使。但是到了公元前 2 世纪希腊被罗马人征服之后，罗马人将希腊人的精神财富完全予以保留，甚至连雅典的由柏拉图所创建的哲学学院都视为希腊人精神财富的一部分而保留下来，尽管这个学院后来在公元 529 年被东罗马皇帝优士丁尼所关闭，那也仅仅是因为后来学院的办院精神违背了基督教基本教义。

希腊的经济是如何正常运转的？

希腊时代的经济很简单，在当时存在两种经济，一种是米诺斯的克里特岛的中央集权式的宫廷经济，一种是在之前的苏美尔人城邦的集中式的寺庙经济。在当时的宫廷是整个城邦的所有者，农民和手工业者在那里共同交易他们的产品——粮食、肉、羊毛、面包、黄油、葡萄酒等，他们从这些共同的交易中获取利润。后来如何？很多理论家不管是马克思主义的奴隶主社会理论，还是19世纪的伟大的古代历史学家们，都认为当时的希腊宫廷经济是古典资本主义。可以确定的是，卡尔·马克思过高地估计了奴隶制度对古典经济的意义，但是，如果把资本的投入与机器联系在一起，确实可以表述为资本主义。然而这些在当时却仅仅扮演着从属角色，这也是为何今天的西方人更愿意接受马克斯·韦伯的理论，即马克斯·韦伯所言的政治当中的经济整合理论"Integration der Wirtschaft in die Politik"。从历史的角度讲，一直以来经济始终处于非独立状态，也只有到了近代以后，经济才脱离政治保持独立，也才开始反过来决定政治的执行。这种情况曾经在中世纪的城邦出现这样一个例子：一个手工业者由于在这个城邦当中完成一项特定的工作、而且他的身份属于行会的这两项条件而取得了作为城邦市民而拥有政治权。同样，中世纪城邦的生存却是一直由经济决定的。

在所谓古代时期（公元前800—前500年），希腊文明随着经济的发展，开始了内部变化与向外扩张。结果促使希腊成为更加繁荣的商业与工业文明，如同在青铜器时期繁荣一般。这种趋势首先显现于希腊殖民地在整个地中海与黑海地区的增加（公元前750—前600年）。虽然希腊的殖民地运动，对希腊的商业产生革命性的影响，但它并非起因于对贸易市场的需要，而是对增加土地的渴求。面临着人口的增加与土地分配不均的恶化，早期希腊历史上农村经济的稳定因而摇摇欲坠。解决之道，便是从事领土的扩张：在某些地区的边界，战事变得十分频繁，例如在伯罗奔尼撒，斯巴达向西征服了麦西尼亚（公元前725—668年），以牺牲阿卡迪亚为代价朝北方扩张海外殖民是另一种解决方式，几乎所有希腊主要城市都采用这种办法，某些城市（哈尔基思、麦加拉、科林斯、米利都）所拥有的殖民地格外丰富。殖民最集中的地区，在西方计有意大利南部与西西里岛，在东方有黑海与马摩拉海沿岸地区。殖民地对希腊经济的影响十分广泛。内地的新殖民地与野蛮部落所提供的市场，刺激了商业与工业的大肆扩张。希腊制造的物品，以金属工具和武器、纺织品、陶器为主，大量输往地中海与黑海沿岸各地。

由于地理环境与自然资源的有利因素，或因缺乏土地的刺激，这种商业与工业革命集中在少数地区——科林斯地峡（科林斯、麦加拉）、萨罗尼克湾（文吉纳、雅典）及小亚细亚沿岸（罗得斯岛、米利都、萨摩斯）。在这些地区，早期希腊初具雏型的城市，至此成长为真正的城市。商业也改变了农业的方向。殖民地以其可输出的主要产物谷物粮食，输往这些地区。当这些城市开始依赖进口粮食，他们的农业遂从种植五谷杂粮转向专门性的农作物生产，或供自己城市的消费，或供出口之用。雅典比其他城市更遵循这样的方式；亚地加成为葡萄与橄榄树之乡，在公元前4世纪时，亚地加进口谷物的数量是当地产量的4倍。随着殖民运动所带来的经济变迁，却也同时消除了对殖民地的需求；商业与工业吸收了过剩的人口，小农地也因采取密集式专门作物的种植而变得有利可图。此一新的工商业经济，还保持了铁器时代早期组织分散的特色。工业掌握在小规模、独立自主的业者手中，大部分的工匠在小工厂中工作，并有四五个奴隶做副手。同样的，贸易也掌握在为数众多、小规模、独立自主的商人与船主手中。希腊工商业分散的形态，开发出一种最新的发明——铸造铁币。吕底亚王国位于沿岸希腊城市林立的小亚细亚内陆中，公元前7世纪便开始由国家发行金银混合的琥珀金，上面盖有重量与质量保证的印信。这种钱币可能主要用来支付佣兵的薪资，但它的单位价值太高，以至于无法用于一般的贸易用途。真正革命性的发展是采用价值较小的银币，公元前6世纪，首度发行于文吉纳、科林斯及其他城邦。这种货币的使用，使所有经济皆可以在货币的基础上进行，而非仅限于国际贸易。这种新货币制度的影响，可以用希腊城市人民大会的变化来加以衡量，人民大会最初原本在政治与宗教性的地方举行，但后来却转移到市场举行。小地主现可将种植五谷杂粮改为专门作物；工匠与贸易商不仅可以从市场上得到便宜的货物，也打破了自然经济中以物易物注定无法累积财富的限制。贪财的个人主义，曾经一度是青铜器时代国王们的消遣娱乐，而今却成为这个时代的共同口号：金钱创造了人，这在世界历史上也第一次出现。公元前6世纪，在希腊采用货币经济的同时，社会与政治也发生了大变动。从农村解放出来、重新趋向城市市场的小农与工匠，逐渐危及了地主贵族的优越性。这一追求社会平等的趋势，又因此时军事技术的改变而更加强化：在战争中的关键性角色，已从贵族精英移转到公民大众，在财力上他们已然有能力将自己装备成重甲步兵，主要的既得利益者是那些新兴的财阀富豪，他们是成功的工匠及商人，与旧贵族拥有土地财富一样地拥有巨富，他们自称为最好的人，以此鼓舞了对社会与政治平等的追求。就长期而言，商业革命虽然奠立了公元前5世纪前从事密集耕作的小农繁荣的基础，但是立即的影响对小农来说却是悲惨的。由生产普通粮食而改种植专门作物，转变的过程中伴随而来的是普遍性的经济失调，引发了农业危机，新货币经济所能提供的解决之道只是高利贷。小农迫不得已以土地作为担保，甚至还要赔上自己去借高利贷，结果使得许多人面临着沦为农奴佃户的威胁。社会阶层的最低层因获得许多农奴劳力而扩张，工业产品的新市场刺激了对劳力的需求，新货币经济也使获得这些劳力更加容易。立即产生的影响是，在富有的工匠或小农人之间便配置有一二个奴隶，如此不但扩散了农奴劳力的使用，也使大多数人享有适度增加的休闲时间。

另一方面是古希腊的艺术文化。

古希腊的艺术文化曾经并不是由于社群社会所创造，而是隶属于武士。一个手工业者曾经并不是这个城邦的市民，尽管他在这个城邦工作，但是由于他不是作为某个市民的儿子出生的，所以他不能取得市民权。市民权的取得不是因为他作为一个手工业者来对待，而是因为他是一个是市民的儿子而自出生取得的。尽管这种出生理论是正确的，而且也被多数人所认可，但是他不能被所有的人认可。

希腊城市因波斯战争后所享有的繁荣与自由，使它们能够继续完成古代时期便已不断前进的文化发展。在艺术上对最佳作品的普遍需求，连同因波斯战争而强化的国家意识，削弱了文化上的排他主义，并使艺术的品味与风格更趋一致。凯奥斯岛的西摩尼得斯（Simonides of Ceosi，公元前550—前468年）、巴克基利得斯（Bacchylides，公元前431年卒）及品达（Pindar，公元前518—前438年）等人的合唱抒情诗，不仅在自己的家乡大受欢迎，同时遍及整个希腊、马其顿、西西里和音兰尼加。视觉艺术中的高级工艺品也呈现了同样普及的趋势。形形色色的雕刻风格，减少到只剩下少数几个地区的流派（雅典、艾吉纳岛、亚各斯）；在花瓶绘画方面，雅典作品即以它的优越性促成了标准化的风格。公元前5世纪的艺术仍保留着古代时期的自由与自然主义，但在此之上更遵循着根植于希腊文化中公民意识的理性和谐的法则。其最高成就是奥林匹亚宙斯神庙（公元前456年）与雅典帕特农神庙（公元前432年）中的雕刻，它们显现出介于活力与秩序、全体与部分、具体表现与普遍意义之间，一种独一无二的平衡感。文明需求的增加，促进了科学的成长。顺着公元前6世纪诸位先驱者所定下的方向，恩培多克勒斯（Empedocles，公元前493—前434年）与安那克萨哥拉斯（Anaxagoras，公元前500—前428年）持续了自然哲学的传统。到了路西帕斯（Leucippus，公元前440年）与德谟克利特（Democritus，公元前460？—前370年？）提出的原子论，使科学发展达到了顶点，此一理论认为自然（也暗指社会）是由个别分子，藉由机械性的碰撞，而聚集成较大的集合体。

在此同时，自然哲学家无所不包的研究主题，已经分裂为数个特定明确的科学，它们都建立在自然哲学家曾经采用过的理性与实验方法之上。然而，因为通才的理论研究与粗俗的实用技术间的分离，自然科学的成长受到限制：工匠的实用知识没有建立在科学的基础上；数学则以身为一种纯科学而相当兴盛；唯一成功结合了理论与实用的，则是希波克拉底（Hippocrates，公元前5世纪末至前4世纪）的医学。

社会科学受到实际政治兴趣的刺激，也有很大的进步。希腊有关自己历史的神话，以及对外国的误解，被一个曾经周游世界的人——提出批评。希罗多德（约公元前485—前430年）以评论方式与解释架构，重建了波斯战争的历史，因而成了历史学之父，其评论方式与解释架构部分是源自爱奥尼亚的自然哲学家。普罗泰哥拉（Protagoras，公元前480—前435年）等巧辩家，则设计了一套有关人与社会的一般理论，以作为有志于从政者部分的教育课程。修昔底德（Thucydides，公元前460—400年）则以源于巧辩家与希波克拉底医学的分析方法，写下了伯罗奔尼撒战争的历史，而成为科学历史之父，他的目标便是要达到历史的鉴往知来。

法律问题

相对于罗马而言，希腊没有一个统一的法律，而是一个由众多的城邦①法

---

① 城邦政治中特殊的市民观念导致了城邦政治的特殊性与狭隘性，即排他性与阶级性。城邦固然是为一封闭的思想政治军事与生活空间，在这个空间当中寻求自给自足的理想追求，但最终的结果是区分出了核心人的政治观念市民与被边缘化的人非市民，所以这种平等性（equality）与非平等性（aequitus）乃是城邦政治秉性所在。城邦政治原本意在建设一小宇宙，但许多城邦并存的结果却是促动了冲突与战争。人类的政治需求既为谋求安全幸福，那么，城邦林立是否为唯一的选择？当城邦瓦解之际，城邦政治理论作为政治生活范式的地位也开始动摇，市民法观念也随之飘摇。城邦政治理论的基石之一：人是经营政治生活的动物（homo politicus；zoon politikon），市民德行（civic virtue）与城邦小自然小宇宙（polis/micro cosmos）等观念，遂逐渐遭受挑战。在人是政治动物（homo politicus）的信念下，人以社会化的公共行动获取幸福（eudaimonia）；也就是说，透过政治过程、经营政治生活，人觅得规范并建立安身立命的环境。公共化的行动，是求取个体安全幸福的途径；也因此，公共政治场域也相应出现，成为公共政治人的舞台。——译者注

所组成的。对此大多我们根本不知道。偶尔可能从一些文献或者墓碑的碑文上获得一些短暂的信息，诸如在一个非常大的墓碑上发现了南克里特岛上的戈提娜城邦法的部分条文。我们所熟知的雅典法，也同样是这样一种城邦法，这个城邦在公元前5世纪到前4世纪的古典时期才在希腊群岛成为一个较大的城邦并成为希腊的精神中心。其重要的来源是大约一百多年的希腊思想家从安提芬经过伊索克拉底到德摩斯蒂尼以及亚里士多德的关于雅典宪章的文章。但是也包含亚里士多德一些其他的文章，他的老师柏拉图也是重要的源头，毕竟从这些刻有律文和文件的碑文和那个时代的悲剧喜剧当中推断出，某个法律文献存在着某种缺失。寻找某种法律文献的缺失这项工作在古希腊当时是不存在的，只有到了罗马以后才存在，至于出于什么原因我们将在后续部分写到。尽管有更多的例子存在，但是我们在此最需要认识的仅仅是这里所写的雅典法律。虽然，有些冷落了其他城邦法，但这只是显示的是戈提娜的碑文。

雅　典

我们也知道雅典的大概的面积与界限，雅典在当时也就是阿提卡区域一半大，但在地理位置上却是希腊较大的城邦。我们需要再回到贵族统治的黑暗早期。

进入公元前7世纪，像在其他城邦出现了社会敌对，尽管这种敌对在当时完全是由于货币经济导致的，而且引发了最早的货币战争。这场战争最终被德拉古解决，并且也在公元前620年产生了德拉古立法，但这还没确定这个立法是否起到实际的作用。在那之后不久，梭伦被任命为仲裁法官，去调停贵族与民众之间的矛盾，在调停过程中梭伦实施了一项政治改革即公元前590年梭伦改革，在这次改革当中梭伦确定了他所制定的政治规则，也正是这项改革最终导致了贵族权力的崩溃，这种状况一直延续了150多年。再后来就是那个著名的反抗波斯人的战争，之后希腊人建立了雅典，随后希腊进入伯利克里发展时代，并发展成一个彻底的民主社会，最终退出世界历史。如果说当时的人们从妇女的法律逻辑思维角度去考虑问题，并投入大量的努力，那事情必将走向另外一个极端。公元前 462 年发生很多事情①，最终这些事情推动了希腊社会进入古代时期。这个时期一直持续了 140 年，直到公元前 322 年的马其顿军队彻底占领希腊后才告结束，在这一段时间里德摩斯梯尼成为反对马其顿人群体的领袖，最终成为民主自由和古希腊的最后也是最著名的捍卫者。在这 140 年当中雅典人虽然在针对斯巴达人的伯罗奔尼撒战争中失败了，但是在文化层面上却取得辉煌的成绩。在这同一事情的民主主义思想家有索福克勒斯、欧里庇得斯、阿里斯托芬、修昔底德、柏拉图、亚里士多德。在当时的雅典卫城保留古典时期的帕特农神殿、廊柱以及菲迪亚斯和普拉克希特斯的雕塑艺术。应该说，雅典这种民主制度一直延续了 100 多年，直到马其顿人统治才告终结。之后大约在公元前 150 年，希腊转由罗马人统治，但是尽管这样，希腊仍然是经济和文化的中心，直到公元 529 年的查士丁尼大帝命令哲学学院关门才结束。这是一个伟大传统的终结，不久雅典这个城市荒废。

---

① 诸如：(1) 公元前 462 年左右，意大利的埃利亚学派指出了在运动和变化中的各种矛盾，提出了飞矢不动等有关时间、空间和数的芝诺悖论（古希腊巴门尼德、芝诺等）。以芝诺为代表的埃利亚学派提出了四个悖论。这四个悖论是：二分说，一物从甲地到乙地，永远不能到达。因为想从甲到乙，首先要通道路的一半，但要通过这一半，必须先通过一半的一半，这样分下去，永无止境。结论是此物的运动被道路的无限分割阻碍着，根本不能前进一步。阿基琉斯（善跑英雄）追龟说，阿基琉斯追乌龟，永远追不上。因为当他追到乌龟的出发点时，龟已向前爬行了一段，他再追完这一段，龟又向前爬了一小段。这样永远重复下去，总也追不上。飞箭静止说，每一瞬间箭总在一个确定的位置上，因此它是不动的。运动场问题，芝诺论证了时间和它的一半相等。(2) 公元前 462 年，厄菲埃尔特出任雅典执政官，他的改革举措主要有：制定新"宪法"；剥夺贵族特权，铲除贵族残余的政治势力；建立起对不法行为的申诉制度，即每个雅典公民若发现现行立法中有违反民主制度的条款，均可向陪审法院进行申诉，要求予以修改或废除。厄菲阿尔特利用公民大会通过决议，对元老院进行改革，使元老院仅保留审理杀人放火等案件和监督宗教仪式的权力。同时，将立法权赋予公民大会，使"主权在民"原则进一步得到落实。所有城邦事务都由公民大会来决定，政府不过是一种由非职业官员所组成的"业余政府"。由于战争的需要，"十将军委员会"委员可以连选连任，但执政官则需要每年一换，于是"十将军委员会"的地位上升，后改由公民大会来选举将军。这样使得多次连任的将军委员会主席，事实上取代了执政官的地位。伯里克利便是这种连任达 15 年之久的首席将军，因而称他执政的时期为伯里克利（公元前 443—前 429 年）时期。(3) 公元前 462 年，客蒙不顾民主派的反对，率军援助斯巴达镇压黑劳士起义。埃菲阿尔特斯和伯里克利趁机掌握政权，进行政治改革。消息传来，斯巴达人对雅典援军猜疑不已，终于劝他们收兵回国。客蒙遭到碰壁，败兴而归，民主派与雅典公民更认为客蒙此行使雅典蒙受巨大耻辱。——译者注

德拉孔和梭伦法律

　　大约在公元前 600 年，希腊就已经发现了成文法，这部立法被称作个体立法者，其目的是作为调停者以期化解民众与贵族之间的冲突，而当时被作为独裁者、剥削者（Diallektetes）来看待。在斯巴达也曾经有过这样的立法者，在莱斯波斯群岛上的米蒂利尼岛有个叫庇塔库斯的，其本身是希腊的殖民地，同样意大利的卡伦达斯和察莱科斯也是希腊的殖民地。希腊的德拉孔和梭伦都是个体立法者，尽管 5 世纪中期的戈提娜立法也属于个体立法，但是戈提娜立法不是将一个城邦的所有法律记录下来，也不是将之前不成文的或者一个新创制的法律予以编撰，而是基于某种特别的政治及社会原因而作出的单行规定。德拉孔立法人们很少确切知道，尤其是德拉孔提倡酷刑。在刑罚当中，大部分是死刑，也包含一些轻微违法行为像懒惰或者田野偷窃的，德拉孔认为，对这些违法行为应该适当使用刑罚，对严重犯罪，绝对不妥协，直到消灭。按照普鲁塔克所描述的（梭伦 17.4），所有的人只要犯罪就应当同样被处以刑罚，这就是今天刑法当中的确定性原则，这个确定性原则被镌刻在墓碑上而流传，这个墓碑是在雅典被发现的。对于谋杀必须予以审判并处以刑罚。原告人必须向犯罪嫌疑人的近亲属正确说明。公元前 409 年的执政官基于雅典国民大会及元老院议会的委托，按照德拉孔法律规定，对行为人基于故意不作为而导致他人死亡的按照谋杀罪予以公开审判。至少 200 年后雅典人已经完全认可这个建议——法律应该予以公布，但是今天还有少数的历史学家怀疑它的真实起源。

　　在梭伦立法完成 30 年之后，雅典宪章当中有亚里士多德所作的一段详尽的关于梭伦立法的报告，它的核心内容体现在第 9 条：

　　　　对于国民至关重要的表现在以下三个规定：
　　　　首先是具有最伟大意义的禁止性规定，即不得以债务人人格作抵押而从事借贷交易。
　　　　其次是诉权的规定，任何人都有对犯罪嫌疑人的犯罪行为提出控告的可能。
　　　　第三是最大限度地提升国民权力的规定，即在民大会上的任何国民都有申诉权。

国民可以针对高级执政官所作出的决定向国民大会提出申诉，这种案件在当时可以向具有仲裁职能的执政官去申请仲裁，而没有必要到雅典最高法院去申诉。对于谋杀案件必须对谋杀过程中的主要事实进行判断。高级官员及执政官（古希腊9名最高官员之一）的选拔，在当时只能从贵族当中推选。如此看来，执政官的这种权力被大量地分解了。此外，还有另外两个规定。由于在梭伦改革之前，对犯罪嫌疑人提起控诉的可能性是由家族的族长决定的，梭伦试图做个平衡，他的努力体现在他的誓词当中的很多地方，后来被亚里士多德放在第12条目当中予以引用。

"法律授权我以适当的方式正确对待国民，尊重他们的尊严，不越权。"在土地的面积、权力以及财产等方面的占用必须按照新的法律规定予以登记：即没有占用就没有法律（keinen Besitz ohne Recht）。我将对双方当事人予以最大限度的庇护，我在违背法律的时候没有任何优势。

此外，在婚姻家庭和继承方面还有一些改变，禁止出卖自己的孩子和引进收养制度，为解决遗产不为局外人所得提供可能。他推出了一些基础性的包括货币改革、债务免除及度量衡等方面的改革，这些改革大大地推动了经济发展。一项广泛的立法本身是毋庸置疑的，但是并不包含那些像后来人们所认为的那样，在这四百多年的时间里雅典的所有法律都是以梭伦命名的。因此，这些在今天人们确实不能够很容易发现其内在的真实因由。

古典时期的雅典宪章

公元前480年，雅典遭到波斯人的入侵，雅典人发起了反抗波斯人入侵的战争，雅典人获得了巨大的胜利。尤其是在萨拉米斯海战当中雅典海军起了决定性的作用。战争之后产生了一个抵抗联盟组织，那就是阿提卡海上防御联盟。这个联盟的发起者就是那个为大多数人所熟知的人物——地米斯托克利，他曾经是极端民主的开拓者。他在招募海军的时候，不仅仅局限于城邦的市民，同时更招募那些贫民，贫民的加入使得整个海军的结构发生变化且贫民成为海军的主力。同时陆军受到贵族的支持而参与城邦的斗争，曾经在一段时间里地米斯托克利给他们灌输了城邦执政官们不需要再通过选举而产生，现在完全可以抛开这些繁琐的程序而直接由贵族自己任命。在他的思想鼓动下，公元前462年在贵族的怂恿之下陆军发动了针对城邦执政官的军事政变，厄菲阿尔特和伯利克里在海军中的贫民支持下平叛了这次军事政变，他们两人也在这之后成为民主运动的首脑，组建最高法院、最高的权力中心、国民大会，并通过国民大会授权取得政治权力。从那时开始，这个最高法院在整个城邦当中获得了巨大的声誉，成为一个纯粹的法庭。亚里士多德在他的《政治学》一书当中称颂这个标准，人们从此有可能认识这个彻底的民主式的宪章。在这次民主运动中最具有决定性的事情，也许是这个重要政治职位的分配程序。在这个古老而又较为彻底的民主形式当中，由国民对特定的申请者予以选择，由不确定的人通过选票确定、许可分配执政官的职责。选票程序与轮换原则势必对权力职位的产生起到了限制作用。亚里士多德在他的《政治学》第六卷当中写到，民主城邦形式的基本原理就是自由。由此可以断言，人们生活在这样形式的城邦当中共同分享自由，并且告诉人们，每一个民主都在强化这种自由。首先，轮流执政，其次是人们能够按照他们想要的去生活，这些都属于自由。他还说，同样对于奴隶而言，民主的成效却不是为了他们的生活，对于奴隶而言却是不适用的。这也就是民主的两重属性。由此得出这样的意见，人们自身不让控制，甚至是完全不属于任何人的，或者也就仅仅是轮流方式，在平等的意向上也为自由作出一些贡献。依据以下所确定的条件和统治形式去确定民主：所有的执政官员都将由所有人选定，所有的控制对每一个都适用，以及每一个轮流方式对所有人都适用。此外，执政官员是通过选票产生，要么是所有人，要么是那些不需要经验和知识的。从这种可能性的估计看，对执政官的依赖要么完全没有，要么仅仅是最低限度。一个执政官不可能连续两次担任，或者仅仅允许几次在很少的事情上出现，除了战争指挥官，所有的执政官都是短期的。法官是所有人的，每一个人都可能成为法官，尽管不是所有的事情但是大部分的事情都需要法官来解决，因此法官对城邦对所有人都是非常重要而有意义的，像对法律的阐释、宪章咨询及私人争执等。国民大会对所有的都能予以决定，而行政当局则不能决定任何事情或者仅仅是很少事情。但有些宪章结构也存在着区别，诸如公元5世纪下半叶的宪章结构相对于公元4世纪的就有些激进。自从伯罗奔尼撒战争失败之后，人们对民主的思索开始表现为相对较为温和的形式。在这一章节当中，亚里士多德仅仅写了这些。

德摩斯梯尼时代，宪政组织结构包括国民大会、五百人会议、执政官们、立法会议和法官们在雅典卫城西部的普尼克斯山丘上曾经召开过国民大会，所有具有市民权的成年男性都应该参加。通常年度，人们每年会面30到40次，每次参加人数大约有6000多人，这些男性雅典公民占雅典市民总人数的四分之一到三分之一之间。所有参会者均获得补助，补助金额是一个奥波银币，大约一个半天的工资，也就相当于一个半天的工作量，因为正常这种会议仅仅持续一个半天。在公元5世纪，国民大会获得通过所有的法律的立法权，公元前400年这个立法权就已经获得。现今，人们能够对法则与决议之间的差异性作出区别。

国民大会有权制定基本法律，同样国民大会对个别重要事项有权作出特别决议。行政机关确切地说，它是最高行政机关的附属机构，有权从事对外政治、战争及和平缔结盟约、授予市民权及其他重要行政行为，此外还有选举少量诸如那些不需要由市民选票决定的执政官、陆军军事指挥官、海军指挥官以及高级财政官员。在军事统帅之间出现矛盾的时候，由希腊人民抽签选择决定要由哪个统帅指挥军队。除了国民大会之外，还有一个重要的政府组织是由五百人议会组成的，古老的艾帕克高地上的这些自己的继任者，承担着其他法庭移交过来的判决所确定的政府职责。从每一个行政辖区分别选出50个市民代表，十个行政辖区共计500名代表，这些代表每年到一起投票决定城邦重大事项。在阿格拉广场西面的议事厅当中几乎每天都在开会，国民大会在其职权范围内对城邦重大事件予以决定，同时对城邦的执政官们予以监督，国民大会以保障城邦管理的有效性。同时，他们也对财政予以监督，并为国民大会的召开做预先准备。在日常管理过程中如果某件重要事项在五百人会议上获得处理后，在之后的国民大会上仅仅对处理决定形成决议。可以在现行执政官当中提名选举新的最高执政官，早期执政官的职权非常大，但自从希腊宪政制度完备后执政官的任务仅仅是执行国民大会形成的决议，负责为审判会议做准备，并有权召集和引导审判会议。除此之外，行政官们还有权在其管理权限内针对轻微违法行为独立行使50德拉马克的罚款权。这个数额显然是不轻微的，与今天警察基于交通违章所做出的罚金不能相比的，50德拉马克曾经是当时一个工人一百天的工资。立法权及对法律予以阐释的权力，在一定程度上曾经是统一的。任何法律必须在500人会议上公示，或者如果该法律所涉及的事情本身的意义十分重大，那么该法律必须在1000人立法会议上予以公布。这些人数每一次都从6000名居民当中抽签选出，组建每一年的临时法庭，对所产生的法律予以法律审查。

同时，每一名获选者必须超过 30 岁，且能够在他的行政区域内行使投票权，他们需要在法官面前宣誓，从中选出带有括号的名字，并以此确定每天筛选谁出席一个特定的法庭。在公元 5 世纪的时候产生了一个重要的权力监督机制，即陶片放逐制，由城邦当中的每一个市民将其认为将对城邦有危害的人的名字记录于贝壳或陶片之上，并将该陶片或贝壳投入到固定的投票箱当中，最后统计投票，对于超过半数以上市民认为有危害于城邦的人予以放逐城邦之外五年或十年。需要说明的是能够拥有这个事项的投票权的市民，必须是男性城邦市民，他们有权决定对某个政治家予以城邦放逐十年。到了公元前 4 世纪的时候，这个制度不再应用了。代替它的是另外两个常设机构，一个是防止国民大会的滥用，另外一个防止立法会议的滥用。在这两个常设机构之外，还有一个刑罚处罚程序，这个程序系针对那些滥用提案权的提案人而设计的。因为这种滥用提案所将产生的结果可能由于这种提案的提出导致五百人会议或者全民大会所产生的决议本身违反法律。这种非法提案也可称为非正当性提案非法提案，国民大会或立法会议的滥用（Die graphé nomon me epitedeion theinai）[①]，甚至会基于这种立法会议的滥用行为而由立法团（Nomotheten）[②] 提出产生一种不适当的法律提案。为此，必须对这种行为开展刑事审判，以保障立法活动的神圣性。同时法庭也对这个立法团所提出的法律提案及产生的法律，国民大会所通过的决

[①] 在公元 4 世纪的时候，该程序的启动必须以其他两个程序作为前提条件：一个是反对国民大会的滥用（gegen den Missbrauch der Volksversammlung, graphé paranomon），另外一个是反对立法会议的滥用（gegen den Missbrauch der gesetzgebenden Versammlung, graphé nomon me epitedeion theinei）。如果出现上述情况，将可能对提案人开展刑事侦查程序。这个侦查程序将可能对任何人适用，即如果有人促使国民大会或者五百人会议产生违法性（unzweckmäβiges）的决议，或者推动立法团产生不适当的立法提案，那么对国民大会的决议以及立法团所产生的立法，法庭有最后决定权。——译者注

[②] 甚至在雅典民主制中也感到有与这相当的某种规定的必要性，在那里，在民主制的全盛时期，公民会议（Eclesia）能通过法令（Psephisms）（大多是有关单个的政策事项的法令），但所谓法律则只能由另外一个人数较少的、称为立法团的逐年更新的团体制定或变更，这个团体也负责修改全部法律，使之保持彼此一贯。在英国宪法中，对任何企图创设形式上或者实质上的制度都必将产生很大的困难，但如果仅仅想将现有形式与传统相融合并使其符合于新的目的的时候，则相对不会引起多大的反感。在我看来，可能想出办法通过上院的机构用这一巨大改进来丰富宪法。一个准备法案的委员会在宪法上比起恤贫法管理局或圈地委员会来本质上不是更大的创新。但如果仅仅顾及宪法委托的重要性与严肃性的话，那必须规定每一个被任命者成为立法委员会成员的资质条件。——译者注

议拥有最后决定权，它可以从合法性本身考量是否对这项法律或决议行使否决权。当时这个程序本身近似于我们今天的联邦宪法法院拥有的终极裁决权，有权对国民大会及立法会议所产生的相关决议或者法律作出无效裁决。所有值得赞叹的宪章，根本不值得与罗马相比较，尽管民主形式后来被罗马所继承，但实质民主始终由雅典人所控制。雅典所拥有的民主体现的是多数男性主观上最为重要的意愿，而这些意愿最终成为他们的基本法。此外，还有另外一种城邦管理方式，即希腊城邦的所有市民通过选举的方式选举一个市民或多个市民间接参与城邦管理，这些人以其独特的身份参与议会、政府或法院的活动当中去，并在活动中将大多数人的意愿落实并执行在日常的城邦管理当中。诸如在法庭当中，对案件的判决的产生是由几百个特定的市民通过投票的方式来决定案件的判决结果。这在以前的雅典是绝对不可能的，而在这个时候确实是事实。在此我们需要思考的是当时的希腊民主只是希腊男性市民之间的民主，而城邦当中其他超过三分之二的人诸如雅典的女人和奴隶却被排除在这种民主之外，我们今天又当如何解释？

如果我们今天再回过头去思考当时的雅典宪章，我们是否仍然坚定地认为，当时雅典城邦的民主就是一个彻底激进的民主呢？为何雅典的女人们不能同男人一样拥有这种权力？为何当时法律没有对女人们提供法律保障？当时的女人们又做了什么呢？

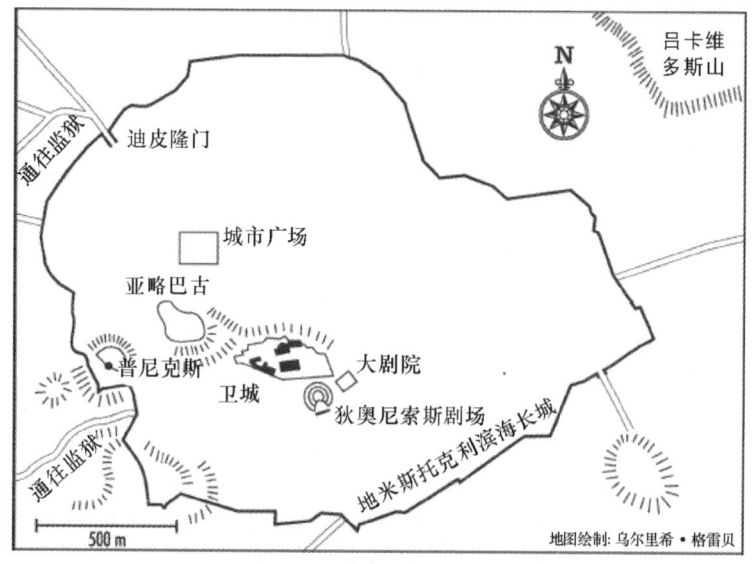

图2-1 古典时期的雅典区域地图

雅典的诉讼法

雅典曾经是一个法官城邦,在这个城邦当中市民几乎每天要么在那个威严的民众法庭①当中夜以继日地工作,要么在雅典市场旁边的斯多葛学派圆柱大厅当中、要么在雅典卫城下方的狄奥尼索斯剧场当中从事审判工作。在整个城邦的各个建筑当中都可能进行着民事或刑事审判工作,需要说明的是在当时的雅典刑事诉讼程序当中,通常需要有 501 名法官,而在民事私人纠纷诉讼程序当中,需要 201 到 401 名法官。在当时再也没有哪一个地方的市民像雅典市民那样能够有这样多的时间花费在审判当中,每天早上 6000 名市民聚集在广场上,然后由执政官将这些市民分配到每一个法庭当中去从事审判工作。

古希腊法庭为了使陪审法官们能够公平决断案件,创设了通过笏板投票的方式进行民主裁决,即在法庭的前端设置了一个笏板投票箱,投票箱设置两个投票口,这两个投票口分别代表两种不同的案件结论,陪审法官根据自己的判断而将自己的笏板投入与自己判断相符合的投票口当中,最后分别统计笏板(笏板系青铜器制作的长条笏板②)数量,以数多者为定。

陪审法官抽签投票完毕后,到负责本区域的执政官那里领取一天的生活津贴。③ 在刑事诉讼程序当中明确规定,人人享有控诉权是所有市民的一项基本

---

① 是民众法庭的前身,后来发展演变为陪审法庭(dikasteria),具体指在当时的雅典城邦男性市民民主政制当中的一个司法机构,它每天接受市民针对城邦的执政官所做的活动、市民之间的民事纠纷、刑事谋杀等案件,由 6000 名市民法官通过投票程序完成审判裁决。民众法庭在克里斯提尼政治改革当中扮演着十分重要的司法角色。这个法庭最早是由梭伦在公元前 6 世纪所创立的,当时是法官引导下的市民陪审员制,陪审员主要来源于五百人大会中的市民、军队中的骑士阶层、雇主阶层。之后该法庭到了克里斯提尼政治改革时仍然继续沿用,并加以扩充。——译者注

② 中国的笏板,又称手板、玉板或朝板。是古代臣下上殿面君时的工具。古时候文武大臣朝见君王时,双手执笏以记录君命或旨意,亦可以将要对君王上奏的话记在笏板上,以防止遗忘。《礼记》中记载"笏长二尺六寸,中宽三寸",由于古代的尺寸和今天的尺寸不同,因此,二尺六寸要短于今天的二尺六寸。唐代武德四年以后,五品官以上执象牙笏,六品以下官员执竹木做的笏。明代规定五品以上的官员执象牙笏,五品以下不执笏;从清朝开始,笏板就废弃不用了。——译者注

③ 原本陪审法官是不拿工资的,但由于陪审法官之责任相当繁重,有工作在身的人要肩负一年中达两百天早上的法庭工作无疑是甚为辛苦的,因此对有闲阶级出任陪审法官有利。伯里克利在公元前 450 年后便引入陪审法官工资制度,陪审法官可领取一天 2 至 3 个欧泊(6 个欧泊等于 1 个德拉克马,一个工匠的日薪约为 1 个德拉克马)的工资。——译者注

权力，但同时规定该项控诉权不得滥用，如果某个人所提出的指控不能获得所有参加诉讼的陪审法官五分之一以上的法官认可，那么负责此项案件的执政官将依据古希腊城邦刑事诉讼法的规定对控诉人处以相当于上千德拉马克的罚金。在民事诉讼中古希腊城邦成立40人律师委员会（hoi tetterakonta），并将40人分成4个小组，每个小组负责城邦当中的10个区域，每天负责处理日常私人纠纷事项。该委员会在处理案件过程中，先根据争议的价值额度的不同进行分类处理，争议价值额度在10个德拉马克以下由该委员负责调解，超过10个德拉马克的由该委员会移交到公共仲裁庭去仲裁。这里需要说明的任何案件只能做一次移交，即在双方当事人不接受律师委员会的调解，该委员会需将案件移交到公共仲裁庭。任何一方当事人对裁决的结果不能接受的时候可以向上一级法庭申诉，申诉人首先将申诉案件交由执政官进行审理，执政官受理案件后对案件进行预先评估，然后由其担任审判委员会主席负责引导诉讼程序的进行，同时根据案件争议价值额度确定陪审法官的人数。如果案件争议价值额度在1000德拉马克以下，需要201名陪审法官出庭。如果案件争议价值额度超过1000德拉马克的案件，需要401名陪审法官出庭。根据古希腊刑罚法的规定，原告人被称作起诉书制作人（graphé），而在私法法中的原告被称作法律事件人（díke）。控诉人与被告人、原告与被告需要在固定时间内对赞成意见与反对意见进行相互论证，并用水钟计量时间，双方论证之后依据古希腊法律规定，双方必须自己独立陈述。在相互论证过程中，或自己独立陈述过程中出现错误引用法律的，依据古希腊法律规定将被处以刑罚。在作意见陈述的时候，当事人必须自己提出意见，而不能通过律师或者代理人来代替完成。尽管有这样的规定，在实践当中往往是当事人预先请人代写出意见然后由其朗读，其中重要部分需要多次熟读背诵后，最后由自己陈述。由于这种环境使然，催生出古希腊的杰出作品——演说家诸如公元前5到4世纪的安蒂丰、利西阿斯、伊索克拉底、德摩斯蒂尼等演说家。根据古希腊城邦法律规定，任何物证、书证及证人的陈述包括那些被刑讯逼供的奴隶的陈述作为证据的都需要在当庭被宣读，同样在重大刑事案件当中，任何通过拷问的手段强制自由公民提供的证词必须当庭宣读。这些规定不仅仅限定在雅典，而且在其他城邦的公民也是一样的。当事人做完陈述后，法庭不再讨论转入案件表决阶段。所有的陪审法官到事先准备好的两个石制①的筹板投票机上（psephoi），抽取公共筹板，并将筹板插入其所认可的投票口当中以此完成民主投票获取案件判决结论的过程。

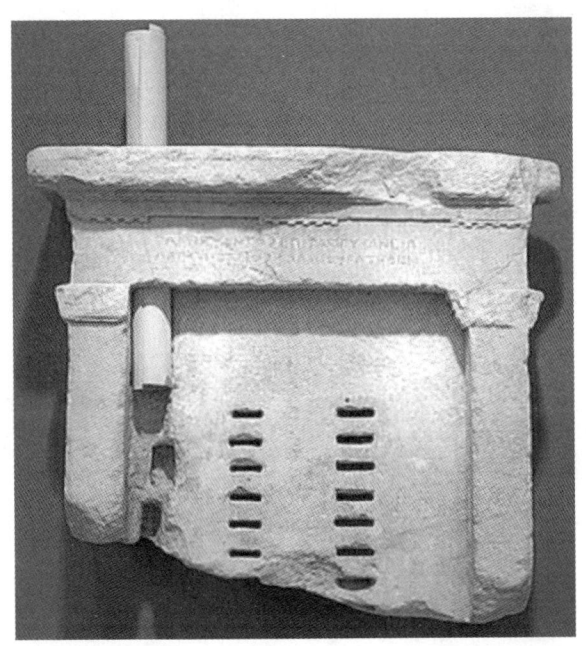

图 2-2 阿塔罗斯柱廊内保存的古老的投票器

注：阿塔罗斯柱廊（Στοάτου Ατταλου），是位于雅典古市集的一个宏伟的柱廊，由帕加马国王阿塔罗斯二世（公元前 159 至前 138 年在位）兴建。阿塔罗斯柱廊是阿塔罗斯二世赠送给雅典城的礼物，因为他是在这里接受教育。公元 267 年，阿塔罗斯柱廊被日耳曼人所毁。废墟变成了防御墙的一部分，因此直到近代还很容易看见。阿塔罗斯柱廊内设有雅典古市集博物馆，展品大多与雅典民主有关。博物馆的藏品包括从公元前 7 世纪到 5 世纪的黏土、青铜和玻璃制品、雕刻、钱币、铭文，以及拜占庭和土耳其占领时期的陶器和投票器及陶片。

---

① 选举程序变为两次抽签：首先，10 个部落通过抽签选出 100 名候选人；然后，候选人再进行抽签，产生 10 名执政官。选举仍遵循部落代表制和轮流原则。公元前 5 世纪，这个过程可能仍借助大豆完成。到公元前 4 世纪，由于抽签机的广泛使用，执政官的抽签可能也改用抽签机进行。抽签机由一矩形石块雕成，有 10 排 10 列凹槽，左边是一个铜制的管子，先将 100 名候选人的名牌按照每部落一列的规则插入凹槽，然后再将 9 黑 1 白 10 个小球随意放入管子，当白色小球出现时，指明的一排即是执政官，每部落一名。分配职务时，利用两台抽签机，一台放入 10 个执政官的名牌，另一台放入写有官职名称的小牌子。为保证轮流原则，每次一个抽签机上的白色小球选出一个执政官时，另一台抽签机应先排除他所在部落曾担任的职务，然后再释放小球。至此，执政官选举制度的演变画上句号。这次改变应该说是雅典民主政治发展的自然结果。两次抽签进一步提高了普通公民担任执政官的机会，是民主制下"人民统治"思想的又一次体现。——译者注

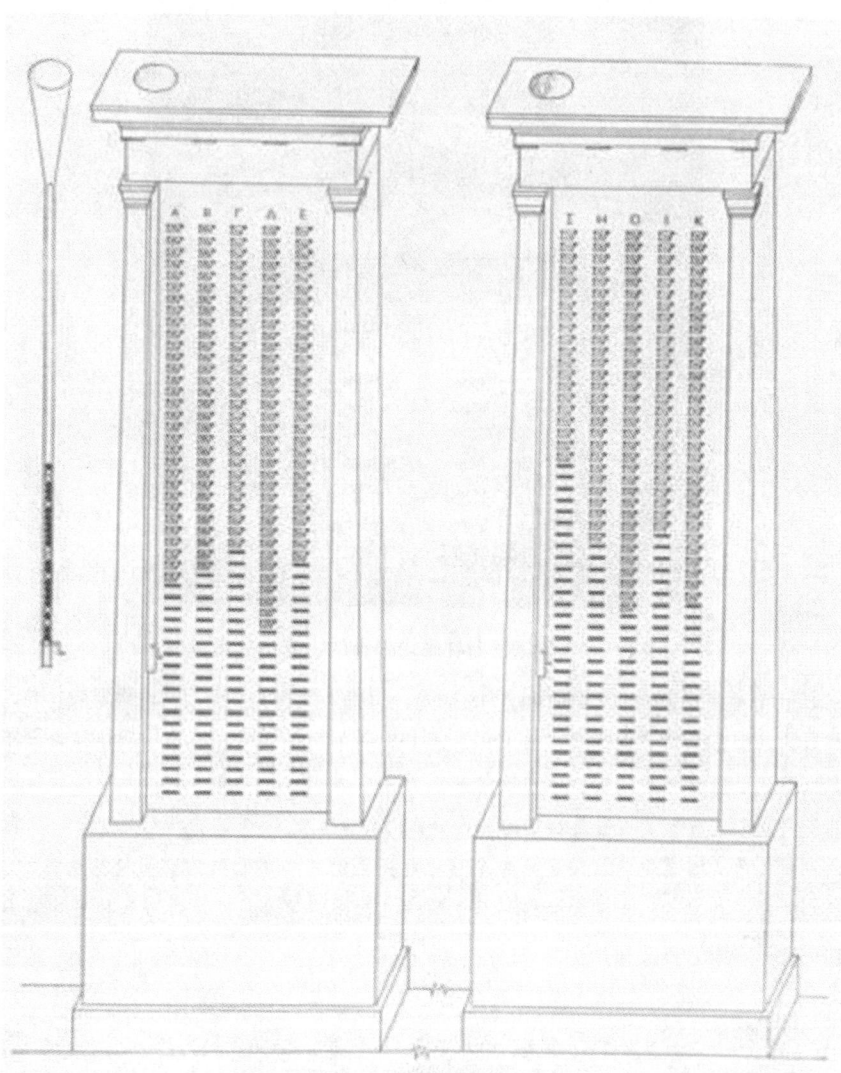

图 2-3 斯特林道根据亚里士多德的《雅典政治》中的投票器描述所作的复原图

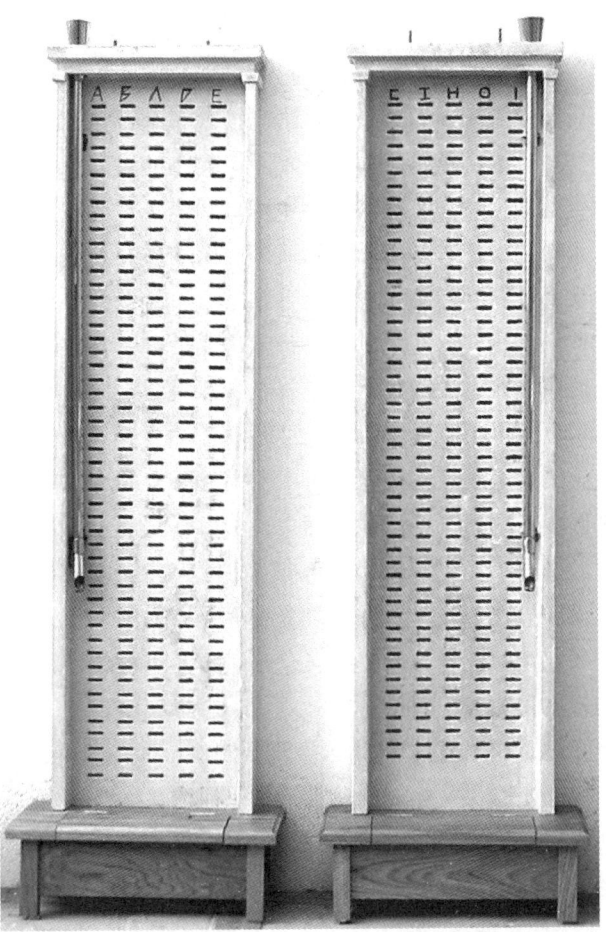

图 2-4 斯特林道制作的使用了球从管子里通过的投票器

图 2-5 斯特林道制作的球道型投票器

图 2-6 斯特林道制作的球道型投票器的球道

在公元前4世纪的时候曾经出现过一种石质统票仪，在仪器外面摆放着两类小青铜板，一种是被穿孔的小铜板，一种是实心的小铜板，前者表示赞同控诉人的请求，后者代表反对。如果陪审法官投入一个被钻孔的小青铜板就意味着作出判决支持控诉人的请求，如果投入一个实心的小青铜板就意味着拒绝了控诉人或者原告的请求。还有在法庭当中摆放两个古希腊双耳陶罐，一种是铜质的，一种是木质的。通常使用的是铜质的，而木质的一般不使用。陪审法官在进入法庭后从其他公共陶罐当中取出一些石子，在案件审理完备并作判决时由陪审法官采取民主投票方式予以裁决，就需要陪审法官在同意申诉人的请求并支持时向铜质陶罐或木质陶罐当中投入石子以表示赞同。所有这些都被亚里士多德在他的最后的有关雅典城邦论文的第68章中生动地描述下来：如果所有的票都投掷完毕，法庭助理将把铜质陶罐当中的所有的有效票倒放在清算桌子上，然后分别插入统票石碑上的深槽当中，然后逐一清点数量。如此，很清晰地清点出票数的数量，而且双方当事人很容易看到钻孔的和完全实心的区别。在进行投票之前需先选出几个法官负责清点清算桌上的票数，在清点完票数后由清点法官当庭宣读原被告的各自票数或在刑事诉讼中的控诉人与被告人的票数。谁取得的票数多，谁将获胜。

刑罚的执行则是城邦下设的11人咨询委员会（hoi endeka）的事情，他们依照自己的职权严格监督并检查监狱对犯人羁押情况。死刑由死刑执行官来执行，这个死刑执行官是受11人的政府咨询委员会监督的。而私法上的生效判决是以一种古老的自救或自助途径来实现的，这仅仅限于针对债务人的财产（实物执行），而不是针对债务人的人格（人格执行）。如果债务人违背或抵抗债权人的这种授权性自助权，将面临着犯罪的指控和直接驱逐城邦。雅典的整个法庭有其严格的组织形式，它们的功能也不仅仅局限在法律的执行。同时，它也解决一些个别地区出现的法律冲突，即个别的竞争对抗以及属于完全不同群体利益的冲突，这些主要集中在高等法院。应该说雅典这种作为宗教仪式性的审判程序，其原本是用在竞赛中一方的精英人物与征服另一方人的表演程序。在当时，法律在此并不扮演决定性的角色，虽然也在这个程序当中被司法人员不断论辩。因为这仅仅把法庭作为法律的一种职能部门，但是，这些论辩经由演说家们的演说之后，却显示出另外一种场景。相比较于法律而言，论辩体现最多的是在政治、社会及道德环境当中。然而，对于艺术性的修辞学而言，其在每一个领域当中都有着密切的联系，这对于今天法学而言已经不是问题了。而且在这个领域当中，由法官组成的百人陪审法官团体拥有最后决断权。他们作出决断时，是以法律的名义而不是以上帝的名义。他们在此对案件的决断和阐述其所作出的判决，在程序上属于按照民主程序实施的由多数人民主投票选择的法庭庭审程序，在职能上也可以说是作为国民大会的分支机构。希腊人通过这种宗教性的仪式运用，并发挥其所具有的民主公平机能以期望维系那个基于民主程序建构起来的法律秩序。

私人刑法

在所有的法律秩序当中，自始至终都包含了私人刑罚的发展，这种情况在希腊也是一样的。在族群社会的法律向一个完全建构性的城邦统治秩序转变过程中所存在的一个过渡现象，就是随之而产生了公共刑罚法。在族群社会当中，社会秩序等同于族规，而且这种族规是仅限于完全封闭的直系亲属族群内部的。那些破坏法律秩序的行为，要么是侵犯个体的私权，要么是违背了整个族群或氏族的族规。诸如盗窃在一方面践踏了所有权人的人格，另一方面违背了族群内部的族规禁令。谋杀是对被杀害人的族群的成员权的侵犯，从而导致行凶人丧失了一种作为一个活人的力量而存在。因此对这些犯罪必须通过一些忏悔赔偿金——牲畜或金钱作为补偿，或者通过某种小规模的血族复仇来达到一种心理平衡。除此之外，我们在德拉孔律令（Rdz. 4）当中还发现了，古典时期的雅典由一个公共起诉人（graphé phonon）去推动刑罚法的产生，这个公诉人可能对任何人提起。另外一种属于私人刑罚法，这在当时仍然保留着，并且当时逐渐超过公共刑罚法。这种私人刑罚法，替代的是在民事诉讼中的一个私人原告直接通过私人刑罚获取伤害忏悔赎罪金，通常最高限度以对犯罪人的人体伤害为限。在古典时期的私刑范围还是非常广的，盗窃就属于私刑范畴，对物的毁损及使用暴力这样一些行为方式，诸如是强奸，还有抢劫，还包括重伤害及恶意诽谤。同样，通奸也通常是通过私人支付给丈夫忏悔赎罪金来平衡的。堕胎曾经即在私刑领域当中体现，也在公共刑罚法领域当中体现。确实通奸这种犯罪行为为私刑向公共刑罚法转向提供了一个过渡。人们可能通过私法途径对通奸者的行为给以评判，同时对双方的处罚却是比照谋杀行为予以私刑处罚。这其中的区别在当时的雅典人当中，已经被完全知晓。

同样，在盗窃和强奸当中也有相类似的情况，就是在公共刑罚法当中插入了私刑，其主要基于盗窃行为中的暴力行为而被控诉的。即在盗窃当中，对所有权人而言首先是一种忏悔赎罪，犯罪人以所窃取的物的双倍价值额予以赔偿，这是体现私刑范畴。其次是法庭可能规定给这个窃贼带上脚镣，在某个广场或街道进行五天五夜游街示众，这是基于公共刑罚的角度考虑，以警示民众违背禁令的代价。因此，盗窃已经属于公私刑罚法两种范畴。

另外还有使用暴力的情况，对基于暴力而起诉的犯罪人不仅仅由于其侵害而予以私人的忏悔赎罪，而且城邦也要对其实施数额等同的罚金刑，即100德拉马克。这种处罚同样适用于毁坏财物，如果毁坏财物是故意实施的将处以双倍罚金，其他的仅仅是单项处罚。

在犯罪的构成要件上，随着时间的流逝发生非常大的扩充并且在随后的100多年里适用到所有其他的财产损坏行为当中。同样这种情况在合同法当中扮演重要角色，也即现代意义上的违约金。

公共刑罚法

在梭伦时期很少使用公共刑罚法，而且即便使用处罚的刑罚也较为温和。梭伦将德拉孔的大部分律令予以废除，仅仅保留了谋杀和故意杀人的规定。梭伦这样做完全是重新走回了被告人基于违背宪章而被起诉，而对专制政权政治复辟的禁止，对这些人的处罚也仅仅是判处剥夺公权力而不能对犯罪人予以放逐或流放。除此之外，大多被判处罚金刑。

在进入公元4世纪后，这种状况获得改变，刑罚法自身不断地膨胀且转向严酷。相比于梭伦时代，此时适用死刑非常常见，诸如撮合他人通奸，在梭伦时代一般判处罚金刑，但是在此时却适用死刑。并且犯罪构成要件也在拓宽，诸如亵渎圣灵罪（asebeia）。早期仅仅是限定在对宗教性庆祝活动的干扰，但后来其他行为也被处以刑罚，延伸到对那些废弃的刻有石像（公元前415年兴起的在石头上雕刻出人体的头部和肩膀等其他部位的人像艺术）的石柱予以侮辱的行为。这种雕像柱有木制、石制或者是铜制的，具有神性头和阴茎像，并被赋予了一种特殊性的宗教意义。但是，也仅仅限制在破坏和抽打行为。自从公元前430年产生了一个律令，对那些不信奉神灵的将追究刑事责任，由此渗透到所有领域当中。

接下来将介绍一些与公共刑罚相关的格言及相关的思想，诸如诡辩学者阿那克萨、戈拉普罗、泰戈拉以及公元前399年的苏格拉底这些人都被判处刑罚。其中仅仅有两个人被判处流放，而苏格拉底却以非典型的亵渎神灵审判程序判处绞刑。这就是政治性的刑罚法的延伸。背叛宪章主要针对的是出卖城邦（prodosis）及欺骗国民（apaté ton demon），而对于欺骗国民的理解是没有遵守在国民大会上所作出的承诺。其中较为著名的案件是米泰亚德案例，他在国民大会上作出承诺保证能够以装备精良的舰队迎击波斯人的战争，结果最终失败。

最终他被判处 50 泰伦特,这在当时是非常巨大的数目。显然,这些刑罚构成要件是不确定,同样刑罚处罚也是一样的不确定。既可以是判处流放,也可以是判处死刑或同样处以 50 泰伦特罚金,其间随意性比较强。国民大会的滥用和立法权的滥用(graphé nomon me epitedion theinei)也是如此。在犯罪领域当中,出现了以危险方式伤害身体的行为,而这最后可能被判处流放及没收财产的刑罚,且在亵渎神灵及虐待罪当中也同样。这里的虐待指的是以粗暴的方式违背针对需要履行的照顾亲属义务,而在亵渎神灵罪当中一方面指的是对超个体人格的侵犯,另一方面表现在对公共秩序的侮辱企图,诸如在今天的公共场所的斗殴。

亵渎神灵这条律令最早起源于公元 5 世纪的下半叶,触犯这个罪名甚至可以判处死刑,罚金刑城邦也处于非常高的额度。由此可以清楚地显示出这类犯罪的公共特性。

此外,遗弃罪原本还是属于私法上的申诉。但在德摩斯蒂尼反对科农的对话当中有一个例子:

> 当我们到达的时候,安德罗米尼亚的儿子向我冲过来,首先他抢劫了,并砍下我一条腿致使我残废,并踩蹋我践踏我并裹胁我的信仰,最后将我重重地摔向地上致使我的眼睛至盲,最后他抛弃了我,我挣扎着站起来并大喊救命啊,喊了很长时间,最后只有一个醉汉走过来了,尽管这件事如此粗俗且不堪回首,但是我仍然向科农解释什么是亵渎圣灵行为,虽然这些工作有点像一个雄鸡透过鸣叫而赢得争斗,且其他人也说,他应该还是用他的翅膀去煽打……(54.8—9)

在这个案件当中可以发现一些明显的特征,亵渎行为的核心就是对宗教法规和信仰的蔑视,由此成为一个亵渎神灵的典型案例。虽然,是以身体伤害的罪名予以控诉,但这或许是因为亵渎行为本身的蔑视在事后不可能获得证明的缘故。而对于性犯罪的刑罚,包括撮合通奸和通奸两类,撮合通奸是指免费介绍有妇之夫与有夫之妇发生性关系,如果介绍同性恋者通常不予处罚。原本强奸和通奸本身属于私法范畴,不属于刑罚法范畴。他们侵犯的是个体的私权,即夫权及妇权也包括他的父亲、监护人或者丈夫。在通奸罪当中,通常也可能存在一个公诉人,对这些人提出公诉。但是,量刑范围却不是很明确。同样,对盗窃罪(klopé)适用刑罚也是遵循私人刑罚法的,只有在盗窃神庙圣物(hierosylia)或者窃取其他公器才遵循公共刑罚程序而作技术性表述;对盗窃一直以来就没有文字性的描述，直到不久前，人们开始接受法律史的研究成果之后，开始逐渐对盗窃予以技术性描述，这里存在盗窃定义，即盗窃是对私人所有权的私下侵犯且属于私刑罚法范畴。

针对苏格拉底审判的程序

苏格拉底是希腊三哲人中的第一位，和柏拉图、亚里士多德共同奠定了欧洲文化的哲学基础。西塞罗说：苏格拉底使哲学从天上来到人间。由于他出生在古希腊战争的混乱时期，道德价值低落，因此苏格拉底认为，若要支持当时生活中的伦理局面，人人就必须认识自己，这也是他哲学的出发点。因为苏格拉底一生没有任何著作，所以今天我们了解他的生平、思想主要见于色诺芬尼（Xenophanes）的《回忆录》和柏拉图的《对话录》（有一大部分是他借苏格拉底来阐述自己的思想）。苏格拉底的父亲是一个雕刻石匠，少年时期他曾抱着继承父业的想法，一度学习雕刻，终因没有兴趣而中止，因为他更喜欢观察自然及思考。他的母亲以接生为业，在苏格拉底论教育、知识的传授时，就曾有教师乃是接生婆一说。我们常听到的"认识你自己"这句话，原是刻在德尔斐（Delphi）神坛上的，苏格拉底把它当作自己的哲学方法，他常在街头及市场与人聊天，从一些简单的日常生活中常用的语句开始，一直往后追问探索，深入一个字的原义，一步步地迫使对方承认自己的无知。知道了自己的无知之后，才算是真的认识了自己，这才是最高的知识。

在伯罗奔尼撒战争结束后，雅典反对斯巴达失败后，雅典的宗教和政治秩序出现了那些由所谓的诡辩学者所提出的问题，即由普罗泰戈拉所提出的上帝是否存在的问题。尽管如此，苏格拉底却从没有谈起，而普罗泰戈拉是他的反对者，更确切地说苏格拉底是一个保守主义者。尽管如此，苏格拉底还是要建立一种新的道德，建基于理性路径之上，且能够以此消除与雅典人传统行为之间的冲突。今天我们可以从他的这种思想内容当中，挖掘出长久以来留存下来的欧罗巴思想（欧洲主义思想）。尽管这种思想在当时，曾经被认为是非常危险的裂痕，是危险邪恶的种子，他曾经是一个非常引人注目的人，全城邦的人都知道他，每一个年轻人都顶礼膜拜他。他的这种思想最终给自己招致了灭顶之灾，他遭到了雅典城邦人的起诉，指控他腐蚀了整个雅典城邦的年轻人，亵渎了整个城邦的信仰，最终原告以亵渎整个城邦的神灵罪指控苏格拉底并请求处死他，原告的指控和苏格拉底对他的反对者普罗泰戈拉所作解释是一模一样的，最终认定他是一个无神论者。我们可以这样来说，苏格拉底要人们跳离日常生活中的思考模式，进一步地了解自己思想的本质。人生在世，如果只是为了日常生活中的一切，那么人已失去了他独特的天赋。因为人本身是会思考的，但自己所认为的、看到的、听到的，甚至于先前所发生的，都不一定是自己想象中的样子，除非人能更深切地了解自己。因为他在街头进行他的哲学探讨，又强烈反对当时的诡辩学派，还有复杂的政治关系，公元前399年，他被控以腐蚀青年和藐视城邦崇拜之神、从事新奇宗教活动判处死刑。事实上，他的朋友及弟子觉得这种审判不合理，劝他逃走，但苏氏认为判决虽然违背事实，但这是合于程序的判决，必须服从，所以从容地服毒死去。苏格拉底认为自己灵魂不死，相信自己死后要去的地方一定比现世好，而且应有正义的存在。

大卫·科恩曾经把整个程序的每一个细节都描述成为宗教礼仪。在公元399年4月的一个上午，由501人在的海里拉伊陪审法院组成了审判法庭，这个陪审法院位于雅典广场南端。除了执政官之外在公共大厅中间坐着原告、另外两个公诉人和作为被告的苏格拉底，时年60岁。他的辩护词后来被柏拉图整理出《申辩》一章，其中包括他同米勒托斯的对话及对公诉人的糟糕的起诉意见、陈词滥调的判决所作的回答。诸如当时苏格拉底所作的如下辩护：我知道，你们的投票结果是对我不利，如果人们能够真正地去反思，就可能对所有这些先入为主的偏见予以反驳。这些人指责我，说我把城邦的年轻人给腐蚀，这简直是荒谬的！真正的罪魁祸首就是这种说法，他们才真正损害教育。公诉人的说法简直是愚顽至极，法庭之内的在坐各位也好不到哪去，同样这种亵渎神灵的指责简直无理取闹。我今天站在你们这些裁判者面前，并不是害怕，我是想证明，我是一个虔诚的男人。因为这种虔诚是出于对上帝权力的恐惧，而不是对野蛮人的恐惧。我知道，你们判定我的行为是一种严重的不法行为，但是我需要警告你们。我的这个警告是为了你们着想，而不是为了我个人。最终的投票结果是280人对有罪判决投了赞成票，220人投了反对票，根据投票结果并作有罪判决之后，还要必须对量刑幅度予以投票表决。之后公诉人及原告需与犯罪人需要重新进行辩论，而原告迈乐土司（Meletos）申请死刑判决。

经由501名陪审员民主投票表决，最后的结果仅仅是以非常微弱的票额差作出对苏格拉底予以死刑判决。但是，当时，如果苏格拉底认罪并坚持提出申请，要求法庭判罚其流放刑，也许有非常高的概率获得大多数票站在他这方面。像普罗泰戈拉就属于这样，而且普罗泰戈拉当时所处的境遇要远远超过苏格拉底。而苏格拉底自始至终没有认罪，也没有使用这个策略，他究竟说了些什么呢？柏拉图在他的《申辩》第36章b2节当中这样写道：你们有能力判定我死刑，现在也确定了这个结论！相反现在我究竟应该提出什么？作为雅典的市民，对这个民主裁决的结果,确实我应该知道,现在我也欣然接受了!你们对一个无能为力的贫穷的行善者所作出的衡量,满足你们无理强制的需求,为了是给你们提个警醒,一个告诫!假如一个人已经在市政厅里面用餐,你们却对这个人的行为不作任何的评价,而我仅仅是申请想在市政厅里用餐,你们却对我大加指责,最后还判定我有罪。奥林匹亚长跑获胜者能够去那儿用餐且还是一种荣誉;而我仅仅是想去那里用餐,却是有罪的。这个例子能够证明,苏格拉底认为这对于他而言也许重要的,这种重要性是相比那些获胜者而言的,因为他是贫穷的(规则对于不同经济情况的人是不同对待的)。他的学生及他周围的人都纷纷劝他,为了上帝的缘故,他也应该申请高额的罚金。但是他却这样回答他的学生,柏拉图、克利同、费多和阿波罗多罗斯在这都在劝我接受30个硬币判罚,由他们作担保。"这么多的判罚还需要我申请,而且这还需要一些信誉高的人作担保人以保障能够支付这笔罚金。在这两次申请当中至少还需要80名陪审员,才能把先前的判决改判为无罪,而且还需要改变原告人的立场。"在场的所有陪审员没有人认为存在着这种差异,而苏格拉底的发言却真真正正地激怒了他们,他们最终一致投票表决应该判处苏格拉底死刑,并投入城邦监狱或者拘留所当中,也许在市场广场附近,对于苏格拉底而言,这个判决必须在最近几天内予以执行,因为已经没有任何上诉的可能了,这是所有国民作出的决议。在他刚被投入监狱的时候,恰好有艘神圣的船需要驶向提洛斯岛为阿波罗神做献祭,而且按照雅典城邦的习俗在献祭期间是不允许执行死刑判决的,城邦的土地上是不能有死者的鲜血的,更不能因为这而出现分裂。苏格拉底的学生们每天都还去陪伴他,而且还有他那出了名的悍妇夫人(其实她也并不恶毒),他们把城邦的一些情况告诉给他,并建议他逃离监狱,他都拒绝了。苏格拉底是很幽默的,无论在什么时候,他常保持轻松愉快的心情。一个月之后那艘祭船返回,看守把装满一杯毒酒的杯子带给苏格拉底。当他面临死亡的一刻,他的弟子们都痛哭失声,他仍然是妙语如珠,冲淡了不少的悲哀气氛。他在家人和学生们的包围之下,心平气和并面带微笑地将毒酒喝下。喝完之后,有一位弟子劝他在临死前换下那件破旧的长袍,他坚持不肯,同时说:我生前即穿着这件破旧的衣服,难道穿着它,死后不能见上帝吗?他还步履艰难地走了几步,最后摔倒在墙角处,并留下最后几句话:克利同,我们尚欠阿斯克勒庇俄斯一只公鸡!别忘了献祭!

阿斯克勒庇俄斯是主管人类疾病和健康的医神,而苏格拉底直到死也不忘记敬奉医神,甚至告诫克利同别忘了献祭,究竟是为何?他的这几句告诫究竟意味着什么呢?这些是苏格拉底留给后来学者一个玄思。他的几句告诫也许意味着某种讽刺，也许仅仅是，因为他当时对自己及其生命已经认识清楚，已过60岁的花甲之人不再有奢求。同时，也说明了毒酒既能够作为药去解救病人的生命，同时又可以作为杀人的工具去剥夺人的生命，事物的一体两面性恰恰是医神阿斯克勒庇俄斯所应该思考的。

苏格拉底喜欢与别人谈话，并迫使对方承认自己的无知，在对方真正承认自己无知之后，也等于真正准备好去接受正确知识，这时他就开始带领对方进行概念的追求。他认为在日常生活中，遇见的都是单独的、个别的东西，但我们有一种能力，把这些类似的东西用一种名词去概括。也就抽出它们的共同概念，这种概念即是一种共相。有了这种共相的概念后，以后再遇到类似的、没有见过的事物，我们也会用这种概念去概括他。苏格拉底认为这种共相的发现，是哲学分析、综合工作中最基本的方法，否则思想根本无法成立。再者，因为有这种思想历程，虽然在我们脑里的知识是共相的、普遍的，外在世界存在的东西是个别的、单独的，但我们可以在言谈思想之中，用我们的思想与外界相通，因为人类思想中原本就有这种分门别类的能力。共相的方法应用到现世来，他认为灵魂和肉体分别代表了共相和个别物；所以，灵魂应该是不死不灭的。他的伦理思想，主要是说到人在关心自己的身体和财产之前，必须先关心自己的灵魂，使灵魂尽量变好，以至于接近神。因为，灵魂是最真实的自我。因为有了这种信念，所以他不怕死亡；他认为人死了之后，灵魂就会到那拥有真正正义和公道的来世。世界上的人都想要追求真正的幸福，但人之所以失去自己的幸福，乃是因为他们常把并非真正好的东西当作最好的，比如过于看重财富、权力等。因此，所有坏的行为，都不是故意的。人们需要知道真正的善，以免错误地使用力量、健康、财产或机会。一个人有了这些知识，就会按着这种知识来行动，在苏格拉底看来，善的知识不可能有坏的用途，他主张道德、善的"绝对性"，是为知识即德行说。政治思想是以伦理学为中心，政治的任务就是关心所有同一城邦公民的灵魂，使他们达到尽可能的完善。善的知识也是所有政治家所该具备的条件。苏格拉底认为他那个时代民主制度的根本缺点，就是将社会交在既无远见，又无专门知识的人手上。苏格拉底强调德行的价值，或许德行在现代人眼中不很重要，但是在古希腊时代，对国家尽忠这类正义的行为，堪称优良德行的典范。苏格拉底一生都在强调德行的重要，认为善才是人应追寻的目标，因为它是人生的真理。苏格拉底认为智能是必须从知识中直接获取，因为知识是人类在生活中所集结而成的精华。这是源自于他的概念论。哲学一直在做的，就是将生活表面事物的一切，形成它原始的概念，作抽象化的思考。苏格拉底认为，智能可从知识中获得，也可当作知识传授。但是德行是否可被当作知识传授，却被苏格拉底的学生柏拉图所质疑。

私人所有权和占有

随着这个城邦的诞生，完全产生了私人所有权和可移动的物。由此存在一些提示，就是在前古典时期土地所有权以血亲关系为条件而存在，并且在特定的危机时刻才能变卖，当时几乎不能将土地所有制与其他物之间区分开来。当时确实没有一个技术性的法学上所有权概念，只能以一种非常泛泛的方式用语言来表述，某个物属于某人的。但是这样一种表述也就包含了多重意义，像有关kyrios这个术语，可以是所有权人物主，但也可是监护人。从今天法学概念高度发展的视角看，古希腊的所有权就像斯芬克司背后的迷雾一样。在当时更确切地说是没有占有概念，也就是那种纯粹的事实上占用。然而，雅典人自身也曾经意识到了，这样一种对物的掌控，也不必是所有权人。

特奥弗拉斯图斯是亚里士多德的学生，他在一个非文字性的契约当中有这样一段描述：在购买契约当中，购买者支付价金，且同时履行了其他法律所规定的条件（对不动产而言），那么此时不动产的所有权是如何转移的呢？在法律上应该这样确定，即这个购买人在履行完合同所规定的义务之后实际上已经获得购买物的所有权。也就是出卖人保持的这个购买物的所有权人的这一身份直到其获取价金为止吗？大部分都是依据他们的规则予以确定。在此他以这一点为起点提出完全明显的两部分问题，即卖主已经将物交付给买受人了，但是还没有支付价金。也即有我们的术语讲，买受人已经取得占有，但是这时他还不是所有权人。这样一个概念性的划分在古希腊还没有形成。那么，买受人是否也可以转交其他人，同样是占有，对这一问题没人理会。阿提卡地区的所有权法有一个相对比较模糊的规则，这个规则仅仅是规定，如果买受人已经支付价金，并获取了购买物就视为取得所有权，但是如果卖受人没有将物予以转移，而仍然由卖受人持有该物的，买受人在支付价金之后，仅仅取得所有权人的身份。这里的规定是交付不是必须的，对于不动产而言，参照可移动的物适用。在不动产当中也同样存在像特奥弗拉图斯所说的状况，需要办理其他法定的条件，即存在一个适用于整个希腊的法律，就是所谓的要求必须公示。该公示必须在这个城邦，能够让当中的人们知道，这个物属于谁的及谁出让给谁的。在雅典以一种书面通知的形式公开展示合同内容，期限是60日，之后向执政官申请，并交付合同价金百分之一的土地购置税，而最终取得土地所有权。这种所有权保护体现在法律对违法行为应对的措施。换句话而言，根本不存在像我们今天所说的或者在罗马法所说的物权诉讼，这里也仅仅是某种程度的教义学不发达。在希腊没有所有权人对物权提出返还诉讼，也没有像罗马法当中的请求返还所有物之诉（rei vindicatio）①，更没有今天德国民法典第985条的所有权人的物上请求权。在可移动的物当中，对物的扣留就是对所有权人的一种违法伤害。非法扣押成为今天德国民法典第823条的最早根源。在不动产案件中，这种情况相对而言比较复杂。这里没有对伤害这个术语予以描述，不动产恰好属于此类，它不能移动，如果将它移动到另外一个地方，恰好也不存在损伤。有一个对所有权人无理阻止的概念，允许他在不动产上重复实施合理的自救行为。但是，在以前他必须证明是他的所有权，同样，在违法的诉求当中，如果某人将他人的不动产出租用于居住或者在他人农庄里的土地上从事耕种，那么他收取房租或地租是违法的。对这样的判决是针对原告的所有权提出认定的，他可以自己经营这个不动产，也可以委托给他人。相反，如果受到阻止的话，所有权人还将有另外一个方面的违法诉求，也就是排除权，这始终同合法的自救权相抵触。根本不存在无代价的获取及基于时效而取得的所有权，尽管有违法诉求在五年而失效的。但是，从社会义务的角度考虑，在雅典，财产的社会

---

① 要求返还所有物之诉是所有权人针对非法占有者提出的、要求承认自己的权利从而返还物及其一切添附的诉讼。所有物返还之诉的条件和内容是：（1）原告资格的确定。原告须为所有权人，且须为失去对其所有物的占有。如果不是失去对所有物的占有，而是占有的物被侵占，改变了占有现状，则占有人受占有保持令状的保护，即由当事人申请大法官颁发占有保持令状即可，无须援用诉讼的复杂程序。（2）被告身份的确定。所有物返还之诉中的被告包括以下几种人：①标的物的实际占有者。②标的物的持有者。持有者与占有者不同，占有者有将标的物据为己有的意思，持有者则无此种意思。持有人往往对标的物无切身的利益，为免其受诉讼之累，允许持有不动产者指出占有人而脱离诉讼。③假占有人。即假充占有人与原告进行缠讼的人，以拖延时间而帮助真占有人完成占有取得时效。④前占有人。即曾经是物的占有人，但在诉讼前恶意地将占有他人之物毁灭、抛弃、隐匿或移转的人。（3）诉讼的效力。在所有物返还之诉中，如原告胜诉，则被告应将原物及孳息物一并返还给原告。善意占有者对诉讼开始前标的物的毁损不承担责任，对此之前已消耗掉的孳息也不负返还责任，但诉讼开始后则须负全部责任。恶意占有者在诉讼开始前即须负"善良家长"的注意，对标的物在此前的毁损灭失及已消耗的孳息承担赔偿或返还责任。对被告在占有期间因物件而支出的费用是否应当由原告返还给被告，视费用的性质及被告的主观状态而定。如属必需支出的费用，原告应当返还；如属有益费用，善意的被告也有权要求返还，但数额不得超过该物件所增加的价值。恶意的被告则不得请求返还。如属奢侈费用，即便是善意的被告也无权要求返还。对于被告作用于物件上的添附，无论是善意的被告还是恶意的被告均享有去除权（ius tollendi，拆除权），即去除添附的权利，但以不损坏原物为限。——译者注

义务是相当的大，至少比罗马伟大，而且，就此而言，这是可能的，某人可以依据期间的期满可能成为实际的所有权人。不动产所有权人曾经以刑罚相禁止，任何人不得私自在他的土地上砍伐所种植的橄榄树。该土地上的橄榄树，每两年才允许砍伐一次，但需容忍别人在他的不动产上进行狩猎。同样存在一个梭伦所制定的空间间隔法，种植橄榄树相邻不能超过9株，其他的树木不能超过5株，一眼井不能超过6步及以上。如果邻居的不动产不能取水而且距离他600米之内（没有危险的）没有公共水井，必须允许邻居按照日常所需利用使用井水。

继承法

同样，在雅典继承法当中有关所有权方面的规定同样显示出浓重的社会义务，在当时的雅典法律中唯一由城邦制定的法律就是继承法，即城邦制定性法律，其余属于习俗习惯演变性法律。

按照雅典继承法有关遗嘱的规定，遗嘱作出后是不能更改的，也就不存在临终遗言。如果没有儿子，但是有一个女儿时，将使用"女继承人"（epikleros）[1]这个术语来表述，这一术语很难翻译。她似乎又不能称为"女性的继承人"，她能够取得遗产，却不能去使用，仅仅是作为向男性过渡时期的一种策略，直到她的儿子出生后由她的儿子来继承。对这个案例必须考虑婚姻法当中一些非常复杂的规定就是丈夫是具有亲缘关系的，同样，连女儿都没有，那么只能是近亲属的男性有权继承。临终遗嘱的使用的唯一可能是，如果这个男子没有儿子，那么临终前所立遗嘱收养的义子可以成为继承人。在此依据死者的遗嘱，适用于死者的生前。死后有一女儿的，必须是她结婚后，或者其他人的夫人之后。

---

[1] 在家庭具有男性继承人的情况下，她们完全被排除在家庭继承的范围之外。当雅典男性公民没有合法的亲生儿子或养子，只有一个女儿时，这个女儿就成为"epikleros"。这个词虽然被翻译为"女继承人"，但实际上它只意味着这个女子附属于家庭财产。这笔财产将随她带给丈夫，由丈夫来支配和控制，最后传给他们的儿子。对于古代世界财富的主要象征和与公民权密切相关的财产——土地，雅典妇女没有占有权。她们在名义上拥有的财产——嫁妆，其形式是现金，这笔现金无论数额大小，新娘也无权真正拥有和支配它。雅典妇女结婚时，以嫁妆为表现形式的财产由父亲监护转向由丈夫监护，父亲保留女儿离婚时收回嫁妆的权力。在婚姻关系保持期间，嫁妆由丈夫支配，他可以使用本金，只需从嫁妆收入中提取18%左右去养活妻子。丈夫死后，如果雅典妇女选择留在丈夫家中，她的嫁妆就由她的达到法定年龄的儿子来管理和最终继承。因此，雅典妇女永远不能成为财产的真正主人，这与斯巴达妇女的经济地位形成了鲜明的对比。——译者注

婚姻、家庭、男人和女人

  在所有的雅典城邦，市民不管男人也好还是妇女也好，都有法律能力及财产能力，但是行为能力仅仅男性具有，年满 18 周岁后取得。一个妇女在她的整个生命历程当中保持着无行为能力，但是在婚后怀孕生子后，仅仅能够从事诸如一些日常生活中的交易行为，其价值不能超过一斗麦子的价值，这也就相当于 50 公斤。对于那些没有法律能力的且长期居住在雅典的非城邦市民要征税，除非国民议会明确地授予他们这种资格，否则他们在那里不能获取不动产的所有权。同样在获取完全的市民权的途径上，通常只能基于出生获取，依据 5 世纪中叶的一部令人费解的法律，规定不仅是父亲，而且其母亲也必须是古希腊市民，其方能取得市民权。妇女可以提出离婚，但离婚是需要举行一种程式化的仪式，她的丈夫以及她的父亲之间不能有反对意见的。她的嫁妆在离婚后由其丈夫取得所有权。只有他，而不是她，能够通过单方的意思表示提出离婚。她提出离婚的前提是必须为希腊市民，这称之为书面基础。尽管他破坏了婚姻却没有法律后果，而她却不是。

  依据梭伦所做的法律规定，在女方出现通奸的情况下，他要么同她离婚，而且与她通奸者必须向他支付忏悔金；要么他可以以一种非常隆重的仪式去迎娶一个妾进家。妻和妾的区别并不像后来古典时代那么分明，妾可以因为得到丈夫的宠爱而成为妻，或在丈夫的家族中享有较高的地位。如苏格拉底的那个悍妇帕拉克就是一个妾，其地位应是服侍主人的妾。但是苏格拉底尊重她，将她视为妻。妻所生的子女 "gnesios"（婚生子女）和妾的子女 "nothos"（非婚生子女）在家族中往往被一视同仁，这也反映了妻妾之间的差别不大，也不固定。在离婚之后，丈夫有义务返还女方嫁妆，同时需支付女方的生活费，生活费标准不得低于嫁妆价值的 18%。古希腊的妇女在城邦生活上受到诸多限制，诸如不能独立上街自由活动，不得参与公共管理活动，不得出入剧场。

  在家庭方面有个希腊语叫 "奥义库司"（oikos），它的意义指称的房屋及基于合法的婚姻而产生的丈夫和妻子及孩子亲属所组成的共同生活群体，即我们今天意义上的氏族①。它不仅是属于一种家庭法，而且也是经济和宗教的融合，甚至按照我们的术语也可以说是一种城邦法的认同。因为这个奥义库司是希腊城邦政治的坚实基础，所有城邦的政治宗教秩序都是按照这个原理建构的。诸如成为某个氏族的成员，首先必须在宗教和政治上两者取得统一，即在亲族和种族之间协调并取得认同，这些最早出自前城邦时代，最后融入到市民法当中。例外的是新生婴儿如果没有在出生后10天内取名字，作为氏族的首领有权拒绝接纳该婴儿成为本氏族成员，并由此婴儿不能获取市民权。

市民权所产生的争论

首先是非婚生子女是否能够取得市民权以及如何取得市民权。其次是雅典市民是如何处理好像我们今天所说的家庭法和城邦宪章之间的关系，最后是如何表述氏族与政治之间的关联性。

奴　隶

在古希腊的阿提卡地区有大约8万到10万名奴隶，占整个城邦总人数的三分之一以上。大部分的奴隶都工作在雅典南部的银器手工作坊当中，在公元前4世纪这个数字下降到4万人。由此可以证明在当时的古希腊社会当中，奴隶

---

① 婚姻是男女两性结合成稳定的同居关系，同时这种结合形成了为当时社会所确认的夫妻关系。它既是生物性的，更是社会性的。因此，人类文明的发展，总是影响到婚姻形式的演化。早期希腊时期的雅典（公元前8—前6世纪）在从原生的社会形态向次生的社会形态转变的历史转折时期。并在此基础上形成了希腊早期的城邦。

在公元前8世纪，统一的阿提卡的最高统治权属于雅典的王。之后，雅典的王权被从贵族后裔中选出的执政官取代。所谓贵族后裔，即雅典最有势力的氏族的族人。这时，雅典同希腊各地一样，贫富分化在加剧，由海外贸易形成的商品经济冲击着古老的氏族制度。构成氏族的，是一个个相对独立的大家族，父亲是一家之长，家族拥有自己的房屋，这是自由身份的象征；它还拥有土地，这是身为氏族成员的证明。家中的牲畜、摆设用品、库存的酒和谷物的多寡则决定着这个家族在氏族中的社会地位。当父亲去逝后，儿子们均分家产，建立自己的新家族。此时，妻子被称为gyné，意为由男人引领到他的家中分享他的床笫的女人。娶妻的方式多种多样，一夫多妻相当普遍。在贵族阶层，婚姻不仅是两个男女之间的结合，更是两个家族之间的联结，是两个家族建立政治联盟的有效工具。这一时期，凭借婚姻增加了财富、声望和权势，在政治斗争中获取胜利的事件屡见不鲜。所以，贵族娶妻要求门当户对，他们总是同外地的世家大族联姻，而不在本氏族中挑选配偶。联盟需要尊重和信守，因此，男方家族要向女方家族赠送畜群，称为彩礼，以动产为主。女方家族则将自己最珍贵的财产——女儿送与男方家族。在这里，新娘同动产一样，是家族联盟的信物。——译者注

扮演着一个不太重要的角色。同样在司法上表述的也比较少见，偶尔也会出现在希腊法律当中，奴隶是一种财产，可以买卖，可以租赁，可以抵押，也像其他商品一样，买受人支付价金后取得所有权。奴隶在财产的组成上被罗列在动产和不动产之后，构成第三类财产。奴隶不能向法庭提出申诉，也不能成为被诉对象。如果奴隶给其他人造成伤害的，受害人只能对奴隶的所有权人提出控诉，同样奴隶也没有契约之债。奴隶可以有一定数量的自己的财产，前提是必须取得其所有权人的同意。相对于罗马的奴隶而言，希腊的奴隶不仅是作为物来对待，而且在某种关系上还可以作为人来对待。造成奴隶的死亡虽然也像罗马那样需要对奴隶所有权人进行损害赔偿，而且对加害人可以向刑事法庭提出谋杀罪的控诉。尽管所有权人有权对奴隶进行处罚，但是却无权处死奴隶。如果所有权人处死奴隶将受到刑罚制裁。如果奴隶私自逃跑，甚至逃到神庙或祭坛，所有权人有权对其实施酷刑惩罚，惩罚之后所有权人必须将其卖与其他人，或者将其释放。奴隶释放不需要举行某种特定的仪式，该奴隶由此取得一种特定的地位，类似于生活在城邦当中的异族人一样，没有市民权。没有参与城邦政治活动、城邦管理的权利。他们之后所生的孩子也是一样的。

契　约

古典时期的希腊存在着较为发达的货币经济，同时存在着大量的、程式化非常复杂的契约。有贷款契约、买卖契约、担保契约、抵押契约、质押契约、租赁契约等，但是在当时却没有形成属于契约法方面自己的司法裁判工具，所有有关契约诉讼案件的程序都是援用侵权案件的程序，大部分都是原告提出物品损害赔偿之诉。这些结论是汉斯·尤里乌斯沃尔夫的法律史研究的结果，今天获得广泛的认同。早期人们一直认为，希腊的契约法肯定要比罗马宽泛，包括透过自由表述而达成意志一致——合意，并成为所有契约法的基本原则，而在罗马这个原则仅仅体现在几个少数的契约当中。

在希腊的契约法当中与罗马完全相反的，只有一个非常清楚的法律概念的解释，即契约性义务。诸如某人向另外一人提出借贷，但他却没有具体说明归还日期，由此债权人对债务人提出了侵权之诉。汉斯·尤里乌斯沃尔夫对此是这样解释的，他认为雅典人在当时存在这种概念，即损害体现在对双方就金钱转移所作的共同协商并达成的目的性约定的违背。债务人应该在尽可能短的时间之内将欠款返还债权人（支配目的理论）。当时他也仅仅认为，金钱本属于债权人对它的滞留，也许是对所有权的一种非法侵犯。

亚里士多德所作界定

在亚里士多德的尼格马森伦理学当中，他对自由意志和非自由意志性义务作了区分。但是这种区分也仅仅是属于契约与侵犯之间的很明显的区别，人们很容易接受的。此外，还有一些属于各自特有的特征，在希腊，契约仅仅是作为司法评判的产物，从其结论而言与侵犯区别不是很明显，契约法始终处在不断发展健全过程中的，从其历史根源上讲契约源于侵犯行为。在希腊对契约概念的描述实证无一例外地集中在买卖契约上，当时没有义务性影响，也不存在买受人请求商品交付，更不存在卖受人请求买受人支付价金。当时的希腊在即时同步履行合同当中从来没有出现过现金买卖的概念，如果买受人要对价金进行赊欠，那由此产生了一个对买受人可以起诉的支付价金义务，而这个构思的提出最早源于1400年前的拜罗伊特人。他们当时提出的假设是，卖受人有权从买受人那里取得价金，这些价金又同时可以作为借贷返还给买受人，而此时的买受人的身份成为贷款人，由此又形成一种新的契约关系。不久希腊人又发现了一种其他的司法可能性，即由买受人当着法官面作出承诺履行支付价金。

定金

买受人在缔结契约之后向卖受人提供一个戒指或支付一定数量的金钱定金，如果买受人迟延支付价金或不支付价金的，卖受人不仅不需要交付卖受物，而且也不返还定金。如果买受人完全支付价金而卖受人不履行契约交付卖受物，那么买受人将对卖受人提起侵权之诉讼，请求返还价金并双倍返还定金。

需要说明的是，尽管这是一个特别案件，完全基于一个特定的规则，但定金双倍返还并不是处罚，而是基于双方当事人的约定。现金买卖的概念还有其他例子，诸如在所有权的取得上，买受人支付价金后即时成为购买物的所有权人。这不取决于购买物的交付，也不取决于物是否在卖受人手中或者已经转移到买受人手中。这项原则甚至扩展到第三人获取所有权，即如果买受人购买该物的时候，不是用自己的钱，而是用从他人借贷的钱支付价金，那么该物的所有权应由借贷者所有。如果卖受人将他人之物卖与某人，那么买受人不是所有权人，因为不是善意取得。事后所有权人有权要求买受人将物予以返还，买受人向卖受人进行追索。在此我们需要谈谈今天的法律担保，卖受人必须向买受人提供保护，必要的时候买受人可以起诉卖受人请求返还价金，并要求刑事处罚卖受人。这些或多或少与罗马法第34款的瑕疵担保责任相似。对于卖受人的惩罚体现在，卖受人无权获取价金，在卖受人不能给买受人以其他相应的回报的时候，卖受人不能将卖受物取回。同样，如果这个物本身不是完好的，诸如葡萄酒变质了，而且戒指不是金质的，又当如何？对物的瑕疵担保这个术语具体包含哪些？在奴隶的买卖过程中是否提供一个法律救助，如果确定，是否需要提供医院等等，所有这些当时的人们都没有认识到。买受人在买入奴隶后一个月之内必须将该奴隶带到市场上当着卖受人面向五个市场管理者阐明该奴隶存在着质量瑕疵，希腊人称之为神秘性诠释，经过这个过程后卖受人将该奴隶带回，然后将返还合同价金于买受人。另外根据特别法则规定，卖受人需要接受买受人对其提出违法控诉，该程序参照牲畜买卖程序。由此印证了亚里士多德在雅典宪章中所作的评论。此外存在另外一个禁止性的规定，在市场上从事商品买卖过程中禁止有意识的欺骗对方，物的瑕疵担保责任不管是在罗马还是在其他欧罗巴法律中同样适用，前提是卖受人根本没有认识到这个瑕疵。德国法律当中的有关普通的购买物瑕疵担保是没有欺骗和过错的，其中包括改变和减损，这个规定是罗马人发明的。在借贷契约当中有个非常古老的、而且意思非常明确的侵犯概念，这个概念阐释得非常简单明晰，在古希腊时期就一直沿用。所谓的借贷债务人就是将他人的金钱予以扣留，也即将债权人的金钱予以扣留。这种语言表述同样在今天也适合今天的语言需求。诸如他没有把我的钱返还给我，这种表述一直沿用，也仅仅是罗马人才将这些作了法律界定。借贷人将货币给付后，债务人取得对金钱的物权性所有权并且同时根据债法规定债务人需承担偿还本金义务。除此之外没有其他规定，在借贷当中不可能存在一个契约性义务，债权人可以对债务人提出惩罚诉求。而担保却与借贷完全相反，仅仅涉及的是保证金。因为借贷债务人首先必须履行义务，它所指向的是所有普通的违约当事人，而保证人仅仅指向的是一个特定的当事人，这个当事人与其建立担保契约关系。这种解释系由汉斯·尤里乌斯沃尔夫所作的，最后由福安茨拜谒勒将其融入中古世纪的德国法当中。同样保证金不是由一个当事人作出的，而是基于一个单独契约产生的。

从文化渊源上看，契约有两个源头：一是世俗的源头，可以追溯到古希腊；二是神圣的基督教源头。契约的历史，几乎是一部与人类文明同步发展的历史。古希腊是欧洲文明的摇篮。古希腊文明（公元前5世纪是希腊城邦奴隶制的极盛时期，所谓古典文化即在这一时期创立），是整个西方文明的源流之一。古希腊人虽然没有能够形成一门关于法律的学问——法学，但是却诞生了西方最早的法哲学或法学思想……柏拉图、亚里士多德以及斯多噶学派的创始人等，正是他们的法学思想，给了罗马法学以理性的基础，而且影响了此后二千余年西方法学的发展。古希腊人对法学的最大贡献是确立了法学的一些最基本、也是最重要的理念，如苏格拉底的契约义务论（公民应当遵守他与国家、法律所订立的契约）、柏拉图的正义观和法治观（如他认为，正义即以善报友以恶报敌，官吏是法律的仆人或法律的执行官，法治优于人治）、柏拉图的学生亚里士多德较为完善的正义观与法治观、亚里士多德之后的斯多噶学派对自然法理论和理性的系统阐述等，不仅为后世的法学也为罗马法和契约的形成奠定了基础。古希腊人的正义观、理性原则、平等和自由的观念及其自然法思想，为古希腊的契约理念提供了重要的理论支撑，也塑造了较为成熟的古希腊契约。在古希腊的雅典就有很多种类的契约，如借贷、合伙、租赁、买卖、物品保管及雇佣等等，其中借贷、合伙和租赁最为流行。在古希腊最初的这种借贷契约中，人身关系成为契约关系的一部分。后来，借助于梭伦在契约法上的伟大改革，人身关系得以从契约关系中解放出来。梭伦以禁令的形式禁止以人身为担保的借贷，使以债务人的人身自由来保证借贷的契约为非法，随后颁布解负令（Seisachtheia），解放债务缠身的农民，使债务人免于沦为奴隶状态。梭伦对借贷契约的改革，实则是将人身关系与债的关系相分离，它是"从身份到契约"运动的前提条件，为真正契约关系的确立打下了基础。古希腊人的这种契约，是与当时社会的物质生产关系相联系的，契约被限制在一个较小的范围内，契约关系不发达，其契约观念自然也不可能发达。

在法治思想方面，亚里士多德强调法律是理性的产物，"法治应当优于一人之治"，强调只有良法才是法治的基础；亚里士多德同时强调，不论是普通的老百姓还是立法者，也不论是普通的民众还是作为君主的统治者，都应该遵守法律、服从法律，任何人均不能超越于法律之上。因为，法律是正义的体现，是人类的理性原则，因此，实行法治是为了公众的利益或普遍的利益，它不是为了某一个阶级的利益或个人的利益宗派统治或专横。从而，亚里士多德第一次实现了法治思想的真正提升，将法律上升到至高无上的神圣地位，确立了法律的至上权威，为西方的法治思想奠定了基础。与柏拉图的法治思想（法治仅是理想人治的一个补充）相对照，亚里士多德的法治思想更为理性，法治因其是人类理性的原则和正义的体现而被提升到了至上的地位。

自然法与法律哲学

古希腊哲学家赫拉克利特（Herakleitos）的学说中曾提到永恒的和谐，而永恒的和谐正是永恒的理智（Logos）所创造。为使各种法律互相协合，则不同的法律背后必然隐存着一种"神律"。神律永久不变，这也是自然法的起源。此外，柏拉图及亚里士多德之哲学中亦有相同概念，虽然"自然法"一词在二者的原文中并不多见。柏拉图将合于法律理念之法律称为真实法，用以与实证法相区别；而实证法的道德价值视其接近真实法之程度而定，故应力求符合真实法，此一概念与自然法概念极为相近。亚里士多德则就自然的正义（natural justice）与法律的正义（legal justice）或习惯的正义（conventional justice）予以区分。亚里士多德认为：关于政治正义……一部分为自然的，一部分为法律的……自然的正义在任何地方均具有效力而不问人之意思如何；法律的正义原系无可无不可……事物之依习惯或便宜而称公正者，如度量一般……因地而异……同样，事物非依自然依人定的法律而称公正者，亦非处处均同。他认为自然的正义乃成为实证法之意义与目的之所在，亦形成其伦理上的基础。至芝诺（Zeno）创立斯多以客学派，认为自然与理性合而为一，与神（God）不分，自然法则即理性法则。他认为应该发展一个人类平等及法律普遍性为根据的世界性哲学。在希腊时代的哲学家开始有了自然法的基本概念，即便不以自然法一词称之。他们都认同人类的理性，强调理性、正义是法律及伦理的基础，而每个人均要遵守这种合理性之法律秩序来保持各人确定之地位，而且认为自然法高于实证法，不但用以作为批判实证法之根据，亦作为实证法存在之证明。"nomos"这个希腊词一般被翻译为法、法制、法律，其本意是秩序（Ordnung或政治秩序）。柏拉图的政治（political）这个范畴对于人类具体生活中的秩序（nomos）形成有其特殊与不可或缺的地位。其次，nomos 的基础来源可以是宗教、民俗、道德而来的法、法制、法律，或者也可以是自然法的传统中所认为的一种发自人类本性的理性与道德本能等等。相对于各社会领域而言，政治领域因为具有对人命的生杀大权的正当性，政治领域因此凌驾于其他社会领域而更具有权威的决定性。因此，在自然法的传统来探讨人类生活的秩序基础来源。进一步说，正如霍布斯所强调的：自然法的第一个法则便是人天生要自我保存生命。因此，正是藉由屠杀肉体的战争可能性之存在，政治性领域的存在对于人类生活而言因而具有超越性的首要性。所以，政治领域始终是人类生活秩序最为重要的一个领域。

希腊人对秩序内涵的理解与认同影响整个西方文化甚至是军事,他们理解的所谓秩序并不是特殊处境(Besondernsituation)的消失与排除,相反,正常现象的秩序与规则之出现与形成反而必须要依赖于特殊处境,并由特殊处境来加以阐释。因为希腊人的秩序并不是一般简单地排除了例外现象,而回归正常而言的秩序。从希腊人的区域环境来看,秩序在他们的头脑中最初是以探讨法秩序(Rechtsordnung)的形成而被认为是希腊人的法律哲学思想的核心议题;希腊人认为法秩序并不是人类生活秩序的全部,也不是其基础,支撑着法秩序的维持而更具基础性的秩序是政治秩序。公共政治体即意味着存在某种秩序(Ordnung);在最极端的特殊处境中,法(Recht)固然退位了,就此而言,是没有法秩序了,但是特殊处境绝非无政府状态或是一团混乱,而是始终还有某种法学意义下的秩序存在着。希腊人认为 Rechts-Ordnung(法秩序)这个字本来是由法与秩序结合而成的,且这种秩序在规范主义(Normativismus)的影响下,一切秩序的意义被缩减为只是法律(Gesetz)的规定而已,从而使一切法与秩序变成与法律同一含义。法与秩序的位阶是:秩序应该优先于法(Ordnung vor Recht),法只是秩序的手段;就具体的秩序思想(Konkretes Ordnungsdenken)而言,即使是在法学的意义上,秩序并不是法律、法规或法规的总称;相反,法规、法律构成秩序的一部分,属于秩序的手段。所以,对法学的思想其最终极的基础根源是秩序而不是法;法或者法律只是秩序的一环或是一个工具而已。因此,法秩序的基础是建立在由政治统一体作为行动主体所开展出来的政治秩序之上。因此,古希腊的秩序,作为概念架构的一贯理由。因为希腊字的 nomos 似乎更能表现在法律之上的一个更根本的秩序意义。在此,秩序是一种最高的权力来源基础,是统治之王(Nomos als king, the nomos, sovereign of all)希腊人把秩序归为一种规范论的思维。他们认为其实最早表达规范主义的法学思想是在古希腊诗人品达诗中的谚语"法律之王"(Nomos basileus, Nomos als koenig)。希腊人认为品达的谚语其实是一种规范论传统的原型,认为秩序(法、习惯、民俗道德等)必须超越于个别君王之上,这是一种依法而治的最古老典型。问题是希腊人如何理解希腊字 nomos 呢?nomos 这个希腊字一般被翻译为法、法制、法律,对希腊人而言,政治这个范畴对于人类具体生活中的秩序形成有其特殊与不可或缺的地位。因为对于希腊人而言,由主权、国家作为最终行动主体之外,人不应该再有任何超越主权、国家而来的秩序组织。其次,秩序的基础来源可以是宗教、民俗、道德而来的法、法制、法律,或者也可以是自然法的传统中所认为的,一种发自人类本性的理性与道德本能等等。但是在政治的概念中希腊人认为,相对于各社会领域而言,政治领域因为具有对人命的生杀大权的正当性，政治领域因此凌驾于其他社会领域而更具有权威的决定性。因此，学者们始终不以自然法的传统来探讨人类生活的秩序的基础来源。进一步说，正如霍布斯所强调的：自然法的第一个法则便是人天生要自我保存生命。因此，正是藉由屠杀肉体的战争可能性的存在，政治性领域的存在对于人类生活而言因而具有超越性的首要性。所以，政治领域始终是人类生活秩序最为重要的一个领域。希腊人的思想特色非常反对出于社会、经济、技术、法律、社会团体、专业组织等等各式所谓社会自主性领域与各式社会制度和组织对于人类生活秩序的独大与统治。一种自我组织意义上的社会领域或系统的不断扩大化、理性化，对人类生活秩序的影响却是悲观的。希腊人对于政治领域抱持一种超越性的救赎可能性寄望。希腊人就认识到，规则、规范不会自行展开，法律自身也不会自行独立运作。规范、规则的有效运用、法律的施行，都存在着一种介入能力（auctoritatis interpositio）来使其得以运行。因为在法规范以及法规范的实践运用中存在着落差、空隙，法律因此需要一个介入能力者（例如法官的判决）来使其运作。换句话说，这也说明了每个规范与法律的施行其实都包含了一个特殊处境的空白地带，而那使法规范得以施行运作的"介入能力者"正是用于填补这个空隙落差的"活生生的人"。因此，每个法秩序的体制还原到最后都可以找到一个最终的介入能力者——主权者及其决断。法学意涵在于：特殊处境的存在是一个纯粹暴力发生的无法空白地带。特殊处境显示了暴力是内在于法律的结构之中，而特殊处境正是一个法律与暴力的无法区分地带。特殊处境不只是存在于法律（法规范）以及法律的运用（法实践）的落差缝隙之中而已，正如每个言说的主体可以自由地运用语言结构与符指一样，特殊处境的缝隙也存在于所有社会制度的运作之中。整个社会制度的现实运作与法律的运作一样，其中都必须镶嵌着一个无确定性的特殊处境，暴力是内在于秩序之中的。希腊字"nomos"一词，最初指的是物和土地的所有秩序（Eigentum）之后对土地的分配、划分与种植有关。在希腊人的新观点下，人的秩序（nomos，或可以说政治秩序）的本源性活动（Ursprungsakt）是源自对土地空间的夺取（Entwindung）、划界（Vorteilen）、耕种（Weiden）。nomos一词来自nemein，最初指的是夺取土地之后对土地的分配与耕作。经由空间上的夺取与分配后，nomos作为法制或秩序的意义是指：政治上与社会上的一群人民在空间上变得立即可见的形式（Offenbarkeitsform），所有的政治、社会、宗教秩序等也都因nemein而建立。希腊文nomos一词比现有的法律具有更宽泛的意义，包含了政治法制、民俗习惯、宗教规范等，秩序一方面不能被窄化为法律，另一方面也不能被理解为一种与生活律令（Lebensgesetz）有关的法律，亦即不能被降低到物质性的生存（Dasein）的生存空间的层次。用秩序一词来取代已经消失其传统意义的城邦（staat）。换言之，秩序是一种最原初的不必经由法律来作为中介的，能赋予司法正当性的直接力量与行动。因此，最初的秩序的建立，是与夺取一土地空间进行分配围界的历史霸力有关。正是这个霸力赋予了一群人在空间上变得立即可见的均质化形式。用今天的话来说，这就是开创新政治秩序的战争、霸力，夺取新空间的战争，带来新国家、新政治秩序。法—政治—秩序的起源、主权的最初作用，因此都与某一特定空间、处境的秩序化有关，是一个使一群人成为均质可见的大地之法（nomos von land）的正当化力量，是与位置、处境有关的秩序化力量。不言可喻，这个直接赋予司法—政治—秩序的正当化力量当然与土地的争夺所进行的战争事件有关。任何一种基本的秩序都是一种空间秩序。人们把一个国家或大陆的宪法称为基本秩序，是 nomos 真正的源初意义上的基本秩序。本质上是建立在某种明确的空间界限的基础之上，建立在某种标准和土地分配的基础之上。因此，任何一个伟大时代的开端，都会发生大规模的土地掠夺事件。

在古希腊，法律哲学认为自然法又称本律、性律，这在法律哲学上长久以来一直是一个重要的问题，希腊法律哲学肯定有自然律的存在，以作为人为法的基础。虽然近代的欧洲法律学者曾经出现过对自然法的否定，但这都已经过去了，现今又引起重视。在古希腊的法律思想中，视法律为神所颁布的，所以法律是神律，然而尚无法分别神律与性律的差异。直到苏格拉底开始，将法律区分为成文法与不成文法，而不成文法即指自然法，后来柏拉图建立观念世界，正义为一永久观念，人性的正义观念即是自然法。希腊的自然法思想继续影响罗马法学家，他们承认自然法之存在，但不将其视为完整之法律，仍需要有民族公法与民法等成文法之制订。其后产生了以理性法律哲学为主的希腊法律文明，出现大批才智卓越的法律哲学家。在这些光辉灿烂的明星中，有最早期的自然哲学家泰勒斯、阿那克西曼德、阿那克西米尼、赫拉克利特、巴门尼德、芝诺、恩培多克勒、阿拉克萨哥拉、留基伯、德谟克利特；有人文哲学家普罗泰哥拉、高尔吉亚、苏格拉底；有体系哲学家柏拉图、亚里士多德；有天文学家默冬、欧多克斯、阿克斯塔克、希帕克斯、托勒密；有数学家欧几里得、阿波罗尼、赫龙、刁番都；有物理学家阿基米德；有医学家希波克拉底、盖伦；有地理学家希西塔斯、埃拉托色尼；有生物学家塞奥弗拉斯特。不仅在哲学和科学领域，在文学、历史和艺术方面，希腊人同样毫不逊色。我们照样可以开出一长串天才的名字，诗人荷马、品达、萨福；寓言家伊索；悲剧大师埃斯库罗斯、索福克勒斯、欧里庇得斯；喜剧大师阿里斯托芬；历史学家希罗多德、修昔底德、色诺芬；哲学家柏拉图的《对话》里的哲学家亚里士多德也是文艺理论家。这些优异人才，更开创了许多的学科如：自然哲学、人文哲学、体系哲学、天文学、数学、物理学、医学、地理学、生物学等。应该说在人类历史上，是希腊人第一次形成了独具特色的理性自然法律哲学观，这正是科学精神最基本的因素。许多古老的民族，或者只有神话或宗教式的自然观，或者缺乏对自然界的系统看法。自然界常常被认为是混乱、神秘、变化无常的，人在自然面前完全只有听从命运的摆布。而希腊人首先把自然作为一个独立于人的东西加以整体的看待。后来欧洲的自然法观念，均可溯于古希腊早期的自然法观念及自然法意识，其后的自然法观念是一种多元现象，至亚里士多德时，将法律正义分为两种：其一为天理自然的（natural, physikon），其二为人为约定的（conventional, nomikon）。也就是说，一种法则系天理自然的，因其适用于普世，而不需要我们接受或不接受；另一种则系人为约定的，人定法系人所制定之法，而自然法系上天所垂之则。其后斯多噶派（Stoa, Stoic）又将自然法的诠释推进一大步，他们认为：世界为理智和天意所主宰，因为理性渗透在世界的每个部分。作为宇宙一部分的人是理性动物，在理性的命令下，人根据其自身的自然法处世立身。斯多噶派自然法思想影响了稍后的罗马法学者，为罗马万民法（Jus Gentium）的出现铺平了道路。

东罗马帝国的查士丁尼大帝（Justinian，公元483—565年）在公元534年对罗马法进行了重新的整理与汇总，编纂成一部《民法大全》（*Corpus Iuris Civilis*），这部融合希腊理性、基督教神启、罗马法三者为一体的一部法学理论大著，是罗马法的集大成，它包含了三大部分：即法理概要（Iustiniani Institutiones）、法学家们的文摘（又称《学说汇纂》，Digesta 或 Pandectae），及帝国政体的《法典》（*Codex*），将理性概念落实到法典之中。

希腊法律制度

能够代表古希腊法律制度的可能指的就是雅典法，尽管这个法从来没有被全城邦的市民视为属于自己的法律秩序（Lexnomos）而予以认同和遵守。但对于生活实践中存在的种种法律问题，该法却提供了许多基本可以借鉴和参考的的解决途径。某些用于产生法律效果的方法及法律术语，均为希腊世界的许多城邦所共同采用。尽管采纳的程度有所区别，但这已经产生了普通（allgemeinen）法律的共同基础。在雅典城邦生活当中创造了种种个别的法律制度，尽管在整体性与系统性方面有所不周或有所区别之外，但这些制度基本能够立足于各部族诸如多利安人（Dorian）生活历史背景，以及他们各个社会在变迁中的社会、经济、政治和知识等状况。公元前5到前4世纪，希腊整体法律制度的建立取决于以下三个主要因素：一是希腊城邦众多，每个城邦都制定各自的法律规则，且存在着规则之间的不统一、不协调。第二个因素是，事实上许多城邦的法律皆为成文法（斯巴达克个例），其中若干成文法明定诉讼方法与具体罚则，属于细密而且还算是比较完整的法典。这完全源于公元前7世纪的遍及整个希腊的法典编纂运动。其著名的代表人物有公元前621年的德拉古（Draco），公元前594年的梭伦（Solon），其他的立法者为洛克里·伊壁犀斐利（Locri Epizephyrii，意大利南部）的札尔寇克斯（Zaleucus）及坎塔拉（Cantana）的夏龙达斯（Charondas）；斯巴达克的赖库尔戈斯（Lycurgus）。

第三个因素是，缺乏整体训练有素的法学家群体。尽管在雅典存在着的法律辩护人，这些人比较熟识城邦的法律，他们也仅仅是致力于提出一些说服群众陪审团的论辩，而不是致力于研究分析法律制度，洞察其更深的内涵。在这方面哲学家们对既存的法律也不重视，他们的旨趣在于发掘抽象的公正标准。

以上三个因素对于希腊法律的普遍性产生重大影响。前两个因素导致法律僵硬的实证主义。主持审判的雅典法庭庭审官只是依据成文法律的字面含义向人民陪审团作以解释，而人民陪审团根据这些解释及其理解最终形成的主观意见进行判断并投票，最终庭审官对人民陪审团所作的民主投票进行统计，根据统计结果作出判决。这种判决过程是不可能以对事实和法律具体分析的态度对成文法上的问题或法律上各种情况予以处理，致使希腊法律在学理上没有达到罗马法的实用程度；虽然在技术上古希腊法具有极大的灵活性。有代表性的制度就算是公元4世纪的雅典司法制度，这种制度融合了民主制度。雅典的司法裁判系由法官、民众法庭及最高法庭执行。各官吏接办诉讼案件并安排在法庭审讯，每一官吏均有专属的司法权：执行官负责有关家庭及继承方面的事项；执行长掌理宗教事项（包括谋杀案）；惯例、判定官及其他官吏掌理其余事项。另一项特别裁判权属于总监，掌理外地居民迁往希腊城有关事项。审理官的审讯权来自公民事务应由全体公民判决的原则（初系梭伦所订，在特定范围内适用；后来建立全民主政治，则普遍应用）。审理官以抽签方式选出，凡30岁以上公民均有资格参选。在具有高度政治重要性的罕有情形下，亦曾召开审判大会（由6001人组成的法庭）。通常审判大会由各审判组（刑事案件由1501人、1001人或501人组成；民事案件由201人组成）负责判决。谋杀案件系在最高法庭（由前审理官组成的团体）辩论。这可能是从原来贵族议会演变而来的民主时期以前的遗俗。从希腊法的角度看，审讯在于决定是否应以强制方式逮捕被告或扣押财产或两者均应执行。这种要求可由原告依据个人的权利或以公诉的方式提出，旨在使被告受到制裁，提出公诉（技术上称为 graphe）为每一个公民享有的权利。除此以外，个人诉讼与刑事诉讼之间几无区别。个人诉讼与公诉必须将被告（可能在押）传至对本案具有裁判权的地方长官，并须向其呈递书面申诉状，以便初步审查。有关金钱方面的民事诉讼，两造均被送往公共仲裁人处理，如有一方不服裁定，或该案不合于强制仲裁时，则转交由地方长官主持的审理法庭处理。审理官听取辩论及两造所提的证据后，即行裁决。此项裁决只能在两造所提两种办法中，以秘密投票而不加以辩论的方式作选择。他们的判决即成为两造之间的最后定案。但败诉一方可以证人伪证影响判决的理由提出控诉。在个人诉讼案中胜诉的原告必须自行查封被告的财产，以执行该项判决。与希腊的正义哲学大相径庭的是，古希腊的成文法对其后的发展影响甚微。当然，它的观念与方法使古希腊君主政体的立法与执法确实受到很大限制，且有若干源于希腊的法规，诸如罗得岛海洋法所执行有关向船外抛货的海上法或某些关于司法文书（当然大部分为希腊文）的处理方法，为罗马人所采用。

文献资料：

Allgemein：J. H. Lipsius, Das attische Recht und Rechtsverfahren, 3 Bände 1905/1915（Ndr. 1984）；H. J. Wolff, Griechisches Recht, in：Lexikon der Alten Welt（1965）S. 2516 ff.；A. R. W. Harrison, The Law of Athens, 2 Bände 1968/71；D. M. MacDowell, The Law in Classical Athens 1978；M. H. Hansen, Die Athenische Demokratie im Zeitalter des Demosthenes 1995；D. Cohen, Law, Violence and Community in Classical Athens 1995；G. Thür, Recht im antiken Griechenland, in：U. Manthe（Hg.）, Die Rechtskulturen der Antike（2003）S. 191 ff.

Rdz. 1.：H. Bengtson, Griechische Geschichte, 9. Aufl. 2002；W. Schuller, Griechische Geschichte, 5. Aufl. 2002, dort auch zur Wirtschaftsgeschichte；zu ihr allein：H. Kloft, Die Wirtschaft der griechisch-römischen Welt 1992.

Rdz. 2.：H. J. Wolff, Juristische Gräzistik-Aufgaben, Probleme, Möglichkeiten, in：Symposium 1971（1975）Iff.；Zum Recht von Gortyn：F. Bücheler, E. Zitelmann, Das Recht von Gortyn 1895（Ndr. 1974）.

***Rdz.* 3.** : K. —W. Welwei, Athenai, in : Der Neue Pauly Bd. 2 (1997) 187 ff.

***Rdz.* 4.** : H. —J. Hölkeskamp, Schiedsrichter, Gesetzgeber und Gesetzgebung im archaischen Griechenland 1999; M. Gagarin, Drakon and Early Athenian Homicide Law 1981; E. Ruschenbusch, Solons Nomoi 1996; D. M. MacDowell, The Law in Classical Athens (1978) S. 41 ff.

***Rdz.* 5.** : M. H. Hansen, Die Athenische Demokratie im Zeitalter des Demosthenes 1995; H. J. Wolff, " Normenkontrolle " und Gesetzesbegriff in der attischen Demokratie 1970.

***Rdz.* 6.** : D. M. MacDowell (Rdz. 4) S. 235 ff. ; M. H. Hansen (Rdz. 5) S. 184 ff. ; G. Thür, Recht im antiken Griechenland, in U. Manthe (Hg.), Die Rechtskulturen der Antike (2003) S. 201 ff. ; S. Dow, Aristotle, the Kleroteria and the Courts, in : Harvard Studies in Classical Philology I (1939) S. 198 ff. ; H. J. Wolff, Die attische.

Paragraphe 1996; J. H. Kroll, Athenian Bronze Allotment Plates 1972. Zum "Ritual" : D. Cohen, Law, Violence and Community in Classical Athens 1995; zur Folter von Sklaven : J. H. Lipsius, Das attische Recht und Rechtsverfahren, 1905/1915 (Ndr. 1984) S. 888 ff. , MacDowell a. a. O. S. 245 f. , von freien Bürgern Lipsius a. a. O. S. 894 f. , MacDowell a. a. O. S. 246 f. und Cicero Rdz. 40.

***Rdz.* 7.** : Allgemein : U. Wesel, Geschichte des Rechts, 3. Aufl. , Rdz. 6 - 49; Athen : D. M. MacDowell (Rdz. 4) S. 123 ff. ,149 ff. ; D. Cohen, Theft in Athenian Law 1983; H. Mummenthey, Zur Geschichte des Begriffs Blábe im attischen Recht, Diss. Freiburg 1971.

***Rdz.* 8.** : E. Ruschenbusch, Untersuchungen zur Geschichte des athenischen Strafrechts 1968; ders. Hybreos Graphe, in : SZ 82 (1965) S. 302 f. ; D. M. MacDowell (Rdz. 4) 123 ff. , 175 ff. , 194 ff. ; D. Cohen, Theft in Athenian Law 1983; G. Thür (Rdz. 6) 223 ff.

***Rdz.* 9.** : Platon, Eutyphron, Apologie, Phaidon; C. Mossé. Le procès de Socrate 1987; I. F. Stone, The Trial of Socrates 1988; M. H. Hansen, The Trial of Sokrates 1995; A. Demandt, Sokrates vor dem Volksgericht in Athen, in : ders. (Hg.), Macht und Recht. Große Prozesse in der Geschichte, 1996 S. 9 ff. ; C. Meier, Ein Anschlag der Demokratie auf die Philosophie? Verurteilung und Tod des Sokrates, in : U. Schulz (Hg.), Große Prozesse (1996) S. 2I ff. ; P. Scholz, Der Prozess gegen Sokrates, in : L. Burckhardt, J. v. Ungern-Sternberg (Hg.), Große Prozesse im antiken Athen (2000) S. 157 ff.

Rdz. 10. ；A. R. W. Harrison，The Law of Athens，I. Bd. (1968) S. 200 ff. ；M. Kaser，Der altgriechische Eigentumsschutz，SZ 64 (1944) S. 134 ff. ；A. Kränzlein，Eigentum und Besitz im griechischen Recht 1963；H. J. Wolff，Rezension Kränzlein，in：SZ 81 (1964) S. 333 ff.

Rdz. 11. ；Harrison (Rdz. IO) S. 122 ff.

Rdz. 12. ；Harrison (Rdz. IO) S. I ff. ；H. J. Wolff，Eherecht und Familienverfassung in Athen，in：ders. ，Beiträge zur Rechtsgeschichte Altgriechenlands (1961) S. 155 ff. Zur Situation der Frauen ganz allgemein：U. Wesel，Der Mythos vom Matriarchat，1980，S. 41 ff. ，60 ff.

Rdz. 13. ；Harrison (Rdz. IO) S. 163 ff. ；N. Brockmeyer，Antike Sklaverei (1979) S. 105 ff. L. Schumacher，Sklaverei in der Antike，2000.

Rdz. 14. ；H. J. Wolff，Die Grundlagen des griechischen Vertragsrechts，in：SZ 74 (1957) S. 26 ff. ，D. Behrend，Attische Pachturkunden (1970) S. 16 ff.

Rdz. 15. ；F. Pringsheim，Der Kauf mit fremden Geld 1916；ders. ，The Greek Law of Sale 1950.

Rdz. 16. ；H. J. Wolff SZ 74 (1957) 49 f. (zum Darlehen). J. Partsch，Griechisches Bürgschaftsrecht 1909；H. J. Wolff，Eherecht und Familienverfassung in Athen，in：ders. ，Beiträge zur Rechtsgeschichte Altgriechenlands (1961) S. 170 ff. ；F. Beyerle，Der Ursprung der Bürgschaft，SZ Germ. Abt. 47 (1927) S. 567 ff.

Rdz. 17. ；Harrison (Rdz. 10) S. 253 ff.

Rdz. 18. ；K. Rode，Geschichte der europäischen Rechtsphilosophie (1974) S. 13 ff. ；E. Bloch，Naturrecht und menschliche Würde (1961，suhrkamp taschenbuch wissenschaft 1985 S. 20 ff.

Rdz. 19. ；Zu Hermagoras und seiner Statuslehre：U. Wesel，Rhetorische Statuslehre und Gesetzesauslegung der römischen Juristen，1967，S. 22 ff.

欧洲法律史
Geschichte des Rechts in Europa

第三章 古罗马

历史与经济

1. 罗马的地理位置与经济

罗马的历史就是一个城邦发展史,即由一个小城邦发展到后来的世界帝国,公元前 750 年,该城邦是在伊特拉斯坎(etruskischem)① 殖民村落区域内建立起来的。在随后的 750 年间,该城邦逐步发展成为一种世界霸权。罗马共和国在最后的百多年当中,内部一直处于政治纷争状态,直到公元前 27 年这种纷争才得以结束,也就是从公元前 27—公元 14 年,罗马进入帝国时代即奥古斯都第一帝国时代。罗马帝国控制的疆域南部是整个非洲北部,北部到法国德国、西部到西班牙、东部到小亚细亚整个大片区域。后来的帝国统治者望尘莫及,该帝国在西方存续了大约 500 多年,而在东方要比拜占庭又多延续了 1000 年之久,最终创造了欧罗巴的历史。罗马的起源开始于北部的意大利部落移民,尽

---

① 伊特拉斯坎人自称拉森人(Rasenna),希腊人称之为第勒尼安人,拉丁人则称之为伊特鲁里亚人。他们居住于台伯河、阿诺(Arno)河流域和亚平宁山脉之间的中意大利,即拉丁文称作伊特鲁里亚的地区。伊特拉斯坎的文字(文献多系宗教铭文),字母源于希腊文,语言是一种与印欧语和非印欧语有联系又有区别的混合型语,罗马城邦时代就已不用了。当伊特拉斯坎人到来之前,罗马是一小群聚集的村庄。根据传说,在新主人的统治下,诸如卡皮托尔(Capitol)小山的城墙和马克西玛下水道(Cloaca Maxima)等第一批公共工程才得以修建。在卡皮托尔地区曾发现罗马历史上伊特拉斯坎时期的大量证据。罗马本身有许多坟墓,无可置疑,这些坟墓与普勒尼斯特[Praeneste,即今帕勒斯替那(Palestrina)]的拉丁镇的坟墓相似。公元前 8—前 7 世纪,伊特拉斯坎人由氏族社会过渡到阶级社会。此地灌溉农业相当发达,畜牧业也颇兴旺。由于手工业和商业的发展,对外贸易日益兴盛,同希腊、迦太基和意大利南部等地都有往来。公元前 7 世纪,伊特鲁里亚出现城市城邦。约公元前 7 世纪末,伊特鲁里亚的 12 个城市结成联盟,各城市内部依然保持独立自主。公元前 6 世纪中叶,伊特鲁里亚诸城达到极盛,其势力北抵波河流域,南达坎帕尼亚。后因内部纷争、外遇强敌而渐趋衰落。——译者注

管时间上不确定,但可以推算出大约在公元前 1000 年。同时随着伊特拉斯坎人从地中海或者也许是从东方的小亚细亚或者意大利南部来到此处,两者同时又融合了在意大利生活的古老的地中海居民。由此伊特拉斯坎成为罗马北部的核心城邦,尤其是它的丰富的铜矿和铁矿为该城邦成为早期的商业霸权奠定了基础。随着统治区域不断地扩张到意大利北部及中部广大地区之后,最后于公元前 500 年罗马人最终击败伊特拉斯坎人并最终建立了罗马人的城邦。[1] 该城邦在当时有 5 万居民,已经属于相当大的城邦了,经济军事实力均属于强势,其重大转变出现在伊特拉斯坎早期统治者之间出现了巨大的纷争[2],在这次纷争中最终罗马贵族获得了统治权,并以此建立城邦共和政体[3],该政体一直延续了

---

[1] 相传伊特拉斯坎人于公元前 7 世纪末建立塔克文王朝,罗马王政时代后三王都是该王朝的君主,约于公元前 509 年被罗马人推翻。此后罗马屡与伊特鲁里亚诸城交战,并利用其联盟内部矛盾逐个击破。公元前 396 年罗马兼并维伊,公元前 283 年控制了整个伊特鲁里亚。公元 1 世纪 L. C. 苏拉将伊特鲁里亚并入罗马,伊特拉斯坎人遂迅速被罗马人同化。伊特拉斯坎人有独特的文化传统。由希腊字母派生而来的伊特鲁里亚字母,成为罗马人创造拉丁字母的基础。伊特拉斯坎人的建筑术对罗马也有重要影响,角斗、凯旋式和职官权力标志等,都为罗马人所仿效。——译者注

[2] 公元前 8—前 7 世纪,伊特拉斯坎人由族群氏族社会过渡到君主独裁的阶级社会。在社会内部由国王、军事长官、祭司长等贵族奴隶主构成特权阶层,经常从事征战和海盗活动,劫掠财富和奴隶。贫困的氏族成员和被征服的土著居民沦为依附民,在农业和手工业生产中占主导地位。奴隶数量很多,充当仆役。约公元前 7 世纪末,伊特鲁里亚的 12 个城市结成联盟,各城市内部依然保持独立自主。公元前 6 世纪中叶,伊特鲁里亚诸城达到极盛,其势力北抵波河流域,南达坎帕尼亚。后因内部纷争、外遇强敌而渐趋衰落。——译者注

[3] 新的共和政体其实是一种混合式思想,他们将君主、民主和贵族制融合在一起,最高的领袖是城邦的两名执政官。其整个城邦的权力架构是原本由塔克文王族一家垄断的统治权,在新的共和政体当中分成由元老院、执政官和部族会议(Comitia Tributa)三层共同垄断统治平民和奴隶。这种政体只是解决了罗马贵族的分权需求和不被权力所侵犯的威胁问题。而没有将权力下放,更没有解决罗马民众在城邦生存安全问题。这种政体仅仅是一种过渡,即由一家独裁垄断统治权向贵族群体垄断统治权过渡。掌握国家实权的元老院由三百名贵族组成,是立法、审议、议政的中枢机构。执政官由百人队会议从贵族中选举产生,行使最高行政权力。不管是王政时期还是共和国体制初期,罗马城邦民众的生存仍然面临着权力的侵袭,仍然面临着生存危机这一根本问题。相对于王政时期的变化是独裁时期,塔克文王带着整个王族对整个城邦的贵族、平民和奴隶进行统治剥削;而进入共和制体制时期,两名行政长官—执政官带领着所有的贵族、所有的庄园主对罗马城邦的所有平民和奴隶进行统治进行剥削。此时此刻所有的贵族和所有的庄园主不再面临着生存危机,同时他们不仅在政治上获得了被选举权——有机会被选举为执政官,同时在财产上也获得了法律上的保障。这种法律保障主要体现在两个方面,一方面是私有财产所有权不受侵犯,一方面是保障所有贵族和庄园主剥削平民和奴隶的特权。此时的民主是对于贵族庄园主而言的,对于平民和奴隶而言是等级剥削,平民和奴隶仍然没有尊严,仍然没有自由,仍然没有安全可言。此时此刻虽然拥有可怜的选举权却不足以保障自己的尊严、自由和安全,仍然面临着贵族和庄园主的压榨和盘剥。——译者注

500多年。之后罗马政体获得了快速扩张，到了3世纪至4世纪罗马占据了整个意大利，并且逐渐扩张到地中海国家和整个法国和德国的部分区域，奥古斯都的继任者将版图扩张到克劳迪乌斯统治下的不列颠。对于这样一个世界帝国的统治体制以及控制着数百万城邦的罗马来说，仅仅还以这个小贵族统治去涵盖整个帝国，显然已经不再适合了。显然奥古斯都是一个世界历史上少有的伟大政治家，在他的独裁统治初期就提出了恢复古代共和宪政，他提出城邦政体的整体架构，即设置元老院、执政官、裁判官、执法监察官，此外，奥古斯都提出特别设置一个重要职位——平民保民官。但是这个架构运作不久，便受到了皇权的威胁，进而这些权力逐步被削弱而皇权独大。这种皇权帝国连同帝国时期产生的古典罗马法一直延续到泽韦林皇帝时代——这是个所谓的士兵皇帝（公元193—235年）。在公元3世纪罗马城邦出现了经济危机，当时整个城邦处于军管状态，根据形势的需要士兵皇帝有权任命或免除执政官。这种状态直到迪奥克莱提安（公元284—305年）时，社会局面在一定程度上获得稳定，随后开始建构严格的城邦行政官僚组织机构。这次彻底根除了古老的共和体制中所保留的自由，形成由骑士贵族阶层组成的行政官僚体系。在这个体系中产生了一系列为了授予骑士称号而举行的隆重而高贵的仪式，并把帝国的"皇帝"这个称呼用"主"来替换，这也即我们今天所说的元首制。进入公元4世纪，基督教对君士坦丁大帝和迪多西产生影响，后者将基督教作为国教，最后在帝国内分裂成两个分支。随着大批移民涌入西罗马帝国的意大利，在公元476年在位17年的罗慕路·奥古斯都路斯被奥多亚克废除。奥多亚克在罗马军队当中是一位具有政治才能的，他被众多的日耳曼人推选为王在位15年，后被东哥特人的国王狄奥多西推翻下台。而东罗马帝国拜占庭建立城邦，这个城邦持续了超过1000多年，直到中世纪末期的1453年君士坦丁堡被土耳其征服才告一段落。

整个古罗马的经济发展与古希腊非常接近，货币经济促使土地、不动产的私人所有权产生，人们可以自由支配，但不能同希腊人同等转让。在公元前3世纪到前2世纪的报复性战争中，大量的奴隶被作为战利品掠夺回罗马，罗马贵族强迫这些奴隶在他们并不熟知的农场当中从事葡萄及橄榄树的种植，甚至在大型农场种植园当中，把奴隶进行划分，并将强壮的男性奴隶划分到军队当中，继续从事征服战争。同时这种庄园经济也包含债务奴隶，古罗马自从货币经济产生之时就伴随着高额利息，正是由于这些因素的存在，罗马城邦的历史更是一个生存斗争的历史，也更像卡尔·马克思所言的阶级斗争的历史。但是与古希腊不同的是，罗马贵族，他们的财富获取是通过不断新的征服及在占领区域内获取。他们将掠夺来的粮食一部分无偿地分配给平民,而余下的归属自己。在公元3世纪罗马发生了严重的经济危机,尽管发生的原因不是很清楚,但是可以肯定的是这是一次农业经济危机,其发生与奴隶劳作有着较大的关系。自从公元1世纪由于征服战争的结束原因,奥古斯都断绝了民众的给养,而将捐税提上日程,开始向民众收取高额捐税。由此给整个帝国带来了巨大恐慌,尤其是食品供应的短缺。整个城邦处于封建领主的控制之下,庄园主控制大量的债务奴隶和佃农,他们在各自的区域内从事耕种。农民被强制束缚在土地上,尽管他们不是奴隶,有一定的自由,但是庄园主是不允许他们擅自离开他们的土地。这就是罗马后期的世袭奴隶,如同中古时期的佃农。总之,整个城邦的统治随着经济生活的日趋衰落而衰落,最终直达整个西罗马帝国灭亡。

接下来我们需要认识一个古罗马城邦的传说,一个露克莱蒂娅事件,这两个对于我们理解罗马历史尤其是罗马法的历史尤为重要。

2. 古罗马城邦的神话

罗马的英文单词"Roma",则源自"Romulo",罗慕洛英文单词"Romulo",词源来自拉丁文"Romulus"①,"Romulus"是传说中罗马的奠基人和第一个国王,相传为战神马尔斯(Mars)和瑞亚·西尔维亚(Rhea Silvia,罗马传说中的维斯塔贞女)所生。② 埃涅阿斯的后代努弥托尔是拉丁地区的阿尔巴隆加城的国王,他的兄弟阿穆利乌斯篡夺了他的王位,杀死了他的儿子,并把他的女儿瑞亚·西尔维亚送到灶神维斯塔庙充当终身不许结婚的祭司,以绝其后。但战神使她怀了孕,生了一对孪生兄弟。阿穆利乌斯得知后,将瑞亚·西尔维亚处死,并下令把两个婴儿丢进台伯河淹死。③ 河水把装着婴儿的篮子推上浅滩,战神马尔斯派来的一头母狼把婴儿带进山洞哺养。国王的牧羊人名叫福斯图卢斯(Faustulus)在帕拉蒂尼(palatin)山上的卢帕卡尔(lupercal)山洞,之中,发现了一只名叫卢帕(Lupa)的母狼正在抚育着两个男孩,母狼见到福斯图卢斯后跑出山洞再也没有回来。④ 于是福斯图卢斯先将其中一个婴儿,交予妻子阿卡·劳伦缇雅(Acca Larentia),这个婴儿就是后来的罗慕洛。

---

① Plutarch Life of Romulus 9.

② Adriano La Regina,"La lupa del Campidoglio è medievale la prova è nel test al carbonio". La Repubblica. 9 July 2008.

③ Dionysius of Halicarnasus Roman Antiquities 1.85.

④ Ovid has Romulus invent the festival of Lemuria to appease Remus' resentful ghost.

图 3-1　《罗慕路斯与雷穆斯得到福斯图卢斯的庇护》

注：科尔托纳（Pietro da Cortona）的油画。福斯图卢斯，是罗马神话中救回罗慕洛与罗姆斯的牧羊人。他在帕拉蒂尼山上从一头母狼那里发现了他们，并与妻子阿卡·劳伦缇雅养大了这对孩子。在神话的另一版本中，阿卡·劳伦缇雅是妓女（拉丁语 lupae，或为"母狼们"）。福斯图卢斯的名字后来被罗马贵族所称颂，甚至将他的形象与母狼和两名婴儿刻在银币上。

之后又回到山洞将另外一个婴儿抱回家中交予妻子,父亲根据抱取先后分别取名为罗慕洛(Romulus, disambiguation)和罗姆斯(Remus, disambiguation),并组建了第一个罗马家庭,即如下图福斯图卢斯的罗马的家庭所示。

图 3-2 《福斯图卢斯的罗马家庭》

注:由彼得·保罗·鲁本斯绘于公元前 1616 年,保存在卡比托利欧博物馆。罗慕洛和罗姆斯的母亲瑞亚与河流神提比略乌斯(Tiberinus)共同见证了罗马第一家庭组建的整个过程。

长大后兄弟二人合力杀死了叔父,恢复了外祖父的王位,并回到他们幼年成长的地方。哥俩共同约定各自的领地范围,哥哥用铁犁和耕牛划出各自的界限,并共同约定任何人不经许可不得擅自越界,否则将被处死。[1] 过了不久,弟弟以为哥哥是在说笑,而且也很长时间没有见到哥哥,十分想念哥哥,决定去看哥哥。为了给哥哥一个惊喜,偷偷地跑到哥哥的住处,见到哥哥,以为哥哥会非常高兴,哪知哥哥脸孔十分阴沉,问弟弟我允许你越界了吗?弟弟说我越界还需要你允许吗?我是王!我想越我就越,不想越就不越,谁能阻拦我!

---

[1] Wiseman, T. P. (1995), *Remus, A Roman myth*, Cambridge University Press.

哥哥派人请出父亲战神的王剑,并请女祭司执掌王剑将弟弟依照律令判处死刑,临刑前,哥哥到弟弟面前告知弟弟,任何亲情莫大于王法,尽管我也很爱你,弟弟,但是我们是在王法之下生活,我们不得不低下我们高贵的头颅,你的价值就是你为了王法的威严而贡献出你高贵的生命。① 事后哥哥为了纪念弟弟,特别制作了一尊神像,这座神像是以自己的母亲形象为模板的即今天的德国的正义女神,如下图所示:

图 3-3 德国正义女神

因为他们一直坚持认为自己的母亲就是希腊神话中希米斯(Themis)和戴克(Dike)的合体,是宙斯派她到人间拯救罗马人的。母亲集希米斯(系泰旦神(Titan)的女儿、宙斯神的前妻、太阳神阿波罗的母亲)与戴克(Dike)(系宙斯的女儿)的智慧于一身。没有人间私欲,能像希米斯那样左手持天平,不偏不倚公平公正公开判处罗马七丘山上神人之间各种纠纷仲裁,又能够像戴克那样,右手持父亲战神王剑,砍断任何人间私情,严格执行七丘山下罗马人的律法,树立法律神威。左脚脚踏罗马法典依法审判,树立罗马法治与罪行法定的成文法精神。法典之下压载着匍匐的毒蛇而行则象征着立法的目的在于压制邪恶,法律与邪恶永远存在着动态的力量对比关系,只有法律的力量大于邪恶力量,毒蛇才能匍匐,彰显法律的社会效力需要也必须要超过邪恶的能力,

---

① Momigliano,Arnoldo (2007),"An interim report on the origins of Rome",Terzo contributo alla storia degli studi classici e del mondo antico 1,Rome,I. T.:Edizioni di storia e letteratura,pp. 545 – 598.

否则邪恶将推翻一切、控制一切,此乃系法律安全主义思想。整体前行代表执法细腻轻盈,一方面代表仁慈,另一方面代表说理、不盲目、理性,执法的效果就连最易恼怒的毒蛇都愿意匍匐在正义的脚下,匍匐代表着心甘情愿地接受判决并愿意去执行——以此象征着法律执行与判决的理性客观主义。因为自然界的万事万物都尊崇理性与客观这两种思想。眼睛傲视前方寓意着理性而客观的法律整体必将给罗马人一种可以预见得到的将来,同时也为世间各个城邦的发展指明方向。人类只有不断地发展自己的法律,吸收借鉴他人的法律,最后融合为世界的法律。①

这座雕像制成之后被树立在帕拉迪尼与卡比托山之间的峡谷中心,后于公元前753年罗莫洛建立了罗马新城,为了纪念自己的弟弟就用弟弟名字"R"为首字母,以自己名字的第二个字母"O"为次要字母,以父亲战神名字中的第一个字母"M"为第三个字母,以母亲的名字中的最后一个字母"A"为最后一个字母,组成为新城的名字"ROMA",为"罗马"(Roma)。

图3-4 罗马古城

罗马古城古罗马人以"母狼育婴"的图案作为古罗马城的城徽,如下图所示:

罗慕洛在位39年,他使3个拉丁部落联合起来,设立元老院,召开库里亚人民议会,组织军队,把居民划分为贵族和平民,把公有地分给私人。后来日蚀把罗慕洛吸上天去,从此罗马人尊他为神——取名为"狼兽神",其寓意是"我是神圣的!"

---

① Halicarnassus,Dionysius,in Thayer,Roman Antiquities,Chicago,I. L.,USA:Loeb,pp. 1,72 - 90;2,1 - 76.

图 3-5　母狼育婴

图 3-6　卡皮托利尼狼

注：卡皮托利尼狼是青铜的母狼哺乳双胞胎婴儿，灵感来自传说，雕塑罗马创立者。卡皮托利尼狼已安置在罗马的卡比托利欧山丘。卡皮托利尼狼的年龄和起源是一个有争议的问题。这座雕像是长期被认为是一个伊特鲁里亚公元前5世纪的作品，在15世纪后期又发现，可能是由雕塑家双胞胎安东尼奥（Pollaiolo）所作。（左图为全身照，右图为近照）

后来古罗马人将每年的 2 月 15 日定为牧神节，以纪念那位救助并抚育罗马先祖的牧羊人福斯图卢斯，在牧神节这天，有一队称之为"牧神"的神父聚集在帕拉蒂尼山的西南坡。庆祝仪式在卢帕卡尔洞穴开始，也就是卢帕母狼哺育罗慕洛和罗姆斯这两个婴儿的地方。而这个地方因为是母狼（lupa）所在的地，而命名为 Luperci。这里的年轻贵族们，从 Lupercal 沿着 Palatine 的边界飞奔，这种仪式被后人寓意着人是从狼性奔向人性的一种净化的仪式。①

3. 塔克文与露克莱蒂娅

公元前 5 世纪的时候罗马王国的国王叫陆休斯·塔克文苏珀布斯（lucius Tarquinius Superbus，公元前 535—前 496 年），系罗马王国的第七任国王。他有个儿子叫塞克图斯·塔克文（Sextus Tarquinius）在罗马南部 40 公里处的阿迪亚（Ardea）驻防。带兵驻守荒郊野外，单调且无聊，于是每天晚睡，带着亲兵骑马回罗马城玩乐。在公元前 509 年塔克文听说罗马城内有个叫露克莱蒂娅（Lucretia）的少妇，人长得非常美丽，于是塔克文决定夜里造访露克莱蒂娅的家里。对于塔克文的突然来访，露克莱蒂娅只能表示对王子到来的"欢迎"，此次塔克文真的见到了露克莱蒂娅，而且被她的美貌所打动。没过几天塔克文终于忍不住了，带着亲随再次来到露克莱蒂娅的家中，提出要求露克莱蒂娅顺从他的心意，而招致露克莱蒂娅的拒绝。塔克文掏出匕首当场割断露克莱蒂娅的女仆的喉咙，并威胁如果不顺从，将割断露克莱蒂娅的喉咙，并威胁她要将她的裸体陈尸摆放在奴隶身边，供奴隶们享用她的躯体。奴隶的地位是很低的，为了家族荣誉和她的贞洁，无奈之下这个刚烈的女子露克莱蒂娅只能选择顺从塔克文的心意。

之后，露克莱蒂娅找来自己的父亲、哥哥和弟弟，还有自己的丈夫。把事情的全部过程和细节告诉了他们，然后来到罗马城邦的中心广场将同样的内容告知所有在场的罗马公民们。说完之后，掏出塔克文用以割断女仆喉咙的匕首当众自杀身亡。

她的兄弟——布鲁图斯（Lucius Junius Brutus）通过在整个城邦陈列她的尸体来鼓励罗马全民起义为她报仇。

---

① Momigliano, Arnoldo (1990), The classical foundations of modern historiography, University Presses of California, Columbia and Princeton, p.101.

3-7 《塔克文和露克莱蒂娅》，鲁本斯，作于 1609—1612 年

图 3-8 《强奸露克莱蒂娅》，提香，作于 1571 年

图 3-9 《露克莱蒂娅》，伦勃朗，作于 1664 年

图 3-10　《露克莱蒂娅的悲剧》

波提切利（Gallery Sandro Botticelli）作于 1500—1501 年。藏于波士顿伊莎贝拉斯·图尔特加德纳博物馆。在画的中央这一细节描述出拔出来刀的公民宣誓推翻君主制。罗马的贵族少妇露克莱蒂娅遵守约定，自杀身亡后，愤怒的罗马军人和市民们拿起刀剑，赶走了国王及其全家，建立罗马共和国的情景。

4. 罗马平民的思想激发

为何罗马平民对这一事件作出如此大反应？其思想转变的根源在哪？

公元前753年建立城邦并建立君主帝王制，此时的君主帝王往往在民众的心目中具有超人的智慧和能力，能够带领族众开疆扩土，能够带领族众开拓一个生存空间，能够给予族众以一种生存可能，能够给以生存的安全保障。此时的族群生活所面临的主要危险是来自于族群之外的威胁，而这种危险的解决只能是靠君王带领族众一起抵抗。由此族众必然尊崇君王，必然能够服从君王的领导和指挥，也就必然形成了相互之间的关系，即人身隶属关系。君王可以自由支配，既包括人格躯体生命也包括物质财产妻子儿女等。族众只能服从遵从。因为这一切都是为了能够生存，生存能够有保障有安全可言。当族众的生存可能以及生存保障这些基本条件得以解决之后，族众开始思考生存的质量问题。即开始思考以什么样方式生活，生活的范围包括物质精神生活。族众对这些问题的思考是由外而及内的转变，尤其是对生存危险转变的关注，当整个族群外部危险已经解决或不直接危险个体之时，族众开始思考内部的生活危险和生活质量问题。这些可以透过从公元前750—前509年这一段时间里，塔克文王朝透过武力征服之后，基本上消除了罗马城邦自身生存危机的历史事实获得验证。

整个罗马城邦的民众被露克莱蒂娅的行为所震惊，随后整个罗马城被震惊了。罗马民众对露克莱蒂娅的这一强奸事件所感叹，为露克莱蒂娅的行为所感佩。他们感叹的是一个贵族家族的女人都能够被强权所强奸、所欺侮、所践踏，那么我们这些平民岂不是更是这样吗！我们的未来岂不是越来越危险，我们还有活路吗？他们感佩的是一个手无缚鸡之力的妇女能够为自己的贞洁敢于牺牲自己的生命，永远不向强权低头，我们这些男人还有啥脸面面对啊，我们能够为这样一个贞洁而美丽的女人做些啥？我们现在能做的就是为她复仇，为我们每一个罗马城邦民众的尊严复仇，我们要打破强权！我们痛恨独裁，我们要将独裁者永远赶出罗马城邦[1]！在布鲁图斯带领下罗马民众揭竿起义将塔克文王族赶出罗马，从此罗马城邦原来的塔克文王族的独裁君主制彻底地被新共和国制所取代。露克莱蒂娅的丈夫及其兄弟布鲁图斯被百人会议上推选为古罗马共和国的第一任执政官。整个罗马政体改为"执政

---

[1] Livy, Ab Urbe Condita, Cambridge Mass and London: Loeb classical Library, 1976.

官和元老院体制"。这是"一个复杂的宪政体系",基本原则有两条:权力的分割,监督与平衡。后来,圣·奥古斯丁曾经在《神的都市》一书中用露克莱蒂娅作为符号来维护了在罗马洗劫中被强暴并还没自尽的基督徒妇女们的尊严。

露克莱蒂娅之死显示的是国王对民众的践踏,民众的尊严不容被践踏的原则。平民起义把塔克文国王赶出城邦,摧毁塔克文的统治及其残暴。民众痛恨残暴、痛恨集权独裁,所以后来的罗马国王这个词就成为荒唐、亵渎神灵罪过的代名词,同时也映射出罗马人的精神就是从不在任何人面前屈膝下跪,即使是上帝。

平民血泪渲染下的宪政

1. 罗马钱币与罗马宪政

这是一枚古罗马钱币的正反面图案,这枚钱币系古罗马帝国皇帝奥古斯都为了纪念帕蒂亚归顺于公元前 20 年打造的银币。

正面　　　　　　　　　　　　背面

图 3-11　古罗马银币

银币正面为奥古斯都头像,钱币正文(CAESAR AVGVSTVS)系奥古斯都原名 [盖乌斯·屋大维(Gaius Octavius,公元前 63—公元 14 年)]。后改名为盖尤斯·尤里乌斯·恺撒·屋大维(Gaius Julius Caesar Octavius)。公元前 27年,罗马元老院将"奥古斯都"(Augustus,神圣至尊)的头衔颁授给屋大维,因此,银币正面有(CAESAR AVGVSTVS)的钱文。

银币反面正中间为纪念军功牌,两侧为罗马骑士军旗,从上至下的文字为"SIGNIS RECEPTIS",意为"收起军旗,凯旋"。纪念军功牌四周刻有"S P Q

R"四个字母（Senatus Populus Que Romanus），意为"罗马、元老院、及人民"，是罗马权力的来源及国家主权的象征。整体而言，银币反面传递的讯息是奥古斯都带领罗马骑士都收起罗马骑士军旗凯旋，罗马帝国、元老院以及罗马人民将铭记奥古斯都的功绩。军旗是罗马军团的精神灵魂及其荣耀的象征，军旗被敌人掳获视为对罗马骑士军团的侮辱。从理论上讲，罗马帝国各个城邦附属城邦、罗马政府及其官吏的一切行为都要经过罗马、元老院、罗马人民的授权。因此在罗马城邦包括附属邦、政府敕令、军旗、钱币及公共建筑必须冠以S.P.Q.R.，诸如罗马市政府很幽默地在下水道铁盖刻上"SPQR"，意味着下水道这种公共工程是经过罗马、元老院及人民的授权。如下图所示：

图 3-12 罗马下水道盖

如果从罗马城邦角度讲，"SPQR"首先意味着罗马古典共和时代的正式标志，其次是意味着权力的分配。这个人民意味着罗马国民的整体，是立法、发动战争建立和平、选举官吏的主要机构，而元老院仅仅象征着贵族统治的权力中心。整个城邦的管理是由执政官行使城邦管理权，其组成分为最高执政官、高级法官、军队指挥官、监察官和财政官构成，在进入共和制不久又产生了一个贫民特别组织——保民官。这个保民官是由所有城邦的平民组成一个平民会议，通过这个会议选举产生的。这些确实与古希腊雅典有着很多相似之处，但是这些只是一种欺骗的幌子，罗马根本不存在民主。而是由罗马的贵族世家来统治整个罗马城邦及政府的，这种状态从推翻塔克文王朝开始的公元前509年，持续到公元前31年结束。

2. 民主共和制实质

李维在《罗马史》第二卷序言当中有一段记述了自从罗马进入共和时代后所发生的情况：从此以后获得自由的罗马人，不管是在和平或是在战争中都在讨论如何生活。此时此刻罗马俨然是一个法治国家，他们通过选举产生自己想要的人来统治。

应该说，这种情况停留在推翻塔克文王朝统治之后出现的短短一幕，自由的罗马公民拥有自己管理自己城邦的权利。城邦的统治者再也不是独裁者，以往的统治者——国王、元老院和公民大会变成了执政官、元老院和公民大会，以往的国王拥有着不受限制的权力，变成了定期轮选、权力制约的执政官。但是需要说明的是推翻王政统治之后，元老院的权力在不断地膨胀，而公民大会的权力在不断地缩小。此时的三权制衡变成了元老院执政官两级力量在不断膨胀并钳制公民大会的力量。

随着塔克文王朝的倒塌，在罗马共和国开始实行贵族共和制政体，这种政体实质是贵族专政政体，元老院的贵族处于整个罗马政权的核心位置。罗马贵族不仅是政权的执掌者，还是财富的占有者，是剥削压迫阶级。这些贵族掌握有国家政治权力，比如选举、当选执政官等权力，而且掌管着国家的土地、河流和战利品等财物。在罗马共和国早期，在贵族操纵的国家机构中，王政时期军事民主制的残余还存在，血缘关系在决策中的影响依然还有，贵族解释的习惯法仍然发挥很大作用。从这些方面看，贵族在当时是保守势力，在一定程度上阻碍了罗马社会的发展。而我们根据贵族占有财产的多少，对贵族进行具体分析。由氏族长转变而来的大贵族，极力维护氏族旧制，反对任何改革；而与小商业和手工业有密切关系的一些中小贵族，虽然也反对平民分享政治权利，但在一定程度上希望进行些改革，以缓和阶级矛盾，发展商业手工业经济。所以，贵族内部也有矛盾和分歧，这无疑对于平民联合起来反对贵族的斗争极为有利。

尽管到了公元前509年罗马贵族和平民推翻了塔克文的暴政王朝，罗马也正式进入共和制国家行列，形成了以执政官、元老院（元老院在王政时代是罗马社会的咨询机构，在罗马共和国早期、中期，元老院的贵族则成为罗马共和国政权的真正决策者）、公民大会为主体的贵族共和制政体。顾名思义，贵族在这个政治体制中占有主导地位，这里的人民大会包括部族大会和库利亚大会。库利亚大会虽名义上是最高权力机构，但实际上受五等级中由贵族组成的第一等级的控制，所以，它的实际权力也掌握在贵族手里。平民阶层仍然被完全或者部分被排除在政治之外，他们处于无权地位。新的共和政体其实是一种混合式思想，他们将君主、民主和贵族制融合在一起，最高的领袖是城邦的两名执政官。其整个城邦的权力架构是原本由塔克文王族一家垄断的统治权，在新的共和政体当中分成由元老院、执政官和部族会议三层共同垄断统治平民和奴隶。这种政体只是解决了罗马贵族的分权需求和不被权力所侵犯的威胁问题。而没有将权力下放更没有解决罗马民众在城邦的生存安全问题。这种政体仅仅是一种过渡，即由一家独裁垄断统治权向贵族群体垄断统治权过渡。掌握国家实权的元老院由三百名贵族组成，是立法、审议、议政的中枢机构。执政官由百人队会议从贵族中选举产生，行使最高行政权力。不管是王政时期还是共和国体制初期，罗马城邦民众的生存仍然面临着权力的侵袭，仍然面临着生存危机这一根本问题。相对于王政时期的变化是独裁时期，塔克文王带着整个王族对整个城邦的贵族、平民和奴隶进行统治进行剥削；而进入共和制体制时期，两名行政长官——执政官带领着所有的贵族、所有的庄园主对罗马城邦的所有平民和奴隶进行统治进行剥削。此时此刻所有的贵族和所有的庄园主不再面临着生存危机，同时他们不仅在政治上获得了被选举权——有机会被选举为执政官，同时在财产上也获得了法律上的保障。这种法律保障主要体现在两个方面，一方面是私有财产所有权不受侵犯，一方面是保障所有贵族和庄园主剥削平民和奴隶的特权。此时的民主是对于贵族庄园主而言的，对于平民和奴隶而言是等级剥削，平民和奴隶仍然没有尊严，仍然没有自由，仍然没有安全可言。此时此刻虽然拥有可怜的选举权，却不足以保障自己的尊严、自由和安全，仍然面临着贵族和庄园主的压榨和盘剥。

3. 罗马阶层矛盾的产生

从罗马平民的组成结构上看，在罗马王政时期，罗马平民和贵族是罗马氏族部落内部分化的结果，平民从来就在共同体中。公元前7世纪，罗马社会生产力提高，氏族内部财产逐渐分化，在罗马自由民中形成了贵族和平民两大集团。具体来说，处于王政时代的罗马在那时已经普遍使用了铁工具，农业也得到迅速发展。手工业与农业开始分离，社会分工的发展使人们之间的交换活动日益频繁，随之而来，罗马氏族公社也逐渐瓦解，出现了家长制家庭，一些大家族利用手中的权力将很多财产变为私有，成为富裕家庭，进而成为贵族。而在另一方面，破产的贫困氏族成员失去了土地等财产，从贵族那里领到份地，战时以亲兵身份随贵族出征，平时为贵族服杂役，同时贵族要保护他们的人身等安全。这一部分破产的氏族成员就称作"被保护人"。而有的成员因为负担不起土地等债务而不得不以人身来担保，他们就成为债务奴隶。同时由于早期罗马的社会结构以氏族—家族组织为基础，氏族组织中既有尊奉同一祖先的氏族成员，也包括依附于氏族的被保护人；在氏族组织之外，存在着大量自由的、居住在城邦以内的、但与氏族组织无血缘关系的外来移民，这些外来移民就构成了罗马的平民阶层，称为罗马外来居民。第三，随着罗马对外军事扩张不断加深，罗马征服区不断地扩大，那些被征服地区的居民成为罗马平民的另一个来源，他们都没有罗马公民权。随着财产的分化，一些"被保护人"也进入平民的行列，平民阶层不断扩大。平民主要从事农业劳动，有的也经营一些商业和手工业，他们对国家负有服兵役①和纳税等义务。平民因为生活所迫，不得不向贵族

---

① 与古希腊的都市国家相同，共和初期到中期的罗马军制的基本原则是由市民自备装具服义务兵役。兵役对罗马市民来说，与其说是一种义务，倒不如说是一种代表荣誉的高贵权利。尤其在共和初期，军队组织几乎是直接作为政治实体（军人会）发挥作用的。当时，17岁到46岁的公民全都有义务应征入伍，并按照年龄和所持财产多少被分为4个兵种。首先，年少者和无力自备重装步兵所需装备者充当被称为"维利特斯"的轻步兵。他们不着甲胄，仅靠头盔和直径约1米的小圆盾护身，以数支轻投枪和剑为进攻武器。轻步兵在实战时一般展开于战线的最前方，充分发挥其机动力进行散兵战。拥有一定财产的青年充当"哈斯塔提"、壮年则被称为"布灵吉佩斯"，这两者构成重装步兵的主力。他们的装备完全相同，都披挂全副盔甲，手持著名的大型四角方盾"斯邱托姆"，武器为宽剑身的双刃短剑"格拉蒂斯"和两支投枪——大型重投枪"皮鲁姆"和小型的轻投枪"皮拉"。这些投枪的构造独特，一旦刺中目标，枪头就会折断，以防被敌方反掷回来，除用于投掷外，它们也能充当普通长枪使用。最年长者以及军旅经验丰富者则属于"托力阿里"，他们的装具与哈斯塔提和布灵吉佩斯相当，但不装备投枪而改为手持一支被称为"哈斯塔"的长枪。此外，47至60岁的高龄市民，虽不必服野战军的兵役，但有义务随时应召参加罗马城的守备部队。除了上述的步兵（米利特斯）外，富裕的市民往往以骑兵或是骑士身份（埃克斯提斯）出战。但当时罗马人的骑术实在称不上高明（他们甚至连脚蹬都没有），因此骑兵一般不用于集群突击，而主要用于侦察和牵制敌人。骑兵和重装步兵一样披挂全副盔甲，武器为盾与骑枪以及比步兵用的稍长一些的双刃剑"斯帕达"。这些装备，都是罗马从不断扩张中接触到的埃托利亚、萨姆尼姆、开尔特、伊比利亚等诸多民族的军事文明中吸收而来的精华。由步兵和骑兵组成的多兵种混成战斗单位，被称为军团（LEGION）。一个军团由10个营（科霍斯）组成，每个营由3个连（玛尼布尔斯）构成。3个连中哈斯塔提、布灵吉佩斯和托力阿里各占一个。每个连包括有两个60至80人的排（肯托利亚）。其中，营只是管理、编制上的单位，实战中的战术单位是各兵种的连队。因此，这一时期的罗马军战术，有时被称为"玛尼布尔斯战术"。军团中的重装步兵数最多时近5000人，但一般情况下多为4000余人。除重装步兵外，轻步兵和骑兵同样被列入军团的正式编制。轻步兵与重装步兵一样以连为单位编制，军团骑兵则由各包含32人的10支骑兵队（图尔玛）组成，共计约300人。到公元前3世纪为止，罗马还时常动员支配下的同盟诸国的市民按照罗马式的编制与操典组队参战。依照惯例，在野战军中，每个"纯粹的"罗马军团搭配一个同盟国的军团协同作战。罗马军团在战时，由身为最高政务官的2名执政官（康斯尔）和身份仅次于他们的2名法务官（普拉埃托尔）负责指挥作战。执政官有权指挥由罗马军团和同盟国军团各2个构成的总人数约为2万人的兵团，法务官则可指挥罗马军团和同盟国军团各1个构成的万人兵团。尽管常备部队仅为2名执政官麾下的共计4万人，但随着罗马人口的增长，其战时的动员潜力一直在不断增强。例如，第二次布匿战争（公元前218年至201年）时，罗马的总人口已多达300万，即使在坎尼会战中被名将汉尼拔一举消灭了6万人，仍能迅速动员25个军团投入作战。在野战中，各军团一般排列成正面宽200米、纵深90米的阵型。第一排配置哈斯塔提，第二排是布灵吉佩斯，第三排则是托力阿里。当前两排重装步兵投入作战时，托力阿里一般是单膝跪地、养精蓄锐；一旦战局有变（不论胜负）时，才作为预备兵力投入前线，接替那些筋疲力尽的年轻人。（转下页）

(接上页注文)

在战线的最前方,是由轻步兵构成的散兵线,而两翼则由军团骑兵负责防守。军团在实战中,一般能够以连为单位在一定程度上随机应变。例如改变队形密集度、调换前后列等等……这与他们的远祖——希腊的古典型重装步兵(霍普里泰)相比,已是大有改观;但在公元前 3 世纪,还远远不及历经伊菲克拉提斯和亚历山大大帝的改革、已臻炉火纯青的赫雷尼斯诸邦的多兵种合成战术。并且,罗马军队是一支由市民组成的非专业的军队,指挥他们的将军们更是外行——他们的本质是政客。因此,罗马在与庇罗斯、哈米尔卡尔、汉尼拔等职业军人统帅下的军队对战时,不断遭受挫折。之所以能够最终打败这些强敌,所依靠的并不是战术的精妙,而更多仰仗于罗马在总人口上的优势、对盟邦的彻底支配以及农民出身的士兵们朴素而坚韧不拔的精神。

随着疆土的不断扩充,罗马军制矛盾不断凸显出来。这种矛盾突出特点体现在兵源上,由于市民阶层经济上原因,没有人愿意放弃自己家中的土地经营而投身入伍。为了缓和兵源不断枯竭的矛盾,军制改革已势在必行。勇敢地对祖先遗留下来的旧军制大刀阔斧地进行改革,并从危机中挽救了罗马的是平民出身的优秀职业军人——马略(公元前 157—前 86)。他的想法是:不再依靠那些有能力自备装具的有产市民,转而提供武器和薪金给无产市民,并以合约的方式保障他们在退役后能够得到一定的土地。此举大大促进了罗马军队的职业化。由于装具不再取决于私有财产,因此所有士兵们的装备与训练得以统一标准化。新一代步兵的装具与哈斯塔提和布灵吉佩斯相当,都配备有盔甲、大型方盾"斯邱托姆"、短剑"格拉蒂斯"和两支投枪("皮鲁姆"或是"皮拉")。在军团的编制上,进一步贯彻了标准化原则。一个军团由 10 个营构成,每个营编内有 6 个排,每排兵力为 80 人。不过,各军团的第一营均由 5 个 160 人的排构成,因此,在编制上,军团的步兵总兵力应为 5120 人。在实际运用中,为了保证军团步兵实战能力的均衡以及运用方便,一般情况下军团总兵力大多为 2000 到 3000 人,最多不过 4500 人。在军团编制中的骑兵,减少为 4 个骑兵队共计 128 人——这主要是因为依靠没有罗马市民权的外籍军团组成的辅助军(阿库西里亚)来提供精锐骑兵已成惯例。而投石兵、弓兵等传统上的轻装步兵,也多由辅助军充任。这些辅助军基本上以营或骑兵队为单位,配属给罗马将官充当野战军或是守备队。在奥古斯特皇帝治世后期,他还组建了奥名昭著的皇家近卫队(普拉埃托利亚)。近卫队的编制单位为每营 480 人的步兵队和 32 人组成的骑兵队。在野战时,军团一般以 2 至 3 个营的纵深进行布阵。军官和士兵全部实现职业化后的新生罗马军团纪律严明、士气高昂、战技精熟、冠绝一时。营不再是行政管理上的单位,而是拥有高度机动性和自由度的独立战术单位。司令官得以将一至数个营作为总预备队配置在阵地后方,适时出击;或是随时从本队中分派出以营为单位的分遣队,随心所欲地排布构思中的理想阵型。这种"科霍尔斯战术"在以步兵为主力的欧洲战场上无往不利。但在亚洲平原上与机动力超绝的波斯骑兵对战时却吃了不少苦头。玛里乌斯的军制改革,似乎成功地挽救了摇摇欲坠的共和政体下的罗马军制,但用长远观点来看,由传统型的国民军向职业军队的转变,必然带来军阀势力的扩大,而终将毁灭共和政体本身。在凄惨的内乱结束后,终于出现了打倒并吸收了全部军阀势力的唯一的最高权力者——帝国皇帝。——译者注租地和借债，又因为交纳不上地租、还不起借债而沦为债务奴隶。

通过以上对平民阶层结构的分析，我们可以知道平民是当时被压迫、被剥削的阶级，贵族则是压迫剥削阶级。在政治上平民没有选举权、被选举权，不能当选执政官和进入元老院，无权与贵族通婚。在经济上，平民不能参加罗马国有土地的分配，没有享受战利品的权力。随着罗马经济的发展，大多数平民沦为债务奴隶，要求废除债务奴役制，要求分得土地，而少数人由于经营商业手工业变得较为富裕，然而他们在政治上仍然无权，要求政治上获得权力。于是，平民就开始了反对贵族的激烈而持久的斗争。到了图里乌斯王朝（Servius Tullius），为了对外战争的扩张需要将罗马氏族部落予以重新划分，按照财产的多寡划分等级，并组建500人库利亚大会，库利亚大会成为有产者的贵族人民大会，它拥有立法、对外宣战等权力。此举进一步剥夺了少量的拥有公民权的平民参与政治的权利，它使贵族政治和特权大为突出，他们可以趁机大幅度地剥夺平民支配政府的权力，并将这种权力交给富人。这样一来，贵族阶级拥有了更大的权力，平民和公民的权力被贵族压制甚至被剥夺。

平民的人身自由和政治经济权利受到极大束缚。他们为了获得政治经济上的权利，摆脱沦为债务奴隶，避免失去自己的土地，在罗马共和国早期掀起了轰轰烈烈的反对贵族的斗争。

第一种情况是那些破产的罗马氏族成员构成了罗马平民阶层，这一阶层的罗马平民原本就是罗马城邦的公民，拥有公民权。反对贵族斗争的实质就是罗马社会公民内部穷人与富人、特权阶层与非特权阶层之间的矛盾斗争，"可以说，这不是一场非公民阶级争取在共同体中占有一席之地的斗争，平民和贵族同为罗马公民。它主要是富裕平民为争取获得政治特权而开展的运动。"

第二种情况是罗马城居住的外来移民构成的罗马平民阶层，由于罗马公社交通便利，土地肥沃，经济较为发达，经济的发展吸引了许多临近部落的民众，这些外来移民构成了罗马平民的主体。这一阶层的平民原本就不属于罗马氏族共同体之内的成员，这些平民也就想当然地没有公民权。这一阶层的平民与贵族之间发生的斗争本质上是为争取公民权而进行的斗争。他们有人身自由，可以占有土地房屋，他们必须纳税和服兵役。在城邦中既不能担任任何官职，又不能参加库里亚大会，更不能参与征服得来的国有土地的分配。

第三种情况是被征服区的居民构成罗马平民阶层，罗马为了获得土地财富进行对外征服战争，那些被征服地区的居民成为罗马平民的另一个来源，他们都没有罗马公民权。随着财产的分化，一些"被保护人"也进入平民的行列，平民阶层不断扩大。平民主要从事农业劳动，有的也经营一些商业和手工业，他们对国家负有服兵役和纳税等义务。平民因为生活所迫，不得不向贵族租地和借债，又因为交纳不上地租，还不起借债而沦为债务奴隶。平民的人身自由和政治经济权利受到极大束缚。他们为了获得政治经济上的权利，摆脱沦为债务奴隶，避免失去自己的土地，在罗马共和国早期掀起了轰轰烈烈的反对贵族的斗争。

4. 罗马阶层矛盾初级激化

在将近500多年的时间里，罗马共和国的政府形式处在不断的变化当中，这源于罗马军团军事不断的扩张。从一个被四周强敌包围的小小罗马城邦，发展到公元3世纪中叶的意大利之王，最后成为世界的中心。随着对外领土的不断扩张，不仅仅改变了罗马周边的版图模式；同时，随着财富（透过战争掠夺来的）的增长以及奴隶占有制度的迅速发展，土地拥有制度也在不断发展变化。随着城邦内土地的不断兼并，大量的农民破产并最终沦落为债务奴隶的数量不断增加。

平民虽然在城邦的保护下享有人身自由，但因为平民整体上从属于公民集体所代表的国家，他们中的部分人还从属于某些公民个人或其家族。平民在城邦中的这种从属者身份突出表现为，他们对控制着他们的城邦只能尽义务，而不能享受公民所拥有的各种权利。罗马早期社会的政治组织以氏族和库里亚为单位。只有库里亚成员才能参加公民大会，并通过公民大会行使其政治权利的。另外，氏族家族的首领可选派代表参加元老院，享有对国家大政方针的决策权。无论是库里亚大会，还是元老院都没有平民的席位。在公民大会中，每个家族只有一票表决权。父家长有可能咨询他的族人，甚至他的被保护人，但他独自投票。而且法律禁止被保护人持不同意见。被保护人是通过贵族父家长与城邦发生联系的。平民与国王和贵族家族的从属关系，决定了他们不能享有独立的参政权利。虽然个别外来者或者外来氏族经库里亚大会批准，可以被接纳为罗马公民，其家族首领甚至入选元老院，成为贵族，诸如共和初年，布鲁图斯也曾选拔骑士阶层的平民补充元老院空额。但是，个别平民被提拔，获得公民权，甚至转变为贵族，只是他们个人获得的特权，并不代表平民整体上享有公民权和入选贵族元老院的资格。平民没有政治权利还表现在他们不能担任城邦的高级职官，不能管理国家事务。平民虽无权利，但必须对城邦承担服兵役和纳税等义务。随着征服战争的加大，平民的兵役、捐税大大增加，罗马贵族还迫使平民从事繁重的公共工程建设，使大批平民破产。当然，公民也有服兵役的义务，并且公民私人承担的服兵役的费用也可算作向城邦缴纳的间接税。但是，公民的义务和权利是一致的，平民却是单方面地承担义务，而没有权利。平民的法律地位是没有公民权的自由人，所以其自由受到城邦的限制。在某种程度上，平民还是公民集体的暴力专政对象。由于平民主要来自被征服地区，所以对他们来说，公民集团是一个武装暴力集团，是毁灭者。城邦执政官可以随意对平民予以羁押，可以不经审判而处死。同时对罗马平民予以严密监督和统治。平民普遍受到贵族的任意欺压和虐待。公元前494年，平民举行第一次撤离运动，政治上罗马平民处于被歧视的社会状态，法律上罗马贵族有权力虐待平民，而罗马的习惯法不能给平民以可靠的法律保护，罗马的习惯法只能为贵族和罗马公民提供保护，谁人能为他们提供法律保护呢？为此他们想自己保护自己！从人口结构上看，在进入罗马共和时期，罗马人口大致分为贵族和平民两大阶级。然而真正占多数人口的是广大平民，而在当时罗马平民没有任何政治权力，同时还需要不时地忍受贵族的欺压和剥削，而且由于经济因素，平民随时都有可能沦为债务奴隶，根本无法享有真正的参政权。随着这种状况不断地加深，平民阶层逐渐意识到参政权的重要性，也就开始了政治解放运动，尤其是需要在城邦组织架构中设置一个保民官（tribunus），且这个保民官一定要来自于平民（plebis）。

5. 罗马平民第一次撤离运动

终于罗马平民再也忍受不了这种状况的存在，公元前494年的一天，一支浩浩荡荡的武装队伍离开了罗马城，向东郊的圣山进发。人们一个个满怀激愤。有的气愤地说："一个不把自己的保卫者当作公民的城市，还值得留恋吗？"有的抱怨说："我们拼命作战，却落得家破人亡，他们倒坐在家里享乐。"更多的人喊起来："走！走！永不回来！我们去建立一个自己的城市。"人群中不断发出恶声的叫骂。他们集体立下神圣誓言：不允许任何人虐待他人，不许任何人鞭打他人，或让他人鞭打他人；不许任何人杀害他人，或让他人杀害自己。假如有人犯禁，他将受到神的诅咒，我们将把他的财产予以没收并献给凯勒斯神（Ceres）。我们要选举我们的保民官，我们每一个人不得违背他的意愿强迫保民官去做事。

这就是罗马平民发起的第一次平民集体撤离运动，这次运动的最大特点从开始到结束都是透过和平方式来完成的。平民虽然拥有武装，但他们没有用暴力革命推翻贵族政权、建立平民政权，而是以一种和平的方式离开罗马城前往圣山（secessio plebes in montem sacrum），以此拒绝参加贵族领导的征服战争、拒绝向贵族纳税、拒绝为贵族提供公共服务及私人服务。而贵族虽然拥有强大的军队，但军队的组成绝大部分是出自平民，未来战争需要平民的积极参与，没有平民的存在意味着城邦的灭亡，他们不敢也不能对他们予以镇压，只能同他们协商，希望他们参与共同去征服、共同去守卫、共同去分享战利品，最后派出使者到圣山与平民谈判，并同意在城邦组织架构上设置一个平民保民官（Tribune plebis）制度。这看似一种简单和平的方式却造就了一个新的政治制度。它对罗马社会甚至对后来整个西方世界的政治制度都产生了深远的影响。如果这次撤离运动不是以和平方式，也许就不会产生平民保民官，共和国时期的罗马国内也许就不会形成很强的凝聚力，也许日后罗马也就不会那么强盛。"平民保民官的设立在一定程度上遏制了贵族政治的发展势头，为平民参政议政提供了可能"，它"对罗马共和制的发展与完善起到了重要的推动作用"。从这个意义上说古罗马历史是一种斗争协商的历史。从本质上说第一次撤离运动只是解决了罗马人在政治上有参政的权利和资格，在安全保护上平民期望通过自己选举的保民官为他们提供政治上的保护。此时并没有解决法律上的平等权和平民的立法权问题。

6. 罗马宪政体制结构

罗马共和国的政治体制，既开创一种新的政治生活范式，又完成先前政治生活理念的传承。这种共和制政体融合了古代雅典城邦的民主、融合了斯巴达克贵族势力、融合了君主执政三种元素。这种政治体制具有非成文性、非法典化且易变动性的特点。但是罗马共和国的民主与古希腊雅典的民主有着三点本质的不同：

首先，元老院是整体贵族势力意志的集中体现，最高法院（Areopag）被排除在城邦组织架构之外。

其次，罗马公民大会是由罗马贵族精英组成，罗马公民大会的民主是在贵族精英之间进行的投票程序，投票权的取得完全限定在罗马贵族成年男性，而罗马平民完全被排除在民主投票之外。

第三，执政官的选拔是以抽签的方式确定的，也就意味着所有具有公民权的贵族男子都有可能成为罗马城邦的执政官，每一个人机会均等，整个贵族永远处于管理统治阶层。

尽管古罗马共和国根本不存在雅典意义上的民主，但是它同现代的共和国一样，其主权的终极来源来自于人民。元老院管理罗马日常事务，由元老主持法庭。行政长官执行法律，主持元老院和立法会议。这三个部门之间发展出了一个制约和平衡的规则体系，这个复杂的制衡体系使暴政和腐败的风险降到最低,并最大限度地发挥政府为善的可能性。然而,这三个政府部门之间的权力并没有被绝对隔离。此外,还有频繁使用的的几个政体机构尚处于这个卓越的政治体制之外。

罗马的元老院是以库利亚的形式体现的,根据公元前312年制定的《奥维尼亚法》(*Lex Ovinia*)的规定,共和国元老院的成员从原高级官吏的最优秀人物中选出。因此不再像王政时期那样担任元老的是有声望的氏族首领担任。此外,由早期退役的高级官员组成;共和国元老院的元老还从那些有声望的高级退职官吏如执政官、监察官、大法官等选任。这些人政治经验丰富,在社会上有很高的威望,因此元老院的权力就变得大起来。起初是由300名成员组成,后来扩充到600人,因为随着时间的流逝,官员数量在不断地增多。从其本质上讲,罗马元老院的权力是完全不受限制的、而且不受任何质疑的,其成员是由那些有影响力的古罗马贵族的高级代理人所组成的。罗马元老院是罗马共和国的一个政治机构。罗马元老院的权威源自于罗马政治先例、传统习俗以及元老们自身的能力。元老院的主要作用是:(1)作为一个咨询委员会,向两执政官提供外交和军事的政策咨询,这样通过两执政官,它对外交和军事具有很大的影响力。(2)元老院是罗马的民政管理部门,掌管财政和国库。除了执政官,唯有元老院得授权从国库公共资金中拨款。(3)元老院得指控个人犯有重大政治罪行(如叛国罪)。(4)元老院可以发布元老院决议。元老院所形成的决议仅仅是对执政官进行一种无关紧要的口头劝告;元老院的质询仅仅是一种元老院的口头性质的。但是,如果不是针对执政官作出的决议、提出的质询,其效果则完全相反的,即其所作出的决议具有法律约束了,提出的质询具有强制力。尤其需要注意的是对于执政官员来说就连最为著名的元老院终极决议也不具有任何法律性质,元老院所做的决议仅仅是在紧急状态下授权执政官独断的资格。如果元老院形成的决议同公民大会所通过的法律发生冲突时,法律优先于元老院决议。罗马集会包含有罗马共和国的公民大会(Volksversammlung)、军团大会、部族大会及平民议会,总体上可以分为两类。首先是公民大会,这是所有罗马成年男性公民有资格参加的集会。在这种大会,罗马公民聚集起来制定法律,选举行政长官,审理司法案件。第二种集会是议会,这是由特定资格的公民才能参加的集会。例如,平民议会(concilium plebis)是只有平民资格才能参加,选举平民的护民长官,通过只适用于平民的平民议会决议(共和前期),审理涉及平民的案件。与之相对应的是一种非正式的交流论坛叫"协会",这里的民众在这种集会上聚集,辩论立法法案和司法案件,发起公职竞选。选举人首先成立各个协会以对各项事务进行充分的准备和讨论,然后再参加全民大会或议会进行投票。

除了部族大会（Curia，按血亲氏族分组），罗马公民也被组织成军团大会（用于军事目的）和部落大会（用于民用目的）。所有这些大会的议题是关于立法、选举和司法的。军团大会（Zenturien）由罗马骑士阶层，即罗马军团中的百人队组成的，且以百人团的方式表决，其本身是一个高级协调组织，而部族大会以部落的方式表决。都不是一人一票的直接选举，而是以氏族、百人团和部落为选举单位，每个单位一票的选举表决方式。每个选举单位（氏族、百人团和部落）在内部以多数来决定这个选举单位如何投票。军团大会分为193个（后来373个）百人团（Zenturie），这些百人团分为三个等级：现役军官级别，编制入伍级别，非武装级别。在投票过程中，百人团表决时按照以上等级顺序投票。通常由执政官主持军团大会。军团大会选举出两执政官——高级法官和监察官，只有军团大会可以宣战，也只有军团大会可以批准和发布监察官的人口普查结果。虽然军团大会有表决通过民事法律的权力，但它很少这样做。比起军团大会，部族大会的组织要简单得多，因为它是基于35个部落进行组织的。部落按照地域划分（类似于现代选区），是无关种族或血缘关系的群体。部落大会通常由执政官主持，部落大会选举财政官（Quästoren）、高级官吏和军事指挥官。虽然部落大会有表决通过民事法律的权力，但它同军团大会一样，很少这样做。

平民议会和部族大会的一个关键区别在于平民议会上只有平民才有资格在这个集会上进行投票表决，而部落大会中的世袭贵族成员被完全排除在外。与之相应的是，这两个阶层都有权在部落大会进行表决。在平民保民官主持下，平民议会制定法律［前期称为平民议会决议（Volksentscheidung），后来成为法律（Recht）］，选举平民保民官和监察官（Ädilen）、治安法官（magistratus）。罗马共和国的行政执行官（Magistratur）是经由上述三种集会，进行民主选举而产生的。每个罗马执政官职位都被赋予了与之相当的权力以执行法律。按照所赋予的权力排序，独裁治安法官（magistratus）职位处于最高水平，排在独裁法官后的是最高行政长官（Konsuln）、军队指挥官（Prätoren）、监察官，最后是财政官。每个执政官对同等级别或者低级别的行政长官的行为具有否决权。准确地说，平民保民官不是执政官，因为平民保民官享有人身神圣不可侵犯的权力，他们主要职责就是依据这个权力来阻碍政府滥权来保护民众。任何政府机构和行政长官不服从平民保民官的命令停止其职权行动的话，这个保民官就可以凭他的"人身不可侵犯性"介入此事，以停止这项特定的行为，任何触犯平民保民官的行为都是死罪。执政官是罗马共和国最高级别的常设行政长官。两位执政官每年选举一次,他们在民事和军事上有至高无上的权力。在这一年中的每个月,两执政官的排名次序翻转一次,以示两者之间的平等。高级法官管理民事法律,主持法庭审理,军事指挥官负责指挥行省军队。高级市政官处理城邦内政,管理集市,以及公共娱乐和表演。财务官作为执政官的助理人员,在罗马协助执政官管理财务,在行省则协助代理执政官级别的协从官,管理行省财务。平民保民官和平民市政官代表罗马人民。由于他们具有对某项特定事务的绝对否决权,由他们代表人民对元老院和行政长官的活动进行监督,保障罗马人民的公民自由。监察官进行人口普查,在此期间他审核元老资格,他可以指定或剥夺元老资格。

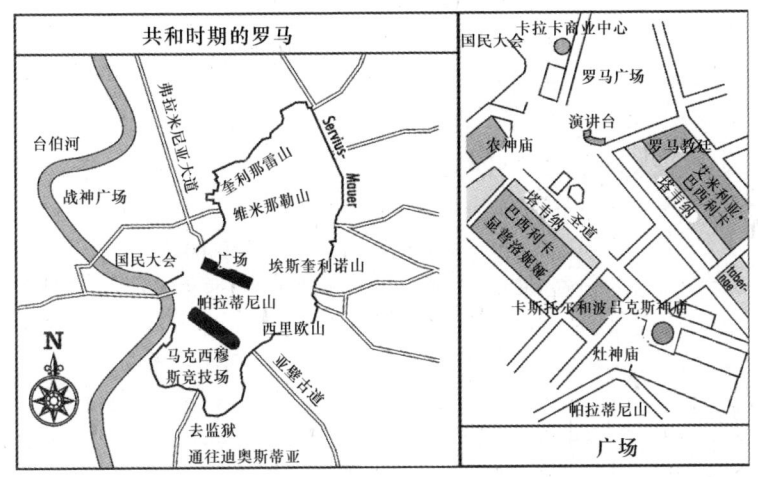

图 3-13 共和时期的罗马城

注:巴西利卡(Basilica)来源于希腊语(Βασιλική),原是"王者之厅"的意思,拉丁语的全名是"basilica domus",是古罗马的一种公共建筑模式,其特点是平面呈长方形,外侧有一圈柱廊,主入口在长边,短边有耳室,采用条形拱券作屋顶。后来该模式首先被基督教教会吸收并运用到教堂建筑上,仅将主入口改放在短边,形成了罗马时期的巴西利卡风格的教堂。随着历史的变迁,"巴西利卡"这个词的意义也发生了变化。今天在天主教中,有特殊地位的教堂被赋予宗座圣殿的头衔;"宗座圣殿"的拉丁语即与"巴西利卡"同字,不论其建筑风格和结构都保持一致。

农神庙(Templum Saturni or Aedes Saturnus)是罗马农业之神萨图尔努斯的神庙,位于古罗马广场的西端,是这一区域现存最古老的建筑,兴建于公元前 501 年至前 498 年之间。卡斯托尔和波吕克斯神庙——古罗马市民广场的一座古代建筑,是为了感谢赢得里吉洛斯湖战役(前 495 年)而建。卡斯托尔和波吕克斯是宙斯和斯巴达王后丽达(Leda)所生的孪生子,对其崇拜从希腊经大希腊和意大利南部的希腊文化传入罗马。

帕拉蒂尼山（Collis Palatium 或 Mons Palatinus）是罗马七座山丘中位处中央的一座，其为现代意大利罗马市里所保存的最古老的地区之一。其高约40多米，从山顶上往下望，一侧为古罗马市民广场，另一侧为大竞技场。

灶神庙（Aedes Vestae）位于古罗马市民广场，介于卡斯托尔和波吕克斯神庙、恺撒神庙、雷吉亚和贞女之家之间。神庙模仿罗马最早的房屋，用泥土和稻草制成的圆形茅屋，罗马市民在茅屋当中举行灶神崇拜活动。后来灶神庙采用古希腊建筑的科林斯柱式大理石和中央内殿，内殿环绕着20根科林斯柱，建在直径15米的台子上。屋顶有一个通风口，使得照顾灶神的圣火成为一项必须的任务。外部另有一道圆形外墙，有更多的圆柱。

战神广场位于罗马，在古罗马时期是一个市民活动的公共区域，占地约2平方公里。在中世纪，战神广场是罗马人口最为稠密的地方。

弗拉米尼亚大道南起罗马，北到阿里米努姆（Ariminum），是通往北方最重要的一条道路。在中世纪称为"拉韦纳大道"，因为它通向当时的重要城市拉韦纳。该大道进入伦巴第时期被废弃，文艺复兴时期部分路段被修复。

马克西穆斯竞技场位于意大利罗马市，坐落于阿文提诺山与帕拉蒂尼山之间。马克西穆斯竞技场是古罗马时代第一个也是最大的一个竞技场，是古罗马时代建造竞技场的典范。马克西穆斯竞技场长621米，宽118米，可以容纳150000人。

维米那勒山是罗马七座山丘中最小的一座，为伸向罗马市中心的手指形山丘，西北方是奎利那雷山，东南方是埃斯奎利诺山。这里拥有罗马歌剧院、特米尼车站和维米那勒宫，现今的意大利内政部设于其内。

奎利那雷山是罗马七座山丘之一，位于市中心东北方。这是意大利国家元首官邸奎利纳雷宫的所在地。根据古罗马传说，奎利那雷山是萨宾人的一个小村庄，他们在此立起祭坛，供奉他们的神"奎利努斯"，此山就因此得名。

埃斯奎利诺山山谷是罗马斗兽场的所在地，在其山谷之中建有1英里长的黄金宫（Domus Aurea）和图拉真浴场。在其东北方的契斯庇乌斯（Cispius）山顶，是圣母大殿。

西里欧山是罗马七座山丘之一，在托里斯·奥斯蒂吕斯在位时，阿尔巴隆加的全部人口被强行安置在西里欧山。根据蒂托·李维的记载，此山得名于凯利乌斯·维本娜（Caelius Vibenna），是因为他在此建立了居民点。

亚壁古道（Via Appia，英语：Appian Way）是古罗马时期一条把罗马及意大利东南部阿普利亚的港口布尔迪西连接起来的古道，古时被称"路之女王"（Regina Viarum）。公元前71年的斯巴达克斯起义被扑灭后，被俘的6000个奴隶就是在这里被钉在十字架上死去的。该古道对于罗马军队的成功，起到了举足轻重的作用。

罗马法的历史意义

1. 罗马法的历史评价

罗马的伟大并不仅仅表现在它的城邦，而更多的是表现在罗马法的精神上，从建筑艺术角度讲罗马城邦建筑是一种永恒的艺术，这种艺术的美在于它的永恒，而罗马法的精神却是伟大的。这种伟大既是那样的神秘而富有传奇色彩，同时又为世界法的起源提供了坚实的支柱，它的法律体系的建构是那样的宏伟而壮丽，它的法律运行轨迹是那样的广阔通畅，它的适用是如此的合理，这一切都源于罗马平民在抗争中所完成的法律大厦的不朽规划，它的这些规划给世界人民留下了宝贵的文化瑰宝。这些精神财富无疑吸引全世界的古今中外学者对它进行专研，由于他们所处的历史时期不同，所处的社会背景与文化需求不同，所形成的研究视角与观点明显地表现出不同的文化差异性、不同的时空地域性。这些精神无疑对世界转型时期的法律一体化、区际法律融合与民族间法律文化认同提供了发展方向与路径选择。在这里我们今天需要关注的不仅仅是罗马法精神本身的内容，更应该关注的是古代罗马法建设成就、所遇到的问题与面临的困境，以及在应对这些问题与困境过程中所获得的经验与教训。

在罗马法的精神当中首先蕴含的是罗马人对其先祖表现了一种忠诚，而这种忠诚在今天人看来就是罗马人的那种本源性历史意识，而这恰恰是罗马法精神中所包含的最本源的内核。他们所忠诚的就是罗马人的祖先罗慕洛对其弟弟说的那句话——"任何亲情莫大于王法，尽管我也很爱你，弟弟！但是我们是在王法之下生活，我们不得不低下我们高贵的头颅，你的价值就体现在为了王法的威严而贡献出你高贵的生命"，而这句话成为罗马法的永恒宗旨。罗马人将这句圣言弥漫在他们的法律语言学、法律规范建构艺术、法律体系的建筑、部门法律规划、法律政治与法律机构、法律的虔诚与法律寓言及法律仪式之中。对罗马人来说，历史的伟大在于蕴含着更多的法律生活经验，而这些经验可以对现实当下产生一种伟大的确认。那就是告诫他们的后人必须保存所有过去历史遗留下来的法律生活经验以此来赋予现在以其实在的意义。正如罗马的法学家西塞罗（Marcus Tullius Cicero）阐述罗马法的历史性意义："如果我们罗马人忽略我们罗马法的历史,就如同我们忽视在我们出生之前发生的事情,那么我们的思想将永远是不成熟的、经不起历史的沉淀。罗马法的意义就在于它的历史与历史性的经验沉淀,这就如同一个人的生命意义在于通过留存下来的历史经验来唤起人们对祖先形成历史的记忆,并同我们祖先的事迹发生了联系。"

因此,在罗马人看来,罗马法的意义就在于它的历史,而这个"历史"一方面代表的是它经验累积,同时在另外一个方面应该代表着它的"有用性",代表着它的"教化性"。"有用性"就在于它使罗马人意识到了前人在法律产生与适用执行方面的创举和功绩;"教化性"就在于它不仅仅为罗马人自己提供了行为模范,更为其他非罗马人提供了行为模式,从而有助于使罗马人成为世界的领导者,他们一方面透过这种行为范式使自己做到行为正直,同时他们也成为其他非罗马人的表率,成为世界的领导者。它的这种教化既有对己的一种约己遵法的现实功能,同时这种教化也有对外实施一种征服性的教化,使其成为罗马的顺民。正是在这样一种历史性理念支配和熏染下,罗马产生众多的法律经验阐释学家和法律修辞学家。

随着罗马从台伯河畔的一个小城邦发展成为地中海世界的强国,罗马人的民族自豪感不断增强,历史意识也随之萌发。一些古罗马作家开始探究古罗马城的起源以及古罗马民族的早期历史,寻求促使罗马国家发展的历史因素。今天不仅仅是法学家同时也包含所有的历史学家社会学家都关心这样一个问题:罗马人通过何种方法、在何种政体之下使罗马这个非凡的城市竟然统治了整个世界,而且是在不足53年的短暂时间之内完成了如此伟业?

站在今天的角度看历史题材,首先罗马法仅仅是一个历史题材,对于研究者而言这个历史题材具有重要的历史意义和现实意义,也正是从这两重意义体现出研究罗马法的价值,也是为何全世界的人都在孜孜不倦地去研究罗马法。研究罗马法这个看似远离我们时代超过2000年的历史对象何以在今天变得如此重要?这个问题有很多个答案,而人们完全可以从不同的视角去讨论罗马法的历史意义与现实意义。对于本书而言,有两点一直都是特别重要的。

其一是罗马法的文化体系问题,也即是罗马法文明的问题。古罗马文明与其他文明的区别的关键在于文明一词,它的这个文明来源于拉丁文"civil"。如果想要了解他们的文化,途径就是去古罗马市场上进行购物即从事一次买卖交易，这是希腊人看不到的，罗马人既没有像希腊人那样专注于雕刻和哲学，也没有希腊人擅长政治文明与黑暗艺术。罗马法律关系是建立在竞争之上的，即在立法、司法和战争中锻造出了罗马法精神。罗马法的精神一方面表现在对外族的同化精神，一方面表现在对外的法治精神。罗马人的法律是从城市建立之初就开始运作，罗马人的法律注重的是运作的实效，而非柏拉图的理想国式的完美的法律；是一种实践性法律，而非希腊哲理性法律，不是哲学之王透过理性思考构思而建构的。罗马法的文明贵在实践，在实践中既透出了它的理性之光，同时也透出残酷，既有即兴演奏又有莫名的惊恐，透过残酷的权力斗争的历史。上层死死地抓住权力，而下层群众沸腾呐喊，罗马法的最大功用在于平衡权力与呐喊。平衡如何维系及平衡先天性的脆弱，细微的改变就有可能打破平衡，打破平衡后以另外一种方式重新运行。罗马法又是罗马市民为了生存而与罗马贵族展开斗争的唯一的一段文明史，在这段文明史当中既体现了罗马规则制定者的磨难史，又包含了罗马边界划定、规则确立以及规则执行的血泪史。一切亲情莫大于法，宁可牺牲所有最亲、最爱的人，也要保证规则的执行，规则的执行被视为最高的国家利益。从认识和理解的角度讲，对法律问题的思考和解释罗马法的思考与解答一直以来是世界所有法律文化的楷模，是世界法律文化发展的精华。罗马法学家提出的问题、论证及其解答一直以来都在世界很多领域中保持其深邃性及指导性，透过罗马法学家所作出的法律意见及其思想，后来的学者们接触到更博大精深的法律智慧。

其二是对法律的理解方式和路径问题，诸如对债法的理解，将合同与侵权两分法，宗教的罪与侵权的犯两分法为后来的刑法及民法世界性的法典化树立了典范。罗马法学家们在十二铜表法当中开创性地提出侵权性犯罪行为，并作故意和过失之分，将犯罪概念完全区分为两类，一种是延续传统宗教性的对神灵亵渎和不敬的罪，一种是对人身和财产的所有权予以侵权的犯。这种区分为后续的天主教教会法有关亵渎圣灵罪及世俗的侵权之犯开辟了路径。在民事当中将个体行为区分为契约性行为、侵权性行为，以及独立于之外的不当得利，三者共同构成了责任来源，并为塑造民法体系奠定了基础，同时提出了买卖双方基于双方合意而达成的合同这个概念，成为后续的意思自治、自由意志等原则的根本要素。尽管随着社会的不断变迁，世界交流不断加剧，罗马文化受到其他文化的冲洗，但是很多罗马法法律制度都仍然被保存下来了，有的甚至连基本的表述语言都没有发生变化，有的罗马法规则——在今天已经成为各国制定民法典的指导性原则，有的成为各国民法典的一部分。

即便在新的法律制度盛行而罗马法衰落之处，罗马法也成为其法律文化的历史背景，它们的立法、司法以及法学研究只能在正确理解罗马法规则的基础上，作品鉴及理解罗马法精神及罗马法文明的发展。今天的欧洲债法，从其本质来讲就是在传承罗马法文明，沟通世界法律文化的未来。需要说明的是法律化并不是切断传承，而是为了更好地沟通过去、现在和未来。

基于此，本章存在着这样一种信念：为了能够真正地理解和认识世界法律文化的发展趋势，我们需要认识清楚每一部法律的规则、原则，乃至整个制度的起源和过去的历史发展变迁，尤其是要知道它们是如何在斗争中成长？在斗争中发展？如何在竞争中怎样、为何被不同法律制度保存、改变、变造以及拒绝的？现代法律史学研究陷入一种困境，尤其是对罗马法的研究仅仅限定在狭义的罗马法解释学研究和罗马法文献史研究上的教条式思想上。从其历史发展的角度而言，我们更应该关注的是罗马法的古代法律理念是什么？罗马经济地理环境对法律制度的发展产生怎样的影响或者说如何在斗争中成长发展，罗马法发展的经验史对今天的法律文化发展具有启发。罗马法中的"切忌不要侵犯他人"，"没有人能够从他人的损害中获得你想要的"，"诉求不能仅仅来自合意"，这些法律谚语不仅是一句警句，更是现代刑事法律、现代民事法律的精神内涵。

2. 罗马法的起源及相关意义

我们对古典罗马法的历史认识需要跨越超过 1000 年的时间，从十二铜表法开始到查士丁尼法典（查士丁尼法典）。从罗马法产生之初以及到罗马法终结的每一个阶段都富有重要的历史意义，这种历史意义本身不仅仅是罗马法自身是一种有意义的法律，更大意义在于它能够跨越千年，相比希腊而言这是绝无仅有的。这部法既包含制定法（Gesetzesrecht）的内涵，更体现其本质的司法法（Juristenrecht）的精髓。其古典形式是对民选执政官（Prätoren）所作的法律判决（Rechtsprechung）以及当时的法学家所做的论文予以阐释。基于此我们对这一段时间里的法学家及其重要的法律历史数据作一回顾：

时　间	事　件
公元前 753 年	罗马建城
公元前 510 年	塔克文王权的倒塌,进入罗马贵族共和制统治
公元前 451 年	十二铜表法的制定
公元前 286 年	阿奎利亚法诞生
公元前 264—前 146 年	佈诺战争,迦太基的灭亡
公元前 133—前 123 年	提比略·格拉古和盖约·格拉古兄弟
公元前 89 年	古罗马的公民法适用于整个意大利人
公元前 48—前 44 年	恺撒独裁
公元前 27—公元 14 年	奥古斯都帝国,王政时代的开始
公元 10 年	马库斯·安蒂斯迪斯·拉别奥之死
公元 130 年	哈德里安大帝的犹里安告示(通过编撰帝王谕令)
公元 178 年	屋大维之死
公元 193—235 年	泽韦林
公元 212 年	帕比尼安遇害
公元 212 年	安东尼安宪令,又称安东尼努斯敕令
公元 223 年	乌尔比安遇害
公元 235—284 年	罗马帝国三世纪危机
公元 284—305 年	戴克里先执政
公元 438 年	狄奥多西法典
公元 528—534 年	查士丁尼法典

我们将这 1000 多年的法律历史划分为三个阶段,即古典共和时期、古典时期和后古典时期。尽管对这种结构的划分,很多人持怀疑态度,但是直到今天也没有人能够提出一种适度划分。

古典时期是罗马法发展的黄金期,其是在古典共和时期所打下的基础之上进行的。

而后古典时期开始于公元 3 世纪的经济危机,此时古典时期的教义表述准确的法律被蛮族法律所替换。即:

(1) 古典共和国时期:从共和国建立开始到奥古斯都时期,即从公元前 5 世纪到公元 1 世纪;

(2) 古典时期：从奥古斯都时期到泽韦林时期，即到公元2世纪；

(3) 后古典时期：从泽韦林时期开始到查士丁尼时期，即从公元3世纪到6世纪。

　　古典时期的法律是以古典私法为代表的，宪章和刑法当时还仅仅处于非法定性的，宪章在法庭上不扮演任何角色，完全有别于民主的雅典。宪章问题在当时仅仅是政治性问题，还不是司法问题；同样刑法对于罗马司法而言还是处于边缘地带，古典特征非常明显。罗马法的这个称谓也仅仅是在18世纪末开始的，但是古典法的称谓却是非常久的，古典法也就意味着私法，相互彼此替换，古典法意味着私法，私法意味着古典法。它是属于优等人的法律，其他人很少能够使用这种法律，这近似于今天的被命名一样。罗马人用他们的私法为法律创造了一个世界模式，其基础就是所有权以及自由契约。在中世纪的后期人们依据这个模式建立一个抽象性的概念，以至于对统一的洲际性的核心欧罗巴产生强大的影响，也即在西班牙、保加利亚、法国以及今天的比利时、荷兰、卢森堡、德国、奥地利、意大利。这种抽象性概念也包括另外两部分，第一部分是罗马法的继受概念，第二部分是罗马司法概念。罗马法首次继受，将刑法接受为其中的组成部分，是受到天主教教会法及天主教教会的影响。到了19世纪和20世纪，几乎整个欧罗巴的法律均受到罗马法的影响，也即产生了罗马法的二次继受，是将罗马融入整个欧罗巴法并最终延伸到世界其他国家当中。罗马司法概念既包含了概念本身的抽象性特征，同时也包含了司法实践中那种直观、形象而又生动的特征。通过罗马司法概念的使用，对罗马人的司法逻辑描述表现得更加形象、直观而生动，同时也为今天司法逻辑确定了一个体系和界限。在私法当中包括五个基本的核心概念：法律主体、家庭、所有权、契约、侵权。罗马法将国王针对诉讼法当中的意外事件所作出的特别谕令进行编排并最终编排到查士丁尼法典当中。首先盖尤斯，公元2世纪的法官，他撰写了第一部教科书，命名为法学阶梯。这五个核心概念，在当时几乎是非常清晰的，也就为后续的所有描述奠定了基本原则。我们对罗马法的认识，相对于对希腊的认识要好多了，尽管没有比较。我们把这归结于古典司法论文，这大部分最后被东罗马皇帝查士丁尼汇编成法典。自从16世纪以后，这部法典被称为民法大全。首先在这部民法大全当中包含有三部分：法学阶梯，学说汇纂，法典；后来又增加了第四部分——附律。法学阶梯主要是以教科书为开篇，之后附一个古典时期法官盖尤斯的一封简短的论文，整章语句通顺。学说汇纂是整个民法大全的重要部分，其中包含有50多部著作，每一部著作当中又附带着30到32篇相关论文，每一篇均有一个特定的主题，以民法大全上部第一章第一节为例：在这部书当中的第一部分的标题是"De adquirendo rerum dominio"所有权的取得，在每一部分根据古老司法论文当中的问题进行编排。法典构成民法大全的第三部分，其中包含有12份罗马皇帝所作的裁决即早期的城市宪章，从哈德里安开始到查士丁尼结束。附律还包含着后期查士丁尼所作的一些少量裁决以及他的追随者所作的，总计168篇。

所有这些都是按照时间顺序进行编排的，除了民法大全之外还有少量的司法论文，大部分是出自后古典时期的。在古典时期只有唯一一部著作，即盖尤斯所作的法学阶梯，手写体的原稿在19世纪才被发现。

3. 罗马法的文化秉性

民族文化秉性决定了法律的特质与秉性，罗马人不同于希腊人，希腊人力求美与善的结合，向往理想主义的精神生活，所以希腊人的法律是理想国中的完美的法，是敦促人民向善的法，在制定法律的取向上，他们期望制定一部善法，而尽可能地避免产生恶法；而罗马人则崇拜权威与道德的结合，追求实用主义的现实生活。罗马人富有行政与组织的天分，是政治型、社会型的民族，重权力、效能与秩序。所以罗马法具有强大的实践性功效，罗马法的发展是在政治运动中不断地完善与发展，罗马人注重维护法律的权威，在法律的实践环节罗马法更注重它的实践效能如何，与实践的社会公共政治生活的需求还有多大差距，注重罗马法运行中所产生的法律秩序及其维护。罗马法的这种理性追求实际是受到罗马法律哲学的影响，罗马法律哲学表现出实用主义哲学精神，认为法律的本质就在于它的有用与实践，法律的智识就在于它与政治、社会伦理有着天然的联系，同时它又不能停留在政治社会伦理层面，它应该超越，即它必须以一种超个人主义功利主义，注重法律的理性。诸如罗马法律哲学家西赛罗和奥勒留（Marcus Aurelius）是斯多葛派的法律哲学家，他们重法律的原朴、注重法律的自然之道、注重法律的安定与稳定和追求法律理性的态度与罗马人淳朴的文化背景十分契合；另一个伊比鸠鲁派则是个人功利主义，追求快乐的欲望是导致善良行为的力量，每个人应依自己的兴趣和情绪来选择生活，而法律对个体所产生的功用就是在于法律的工具性引导。这里的法律对个体所产生的激变性发展与罗马法重整体、重整合精神并不一致。罗马人缺乏纯粹玄想型科学才能，但重视实用的工艺技术，这些技术在城邦公共建设方面表现尤为突出，如兴建宽敞的马路、浴池、排水道、剧场与神庙等等。他们的成就仅仅局限于工程与公共事务的组织方面，只将科学知识广泛应用到实际公共服务上。罗马人重视的是文艺的实用性而非文艺的价值，尤其欣赏说理、讽刺政治与歌颂国家光荣的文学作品，如史诗、历史、演讲文等。初期艺术缺乏创造力，不论是雕刻、绘画或建筑上大体以抄袭希腊作品为主，直至共和国时代晚期的人像雕刻才可称具有罗马风格；帝国时期建筑以功用主义为主，雕刻则为独立的个性与自然主义，表现其罗马艺术的特性。罗马文化对欧洲文化贡献最大者当推法学，不论对公法、私法方面的法学贡献，以及人民在法律之前的平等概念，和政府不得逾越法律赋予人民基本权利（公民权、自由权、家属权）的观念等，罗马法为欧陆各国法律基本原则的发展奠定了法学的基础。除了法律之外，拉丁语是中世纪欧洲的国际语言，其深深影响了现代欧洲各国文字的形成；再者，罗马的文学、雕刻，以及强调纪念性、权力与雄伟象征的建筑，亦在欧洲各地历历可见。罗马的帝国政治有大一统的观念，这种借着权势霸道来维护帝国大一统的和平理想，为中世纪人所熟知，并常加以运用；普鲁士人自认为是罗马帝国的继承者，并认为普鲁士民法典和刑法典是罗马法的历史再现。

十二铜表法

李维在他的罗马历史著作《从罗马建城开始》（*Ab urbe condita libri*）当中有这样的描述："一切公法和私法之源"（fons omnis publici privatique iuris）。作为罗马公民的基本法，这部法律不同于希腊，它没有宪法性条款，究其原因，当时的古罗马贵族势力相对其他地方处于强势，并且与德拉孔和梭伦立法不同的是十二铜表法是一部私法和公共刑法合一的编撰性法典，尤其特别的是在当时就开始把刑事诉讼法也像今天一样作为公法的组成部分来看待。而且在它的公法规则当中包含着葬礼规则，这在当时是非常有意义的。这部法仅仅是残篇，还不是完整的，最早发现法典引文的是在公元前1世纪。

甚至有怀疑者认为这完全是后期的设计，在一个条款当中将早期共和国的不同时间段的规定编排在一起，简直是不可思议的。有一点是可以肯定的，十二铜表法是十人委员共同的工作结晶，他们共同行使执政权。此外，从考古发现当中获得了大量的素材,透过语言分析发现,事实上十二铜表法制定是公元前5世纪中叶的事情,立法的真实目的是为了平衡古罗马贵族和平民之间的紧张关系,这就类似于德拉孔和梭伦在150年前在希腊所做的立法改革一样。

在第一表当中以一种古老的语言形式记载这样一个格言:原告向法庭提出控诉你("Si in ius vocat ito");法庭传唤你到庭,你应该到庭,如果你不能到庭,你必须证明延期到庭;如果你借故躲避或逃脱,法庭应该将你强制带回,你应该服从对你强制;如果你年老或者生病,应该给你提供交通工具;如果你披头散发或者衣衫不整者不得进入法庭。

该法将诉讼法和私人执行设置在开篇,并且对语言表述作出了限定。古罗马时期之前的法律语言表述比较模糊,诸如使用"他"这个术语时必须靠读者猜测,没有明确的界限;在契约方面仅仅设定少量几个规则。根据资料显示,在当时的商品大规模的流通几乎还没有成形,故契约经济还没有真正上规模。私刑在十二铜表法当中占据了非常大的空间,且私刑处罚主要是以支付赔偿金、罚款为主。公共刑法主要限定在谋杀,由被害人的近亲属或族人向法庭申请对犯罪人进行抓捕,经法庭查明如果是由于过失致人死亡的,只需要赔偿一只公羊即可(这即是我们俗称的替罪羊,这只羊要在众亲属投掷的枪头中穿行,众亲属或族人把羊作为报复对象,向羊投掷标枪,如果没有被扎死,那么这个羊即被抛弃)。如果是故意谋杀的,被害人的族人和亲属可以对犯罪人实施报复。以上是对十二铜表法当中的第一表的法律内容进行一种追述,尽管有些甚至非常不确定。以下分别简单罗列其他各表主要内容:

1—3:民事诉讼及执行(Zivilprozess und Vollstreckung);

4—5:家庭继承法(Familien-und Erbrecht);

6—7:契约、取得实效相邻法(Verträge, Ersitzung, NachbarrechtD);

8:私人刑法(Privatstrafrecht);

9:刑事诉讼法及刑法(Strafverfahren und Strafrecht);

10:葬礼规章(Begräbnisvorschriften);

11—12:附录,诸如,基于行政强制所造成的人体损害、奴隶及孩子。

以上这些为19世纪的法律史提供了源头,尽管直到今天仍然存在着诸多的怀疑,但是没有人能够发现一种更好的解决方案。

罗马法的各项制度

1. 古罗马的诉讼

在整个罗马血腥的历史斗争中,"诉讼"(actio)既涉及诉讼的主体,又涉及私权与私权保护的一系列的私法法律概念与司法法律制度中最为核心和基本的一个。关于古罗马诉讼主体资格,由古罗马城邦中的公民诉讼法明确限定了该法适用的主体必须是具有公民权的公民才有资格依据罗马公民诉讼法提出诉讼,其他人尤其是平民没有资格提出诉讼。这完全受限制于古罗马城邦宪政制度,它也集中反映出罗马时代法律与法律适用的特点。这也是为何古罗马有专门适用于城邦市民的公民法,还有普遍适用于其他平民附属民的万民法。这一方面是基于主体差异的原因决定了法律产生适用的不同,另一方面也道出古罗马平民抗争的血泪史。对于古罗马诉讼的探究和分析有利于深入理解平民抗争对古罗马法的发展和变迁提供了具体的客观事实材料,并对以往对罗马法所形成的偏差认识起到了一种纠正之功效。本章将对以下几个问题予以关注:

首先是从古罗马诉讼相对于古希腊雅典缺乏社会性问题。

民事诉讼在罗马私法组织结构当中,非常独特,相对希腊雅典而言,它不像希腊雅典那样在庄严的大厅当中进行诉讼,而是在露天的市政广场上进行,它没有像雅典那样经由精确的辩论,而是由执政官和独裁法官进行裁断。这些源于罗马独特的城邦组织架构,没有希腊雅典似的民主,它仅仅是贵族集权组织结构。基于此,相对于希腊而言,罗马的民事诉讼缺乏社会性、公益性,这些完全体现在它的法庭组织结构当中。罗马的诉讼程序既没有像希腊雅典式追求程序运行的相对精确性,也没有司法案件事实裁量的准确性。这些只是其中的一个,另外一个就是由执政官参与裁决的方式方法及裁判的风格完全有别于今天的法律。这里需要注意的是罗马诉讼活动受公民法教义学的总体结构特性的影响,尤其是罗马公民法教义学的基本原理对诉讼中原告的影响。这种影响既体现在诉讼结构,又体现在个案的解释表述模式,且罗马司法解释一直是理论和司法实践争论的焦点与核心。这种状况类似于今天欧洲各国的法律律文的表述方式。罗马司法思想精髓体现在它的诉讼程序以及起诉模式，今天的人们仅仅关注法律的律文或者规则，却没有想到从诉讼的程序角度探究法律问题。从本质上讲罗马公民法是一种仪式性法律，即将控诉与辩护融合为一体的仪式性体系。这与今天它是以债权请求权、物权及其他权利为基础，以意思表示、法律行为及法律关系为基本原则建构起来的实体法是不同的。罗马私法是实体法与程序法相统一的，不同于今天的私法和公民诉讼法，两者互不相关。实体与程序的一体性是古罗马早期法律的特征。由于早期仅仅有少量的诉讼可能，并且当时的人们解决纠纷的途径并不是限定在诉讼途径，而是当时人们首先考虑如何通过武力冲突的方式解决。应该说诉讼程序的仪式化理念完全是吸收借鉴了古希腊人的做法，将神圣性的仪式融入到诉讼程序当中，最终成为一种宗教仪式性质的法律。尽管吸收了希腊人的做法，在仪式开展上却没有希腊人做的那样的精确，尤其是诉讼程序中的程式化推进细节上是与希腊诉讼法没法比较的。这些可以体现在两个非常直观现象上，一个是诉讼裁判的地点上不是像希腊雅典那样在一个庄严的密闭性的审判大厅当中进行，另外一个是罗马的法官群体们不是独立的。

其次是古罗马公民诉讼模式变迁而非诉讼制度沿革问题。

按照目前有些学术观点认为，罗马民事诉讼制度的沿革大致可以分为三个阶段：法律诉讼时期、程式诉讼时期和非常诉讼时期。这种观点曲解了古罗马的诉讼活动，古罗马的诉讼涉及的是模式的变迁问题，其制度结构是执政官主持的诉前准备阶段—独任法官主持的庭审阶段—执行阶段三段合一式的，这种制度架构与今天的欧洲各国所使用的诉讼制度很相似。

通过文献我们可以发现罗马的诉讼审判模式有其自己特有的特征即罗马的法庭章程（Gerichtsverfassung），该章程将诉讼过程分为两个阶段。我们通过文献资料可以看到，罗马公民诉讼分为在执政官面前进行阶段和在一个法官面前进行阶段。在执政官面前提起诉讼，并作诉前准备；法官对双方当事人主持协商调节并作出判决，其工作成果表现为一个"程序"（Formula），其主文包括承审法官的任命、请求原因、原告请求、判决要旨四个部分，其附录包括前书（Praescriptio）与抗辩两个部分。诚信诉讼与主文中的"原告请求"和"判决要旨"两个部分有关。首先，原告可在请求部分对被告提出"依诚信应该对他给或做的任何事情"（Quidquid sibi dare facere oporteret ex fide bona）的请求。承审法官在审查原告的请求后,根据有无确定标的以及原告是否有"依诚信"的请求,决定是否在程序书状中写上"依诚信"字样。对无确定标的而原告附有"依诚信"的请求的,裁判官则将有"依诚信"字样的程序书状交给承审员,得到它的承审员即按诚信诉讼的方式对此案进行事实审。凡程序书状上未附注"依诚信"字样的都是严法诉讼。因此,诚信诉讼得名于"原告请求"和"判决要旨"中的"依诚信"的附语。在这种诉讼中,承审员可斟酌案情自由裁量,根据当事人在法律关系中依诚信应为的标准调整其权利义务,不必严守法规和拘泥形式,而按公平正义的精神为恰当的判决。附录部分的"前书"记载对原被告诉讼权利的保障措施:"抗辩"部分则指示承审员注意被告之可抵消原告主张的事实。

尽管第二部分古老陈旧,但是它在整个诉讼中扮演着决定性的角色,并将两部分衔接于一体。

第一阶段是争诉程序(die litis contestation),即诉讼提起与执政官诉讼引导模式,原告被告出席并阐释事实关系,此阶段只解决案件事实的阐述,不做宽泛的核查。基于合同确定适用哪种诉讼进行起诉,口头协议需提交书面记录并交由第二阶段的法官验证,这个阶段被称作为诉前阶段。从这个角度讲,这个诉讼又可以理解为诉讼议程,指导如何去裁断。法官要么可以选择通过当事人和解程序(Einigung der Parteien),要么是通过投票程序(das Los)确定。如果选择通过投票程序进行民主表决的话,当事人各方需要从法官花名册上共同挑选法官进行裁断,这些法官称为待选法官①(iudicum selectorum),到共和国晚期,在法官名册上记录了3000—4000名待选法官的名字。对于长期争执不下的政治事件需要全体待选法官共同投票裁决。起初待选法官的人员组成仅仅由贵

---

① 在三头执政时期,控制罗马的公共法庭已经毫无意义。在重要的案件审理方面,法庭已经无法独立行事。这一局面在奥古斯都治世得到了确定,皇帝和元老院都被授权可以审问这类案件。因此,元老们就不再出现在陪审团里,陪审团也就被留给了骑士等级。陪审员分成4个陪审团,因此名列陪审团名单的骑士们被称为"iudices selecti",即待选法官成员。每个法官团拥有大约1000名成员,第四个法官团的成员来自其他三个法官团,总计3000—4000名法官。由于法官受理的案件数目增长,盖乌斯·卡里古拉皇帝新增了第五个陪审团。在意大利内部,公共法庭的司法审判权逐步地被禁卫军长官和城市行政长官所接管,海外诸省则归行省总督的司法管辖。待选法官成员在塞维鲁斯·亚历山大皇帝(Severus Alexander)之后就销声匿迹了。——译者注

族成员组成，后来延伸到骑士阶层（equites）①，这些人或者是有产阶层的骑士，或者是富裕的商人阶层。

---

① 在拉丁语中，"eques"（pl. equites）的意思是"骑兵，骑马的人"，而"equites Romani"则是指在罗马骑兵部队服役的人。古罗马战争的主要形式是以骑兵为主、步兵为辅的作战模式，在整个作战体系当中，骑兵具有指挥者的作用和地位。因此在罗马士兵阶层当中，骑兵具有最高等级，而要想成为一个骑兵，必备的条件是要有一匹战马。而战马的获取以及战马的训练和饲养绝非普通平民所能承担得起的，正是由于驯马及养马等经济因素决定了骑士阶层只能由富有的贵族阶层才能担当。故此，骑士在古罗马即是一种职业，也是一种荣誉称号和身份地位的象征。故而不管是王政时期还是共和时期、甚至是帝国时期，其主要任务就是对外战争，通过战争掠夺粮食、土地、财富以及大量的奴隶，以此来供养整个城邦的发展和繁荣。从这个角度讲，战争是整个古罗马的生命线，能够参与战争的绝大部分人是富人贵族，也只有贵族、富人才能保卫、扩张并为共和国服务，其他不能参与战争的人只能是为贵族富人服务。这些富人贵族形成的骑士阶层统治着整个希腊城邦及其附属国的土地、财物、平民（有自己活动自由的骑士阶层服务者）、奴隶（没有自己主权和为自由的贵族富人阶层的服务者）。

随着扩张战争的不断发展，同时由于富人贵族思想发生转变，从爱惜财富、荣誉转向更加爱惜自己身体和生命方向发展。也正是这个思想的转变导致罗马骑兵战力下降、效率不高，参战人数不断减少。为了解决这个战争危机，尤其是进入共和国时期罗马贵族首先将骑士这个荣誉称号拿出来，以一种契约式雇佣关系允许平民参与到骑士阶层当中。其先天的诱饵是能够参与战利品的分配、能够获取财富、能够获取社会统治阶层地位。站在今天的角度讲，将社会晋升的机会和参与战争直接挂钩，你只要能够参加战争能够获胜，你就能够获取社会统治阶层的地位，你就成为城邦的服务者，你就不是贵族富人的服务者。同时，平民同贵族富人建立信用借贷关系，平民从贵族富人那里借贷出训练精良的战马和武器，承诺战争结束后从其获取的战利品当中偿还该项借贷。从此以后，罗马贵族富人，不再直接冲锋陷阵了，这些贵族或者作为幕后指挥官指挥战争、或者呆在城邦之中从事非战争性的城邦治理活动。此时的罗马军队中的罗马贵族骑士身影已经不多见了，转向作为城邦的执政官专职从事城邦的治理。

这样只要有钱或者即使没钱只要你敢于参加战争并能够战胜回来，任何人都可以当"参加战争的罗马骑士"（eques Romanus），这一头衔就可以被用于任何一个理论上作为"eques Romanus"的人。由是，这个头衔就逐渐指派给了那些富有的非元老等级人士。在这群人中，非常突出的是那些靠着共和国的对外征服而获得牟利机会的非元老人士。有些"eques Romanus"从事金钱的借贷以及其他的商业业务。最有影响力的则是那些为在诸行省征收上缴给罗马人民的税金征收权而投标竞价的骑士们，他们被称为税吏（Publican）。

这一非正式的阶级在盖乌斯·格拉古将处理诸行省贪污事务的永久法庭的陪审团名额给予了骑士等级后（到那时为止，都是由元老等级提供陪审员的），获得了某种政治上的功能。之后的50年里，又设立了其他的公众法庭，而陪审员的名单没有改变，陪审团的组成问题就成了元老们与骑士们之间贯穿共和国晚期的争论源头之一。到共和国晚期，陪审员的组成是一半元老，一半骑士。——译者注在进入第二阶段后,由待选的法官主持,要么是独任制法官审理、要么是团体民主投票裁决。在这个阶段中首先当事人必须到庭参加诉讼,其次是审判的地点通常在古罗马的露天公民集会广场进行。法官负责审明案件事实,审查证据并作出裁决,裁决无需其他理由或其他可能的引证。这个阶段的程序本身也仅仅是对证据的审查,而执政官先前所作出的裁决,所要解决的核心法律问题是确定运用哪一种特定的审判模式进行诉讼,决定诉讼类型。除此之外,法官还需要对诉讼过程中所发生的术语予以阐释,并对由此引发的相关法律问题予以裁定,同时在诉讼或者裁断过程中可以提出质询。但是,法官对这些问题所作的裁断都是一些粗略的判断,只有执政官才能够对法律问题的根本特征予以判断,法官所作的质询仅仅是对证据提出的质疑。在每一个控诉和辩论当中都存在一个需要预先发布执政官告示(edictum praetoris),明确告知该诉讼将在哪个广场进行庭审及庭审的时间,告示需要公布在公民集会广场上的白色告示板上,并将案件事实发生的经过记述在告示当中。直到公元130年哈德里安帝国统治时期的法学家尤里安,将这些告示进行编辑并最终成为永久告示(edictum perpetuum)。随后罗马帝国皇帝的秘书们①不断地将新发生的事件作为一种新的法律事件(a libellis)融入到告示当中,这个活动后来被称作为法律的续造(Die Rechtsfortbildung)。这种现象也在共和国早期的十二铜表法当中出现过,而且在其中可以看到民事诉讼中有相关的规定,尤其是执政官主持的程序。在诉讼中对当事人的陈述有着限定的,当时的当事人不是仅仅是漫无边际的陈述案件事实,必须明确按照所选择的那种诉讼模式进行阐述,而且必须是本人。

---

① 也可称秘书监——罗马皇帝会收到大量的书信,为了处置这些书信他们设立了秘书,组成秘书监,以高效和格式化的方式处理和回复这些书信。正如人们可以预料的,朱利安-克劳迪王朝的皇帝们任用其私人的获释奴隶或者为其服务的平民处理这些事情,这些获释的奴隶或平民在工作中获得了巨大的影响力,他们不但知道大量社会事件的真相,同时也架空了克劳迪皇帝,最后还控制了那些人想担任某个职位的贵族们,此时这些人成为帝国实际主宰者和控制者。他们掌管希腊、拉丁事务(希腊、拉丁事务总管),负责用希腊语或拉丁语回复信件,他们还负责处理古罗马平民的请愿书。在处理过程中他们为自己的阶级不知不觉中做了他们想要的事情,他们为自己的阶级争取了好多权利,而且把这些权利最终写入到法律当中。尽管后期皇帝发现了诸如沃特李乌斯皇帝曾经想以骑士替换掉这些获释的奴隶或平民出任这些官职,其结果最终失败。直到哈德里安皇帝时代才以骑士永久性地替代了获释奴隶和平民,古罗马历史学家苏依托尼乌斯(Gaius Suetonius Tranquillus)曾执掌过这类职务。罗马帝国的法律名人,例如乌尔皮安也曾出任这些职位。由于在任职时要考虑到文笔风格问题,这些职位还要负责监管罗马的皇室图书馆。——译者注

当事人进行阐述时,必须当场进行口头表述,且表述方式必须按照选定的诉讼模式所要求的复杂方式进行,双方相互协商过程必须遵循事先确定好的程式化模式进行,这种程式化的模式后来被称为法定诉讼模式(Legisaktionenverfahren)。这种口头诉讼模式对于普通人而言是相对较为复杂的,并且没有社会化(unsozial),自从公元前2世纪这种模式逐步被书面性的程式化模式(die Schriftformel des Formularverfahrens)所替换。诸如下面所示,一份签名的书面诉讼申请表以及它的三个主要组成部分:卖受人提起诉讼:提图斯应该是法官,所涉及的事情:奥鲁斯·阿格里乌斯从努莫里乌斯·奈吉迪乌斯手中购买奴隶斯提乌斯这一事实,构成了诉讼的案件事实,并基于此项原因,努莫里乌斯·奈吉迪乌斯基于对奥鲁斯·阿格里乌斯诚实和信赖履行了合同(诉讼标的),为此法官作出了有利于奥鲁斯·阿格里乌斯的指示,如果努莫里乌斯·奈吉迪乌斯没有证明已经交付奴隶的话,将驳回起诉。

裁决之后进入执行程序,这种执行程序同古希腊雅典有相似之处,这种执行仅仅是站在债权人的角度考虑的,罗马没有像今天的法庭执行局性质的城邦性质的执行组织。判决形成后仅仅是运行债权人自己可以实施自力救济,因为当时也只能是这样的。书面性的程式化程序、相关的两段式的模式以及判决后的私人执行模式到了帝国末期就完全消失了。替代它的是所谓的审查程序(Kognitionsprozess),这个程序是行政官员主动的,这个程序类似于帝国后期的刑事诉讼程序。这种诉讼模式与帝国的行政管理体制相适应的,在这种模式中原告仅仅需要书写一份完整的起诉书(libellus),然后等候官方的传讯。需要注意的是此时的庭审是在一个密闭的大厅内举行,而不是像以往模式中在露天的公民集会广场上进行。法官作出判决是以皇帝的名义作出的,这完全是基于高级法院责任使命。判决之后的执行交由行政机构负责。这个审查程序与今天的民事诉讼也有一些相似之处,即在庭审中不同于希腊,当事人可以委托其他人作为代理人出庭,不仅在刑事诉讼,也包括公民法争诉案件。这个代理人就像今天的律师一样,所不同的是当时的律师是不拿报酬的。这些律师完全来自于上层社会,他们自身的财产决定了他们不需要为了金钱而出庭代理。他们所做的仅仅是为了树立个人的威信和政治影响力,为竞选城邦的执政官做准备。也只有到了第一罗马帝国时期律师才作为一种职业并开始正式收取报酬,并于公元3—4世纪帝国末期被并入城邦的同业工会组织当中。作为一种公共服务方式按照法定的标准缴纳高额税率,除此之外,他们还书写法律文书及相关公证业务。

这里需要注意的是,诚信原则在诉讼中重在赋予承审法官的自由裁量权,其次通过各自仪式的设定增加诉讼当事人诚信的行为准则以及行为人的义务设定。这种义务既属于罗马市民的道德义务也属于罗马城邦的一种邦约,同时随着当事人的诉讼提起进而成为诉讼程序中的法定义务。因此从这一个角度讲诚信从宏观的层面上驾驭和控制着整个诉讼过程,这一属性完成有别于古希腊的民主诉讼程序,即多数票决定论,而为了维护这种多数民主而放弃诉讼真理与真知。古罗马这种诉讼程序既融合了诚信原则与仪式的神圣性,同时也将求真求实追求真理的理念落实到诉讼的目的性原则,这总结为诉讼真理与真知目的理性。这些可以从事实诉和事实抗辩两个核心要素发现,这里包含两个前提,其一是任何法律都存在着不周延性,而如何解决实际生活所发生的事实,客观上就需要诉讼完成这个不可推卸的任务。另一方面,客观事实的发生原因可以存在着多重原因,而客观上当事人所掌握的或者认识的必然存在着片面性,如何通过程序完成对事实原因的认识清楚,就需要客观上的互辩,以此达到互相印证互相质证最终完成共同认识的目的,而这就需要事实抗辩。这种程序上的设计,既解决了当事人及承审法官对事实的认识问题,又从客观上排除了多数无知之人排除少数真理之人的认识。且不会再次发生多数民主判决真理的现象。事实诉实际上用来解决法律的不周延性问题,它是对正在典型化的社会关系的司法确认,并预示着进一步的法律确认。因此,事实诉往往是诉讼诚信的前奏,并为新的诉讼诚信的产生开辟道路——当出现既有的诉讼诚信不能调整的社会关系时,它又对之提供着尝试性的保护,直到法律诉产生。如果说事实诉是保护原告利益的,则事实抗辩是为了保护被告的利益,它是承审法官逐案授予的抗辩,也被称为"事实抗辩的接纳"(Exceptiones causa cognita accomodatae),目的在于强调在日常的城邦法律生活中存在通常不重视的情势,尽管这种情势没有被吸收到市民城邦法当中,但它作为客观事实,在案件当中被发现了就应该通过诉讼程序作为案件的平衡依据,甚至可以大范围作为整个城邦衡平法的基础。由此解决法律不是创造的根源性问题,法律是存在于客观日常生活当中的事实,基于某种特定的诉讼活动而欲以发现的,因此法官自由裁量权中的一个职责是在特定的诉讼活动中发现早已存在于生活之中的法,此乃法官发现法的活动而非法官造法活动。这些抗辩所涉事项都是对被告不公平之事。它们不胜其多，为了避免就具体事项一一授予名目不同的抗辩的麻烦，承审法官后来创立了一般的诈欺抗辩，概括地解决所有对被告不公平的问题。简约之诉和简约抗辩是不具备法定形式的单纯的协议，当事人可以约定共同感兴趣的事项。这种协议最初因形式要件的欠缺不受法律保护，后来裁判官实事求是地保护部分简约，允许被违约方提起事实诉，谓之简约之诉，因为简约之诉是事实诉的一种；不予保护的简约仅产生自然债务的效力，但并非毫无法律意义。例如，债权人以简约允诺债务人不再对其索债，如果他违反这一简约，后者可以达成不索债简约的抗辩对抗之。显然可见，简约之诉和同名的抗辩是保护内容合法，但形式有欠缺的契约关系的工具。一般的诈欺抗辩所有的抗辩都是保护被告的，诈欺的抗辩也不例外。这里的"诈欺"并非指原告的任何欺骗行为，而指他在起诉之时以任何方式不公平地行事。因此，以现代的术语来表达，它是"显失公平的抗辩"，表达的是"求衡平者自己必须衡平"的意思。前文已述，这种抗辩来源于事实抗辩，但它与简约的抗辩也有关系。在当事人不能援用简约抗辩的情况下，可援用诈欺的抗辩。因此，诈欺的抗辩是一种后备性的救济手段（D.2,14,10,2）。

如果把诚信公理的本质理解为裁判诚信或授予承审员自由裁量权，我们看到，在罗马的诉讼制度中，已经形成了诉讼诚信的制度体系：诚信诉讼、事实诉和事实抗辩、简约之诉和简约抗辩、一般的诈欺抗辩、仲裁之诉和善良公正之诉。它们彼此有所分工：前四者主要调整需要法官自由裁量的契约关系，而在它们内部又形成这样的关系：事实诉是诚信诉讼的起源和发展途径，用来解决社会发展带来的无名契约问题；简约之诉用来解决形式不合法的善良行为的司法保护问题；一般的诈欺抗辩用来对抗原告的一切不公平要求，作为一个空筐结构解决前三者不能解决的问题；仲裁之诉主要调整需要法官自由裁量的物权关系；善良公正之诉调整类似性质的侵权关系。可以说，现代诚信原则承担的功能，在罗马法中不仅由诚信诉讼，而且由许多制度共同承担，因此可以说，这些制度都是现代诚信原则的鼻祖。

2. 所有权

最早将所有权这个概念引入到司法体系当中去的就是罗马人，这无疑推动了司法保障体系的发展，尤其是加强了对所有权的保护。我们今天所称之

欧洲法律史

Geschichte des Rechts in Europa

所有权①，即一个物在归属（die Zuordnung）上可以是专属于某一个人的、并且某个人可以独自地以某种特定的方式进行排他性②的完全自由支配，而且是这种支配从出生开始到死亡结束。在今天仍然保留着通过以下五种方式对某个物的归属提供保障，即禁止偷窃、禁止损坏、禁止以其他方式干涉、转让权限设定、遗赠自由等方式予以保护，而且这些保障措施已经完全融入到各个部门法律当中。正是基于这个因素而创设了物之归属法概念简称物法概念（现行翻译为 dinglichen Rechts 物权），即对物确定某人可以转让给他人的资格。同样基于物而产生的诉权（Aktionenrechtlich）不是基于物的归属而提起的诉讼简称对物之诉（actio in rem），基于债务关系而产生我们今天的债法或债务请求权。物权

---

① 所有权的本质为人与人之间就某个特定的物所表现出来的特定资格，所有权人可以对特定多数人主张绝对的排他效。而约束人只能对特定主体主张特定要求的资格；即约仅有对人产生的特定要求效。学术界往往对"Eigentum"（所有权）和"Sachsrecht"（物权）在翻译当中有所混淆，认为物权即为所有权，所有权即为物权，实则"Sachsrecht"所指的是对物（Sach）所产生的法律关系，那种仅仅通过用"权"来概括其内涵显然过于狭窄而又缺乏精确，其真正的精髓在于法律关系。尽管法典对在总则当中对物（Sache）有了一般性的规定，同时在物法（Sachenrecht）篇中集中规定所有权对物发生的基于"归属"（Zueignung）而产生的法律关系的相关法律事项，这种规定的实质是既以物为限，规范的重心也在严格意义的权，而和债权一样重在由资格和义务组合而成的法律关系。即强调物的归属关系既包含着一种资格，同时也包含着一种义务，诸如永佃权人对所有人的佃租债务是永佃权关系的内容，和狭义的永佃权一样附随于土地，因此是一种物务（Realobligation）。——译者注

② 指所有权的效力而言的，即对物所产生的所有权的效，按照现今学者的理解，有排他效、优先效、追及效（runs with the asset）、去害效（物上请求权）、对世效（good against all the world）等。A 对 A 地之所有，之所以为所有权，是因为 A 对 B、A 对 C、乃至于 A 对世界上所有人，有一种排除性，亦即所有权是一种对世界所有人予以排他的资格（in rem right），所有权人对世上特定多数人都表现出他的唯一性人。但是需要澄清并非拥有所有权且所有权有对世效，人格权、自由权也有对世效，两者之间是有差别的，就在于前者与有体物或无体物（都是资源）有关，而后两者无关。如果从单纯所有人的支配角度讲，所有权强调的是所有权人的单纯支配性人格，这是另外一种与传统上以支配的绝对性，或称归属（zuordnung）法律关系的研究路径，有所不同。对世效力的所有权，到底对世上其他人发生什么效力？可以推知，重点是排他效力（right to exclude）所以，与其称所有权有对世效力，例如称所有权有对世的排他效力，能精确展现财产权之特征。相对于对人的排他效力（例如以契约约定不得为某事），对世的排他效力最大的优势就在于公示仪式性价值，其告诫他人这是我的，请勿要侵犯，那么这个世上每个人就每一所有物皆须与世界上所有其他人缔约，要求其不得侵犯！而形成基于物的归属而形成的世界物法秩序。至于其他的所有权的追及效力，以及优先效力与物上请求权，都是基于归属上的唯一性而产生的。排他效力是所有权的充要条件，因为从排他效力可以导出其他物权之效力，但其他物权效力却无法导出完整的排他效力。所有权人只要有排他效力，自然可以主张除去妨害，自然可以请求将落入他人之手之物取回；所以，所有权人具备物上请求权，是排他效力的当然推理结果。甚至，排他效力可以导出毁损、灭失所有物之权利，因为使物灭失是终极的排他。有排他效力者，可以选择不排他，所以可以抛弃所有权。至于优先效力，不过是排他效力的另一种表述而已——例如设定第一顺位抵押权者，可以排除或优先于第二顺位抵押权人，如地上权人可以排除或优先于设定于同一土地的不动产设定役权。最后，追及效力也是对世排他效力之变体。抵押权人就抵押物于担保范围内之价值，有对世排他之权利，故不仅原所有人受拘束，后手也受拘束。——译者注

和债权在今天是一对孪生概念，即物法和债法。对物之诉的例子，针对所有权被侵犯而提出的保护之诉、物的返还之诉，以及像今天一样罗马有非占有性的所有权人针对占有性的非所有权人提起的诉讼。在这个例子存在着占有权和所有权两个概念，而要是对占有与所有权之间作以区别就必须对物法概念予以重新建构。所有权是一个人对一个物的法律上的归属（dominium，proprietas），而占有仅仅是一种纯粹的实际持有（possessio）。

确切的表述是首先占有仅仅是一种事实上的对物的支配，这就像今天德国民法典第854条所表述的那样。罗马人曾经将占有称为躯体物证corpus，即这个躯体能够对之实施影响的可能。其次是占有人必须具有占有意志。而所有权却是另外的，为了完全突出所有，法学上将所有权的概念引进来，而虚构占有。这也许是罗马法律人所做的一个特别的成就，今天可以将所有权仅仅作为一种理由，因为是所有权人就可以排除其他人。尽管对物予以控制，他抓在手上，但是绝对没有权为他所有，仅仅是占有人。但是这种认识也许很肤浅，仅仅将所有权作为一种技术指标来看待，或许这也是一种社会性的判断或者非社会性的判断。

正像今天人们所看到的那样，古希腊人对所有权的理解绝对是一切尽在不言中的。对物之诉的典型例子是物的返还之诉诸如德国民法典第985条所规定的，还有在罗马的所有权返还之诉（die rei vindicatio）：

审判法官是提图斯：如果能够证明，当事人所争执的这个不动产按照罗马法的规定，奥鲁斯·阿格里乌斯拥有所有权，并且在提出诉讼之前没有没有将物退还给奥鲁斯·阿格里乌斯的。法官将判决努莫里乌斯·奈吉迪乌斯向奥鲁斯·阿格里乌斯支付一定数额的金钱，而且数额与该物的价值是等同的。假如不能证明，法官将驳回起诉。

这个诉讼很简单，仅仅是针对原告所有权的唯一和独占性予以排除而提起的，只要他能给证明，他就将胜诉。被告将被判需支付高额罚金，因为他之前没有将物予以返还，这就是所谓的请求裁决返还原物之诉（arbitrium de restituendo）。所有权返还之诉这个案例就是一个所有权与占有区别的例证。早期的判决由于早期的法定诉讼模式有不同的差异，尤其是原告和被告处于等同位置。如果两者都声称是所有权人，并且都提出相关的理由主张物应该归属于自己，因此在对物之诉和所有权与占有之间的区别当中必然存在着某种绝对个体主义表述（abstrakten Individualismus）。同希腊雅典一样在其他相关法律当中就没有这么多对所有权的限制，即使是在其他地方也是完全的遗赠自由。罗马人却是遗嘱的创造人，在十二铜表法当中就已经有完整的表述。诸如在第12表第五章

欧洲法律史
Geschichte des Rechts in Europa

第三段表述：

任何人有权通过制定遗嘱对他的财产和监护人予以处置。

需要限制的是，货币仅仅限于购买可移动的财产。在十二铜表法时期，土地和不动产不属于现金自由买卖的，处于行政管理关系。私人所有权在罗马还仅仅限定在可移动的物，透过这些可以看出古老的财产转让行为模式，且从这种模式可以发现转让的这个物必须是能够用手抓得动的，而不动产不属于可移动的物，故只有可移动的物才能够转让。而要对这些予以买卖就必须按照要式买卖的模式进行，即对不动产转让过程中需要完成一种必备的仪式性活动，这种仪式性①活动后来被称作为要式买卖行为。这种行

---

① 这种程式化仪式有其独特的价值内涵，要式买卖又称要式物的买卖，是指罗马公民之间在进行要式物的买卖过程中包括契约签订时的精细谈话和交付移转行为程式化过程。早在古罗马早期此种方式既已存在，并已经成为族群社会内部成员的交易习俗，后经由整理并最终记录于《十二表法》之中，成为古罗马整个城邦中的所有市民之间的交易惯例性规则。此种惯例性规则具有几个方面的效力限制性，即交易的主体限制于古罗马城邦中的所有公民之间完成的交易，非公民之间不适用；买卖双方必须适用此程式化仪式，即逐步按照程式化仪式推进，否则买卖不生效；此种买卖的对象仅仅限定在要式物，而不适用于其他非要式物。采用要式买卖方式时，买卖双方须亲自到场，在场需有不少于五位成年罗马公民，需有一位具有同等资格、通称为"掌秤人"的第六人，由他执一个青铜秤盘，按照要式买卖取得东西的一方手持一青铜锭说"我宣告这个奴隶'依据罗马氏族成员所应享有的资格'归属我所有，他被我用青铜锭与青铜秤盘买下"。然后他用青铜锭敲响青铜秤盘，再将它作为一种象征性代价，交付给按照"要式买卖"从其手中接受所购之手的那个人。完成固定繁琐的固定程式契约即成立。根据程式化仪式的要求要式买卖必须遵守固定的程序，这些程序中首先必须具备5名证人的参与作证，只有证人到场作证才能彰显契约的社会化约束力，任何一方当事人出现违约背弃当初的诺言，另一方至少可以采取自力救济措施。其次，必须具备青铜锭与青铜秤，这两件是在古代社会当中一直作为最为珍贵的仪式性物品，在于凸显交易活动的神圣性、庄严性、权威性、客观性，对公平的崇拜、对现世的注重、对未来的期望，也是契约文明的起源，透过铜锭与铜秤的衡量使人们逐渐确定并恢复人性，唤醒人们对自身的本能自然性的支配力，体现了人与动物相区别的理性。同样秤能教会人们用语言交流沟通，秤能促使人们进行语言性思考；因而这种铜锭与秤的称量活动本身期望能够给人们带来光明、公平与文明，而不是黑暗、寒冷与野蛮。人心的权衡准则——外在行为准则内化于心，以此活动向世人证明规则是人们的行为准则之源体现在权衡，人们的生活需要依赖于规则而权衡。无规则即无生活、无规则即无安全，这些是规则的本源性内涵，同样规则是法律文化的生命希望、动力之源，所以要求人们对规则的敬重崇拜，而不得践踏，要保证保持规则的圣洁，有圣洁有客观，而排除人为的主管肆意，能够引导人们去理性地权衡，离开了规则，生活就缺乏了生存的意义，由依赖而敬畏、而崇拜，让人们相信规则的力量是超自然的神奇的神灵，每次规则性活动通过称量活动的举行期望借助于外化于形的活动本身，由此世间人们告以神灵，借以呼唤理性。通过司秤人的判解如同天外之声把人带入一种梦境，让那驿动的心灵得到安息。法能沟通神灵、净化万物、升华精神、驱除一切污秽，保持心灵的清洁，教化人，把人的野性驯化成文明人。——译者注

为模式早在古典①时期就已经存在了，只是查士丁尼给废除了。

在早期进行要式买卖行为时，除了需要对某个要转移的物完成即时转移支付外，还必须要五个证人予以证明，诸如在买卖牲畜过程中买受人在五名罗马成年市民和卖受人面前，将作为象征性价金的铜块（Kupfer aes）放在由一名成年的罗马市民作为司秤人（libripens Waagenhalter）执掌铜质的秤（Waage libram）上，并秤其重量。完成称秤之后司秤人向买受人和卖受人宣称秤砣与铜块两者相互均衡，此项活动公平合理。随后卖受人庄严地宣布自己的牲畜已经从自己的手中转移到买受人手中，从此这个牲畜的所有权已经完全移转给买受人了，牲畜从此从卖受人手中获得解放，即移转所有权（hoc aere aeneaque libra）。

不久就对要式买卖行为所包含的组成部分买卖契约，同时相互移交转让，最后是形式化的移转行为，而在之前所做的是非形式化的买卖契约，在此需要注意的是那个所称的要式物（res mancipi）。古罗马的要式物包括农业经济的重要对象，意大利的不动产、奴隶牲畜、农具，相反的是非要式物，即所有除了要式物之外的其他物。对这些非要式物获取所有权只要通过非要式转让行为即完成交付，交付就意味着彻底交出所有权。通常情况下，如果买卖契约生效后，买受人即可取得所有权。诸如《保罗斯》第 4 章第 1 节第 13

---

① 古代共有财产分割一样，最原始的契约成立也伴随着许多庄严的仪式，逐渐的，这些仪式和形式被放弃掉，最后只剩下心理上的保证，到了罗马时代就由协约（Pact or Convention）表现出来。罗马人认为契约双方形成一种如枷锁或是链条的义务（nexum），"nexum"最初同时指涉财产转移和契约成立的仪式和物品（由此可见这二者行为的亲近性），最后"nexum"专指契约成立的仪式。只要双方的交易存在，他们就是"nexum"。可以想见"nexum"强调义务（Obligation），事实上，契约就是协约加上义务。但是这种义务不是来自道德上的需要，而是市民法律本身的规定，在罗马人的用语里，义务同时指涉资格与责任，法律详细规定了责任的范围。

古罗马传承了古代的四种契约习俗，且根据契约成立的仪式种类来命名，同时也代表了历史阶段。口头契约（the verbal），其中最重要的形式是问与答，在罗马法里由被承诺者提问，承诺者回答；这种对话式的仪式，而不是契约，代表了两方同意的重要证明，把两方绑在一起。书面契约（the literal），一方交付到期的费用之后，就形成约束义务，这项契约来自古罗马已经发达的家庭账簿的习惯。对象契约（the real），一项特殊对象的交付，视为双方已有合意的表示，并因而受到伦理义务的约束。最后阶段，共识契约（the consensual），包含四个最普遍的行为：买卖、合伙、代理、雇用。只要双方有合意的表示，契约就成立，不需要其他形式上的动作。共识契约中合意的表示仍然属于仪式性的表现，但是它是现代契约最重要的元素——同意——的原型，因为它越来越依赖个人意识（智力状况）的成熟。——译者注项:单纯的交付绝不能使所有权发生转移,除非存在已事先出售或者其他正当原因使交付随后产生的情形,结论是除了交付之外还需要一个正当的理由,作为转移的基础。

同样在《乌尔比安论告示》中的第 50 章第 17 节第 54 项中有这样的描述:任何人不得转让超过自己原有的权利。

接下来是时效取得:按照中古世纪的操持仪式中的五步行规定:

首先是凭借实效取得的能力并且不是偷窃的物;

其次是获取行为具有正当的理由;

第三是具有善良的信念;

第四是自己占有;

第五是持续一段时间(témpus,罗马是不动产持续一年)。

这里需要注意的是罗马人一直把占有称为自己占有,而和今天一样不承认他人占有。

不管是出租者还是承租者对房屋的占用都不能算是占有,他们仅仅是一种事实上的持有,因为这是占用的一个重要的本体(corpus),和不同于所有人的去占有,我们称之为占有意图(animus)。即占有必须具备事实上的持有和具有占有意图这两个条件。显然这意味着占有同时具备以下两项功能:首先是防止窃取,与所有权相独立的问题,即具有保护功能。诸如占有人可以提请一种特别之诉,请求恢复占有原状请求。其次是在移转过程中或者在占有期间作为获取所有权的一种重要手段,称之为流转功能。通过以上分析我们可以从罗马的司法阐释学的角度去挖掘并发现占有的获取以及遗失的问题,即通常所涉及的事实上的持有。如果某人将酒窖的钥匙交给我了,那么是否意味着我已经对葡萄酒已经占有了。确实存在一个肯定的结论,即公元 200 年的保卢斯就得出这样的结论,但是仅仅限定在,必须径直走到酒窖门前的。这个案件在今天存在其他的相反结论,假如没有径直去往酒窖而是去往别的地方的,也同样通过钥匙转移而取得占有权吗?另外存在着较大的争议的是占有的遗失问题,即钥匙遗失在荒郊野外了,或者在我的牧场上我对牲畜占有,如果不在我的牧场上是否还占有呢?在这些案件中可以基于取得实效而最终判决返还。

3. 法律发展

法律本身是随着社会的改变而发展的,在公元前 3 世纪的时候当时的罗马还只是一个仅仅居住有 10 万居民的大城邦,而到了公元 4 世纪的时候罗马的统治仅仅限定在一个较小区域，这个区域在今天看来还不到西西里群岛的三分之一大小。然而随着它的军队的不断扩张，后来它的统治权扩张到整个意大利并一直延伸到西班牙、非洲和英格兰，曾几何时这个路线被称为世界权力之路。在这条路上充满了奴隶贸易和商品流通，同时随着它的统治权的不断发展，它的执政官也将私法作扩张性适用并获得进一步发展。诸如买受人 K 从所有权人 E 那里购买一名奴隶，像这种情况在当时的市场上是非常常见的，且在当时购买一名奴隶不需要按照要式物买卖予以转让，而仅仅是一个简单的交付即可转让了，但是问题在于购买奴隶不久，奴隶逃跑，最后被邻居抓到，而该邻居并没有将奴隶返还。那么 K 怎么样才能得到奴隶。曾几何时奴隶原本是要式物，购买奴隶必须按照古老的十二铜表法的严格程序规定，同时按照早期共和国的规定，有关获取农业经济对象的所有权需要通过一定的要式程式化的仪式要求 [Formalakt der mancipatio（Rd）] 后方能获得，并且对交易的场所有着繁琐的行为规定，即必须在较大的公开从事奴隶交易的市场上进行，买受人必须是罗马市民①且必须亲自到场，并需要有五个达到法定行为能力的证人出场作证、另外由一个达到法定行为能力的市民带着铜质的秤和一个铜质秤砣作为司秤人。

---

① 由于享有市民权的人只是罗马居民中的一小部分，其主体具有很大的局限性。依早期罗马法的规定，罗马市民身份的取得基本上采取血统主义原则，故出生为取得市民身份的最基本的方法，根据市民法的规定，以出生而取得市民身份的条件为：(1) 父母皆为罗马市民者，其中不管出生于罗马国内或国外，皆为罗马市民；(2) 父母身份不同，其婚生子女身份从父，非婚生子女从母，而在当时的罗马，父母皆为罗马市民或父母任意一方为罗马市民者人数极少，因而通过出生方式取得市民身份的人也相应很少。罗马共和国初期，罗马成年公民只是其居民人数的四分之一。市民权也即公民权，为罗马市民专有的权利，包括公权和私权，公权指选举权和被选举权，私权则指结婚权、财产权、遗嘱权和诉讼等。事实上，即使在罗马部族内部，最初仅有奴隶主贵族享有完全的市民权，是市民法的主体，平民则不得享有市民法上的权利。后来经过斗争，平民的市民权在《十二铜表法》中才得以规定。罗马市民也即罗马公民，享有完全市民权，最初仅限于罗马部族居民（包括原来的氏族贵族和平民），后来市民权逐渐被授予罗马部族外的居民，罗马市民的范围有所扩大。在罗马对意大利的征服及在向意大利外的扩张过程中，罗马统治者赋予了不同地区的居民以不同的权利，根据是否享有市民权或享有市民权的多少，可以将罗马境内的人分为罗马市民、拉丁人、外来人和奴隶。拉丁人是介于罗马市民和外来人之间的自由人，按照享有权利的多少，可以分为古拉丁人、殖民地拉丁人和优尼亚拉丁人三个等级。古拉丁人是指罗马城市附近拉丁姆地区的居民，后来扩大到意大利境内的所有拉丁人。由于古拉丁人同罗马人同种族、同语言、同文化和同宗教，所以罗马人授予他们除被选举权以外的全部市民权。到公元 1 世纪，全体居住在意大利的拉丁人都被授予了公民权，古拉丁人这个类别不再存在。殖民地拉丁人是指罗马殖民地的居民，他们没有罗马市民的公权和结婚权，但享有财产权、遗嘱权和诉权。优尼亚拉丁人是指没有（转下页）

在进行奴隶买卖时由司秤人持有秤,买受人一手抓住奴隶的手或者持有奴隶身上的象征物诸如稻草,一手持有铜块并明确地表示根据双方协商我愿意购买该奴隶,在我交付价金后,依照十二铜表法,该奴隶应该归属于我所有,我的购买是通过司秤人公开对该铜块进行公平称量后购买的。说毕以铜块击秤,随即交给出卖人,买卖就告成立,买受人立即取得所有权。其间卖受人应该保持沉默,该程式化仪式不得停止并一直重复进行。在古罗马同时还存在着基于持有性的占有,即尽管出卖人不是所有权人,但是基于买受人持有性的占有最终依据实效取得而使占有人取得所有权,这个期间需持续一年。在此之前买受人只是

(接上页注文)

依法定方式解放的奴隶,它们没有公权和结婚权,只享有私权中的部分财产权、部分遗嘱权和诉权。就财产权而言,优尼亚拉丁人的遗产不能由继承人继承,也不能以遗嘱的方式处分,在其死后,遗产归其原来的主人所有。外来人在不同的历史时期范围不同,最初指不属于罗马部族的人,后来指既不在罗马城市,又不在意大利的人,包括外省人和外邦人。外省人指居住在罗马建立的行省的居民,外邦人又分为与罗马保持友好关系的友邦人和与罗马呈敌对关系的敌对城邦人。公元212年,罗马皇帝卡里卡拉帝授予帝国境内的所有自由民以市民权,从此,外来人也取得了市民权,外来人便专指没有罗马国籍的人。至于奴隶,在罗马法中是权利的客体而非主体,自不待言。

可见,早期罗马法即罗马市民法的主体开始时就是限定为罗马市民的,而广大的外来人(其中包括拉丁人)则被排除在市民权主体之外。只是在公元212年罗马帝国境内的所有外来人都获得罗马公民(市民)权之后,才逐渐取消了这种限制。罗马法的主体之所以如此狭隘有限,与罗马早期为一个地域狭窄的奴隶制蕞尔小邦密切相关,由于当时农业是其主要的经济部门,自给自足的自然经济占主导地位,因而整个社会基本上是封闭式的,对外来人是持排斥态度的,其权利也只能为本城邦的一小部分居民所享有。罗马国家与别的古代国家的情况大致相同,是从部落的基础上发展而来的。传说在罗马国家形成之前,罗马共有3个部落,每个部落下有10个胞族,每个胞族下又有10个氏族,罗马社会靠血缘关系联接在一起。尽管国家是建立在以地域和财产原则划分居民的基础上,不再依靠血缘关系来维持,但古代国家还是不可避免地保留了一些原始社会的痕迹。正如梅因所言:"在古代世界中,一个社会的本地公民常常自以为是由于血统而结合在一起的,他们反对外来人主张平等权利,认为这是对于他们生来固有权利的一种篡夺。"因此,初生时的罗马法律具有很强的封闭性,罗马人不愿意把获得法律保护的权利赋予外来人。此外,占人口绝大多数的奴隶,甚至享有市民权的妇女以及处于家长权之下的家子也被排除在罗马法主体之外。依罗马法规定,奴隶在法律上是权利的客体而非主体;罗马妇女在相当长的一段时期内尤其是在罗马法初期未取得法律主体的资格,其法律行为须在监护人的同意下进行;在罗马,处在家长权之下的家子都不能成为法律关系的主体,独立地实施法律行为。可见,在罗马具备法律主体资格的人只占其人口的一小部分。总之,早期罗马法的主体非常有限。——译者注

是占有人，在持续一年之后买受人的地位有所确定，但是在这一年之内又将如何？这种状况一直持续到共和国的最后百年，罗马人再也不能忍受这种情况了，并且人们也意识到需要对买受人提供保护。由此执政官对这种情况作出了平衡，即在新的诉讼中作平衡，站在公平的角度上，执政官将持有性占有人作为原告对抗第三人，这就是所谓的善意占有人之诉（actio Publiciana），这种诉讼是基于对所有权返还之诉的模仿。该诉讼的程序在设计上不同于以往，在开头不再是一个简明扼要的介绍，而是一个简短的案情描述即 K 从 V 那里买了一名奴隶的案情描述。接下来对事实做一种虚构的假设（Fiktion），即如果 K 能够持续不间断地持有该奴隶满一年，那么 K 就成为所有权人；之后便可以依据通常的所有权返还之诉提起诉讼直到结束。取得所有权的购买人 K 就可以从奴隶持有性的占有人那里索回奴隶，这同时也是对 V 完成了保护，正常情况下持有期间届满之前 V 还是所有权人。如果在这个期间针对 K 提出所有权返还之诉，请求返还奴隶，K 就可以向执政官提出一种抗辩，即出卖物交付抗辩（die exceptio rei venditae et traditae），交付出卖物的抗辩，也就是这个物是 V 卖给 K 的，并且已经交付了，那么 V 的提出所有权返还之诉就被阻碍了。如果证明是相对适合的，其结果即是对 K 的持有性占有予以保护了，也是对 V 提供了保护了，也就通过执政官的处理在实践中持有性占有人与所有权人是等同的。

罗马人用术语简明扼要地表述，诸如何谓所有权——他也许是依据执政官律令成为所有权人，这个 E 根据市民法（ius civile）确定为所有权人。从形式意义上讲这个古老的市民法对他的这个要式物买卖既不能侵犯，也不能触摸。但是随后又发展一部新法律，就是所谓的荣誉法（ius honorarium），本质上讲这个荣誉即指的是职务，即执政官的职务法。帕比尼安对此作了如下的记录：

执政官职责法是指在执政官履行职责过程中为了对市民法提供帮助而对其作补充或者出于公共福利的原因对其作以修改。这种被称为荣誉法的执行依据是根据执政官的职责而定。应该说古老的市民法与新的荣誉法并存的现象在罗马私法中随处可见，甚至在司法文献或司法评论中成为一种必要的组成结构，两者分开描述。诸如在《萨宾评注》（libri ad Sabinum）一书中写到罗马司法是一种古老的市民法，在这个市民法当中既包含了市民法的规定，同时也包含了大量的对市民法法规做简短评述的注释，而完成这些注释的是奥古斯都时代的执政官和法学家们。而荣誉法就是对执政官所颁布的谕令进行诠释而成的注释性律文（libri ad edictum），应该说这是一种法律续造（Rechtsfortbildung）活动。而执政官的法律续造的一个最大的成绩就是对买卖契约作为诺成性合同（emptio-venditio）的创造。诺成性合同主要指的是那种相互信赖的契约，经双方当事人协商一致即能履行的。但是也需要说明的是，荣誉法从产生那天开始就明确反对古老的市民法的形式主义风格，这体现在执政官所作的判决开端上，尤其是早在公元前3或2世纪的普布利西安之诉中就已经体现出了。并且将诚信意图作形式化描述即是诚信（ex fide bona①）根据公平公正的解释分为诚实可靠和信赖，就如同今天德国民法典第242条所作的描述一样。尽管后期作了一些改动，最终被融入到市民法当中，并在萨宾评注中予以详细的描述。市民法与荣誉法之间除了上述区别之外还存在另外一种不同的，这种不同是指市民法与万民法（ius gentium）所做的比较上的。乌尔比安将得出以下三部分的不同：

私法的组成由三部分组成，即来自于自然法、万民法以及市民法。

婚姻是自然法的一个组成部分，因为它不仅将男人与女人联系在一起同时也将孩子的培养结合，所有这些都被视为是一种普通的自然现象，不仅在人类当中是这样的，在其他动物界也是一样的。需要说明的是罗马法学家除了西塞罗之外，其他人是不接受希腊的人类自然法（humane Naturrecht）的论断，他们将自然法的研究对象拓宽到动物界即动物的自然法。而万民法所指代的是这样的一种法，它是所有人类共同认可并共同适用的，既包含所有平民（gentes）也包含所有的国民（Völkern）。这部法律既包含了奴隶的归属和奴隶的释放，同时也包括了买卖租赁、海洋及海岸的公共利用。该法所指的意向既适用于国民

---

① "Ex fida bona"是罗马人的一种表达方式，同时也是罗马城邦法治的基本原理。同时也给法官提供了对一个善意行为的客观评价标准，即在协议的双方当事人之中如果使用这句话就意味着，当事人双方相互之间能够给对方以信赖且已经协商一致了。如果当事人没有口头明确地表述已完成协商一致的话，那么法官就可以依据这一专业标准视为协商一致。前提是在商业关系持续期间没有提出任何异议。公元前2世纪的罗马执政官开始依据这个原则进行裁断，进而该原则扩展到整个地中海区域。在罗马法中，合同领域的诚信是课加于合同主体的具有明显道德内容的义务，该诚信虽然要求使用客观的标准评价当事人的行为，但并不排除对主体故意或者过失等主观因素的考虑。罗马法中的诚信，契约要求债务人除了履行契约规定的义务外，还要履行诚实、善良的契约外义务。与之对应的诉讼称为诚信诉讼，审判员可以而且应该根据善意去探究当事人达成的是什么东西，对合同义务予以扩张，以补充合同内容，使当事人的合同利益得到法律全面的保护。在诚信诉讼中当事人可以向审判员提出任何涉及诚信的请求，而不必采用抗辩等方式。承审员可斟酌案情，根据当事人在法律关系中应该诚实信用，按公平正义的精神为适当的判决，不必严守法规。除某些约定的不公正性，在法律关系中依诚信应为的标准调整当事人的权利义务。诚信契约和诚信诉讼要求当事人承担善意、诚实的补充义务，而且承审员还根据正义、平衡的原则对契约的内容进行干预，对当事人的权利和义务予以平衡。在这种契约及诉讼中，基于诚信而要求当事人承担的义务，用现代法的眼光来看，即为附随义务。——译者注

之间的，也即国民法这在中晚期及胡果·格劳秀斯（Hugo Grotius）之后很少称之为万民法，尽管该法指涉的所有国民平等但它却不是国民法。

当执政官做裁决的时候却优先考虑该法，且在实践中不断完成法律续造的过程而永无终止。这种法律续造起始于新的法院经过帝国的皇帝，确切地说是经过皇帝的秘书处的确认而生效。这同时产生一个新的问题要经得起民众对它提出的质询，即以一种质询书的形式提出质询。对于这种质询需要以裁决的方式去完成答复，并在答复之下做署名签字最终在帝国的宫殿上的公示框中予以公示。后来人们把这个过程称为批复（rescriptum），经过一段时间的公示之后这个批复就生效作为律令（Gesetze）。随后帝国区域内有人开始对这些活动做以收集并汇总，最早从事这个活动的是私人进行，随后官方也开始从事这种活动，所有这些最后被汇总成查士丁尼法典（Codex Justinians）。接下来探讨法律的第二个层面的内涵，第一个层面的内涵体现出了来自古老的市民法和荣誉法的精髓，人们把这个层面的内涵统称为律（ius）。在另外一个方面存在新的法，称之为规则（leges），这个层面的法源自帝国后期的罗马法学家们对之前所留存下来的法学杂志及其他相关文献、之前所有的法典、司法判例法及皇帝律令经过精心梳理法典化后而产生新的律令和规则即罗马法的第二组成部分。

4. 法律能力、婚姻、家庭、女人、男人

罗马法的组织架构完全体现在市民法的五个要素上即——法律主体、家庭、所有权、契约和侵权。法律主体或者法律能力是指法律上具备的能力及法律主权和义务的承担者，这也同样意味着，能够向法庭提出控诉或者被控诉的资格，我们今天称之为诉讼能力。客观上这种诉讼能力仅仅是一个这样表现的：父亲作为家庭的首脑，而他的孩子是没有资格对他人主张所有权、更不能提出要求，他的孩子既不能作为被告也不能成为原告；如果他的孩子要想获得某些财产，并对这些财产进行支配，必须按照罗马法的规定由父亲提出并由父亲进行支配。与希腊不同的是，孩子的法律能力的获得不是等到儿子年满18周岁后取得，而是以父亲死亡为前提而获取法律能力。这种惯例尽管源于古老的执政官传统的，城邦的最高管理者是最高行政长官或执政官，他们负责或者有权从事管理支配控制职能，其他人获取这种资格只有等到该执政官死亡或者罢免。但是法律能力又不同于执政官体系，因为法律能力仅仅限定于父亲。人们把法律能力称之为自身的主人（sui iuris），有资格处理自己的事务，即一个人的自己的主权。同时与之相关的是他人权（alieni iuris），这种权属于他的后代子孙及奴隶，在

共和国时代还经常包含他的夫人，而其在丈夫死亡后，她的子女成为她的主人。罗马发展到奥古斯都时期，罗马整个城邦拥有常驻居民仅仅一百万人，而拥有这样的法律能力或者成为法律主体的罗马公民不到10万人。其余的有50多万的奴隶和家庭的留守儿童，在当时十个人中只有一个人是拥有自己主权的人，其他的都是他人权。没有一个地方能够像罗马那样对法律能力界定得如此清晰，这种对比是如此清晰。不久进入帝国时代且直到查士丁尼时代，这种父权力才开始逐步走向衰落。从本质上讲，当孩子进入成年后开始在社会当中扮演着重要的角色，并且在财产法当中表现尤为突出。在共和时代家庭留守儿童很少有人能够拥有自己的财产，他们同奴隶一样都不具有法律能力。尽管孩子已经成年了也只能等到父亲死亡后才能拥有财产，之前都是父亲的私产，父亲对他可以进行实际支配并可以转让儿子的财产等。如果从法律行为的角度去排除法律能力，就必须对他的父亲提出控告，即提出对该物持有之诉。提起该诉讼的前提是必须以其私产额度作为担保，超出部分作为侵权损害赔偿对待；在具备这个条件后方可对其父亲提出损害赔偿之诉，请求全额赔偿。在进入共和国时期之后从这种担保之中分离出损害赔偿，即在要式买卖当中还可以转移损害赔偿权。

通过上述所有的财产获取过程中所实施的法律行为，这些法律行为在今天就是一种要求或者自身作为原告可以提出的请求。在随着私产作为自己的财产之后，行为人的诉讼身份也在不断地发展此时其既可以成为原告也可以成为被告，尤其是共和国时期的缔结婚姻还保留着一种古老的形式，即夫权婚姻，此时同希腊一样其夫人归属于丈夫所有。女方的父亲通过某项形式化仪式［祭祀婚礼（confarreatio）或买卖婚礼（coemptio）］将权力转交给他的丈夫，这种对他的人格进行支配权称之为夫权（manus）。如果她的公公还活着的话，很显然她的公公想当然是她的统治者。在进入共和国晚期之后，罗马社会流行了一种非仪式化的婚姻形式，这种婚姻形式没有惩罚权，在很大程度上男人和女人是出于平等地位的。甚至出现实效婚姻，即基于实效而取得对其夫人的夫权，此种权的获得就像对一个移动的物经过一年的期间的占有而获得。也可能出现中断，如果出现在她的父母那里持续睡觉三个晚上以上的情况。她也可能在她的父亲在世的时候取得法律能力，即家子从父权之中脱离解放出来，人们把这称之父权解放，它的本源意义就是解放，这是一种非常繁琐的法律行为且需要更多人共同参与完成多种仪式的。相对于希腊法律而言，罗马的妇女地位已经获得很大的改善，尽管他的行为能力上也像希腊一样通过妇女监护人予以限制，其本身是对完全成年妇女而言的，这个监护是始终存在的而且是在所有重要的行为必须获取他的同意。罗马这种纯粹程式化的惯例到了帝国早期阶段演变成为一种形式化的仪式，她的夫人甚至可以在执政官面前强迫他的监护人同意她的行为。另外需要说明的是罗马妇女在离婚方面很显然具有较好的地位，在夫权婚姻当中解除婚姻对于丈夫而言是不受限制的，对于妻子却是有限制的，尽管是这样在夫权婚姻当中不能存在违背妇女意志而实施的，尽管丈夫形式上与妻子分离，但是按照共和国晚期的离婚规则规定离婚必须是双方明确表示，愿意离婚。总而言之，在罗马社会很少有像今天这样的婚姻家庭偏离法律的现象存在。古罗马的婚姻制度是以父权夫权和宗族利益为基础的，其核心是夫权婚姻形式。其中嫁资在整个罗马婚姻制度中的家庭法当中扮演着重要的角色。嫁资是基于两方家族建立婚姻社会关系后，女方的父亲基于婚姻关系而赠送给男方家长或男方丈夫本人的财物，以增加两方家族长之间的情义，并用以补助女方在男方生活之中的生活费为目的。因此从这个角度讲，罗马的家庭法的核心要素就是家族之间基于婚姻关系而发生的嫁资的赠予与返还关系，即嫁资法律关系（Dotalrecht）。这在告示当中体现得非常明显，在少有的几个有关家庭方面的标题之下几乎是全部讨论嫁资问题。丈夫基于婚姻关系合法地取得妻子的所有权，即取得了支配妻子人格权的夫权，同时也在婚姻关系之中衍生出嫁资法律关系而取得女方父亲赠送过来的用以维持婚姻生活所需的财产，但如果婚姻无效，嫁资也就无效。罗马古代的嫁资是妻子的父亲对夫方家长基于婚姻情义而为的随着女方婚姻存续而留存最终男方丈夫取得所有权，这就不属于完全的赠予行为，而是一种遗产性附随条件取得所有权。即嫁资是预先从女方父亲的遗产中提出一部分遗产份额作为女方的嫁资而随着女方带到男方丈夫或男方丈夫家长处。此时男方或男方家长并没有取得所有权，真正取得所有权是该婚姻一直持续到男方丈夫死亡为止，即附条件必须婚姻持续届满后取得所有权。如果不能出现婚姻持续届满，出现离婚情况，女方有权请求返还，即提起返还嫁资之诉（actio rei uxoriae）。返还额度以出嫁前所做的嫁资合算（collatio dotis）。这种嫁资合算是在父亲死亡之前做的，以子女身份预先继承父亲部分遗产份额为限。丈夫死亡，妻子对嫁资虽然没有继承权，嫁资属于丈夫的遗产，由子女或丈夫的其他法亲继承，但是可以留存一部分用以维持自己的生活。但如果嫁资设定后婚姻未成，如一方死亡，则所附解除条件成立，已设定的嫁资便自始无效，须退还女方或女方家长。或者如果女方通奸，按照罗马嫁资扣除法（Abzugsrechte）规定，需要在离婚之时扣留嫁资以作为惩罚。

5. 奴隶

在古典时期到处都有奴隶，罗马从一开始就毫不例外地存在着家庭奴隶，但是这些家庭奴隶在当时并没有太大的经济意义。也仅仅是在公元前2世纪和1世纪的大量的奴隶开始在意大利进行流通，而且是作为战争掠夺的战利品进行交换。尽管交易的规模和数量在今天没办法具体统计，但客观上可以说对整个欧洲的发展造成了不同程度的伤害。在罗马帝国的奴隶市场里，我们能看见罗马世界主义的一面。奴隶产生的来源有很多种，其中主要来自偏远地区的战俘，和以拐卖、海盗抢劫等方式被奴隶贩子从国境外带来的自由人，然后才沦为奴隶。在古罗马，即使在和平时代，帝国总有某处进行着军事活动，每个军团后面都跟着准备好要买战俘的私人贩子借着罗马帝国所卖给他们的战俘而转卖到奴隶市场进行交易。来源之二还有被定罪的犯人，以及无家可归、流浪街头的孤儿等，后者通常会被一些皇宫贵族所收养，然后再转手变卖成为奴隶。也有一些普通人会因债务无力偿还而被债主卖为奴隶，甚至在历史上，少数出生自由的人会因贫穷而自愿卖身为奴。在奴隶市场中，等待着被贩卖的奴隶会站一长串在木头看台上展示，他们身上都挂着一个牌子，（奴隶贩子以寥寥几个粗鄙的字眼，注明奴隶的国籍、品质和缺陷），并且在短短几分钟内，他们的命运将从此改变，有的也许会被有钱的贵族买下，成为豪宅中的仆人；有的则被卖到砂石场当劳工；更悲惨的命运是，成为妓院的性奴隶，直到染上恶疾或年华老去为止。而在奴隶市场中，往往依据日子的不同而贩卖不同种类的奴隶，一天专门贩卖适合重度劳动的强壮奴隶；隔天则卖职业奴隶，像厨师、舞者、按摩师等；再一天则卖可作为家仆的男孩或女孩、甚至是身体有缺陷的奴隶。古罗马的奴隶市场就像一种生命的买卖集散地，对罗马人来说，奴隶只不过是一部机器而已。罗马的有钱人会将金钱投资在土地和奴隶上面，土地是从新领土上侵占或购买的，而奴隶则是在公开市场上，等到最便宜的时候才买下。在当时，奴隶的供给相当充足，所以奴隶主总要他们不停做艰苦工作，直到当场倒地死亡，然后再去大型奴隶市场上，买一批新的奴隶回来，如此周而复始，使得奴隶制度在古罗马时代达到了巅峰。到公元前1世纪的时候，罗马约有一半的城邦居民拥有奴隶，这其中绝大多数的奴隶被投入到农业当中，在种植园从事单一作物的种植，另外一部分则被投入到兵营当中，按照性别进行划分，毫无顾忌地榨取他们的血汗。尽管他们被善意地允许在城邦生活，但是他们的地位却是存在着天壤之别。从古罗马的建筑遗迹中，也可以发现许多奴隶历史的痕迹，其中又以罗马的圆形竞技场最负盛名。圆形竞技场最主要的功能在于进行角斗和竞技,因此又被称为斗兽场,一般是由一名角斗士和一只野兽进行搏斗,直到其中一方倒下或死亡为止,场面非常残忍。而角斗士通常由奴隶或囚犯来充当,他们被驱赶到竞技场上,与豺狼、狮子等凶猛的野兽进行搏斗、互相厮杀,且经常被咬得血肉横飞、不成人样,奴隶主和贵族们则在高高的看台上听着野兽的咆哮、斗兽士的呐喊,欣赏场上的刀光剑影,甚至强迫角斗士彼此之间进行搏杀,谁赢了就赋予他荣誉和盛宴,而死亡的那一方则拿来喂食野兽,至于获胜的一方也不会因此改变奴隶身份,而是继续充当角斗士,直到有一天被另一名角斗士杀死。他们的生活条件非常恶劣,人们完全可以从奴隶起义看出来,这从公元前 2 世纪就已经开始了,其程度如同公元前 73 年和前 71 年的斯巴达克起义,大约有 12 万人被卷入其中。这甚至在法律文献当中可以发现在佛罗伦萨这样一个例子,这个例子是由公元前 2 世纪末的一个法学家所记载的这样一段话:奴隶制度简直就是一种违背人性的规则。尽管是这样,罗马人最终还是将奴隶制度引入到法律概念当中。在十二铜表法中奴隶还是具有半个人地位,对他伤害必须举行相当于自由公民半场的忏悔仪式。但是,到了公元前 3 世纪的时候在阿奎利亚法增添了物的损毁新规则,奴隶和牲畜同等对待;由此开始,奴隶被作为可移动的物——要式移转物(res mancipi),而其孩子及腹中的胎儿所有人是其母亲。尽管这样奴隶还是与其他物有所不同,一方面奴隶是能够被自由释放的物,并且他可以实施很多法律行为,而且行为本身随着时间的流逝而不断发展,最终可以自由进入教堂。通过主人的这种释放,奴隶可以成为自由的,但是这种自由是一种低级别的自由。由此罗马人分三个等级,一种是出生自由(ingenui)、二是释放性自由(liberti)、第三是奴隶(servi),当然这种释放性自由还需要承担义务。主人可以要求被释放的自由人为主人从事一些劳务性,这对经济上是绝对重要的,甚至这个义务可以成为法定继承权的内容。如果被释放人没有自己的孩子而死亡的主人可以成为其法定继承人。另外释放性奴隶与其他物还有一个区别,那就是奴隶像家子一样应该处于父权的控制之下。尽管他没有法律能力,但是可以有行为能力,如果达到一定的年龄的,可以取得行为能力。所有的获取行为也像家子一样,最终需要对他的所有权人或家父有利的影响。也像家子一样他能够对其私人财产自由支配,可以开办一些小型或中等的企业,诸如小酒馆、小店铺或者小型钱庄。也可以成为一个卓有成就的演员,为他的所有权人挣得更多的钱,自然也还允许自己留存一部分。应该说这些奴隶其中大部分是好的,而且所有权人对他的行为责任负有担保责任,提出损害赔偿之诉,以特定的财产为限。从奴隶和家子的地位角度可以阐明为何罗马人能够发展出繁忙的商业活动,而他们的代理人却以其细腻而又娴熟的手法去完成。他们需要的不是别的，他们只需要委托他们的孩子或者奴隶去经营，然后从这个活动中获取所有的权益并且通过这个依令之诉确保这种委托能够完全在范围内。像家子一样，奴隶在从事经营活动中给他人造成侵权性的伤害，将可能做裁决由奴隶承担，但是前提是判断是否是由于受到某种恐吓而实施损害的活动、所受的伤害是否能够弥补，或者由这个奴隶转让给受害人以弥补损失。这种规定尽管到了帝国末期也没做更改。

6. 法律行为

尽管孩子和奴隶在罗马法中规定为属于是无法律能力，但是这并不阻碍他的行为能力。这里的行为能力是指缔结契约以及从事一些其他法律行为的能力，它的这种规定同今天很相似，所不同的是就是相对较为复杂些。罗马法对行为能力分别规定三个阶段，即首先是年满25周岁视为完全的行为能力；其次是限制行为能力阶段，而这个阶段分两个层面，第一个层面是男孩7—14岁，女孩是7—12岁，这个层面的孩子称之为未成年人的限制行为能力，像今天德国民法典的第107条的规定。在没有他的父亲或者监护人的同意的情况下，他所能实施的行为仅仅限定在与他身体发育相适应的行为，诸如他能接受礼物或者请求某人对他作出承诺。第二个层面是男孩15—25岁，女孩是13—25岁，这个层面的孩子称之为青少年（minores viginti quinque annorum），他们所实施的行为自始有效。但是，根据公元前200年通过的普雷托利亚法所规定，为了防止青少年受到诈骗并给以保护特设置特别条款。该法既规定青少年能够缔结契约同时也规定他可以取消或撤销契约，即如果当事人利用他的经验不足而签订不利于他的契约，他可以以原告的身份提出损害赔偿或者可以向执政官提出恢复先前状态（restitutio in integrum），同时他也可以针对其他原告提出抗辩（exceptio legis Plaetoriae）。总体上可以将行为能力分为如下情况：

1—6岁的是儿童，属于无民事行为能力，像德国民法典的第104条。

7—14岁未成年人（女孩是7—12岁），限制行为能力，像德国民法典第107条。

15—24岁是青少年，限制行为能力，需要监管。从25岁开始成年人完全的行为能力，像德国民法典第2条。

罗马法的这种对成年的界定一直保留到1875年的德国，后德意志帝国修改为21岁。

直到100年之后的1974年才最终确定18岁为成年。

7. 债法体系

进入公元前 3 世纪，罗马社会发生了很大的改变，这些变化也客观上促动了司法实践的变化。这种变化直接带动的是罗马法学家将契约引进法律概念中，尽管仅仅发生在买卖当中，即由现金买卖经长期发展之后向中间阶段过渡后并向非现场交货的买卖。在这个阶段即产生契约，即买卖双方经过协商一致后缔结契约，经过一段时间距离后完成履行交付。该契约产生需事前通过一种非形式性的协商一致来实现的，即达成合意（consensus）。执政官对这种协商一致后买卖一方履行契约后确定两种诉权即买主诉权和卖主诉权，并且依据诚信与善良原则（ex fide bona）去确定其行为模式。这就是契约的发现，他的基本原理是发现的并经由两个当事人协商一致后予以认可的，此乃是协商性契约。不久之后产生另外一种契约即义务性契约——社会契约和合意性契约（locatio-conductio）诸如希腊的地租，这些经过一系列的协商并最终达成一致后经概括性的总结最后形成一个统一性的概念即契约。需要注意的是这个契约不同于今天的出租、租赁、服务劳务合同。另外还有一种最为古老的契约问答式契约系相对于要式契约和贷款契约而言的，这种契约只能以书面的形式缔结，称为约据或要式口约（die expensilatio）。最后一种是在古典时期就已经存在的非要式的消费借贷（mutuum），只要将所借贷的数额点清交付给债务人即实现了。除此之外还有典当（commodatum）、保管（depositum）、抵押（pignus）。罗马人首先对抵押人和抵押权人之间是作为担保契约来理解的，其次是作为物权角度理解的。

直到进入公元 2 世纪中叶的时候盖尤斯才将契约建成一个体系，这个体系本身并不属于罗马司法的一种手工工具。进入 17、18 世纪后这个体系才在核心欧洲大陆的自然法法学派当中成为一种典型的研究范式。当时的罗马人并没有考虑的体系化的问题，而仅仅是基于判决案件的需求，即如何从实践经验再次模仿的问题，他们考虑的是如何从案例事实到现实的案件事实。如果一个新的案例需要去解决，那么他们就会试图去选择一个类似的案件，这个案件在之前已经形成判决了，然后去仿照之前的解决方略去解决新的案件。这种做法在盎格鲁撒克逊的法律中一直保留到今天，在那里称之为判例法。尽管如此这种方略不管是在这还是在那已经形成了一种系统性的模式了。诸如在盖尤斯，他对法律学说特别感兴趣，他的法学阶梯是所有法学教材的起源。在他的法学阶梯当中可以看到，他的教学理论要超过实践操作方法，因此，他相比其他罗马法学家更注重系统性体系化问题。从他的理论当中可以发现债法的体系划分，这些直到今天还适用。

诸如我们现在所探讨的债务义务包含两部分，一部分是来自于合同，而另外一部分来自于侵权。这种看法与今天的看法是一致的。在希腊法律中做这种区分是不可能做到的。

根据契约的实现条件可以将契约划分为实物契约、口头契约、文字性契约和协商性契约。以下我们根据这个划分顺序逐一论述，其中实物契约是契约内容表述不是很清楚，仅仅表示存在一种合意即可视为存在一种契约，诸如简单的手对手的借贷，通过简单的方式实现，仅仅是将物予以交付并点清借贷的数额即可；口头契约则必须存在一种口头约定，必须通过一定的说辞而完成特定的表述而成；书面性契约必须遵守一个特定的书面形式；而契约当事人互相取得一致意见这个始终是不言而喻的条件。这里需要注意的是，这些认识是罗马人第一个认识到的，而且其认识得非常充分，尤其涉及买卖契约（emptio-venditio）、借贷契约（locatio-conductio）、社会契约（societas）和委托（Mandat）之间的不同。以下是一个完整的责任体系，尽管在此之前的其他法学家们，甚至之后的很多法学家们均不接受这个责任体系模式。

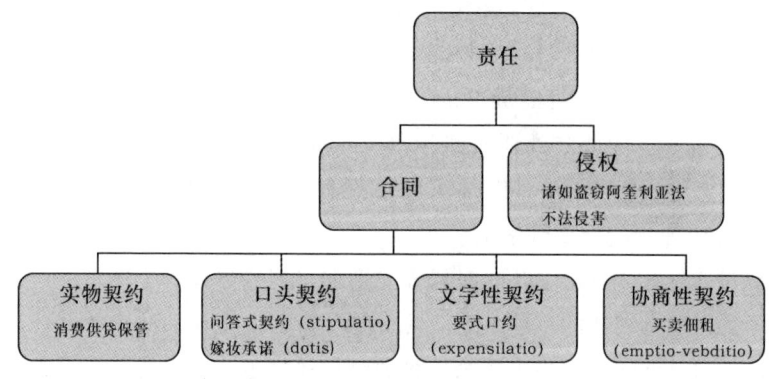

图3－14　责任体系模式

8. 买卖

在罗马的买卖法当中也像今天一样存在着以下三个问题：即法律缺陷担保、物的瑕疵担保、危险转移。法律缺陷的担保是因为，在罗马法律当中没有像今天这样出卖人需要承担某种义务性规定，出卖人他不仅仅需要使买受人获得占有，出卖一个他人的物，根本不可能。如果买受人不是善意的买受人，那么买受人就不能成为所有权人。但是他可以占有并且可以凭借实效取得所有权。而在占有实效到期之前所有权人提出要求的，受影响的是卖受人的法律瑕疵担保。

在罗马同样有像其他古典或者中古世纪的法律，诸如土地房屋的收回担保，这个是以驱逐这个术语来命名的。所有物返还请求权，意味着所有权人针对买受人提出所有物的返还请求权，而对于买受人而言，买受人可以依据买主之诉提出返还价金。但需要对要式物予以转移，转移之后可以提出瑕疵担保之诉要求双倍价金，这在今天称之为法定获取义务。买受人不是所有权人，他同样针对购买物的返还要求返还价金。而从物的瑕疵担保说起，如果购买物不是按照规定的程序去买的，那么就是有瑕疵的，诸如罗马有个例子，如果购买的奴隶是逃跑的，也就是臭名卓著的逃跑者。

那么买受人可以在半年之内提出退货之诉，并将货物退还或者在一年之内提出减价之诉，要求减少价金。这个担保源于共和国时期的市场监管的监督官，在那里也可以实施警察的监督权。这个规定长期以来一直仅仅对奴隶和牲畜适用。直到查士丁尼的时候这种物的瑕疵担保扩充到所有的物，由此这个规则成为今天物的瑕疵担保系统的基本原理。而且在帝国早期买受人就能够依据购买物之诉提出损害赔偿之诉，如果出卖人是有意识地狡诈地欺骗出卖有瑕疵的物。这就涉及危险承担的问题，如果买受人签订购买合同之后，以及在物转移给他之前而毁损买受人是否必须支付价金的问题。奴隶在出卖人那里死亡，买受人是否必须支付价金？这就是买受人风险（periculum est emptoris），而罗马人肯定是要承担这个风险的。物的毁损的风险承担者是买受人，这个规则是非常古老的，它最早源于现金买卖时代。在现金买卖当中并不考虑买受人的所有权，他只关心的是这个物，只要是在出卖人手中，自然而言，他就是风险的担当者。后来是流行非现场交付的买卖，那么这个规则就不适合了。但是仍然保留，因为他适合那种传统的习惯，一个非常宽泛的例子，对于那种习惯法上的奇特的力量。这个规则后来被德国接受了，甚至在18及19世纪的法典当中被认可，从拜罗伊特的马克西米利安民法典、维尔兹堡州法到德国的民法典中的物法当中都可以看到。在瑞士的债法当中也发现了，法国的民法典和意大利的民法典，只有在普鲁士的普通联邦法和奥地利的普通民法典有别于其他的，最终还是被纳入到德国民法典当中去。

同样那种所谓的监护人担保也同样出自现金买卖时代的，如果某人将一个他人的物以自己兴趣予以拥有，前提是必须是移动的，这种诸如防止窃取的保护。如果一个物在缔结购买合同之后，且在移转到买受人之前被偷窃了，那么出卖人负责担保。在这个案子中买受人不需要支付价金。但是，如何正确适用呢？这个古老的现金买卖原理的效果也是值得惊讶的。这种风险不仅体现在买方风险上，同时也体现在监护人担保上。在罗马人是不存在大宗买卖的，人们不能抽象到某一个特定数或量仅仅是特定物的类型，因为出卖人不可能储存，即不能购买大宗亚麻布料。也仅仅是特别的购买，即仅仅是针对个别的物，确切说是特定的物。对于口头约定的笼统的债务的，双方可以相互协调的。

9. 租赁

对罗马人而言，租赁（locatio-conductio）是一种非常典型的契约。但是对这种租赁的理解却与今天有所不同。首先这个 Locare 则意味着放到那一边并予以隐藏起来，其意向是防止他人拿走偷走。罗马人按照这种思路去理解可以分解几种不同的事实，诸如今天的租房、租赁、供销合同和服务合同等。在租房和租赁中房东或出租人将一个物放到承租人或被租赁人另一边，而另一方将物拿走，目的是去使用或者在租赁中也可以去获益。在供销合同中，某个人我们今天称之为订货方将一个物交到那边，企业承揽方拿到物，目的是为了加工或制作。在劳务合同中由劳动者自身提供劳务，而雇佣者获取其劳务，并利用该劳务予以经营，这由此进行交换相互支付价金。需要说明的是，当时承揽及雇佣仅指奴隶的劳务供给，自由民出卖劳力被视为不道德，因此自由民所提供如精神或知识等高尚劳务（dieste hoeherer Art）应为无偿，即使获取酬金（honorarium）也不视为劳务的对价，而把自由民的劳务供给为标的的契约，称为委托，其特征为无偿。自由业诸如律师、教师、医师的业务，依据委托的规定处理，纵然因为业务的执行、获取报酬也仅仅是因为自愿性质。在普通法时代都认为高尚的劳务的委托原则上是无偿的其酬金虽然是诉诸履行，但是非劳务的对价。应该说，租房和租赁在罗马社会当中扮演着重要的角色。在城邦当中可以将整栋多层的楼房出租，甚至是可以将整个庄园、岛屿或整个封闭的住宅区出租出去，并连同其周边的街道都属于承租人。在进入帝国后期，土地的租赁甚至可以越过永佃权。出租人和租赁人对此不存在占有，因为罗马人出于非社会性的理由仅仅承认的是自己占有，而不承认他人占有，这也就决定了不可能对出租人和租赁人提供占有保护。但是他们可以在任何时候予以排除，即可以出于经济因素向法庭提出基于合同关系而产生的损害赔偿请求权，而提起承租之诉（actio conducti）。需要注意的是，如果承租人或被租赁人将不动产予以出卖，而新的所有权人距离出租人或租赁人又不是太远，那么此时他们仅仅针对先前的承租人提出请求。在土地上罗马法后来接受了一个这样的规则，即买卖破租赁（Kauf bricht Miete），尽管不久该规则被修改了。应该说罗马的租赁契约关系间含着身份关系，即平民自由人与奴隶自由人之间的差别除了体现在身份保护的差异外还包含着利用权的差异，这就使得在罗马时期，如果所有权人是平民自由人时所有权处于绝对的优越地位。土地所有人可随心所欲、肆无忌惮地对利用人为不利益的行为，如使后发生的买卖关系打破先期存在的租赁关系，甚至任意缩短或变更利用权的存续期间等等。租赁物利用人的利益往往难免受到土地所有权人之侵害，其地位极其低下。当时的罗马人认为，承租人对于租赁土地使用收益的权利，因租赁土地系因交付而取得，实质上系代行出租人（所有权人）之使用收益权，故此权利仅是从属于所有权的权能，和物权为直接支配的标的物的独立权利有本质的区别，故而租赁权仍是债权而非物权。罗马人主张，租赁物的所有权转移时，承租人对于新所有权人不得以租赁权相对抗，即所谓"买卖破租赁"。罗马法的这种有买卖破除租赁的思想，认为出租人将租赁物让与第三人时，承租人不得以其租赁权对抗受让人。这样，在罗马法理论构造上，租赁权乃至土地租赁权无对第三人的对抗效力。租赁关系为债的关系，注重人的身份要素，原则上，租赁权让与、转租行为对出租人不生效力，而是出租人终止租赁关系的原因。

10. 耶稣受审

（1）耶稣受审的背景

人如何能够对生存的世界产生清楚的自觉意识，进而积极塑造世界，单靠自身来完成是很困难的，唯有需要一个伟大的道德人物在人的面前引导才能实现，而耶稣就是这个伟大的道德人物。耶稣与基督教存在的深刻意义就在于：他将使每一个人发现自己内在非凡的意义与价值；但是这并不代表每个人的命运就会幸福与顺利，相反地，由于人的意义与价值之发现，使受苦的悲剧在人的生命中产生，而正是藉由悲剧，才使得历史充满人性的内涵，那些非基督教世界由于缺乏耶稣这种角色，因此毫无意义可言。耶稣引导人们对自己进行忏悔，以此赢得一个新生，最终带领人们走进永恒生命。这种可能的路径是告诉人们要积极地找寻生命的新方向。基督教并不能仅仅简单地视为爱的宗教，这是肤浅的观点，因为耶稣要人们舍下一切，跟随他，目的是积极寻找生命的新意义，耶稣的生命历程就是积极寻找与积极奋战的宣言。他的出现，就世界史的意义而言，是一种新人类型态的出现，是新亚当。他为人类的道德文化塑造了基础，耶稣唤醒了在人类内心千年挣扎的道德意识。基督代表新的一天之早晨，他使得年老的人类再度回春，他也是年轻、生气蓬勃的印欧人的上帝。在他的十字架之下的旧世界的废墟中逐渐建立起新文化。他让人的生命有了新的热情、新的张力、新的道德与新的文化，他为人提供了一种主动塑造自己的力量。基督教是古文明长期把持的旧世界中一股巨大的新生力量，而且新的、年轻的冲力，有能力拯救旧的、衰老的世界，使之脱胎换骨。他是全新的、年轻的象征，是新的青春活力者，他的继承者是印欧人、日耳曼人。耶稣所传之道，本质上是非犹太的；他使人们的社会生活有了艺术、有了哲学、有了学术和科学，使政治生活有了民主，尽可能地排斥独裁，他不是独裁的圣像（Inkarnation der Willkür），也不上是不受限制的独裁（die unbeschränkte Willkür）；他是闪族原始的偶像崇拜，他为新宗教理念的产生提供了适当基础，也就是对于上帝的新诠释。正是这种新的宗教理念与传统的欧罗巴文化二者的结合才产生今天纯正的欧洲文化。

（2）耶稣受审的过程

耶稣在春季的第一个满月前往耶路撒冷参加逾越节①祭司活动，那是一个星期五，在客西马尼庭院进行进行祷告，由于他的到来引来了众多的信徒，并且人数越来越多，在这种信徒当中有一个加略人犹大，这个人出了客西马尼庭院后跑到犹太大祭司该亚法那里，告诉大祭司耶稣将成为万众的精神领袖、万众的主，以后没有人再会信赖大祭司您了，您将是一个被丢弃者！这引起了犹太大祭司的担忧，在晚上的时候大祭司派罗马军人领队的千夫长和犹太人的走卒将耶稣抓起来，并带到亚那跟前。亚那是当时大祭司盖亚法的岳父，亚那单独对耶稣做了一次预审。而后将耶稣以被告的身份转交给犹太高等法庭。他在那里受到了大祭司和他的追随者们的无法言喻的侮辱。他们寻找到假证人来控告和辱骂了耶稣。若以自己的过犯追究，还可以认罪，但用谎言来侮辱，真叫人难以忍受。他们编造好多假罪证和谎话来侮辱耶稣基督，想给他定死罪。最后在盖亚法主持下对耶稣以三大罪状提起死刑审判：即亵渎神殿，在庭审中出

---

① 逾越节节期是由尼散月（《圣经》中的亚笔月乃是尼散月的迦南用语，意即春月）十四日黄昏的时候开始，为期七或八日，通常在阳历的四月。逾越节与五旬节（shavuot）和住棚节（sukot）共同是犹太人每年三次最重要的朝圣节日，许多住在外地的犹太人均回到以色列过节。希伯来文的动词的意思是"越过"，就是上帝在领以色列人出埃及前，给埃及人第十个灾难时，灭命的使者在击杀头生的孩子和牲畜时"越过"了门框、门楣上涂了羊血的希伯来人的家庭。因此，每年在逾越节的时候，在每家犹太人都重述这段的历史，在过节的时候有许多规矩，除了吃无酵的食物之外，另外也要吃其他一些具有特别象征的食物，以纪念先祖由埃及为奴之家被救赎出来。——译者注

现一些作伪证的证人，他们指认说，他们听见耶稣说过要毁掉这座人类手工建筑的神殿，并且能够在三天之内造出一个非人工所建筑的另一座神殿；对君王的政府拒绝缴纳税金，这些证人说，他们能够确认，耶稣是在蛊惑城邦里的人民，禁止对君王纳税，而且炫耀称耶稣自己就是基督、就是王；僭越称其为救世主，大祭司回答并对耶稣说，我对着永生的神要你发誓，告诉我们你是否就是神的儿子——基督，耶稣对他回答说，你说得对。

审理是在夜间的盖亚法的官邸中进行的，然而根据希伯来的诉讼法规定，法庭的审理一定要在日间才能进行。且在早晨其间经由法院组织成员的共同努力，召集够71名陪审法官组成陪审团方能组成完整的法庭，而后作出法庭的死刑宣判。随即，大祭司召集长老公会（Synhedrion）共同举行了评议，最后选择以亵渎神殿的罪名判决死刑，但是如何执行死刑判决？根据希伯来法律规定对于亵渎神灵的死刑应该以投石击毙的方式来执行，但是耶稣最终被以钉死在十字架上的方式执行死刑了，其原因为何呢？犹太人并没有严刑拷打耶稣，因为犹太法庭没有杀人的权柄。至于为何要引渡给罗马城邦总督彼拉多呢？其原因在于罗马城邦总督将耶稣认定为城邦的煽动者，而将耶稣引渡到罗马城邦那里，才不至于让罗马总督以妨碍罗马城邦行使审判权为借口而干涉犹太民族内部事务。显然，这是在凯帕斯丁（Kaiphas）的教唆之下，而牺牲耶稣一个人的个体生命来保全整个犹太民族的利益，从利益的角度讲无疑是正确的。最后犹太人决定将耶稣戴上枷锁解交给罗马总督本丢·彼拉多（Pontius Pilatus）。并在本丢·彼拉多面前控诉耶稣如何扰乱城邦秩序，煽动城邦市民反抗总督统治，并请求以僭越称王之名予以定罪。在这次起诉当中，却没有将耶稣拒绝缴税的行为予以起诉，更没有最终定罪。在庭审中彼拉多问耶稣："你是犹太人的王吗？"耶稣回答说："你说对了"。接着彼拉多对耶稣说："你有没有说过你是城邦之王这样的话？"耶稣回答说："你说得对，我是个王，我是为了见证真理而生，也是为此而来到这个世上的，凡属真理的人便要听从我的话。"彼拉多接着问耶稣，什么是真理？彼拉多总督从大祭司和城邦市民那里得知，耶稣出生于加利利。而该地方的领主希律安提阿将在逾越节（Passahfest）之际来到耶路撒冷，为的就是当着彼拉多的面嘲笑耶稣。当希律看见耶稣，甚是喜欢；在很早之前希律就听说有关耶稣的事情，无奈没有机会见面，甚至曾经指望耶稣能给他封个神职。希律见到耶稣问了很多话，而耶稣总是一言也不发。之后发生了巴拉巴的插曲，巴拉巴是一个被判暴乱与谋杀之罪的政治囚犯，由于逾越节的缘故，彼拉多把巴拉巴和耶稣共同向城邦市民诉求说：按照你们的习俗，在逾越节上我会给你们的犹太之王予以赦免；如果你们愿意的话，我也将会赦免你们的犹太之主。而在场的民众却大声反对，并说，应该赦免的不是这个人而是巴拉巴！他是个杀人凶手！僭越称王之罪依照罗马的律法，代表着诋毁国王的尊严，依据皇室律法理当处死。所受的行刑方式应该是最残忍的钉死在十字架刑。罗马公民习惯上是对那些将要斩首的、奴隶和非罗马人钉死在十字架上，在执行之前应该在总督面前，按照罗马法的规定，进行一个独立的法庭讯问程序，以此来确认犹太法庭的判决。

文献资料：

Allgemein: *W. Kunkel*, *M. Schermaier*, Römische Rechtsgeschichte, 14. Aufl. 2005; *W. Waldstein*, *J. M. Rainer*, Römische Rechtsgeschichte 10. Aufl. 2005; *F. Wieacker*, Römische Rechtsgeschichte, I. Abschnitt 1989, 2. Abschnitt, 2006; *Th. Mommsen*, Römisches Staatsrecht, 3 Bände 1871/88（Ndr. 1955/63）; *W. Kunkel*, Staatsordnung und Staatspraxis der römischen Republik, 2. Abschnitt, Die Magistratur 1995; *J. M. Rainer*, Einführung in das römische Staatsrecht 1997; *T. Mommsen*, Römisches Strafrecht 1899（Ndr. 1990）; *H. Honsell*, *T. Mayer-Maly*, *W. Selb*, Römisches Recht, Aufgrund des Werkes v. P. Jörs, W. Kunkel, L. Wenger in 4. Aufl. neu bearbeitet, 1987, wird zitiert: Kunkel/Honsell, Kunkel/Mayer-Maly oder Kunkel/Selb; *M. Kaser*, Das römische Privatrecht, 2 Bände, 2. Aufl. 1971/75（Handbuch）; *M. Kaser*, *R. Knütel*, Römisches Privatrecht 19. Aufl. 2008（Lehrbuch）; *M. Kaser*, *K. Hackl*, Das römische Zivilprozessrecht 2. Aufl. 1996; *Heumann/Seckel*, Handlexikon zu den Quellen des römischen Rechts 9 Aufl. 1907（Ndr. 1971）.

Rdz. 20.: K. Christ, *Römische Geschichte 6. Aufl. 2001*; H. Bengtson, *Römische Geschichte 8. Aufl. 2001*; A. Heuss, *Römische Geschichte 6. Aufl. 2003* hg. v. J. Bleicken, W. Dahlheim u. H. —J. Gehrke.

Rdz. 21.: *Zur Wirtschaft*: F. de Martino, *Wirtschaftsgeschichte des alten Rom*, 2. Aufl. 1991; H. Kloft, *Die Wirtschaft der griechisch-römischen Welt*, 1992.

Rdz. 22.: *Corpus Iuris Civilis*, hg. v. T. Mommsen, P. Krüger, R. Schoell, W. Kroll, I. Band: Institutionen, Digesten, 2. Band: Codex, 3. Band: Novellen, Neudruckzuletzt 1962/63. Jetzt mit deutscher Übersetzung; O. Behrends, R. Knütel, B. Kupisch, H. H. Seiler, I. Band: Institutionen, 2. Aufl. 1997, 2. Band: Digesten Buch – 10, 1995, 3. Band: Digesten Buch II – 20, 1999, 4. Band: Digesten Buch 21 – 27, 2005. Gaius, *Institutiones*, hg. v. M. David, 2. Aufl. 1964; Gaius, *Institutiones*, *Die Institutionen des Gaius*, herausgegeben, *übersetzt und kommentiert von U. Manthe*,2004.

Rdz. 23. :*Der Text der Rekonstruktion des Zwölftafelgesetzes mit Nachweisen*:S. Riccobono,*Fontes Iuris Romani Anteiustiniani*,*I. Band*,*Gesetze*,2. Aufl. 1941,S. *21 ff.*；*lateinisch-deutsch*:R. Düll,*Das Zwölftafelgesetz*,6. Aufl. 1989；*neue Ausgabe mit Kommentar*:D. Flach,*Die Gesetze der frühen römischen Republik*,1994,S. 109 *ff.*；*Literatur*:F. Wieacker,*Zwölftafelprobleme*,*in*:*Revue internationale des droits de l' antiquité*,3. Serie,3. Band（1956）S. 459 *ff.*；ders.,*Römische Rechtsgeschichte*,*I.* Abschnitt,1988,S. 287 *ff.*

Rdz. 24. :T. Mommsen,*Römisches Staatsrecht*,*3 Bände*,*1871 – 1888*（*Ndr. 1955 und 1961*）,*immer noch wichtig*,*aber zum Teil veraltet*；W. Kunkel,*Staatsordnung und Staatspraxis der römischen Republik*,2. Abschnitt:*Die Magistratur*,*1995*；J. Bleicken,*Die Verfassung der römischen Republik*,*7. Aufl. 1995*；ders.,*Verfassungs-und Sozialgeschichte des römischen Kaiserreichs*,*2 Bände*,*3. und 2. Aufl. 1985*,*1981.*

Rdz. 25. :M. Kaser,K. Hackl,*Das römische Zivilprozessrecht*,*2. Aufl. 1996.*

Rdz. 26. :Kunkel/Mayer-Maly § *55 – 68*；M. Kaser,*Über "relatives" Eigentum im alt-römischen Recht*,*SZ 102*,*1985*,*S. 1 ff.*,a. M. Kunkel/Mayer-Maly § *57*；F. Wieacker,*Entwicklungsstufen des römischen Eigentums*,*in*:ders.,*Vom römischenRecht*,*2. Aufl. 1961*,*S. 187 ff.*

Rdz. 27. :Kunkel/Honsell § § *157 – 187.*

Rdz. 28. :*Der Fall von vielen römischen Schriftstellern beschrieben*,*z. B. bei Cicero*,*De inventione 2. 42. 122. Zur lex Voconia*,*Pupillarsubstitution und Vulgarinstitution*:Kunkel/Honsell S. 455 *f.*,458. *Zum Fall und zur Frage griechische Rhetorik und römische Rechtswissenschaft*:J. W. Tellegen,*Oratores*,*Jurisprudentes and the "Causa Curiana"*,*in*:*Revue des droits de l' antiquité*,*30. Band*,*1983*,*S. 293 ff.*；U. Manthe,*Ein Sieg der Rhetorik über die Jurisprudenz. Der Erbschaftsstreit des Manius Curius. Eine vertane Chance der Rechtspolitik*,*in*:*U. Manthe*,*J. v. Ungern-Sternberg*（*Hg.*）,*Große Prozesse der römischen Antike*,*1997*,*S. 74 ff.*

Rdz. 29. :M. Kaser,*Ius honorarium und ius civile*,*SZ 101 1984*）*S. 1ff.*；A. Liebs,*Juristen als Sekretäre des römischen Kaisers*,*SZ 100*（*1983*）*S. 485 ff.*

Rdz. 30. :Kunkel,Honsell S. 62 *ff.*,374 *f.*,378 *ff.*,402 *ff.* J. F. Gardner,*Frauen im antiken Rom*,*1995.*

Rdz. 31. :N. Brockmeyer,*Antike Sklaverei*,*2. Aufl. 1978*；Leonhard Schumacher,*Sklaverei in der Antike*,*2001.* W. Rubinsohn,*Die großen Sklavenaufstände der Antike*,

1993；W. Waldstein, *Operae Libertorum*, 1986. *Im übrigen*：Kunkel/Honsell, *S.* 376 *ff.* , *III ff.*

Rdz. 32. ：Kunkel/Honsell *S.* 94 *ff.*

Rdz. 33. ：M. Fuhrmann, *Das systematische Lehrbuch*, 1960, *S.* 104 *ff.* ；W. F lume, *Die Bewertung der Institutionen des Gaius*, *SZ* 79, 1962, *S. I ff.* ；T. Mayer-Maly, *Divisio obligationum, in*：*The Irish Jurist* 2, 1967, *S.* 375 *ff. Zur griechischen misthosis*：J. Lipsius, *Das attische Recht und Rechtsverfahren*, 1905/15 (*Ndr.* 1984) *S.* 751 *ff.*

Rdz. 34. ：Kunkel/Honsell *S.* 309 *ff.*

Rdz. 35. ：Kunkel/Honsell *S.* 322 *ff.*

Rdz. 36. ：U. Wesel, *Die Hausarbeit in der Digestenexegese*, 2. *Aufl.* 1973, *S.* 9 *ff.*

Rdz. 37. ：Kunkel/Honsell *S.* 294 *ff.* , 296 *ff.* , 350 *ff.*

Rdz. 38. ：Kunkel/Honsell *S.* 285 *ff.* , Kunkel/Mayer-Maly, *S.* 195 *ff.*

Rdz. 39. ：E. Levy, *Privatstrafe und Schadenersatz im klassischen römischen Recht*, 1915；Kunkel/Honsell *S.* 258 *ff.*

Rdz. 40. ：T. Mommsen, *Römisches Strafrecht* 1899 (*Ndr.* 1990), *immer noch wichtig*, *z. T. veraltet*, *dazu* J. Bleicken, *Ursprung und Bedeutung der Provocation*, *SZ* 76 (1959) *S.* 324 *ff. und* W. Kunkel, *Untersuchungen zur Entwicklung des römischen Kriminalverfahrens in vorsullanischer Zeit*, 1962；A. H. M. Jones, *The Criminal Courts of the Roman Republic and Principate* 1972；*zur Strafverteidigung*：J. —M. David, *Die Rolle des Verteidigers in Justiz, Gesellschaft und Politik, in*：U. Manthe, J. v. Ungern-Sternberg (Hg.), *Große Prozesse der römischen Antike*, 1997, *S.* 28 *ff.* ；*Bestrafung von Homosexualität*：T. Mommsen *a. a. O. S.* 703 *f.* ；*Cicero zur Folter bei den Griechen*：*De partitionibus oratoriis* 34. 113. *Zum crimen laesae maiestatis*, *genauer crimen maiestatis populi Romani imminutae*：Mommsen *a. a. O. S.* 538 *f.* , 587 *ff.* , *zur Folter S.* 405 *ff.* , *das Zitat S.* 406.

Rdz. 41. ：J. Blinzler, *Der Prozess Jesu*, 4. *Aufl.* 1969；K. Kertelge (Hg.), *Der Prozess gegen Jesus* 1988；K. Rosen, *Rom und die Juden im Prozess Jesu, in*：A. Demandt (Hg.), *Macht und Recht. Große Prozesse in der Geschichte*, 1996, *S.* 47 *ff.* ；W. Stegemann, *Es herrsche Ruhe im Land-Roms kurzer Prozess mit Jesus von Nazareth*, *in*：U. Schulz (Hg.), *Große Prozesse*, 1996, *S. 31 ff.* ；C. Cohen, *Der Prozess und Tod Jesu aus jüdischer Sicht* 1997；A. Demandt, "*Hände in Unschuld*", *Pontius Pilatus in der Geschichte* 1999.

Rdz. 42. ：F. Schulz, *Geschichte der römischen Rechtswissenschaft*, 1961；W. Kunkel,

Herkunft und soziale Stellung der römischen Juristen,2. *Aufl.* 1967,*Ndr.* 1001;F. Wieacker,Über das Klassische in der römischen Jurisprudenz,1950;F. Wieacker,*Römische Rechtsgeschichte*,*I. Abschnitt*,1988,*S.* 310 *ff.* ,519 *ff.* (*Frühzeit und Republik*).

Rdz. 43. :E. Levy,*Zum Wesen des weströmischen Vulgarrechts*,*Gesammelte Schriften*,*I. Band*,1963,*S.* 184 *ff.* ;D. Simon,*Marginalien zur Vulgarismusdiskussion*,*in*:*Festschrift Wieacker*,1978,*S.* 154 *ff.*

Rdz. 44. :*Zu den Rechtsschulen*:P. Collinet,*Histoire de l'école de droit de Beyrouth*,1925. *Zu Justinian eine gute kleine Schrift*:M. Meier,*Justinian. Herrschaft*,*Reich und Religion*,2004. *Im übrigen*:F. Bluhme,*Die Ordnung der Fragmente in den Pandectentiteln. Ein Beitrag zur Entstehungsgeschichte der Pandekten*,*in*:

Zeitschrift für geschichtliche Rechtswissenschaft 4,1818,*S.* 257 *ff.* ;F. Wieacker,*Textstufen klassischer Juristen*,1960;M. Bretone,*Geschichte des römischen Rechts*,1992,*S.* 251 *ff.* ("*Die Kodifikation Justinians*").

Rdz. 45. :Max Weber *I. Zitat*:*Wirtschaft und Gesellschaft*,3. *Aufl.* 1947,*S.* 464,2. *Zitat*:*Gesammelte Aufsätze zur Religionssoziologie*,*I. Band*,6. *Aufl.* 1972,*S. II*;M. Bretone,*Geschichte des römischen Rechts*,1992,*S.* 35 *f.*

第四章 拜占庭

历史与宪章

自从西罗马于公元476年被灭亡以后,拜占庭帝国成为罗马帝国唯一的合法继承者一直存续了1000年之久。直到查士丁尼执政为止,之前拜占庭的官方用语一直是拉丁语,尽管当时其处于整个希腊半岛的核心,并且在此之前他们一直作为伟大的亚历山大帝国的传承者。其社会结构模式是一种封建贵族统治模式,正是这种模式使得拜占庭帝国一举成为欧洲的强权帝国,同时也成为西方抵御波斯、阿拉伯、土耳其人入侵的堡垒。在查士丁尼统治之下到公元6世纪,它的领域几乎覆盖到古罗马帝国的整片区域直到西班牙、法兰西、日耳曼。公元641年,阿拉伯人征服了北非、埃及、叙利亚和巴勒斯坦,从此打破了传统的地中海的大一统的局面。这种局面随着亚历山大帝国的分裂,进而导致古典时期终结。从此以后,在西方曾经隶属于希腊的传统区域内产生了一个拜占庭帝国。从此以后,拜占庭帝国在文献上,也可指东罗马帝国,与古希腊和古罗马艺术比较,拜占庭艺术所强调的是对耶稣神性的描绘而不是对人性的着墨。拜占庭式(Byzantine)建筑风格是罗马帝国晚期和近东埃及、叙利亚等地建筑艺术的结合,承续了早期基督教艺术作风,多用于教堂建筑。建筑造型浑厚雄伟、庄重饱满。其显著的建筑特征在于穹顶、帆拱以及装饰得华丽威严的内部空间。拜占庭式建筑对欧洲建筑发展的主要成就是创造了把穹顶支承在四个或者更多的独立支柱上的结构方法和相应的集中式建筑形制,充满了结构的美感。建筑内常常大量采用镶嵌画,即使用陶片、贝类、碎石等嵌于墙壁、地面或室内屋顶,构成图画或图案。因为拜占庭式建筑门窗通常狭小,室内光线甚暗,如用镶嵌画作为装饰,可藉贝类、碎石、陶片等的反光,增加室内亮度,又因多用鲜艳色彩,室内可因各种色彩光线之反射,产生一种神秘及多彩的宗教气氛。东正教的教堂，往往不是那种作为城邦特征而矗立于市中心，而像以前亚历山大或者安提约基雅那样，往往将教堂建立在大农场当中或者农村社区当中。公元325年建造的君士坦丁堡的圣索菲亚大教堂（Hagia Sophia）是典型的也是最早的拜占庭式建筑。其堂基与罗马式的一样，呈长方形，属巴西利卡式。圆形穹顶位于整个建筑之最中心的位置，四周尖塔强化了中轴对称的构图，这对欧洲中古期的教堂建筑有着深刻影响。由于历史条件和地理条件以及人种的复杂，早期拜占庭（公元4—7世纪）的经济制度是一个多种经济成分的混合体，存在着东方和西方、古代和中世纪、城市和乡村、游牧和农业、国家经济和私人经济等各种复杂形式。当时拜占庭城市的商业和手工业十分发达，君士坦丁堡一直是位于欧、亚、非三洲之交的商业中心，帝国各省也有一些大的商业、手工业中心城市。城市之间的经济联系比西罗马帝国更为密切，这是拜占庭的奴隶制经济崩溃较晚的一个重要原因。

在公元5—6世纪的拜占庭经济中，奴隶制仍占重要的地位。当时奴隶贸易兴盛，甚至国家用法律规定奴隶的价格，大量奴隶成为大庄园中农业劳动的主力或充当家仆，也有许多奴隶在城市的国营手工业作坊中劳动。隶农制也十分普遍，隶农是农业中的主要劳动者。此外，早期拜占庭还存在大量自由农民。公元6—7世纪拜占庭帝国境内奴隶和隶农因不堪压榨而不断举行的起义，与斯拉夫人和阿拉伯人先后大规模的入侵相汇合，一方面使拜占庭帝国的疆域缩小，另一方面使帝国的奴隶制基础动摇，为封建关系的发展扫清了道路。

拜占庭的封建化过程比较缓慢。公元5世纪下半期大土地所有制的扩大和隶农制的广泛流行，是帝国内部封建因素增长的表现。公元5世纪末拜占庭皇帝把向小土地所有者征税的权力交给包税人，更加强了贵族地主的经济地位。此外，公元5世纪农民因国家租税和其他义务的重压，陷于贫困而被迫请求大官僚、大地主庇护的情况日益增多，农民把自己的地产转让给贵族地主，自己则作为他们特别恩准的占有人继续使用土地，交纳代役租。后来，农民对贵族地主这种依附关系日益加深，最终沦为农奴。

公元6—7世纪斯拉夫人、阿拉伯人入侵拜占庭，并向帝国境内移殖定居后形成了一个广泛的自由农民阶层。这是延缓拜占庭封建化进程的一个重要因素。此外，公元8世纪时，掌握帝国政权的军事贵族为限制教会寺院的势力，利用人民群众破坏圣像运动的形式，反抗教会寺院侵占自由农民土地的斗争，并以支持这一运动的名义没收教会寺院的地产，使教会寺院的大土地所有制受到沉重打击。因而在公元7—8世纪，自由农民的农村公社在农业中仍占优势。但即使这样，封建化过程也已经开始，一方面由于国家对自由农民公社征收各种苛重的租税，强迫公社农民担负各种沉重的劳役，自由农民阶层日渐没落；另一方面，军事贵族在和外族入侵的斗争中政治经济地位不断增强，皇帝把大量土地分赐给他们，这些新兴封建地主利用没落的自由农民、隶农、残存的奴隶耕作，并倚势强占公社土地，迫使公社农民成为依附者。这一封建化过程在军事贵族镇压了多次人民反农奴化的起义后，从公元9世纪中叶起加速发展起来。军事贵族地主采取强制、欺骗、勒索等手段侵占自由农民土地，广大农民被迫依附贵族地主，沦为农奴。与此同时，皇帝和军事贵族为镇压人民群众的起义，与教会寺院势力勾结，宣布恢复圣像崇拜，这样，寺院的地产又迅速扩大起来。后来，由于自由农民的减少严重影响了国家的税收，拜占庭皇帝在公元10世纪时曾多次颁布法令禁止封建贵族掠夺农村公社的土地，但都未能付诸实施。到公元11世纪末，国家政权落在地方封建贵族手中，拜占庭皇帝代表他们的利益实行颁田制度，将整村、整区的土地以监领地的名义分给公职贵族。这种监领地与西欧的采邑相似，由国家拨归监领人终身享用，但当时国有土地早被分配，政府实际上是把农民的土地赐给了监领人。最初监领人从领地上征收一部分捐税供自己享用，后来逐步取得了行政权和司法权，领地上的农民都受其管辖，缴纳地租和服劳役，完全陷入农奴依附地位。这样，到公元11世纪末，封建制经济在拜占庭取得了统治地位。在公元14—15世纪，拜占庭帝国境内，除少数山区外，自由农民公社几乎完全绝迹，到处是世俗封建贵族和教会寺院的大领地，原有的监领地也都变成了世袭领地。封建领主对领地上的农民实行超经济强制。农民向领主缴纳实物地租和货币地租，服劳役，负担种种苛捐杂税和国家的徭役。15世纪时，拜占庭帝国的经济（特别是城市工商业）日趋衰落，封建主集团之间不断发生争斗，终于在1453年为奥斯曼土耳其人所灭亡。所有这些——尽管在学术上一直处于争论阶段，都可以被称为拜占庭的封建主义（byzantinische Feudalismus），到了马其顿皇帝，拜占庭封建主义达到了全盛时期，即公元10和11世纪。

起 源

拜占庭帝国，即东罗马帝国，指从公元3世纪末期的戴克里先统治时期的罗马帝国分裂之后，继承罗马帝国正统政权，且据有东半部领土的帝国。拜占庭帝国的中心，就是拜占庭，即君士坦丁堡，也就是今日土耳其的伊斯坦布尔。

拜占庭（Byzantine）这个名字的由来，传说是由一位希腊人Byzas依循神谕，在欧洲与亚洲交界、陆地与海洋交界的拜占庭找到理想之地，并以自己的名字为其命名而来。而拜占庭登上世界历史舞台的契机，一方面由于其位居要津，把守博斯普鲁斯海峡，控制了黑海与地中海间海陆交通要道的枢纽，另一方面则不得不提罗马帝国君士坦丁大帝的慧眼独具，于公元312年夺权成功之后，为了向东拓展罗马帝国的影响力，而选定拜占庭作为新罗马的基督城，并于公元330年5月11日正式迁都拜占庭，改名为君士坦丁堡。公元395年，罗马的基督教帝国分裂成西罗马帝国与东罗马帝国。西罗马帝国虽以拉芬纳（Ravenna）为首都，但一直与东罗马帝国呈现分裂的状态，最后在公元476年终于被北方的蛮族灭亡。拉芬纳原来是亚得里亚海上的一个海港，在东罗马帝国皇帝查士丁尼的统治下，于公元402年成为西罗马帝国的首都，也是东罗马帝国保卫西部疆域的要塞。东罗马帝国以君士坦丁堡为首都，保持了一段长达1000年之久的历史，直到最后一位东罗马帝国皇帝君士坦丁十一世在1453年去世才告结束。君士坦丁堡这个城市在希腊时代被称为拜占庭（Byzantium），因此后人又将东罗马帝国称为拜占庭帝国。

在欧洲历史发展过程中，拜占庭一直扮演着排斥回教进入欧洲中部和北部的缓冲区，它深深影响居住在苏俄和巴尔干半岛的斯拉夫民族，并且把他们的东正教文化和文字保存起来，甚至主宰他们的艺术与建筑的发展。1453年拜占庭帝国灭亡之后，有很多拜占庭的学者向西逃难到意大利，并且将希腊古典的学说引入，刺激当地人对古典的研究，最后催生了意大利文艺复兴运动。

简单来说，拜占庭艺术风格的特点是它承续早期基督教艺术风格，内容表现受到宗教的限制，大都描述《圣经》的故事或基督的神迹，富于装饰、抒情与象征性。因此散布在各地的教堂，成为拜占庭艺术家创作的主要场所。自从西罗马于476年被灭亡以后，拜占庭帝国成为罗马帝国唯一的合法继承者一直存续了1000年之久。尽管拜占庭处于希腊大陆的核心区域内，但直到查士丁尼其官方用语一直是拉丁语。在建筑艺术上保留了古希腊罗马的艺术风格，而在宗教上同希腊正统的基督教（griechisch-orthodoxen Christentum）保持着紧密的联系，这种状况一直维持到中世纪末期，并融入了封建贵族社会结构当中。从此拜占庭成为西方抵御波斯、阿拉伯、土耳其人入侵的堡垒。在查士丁尼统治之下到公元6世纪，它的领域几乎覆盖到古罗马帝国的整片区域，并一直延伸到西班牙、法兰西、日耳曼。公元641年阿拉伯人征服了北非和埃及、叙利亚和巴勒斯坦，从此打破了地中海的统一。亚历山大帝国从这个时候开始走向分裂，古典时期也到此终结。

在希腊帝国曾经有一个势力强大的东正教，而这个东正教也同样进入了拜占庭帝国。城邦的属性不再是由矗立整个城邦中心的市区像早期的亚历山大城或者安提约基雅（Antiochia）城所代表，而是由广大农村尤其是农村中在抛弃了大地产庄园和农奴制度后，而产生的自由村落共同体①（Dorfgemeinschaft）

---

① 人类共同体是人们所珍爱并通过深刻的情感与之相联系的社会群体。共同体概念属于社会的范畴，是社会学的研究内容。我们接受共同体是一个独立的社会现实时，我们只有从社会因素中寻找这一现象产生的原因。而在这其中有必要厘清社会群体的概念，是个体凭借特定的团结形式密切联系总体，诸如家庭、村落、种族、阶层、种姓、教会、国家或民族，社会机构是思想与行为的特定模式，诸如宗教信仰与仪式、道德和法律规范、语言与审美规则、经济模式，以及科学技术，并以自愿或强制的方式被其成员所接受，因此完全不同于植物和动物物种的划分。因此，人类共同体可以划分为两大谱系，即原始共同体和民族。原始共同体是人类的早期社会类型，其形式是氏族，即人们通过宗教亲缘关系构成的家族群体。在原始人群中，人们相信有共同的祖先并共同承担氏族的义务，却丝毫没有公共权威和个人权利。氏族的权威具有宗教特征，氏族的头人同时发挥宗教职能。原始共同体包含四类：（1）以氏族为基础的无差别的共同体；（2）以氏族为基础的有差别的共同体；（3）图腾组织全面退化的种族共同体；（4）衰退的原始共同体。而民族同样包含四类型：（1）神学的民族，统一的民族意识业已产生并表现为对神的共同崇拜和公共权威的出现，氏族和种族组织已消失并让位于宗教的公共法律，宗教公共权威体现在以神的授权作为合法性基础的统治者身上，以封建土地所有制为基础的村落共同体开始出现，如中世纪的欧洲和阿拔斯王朝。这种民族又可以称为以村落为基础的民族共同体。（2）法定的民族，在这种民族中，城市摆脱了封建地主的权威，并通过多样化的组织管理自己的事务，同时发起对封建权威的挑战；城市文明开始独立于农业文明，个人所有制和个人民主逐步奠定了基础，城市的行政管理以公共意见为基础。更重要的是，政治的公共舆论开始与宗教公共舆论发生分离。民族统治者的权威来源于立法，且世俗的法律开始产生。政府不再以神圣的律法而是以人民的主权即公共政治权威为基础。在神学的民族中，民族的权力体现在宗教当局手中，但是在法定的民族中，民族的权力体现为法定的政治权力。（3）文化的民族（Culture-nations），原始的、神学的、法定的民族尽管有各自的语言和习俗，但它们还没有自己独立的民族文明，往往是几个民族共同参与和分享一个普世的文明。当一个民族在普世文明机构中打上自己民族语言和民族气质的烙印时，它就变成了一个有独立民族文明的民族即文化民族。民族文化这个系统由宗教、道德、法律、美学、语言、经济、技术等方面构成，存在于民族内部各个公共领域的同质性构成了社会结构的基础。文化民族与法定民族的相同点在于，独立的政治权威与宗教权威平行存在，同时在文化民族中还有一个独立于宗教和政治权威之外的文化权威，并具体体现在道德、经济、艺术、文学、科学等各个领域，在文化民族中，人民构成了其文化的代表，因为文化构成了民族意识的具体表现。只有在文化民族阶段，独立于行政和法定权力之外的司法制度才能得到确立。最先进的民族正在朝着这个方向进化，但是目前没有一个民族已经进入这一阶段。（4）曾经独立但在后来失去独立的民族诸如波兰民族属于这种民族类型。——译者注

或者称之为以村落为基础的民族共同体，且这些村落共同体在不断地自由扩散。

随着教会势力不断增强，罗马天主教教皇与东罗马帝国皇帝矛盾不断加深，尤其是公元800年在罗马皇帝的产生仪式上产生了竞争，即罗马新皇帝的产生是否需要罗马天主教教皇的加冕仪式。尽管后来拜占庭在外交上采取短暂的形式妥协。到了马其顿王朝即欧洲中世纪公元10和11世纪，帝国进入全盛时期。

审判业

自从查士丁尼之后城邦再次获得了巨大的扩张，经济也已获得复苏。贵族势力随着庄园数量不断的增加而增长，由此产生了学术上的争论，即拜占庭的封建主义问题。进入1071年在抵御突厥人入侵的曼西科特战役的失败，拜占庭帝国失去了小亚细亚地区。小亚细亚半岛和巴尔干半岛是拜占庭帝国的基本领土，位于亚洲西部的小亚对拜占庭帝国的财政、国防等曾经起到很大作用。公元11世纪起，随着拜占庭内部矛盾的加剧和突厥民族的兴起，双方在小亚地区爆发了冲突。随着拜占庭在曼西科特战役的失利与其内部军区制的瓦解、中央和地方矛盾的激化，拜占庭的国力日趋衰落，小亚地区被突厥人逐渐占领。突厥人在小亚采取了一系列得当的占领、统治措施，使其在小亚的统治地位得到巩固，并使小亚逐渐被突厥化。在随后的几年里，巴里又被诺尔曼人所征服，从此终结了拜占庭在意大利的统治。公元1203年威尼斯人和十字军攻占康斯坦丁堡，伊萨克二世复位，阿莱克修斯四世为共治皇帝，从此帝国被瓜分。除此之外，在小亚细亚的倪凯阿省还保存有拜占庭的残余部队。奇怪的是，正是这部分残余部队使得拜占庭能够从失败和分裂中再一次走向恢复。在帕雷奥罗（Palaiologen）的带领下，不久之后再一次发展成为较大的帝国，直到200年后再次遭受巨大的损失而终结。最终于1453年5月29日君士坦丁堡最终被土耳其征服，并导致整个帝国彻底灭亡。拜占庭帝国从其一开始就建立了核心君主制度（zentralistische Monarchie），且该制度具有一个庞大的行政体制，但这种行政体制是同军队严格分开的。在进入公元8世纪后，才将行政体制与军队指挥体制合并在一起，组成了所谓的军团管理体制（Themenverwaltung）。这种体制按照区域进行划分管辖区域，这也就是用拜占庭人的话所说的军团（Armeekorps）。在马其顿王朝统治时期，废除了元老院，并将元老院的权限一并废除。不久之后又将类似于今天的政党制度，即在市中心的竞技场中的分别属于绿色政党和蓝色政党的辩论讨论区域废除，因为当时认为这种制度政治上所扮演的是一个无关紧要的角色。但是，直到帝国末期仍然保留着类似于皇帝的另外一个权力因素——教皇。从此在帝国之中存在着君主封建制度与西方天主教教皇的二元格局（Dualismus），尽管这两元拜占庭统治者相互之间保持着紧密的联系，但是，当时的拜占庭的君王是从不在主教面前低头的。后来查士丁尼在他的立法注释（Kommentare）当中，明确地将这个作为禁止性规定。在文本语言的使用上，仅仅允许将其翻译成希腊语。不久之后，其所做的立法注释和法律教科书及其他相关文献组成一个独特领域。在随后的将近200多年，即公元740年在伊索里亚皇帝的带领下开展了反对圣像运动（Bilderstürmern），这些法学巨著作为法律予以公布，由此推动了家庭法和刑事法发生了重大的改变。

法学与法律实践业

自从公元9世纪以来进入了马其顿人的文艺复兴（mazedonischen Renaissance），他不仅带来了司法文献，而且也带来了立法（Gesetzgebung）。大约在900年左右产生了60卷的巴希尔法律全书，之后被用古希腊君主头衔予以冠名为巴萨里斯（basileus）。相对于查士丁尼法典而言，巴希尔法律全书产生了一些基本法律原理，这些原理对当时的司法产生双重的优势。一方面，巴希尔法律全书的书写语言是用希腊语书写的，另一方面，巴希尔法律全书结构包括法学阶梯（Institutionen）、告示（Digesten）、习俗习惯法（Codex）、附律（Novellen），而在每一部分当中都有一个独特的标题部分。不久之后又开始了所谓的注疏性（Scholien）的立法注释活动。至于法律判决方面的信息，在拜占庭帝国领域里很少发现这方面的相关信息。但是却发现了重要的司法实用手册（peira），这种手册收集了公元11世纪出自帝国最高法庭的一名法官埃弗斯塔奥易斯·罗麦斯（Eustathios Romaios，约公元970—1030年）法官从事审判实践的所有案例集。这种案例集是埃弗斯塔奥易斯·罗麦斯与他的同事共同撰写的司法实践案例集。埃弗斯塔奥易斯·罗麦斯是拜占庭帝国时期的法学家及拜占庭帝国最高法院的法官。与其同事共同收集11世纪所发生的案例并将其汇编成一实用手册，交由其秘书保管，后人称之为PEIRA。该手册成为后来法律史学家们研究查士丁尼①在中东拜占庭希腊罗马法律文化的思想复兴的主要来源。该手册从产生以来一直受到司法实践及学术研究界的推崇，成为拜占庭帝国时期最后一个伟大的法学作品。直到14世纪的康斯坦丁（Armenopoulos），还在使用该手册。

---

① 这同时又包含另外一个问题，即查士丁尼对拜占庭文化的作用。西罗马帝国灭亡后，罗马文明在东方存续下来。东罗马帝国皇帝查士丁尼的理想与作为，让东罗马帝国声名远播。他完成了《查士丁尼法典》的编纂工作，使罗马法的传统得以保存。另一方面，他也建筑了圣索菲亚大教堂，迄今仍是文明的象征。他曾发下豪语希望能重建罗马帝国，但始终没有成功。他是罗马帝国的继承人，却也是拜占庭帝国的开创者。查士丁尼是一位有雄心壮志的皇帝，但他个人却不如想象中伟大，他的成就来自于他的部属，他唯一的长处，或许就是他选用人才的眼光，他慎选了许多优秀的人才为他作战与治理国家。这也让他成为了一个真正的皇帝。公元518年，查士丁尼成为东罗马帝国的实际掌权者，并于公元527年正式成为皇帝。他一心想要恢复罗马帝国的光荣，他说着拉丁文，并且对西欧地区发动战争，企图收回被日耳曼民族占据的罗马版图。但他的愿望实际上并没有成功，他向西征伐的过程中，只收回了部分意大利地区，并且很快被日耳曼民族夺回。对外战争让查士丁尼的国库消耗了不少，也让他的人民生活逐渐困苦。公元532年君士坦丁堡爆发了一次名为尼卡（Nika，意思是胜利）的暴动，起事者主要是奴隶及下阶层的民众。暴民占据了城内大部分区域，加上由于这次的暴动，有部分军队涉入其中，这些都让查士丁尼感到害怕，打算弃城逃亡。查士丁尼的妻子——皇后狄奥多拉以她坚定的语气和信心说服了皇帝，让他派兵平乱，才平息了这场声势浩大的暴动。查士丁尼对西方文化最重要的贡献，便是他命令国内的法学家，整理了罗马帝国历来的律法，并编纂《查士丁尼法典》。身为一个专制统治者，他成功地将帝国的法律转变为专制统治的工具。罗马自共和国时期起，罗马法律便持续在发展，经过数百年的累积，许多矛盾与冲突的法条也一直存在，为了帝国的统一与延续，查士丁尼选择将这些互相矛盾的法条加以整理或删除。于是他命令法学家整理法律，在公元528年完成《查士丁尼法典》的编纂工作，但罗马帝国仍有许多旧法律需要整理，于是他又命人完成50本以希腊文写作而成的《法学摘要》，以及《法理概要》等大部分的著作。而日后皇帝所新增编的法令则被称为《法令新编》，以上这四部统称为《民法大全》。四部书中以《法学摘要》和《法理概要》最为重要，特别是《法学摘要》。先前提及这是一套以希腊文完成的法学丛书，这表示东罗马帝国已走向"希腊化"，虽然查士丁尼时期的官方语言仍是拉丁文，但希腊文的使用已逐渐成为趋势，在查士丁尼过世后的五十年内，整个东罗马帝国便已完成了希腊化的工作，成为拜占庭帝国。此外，这四部书对于欧陆的法学研究与律法结构具有相当大的意义，大约在11世纪时，欧陆的法律学者"发现"了这四部法学丛书，并以此作为国内法律制订的蓝本，使罗马法在欧陆再次复活；整个欧洲，除了英格兰地区之外，都接受了罗马法体系。圣索菲亚大教堂是查士丁尼留给世人的另一项珍贵遗产，这座教堂采用了叙利亚地区的建筑风格，而非采用一般罗马式的教堂建筑风格，使圣索菲亚大教堂成为第一个以"圆顶"式建筑结构而闻名于世的教堂。此后许多拜占庭教堂也都模仿圣索菲亚大教堂，以圆顶作为教堂的主结构。另外教堂内部的镶嵌圣像画，亦是重要的艺术品，工匠们以马赛克的拼贴方式，以彩色磁砖拼贴出耶稣的圣像，以及其他圣徒的画像。当然，我们也可以在教堂里发现，查士丁尼的拼贴画像，他也被塑造成圣徒，以纪念他维护基督教的功绩。历史学家大多认为查士丁尼是一个关键性的角色，在政治上，他是东罗马帝国过渡到拜占庭帝国的象征；在文化上，他则代表着由拉丁文化过渡到希腊文化的过程，再加上他对罗马法的保存，更让学者认为他是历史上的一个重要人物。虽然他恢复罗马帝国的理想并未实现，但他成功地保留了罗马文化，让罗马文化能在日后的欧洲文化中发光发热。——译者注

在进入巴列奥略（Paläologen）① 王朝统治时期，即 1345 年产生了著名的拜占庭法律教科书，该书由萨洛尼卡的一名法官哈姆门保罗斯（Harmenopoulos）所编写的，该书分六卷。无疑哈姆门保罗斯是拜占庭晚期最为引人注意的法学家之一，尽管如此，我们更关注的是他在 1344 年至 1345 年间写了那套六卷本的教科书。在写完这套书不久之后他被任命为撒罗尼地区的全民法官（krites）。这六卷套的教科书原本仅仅是从一个法律工作者的工作角度，将一系列基本的现行法律法规进行简单地汇编并将已经形成的现行法例融合其中，在其开篇附随着两个序言及作者对其所作的评论。而哈姆门保罗斯在此基础之上，经过非常刻苦的挖掘以前所有的法律，及其可能会发现的所有法律素材，即使是那些最容易找到且随处可见的他也仍然按照某些特定的专题进行组织。其目的就是想让每一个读者能够在很短的时间里，以其简洁的路径和简单的方式接触到法官。这也是由于他所做的这些努力使得该书在拜占庭帝国当中第一次成为帝国的法律国书，后来也被翻译成多国语言予以传播。不仅仅扩散到整个希腊，同时也延伸到土耳其统治时期，并成为现代希腊国家民法的理论基础，直到 1946 年新的民法典产生为止。该套书共保留了 71 部手稿副本，前后经历了从 14 世纪到 18 世纪之久。

---

① 巴列奥略王朝是拜占庭帝国的最后一个王朝（1261—1453）。巴列奥略家族（希腊语：Παλαιολόγος）米海尔八世在热那亚共和国的帮助下于 1259 年夺取尼西亚帝国皇位，与约翰四世一起成为共治皇帝。1261 年 7 月 25 日他夺取了君士坦丁堡，推翻拉丁帝国，恢复了拜占庭帝国自 1205 年（第四次十字军东征）始中断的统治。同年他加冕成为拜占庭皇帝，废黜了约翰四世。巴列奥略王朝是拜占庭帝国统治时间最长的一个王朝，但是这时期拜占庭帝国已是日薄西山，国内封建割据，内讧不已。此外在帝国的安纳托利亚，接受伊斯兰教的土耳其人有了征服和入侵异族的热诚，因此在不断蚕食帝国的安纳托利亚中心领土，亦令拜占庭粮食和人力资源出现短缺（大批希腊语居民称为奥斯曼苏丹的属民）。14 世纪起，帝国屡遭奥斯曼土耳其入侵，国势日衰，国土不断缩减。最后帝国的领土只剩下君士坦丁堡附近地区和摩里亚两地（当然像塞尔维亚、保加利亚等民族的国家已完全亡国）。尽管如此，巴列奥略王朝时期却是拜占庭文化最旺盛的时段之一，见证了拜占庭艺术最后一次蓬勃的发展，这部分是缘于拜占庭画家和意大利画家增加了的文化交流。拜占庭艺术家开展了绘画关于田园风光和地貌的兴趣，而传统的马赛克画作亦渐渐让路于精细的叙事壁画，从摩里亚米斯特拉斯的教堂群落即可见一斑。1453 年 5 月 29 日，君士坦丁十一世在与奥斯曼帝国的总决战中阵亡，君士坦丁堡陷落。随着 1460 年奥斯曼帝国征服摩里亚，1461 年征服特拉布松，拜占庭帝国正式灭亡。——译者注

在教科书的前部包含两个前言。第一个前言是法官的建言:"它告诉他们,他们应该会作出公正的职务表现,其所作的职务表现是将不会也不可能受到任何指责的;他们在行使职责的时候首先应该考虑的是立法者的真正意图,他们不应该谴责任何被告人对于任何人的指责他们不应该去谴责,因为他们没有去向其他有经验的法官进行咨询。"

第二个序言,是哈姆门保罗斯为其所作的所有法律材料罗列出一份清单。紧随其后的是该套书的第一卷本,包括罗马法的历史、程序合法、社会问题,如妇女、奴隶和士兵的法律地位。第二卷本包含法规,在经济纠纷问题(诸如宝藏的发现)、高层建筑物与相邻建筑物之间的关系(如烟囱或在前门的位置就到邻近的建筑物)。第三卷本包括金融问题(采购、销售、贷款等),第四卷本是婚姻的交易规则(允许婚姻交易及嫁妆规则),第五卷本是遗嘱和遗赠。最后,第六卷本是指对所有犯罪行为的刑法制裁与对一切犯罪行为事后的侦查。刑事制裁的一般特点是,更多的是以罚金刑替代身体刑,如此富人在一定意义上,可以通过缴纳罚金而替代对其身体予以惩罚的一部分。

当时的法庭设置是按照等级秩序设置的,其目的是为了适应不同种类的诉求可能。其顶层设计由皇帝和帝国最高法庭组成,地点设在君士坦丁堡的宫殿之中,由12个终身法官组成。皇帝的秘书长(drungarios)同时肩负着宫殿警卫的指挥官,皇帝出席会议,并成为主席,因为他不仅仅是立法者同时他也是最高法官。除此之外,在君士坦丁堡和其他行省还有高等法庭和基层法庭。在行省当中有总督法庭,在其下面有城邦法庭负责处理私人间的纠纷并确定争议价值。这些法官的生成是通过民主选举程序从居民中产生的,即人民法官(Volksrichter)。这些法官在日常城邦公共生活中也像其他地方一样同时兼任行政官职。同样在这些城邦也存在贿赂,这个问题持续了几百年一直困扰着整个帝国的皇帝们。尽管他们也试图采取不同的行政管理模式,但是仍然没有从根本上解决这个问题。在这些行政管理模式当中,仍然存在着一些古老的管理手段。这些管理手段完全出自军团制（Armeekorps）① 的上下级的垂直管理模式。除此之外，教会拥有自己的法庭，这类似于僧侣统治制度（Hierarchie），由君士坦丁堡的大主教（Patriarchen）负责指挥，首先是针对神职人员之间及牧师僧侣之间的纠纷，后来延伸到婚姻诉讼。进入后期发展阶段，城邦法庭与教会法庭彼此之间紧密联系在一起，在帝国最高法庭经常可以看到教会的代表，而在大主教的宗教法庭上也可以有帝国皇帝的官员出现。而在其他城邦法庭几乎只有一位法官，且不能同时出现教会高级主教。拜占庭的法律科学（Rechtswissenschaft）开始于东罗马帝国时期，终止于西方的古典罗马法终止时期。在公元3

---

① 在罗马的疆土与权威都达到巅峰的五贤帝时代（公元96—192年）之后，罗马帝国开始出现衰亡的征兆。内部爆发的社会经济矛盾日渐激化，外部又不断受到以日耳曼诸民族为首的异族入侵，内忧外患无时不在威胁着这个老大帝国的存亡。到了俗称"公元3世纪的危机"时，昔日出尽风头的罗马军团已经大多沦为普通的国境守备队，失去了战略上的机动反应能力。为了填补战略机动兵团的不足，罗马人开始针对各个战役临时编组独立的骑兵旅（威克希拉提欧）。到了君士坦丁诺斯大帝（公元324—337年在位）治世时，终于以这些骑兵部队为骨干，编成了皇帝直属的机动野战军（科米塔托斯）。而被骑兵夺去"陆战之王"桂冠的步兵们身上，再也见不到2个世纪前的风光了。为了节约预算装备骑兵，步兵的装具不得不大大简化。甲胄被换成简便而廉价的式样，罗马军团的象征——方盾、重投枪和短剑都被废止，改为装备椭圆形盾牌、骑兵用双刃剑斯帕达、更轻的投枪"斯皮库鲁姆"（再后改用长枪"朗克尔"）。而传统上表示外籍军团的"辅助军"一词，在全帝国自由民都已获得同等市民权之后，改为泛指轻装步兵部队。骑兵中存在有诸多兵种，其中的主力毫无疑问当属重装骑兵。罗马的重装骑兵的装备与战术基本上模仿自敌对的波斯人，其中最精锐的装甲骑兵"库里巴那利"人马皆被甲，兵士左手挂圆盾、右手携长达4米的骑枪。此外，马匹不被甲的重装骑兵一般称为重骑兵"卡塔弗拉库提"。到了拜占庭时代，重骑兵比装甲骑兵更受青睐，甚至还有人专门生造了著名的"拜占庭重骑兵"（拜占庭·卡塔弗拉库托斯）一词。帝制后期的罗马骑兵的另一特色——弓骑兵（萨吉塔利），同样是总结了对波斯作战的经验而诞生的。在波斯帝国的骑兵战术中，重装骑兵的强大冲击力和弓骑兵的密集火力原本就是密不可分的。大多数情况下，罗马骑兵展开于步兵方阵的两翼及后方。弓骑兵以部队为单位列成横排进行射击，而重装骑兵则被统一集中运用，依靠集群突击战术在战役中发挥决定性的作用。自拜占庭中期开始，帝国军队开始大量采用锁子甲。公元10世纪左右的帝国重装步兵（斯邱塔托）一般装备有锁子甲或胸甲与头盔，手持大型圆盾护身，武器为长达4米的长枪和剑。骑兵依旧是军队的主力。在中央军中，重装骑兵和弓骑兵的装备逐步同化，这同时也意味着弓骑兵的衰退。重骑兵披挂鳞片甲或是锁子甲、戴头盔，手持圆盾或是西欧型的方盾，武器是剑和长约4米的骑枪（康托斯）或是弓箭及投枪。在与阿拉伯人的战斗中，弓骑兵在部队中所占比例逐渐减少，到了公元8世纪，终于从正规军的编制中消失了。而中央军中的一部分重骑兵，又开始给坐骑附加护甲，恢复了昔日的装甲骑兵这一兵种。与中央军相比，地方部队多为轻骑兵。他们披挂廉价皮甲，装备有小型盾牌，以剑或长矛为主要武器。除正规军外，帝国还常常凭借手中的财富，驱使异族同盟军或是雇佣军为己而战。其中表现最突出的无疑当属10世纪末由俄罗斯出身的维京人编成的"维京近卫队"。——译者注

世纪的人们就已经开始研究古代罗马市民群体贝鲁特法学（Beirut-Jura）。①。当进入 5 世纪的时候西方还是实行野蛮法，在古典法学文献当中完全被这些野蛮法所充斥，拜占庭的法律学者们最终抛弃了古典法学文献，而选择在贝鲁特的法学院中建立一个城邦法律系，专门研究野蛮法之外的法，除此之外还有在君士坦丁堡建立了一个分部。当时的这些教授们被任命为先行者（antecessores），在进入到 5 世纪后被称为神人（Heroen），他们在学院当中教授高深的古典罗马法学，他们先前所写的论文被保存在法律文献当中。在进入公元 6 世纪之后，教授们开始对查士丁尼的注释 Kodifikation 进行归纳总结并创设基本原理。目前这种值得钦佩的注释尽管曾经在两院的法学系中被神化，而不久之后被降格成为经院哲学中的一个语言修饰学（Buchstabenwissenschaft）而从此陷入了停顿。同样法庭的司法实践也几乎被奉为与查士丁尼立法同样高的地位。从本质上讲，这里没有其他更多的信息仅仅是十一世纪上半叶在君士坦丁堡的高等帝国法庭

---

① 法学院的历史最早可以追溯到欧洲君主制时期，第一个法学院建于公元 2 世纪的罗马，而后又于公元 3 世纪在贝鲁特又建了一个。这两个法学院建立的目的是培训广大人民（Volk）有能力从事市民服务（civil service）。当狄奥克里先和君士坦丁堡重建城邦政府的时候，城邦行政官员开始在城邦治理中居于关键地位，而这些人城邦治理能力的培养则是法学院日趋重要的任务。为了适应这种现实需求新法学院不断建立，如迦太基（Carthage）法学院、亚历山德里亚法学院、恺撒里亚（Caesaraea）法学院和雅典法学院。公元 425 年君士坦丁堡法学院正式建立，并同贝鲁特（Die Rechtsschule von Beirut）法学院共同将罗马帝国时期的经典法学素材保存下来。随后这些经典法学素材在法学院的研究者中间进行传授，使得经典法律科学再次获得了重生。法学教育与法律技能培训同社会城邦治理永远是息息相关的，因为法学教育与法律技能作为一种社会分工，有助于通过专业化社会治理促成社会秩序生成与社会秩序稳定。制定法典、颁布法律和通过在法学院教授从而使法律知识传播到社会的每一个角落，而这一路径可能是最有效的途径。贝鲁特法学院确切的说是后古典时期（Spätantike）最高的法学研究与法律职业能力培训机构，同时也是罗马法学院的一个分支机构，公元 197 年罗马帝国皇帝塞普蒂米乌斯·塞维鲁（Lucius Septimius Severus，公元 193—211 年）着手建立的。贝鲁特法学院最为著名的两个法律学者，一个是帕比尼安（Aemilius Papinianus，公元 140—212 年），其导师是利贝尔罗姆（libellorum）；另外一个是乌尔比安（Domitius Ulpianus，公元 155—228 年）。他们两个人的著作受到罗马帝国皇帝狄奥多西二世和瓦伦蒂安三世的尊捧，他们的观点成为当时皇帝和行政官员在法律事务决策中的参考依据。他们的论文于公元 426 年被编撰进《狄奥多西法典》（Codex Theodosianus，Theodosian Code）当中。几个世纪以来贝鲁特法学院一直享受着很高的声誉，他们有着为数不多的用拉丁语语言书写的罗马法学家。查士丁尼皇帝时期，贝鲁特法学院的研究成果受到了充分肯定，甚至贝鲁特法学院被认为是未来君士坦丁堡和罗马唯一一个在罗马帝国领域内教授法律的学校。公元 551 年贝鲁特地区发生地震，该学校受到严重的损毁，从此贝鲁特法学院走向衰落。公元 7 世纪，贝鲁特法学院成为永久历史机构予以保留，而不再从事法学教育。——译者注

的判决文集（von griechisch peira，die Probe），其样本影响巨大而有意义的就是那个埃弗斯塔奥易斯·罗麦斯法官，后来成为法庭的精神领袖。尽管这些裁决指引出那些始终具有约束力的法律，而这些法律在本质上始终是出自拜占庭的法律汇编（Basiliken）①，确实是在没有任何其他办法去保证能够以不出错的方式正确的适用规则，这个方式方法就是后来的司法教义学（juristisch dogmatische）。而非限定性解释（unbegrenzte Auslegung）却是另外一种效果，这种解释要么对法律根本不予理睬，要么颠倒事实。他们对案件的裁决完全依凭个人的意志专断，或者依据人格的或政治地位对个案进行裁决，这种裁决的直接后果就是对法庭面前人人都平等（allgemeinen Gleichheit vor dem Gericht）的这一原理的直接伤害。而且这种审判是一种非理性的（arational），与西罗马野蛮法有着非常多的相似。这种裁断或多或少是不可预见的法官裁断法（Richterrecht），这种裁断一方面带着非常多的花言巧语式的废话，另一方面尤其是在埃弗斯塔奥易斯·罗麦斯看来具有着独裁性质（souveräner）的独立自主的个案正义（Einzelfallgerechtigkeit）。应该说司法教义学，最早在公元6世纪的时候就已经从经院哲学的语言修饰当中脱离出来。从其脱离的那天起司法教义学就没办法同公元五世纪末贝鲁特和君士坦丁堡地区的古典教义学的适应性相比较。但是一个社会的正义所具有的意向，也仅仅是为了与今天的概念相适应的。查士丁尼在其所编撰的法典中，为私法确定一个固定的、可以预见的原理，这些原理对国民经济的正常运转起到了巨大的作用。透过贝鲁特和君士坦丁堡这两个法学院对法律人予以培训所产生的结果就是形成一种法学研究秩序（Studienordnung）。并且如此，人们普遍认为，这种培训应该能够确保法律人和经济人一种未来。在理论层面上，这些原理在随后的300年的巴希尔法律汇编当中获得验证，并建立了大量的理论基础。而在实践层面上，却向其他方面发展。这种由古典罗马法所获取的法律的安定性（Rechtssicherheit）与法律的灵活性

---

① 巴西尔法律全书（希腊：τ? βασιλικ?［νόμιμα 或 βιβλία］= 拜占庭帝国法律或书籍）是拜占庭巴西尔皇帝一世（Basil I,? —886年）倡议编纂的拜占庭法典，其中有关《学说汇纂》部分的希腊译文构成了《学说汇纂》的一个来源，也是16世纪的学者重构《学说汇纂》的来源。其原始文本的重要参考资料是集合了拜占庭所有法律的汇编共计60卷本。该法律汇编始于拜占庭皇帝巴尔迪及他的儿子利奥六世，最终完成于莱昂六世，前后经历800多年。该汇编的序言中明确了其工作的宗旨，即是将所有民法大全中的法律材料汇编成为一体，而排除其他多余。该汇编几乎是唯一的法律来源。因此，前四部分是由查士丁尼编纂的，但其范围是非常有限的。基于此通过作者自己的文字性解释，完成法的介绍（Eisagogē）。其目的是对立法工作起指导作用，后又完成有关私法和刑法方面的法学教科书（NOMOS Procheiros）。——译者注

(Flexibilität）组合，已经不复存在了。首先关注的就是在查士丁尼时代就已经开始抛弃了法律的灵活性，而专注于语言修辞学，并且随后进入到埃弗斯塔奥易斯·罗麦斯的司法实用手册时代，开始关注法律的安定性。在私法领域中的司法教义学显示这样的例子，在债法当中产生一个重要的工具，即透过因例得法、以例授法，从而使读者掌握使用阐释规范这一工具的方法，达到"反三"的目的，此方法后来被称作为例授法（Stipulation）。普遍认可的是罗马法中形式自由与仪式性交易（förmliche Geschäfte）与古希腊的文件性方式或书面性方式相类似。自从公元8世纪末期的艾琳女皇法律 Gesetz der Kaiserin Irene 中有关契约的基本规定，即缔约双方当事人如果是以书面的形式起草，并且现场在五个或七个证人的见证下双方经过签字后，那么这个契约方能产生效力。在抵押人和担保人丧失信用的情况下，而在为了给债权人提供安全保证功能（Sicherungsfunktion）的这一问题上，在查士丁尼时就已经通过大规模削弱保证人和抵押人的担保能力，后来通过法律对其他请求权人（Forderungen）授予优先权的方式来解决。在对土地所实施的担保和非占有性的抵押（hypotheca）上，进入公元8世纪的时候就已经不适用了，另外还需要附加其他条件。

私　法

这些普遍没有保障的法律和繁琐的诉讼程序是造成长期上诉的重要因素，人们在法律争诉当中被不断的消耗着，甚至在少数的几个世纪当中，对国民经济重要的信用行为几乎全部被消耗殆尽。尽管在东罗马的教会《圣经》当中有禁止发放高利贷的规定，但是在西方却很少能够被执行。然而另外可以发现在父权领域中发生了一些理性的变化，其原因是在这个领域当中执行的是希腊法律。透过那些田野诗歌可以看到，那些长期生活在罗马父权家长制环境下的成年孩子早已经不存在了。并且婚姻法也已经宗教化，在查士丁尼法典当中还保留着古老的罗马谚语，即合意婚姻基于婚姻双方的情投意合（consensus facit nuptias），即告婚姻成立，此项婚姻将通过一种非形式性的契约由婚姻双方共同缔结（Ulp. D. 50. 17. 30）。同样在田野诗歌当中，也将会发现一种书面契约的规定，即缔结契约必须经由三名证人共同签字确认后，而由缔约双方签字缔结方可生效。到了公元900年的利奥皇帝制定出一个法律规则，即婚姻缔结还需要在教堂内缔结，接受神赐祝福后并完成一系列程序后方为生效。对于所有男性而言，婚姻法在整个私法体系当中，相比债法扮演的角色要重要得多，这些都可以在司法实践手册当中找到。在查士丁尼法典中还可以发现一些值得回顾的事情，诸如在离婚案件当中，独自一方提出离婚是很困难的，只有出于一个特定理由才允许。这个问题来来回回争论了一千多年了，关键是拜占庭的离婚也像罗马人那样，还需要双方彼此同意才可以。查士丁尼首先提出这个问题，并且很快对离婚条件作了修改，规定离婚必须是基于双方同意，单方同意是不允许的，并且婚姻双方都想要解除婚姻契约，离婚后女方要立刻投到寺庙当中成为圣女。然而这个规定仅仅保留了25年，之后被废止了。直到后继者查士丁尼二世的时候这个规定又开始了，离婚必须是彼此同意的。在进入公元740年该规定被再一次废除，尤其是对妇女提出离婚的较少有例外，尽管如此，这种规定也不可能被正确地执行，也成为教会的苦恼直到帝国终结。在物权法当中有关所有权的规定基本上没有改变多少，仅仅是所有权关系回转相对比较慢。这些自由农民往往被排除在大庄园之外，进行了大量的反抗，这些反抗无形当中也推动了司法发展。农民被永佃权严格地束缚着，这种产生于农奴制而发展于后古典的罗马最后进入中世纪的庄园制度当中。

刑 法

拜占庭的刑事法律相对于罗马查士丁尼法典中的刑事法律规则而言，已经作出非常惊人的改变。这些改变完全可以在公元741年的伊索寓言当中发现，直到拜占庭帝国灭亡为止，拜占庭帝国为其刑事法律创造出了一种全新的特性。他们为其创造了较为完善的身体刑体系，这个完全有别于罗马传统。自从拜占庭开始有刴手、割舌、挖鼻以及男性生殖器阉割，同时还伴有挖眼等身体刑，这些刑罚措施构成了报复性刑罚（spiegelnde Strafen）的一个组成部分。对身体的任何部分实施惩罚是与其所实施的违法行为相适应的（identifizierte），诸如作伪证、假誓就要割舌。除此之外还有其他的像早期就有的死刑、在农场里服劳役、放逐和财产刑。同时在宗教的影响下，侵犯伦理性行为（Sittlichkeitsdelikte）的范围被无止境地无限扩大，不仅离婚要被处以刑罚，而且对每一个不正当的交往都要处罚。根本没有免于刑罚的姘居，这个在古典时期也同样是不言而喻的。尽管对有些行为可以有减刑的存在，诸如离婚就是一个例子。在古罗马不曾有刑罚的事实结构（Straftatbestand），仅仅是公元前18世纪的奥古斯都尤里安的通奸法（lex Julia de adulteriis）当中有这样的结构。对这样行为处罚结果是放逐和高额财产刑。对通奸的惩罚的对象仅仅是妇女，而惩罚的事实是由已婚妇女和她的通奸者，这个通奸者不是她的丈夫三个事实构成。尽管受到教会的强烈压迫，但还是将这些规定保留到拜占庭帝国灭亡。随着康斯坦丁基督教的进入，公元 326 年在法律上设定了对于通奸应该处以死刑。这些在查士丁尼时期就已经规定对奸夫和淫妇都处以刑罚，而对淫妇减轻处罚将其投入到寺庙当中做杂役，如果她的丈夫在一年之内能够容忍谅解她，那么他们的婚姻可能被挽救，而重新回到丈夫的身边。《圣经》再一次确定了法律的平等性。对于奸夫和淫妇都应该割鼻，这种规定对于伦理犯同样适用刑罚。《圣经》在刑法史上是第一个法律，它的目标是所称的普遍性预防（Generalprävention）。它不再仅仅是为了报复，而也为了威慑。这种机能直到今天还是作为一种重要的刑法机能。在《圣经》的序言当中有这样的描述，惩罚犯罪的时候我们必须要有分寸，以适当的刑罚简洁而又清楚地告诉人们，这个善良的律法是有利于人们理解和应用，让人们看到对犯罪行为实施公正的报复，并对潜在的行为起到阻吓，最终对犯罪人的罪恶和犯罪癖好予以改造。很显然，《圣经》真正地阻止了堕胎行为的发生。在罗马法当中曾经有一个针对一个特别的实例适用刑罚，这种情况在后古典时期就已经开始了，诸如一个已婚妇女违背她的丈夫意志而决定堕胎，并且这种方式可能导致丈夫断子绝孙。同样在《圣经》当中还有一个补充，即对掩饰通奸的行为人，处以鞭刑和放逐刑。仅仅是在巴希尔法律全书当中设置了普通刑罚，这种刑罚对于未婚妇女也同样适用，在适用刑罚的时候依据他的动机按照《圣经》当中的刑罚方式予以惩罚。拜占庭中的刑法中的收容避难（das Asyl）所扮演的角色与希腊刑法基本相同，但是与罗马不同，在整个体系当中扮演着重要的角色。即希腊是在寺庙当中，而在拜占庭是在教堂。对于杀人或者通奸这类行为，普遍认为应该处以重刑，这已经是公认的，甚至是普遍流行的观点。教会可能惩罚犯罪人自己忏悔（eigene Bußen），而随后由城邦的法庭将对犯罪人判决对其驱逐城邦。债务证明（欠契），由债务人向债权人签发，在债务没有返还之前是不能要求返还的，而如果债务人将债务证明抓到手中并将其销毁的按照古罗马拜占庭法律，对这种毁损文件的行为按照伪造文件罪予以刑罚处罚。人们习惯将这类行为归于伪造行为。从有利于增加城邦财政的角度出发，对这类行为所做的刑罚包括财产性刑罚和驱逐性的刑罚，而这些刑罚是自己不能减刑的。但是埃弗斯塔奥易斯·罗麦斯法官认为应该寻找一种适当的途径和与行为相适应的方式。简单地说，就是如何对文件的毁损行为定性的问题，如果债务人从债权人那里将债务证明偷窃过来后而毁损的，那么对这种行为应该按照古罗马法判处为盗窃罪，同样在巴希尔法律全书当中对这个行为的判决是恢复债务，并判处债务人支付所欠债务的双倍额度于债权人。除此之外，法官还需要一个法定原则，那就是要用对盗窃行为轻度刑罚去替换类似于伪造行为严酷刑罚，并将这一原则同样编入拜占庭法律全书当中，这就是罗马法官赫莫根尼安（Hermogenian）所提出的一个定理，即法官在判决案件过程中如果有轻度刑罚可以适用的话，就应该立刻停止严酷的刑罚，只有这样才可能使一个法律①得以存在。后来，这个定理被查士丁尼吸收到立法注释当中去。

如果按照赫莫根尼安所提出的这个定理，整个状况将完全改变，也就是说同样的案件在同样的一部刑律范围当中，可能会产生完全不同程度的刑罚。同样埃弗斯塔奥易斯·罗麦斯也清楚地认识这个问题，但是他没有受到干扰。他在审理案件当中还是按照他自己独特的窍门，即对不同刑律的实际关系准则予以修改，这是司法教义学完全不可能的，但这也可能导致被告人逃脱。即如果法官更愿意对犯罪人在严酷刑罚之下而减轻处罚的话，那他不是基于伪造，而是基于盗窃作出的判决，尽管两者都有相同的侵权行为。

针对债权人手中持有的债据而实施同样的违法行为，却有不同刑罚程度，如果法官遵循这个法定原则，且他也找到了两个相应的刑罚，一个是严酷的，一个是轻微的，很显然他选择适用轻微刑罚的话或者他选择严酷刑罚的话，都基本上与法律相一致的。

法　律

对于拜占庭法律历史而言，存在着很多的古典罗马的应用素材，这些素材有一千年的历史记载，并且与其紧密相关的还有邻近的三百年历史记载。尽管我们认识到，古典罗马相比拜占庭有很多改善，这其中有三个原因：首先是法律史的研究上处在不可比较的高度上，这对罗马法造成了损伤，因为罗马法的发展一直延续到今天的欧洲，而拜占庭却只留下了较少的痕迹。其次是拜占庭的法律历史资料仅仅是一些概括性的描述，而年代久远的且范围较广的转移文献确实较少。第三是诸如理性、法律安全组合以及古典罗马法的灵活性在很大程度上被迫放弃了，其根源在于与当时的司法实践诸如当时的书面流传方式等相适应。仅仅根据西蒙在他的法律发现的短文中的高等法院的判决操作手册这些素材，我们不太可能对拜占庭法律1000年的发展进行基本的分析。今天普遍认为，拜占庭的法律本身是从查士丁尼开始到帝国灭亡发生了完全的改变，同古典罗马如何越过野蛮法到中古世纪的核心欧罗巴的结论很相似。在细节上我

---

① 该术语的内涵既包含着实体的、明文的、法定的律文，同时也包含着审判的程序、方式方法，判定依据的原理、原则。

们仅仅认识到了拜占庭的立法发展及相关一些司法文献,至于司法实践确实是很缺乏的。埃弗斯塔奥易斯·罗麦斯是一个非常重要的例外,从他那里我只知道,除了他所记载的之外,其余的一概不知。没有实践的认识,其他的或多或少都是空谈!

文献资料:

Allgemein: Die einzige und z. T. veraltete Gesamtdarstellung ist immer noch: *K. E. Zachariä v. Lingenthal*, Geschichte des griechisch-römischen Rechts, 3. Aufl. 1892, Ndr. 1955.

Rdz. 46. : *G. Ostrogorsky*, Geschichte der byzantinischen Staaten, 3. Aufl. 1963; *F. G. Maier*(Hg.), Byzanz, 1973(Fischer Weltgeschichte Bd. 13); *R.—J. Lilie*, Byzanz. Das zweite Rom, 2003.

Rdz. 47. : *P. E. Pieler*, Byzantinische Rechtsliteratur, in: H. Hunger(Hg.), Die hochsprachige profane Literatur der Byzantiner, 2. Bd. , 1978, S. 541 ff. ; *G. Dulckeit*, *F. Schwarz*, *W. Waldstein*, Römische Rechtsgeschichte, 9. Aufl. 1995, S. 320 ff. DieEkloge, nun herausgegeben und übersetzt von *L. Burgmann*, Ecloga. Das Gesetzbuch. Leons III. und Konstantinos V. , 1983. Die Basiliken: *H. J. Scheltema*, *N. van der Wat*, *D. Helwerda*, Basilika, 1953 ff. Die Pira: *J. und P. Zepos*, IusGraeco-Romanum, 4. Bd. , 193I (Ndr. 1962). Harmenopoulos, Ma nuale Legum siveHexabiblos, hg. v. *C. W. E. Heimbach*, 1851(Ndr. 1969), mit lat. Übersetzung.

Rdz. 48. : *Zachariä von Lingenthal*(s. o.), S. 353 ff.

Rdz. 49. : Zur Rechtsschule und den Juristenfakultäten Berytos und Konstantinopel: *W. Kunkel*, *M. Schermaier*, Römische Rechtsgeschichte, 14. Aufl. 1005, S. 195 ff. Zu den "Heroen": *D. Simon*, Zeitschrift d. Savigny-Stiftung, Rom. Abt. Bd. 87, 1980, S. 315 ff. "Buchstabenwissenschaft" des 6. Jahrhunderts: *D. Simon*, Zeitschrift d. Savigny-Stiftung, Rom. Abt. Bd. 86, 1969, S. 334 ff. Zur Pira grundlegend *D. Simon*, Rechtsfindung am byzantinischen Reichsgericht, 1983; vgl. dazu noch *G. Weiss*, Hohe Richter in Konstantinopel, in: Jahrbuch d. österr. Byzantinistik, 22. Bd. , 1973, S. 117 ff. und *N. Oikonomides*, The Peira of Eustathios Romaios, in: D. Simon(Hg.), Fontes Minores VII, 1986, S. 169 ff.

Rdz. 50. : Zum Niedergang des Kreditwesens: *Zachariä von Lingenthal*, S. 319 ff. , zu Zinsen und Zinsverbot S. 308 ff. , zum Zinsverbot in Westeuropa Rdz. 94. Zum Erbrecht: dort S. 71 ff. , außerdem *D. Simon*, Fontes Minores I, 1976, S. 16 ff. Und *L. Burgmann*, *Fontes Minores IV*, 1981, S. 107 ff. Beispiele für Urteile zwischen.

freien Bauern und Großgrundbesitzern in der Pira: *G. Weiss*, Hohe Richter in Konstantinopel, in: Jahrbuch der byzantinischen Byzantinistik, Bd. 22, 1973, S. 136 ff. Zur Rechtswissenschaft außer *D. Simon* 1973 (Rdz. 49) schon *Zachariä von Lingenthal*, S. 320.

Rdz. 51. : *Zachariä von Lingenthal* (s. o.) S. 325 ff. ; *B. Sinogowitz*, Studien zum Strafrecht der Ekloge, 1956.

Rdz. 52. : Das vollständige Urteil in deutscher Übersetzung bei *G. Weiss* (Rdz. 49) S. 138 f. mit einem kurzen zutreffenden Kommentar ("klassisch römisch" ist etwasirreführend).

Rdz. 53. : *D. Simon*, Rechtsfindung am byzantinischen Reichsgericht, 1973, vgl. bes. S. 25.

第五章　凯尔特人、日耳曼人、斯拉夫人

部族社会

　　理论上讲，古典的欧罗巴的社会形态绝大部分还是处于部族①社会（Stammesgesellschaften）形态。因为这些部族当时还不能或者根本不说希腊或拉丁语，而是用自己的部族语言进行表述，因此这些部族人被希腊以及罗马人称为野蛮人（Barbaren）。"野蛮人"这个词仔细听起来就像"吧吧"（barr-barr）的声音。很早以来人们就曾经知道凯尔特人（Kelten），这个部族的人生活地域从西班牙、法兰克、英格兰向西拓展，途经南德意志②最终延伸到意大利北部地区。

---

　　①　"Stamm"，指由种族相同、习俗相同的多个家族或氏族组成，并有公认的领袖带领的社会群体。该词通常译作"部族"，其含有"树干与母体""种族""杖"的意思。由此看来，这个词所指的，是由一群族众围绕着拿着王杖或手杖的首领或族长进行同种同源性、共同的、相互依赖的生活。这里尤其需要强调的是部族实质上由共同世系的人组成、而又按支派划分的社会群体。部族社会的组织结构安排大都按部族结构运作。他们在旷野安营拔营，都是照着部族编制进行的。土地也按部族分配，并有律法规定土地的归属，确保土地不会由一个部族转移到另一个部族去。在各个部族内部又按宗族进一步划分。部族是当时古典欧洲的基本单位，也是最重要的社会结构。在每个部族内部再按宗族首领的世系划分为不同的大家族（"家族"的广义用法）。——译者注

　　②　德意志（Deutschland）一词并非是从某一个部族或某一个国家的名称派生过来的，而是指代那些说着共同语言，且居住在德、法语语区交界地，生活在法兰克帝国东部地区的日耳曼各部族整体。在这个部族整体当中，既有讲日耳曼方言的部族，也有讲罗马方言的部族。这些人与说"罗曼语"的人不同，这个部族人所组成的部族整体具有强大的包容性，能够把"属于人民或部族的"人接受到部族整体当中。"德意志"一词既是一个语言和文化概念，同时也涉及所有讲德语的民族。在日耳曼部族民众的心里，该词有一种"同属一家"的情感。此时，"德意志"一词不只是指语言，而且还指说这种语言的人，即王国中所有讲日耳曼语的部族。当这些部族后来建立了自己的王国，也就是德意志国家时，他们不但启用这个词命名自己的语言和人民，而且还用它来称呼自己生活的国家。——译者注

早在公元前5世纪的时候就有希腊历史学家希罗多德① （Herodot） 曾经对凯尔

---

① 希罗多德（希腊语：ΗΡΟΔΟΤΟΣ，公元前484—前425年）古希腊伟大的历史学家，著成《历史》（'Ιστορίαι）一书，成为西方文学史上第一部完整流传下来的散文作品。西方古典文学的奠基人、人文主义的杰出代表，在古罗马时代，希罗多德就被誉为"历史之父"。在小亚细亚的西南海滨，有一座古老的城市叫哈利卡纳苏。公元前484年，希罗多德就生在这里。他的家庭是名门望族，父亲是豪富的奴隶主，在当地颇有威望。叔父是著名诗人。富裕优越的环境使希罗多德自幼受到了良好的教育。他从少年时代起，就勤奋好学。特别喜爱史诗。大约从30岁起，希罗多德开始了长期的漫游。他的足迹东至两河流域，南达埃及最南端，西至意大利半岛和西西里岛，北临黑海沿岸。他每到一个地方，就广泛了解乡土人情，细心考察文物古迹，多方采集各种民间传说，努力搜求各类历史故事。长期的游历不但开阔了他的眼界，丰富了他的知识，而且对他后来写作历史有很大帮助。公元前447年，希罗多德来到雅典。经历了希波战争的雅典，在政治，经济方面都有很大发展，学术文化更是称雄于希腊世界。他身逢盛世，并与著名政治家伯里克利、悲剧家索福克勒斯等人结下深厚的情谊。他积极参加文化活动，写了不少诗文。受了伯里克利等友人们的鼓励，他决心写一部叙述希波战争的历史著作，传之后世。公元前443年，希罗多德随同一些雅典人前往意大利，在一个海湾建立的新城——图里奥伊住下来，开始写他的历史著作。所著《历史》一书，共9卷。1—5卷第28章，叙述西亚、北非及希腊诸地区之历史、地理及民族习俗、风土人情。第5卷第29章，主要叙述波斯人和希腊人在公元前478年以前数十年间的战争。书名和分卷方法出自希腊化时代的学者之手。该书也是一部文学作品，书中众多人物性格鲜明，语言生动，亦作《希腊波斯战争史》。在希罗多德和西方历史学家的眼中，一直都对人类的文化和文明进行分类，而希罗多德以我们和他者区分文明的两类属性即文明与野蛮。具体如：（1）希罗多德在史学上首先采用了历史叙述的形式，创立了一种前所未有的新的历史编纂方法。其特点是以历史事件为中心，记事系统连贯，叙述生动有趣，把历史真实性与描写艺术性结合起来，为后世的历史叙述体奠定了基础，至今仍被西方奉为正宗，成为编纂历史的通用体裁。（2）希罗多德目光远大，胸襟开阔，表现了对历史的远见卓识。首先他把眼光投射到希腊以外的世界。他所写的是希波战争，实际上涉及当时希腊人认知的世界范围。他十分重视东方诸国的文化，表现了不少明智的见解。他甚至认为东方是一切文化的摇篮，哲学思想、宗教信仰，以至日常生活习惯，他总是对东方的"舶来品"感到神往。（3）希罗多德能注意考证史料，辨别真伪，在西方史学上最先使用了批判方法。在他以前的历史记载很杂乱，他比较各家记载之异同，从中剔除不可信的东西，为历史学的发展开拓了新局面。希罗多德不仅是一位历史学家，而且还是一位进步思想家。他推崇希腊，称颂雅典，向往奴隶主民主政治。在希波战争问题上，他站在希腊的立场，斥责波斯王的侵略行动，指出其蹂躏他国领土的不义之举。在希腊各邦中，他尽力讴歌的是雅典。他十分推崇雅典的民主政治，热忱歌颂它的民主自由与权利平等。他认为之所以雅典人作战英勇，能打败敌国，原因是雅典公民享有广泛的民主自由，每个人都是为自由而战。希罗多德虽然称颂雅典，向往奴隶主民主政治，但他对波斯并非一味仇视。他所反对的只是波斯入侵希腊的不义之举，他对波斯的文化也是持赞扬态度。希罗多德在欧洲史坛最先对史料采取了一定程度的分析批判态度，而不是盲目相信一切传闻。他创造了叙述历史的新方法，把记载史实和加以阐释有机地结合起来。对于历史事件，希罗多德并没有首尾一贯地解释发生的原因，时而诉诸神的意志和命运，时而认为取决于个别人物的才能，也有时借助于对历史或地理情况的分析。希罗多德虽然推崇雅典民主，但充分肯定古代亚非人民的文化成就。——译者注

特人予以描述过。同样恺撒也在他的《高卢战记》(Bellum ①Gallicum) 当中对

---

① 中文的战记是拉丁文 Bellum 的习惯翻译。该作品系罗马大将朱利叶斯·恺撒写的回忆录。《高卢战记》拉丁文原标题的 commentarii，显示恺撒这两篇战记与同时或稍晚的史家，如撒鲁斯特（Sallust）、李维（Livy）与塔西陀（Tacitus），有差池之处。尽管这些古典作品标题可能为中古士林所添，但这也暗示中古与文艺复兴学者认为应该用不同的角度来诠释《高卢战记》。commentarii 的主要作用是什么？西塞罗简短的评论，同时比较两部战记与其他史书，可以给予成员思考的方向。西塞罗可能写过 commentarii。他曾简短地指出 commentarii 与罗马传统的编年史文体的差别：commentarii 主要给后世的作家（西塞罗原文作 scriptor，学者也译为 historians）撰写 annales（直译为编年史，但也解为 histories）的参考与资料，西塞罗并称赞恺撒平实简易的笔法正是 commentarii 的典范。西塞罗在文中明确地区分 commentarii 与历史是不同的文类。恺撒与其他罗马史家作品的差别更彰显其分野。撒鲁斯特等史家的作品，事件呈现缜密紧凑、节奏流畅快捷、运笔精彩生辉，并间有与该主题无太大关系的史家评论或插曲——这是自希罗多德与修昔底德以后的特色。反观恺撒，其两部战记，各花一书五十节来记录一整年的事件；在结构上，危机、爆发、转机、凯旋与冬归、危机、爆发等成为一成不变的公式；恺撒平实的文字风格更是迥异于诸位史家；而罗马史书常具备的评论与插曲，两部战记更是阙如。由以上两点看来，阅读恺撒必须从 commentarii 出发。只是，commentarii 现存的作品仅《高卢战记》与《内战记》两部，目前并没有足够的历史证据可发现 commentarii 的归纳体例规范。因此，阅读《高卢战记》必须要从恺撒独一的角度出发。叙事技巧丰富了《高卢战记》中各个历史事件中的意义。两本战记非平实呆板的参考资料而已，恺撒在字里行间透露出许多讯息。除了事件安排之外，对仗、映衬、排比、倒反、插叙等手法，强化了某些角色、事件、决策以及结果在各个章节中的重要性。其中，恺撒个人政治史是格外重要的因子。五十七年至五十六年（第三书），恺撒离开高卢与其他克拉苏与庞培谋振旧势，因此第三书的分量较其他六书不匀称地简短；在其他书中，恺撒隐含带过自己的过失与误判，轻忽带过，但是他却在第三书藏不住对属下责难——当然，他也不吝惜赞许他们制敌化险得宜。恺撒的叙事技巧，就众人最熟知的第一书为例。第一书为恺撒担任高卢行政官的第一年，这是他政治需要表现的一年。古代文献如苏维托尼乌斯（Suetonius）与普鲁塔克（Plutarch）等表示高卢一职有利于恺撒远离罗马强烈的政治，并拓展新的版图。在恺撒笔下，蛮邦粗暴、粗横无知无礼，迥异于罗马人的文明；蛮族逼迫文明的罗马人作出最坏的决定——反抗。第一书前半部，赫尔维提人（The Helvetii）已遭恺撒击溃 (1.27)，但蛮族问题绵绵不绝，接踵而至。恺撒对高卢各部族重申罗马人的胜利对高卢人的益处 (30)；然而，高卢各部族却议论纷纷，分别控诉亚里亚维斯图斯（Ariovistus）与锡魁亚人（The Sequani）进犯高卢 (31)。这时，恺撒特别注意到锡魁亚人的沉默 (32)，他并不询问他们入侵高卢的起因，只任他们指陈亚里亚维斯图斯的残酷。亚里亚维斯图斯坚信进攻的正当性 (34) 及其跋扈 (35—36)，将和平推到绝境。亚里亚维斯图斯在文中恐怖的形象感染罗马阵营，恺撒即刻布达点兵训话，重申蛮族长于谋计，罗马人胜之于勇武，这才解决营内的危机 (39—41)。恺撒并非单线性地揭示亚里亚维斯图斯的蛮性，恺撒还以罗马为准，前后衬托。恺撒愿意与亚里亚维斯图斯妥协，但亚里亚维斯图斯认为这是罗马人单方的无理要求 (35—36)，恺撒重述罗马人对异邦的友善与宽仁，但亚里亚维斯图斯却傲慢地沉溺于自己的伟大与侵略 (43—45)；恺撒诚心面谈，但亚里亚维斯图斯却使诈和行刺 (43—46)，无心谈判，更俘虏使节 (46—47)。恺撒慢慢铺设亚里亚维斯图斯将日耳曼与罗马推进战场，叙述这位敌人的狡猾手段与多变性情。恺撒特别着重问题的开始、转承与结束。虽然恺撒没有清楚交代他在战场上的运筹调度，罗马人当然取得最后的胜利，恺撒强调解救出的人质，烘托出罗马人的信友。恺撒仔细安排描述罗马军的遭遇、敌人的邪恶、他的气度风貌、圆满的结局——恺撒在各书中，强调他的出现，特别能稳定军心，这可能裨益他在罗马的势力。到第二书后半部，罗马甚至为恺撒举办十五日的庆典，达到这一阶段的高潮。恺撒叙述的事件与其政治生涯有不可分割的关系。两部作品的成文文类与行文结构透露种种的政治讯息，这些讯息也得到其他史料的印证。——译者注

日耳曼人（Germanen）① 做了一些区分。

即在高卢的凯尔特人的附录中介绍公元前 50 年日耳曼先祖们是一个有着文化教养的部族，这个部族人自称为日耳曼人（Germani）。他们生活在莱茵河以东和美因茨河以北的广大地区，至于为何恺撒将这个部族归属于凯尔特人也就无从得知。他们也曾经被归类于异族人，因为他们说的是另外一种语言，遵循的是另外一种伦理。也只有进入欧洲古典时期的末期，此时部族民众的结构发生了变化，尤其是东部的斯拉夫人融入，产生另外一种语言。公元 6 世纪上半叶的一个拜占庭历史学家普罗克皮奥斯（Prokopios，系查士丁尼同时代的人）曾经有过这样的描述：所有的凯尔特人、日耳曼人和斯拉夫人同希腊人罗马人一样都同属于印欧语族，也即被今天的德国称之为印度日耳曼（indogermanisch）语族。现在可以肯定，这种描述完全适合古典部族社会。并且李维也曾经发现科学民族学的基础，即是宗族秩序，这种秩序与社会秩序是等同的。尽管在区隔分化型②的社会当中，也仍然存在着广泛的平均主义，这在农业和畜

---

① "Germanen" 系对新石器晚期至铜器时代居住在今天北欧及中欧一带的部族的一种统称，其使用的语言是印度—日耳曼语，这只是一种口耳相传的表述语，没有记录性文字。最早使用 Germanen这个称呼的是欧洲早期居民凯尔特人（Kelten）。经考古学、人类学及民族学的考证，Germanen具体所指的是原本居住在斯堪的纳维亚半岛南部及其邻近地区的生活习俗、宗教信仰及部族文化相当接近的部族。公元前 1000 年左右，由于气候恶劣，这些部族开始向南迁徙，到公元前 450 年这些部族分布在莱茵河两岸向南延伸至阿尔卑斯山脉北麓地区，东至威悉河。公元前 2 世纪这些部族进行第二次民族大迁徙，并从这时开始与古罗马帝国开始了碰撞与冲突。该部族居住方式以散居为主，迁徙过程中以宗族为单位。日耳曼这个名字内涵后来被扩展为把所有战胜者称为日耳曼人。今天可以从日耳曼传统民歌当中发掘出他们的历史记忆和他们的神祇图伊斯托（Tuisto）、始祖马努斯（Mannus）。而马努斯共有三个儿子，也就是后来的三个部落，即靠近北海的因匈易缚（Ingaevonen）族、靠近内陆的海尔闵嫩（Herminonen）族和分布在其他地区的伊斯苔缚（Istaevonen）族。——译者注

② 在所有社会系统形成之前的社会历史阶段就如同由众多不互相衔接的区段所组成的，各个区段相互独立，这种现象被社会学家称为区隔分化的社会（segmentäre Gesellschaft）。从字面上来理解，segmentär指的是分节，也就是简单的划定与区分以期提示的意思，这既有工作的分工，也有区域的节片化，没有成为一体，在社会协作上仅仅是区段性，没有成为一体和系统化的机能。尤其是在面临共同危险的时候，还不能共同协作组成相互配合的公共组织系统，在抵御自然灾害、猛兽侵袭和其他社会部落进攻的时候，仅仅通过家庭、部族和部落的区片式协调生活，虽然出现社会分工，但这些分工协作还只是区片性没有成为一体、和公共。人类的交际行为主要表现为面对面的族内和族际交流，还不能成为公共交流。在这个阶段，文字尚未产生，因此口片性语言的表达和交际非常重要，通过口头语言，一个数百人的家族和部落社会仅仅是区际片面的信息传递，这些信息传递的过程中不可避免地是带有族内族际的认同与区隔。因此在这个阶段中不可能有阶层和阶（转下页）

（接上页注文）

级的划分，虽然在部落中人与人有分工的不同，同时也初步建立起了长幼次序，但是以族内生产生活资料的所有形式还是族群共有。成员在利用这些资源还是处于平等利用，公共的阶层压迫和阶层归属尚在形成中，因此在这样的社会中具有一种原始意义的族内平等，主要的归属感是家族的归属感和对部落的认同，在人与家族之间形成一种原始的依赖关系，族群成员之间相互依赖。而在他们之间的分工并不是基于契约性关系而产生的义务，他们的分工是基于宗族辈分和血缘亲情关系而产生奉献。同时部族和家庭成为个人的物质和精神寄托的港湾，每个人都要为这个家族进行奉献。在低生产力和高自然风险的社会环境中，部落共同体的存在是建立在每一个部族成员的奉献才得以维系和发展。因此这样的社会为区隔分化的社会，以区别于公共性、一体性、系统性及阶层分化性社会、现代机能分化社会。

　　这种社会的背景是一个区位空间背景，可以想象设定为一个特定的区域，比如德国的莱茵河流域，美因茨河流域、意大利半岛。而在这个社会背景当中的单一元素代表的是一个个家族或部落，它们在某个空间以不规则的状态分布在某些区域；有的圈大，象征着大家族，有的圈小，象征着较小的家族。但是无论如何，社会的主要分化原则是确定的，每个家族圈和部落圈都是由人组成的，少则几十人，多则几百甚至上千人，每个人都归属于部落和家族。因此，任何一个社会都会发展出族性与族际的认同与区隔，而在区隔分化是所有区域社会、公共社会、阶层社会必然存在的阶段。在这个阶段当中，既有文字与语言的区隔，又有生活习俗习惯的区隔，还有信仰与宗教的区隔。在这个区隔分化式的社会当中，文字文明文化的传承已然是不可能的。而这些文字文明文化的传承的基础必然是经由相互融合认同之后而成为公共、一体、系统化社会之后才能完成的。在这个区隔分化社会中的仪式、舞蹈、礼仪和原始宗教、文字、语言、文化就成为一个部落自我纪录和描述自我的重要手段，比如通过巫师、祭司的宗教仪式，通过一个部落民族的篝火舞蹈或群体歌唱，通过一块圣石和一处圣泉，也通过族中老人和成年人对部落起源的口口相传，一个部落和家族便实现了自身信息的传递和保存。年轻的一代在听了长辈的故事后，并在参与部落的仪式和群舞时，接受了古老的信息，并保留了古代部落的传承，同时强力塑造了一个部族内部的认同感。因此在没有文字记录的情况下，区隔分化的社会中出现原始壁画和原始雕刻，这是一种符号传递的信息，是一种自我认知和自我记忆。同时各个部族发展出大量的部落神话和传说，古代的神话也具有储存一个部族集体记忆的重要功能，总之区隔分化的社会是人类的童年时代，人类的许多发展都处在创始阶段从现代功能分化的社会角度来看，古代的区隔分化社会却是一个"功能高度集中"的社会，家族和部落成为人类活动的中心，家庭与经济功能是不分的，家族就是经济生活中心和工作作坊，家族和部落也代行宗教功能，家族内部就是宗教祭祀中心，部落的神护佑着部落，并在某种程度上影响着部落内部的法律和政治。因此家族、宗教、经济和律法裁决的功能是不分开、甚至是融合于一体的：个人对于部落神和酋长的冒犯就可能被家族本身判以极刑，家族本身也决定了该如何进行经济生产、产品分工和产品分配，家族决定着婚配和养育后代，家族是生产大本营、宗教祭祀所、婚姻介绍所、托儿所，家族也是司法裁判处、福利分配局、医院和文化生活中心，总之家族包揽了一切我们在现代化社会看来应该是分开的功能，成为一个功能高度垄断集中的社会，任何脱离家族和背叛家族的行为在区隔分化社会中都是危险的，可能会对个体造成灭顶之灾。在区隔分化社会之后人类逐渐进入一个重要的新阶段——阶层分化的社会。——译者注牧业中表现尤为突出。其社会形态是一种非统治型的社会，其由非遗传继承性的部族首领负责管理或者其他制度化的权力来实施的。这就如同盎格鲁－撒克逊人类学家所说的没有统治的社会（Societies without rulers），在这个社会当中所有的社会秩序的维护，通常是通过部族族众自身的非常习惯性的遵从来实现的。这种现象在单一血缘亲属宗族群当中表现尤为突出，各个族众彼此作为整个宗族的一个节段而按照婚姻均衡关系相互依赖生存。而这个婚姻均衡关系包含两种戒律，一种是异性部族通婚戒律，一种是同宗族内通婚戒律。也即在本部族内部通婚，不得同部族以外的部族通婚，同时还要求不得同本部族中的近亲血缘宗族之间通婚。通过这种多样的婚姻关系使得族群内部彼此之间保持着稳固的团结，这种状况被盎格鲁撒克逊人类学家称为血统。这个血缘亲族更多的是指父系或者母系血缘宗族，但与今天欧洲所普遍认为的血缘亲属不同。一个孩子不可能像今天那样有两个祖父（祖父和外祖父）两个祖母，而是仅仅有一对祖父母，要么是父系的祖父，要么是母系的祖母。也就是说父系家族的祖母不属于她孩子或外孙的亲属，相反在母系家族中祖父也不属于。其宗族排序是根据男性或者女性祖先的多少代来进行的，而男性或者女性后代的子孙的确定也是根据其男性或女性的血缘出身来确定的。通常族群规模从十二或者二十四到超过百人的成员所组成。此外在古代罗马发现一个例子，单亲血缘宗族是单一性别的父系氏族，罗马人称之为宗亲。其后不久产生另外一种完全相反的，就像我们今天欧洲所认可的血缘宗亲，即同源血亲。在这种区隔分化型的社会当中是根本不存在土地私人所有权。土地和大牲畜是宗族所有权，同样也包括奴隶，但是不存在继承权。在某个亲属由于意外因素而死亡，其后围绕着某物将由有份额的家族成员进行分摊利用。同样在结婚的时候所支付的嫁妆将由血亲宗亲各个成员平均负担，但对于未出生的婴儿不适用，同样在父系宗族的血亲妇女也同样不适用。嫁妆通常是牲畜。存在争议的侵权，诸如谋杀在宗族内部被侵权者或者被侵犯的家族同侵权者基于内部血亲的团结原则相互之间彼此协商平均分担，相反尤其在游牧社会当中往往是以血亲复仇替代。尽管如此人们总是试图通过协商途径而避免血亲复仇，而此时不存在公共刑法。在区隔分化型的部族社会当中的法律及前城邦法与城邦法有着完全不同的结构。为此作一个简短的列表比较：

表 5-1 前城邦法律与城邦法比较

前城邦法律	今天的西方—欧洲城邦法
冲突的解决是通过争执双方经过协商并取得一致意见	冲突的解决是通过争议各方的法庭上诉说之后由法庭作出的裁决
紧急时刻通过私人武力的自力救济	必要时候运用城邦的武力 staatlicher Gewalt 进行胁迫（法院的强制执行、刑罚的监狱执行）
很少区分在社会秩序中扮演居间人作用的核心制度	严格区分社会结构中的各个核心关键制度
自我调解	调控
静止、保守	变动、进步
集体性	个体性
具体的人格乃是人格与行为的统一	抽象的非人格性，人格与行为的分离
私人刑法	公共刑法
妥协性、不存在标准性、可预见性结果	理性的、具有原则性的、可预见性结果
结构关联性	领土统一
规范具有秩序性与公正性功能	规范具有秩序性、公正性、统治性与统治监督性功能
规范结构具有统一性	存在法律、宗教、道德和伦理的区分

随着欧洲部族社会统治的不断延伸到亚洲、非洲和美洲，其个中的原因是不同的。也就是说这种制度化的权力（马克斯·韦伯）统治可以由部族的酋长、部族的首领，甚至是公爵王侯，或者是由贵族阶层共同统治者来继承。像区隔分化型的社会所产生的那个部族的首领是否就是部族的执政者和统治者？这在人类历史当中成为一个非常引人注意的章节。对此存在着很多答案，在此就不作逐一探讨。这些都已经发生了变化，尽管这种统治延迟了公共刑法规律适用，那也只是在某些个别案件中诸如古老谋杀案件中的为了表达杀人者的忏悔而支付的赔偿金由其宗族成员均衡负担，除此之外还存在一个所谓的私人刑法。土地和牲畜的家族所有权也逐步发展变化并从古老的家族秩序中解放出来成私人所有权并且产生了个体继承权。凯尔特、日耳曼和斯拉夫人组成一个非常强大而独立的单一部族，诸如在西班牙有四个凯尔特部族，在爱尔兰从公元 5 世纪到公元 12 世纪大约有 150 个部族，在意大利有 8 个部落，而恺撒时代从比利牛斯山到莱茵有 50 到 75 个部落。在较大的部族里生活有大约 50 万人，小

欧洲法律史
Geschichte des Rechts in Europa

的也有10万人而在爱尔兰非常小的有大约3000人。每一个部族都有一个自己的称号、自己的文化和一个公认的传统和习俗，尤其是规律的祖先崇拜。其共性是他们所有人都说同样的语言、有共同的宗教和相同的法律本性。随着时间的流逝这种法律逐渐被均衡的区隔化为酋长统治秩序。部族之间几乎没有相互结仇，而高卢的凯尔特人很可能是被恺撒征服。在这种区隔分化型社会当中已经不完全限定在单亲宗族群体，也不再是一个纯粹生物学上的出身共同体（Abstammungsgemeinschaft）①。在所有部族当中经常会将外族人融入到本宗族血统当中来，尤其是将邻族的妇女和孩子。

这就是在战争中阐明的掠夺，但是所掠夺的对象并不限于妇女和孩子也有男人，这些男人在一段时间被称作奴隶。对于整个部族或者部族中绝大部分人而言，在漫长的部族迁徙过程中更多的适用这个酋长②秩序（kephale Ordnung），这种酋长秩序如同军事统帅站在队伍的前列指挥军队一样。然而这些公爵或者君主、领袖、元首和王被确定为领导地位的人很少是通过军功的，他们往往基

---

① 这个词可以翻译为血源群体或出身共同体，这是一种非政治性的、建立在血亲关系基础之上的，强调人与人之间基于出身的亲和性与血缘的正统性。那些拥有相同出身的人往往把他们各个个体的意识统称为"我们的意识"（Unsere-Bewusstsein），这种意识建立在想象的血缘关系和文化认同基础上，并把自己看作是同一共同体的成员，以此来划定与周围世界的界限；这种"我们的意识"应当说同时构成了整个民族共同体的核心内容。"民族是最大的集团，人们之所以会忠诚于它，是因为相互之间有着错综复杂的亲属关系。而这个我们的意识恰好成为整个民族意识的核心内容。——译者注

② 该词源于希腊语，系头的意思。该词是由头a字意的b喻意和首位a（人）高位b（事物）最高点、尽头、尖端到来源、源头、首位、登基和完成的意思。在宗族社会当中代表这个头对宗族做慈爱与牺牲的领导，宗族则对头做自愿与快乐的顺服。这是头为宗族中成员关系所设立的标准与榜样。这就是作为头领秩序，所以头领做宗族的头是指头要以身作则来对宗族尽到保护与供应之仆人领导责任，宗族则应该尊重头领而有顺服其领导的态度与听从其引导的倾向。头的意义是生命的源头，而不是带领的领导，这里的头领是宗族的头是指头要供应保护成全宗族成员，就如同丈夫是妻子的头也是指丈夫要供应、保护、成全妻子，而不是带领与引导。强调敬畏头领是我们每个人绝对顺服的对象，而我们彼此之间的关系应该是平等的彼此顺服。这同时又具有一般宗族成员之间的彼此尊重与推让，而不是指宗族的领导权柄，这里头领和宗族之间是不可能头领顺服宗族的，只有宗族顺服头领的绝对权柄，这是单向的顺服，这也是夫妻间的榜样。这个词从来不用来指权威性或威权式的人物，在希腊词典当中也没有优越、超越、领导与权威的内涵。也正是在这个希腊语境下才产生后来的基督教和婚姻法当中的诠释，即基督是每个男人的头（kephale），因为男人是透过他完美地被创造；男人是女人的头，因为她是从他肉身而出；同样的，神是基督的头，因为他是从他的本质而来。最终成为平等互补理论的语言基础。——译者注

于出身于高贵的亲族①和男性祖先的高贵血统，整个部族作为他们的血源共同体的整体来出现的。事实上好像完全是另外一回事，这些部族或者部族民众，尤其是 19 和 20 世纪时期德意志的英雄日耳曼人，本身就是属于众多不同出身亲属的一种大杂烩。这其中包括迁徙区的众多土著居民。他们在共同的生活中逐渐被同化或者被逐渐地统一，同时随着这些统一的不断加深他们的语言交流也在不断地扩展，最终被这个生物性与历史性的血源共同体认同为同等成员，并成功地成为部族的领导群体而具有高贵的血统。这在后来的历史学家莱因哈特·温斯库司（Reinhard Wenskus）② 1961 年所完成的著作《部族的结构与宪章》作为核心传统来描述的。以上所做的描述现在分成凯尔特人、日耳曼人和斯拉夫人。

凯尔特人

欧洲古典时期早期拓荒者是凯尔特人（Kelten），他们最原始的居住区域是阿尔卑斯山脉以北从莱茵河到奥地利。公元前 500 年他们从那里开始向四面八方进行拓展，向北一直延伸到美因茨与莱茵河西部交界处，那里也就是后来的

---

① 以家族为单位而涵盖同属一个父系的亲属团体，在日耳曼民族传统社会有三种不同的亲属群体范围，这三种亲属关系各自在泰雅族社会呈现三种不同的亲族行为规则，日耳曼人将这三种亲族分别称之为 qutux bnkis、qutux gluw、gamil。kutux 是纯正，bnkis 是指前四代的直系亲属，以及前三代的旁系兄弟亲属范围；gluw 是指父系前四代的亲属，以及母系前四代的亲属范围；gamil 则是指在一个共同的父系祖先之下，所有子孙形成的亲属群体。综合亲属群体三种关系范畴，日耳曼人的亲属群体乃是以父母与子女共同组成的家族为其基本型态，由此扩展为以父系世代传衍的亲属体，意即日耳曼人的亲属群体，是一个以父系为中心的亲属组织，亲族群体范围涵盖上下推算至第四、五代所知的亲族关系。所谓日耳曼的亲族或亲属群体，实际上是一个极为松懈的亲族系统，以血缘为基础的各种亲族团体，在部落社会中仅仅是在亲族称谓与生活禁忌的规范对象。真正在部落中具有功能运作的群体，是以父系群体与地域性组合为构成要件的泛血族群体，日耳曼语称之 qutux gaga，即遵从同一习惯或祖制禁忌的社会群体。此一群体组合进而产生实际运作的功能，表现在传统社会中的祭祀、农业、狩猎、牺牲与劳役的日常生活之中，其作用力的产生主要来自传统日耳曼人对于祖灵信仰系统的观念所形成。——译者注

② 莱因哈特·温斯库司，德国著名历史学家（1916—2002），代表著作《族裔的形成与宪政》(Stammesbildung und Verfassung, Cologne and Graz, 1961)，他对德意志民族"族裔形成"的探讨使他坚信，如伊西多尔·塞维尔（Isidore Seville）所表达的那种共同起源的观念（"一个民族是从一个源头衍生而来的群体"，或者"一个民族是以其固有的纽带而与另一个民族区别开来的"），乃是一种神话。——译者注

日耳曼人区域。他们在那里从事耕种和放牧，同时极力地推动了商品经济的发展，他们尤其擅长金属加工，并成为其生产经营的主要部分，他们加工的短剑是非常出名的。公元前400年凯尔特人就出产金币、银币和铜币，这些货币的产生对希腊和罗马提供较好的榜样。稍后不久，即在公元1世纪的时候他们开始接受了希腊文字。在进入公元前5世纪和6世纪的时候，凯尔特人的部族管理就已经进入了氏族首领或者部落王的统治。通过对大量的贵族墓穴及古老的城堡的考古挖掘可以显而易见的发现并能证明这些结论。在进入公元前4世纪的时候，罗马人开始对他们实施野蛮的征服。公元前387年的一个黑色的一天这是永远记忆的一天。凯尔特人的酋长叫布伦努斯，在公元4世纪初叶，他带领他们的部族赛诺尼人从法兰克迁徙到意大利，随后他们在亚平宁、阿德利亚安科纳以南之间的区域内定居下来。自从公元前2世纪这些氏族首领被凯尔特人称为"ri"拉丁语的王大部分被贵族统治所替换。这些也许同凯尔特人建城有关，他们在欧洲的阿尔卑斯山以北建城。同期恺撒开始进行大规模的征服，且从比利牛斯山到莱茵河广大区域内的大部分的部族都被罗马人所征服，同时在这些区域内开始了贵族统治（Adelsherrschaft）。

在恺撒的《高卢战记》当中凯尔特人章节当中分别记载了与部族酋长会议并存的元老院、国民会议、宗教会议。同样他特别强调的是，在宗教会议当中普通的国民是不能试图进入宗教会议的，这类似于罗马的百人团大会。相反所有的国民并不能出席这个会议，只有贵族聚集在这个会议当中。这由此产生两个阶层，一个阶层是骑士阶层（equites），另外一个阶层是由有影响力的神职人员组成的巫师阶层（Druiden）。凯尔特王族当时从罗马一直向西外迁途径咖喱申部族最终到达英格兰和伊朗，在公元前1世纪中叶咖喱申部族被恺撒征服。意大利北部区域内的南凯尔特人聚居区一直处于罗马人的统治之下，而且在该区域内的属于亚特人种的塞尼诺人很早就被罗马化。在西迁的这些凯尔特人后来定居在西班牙，罗马在近西班牙半岛建置了两个独立的行省，按地点分别号为近西班牙（Hispania Citerior）和远西班牙（Hispania Ulterior）在公元前26—前19年的坎塔布里亚战争后，近西班牙改称为"Tarraconensis"，远西班牙改称为"Baetica"。

凯尔特人在德国和奥地利居住是在公元1世纪的时候，也就是罗马帝国时代的初期的行省，诸如［（比利时，上下日耳曼尼亚（Germania superior und inferior），拉埃提亚（Raetia），诺里库姆（Noricum），潘诺尼亚（Pannonia）］。尽管恺撒试图对英格兰的凯尔特人进行的征服失败，但是却对德意志和奥地利区域的征服宣告成功，这些后来成为不列颠行省。罗马人在当地保留了凯尔特人的社会结构和文化，而在苏格兰、威尔士和爱尔兰的凯尔特人仍然停留在罗马人的统治之下。在公元5世纪上半叶基督教徒开始进入爱尔兰，英国的凯尔特人在罗马统治末期开始逐步受到排挤或者通过对自从4世纪以来迁入的日耳曼的盎格鲁-撒克逊人予以统一，一部分凯尔特人开始向法国西北部迁徙进入布列塔尼地区的，在那里他们仍然保留着凯尔特的传统。直到公元10世纪被彻底放弃了，之后日耳曼的诺曼人赢得了统治权。从那时起作为法国的公国在诺曼底成为法国的东部邻居，而苏格兰的凯尔特人还处于长期独立的，也只有从11世纪开始接受英格兰的文化以及他们的语言。从此以后，凯尔特因素变得很微弱了，完全被英格兰所统合是在18世纪末期的事情。这就是苏格兰历史末尾捎带的凯尔特人的残余，凯尔特的最后堡垒是在爱尔兰和威尔士。在公元16世纪海因里希八世统治时期，部分成为英格兰的附属国爱尔兰。从此开始英国化（习俗和语言），也就从此凯尔特时代彻底消除。并且只有在威尔士还保留着不少的痕迹直到今天。尽管在13世纪英格兰也曾经被征服，但是在乡村地区语言和意识当中还可以发现古老的凯尔特人的文化。在这些地区当中的20%的居民当中除了说英语之外还说古老的凯尔特人威尔士语。最后的结论是：凯尔特人给欧洲一个伟大的过去，但是他的文化几乎对现实几乎没有产生影响。它的衰落是通过罗马人和后来的日耳曼人不断地兼并和一体化而完成的，尽管他们的后裔在数量上占据欧洲绝大多数。尽管这些是伟大的过去，但是对于他们的法律我们却知道得非常少。也仅仅是在古典时期的恺撒曾经对高卢地区的凯尔特人做过简短的评论，高卢地区具体包括阿基塔尼亚、贝尔根、加利耶，这些都被放在《高卢战记》的导言当中。但是他对凯尔特人的法律却是很少提及，应该说在当时的民族大迁徙的背景下，爱尔兰地区的凯尔特人的法律是非常好的。尽管同公元十世纪的威尔士法律非常相近，然而这些现在都已经不存在了，也不存在相关联的形态。现在也仅仅在整个大欧洲传统当中找到一些司法残骸。恺撒所描述的不同的部族，在今天被称为民族或邦民①。至于氏族血亲以及他们的土地所有权也像在日耳曼一样没有任何述说，因为在日耳曼存在着宗族，而导致对他们的描述与凯尔特人描述方式完全相反。巫师阶层在高卢不仅仅是一名祭祀，而且也是一名法官，他们几乎可以对所有的公共和私人纠纷进行裁决，也包括实施一种恶行或者实施的谋杀行为进行判决。如果基于遗产而发生争议、地界而产生的纠纷、雇佣双方基于劳动报酬发生争议或者对所判处的刑

---

① "邦民"（Civilizare）意思是"教化、开化、文明化"之类，但早期只是"使刑事（criminal）事件变成民事（civil）事件"之意，并由此引申为"使……进入一种社会组织"。——译者注

罚不服等都可以请求巫师①予以裁决。遗产分割的提起，充分显示出土地存在私人所有权。刑罚不必意味着仅仅指涉公共刑法，在罗马法当中存在着私人刑法所规定的忏悔，而这个忏悔的赔偿金同刑罚存在着很多相似。奴隶和妇女的地位相对于男性而言是很低的。凯尔特人的丈夫也像古罗马早期父权家长制度一样，丈夫可以对他的夫人和孩子有生杀权。不久在爱尔兰威尔士的妇女的监护权由父亲、丈夫和儿子行使。根据恺撒所描述的嫁妆法规定，夫妻双方同等拥有夫妻共有财产，而在爱尔兰和威尔士满足于最为流行的婚姻法仪式，英格兰及苏格兰的凯尔特人法律没有任何流传下来。恰好相反，早期爱尔兰法律和威尔士法律却流传下来。重要的来源是流传下来的古爱尔兰法律文集中所记载的伟大传统，这是一个出自公元 6 和 7 世纪的法律汇编，该汇编后来没有对基督教徒产生其他影响。当时在爱尔兰有大约 150 个部族，每一个部族大约有 3000 人，总计有大约 50 万居民。这个部族②不仅仅是人的集合，而且更是一个领土的统一，它是一个很小的王国。在这个部族社会当中存在着等级划分，部族酋长是最高等级的，他是部族的军事统帅，但是他不能发布法律，也只有是高级法官才能够发布法律。至于公共的红衣主教（Bischof ③），爱尔兰人习惯把他们称之为诗人（fili）。爱尔兰的历史学家用"Poet"这个词翻译，事实上

---

① 日耳曼部族的君王是根据其血统的高贵来进行选择的，而其军队的指挥官统帅确是根据其战争的勇气和指挥智慧来选择的。日耳曼部族君王的统治权不是绝对不受限制，指挥官的权威不是凭借着本部族的阶级权威，而是凭借着自己的以身作则、勇气出众、身先士卒和指挥得当，获得士兵们的拥戴。对于死刑的宣判和监禁鞭刑的刑罚的执行只能是由巫师来完成，因为他们的这种做法不是被视为执行君王或者执行指挥官的命令去执行惩罚，而在某种程度上是服从神的意志。日耳曼人相信神会在战场上支持他们，因此他们需要在任何时候尊崇神的意志，这种尊崇既体现在君王不能凭借其统治权去惩罚或者处死部众，或者指挥官凭借着命令可以处死士兵，一切的犯罪都由巫师来完成。即使是士兵在战场上脱逃也要由巫师主持的部族大会对其审理后由祭司执行。

② "Tuath"的词源是古爱尔兰（túath），从原始凯尔特人的 toutā 语发展过来的，原本属于原始印欧语 tewtéh 的分支，从旧爱尔兰 túath 和原始凯尔特人的 toutā 发展出来的。其原本含义是在爱尔兰有一个部落或一组人的所有成员通过订立合同而组成一个松散的自愿治理系统。随着不断发展，在进入中世纪时候，这个 Tuath 随着数量和范围的不断扩充发展成为爱尔兰的一种部族制度，由地主和职业人士参与组成全体大会，它的成员都是平民后裔。每年定期举行一次，在这个会议上决定所有公共政策、与其他地区的宣战或媾和，以及选举新君王。通常是在老君王在世时举行，新的君王必须拥有前任君王四个世代内的血统。因此，在实际上这是世袭的君权，在整个爱尔兰大约有 80 至 100 个。——译者注

③ 通常红衣主教驻守的教堂称为教廷（Dom），在教廷当中分别设定有：教皇（Papst）、枢机主教（Kardinal）、红衣主教（Bischof）、神父（Pastur）、祭司（Kaplan = Priester）。——译者注

"Poeten"这个词是对监察官的一种表述方式,希腊语是"EPISKOPOS",具有监工、监护人及保护的内涵,红衣主教只是一个精神权贵。显然部族这个词对于每一个社会等级的划分都是非常重要的位置,也就是说每一个个体按照社会等级划分都被分配到一个从上到下的多层序列中,尤其是在受到侵权时由于被侵犯人的等级因素而导致侵权人所应该进行的忏悔程度是不同的,而监察官的执行方式有别于法官,他仅仅是通过政治上的赞扬或者讽刺的方式来执行的。

令人费解的是,在整个部族社会当中,最大的地产者却是被人虔诚信仰的上帝,然而这种社会结构却是如此安排的。爱尔兰的历史学家对采邑主和他的佃农是这样描述的:佃农需要根据家畜和土地的数量缴纳农产税,并需要向农场主提供不同形式的劳务。在出现劫匪抢劫或者与其他部族发生战争的时候,佃农要出去抗击或者参战,而采邑主却不需要作任何付出。因为这些佃农或多或少是出自农民,这些农民同采邑主存在着依附关系,这种依附关系就是封建领主土地所有制。这种土地所有制只是需要佃农经常向采邑主提供家畜,但是二者之间不存在人身隶属关系,也没有严格地将佃农束缚在土地上。最根本的关系是采邑主与佃农之间仅仅存在委托关系。

在早期的爱尔兰法律中,父系宗族在整个部族社会当中扮演着重要的角色。爱尔兰的土地所有权大部分为宗族所拥有,这种宗族所有权制对个体私人所有权的充分发展起到了必要的补充作用。在形式上只要取得父亲的同意,子女可以成为土地的所有权人,尽管其没有继承权。如果被继承人没有女儿,他的儿子是土地和不动产的继承人。此外,占有人经过一年或两年的没有争议的利用可以取得所有权。针对已婚妇女依据婚姻关系,可以拥有与其丈夫完全不同的继承权。古老的爱尔兰曾经存在着非常多的婚姻仪式,而男方和女方都可能拥有非常多的财产。此外,夫妻可以拥有共同财产,对共同财产拥有同等份额。然而每一个妻子实际处于丈夫的监护权的监护之下,如果妻子在不征得丈夫同意的情况下是不能与他人缔结合同的。妇女始终是一个被监护人,要么是处于她的父亲、要么是处于她的丈夫、要么是处于她的儿子的监护之下。如果她被侵权,按照私人刑法所做的规定,这种侵权是对他的权力持有者所进行的侵犯与践踏。除此之外,她必须拥有完全法律资格的,并且也能对土地拥有所有权。

在私人刑法当中存在双重赎罪体系,诸如杀人、伤害、强奸、侮辱、盗牧、盗伐,实施者首先必须要进行一种普通的赎罪,这种赎罪要与所侵权的行为方式相适应;随后要根据其对社会统治制度的侵犯等级附加索取一份赔偿,称之为面子价金(lógn-enech, wörtlich: Gesichtspreis)。赔偿履行的方式是以牲畜作为赔偿金。除了这种私人刑法之外,还有公共刑法存在,但是公共刑法产生之初就受到教会的影响，诸如对公共财富的破坏者或者对教会财物实施偷窃的偷窃犯要被放到绞刑架上绞死。契约法曾经在很大的程度上获得长足的发展，最终成为他们的公共通用规则。原则上，只要有证人见证缔约双方可以通过口头的形式完成缔结契约。而且缔约双方可以彼此考虑通过担保或者抵押以保障契约的履行。在爱尔兰也有法律人即法官或职业法官阶层①，和具有不同等级的律师。从留存下来的爱尔兰法律札记当中可以发现这些法律人早期对古代爱尔兰人法律所做的诠释。同样在爱尔兰也有巫师，尽管他们还是基督徒，他们几乎不具备司法功能，他们仅仅在战争中体现那些超乎自然的、彰显其自身的超自然法力的预见和指挥能力。早期威尔士人和凯尔特人的法律有较大的相似性，都有古老爱尔兰人法律的传统和习惯。所不同的仅仅是法律流传的方式不同。其流传的方式不是由法官去解释，而是由君王颁布。这种流传方式是海威尔·达（Hywel Dda）②法律的重要来源。海威尔·达法律产生于公元10世纪的上半叶，在海威尔·达统治的最后几年里罕见的将威尔士的所有法律进行了统合。其中原因也是这些存在着相互冲突，通过这种统合在整个区域形成一个统一的法律。到12世纪和13世纪的时候已经流传了大约30卷。因为是皇帝颁布的法律，故此在它的第一部分当中详细地论述了它的地位和对所有的臣民适用，这在古代爱尔兰法律文集当中皇帝是很少提及的。相对于爱尔兰所不同的是，在威尔士社会当中宗族群几乎不扮演什么角色。如同爱尔兰一样，威尔士社会中的忏悔体系被分成两部分。社会成员的等级制，也同样在妇女地位当中获得体现。如同爱尔兰一样，威尔士社会中的忏悔体系被分成两部分。社会成员的等

---

① 血缘共同体的部落形式决定了部落的宗族标记很大程度上由更大的部落集团决定，爱尔兰语中称为 tuath（意为人民），但最终是居于最小的血缘组织单元——氏族决定，氏族在爱尔兰语中称为 canedl 或 kindred。氏族对个体提供宗族身份和保护，个体之间的纷争通常称为氏族间的纷争。既氏族的责任是保护个体，因此，对个人犯下的罪行通常会导致整个氏族受到指控。凯尔特人中有一个非常重要的风俗，谋杀或侮辱某个个人导致的世仇，通常要整个氏族通过暴力取得报偿。通过职业的调停人，世仇报复可以得到部分的避免。至少在爱尔兰，职业的法官阶层，称为 brithem，需要调停纷争，并为被激怒的氏族取得补偿。——译者注

② 公元10世纪的威尔士的统治者海威尔·达创制了全国首个统一的法律制度。这个法律制度包括：（1）婚姻被认为是一种协议，而不是一个神圣的圣礼，离婚需获准双方的共同同意。（2）没有惩罚的盗窃——如果实施窃取的唯一目的就是为了自己和家人的生存，那么这个行为是盗窃，但不予惩罚。（3）非婚生子女与婚生子女同样成为合法的儿子和女儿。（4）你可以拿起这三件物品，如果你在马路上发现——一个马蹄，钉子和一分钱。（5）公平感是通过法律运行而产生的，包括如何处理妇女的权利。与大多数其他的威尔士中世纪手稿所不同的是，波士顿手稿具有手写的并能够明确表明它是被用来作为司法实践工作的法律文本。——译者注

级制，也同样在妇女地位当中获得体现。像在爱尔兰社会一样，首先强化公共刑法的存在，诸如窃贼在实施偷窃后，遂又偷偷地将房子点燃的，将对盗窃犯处以死刑的刑罚。

日耳曼人

长期生活在希腊和罗马的日耳曼人同凯尔特人以及在更远的东方生活的斯坎特人（Skythen）没什么区别，至于日耳曼人的早期历史人们知之甚少。最早发现日耳曼人的是罗马人恺撒，恺撒曾经在他的《高卢战记》当中有关于凯尔特人附注当中曾经对日耳曼人有过一个描述。此后150年，塔西佗①曾经对日耳曼人做了一个重要的描述，他提供了一些非常好的、也是非常可靠的信息，当然其中也有些不可避免的错误。当时的日耳曼人的生存时间是公元100年，生活的区域主要集中在莱茵河和维斯瓦河之间的区域，此外还有斯堪的纳维亚半岛。莱茵河以西大部分的行省都曾经被罗马人所征服，这其中包括莱茵河北部的属于下等日耳曼人居住的首府科隆，和莱茵河南部则属于高傲的日耳曼人的居住区域，其首府是美因茨，东南部的拉埃提亚首府是奥格斯堡。从莱茵河的考布伦茨到多瑙河的雷格斯堡，这些行省通过构筑从莱茵河的考布伦茨到多瑙河的雷格斯堡一线城防堡垒来抵御日耳曼人。在这一线的城防堡垒后面，生活着大量的不同部族，东部曾经是哥特人的聚居区，即从维斯瓦河到波罗的海，

---

① 塔西佗著作有《阿格里克拉》《日耳曼纪》《编年史》《对话录》及《历史集》，根据德国历史学家考证塔西佗生于公元55年，童年至青年在高卢南部地区度过。并在那里接受了古罗马贵族社会的教育，学成后到罗马研习法律工作者所必备的职业训练修辞学。由于口才出众成为当时罗马社会著名的演说家，公元113年左右担任西安纳托利亚省的执政官。他的《历史集》和《编年史》主要是对罗马帝国的政治发展予以描述，而《对话录》是对罗马政治从历史的角度予以评论。他的《阿格里克拉》既是有关不列颠地区政治发展的历史记述，同时也是其岳父的个人传记。只有《日耳曼纪》是一本有关民族史学著作。《日耳曼纪》原名为《有关日耳曼民族起源及地理分布讨论》，全书共分两部分，第一部分介绍日耳曼人普通生活状况，第二部分是介绍个别部族的生活状况。其中在第一部分当中共分三个主题，第一个主题是民族的起源、地理条件及物产，第二个主题是各个部落的公共生活，第三个主题是部族民众的私人生活。该书自从塔西佗去世后历经曲折，原本已经毁灭了而留存的完整手抄本不多。最为完整的一本是在15世纪初叶的时候，在日耳曼境内的赫斯菲尔德（Hersfeld）地区找到的。该手抄本《日耳曼纪》于1455年流传至意大利，由一位教士（名为Enea Silvio de'Piccolomini，1405—1464，1458年开始担任教宗，即为PiusII）加以整理于1496年印刷出版。原文是以拉丁文书写，德国学者福尔曼（Fuhrmann）于1972年将其翻译成德文。——译者注

那里曾经是属于瑞典人。罗马人曾经试图将他的行省从低等日耳曼人和高傲的日耳曼人一直向东扩，尤其是公元 9 世纪的时候，普布利乌斯·昆克蒂利乌斯·瓦卢斯（Publius Quinctilius Varus）① 带领他的军队在奥斯纳布吕克以北几公里的条顿堡森林战役（Teutoburger Wald）中被阿尔米尼乌斯（Arminius）② 所率领的日耳曼人混合部族所打败。从此以后这个部族的人就停留在莱茵河以东和美因茨以北区域，被称作为自由的日耳曼人。他们时不时的向南部和西部进攻，直到公元 4 世纪整个日耳曼民族发生巨大变化。

公元 4 世纪，日耳曼人开始了大规模的部族迁徙，在这次迁徙中不是以整个民族为单位的，而是以部族或宗族为单位的。故历史学家将这次迁徙活动分成西日耳曼部族、东日耳曼部族和北日耳曼部族三个类型。

首先，西日耳曼部族指的是公元 1 世纪居住在西起莱茵河，东至威悉河，南至多瑙河，北部到达北海的这些部族。而对这个部族可以依据其居住的具体位置细分为：莱茵—威悉河日耳曼部族，包括苏甘博、登科尔、乌比尔、布鲁克尔和巴达维等宗族，公元 3 世纪，这些宗族被合称为法兰克部族。北海日耳曼部族，包括昂格尔、傅里森和萨克森宗族，这一部分组成盎格鲁部族、萨克森部族和尤特部族，这些部族于公元 5 世纪的时候迁徙到英国不列颠地区并一直居住该地。易北河日耳曼部族，包括克鲁斯克宗族、马考曼宗族、卡登宗族、苏伊本宗族、瑟农等宗族。其中克鲁斯克宗族稍后不久与其他几个小宗族并入萨克森宗族，而卡登宗族就是日后的黑森部族人的先祖。

其次，东日耳曼部族包括原本居住在斯堪的纳维亚半岛上的歌德人，他们沿着维斯瓦河流域迁徙一直到俄罗斯南部草原后分成两个部落，即东哥德人和西哥德人。除了哥德人之外东日耳曼部族还包括卜根德人和汪达尔人。卜根德人在公元前 100 年的时候还居住在奥得河和外克赛河一带，在公元 4 世纪的时候开始迁徙到莱茵河中游地区生活。汪达尔人主要在西西里亚一带区域活动。

最后，北日耳曼部族主要居留在斯堪的纳维亚及丹麦地区的族众。其中部分宗族后来被称作为诺曼人和维京人。

---

① 瓦卢斯又称瓦鲁斯，全名为普布利乌斯·昆克蒂利乌斯·瓦卢斯，是奥古斯都统治下罗马帝国的政治家和将军，因为在条顿堡森林战役而闻名。在这场战役中，瓦鲁斯被条顿领袖阿尔米尼乌斯伏击，失去了三支罗马军团，瓦鲁斯自己亦因战败而自杀。——译者注

② 阿米尼乌斯，或称阿尔米尼乌斯，于公元前 18 年或前 17 年生于日耳曼尼亚，死于 21 年，是日耳曼部落的首领。至小被送往罗马当人质。长大后，他成为罗马辅助部队一队骑兵的首领。公元 9 年，他在条顿堡森林战役中击败罗马将领瓦卢斯，消灭三个罗马军团。——译者注

匈奴人继续向西，直到法兰克后掉头穿过莱茵河的科隆，向东南进发。在此同时被驱赶的有安格尔人、萨克森人、法兰克人、阿拉曼人、勃艮第人、伦巴底人、汪达尔人，他们穿越了整个欧洲，甚至延伸到非洲，直到公元6世纪结束，结果是东哥特人占领了意大利才告以终结。而同期西哥特人占领西班牙，勃艮第人占领了法兰克南部，昂格尔人和萨克森人占领英格兰，汪达尔人占领北非。日耳曼人依赖于农业，在他们的乡村里拥有许多畜牧业和少量的耕种，他们没有城邦，有少量的手工业，没有文字和货币。也像其他的部族社会一样以自给自足经济为主，伴随着少量的远程贸易，他们向罗马人提供奴隶而换回玻璃、挽具和武器。日耳曼人当时要么还是处于没有统治的区隔分化型的秩序，要么已经进入一种由部族酋长或者类似于君王带领下的头领式的结构。

公元4世纪后半叶罗马已非昔日的罗马，而迁徙、定居的具体内容经分析的结果，明白显示出罗马社会与日耳曼人之间并非破坏和隔绝，反而不断地交互影响。例如东、西哥德和布根第族入侵之初的土地占有方式，自3世纪以后采用罗马例行的军队驻屯制。亦即由各地百姓供给驻军实物，以赢得驻军保护的一种合作制度。如布根第族接纳罗马方面地主割让之三分之二的耕地、三分之一的农奴、二分之一的住宅地及果树圃、二分之一的森林占用权。西哥德族则接受三分之二的耕地和森林，二分之一共有地。还有东哥德族，佣兵队长鄂多阿塞纳—马恩省（Odoacer）曾献给守备军土地，和若干大、中地主所拥有领地的三分之一，这些土地皆由罗马、日耳曼双方选派的分划委员安排，经固定合法的程序割让出来的。因此至少在上述三部族，绝无以暴力抢夺土地的现象。

但是，经由伊比利（Iberian）半岛渡过直布罗陀海峡至非洲北部建国的汪达尔；以及在狄奥多理大王（The Great Theodoric）时闻名的东哥德灭亡后，建立于意大利北部的伦巴族，二者在史料中并未如前者一般在百姓和军队之间有明文规定和平相处的记载。相反，在两国的首都亦即迦太基（Carthage）和帕维亚（Pavia）四周，依上述可以想象一定有非常野蛮的掠夺和没收土地的行为，但这可以说只是局部的现象。因为入侵的日耳曼人，大体而言，仅占罗马籍居民的百分之二或三而已，并且其中直接受害的阶层仅局限于大地主和中地主，因此对一般民众的生活方式不至于造成太大的威胁。不仅如此，据说尚有不少罗马下层人民为躲避罗马地主的剥削，投靠日耳曼人。此种迁徙和定居的结果，使日耳曼人对土地的原有看法产生极大的转变。亦即认为土地是永久的财产，也是经营的对象，同时认为土地的拥有是保障权力的最佳方法。部族国王不仅承继了广大的帝国直辖领土乃至于皇帝领土，并且将土地分赐给功臣、同族和权贵，以增强其统御力。而且信奉亚略派的日耳曼人，继承了天主教会的部分领土，因此又增加一种主从关系，即土地继受关系。由于部族国家终究是建立于罗马帝国境内的国家，不可避免地将古日耳曼部族特性与罗马世界帝国的特性融合在一起。因此，此时依然尚未与不同次元的中世纪封建国家或封建社会完全融合。例如部族国家的国王，对其族民而言是国王，就罗马方面而言，则仅是罗马皇帝的一位官员或军司令官而已。法律上所谓属人主义，就是依据各部族法管理日耳曼人，而罗马原则上依然一如往昔适用罗马法。政治上亦然，武官和士兵以日耳曼人居多数，但掌管外交、司法、行政的文官，则大抵由接受过拉丁文教育的罗马人担任。

塔西佗[①]在他的见闻日记当中很清楚地写道：在这个部族社会当中既有君王，也有军队统帅，他们的君王是由贵族选举产生的，而他们的军队统帅是根据他的勇猛程度和战争指挥才能获取的。塔西陀在他的《日耳曼纪》第7章第1节中有这样的描述：

> 君王权力在这个部族社会当中是受到限制的，军队统帅是站在军队所有人前端执行指挥权，所有的士兵[②]们钦佩他的勇敢和战争中的决断，他是战神麦尔库尔（Merkur）的化身，他站在部队的最前列，勇往直前地带领士兵们投入战斗。

这种描述只是单个部族的情况，而在其他部族尤其是在东日耳曼部族那里却是君主统治。在塔西陀《日耳曼纪》第4章第1节描述：

---

① 普布利乌斯·科尔奈利乌斯·塔西佗，罗马帝国执政官、雄辩家、元老院元老，也是著名的历史学家与文体家，他的最主要的著作有《历史》和《编年史》等等，从14年奥古斯都去世，提比略继位，一直写到96年图密善逝世。——译者注

② 日耳曼部族的军队是以步兵为主骑兵为辅，士兵们手持长矛（Frameae）而非剑或大刀，长矛上面的刃既短且窄，但非常锋利易于使用，必要时可以用来近距离的肉搏战或远距离的打斗。骑兵们左手拿盾牌右手持长矛，而步兵每人需携带数只标枪。在战争中步兵从远处就开始丢掷标枪，标枪向雨点一样射向敌人。步兵上身赤裸仅穿着很短披风，少数人拥有护心镜和金属或皮质的头盔。骑兵的盾牌往往涂上自己喜欢的颜色，他们的马不是特别漂亮，跑的也不是很快。他们的步兵和骑兵共同行动，步兵的脚程极快可以跟得上骑兵。站在队伍最前面的是战斗的主力，这些人是从所有年轻士兵中选出的最为优秀的，且有一定数额限制的。这些是从每个区当中选出一百名优秀士兵长，人们称之为百夫长。原本这仅仅是一个数字，但是在军中却成为一种至高的荣誉标识。战斗阵型是一种楔形的阵势，战术上灵活机动。如果一个士兵丢失了自己的盾牌或者长矛将被视为奇耻大辱，并将在以后的部族祭祀大典或者部族大会上不允许这个人参加。许多这类战场生还者，最终往往以上吊的方式结束他们的羞辱。——译者注

在卢基北部生活着哥特人部族，在这个部族当中的统治却是君主统治的，但是这个君主统治形式，组织结构不是很严密，这是相对于其他的日耳曼部族而言的。但是至少人们可能说他们的族众是自由的，也很畅快的。随后进入邻近地中海的是罗吉人和勒莫维尔人，对于所有部族而言，他们的典型特征是身着盔甲，腰佩短剑，实施君主统治。

同样在凯撒的《高卢战记》第 6 章第 23 节第 4—5 段有这样的结论性描绘：

如果一个部族为了战争防御或者为了发动一场战争，他们必须选拔军事指挥官，而这个指挥官必须具有最高的生杀权、命令权。而在和平时期就不需要这样一个共同的统帅，有的仅仅是个别的区域领导。他们是各自的行政区域和村庄内的首领，他们向他们的村民阐释法律、服务村民和解决简单的纠纷争执。这个结论最后被考古学家考古研究发现获得了验证。

在公元前 1 世纪也即是恺撒时代，人们在莱茵河和威悉河之间的西部地区发现了凯尔特人的聚居点，由此预示着核心权力必须同广泛的权力许可相适应的。但是也必须明确的是恺撒对凯尔特宗族信息的叙述仅仅适用于战争时期。随着这种定居生活的消失，这种首领统治结构对于创世纪之后的基督教而言没有任何意义。尤其是在条顿堡森林战役之后，这种形态再一次处于平静，共同的统帅不再是必须的，而持久性的区隔分化型结构再次走向回归。在东部和西部的易北河以东地区，情况则完全是另外一回事。在那里，早期拓荒者和殖民者确定了平均主义结构蓝图。尽管在有些区域的个别村庄当中存在一个强势的宗族群，但是这个宗族不可能延伸出村落区域之外。这些情况直到基督创世纪之后，才发生了根本改变。这些被伟大的考古挖掘者通过对众多村庄的中心区域的村庄墓地挖掘所发现，在这些墓地当中存在着君主型的墓葬，而这个村庄被命名为波莫瑞。随着这种挖掘工作的不断推进，君主型墓葬也就很少被发现，这个结论也仅仅是一种推断。也许是东日耳曼人在这个世纪当中演变成酋长式社会结构，他们的统治或多或少是有较大的部族所提供。塔西佗曾经在这个世纪末作"东日耳曼人倾向于自由"的阐释。并且考古学家在那里发现当时已经有法律，而且认为在基督创世纪之初的时候，西日耳曼部族的社会结构就已经是区隔分化型的社会结构。因为，君王和公爵不是在随便哪个部族都有的，这些在之前就已经谈了。

在塔西佗《日耳曼纪》的第 12 章第 2 节有这样的描述：

对诸如战争中的泄密、投敌等少数几种严重犯罪行为,不仅要将犯罪人处死,并在事后要将犯罪人的战马或者家畜没收充作忏悔金。这种惩罚通常包含两部分,一部分由君王实施,如果没有君王将由部族来实施惩罚,另外一部分是由被害人或者死者的宗族来实施。

通过上述记载,我们可以发现这样一种事实,即私人刑法的存在更多地集中在区隔分化型的前城邦社会类型当中。宗族并不一定意味着就是父系宗族,像之前人们普遍所认为的,日耳曼人就是父系宗族。最新研究得出的结论是日耳曼也许是两性宗族。何为两性?诸如一个孩子可能同父亲和母亲有亲属关系,但是这种亲属关系并不是无止境的,也可能在某个环节上要基于特定的功能而做限制,诸如在继承权上不是指向血亲亲属,而是与父亲亲属完全相反。

今天人们对日耳曼人是否还以父系家族称呼已经无所谓,但他们是一个血统制结构的社会,这种特性与其他区隔分化型社会的亲属很相像。对此塔西佗的《日耳曼纪》第18章第2节曾经记载着这样一个提示:嫁妆(Mitgift)① 不是女人给男人的,而是男人给女人的。女方的父母和亲属要负责检查是否给予,这些嫁妆不是为了取悦于未婚妻或者粉饰新娘,而是要给女方以牛、佩戴笼头的战马、剑和带盾牌的长矛②。女方在获取这些物质之后,并反过来也要赠送

---

① Mitgift 系合成词由 mit 和 Gift 组成,其中 Gift 原意是毒,它和 geben(给)是同源词,它的本来含义是"Gabe、Gegebenes(给出的东西)"。Gift 的这一含义在合成词 Mitgift(嫁妆)中还有体现。Mitgift 的原意是"das Mitgegebene(和新娘一块给出去的东西)"。这些和新娘一起给出的东西有时也可能很丰厚、贵重,所以有些人结婚,不是因为爱新娘,而是看上了那丰厚的嫁妆,德语称这种人为 Mitgiftjäger。在瑞士德语中,有 Handgift 一词,它的含义是 Schenkung(赠与、馈赠)。在英语中 gift 是礼物的意思。给(geben)是一种"付出的"行为,它往往和"高尚"联系在一起。——译者注

② 战争中的女人对战争的影响:在战场上的日耳曼士兵们作战勇敢的一个诱因是与女人有关联的。部队的组建不是随意或者强制性组成的,他们是以宗族或者家庭为单位。与他们并肩作战的往往是自己的亲人,也许他们最爱的人就在不远处,可以听到自己女人的惨叫或子女的哀嚎,妇孺的见证对他们起到最为重要的作用,妇孺的赞美是至高无上的。在日耳曼士兵受伤之际,会回到他们母亲、妻子的身边,女人们也乐意为他们包扎伤口。这些女人会携带补给口粮送给他们的士兵,并给予精神鼓励。材料显示当部队军心发生动摇的时候或者快崩溃的时候,妇女会使这些军人重新站起来。妇女们一再恳求他们,袒露出自己的胸部,并告诫他们一旦成为奴隶,他们的女人就成为异族的蹂躏对象。日耳曼人绝对不愿意让这种事情发生在他们的女人身上,贵族女人是整个日耳曼人的精神依靠。日耳曼人甚至相信在女人身上有一种神圣的特质,这种特质能够让他们预知未来。所以他们乐意向女人们求教,对她们的回答从来不敢轻视。——译者注

男方一些武器。

　　塔西佗所描述的嫁妆，其真实意义在于对于区隔分化型社会而言，在这种血统制结构当中，对女方所完成典型的聘金支付象征意义在于确定土地牲畜的宗族所有权借助于价金的相互支付的方式方法来预先确定男女双方的遗产，尤其是为女方预先确定遗产，最终将确定私人所有权作为经济秩序的基本原理及部族由宗族构成的基本原理。同样像在其他区隔分化型或者酋长制社会当中，一切取决于是否存在部族首领。这些首脑机构仅仅是宗族结构极端化长期存在的一种表现形式，为此这种机构不仅对局部的日耳曼人产生影响，而且也发展成等级社会。在这些社会当中必然存在着奴隶，在前城邦社会当中存在的奴隶相对少，这些奴隶大部分出自战争中被俘虏的战犯。这些战俘奴隶必须为他们劳作，奴隶隶属于他们。在古典罗马法当中的奴隶是被作为完全物质化的物品而出现在宗族秩序当中。对奴隶的拥有既有个体所有权，也有宗族所有权。对于个体所有权尽管没有什么信息可发现，但是人们仍然接受这样一个观点，即日耳曼人社会就是一种部族社会。他们的个体所有权集中在可移动的衣物和武器、农具和其他日用生活品，至于土地所有权的问题不是很清楚。这里有三种可能，要么不动产土地等属于父系宗族所有，要么整片土地属于村庄所有，即村庄所有居民共同所有，这是依据农社理论（Theorie Markgenossen）得出的。要么最后一种可能，就是个体所有权。任何一种观点必须要同新的需求相衔接的，农社理论依托于恺撒和塔西佗对《萨利克法典》和对中世纪及中世纪晚期的社会状况进行推断的，至于事实的真相如何还是处于困顿当中。

　　恺撒在《高卢战记》第6章第22节第2段当中写道：

　　　　没有人能够对一个特定地块的土地占为己有或属于自己的领域，而总是由首长负责对各自的垦荒领域进行一年一分配，至于什么地方及多大比较适度，这要根据整个宗族整体状况来决定。一年以后，他们必须更换新的垦荒地点。在分配过程中，如果出现一些偏差也是非常可能的。

　　　　这些田地将由村庄的所有居民根据劳动力的数量取得占有，并且随后将其分配在各自的名下。在分配的过程中要根据村民在村中的社会地位的高与低调整其名下占有的土地的面积和土地的质量。

　　在这两个文献当中提供了一个确定的习俗，这个习俗属于黄金时代的古典

欧洲法律史

概念。像人们在奥维德（Ovid）①和提布鲁斯（Tibull）②那里也发现了这个习俗，还有在卢克莱修（Lukrez）③和贺拉斯（Horaz）④那里同样使用这个古典概念。因此，这些不能说是一种无条件的盲目崇信。尽管《萨利克法典》被错误地理解，同样也不能从中世纪后期去反向推断。因为，稍后不久日耳曼人就已经拥有很多林间土地。因此首要的前提是必须澄清他们在对土地进行分配过程中，主导思想是什么。这个理论在今天的法律当中没有获得更多的支持，几乎在200年以前，即1780年的莫泽（Justus Möser）⑤就已经建立该理论，而这

---

① 奥维德（公元前43—公元17年）古罗马诗人。从18岁左右起开始写诗，他的创作可分为三个时期，早期作品主要是用哀歌体格律写成的各种爱情诗，包括《恋歌》《列女志》《爱的艺术》《论容饰》《爱的医疗》等。创作成熟时期的作品是长诗《变形记》和《岁时记》。后期作品主要是《哀歌》和《黑海零简》。长诗《变形记》是他的代表作，全诗15卷，取材于古希腊罗马神话，根据古希腊哲学家毕达哥拉斯的"灵魂轮回"理论，用变形，即人由于某种原因被变成动物、植物、星星、石头等这一线索贯穿全书，共包括大小故事250多个（其中以爱情故事为主），是古希腊罗马神话的大汇集。故事按照时间顺序叙述，由宇宙的创立，大地的形成，人类的出现开始，直至罗马的建立，恺撒遇刺变为星辰和奥古斯都顺应天意建立统治为止。诗人运用丰富的想象力，根据神话传说的某些外表联系，把它们串连起来。为了使情节生动，作者采用了不同的叙述手法，使许多著名的古代神话传说得到精彩的描述。作者着力于人物的心理描写。——译者注

② 提布鲁斯，古罗马诗人之一。著有二卷本挽歌诗作，他最喜爱的主题是浪漫爱情诗和田园生活之趣。——译者注

③ 提图斯·卢克莱修·卡鲁斯，罗马共和国末期的诗人和哲学家，以哲理长诗《物性论》著称于世。——译者注

④ 昆图斯·贺拉斯·弗拉库斯，罗马帝国奥古斯都统治时期著名的诗人、批评家、翻译家，代表作有《诗艺》等。他是古罗马文学"黄金时代"的代表人之一。作为翻译家，受西塞罗的文学批评和理论的影响，用相当的篇幅谈了创作中语言的使用和翻译问题。综合起来，主要有以下两点：翻译必须坚持活译，摒弃直译。——译者注

⑤ 尤斯图斯·莫泽，1720年12月14日生于奥斯纳布吕克，明斯特（现在下萨克森州，德国），1794年1月8日死于奥斯纳布吕克，德国的政治散文家和诗人，发起谁是狂飙突进的先行者（"风暴与压力"）运动。1747年在奥斯纳布吕克通过国家的律师考试，一个王子主教，从1764他是屋苑和政府非常有影响力的顾问。1762—1768年担任刑事法院的首席大法官、正义司法委员会委员（1768）。主导的理论是国家有机发展理论，强调强权不能任意干涉法律制度，同时强调国家的发展要注重一个社会的习俗和政府民间传统的影响这两个因素。——译者注

理论后来在1854年由毛雷尔（Georg Ludwig v. Maurer）①所承继。除此之外，他们还通过考古挖掘进行反驳。在这里显示的田地之间存在着明确的界限。但是是否对于个体所有权而言也是一个证据呢？这也许是一种折中，也就是宗族所有权。这个信息在恺撒和塔西佗是完全一致的，也即认为在田地之间所确定的界限是协调宗族与宗族之间的关系。但是，日耳曼继承法还处在过去的迷雾当中，可以确定的是日耳曼人不存在遗嘱。显然这是一种亲属关系张力，也许在他们看来，孩子继承的也许仅仅是他的儿子在土地上具有一种优先地位。所有其他的就是不清楚的。没有孩子的就由其最为亲近的亲属继承，诸如兄弟姐妹、父母、以及父亲方面的亲属和母亲方面的亲属。但是在继承顺序上是很难追述，也许是每个宗族都是不同的。

早期日耳曼公共刑法起源于军队，塔西佗《日耳曼纪》第12章第1节记载：

> 对于战争过程中的叛徒和告密者以及怯战和临阵脱逃等行为，必须先前明确禁止，而后才可以对作出这样行为者实施惩罚。同样，在国民大会上人们可以对这些行为人提出控告，并申请判处这些行为人以死刑，刑罚的适用不同，取决于侵犯行为，对于叛徒和告密行为，将处以五马分尸，而怯战、临阵脱逃和性犯罪者将被捆绑后投入泥潭当中。在处决过程中，应该公开宣布对犯罪人所判处的刑罚不同之处，行为人的行为手段残忍卑劣的程度；这些手段的残忍程度实在不能容忍，确实应该对这样的人进行公开谴责；最终结果是要对其进行人格上的辱骂和侮辱并要拘押。

---

① 乔治·路德维希·冯·毛雷尔，主要从事古老日耳曼法律制度系统性研究，1824年出版代表著作《古老的日耳曼人和巴伐利亚人的公开审判程序》。于1826年，他成为了慕尼黑大学法学教授。古希腊的灿烂文化在人类文明史上留下了辉煌的一页。柏拉图与亚里士多德等先贤关于罪与罚的哲学思想曾经深深地影响过欧洲各国的刑罚发展史。然而近代以来，希腊的刑事法律制度却又受到了其他欧洲国家刑事法律制度的强烈影响。在希腊近代史上具有里程碑意义的1834年希腊刑法典，就是巴伐利亚法学家乔治·路德维希·冯·毛雷尔拟定的。由于当时德国刑法学理论与刑事立法已经非常成熟，且乔治·路德维希·冯·毛雷尔深受费尔巴哈等学者刑法思想的影响，故他在拟写希腊刑法典的过程中，主要参考了1813年由费尔巴哈起草的巴伐利亚刑法典，1822年、1827年及1831年的巴伐利亚刑法典草案。所以，从某种意义上讲，乔治·路德维希·冯·毛雷尔起草的希腊刑法典乃是19世纪初巴伐利亚刑法典的翻版，而希腊的近代刑罚制度也可以说沿之于德国。——译者注

应该说，这种刑罚处罚与轻微违法行为的处理是不同的。有罪过的人必须支付相应的忏悔金，这种忏悔金需要用战马和牛来履行。忏悔金的一部分需要支付给君王或者部族，而另外一部分支付给受害人或者他的亲属。同样，在国民大会上将选举他们的酋长，之后这个酋长在乡村和行政区域内阐明法律。

每次从国民当中选出100名成年男性国民共同协商、共同决断，同样在日耳曼部族审判大会上也将商谈对针对部族共同体实施违法行为的违法者如何惩罚。除此之外还存在一个像前面已经描述的私人刑罚。刑罚的公共性明显表现在它的执行和实施的方式方法上。人们将违法者绑在树上，显然是有别于私人刑法的，因为在当时所有的人都可以清楚地看到这种情况。

这种方式仅仅是作为对个体主权侵犯，而对于公共利害关系的伤害，按照塔西佗的描述则要沉入泥潭当中，而通过考古发现则证明了塔西佗的结论。考古学家通过对日耳曼时期居住的区域挖掘，发现大量的泥尸体，这些尸体有的四肢被捆绑，有的则头颅被钻空或者被灌木穿头颅。

同样，塔西佗声称，在当时根本没有我们今天意义上的契约，在家庭经济当中不存在金钱，而价金的获得只需要经过简单的协商一致。当时的日耳曼人根本还谈不上买卖的存在，也只有到了罗马时代，他们的家庭经济才步入商业领域。当时的日耳曼人用他们的奴隶向罗马人兑换他们想要的商品。在罗马占领区内同商贩从事交易，首先他们居住在当地的客栈当中，而从这时起他们才开始产生一个明确的术语——买卖，这个是出自拉丁语的外来语，尽管不属于自己的，但是他们能够吸收利用。

从种族理论角度看日耳曼人并非是以金发为指标的，反而根据考古挖掘，长头颅与长脸才是日耳曼人的生理特征。但是经由历史上的多次混种、混血，真正存在的长头颅日耳曼人已不多见。换言之，日耳曼人在漫长的历史进程中，并非纯种的延续，而是不断地混种、混血；这是相近民族之间的混合交配，是愉快幸福的混种，萨克森人、普鲁士人、英格兰人均是日耳曼人的扩大与延伸，根据历史学者特莱斯克（Heinrich von Treitschke）的论点，德国的建国力量并不是来自没有混种的德意志部族，德国真正的文化体现者与开创者是中古时期德意志南部的人民，那些与克尔特人混合之人；在现代史中，则是与斯拉夫人混合的北德意志人。就算有混杂，但是真正日耳曼人的大部分后裔，仍是非常的纯正而且强势。查登（Chatten，分布在今日德国的黑森地区）、绍肯（Chauken，分布在北德）、谢鲁斯克（Cheruskern，分布在易北河一带）、甘必维（Gambriviern，分布在北德）、苏维本（Sueven，分布在莱茵河中游）、汪达尔（Vandalen，分布在西里西亚地区）、哥德（Goten，沿外克赛河区）、马克曼

（Markomannen，原居于易北河一带）、路吉尔（Lugiern，分布在西里西亚地区）、朗哥巴登（Langobarden，分布在易北河下游）、萨克森（Sachsen，分布在北德）、傅里森（Friesen，分布在北海一带）、贺亩图（Hermunduren，分布在易北河一带）等均属于日耳曼人，甚至欧洲的克尔特人（Kelten）、斯拉夫人（Slave）也与日耳曼人有共同的生理与心理特征。诸如但丁与马丁·路德这两位历史人物均具有典型日耳曼人的长相；但丁的北意大利相貌，是哥德人（Goten）、朗哥巴登人（Langobarden）与法兰克人（Franken）等日耳曼化的结果；路德则是典型日耳曼人的脸庞，与英格兰人相似；而两人不仅拥有日耳曼的外貌特征，而且都是以行动力，积极开创历史局面的日耳曼伟人。肉体的强健有力、高度的智慧、丰富的想象力、不停止的创造力，使得日耳曼人成为历史上一个强大的力量，过去与现在都是最强大的力量，这是历史对于日耳曼人的称颂。而日耳曼人是雅利安人的正统继承者，也就是雅利安人的化身，其拥有优异的天赋特质，得以领导世界，亦理所当然，雅利安人在肉体与心灵方面，均优越于其他所有人，所以他们合理地成为世界的主人（die Herren der Welt），而且日耳曼人拥有所有人种中最高的天赋，他们自认为雅利安人（Arier）。日耳曼人追求自由与忠实是深植日耳曼人心灵深处的道德特征，也是日耳曼文化本质的两个基础。历史上有非常多的实例证明日耳曼人忠实，诸如恺撒雇用日耳曼人为骑兵、奥古斯都以日耳曼人为私人保镖、以日耳曼人为东罗马帝国守卫瞭望……等等。日耳曼人是自己选择主人，因此他的忠实，是针对自己的，这是生而自由者的道德。日耳曼人推崇自由地选择以忠实为至高美德，同时以具体的城邦建立来体现自由，并忠于城邦。

日耳曼人的历史使命是塑造新文化。日耳曼人在过去历史时段持续与高等文明接触，养精蓄锐，拥有纯正日耳曼血统的部族早已散居广布全欧洲，他们没有教化而且好战；这些被称为原始质朴之人或者说不会说希腊语而却有文化感受力的野蛮的日耳曼人也有长处——即前述之忠实与追求自由的美德，并由此产生义务感。他们以年轻活力的姿态、以优秀的能力踏上历史舞台，他们为人类文明发展注入新血与新动力。作为日后民族国家独立前奏的文艺复兴能在意大利产生，乃因意大利有日耳曼人居住——来自日耳曼的种族强烈追求自由的天性所产生的新生力量。因此文艺复兴是人类有意识地脱离老旧帝国的再生，也是人类有意识地追求自由的实践，此种积极动力乃得之于日耳曼人。日耳曼血统（Germanisches Blut，为北欧形式的斯拉夫克尔特日耳曼种族），这种种族是推动新世界与新文化形成的主力。以这个主力来引导民族国家的建立，并且在此新世界中，产生新个性、新需求、新人类、新社会秩序、新文明、新文化；

另一方面也以此来抵抗、排拒老旧的普世主义（Universalismus）。他认为，世界的日耳曼化乃是不可挡的强流，日耳曼程度越低的地区，就越不文明；今日的欧洲文明与文化，是特别的日耳曼式，这与所有非雅利安式有基本差异，与印度式、希腊化式、罗马式都完全不同，也直接与反个别民族的帝国统治，以及所谓罗马式的基督教形式之混合理念都不相同而且有所冲突。日耳曼人是历史上最具深刻宗教性的人，甚至比其他人更具宗教性，因此只有日耳曼人听闻出上帝之声音，只有日耳曼人将基督福音广布欧洲、去除愚蠢的迷信。但是日耳曼宗教中有太多经由犹太纪年之补充整理的变形、变态（Metamorphose）成分，连马丁·路德宗教改革时都无法去除。因此，缺乏一个真正的、与我们性质相合的宗教，这是对日耳曼人在未来最大的危险。

斯拉夫人

通过恺撒和塔西佗的描述，我们发现足够多的有关部族结构及日耳曼法律的相关信息。在这些信息当中只有很少一部分是有关凯尔特人和早期奴隶方面的信息。尽管在今天欧洲大陆上有超过一半以上的居民是今天的斯拉夫人，但是直到今天考古学家也没有发现斯拉夫人的发祥地。对于这个问题的答复在现今学术界有四种较为重要的观点：即首先认为在欧洲的西部，乌克兰是斯拉夫人的发祥地和诞生地；其次是波兰，第三是波兰东南到乌克兰以西区域，第四种是喀尔巴阡山和多瑙河之间的罗马尼亚。这四个理论均来自于英国考古学家弗罗林·库尔塔（Florin Curta）对其长期居住的波兰进行考古挖掘得出的结论，他的理论成为普遍接受的观点。

斯拉夫人的故土传说在欧洲东部和东北部，处于东欧的中间地带。现波兰的西部、捷克和斯洛伐克东部是西斯拉夫人。波兰东部的白俄罗斯、乌克兰、俄罗斯是东斯拉夫人，波兰南部主要在巴尔干半岛的是南斯拉夫人。斯拉夫人其左邻，即现在的波兰直到波罗的海的南部与西部，为日耳曼民族的发源地。

斯拉夫人的最早称呼为维奈德，是罗马人的叫法，罗马人世纪初称日耳曼东部、波罗的海南部的斯拉夫人为维奈德人，斯拉夫人是古代日耳曼人东部民族与斯基泰人联合开始大规模迁徙后自己使用的名称，按照斯拉夫语含义，有荣誉、光荣的内涵，东欧很多非斯拉夫人也被斯拉夫化，是欧洲最大的民族。对斯拉夫民族各支系划分的通行的看法是：西斯拉夫民族包括：捷克人、斯洛伐克人、波兰人；东斯拉夫人包括：俄罗斯人、白俄罗斯人、乌克兰人；南斯拉夫人包括：克罗地亚人、塞尔维亚人、斯洛文尼亚人、马其顿人、保加利亚人,而阿尔巴尼亚人和波斯尼亚人是在巴尔干半岛被奥斯曼土耳其帝国征服和统治期间同土耳其人混血并且伊斯兰化的斯拉夫人。同样生活在巴尔干半岛的罗马尼亚人虽处斯拉夫腹地,但却不是斯拉夫人种,其原先的人种属于与罗马帝国同时代的达契亚人种,后被罗马吞并而融入罗马人种血统,其后在漫长的动荡时期,血统未有大的变化,直到后来从东方草原来了佩彻涅格人,接着是波洛韦茨人,都先后入侵罗马尼亚,并实施过短暂统治,所以也给罗马尼亚注入了一些欧亚游牧民族的血液,再后来就是马扎尔人……在欧洲国家中罗马尼亚人的人种是较复杂的,但从语族上,罗马尼亚基本属拉丁语族,应属拉丁民族,不属斯拉夫民族。斯拉夫民族信仰东正教(阿尔巴尼亚人和波斯尼亚人信仰伊斯兰教,而克罗地亚人和斯洛文尼亚人由于历史上长期受到奥匈帝国统治而已改信天主教),使用东正教历,文字使用特里尔字母而非拉丁字母。

另说:自公元1世纪起,日耳曼人开始接触南方的罗马文化,最初是日耳曼人自己充当罗马人的雇佣兵和仆役,继而,他们又将大批被其俘获的斯拉夫人售予罗马人作为奴隶。久而久之,"奴隶"(Slave)"斯拉夫"这个名称便反过来成为对诸斯拉夫民族的称谓。

附注①:

麦尔库尔(Merkur)——日耳曼人的主神,与北欧神话中的奥丁相似,是智慧、战争、艺术、文化和死亡之神,被认为是最高级的神、宇宙和人类的创造者。在一些特定的日子,日耳曼人以活人作为祭祀品,此时这种对活人的处置不视为罪恶。另外,按照日耳曼一般习惯的礼俗用动物祭祀的是索尔。索尔(Thor,古诺尔斯语:Þórr,也译为托尔、霍尔),日耳曼地区称他多纳尔(Donar),是北欧神话中负责掌管战争与农业的神。索尔的职责是保护诸神国度的安全与在人间巡视农作,北欧人相传每当雷雨交加时,就是索尔乘坐马车出来巡视,因此称呼索尔为"雷神"。另外,索尔的勇敢善战在诸神与巨人间是非常有名的,索尔的力量相当巨大。在神话中甚至可以独自挑战巨人群,每当诸神被巨人们欺负或者攻击时,只要索尔一站出来立刻就让巨人族知难而退。除了索尔本身力量强大之外,"妙尔尼尔"(雷神之锤)更是让索尔所向无敌的宝贵武器,因此与诸神敌对的巨人族们相当畏惧索尔,只要索尔在诸神中待一

---

① 附文内容为译者所加,资料来源:H. Küpper, Einführung in die Rechtsgeschichte Osteuropas, 2005年访问。

天，巨人们几乎不敢对诸神们轻举妄动。索尔的母亲是娇德（Jord，大地），其妻子是希芙。生父则众说纷纭，大多数的人认为索尔是奥丁之子，但其实这样的观点，也是很让人存疑的。大约公元1世纪时，索尔的地位比奥丁还高，在北欧的第一圣地鲁萨拉神殿中，索尔的雕像就立在神殿正中央，两边则是奥丁（Odin）和弗雷（Freyr）。有时候，索尔也被尊为希腊神话中的宙斯。而在日耳曼人的习俗中，索尔的日子是一星期最重要的星期四，日耳曼人都在星期四举行会议，所以索尔同时也是会议和契约的守护神。

而同为战争之神的索尔和奥丁，是什么时候互换了地位？可以这么说，索尔是古老农业社会的神，他是古老战神，同时也掌管和农业息息相关的气候，手中的雷神之锤有祝福婚姻、生产、复活和安抚亡灵等力量，而索尔本人带给人的印象是强大、正直、讲信义的。这是农民的形象，是早期农耕社会中的表现。而奥丁则是贵族的战神，他是参谋、诗人、知识分子。同时他也是一个为达目的不择手段的神。再看北欧的历史，自给自足的农业社会崩溃后，人们离开土地航向海洋，追求权力、财富与冒险。随着海盗的时代来临，奥丁的地位渐渐地抬高了。而《新埃达经》的作者史洛里更是在作品中大力吹捧奥丁，这可能和奥丁同时也是诗歌之神的身份有关。于是，索尔的地位下滑，而奥丁从中窜起。索尔一共结了两次婚，第一次是和女巨人雅恩莎撒（Jarnsaxa），他们生下的孩子是曼尼（Magni）。他是力量的象征，是众神中力量最大的一位。后

图 5-1　日耳曼战神

来他又和希芙（Sif）女神结婚，一般认为他们有两个孩子，儿子摩迪（Modi）和女儿斯露德（Thrud）。摩迪是愤怒的人格化，斯露德则是女武神之一。除此之外，希芙另外还有一个孩子，冬神——乌勒尔（Ullr）。

图片中显示，麦尔库尔手上戴着雅恩格利佩尔（Iarngreiper）铁手套，并拿着雷神之锤（Mjollnir），腰系梅金吉奥德（Megingjord）力量腰带，站在马车上挥舞，麦尔库尔的居所是毕尔斯基尔尼尔（Bilskirnir），又称为闪电宫。《诗体埃达》中记载此宫坐落在 Thrudheim，意即"力量的世界"（World of strength），而《散文埃达》中记载是位于斯罗德万（Thrudvang）平原上，意即力量的原野（Fields of strength）。

索尔一生中几乎无人能敌，但是他仍有一个终生的宿敌，就是大蛇耶梦加得（Jörmungandr），耶梦加得是洛基的儿子，拥有与地球同等长的巨大身躯与无比的力量，索尔曾经和他冲突多次，最终在诸神的黄昏（Ragnarok）中索尔力战耶梦加得，结果双双战亡。

文献资料：

Rdz. 54.：Herodot, *Historiae* 2.33 und 4.49. Caesar, *Bellum Gallicum* 2.11 - 20 *über die Kelten*, 6.21 - 28 *zu den Germanen*. Prokopios, *Gotenkriege* 7.14. L. Morgan, *Ancient Society*, 1877, deutsch: *Die Urgesellschaft*, Ndr. 1986. **Allgemein zu Stammesgesellschaften, ihrem Recht und zur Entstehung von Herrschaft**: U. Wesel, Geschichte des Rechts, 3. Aufl. 2006, S. 31 ff., zu segmentären Gesellschaften genauer: ders., Frühformen des Rechts in vorstaatlichen Gesellschaften, 1985, S. 189 - 355.

Rdz. 55.：**Allgemein**：H. Birkhahn, Kelten. Versuch einer Gesamtdarstellung ihrer Kultur, 1997. A. Demandt, Antike Staatsformen, 1995, S. 409 - 436, ders., Die Kelten, 4. Aufl. 2002. B. Maier, Die Kelten. Ihre Geschichte von den Anfängen bis zur Gegenwart, 2. Aufl. 2003. **Keltisches Recht**：Birkhahn a. a. O. S. 989 ff., Maier a. a. O. S. 140 f. **Antike**：Caesar, Bellum Gallicum, 6. II - 20. **Irland und Wales**：R. Thurneysen, Das keltische Recht, in: Zeitschrift der Savigny-Stiftung, Germanistische Abteilung, Bd. 75, 1935, S. 81 - 104 und zahlreiche andere Veröffentlichungen zitiert bei F. Kelly. **Irland**：F. Kelly, A guide to early Irish Law, 1988, Ndr. 2003. **Wales**：D. Jenkins, The law of Hywel DDa, 3. Aufl. 2000. Zur Stellung der Frauen: *C. McAll*, The Normal Paradigms of a Woman's Life in the Irish and Wales Texts, in: D. Jenkins, M. E. Owen (Hg.), The Welsh law of women, 1980, bes. S. 18 f.

Rdz. 56. ;**Allgemein**: *B. Krüger* (Hg.), Die Germanen. Von den Anfängen bis zum 2. Jahrhundert unserer Zeitrechnung, 5. Aufl. 1988. *H. Wolfram*, Das Reich und die Germanen. Zwischen Antike und Mittelalter, 1990. *H. Wolfram*, Die Germanen, 7. Aufl. 2002. *K. Kroeschell*, Germanisches Recht als Forschungsproblem, in: Festschrift Thieme, 1986, S. 3 – 19. *K. Kroeschell*, Deutsche Rechtsgeschichte, Bd. I, 12. Aufl. 2005, S. 25 ff. *K. S. Bader*, *G. Dilcher*, Deutsche Rechtsgeschichte, 1999, S. 17 – 62 (kritisch zu Kroeschell). Kephale oder segmentäre Ordnung: *R. Hachmann*, Zur Gesellschaftsordnung der Germanen um Christi Geburt, in: Archaeologica Geographica, 5. Band 1956, S. 7 – 24. *H. Steuer*, Frühgeschichtliche Sozialstrukturen in Mitteleuropa, 1972. **Zu den jeweiligen Zitaten des Tacitus**: der vorzügliche Kommentar von *R. Much*, Die Germania des Tacitus, 3. Aufl. 1967. **Bilateralität der Verwandtschaftsgruppen**: *A. C. Murray*, Germanic Kinship Structure, 1983. **Eigentum und Erbrecht**: *K. Kroeschell*, *A. Cordes*, *K. Nehlsen – v. Stryk*, Deutsche Rechtsgeschichte, 2. Band, 9. Aufl. 2008, S. 142 ff. (zur Markgenossenschaft). *K. Kroeschell*, Söhne und Töchter im germanischen Erbrecht, in: G. Landwehr (Hg.), Studien zu den germanischen Volksrechten. Gedächtnisschrift für Wilhelm Ebel, 1982, S. 87 – 116. **Moorleichen**: *H. Jankuhn*, Archäologische Bemerkungen zur Glaubwürdigkeit des Tacitus in der Germania, in: Nachrichten der Akademie der Wissenschaften in Göttingen, Philosophischhistorische Klasse, 1966, S. 411 – 426. *H. Jankuhn*, Moorleichen, in: Handwörterbuch zur Deutschen Rechtsgeschichte, 3. Band, 1984, Sp. 655 – 633. **Handel zwischen Germanen und Römern**: *J. Eggers*, Der römische Import im freien Germanien, 1951.

Rdz. 57. ;**Allgemein**: *P. M. Barford*, The Early Slavs. Culture and Society in Early Medieval Eastern Europe, 2001. *F. Curta*, The Making of the Slavs. History and Archaeology of the Lower Danube Region, c. 500 – 700, 2001. "**Urheimat**": *Barford* a. a. O. S. 35 – 44, die vier Theorien: *I. I. P. Rusanova* in: Materialy i Issledovaniapo Arkheologii SSSR Bd. 108, 1963, S. 39 – 50, 2. *J. Kostrzewski*, Über den gegenwärtigen Stand der Erforschung der Ethnogenese der Slaven in archäologischer Sicht, in: F. Zagiba (Hg.), Das heidnische und christliche Slaventum, 1969, S. II –

25,3. *I. V. Baran*, *A. A. Kozlovski*, Die Nomaden der südrussischen Steppenim I. und beginnenden 2. Jahrtausend n. Chr. , in: R. Rolle, M. Müller – Wille, K. Schietzel (Hg.), Gold der Steppe. Archäologie der Ukraine, 1991, S. 233 – 238, 4. *F. Curta* a. a. O. , ähnlich schon ("Überdonau-These") *B. Chropovski*, Die Slawen, 1988, S. 15. **Segmentäre Struktur**: *Barford* a. a. O. S. 124 – 130. *Curta* a. a. O. S. 3II – 334. , *H. Küpper*, Einführung in die Rechtsgeschichte Osteuropas, 2005, S. 35 – 49, ebenso z. B. schon *L. Waldmüller*, Die ersten Begegnungen der Slawen mit dem Christentum und den christlichen Völkern vom VI. bis VIII. Jahrhundert, 1976, S. 22 – 30. Zu den **Abodriten**: *B. Friedmann*, Untersuchungen zur Geschichte des abodritischen Fürstentums bis zum Ende des 10. Jahrhunderts, 1986.

第六章 启程：中世纪早期（公元500—1050年）

经济与历史

欧洲中古世纪从公元500—1500年，这个时期是新欧洲文明的开始，在这段时间里发生了欧洲民族大迁徙，西罗马帝国的灭亡，在中古世纪的中期，整个欧洲处于巨大的变动当中。蛮族入侵，旧的社会解体，封建制度普及，工商业逐渐恢复，新的城邦开始兴起。欧洲中古世纪的早期大约指的是公元500—公元1050年间的欧洲发展，在这个发展阶段中产生了基督教文化、匈奴蛮族入侵、东罗马政权的维持以及回教文化的兴起。公元476年西罗马帝国的灭亡标志着古典文明正式结束，取而代之的是中古欧洲文化，不是古典时期的欧罗巴文化。欧洲文化承袭了希腊罗马的欧罗巴文化遗产，接受日耳曼民族传统风俗，发扬了基督教精神，并且以基督教化的日耳曼人为核心，以全新的方式及观点阐释了古典文明。政治方面以君士坦丁堡为政治、军事、宗教中心的拜占庭帝国是整个东西方文化的交汇点，它保存了古典文明的文学、科学及医学，奠定了后世发展的基础，以罗马法为蓝本编撰了查士丁尼法典。但是，这就不可避免地存在一个问题即纪元划分的问题。欧洲中古世纪的纪元划分首先涉及整个社会的环境人文尊重，其结果是开始了人类的形塑与世界的建构，最终为后续的文艺复兴赢得了时间。在这里的人类的形塑内涵包括人类的形塑是世界观的一部分，是人们对人的本质的一种认识（这既包括对他人的认识也包括人对己的认识即自我认识）、一种观念、一种学说，这是对古典人概念的一种新的形塑。在这个概念当中既包含了基督教、佛教，同时也有人文主义和达尔文在人类道德的形塑和世界建构，方面的进化主义。其次涉及的是科学技术——印刷机在约翰内斯堡的产生和技术的推广，第三是社会制度方面涉及封建制度的全面覆盖。由此又产生一个问题，即为何在公元500年左右古典时期的末期，尽管东罗马继续存在，很多古典特征仍然长期保留，不仅仅是奴隶？然而，在中古世纪却也开始了民族大迁徙，因为这些民族有了新的决定。在这超过500多年的历史当中，欧罗巴走在世界历史的边缘。在经济和文化方面伊斯兰和中国的高级文化扮演着重要的角色，也仅仅在欧洲东南部的东罗马帝国、拜占庭以君士坦丁堡（今天的伊斯坦布尔）为中心发出一缕耀眼的光芒。生活在公元500—1500年间的人们绝对不会想到，他们身处在中古时代或者认为自己是个中古的人。尽管"中古"这个术语是由16世纪文艺复兴与宗教改革以后的文人学者们提出的，但是这些人不是在挖苦讽刺这个时代的人和文化，相反，他们极为欣赏性缅怀古希腊和罗马的伟大成就，同时他们也在很热情地自我赏评，尤其是在基于古典与现代之间的这段光辉而又璀璨的白天之间的漫长黑夜。在这个漫长的黑夜当中为现代人类取得的辉煌成就铺设了厚重的基石，这段黑夜为现代社会的苗圃。如果把中古时期看成一个文化周期的话，在这个黑夜当中，你可以看到文化的缓慢孕育与成长，经过环境推动臻于成熟并达到高峰，而后走向衰落的文化历史社会变迁的过程。因此中古时期的提出者不是要说这里的人们是如何无知、迷信和野蛮，也不是说社会如何混乱，他们是以极为敬重而又羡慕的眼光去剔除旧有的蔑视心态。随着西罗马帝国的灭亡，原本一统于罗马帝国的广大疆土，除了部分尚在东罗马人控制下的巴尔干半岛之外，其余的均沦为日耳曼各个部族分而食之的目标。整个古典文明也随着罗马帝国统治的崩溃而几近消亡。尽管日耳曼各个部族原本都有自己的文化，且在入侵欧罗巴之后纷纷建立起自己的邦国，但在中古世纪早期公元500—1050年这一段时间内，核心欧罗巴的文明水准远远落后于邻近的拜占庭和伊斯兰地区。尽管这些高大的、行为粗俗的、性格野蛮的、头脑愚钝的日耳曼人占据了这个地方，但是他们并没有受到古典欧罗巴、罗马文明太深的影响，欧罗巴西部和东部原本就是欧罗巴、罗马文明的边陲地带，这里几乎还停留在原始森林中的莽荒时代。此时的农业仅仅是勉强维持自给自足。

公元4—5世纪时，拜占庭帝国也和西罗马帝国一样经历了经济、政治的一系列的危机。奴隶、隶农起义与蛮族入侵相结合，也震撼着帝国统治。但它和西罗马不同，没有因此灭亡。所以，这和它的社会经济发展分不开的。

拜占庭帝国农业主要的生产者是隶农。农业奴隶也大多依附在土地上，有自己的家室，地位也接近隶农。东部各省，虽然奴隶制的田庄还存在，但规模不大。当时东方还有奴隶市场，奴隶主比较容易买到廉价的奴隶，补充农业上的劳动力。各地保存着较多的自由农民的阶层，经营小农经济。奴隶制的大田庄在拜占庭帝国的农业生产中不占统治地位。所以拜占庭帝国的封建制度萌芽比西罗马帝国相对完善，容易形成封建制度。而西罗马帝国奴隶制在帝国农业经济中占主导地位,奴隶大规模逃亡,奴隶成本高昂,奴隶和隶农没有任何经济地位可言,自然生产力不能提高。所以在农业中的奴隶制危机,拜占庭帝国没有西罗马帝国严重。

拜占庭帝国的城市比较稳定,没有发生像西罗马帝国城市普遍衰落的情况。因为拜占庭帝国大多数手工业作坊是由国家直接经营,使用奴隶劳动,但也有自由手工业者的私人作坊。进入中古时期后,商业也保持着兴盛。首都君士坦丁堡是繁荣的工商业中心,和阿拉伯、伊朗、印度等国家进行贸易,可以说当时的君士坦丁堡是沟通东西方贸易的"金桥"。城市和商品货币关系保持着稳定,对农业有深刻的影响。城市工商业需要农村提供农产品和原材料,为农村提供市场。而农村由城市工商业的发展反过来消化各种工业产品,形成了比较良性的商品流通关系。而西罗马帝国经济混乱,发行劣质货币,城市衰落,工商业占主导的是私人作坊,而私人作坊受奴隶制危机的影响巨大,大量作坊破产,导致农村失去了农产品市场,而农村农产品就地消费更是加速了城市衰落,加上海盗横行,城市交通阻塞,商品经济关系混乱,自然形成了恶性循环。自从罗马帝国分裂后,东罗马帝国连接着阿拉伯、伊朗、印度等国,形成了优越的商业环境。而西罗马帝国与这些国家没有联系,加上帝国内部军事、社会混乱,海上交通阻塞,商业也自然衰落,又加速了各种贸易的缩减,物价飞涨。可以想象,这样破败的经济,灭亡也就再所难免了。

所以拜占庭帝国没有像西罗马帝国一样具有独立倾向的大田庄,这样的经济模式在拜占庭帝国不易形成。帝国政府从工商业得到大量的税收,也就可以拥有庞大的军队和完善的官僚体系,保持社会、国家的稳定,公元5世纪的时候拜占庭的国家预算是270.000磅黄金,而西罗马帝国只有20.000磅黄金,拜占庭的军队开支是45.000磅黄金,是西罗马帝国整个国家预算的两倍还多。因此,中央政权比较稳定,在奴隶制危机中能够保全,没有像西罗马帝国一样灭亡。至于西罗马灭亡的原因,可能是匈奴人入侵拜占庭遭到日耳曼宗族的反抗,同时由于地中海地区的气温急剧下降,匈奴人被迫放弃拜占庭而转向西边,最终导致西罗马帝国的灭亡。拜占庭在那里建立了新的帝国,尽管是一蜕变的产物,但是它还是成为新欧洲的核心,直到中古世纪的中期一直保持着巨大的繁荣。这个核心欧洲曾经是西方即今天的西班牙、法国、德国和意大利。盎格鲁-撒克逊的英格兰在中古世纪早期由于非罗马化的因素而被限制。核心欧洲的重点在于从之前的以意大利为中心向北转移到罗马的行省,其中皆缘于经济和文化,尤其是贫穷的因素。但是政治却一直保留在那里,主要出自法国。这个蜕变产物曾经历了三个发展阶段,首先是基督日耳曼帝国在西罗马帝国的原地建立起来，时间是在公元 5 世纪到 7 世纪。当日耳曼帝国建立并巩固之后便进入第二个阶段，即在公元 8 世纪到 10 世纪的这段时间，日耳曼帝国要经受外族侵略者和抢劫者的冲击的严峻考验。曾经一段时间里经常处于恐惧，经常被征服被掠夺，这些掠夺者入侵者来自四面八方，有的来自北方的诺曼人，有的来自于南方和西方的伊斯兰教徒，有的来自于东方的匈牙利。第三个阶段是暴风雨过后的平静即日耳曼帝国的巩固阶段，这也就是最后的 100 年，从公元 950—1050 年，在这个古老的核心欧洲领域中产生了新的基督君王帝国（christliche Königreiche）。基督徒的数量急剧地递增，并最终汇集在帝国东部的波兰、捷克、匈牙利和俄罗斯，成为一个反抗风暴。在第一个阶段，日耳曼宗族在西罗马帝国领域内建立了更多的帝国，即在西法兰克的西哥特帝国（公元 410—507 年），从公元 5 世纪到 8 世纪，由西哥特人在罗马帝国阿基坦高卢行省境内创建并扩张到整个伊比利亚半岛的一个国家。公元 507 年，西哥特人被克洛维一世领导下的法兰克人击败，丧失了阿基坦地区的控制权，退出了高卢。公元 6 世纪，伊比利亚半岛被西哥特人完全统治。伊比利亚半岛上的国王们在保留罗马的旧有行政方式上比墨洛温王朝统治者们更成功些，特别是在估税和收税方面。他们在统治早期比墨洛温王朝缺乏一个宗教方面的重要优势，因为信奉阿里乌斯教的统治者与信奉天主教的西班牙—罗马人以及犹太教臣民在信仰上并不统一。公元 587 年，西哥特国王里卡雷多（公元 586—601 年在位）带领西哥特贵族和大多数阿里乌斯教的神职人员，改信天主教，总算解决了这个问题，大为促进了罗马旧贵族和西哥特贵族的联合。公元 589 年，里卡雷多在都城托莱多召开教会大会，两教合为一体。随后，西哥特国王强行推进天主教的普及，与犹太教爆发了冲突。公元 6 世纪 70—80 年代，西哥特王从东罗马帝国手中收回地中海沿岸地区，而权利和财富渐渐流入强势的地方贵族手中。公元 711 年，北非摩尔人（伊斯兰哈里发）入侵伊比利亚半岛，西哥特王国灭亡。接下来是西班牙的西哥特帝国（公元 507—711 年），行政中心在西哥特人的托莱多。第三个是从比利牛斯山到德国这段区域的法兰克帝国（公元 481—843 年），这实际上是属于凡尔赛公约的一部分。公元 4 世纪初，法兰克人以联邦者的身份定居于罗马帝国境内的高卢东北一隅。此时罗马帝国本身的军事力量已无法保障其边境的安全，因此罗马人允许部分被称为联邦者的外族进驻帝国的边境地区来维持安全。后来当西罗马帝国开始瓦解时，法兰克人便乘机扩展地盘。一开始，高卢北部的苏瓦松附近还有一个与罗马帝国的本土隔离但依然归属罗马总督斯雅戈里乌斯管制的飞地。公元 486 年（或 487 年）法兰克人在克洛维一世的带领下攻占了这块地方，如此法兰克人的地盘就扩张到了卢瓦尔河畔。克洛维一世本来不过是众多法兰克部落首领中的一个（迄今所知的最早的法兰克人首领是法拉蒙），他接收了罗马的管理机构后，利用其统一了其他部落，建立了史上第一个法兰克人的国家。公元506年克洛维一世出击阿拉曼尼人，507年他击败西哥特王国的军队，将原属西哥特王国的阿基坦等地区完全攻占，继而将西哥特人驱逐到比利牛斯山脉以外。在法兰克人扩张过程中，克洛维一世没收了死去或逃亡的地主土地。如此克洛维就成为了整个王国的最大地主。克洛维还将自己的土地赠送给其他的贵族来拢络人心，由此逐渐演化出了采邑制。克洛维还将他的许多领地租给自己的臣子，解决了庞大财产的管理问题。但此时的法兰克王国内几乎没有货币贸易。这是法兰克王国、欧洲早期封建社会的基础。除采邑制外，基督教成为法兰克国王的第二根支柱。在克劳蒂尔德的影响下，克洛维皈依基督教。克洛维通过洗礼（可能于公元498年，确切时间有争议）获得了基督教教会的支持。如此一来，法兰克人的统治便得到了当地高卢人与罗马人的支持。法兰克王国的建立也标志着罗马统治的结束与欧洲中世纪的开始。法兰克国王通过遣使（伯爵和主教）来贯彻命令。公元511年的帝国大会上，克洛维还拥有了可以任命主教的权力。同时他试图在整个法兰克王国设立统一的教会法。公元6世纪初（507年之后），颁布了《萨利克法典》。这是一部拉丁文的法兰克法典。公元511年克洛维死后，他的王国被他的四个儿子瓜分为苏瓦松国（后成为纽斯特里亚国）、巴黎国、奥尔良国（后成为勃艮第国）和梅斯国（后成为奥斯特拉西亚国）四个独立王国。虽然后来这四个王国的某些国王不时得以统一整个王国，但在日耳曼人的传统影响下，统一的王国往往在国王死后被分给他的儿子们。除了巴黎国之外，其他三个国家都设立了宫相（宫廷总管），由于国王不理朝政（被称为"懒王时代"），政事委托宫相，使得宫相渐渐夺取了国家的大权。公元639年达格贝尔一世死后，他的儿子得以再次继承一个统一的王国，但国家的实权掌握在宫相和王太后手中。这些宫相试图掌握整个王国的权力。从公元657—662年，一个宫相的儿子以被国王收养的方式得以登上王位。公元687年，奥斯特拉西亚的丞相中丕平战胜了整个王国的统治者，为丕平王朝和卡洛林王朝的上升铺平了道路，但当时丕平还不敢篡权。公元714年丕平死后，国内发生了争权内讧，公元719年丕平的私生子查理·马特获胜。以凶残著称的马特面临着内忧外患。在王国内始终有不同的部落试图推翻他的统治。公元732年，他与过去的敌人一起在图尔战役中战胜了入侵的阿拉伯人。他被认为是西方世界天主教信仰的拯救者。此后他向东战胜了弗里斯兰人、萨克森人、巴伐利亚人和阿拉曼尼人，这些胜利进一步巩固了他的统治。此外他还支持圣波尼法爵在这些地区的传教工作。公元

737 年法兰克国王死后，他成为帝国的唯一统治者，但像他父亲一样，他没有国王的称号。按日耳曼人的传统，马特在死前将帝国分给了他的两个儿子丕平三世和卡洛曼。

第四个是在法国南部的里昂勃艮第帝国（公元 443—534 年），最后被法兰克帝国所征服，直到 9 世纪到 11 世纪再次建立。第五个是指从公元 5 世纪不列颠罗马统治的结束和盎格鲁-撒克逊诸王国的建立，到 1066 年诺曼征服英格兰这一段历史时期。盎格鲁-撒克逊人是对在公元 5 世纪、6 世纪期间迁居不列颠群岛的日耳曼部落的总称，包括盎格鲁人、撒克逊人、弗里斯兰人和朱特人。公元 9 世纪前的盎格鲁-撒克逊英格兰，由七个王国主导：诺森布里亚、麦西亚、东盎格利亚、埃塞克斯、肯特、苏塞克斯和韦塞克斯。这些蛮族王国在公元 7 世纪完成了基督教化，而原有宗教的强势地位随着 655 年麦西亚国王彭达的去世而终结。面对维京人入侵的威胁，阿尔弗雷德领导下的韦塞克斯在公元 9 世纪的英格兰取得优势地位。10 世纪时，各割据王国已经统一于英格兰王国，与在英格兰北部和东密德兰地区建立的维京人王国（即丹麦法区）相抗衡。1013—1042 年，英格兰王国被纳入丹麦王朝统治下，后得到复辟。1066 年最后一位盎格鲁-撒克逊国王哈罗德二世败于黑斯廷斯战役，同时标志着盎格鲁-撒克逊英格兰历史的结束。东哥特王国，是日耳曼民族的一支——东哥特人建立的国家。公元 3 世纪时曾在黑海北边建立一个帝国。公元 5 世纪末在意大利建立东哥特王国。东哥德人自波罗的海地区向南扩张，建起一个幅员由顿河至德涅斯特河（在今乌克兰西部）的大帝国，在公元 4 世纪时期，臻于鼎盛。被匈奴人武力入侵征服（公元 374 年）后，大部分东哥特人臣服匈人，成为匈人的民众，后一些东哥德人沿顿河（公元 450 年？）定居。后匈人在 454 年灭亡之后，大部分东哥特人在狄奥多里克领导下入侵亚平宁半岛。493 年狄奥多里克称意大利王。东罗马帝国皇帝查士丁尼一世伐东哥特王国达 20 年（公元 535？—554 年），终彻底败于东罗马帝国。此后东哥德人即不复以一个民族存在于世。而有一部分的东哥德人迁移至克里米亚半岛，所使用的语言形成了克里米亚哥德语，但是约 16 世纪末其语言消亡，现代居住当地的东哥德人已经属于斯拉夫化的德国人。

当时的居民不完全是国民（Völker），这中间存在一些变化，这些居民往往是一个部族或者是部族的一部分，他们在迁徙过程中往往是几千人组成一个迁徙团，诸如西哥特人，尽管他的军队只有 20000 人但是他们带的随从却有 80000 人。在西方，这些人的生存完全依靠洗劫。在西哥特帝国的军队当中经常吸收大量的日耳曼战士参与战争，或者雇佣日耳曼人做保护者，在这长期的合作中产生的结果就是这些军队日耳曼化（Germanisierung）。

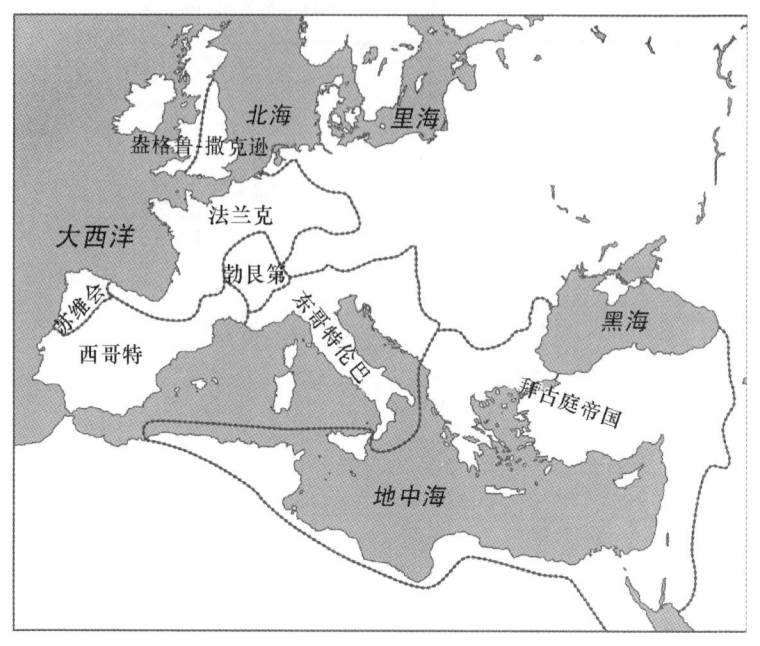

图 6-1 公元 530 年的日耳曼帝国

公元 4 世纪起,日耳曼人在罗马军队里的地位日增。到了公元 5 世纪中,罗马帝国的皇帝已经没有权力了。公元 456—475 年,日耳曼人里西梅尔(Ricimer)统治意大利,这期间,在公元 466—476 年之间的五位罗马皇帝都只是他任意拔擢、罢黜的傀儡。继里西梅尔之后掌权的是奥多亚塞(Odoacer)(又译奥多亚克),他在公元 476 年罢黜了上述皇帝中的第五位皇帝,也就是西罗马帝国的最后一位皇帝——罗慕路斯·奥古斯图卢斯(Romulus Augustulus)(参考:印有罗慕路斯·奥古斯图卢斯像的钱币)。至此,西罗马帝国灭亡。当时东罗马帝国的皇帝芝诺(Zeno)任命东哥德族领袖狄奥多里克(Theodoric)为帝国官员去驱逐篡位的奥多亚塞。狄奥多里克率领东哥德人在 489 年越过阿尔卑斯山,打败了奥多亚塞,并成为意大利的统治者。狄奥多里克虽然是东哥德族领袖,但是是一个受过教育的人。他的童年在君士坦丁堡以人质的身份度过,并在当地接受了教育。公元 488 年,身兼东哥德族国王和东罗马帝国官员双重身份的狄奥多里克被东罗马帝国皇帝芝诺派去重新征服意大利。公元 493 年,狄奥多里克征服了拉文纳(Ravenna),并且杀了奥多亚塞。理论上,狄奥多里克只是君士坦丁堡管辖下的一个副王(viceroy)。然而,在实际上,东罗马帝国对狄奥多里克并没有约束的能力。当时西罗马帝国虽然已经不存在了,在伊比利亚半岛、高卢、意大利等地,西罗马帝国的遗民人数还是远远多过他们的统治者

——日耳曼人。在这些地方，法律的适用性通常是依据种族背景来分的。西罗马帝国的遗民还是适用罗马法，而日耳曼人则适用日耳曼人的法律。在狄奥多里克统治之下的意大利也是如此。西罗马帝国的遗民的人数也远远多过东哥德人。西罗马帝国的遗民适用罗马法，而东哥德族人则可以说是独立于西罗马帝国遗民之外，保持自己的风俗习惯，受自己同族的贵族治理。大部分西罗马帝国的社会制度在意大利保存了下来。狄奥多里克是一位出色的统治者，在他的统治之下意大利比5世纪许多皇帝统治之下的情况还要好。可以说，西罗马帝国的文明在狄奥多里克的统治之下在意大利延续下来了。在城市里，古典时代的法律学校与修辞学校仍然兴旺。狄奥多里克改变税制，试着使赋税更为公平。相较于5世纪的兵荒马乱，狄奥多里克的统治给了意大利30年的和平。对外政策方面，狄奥多里克透过一系列的联姻把一些其他日耳曼人建立的王国组成联盟。狄奥多里克把自己的妹妹嫁给汪达尔王国的国王，一个女儿嫁给西哥德王国的国王，另一个女儿嫁给了勃艮地王国（约在今日法国隆河河谷一带）的国王，狄奥多里克自己则是娶了法兰克王国国王克洛维（Clovis）的妹妹。如此一来，东哥德王国成了日耳曼人建立的王国彼此之间因联姻而建立的关系的中心。狄奥多里克也成了西哥德王国的摄政王。当时的西哥德王国据有高卢西南部及大部分的伊比利亚半岛。因此，狄奥多里克的影响力从今日的葡萄牙、西班牙、法国西南部一直延伸到意大利。古典文明要在狄奥多里克统治之下的意大利复兴看起来似乎是有希望的。然而，东哥德王国的统制机制有很大的问题。狄奥多里克统治之下的东哥德王国对西罗马帝国的遗民跟东哥德人有双重的制度。一方面，狄奥多里克是东哥德人的国王，另一方面，他是东罗马帝国的官员，治理着为数众多的西罗马帝国的遗民，而东哥德人的角色像是他们的保护者。信仰方面，西罗马帝国的遗民信奉的是正统派的基督教，而东哥德人信奉的是基督教里有争议性的阿里乌派（Arianism）。东哥德人要成功地统治意大利，必须要得到西罗马帝国的遗民的合作。但是如前所述，这两群人的社会在许多方面明显不同。东哥德人与西罗马帝国遗民之间的互信基础也不够。可以说，东哥德王国在意大利成功的统治，靠的其实是狄奥多里克个人的能力。一旦狄奥多里克不在位了，这样的统制机制其实并不稳定。狄奥多里克在公元526年去世。继位的是狄奥多里克未成年的外孙阿塔拉里克（Athalaric），而阿塔拉里克的母亲，也就是狄奥多里克的女儿阿玛拉逊莎（Amalasuntha）则为摄政王。公元527年查士丁尼一世成为东罗马帝国的皇帝。查士丁尼一世是一位有野心的皇帝，进行了一系列复兴罗马帝国的战争。首先他派将军贝利萨留（Belisarius）对汪达尔人出兵，在公元534年灭亡了汪达尔王国，汪达尔人从此在历史舞台上消失。公元535年，又派贝利萨留攻打东哥德王国。贝利萨留很快地在公元535年攻下了西西里岛。公元536年，贝利萨留攻下了那不勒斯及罗马。在贝利萨留的攻打之下，东哥德王国的王位从狄奥多里克的家族转移到了另外一位领袖维蒂吉斯（Witigis）的手中。公元536年，维蒂吉斯在对抗贝利萨留的战争中即位为东哥德王国国王。维蒂吉斯是阿玛拉逊莎在当时唯一存活的小孩——玛瑟逊莎（Mathesuentha）的丈夫。不过这桩婚姻只是支持维蒂吉斯的王位继承的政治婚姻而已。维蒂吉斯统治之下的东哥德王国还是无法抵挡东罗马帝国的攻击。贝利萨留继续向北攻下了米兰，并且在公元540年攻下了东哥德王国的首都拉文纳。维蒂吉斯与玛瑟逊莎都被俘掳。这个时候，查士丁尼一世给了东哥德人一个"慷慨"的协议：东哥德人交出他们一半的财物给东罗马帝国，则可在意大利西北部保有一个独立的王国。贝利萨留将消息告知东哥德人。东哥德人并不信任查士丁尼一世而比较信任贝利萨留，他们提出一个条件：只要贝利萨留在协议上背书，他们就接受协议。然而，这个条件却使得协议陷入僵局。公元540年，因为维蒂吉斯的失利，一群贵族认为他们需要一位新的领袖。这群贵族的首领埃拉里克（Eraric）支持贝利萨留。在征得其他人的同意之后，他们决定要将王位让给贝利萨留。贝利萨留还是对查士丁尼一世忠心的。他假装同意这项提议，前往拉文纳进行加冕，然后出其不意地逮捕东哥德人的领袖，并且将全部东哥德王国置于东罗马帝国的统治之下——这次没有"慷慨"的协议了。接下来，被选为东哥德王国国王而在540年继位的是伊狄巴德（Ildibad）（又写为Hildebad或Heldebadus）。一方面，东罗马帝国的东边正在与波斯作战，因此查士丁尼一世希望东罗马帝国西边能有一个缓冲国家把法兰克王国与东罗马帝国隔开。另一方面，东哥德人对贝利萨留的提议让查士丁尼一世起了疑心。查士丁尼一世对贝利萨留之举大为不满，将他调往东边对抗波斯帝国，而将意大利置于东罗马帝国另一位官员约翰（John）的管理之下。伊狄巴德在位仅约一年（公元540—541年）。接下来继位东哥德王国国王的是埃拉里克（公元541年），但是旋即被杀害。再接下来在541年被选为东哥德王国国王继位者的是托提拉（Totila）。托提拉与立场偏向东罗马帝国的埃拉里克不同，是一个立场偏向东哥德人的国王，同时也是一位出色的领导者。他带领东哥德人反抗东罗马帝国。当贝利萨留在公元545年回到意大利的时候，他发现情势已经改变了。埃拉里克已经被杀害，亲东罗马帝国的东哥德贵族也被推翻，整个意大利北部又被东哥德人占据，东哥德人甚至还将东罗马帝国的势力逐出了罗马。贝利萨留再度夺回罗马，但是与贝利萨留已有嫌隙的查士丁尼一世没有给贝利萨留足够的支持与补给，使得贝利萨留只能采取守势，并且失去了罗马。公元548年，查士丁尼一世以他信任的纳西斯（Narses）将军代替贝利萨留。纳西斯没有让查士丁尼一世失望。在纳西斯的征服行动中，托提拉于公元552年战死。公元552年继位为东哥德王国国王的德亚（Teia）也于公元553年战死。德亚是最后一位东哥德王国国王。历史上有记载的东哥德人的抵抗一直持续到公元550年代末。被击败之后，东哥德人从此自历史舞台上消失。对意大利人而言，东哥德人也许只是历史上一群短暂的侵略者。但是狄奥多里克给了意大利30年的和平，在狄奥多里克的统治之下，意大利的情况不比公元5世纪时动乱的时代来得差，古典文明和大多数罗马的社会制度在意大利也保留下来了。反而是东罗马帝国击溃东哥德王国之后，继位的皇帝查士丁尼二世却又无力保卫意大利。于是，当另一批日耳曼人——伦巴底人（Lombards）从公元568年开始入侵意大利时，东罗马帝国阻止不了伦巴底人对意大利施加的破坏。

日耳曼民族的大迁徙，乃是始于公元375年，因匈奴逼迫，黑海北岸的哥德族渡过多瑙河大举南迁，定居罗马帝国领域内的茅西亚（Mocsia），至各民族相继的大规模迁徙为止，才告一段落。最后的入侵者为伦巴族，在公元6世纪末整顿意大利的统治体系。然而，此说始终是从入侵罗马帝国的观点来分期，事实上日耳曼各族的移动，自公元2世纪以来，才相继盛行，依据罗马方面零星史料的记载，日耳曼人以牛马拖拉满载家当的车子，携家带眷迁徙。他们的军队辗转移动，一旦遇敌，即以车辆围成圆阵，将妻子和家畜置于中央，勇敢地奋战，初期迁移的状况似乎就是如此的情景。然而，不可与此相提并论的是，公元8世纪以后到12世纪之"第二次民族大迁徙"。北日耳曼各族，亦即诺曼人的移居海上，虽然同样是大迁徙，但是由于其历史条件和环境的不同，依惯例特别将其称为维京人（Viking）的活跃。可是，此次民族迁徙的起因，由于史料匮乏，众说纷纭，莫衷一是。诸如北欧气候突变说、贵族间政治斗争说、生产力与人口增加不均衡说等等，这些原因之中究竟何者引发连锁性反应，产生如此复杂的情况，任何一个学说都无法给予完善的说明。总之，自泰西塔斯的记录起三百年之间，由于遗留的史料极少，所以对日耳曼世界内部的具体变化全然不知。然而，由结果观察，移动集团并非如同昔日的零星小国，代之而起的乃是几个大部族或种族。部族的形成,大体而言可能是在公元2世纪中叶至4世纪之间逐渐演变的结果。由推断得知,它可能是在迁徙时因征服、臣服、结盟和其他复杂的原因所造成,所以部族的组成分子除了许多零星小国外,有时包含异族在内。这种情形以哥德族中的奄蔡人(即阿兰,Alan)为首,由混入大草原地带纷杂的异族和少数的匈奴人可得知,异族哥德族的兵制和战术自然会发生极大的影响。如是大部族得以渐趋统一,无疑地具有支配者或以王族为中心的政治、军事统治格外强化的意义。依据推测,在统一的过程中,打破了昔日阶级名分制度,藉军功或其他个人力量的新贵族兴起,传统的人民会议也由于以军事领袖为中心的士兵集会而受到重视。换言之,也就是酋长随国家的分崩和统率王族化等的实质有了转变。东哥德辉煌的王族阿马尔家族(Amal),乃是利用新贵族的势力,将古代零星小国的传统复兴为新部族国家的实例。而出身于小部落酋长的法兰克梅罗文加王朝,也是将酋长制的国家,统一为法兰克新王制部族国家的一个最佳例子。再者,民族迁徙的结果又如何呢?我们可以将其明确地区分为三种形态。亦即被称作"东日耳曼民族"的东哥德(Ostrogoths)、西哥德(Visigoths)、汪达尔(Vandals)、布根第(Burgundian)、伦巴(Longobardus)等部族。他们劳师远袭,闪电式地入侵罗马帝国境内,并建立国家。相反地包括法兰克、萨克森、夫利斯(Frisen)、阿拉曼尼(Alamanni)、巴伐利亚、绍林吉等的"西日耳曼民族",除了渡海至大不列颠(Britania)岛的一支盎格鲁-撒克逊和朱特族(Jutes)外,一般而言,逐渐向西南接近日耳曼人故乡的方向移动,废除酋长制,统一各个零星小国,形成部族国家。至于丹尼斯人(Dannes)、瑞典、挪威等"北日耳曼民族",保存昔日古日耳曼的风尚,至8世纪以后,其中一支如前所述成为维京人。其次,侵入罗马帝国境内建国的部族国家的主要动态又如何呢?就此而言,多数人都持有偏见,认为古代民族的迁徙乃是对古代文化的一种野蛮之破坏行为。公元4世纪后半叶罗马已非昔日的罗马,而迁徙、定居的具体内容经分析的结果,明白显示罗马社会与日耳曼人之间并非破坏和隔绝,反而不断地交互影响。例如东、西哥德和布根第族入侵之初的土地占有方式,自公元3世纪以后采用罗马例行的军队驻屯制。亦即由各地百姓供给驻军实物,以赢得驻军保护的一种合作制度。如布根第族接纳罗马方面地主割让之三分之二的耕地、三分之一的农奴、二分之一的住宅地及果树圃、二分之一的森林占用权。西哥德族则接受三分之二的耕地和森林,二分之一共有地。还有东哥德族,将鄂多阿塞纳-马恩省

(Odoacer)的土地完全献给守备军,并将该地区内的大地主领地中三分之一的土地划归罗马所有,具体划分由日耳曼双方选派的划分委员会负责安排,并经法定程续进行割让。至少在上述三部族区域当中,不曾发生以暴力抢夺土地的现象。但是,经由伊比利半岛渡过直布罗陀海峡至非洲北部建国的汪达尔人,以及在狄奥多理大王(The Great Theodoric)时闻名的东哥德灭亡后,建立于意大利北部的伦巴族,这两个部族在史料中并未有若前者一般在百姓和军队之间保持文明、和平相处的记载。相反地,在两国的首都亦即迦太基和帕维亚(Pavia)四周,依上述可以想象一定有非常野蛮的掠夺和没收土地的行为,但这可以说只是局部的现象。因为入侵的日耳曼人,大体而言,仅占罗马籍居民的百分之二或三而已,并且其中直接受害的阶层仅局限于大地主和中地主,因此对一般民众的生活方式不至于造成太大的威胁。不仅如此,据说尚有不少罗马下层人民为躲避罗马地主的剥削,投靠日耳曼人。由于此种迁徙和定居的结果,使日耳曼人对土地的原有看法产生极大的转变。亦即认为土地是永久的财产,也是经营的对象,同时认为土地的拥有是保障权力的最佳方法。部族国王不仅承继了广大的帝国直辖领土乃至于皇帝领土,并且将土地分赐给功臣、同族和权贵,以增强其统御力。而且信奉亚略派的日耳曼人,继承了天主教会的部分领土,因此又加上单纯的主从关系,此种土地授受的关系培育出紧密结合的关系和可能性。由于部族国家终究是建立于罗马帝国境内的国家,所以他们多少结合了古日耳曼和世界帝国的双重性格。因此,此时依然尚未与不同次元的中世纪封建国家或封建社会完全融合。例如部族国家的国王,对其族民而言是国王,就罗马方面而言,则仅是罗马皇帝的一位官员或军司令官而已。法律上所谓属人主义,就是依据各部族法管理日耳曼人,而罗马原则上依然一如往昔适用罗马法。政治上亦然,武官和士兵以日耳曼人居多数,但掌管外交、司法、行政的文官,则大抵由接受过拉丁教育的罗马人担任。宗教上亦如前所述,亚略派和天主教并存,但除了建国之初即信奉天主教的法兰克人外,宗教上彼此对立,因此想藉宗教为媒介来化解民族对立是不可能的。最后论及经济状态,在这方面也反映出国家的双重性格,地中海世界国际性的物质交易,和以货币经济为基准的租税制度等想法依然根深蒂固。反之,由于着重与商业交易背道而驰的农地经营,都市居民不堪重税的压力,因此在各地遂发生纷纷逃住农村的现象。总之,封建社会尚未完全脱离,依然停留在过渡时期。据说当时曾有一位因功而受封土地的日耳曼贵族,卖土地换取资金,前往君士坦丁堡接受古典的教育，这一则故事暗示了当时的观念，颇有研究的价值。以上是日耳曼民族大迁徙的概况，其中最值得注目的乃是由于历史的剧变，昔日罗马制度中称为世界帝国的统一国家或专制国家的架构，已然仅有其表，代之而起的是藉不同方法，由部族或人群集结而组成的大小国家，成为推动历史的主力。因此，在中古世纪，在古罗马的阴影下，竞相成立新的国家。在这第三阶段是旧核心欧洲的扩张，北部和西班牙的中部地区曾经有三个基督王国，分别是卡斯蒂利亚－莱昂（Kastilien-León）、纳瓦拉（Navarra）和阿拉贡（Aragon）。随后法兰克帝国被瓜分，最终被分割了西部的法兰克王国和东部的日耳曼帝国。查理大帝取代了日耳曼皇帝，并取得了意大利中部和北部的统治权，并在那里敕封了罗马天主教教皇。

英格兰此时处于外族人统治的不断变换，公元1013年被丹麦人征服，然后接着1066年又发生了著名的诺曼底征服，诺曼底公爵威廉发动了这场战争。他是前诺曼底公爵罗伯特一世的私生子，也是独生子。1066年1月，英王爱德华去世，9月，威廉借口爱德华生前曾许其继承英国王位，遂纠集诺曼底贵族和法国各地骑士，在罗马教皇的支持下，率军渡过海峡，在英格兰南部佩文西登陆，入侵英国。哈斯丁一役，威廉大败英军，不久攻占伦敦，于12月自立为英王，称威廉一世。诺曼底征服对于英国历史发展的影响可谓深远。威廉建立的、他的后继人所保持的强大中央政府，由于这个政府所掌管的军事力量，使英国从未再遭侵略。相反，它还不断地在海外进行军事行动。文化方面，英国当时现有的文化与诺曼一法国文化得到了水乳交融；大量的新词进入英语，使得英国语言得到了长足发展。同时英国的教会与罗马教会的联系变得更为密切。威廉一世之后，英国的每一个国王都是他的直系后代子孙。英国开始了世袭的君主制度。诺曼底征服之后，1066—1087年的威廉一世统治期间，英国的封建制度得到完全确立。根据这个制度，国王拥有全国所有土地，再把这些土地分给答应服役交租的贵族，贵族们又把土地分配给小贵族、骑士和自由民，同样换取货物和服役。亨利二世统治期间，采取了一些措施巩固君主制，迫使弗兰德斯雇佣军离开英国，拆除几十座史蒂芬森时造的割据城堡；加强并扩大了他的行政长官们的权力，依靠由英国自由民组成的民兵获取军事支持。亨利二世还大大加强了王家法院，扩展了其司法工作的职权范围。在他统治时期，逐渐建立起超越地方领主法律的普通法。另外，他用陪审员制度代替了旧的残酷的审判制度。

在中古世纪的早期最后的一百年里，处于欧洲边缘区的基督教王国和核心欧洲的基督教王国处于发展高峰期，这段时间的发展也为未来发展奠定了基础。这些基督教王国用他们的君主制和基督教教化对其周边的邻国产生了辐射效应，基督教与君主制彼此紧密联系在一起实施君王统治和基督教教化。一个基督教会也就意味着存在一个削弱贵族势力的工具，因为早期的贵族权力经常是同当地的文化密不可分的。这种文化受到教会的排挤，因为基督教是一个统一的宗教，对于所有的国家都是一样的，绝对不容许其他任何神占据他的位置。这必然排挤了贵族的地位，并因此在早期的君主制国家中对于巩固了君王的权力具有重大的意义。在公元950—1050年这一百年的时间里，在核心欧洲区域的一半区域内产生了新的基督教王国，在北部有丹麦、挪威和瑞典，在东部有波兰和波西米亚，今天的以布拉格为中心的捷克、匈牙利，此外还有俄罗斯，这些地方是受拜占庭的影响而接受东正教信仰。关于公元9世纪的俄罗斯帝国-基普罗斯也就是俄罗斯，早期存在着苏维埃和西方欧洲的历史核心的争议。大约在公元8世纪时，居住在北欧斯堪的纳维亚半岛的原住民维京人开始向欧洲各地迁徙，并袭扰、掠夺各地的沿海城镇。其中一支进入东欧，即现在的俄罗斯境内，并一路南下直到黑海沿岸。在公元9世纪，维京人的一支击败了当地的斯拉夫领主，建立了基辅罗斯公国。尽管在罗斯境内，但他们的北欧血统有别于当地的斯拉夫人，文化也截然不同。尽管最后被斯拉夫人同化，但瓦兰吉卫队（Waräger）依然保留了鲜明的北欧特征。拜占庭第一次接触罗斯人是在838年，双方通过黑海进行贸易。此后，在860年罗斯人攻打君士坦丁堡，但在高墙下无果而终，双方订立了和平条约，其中一条规定拜占庭可以征募罗斯人作为拜占庭士兵。罗斯人多次与拜占庭作战，双方各有胜负，屡屡签约，屡屡爽约。在967年，拜占庭为了进攻保加利亚，用15000磅黄金买通基辅罗斯大公斯维亚托斯拉夫从背后袭击保加利亚人，罗斯人大获全胜并夺取了保加利亚东部。但在971年，基辅罗斯大公斯维亚托斯拉夫进攻拜占庭帝国的色雷斯地区，拜占庭皇帝约翰一世率4万部队击败了罗斯人，并摧毁了保加利亚首都普利斯拉夫，俘获保加利亚国王鲍里斯二世，并将罗斯部队包围在德里斯特拉（Dristra）堡垒。7月，罗斯人投降，签订合约，同意在必要时向拜占庭人提供军事支持。这一时期，罗斯士兵开始作为临时部队加入拜占庭的陆军，甚至是海军作战中。但是拜占庭此时还没有常备的罗斯佣兵军团。在约翰一世暴病而死后，拜占庭陷入了巴尔达斯·斯科莱鲁的叛乱，尽管在刚刚被释放的巴尔达斯·福卡斯的指挥下，继任的巴西尔二世击败了斯科莱鲁，但公元986年，斯科莱鲁趁巴西尔二世在保加利亚战败的机会返回拜占庭继续叛乱，次年，福卡斯也自立为帝公元。公元988年初，巴尔达斯·福卡斯领导的叛军逼近君士坦丁堡，准备从海路和陆路对其发动攻击。巴西尔二世向俄罗斯大公弗拉基米尔求援。此时的弗拉基米尔正希望有一种宗教可以帮助他信仰繁杂的国民统一思想。曾经去过君士坦丁堡的他深深为东正教堂的宏伟所震撼，因而同意了巴西尔二世的要求。公元988年春季，一支6000人的罗斯军队进入拜占庭。公元989年4月13日，三方在阿比杜斯交战，巴尔达斯·福卡斯阵亡，叛军被击败。而那支来自罗斯的由瓦兰吉人组成的军队则留在了拜占庭帝国，巴西尔二世将他们编制成一个永备的佣兵军团，担任皇宫护卫。瓦兰吉卫队就此建立。在瓦兰吉卫队建立的10世纪末、11世纪初正是拜占庭军事实力复兴的顶点。而在巴西尔二世的率领下，这支作战极其凶悍的重装步兵部队和拜占庭的皇家近卫重骑兵一同作战，而不是像之前，靠军事训练不足、装备较差的农兵作为步兵主力作战。

在这一时期（公元988—1025年），拜占庭进行了一系列的对外战争，入侵保加利亚、进攻法蒂玛王朝、攻击亚美尼亚和格鲁吉亚、平定尼基弗鲁斯·福卡斯的叛乱等等。其中很多作战是在山区，骑兵无法展开的地段。但因为瓦兰吉卫队的加入，拜占庭依靠这支强大的步兵部队成功地击败了在这些地段的部队，比如歼灭在山区死守的保加利亚人。但在巴西尔二世死后，佣兵和农兵的矛盾愈发严重，由于吏治上的失败，拜占庭皇室开始拖欠农兵工资甚至解散农兵。尽管瓦兰吉卫队还罕有败绩，但很快，随着拜占庭国力的式微，一场惨败即将到来。1081年，诺曼公爵罗伯特·吉斯卡尔德借故入侵拜占庭帝国，而刚刚经历了曼兹科特惨败的拜占庭帝国精锐尽丧，皇家近卫重骑兵几乎全军覆没，而能够依靠的只有各地的佣兵。即使此时，瓦兰吉卫队依然是拜占庭皇家步兵军团中无可撼动的核心。从数量上看，诺曼人的部队大部分是来自南意大利的不情愿的征募兵，但诺曼人的核心部队则是采用全速夹枪冲锋的诺曼骑士。而拜占庭人则在拜占庭皇帝亚历克修斯一世（亚历克赛一世·康尼努斯）的率领下，除瓦兰吉卫队外，还集结了东线的残余部队与受损较小的西线部队，以及大量雇用的突厥骑兵。开战不久，瓦兰吉卫队不负众望，依靠他们的勇敢善战迅速击破了诺曼人征募的意大利步兵，掌握了战局的主动权，一时间诺曼人几乎全面崩溃，但此时罗伯特·吉斯卡尔德成功地稳住了阵脚，而且诺曼骑士的主力还未行动。随着战斗的继续，只顾追击敌人的瓦兰吉卫队一时间脱离了他们与大部队的联系，将毫无防护的侧翼暴露给随时准备战斗的诺曼骑士。罗伯特·吉斯卡尔德立即命令诺曼骑士向突出的瓦兰吉卫队实施夹枪冲锋。从不曾见过也无法抵御这种战法的瓦兰吉卫队几乎瞬间崩溃，而突厥骑兵见势不好也望风而逃。诺曼骑士得以向亚历克修斯一世的近卫骑兵部队发起进攻。亚历克修斯一世不得不在少量重骑兵的掩护下杀出一条血路，撤出战场。

10世纪前，罗斯人信奉多神教。当时罗斯人处于原始氏族制度阶段，生产力水平低下，人们不能很好地了解周围自然界，总是生活在一种对自然规律的恐惧之中。他们认为天地万物间有无数神灵，其威力大小不一，但都主宰或影响着人类的命运和生活，令人敬畏。与此同时，起源于氏族制度的祖先崇拜也依然存在。罗斯人认为氏族最早的创建人，即世祖，能够保佑他的子孙后代。每逢有难，他们就祈祷祖先保佑。祭祖之日，他们以薄饼、肉、蜂蜜、克瓦斯（一种自制饮料）等为祭品，供奉于祖先墓前。作为原始图腾崇拜的残留，罗斯人还崇拜一些动物。当时古罗斯的多神教活动已经具有了相对完整的体系，不过它对世界的认识尚未形成世界观的理论形态，而只是具有一定概括性的经验知识的综合。尽管如此，多神教仍对俄罗斯人的艺术、民间创作、生活传统习惯、人们对自然的态度及俄语语言方面产生了很大的影响。多神教在古罗斯社会中占有举足轻重的位置，但宗教信仰是随着社会发展而演变的。9世纪初，古罗斯由原始氏族公社社会过渡到了早期封建社会，反映原始氏族公社时期社会经济存在的多神教与新的生活条件之间出现了越来越明显的矛盾。诞生中的封建社会需要一个相应的要求等级森严、相对集中的意识形态结构。封建社会中人的思维也要求对宇宙、生死等问题作出更周详的说明。而多神教却教义简单，纷乱繁杂，各行其是，反映出的是民族社会多部落的特征。社会的发展、阶级形成过程的深化和早期封建国家的巩固，已经越来越表明，多神教是没有前途的。多神教完全不能履行宗教在阶级社会中维护和巩固现存制度的基本职能，它必须得让位于一种等级森严、意识统一的诸神合一宗教。

欧洲法律史

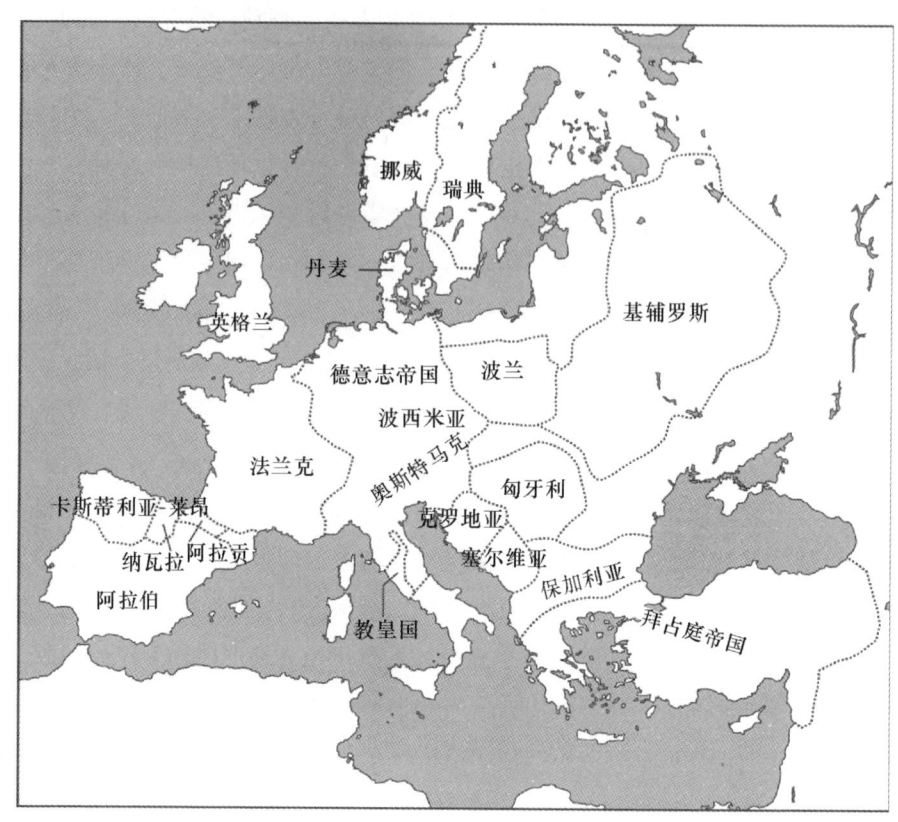

图 6-2 1050 年的欧洲

弗拉基米尔（Großfürsten Wladimir）当上基辅大公之后，深感基辅罗斯创建 100 多年来仍极不统一的原因在于宗教信仰不统一，于是他试图对多神教进行改革。由于各种部落崇拜的保持和众神并存的现象妨碍了社会上层团结和各个部落间的现实联合，弗拉基米尔大公就试图创建一个以雷神佩伦为首，由最受敬奉的六位神灵组成的统一的众神谱，并使其具有全国的性质，以此来体现和加强罗斯的统一以及基辅在全罗斯的地位。但这项改革并未取得预期效果，改进后的多神教并不能像弗拉基米尔大公设想的那样使罗斯人民信仰趋于统一，反而被理解为基辅大公尊重各部落的自主和平等。弗拉基米尔大公痛感全国需要统一的宗教。在选择哪一种宗教作为国教的问题上，弗拉基米尔大公一直举棋不定。他在权衡再三之后最终决定接受拜占庭式的基督教（东正教）。公元 987 年拜占庭发生变乱，向基辅大公求援，双方缔结同盟：拜占庭皇帝将妹妹安娜公主嫁给弗拉基米尔，弗拉基米尔接受基督教。公元 988 年，弗拉基米尔大公到君士坦丁堡接受洗礼后，带新婚妻子和一批拜占庭神父及圣像、法器返回基辅。之后不久，他就下令把多神教的神像统统烧掉或扔进河里，强令全体基辅臣跳入第聂伯河中接受基督教洗礼，这就是历史上的"罗斯受洗"（Taufe des Großfürsten Wladimir）。同时这也包含了要实现一个统一的帝国，即基督教帝国。基督教帝国的一半区域是在东南部的由先前所产生的保加利亚和拜占庭帝国的东正基督教所控制。而另一半是在南部是由纳瓦拉、卡斯蒂利亚－莱昂和阿拉贡及西班牙所收复的区域。这个时期由于基督教所面对的是文化水平上相对较低落的蛮族，因此宣教士们往往要承担宣教与教化的双重责任。他们有时得为蛮族创立文字（如哥德文及斯拉夫文），并且也透过教育的方法来教化人民、培育人才，进而提升本土文化。但是更多的时候，这些宣教士一面传播福音，一面传授拉丁文字与文明。对他们而言，以拉丁文化取代蛮族的文化，似乎是另一项神圣的任务。在西罗马帝国解体以前，世俗的教育基本上是由政府负责的。当时的课程是延续希腊式的教育理念，要学习初级的三学科（Trivium），即文法、修辞和逻辑；还有高级的四学科（Quadrivium），即算术、几何、天文和音乐。这七门课程，在中古世纪结束以前，一直是核心欧洲人文教育的核心课程。在西罗马帝国灭亡后，欧洲各国便越来越依赖教会来提供受过教育的神职人员襄赞公务，而修道院也逐渐成为教育中心。

因此，基督教在开头的五百年里，主要是在思想上和已发展到高度水平的希腊罗马主流文化会通，形成一个新的希伯来—希腊—罗马文化，并逐渐占据主导地位。自公元6世纪开始，情势有了新的转变。如今基督教所面对的，是在文化水平上相对较低落的蛮族文化。所以，这个时期的基督教是以强势文化的身份，来提携、濡化甚至改造本地的文化，这就是基督教化。

正像之前人们通常所认为的，中古世纪早期的核心欧洲的精神生活不是特别贫瘠。事实上却是在西方人的精神生活完全被国家的修道院所垄断，这种情况一直持续到中古世纪的中期才有所改变。教育事业随后转移到城市当中，并在那里产生大学和一种新的学术，并逐步地同教会分离。随后在接下来的两百多年当中产生新欧洲，这种新欧洲相对于欧罗巴而言的，是作为独立的文化统一体，这个统一体是由三个支柱支撑的屋顶，即基督教、与基督教紧密相连的国家君主统治、与教会进一步逐步脱离的精神飞跃（geistigen Aufschwung）。中古世纪早期的欧洲是地广人稀的，那里仅有少量的城邦，西部多于东部，大部分人是农民。中世纪欧洲的封建文明和古希腊罗马文明相比缺乏连续性，这是因为中世纪欧洲的资源状况和古希腊罗马的资源状况截然不同。古希腊罗马文明是建立在资源流动基础上的发达的海上商业文明，在罗马帝国的鼎盛时期，它所统治的地中海沿岸地区对周边地区有巨大的资源优势。中世纪欧洲的封建文明则主要是建立在开发土地资源基础上的落后的农业文明。尽管欧洲农业地区的经济状况在总体上优于临近游牧地区，但湿冷的欧洲平原仍然无法产生高的农业生产率，也相应地不能支持较高的人口密度。因此在中世纪的大部分时期，欧洲核心地区对来自草原、森林和海洋的游牧民族只有微弱的资源优势。这导致欧洲在中世纪前期容易遭到侵袭，自中世纪后期以来则不断地向外扩张。自罗马帝国后期开始，帝国内外已有的商业联系逐渐削弱，这不仅使帝国逐渐瓦解，而且切断了帝国与周边各游牧民族的资源流通渠道。当资源的开发和流动不能以和平的交往方式进行的时候，暴力的交往方式就是各游牧民族试图摆脱资源劣势的唯一选择。中世纪前期，欧洲大部分地区都是森林和草原，农业人口密度低。相互之间只有松散联系的村庄和封建庄园无法形成一个组织严密的官僚机构，在面对游牧民族的侵略时无法组织有效的抵抗。对北方草原上的游牧民族而言，中世纪欧洲也是较易征服的对象。在自然经济时期，游牧民族对农业民族呈现一种伴生的关系：在强大的农业民族周围总是形成强大的游牧民族；在弱小的农业民族周围的游牧民族也相对弱小。由于东方各大帝国的综合水平远远超过四分五裂的欧洲，在它们北方形成的游牧民族也相应地强大。当在东方崛起的游牧民族无法征服临近的实力雄厚的农业帝国时，它们就会转而向西冲击相对贫弱的欧洲。在10世纪以前，欧洲实际上是各游牧民族和初级农业民族的大战场。源自中欧森林的日耳曼人，源自俄罗斯平原的斯拉夫人，来自东方草原的匈奴人、阿瓦尔人和马扎尔人，源自挪威海岸的维金人等，都先后作为陆上和海上游牧部落在欧洲平原上和海岸边大肆劫掠。北非的穆斯林则占据了伊比利亚半岛和西西里岛，还不时地袭击地中海北岸地区。整个欧洲被内部的混战和四面八方的大规模侵袭困扰了数世纪之久。游牧民族的侵袭则使欧洲大部分地区在很长时间内无法建立稳定的长距离的商业联系，其结果是欧洲出现了无数个由世俗的和教会的封建主控制的自给自足的庄园。战争造成的混乱和人口数量的减少切断了帝国时期的奴隶的来源。在劳动力短缺的情况下，以前可以被奴隶主任意处置的奴隶变成向封建主服劳役的但有一定权力的农奴。封建主不敢过分压迫农奴，但也不允许农奴随意离开土地；农奴一般也不可能离开庄园，因为他们需要庄园提供的生产和生活数据以及在战争年代的保护。各封建庄园还必须采用或发明新技术以提高生产效率。这样，频繁的战争虽然给欧洲带来了严重的物质破坏和人员伤亡，但也促进了技术传播和技术进步，促进了欧洲各民族之间以及欧洲与其他地区之间的交往。技术进步导致开发资源的能力的提高，这使得四处劫掠的侵袭者逐渐转变为从事农业和手工业生产的定居者，大大小小的封建农庄逐渐取代了只是各游牧民族出没的森林和草原。交往的扩大则使欧洲人意识到了自己的资源劣势，他们不再只进行内部资源的争夺，也开始渴望得到东方的资源。随着各游牧民族逐渐转变为农业民族，中世纪后期的欧洲尤其是西欧进入一个相对稳定的时期，社会生产稳步增长，人口数量逐渐增加，对资源的需求也逐渐增加。大量的荒地被开辟为耕地，封建庄园的数量不断增加，各庄园的规模不断扩大，农业和手工业产品的数量逐渐增加，地区之间的商业往来也逐渐增多。在公元6世纪和7世纪的日耳曼王国重新开始了古罗马的货币经济。商品和人员流动的增加使欧洲农奴制和劳役地租制开始发生变化。在少数贸易发达的地区，当人们可以从庄园以外获取生产和生活资源时，农奴就有可能摆脱庄园的束缚，成为独立的农民或者从事其他职业的自由民；封建主也可能给予农奴更多的自由，并以实物甚至货币地租取代劳役地租。随着生产和交往的进一步发展，以前仅有松散联系的教会和世俗庄园逐渐合并为封建小国，在商业发达的地区则逐渐形成了独立的商业城市，有些封建小国和城市又逐渐合并为更大的民族君主国。由于这些自治单位的内外扩张，中世纪后期的欧洲充斥了封建政权之间、封建政权与教会之间、封建政权与城市之间的和平和暴力的冲突。这些冲突的实质都是争夺对欧洲陆上资源的控制权。

君王与皇帝的区别

在中世纪多元主义政治秩序下，社会划分为界限清晰的几个集团：贵族、教士、市民和农民，每个集团内部又细分为不同的阶层。其中每个集团都有特殊的身份、地位、权力和特权，都有不同的生活方式、社会活动领域和职业、不同的教育水平等，也因此形成独特的政治气质和性格，也就是说在政治上构成独特的统治权力系统。与希腊罗马城邦时代的公民政治不同的是，中世纪的政治是王族和贵族的政治。在城邦时代，政治是城邦公民的事务，与其他居民无关，这不仅是公民的自我意识，也为其他无公民权的各种居民所认同。在中世纪，政治是贵族的事务，政治领域为贵族所垄断。诚然，中世纪王族和贵族们远没有达到城邦时代公民那样对政治的绝对垄断，教士和市民也扮演了重要的政治角色，不过贵族毕竟处于政治的轴心。教士中参政的主要是高级教士，也就是教会贵族，他们也属于贵族的一部分。中古世纪时期在核心欧洲和斯堪的纳维亚的日耳曼王国尽管结构体制相同，但是仍然存在着一个不同。整个国家的统治权掌握在皇帝和贵族的手中，但他们之间存在着许多矛盾。在早期部族社会的组成是由贵族组成的，并从其中一个贵族中产生王族，负责管理国家和执行法律。因此只有是王族的成员才可能由贵族选举成为君王。日耳曼王国的君主产生有别于西班牙、法兰克、波西米亚、英格兰及东部的斯堪的纳维亚王国，也不同于波兰、捷克、匈牙利、俄罗斯、保加利亚和拜占庭。王位的继承以及继承顺序的确定，无需贵族的参与，只有在王族内部出现争执的时候，贵族才可能介入。在西方对王位继承法的漏洞填补方式是通过选举来完成的，即在部族社会早期，透过部族的所有的自由男性成员的投票来选举国王。最迟是中古世纪的早期，统治权不断地增强。除此之外还有斯堪的纳维亚，他们的贵族替代了部族大会。他们的贵族代表国民，国王由他们从王族家庭当中选举产生，经常是老国王的儿子，有时也可能是他的兄弟或者是叔父、孙子及其他亲属。如果权力关系发生变化或者旧的王朝被推翻，那么也可能从其他贵族中选择一个新的君王。在西班牙的西哥特皇帝所执行的完全是神权政治，但是这种统治不同的是它是一种非常人性化的，是同西罗马帝国沦陷之前的皇帝的牢固的权力架构不能比较的。这种神权政治是一种统治权，这种统治权始终处于不断更新，并不断确保政治必须尊重人性的基础上，按照人性的方式去执行。君王始终处于国家的指责中，为的是确保他的贵族随从人员能够按照这种方式执行。君王的更替取决于他的权力，而这种权力是建立在个人的智慧、能力和财富基础上的，需要说明的是这里的财富不仅仅限定在物质上，那只是一部分，更重要的是其在军队中的号召力。中古世纪君王历史就是一个同贵族进行权力斗争的历史。在这个历史过程中，选举法扮演着重要的角色，因为在一个王朝的黑暗时期，一个新君王的选举就必须连带着对选举者予以容忍的。这一点不同于在东部的斯拉维尼亚王国和马扎尔人的匈牙利王国，他们的国王尽管也是始终处于不断的更换，甚至可能是匈牙利人成为国王，但是这完全取决于贵族，因为在这些国家中同日耳曼王国一样没有选举法。在波兰、捷克和匈牙利王国曾经建立了城堡宪法，尽管这个宪法是模仿法兰克王国的，但是它却成为绝对的中心。匈牙利的施特梵大公，他将非基督徒贵族们所拥有的土地没收，并且将这些土地分配给王国中的壮男所有。尽管如此，整个王国中三分之二的土地都属于他。贵族在人口中所占比例很小。他们有一种特殊的身份，并借助于各个部族所特有的继承制度而世代传承、内部通婚，从而形成一个封闭的社会集团。贵族的政治资源是土地，这也是他们政治权力的基础。所有贵族都占有大量土地，作为一方土地的领主，统治着领地上的其他居民。在国家层面，他们垄断了重要的官职，把持朝政，并能够以集体的形式与君主分享政权。而平民作为一个身份的整体则完全被排除于政治生活之外，甚至以个人的身份进入政治的上层，比如担任高级官职，也几乎是不可能的。整个中世纪，鲜见平民出身的帝王和高官显贵。由于有贵族横在国家与平民之间，西欧中世纪的平民们与国家公共事务相隔绝。他们常常只是部分地感受到国家权力的作用，有时根本感受不到。他们的利益在地方的层面上，他们也只关心地方的事务。他们的不满和争取自身权利的行为主要针对个别的直接领主，较少针对国家最高政权。贵族作为一个中间的隔层，虽然使他们不能进入国家的公共生活，但也使他们在贵族的身后得到一定庇护，免受国家权力的直接压迫。中世纪西欧的平民不是公民，因为他们不参与国家的公共事务；他们也不完全是臣民，因为国家对他们的控制有限。只有贵族才是公民和臣民，只有他们才是所谓"政治动物"。西方政治传统的又一个特征是，民主传统实质是贵族民主传统。贵族们有因血缘而来的特殊身份，由于这种身份，他们自己认为，也被别人认为与国家有着特殊的关系。在他们的观念中，国王是与他们身份平等的人，只是稍稍高出一点。他们可以承认国王是兄长，但不会承认他为父亲。国王与他们之间的权力悬殊不大。教会贵族更多一分位列"神品"的优越感。这种独特的地位使贵族具有较强的自立精神和平等意识。贵族占有大片土地，所谓国家就是由他们一片片领地构成的。每个贵族在自己的领地上建立起了独立王国，他们也很自然地会形成一个观念，即把国家视为各个贵族王国的联邦。国家的政治事务与他们有最大最直接的关系。这使他们关心国家政治事务，产生对政治活动的期望和要求，即产生参政意识和社会责任感。他们强大的经济实力、较高的教育水平和管理能力，使他们的参政愿望得以实现。他们人数很少，易形成团体意识和采取集体行动。他们分别来说可能不如君主，但联合起来却足以和君主抗衡。君主也常常需要他们的参与和支持。中古世纪早期的各个君主国就是以这样一个社会集团存在，透过集体统治形式来实现。那个时代的民主只能是某种形式的贵族民主。贵族民主是狭隘的和自私的，但它遏制了个人专制的倾向，为后来崛起的平民民主创造了现成的集体统治的形式，留下了一个优良的传统。在俄罗斯却是另外的情况，在俄罗斯是由留里克王族统治着这个国家。这个国家是由众多的侯爵国所组成，其中心是基辅。在每一个侯爵国中都由这个王族的成年男性成员负责管理。国王是非世袭制，即在老国王去世后根据年长制原则，进行跨区域的变换，在同一血统的亲属中的各个侯爵根据年龄排序，由年长的侯爵担任君王。对统治权具有召回功效的轮换原则，使得王侯的权力得到了削弱，从根本上杜绝了独裁专断的情况发生。但是这种体制必然导致一个问题，即整个统治权架构完全变为贵族服务的工具，王权完全服务于贵族。君王并不是大权独揽，其权力以及制裁权不是绝对的，就是说君王并不具有专制的权力。部族大会是限制大贵族的权力、城市民众发表意见的机构。这种部族大会不但决定对外宣战等重大问题，而且有推举和罢免大公、批准法律以及与其他国家缔结各种约定等权利。在基辅的许多地方，部族大会会议不但解决一些地方性的和全国性的重要问题，而且确实保障广泛阶层的居民参与管理国家。不过，部族大会在不同地方的作用是不一样的。部族大会机制依据的不是法律，而是村社的习俗和传统。在基辅，市民大会把大公推举出来后，要与他签订一份协议，以限制大公的权力。就是说，大公的活动要受到市民大会的限制，同时大公的一些决策要与有着深厚社会基础的大贵族商量，往往还要听听大公侍卫的意见。大公若是一意孤行，武断专横，那么他就会被罢免。因此，古罗斯的诸大公没有专制的权力。在中古世纪早期的基辅罗斯各个诸侯国时代，俄罗斯国家的历史具有民主的色彩，这种色彩直到1917年的沙皇时代予以终结。在东方也像欧洲西部一样，君王是作为最高的军队统帅和最高的法官，但是他们却不是立法者，这个问题当时在很多国家甚至根本不能理解，而且那时候在那里还是适用于古老的习惯法，这种习惯法出自部族社会时期。但是，也存在例外。自从法兰克帝国国王查理曼大帝被教宗加冕为皇帝，同时也成为东罗马帝国皇帝。他此时具有双重地位，一方面他是君王，是由贵族选举的，而另一方面他又是东罗马帝国的皇帝，是由罗马的教皇任命的。基督教历800年12月25日，在罗马为查理曼大帝的皇帝加冕对两者都有利。教皇取得了一个承诺，即由欧洲最强大的诸侯国为其提供武力防御。当罗马教皇出现内部敌人，尤其是罗马城内的贵族受到外部敌人的袭扰和对教皇国的劫掠的时候，由查理曼负责保护。此外，教皇作为罗马的主教在那之前还不能独立地在其他西方教廷担当领导角色，经过之后巩固了它的领导地位。而查理曼透过这个加冕使他由一个民主选举的君王成为整个罗马的皇帝。这意味着在三个多世纪前被毁灭的西罗马帝国正在复辟，查理曼现在是奥古斯都·恺撒的合法继承人。查理曼帝国并非罗马帝国，而只是其辉煌的延续。第一，这两个帝国所统治的范围大不相同。查理曼帝国在鼎盛时期也大约只有西罗马帝国的一半大。两个帝国先后统治过的相同地区包括比利时、法国、瑞士和意大利北部。但是英国、西班牙、意大利南部和非洲北部——共同构成了罗马帝国的一部分——都不在查理曼的控制之下；而德国——构成了他的领土的一个重要组成部分——却从未在罗马人的统治之下。第二，查理曼无论从哪方面来看，从血统、外貌和教养来看都不是罗马人。法兰克人是一个条顿部落，查理曼的母语是一种古日尔曼方言，虽然他学会了讲拉丁语。查理曼一生的大部分时间住在欧洲北部，特别是住在德国。他只对意大利做过四次访问。他的帝国的首都不是罗马而是亚琛，位于今日的西德，距荷兰和比利时的边界不远。

世俗政权与教会的结合是查理曼政权的重要特征。加强与教会的结盟，是查理曼成功的重要原因之一。查理曼以教会保护人的姿态，极力维护和提高罗马教会的权益。他每征服一地都强化基督教势力，如征服萨克森人后强迫他们皈依基督教。不仅重用主教、修道院长，分封他们土地，让他们参与国家政要，还极力维护罗马教皇的统治地位。公元 795 年教皇利奥三世以阴谋手段登上教皇宝座，遭到罗马一些大贵族的反对。利奥派使者赴法兰克王国向查理曼求救，并把彼得大殿的钥匙和罗马城的旗帜呈献查理，以示臣服与忠诚，得到查理的支持，从而保住了地位。公元 799 年 4 月，利奥三世又被罗马贵族废黜，只身逃离罗马。公元 800 年，查理曼把立奥三世救出，并亲自送回罗马，扶其复位。因此这一年圣诞节，感恩图报的立奥三世为查理加冕，授予他"伟大的罗马人皇帝"称号。自此，法兰克王国遂成为查理曼帝国。查理曼的统治为欧洲新兴的封建制度的创立和发展文化教育事业作出了重大贡献，对后来的西欧封建社会产生了巨大影响。但是由于当时自然经济占主导地位，帝国内部缺乏经济文化联系，基础很不牢固；所以，虽然查理曼实行采邑分封的意愿是为了加强集权统治，其结果却导致封建割据。因此，查理曼死后不久，帝国分裂。公元 843 年，查理的三个孙子瓜分了帝国，在此基础上形成德意志、法兰西和意大利三个国家的雏形。

教 会

探究中古世纪早期的基督教会的组织机构和他的意义，需要回到后古典时期的罗马时期。自从耶稣基督创立以后，经过了 300 年波折，最终才被罗马帝国正式接受。罗马的君士坦丁大帝于公元 313 年正式颁布《罗马帝国境内的宗教自由法令》并规定国民应该并厚待天主教教会，从此奠定了教会在罗马帝国境内的发展基础，发展教义神学和圣经学，排除各种异端，仿照帝国的行政体制树立教会的正统和组织。这种政教配合的美好时日使当时教内不少人士以为天主的国已经降临人间，那真是教会的黄金时代。到了公元 4 世纪末叶，罗马帝国境内的基督信徒几乎都相信教会在帝国的体制之外是无法存在的，因为那时候的教会组织和帝国的行政系统是搭配的，身为教会的主教就等于是帝国的高级官员，再说，那个时代教会的大公会议都是由皇帝出面召开的。正当教会在逐渐巩固它的内外生活体制的时候，罗马帝国却开始衰微没落。公元 379 年，狄奥多西大帝（Theodosius der Große）被皇帝格拉提安任命为共治皇帝，统治帝国东部地区。公元381年，狄奥多西大帝将基督教定位为东部罗马帝国国教。公元392年，瓦伦提尼安二世死亡，狄奥多西一世自视为整个帝国的统治者。自此以后狄奥多西大帝统治整个罗马帝国，从此基督教成为整个罗马帝国的国教。狄奥多西大帝不仅是东西罗马的皇帝，同时也是世界的统治者和最高神职人员，国家和教会融于一个人身上。教会也像行政权、审判权和军事权一样被作为国家统治权的一部分。此时教会也有审判机能，甚至可以按照刑法进行有罪审判并执行刑罚，因为这是与它的组织结构相适应的。教会需要遵循帝国的行政管理，除了意大利之外，需要在各个行省和城邦设置分支机构，在各个城邦作为行政管理中心，对周围的土地予以管理。为此，教会在每个行省和城邦当中设置一个主教（episcopus）①。这个词最终起源于希腊语，意味着看守者或保护者的意思。这个主教不仅负责管理自己的管区，而且也对其他的行省的主教进行监督。因而他被称为大主教，取自古希腊语"metropolis"，首都之意。

---

① 教皇、教宗（拉丁语：Papa，本意为爸爸、父亲），中文通常译为教皇或罗马教皇，基督宗教中天主教会的领袖，当中包括罗马天主教会（拉丁礼）和东仪天主教会。教皇的完整头衔是："罗马主教，基督之代表，众门徒之主之后继者，最高祭司（教皇），西方之宗主教，意大利首席主教（主教长），罗马省大主教及都主教（总主教），梵蒂冈城国家元首及天主之众仆人之仆人"。教会很少使用这个完整的头衔。天主教认为教皇为初任罗马主教圣保罗的后继，因此一开始称呼他为"保罗的代表"，直到5世纪时才改称为目前更具权威的"基督之代表"。除了他的宗教职务之外，教皇也是拥有独立主权的梵蒂冈的国家元首。该国又被称为"圣座"（Sancta Sedes）。梵蒂冈整个被罗马城包围，在1870年之前，教皇统治的区域一度拓展到整个意大利中部，其领土，即教廷国，被称为"圣伯多禄的遗产"。尽管授予教皇对这些领土的统辖权的文件，也就是所谓的君士坦丁御赐教产谕，在15世纪被证明是伪造的，教皇对教廷国的统治还是延续到了1870年意大利统一的时候，而意大利王国和教皇之间最终的政治协议一直到1929年的《拉特兰条约》才得以实现。1948年通过的意大利共和国宪法再次确定该协定的合法性和有效性。在2005年4月2日到2005年4月18日，教皇的职位空缺，这种情况称为宗座出缺（sede vacante）。前任教皇是教皇约翰·保罗二世（John Paul II），他于1978年58岁时被选为教皇，也是自亚历山大六世（1522年—1523年间在位）以来首位被选为教皇的非意大利人。在天主教中有大主教、都主教、宗主教等非品位性的级别。基督教其他派别中，有些亦设立主教教职，为教会高级圣职人员，简称"Ep."；拉丁文称作"episcopus"。教会初期称之为监督或长老，为宗徒的继承人。主教一经祝圣，就同时接受圣化、训导、治理的圣职，而成为教会的牧人，但此类职务就本质而言，不能融入到世界主教团元首及其成员之中。受委托照顾教区之主教，称为教区主教，其余称为领衔主教。教宗得自由任命主教，或批准依法选出之主教；今后不再授予国家政权有关选举、任命、推荐或指定主教的任何特权。在整个教区中，作为教区的主管，也是最高负责人。在圣统制下每若干教区组成一个教省——往往与国家的省或州相同，教省主教称为总主教，该省其他主教称为隶属主教。——译者注

大主教在西罗马帝国称为宗主教（Erzbischöfe），而在东罗马帝国称为教祖（Patriarchen）。罗马不存在行省，它只是罗马帝国的核心国，因此在那里除了有一个帝国的皇帝之外，还有一个唯一教会最高机构，即罗马大主教。这个罗马大主教完全独立于意大利，是作为罗马帝国首都的主教，也被称为首席大主教（Primat），他要站在所有其他主教和大主教的前面。公元395年狄奥多西大帝在米兰去世，临死前把帝国分给其两个儿子，即把帝国东部交给长子阿尔卡迪奥（Arcadio），西部交给次子奥诺里奥（Onorio），一个大帝国从此分为东西两半，再也没有统一过。这时候，欧洲北方蛮族已经开始南下入侵罗马帝国，西罗马帝国早已病入膏肓，所以经过北蛮屡次攻打侵扰之后，在公元5世纪70年代覆亡。至于东罗马帝国，却能够继续维持1000年，但是它的疆域越来越小，直到公元1453年奥托曼帝国皇帝穆罕默德二世攻下君士坦丁堡，才寿终正寝。在东西罗马帝国数百年、甚至1000多年的变幻中，教会虽然历尽波折，却能在人世沧桑中避开历史时空的存废逻辑，继续走它有别于现世其他任何团体组织的道路。此时拜占庭已经发生了改变，首都君士坦丁堡位于一个叫色雷斯的行省。同样在君士坦丁堡也建立了首席主教或者教祖，这些大主教同样是站在东罗马帝国所有大主教和主教的前面。公元476年西罗马帝国灭亡之后，在基督教产生问题，即罗马主教究竟站在哪个首席主教的后面，或者说哪个首席主教是正宗的问题，这个问题同样涉及皇帝。西罗马帝国覆亡，但是那里的基督信徒仍然存在，他们的哀痛失望不难想象，许多教友以为世界末日已到，他们不相信教会能够没有帝国而能继续存在下去。甚至西罗马的大主教、主教纷纷逃离。在北蛮大举侵犯罗马帝国、而帝国各地方政府处于摇摆不定、时存时废之际，天主教会是唯一尚存的组织体制。因此，各地的主教经常代理名存实亡的帝国行政业务。比方北非伊波纳城的主教奥斯定在汪达尔人血洗北非之际，他便在当地收容无数的难民，并要求各地的主教和神父们坚守岗位，与地方人民共患难。后来日耳曼帝国建立，他的皇帝及后来的所有人都信奉天主教，也就是200年之后从君士坦丁堡的东正教产生的教宗。此时的日耳曼帝国的皇帝作为新的君权与神权的统一，并且之前教徒们不再同以前的帝国首都联系，因为罗马教廷的主教、教宗基本上现在都已经不在了。现在这一切都是新的了，他们称为彼得。彼得是耶稣十二门徒中最为重要的一个，在耶稣重生之后开始广泛传播基督教教义的彼得是最受耶稣信赖的人。

一次耶稣跟彼得说："应该把我的教堂建在盘石上，阴间的权柄，不能胜过它"。由于"城造在山上，是不能隐藏的"，因此造在岩石上的教堂可能也被看成就是造在山上。公元1世纪时，耶稣回天国前把金钥匙交给了他，彼得成为了天主教的首领,他来到罗马开始传教。后来,罗马的皇帝为了嫁祸天主教,放火烧了罗马城,然后归罪于天主教,并处死了彼得,成为殉难者(Märtyrer)。从宗教的意义上说,耶稣强调了把建筑物建在岩石上的重要性。而从礼仪的意义上说,实际上"教堂"一词既指信徒的总体,又指信徒们成群祈祷的场所。教堂是全体信徒构成的巨大精神实体的物质体现。一首祭礼的献礼诗解释得非常明白:基督在此被比作石头,石头被大铁锤敲成一块块,又堆积在一起,被神工之手放在早就准备好的确切位置上,以便永远统一在神圣的华宅即精神教堂之中。教堂(Kirsch)意即聚会,是全体信徒的集会场所,他们一视同仁地被招来共享神恩。因此教堂必须具有宽大的空间。基督徒在古代民族的建筑创造之宝库中找到了现成的形式——长方形堂,一种有一个中殿和侧廊的长方形建筑,用作集会场所、法庭或室内市场。他们只给这一形式加上一条交叉甬道或一个横向的中殿,呈十字形。半圆形后殿——内有一条长凳——为教士专用。祭坛设于交叉甬道的交叉点,礼拜仪式在中殿内举行,信徒们站立着,男的在左,女的在右,排在单侧廊或有时双侧廊中,时而留下一条空道。教堂由新教徒会合的门廊和围以四柱的中庭(门口)进入,后者是中世纪修道院回廊的起源。中庭中央立着环形柄高脚杯——行沐浴仪式的喷泉水,那是圣水钵的由来。教堂的产生满足了教徒们的精神性和礼仪性的需要。从此以后罗马的主教是作为耶稣重要门徒的追随者,或者说是彼得的追随者,为此产生了对古老教皇的新解释,即作为现实的执行者,通过巧妙的方式使现实的政治者同伟大的教皇们(Päpste)意见融合到一起。公元751年,法兰克王国的丕平(Pepin)在罗马天主教教皇的支持下篡夺王位,创建加洛林王朝。丕平即位后,为了酬谢教会相助,两次出兵意大利。公元756年,丕平把他夺到的意大利中部一部分土地,包括罗马周围地区,送给罗马天主教教皇,史称"丕平献土"。"丕平献土",加强了国王和教会的联系,使教权凌驾于王权之上,奠定了天主教教皇国的基础。自从9世纪开始以教皇(Papst)对外宣称。"Papst"这个词来自于希腊语"pappas",是父亲之意。到中古世纪早期行将结束,这种基督教不再是出自核心欧洲。新的基督教王国开始从英格兰一直到俄罗斯这些区域产生。而此时教会的意义和组织已经发生改变了,教皇不再作为最高的精神领袖了,而作为属于君士坦丁堡正统的教宗,教会是一个国家教会,这个教会不再属于拜占庭帝国。而此时国家教会的规则发生了变化,不再像之前的那样是统一的,国王的影响更多的是依靠主教和大主教的选举。原则上选举教皇是在教会内部进行,主教是由牧师和民众选举,后来发展是由高级神职人员和贵族选举,大主教是由主教选举,但是也有特殊。对查理大帝的皇帝加冕还是由东罗马教皇来启动,直到那时起,在形式上还是始终按照拜占庭的模式,他们一直作为西罗马帝国的合法继承者。他们的选举是通过高级牧师和城邦的贵族完成的。对于查理大帝及其继任者加冕为新的西方皇帝,从法律的角度看这种加冕不是一种选举,而是东罗马教皇在此确立其影响力。最终公元1054年两个基督教彻底分开,这就是所谓的基督教大分裂。现今称东方的为东正教——具有正确信仰的,而西方的为天主教——具有普遍被认可的教会。公元10世纪时在西方产生一个特别的问题,德意志的萨克森国王行使自己的权力开始大范围地任命主教,并在帝国组织架构内约束大主教,即通过对大主教的选举和罢免施加影响。此举激起了教会的反抗,在西法兰克帝国内的克吕尼隐修院(Cluny)发起了天主教改革运动,改革运动的目标是抛弃世界政治和抵御世界的影响。在此期间世界贵族成功地占据了教会中几乎所有的领导位置。运动之后,教会瞬间平静了,在中古世纪早期行将结束的时候欧洲也平静了,外族侵略和劫掠者的冲击也停止了。然而进入中古世纪的中叶,维京人、阿拉伯人和匈牙利人开始同皇帝发生冲突。在俄罗斯新的东正教会在中古世纪早期最后的十年开始了它的发展。通过弗拉基米尔的洗礼(Taufe Wladimirs),东正教正式被确认为国教,并和侯爵和其他王侯成为国教的组织机构的执行者,这同拜占庭很相似,但是大部分的拜占庭大主教都是由君士坦丁堡的教宗来任命。

君王、贵族、封地建制化、农民领主土地所有制

在中古世纪早期的欧洲的各个区域内,都不可忽略一个阶层,这个阶层的人处于君王和国民之间,我们称之为贵族。中古世纪,欧洲城邦的市民阶级希望能有安定的商业交易环境,大多支持君王对付封建贵族,加上火药传入后,各国君王可用火炮摧毁领主城堡,因此导致封建制度逐渐瓦解,王权逐渐提高,其中以英格兰、法兰克、西班牙、葡萄牙等国为代表。中世纪早期核心欧洲的经济发展结果是领地城堡(Flächenstaaten)的贵族统治了乡村部落生活。但是,贵族领主权力受到了君王的限制,但是这种限制并不意味着贵族的衰落,适应市场经济活动的领主和购得土地的市民成为新贵族集团的后备力量。更重要的是,随着社会分工不断深化,人身依附型城邦(Personenverbandsstaat)开始形成,原先领主个人的统治权逐渐由君王所接管。此后,贵族的构成和性质取决于人身依附型城邦的发展。

经济结构的变化并未导致贵族的整体衰落,而是加剧了其内部分化。一部分贵族在经济结构变迁中适应了社会转型的要求,而那些不适应市场经济的贵

族则被淘汰，代之以新的贵族成员。虽然一些贵族在出售自己的土地，但还有很多人从稳步上升的地租中获利。此外，与其他富裕阶层一样，某些贵族通过购买或交换土地建立起大地产。或者，很多贵族将自己掌握的领地城堡的土地经济资源投放到市场中以获得巨大的经济利益。与此同时，阶层流动使得新兴阶层可以通过购买领地城堡的土地而过上贵族的生活。在10世纪末，整个核心欧洲处于社会地位急剧变动的时期，商人出身的资产阶级自动晋升到当时社会的上层。经济的活跃使商人积累财富的速度大大加快，从而为他们社会地位的提高打开了方便之门。

尽管如此，这些领地城堡的贵族们经常面临着被抢劫攻击等危险，整个社会的对外大环境其实一切都是为战争服务（für den Kriegsdienst），而对内则一切都是为了维护领地城堡的统治秩序（die Aufrechterhaltung von Herrschaft und Ordnung）。但是这种客观现实又决定了单个贵族是不可能完成的，他客观上必须依赖整体，以此获得贵族地位的贵族领主更重要的途径是依赖君王，这种依赖不仅仅是为了取得君王对其领地城堡统治权力的认可，更多的是需要君王对其提供安全保护。无论谁，只要他成为一个城邦或领地的君主（特别是当他的基础还很薄弱时），并且无法通过王政或共和国的方式转向公民体制时，作为新的君主，那么他要想保持那个王国的最好办法就是更新那个城邦的一切事物，即在那些城邦里建立新的政府，赋予其新的名称、新的权力、新的人员；使富人变穷，使穷人变富，如同大卫在成为国王时所做的那样，"叫饥饿的得饱美食，叫富足的空手回去"。这就必然在核心欧洲社会产生了人身依附型统治关系，但是，这种人身依附关系并不涉及人格，因为在人格的角度讲君王和贵族人格是平等的，这种依附是一种契约性的依附，即君王要给贵族提供安全保障服务。而从君王的角度讲，对于贵族的依附君王可以换得经济的供奉和军事上军人和军需补给，以壮大君王的军事力量，能够发动战争，透过战争掠夺财富。中古世纪早期的欧洲各地的政治动荡和战争为社会地位的迅速变动提供了有利环境，君王们热衷于通过战争以提升忠心的尽职者来不断地淘汰和遴选新的贵族，并根据其忠诚度和贡献分配新的领地城堡所有权。很多人也正是通过这个途径获取新的贵族地位和领地城堡，官吏阶层成为构成贵族的主要来源。因此，9世纪出现了大量社会地位快速上升的例子。例如，查理家族的升迁就是一个在三代之内从商人上升到贵族社会顶层，甚至成为君王的事例。与此同时，精通法律的人士开始作为顾问出现在国王的身边。到10世纪，巴黎高等法院中的官吏阶层通常由出身低微的人充任，他们的家族已经在法律、行政、商业等方面获得成功。很多事例表明，大量新兴富裕阶层通过在政府中任职而成为城邦权力扩张的获益者。新贵族对城邦的依赖可以通过其收入结构反映出来：贵族的地位越高，其收入中来自城邦的部分就越多，这几乎成为新贵族的一条普遍规律。贵族收入严重依赖于君王保护和君王提供的战争机会，尤其是在动乱时期，这一事实说明城邦为新兴阶层提供了更大规模的政治和经济机遇，进入城邦统治集团的新兴阶层更有权势，也更加富有。

不断增长的权力深刻地改变着贵族的性质及其地位。在采邑制衰落的时代，封臣制和采邑都不能提供贵族的定义，贵族现在由城邦提供的一套复杂的标准所界定。城邦授封贵族的作法，实际上剥夺了中世纪早期血缘贵族的独立地位，此后贵族成为城邦法律正式确认的等级，贵族的统治权力来自于城邦所授予的诸如税收减免以及出席议会的特权，官僚贵族的地位得到城邦权力的保障。因此，在城邦政府中获得高官厚禄而不是摆脱政府体系，在社会精英中成为主流趋势。贵族内部构成发生了很大变化，一个不同于中世纪早期封建贵族的官僚贵族集团建立起来，他们与城邦的关系更为密切，既掌握大量土地又占据政府官职。官僚贵族的形成更加有利于官吏阶层的集体利益，他们获得了进一步巩固自身地位的机会。但是，大量资深官吏在某个部门长期任职很容易形成部门利益集团。因此，官僚贵族越是依赖城邦权力维持自己的地位，不同利益集团之间围绕城邦权力的争夺越激烈。

庇护关系的形成是贵族之间矛盾激化的体现。公元 9 世纪后期普遍的趋势是出现了所谓的"新封地建制主义"（neue feudalism），与采邑制有所不同，这个新社会组织形式的特征是"契约制"。受庇护者不再向保护人宣誓效忠，而保护人也不再向受庇护者提供采邑，取而代之的是根据合同规定的定期的货币支付。所以，将双方连接在一起的不是有约束力的誓言，而是彼此的利益"新封地建制主义"适应了当时的社会发展需要，既满足了国王和大贵族对军队的需要，又满足了大批渴望晋升的人对权势和机会的需要。以贵族为核心的庇护关系是形成不同的利益集团的基础。首先，作为贵族享有很多好处，最重要的是享有免税的特权。贵族所享有的种种特权是导致社会各个阶层向贵族靠拢的重要原因。其次，"新封地建制主义"用货币关系取代了以土地为核心的人身依附关系。在庇护关系中，衰落中的小贵族通过某种个人联系参与到了分享城邦权力和资源的体系中来。他们通过为领主服务而获得提升机会，可以进入王室的官吏阶层。

围绕某个大贵族形成一个利益集团，贵族通过操控利益集团而影响城邦事务。大贵族凭借着等级权利而单独召集会议。每个郡的两名骑士和每个城市的两名市民一起会晤。骑士和市民的很多成员都是上院中大贵族的受庇护者，后者因而在事实上主导了平民会议。即便骑士与市民坐在一起开会，骑士也会经常在平民召开期间与他们的庇护人协商。在10世纪的西法兰克，像吉斯公爵这样的大贵族努力培养城市手工业者和商人对其效忠，因此他们可以在城邦和其他城市动员数以千计的支持者与君王进行对抗，这表明大贵族在城邦政治中具有重要影响力。因此领地城堡庇护制与人身依附型城邦官职的出售和世袭化一起将利益集团的竞争演变为争夺城邦权力的派系斗争。城邦本身为利益集团互相攻击提供了便利条件，政府成为利益集团手中的工具。尽管利益集团之间的冲突和阴谋削弱了中央和地方领主城堡，但他们绝没有企图摧毁现存的制度。因为城邦已经成为权力和财富的唯一来源，此时的政治博弈不是创建新的政府，而是力争控制城邦，从而利用政府满足自己的私利。因此，在城邦发展过程中存在一种矛盾性，虽然行政机构稳步确立起来，但它成为豪门显贵钻营的战利品，这些人统治着由低级贵族组成的寄生门客，为争夺政治特权和经济利益而勾心斗角。贵族家族渗入到城邦机构中并形成了相互竞争的庇护网，豪门之间的派系斗争常常充斥于政治舞台。采邑制城邦是中古核心欧洲经历过的城邦形态。采邑意思是基于效忠而将其所有的赏赐或者恩典给效忠人所有。公元6世纪，法兰克王国查理·马特将这种"土地及其上面的农民一起作为采邑分封给有功劳的人，以服骑兵役为条件，供其终身享用，但是不能世袭"。推广到了整个西欧。通过采邑制逐渐形成了一种封建等级制度：国王—公爵—侯爵—伯爵—子爵—男爵—骑士。采邑主和领地都是核心欧洲学界所认可的封地建制主义的两大基石。从采邑主—领地范式来理解中古核心欧洲城邦，往往得出采邑制城邦权威弱小、分裂、无政府等认识。从采邑主—领地范式来观察中古核心欧洲社会，所表述和强调的在于两点：封建依附关系是社会的主导关系，其他社会关系则逐渐被削弱，或者消失，或者隐身于封建依附关系的外袍之下。封地建制主义的存在，是由于亲属关系的弱小。此为其一。与依附关系相伴随的领地是土地的主导所有制形式，人们则相信，到中世纪盛期，领地已经成为核心欧洲各地主导的土地所有形式，"没有无领主的土地"这一谚语是其最好的说明。此为其二。

封建依附关系之外，存在许多其他类型的社会关系，如家族亲属关系、朋友关系、社群关系、城邦统治关系等。家族亲属关系并没有随着封建关系的加强而削弱，相反却在整个中世纪呈渐强之趋势，主要表现为家族意识从未消失、父系加强、长子继承制度逐渐形成。团体关系尤其是城邦统治关系的存在，更说明了人身依附关系并不能取代其他公共的或私人的多种社会关系。从世俗社会来看，乡村有村社共同体；城市有商会、行会团体；甚至有军事性质的骑士团组织。而从非世俗的层面来看，则有教会组织、修道院组织等团体。显然，封建依附关系并不能够构成所有这些组织团体的唯一基础。在那里，集体行为与意识往往在个人的依附关系之上。换言之，并非封建依附关系为主导。至于城邦组织的存在，更不能只从封建关系来理解。因此，封建依附关系并没有消灭或者根除其他各种社会关系。即使是人身依附关系也不全是封建的依附关系。在所谓的封君采邑主关系概念中至少包含不同类型的人与人之间的关系，如统治者与臣属、保护者与被保护者、地主和佃户、雇主与雇工、将军与士兵、甚至地方恶霸与受欺侮者的关系。这一切的存在，在相当程度上叙说着封地建制主义范式的人身依附而非人格灭失。领地之外，还存在着许多非封建性的土地所有形式，如自主地（allods）、教会地产、王室地产。最值得关注的是自主地。它往往被称为"太阳领"，强调其土地自上帝处领有，不属于任何领主。显然，自主地所有形式，与所谓"没有无领主的土地"的说法相悖。中世纪核心欧洲自主地存在的情形，自然不能一概而论。法兰克北部卢瓦尔河和莱茵河之间的地区封建化最典型，但直到10世纪，自主地仍然占据主导，10世纪开始领地才逐渐发展，但也没有完全取代自主地，只不过到11世纪，自主地的含义有所变化，主要指身份较低的地产。至于法兰克南部地区，则直到11世纪之前自主地都是土地占有的主要形态。诺曼征服前，英格兰贵族和自由人的地产就与法兰克的自主地类似；因此，即使在核心欧洲，各地都存在程度不一的封地建制化，但自主地或者类似自主地的存在不容否认，且在一些地区某些时期甚至占据主导。领地与非领地的交织并存，正是封地建制主义悖论之所在。即使是领地，不仅存在地区差异，也处于不断的历时变化之中。地区差异问题，暂且搁置，在此只就领地的变迁作一点概述性分析。变迁之一，是领地在实践中日渐走向世袭。法律上，领地是硬性的土地形式。但事实上，围绕领地而出现的一切被禁止的行为从未停止，甚至极其普遍。悖论最集中最典型地生长于中古核心欧洲采邑制城邦政治领域。一则，封地建制主义原初的意义就归属于法律政治领域，要说明悖论，当以其作为首选；一则，悖论现象在采邑制城邦政治领域中更为彰显，举其一而反其三，甚为适当。按照采邑主—领地范式来理解，中古核心欧洲采邑制城邦建立在封建依附关系上。理性官僚体制在相当程度上和相当长的时间内是缺乏的。德国历史学家们将这种建立于人身依附关系（Personenverband）之上的城邦称为"人身依附型城邦"（Personenverbandsstaat）。领地则成为这一依附体系的实体性存在。自上而下，以领地为框架，形成了鲜明的封建金字塔。采邑制城邦则寄生或者共生于这一领地阶梯之中。伴随领地制度的形成，城邦权利和权力被攫取与分割了。采邑制城邦表现为突出的分裂现象和分权现象。司法权、行政权、经济权等权力流转于各级领地持有者之手。封地建制主义的悖论展开了另一幅中古核心欧洲采邑制城邦的画面。其一，城邦统治关系与封建关系共同存在于政治领域。城邦统治关系与封建关系之间，到底是怎样的关联？然而，即使在封建关系强大之时，中世纪的城邦统治仍然是一种差序关系（Rangunterschiede）。王国是最高形式的为民众所认可与感知的世俗共同体。它们并非建立在人身依附关系的网络上，而是建立在具有契约性公共服务特征的城邦关系之上。天主教教会人士宣扬神圣王权理论，与封建王权理论之间产生互动。并且政治文化上的城邦统治关系，在现实中往往有直接的表现，在很多时候是因为古老的"城邦召唤"。公元8—9世纪的法兰克勃艮第地区，"骑士"观念本身就与公共军事服役观念紧密相连。从上到下呈现差序等级金字塔形状的封建关系结构，能够将整个城邦都纳入其管理之中。封建等级金字塔，并不能够成为城邦事务的真正管理机构和组织，它也只存在于某些王权至上主义者的言论中。封建关系可能是中古社会最显著的秩序力量，但是这既不能使其系统，也不能使其有效。

　　论及封土建制社会的形成，非得提到罗马帝国的崩溃。导致罗马帝国崩溃的主要外因在于日耳曼蛮族部落的入侵。日耳曼人在公元前后就与罗马帝国有很多接触，有在罗马边境的武装冲突，也有贸易的往来，总体上讲日耳曼人当时的文明程度远远落后于罗马帝国。随着时间的推移，很多日耳曼人已经逐渐开始生活在罗马帝国的城邦里，在罗马帝国的土地上耕作务农，甚至参加罗马军队，于是罗马帝国也渐渐接纳他们成为同盟力量。到公元4世纪末，核心欧洲东部受到来自于东方匈奴人的冲击，大批受到影响的日耳曼部落不得不向西罗马帝国迁移，其中影响力较大的部落有汪达尔人（Vandals）、西哥特人（Visigoths）、东哥特人（Ostrogoths）、盎格鲁－撒克逊人、勃艮第人（Burgundians）、隆巴迪人（Lombards），以及法兰克人等，在迁移的过程中，他们与罗马帝国发生了许多大规模的武装冲突。在似乎是转瞬间就崩溃的西罗马帝国辽阔的领地上，这些日耳曼人部落曾先后建立了许多小的王国，但其中绝大部分在很短时间内不是被其他王国所吞并，就是被东罗马帝国所灭，盎格鲁－撒克逊人以及隆巴迪人建立的王国存活较长，有几百年，只有法兰克人的王国发展绵延至今。在日耳曼人入侵和西罗马帝国逐渐灭亡以后的近两百年里，以罗马法、财产权和奴隶为主要基础的罗马社会组织和经济结构被完全破坏，取而代之的是权力的分散和地方治理。那时社会秩序动荡，农业生产出现倒退，商业极度萎缩，社会文化发展停滞不前，唯有基督教在社会的剧烈震荡中取得了巨大的发展，在一定程度上保存了教育和一些传统的社会价值观。人们习惯上将这段文化、社会、经济各方面都倒退的历史时期称为西方社会的"黑暗时代"。随着一个政府系统完备的帝国的崩溃,一方面,旧有的社会结构暴露出诸多问题,比如农民为逃避高额税收而放弃自己的土地,于是成为佃农或农奴,服务于大土地所有者,但得到他们的保护;另一方面,日耳曼人拥有的习俗和传统发挥着越来越大的影响力,例如日耳曼人一向重视土地所有,那么国王将征战中获取的土地,连同土地上的农民一起封给功臣们作为奖赏,于是渐渐地立有战功的贵族们拥有越来越多的土地,成为国王的封臣,而土地上的农民则丧失自由身份,同样成为完全服务于宗主的佃农或农奴。在此过程中,封臣的权力日益增大,而国王的控制力则逐渐减弱,社会分层变得日益明显,并且固定化。核心欧洲社会在这样新的环境下开始逐步调整、变化,慢慢显露出一种不同于以前社会形态的轮廓。然而它离一个全新的社会、政治和经济结构的形成还有相当长的一段时间。法兰克王国在卡洛林家族统治时期日益巩固强盛,著名的查理曼王在教会的支持下于公元800年受封成为皇帝,建立了覆盖几乎整个核心欧洲和中欧的查理曼帝国。虽然查理曼常常将自己的帝国与罗马帝国的辉煌相比较,但查理曼帝国既没有统一的法律,又没有统一的公民权,也没有职业的政府行政人员,它并非罗马帝国那样的统一帝国,而只是一个封土建制的帝国。由于法兰克人的传统,国王死后,其国土必须要分割给其子嗣,所以查理曼的儿子死后,查理曼帝国被一分为三,分别给了查理曼的三个孙子(成为后来法、德、意三国的雏形)。至少由于这两个方面的原因,查理曼帝国在建立仅三十几年后就出现了大的危机,并最终分裂。正在这个时候,也就是从公元9世纪初中期开始,核心欧洲西部和中部几乎同时受到来自于三个方向蛮族——斯堪的纳维亚人从北面、匈牙利人从东面和阿拉伯人从南面——强有力的侵扰。一个在日耳曼蛮族入侵罗马后逐渐形成的核心欧洲文明,此时正受着更加凶猛和残暴的异族侵略。随着强大的查理曼帝国的崩溃,旧的社会结构遭受到巨大的破坏,整个核心欧洲和中欧处于极度的社会动荡和暴力之中,每一个人都生活在心理恐惧和物质匮乏的状态之下,交通遭到严重破坏,通讯极为困难,于是人的生存环境十分封闭,对外界的信息知之甚少,一个统一的政体在这样的环境下恐怕很难出现。核心欧洲的封土建制制度正是在这样严酷的社会状态下,一方面凭借已经出现的新的社会基础萌芽,另一方面依靠旧有的传统和习俗,逐渐发展成熟并延续达三百多年之久。

首先,在核心欧洲封土建制社会里,宗主和封臣的关系在相当大程度上是建立在契约的基础之上的。因此,两者间的关系是双边的,而不是自下而上的,也就是说,不仅封臣要为宗主服务,比如出征、陪审、议政、缴纳税收、东道义务等，宗主对封臣同样也有义务，比如提供保护、封地（fief）和仲裁等。显然，这种双边关系足以区别于奴隶主和奴隶的关系。根据旧有的日耳曼人和罗马人的习俗，再加上当时越来越强的基督教影响，宗主和封臣的关系一般必须由两种仪式所确立，一种叫称臣礼，另一种叫发誓礼。称臣礼正式确立了封臣对宗主的人身依附和宗主对封臣提供保护的契约关系，使他们成为共同维护合约的合作伙伴。而发誓礼更多的是一种宗教仪式，表明封臣对宗主的忠诚。比较起来，称臣礼比发誓礼更为重要。值得注意的是，虽然宗主和封臣的这种契约关系是双边的，但它却不是平等的，也就是说，双方所享受的权利和义务不对等。比如说若封臣杀死他的宗主，要被处死，同样地，若宗主杀死封臣，也要被处死，但封臣会被处以绞刑，而宗主却不会，也就是给他留点面子。又比如说，如果封臣违约，宗主可以顺理成章地收回其封地，但若宗主违约，情况就会比较复杂，往往依各地的司法制度和惯例而定。其次，核心欧洲的封土建制制度不仅仅泛指一个人对另一个人的依附关系，而是特指封臣对宗主之间存在的前者对后者的军事效忠和后者对前者的保护关系。这种典型的社会关系仅仅存在于上层社会，原因在于只有有一定财富的人才可能买得起铠甲和战马而成为一名武士，为其宗主提供军事服务。关系的双方构成一个特殊的社会阶层。封土建制制度更多地体现为一种政治和社会关系。

有一种制度很容易与封土建制制度相混淆，它就是采邑制（lehenswesen）。中世纪农村的主要生活是以村落为中心，最初的村落生活完全是自给自足的。在日耳曼人入侵和罗马崩溃的过程中，这种自给自足的村落逐渐落到贵族或教会手中，一小部分富有的村民能够负担铠甲和战马而成为骑士，大部分村民为寻求保护，不得不放弃自己的土地以换取保护。由骑士组成的贵族和教会的神职人员构成村落中的上层阶级，他们不从事农业生产，但拥有土地和其他自然资源。他们一方面为村民们提供保护，抵御外来侵略，并维护内部公共秩序；另一方面将土地分为两部分，一部分划分给村民耕种，另一部分留给自己。村民须将自己分得土地收成的一部分以租金的形式交给宗主，于是成为租用宗主土地的佃农。此外，村民每周仍需花相当一部分时间去耕种宗主留存的土地。没有宗主的允许，村民们不能随意离开土地，也不能拥有任何不动产，他们已经完全丧失了从前自由的身份。但是，宗主不能任意买卖村民，不能体罚或鞭打他们，虽然村民不能对宗主提起民事诉讼，但仍有权向皇家法庭提出刑事诉讼，所以村民的身份并不同于奴隶。采邑制体现的主要是一种经济关系，社会和政治的因素较少，它集中反映在农业生产和服务上，与封土建制制度下的军事服务截然不同。再有，它表现的是社会下层对社会上层的依附关系，这种关系同封土建制制度下宗主和封臣之间属于上层阶级内部的关系是完全不同的。采邑制比封土建制制度出现得早，而且延续的时间要长。再次，核心欧洲封土建制制度不是传统血亲关系的替代，而是它的重要补充。血亲关系恐怕是维系人类社会最原始的一种力量，部族家族间的征战都是依靠血缘的纽带作用以谋求更大的生存空间。在核心欧洲，由于后来受到罗马统一帝国和查理曼封土建制帝国的影响，人们的生存得到了更为强大的国家机构和法律制度的更有效的保护，于是对这种人类本原关系的依赖变得不再那么强烈，大的部族渐渐变成小的家庭单位。随着罗马帝国的崩溃和查理曼帝国的瓦解，核心欧洲陷入极度的混乱和暴力之中，人们在强烈的不安全感的驱使下，重新开始从血亲关系中寻求更多的依靠，于是这种传统的关系在当时的核心欧洲社会又变得重要起来。即便如此，由于人们面临前所未有的生存危机，传统的血亲关系仍不足以为大多数人提供充分的保护，在这样的状态之下，一种新的社会关系和与之相应的一系列机构——封土建制制度——便应运而生。它最初更多的是作为传统社会关系的一个重要补充，在以后300多年中逐渐发展演变成为核心欧洲社会关系的主导特征。最后，核心欧洲封土建制社会有四个明显的社会阶层，即贵族、教会神职人员、商人和农民。他们在社会中所承担的功能是截然不同的。封臣的主要职责是为自己的宗主提供军事服务，他们往往以武士的形象出现。武士不从事农业生产，虽然他不代表全部的贵族，但却构成贵族阶层的主要部分。教会神职人员主要从事神职仪式和自我修行，他们往往拥有大量土地，作为依附于某个宗主的封臣，依靠专门的武士保卫领土。按照习俗，教会在系统内部人员的任命和指派方面虽拥有相当大的自主权，但仍不可避免地受到宗主和国王的影响，因为毕竟教会是封土建制等级的一部分，他们也是要向宗主宣誓效忠的。农民是封土建制社会主要的生产者，他们为寻求人身保护向土地所有者缴纳佃租并提供各种农业生产服务，在具体身份上，农民中仍有自由民、佃农和农奴的区别。核心欧洲社会一直存在一个商人和手工业者的阶层，尤其是到封土建制社会后期，随着城邦的兴起和发展，商业日益繁荣，虽然处处受到各种封土建制体制的羁绊，但商人阶层的势力仍逐渐增大，在城邦中，他们主要依靠互助而不是传统的封土建制保护关系，最终成为瓦解核心欧洲封土建制制度的主要力量。

核心欧洲封土建制制度的形成是一个自下而上的过程，前面讲述核心欧洲封土建制制度出现的历史背景时已经提到，查理曼帝国崩溃之后，整个核心欧洲陷入分裂和无序的状态，又遭遇到来自于维京人、匈牙利人的侵略，社会安全受到极大的破坏，单个家庭或是小的村庄根本无法自卫，随时都可能遭遇灭顶之灾。一些势力较强的村庄和大户开始自发组织武装力量，一来抵御外来的暴力，二来也时时对邻近的村落发起进攻。那些战士往往来自于较富裕的家庭，因为自备战马和甲胄是很昂贵的，他们成为专门提供军事服务的武士。另一些农民因为负担不起参战的必需装备，但为了得到保护，不得不将自己拥有的土地交给当地有势力的人。这些土地所有者就成为宗主，他们将一部分土地连同土地上的农民分封给武士，原来的自由民于是变成佃农，不仅要耕种自己分得的土地，而且还必须花固定的时间耕种属于贵族阶层的土地，并提供很多种其他服务。小的宗主又必须依靠更大的宗主，这样一环一环向上形成一个有系统的社会保护机制。大小宗主之间自下而上形成宗主和封臣的关系，在每一级宗主所拥有的庄园之内，佃农从事农业生产，武士们只作战，提供安全保护，这种关系明显的是自下而上形成的。当然前面提到，日耳曼人有分封土地的传统，贵族和功臣都从战争中得到大量封地，虽然这种原有的自上而下的分封随着封土建制帝国的衰亡而变得模糊不清，但在日益加剧的自下而上的封土建制过程中，其基本架构依然存在，这主要是由于传统的力量。所以从大的结构上看，国王是最上一层的宗主，大的贵族、功臣和教会成为国王的封臣，他们下面又各自有很多依附于他们的封臣和领地。其实国王的土地和权力非常有限，大贵族和教会往往势力很大，司法权力主要由教会法庭和封土建制宗主法庭所掌握，传统的皇家法庭和地方区域法庭的权力已减弱了许多，国王和封臣间的关系主要是依靠封建契约、仪式和传统来维系的，中央王权和地方区域间的行政关系变得很弱，核心欧洲封土建制社会虽然并不是不存在自上而下的分封，但主要呈现出一种自下而上的特征。

其次，核心欧洲的封土建制关系主要建立在契约基础之上，前面讲过，核心欧洲的封土建制制度是在传统和习俗的基础之上，由于受到外力的影响，由下至上应运而生的。所以这种人与人之间的关系在很大程度上是自发形成的，那么宗主和封臣之间是存在一种真诚的双边契约关系的。虽然我们也说过这种契约关系不是建立在完全平等的基础之上，但绝不是自上而下的垂直统治关系，一些具体的内容在论述核心欧洲封土建制社会的基本特征时已讲到，这里不再赘述。需要补充的是，核心欧洲有一个很强的传统就是国王必须对他的臣民负责，一旦他的举措对大家造成损失或灾难，他就将得到惩罚，虽然这背后没有什么制度保障，但传统的力量有时是巨大的。此外，基督教的发展在某些方面也渐渐成为抵抗和限制王权的力量。所以传统习俗与宗教力量的结合赋予了封臣抵制和反抗宗主某些违反契约行为的正义性。宗主不得不严肃地对待与其封臣的契约关系。这种起源于核心欧洲的依靠契约来限制王权的制度对以后西方文明发展的影响是非常深远的。

最后，核心欧洲商业的发展和城邦生活的复兴是核心欧洲封土建制制度解体的最重要原因。日耳曼蛮族是农耕部落，由于他们的入侵，在封土建制初期，核心欧洲商业步入了最低潮，可以说那时没有一个经济意义上的城邦。进入10世纪以后，社会相对稳定，有些地区的生产水平大幅提高，加上道路状况有所改善，商业交换和城邦生活开始复苏，弗兰德斯（Flanders）依靠其羊毛制品与北部地区的森林产品进行交换，随着商业的发展，商人的聚居地——城邦，逐渐从宗主那里获得一定程度的自治权，城邦的管理和运作掌握在商人协会手中，宗主只是从城邦收取一定数额的租金。商业和手工业的有利可图，吸引大量封土建制庄园里的农民离开土地，到城邦里谋生，富有的商人慢慢形成一个有别于武士和农民的社会阶层，以手工业者为主的城邦中产阶级也日渐庞大，这些都是封土建制制度下不曾有过的。从宗主那一方面看，以前是用封田换取军事服务，随着货币经济的出现和发展，他们宁可从封田中得到货币补偿，然后再去雇佣士兵作战，因此贵族不再包括专门从事作战的武士阶层，其中有很多人搬到新兴的城邦里生活，在势力日益壮大的商人阶层面前，封土建制贵族也慢慢失去了原有的社会主导地位。由此核心欧洲商业的发展促使社会生活和重心由农村转向城市，社会的主导势力从封土建制贵族阶层转到商人阶层，自然而然地，一个以宗主和封臣关系为特征的封土建制政治和社会结构，以及一个以自给自足的农耕为主体的庄园经济体制，慢慢让位于以商业为主体的货币经济和城邦自治结构。

奴 隶

在中古世纪存在奴隶吗？在基督教帝国、甚至是在德意志帝国当中存在奴隶吗？此时很多历史学家已经开始使用德意志（Germania[①]）这个术语，显然它很重要，因为公元100年在古老的日耳曼部族那里就有有关奴隶的记载，尽管这些奴隶的处境相对于罗马而言要好得多。甚至一些在日耳曼研究领域有代表性的观点认为，奴隶在日耳曼部族社会当中可以结婚，奴隶与部族成员一样拥有平等的社会地位，而奴隶这种地位的取得完全是基于日耳曼部族的信任和认

[①] 德意志人，指居住在中古世纪核心欧洲中部的一个地方，位于多瑙河以北、莱茵河以东，罗马人从未统治该地的人。——译者注

可而生成的。日耳曼部族中的"奴仆"（Sklaven）这个词很难用"赛尔维"（servi）这个词翻译为"奴隶"，他们仅仅是作为雇工或者半自由人被对待，这是与当时以及后来的困难生活环境相适应的。这些论述曾经在基督教德意志帝国律法中有记载，并在其中将他们同罗马的奴隶作出严格的界定：这里的奴隶指代的是服务者（servus）、仆人（ancilla），或者战俘（mancipium）。从公元500年时候以拉丁语的形式记载在法兰克王国的萨利克部族中的通行的法典《萨利克法典》（Lex Salica）当中，一直延续到公元7世纪西班牙的《西哥特法典》（Lex Visigothorum）。也就是从那时起不再允许有奴隶的存在，因为之前我们已经在中古世纪的基督教西方（Abendland）① 世界已经看到。奴隶这个词被翻译成雇工佣人或者半自由人或者甚至有时的非自由人，无需确切地阐明什么意义，并且在这个概念的背后是核心欧洲中依附于领主的广大农民。随着时代的不断变化，这些也产生了新的要求。曾经的奴隶随着基督教教会的发展，其隶属关系也发生变化，在中古世纪的时候，基督教教会开始容纳原本是奴隶的这些人，并对其地位作适度的改善。同样奴隶本源性术语 servi 转变成为 Sklaven，仅仅指向的是男性战俘，相比古典时期的希腊和罗马，妇女和儿童的生活地位和环境获得了极大的改善，不久之后被吸纳成为征服者的正常宗亲结构当中。在基督教日耳曼王国的法律中对奴隶的规定是作为物来对待的，也像古典时期一样把奴隶作为有情感的牲畜，英国和美国历史学家称之为奴役制度（Chattel slavery）。这些吸收了大量的罗马移民经验，就像早先所发现的一些。尽管如此，在日耳曼，法律逐步地延伸到部分的罗马移民，诸如自由的商人。诸如在对奴隶予以处死的情况，日耳曼法律和古老的部族法重叠并且在法兰克《萨利克法典》当中同样存在，尽管部分内容独自继续发展，最后被《西哥特法典》所吸收。对奴隶的保护当时不仅像在罗马帝国后期的罗马法，对奴隶的所有权人故意处死奴隶的行为处以刑法处罚，而且对所有权人的处罚要以酷刑处罚，诸如以剁手、跺脚、割鼻或者割耳朵等方式去阻吓，以防止再次伤害奴隶。古代日耳曼刑法，对奴隶犯罪的处罚，开始承认以剥夺自由为内容的刑罚。自从公元8世纪开始到中古世纪的中叶，在斯拉维尼亚东部、中欧和南欧地区甚至开始了奴隶贸易，并成为繁忙的奴隶贸易转运中心，大量的奴隶向阿拉伯贩运。在欧洲的北部有个最重要的出口港基辅，首先维京人将奴隶从这里运到君士坦丁堡，然后再运送成千上万的奴隶越过地中海，到达意大利和法兰克南

---

① 夜幕大陆、西方作为傍晚之国已经隐含了命运的失落和世界之夜的来临，因此希腊和西方的区分不仅是地理上的区分，同时还是时间性和历史性的区分。——译者注

部，也可以从那里经过阿拉伯到达西班牙，或者前往北非及邻近东方的地方将奴隶贩卖。由此也产生了大量的贸易城市诸如威尼斯、佛罗伦萨、热那亚或者马赛。热那亚在中古世纪的时候赶走阿拉伯人之后，很长时间后成为奴隶岛，大量的奴隶在那里从事种植业。奴隶贸易不仅越过了地中海，也扩展到德意志帝国和奥匈帝国。从法国的奥斯特马克即今天的下奥地利和维也纳，都可以发现公元900年的有关过境贸易关税税则，其中也包括奴隶过境贸易。自从公元10或者11世纪开始，奴隶的称呼启用新的术语而不再是拉丁术语。人们将这个"Sklaven"术语完全简单化处理，直接以"Slawen"本源术语来显示，以证明奴隶的发祥地是在东欧，在这个地方将奴隶投入到大庄园当中作为佣人来使用。同样在斯堪的纳维亚半岛上的丹麦、挪威和瑞典也生活着大量的奴隶，这些奴隶大部分是由维京人将这些奴隶从他们的祖地贩运到这里。还有在中古世纪的中期和后期，这些奴隶在那里成为自由农民，从事耕种。在中古世纪中期的核心欧洲甚至还有基督教会奴隶，这些可以从威尼斯教会大公会议即威尼斯的第三次拉特兰大公会议（Beschluss des Konzils）的决定可以看出。第三次拉特兰大公会议，于1179年三月召开，由教宗亚历山大三世主持，共有302位主教参与。会议第一次用法律条文规定犹太人必须与基督教教徒分开居住，任何基督徒都不能作为犹太人的奴隶，也不容许将奴隶卖给阿拉伯人。然而这个决定对于东正教的俄罗斯而言，却是不生效的。因为他们这些西部教会被视为是异教，不属于正教。直到中古世纪结束，奴隶遍布整个欧洲，甚至渗透到生活的每一个毛细血孔当中。

核心欧洲的法律和法律的制定

随着国民结构的不断改变，日耳曼人也开始步入了古典书面典籍性的罗马法律文化殿堂，他们不仅仅从西罗马帝国那里承接了罗马人的行政管理架构，而且也接受了法律的书写性原则（Schriftlichkeit des Rechts）。在新的帝国建立之后，日耳曼的君王将从古老的部族法和罗马法中提取那些独立的、且具有持续发展的元素并予以融合，用拉丁语作为表述语言，以书面典籍化的形式确定为帝国的律法，并颁布。只有法兰克的《萨利克法典》和《伦巴德罗萨里法令》（*Edictum Rothari der Langobarden*）是例外，尽管也是用拉丁文书写，但是其内容上仅仅是西方古老的部族法的重述，而且《萨利克法典》几乎全部是私人刑罚中的忏悔金的条目。在罗马帝国走向衰败之后，伦巴德人（Lombard）攻占意大利并一直延伸到整个德意志统治区域，后又与日耳曼人战争多年。战争过后留下来的是一片破败和荒废、野蛮和无序、没有法治的时代。此时的伦巴德国王的想法就是律法，而此时没有成形的律法存在，原本的部族习惯法由于长期的战争完全流落民间。此境况直到奥图二世（Otto II）才开始获得破解，他设立100个法官，替他到各城巡回，判断百姓间的纠纷，判案的方法是让争执两方提供证物公开辩论，一直到一方服气为止。随后将案件的事实、双方争论的观点及相关的证物用拉丁文予以记录，并将案件的事实及证物所证的客观性事项予以归纳总结，同时法官结合部族留存下来的习俗习惯之理形成判解意见。将在各个巡回法官作出的各个判决进行收集汇总后，这些案例逐渐汇集，成为伦巴德的法官判解意见例（Edictum der Langobarden）。这些法官判解意见例最终由国王罗萨里（Rothari）发布法令规定这些伦巴德的法官判解意见例作为城邦通用法例。这个后来被称为《伦巴德罗萨里法令》，该法令的主要目的是用来培养法官，使法官的判案能够客观，具有系统性的解析，期待维护双方的个体主权。这个法令在附则当中对担任法官的主体作出规定，即只能是贵族经过系统的学习培训后方能担任法官，平民百姓没有资格接受法律职业培训资格。从内容上来看，《伦巴德罗萨里法令》几乎完全是日耳曼的风俗传统，仅有少部分是就意大利当地的条件而加以修正。与其他法令相较，由于其对于伦巴德的法律原则有着完整的叙述，《伦巴德罗萨里法令》可以被视为一部法典，其中包括了许多不同的范畴，包括与暴力、毁损等有关之侵犯的法律、家族法及财产法等。在《伦巴德罗萨里法令》之后，《伦巴德法》也历经多次修改；其间公元668年时，格林渥德（Grimwald）曾作了一些简短的补充。在公元713—735年间，李特普兰国王（King Liutprand）也大幅度增加了153条法律；而公元745年及746年的拉奇斯（Ratchis）与公元750年及755年时的艾斯图夫（Aistulf）亦小幅度地对《伦巴德法》有所增修。从内容上看，这些伦巴德国王之所以不断增修《伦巴德法》，主要目的是为应付处理层出不穷的特殊案例，因此《伦巴德法》发展到最后，不单只是日耳曼的风俗传统，也演变成一种因应当地情况的新法律，其中有多处也受到罗马法与基督教会法的影响。其中一个原因体现在伦巴德人于公元7世纪时皈依基督教，接受基督教教会法。当伦巴德人于公元774年为法兰克人所征服后，意大利即成为一个在行政上分立的王国（separate kingdom），原有的《伦巴德法》在加罗林王朝（Carolingian）也经过多次修订，一直是意大利大部分人民所使用的法律。在意大利，《伦巴德法》除了有许多的手稿流通之外，也在伦巴德首府帕维亚的法律学校被教授着，成为许多学生研习的对象。在11世纪晚期及12世纪波隆纳（Bologna）兴起之前，帕维亚学校一直是西欧最富盛名的法律学校。当时学者对于《伦巴德法》的看法可分为两派：一是传统派，认为《伦巴德法》中应该要保持纯粹的伦巴德人因素；二是现代派，则认为应该要加入罗马法的因素，使《伦巴德法》得以扩充。综合来看，《伦巴德法》与其他早期的日耳曼法一样，都是新兴王权的产物；虽然名义上有经过咨询的历程，但实则都是王室为维持当时社会由家族走向国家过程中的和平与秩序而设立的。它们都设立了一个由王室指定成员所组成的司法体系，这些成员既掌理法律程序的进行，也控制了那些由社会代表所组成的法庭。此外，除了西哥德王国之外，这些早期的日耳曼法也反映了在当时的社会中家族的合作对于社会公义的维持仍是必要的，而国家仅是在于提供一个裁判所供各方仲裁之用。一旦法庭上有了仲裁的结果，各方的家族即不应再诉诸流血冲突。简言之，《伦巴德法》与其他早期日耳曼法一样，都属当时日耳曼人生活实际及智性的罗马式思考的融合体，它们与当时西欧所发生的种族及文化融合一样，也是一种法律上的融合。伦巴德国王罗萨里于公元643年以拉丁文编纂的法典序言中，召唤出历代国王的家族史：

序言

　　奉上帝之名！本人，至尊的罗萨里特（即罗萨里），伦巴德民族第十七任国王。蒙上帝恩宠，本人能够执政8年。自从伦巴德人抵达意大利，即我的祖先、当时的国王埃布尔，凭借着上帝的眷顾而得以率军入驻意大利，并能顺利度过了76年。而我身处帕维亚的王宫，为你们祈福！无论今昔，我辈均在关怀苍生的福祉，以下所颁布的条文即为明证。尤其整日忧烦于贫民生活的窘迫、豪强横征暴敛；我倍感苍生为暴力所苦。有鉴于全能上帝的悲悯，视修改现行法规为当前务必完成之事，期望能够尽早完善法律法规、填补先前律法之漏洞（查士丁尼《新法》第七章）。并计划将这些编辑成册，使市民百姓人人能够依法和平度日，以此获取市民百姓的信赖，而得以抵御仇敌，保障人身、土地之安全。纵使如此，我们每一个人仍然要将从耆老者所听闻的有关伦巴德民族历代君王的名衔，笔记于羊皮纸上，以利后世追忆。首任国王为古因恩家族的亚基孟德。——第二任为拉米希欧。——第三任为列特。第四任为列特的儿子基尔德欧希。第五任为基尔德欧希的儿子高德欧希。第六任为高德欧希的儿子卡拉弗。第七任为卡拉弗的儿子塔脱。塔脱与威尼吉斯皆为卡拉弗的儿子，而第八任国王为威尼吉斯的儿子瓦修，即塔脱的侄子。第九任为瓦塔瑞。——第十任为高斯家族的奥多因。第十一任为奥多因的儿子埃布尔因，即前面所述的率军攻占意大利的。——第十二任为贝列欧斯家族的科列弗。第十三任为科列弗的儿子奥塔瑞。——第十四任为图林根人、亚纳瓦斯家族的亚基鲁尔夫。第十五任为亚基鲁尔夫的儿子亚达瓦尔德。——第十六任为高普家族的哈瑞瓦尔德。奉上帝之名！如上所述，本人乃是第十七任国王罗萨里，为哈鲁德家族的纳多因之子。纳多因为诺索之子，诺索为亚达孟德之子，亚达孟德为亚拉曼之子，亚拉曼为希尔索之子，希尔索为威希罗之子，威希罗为威侯之子，威侯为冯修之子，冯修为法修之子，法修为曼摩之子，曼摩为乌斯特波拉之子。（出自Edictus ceteraeque Langobardorum leges）

法官附议

这是一个具有自觉意识的序言，这个序言给人的印象是：这个王朝在彰显其悲悯仁慈的胸怀，这个王朝是对全能上帝负责，而不是对人类的各个城邦负责。这位日耳曼人的国王是想借用正统的罗马皇权来装点个人的门面，以增添自己的尊严。通过宣称自己的头衔是至尊的，他的位置传承的是查士丁尼大帝所留下的罗马帝国传统，他的立法是出自查士丁尼所编法典，他的立法技术是严格以拉丁文的书写方式进行表述和引句，同时要求对那些由耆老者所留存的口头传述必须以书面的形式予以确定。这位蛮族领袖紧抓罗马法的立法传统和行为模式不放，并且在宣告革新的表达方式中，甚至是在唤起一种罗马法律文化复兴的理念。但是罗萨里并不是以祈求于基督教上帝和上古帝国为主要任务。

在伦巴德王国，古因恩家族是被视为伦巴德人部族中最重要的氏族；因此，罗萨里将首位国王亚基孟德的家世点出，以便增添他这个国王的威望。其实在基督保罗笔下记载，拉米希欧其实是一位妓女所生的，出生后不久便被母亲丢入水井中，而凑巧路过此处的国王亚基孟德用长矛将他从水中捞起。后来拉米希欧将其出身粉饰为，他是日耳曼丰饶女神涅尔瑟丝的第七个儿子，出生后不久被女神丢弃水中。弃婴也许是一个神话中的天神后裔，只不过身为基督徒的罗萨里不想进一步说明他的出身是和罗马先祖罗慕洛出生一样，都是天神的后裔，以此明明白白告知自己的神圣。同时这份名单掩饰了伦巴德王位继承是不连贯，以及王室宗族内部的冲突不合、其他贵族的觊觎权位。同时罗萨里还提及部分国王试图藉由婚姻关系来促成政权的延续。还有许多国王是在其他日耳曼的重要家族中寻找婚配对象。对中古早期的贵族而言，母系方面的血脉通常很重要，但是对罗萨里而言，此处涉及的是王权，乃男人之事。这种父系为重的政权秩序是利用谱系的方式，与部族宗教的神祇相结合；这种现象在盎格鲁-撒克逊的国王身上也可以看到。政权与宗教确保了血统的延续和国王的威望，而世代承继则保障了法律秩序。因此，这部日耳曼民族的法典展示了国王的家谱；这对一个王族嬗变相当快速、而且弑君动摇共存基础的国度，乃是极为重要的。国王的威望是奠基在其父亲、家族,乃至于神明的起源。生育繁衍之环环相扣,继续存在于统治者的血脉中,使法律秩序的生活形态超越谋杀篡废,摆脱历史变革,而得到保全;它的根基埋在宗教神话之中。

法例

在公元643年在艾斯塔伐亚境内发生一起骇人听闻的弑父罪行。此处有一家之主,原本殷实富有,育有数子,但由于领主横征暴敛,导致其家产荡然无存,陷入贫苦之境。由于贫困至极,老父前往长子之处,以求赡养;或者祈求给予至少一头乳牛,多少可以活命。然而两项请求皆为其子所拒,于是父亲告诉儿子:我今天是为饥饿所迫,可能不得不去行窃;如果这样,我还是宁愿窃取你的,毕竟你的财产和性命,除上帝之外,都是出自我身啊。语毕即走;其子则扬言,你若偷盗我任何一物,我将以死相胁。纵使如此,其父仍然从一个熟悉的地方,欣欣然地牵走其子的乳牛。其子闻讯,迅速追寻父亲的行踪,最终追上,并将父亲及赃物一并抓住,拖至就近的法庭,向法官告发。父亲的小儿子闻讯后,向兄长说:你千万不可真将父亲逼上死路啊!倘若果真那么做,不但玷污了上帝,而且也让我们的子孙都蒙羞啊。说完后见兄长并没因此而气消,反而更加痛恨父亲,随后心中产生恶计,于是其胞弟不加理睬,欲寻友伴,意图阻止兄长继续罪行。然而,其兄长随后纠缠法官,务请法官以窃盗之名依法惩处。法官同所有陪审人员商议、其中包括诉讼辩护的好言相劝,所有人都认为不应以刑法对付其父,然而众人之言并无成效。而律法确已定效,法官只得勉为其难,展开诉讼,判其父以绞刑。欲将处决之际,行刑者试图挽救其父的生命。此人命令群众肃静,待寂静无声之后,大喝道:不知众人意下如何?我认为,应该让在场所有的人当中罪孽最为深重的人伏法就刑,方为正理。众皆响应,俱认就法律秩序、于理性戒律,皆应如此。行刑者又喝道:理应伏法的人,即为那个一手捻绳索、欲杀其父的恶魔之子!然而对方丝毫未受吓唬,反而亲手绞死其父。于此之际,其弟率呼唤而来之友伴返抵,目睹此景,立即于众目睽睽之下,冲向无耻兄长,以剑戳刺,取其性命;并使之曝尸当场,受虫犬之咬啮。唯动物竟畏其恶毒,未敢碰触,仿佛对方乃中毒而亡。(Die Chronik Johanns von Winterthur)

同样在《圣经》也记载了这种谴责,所罗门《箴言》(30:8)中记载:虔诚之人恳求必需食粮的语句,要求赡养。儿子硬拉父亲前往法庭,按《雅各布书》(2:6)所言,乃是富有之人亵渎上帝之举。法官对这位父亲加以判刑,则有如犹太无道君王希律迫害使徒;而这位父亲被拖赴处决的场景,就如《马加比二书》（6：28）中虔诚老者伊莱贾撒的遭遇；弑父者的尸体处理，则与《申命记》（28：26）中上帝威胁违反诫律者的下场一样。此一实例想要藉此向生于乱世的城市教徒们提供行为上的道德准绳。他的记录让我们更接近那些自己无法执笔为文的人群。

所有的愤怒都落在长子身上，虽然他不尽然是因为世代之间的冲突而逆伦，而是站在维护农民权利的立场。父亲允许儿子们脱离家庭的控制，并且交付适当的财产，亦即分家。以这样的方式，父亲丧失了对子女财产的动用权；同时，儿子们不再与父亲同住，而有了自己的家庭。长大成人的儿子并无义务援助一贫如洗的父亲；这个时期的法律促进小家庭和私产制的发展，而不再支持着氏族的结合与其经济共同体。当父亲取走儿子的乳牛，就是蓄意而为，公然犯下盗窃罪。不论是一位孕妇，或是一位过路的旅客、车夫，在特别危急的状况下拿取他人的物品，都不被允许；定居的农家之间，架起了坚固的篱笆。由于乳牛价值不菲，已涉及了死罪；私产意识也在此急剧地作用着。此外，再加上此时地方和平趋势推行，严格的肉刑取代了以金钱赎罪。

这个逆子并非毫无理由啊；如果他要不做，必有某人迅速密告他父亲的作为，因此他可以抓到现行犯。在逮捕的过程中，他已升格为举发者，属于见状呼喊的检举人之列。这些人之后会成为在法官面前替原告加以保证的宣誓辅助人；通常是原告自行将窃贼拖到法院。对于法官和那些陪审员而言，这种法律状态很简单：针对现行犯，将不会向层级较高、具有生杀大权的法庭上诉；若原告没有要求宽宥，窃贼多半立刻被判刑绞死。在执行时，甚至连正式的绞架都不需要，就近有棵树木便足够了。不过，法院辖区中的裁判陪审团大概仍必须在场，毕竟基本上就是由他们来进行死刑判决的。因此行刑者以一语双关的方式合法地向他们提问。毕竟偶尔会有人违法处死罪犯，或是由原告亲手报仇。这两者则同时在此处出现。

然而民众并不想知道这一切法律方面的行为模式，因为对他们而言，父亲的形象是神圣的。身为弟弟的人也是如此认为，遂将司法至上解释成亵渎上帝；而法官和陪审员也有此意，他们谈到这在天主教会中实属不当；行刑者更是咒骂原告为恶魔之子。一家之主的造物者化身，遭受到了侮辱。叙事者所引用的《旧约》文句即已说明，父权主义的观念并非基督教所独有，而且这尤其是受到纷扰的农村小区所期盼的。一般的社会行为模式并不适用于家庭之中，毕竟家庭是一个整体；当其中一人陷入困境，所有成员必定予以协助，而不论堂区神父或法官对此有何见解。

在这个事件之后，同样又出现一次可怕饥荒，农民与其家人受苦受难，同样动手行窃；但是因为他们全与儿女共享，而此时教会没有加以指责。若有人不承认这个危急之时互助合作的团体，自外于一切的生活形态，将得不到法律保护而无宁日可言，甚至可能被人杀害，而凶手则不必接受制裁。在赞同此理的群众面前，胞弟为至亲报仇雪恨。他还拒绝把被刺死的兄长埋葬起来；收尸乃是近亲最重要的义务，只有对于处决的罪犯才会加以拒绝。甚至最为低贱的动物也经由它们的行为，确认此项复仇实乃天理昭彰。我们这位法官记载加以赞同，却没有想到要去引述第五诫，或是记起拥有司法权之世俗领主有其刑罚的独占地位。

中古早期的氏族组织早已解体。这户农家似乎没有祖先可言；在冲突之中，既无伯叔父从中插手，更无姻亲或其他亲戚加以干涉；身为弟弟的人并未招集堂表兄弟，而是请朋友帮忙。他在对抗兄长时所乞灵的对象，已不再是像国王罗萨里所诉求的祖先，而是有朝一日会继承家产及声誉的子孙。不仅仅是农民，包括在中古后期的贵族和市民之中，跨越世代的家庭凝聚力主要是以共同的财产为基础，而非共同的起源。毕竟此时人类的生存，已很少像中古早期那样受世仇、杀戮所威胁，而是较常被饥荒所迫，并嫉妒他人拥有食粮。在14世纪的经济危机中，家庭再度显示它就是对抗生活变迁的最佳防护；不过，如今人们的守护神已不再是远古神话中的始祖，而是无所不在。

总结

两例对家庭看法的明显歧异，只有一部分是因为第一篇涉及的是高阶贵族，第二篇则为农民之家。基本上，家庭结构的时代变迁才是缘由所在。在中古早期惯以家族称呼的家庭，主要指的是宗族共同体，亦即氏族。彼此的关系是基于共同的血缘，并追溯到一位具有神力的始祖。由于这个基点既非位于前朝，亦非位于今日，因此这种家族很难厘清关系；古老的祖先在今日拥有众多后裔，其中包括那些已不在家宅或村庄之内共同生活的人。在中古早期，居处一处的团体并非亲属关系最重要的标志。家庭、氏族、部族、民族彼此之间的差异模糊难辨；毕竟，宗族共同体尚有许多旁系亲属，并且不断分支出去。人们并无自己的氏族名称。就像一切早期的见证，一个人的名字只标出人名，也就是我们今日所谓没有冠姓的名字。当它需要凸显差异的时候，就添上父亲的名字，或是对于家族的其他提示；这种体系，让斯堪的那维亚的命名特别强韧地被保存了下来。自己的名字经常作为传承之名，而在血亲之内原封不动地传承下去；也有不少出于母系的名字。中古早期的家族是与较大型的盟邦紧密结合，亦即宗族共同体。法律是部族规范，宗教是对宛如神祇的始祖加以膜拜，政权乃是与祖先血缘最近之氏族的优先权利。置身于这种广阔的地表，让人很容易忽视无数也发生在近亲之间的残杀；这些也许会危及未来，但是并不影响家族的根源。

从公元5世纪开始，日耳曼各个蛮族诸侯国的君王们陆续开始着手将自己部族的口耳相传的习惯法进行书面典籍化。在各个日耳曼部族王国当中，国王的秘书处、王国的公证人及书记官们替君王召集法官、部族长老及贵族协商部族习惯法书面典籍化事项。同时秘书处公证人及书记官负责法条文字化的语言工作，即将以拉丁文的语言形式，将口耳相传的习惯法内容呈现出来。应该说这些人在语言上会使用拉丁语进行书面语言表述，且他们也熟知罗马法，也能将罗马法的规范表述技术及术语概念植入所编撰的法律之中。而国王基本上被排除在典籍化的全部过程，只是当这些法律典籍化后，需要以国王的名义确定它的法律效力。故此国王只需要负责将内容达成一致共识的、形式上已经成文典籍化的法律向所有人颁布，并确定该法的全面客观真实效力。以下是罗列从公元5世纪到7世纪这一段时间内日耳曼各个蛮族（leges Barbarorum）的典籍化活动：

西哥特

公元475年，首先在西法兰克，然后是在西班牙，《尤列克法典》（Codex Euricianus），国王欧里希，系西法兰克的哥特人。

公元506年的《西哥特罗马法》（Lex Romana Visigothorum），国王是阿拉里克二世，系西法兰克罗马人。

公元654年的《西哥特法典》（Lex Visigothorum），国王是维塔李安，系西班牙哥特和罗马人。

意大利的东哥特

公元500年《狄奥多里科告示》（Edictum Theodorici），仅仅适用几十年，国王是狄奥多里科，系意大利的东哥特和罗马人。

布贡德

在东南法兰克，属于隆河沿岸的里昂、第戎区域内。

公元500年的《勃艮第法典》（Lex Burgundionum），国王系布贡德的贡多巴德。

公元520年的《勃艮第罗马法典》（Lex Romana Burgundionum），国王是罗马的西格门。

法兰克

首先是比利时,法兰克东北部。

在公元507年和511年之间的《萨利克法典》(*Lex Salica*),国王是法兰克的克洛德维希。

7世纪上半叶的《里普利安法典》(*Lex Ribuaria*),可能的国王是达戈贝尔,系西日耳曼法兰克在科隆区域。

意大利的伦巴德(两个世纪)

公元643年的《罗萨里法令》(*Edictum Rothari*),国王是伦巴德罗萨里。

日耳曼部族是以家族氏族或部族为中心的共同体生活,因而日耳曼法具有不成文的习俗与成文的习惯法、部族法与私人法特色。在日耳曼法体系当中最为古老的国民法(Volksrecht),承袭了古老各个日耳曼部族的日常生活习俗和习惯,经由长期的生活累积而成。起初该法保留在部族长老的口耳相传之中,随着生活尤其是民族大迁徙的不断变换,日耳曼各个部族意识到需要将这些古老的习俗习惯予以留存,以便于后人记忆和传颂。故将口头的传授,通过文字的形式,规范成简单语句,并以尽可能押韵或成语的方式表现。依据早期的日耳曼各个民族的习惯,通常由直系血统的男性后裔共同组成部族大会,该大会具有审理部族内部的诉讼纠纷。后期在部族大会的基础上发展陪审制度,案件的实体性结论由陪审员们以民主表决的方式进行裁决。这些陪审员必须具备以下两个条件:首先是陪审员的个人的社会地位,即至少属于地位较高或者基本上是由贵族承担;其次是具有丰富的生活经验和作战经验。由于日耳曼所处的环境决定了这些陪审员可以是没有经过法律职业培训的。他们裁判的准则是根据部族共同体公共生活的共同理念及祖先传承下来的生活习俗;裁判的依据是坚持以事实为基础,在事实认定上不管是行为事实还是证据事实,必须经由控辩双方相互争辩后,以求达到对行为事实和证据事实形成共识。在对核心事实的理解上,由各个陪审员将各自生活经验之理和对古老之习俗寓意的各自见解予以提出,并在众陪审员之中展开相互辩解并达成共识。经由上述两个辩证阶段后,最终由陪审员开始对各当事人进行事实与裁判准则之间的关联性解读,在形成共识的基础上产生该案判决意见。此审理是经由三次达成共识而促成一致同意接受的判决结论。此种审判不存在现代法律所具备的推理、推断,不遵循逻辑性,不具有法律规范或法律条文适用的规范性,不具有审判程序运行体系化的模式,因而他们的这种法律裁判不能称作法律规范适用,而应该说是透过他们的审判达到法律发现。因此辩论双方进行诉讼时无需以书面的形式引用法律法规的具体条款，而是仅仅需要以口头的形式提出请求，另外一方也以口头的形式予以辩解。因此日耳曼法表现人类良知的法律，法院所形成的判决是以裁判者个人的人格修养和良知德性为基础。这种诉讼裁判充分体现了人格主义精神，这也恰好与理性的法治化思想是相对立。该法律虽然粗糙，但是它却改变了法自君出的思想，这种法律来自于部族民众的古老生活习俗，而非来自于统治阶级，更非统治阶级意志的体现，因此这种法律超越了王权。进入中期后，日耳曼法开始书面典籍化，在这当中只是负责召集权威的法官部族的长老以及高级贵族一起商讨将古老的习俗通过文字的形式将其内容表述在书面上，对于内容，君王是不能作任何改动的，在出现异议或者冲突之时需要由法官部族长老及贵族开会商讨，商讨一致后经公告，最终落实到书面上装订典册。在当时尤为特殊的是，日耳曼国王仅仅负责颁布法律，不能参与部族国民会议或者部族贵族会议。君王所能做的就如同公元 200 年前罗马法学家乌尔比安在《论告示》当中有关法律效力的问题，是这样写的：经皇帝颁布，法律具有效力（quod principi placuit, legis habet vigorem Ulpian Digesten D. I. 4. Ipr.），显然国王所能做的仅此而已。由此可以推断出日耳曼法律思想是在严格排挤个人主义思想基础之上建立团体主义精神，对内，日耳曼法的价值追求在于部族民众的群体生活的自由与和平，忠诚与安全。对外，日耳曼法具有严格的复仇主义思想价值，因为每一个人都是整个部族的一分子，每一个人都应该为这个整体作出奉献，部族整体的生存与利益永远高于个体，任何一个家族成员的财产或人身生命受到侵害时都意味着这种侵害不仅仅针对受害人本人，更重要的是针对家族整体的，是对家族或者部族的威名予以玷污，因此每一个人都有复仇的义务。家长在家庭内部是家里的统帅，对外则是代表全家，家长基于监护权而对家庭的一切事物予以全权处置，此时家属相对于家长是无行为能力人，对外必须由家长代表全家为一切法律行为。

西哥特王国立法的发展一方面显示了他们对罗马法律的借鉴，另一方面也标志着西哥特人对立法的认识日渐成熟。和其他日耳曼部落一样，西哥特人在历史上积累了大量文献档案，记录他们的惯例。他们的司法实践也以此为基础。罗马帝国的成文法和日耳曼部落的习惯法之间有很大的差别。人们通常缺乏一种机制来调和这两者之间的差别，因此很难产生出新的法律。实行习惯法的日耳曼部落里缺乏受过专业训练的律师和法官，只能靠部落中长者们的记忆来解释习惯法。在西哥特首都还在图卢兹的时候，当时的国王尤里克就委托纳博讷的高卢罗马法学家莱昂，让他基于西哥特人旧的法律和习俗，用拉丁文为西哥特王国编撰一部法典。此外，莱昂把罗马法的内容包括教会法，也加入了这部法典。尤里克法典仅适用于西哥特人；他们允许生活在西哥特王国的西班牙罗马人和高卢罗马人继续使用罗马法。公元506年，阿拉里克二世为西班牙罗马人和高卢罗马人颁布了一部统一的法典——《西哥特罗马法》（Lex romana visigothorum）。这部法典后来被称作阿拉里克罗马法辑要（拉丁文，Brevium Alarici regis）。阿拉里克罗马法辑要收入了那些西哥特王国正在使用的罗马法条款，去掉了那些不再适用和互相抵触的条款。

公元642年至公元653年在位的西哥特国王钦达思文斯（Chindaswinth）希望能够结束罗马帝国和西哥特王国早期让不同种族或者部落维持他们原先法律的做法，他打算颁布一部适用于伊比利亚半岛和塞普提马尼亚地区所有人的法典。这部法典被称为《西哥特法典》（Liber iudiciorum 或 Lex visigothorum）。钦达思文斯的继任者进一步扩充了他所颁布的法典。后来，这部法典被使用西班牙的王国语言卡斯蒂略语《富埃罗成文法》（Fuero Juzgo）翻译成法庭成文规则（Gerichtsgesetz）。该法典包括了民法、刑法、行政法和一些政治法规。与法兰克人或盎格鲁-撒克逊人不同的是，西哥特立法者有意识地引入新的法律条文，而不仅仅是把以前的习惯法记录下来。事实上，专家们在仔细地研究了《西哥特法典》后发现这部法典完全没有习惯法的内容，因此许多学者认为当时罗马法已经全面取代了习惯法。恰恰相反，人们在中世纪时代西班牙各基督教王国的法律法规里又发现了习惯法的踪迹。这说明西哥特人的习惯法和遵循罗马法的《西哥特法典》同时流传了下来。有趣的是，两者之间的某些条款很明显是互相矛盾的，当公元712年西班牙被穆斯林—阿拉伯人和柏柏尔人攻占后，基督教在那里继续保留着西哥特法律，该法律由维塔里安所颁布，该法也被称为卡斯蒂略法。

教会法

如何描述，教会对中古世纪的法律发展所具有的巨大意义？中世纪早期就已经存在教会法，但是那时还不是如后期所表现的那样重要，并且具有不同的特征。现今所称的教会法（ius ecclesiasticum），是起源于希腊的雅典"城邦议会"（ekklesia）这个术语，也就是一般人所熟称的"教会"，该希腊文发音为"艾克利西亚"。其原文由两个字组成：一个字是"ek"，意思为"出来"；另一个字是"kaleo"，意思就是"呼召"。所以"教会"在原文里的意思，乃是蒙召出来的人。当初翻译《圣经》的人认为，译为"教会"，意即宗教的全面集会，然后是教会（canonici）。本义为工匠所用规尺，引申为规范、规矩。在教会史上，该词可指正典（即正式认可的《圣经》卷册），或从属某主教座堂的教士名单。该词亦可以用作指称基督徒应遵循的符合信仰的宗教、道德生活，故信徒也以此称呼宗教会议通过的有关法令，后来遂有教会法（ius canonici）这一专门术语。

公元 1 世纪，基督徒并未为整个教会制定和颁布统一的法规，各个教宗都通过习惯、惯例、传统对宗教生活和纠纷进行调整。后来，基督徒开始在福音书和经文里提取规则、规范。一些教宗制作了为基督徒生活的方方面面提供指引的手册。最早一本是约在公元 100—150 年大概由一个叙利亚教宗写成的《主的训导》（Didaché）。这本书以希腊文写成，汇总了教会礼仪和纪律等各方面的规章，还可能包含了十二门徒的教导，以及圣餐、礼拜等仪式的问题。在公元 3 世纪初（约公元 218 年），据说是由希波吕托斯（Hippolytus）编写了另一部希腊文著作。这本书详细地记录了罗马基督教教宗的仪式与实践活动，包括主教、牧师、执事的任职仪式，洗礼的执行。紧随其后，在叙利亚的基督徒教宗中又出现了名为《宗徒规诫》（Didascalia apostolorum）的著作。该书详细地阐明了如何通过概念、学问、价值观、伦理道德原则等教学法，教化民众和规劝诫勉教徒并通传给其他人的方法。该规诫教导人类有其特殊方式，如慈悲、磨练、彻底要求、尊重人、宽恕、鼓励等。《宗徒规诫》约于公元 3 世纪中期，叙利亚的一位医生所编，书中以缓和的态度论主教的责任、礼仪生活、在教难中的态度、婚姻、寡妇、女执事等，反对坚持遵守犹太规矩的基督徒。这两部作品在公元 4 世纪末成为《使徒宪章律典》（Apostolic Constitutions）的重要组成部分。后者是在叙利亚编成的当时最完备的教会典章制度文献。基督教教宗进行律法结构化、定制化的契机始于教牧书信（Pastoral Epistles），即《提摩太前书》（1 Timothy）和《提多书》（Titus）。这些书信借使徒保罗之名完成，成为早期基督教教宗建立规则的媒介。《提多书》的开头描述到保罗起初将提多留在克里特，是为了要将那没有办完的事都办齐了。按照保罗的要求，提多在每个城市委任长老和主教来管理教宗。这样的人被称作主教（episkopos），即守护者与监督者的意思。《提多书》中列举了作为主教的条件，包括谦逊、仁慈、节制、温和、谨慎、宽容。

从《提摩太前书》中可以获得更多早期基督教教宗管理的细节。经文中出现了关于指控神职人员的规范程序的规则：当有两个以上证人时，对长老的控告才可成立。并且出现了采用公众谴责的方式来惩罚罪人。《新约》的使徒书信是早期教会法规的主要渊源，但它并不适合彻底地作为基督教教宗的指导，因为基督教教宗已经开始逐步走向复杂，完整的组织结构也开始慢慢形成。而希腊—罗马式的公共集会为早期基督教教宗提供了程序上和制度上的模型。教会的集会提供了发展神学学说和制定训诫的平台,并以此收集教宗的意见,建立当地教宗的规范。这样的一些集会成为了教会管理的组成部分和基督徒解决问题的重要方式。制定教会规范的教会集会几乎同时在东方和西方出现。据戴都良(Tertullianus)的记载,公元3世纪初,以所有基督徒之名召开了决定基督教诸多问题的会议诸如教宗会议决议(Konzilsbeschlüsse)。尽管这次会议的性质存在争议,但可以肯定的是该会议对基督教的重大问题作出了决议,并发布了一些规范。到公元3世纪的下半叶,这样的会议变得愈发平常。到公元4世纪,主教们已经将自己确立为地方教会的管理者。他们也被认可在宗教会议中处理邻近教会问题的角色,并且意识到当面临触及普世教会利益的问题时所承担的责任。无论是东方还是西方,宗教会议都成为了发布有关宗教生活、教会组织的规范的主要媒介。正是在这一时期,被制定出来的规则开始被统称为"canons"。此时宗教会议立法主要关注的是教会的机构组织和神职人员的纪律。最早拥有一套立法性教令的会议于大约公元306年在埃尔韦拉理事会(Council von Elvira)召开。当君士坦丁大帝在公元4世纪初登上罗马王座时,基督教会已开始公开发布,且所有基督教教宗具有权威性的教令。尽管它的效力有多广我们并不清楚,但它给主教们提供了审理基督徒之间案子可依据的法律。第一次使得教会教令成为重要规范传统的重大会议于公元314年在东方召开。各个城市的主教在安提俄克教会(Antioch)的感召下齐聚安卡拉(Ancyra)的加拉太城。这次会议发布了处理新近教会问题的25条教规。这些教规主要涉及神职人员纪律、转让神职人员的财产、贞洁、与动物发生性行为,通奸、谋杀以及巫术。这些主教们考虑到都是当时与东部教会密切相关的亟待解读的问题,包括随后进行的多次会议,仍旧不是在尝试为整个基督教整体制定全面的规范。在公元315年至319年之间小亚细亚的新该撒利亚(Neocaesarea)召开另一个重要的会议。同加安卡拉会议一样,会上颁布的教规只是不规则地涉及一些具体的主题,如牧师在授职后不得结婚,重婚罪的赎罪,允许孕妇受洗,单个教宗的执事不得超过七人。这两次会议从未被认为具有普遍效力,但会议颁布的教规却在东西部都被许多教规合集收录。公元314年,君士坦丁大帝在阿尔斯城(Arles)以西也召开了大型的宗教会议。出席会议的主教共有33位,还包括一些低级别的牧师,并且是西部首次没有世俗人员参与的宗教会议。这两次会议,可以说是宗教会议的里程碑。以此为标志,非世俗意志成为了唯一合法的教会法规来源。公元325年,为解决由阿里乌斯派引发的以圣父圣子圣灵为核心的教义之争,君士坦丁大帝决定召开全帝国范围的宗教会议。会议于6月在距离君士坦丁堡的尼西亚城（Nicaea）召开，被称为尼西亚大公会议。共有318名主教参加，主要是东部教会的主教，罗马主教并未出席，仅派了两位神甫为代表。会议制定的二十条教令很快变成了基督教教会的通用规范。会议还起草并强制通过了一份关于基督教信仰的解说或者说是决议——《尼西亚信经》（Nicaean credo）。这份信经最终成为基督教信仰的基本教义。这些教令建立起与罗马帝国的世俗组织相平行的教会机构。任命主教的规则得以建立，并按帝国行省划分教区，赋予罗马、亚历山大利亚、安提俄克三个教区的大主教更大的权力，其他由于惯例而取得的主教特权也得以确定下来。大主教是各个行省的领袖，与该行省的主教每年举行两次宗教会议，以决定有关教会纪律的事务。这种会议后来成为了行省的最高宗教法庭。尼西亚公会议上还制定了其他一些规范：宦官不得成为神职人员；皈依者不得迅速提升等级；主教、牧师和执事不得与亲属以外的女性生活；神职人员不得放高利贷。早期的宗教会议建立起教会管理的典范，一直持续到公元9世纪末。无论东方还是西方，地区的宗教会议都定期举行。会议解决教会的疑难和争议，发布管理行省事务的教令。在东方，除了众多的地方宗教会议外，截至公元787年第二次尼西亚大公会议，还举行了多次普世性的宗教会议，这些主要的会议被称为七次大公会议，并在会议上发布主教公告（Erlasse von Bischöfen），尤其是罗马主教在公元9世纪的时候被称为教皇发布的公告。

应该说中古世纪早期是基督教化的关键时期，尤其是日耳曼各个部族逐步开始接受基督教的信仰，并成为各个君主国的国教，此时的日耳曼各个君主国成为基督教君主国。世俗政权力量与宗教教会力量相互给对方以支持。但是这种支持随着双方各自的力量不断增强，也必然出现各自的独立性受到不同程度的削弱。诸如早期的从君士坦丁堡教会不断受到王权的侵蚀。但是由于基督教会自身的文化因素，即在掌握希腊文和拉丁文方面，教会明显具有着垄断地位，尤其是拉丁文作为宗教和学术语言，更是教会的优势。在此种背景下，教会法需要危机与机遇的双重挑战，教会法在文字记录及书面典籍化方面反映了教会与教会法学家们所作的贡献。并且教会法的发展恰好填补了罗马法消逝所留下的空间。每天教会的主教和教士们忙碌于对各个部族的众多习惯法的法规收集和汇编工作，到公元4世纪之前，《旧约》《新约》《使徒传统》，正经与伪经、习惯与宗教会议颁布的教规组成了教会法典主要渊源。经历这个世纪后，教父著作与罗马主教书信拥有了效力，成为新的教会法渊源。公元5世纪罗马教会逐渐接受东部的宗教会议教规。希腊宗教会议的教规有了拉丁译本，迅速地传播开并逐渐具有了权威性。由教宗杰拉斯一世（公元492—496年）开始，罗马教廷的立法活动趋向活跃，教宗教令与帝国东部宗教会议的法令被混编在一起，教令的重要性也越发凸显出来。希腊传教士狄奥尼索斯·伊希格斯（Dionysius Exiguus）应教宗邀请于公元496年来到罗马，重新整理翻译了东方教会的教规，并汇编成《狄奥尼索斯会议法令集》，又编成公元384—498年间的教宗教令集，即《狄奥尼索斯教令集》（Collectio decretalium Dionysiana），合成《狄奥尼索斯汇编》（Collectio Dionysiana）。狄奥尼索斯的这些著作使东方教会的教规和教宗教令成为了西方拉丁教会法的基础。罗马帝国分裂后，教会在各个王国内分散地、独立地发展。各国都产生了自己的教会法规汇编。意大利《特萨龙尼安集》（Collectio Thessaloniensis，约531年）、《阿维拉那集》（Collectio Avellana，约555年）以及《穆提南集》（Collectio Mutineusia，约601年）、西班牙《西班牙教规集》（Hispana/Collectio Hispana chronlogica/Collectio Isdioriana）、高卢《古代教会法令》（Statuta ecclesiae antique，约485年）、《奎斯奈尔集》以及《昂得加文汇编》（Collectio Andegavetis）——后者是高卢地区第一部系统的教会法汇编。到公元8世纪中叶，在加洛林王朝的改革运动中，教会法出现了某些统一化的迹象。查理大帝和他的儿子虔诚者路易所制定的《简明法条》由修道院院长安塞吉斯（Ansegisus）收集和整理。公元774年查理大帝从教宗德里安一世接受了增补教宗教令的《狄奥尼索斯汇编》。公元802年，这部《狄奥尼索斯—阿德里安汇编》（Dionysiana-Hadriana）被法兰克教会作为《阿德里安法典》（Codex Hadrianaus）认可和颁布。公元850年前后是各种假托教令的出现和风行的时期。其中最著名的是，公元9世纪中叶编订于法国的《伪艾西多尔教令集》（Collection pseudo-Isidoriana seu Decretales pseudo-Isdorianae），内容庞杂，通过诉诸古老的教宗教令和宗教会议法令，上诉罗马教廷来抑制大主教和贵族对主教区事务的干涉。这也强化了教宗和主教的权力。《伪艾西多尔教令集》在教会法历史上占有特殊地位，是系统地以教会法两大权威——教宗的牧首地位和文献的古旧——来达成政治目标的典范。同时，重要案件上诉罗马教廷被主张成为通例，倡导司法程序的规范化。所有这些都对当时和后来的教会法文献产生了相当大的影响。教宗格利高里七世在位时期（1073—1085）的改革思想和教会法典籍为教会法古典时代的创新和系统化作了铺垫。这次改革以教会自由和"教会纯洁"的口号为号召，力倡教宗独立并高于世俗王权。在教会法领域，主张只有教宗制定或认可的教会法才是有效的；教宗的代表高于地方权力体系之上，并主持地方宗教会议；教职的取得，必须由教会当局加以任命，其他任何任命均属无效；信徒应抵制已婚牧师的服务。重视教会法是改革修士的显著倾向，搜寻和整理教会法典籍、出示具有权威性的法令，经常成为说服改革反对派的办法。从 11 世纪到 12 世纪中叶，新的教会法汇编大量出现，最终导致教会法成为有效使用经院哲学思辨方法，与复兴的罗马法并列的独立于世俗国家的法律体系。

在教会法不断成长的过程中，尽管初期教会法仅仅是自己的教会秩序，仅仅限定在教会，从教会产生，到教会中去。但是在公元 4 世纪到 6 世纪的时候。随着不断地向外扩展逐步延伸到世俗的罗马帝国的皇帝律例，即从君士坦丁律法到《查士丁尼法典》，也包括针对异教徒的刑法以及核心欧洲的日耳曼君王的律法直到卡洛琳王朝的卡尔大帝。天主教教会法有两个完全不同的法，前者是教会法，该法是由希腊的正典、惯例和规则规章组成的，而后者则是中古世纪的中叶所产生的教会法，是作为教会内部的秩序和保护法则。教会法庭是由主教履行裁判之所，在西方主要针对教会纪律、神职人员的管理与任命、教会的关闭以及重罪审判和其他罪孽的赎罪。前期教会法发生影响的途径是由内而外，最后向世界的规章发展，诸如婚姻、继承、所有权、契约和刑法规章。在俄罗斯，东正教的教会法涉及的范围比较宽泛，诸如瓦拉底米尔俄罗斯大公律法就是由主教教会法庭和大主教教会法庭、已经世俗的私人审判法庭和公共刑法法庭共同组成。他们依据法令集（Nomokanon①）进行裁判，这种法律确切的是一种自公元 7 世纪拜占庭东正教会的规章，于公元 740 年进行汇编 Ekloge 而成的司法判例法令集。这个原本属于东正教教会的司法判例法令集后来被天主教汇编成了教会法汇编（Decretum Gratiani）。在私法领域里，瓦拉底米尔俄罗斯大公律法吸收了教会法的一些规章，尤其是离婚规则，原本在拜占庭世俗法当中是禁止离婚的，只有一些例外，因而将例外情况进行汇编。

很显然在欧洲到处都能寻找到司法起源，人们可能在日耳曼人所创造的法庭宪章当中发现北法兰克、英格兰以及斯堪的纳维亚等各个部族的踪影，同时也可以看到东欧各个城堡系统中的波兰、波西米亚及匈牙利。日耳曼各个部族的结构是以家庭、家族及部族为核心的部族成员共同聚居的生活团体。日耳曼各个部族的法律均是非记载性，停留在口耳相传的、非典籍化的习惯法，这些法律具有明显的部族团体属性以及个体属性。在整个部族习惯法中仅仅针对部族内部的部族成员适用，因而该法称为部族成员共同体法或人民法（Volksrecht）。这里的人民是相对于敌人而言的，在这个部族当中的共同体的集体生

---

① 该词源自希腊文的"nomos"（法律）及"kanōn"（规则、准则），广义而言，指奉为圭臬的法律。狭义而言，指最早约公元六百年，东正教教会及其教会君主国，依据不同主题整理的判例法令文集。——译者注

活中所发生的平等成员间的生活习惯关系，经由日积月累而成为惯例性指导方针。该法的产生根源并非来自于权威的立法机构经由理性的立法程序而制定的。因而这个法不能称之为"Gesetz"，而只能称之为"Recht"，其原因在于这个(Recht)是在部族内部，由所有的成员基于其自身的自律而成的一种公共认可的规则，并在长期的生活交往中产生了自律性的公共团体内部秩序。因此，这种法律从其文化的层面看，它是一种非文字性的、非典籍性的、口耳相传的，其传授的是习惯法理的理念，而不是规则和概念，其表述的方式是以简单的韵句或特殊的成语，而非制定法中的规范规则、规范语句、规范表述。日耳曼各个部族是典型的男性血统祖先为轴心而建立的父系男性公共团体，这个公共团体叫部族大会。早期该大会负责审理部族内部的诉讼纠纷，其后发展由人民陪审员的诉讼陪审制度，由职业法官组织召集，而由非职业的陪审员做实体结果的裁定。在日耳曼法当中明确规定，他们的纠纷处理是由整个共同体决定的，在整个审理过程中不但对肇事者和受害者开放的，而且对整个部族开放。在日耳曼法当中对当事人或宗族提供了一个正确的自救路径即复仇制度（也可称作世仇管理制度），或通过金钱补偿协议。因此，一个程序的管理是正义的且有效的管理，必须建基于秩序的力量之上。秩序的权威影响是对法官和陪审员之间产生相互作用。此时的司法审判程序仅仅适用于赎罪程序，只有进入到11世纪的时候，司法权开始进入到公共治安领域当中，开始对扰乱公共治安给以治罪。

继承法

今天世界当中的所有文献都在期望能够对所有权的取得与丧失这个古老的问题予以明确的回答。而且我们也在此发现了不动产和可移动的物之间的区别，以及活人买卖与没有遗嘱的继承权规则之间的区别，等等。在非书面典籍性的习惯法当中，对这些问题尤其是所有权缺乏明确的描述。因为所有权的描述不仅是在继承权问题上显得非常重要，而且更为重要的是对于土地和那些非属于可移动的财产的遗传，这种遗传经常是没有一个固定的规则去向后代亲属进行分配。在西班牙我们可以发现早期的法律，但是这种法律同西哥特法律非常相似。这源于该法师从于罗马法中的君王的司法秘书，而这些产生了《西哥特法》(Lex Visigothorum)。在这部法律里存在着私人对土地的所有权和对可移动的物的所有权，并且两者都可以自由转让。对于不动产的转让不是通过固定的规则予以列举，因为罗马人把这个称为拟制买卖，在查士丁尼法典当中规定拟制买卖不使用不动产。另外，在西哥特法当中还发现一个暗示，就是对不动产的买卖除了不使用外，还有一个是需要对不动产的证明文件进行转让。在继承法当中儿子和女儿对于不动产的继承享有同等份额。这种男女继承的同等对待是出自罗马，而不是出自日耳曼法。母亲取得一个孩子的份额是作为用益权人，并且需要遗嘱。除此之外，在继承顺序上根据当时日耳曼人所称的父系血统进行的，这种在今天的德国民法典当中保留。他们的继承顺序同罗马的等级体系是不同的，罗马的是按照被继承人同继承人最相近的等级来确定的。

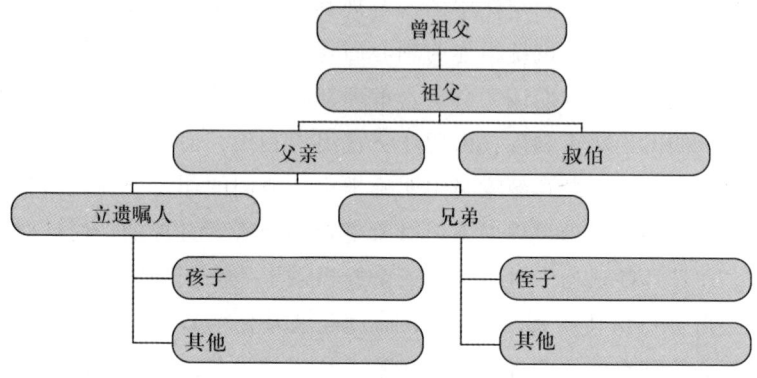

图6-3　罗马的等级体系

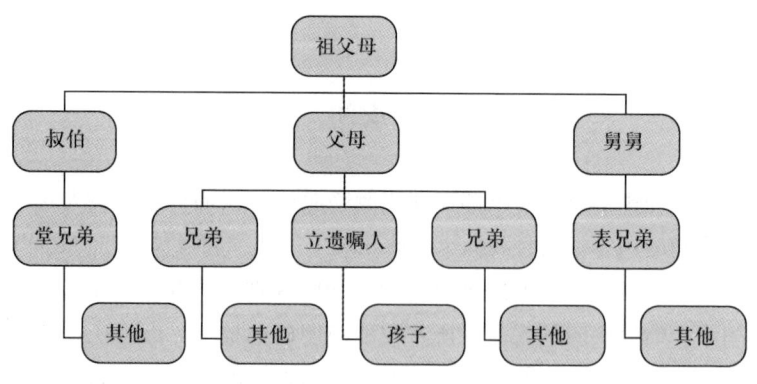

图6-4　日耳曼人的父系体系

以上是罗马等级体系与日耳曼父系体系的区别所在。

在法兰克王国当中发展出完全的私人所有权，农村的土地同宗族紧密相连的，其后果是在部族法当中的古老的宗族所有权。不经继承人的同意是不能转让的。这个转让必须举行一种象征性、仪式化的活动，经常是在法官面前或者诸如在证人面前进行。买受人需要将先前所有权人的炉火扑灭，或者穿过不动产的栅栏走进其中。在南法兰克的罗马人那里以及在意大利是继续适用罗马的蛮族法，与西班牙情况相类似。在盎格鲁-撒克逊同样也产生了早期的私人所有权，并且这种私人所有权可以自由地支配使用，但是也仅仅限定在大地产或封地。对这个封地的继承限定在长子继承，如果没有儿子的，才允许女儿继承。对于丈夫死后的寡妇的继承，同样是以孩子对土地和不动产已经有遗嘱规定为限。在丹麦则情况完全不一样了，土地的所有权被理解为作为公共所有权，而房屋庭院则属于亲属所有，这也包括女婿和儿媳，前提是他们也在那里居住。除此之外，还有一个个别的对个人的物的特别所有权。这些在法律中记载得非常详细，并且有共同体成员的复杂的继承法，但是却不存在今天意义上的继承法，因为当时还是停留在礼俗型社会当中。具体份额的变化是在礼俗社会内部的继续在这个庭院当中生活的亲属当中进行，所做的交换就是从一个院落转移到另外一个院落。但是在这种份额确定的时候，妇女的份额仅仅是男人们的一半份额，并且在这个古老世界中自然也就不承认遗嘱。丹麦的这种礼俗社会在挪威和瑞典是不存在的，他们仅仅是基于婚姻的结合。但是那里存在着对农村土地的个体所有权，可以自由买卖和转让。

附注[①]：

墨洛温王朝的创始人克洛维一世（公元481—511年）在拉丁语和文字传入法兰克王国之后命人在对古老的习俗习惯进行整理，并以拉丁语作为表述语言，是一种对萨利克人早期的习惯习俗进行相对系统性法律汇编，因而称之为习惯法汇编，并于克洛维统治后期（约公元507—511年）予以颁布。它在克洛维的后继人统治时期曾两度被重新颁布，而在加洛林王朝统治时期又经反复修改和系统化。《萨利克法典》是查理曼帝国法律的基础。《萨利克法典》发源于法兰克人萨利克部族中通行的各种习惯法，并因此而得名。《萨利克法典》主要是一部刑法典和程序法典，列举了各种违法犯罪应科处的赔偿金。但它也包括一些民法的法令，其中包括女性后裔不得继承土地的条款。但是公元6世纪下半叶，法兰克国王希尔伯利克曾经颁布过一道修改萨利克法典的敕令，规定死者如无子嗣，土地由其女儿继承，而不再交还公社。具体如下：

1. 关于法庭传讯

（1）凡按王法被传讯而拒绝出庭者，应罚款六百银币，折合十五金币。

[①] 附文内容为译者所加，资料来源：Friedrich Von Thudichum, Sala, Sala-Gau, Lex Salica, Kessinger Publishing, 2010。

(2) 传讯别人出庭而本人无故拖延出庭，应罚款十五金币，以利被传讯者出庭。

(3) 凡传讯别人出庭而被传讯者缺席，应同证人一起到被传讯者家中，要其妻或其家中任何一员将传讯通知本人。

(4) 如其本人正在为国王服役，不得召其出庭。

(5) 如其本人在外地忙于自己事务，如前所述，应召其出庭。

2. 关于偷猪

(1) 凡偷窃一头仔猪而被揭发者，应罚款一百二十银币，折合三金币。

补充1：凡在猪圈内偷窃一头仔猪而被揭发者，除被窃物品的价值和赔偿费外，应罚款十五金币。

补充2：凡从上锁的猪圈内偷窃一头仔猪者，应罚款四十五金币。

(2) 凡偷窃一头离开母猪能养活的仔猪被揭发者，应罚款四十银币，折合一金币。

(3) 凡非法打了一头孕猪（致使流产）而被揭发者，应罚款二百八十银币，折合七金币。

补充3：凡偷窃一头母猪及其一些仔猪而被揭发者，均应罚款七百银币，折合十七点五金币。

(4) 凡偷窃一头一岁的猪而被揭发者，应罚款一百二十银币，折合三金币，另加被窃物品的价值和赔偿费。

(5) 凡偷窃一头两岁的猪者，应罚款六百银币，折合十五金币，另加被窃物品的价值和赔偿费。

(6) 在相应的条件下偷窃两头猪者，照上述情况缴纳罚款。

(7) 凡偷窃三头或更多的猪者，应罚款一千四百银币，折合三十五金币，另加被窃物品的价值和赔偿费。

(8) 凡从猪群中偷窃一头仔猪者，应罚款六百银币，折合十五金币。

(9) 凡偷窃一头已阉割一年以下的仔猪者，应罚款一百二十银币，折合三金币。

(10) 凡偷窃一头一岁以上的仔猪者，应罚款六百银币，折合十五金币，另加被窃物品的价值和赔偿费。

(11) 凡偷窃一头公猪或一头带有猪群的母猪者，应罚款七百银币，折合十六点五金币，另加被窃物品的价值和赔偿费。

(12) 凡偷窃一头专供祭祀用的公猪并有证人作证者，应罚款七百银币，折合十六点五金币，另加被窃物品的价值和赔偿费。

（13）凡被窃公猪为非祭品者，(偷窃者) 应罚款十五金币。

补充4：凡从猪群中偷窃十五头者，应罚款三十五金币。

（14）凡偷窃整个猪群中二十五头猪而被揭发者，应罚款二千五百银币，折合六十二金币。

（15）凡猪群中留有未被窃走的猪者，(窃贼) 均应罚款一千四百银币，折合三十五金币，另加被窃物品的价值和赔偿费。

（16）凡偷窃六十头猪而留下若干未被窃走的猪者，均应罚款二千五百银币，折合六十三金币，另加被窃物品的价值和赔偿费。

3. 关于偷牛

（1）凡偷窃一头哺乳牛犊而被揭发者，应罚款一百二十银币，折合三金币。

（2）凡偷窃一头一岁或两岁的牛而被揭发者，应罚款六百银币，折合十五金币。

（3）凡偷窃一头公牛或一头带犊的母牛者，应罚款一千四百银币，折合三十五金币。

补充1：凡偷窃一头没有牛犊的母牛者，应罚款三十金币，另加被窃物品的价值和赔偿费。

补充2：凡窃一头母牛者，应罚款三十五金币，另加被窃物品的价值和赔偿费。

（4）凡偷窃一头带有牛群而未加过轭的公牛者，应罚款一千八百银币，折合四十五金币。

（5）如这头公牛供三个村庄的母牛配种用，立刻判处窃贼三倍于四十五金币的罚款。

补充3：凡偷窃国王的一头公牛者，应罚款三千六百银币，折合九十金币，另加被窃物品的价值和赔偿费。

补充4：凡偷窃整个牛群的十二头者，应罚款二千五百银币，折合六十三金币，另加被窃物品的价值赔偿费。

补充5：凡牛群中（除窃走的十二头外）留有未被窃走的牛者，均应罚款三十五金币，另加被窃物品的价值和赔偿费。

（6）凡偷窃牛达二十五头尚留下一些未被窃走者，均应罚款二千五百银币，折合六十三金币，另加被窃物品的价值和赔偿费。

4. 关于偷绵羊

(1) 凡偷窃一只羊羔而被揭发者，应罚款七银币，折合六分之一金币。

(2) 凡偷窃一头一岁或两岁的绵羊者，均应罚款一百二十银币，折合三金币，另加被窃物品的价值和赔偿费。

(3) 凡偷窃三只绵羊者，均应罚款一千四百银币，折合二十五金币。该罚款适用于被窃羊数四十只以下的情况。

(4) 凡偷窃四十只或更多的绵羊者，应罚款二千五百银币，折合六十三金币，另加被窃物品的价值和赔偿费。

5. 关于偷山羊

(1) 凡偷窃三只母山羊而被揭发者，应罚款一百二十银币，折合三金币，另加被窃物品的价值和赔偿费。

(2) 凡偷窃三只以上的母山羊者，应罚款六百银币，折合十五金币，另加被窃物品的价值和赔偿费。

补充1：凡偷窃一只公山羊者，应罚款十五金币，另加被窃物品的价值和赔偿费。

6. 关于偷犬

(1) 凡偷窃或打死一条已驯服了的猎犬者，应罚款六百银币，折合十五金币。

补充1：凡在太阳下山后打死一条系着锁链的犬者，均判处上述罚款。

(2) 凡偷窃或打死一条牧犬者，应罚款一百二十银币，折合三金币，另加被窃物品的价值和赔偿费。

7. 关于偷禽类

(1) 凡偷窃一只栖止在树上的大鹰而被揭发者，应罚款一百二十银币，折合三金币，另加被窃物品的价值和赔偿费。

(2) 凡从竿子上偷窃一只大鹰者，均应罚款六百银币，折合十五金币。

(3) 凡偷窃一只锁藏着的大鹰被揭发者，应罚款一千八百银币，折合四十五金币，另加被窃物品的价值和赔偿费。

补充1：偷窃一只捕鹌鹑的大鹰者，均应罚款一百二十银币，折合三金币，另加被窃物品的价值和赔偿费。

补充2：凡偷窃一只公鸡者，应罚款一百二十银币，折合三金币，另加被窃物品的价值和赔偿费。

补充3：凡偷窃一只母鸡者，应罚款一百二十银币，折合三金币，另加被窃物品的价值和赔偿费。

补充4：凡偷窃一只灰鹤或一只家天鹅者，应罚款一百二十银，折合三金币。

（4）凡窃一只鹅而被揭发者，应罚款一百二十银币，折合三金币。

补充5：凡偷窃他人网中一只鸽子者，均应罚款三金币。

补充6：凡偷窃网内一只鸟者，均应罚款三金币。

8. 关于偷蜜蜂

（1）凡偷窃一个上锁的蜂房而被揭发者，均应罚款一千八百银币，折合四十五金币。

（2）凡窃走仅有的一个蜂房者，均按上述情况罚款。

（3）凡在公开的地方偷窃六个以下的蜂房而偷窃现场尚留有蜂房者，均应罚款六百银币，折合十五金币，另加被窃物品的价值和赔偿费。

（4）凡偷窃七个或更多的蜂房，而在偷窃现场留有蜂房者，均应罚款一千八百银币，折合四十五金币，另加被窃物品的价值和赔偿费。

补充3：凡偷窃仅有的七个蜂房者，均应罚款一千八百银币，折合四十五金币，另加被窃物品的价值和赔偿费。

9. 关于损害农田和任何圈围地

（1）凡在自己的农田里遇到有角牲畜或一匹马或任何一头小牲畜，均不得把它打成残废。如果他这样做了尚能承认，应照价赔偿，而残废的牲畜归自己。如果不承认而被揭发，则罚款六百银币，折合十五金币，另加被窃物品的价值和赔偿费。

补充1：凡非法给一头有角牲畜或挽马打上标记者，均应罚款六百银币，折合十五金币，另加被窃物品的价值和赔偿费。

（2）凡在自己田里驱赶无人放牧的他人牲畜致使牲畜死亡而根本未向任何人申报此事者，应以偷窃论处，照价赔偿。此外，罚款一千四百银币，折合三十五金币。

（3）凡由于不经心伤害了一头牲畜或任何家产事后能够承认者，均应照价赔偿，而伤残牲畜归自己。如果他拒不承认而被揭发，则罚款六百银币，折合十五金币，另加被窃物品的价值和赔偿费。

（4）不管是谁的猪和牛，如跑进他人田里而被揭发，尽管牲畜的主人矢口否认，均应罚款六百银币，折合十五金币。

(5) 凡企图从圈围地上赶走招致损失的牲畜，将牲畜往家驱赶或打伤它者，均应罚款一千二百银币，折合三十金币。

补充2：凡任何人由于仇恨或恶意打开他人篱笆并将牲畜放进农田、草地、葡萄园或任何其他耕地里，那么，当所有者提出人证物证时，他就应当赔偿损失，此外，还应罚款一千二百银币，折合三十金币。

10. 关于抢劫奴隶

(1) 凡抢劫一个奴隶、一匹马或一头带轭的牲畜者，均应罚款一千二百银币，折合三十金币。

(2) 凡男奴或女奴伙同自由人偷窃自己主人的任何东西，窃贼（自由人）除归还被窃物品外，还应罚款六百银币，折合十五金币。

补充1：凡杀死、出卖或释放他人一个男奴者，应罚款一千四百银币，折合三十五金币。

补充2：凡抢劫他人一个女奴者，应罚款一千二百银币，折合三十金币。

补充3：凡一个自由人引诱他人一个男奴进行偷窃或同他有所图谋者，均应罚款六百银币，折合十五金币。

补充4：凡抢劫一个女奴者，应罚款三十五金币，而抢劫价值三十金币的葡萄种植者、铁匠、粗木匠、马夫者，在有罪证的情况下，均应罚款二千八百八十银币，折合八十五金币。

补充5：凡从主人的奴仆中抢劫一个男童奴或女童奴者，均应缴纳三十五金币，作为被抢奴隶的身价。此外，罚款一千四百银币，折合三十五金币。

11. 关于自由人偷窃和撬门

(1) 凡自由人在房外偷窃价值二银币的物品，应罚款六百银币，折合十五金币。

(2) 凡在房内偷窃价值四十银币的物品而被揭发者，均应罚款一千四百银币，折合三十五金币，另加被偷窃物品的价值和赔偿费。

(3) 凡撬门偷窃价值二银币的物品而被揭发者，应罚款三十金币。

(4) 凡偷窃价值五银币的物品而被揭发者，应罚款一千四百银币，折合三十五金币，另加被窃物品的价值和赔偿费。

(5) 凡撬锁或用钥匙开门偷窃任何物品者，应罚款一千八百银币，折合四十五金币，另加被窃物品的价值和赔偿费。

(6) 凡未窃走任何物品而跑掉者，应罚款一千二百银币，折合三十金币。

12. 关于奴隶偷窃和撬门

（1）凡奴隶在房外偷窃价值二银币的物品，除归还被窃物品和赔偿损失外，并令其趴在椅子上，照背打一百二十大棒。

（2）凡偷窃价值四十银币的物品者，或被去势或缴付六金币。其主人赔偿原主被窃物品的价值和损失。

13. 关于抢劫自由人

（1）凡三人劫走一个人身自由的姑娘，应各罚款三十金币。

（2）凡抢劫者在三人以上，应各罚款五金币。

（3）凡随身带箭者，应付三倍罚款。

（4）凡劫得姑娘者，应罚款二千五百银币，折合六十三金币。

（5）凡从堡垒下或房间里劫走姑娘者，按上项规定，缴纳身价和罚款。

（6）凡劫走国王保护下的姑娘者，以破坏"国王和平"论，应罚款二千五百银币，折合六十三金币。

（7）凡国王的奴隶或半自由人被劫走人身自由的姑娘者，应判处死刑。

（8）凡人身自由的姑娘自愿跟随奴隶者，均应剥夺其自由。

（9）凡自由人劫走别人的女奴者，均受同样处罚。

补充1：凡自由人劫得别人的半自由人为妻者，均应罚款一千二百银币，折合三十金币。

补充2：凡违反法律同自己姐妹之女、兄弟之女、远房亲属、兄弟之妻或叔舅之妻结婚者，应责令他们分离，违法所生子女，将不被认为是合法继承人。

（10）凡抢劫有夫之妇而与之结婚者，应罚款二千五百银币，折合六十三金币。

补充3：缴付其丈夫十五金币。

补充4：凡在教堂强奸已订婚妇女者，应罚款八千银币，折合二百金币。

补充5：凡在路上或其他地方，光天化日之下抢劫人身自由妇女或姑娘者，均应罚款二百金币。如肇事者不是用暴力，且多于三人者，每人均应罚款四十五金币。

拉特兰会议（Lateran Councils），是罗马天主教的五次大公会议。每一次都在罗马的拉特兰教堂举行。第一次拉特兰会议（1123），由教皇加里斯都二世召开，会议宣布牧师婚姻无效并批准了《沃尔姆斯协约》。第二次拉特兰会议（1139），由英诺森二世召开，会议谴责改革煽动者布雷西亚的阿诺德。会议通过了 30 条关于道德和纪律的教规。买卖圣职（购买或出售圣职的行为）和高利贷（通过放贷收取利息）被禁止。第三次拉特兰会议（1179），由亚历山大三世召开，会议决定教皇必须获得三分之二的枢机主教投票数才能当选，并谴责阿尔比派和瓦勒度派为异端。第四次拉特兰会议（1215）由英诺森三世召开。会议批准了先前制定的教规和每人每年必须告解一次并在复活节领圣餐的法令。会议作出对穆斯林进行新的十字军东征的安排。第五次拉特兰会议（1512—1517）由尤利乌斯二世召开并由利奥十世继续召开。会议禁止在没有获得教会允许的情况下印刷书籍。虽然此次会议的一个目的是改革教会，但是直到天特会议（1545—1563）才真正实施改革举措。第三次拉特兰大公会议（Third General Council of the Lateran, 1179），是由教宗亚历山大三世召开，于 1179 年 3 月 5 日至于 9 日（22 日？）在罗马拉特兰宫举行的教会史上的第十一届大公会议。

（一）原因

当教宗哈德良四世逝世后亚历山大三世以绝大多数枢机的同意当选教宗，但却仍未达到教宗选举必须一致通过的标准，于是德皇斐德烈一世乘机进攻罗马，拥立违道四世为教宗，在德皇斐德烈一世的支持下，违道占有罗马的座椅，而亚历山大三世则长期流浪在法国和意大利之间，这个长达十八年的分裂局面终于在斐德烈一世大败于伦巴底联军后在威尼斯与亚历山大三世签订和约之后结束了。随之教宗召开拉特兰第三届大公会议，同时也为了惩斥在法国南部搞叛乱的亚尔比根派异端。

（二）内容

1. 教宗选举法

该届大公会议对教宗的选举作出了一个新的规定，规定在未能得到全案通过的情况下当选者只要得到三分之二的多数枢机的投票，便可成为合法的教宗，但候选人必须是年满 30 岁以上的非私生子。这项法令在教宗选举法上写下了非常重要的一页。

2. 亚尔比根派的异端

大会还惩斥了亚尔比根派的异端邪说。亚尔比根派主张"幻象论"。这种早期的基督论异说否认基督身体的实在性，以为基督在世期间，并没有真正的身体，他只是看起来好像有身体的外观而已。即耶稣基督是天主又是人，是同一个主体，但这并不是在同一个主体上具有真实的二元。耶稣不是真的人，他只是有人的形象，以人的形象出现，因此耶稣的人性只是一个幻象，所以不能说"子"降生成"人"只能说"子"有人的形象而已。大公会议惩斥此种"幻象论"为异端。

3. 圣职买卖罪

会议规定任何人不该用贿赂来收纳隐修士，谁若在录取时曾被要求给予贿赂，那就不该升入神品，受贿赂的人应受到革职处分。

4. 基督教徒与犹太人分居

会议规定犹太人必须与基督教教徒分开居住，任何基督徒不能作为犹太人的奴隶，或者也不容许将奴隶卖给阿拉伯人。

（三）意义

此次会议在教宗立法权力的发展史上迈出新的一步有着特别重要的意义。其实从第九届大公会议开始，教宗的权柄就在逐渐加强、上升。

随后在皇权与神权，教会除了要处理日常的教务工作外，亦需要社会上财产的管理，处理诉讼与纠纷等世俗事务，而于1215、1221及1224年发生了三次有关拉特兰大教堂的争论，其中包括了审判权、土地及财产的纠纷，充分显示了当时教会入世的情况，积极参与世俗事务，亦因为教会从这类的财产管理中获取利益，而贪婪情况严重，与基督教宗所提倡的圣洁无私的精神背道而驰，导致了当时教会提出了多次改革的建议，以解决当时贪婪问题。本文希望从这三次争论的描述，藉以谈论中世纪时教会入世的情况，解释当时产生多番争论的因由，另外亦描述当时因教会入世而产生腐败严重境况，而引致教会改革的实行，将当时教会入世管理社会事务的情况作粗略的描绘。当时教会极力参与社会事务并从中加以控制，对当时的审判权、土地及财产有积极的介入。如于1215年，拉特兰教士团体（Chapter of Chartres）与地方贵族对于拘禁事件作争论。在1221年，拉特兰教士团体与农场市长等人就土地使用权作争论，结果农场市长等人仍可使用该土地，并协助教士团体保障该土地的保安工作。另一争论发生于1224年，拉特兰教士团体与地方主教（Dean）之间的争论，当时就商铺及房屋的审判权引起争论，最终由教士团体获得其审判权。从这三次事件争论当中能发现教会组织对罪案的裁决权、土地及商铺房屋等的使用权等都有积极的参与，并作出了判决及行动，由此可见，当时教会组织世俗化之深，积极介入社会事务，极力参与本应是地方政府的工作，充分反映了中世纪教会对现世物质的操控，从中亦能带出教会的贪婪问题，而导致了教会改革的实行。从以上对财产使用权及审判权等权力控制，可以看见当时教会在经济及政治上的影响力。中世纪时期，教会掌握土地财产和劳动成果，通过霸占皇家领地和篡夺君主的权利，从虔诚信徒的捐献及开垦荒地，教会取得了欧洲西部土地的大部分。另外，在中世纪时期的教会，具有强大的精神及世俗权力，并靠着它的选举制度而从优秀分子中吸收新成员，又具备一个有越来越多的寺院民兵为其服务的中央集权的政府，所以它能在社会和经济进步及在物质文明方面起了领导的作用。教会及宗教会议，修道士和牧师，都力求限制封建主义，改变封建统治的暴虐和制止它对臣民的剥削。在1179年，拉特兰宗教会议曾谴责无理的贡税。在十世纪，圣方济会的修道士们曾鼓励反对缴付领主租税的运动，并支持农民至市民的解放，充分地反映了教会权力推动及发展一个有秩序的社会，劳动应能够安全地进行，而教会团体的角色便是社会的监护人。据中古世纪欧洲历史考究结果发现，中世纪教会有记载到教会贪污腐败的事件，从中可看见教会最大的缺点是自满，以及对教会财产的执着。中古时期的教士日常忙着教区事务、管理教会财产、土地及特权、竞逐教会名分，以至丧失信仰的深度，而这些对教会财产的执着态度及行为，可从以上提及的三次争论中可见一斑，对信仰深度的丧失及对现世物质的执着，产生强烈对比，而这股对比中反映了中世纪时期教会腐败的一面。中世纪宗教历史发展当中，从自满的人性弱点中带出来的问题，经宗教改革后将问题解决，但经过一段时间，改革成效便减退，而自满带出的问题便再一次出现，这种宗教改革循环不断出现于中世纪时期。六世纪的本笃修道院运动，其目的是要抗议原有修道制度的不足之处，并达到出世之效，但其后本笃修道制度很快地涉及教育、福音宣传及教会改革。到了10世纪及11世纪，整个本笃运动深深埋在世俗事务上，各地的本笃修道院控有大量地产，并为封建军队供应武士，与世俗的王侯共管国家事务。有因于教会对物质贪婪问题，改革再次出现，并在12世纪出现了新的宗教修会，道明会及方济会。这两教会主张个人或团体都需要守贫，致力于传教与慈善活动，反对隐居生活，在城市中从事宗教工作，成为13世纪基督教的新力量。道明会除了教堂、修院外，不得拥有财产，及不能拥有固定收入及庄园，只可以靠信徒的捐献来维持所需。而方济会，修士进入欧洲城市传教，方济会的理想亦是个人与修会的清贫，修士为人工作提供服务。13世纪后，因战争及经济因素等，以及世俗色彩的态度浮现，道明会及方济会修会的影响力逐渐减退。

总而言之，从11世纪发生有关拉特兰大教堂的争论中可见中世纪时期教会对世俗的贪婪，对教会财产的执着，对社会及政治的操控等，亦可带中世纪时期教会出现的腐败情况。贪婪虽是人本性的弱点，但在中世纪时贪婪发生在本应是圣洁的教会当中，教会操控了世俗事务如财产拥有权及审判权等，并引致

第六章　启程：中世纪早期（公元 500—1050 年）　　255

社会及政治上直接的影响。从中世纪教会的转折过程中，反映了人类历史事件循环的局面，以史为鉴正是人类进步的重要信息，从中世纪教会争论带出的贪婪至改革的循环，不单是中世纪信仰的历史流程的描述的亦是人类不断发展的一大警惕。

参考文献：

Hdb. = *Helmut Coing* (Hg.), Handbuch der Quellen und Literatur neueren europäischen Privatrechts. HRG = *Adalbert Erler und Ekkehard Kaufmann* (Hg.), Handwörterbuch zur deutschen Rechtsgeschichte, 5 Bände, 1971 - 1998.

Rdz. 59. : **Geschichte**: *J. Dhondt*, Das frühe Mittelalter (Fischer Weltgeschichte Band 10) 1968; *H.—W. Goetze*, Europa im frühen Mittelalter 500 - 1050 (Handbuch der Geschichte Europas Band 2), 2003, dort S. 102 zu den Warägern m. w. N. , vgl. besonders *Haumann*, Geschichte Russlands, 1996, S. 34 ff. ; zu **Michael Borgolte** und der "selbständigen kulturellen Einheit" vgl. oben I. Kapitel. Die Haushaltszahlen von Ost- und Westrom in der Mitte des 5. Jhts. bei *H. Wolfram*, Die Germanen, 3. Aufl. 1997, S. 90, die Schätzung der Zahl der Westgoten dort S. 89. **Wirtschaft**: *J. Dhondt* a. a. O. S. 98 - 179; *G. Duby*, Krieger und Bauern - Die Entwicklung von Wirtschaft und Gesellschaft im frühen Mittelalter, 1977; *W. Rösener*, Die Bauern in der europäischen Geschichte, 1993. Für *Russland*: *L. Schulz*, Russische Rechtsgeschichte, 1951, S. 24 ff. ; Prag als Handelszentrum: *G. Jüritsch*, Handel und Handelsrecht in Böhmen bis zur hussitischen Revolution, 1937, S. 4. Zur Wahl der Könige oder erbrechtliche Na *Rdz. 60.* : chfolge: *eine gute* **Übersicht für Westeuropa** bei *E. Hoffmann*, Königserhebung und Thronfolgeordnung in Dänemark bis zum Ausgang des Mittelalters, 1976, S. 8 - 22; **Zu den westgotischen Königen**: *P. D. King*, Law and Society in the Visigothic Kingdom, 1972, S. 23 ff. ; **Polen**: *S. Kutrzeba*, Grundriss der polnischen Verfassungsgeschichte, 1912, S. 17 f. ; **Ungarn**: zur Wanderschaft der Könige bis zum 12. Jh. ; *G. Györffy*, Ungarn 895 - 1400, in: H. Kullenbenz (Hg.), Hdb. d. europ. Wirtschafts - u. Sozialgeschichte, Bd. 2, 1980, S. 638; i. ü. *A. v. Timon*, Ungarische Verfassungs-und Rechtsgeschichte, 2. Aufl. 1909, S. 114 ff. ; *A. Radvánsky*, Grundzüge der Verfassungs - und Staatsgeschichte Ungarns, 1990, S. 7 f. ; **Russland**: *L. Schultz*, Russische Rechtsgeschichte S. 28 ff. ; zum Rotationsprinzip ebenso *H. Küpper*, Einführung in die Rechtsgeschichte Osteuropas, 2005, S. 53, anderer Ansicht: *K. Fritzler*, Zwei Abhandlungen über altrussisches Recht, 1923, S. 128 ff. **Zur Geschichte und Bedeutung der Kaiserkrönung** sehr lebendig: *O. Kimminich*, Deutsche Verfassungsgeschichte, 2. Aufl. 1987, S. 13 ff. ; 45 ff.

Rdz. 61. ; H. – E. Feine, *Kirchliche Rechtsgeschichte. Die katholische Kirche*, 5. Aufl. 1972, S. 65 ff. ; C. Link, *Kirchliche Rechtsgeschichte*, 2009, S. 16 ff. ; zu **Russland**: *L. Schultz*, Russische Rechtsgeschichte, 1951, S. 70 ff. , 81 ff.

Rdz. 62. : T. Mayer, *Geschichtliche Grundlagen der deutschen Verfassungsentwicklung*, 1933, in diesem Vortrag auch zum ersten Mal der Begriff Flächenstaat. Lehnswesen : F. L. Ganshof, *Was ist das Lehnswesen?*, 1961 ; zur Kritik an der Rolle des Lehnswesens als Schlüsselbegriff : H. – W. Goetz, *Europa im frühen Mittelalter* 500 – 1050, 2003, S. 298 ff. **Skandinavien**: *W. Reinhard*, Geschichte der Staatsgewalt, 1993, S. 74. **Polen**: *S. Kutrzeba*, Grundriss der polnischen Verfassungsgeschichte, 1912, S 10. **Ungarn**: A. *Radvánski*, Grundzüge der Verfassungs-undStaatsgeschichte Ungarns, 1990, S. 24. **Böhmen**: *O. Peterka*, Rechtsgeschichte der böhmischen Länder, 1928/33, Ndr. 1965. **Russland**: *L. Schultz*, Russische Rechtsgeschichte, 1951, S. 30 ff.

Rdz. 63. : Grundherrschaft im **Frankenreich**: *H. Brunner*, *C. v. Schwerin*, Deutsche Rechtsgeschichte, 2. Band, 2. Aufl. 1928, Ndr. 1958, S. 368 – 415 ; *K. Kroeschell*, Deutsche Rechtsgeschichte I (bis 1250), 12. Aufl. 1005, S. 113 ff. *W. Rösener*, Die Bauern in der europäischen Geschichte, 1993, S. 44 – 63. **England**: zu bocland und folkland *H. Brunner*, Deutsche Rechtsgeschichte, I. Band, 2. Aufl. 1906 (Ndr. Als3. Aufl. 1952), S. 293 Anm. I ; *R. Gneist*, Englische Verfassungsgeschichte, 1882, S. 2 ff. ; *F. Liebermann*, Die Gesetze der Angelsachsen, 2. Band, 2. Hälfte, 1912, unter den Stichworten boc (S. 323), bocland (S. 323 ff.), folcland (S. 403) und laen (S. 563). Sklaven in **Skandinavien**: *R. M. Karras*, Slavery and Society in Medieval Skandinavia, 1988 ; Dänemark : J. L. A. Kolderup-Rosenvinge, Grundriß der dän. Rechtsgeschichte, 1825, S. 18 ff. ; **Norwegen**: *K. Gjerset*, History of the Norwegian People, Bd. I, 1927, S. 109 f. **Schweden**: Die Waräger waren Sklavenhändler. **Polen**: *S. Kutrzeba*, Grundriss der polnischen Verfassungsgeschichte, 3. Aufl. 1912, S. 12 f. , wird indirekt bestätigt durch *A. Gieysztor*, Polen zur Zeit der Piasten, in : H. Kellenbenz (Hg.), Handbuch der europäischen Wirtschafts- und Sozialgeschichte, Band 2, 1980, S. 719 ("erst im 12. Jh. durch Leibeigene" , also vorher Sklaven. **Böhmen**: *O. Peterka*, Rechtsgeschichte der böhmischen Länder, 1928/33, Ndr. 1965, S. 52 f. **Ungarn**: *A. Radvánszky*, Grundzüge der Verfassungs-und Staatsgeschichte Ungarns, 1990, S. 10 ; *G. Györffy*, Ungarn von 895 – 1400, in : H. Kellenbenz (Hg.), Handbuch der europäischen Wirtschafts-und Sozialgeschichte, 2. Band, 1980,

S. 633 f. **Russland**: *L. Schultz*, Russische Rechtsgeschichte, S24 – 26, ebenso: *H. Küpper*, Einführung in die Rechtsgeschichte Osteuropas, 2005, S. 56 f. und wird mehr oder weniger bestätigt durch *L. V. Cerepnin*, Die Rus' vom 10. bis 14. Jahrhundert, in: *H. Kellenbenz* (Hg.) a. a. O. 2. Band, S. 688 – 690. Die sehr kontroverse Literatur dazu ist unübersehbar, vgl. den Bericht von *F. Feldbrugger*, The Law of Land Tenure in Kiev and Russia, in: W. E. Butler (Hg.), Russian Law: Historical and Political Perspectives, 1988, S. I ff.

Rdz. 64. : *C. Verlinden*, l'esclavage dans l'Europe médiévale, 2 Bände, 1955, 1988. Zur Frage der Übersetzung der lateinischen Terminologie: *H. Nehlsen*, Unfreie, in: HRG 5, 1998, Sp. 464 ff. Die Existenz von Sklaven im Mittelalter ist allgemein anerkannt seit *H. Nehlsen*, Sklavenrecht zwischen Antike und Mittelalter, 1972, vgl. *A. Erler*, Sklaverei, in: HRG 4, 1990, Sp. 1682 ff. Tacitus: Germania 25. I. Zu Sklaven in Stammesgesellschaften: *U. Wesel*, Frühformen des Rechts in vorstaatlichen Gesellschaften, 1985, S. 229, 283, 294. Mit Stammesrecht kombiniertes römisches Recht bei Tötung von Sklaven in der lex Salica: Titel 35 § 8 im 70 Titel – Text. Tötung von Sklaven durch ihre Eigentümer im spätrömischen Recht strafbar seit Kaiser Konstantin 319 n. Chr., Codex Justinians 9. 4. I, ebenso die lex Visigothorum 6. 5. 2, ihre Neuregelung für Verstümmelungen: 6. 5. 13. Zölle der Ostmark im Weistum von Raffelstätten, vgl. *A. Erler* a. a. O. Sp. 1083.

Rdz. 65. : Zu den Germanenrechten (leges Barbarorum) gibt es keine neuere zusammenfassende Darstellung, deshalb informiert man sich am besten unter dem jeweiligen Stichwort (codex Euricianus usw.) in den Artikeln des HRG; zur lex Romana Visigothorum noch: *H. Nehlsen*, Alarich II. als Gesetzgeber, in: G. Landwehr (Hg.), Studien zu den germanischen Volksrechten, Gedächtnisschrift für W. Ebel, 1982, S. 143 ff. Die Texte mit deutscher Übersetzung in der Reihe "Germanenrechte", z. B. Bd. 10, Gesetze der Burgunder, hg. v. *F. Beyerle*, 1936 oder Bd. II, Gesetze der Westgoten, hg. v. *E. Wohlhaupter*, 1936. Die lex Romana Visigothorum in der Ausgabe von *G. Haenel*, 1849 (Ndr. 1962). Die Lex Salica am besten in der Ausgabe von *K. A. Eckhardt*, Lex Salica, 100 Titel – Text, 1953. Zum Streit um die Zuschreibung des Edictum Theodorici: *L. Laubenberger*, Westgotisches Recht, in HRG Bd. 5, 1998, Sp. 1318 ff. **Nehlsen hat Recht**, es war doch Theoderich d. Gr. **Das ergibt sich m. E. eindeutig aus Art.** 23 des **Edictums.** Danach gilt im Erbrecht das römische Gradsystem; das kann 460 n. Chr. (Theoderich II.) nicht westgotisches Recht gewesen sein, wenn für die Westgoten im

Codex Euricianus 15 Jahre später in Art. 336 das germanische Parentelsystem gilt. Also ostgotisch, Theoderich d. Gr. – **Spanien** unter moslemischer Herrschaft: *E. N. van Kleffens*, Hispanic Law until the end of the Middle Ages, 1968, S. 85 ff. , 120 ff. – **Frankreich**: *L. A. Warnkönig*; *Th. A. Warnkönig*; *L. von Stein*, Französische Staats-und Rechtsgeschichte, 2. Band, 1875 (Ndr. 1968), S. 28 ff. **Deutschland**: *F. Ebel*, Geschichte der Gesetzgebung in Deutschland, 2. Aufl. 1958 (erw. Ndr. 1988); *H. Krause*, Gesetzgebung, in: HRG Bd. I, 1971, Sp. 1609 ff. ; zu den Aufzeichnungen der Stammesrechte am besten jeweils die Artikel Lex Alamannorum, Baiuvariorum, Francorum, Chamavorum, Frisionum, Saxorum und Thuringorum im I. Bd. des HRG; zum Personalitätsprinzip: *H. Brunner*; Deutsche Rechtsgeschichte, I. Band, 2. Aufl. 1906 (Ndr. 1961) S. 382 ff. **Italien**: *F. C. von Savigny*, Geschichte des römischen Rechts im Mittelalter, 2. Band, 2. Aufl. 1834 (Ndr. 1961) S. 172 ff.

Rdz. 66. : **Angelsachsen**: *H. Brunner*, Geschichte der englischen Rechtsquellen im Grundriss, 1909; *K. Kluxen*, Englische Verfassungsgeschichte, 1987, S. 4 f. ; der Text der Gesetze mit Übersetzung: *F. Liebermann*, Die Gesetze der AngelsachsenI. Bd. , 1903; *K. A. Eckhardt*, Die Gesetze der Angelsachsen 601 – 925, 1958 (ohne das Gesetzbuch König Knuts). **Skandinavien**. Zur Christianisierung sehr anschaulich *M. Kaufhold*, Europas Norden im Mittelalter, 2001. **Polen**: *S. Kutrzeba*, Grundriss der polnischen Verfassungsgeschichte, 1912, S. 17; *H. Mitteis*, Der Staat des hohen Mittelalters, 3. Aufl. 1948, S. 209. **Böhmen**: *O. Peterka*, Rechtsgeschichte der böhmischen Länder, I. Band, 1928/33 (Ndr. 1965), S. 31 f. **Ungarn**: *A. v. Timon*, Ungarische Verfassungs-und Rechtsgeschichte, 2. Aufl. 1909, 3II ff. ; *A. Radvánsky*, Grundzüge der Verfassungs-und Staatsgeschichte Ungarns, 1990, S. 8. **Russland**: *L. Schultz*, Russische Rechtsgeschichte, 1951, S. 46 ff. ; *H. Küpper*, Einführung in die Rechtsgeschichte Osteuropas, 2005, S. 64 ff. Die 3 Fassungen der Russkaja Pravda russisch und deutsch und mit umfangreichem Kommentar: *G. Baranowski*, Die Russkaja Pravda – ein mittelalterliches Rechtsdenkmal, 2005. Die Ausgabe von *L. K. Goetz*, Das russische Recht, 4 Bände, 1910/1913, ebenfalls russisch und deutsch und ausführlicher Kommentierung ist immer noch wichtig und hilfreich, aber z. T. veraltet, auch in der Zählung der Artikel. Die moderne Zählung bei Baranowski. Allgemein: *G. Baranowski*, Die Russkaja Pravda als Rechtsdenkmal, in: R. Jaworski, J. Kusber, L. Steindorff (Hg.), Gedächtnisorte in Osteuropa, 2003, S. 117 ff. **Bulgarien**: M. Andreev, F. Milkova, Bulgarien, in: Hdb. 3. Band, 5. Teilband, 1988, S. 244 f.

Rdz. 67. : *H. E. Feine*, Kirchliche Rechtsgeschichte, 5. Aufl. 1972, I. bis 3. Periode. Für Russland: *L. Schultz*, Russische Rechtsgeschichte, 1951, S. 70 ff. ; *H. Küpper*, Einführung in die Rechtsgeschichte Osteuropas, 2005, S. 74 ff.

Rdz. 68. : **Westgoten in Spanien**: *M. A. v. Bethmann – Hollweg*, Der germanischromanische Civilproceß im Mittelalter, I. Band, 1868, S. 220 ff. **Frankenreich vor und nach der Teilung**: *L. A. Warnkönig*, *L. v. Stein*, Französische Staats-und Rechtsgeschichte, 3. Band, 2. Aufl. 1875（Ndr. 1968）S. 73 ff. ; *H. Brunner*, *C. v. Schwerin*, Deutsche Rechtsgeschichte, 2. Band, 2. Aufl. 1928（Ndr. 1958）S. 289 ff. ; *H. Mitteis*, *H. Lieberich*, Deutsche Rechtsgeschichte, 19. Aufl. 1992, S. 77 f. ; *J. Weitzel*, Dinggenossenschaft und Recht, 1985. **England**: *W. Holdsworth*, A History of English Law, I. Band, 7. Aufl. 1956, Introductory Essay by *S. B. Chrimes*, S. I ff. , das Zitat auf S. I; zum Königsgericht: *F. Liebermann*, Die Gesetze der Angelsachsen 2. Band, 1906（Ndr. 1935）, 2. Hälfte, S. 482 f. **Skandinavien**: *E. Hertzberg*, Skandinavia, in: （ohne Hg.）A General Survey of … Continental Legal History, 1912（Ndr. 1968）, S. 539 ff. ; *J. L. A. Kolderup – Rosenvinge*, Grundriss der dänischen Rechtsgeschichte, 1825, S. 136; *H. Brunner*, Deutsche Rechtsgeschichte, I. Band, 3. Aufl. 1906（Ndr. 1961）, S. 208; *N. Herlitz*, Grundzüge der schwedischenVerfassungsgeschichte, 1939, S. 14 ff. ; *L. B. Orfield*, The Growth of Scandinavian Law, 1953, S. 3I ff.（Dänemark）, 161 f.（Norwegen）, 252 f.（Schweden）; *H. – W. Goetz*, Europa im frühen Mittelalter 500 – 1050, 2003, S. 97; *T. A. Herred*, in: Hoops, Reallexikon der germanischen Altertumskunde, 14. Band, 2. Aufl. 1999, S. 435 ff. Zu den Rechtsmännern: *E. Hertzberg* a. a. O. S. 534 ff. , *L. B. Orfield* S. 32, 163 f. , 252 f. **Polen**: *S. Kutrzeba*, Grundriss der polnischen Verfassungsgeschichte, 1912, S. 20, 24. **Böhmen**: *O. Peterka*, Rechtsgeschichte der böhmischer Länder, 1928/33（Ndr. 1965）, S. 3I f. , 35 f. , 42 ff. **Ungarn**: *A. Radvánsky*, Grundzüge der Verfassungs-und Staatsgeschichte Ungarns, 1990, S. II f. ; *A. v. Timon*, Ungarische Verfassungs-und Rechtsgeschichte, 2. Aufl. 1909, S. 171 f. **Russland**: *L. Schultz*, Russische Rechtsgeschichte, 1951, S. 29, 33. ; *H. Küpper*, Einführung in die Rechtsgeschichte Osteuropas, 2995, S. 70. Gottesurteile, Zweikampf und Ordale: *Nottarp*, Gottesurteil – Studien, 1956; *v. Schwerin*, Rituale für Gottesurteile, 1933.

Rdz. 69. : **Spanien**: *P. D. King*, Law and Society in the Visigothic Kingdom, 1972, S. 222 ff. **Frankreich**: *H. Brunner*, Deutsche Rechtsgeschichte, I. Band, 3. Aufl. 1906（Ndr. 1961）, S. 324 ff. ; *H. Conrad*, Deutsche Rechtsgeschichte, I. Band, 2. Aufl. 1962, S. 153 ff. **England**: *F. Pollock*, *F. W. Maitland*, The History of English Law before the

Time of Edward I. , I. Band, 2. Aufl. 1898 (Ndr. 1952) , S. 31 ff. ; *F. Liebermann*, die Gesetze der Angelsachsen, 2. Band, 2. Hälfte, 1912 unter den Stichwörtern Ehefrau, Eheschließung, Ehebruch; das Gesetz Knuts von Knut II, § § 50 ff. ; bei *Liebermann*, I. Band, 1913, S. 346 f. **Deutschland**: *H. Conrad*, Deutsche Rechtsgeschichte, I. Band, 2. Aufl. 1962, S. 452 ff. ; *W. O. Munt*, in: HRG3 (1984) Sp. 757 f. ; Tötung der Frau bei Ehebruch z. B. in der lex Baiuvariorum 8. l**Skandinavien**: Reste der alten Verwandtschaft z. B. im Vorkaufrecht der Erben noch im Hochmittelalter, z. B. das norwegische "Rechtsbuch des Gulathings" (II. Jh.) Kapitel 276 (R. Meißner, Norwegisches Recht, 1935, S. 276 f.) In den beidenanderen Ländern wird es nicht anders gewesen sein (vgl. Rdz. 92) **Polen**, **Böhmen**, **Russland**: *W. Wasiutinski*, Origins of Polish Law, Tenth to Fifteens Century, in: W. J. Wagner (Hg.) , Polish Law Throughout the Ages, 1970, S. 53 und *L. Schultz*, Russische Rechtsgeschichte, 1951, S. 65, Wasiutinski schreibt " clan ", Schultz " Gemeinde ", vgl. aber *Goehrke*, Russischer Alltag, I. Band, 2003 , S. 48 , 99: Auflösung der Sippe oder des Klan (pod) allmählich erst seit dem II. Jh. Anders wird es im slawischen Böhmen auch nicht gewesen sein. Brautpreisleistungen dort S. 60. Zum Scheidungsverbot in Russland *L. Schultz* a. a. O. S. 71 f. , vgl. noch *H. Küpper*, Einführung in die Rechtsgeschichte Osteuropas, 2005 , S. 75. **Ungarn**: *A. v. Timon*, Ungarische Verfassungs-und Rechtsgeschichte, 2. Aufl. 1909, S. 343 ff.

Rdz. 70. : **Spanien**: *P. D. King*, Law and Society in the Visigothic Kingdom, 1972, S. 204 ff. **Frankreich**: *H. Brunner*; Deutsche Rechtsgeschichte, 2. Aufl. 1906 (Ndr. Als 3. Aufl. 1961) , S. 281 ; die Artikel von *W. Ogris* und *R. Schmidt – Wiegand* zu Auflassung, Erbenlaub und Zaunsprung im HRG. **England**: *F. Liebermann*, a. a. O. 2. Band, 2. Hälfte, 1912 unter dem Stichwort Erbgang (S. 389 ff.). Bei Pollock/Maitland nichts zum Erbrecht und Eigentum. **Dänemark**: *J. L. A. Kolderup-Rosenvinge*, Grundriss der dänischen Rechtsgeschichte, 1825 , S. 29 ff. ; *C. v. Schwerin* (Hg. u. Übers.), Dänische Rechte, 1938, S. 1 – 23 (Rechtsbuch zwischen 1216 u. 1241) , S. 157 – 176 (Erbrecht wohl vor 1216 entstanden) ; *H. – W. Hagemann*, Erbrecht, HRG I, 1971, Sp. 971. **Norwegen**: *R. Meißner*, Norwegisches Recht. Das Rechtsbuch der Gulathings, 1935 (älteste Aufzeichnung norwegischen RechtsII. /12. Jh.) , dort S. XX der Einleitung die Schoßlegung für die Übereignung; **Schweden**: Das Ostgötenrecht, übers. u. erl. v. *D. Strauch*, 1971, vgl. 5. Abschnitt 7. , 16. u. 22. Kapitel , 6. Abschnitt I. – 3. Kapitel , 7. Abschnitt I. und 3. Kapitel. **Polen**: *W. Wasiutinski*, Origins of the Polish Law, Tenth to Fifteenth Centuries, in: W. J. Wagner (Hg.) , Polish Law Throughout the Ages, 1970, S. 53

und für **Russland**：*L. Schultz*，Russische Rechtsgeschichte，1951，S. 65 **Ungarn**：*A. v. Timon*；Ungarische Verfassungs-und Rechtsgeschichte，2. Aufl. 1909，S. 372；*A. Csöri*；Entwicklung des ungarischen Zivilrechts，Diss. Münster 2002，S. 20.

Rdz. 71. ；**Spanien**：zum Barkauf *E. Levy*，Gesammelte Schriften，I. Band，1963，S. 205 f. **Frankenreich**：Anefang und Gewährenzug：Lex Salica Titel 82 im 100 Titel-Text，De Filtorto. Zum Treugelöbnis：*H. Conrad*，Deutsche Rechtsgeschichte，I. Band，1962，S. 164. **England**：*F. Pollock*，*F. William Maitland*，The History of English Law before the Time of Edward I，I. Band，2. Aufl. 1898（Ndr. 1952），S. 58 ff. ；*F. Liebermann*，Die Gesetze der Angelsachsen，2. Bd. 2. Hälfte，1912（Ndr. 1935），unter den Stichworten Anefang，Darlehen，Handel，Kaufzeugen，Pfand，Schenkung，Tausch. **Skandinavien**：*J. L. A. Kolderup-Rosenvinge*，Grundriss der dänischen Rechtsgeschichte，1825，S. 32；i. ü. jeweils die Register unter den Stichworten Kauf usw. von：*C. von Schwerin*，Dänische Rechte，1938；ders. Schwedische Rechte，；*R. Meißner*，Norwegisches Recht，1935；der Handschlag ist bezeugt für Dänemark und Schweden bei *Kolderup - Rosenvinge* S. 3Iund *Meißner* S. 18. Die Schenkung als Gabe in allen skandinavischen Rechten：*D. Strauch*，Das Ostgötenrecht，1971，S. 350. **Ungarn**：*A. v. Timon*，UngarischeVerfassungs-und Rechtsgeschichte，2. Aufl. 1909，S. 402 ff. **Russland**：*L. Schultz*，Russische Rechtsgeschichte，1951，S. 63 ff. Die zitierten germanischen Gesetze in Rdz. 65 *Rdz. 72.* ：，*die angelsächsischen und das skandinavische Recht in Rdz. 66.* **Ungarn**：*S. Endlicher*，Die Gesetze Stefans des Heiligen，1849，S. 145 ff. **Russland**：*L. Schultz*，Russische Rechtsgeschichte，1951，S. 50 ff. ，54 ff. *H. Küpper*，Einführung in die Rechtsgeschichte Osteuropas，2005；aber die Datierung der "2." oder Erweiterten Pravda ist nicht mehr der letzte Stand der Forschung, vgl. *Baranowski*，Die Russkaja Pravda-ein mittelalterliches Rechtsdenkmal，2005，S. 148 ff. ，154. Für **Polen** und **Böhmen** scheint es für das Frühmittelalter keine Forschung auf dem Gebiet von Delikten und Strafrecht zu geben.

第七章　巨变：欧洲中世纪的中期和晚期
（1050—1500）

历史和经济

以 11 世纪到 12 世纪作为时间轴，欧洲中世纪中期（1050—1250）是处于古希腊与近代之间一个发达时代的开始。在这一时期，伴随着政治、经济和文化生活的实质性改变，欧洲的巨大变革已经开始，它使欧洲成为了一个独立的文化整体。此外，随着那些外族人即维京 – 诺曼人、阿拉伯人与匈牙利人的入侵风暴的退去，在中世纪早期就偃旗息鼓的人民风暴在这时也宣告终结。这是一个与民修养生息的时代，气候条件有了划时代改善，农业技术得到了超凡改进，人口有了爆炸性增长，这些都使得欧洲的经济复苏与繁荣成为了可能。这一变革被历史学家（马克·布洛赫）称为"土地革命"和"商业革命"。与此同时，伴随着所谓的"教皇革命"（尤金·伯尔曼森斯托克），在欧洲出现了"国家"这一新兴概念，此外，一些较于"启程"还不起眼的事件（卡尔·百色）也都预示着变革在欧洲的核心国家中已经发生。此外，斯堪的纳维亚半岛诸国和东欧等地区也随之发生了变化，他们中的一部分不断地迁移，一部分则不再像之前那样聚集一起了。

虽然这一时期的欧洲还处于农业社会，95% 的欧洲人仍旧从事着农业生产。但与此相应的是数百个新兴城市已经出现，尽管这些将来成为各个国家精神核心之所在的城市在这时还仅仅矗立着一些修道院，但是不可否认的是，在欧洲已经逐渐形成了一个新的市民文化。在思想上，这种转变表现为重新回归理性，此种变化在很大程度上得益于居住在西班牙的阿拉伯学者们，深受影响的欧洲人从他们那里不仅吸收、学习了亚里士多德的众多著作，还掌握了天文学、气象学和数学等知识。观察和经验替代了原有的教条与传统，也正是在这一时期，在一些城市中相继出现了欧洲的第一批大学：以法学为核心的（意大利）博洛尼亚大学；偏重新兴医学的（意大利）萨勒诺大学；作为当时神学中心的巴黎大学。同时，这一时期耸立在空中的多元化哥特式大教堂替代了在中世纪早期建立的坚固牢靠的古罗马式教堂，即在罗马式风格之后，欧洲建筑进入了哥特式时代。

中世纪的中期还是教皇十分活跃的时代，首先1075年教皇格列高利七世借助"无害的天职之争"把手伸向了世界的权柄，因此也导致了其在1084年的惨败，虽然这一争斗的最终胜利者（Rdz.77）德国皇帝亨利四世——为了取得最终的胜利，曾一度于1077年专门前往卡诺莎城堡，向住在那里的教皇格列高利七世忏悔。在此之后，即1095年的教皇乌尔班二世又鼓动了十字军东征，但是实际上，十字军仅于1099年的这次东征中攻陷并占领了"圣地"耶路撒冷，而后因苏丹萨拉丁的胜利，十字军于1187年又再一次失去了耶路撒冷。其后的五次东征也都相继以失败告终，最终，持续了两百多年的十字军东征在1270年戛然而止。

欧洲在中世纪的晚期（1250—1500）连遭挫折。危机是这一时期的历史关键词。在东欧的人们正饱受着蒙古成吉思汗的侵扰时，自1300年起，西欧也一直经受着日益恶劣的极端天气，与之相伴的是大范围的饥荒和农作物欠收。除此之外，自1378年开始肆虐整个欧洲的鼠疫（黑死病）给欧洲带来了灭顶之灾，致使欧洲的人口锐减了三分之一。这都致使欧洲直至15世纪的最后一个十年里才开始慢慢地恢复生机，同时，欧洲中世纪末期出现的三个标志性的历史事件预示着一个新时代——"现代"的到来。它们分别是古腾堡发明印刷机，哥伦布发现美洲新大陆，马丁·路德于1517年的宗教改革。

在欧洲中世纪中期初年，西班牙的绝大部分地区还在穆斯林人的统治之下，慢慢的，基督徒所占领的区域才从西班牙的北部逐渐扩大开来，这个时代的主题就是收复失地，这与为了占领耶路撒冷而发起的十字军东征十分类似。随着收复失地运动，在这片土地上相继诞生了三个基督教国家，他们分别是：在西部的葡萄牙；在中部以托莱多为首府的卡斯蒂利亚；在东部以萨拉戈萨为首府的阿拉贡。1479年，随着卡斯蒂利亚的女性王位继承人和阿拉贡的男性王位继承人的联姻，西班牙遂由他们二人共同统治，在这之后，西班牙才真正的成为一个民族国家。这两位统治者——女王和国王的部队在1492年征服了穆斯林在西班牙的最后一个堡垒，即苏丹国南部的格拉纳达。也就在同年，哥伦布在他们的资助之下开始了发现美洲新大陆的征程。

在中世纪中期初年，即1066年，法国的诺曼底公爵威廉征服英国，并于同年成为了英国的国王，此后，英国和法国一直彼此紧密相连。在这之后的近两百年的时间里，英法联盟一直是欧洲最强大的政治势力。直到18世纪初，北部的苏格兰地区依然由其本地的国王统治着。在这些说法语的统治者——诺曼王朝覆灭后，而英格兰却仍旧处于外族的统治之下。此外，作为外来者的安茹-金雀花王朝还统治着法国的西部和西南部地区。这样就形成了一个巨大的法语和英语统治区域，即金雀花王朝，之所以命名为金雀花是因为法国的安茹是金雀花的故乡。对法国的国王来说，安茹-金雀花王朝无疑是一个不小的威胁，公元987年卡佩王朝取代加洛林王朝统治法国，之后，来自瓦卢瓦家族的卡佩王朝接替了加洛林王朝，逐渐建立起了以巴黎为首府的欧洲大陆中最强的政治力量。此外，通过一次睿智的政治联姻，卡佩王朝原有的领地——王朝疆域不断地向外扩张，最终，在中世纪中期即将终结之时，卡佩王朝已经能够真正独自地控制整个法国了，同时，法国各地的侯爵势力被排除在外，那些法国自治城镇也逐渐被卡佩王朝牢牢地握在手中。

金雀花王朝存在的问题是：在1214年诺曼底公爵奥古斯都-威廉占领英国后，威廉的双重身份（英国国王和法国诺曼底公爵）就意味着法国的大部分地区成为了英国领土的一部分。在此之后，针对这部分法国领地的争议引发了对欧洲影响深远的"（英法）百年战争"（1337—1453），战争经过了一番周折后，法国在一个年轻的奥尔良少女帮助下取得了最终的胜利(Rdz. 88)。

与此同时，法国的安茹-金雀花王朝灭亡，取而代之的是金雀花王朝皇族的一个支系，即兰开斯特家族。不久之后，即中世纪后期，由于长期战争（英法百年战争）导致的悲观情绪，使金雀花王朝的另一个支系约克家族与兰开斯特家族之间为了争夺英格兰的王位爆发了激烈争斗。这就是持续三十年的"玫瑰战争"，争斗的双方分别是以红玫瑰为族徽的兰开斯特家族和以白玫瑰为族徽的约克家族，这一战争掀开了英国中世纪史上最黑暗、最血腥的一页。经过玫瑰战争，英国的贵族势力被消灭了，都铎王朝的力量得到强化，而作为这场杀戮的大赢家兰开斯特家族的一个支系亨利都铎在登上王位后迅速地与约克家族的公主联姻，此后，都铎王朝的统治一直持续至1603年。此外，通过这一分离英格兰和法国的"百年战争"，民族主义情感在这两个国家被切实地固定了下来。

在**德国**皇帝的权力要受到各邦国国王们的约束。自从中世纪中期开始之时，特别是在加洛林王朝的最后一任皇帝去世之后，德国就已经不再仅是东法兰克王国的一种延续了，而是一个独立的德意志王国。随后，德意志各邦国的这些侯爵们相继成为了德意志王国的国王和皇帝，而由他们所建立的王朝则差不多每百年王朝就要更迭一次，他们分别是萨克森国王、萨勒大公、施陶费尔大公和卢森堡大公，此外还有自 15 世纪中期开始统治德国近四百年的哈布斯堡王族。此时，德国的疆域面积已与法兰克帝国的大致相等了，特别是在中世纪的中期，勃兰登堡和普鲁士（德国人教团）以及波西米亚和奥地利也相继被囊括在帝国的版图之内。

与英国和法国的国王不同，直到中世纪末期，德国的国王和皇帝一直相对羸弱。德国始终没有建立一个统一的中央政府，而与此相对，在德意志神圣罗马帝国这个屋檐下的许多封建领主（Rdz. 75）却壮大和发展了，这些大公们的势力远远强于那些一直处在外族统治之下的英国高级贵族们。在法国，早在古希腊时代，其原始的部落文化就已经因罗马文化的入侵而消失殆尽。中世纪的中期和晚期正是西方与东方两大帝国衰落的时期。在西方的德意志神圣罗马帝国因不断兴起的领主大公们被削弱的同时，东方的拜占庭帝国也已经不再具有再次复兴的能力了，直到其在中世纪末期（Rdz. 46）最终覆灭。与拜占庭帝国不同的是，这时的德意志神圣罗马帝国作为"老帝国"还是颇令人尊敬的，直到 1806 年后其威信才渐渐减弱（Rdz. 100）。一些德意志领主们的领地还切实地处在一些统治秩序稳固的主权国家的辖区之内，如英国和法国。即使如此，统一德国的情感一直酝酿着，这不仅仅是因为他们有着共同的语言，更重要的是因为他们都处在同一个帝国的屋檐下，虽然这个帝国本身十分弱小。

在三个大的斯堪的纳维亚国家中，在 12 世纪，丹麦和挪威的君主制依然牢不可破，每个君王与其大主教共同作为教会的核心。自 11 世纪起丹麦国王的官邸就位于罗斯基勒，而哥本哈根则直到 1443 年才成为丹麦的首府。在这一时期的巡演中，那些演员们还可以不停地穿梭于挪威和瑞典的皇家庭院。奥斯陆在 1286 年正式成为挪威的首都，而斯德哥尔摩则直至 1643 年才成为瑞典的首府。这三个国家中，丹麦是第一个在中世纪中期之初就已经向着宪法化和文明化之路迈进的欧洲核心国家之一，而瑞典在这个时还仅仅停留在"从史前时代到文明时代的过渡"（迈克尔·博格尔特）的阶段，而瑞典国王的势力在此时还极其羸弱，而他的这种弱势还特别表现在其与乌普兰的巨头在其领土东部中心的争斗中。终于，非凡聪明睿智的毕尔格·贾尔（1250—1266）建立了瑞典历史上第一个强大的王朝。在此之后的 14 世纪，其继任者又把芬兰纳入了瑞典的版图，而直到 1809 年芬兰才从瑞典脱离出来。在中世纪的早期，丹麦在波罗的海的扩张政策一直比较成功，其先于 1168 年占领了（吕根岛）波美拉尼亚，随后在 1219 年丹麦又依靠着暴力和基督教崇拜征服了爱沙尼亚。这时的斯堪的纳维亚半岛诸国建立了典型的国家联盟。在 14 世纪瑞典也成为了这一以丹麦为主宰的国家联盟中的一员，14 世纪末，瑞典、挪威和丹麦这三个国家共同组成了卡尔马联盟，以丹麦国王作为盟主。但这一联盟在125年后，即近代时期，因为瑞典的退出而最终消亡。

在东欧，借着国王的一个明智政策，**波兰**成为了一个伟大的攀登者，特别是在1320年各公国瓜分皮亚斯特王朝之后。她按照西欧的模式扩张了领土面积，以吸收德国移民的方式迈向了现代化。14世纪通过联姻的方式，波兰与大波罗的海的立陶宛结成了个人联盟，通过征服，波兰的疆域已经扩展到了乌克兰的基辅。波兰皮亚斯特王国最后一个有所作为的国王是卡西米尔三世，他定都克拉科夫。其继任者雅盖隆从德国条顿骑士团那里买下了波罗的海地区的一部分，终于在15世纪波兰迎来了她的"黄金时代"，成为了中世纪末期东中欧一个能与俄罗斯分庭抗礼的国家。

德意志条顿骑士团国是由身着黑十字架上白色长袍的骑士建立的，条顿骑士团在十字军东征失败之后向东迁移，在13世纪时占据了之后的东普鲁士，并将实力延伸至普鲁士的北部，成为了德意志神圣罗马帝国的前哨。他们在这里实施了残暴的"基督教化"，而位于波罗的海的普鲁士人、拉脱维亚人和南部爱沙尼亚人一部分被迫投降，一部分被其消灭，代之而来的是德国移民。但是在与波兰—立陶宛军队的坦能堡（1410）战争中失败后，条顿骑士团逐渐没落，在16世纪中期他们从丹麦手中购入了爱沙尼亚北部，但不久之后这块土地又回到了瑞典手上。在战争胜利后，丹麦、波兰—立陶宛联盟开始瓜分条顿骑士团之前所占领的土地，那些原在这些土地中生活的波罗的海—德国贵族被允许留在了这里。

在中世纪的中期，波西米亚公爵一直附属于德意志神圣罗马帝国，他们的国王由德意志神圣罗马帝国皇帝的加冕和废除。随着1212年《金玺诏书》（Rdz. 75）的颁布，波西米亚才最终作为一个独立的王国被广泛承认。为了选出德国裔的国王，诏书中规定：德意志神圣罗马帝国的皇帝和国王只能从其所确定的七个公爵之中选出。1306年捷克—古斯拉夫王国最后一个王裔灭绝后，其继任者是来自卢森堡的德裔诸侯，这位君主的执政地是布拉格，不久之后，他成为了德意志神圣罗马帝国的皇帝。之后其王朝的统治一直平稳地延续着，直至15世纪因胡斯教派与天主教的冲突和战争而最终覆灭。现今。这里除了罗马天主教的教堂外，还有其他的新教堂，波西米亚成为了捷克共和国的重要一部分，共有人口13万。

在匈牙利，在中世纪中期之初，随着外来移民的涌入和国王实施的农业集约化政策，匈牙利人结束了半游牧的生存方式。此外，它还一直遭受侵扰，所以在12世纪，其与克罗地亚、达尔马提亚和波斯尼亚一起并入了拜占庭帝国。

在 13 世纪开始，蒙古人入侵欧洲，从俄罗斯席卷贯穿了整个东欧，蒙古人的扩张一方面消弱了匈牙利国王的势力，另一反面却又促使当地贵族势力的增强。在匈牙利的古阿帕迪诗王朝覆灭后，经过一些年的动荡，安茹－那不勒斯王朝最终接手了匈牙利的统治，因为受到了意大利文化的影响，那不勒斯王朝把布达佩斯作为了匈牙利的首都。在 15 世纪，一位来自奥地利哈布斯堡王朝的皇裔继承了匈牙利和波西米亚的王位，之后，又成为了德意志神圣罗马帝国的皇帝。但是，这里不仅存在着与土耳其人的诸多问题，而且还不得不经常在匈牙利、波兰、波西米亚和奥地利之间来回奔走。

在 13 世纪，**俄罗斯**变成了蒙古成吉思汗的附属国，这种局面直到 1480 年才宣告结束。在蒙古统治的初期，在与基辅帝国的全面斗争中莫斯科公国一直胜出，伟大的伊万（1462—1505）最后成为了"全俄罗斯的沙皇"，之后，以莫斯科为其首都，沙皇伊万在这里与贵族官员们共同统治这一中央集权的国家，这个国家的疆域比以往任何朝代都辽阔。这个公国的目标就是统一所有东正教的俄罗斯领土，而这一伟业最终在近代早期得以实现。

仅仅从经济领域来说，中世纪早期是贫穷的时代。在中世纪早期的最后几年里，生活在东欧和西欧的人——不包括拜占庭帝国的人口——共约 3800 万人，这一数字甚至不到今天德国人口的一半。人口死亡率高，经济落后，只有僧侣生活才是美好的。一些城市几乎完全消失，商业贸易萧条，在中欧和北欧，只有一些有关基辅帝国的奢侈品交易和奴隶交易。幸运的是，自 11 世纪中期开始，所有的这一切都有了划时代的改变，在接下来的 300 年里，欧洲的人口增加到 7300 万。在农业领域有了如下发展，首先，人们发明了世界上首例效率最高的培育方法；其次，沉重的带有金属铁犁头的轮犁代替了之前旧刮犁，特别适用于对北方坚硬土壤的开垦上；此外，还有新式的畜牧用具，另外，除了被阉割的公牛外，最强壮的马也投入了农业生产中。能带来高产的三田轮作制度被确定下来，特别重要的是能够增加粮食产量的水车在这时也得到了推广。通过大规模的森林砍伐，农田的耕种面积扩大了，而气温回暖和干燥的空气这些良好的气候条件也为农业经济的发展提供了有力保障，它们都使得植物的生长期延长了，从而增加了农作物的产量。在东欧，这样的天气也带来了干旱。而这一气候变化最先始于 12 世纪。在欧洲的南部，经济的发展更佳。虽然气候条件阻碍了三田轮作制度的推广，南欧的意大利在农业上仍然取得了骄人的进展，例如，在波河流域建立了一个新的下水道系统，从印度引进的新式水果和水牛。此外，一批数量众多——相比而言——的新兴城市也在此建立起来，商品贸易在这些城市中蓬勃发展。长途贸易逐渐向西转移，贸易的运输通道不再仅仅只限于基辅,而是通过罗纳河谷继续向阿尔卑斯山脉的隘口扩展。因为十字军的东征,意大利的一些城市和它们在地中海东部的一些岛屿——罗得岛、克里特岛——作为这一贸易通道中最重要的中转站在很长时间里都十分安全。但即使如此,很多新兴城市在中世纪时期仍然保留着以农业为主的印记,直到中世纪末期,欧洲人口的95%仍然是农民。

在中世纪晚期,欧洲面临了一场危机,1300年,伴随着极端寒冷而漫长的冬天,欧洲的气候极度恶化,小冰河期来临了,这时波罗的海完全冻结,从此开始,农作物歉收,粮食短缺和饥荒纷纷接踵而来。此外,这些因为饥饿而衰弱的人还遇到了鼠疫的侵袭,黑死病从1348年开始一波波地蔓延至15世纪,欧洲人口的三分之一都成为了它的牺牲品,在许多地区因其死亡的人数甚至占到了人口总量的三分之二以上。到1450年,欧洲仅剩下了5000万人口。直到100年后欧洲人口才慢慢恢复至中世纪中期的7500万。

国王与贵族

欧洲君主制的历史课题就是如何调节君主与贵族之间的关系,尤其是与大贵族之间的关系。在中世纪的中晚期,这一关系在欧洲的各个国家中的发展各不相同,甚至在欧洲的那些核心国家,在很大程度上也仍旧存续着封建制度的印记(Rdz. 76)。大多数情况下,国王越强大,贵族越弱小,反之亦然。在一些国家,在整整五百年的时间里其国王的势力都十分强大,例如西班牙和俄罗斯;在另一些国家,国王的权力却被贵族所削弱,如德国、波兰和匈牙利、波西米亚;与此相反,一些国家的权力则由贵族重新转移到国王那里,如法国。发展不规律的国家则要数英国和斯堪的纳维亚半岛诸国。而所有的这些差异都显示了欧洲的多样性。

在**西班牙**,相较于国王的强大,贵族仍然处在相对较弱的地位。原因很简单,与其他国家不同,这个帝国在中世纪的中期就是一个领土完整的国家,而不是像其他国家那样作为一个贵族和国王的私人联盟而存在的。这里面的原因有二:其一,这个国家的疆域是国王通过战争从穆斯林的占领区中夺回的,其二,这里仍然承继了古罗马的集权统治的思想,而西班牙的国王们也把自己当作西罗马帝国的继任者(Rdz. 60, 65)。总而言之,如果君王没有自决的权力,就意味着这个君主一定是依赖着高等贵族的,只是时强、时弱而已。通过其颁布的《继承法》,西班牙的王位继承最终确定了下来。最终,这些西班牙的国王们成为了绝对的君主、立法者和最高法官。在西班牙东部,阿拉贡王国的贵族要强势一些，国王的法律需要征得贵族阶层，即 cortes 的同意，而一项新税赋的确定也要征求贵族阶层的许可。在卡斯蒂利亚，即西班牙西部，国王的权力要大得多，他们可以自行颁布法律，只有在十分必要的税收上才需要征求贵族阶层的同意。

在中世纪的中期，**法国**国王仍然要由各公爵中推选产生，这是迁移期间遗留下来的传统。直到 1200 年，长子继承制的继承法才付诸实施。正是在这一时期，法国国王成功征服了被英国占领的法国北部领土。凭借于此，法国的领土面积成倍增加。此后，国王的继任者一直不断地扩张着自己的版图。同时他们也继续扩张着自己的权力，以便能够站在宗教这一金字塔结构等级制度（Rdz. 76）的顶尖位置。在 1400 年国王成为了至高无上的立法者和法官。同时，自百年战争开始，法国国王就可以在不经侯爵首可的前提下自行决定征收税赋，从此法国人真正成为了国王统治下的臣民（Rdz. 102），高级贵族的权力从此不复存在了。

自诺曼人登陆开始，**英国**就建立起了一个组织严密的中央政府，通过征服英格兰，威廉拥有了英格兰的全部土地，成为了英格兰的国王。他把其拥有的土地又继续分封给了贵族们——大约是 1500 年威廉的主要追随者们，这些被分封的领主散落在英国的各个地方，与欧洲大陆不同，这些被分封的领主贵族们没能如愿在自己的领土上建立一个独立的国家。虽然皇位的世袭继承直到中世纪的晚期才正式地被官方确定下来，但在实际上，早在中世纪中期，贵族推选国王的这一权力就早已消失。高等法院的司法权最初掌握在国王的手中，后来被逐步转移至巡游法官手中，这些法官在判决时，治安警长和陪审团也必须同时在场。国王最终仍旧是至高无上的立法者。改变这一状况的是在 1215 年签署的《大宪章》，也被称作《自由大宪章》，这是欧洲有史以来的第一部宪法。《大宪章》中规定：即使宪章制定者国王，他的权力和其继任者的权力也要"永久地"受到《大宪章》的制约，即《大宪章》的第 63 条（Rdz. 76）。此后这种限制王权的观念产生了深远的影响，如《大宪章》第 39 条规定：据此条款，自由人在没有依据其国法律受到合法的审判判决前，不能被逮捕、监禁剥夺财产、流放或以其他方式被处罚。

这一规定经常被视为人权的初步发展。虽然这一看法不是十分正确。因为这一《大宪章》首先只是英国的国王和贵族之间订立的封建合同，它迫使君主对贵族进行让步，是贵族的精英层控制英国王位归属的工具，而不是一个关于个人的人权。

这里有一个被反复讨论研究的问题，为什么与法国截然相反，当公元 919 年撒克逊国王海因里希一世成立了德意志神圣罗马帝国后，德意志神圣罗马帝国就被分割成很多部分,即直到 1648 年的《威斯特伐利亚和约》签订后,它才成为了一个拥有部分主权的国家。这实际上是一个问题,因为在这里德国和法国有两种截然相反的情况,在初始时本质上是相同的——选择谁为君主和封建制(Rdz. 76)。随着各个高级贵族的地位日渐增强,德意志国王的地位却日渐衰弱,其皇位甚至要由罗马教皇来加冕。而对此有着几种不同的解释:一些观点从国王的尊严着手来寻找问题的答案。他们认为,这些德意志神圣罗马帝国的君主往往位于意大利,在与教皇之间持续不断的争斗中逐渐削弱了他们的权力;另一些观点则认为,这也可能源于"强势的部落主义"(Dietmar Willoweit),它造成了帝国中的各个公爵对中央集权化倾向的巨大反弹;此外,还有一种观点认为,或者是因为德意志神圣罗马帝国的疆域太大,其包括德意志、勃艮第和意大利北部这三个王国。但无论如何,在德意志领域内的邦国已经开始了迈向现代化国家的进程,并已经付诸实施了。与其他国家不同,德国的这一现代化进程并不是在国家的层面上进行的。对此,现今存在很多争论,争论的焦点在于,德国的这种方式是否是一个好的解决方案。在帝国的皇帝和国王的统治下,德意志神圣罗马帝国直到 1806 年还是一个伞式组织,但它的顶部却早已越来越弱、摇摇欲坠了。1356 年订立的《金玺诏书》(*Goldenen Bulle*)最终确立了关于德意志神圣罗马帝国皇帝的推选规则。从此开始,德意志神圣罗马帝国的皇帝就要从被称为选帝侯的候选人中推选出来。直到 1648 年共有七个选帝侯,即美因茨大主教、科隆大主教、特里尔大主教、在海德堡的莱茵-普法尔茨伯爵、萨克森公爵、波西米亚国王和勃兰登堡侯爵。关于"七"这个数字的由来,大多数的法律史学家至今为止还没有达成一致意见。直到中世纪末期,选帝侯一经当选为德意志神圣罗马帝国的皇帝就必须由罗马教皇为其加冕。自近代早期以来,这些可能被推选为德意志神圣罗马帝国皇帝的选帝侯就已经自然而然地拥有了国王的尊严。最终,1871 年,一个德意志民族国家诞生了,作为一个联邦制帝国,德国的各个联邦都拥有相对独立的权力,各邦国自中世纪开始就自行发展着,始终也没有建成一个纯粹的中央集权国家。

意大利被分为三个部分。在意大利的北部,德国国王自 13 世纪以来就一直扮演着非常重要的角色,因为在这些城市及其腹地中,无论是教皇还是皇帝都是其城市中被称为公爵的先生,在这些城市,如米兰、佛罗伦萨和费拉拉,他们往往会获得丰厚的报酬,而威尼斯则一直保持着其城市共和国的地位。在意大利的中心地区,格列高利七世引发的"教皇革命"(哈罗德·伯尔曼)就显示了自 11 世纪末期,教皇国和其统治的大面积地区的立法权和司法解释权,以及与其紧密相连的公共权力与等级权力都掌握在教皇手中。而德国在"教皇革命"事件中显现的其作为一个不受制约的主权国家的做法成为了欧洲现代国家的榜样。早在11和12世纪，意大利的南部地区就被诺曼人征服了，他们以拜占庭帝国为模板建立了一个新的王国，新王国很快便传到德国施陶芬王朝的国王手中，此后，又传到来自安茹的法国国王兄弟的手中，之后，他把王国的首都从西西里岛搬到了那不勒斯，最终，王国的王位于中世纪后期传给了西班牙阿拉贡王国。

在欧洲的北部共有三个主要国家，他们分别是丹麦、瑞典和挪威。在中世纪的中期在与宗教和世俗贵族的联盟中，这些国家的君主势力逐渐强大。在中世纪早期还残存的君主制与民主制的混合政体到此时已经成为了由君主和贵族势力组成的君主制政体了，但在中世纪后期，贵族们逐渐向着不利于国王的方向发挥着影响。在丹麦和瑞典仍然保有原有的通过贵族推选国王的方式。在挪威，在王族之间为争夺王位继承权持续不断的争斗中，君主世袭制最终取代了推举制被确定下来。在中世纪中期的末期，挪威大范围的暴力争夺最终停止，并于中世纪末期成为了能与欧洲大陆相提并论的国家之一。挪威的贵族利用这些来自斯堪的纳维亚半岛王朝家庭内部的纷争和北欧君主之间的相互影响，在中世纪晚期削弱了国王的地位，这使君王的力量常常受限于贵族理事会。在丹麦和瑞典，不同于挪威，这里的高等贵族是通过其他方式来改善其政治地位。如其在德意志神圣罗马帝国皇帝的大选前夕，通过与皇帝在此之前签订、并在之后以誓言确认的所谓投诚条约来达成目的。

在**波兰**，在1370年皮亚斯特王朝覆灭后，一方面，新的雅盖隆王国通过与立陶宛的联姻的方式强化了其自身的统治地位；另一方面，大约在中世纪末期出现的由贵族组成的帝国议会众议院（Sejm）作为准议会，与君主制相互结构，构成了波兰这种君主权力和贵族权力相互混合的混合型政治体系。立陶宛仍旧保有着之前的君主世袭制政体，而波兰却截然相反，波兰的国王必须经过推举产生，每一次推举都是贵族彼此之间的一种让步。而波兰众议院的前身就是自15世纪中期以来决定是否发动战争——国家投入——和表决税赋的区域性的贵族议会，最后，众议院分成了议会两院，一个是由国王占据的参议院，一个是由议会代表选举产生的众议院。国王只能在这两院的同意下才能颁布法律，但是，没有国王，两院也做不了什么。

公元1306年**波西米亚**王朝灭亡。卢森堡皇帝亨利七世从其后代那里接手了波西米亚，并且建立了一个地域更为广大的王朝，包括摩拉维亚、卢萨西亚和西里西亚。波西米亚实行君主世袭制。只有当国王后继无人时，贵族才享有重新推选国王的权力。而这种君主制强化了君主制，并使得波西米亚的国王保留了作为德意志帝国选帝侯的资格。即使如此，通过议会、法院和政府机构，贵族的影响力在波西米亚逐渐增加。和波兰相同，这里也是一个君主—贵族的混合政体。特别在胡斯运动之后，贵族的地位不断提高，其逐渐拥有了与国王不相上下的话语权。胡斯运动的影响从波西米亚开始一直延伸到捷克，并在百年后触发了德国的新教改革。杨-胡斯作为新教运动的代表之一，于1415年在康斯坦斯的宗教会议（Rdz. 77）上，他在带有由皇帝颁发的保障其安全的安全通行证的前提下，仍被教会判做异端并执行火刑，在此之后胡斯信徒形成了一个很强的政治力量。胡斯运动使大部分的本地贵族联合起来，与捷克的民众一起反抗德国的天主教信徒。这一武装冲突持续了长达数十年，直到1485年一个由胡斯信众与天主教徒共同建立的议会才终结了这一场耗时持久的争斗。这是胡斯贵族与信仰天主教的国王和其支持者罗马教皇和皇帝之间斗争的伟大胜利。

直至12世纪末，匈牙利国王依旧享有毫无制约的王权。之后，匈牙利的王权才因为蒙古人入侵、王位纠纷、过度开支和土地封赏渐渐变弱。最后，安德鲁国王在1222年匈牙利版的《金玺诏书》中不得已将相当多的特权让与了贵族，这个诏书同英国1215年的《自由大宪章》类似，都作为本国的《基本法》具有永久的适用性，当然每年它都必须要经过国会的再次认可。由于贵族的势力逐渐强大，匈牙利也是一个君主—贵族结合的混合体制。在中世纪末期，匈牙利以波兰的帝国议会为模板，也建立了一个由两院组成的具有影响力的议会组织。在匈牙利的议会两院中，一个由高等贵族和主教所占据，另一个则是低等贵族通过选举产生。这个议会一直反复地提及着1222年颁布的《金玺诏书》，要求在立法上和征税许可上发挥着作用。1301年，具有400年历史的阿帕德王朝灭亡之后，1306年由教皇支持的安茹-那不勒斯王室获得了掌握了匈牙利的权力。其第一任国王查尔斯·罗伯特废除了城堡宪法，并且把匈牙利留存至今的庞大王室财产移交给非匈牙利裔的世俗高级贵族和教会的高级主教们。这使匈牙利的政治制度从先前的专制君主制向着君主立宪制的方向转变，贵族们的推选制度也正是这一转变的价值体现。即使如此，安茹-那不勒斯王朝仍持续了百年时间，并且在统治期间又再次成功地恢复了一定的皇权。这是所谓民选国王的开始。直至1526年与土耳其人在莫哈斯战役的灾难性惨败之后，即来自波兰雅盖隆王朝的匈牙利国王路德维希被杀害后，这一由贵族推选国王的传统才宣告终结。

俄国的发展道路则是完全不同的。自中世纪的中期开始，对公爵权力进行改革，取消之前论资排辈做法，并简化程序，彻底消除公爵轮换制度。这些措施在一定程度上强化了公爵权力，进而在一些公国推行公爵爵位世袭制度。虽然在这个时候民选制度（vetsche）仍旧保留着，但是各公国侯爵们的势力确实明显增强了。但是在这一时期结束之时，即约1240年蒙古成吉思汗的子孙攻陷了基辅罗斯的首都基辅，虽然蒙古人仍旧让公国的大公们保持着自己的政治结构和东正教教堂，但是这些公国的公爵必须受到蒙古人的监管，蒙古人通过在各公国中进行人口普查，计算对各公国要征收的重要贡税数额。在蒙古人统治之初，公国的大公们都必须承认蒙古可汗的至高无上，在蒙古可汗的首都喀喇昆仑，就是乌兰巴托附近，也就是今天的蒙古国内的都市酒店，为期一周的行程要横跨几万公里。而另一方面，各公国的大公以蒙古人在1240年取缔vetsche（全民选举）为榜样不断地加强其内部势力。蒙古统治的第一次动荡，即给予蒙古人统治猛烈一击的是俄罗斯一个叫莫斯科的大公国，莫斯科大公国不断地向外扩张，以基辅为中心，其势力范围逐步与蒙古人的势力范围相互重叠，在14世纪末期莫斯科公爵从蒙古可汗那里取得了"大公"的头衔，与此同时也取得了蒙古可汗的许诺，取得了代表蒙古帝国向俄罗斯全境收税的权利。他的后继者被称作"整个俄罗斯的大公"。伊凡三世攻占了俄罗斯境内最后的独立王国诺夫哥罗德，并马上取缔了这个城市的全民选举制度，从而实现了统一俄罗斯全境的目标。自1478年起，伊凡三世就不再向蒙古人交纳贡物，对此蒙古人最终作出了妥协。依据罗马皇帝为样板，伊凡三世把自己称作沙皇恺撒，即皇帝。在中世纪末期。伊凡三世在俄罗斯建立起了一个中央集权国家，沙皇的权力不受任何限制，在1500年左右，俄国各类中央行政机关（Prikazy，单数为Prikaz）也陆续产生了。它们只对沙皇负责。此外，除了这些中央行政机关之外，在中央还设有专门委员会杜马，由沙皇直接委任这个专门委员会的顾问委员，这些顾问大都来自俄罗斯的高等贵族博亚尔斯，年纪大约30岁到40岁不等，但所有人都是"他们沙皇的虔诚臣民"（洛萨·舒尔茨）。

封建制度与封建主义

欧洲的一部分，即在原古罗马帝国的核心地域中，法国建立起来的封建制在中世纪的中晚期之初扮演了一个十分重要的角色，即对法国、英国和德国的发展意义重大。自中世纪早期的末期，即西班牙收复失地运动开始，封建制还逐渐扩展到了西班牙，但是在那里欠发达。与其相反，法国、英国和德国在实行封建制的两个半世纪中取得了最高的成就，在1300年左右，它们陆续地放弃了封建制，逐渐朝着近代的国家形态平滑过渡。但是封建制并没有彻底消亡，作为一个空架子，它在这些国家中还长期留存着。

封建制度的突出特点在法国主要体现在军事领域，即国王是至高无上的领主和最高军事领导人，由此出现了一个所谓的领袖秩序。就如1220年在《萨克森明镜》中所描绘的那样，国王处在封建等级制这一金字塔形结构等级制度的顶部，他的封臣就是教会的和世俗的高级贵族们，帝国的选帝侯，例如，大主教和公爵。他们从国王手里以采邑的形式获得了封地，因此就向国王承担相应的服兵役、劳役和纳贡的忠诚义务。随后，他们又把自己巨大的封地接着分封给他们的附庸，即那些教会和世俗的较低级贵族们，同样，这些被分封的低等贵族也要向他们的领主履行忠诚的义务——出兵作战，和平服务和纳贡。

封建制又辅以最低等贵族对农奴的封建庄园即农奴制的封建统治，而农奴制反映了这个国家的服役及税赋情形，这些农奴的工作是各级贵族和国王至关重要的物质保障。这种农奴制体系和封建制度相互作用、互相影响，被人们称为封建主义。"封建主义"这一术语来自于拉丁语"封地"（feudum）一词，意思是各个封地联合到一起，共同生产，共同交往，共同治理。进入18世纪之后，"封建主义"最先被法国保守派所用，意图加强旧有统治秩序的维护，进而在封建主义思想的指导下建立了封建主义共和国。在卡尔·马克思和弗里德里希·恩格斯那里，它又成为了划分历史的三个阶段之一，这三个阶段即古奴隶主义社会、封建主义社会、资本主义社会。从这个角度来说，封建制就是一个贬义的概念。从那时起，许多人就对其是否具有"科学研究的可能性"即价值，表示怀疑。所以在这里用非常简单的图片来澄清一下：

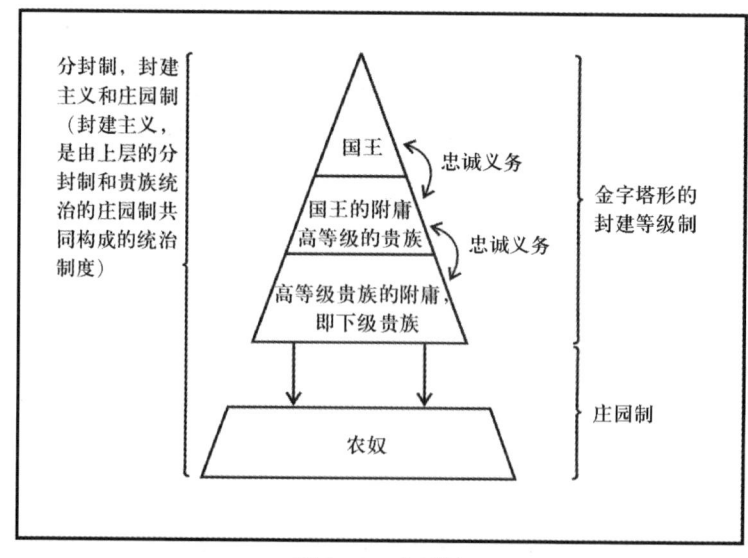

图7-1　分封制

这简单描述分封制的图片具有欺骗性,事实上欧洲的封建制是一个错综复杂的烂摊子,这些被国王分封的附庸——一部分处在不同的等级——和其分封的附庸的附庸在同一个领地上。对于附庸的附庸,德国对此的规定是每个附庸仅需要对在其之上的第一个领主承担相应的忠诚义务。而在西班牙、法国和英国,他们的一些义务特别是中立义务是直接对国王承担的。所以在德国,作为国王附庸的公爵具有相对较大的权力。而在西班牙、法国和英国,这些国王附庸的附庸,即公侯们的附庸几乎都成为了国王的臣民。

封建制既是贵族个人的权力,同时也具有普遍的宪法效力。理想的情况是,封建领主和其附庸彼此之间在给予和接受中达到平衡。当达不到这种平衡时,即出现了关系紧张的情况或者相互之间的关系发生变化时。而这些情形无处不在,其所造成的后果就是,1300 年封建制在上面所述的四个国家中,以各自不同的方式失去了显示其力量的印记。在**西班牙**,作为讨伐军的最高统帅国王拥有最强大的控制权,并且一直保有这一权力。在法国,封建制使其领主和附庸的实力增强。他们在其领地上处于主导地位,从此走上了国家统一的道路。**德国**的情形正好与此相反,其国王的实力在 1300 年就已经十分弱小,以致其领土的各部分侯爵们分崩离析,而近代国家即 1871 年的德国也正是产生在这些公爵的领地中,即并没有产生于德意志神圣罗马帝国皇帝的领地下,而是产生于德意志罗马帝国皇帝的附庸即其邦国的辖区之内。同样在 13 世纪,英国走了一个折中的中间道路。同样,英王的权力被剥夺了,并且自从 1215 年《自由大宪章》(Rdz. 75)签署后,王权又被进一步地削弱,而《大宪章》第 12 条的有关内容可称之为议会制:是否征收新税必须要由帝国议会和国王的"共同决议"。因为议会和国王之间的彼此牵制,使得封建制在 1300 年左右就已经失效了,一方面是英国国王,另一方面是一直存在的议会机构,即上议院和众议院。在两个力量对比中,贵族占具了绝对优势。同时,封建制促使了国家的统一,由于各种各样的原因,各国的封建制也向着不同的方向迈进。德国依旧存留着封建制,在 1806 年德意志神圣罗马帝国覆灭后,当时德国的宪法表明德国依然是一个封建制国家。

在**法国**,在休·卡佩的协助下,卡佩人替代加洛林王朝创建了卡佩王朝。卡佩人是法兰克的公爵,其领地是从巴黎到新奥尔良之间的区域,卡佩王朝的每任国王都从这些公爵中选出,他们之间不仅仅是国王与附庸之间的关系,在很大程度上他们也是这片巨大领地上的竞争对手。随着卡佩王朝的三个伟大的君主的出现,法国的封建制在这个依旧不明朗的情势下出现了转变。第一个君主是菲利普·奥古斯都(1179—1223);另外两个分别为圣·路易斯(1226—

1270),他大大强化了法国君主在教会中的威信;以及使法国侯爵势力继续削弱的美男子——菲利普四世(1285—1314)。菲利普·奥古斯都是一个精力十分旺盛的年轻人,他十分成功地建立起了国王与公爵的臣民和其附属领主的臣民之间的直接关系。并且随着时间的推移弱化这些公爵在国家中的地位,使整个法国在国王的纽带下密切相关。他更为伟大的成功还在于1202年征服了诺曼底,使得国王自己的领地——"皇家区域"——成倍地增加。卡佩王朝的君主自13世纪开始,分别通过单一的征伐、政治联姻或者继承扩张的方式,继续在法国的领土内清除了除法王之外的其他封地公爵。除此之外,在菲利普·奥古斯都后,法国的国王就不再通过公爵们互相推举产生了,代替这一推选制度的是君主世袭继承制,大多数情形下,法国实行的是长子王位继承制。这个强大的卡佩王朝一直持续了350年,取代它的是卡佩王族的一个分支瓦卢瓦王朝。而瓦卢瓦王朝和波旁王朝一样——一直存续到法国大革命,准确地说它直到1793年才最终覆灭。此外,自1400年开始,法国国王就享有不受任何限制的立法权和最高审判权了,在中世纪的末期,法兰西帝国的版图和法国国王的领地几乎同等大小,在国王附庸这个层次上,封建制已经成功显示了自己的力量。

与法国不同,**德国**走了一条截然相反的道路。在12世纪时,德意志的施陶芬皇帝再一次尝试着在其皇权之中适当增加宗教性地履行上帝赋予的天职,由此引发了皇权与神权之争。随着1122年《沃姆斯宗教协定》的签署,天职之争有了一个聪明的解决办法。据此协定,神职贵族主教、大主教由其所辖区域的神职人员推选,然后由国王和教皇分别任命授衔。国王负责委派任命其世俗政府的官员,使其在世俗统治领域行使权力。教皇则通过带有欺骗性的指挥中心和主教们诱导这些世俗官员步入他的宗教统治。这些通过国王委任的世俗领主们依据封建法律,作为国王的封臣要双手合掌放在封君手里——拜谒,宣誓效忠国王。这些封臣的数量不在少数。在12世纪末期受封的宗教侯爵共有92个,世俗的王公们共22个。施陶芬王朝的国王腓特烈一世(1152—1190)借助其王权十分强硬地要求这些受封的王公贵族们履行劳役和军役。但在他死后出现了一个小危机,即世俗教会对其王位继承人归属的争议持续了将近20年,最终,年轻的腓特烈二世(1212—1250)把世俗公爵们拉到了自己这边,并在罗马的加冕仪式上迫使宗教势力作出了重大让步,这些做法要比他的儿子在1231年制定的有利于世俗王公的律条还要更胜一筹,而这些都为施陶芬王朝在领地内的独立发展铺平了道路。而其产生的另一个结果就是,同样作为封君的国王不再享有绝对的权力。紧接着,自1257年开始——1356年《金玺诏书》的相关条款——国王只能在七个选帝侯中推选出来,即科隆大主教、美因茨大主教和特里尔大主教、勃兰登堡侯爵大主教、萨克森公爵,在海德堡的莱茵—普法尔茨伯爵和波西米亚国王。候选人的范围如此之小直接导致了在接下来的两百年里,因这七个选帝侯彼此之间有意识地相互牵绊,没有哪个王朝能够在国王的宝座中停留很长时间。而中世纪末期的哈布斯堡王朝还是十分成功的,但是一切都为时已晚,哈布斯堡的国王和皇帝只能通过占领和收购的方式才能在帝国的版图上拥有权力。

英国的封建制度由法国移植而来,始于威廉一世,威廉一世通过征服获得了英国的所有土地。这些土地要么作为王室的私人财产,要么作为封地通过国王分封给他的封臣们,正因如此,这些分封的土地极为分散,不像法国或德国那样要受到贵族势力的阻碍。此后,随着诺曼王朝国王主导地位下降,在其统治后期经常遭受一些由贵族与封臣组成的反对势力的严重侵扰,他的继任者亨利二世(1183—1154)建立了安茹-金雀花王朝,又再一次地把法国原则、理念带到了英国,如以法国的王位继承法为依据压制英国当地贵族。

但是这个王朝很快就再次没落了,第三个来自安茹王朝的无地王约翰,其之所以被称为无地王,是因为作为国王最小的儿子,到他出生的时候,其父亲的土地已经全部分封给了他的兄弟们,他已经无地可分了。随着欧洲第一部宪法的颁布实施,在他统治期间的英国王权开始受到限制。而更有讽刺意味的是,《自由大宪章》(简称《大宪章》),至今也没有这位国王的签字。英国《自由大宪章》的产生过程是:由于无地王约翰的独裁统治和英国与法国战争中的超额支出,挑起了伦敦市民和贵族对他的强烈不满和反抗浪潮。所以,当他在与法国国王菲利普·奥古斯都的战斗中战败,并且最终丧失了法国北部的诺曼底的全部土地时,起义爆发了,正因如此,在1215年6月15日他只能被迫在英国的宪法——《自由大宪章》上盖章。在《大宪章》中最为重要的规定是,保障所有英格兰自由民的人身自由和财产权利,同时也包括城市公民的,即著名的第39条,此外,在《大宪章》中还建立了帝国常驻代表,即《大宪章》第12条规定的参议会的共识(commune consilium regni nostri)。宪章共63条并且具有永远效力。而其所建立的参议会多由封臣组成,他们与国王一起共同决定是否施行新赋税。这是英国和欧洲议会的起源。

经过一番周折,这一最初的议会形式在1300年即爱德华一世时期被固定了下来,虽然封建制还不能消除,但是爱德华一世通过众议院的建立,弥补了由封臣组成的参议院这个有着封建制烙印的议会的不足,进一步地清除了其封建残存,促使议会制度成为了一个可持续发展的政治模式,这样一来,一个稳定的议会框架就此形成。在中世纪的末期,议会分为了上议院和下议院。贵族团体，即上议院成为了最高法院，而下议院则取得了许可征收税赋的权利，依据法律规定，这两会都可以介入国王的立法，但除了在普通法（Rdz.86）领域，这点其实并没有什么重大意义。上议院一直是封臣王公们的天下，他们无论是世俗的还是宗教的都是对等，也就是彼此之间都享有"平等"的权利，更好的说法就是：国王称他们相同的伟大，世俗贵族的爵位已经是世袭的了。下议院的议员通过选举产生。1500年，出现了74位"县骑士"，他们由其所在地区的贵族和富裕的平民地主中选举出来，即在超过100个城市的200个候选人中选举出来。即便是强大的都铎王朝——这个玫瑰战争的胜利者也没有对英国的这一议会制作出丝毫的改变。此外，在这一时期的英国，是否征收新的国家税赋也只能由议会表决通过。

教　会

在中世纪的中晚期，教会势力加速发展，早在11世纪开始他们就试图在天主教的欧洲建立一个教皇帝国，从而掌握世俗权力。这一企图被大多数历史学家称为无害的天职之争，美国的法学家伯尔曼则称之为"教皇革命"。在这一事件的前期，教会和其教皇格列高利七世到达了其权力的顶峰。伴随着先驱们的激励，西班牙和葡萄牙基督徒们在同一时期开始从伊斯兰教徒那里重新夺回土地。这一活动一直持续到中世纪末期。格列高利七世的继任者乌尔班二世（1088—1099）——鼓动十字军东征，攻占由伊斯兰人占领的、基督耶稣诞生的"神圣之地"耶路撒冷。随着对耶路撒冷的短暂占领和一些灾难的降临，这一持续了175年的东征以失败而告终。而在12世纪初，之前所提到的天职之争也随着一个睿智协议的签署得到了解决。在这一协议中没有提到世俗权力。一直作为"时常起火点"和教皇控制之下的教会终于回到它的本职工作——上帝崇拜（礼拜）了。除了古老的本笃会外，一个新的僧侣秩序产生了，经营农业的西妥教团，以及被称为城市方济会和道明会的托钵修会。在十字军东征彻底失败之前，其条顿骑士团的一部分就已经开始带领着自己的十字军朝西部挺近，德意志的条顿骑士团在东普鲁士攻打普鲁士部落（1230—1285，Rdz.8）。与此同时，教皇则投入到与（所谓的偏离上帝虔诚信仰的）异端分子的激烈争斗之中，以求建立一个切实的不受世俗统治干扰的教会。

在这场越演越烈的争斗中，教会不断地通过"宗教裁判所"用酷刑迫害异端分子。而天主教会最后一次凌驾世俗权力的尝试发生在1303年，发生在教皇和法国国王之间，起因是法国国王向教会征收赋税。最终，教皇博尼七世迅速地在此争斗中落于下峰。而结果就是教皇们成为了法国阿维农的囚徒（1309—1377）。这是一个大分裂，欧洲的一部分支持位于罗马的教廷，而另一部分则支持在法国的阿维农教廷（1378—1417）。这一分裂最终终结于在康斯坦斯举行的天主教高级神职人员大会，在这次大会上，杨-胡斯被判为异端并处以火刑，这是胡斯派问题的开始，也是近代早期在德国出现的大规模新教运动的前奏。

"天职之争"的出现源于教会的发展和教皇自以为无所不能的幻想。在当1075年教皇格列高利七世用指头摸着亨利四世头的时候，感叹着这个小男人如此渺小，而教皇自己则如此的伟大。在这一年里，教皇禁止各国国王在其领地内任免教会的神职人员，并通过把国王逐出教会这种惩罚方式来约束国王任免主教的行为。即便如此，德国国王亨利四世仍对此不予理睬，把标志主教身份的戒指和权杖放到了亨利四世自己推选的主教，即美因茨大主教（Rdz. 61）的座位之上，而精力充沛的教皇对他的惩罚就是将其逐出教会、开除教籍，这就给一些帝国侯爵特别是德国南部的侯爵们带来了麻烦。他们跃跃欲试地想要显示自己的力量，例如重新推举一个新国王。而这些对于亨利来说是十分危险的，所以在1077年的隆冬季节，亨利谦卑地赤脚麻衣到了卡诺莎，去往实力强大的作为教皇支持者的托斯卡纳伯爵夫人在明德的城堡中。在这里，亨利所表现出来的谦卑与亲切十分有效，他重新恢复了教籍。亨利在德国作出了自己的抉择，1080年因同样的原因格列高利七世再一次开除了亨利的教籍，而回答他的则是亨利宣布废黜教皇的旨意，1084年亨利进军并征服了罗马，把加冕权从教皇那里移到了皇帝手中。格列高利七世，在被亨利追捕之前就已经撤回到了其在台伯河岸边的天使城堡中，后虽被诺曼底公爵罗伯特所救，但是次年就死在了西西里岛。

亨利在国王和皇帝宝座上一直呆到1106年，即其逝世为止。最终，在1122年他的儿子亨利五世与教皇斯都二世签订了《沃姆斯宗教协定》，解决了长时间的世俗王权与教会之争，这一协定的前身是教皇分别与法国国王和英国的国王之间于1104年和1107年签署的相关协议，而协议签署的目的也很简单，即防止教皇掌握世俗权力。这一折中的理念据悉来自于沙特尔的伊沃主教，因为人们能很好地分辨主教作为公爵在其教区的世俗权力与其作为神职人员在教会内神职权力之间的区别。直至今日，在这三个欧洲主要的核心国家中，主教依然是通过推举产生（Rdz. 61），之后，再从国王那里领受标志着其世俗权力的权杖并宣布效忠，最后再由教皇赐予其神权上的权杖和指环。从斯堪的纳维亚到东欧的这些基督教新王国并没有受到教皇格里高利七世颁布的教皇赦令的侵扰，因为就如今天被经常提及的那样，这一赦令并不是为了实施所谓的"改革"而制定的，它最初只是为了完成基督徒的使命。

1303年冒进的教皇卜尼法斯八世关于神权统治优于世俗王权统治的言论，揭开了最后一场神权和世俗王权的争斗，他禁止法国国王在没有他同意的情形下向任何神职人员征收税赋，对此菲利普四世作出了迅速、严厉的反应。教皇仓促离开博尼法斯后，在教皇国南部的一个小镇上被阿纳尼所率领的法军捕获。虽然后来又被公民释放并且最后逃回了罗马，但是他在那里不久之后就去世了，宣告了这场世俗与神权之争的终结，教皇在这场争斗中没有捞到任何好处，他的继任者相继被囚禁在法国南部的小城阿维尼翁，教会就此形成了大分裂。之后国王菲利普强迫教皇卜尼法斯的继任者在里昂进行加冕，教皇之后一直留在法国。这是教皇囚禁的开始（1309—1377），加强了法国在主教协会的影响力。这一囚禁终止于法国的敌对势力格雷戈里十一世返回罗马，但是，在格雷戈里十一世返回罗马的第二年，他就过世了，因为罗马人一定要推选出一个意大利籍的教皇。所以，在枢机主教大会中乌尔班二世当选了，这是一个有问题的候选人选举，可能还带有特色的弱点。因此在同一年，枢机主教们宣布在邻近的那不勒斯大会中重新推选教皇。无能的乌尔班尽管想推选另外一个主教，但是没能成功，从梵蒂冈被驱逐出去之后他不得不躲避到阿维尼翁，那里仍然耸立着教皇们的伟大宫殿。这是骄横的卜尼法斯导致的第二个结果，天主教教会的大分裂。这又被称为教廷大分裂（1378—1417）。在长达40年之久的时间里两个教皇分庭抗礼，一个在罗马，一个在阿维尼翁。天主教的欧洲就此也一分为二，意大利、德国、英国、北欧和中欧支持罗马教廷，而法国、卡斯蒂利亚、阿拉贡和勃艮第、苏格兰和一些德意志帝国的侯爵们则支持"阿维尼翁"教廷。经过多年的谈判后，这一分裂最终终结于伟大的康斯坦斯大会。大会决议仅保存一个教皇即罗马教皇。此外，波西米亚的胡斯派问题在经过多次的战争后，终于于1485年，同样在康斯坦斯大会中得以解决。此后，居住在捷克的胡斯教派和德国的天主教徒才开始和平相处。

农民、封建领主土地所有制及封建大地主

与封建制（Rdz. 62, 76）这一位于国家和社会上层的统治秩序相对，中世纪仍然保有基本的农奴制，在封建制的统治结构之下存在着贵族对农奴的统治。当然这一制度在中世纪时期有着短暂的终止。从中世纪中期开始，欧洲北部核心地区的农业产量有了极大提高，农民们第一次分散性地耕种，虽然这其中也

伴有 14 世纪的欧洲农业危机，但在此之后，农业再一次复兴起来，并且从西部向东部不断地扩展开来，这一趋势一直持续到了近代前期。当然，不同的国家有着不同的生产结构，在整个中世纪的欧洲国家中，只有挪威的农民是自由民，英国的农民直到中世纪的后期才成为自由民。到了公元 1500 年，在日常的生活中农奴制已经不发挥任何作用了，但是这一基本的制度仍旧继续保留在普通法中，直到 17 世纪才被正式废除。

伴随着收复失地运动，除了那些在自己的土地上耕种的或在他人的土地上租种的自由农民之外，在**西班牙**的地域里也存在着欧洲核心国家中经常出现的农奴制。但在西班牙的农奴制中，同样的农奴的地位也得到了快速的改善。虽然这很大程度上源于国家发展的需要，即要求更多的外来移民来作为补充。这些远来的自由农民主要来自法国。所以，就像之前大部分涌入波兰和波西米亚的移民所造成的影响那样，新移民的涌入改善了西班牙庄园制中农场主对农奴的统治。

在法国和德国，农奴制在中世纪中期的解体是由两个原因造成的。首先，人口的快速增长导致粮食需求量的大规模增长，致使粮食价格上涨。而农场主们想要尽可能地独自获利，就必须采取计酬劳动方式，因为这种雇佣模式比之前农奴式的从属关系对其更为有利。此外，因为灵活的货币经济政策，农民们不再被永远地固定在土地之上，他们可以在紧急情况下的借贷，然后从农奴主那里重新买回自由，从农奴主那里得到"自由宣告书"，以这种方式农奴从这里解放出来，这是农奴制的首次终结。但是，在中世纪的晚期出现了第二次农奴制，它们出现的原因在于 14 世纪的黑死病。黑死病在欧洲的蔓延致使欧洲的人口锐减，从而导致了粮食价格的下跌。计酬劳动对于农场主来说过于昂贵，在农业危机中因为农作物歉收的风险使得自由民自由的计酬劳动对农场主十分不利，所以农场主们反过来又"保护"起农奴制了。在税赋和强制劳动这方面，第二次的农奴制要优于第一次的农奴制。这为农民在不同的城市之间迁徙提供了可能。例如农民一开始在丹麦和瑞典，后来搬到了挪威，就如我刚才所说的，在整个中世纪只有挪威的农民是自由民，只有挪威不存在农奴制。

与欧洲大陆相比，英国的农奴制在中世纪中期持续了很长的时间，但由于在国家中出现的供大于求的局面使得很多农奴的法律地位得到了改善。即使在 1381 年的农民大起义失败后，这一改善也没有停止，此外它还促使了 copyholder system（土地保有者副本体系）的建立，在这一体系中，农奴们通过与农场主签订的书面协议废除了赋税和劳役。最后这些残存的封建依附关系通过不同的方式最终消失于 15 世纪，而英国农民和挪威农民一样从很早开始就是欧洲最自由的农民。

然而在东欧，封建农奴制的革除随着轻微的动荡有缓缓下滑的趋势。依据德国模式，**波兰**在 11 和 12 世纪建立起了一个附有世袭领主管辖的农奴制。但在 13 世纪，为了促使这些能带来西欧新技术和能够大力推动农业发展的弗拉芒和德国移民的定居，公爵废除了农奴制的人身附属关系，因为，相对于大规模的农奴制下的农业生产，对于贵族来说，这种新型的计酬劳动对自己更为有利。但是农奴制这一基本的农奴制并没有完全消失，但是，与之前相比，在农奴制仍存续的地区中，它变得更为温和。即农奴可以通过赎买的方式与农奴主解除人身依附关系。在中世纪末期，随着农业危机和与西欧相似的人口递减情况，农奴制再一次复兴了，而且与之前相比，农奴的负担，即地租和劳役更为沉重。这与波西米亚的发展极为相似，即为了争取德国移民的涌入在开始之时解除农奴制，后在 15 世纪又加剧了对农奴的盘剥。

而**匈牙利**则有着自己的发展道路，并在自己的道路上不断地前进着，在农业领域，无论是自由民还是奴隶都作为租户从事劳动，此后在教会的压力之下农奴的地位有了改善。他们所保有的各种权利同其他自由农民并无不同，但是与此同时，那些自由农民的权利现状却愈加恶劣。他们变成了农奴。通过改善一部分人的权利和剥夺一部分人的权利，匈牙利建立起了一个新的农奴制。1400 年，国王颁布的法令使得农奴制变得更为温和，即土地对农奴束缚变得更为松散。但在此之后于 1429 年颁布的新法把匈牙利的农民引入了严苛的农奴制道路。

在**俄罗斯**法制史的神秘背景下，研究采取的依然是马克思的三分法，即古奴隶主义社会、封建主义社会、资本主义社会。依据这一理论，在中世纪的中晚期，俄罗斯的农民必须在封建制的高压之下生活，即农奴制，但可惜的是，这并不是这一问题的答案，农奴制的起源另有说法。例如俄国的《真理报》（Rdz. 66），在 12 和 15 世纪或长或短的版面上还一直存在着有关奴隶的内容，而依照历史辩证法——唯物论，这是不可能存在的。此外，在这片土地上还存在着以家族所有的村庄部落为基础的自由的血缘秩序，而这种存在形式根据恩格斯对前古社会的描述只属于"史前社会"。如今人们已经广泛认同这个对于马克思主义者来说不合时宜的问题解决方案。所以可以达成一致的是，在中世纪中期农场主主要是通过农奴来耕种土地，而另外大部分土地则由自由的乡村共同体与共同的土地所有人耕种。到了中世纪的晚期，这种耕作形式在莫斯科公国中发生了改变。土地所有制由之前的村落中的血缘家族所有逐渐转变为贵族所有。但是这一变化又是怎样实现的呢？直到今天也没有人能够解释清楚。刚开始，只是出现了一个不被土地捆绑的农奴制，之后，与东欧的一些国家一样，这一松散的农奴制在中世纪末期即将结束的时候发生改变。1479年伊凡三世发出指令：农奴只能在冬季收获土地后的两周才能获准离开这片土地。这是俄国推行严厉农奴制的开始。

至此，欧洲的农业经济分为了两大类，即东部的和西部的。这被经济史学家称为欧洲农业二元化，笼统地说，虽然农奴制在西欧又死灰复燃了，但西欧农民的生存条件要好于东部。受到宗教生活形态的约束，西欧的农奴制与过去相比更为温和，在东欧，由于严苛农奴制的施行，东欧农民的生活条件十分恶劣，到了近代的早期这一严苛的农奴制变得愈加严苛（Rdz. 104）。

奴 隶

在中世纪的早期，欧洲的奴隶们背负了沉重的农业生产负担，在欧洲的核心地区，这一状态一直持续到了中世纪的中期，即直到新农业技术取得了巨大的进步。由于农业技术的进步，依靠使用农奴的大规模农业经济已经变得毫无价值。土地的经营出现了两种方式（Rdz. 63），一种方式是在农奴主的准许之下，由农民在他的领地内自行经营、耕种土地，而另一种方式是农奴主把土地授予农奴，由他们在这个很小的地块中自行耕种，从而满足其日常生活需要，他们要向此地域的领主们支付地租，此外还要经常为其服劳役。虽然这种方式并不少见，但是农奴仍旧是这时最重要的劳动力。依靠先进的农业技术，在短短的数十年间欧洲的农业产量有了巨大的增长，农业产量的提高带来了两个结果，第一，农奴主们在其领地内使用农奴变得不再合算，把巨大的领地变为数量众多的小块耕地使农业生产变得更为经济，对农奴主来说也更为有利。因为农民不再需要在农场主的土地中生活了，为了把这些奴隶和他们的后代们——半自由人束缚在这片土地上，这里留下了足够的生存空间，第二，谷物价值的增加促使依赖于农奴的农奴制的消失。农奴主们更喜欢自己从事这个买卖。清除了原有的农奴主与农奴之间的人身依附性，取而代之的是自由的雇佣劳动，或是农奴通过赎买方式成为土地的新主人。这是农奴制的第一次终结（Rdz. 78），借助农奴制的改造，法国和德国的奴隶制度终止于10世纪，而因为诺曼人的统治，英国直到11世纪才废除了奴隶制。随着农奴制的最终解体，奴隶的后代成为了自由的雇佣劳动者、佃农或是拥有自己土地的农民。在11世纪的英国，这部分人约占人口总量的百分之十，英国到了 12 世纪末几乎全是这些依赖者了。这对于封建领主来说是十分有利了，那些仅仅绑在土地上的农民与农奴不同，不需要领主全方位地去监管以减少其潜逃风险，因为，这时的封建领主们则经常在十字军东征的路上。随着 1350 年大规模的鼠疫，以及 1381 年来临的农民起义和玫瑰战争，英国的奴隶制残余最后于中世纪末期消失不见了。

在中世纪，欧洲的大部分国家都废除了农奴制。西班牙和俄罗斯则是其中最大的例外。直到近代农奴制才在这两个国家终结。西班牙直到近代早期还毫无间断地在非洲从事着奴隶贸易，并把奴隶贸易带到了新大陆。在 1500 年，10% 的里斯本和赛维亚居民仍是奴隶，当然，这些奴隶几乎并不从事农业生产，除了作为奴隶岛国的马略卡王国，而是作为主人家里的仆人、工匠，或像古罗马那样成为富人资产管理者或有着自己的小产业。在西班牙，许多奴隶都成为了其主人的情人或妓女，其中的一个原因可能就是 1462 年发生的教皇流放事件，教皇庇护二世一直把奴隶制称为重罪（maximum scelus）。更确切地来说，早在两百年之前，即 1265 年卡斯蒂利亚的国王阿方索十世所颁布的伟大法典《七编法》中的"第七部分"就对于奴隶制有了猛烈的抨击，法典称："最令人发指的事，就是人对人的压迫。"《七编法》的贡献在于它使奴隶制变得更为宽松。西班牙的奴隶制法律一直沿用到了中世纪的结束，并且直到近代前期仍旧不间断地使用着。自 16 世纪开始他们在西非就用枪支、金属制品和酒精来购买奴隶，直到 17 世纪末他们仍旧通过其在殖民地的具有特权的贸易公司将这些奴隶贩卖到美洲。他们迫使这些奴隶在美洲的贵重金属矿中劳动，并用船再把这些金属产品运到西班牙。这些商人把这一"三角贸易"带到了那些在大西洋航行的欧洲国家。在加勒比海收购蔗糖，在北美则是把棉花卖到欧洲。到了 19 世纪末超过 900 万的非洲人被作为奴隶运到了美洲，而在把奴隶运往美洲的途中，狭窄的船舱使 10% 到 20% 的黑人奴隶在运送途中死亡。

在**俄罗斯**，直到彼得大帝时期（1682—1724），俄罗斯还一直存在着奴隶制，他们中的一部分来自于市场上的战俘，而更多地则是自卖自身。这些俄罗斯的男人和女人们放弃为生存的无谓挣扎，转而投向了更为安全的农奴制的庇护之下。因为，自 1500 年开始，俄国的农奴制就朝着对农奴管制较为宽松的方向发展了，相当一部分农奴都得到了其农奴主的信赖，例如成为其主人的财产管理者，但是大部分农奴作为农场的工人仍旧生存在社会最底层。俄罗斯的一些城市与西班牙类似，直到 1680 年，城市居民的 10% 还仍旧是奴隶，对此，俄罗斯并没有出台相关的禁止性官方法令，沙皇仅通过征收税赋和强制服兵役等方式渐渐地减少奴隶的比例。在彼得大帝统治期间。最后的这些从事农业生产的奴隶变成了农奴制下的依附者。在城市他们中的大部分落脚在贫民窟中。

在中世纪中晚期，**斯堪的纳维亚半岛诸国**仍然存续着奴隶制，奴隶们在自由农民的小农场中耕作。一个12世纪挪威的典型农场中有着3个奴隶，12头牛和2匹马。当时在整个挪威总共差不多有50000到75000个奴隶，斯堪的纳维亚半岛诸国的等级制度仍然森严，所以，一部分奴隶的后代逐渐吸收为当地的贵族们的私人财产，一部分则成为了在可以计酬劳动或租用土地的自由农民，挪威在12世纪，丹麦在13世纪，而瑞典则在14世纪，渐渐地废除了农奴制。

波兰和**波西米亚**对此并没有什么特别的研究。唯一可以肯定的是，奴隶制在这两个国家中肯定存在过，也许同匈牙利一样，波兰的奴隶制是其农业生产的支柱。而对于波西米亚则不是这样，这是因为封建庄园经济很早就在这里推广实施了。在匈牙利你会发现在11世纪末阿帕德的国王斯坦尼斯和可罗曼所颁布的法律中有很多关于奴隶的条款。可罗曼知道，没有律条就不能引导农业经济政策的发展，而这些法律推动了奴隶制的终结。西欧移民的涌入推动了农业经济的集约化发展，在13世纪，谷物种植业变得比畜牧业更为重要，而作为牧羊人的奴隶在畜牧业中起到了重要的作用，并且便于被监管。而粮食产业的兴起直接促使了封建庄园经济模式，即农奴制的产生，就如法国、德国和英国那样，集约化的奴隶成为了农奴。

此外，基督教对于大多数欧洲国家依法废除奴隶制也作出了贡献。因为奴隶和奴隶主一样都是基督徒，他们都接受了同样的圣礼，常常坐在同一个教堂中礼拜，并且经常就他们是否能够接管神职进行讨论，虽然这种关于神职人员的讨论是负面的，但是基于共同的基督教信仰，奴隶们有了与奴隶主们之间地位平等的感觉。而这种讨论甚至在奴隶起义的挑衅中仍旧继续。或者源于基督徒的慈善，或是因为在《圣经》中奴隶主的救赎，起义中的大部分奴隶都被释放了。

虽然农业地区在欧洲中世纪的中期一直是旧欧洲这个农业社会的核心组成部分，但是欧洲村庄的历史并没有被记载下来。所以乡村历史在欧洲的所有国家中都没有被充分地研究过，只有从大纲中才能了解一些，一般很难被描述，因为，即使在一个国家中，其显现出来的类型也是千差万别的。不同于100年前或50年前的学说，在今天一般被广泛认可的学说是，村庄并不像我们想象的那样古老。在部落社会和中世纪早期的时候它还没有出现，与其一般的历史相比，对于村庄的法律史我们更是知之甚少。即使它存在，也必须被改写成一般历史。除此之外，欧洲一些国家乡村的法律形式与其居住形式一样种类众多。

乡 村

欧洲的乡村——就像新兴城市那样（Rdz. 82）在中世纪的中期有了很大的变化，城市的变化是农业经济变化的先驱（Rdz. 74）。这一变化直接与居住形态和在此基础上形成的法律条款相关联。

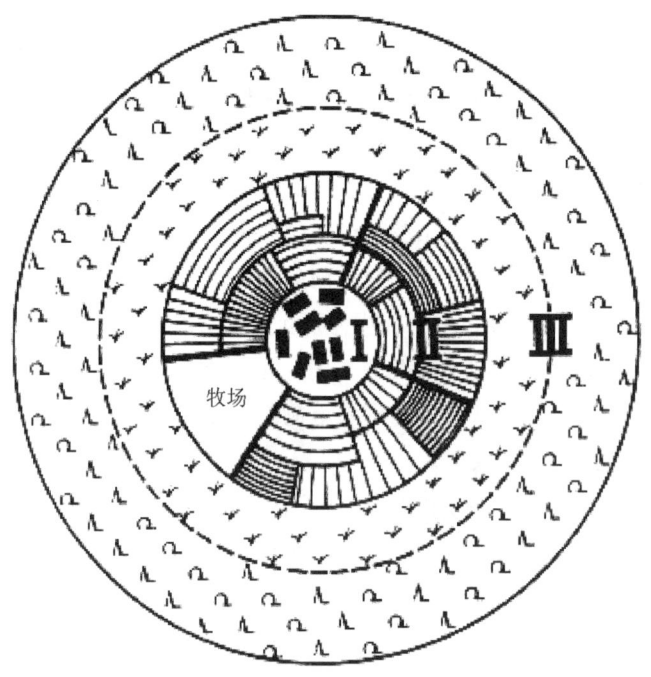

图7-2 乡村庄园群的模型（在玫瑰战争之后中世纪的农庄）
  Ⅰ 包括农家院落、花园和村庄的住宅区域
  Ⅱ 私人田野和草地的收获区域
  Ⅲ 全体村民共同的土地、草场和林地

在中世纪的中期，在欧洲仅有单一的庄园和一些由不大的土地组成起来的小型农庄，他们被称为小村庄，在英语中被称为hamlet，法语中被称作hameau。这些小村庄在中世纪的中期组成了西欧东欧的一些国家，或者被封建领主统一为村庄联合体。因为周围这些农民的共同劳作使得谷物的生产率得到了提高，除此之外，他们还改善了农业技术，这十分必要。例如沉重的铁犁和耕种三圃制。沉重的铁犁使得农民的单一劳作变得不再可能，农民们共同协作使用铁犁使农业生产变得更为经济。而三田轮作制度只适用于大量农民和大片耕地，即把耕地分为三部分，一部分在秋季耕种，一部分在春季耕种，一部分则休耕（图7-2，在第二环把耕地分为三部分）。这一方式广泛存在于欧洲的中部——法国、德国、英国、匈牙利，可能还有波兰——并且作为这些国家的常用耕作方式，使得欧洲的中部形成了三田轮作制度的耕种走廊，许多农民都在这些彼此相连的耕地中耕种着。理想状态下，他们作为一个环围绕着领地并包围着村庄的中心，这一领地没有固定的界限，是一个开放的区域，因为在此之后，这片土地又成为了许多农民养牛的牧地。在这个满满的粮食走廊之后，是一个一年四季都能使用的公用牧场和林地，篱笆围绕着村庄的中心竖立着，在此之外由树桩保护着，而在二者之间又建造了坚固的矮树篱。此外为了加强防御，一些地方还建造了城墙、护城河和巨大的城门。

　　西班牙是一个例外。正是在这里，因为收复失地出现了很多无人耕种的地区，而这些地区的开发并不像其他欧洲国家的农业那样遵循着历史的发展规律而发展，而是依照固有的计划为自由农民建立村庄。这些自由农民们分别来自法国和西班牙北部，也有一部分来自穆斯林南部的难民，他们形成了一个合作保护组织（behetrias），并在国王的旨意之下建立了一个稳固的乡村区域（Poblaciones），一些较大的区域被分割管理，以防止其形成太大的规模。

　　在丹麦——随着三田轮作体系的建立，出现了一个通常被称为附带粮食走廊的村庄之门。在它的中心，即两个院落之间一个宽阔的地方建有池塘、栓门，在晚上寨门被关闭之后牛群聚在这里。

　　挪威的西部几乎没有农业。在这里只住有渔夫和水手。所以这里也没有村庄。在奥斯陆，后来在特隆赫姆周围才有了一些农民，但只是一些个别的农场。在瑞典，直到中世纪晚期伴有粮食走廊的村庄联合体才形成。在这里存在着草地村庄。在这些村庄中，农场聚集地建在道路之上，在他们的中间又建了一到两个池塘，直到今天，在德国的东北部我们仍然可以见得到这种构造的村庄。

　　最先，这一新建立的村庄没有在欧洲引起什么法律后果，他们只是一个很简单的居住共同体，即通过协作耕作形成了一个联合体，并不被法律所承认。所以，在封建农奴庄园存在的地方，他们又成为了封建庄园制下的村庄。庄园中的封建领主对于在此农庄中生活的农民有司法管辖权。这种自由的农民在奴隶制统治的村庄中生活的情形，在东欧、西欧、在法国、英国、德国、波兰、波西米亚、匈牙利都存在过，他们生活在旧有的百人组形成的联合体中，而它的司法管辖权在公共露天审判场所,在俄罗斯的米尔村社施行的却是以土地共有为基础的旧有的管理制度,领主掌握着司法审判权。随着乡村区域的出现,在西班牙和葡萄牙才有了不一样的新变化,即社区保护组织有了自己独立的法律人格。但这些联合体既没有单一地发展,也没有像其他村庄那样相互联合共同发展,而是有计划地为那些新来的移民建立新的村庄。

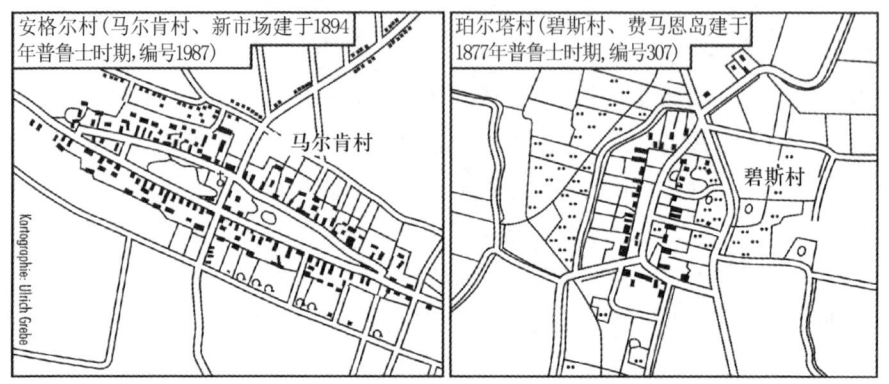

图7-3 安格尔村（Angerdorf）和珀尔塔村（Portadorf）

在12到13世纪这个期间内,在欧洲中部的大部分空地上很快就建立起了这一新式村庄。移民浪潮的中心和起源都在德国,特别是德国东部地区。由西欧来的这些自由农民首先迁到了斯拉夫人居住的地区,后因为那里土地的贫瘠,逐渐朝易北河以外的地区迁移并在那里安居。在这里农民除了拥有面积巨大的开荒地外,还能在其自己建立的村庄中拥有自主权,特别是规范了三田轮作制度的实施。后来,又有更多的自由农民被东欧的封建领主们带到了这个国家。相对于早期的移民,后来的这些移民有了很大的便利条件,诸如在森林开荒,是响应波兰皮亚斯特王朝、捷克波西米亚王朝和匈牙利阿帕德王朝国王的召唤。这些土地的开垦为这些移民提供了固定的居住地,同时也将这些移民束缚在这片土地上,即为拉丁语所言的固定在当地的居民。此外,其中有一些农民来自法兰德斯或其他地方,但大多是德国裔。依据德国的成文法规定,这是一些自由生活之民,这是德国法律首次给移民作出法律定义,它意味着这些农民享有着人身自由和财产权利,并有着可以自行管理村庄和进行审判的权利。而那些被侯爵们发送到这里的居民成为村庄的头目,即舒尔茨。遗憾的是,在波兰和波西米亚的这些村庄,组织就显得有些黯然失色了,在那里,其他村庄也被给予了同样的权利,这是因为在整个中世纪,波兰和波西米亚的封建农奴制就一直羸弱。在匈牙利又是另外一个样子,这些村庄的头目同时还是村庄中的法官,就像之前被任命的子爵那样。

同时，与波兰和波西米亚类比，在西欧也出现了一些相类似的发展趋势。例如法国，为了使农奴们不逃离自己的封地，农奴主们不断地向农奴们作出让步。作为独立组织的村庄联合体负担了支付农奴们退休金的义务，以便使村庄的管理权全部转移到他们手中。村庄大会在其区域内可以表决通过自己的法规、法令。这样，农奴制在法国最终消亡了，而那些法国的贵族们则拿着自己的退休金搬到了城市。

英国走了一条自己的发展道路，这有许多其他的原因。虽然在英国，村庄共同体也共同承担责任，但是并不表现在贡赋方面上，而是表现在对其领域上的违法行为的责任承担上。这一现象的来源在于法国诺曼王朝的国王对反对派民众的不安情绪。为了保障他的异族统治，诺曼王朝在英国发展了一个新的警察系统。在这一体系下，从县到百人组，再到村庄联合体，这些法国人彼此之间相互担保，被称为 frankpledge，依据国王的法律而被捕获的嫌疑人和被定罪的人属于哪个担保联合体，哪个担保联合体就要为他们的违法行为向国王支付高额的赔偿金。村庄中推选出的警员不由封建农奴主所决定，其法警除了拥有执法权外，同时还负有负责在百人组的领域内征收兵源的任务。这是村庄一定范围内独立自主的开端。此外是村民大会，村民大会的出现最晚不晚于 12 世纪，这时的农民还可以享有其他的选举权利，如选择一个可以照看整个村庄耕种的农民，通过村庄管理者农民可以自行监查自己的还有农场主的耕地。如果要确立一个农奴制消亡的最终时间的话，那么封建领主不再施行其司法审判权的时刻就是农奴制消亡的标志时刻。自中世纪的晚期，村庄大会就可以自行表决关于其土地经营的一般事项。作为教区，它还可以最终决定其自行组织的行为活动。农民们要负担教会的大部分费用。村庄大会的第三个选举权就是选举教会委员会，他作为受托人负责村庄财产的接收和管理，此外村庄还是村民宗教崇拜支出的信托机构。信托这个概念第一次在英国法律上出现了，虽然在中世纪欧洲，英国的村庄在承担市政债务时还不是一个具有独立法律人格的组织。在英国国内，它还仅仅是一个由权属和功能构成的复杂体系。在这时村庄是没有法庭的。村庄内村民彼此之间争议的判决权归于百夫长，后来则由治安法官对其进行裁判。

像法国一样，**德国**的封建领主同样意识到了他们的农民有或向东欧迁移或向新兴城市转移的危险。这时村庄已经成为了具有现代意义的组织。其与其他地方最根本的区别在于——与许多地方不同——它的社区会议和村庄领导人（舒尔茨、博美斯特等）以及村庄的法规，村庄法规要么作为定制，要么作为法规被乡村法院有意地或任意地记录下来。与法国不同，德国贵族仍然生活在村庄中，这也是为什么德国贵族的农业权属并没有向法国贵族那样，因1789年的革命一夜之间就被卷走了，即德国贵族的农业权属直到500年后才最终消失。

在**丹麦**和**挪威**的村庄组织也很正规，村社对共同合作生产这一重大问题进行决策。这里的一部分采用复杂的三田轮作系统，而在另一些地方合作的特征显现得十分明显，所有的谷物在农民中平均分配，虽然他们在不同的土地上还有着自己的个人财产。这种在土地上共同耕种的方式可以得出这样一个结论，他们可能缘于在土地公有制下的斯堪的纳维亚的血缘关系秩序。

在**俄罗斯**也有类似的村庄，在这里人们更多的把其称为在森林中的"定居点协会"（图7-4）。在俄国《真理报》中可以发现它的三个不同的名字，即"mir"，"verv"和"selo"。可是直至今日，也没有解释这三个名字究竟有什么意思。"Mir"一词的首要意思就是世界和平，但也有村庄的意思，就如今天它的含义。但是它在俄国《真理报》中只出现了一次，并且仅在一个与被盗的受害者自救相关联的很短的篇幅中出现："Mir"，即村庄允许失主抓住小偷。当失主发现被盗的失物之后，必须询问失物的拥有人，并连同他一起到报案人那里，等等。

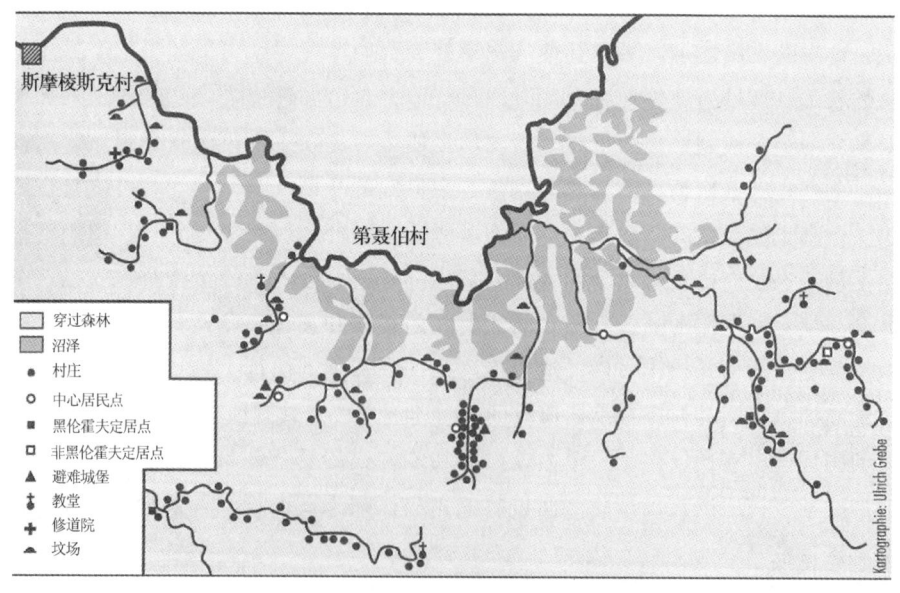

图7-4　第聂伯村与斯摩棱斯克村界限图

注：村庄的居住界限，根据谢多夫·格尔克绘制《俄罗斯假日》第一卷，2003年，第89页。

在这里"Mir"一词大约是定居点会议的意思，因为定居点会议就是这位被盗失主的全部世界与和平保障所在。因为作为村庄的一员，他从属于这一氏族团体。而 verv 所表示的意思则是一个作为社区的单个村庄，它配有村长，已经成为了一个独立自主的定居统一体了。类似于英国的异族国王为了针对各个公爵所建立起的责任关联体，这些村长也要负责在此地区发生的凶杀案嫌犯的追捕（《真理报》短片），这一制度可以追溯到中世纪的早期维京－诺曼人在基辅罗斯作为侯爵所建立的异族统治，就如诺曼人在英国那样。无论如何，俄罗斯《真理报》在它简短的篇幅中已经谈到了，在中世纪的早期俄罗斯的村庄成为了欧洲最早的社区。当有关的线索在社区中被发现时，社区发展了其抵御盗贼的功能（《真理报》扩展版），它必须跟踪嫌疑人和那些手拿赃物的人，并且还要通过忏悔道歉的方式对受害人提供赔偿。在 Art. 77 中它这被为 "selo" 而不是 "verv"。这仍然是一个谜，因为通常来说，它是被用来称呼一个侯爵在乡村社区的统治中心的，那里有领主的庄园和其他农场，与英国自由农民建立彼此独立的社区不同，中世纪的俄罗斯村庄是一个责任共同体。我们不禁有一个疑问：它是否是一个具有法人资格的团体，是否能作为法庭起诉的相对人？

牧场争夺

但这一正常的发展程序在 1499 年或 1500 年的中世纪末期即告终结了。在俄罗斯壮观的白湖岸边，一个距莫斯科北部 500 公里的小镇贝罗瑟克中，这一正常的村庄体系在贝罗瑟克公爵的法庭上戛然而止，今天它被称作贝勒斯克，是沃洛格达的一个区域。原告是在此附近的费拉蓬托夫修道院，向法庭起诉被告弗洛茨克·斯洛文斯科村，起诉理由是这个村庄的农民库尔班（kurjan）连续四年在塞勒克斯卡河流岸边的草场上割草，而这片草地早在很多年前就属于修道院的艺术博物馆所有。两名法官来到现场考察，巡查了这里的一切情况，并与农民库尔班和修道院的代理人僧侣埃弗雷姆进行交谈。他们要求修道院证明此地域是属于修道院的财产。埃弗雷姆带来了相关的证据，证明了这片草场，即苏兹拉湖边上的森林是贝勒斯克的安德烈耶维奇·米哈伊尔公爵在很早之前捐赠给了这个修道院。此外，这个证据还指出这片森林是苏兹拉湖和塞勒克斯卡河的边界，森林在两个河流之间。其中的一个法官向农民库尔班询问，要求其提供其所主张的相关证据，农民库尔班没有书面证据，而是带来了四个证人，三个农民和一个社区长老证明他是一个"本分老实的本乡本土人"，三个农民中的一个伊娃斯科·赛斯塔库（Iwaschko Schestakow）发言表述说："主啊，我已经80岁了，我记得60年前这片草地是属于德维纳嘉·伊娃斯库克斯卡嘉的，后来分给了帕威尔·乌坎（Pawel Rukin），而他又将其交给了他的儿子伊维斯科·乌坎（Iwaschko Rukin），而后的40年里，森林一直都属于居住在德维纳嘉·伊娃斯库克斯卡嘉的费独特·费丽穆所有，自10年前费独特·费丽穆把这片草场交给了库尔班。"而另外两名证人也回忆起了最后这60年的事情，而社区的长老则确认了草场近40年归属伊娃斯科·赛斯塔库的证词。

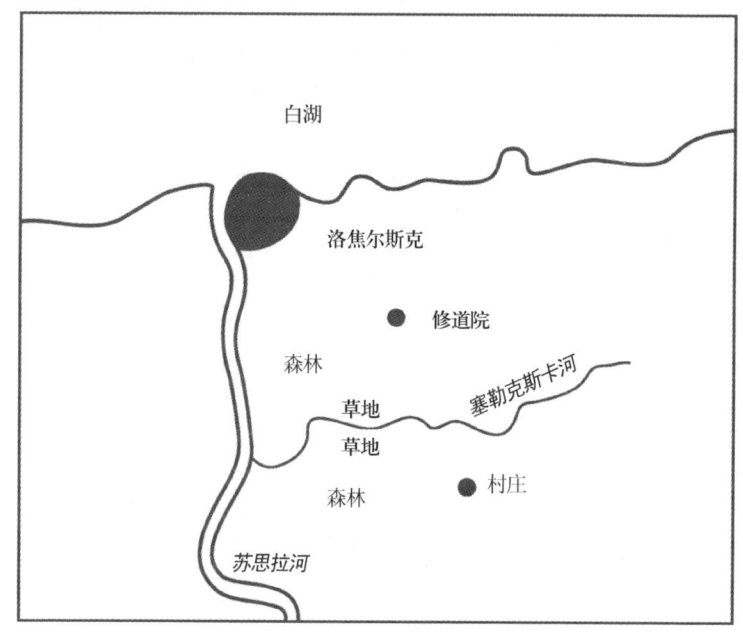

图7-5　河流、草地、村庄和修道院的位置情况图（1499—1500）

在僧侣这边，仅有寺院的两个年轻农民作证，他们一个40岁，一个30岁。他们不可能回忆那么早之前关于这片森林界限的事情，和教士埃弗雷姆一样，他们很少发言，这时农民弗洛茨克·斯洛文斯科攻击教士埃弗雷姆，指责他说了谎，应该撤销指控，否则一定会受到上帝的审判。围绕着草场这件事两个男人之间不着边际地争论着。依照日耳曼的起诉程序，对于如何对这个案件进行判决有了几种意见，一定数量的男士认为应通过决斗来解决争议，不用决斗到一方致死，只要一方被摔在地上，就可以判定那个仍然立在地上的人就是上帝垂青之人（Rdz. 68）。因为埃弗雷姆不接受这一判决方式，所以法官们又重新返回了贝罗瑟克，向公爵达尼勒·亚历山大报告了相关的信息，并建议公爵驳回修道院的请求。最终公爵作出了如下判决，位于塞勒克斯卡河左岸的草场属于农夫库尔班和他的村庄所有，判决理由是：教士埃弗雷姆提供的证据中称这一河流为教会与森林的界限,此外,教士埃弗雷姆在与农民的纠纷中不敢接受来自上帝的裁决。

判决上说草场属于农夫库尔班和他的村庄所有,在今天这并不是一个严谨的法律术语,但是对那个时候的俄罗斯村庄来说却是十分正常的。在早期的法律中我们经常可以看到同一片土地上存在着很多所有权人。之后,如果人们在一个部落社会中提出一个问题,会经常得到许多答案,而这取决于谁向他们提问。同时在15世纪俄罗斯的村庄还存在着以公爵判决为法律依据的传统。村民库尔班的回答是这个草地属于我,而村庄长老的回答是这片草地属于我们这个村庄。

城 邦

除了村庄,这个时候还存在着许多被当作社区的新兴城市,不同的是,它们拥有更为强大的实力,是除了国王、公爵、教会、贵族之外的一个自主的权力体,此外,它们还具有很大的独立性,它们通常是由一个能够察觉出商机的当权者建立的。不过,这并不需要太长的时间,在此之后,市民们开始追寻着自由,最终他们以斗争、暴力和花费巨额金钱等方式实现了他们梦寐以求的自由。除了一些欧洲的核心国家略有迟延外,伴着少数的旧城市,在城市的外围地区遍布了许多新建立起的新兴城市。它们将成为一个新的城市生活文化的源起,一个新的具有创新动力的属灵生活,它和它的大学们一起为未来指明了方向,成为了庞大贸易热潮的载体。

马克斯·韦伯在其著作"经济与社会"中写到,欧洲("西方")城市与亚洲城市("东方")的不同之处在于它的协会特征,这点在中国和印度的众多城市中是没有的。这一观察结论只有部分是正确的。欧洲的小镇并不总是那样处于理想状态,实际上是一个自治协会,它由一个包括市长的市议会和一个由本市市民组成的法庭组成。因此,协会,按照现今的说法,是一个法人,是一个现代化的社团。在社团范畴内还可以不断地被划分,有商人协会和工匠行会,它们最先存在于欧洲中世纪的中期也就是11到12世纪,在中世纪的早期它们还没有出现。在欧洲的核心国家依据罗马风格建立起来的一些少量的并且微不足道的小城镇被马克斯·韦伯称作东方式样的城镇。他把希腊城邦(Rdz.5)称作这些城市协会的前身。而在事实上,它们确实与这些新建的小镇有许多相似之处。它们同样具有自治协会的法律特征,但和中世纪这些城市不同的是,它们是组成庞大帝国的一个部分。城邦本身就是一个国家,一个城市国家,是一个城市和乡村的统一体。以雅典的阿提卡为例，阿提卡的市民同样可以参加希腊的全民公会、法庭和办公机构。

这个区别还特别地表现在，中世纪欧洲城镇的历史是伴随着城邦国家的发展而开始的，即在北部和中部的**意大利**。直到中世纪早期之末，意大利的一批城市还成功地保存了其在罗马时期的样子。这些城市从羸弱的封建庄园主那里解放出来并自治。他们自主地扩建城市，以便使自己的城市范围扩展到周边区域，一些是以和平的方式，一些则不是。这样就在一个区域范围内遍布了一些拥有自己城市独立徽章的中型城市。他们的平均面积差不多 1000 到 2000 平方公里，雅典阿提卡共 2500 平方公里，而最大的三个城市分别是米兰、博洛尼亚和佛罗伦萨。之所以可以这样发展的原因在于，德意志帝国的皇帝作为意大利的国王在意大利的势力远弱于在其老家。城邦国家的战争频发，这种现象发生的原因可能在于城市的市长是由行业协会会议选举产生的，而中世纪的领主和他的办公机构却是终身的。事实上，在法律上大多数城镇最终都确定了城市长官世袭制，从此城邦王朝出现了。这些城邦王朝从米兰的维斯康蒂和斯福尔扎开始，一直向费拉拉的埃斯特、佛罗伦萨的麦迪奇以及西纽利亚延伸。只有热那亚仍旧施行着共和制，威尼斯单一地被限制在其城市区域内，其海上的力量起了很大作用，即它是由 200 个领主家庭构成的贵族共和制政体。自 15 世纪开始，这个城邦国家通过征服加达尔湖的北部地区使其领土范围从西部一直扩张到了东部弗留利。从法律的历史文献来看，直到中世纪欧洲这些新兴城市建立之后，意大利的城邦国家才开始出现。

作为后继者，在收复失地期间**西班牙**新建了许多被称为城堡城市，这些都是由卡斯蒂利亚和阿拉贡的国王和女王建立的，他们没有生活在一个像意大利那样充满着商人和商业活动的城镇中，而是通过农业和军事——这是城市建立根本目的——的发展壮大来打击穆斯林。为了实现这一目的，西班牙的这些城镇从他们的国王那里要来了自治权和自己的城市徽章"fueros"，此外还有更广泛的对于周边村庄社团的控制权，以便接收那些可以自行负担生活的士兵。随着收复失地运动的不断扩展，其城镇的军事功能成为城市的核心功能，这导致了一个现象的出现，即士兵们的人身自由受到国王的限制，最为严重的当属位于西部的卡斯蒂利亚，在这里，公民会议被国王任命的寡头政府所取代，市长和法官都是终身制并且世袭，此外还能够通过购买的形式取得。在阿拉贡，虽然公民会议被保留下来，但是它的代表只能从国王提供的候选名单中选出。

在中世纪中期之始，就如许多新式村庄处于封建农场主的统治之下一样，在法国、英国和德国，很多新城市和老城市也处于领主、国王或侯爵的统治之下。这是因为在这里存在着封建领主。许多在这一时期的封建领主都是这些新兴城市的缔造者。而一些旧城市通常是由主教统治。此外,在法律上也没有很大变化,城市的领主们虽然在迈向城市化的道路上给予城市些许权利,但是其仍旧牢牢地把持着司法管辖权,并且经常有着占据市长一职的权力。与村庄相同,城市也试图实施自治,自行管理城市事务。但是城市的这一尝试在这三个不同的国家中出现了完全不同的结果。

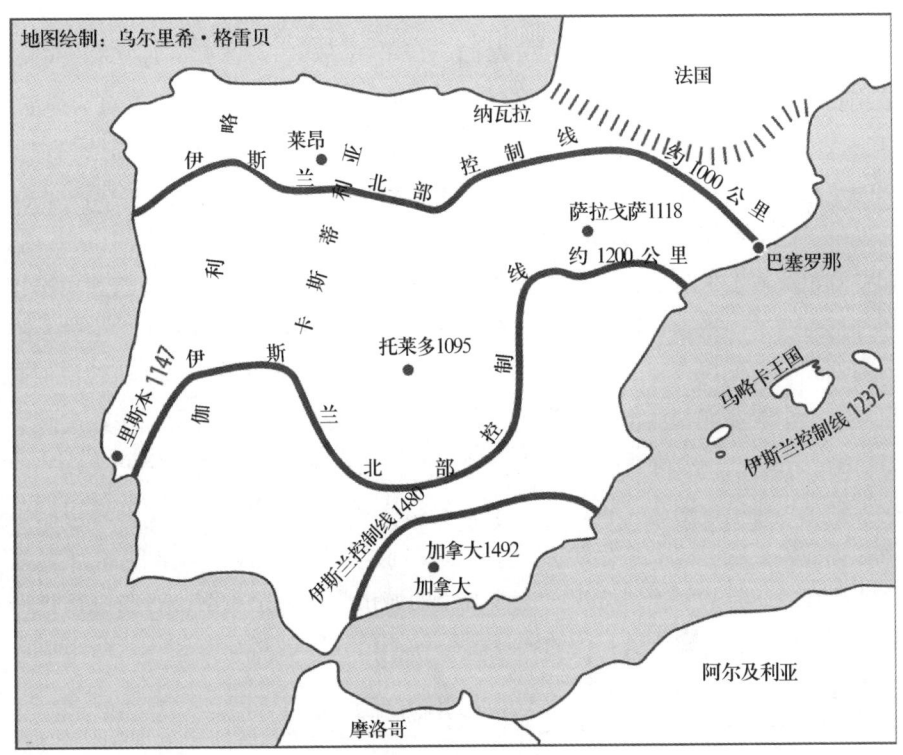

图7-6 收复失地运动的发展

资料来源: 梵·克莱芬斯《中世纪末斯的西班牙》。

为了取得城市自治权,法国的城市通过针对中立封建领主的方式寻求其在王国的盟友,或其他公爵和伯爵的对手。自13世纪开始,法王菲利普·奥古斯都就试图打击王朝中的封建领主势力,以便在整个法国建立一个由国王直接委派官员的中央集权制国家。但在国王的保障下,一些城市已经拥有了自由权,并且已经在行使着这些主权,这样看来,法国国王只是取得了部分的胜利。在这些城市中存在着强迫性的至上主权和担保监护,即使在法国中央集权的政府建立之后,上述这些权力仍旧强大,并影响了城市的自由发展。通过对于城市最高长官的任命——市长、法官（国王还保留着参与讨论决定的话语权）——国王达到了对其领地绝对统治的目的。此外，在法国的南部，即那些原古罗马的旧城市中依旧存留着意大利式的城市自由样板。国王通过公民大会选出的代表——"领事"，作为他在这一地区的代理人，从而实现了对于此地的控制。就如在北部的那些由国王保证其行使自治权的城市那样，这些城市争取自治权的活动在中世纪末就戛然而止了。自由的城市"在高涨的民族统一浪潮"（弗里茨·罗伊·沃克）中。

因为有着法国裔的英国国王，**英国**的城市运动要更晚一些，日耳曼人的异族统治要比卡佩王朝在法国为了建立一个中央集权政府而进行的争斗更为残酷。其新兴城市的建造最先始于11世纪，而这时欧洲的许多城市都已经开始朝着自治的道路向前迈进了。而欧洲大陆的这条道路自从英国受外族统治的那一天就已经对英国关闭了。与英国的那些村庄相同，英国的城市也没有自治协会，它们在政治决策上的自治权更是无从谈及。公元1100年，英国的行政权和司法权还都把持在被国王亲自任命的诺曼裔治安官和其他贵族王公的手中。伦敦是唯一的例外。约1100年，这个英国大城市大约拥有1万个市民，因缴纳赋税他们组成了一个连威廉一世都不得不承认的权力体，而正是这位君主，在其追随者（法国裔诺曼人）帮助下横渡了英吉利海峡，最终征服了英国。除伦敦以外的城市中一年要举行三次全民会议，由王公们从家族——贵族——中推选出城市治安官，领导城市的最高行政机关和最高法院，与其他贵族——来自24个区大会的长官，一起共同管理城市。这些城市的城市宪法特别表明，这些城市仍旧依附于王室成员，即诺曼王朝的继任者——"独裁"的都铎王朝。这后来形成了英国的传统。

不同于法国和英国，**德国**的国王在建立中央集权统治的这一方面很是失败，自中世纪的中期以来，即许多新兴城市建立之初，中央势力就变得越来越羸弱了。12世纪的德国共兴建了250个城市，在13世纪增加到了2000个，到中世纪的末期共有4000个，但这些小镇中的人口大多数都不超过500，德国的大城市科隆在1500年人口数量达到35000。由于王室统治力量的衰弱，同法国和英国的那些城市不同，德国的城市取得并保有了独立的司法管辖权和行政自治权。直至12世纪，德国所有的城市还处在当地城市领主们的统治之下，而他们同时还是贸易市场、法院和农庄的主人。此外，德国的国王和侯爵们还兴建了许多城镇，这些兴建者决定着城市未来的走向，而他们的范本主要是科隆、吕贝克和马格德堡。德国的商业贸易规模不断扩大，大部分人都能从城市领主那里获得自由，例如通过赎买方式，或通过对外战争等，在没有中央集权制支持之下，德国国王的势力不断地下跌。城市解放运动的实行者是商人建立的同业公会，从工会那里富裕的商人接收了贵族独有的权力。手工业者首先被排除出去，但是，这些手工业者和他们的同业行会往往能够争到市议会的部分权力。这些德国城市的宪法也是千差万别的。其中，德国北部的马格德堡宪法是这些宪法中一个最为睿智的样本，这一宪法蓝本一直广泛地传播到了欧洲的中东部。在马格德堡，在城市领主裁判之下，市议会首先等同于城市的行政机关和法院。最终，它只是一个有着市议员的行政机关，那些由贵族推选上来的市长还是在它之上。而除此之外，陪审团、法院裁判官和其他来自同一团体的市议员共同分享着城市的权力。在13世纪末，市议员和陪审团逐渐成为了手工业者的代理人。

由于农奴制和城市封建领主制的举步维艰，从中世纪中期以始，在**斯堪的纳维亚半岛诸国**没有建立属于自己的城镇。这些新兴城镇一般都建立在英国人和法国人居住的区域中，并且对于国王他们还有很大程度的依赖性。所以，大多数人认为这些城市是由国王建立的。而他们的数量和规模都远远小于那些欧洲的核心国家。在中世纪的后期，哥本哈根和奥斯陆拥有居民3000人，而斯德哥尔摩的居民总数为7000人。而与此同时，佛罗伦萨的居民人口为10万，巴黎8万，伦敦3万。而德国的大城市，正如我之前提到的科隆人口约为35000。由此可以看出，斯堪的纳维亚半岛诸国的城镇人口数量是极少的。

在斯堪的纳维亚半岛诸国，国王对城市具有很强的控制力。在**丹麦**，国王在每个城市中都设置了拥有最高管辖权的治安法官。而这里仍然存在着有着行政自治想法的市议会。其成员一般都是商业贵族，而市议会除了他们之外，还有一些城市法院审判长或行政官员加入。

挪威的城镇居民在一开始是归于周边地区的古老协会的。而市长和警察长都要由国王任命的城市行政官员来担任，他们有一定的行政自治权。1227年国王马格努斯·拉格开始对四大商业城市的律法进行改革，即卑尔根、特隆赫姆、滕斯贝格和奥斯陆，修订原有城市律法并颁布新的律法。这些城市保有一个由12人组成并由城市行政官员任命的城市议会，同时，取代了旧有司法体系，其城市法院由48个成员组成，他们和王国任命的最高政府官员一起委任城市的行政官员。这是因为这四个城市在这时成为了帝国50个行政区域之一，诸如苏斯勒地区的最高政府官员，是地方行政官员的首领，负责军源的供给和税赋的征收。

瑞典的情况和丹麦类似，国王任命的行政官员拥有最高的司法管辖权。同时这里也存在着城市议会，它们一起构成了城市法院。此外，为了强化城市行政自治权还设有市长。这些政府设置还要受到在这里居住的德国商人的很大影响。自从1252年瑞典摄政比列尔亚尔和吕贝克市签署和平条约之后，在每个城市的城市议会中，瑞典人和德国人要各占议会议员的一半，这可能是为了防止德国人的权力过大，从而损害瑞典人的利益。在这里，汉萨商人同盟拥有强大的金融实力，他们以其轻便的瑞典船舶取代了重型的商用船舶，而其螺丝钉却重于丹麦和挪威。这是有点残酷的维京时代的逆转，在斯堪的纳维亚半岛的北部和波罗的海地区，权力之剑掌握在他们的手中。在中世纪的末期，这一"德国和瑞典各方只能占有城市议会席位一半的"的条款被废除了，汉莎同盟已经失去意义，德国的商人和手工业者被瑞典人同化了。

自从德国的移民在12世纪在波兰、波西米亚和匈牙利落地生根后，在这些村落都依据德国法律生活。与西欧类似，这里的农业经济比较繁荣，自给自足的自然经济被货币经济所取代。进入13世纪后，皮亚斯特、婆瑞米斯里和阿帕德开始纷纷鼓励德国商人和工匠们到这里投资经营。他们想要通过长途贸易方式进一步提振经济，而在通常情况下，这是要借助农民才可能实现的，因为这些贸易并没有生产出什么。但通过新兴城市的建立，巨额的税收流入了他们的口袋，这三个国家的国王们也都由此受益，而这些城市的居民也同样生活在德国法律之下。

在**波兰**，与自己建立村庄相同，波兰也同样以自己的方式建立城市。这些城市被有计划地安置在一个巨大的绘图本上，而居民们则在其所被派发的土地上建造房屋。在**匈牙利**，国王把其领地，即那些小商人和手工业者们已经工作并定居的地方，直接转让给农民。而**波西米亚**的情形同波兰相似，在那里国王号召居民们"建立城镇"，同样的，匈牙利的子爵也宣称"城市要作为居住中心"。而所有这些城市的议会规章都以德国为样板。

波兰城市中只适用马格德堡法。而城市的领头人（Rdz. 80）则是可以世袭的市长。市议会的行政权和司法权都掌握在贵族手中。最早定居在这里的不仅有商人，还有一些成功的手工业者。在中世纪的后期，国王通过任命行政官员的方式影响城市议会的选举，从而限制波兰城市自治权的使用。而**波西米亚**的情况刚好与之相反，最开始，城市的自治权受制于国王任命的执行官，但此之后，由于行政权和司法权的分离，城市的自治权变得愈加强大，那些执行官变得仅仅只是最高司法长官，而市长作为市议会的最高长官掌握行政权。在胡斯运动的风暴中，大多数的德国居民被从这个城市中赶了出去。法院的司法权从国王任命的执行官手里转到了与天主教国王分道扬镳的那些贵族常驻法官的手中。只有在**匈牙利**，城市的自由和行政自治权都没有发生什么改变，在14世纪，他们甚至与贵族同步成为了帝国的部分枝干，并派出使节参与帝国会议。

就如之后的俄罗斯一样，**基辅罗斯帝国**是另外一个世界。在 14 世纪，基辅罗斯帝国共有居民差不多 800 万人，他们中有 50 万人生活在基辅罗斯帝国的 75 个城市之中，约占全部人口的 6%。俄罗斯的城市人口甚至要大于欧洲的那些核心城市。但是，这些俄罗斯城市的结构与西欧和东中欧的完全不同。虽然在俄罗斯也有村庄和城镇之别，即"mir"和"gorod"，但是"gorod"意味着公爵或其代理人，即民防团的城堡驻地。在其脚下则是从事着商业活动和手工业的居民们，即萨德，他们大都被约束在城市里，不具有法律上的人格，只是其领主之下的附属品。虽然存在着卫城，即城市的大会，但那只是他们偶尔聚在一起，对其领主未尽保护义务的抗议而已。行政自治的小细胞是街道社区，它是最小的兵源供给体，除此之外，它的首要责任是管辖其所处区域，在每个城市的中心都建有一个教堂。换句话说，俄国城市生活与西方中世纪早期的城市生活水平相当，但那只是古罗马城市的残留而已。这种城市生活方式一直保留到近代的早期。而城市大会早已被其抛之脑后，只是在 1785 年，即凯瑟琳大帝为了抗衡贵族（Rdz. 105）之时，才效仿西欧的模式给予各城市一定的自主权。此前也有一些例外情况，在中世纪的中晚期，即 12 世纪，在基辅罗斯遥远的北方城市中曾经出现过城市共和国，例如诺夫哥罗德和普斯科夫。它们都是仿照西欧的城市体系所建造的，诺夫哥罗德的城市规模很大，居民人数甚至达到了 2 万至 3 万。这些城市的商业力量是无与伦比的。它们不仅能够与当地的王公们相互抗衡，而且在它们的议会，即全民大会中还可以自行推选主教和行政官，后来在这里甚至还出现了一个城市公爵。自 13 世纪蒙古人在这里实施统治以来，他们一直保持着独立地位，直到 15 世纪末莫斯科沙皇伊凡三世的到来。伊凡三世结束了蒙古人的统治，征服了整个俄国。在 1471 年，诺夫哥罗德共和国首先被其击败，接下来在 1510 年，普斯科夫共和国也被其纳入囊中。

结果呢？俄国的城市仍旧是"东方"性质的城市，马克斯·韦伯也不得不承认这一点。这一状况不仅在俄罗斯，在法国和英国，斯堪的纳维亚半岛诸国和之后的西班牙西部也陆续发生了。在波兰和波西米亚也发生了同样让人唏嘘的事情。只有德国和匈牙利的城市还仍然保有着自由，"欧洲的西方化"由此而生。而即使如此，这些各自有着不同历史和宪法的众多欧洲城市是新文化的起源。没有它，近代的欧洲就不会出现，就不会产生个人自由、正义之门、新的艺术和世界观，以及科学和技术，还有资本主义和社会主义，这些或好或坏的后果，最后，直到今天我们仍旧要向它们施以敬意。

习惯法、法律著作、法律律令

国王、封建制、农奴制、乡村与城镇、教会和贵族之间在中世纪律法结构之中的复杂关系匹配着在法律不同形式和观念之下的彼此相似性。最古老的不成文的习惯法自原始氏族部落之始发展起来,这是这一古老时代的标志,要么是私人的法典要么是官方的正式法律。例如丹麦,在几个世纪之前丹麦人就依据其不成文的习惯法生活,在其不同的区域下习惯法的规定各有不同。之后在13世纪这些习惯法被记录下来,在其他地方的三个最大岛屿,即德兰半岛(北荷斯坦)、波罗的海岛屿和新西兰,即现今的瑞典南部的一个地区。而斯科讷省和新西兰是第一次出现在一个由不明作者撰写的私人法典中。最后在1241年出现了来自日德兰半岛的法律,这是由瓦尔德马国王和他的儿子与主教和帝国中其他伟大的人共同编写的《日德兰法典》(Jyske LOV)。自中世纪末期以来习惯法的编撰越来越多,最终构成了习惯法的立法史。这时,在欧洲各地一直保有这样一种观念,只有国王和封建领主才能颁布法律,而不是其他公民大会或公民大众的变异机构。这些国王和封建领主作为贵族上院可以不受习惯法的约束。法律和立法者的构想来自于希腊哲学——亚里士多德的"政治学"——和罗马法(Rdz. 65)。法律史学家们直到今天还对法律层面上的一些概念有着诸多争议。伟大的神学家托马斯·阿奎那在13世纪对此有着相当不错的描述。《神学大全》中写道:

> 我们可以对法律作如此定义,法律是以一个团体的共同利益为目的订立的,并由这一团体的负责人予以公布的规则。(Ⅱ 1, 90, 4)

一些欧洲君主正是依此概念颁布法律的,而另一些却不是这样,或者至少不是以这种方式。例如,在英国,诺曼王朝的中央集权政府、法院和法学家们一起收集编撰并且继续发展了形形色色的习惯法,于是,英国12世纪的普通法就在这个明智的相互协作中产生了。而一些习惯法却也因为欧洲君主的这种立法方式而淡出了人们的视线。在欧洲各地的宗教律法已经发展为教会法(Rdz. 67),也有人叫作教会法规,它们在祭司和教士活动范围之外仍旧适用着。在11世纪,罗马法在欧洲的这些核心国家中得到了推广,特别是通过大学中讲授罗马法的教授们得到了推广。最终,乡村和城镇的法律形式不可计数。即使如此,在中世纪末期的欧洲各地,由于那些居住在当地、占有绝对优势的人们，陈旧的习惯法仍然作为法律层面上最重要的基础继续保留着。但也有了一些重要的变化，人们将其称为属地原则。在此之前，如德国 13 世纪的东扩（Rdz. 80, 81）时期，依据德国的法律，居民们生活在旧有的属人原则（Rdz. 65）之下，并把这一属人原则推广传播开来。但在同一时期的俄国就是另外一样了。在《萨克森明镜》（Rdz. 84）和基辅罗斯的执政侯与德国汉莎商人订立的合约中都有关于属地原则的规定。如在与德国汉莎商人订立的合约中就有如下规定："居住在俄国的德国人优先适用俄国法律"，而在《萨克森明镜》中也有相似的条款，即 1220 年：

> 继承人继承遗产应依据此土地法的规定，每个在萨克森居住的移民继承遗产也都要依照此土地法，而不是移民原籍贯地的法律，不论他是巴伐利亚人还是施瓦布人或是法国人。（《国家法》第 1 卷，30 章）

为了显示这一不成文习惯法的显著力量，在这里我只以西班牙为例，在罗马人依据罗马法，西哥特人依照西哥特法统治自己的人民之后，在伊斯兰的占领和之后 500 年的收复失地期间，千差万别的习惯法看起来一直在其出生的土壤中留存着，就如中世纪早期所描述的那样（Rdz. 65）。在那些被土地结构分开的无数的小型农村社区中，人们仍然依据自己的古老习惯法，即弗艾罗思生活着，"数量如此庞大的习惯法，使西班牙人在任何时候都一直保持着西班牙人的典型特征"（拉斐尔·阿尔塔米拉）。而许多上层阶级也因此得以幸存下来。

在中世纪中晚期，西班牙法律相互混杂的情形十分明显，在卡斯蒂利亚-莱昂、阿拉贡以拉丁文所书写的律法"西哥特法律"（Visigothorum）继续适用，其西班牙语的翻译是"富埃罗成文法"（Fuero Juzgo）。这两个国家的国王证实了这一律法经常性的一些变化。弗艾罗思在公元 8 世纪到 15 世纪期间是成堆出现的，其确切的数量应为共 495 条。而"弗艾罗思"（Fuero）这一词源于拉丁文的"forum"，意思是广场、法院的空地、法院，它的最好释义是法律。它的第一层意思是在古老的和崭新的城镇和定居点中由国王颁布实施的法律。西哥特人有编撰成文法的传统，例如，1017 年的《莱昂法》，这时的莱昂正是这个王国的首都，此外，"弗艾罗思"还被译为法典，即私人的法律编撰。其中最著名的是 13 世纪在卡斯蒂利亚存在的弗艾罗思特权（Fuero Viejo）。它涵盖了很多法律，旧的私刑法和新的公刑法在此法典中相互并存，最后，随着收复失地运动的终结，新旧法相互混淆的情况得到了简化。最终，阿拉贡王朝终于在

1271 年完成了法律的一体化进程，并由其国王雅克布（Jakob）颁布了由八个部分构成的成文法典，即《韦斯卡普通法》（Codigo de Huesca）。而在卡斯蒂利亚，国王阿方索十世发起了一个团体立法活动，国王阿方索十世被称为智者（1252—1284）：弗艾罗思规则（Fuero Real），共四部，颁布于 1225 年；卡斯蒂利亚（Especulo），共五部，大约也于 1255 年完成。而接下来这部法律在之后的几年里又增加了诸如价格、高利贷、誓言、奢侈品等方面的条款。成文法典，也就是后来使他名声大振的《七编法》（Siete Partidas），共分为七个部分，是在罗马法的基础上订立的法律，这部成文法典并不是他亲自参与完成的，其编写者们是匿名的。即于 1300 年将他们之前所编订的律法之一——也许就是弗艾罗思规则改编而成。由于该法典站在了城市和贵族们的对立面，所以并没有付诸实施，直到智者阿方索十世的孙子阿方索十一世重新颁布了这一法典之后，这一法典才最终发生法律效力。这部法典一经颁布就与其原有的习惯法相对并且在超过五百年的时间里一直占据上风，即一直具有法律效力，而那些针对它颁布的新法则一直处在它的从属地位。

在**法国**，在加洛林王朝走向衰败和卡佩王朝在 13 世纪的集权统治刚刚建立之间这一权力真空期间内，在那些较小和非常小的地区中存在着不成文的习惯法，拉丁文为"custodire"，意为门卫、保存。它们也许与西班牙的那些习惯法一样古老。在法国南部，罗马法传统从未完全中断，而随着罗马法在意大利北部（Rdz. 89）的重生，它又重新振兴起来。法国以意大利为模版发展了罗马法，关于罗马法的学术类研究始于 1233 年图卢兹大学的建立。这些罗马法的只言片语在不成文的习惯法中保留了下来。因此在 13 世纪相继出现了私人的罗马法解释和众多法律著作，如《巴伐利亚习惯法》（Coutumes de Beauvaisis），巴伐利亚是巴黎北部的一个县，此法由在 1283 年担任这里裁判官的菲利普·冯·德博马努瓦所编写，这部法律史上不朽之作可以媲美德国埃克·冯·雷普高和他所编撰的《萨克森明镜》。而在此之前还有一些其他的著作。一开始，即在 1200 年，诺曼底就出现了第一个法律著作，之后在 1254—1258 年，这里又出现了《诺曼底大习惯法》（Grand Coutumier de Normandie），在 14 世纪末于英法百年战争危机之中，法国和英国这两个本民族领域内十分重要的私人法典正式出版发行，雅克·德·阿布来热（Jacques de Ableige）在 1385—1389 年编写了《法国习惯法大全》（Grand Coutumier de France），并于 1395 年由琼·布泰耶（Jean Boutille）在索姆河区域出版发行。1454 年国王查理七世发布诏令，所有的习惯法典只能由他一人统一制定颁布。这一诏令起先在 16 世纪是成功的，但是法国法律的统一在实际上却要晚得多。法国的司法分成两个不同的部分，在北部这一很大区域内施行的是不成文的习惯法,在南部很小的区域内施行的是罗马的成文法。

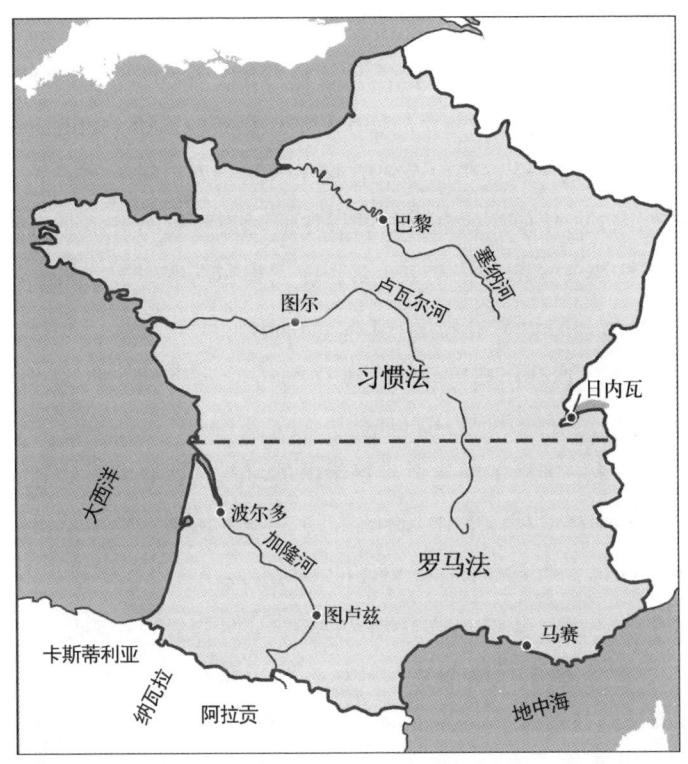

图 7-7 在法国施行习惯法（droit Coutumier）和施行罗马法（droit écrit）的区域划分

德国与法国北部相同,也是施行习惯法的地区。这些习惯法产生在部落氏族社会、郡县、个别的农奴制庄园或一些城市商人的贸易法规中。此外,德国宪法的大部分也是普通法,这些宪法中不仅包括一些封建领主法令,还包括诸如只有德国国王才能成为德意志帝国皇帝、只有教皇才能为其加冕等条例。德国在13世纪也存在过法典,最早和最具有代表性的当属《萨克森明镜》,它由埃克·冯·雷普高于1220年至1230年编写完成。而对于作者埃克·冯·雷普高,人们除了知道他是一个贵族以外,对于他的其他信息几乎一无所知。直到近来人们才发现他可能住在马格德堡这部分地区,他在萨克森区内的诺森小镇低谷中一个小修道院阿尔茨喇内编写了《萨克森明镜》这部不朽的法学典籍。这部法典分为两部分,国家权力和封地权力,国家权力是一个农民作为公民在习惯法中所享有的权力,是萨克森的氏族部落法,而封地权力是有关贵族的规章条款。"国家法"中包含非自行交换的自给自足经济、继承权、监护权、夫妻财产制、私刑法权和第一次出现的公共刑法，以及相邻法、程序规则和极少量的合同法。另外一本法典是于 1275—1276 年在德国南部出版的《施瓦布明镜》（*Schabenspiegel*）。

德国施陶芬王朝的皇帝腓特烈二世被称为第一个引爆立法风潮的立法者，他在 13 世纪参与了大量法律典籍的编撰和法典颁布的工作。他的王国位于意大利南部，而西西里则是欧洲第一个没有封建中间势力、组织严密的中央集权的"现代"国家，1231 年他在他最喜欢的居住地阿普利亚的梅尔菲地区颁布了一部法典，这部法典共三部分，共 204 章，即《梅尔菲宪章》（*Konstitutionen von Melfi*），也被称为《奥古斯塔宪章》（*Liber Augustalis*），这部法典在那不勒斯一直适用至 1809 年，而在西西里岛则直到 1819 年，"这是一个最能表现中世纪法律文化的作品之一"（Gerhard Dilcher）。

自中世纪以来，**斯堪的纳维亚半岛诸国**的习惯法就有着重要意义。如法律历史学家所说的那样，现今它作为一个统一法学领域被人们所认可。这些习惯法大致相同，即每个地方都有属于自己的习惯法。在丹麦和挪威有四个习惯法，在瑞典有七个习惯法。它们形成于原始部落社会时期，即在那里由数百个身强力壮的男人们聚集起来组成的较大社区，他们在丹麦和瑞典被称为"landsdinge"，在挪威则被称为"fylkesdinge"（Rdz. 68）。他们表决这一社区中的主要问题并且将其记录下来（Rdz. 68），同时依据社区内共同的不成文习惯法，他们还构成了这里最高的司法机构。在 12 到 13 世纪这里仅出现了一些私人性质的法典，但到 13、14 世纪，因为法律被看作是国王和国家的律典，所以，法典的编撰成为了国家的事情，由国家来决定。这在很大程度上有利于法律典籍的著述和法典的编撰。

丹麦最重要的法律诞生地位于日德兰半岛、西兰和斯科纳。在斯堪尼亚和新西兰有私人编写法律书籍的传统。国王瓦尔德马尔二世作为立法者，在国家的授权之下，于1241 年在维堡地区开始组织编纂《日德兰法典》。此法的法律效力在日德兰半岛适用，并一直保留到 1683 年。

挪威的四个法律诞生地分别是：北部特隆赫姆的福斯图庭·奥汀半岛、在山上的古拉汀高地、在东部的艾德斯瓦庭高地，以及瑞典边境和南部奥斯陆的博格洼汀。在 12 世纪和 13 世纪的前半期这里出现了众多的法律书籍。国王马格鲁斯·拉格提尔（Magnus' Lagabötirs）统一了这些地方的法律，并且加以完善,即在这四个地方同意下在挪威建立起了一个通行的国家法律,即《马格纳斯·拉加德国家法》(*Magnus Lagabötirs Landrecht*)。这一繁重的伟大工作中,人们主要规范了程序法,私刑法过渡到公刑法、继承法和十分详细的租赁和买卖法。这一法律使挪威在1300年成为了"在法律确定性和定罪领域中欧洲大陆最先进的国家"(埃贝·赫兹·伯格,Ebbe Hertz berg)。对马格鲁斯·拉格提尔的这一高度赞扬是有道理的,但有一点过头,因为在此之前阿拉贡的国王梅尔菲·腓特烈二世就已经在阿拉贡编撰了《韦斯卡普通法》了,而卡斯蒂利亚的智者阿方索也早已经确定了《七编法》。拉格提而所编订的一直保持其原始形态的《国家法》一直延用到了17世纪。

瑞典的法律编撰地北起赫尔辛堡,即今天的芬兰,南部直至西哥德堡和东哥德堡。13世纪初在西哥德堡出现了私人法典,在1290年在东哥德堡出现了半官方性质的法典东哥德堡法典,这一法律的编撰委员会成员都是皇室成员。在1296年,将《乌普兰法》(*Upplandsrechts*)作为法典编撰的核心部分。仿效挪威国王马格鲁斯·拉格提尔在1274—1276年编撰的《挪威通行国家法》,瑞典国王马格努斯·埃里克森(Magnus Eriksson)授权由各个地区的代表所组成的委员会实施瑞典通行国家法的编撰工作。在1350—1351年之后将近10年的时间里它得到了越来越多社区的接受。法典共分14个部分,以国王的权力及权力的行使为开篇,接下来是私法、法院规则。此外,此法典的第7—14部分都为刑法,即整个法典后半部分。与挪威的法典不同,与旧有的国家法相比,此法典并没有得到完全的执行。而它的一些法律条文在17世纪还仍然有效。可能这是因为瑞典国王马格努斯·埃里克森并不像挪威国王马格鲁斯·拉格提尔那样,能在法典的推广适用上耗费很多的精力。此外,这部法典还遭到了瑞典各别地方议会团体的反对,而国王也遇到了内政上的困难,但即使这样,这部法典仍一直沿用至1736年。

波兰直到18世纪还是"一个典型的适用习惯法国家"(Leslaw Pauli)。其国家最古老的并且为我们所知的是于13世纪用德语书写的法典。在14世纪,波兰的国王卡西米尔(Kasimir d. Gr.)也试图像挪威的国王马格鲁斯·拉格提尔那样,在波兰用一般性、通行的法律、法规取代种类繁多的习惯法,但是他失败了,这部法律的实施没有得到贵族议院的许可,甚至也没有留下什么只言片语。

而**波西米亚**的情况则正好相反,其旧有的斯拉夫习惯法已经在13世纪就消亡了,其消亡的原因并不是因为法典的编撰,即像波兰国王所尝试的那样,而是由于随着东部移民出现的德国城市、特别是德国的村庄法规,这些法规大都被斯拉夫村庄所承继,此外新的宗教规章,即婚姻法、继承法和刑法也使得斯拉夫人不再依赖于传统的习惯法。国王们只能在几个特殊的领域内颁布很少的法律,例如,贵族们不怎么感兴趣的《山地权利法》,所有的其他法律都被贵族依靠其强大的地位所阻止了,只有一个与贵族们密切相关的新习惯法得到了发展,它被称为"国家法"。这个"国家法"在一定的范围内适应了波兰西部封建领主制,因此成为了贵族的习惯法,但是在这里它并不是一个封建领主法,而只是波西米亚贵族自己的习惯法。随着贵族自己设立了法院和行政机构,国王的城堡宪法也被废除了。在中世纪的晚期,波西米亚的法律存在着5种模式,处于弱小地位的国王针对贵族颁布的法律,贵族自己的"国家法",以及德国的乡村法,城市法和宗教法。新的"国家法"在14世纪被一些私人会议记录下来,其中最为著名的是《玫瑰城堡法典》(*Rosenberger Rechtsbuch*)。这部法典由一个不知姓名的人以捷克语书写而成,在可能是其第一个拥有者的彼得·冯·罗森伯格(Peter von Rosenberg)之后被人所知。波西米亚的国王们尝试着把各种不同的程序法规、私法和刑法编撰成一部统一的一般性法典,以代替波西米亚人原有的习惯法。但在贵族的反对下,这一尝试在13到15世纪接连四次失败了,而贵族的权力地位也在与国王们的对立下被清除干净。这其中最著名的流产法律是1355年国王查理四世的《卡罗莱法典》(*Maiestas Carolina*),它给中世纪晚期的波西米亚的法律领域留下了很好的印记。

直到中世纪的末期,**匈牙利**仍然一直沿用着不成文的习惯法,在中世纪中期的末期,随着游牧生活的结束,这些习惯法转变为农民法,这些法律在各地各有差异。而在城市它们适用的是德国的城市规章,在中世纪中期,这些城堡式的城镇由之前的国王集中行政管理转变为贵族世袭制独自管理,所以,这里和波西米亚一样也存在着很多贵族习惯法。13世纪,阿帕德王朝的统治走向了终结。1222年国王安德鲁签署了《金玺诏书》(*Goldene Bulle*)(Rdz. 75),1241年随着蒙古人的入侵,这块土地变得满目疮痍,无人居住,中央政权也随之土崩瓦解。这也是为什么在欧洲人撰写法律著作和编撰习惯法法典的百年时间里,匈牙利却毫无斩获的原因所在。一个伟大的法律记录是在国王瓦尔迪夫二世

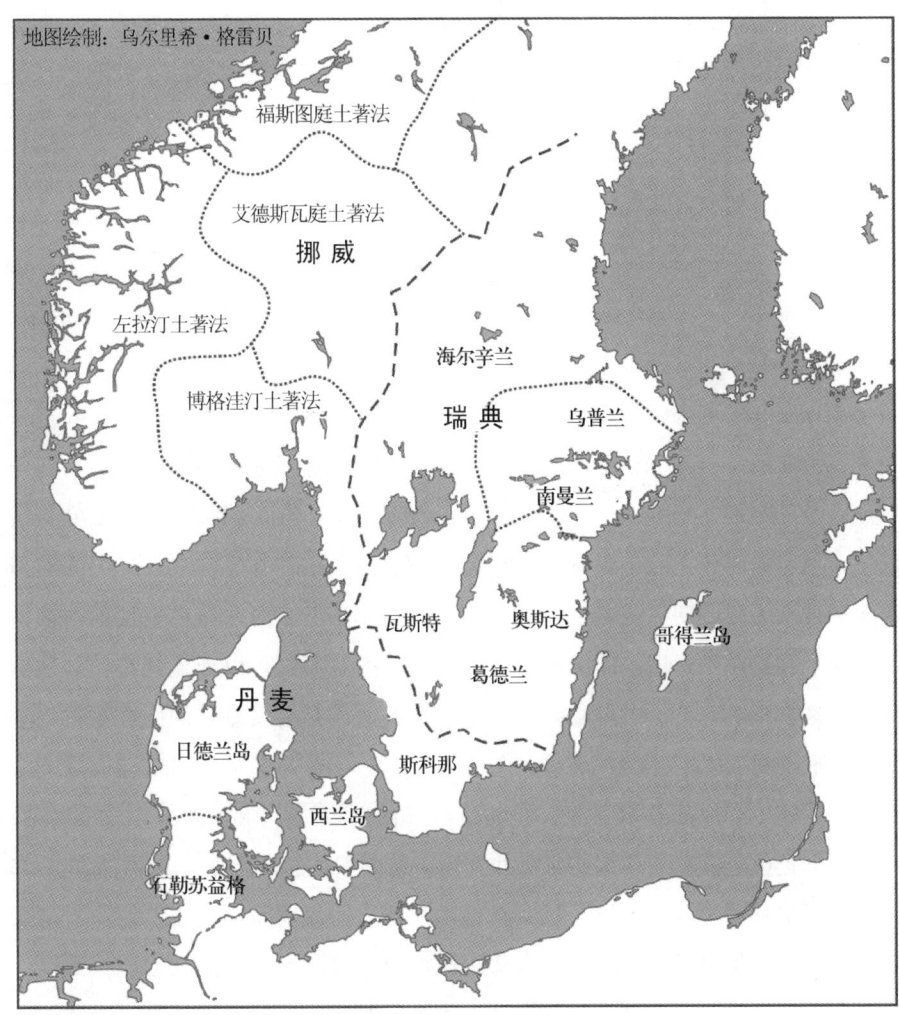

图 7-8 斯堪的纳维亚半岛诸国的法律领域

资料来源：依据阿·沃尔夫（A. Wolf）所著《欧洲的立法（1100—1500 年）》，1996 年出版，第 361 页。

(Wladislaus II.) 的委托之下，于 1498 年开始并最终于 1514 年完成的《佩兰法典》(*Tripartitum*)（共分为三部分）。这部法律，是在一定的罗马法影响之下耗费多年时间由斯特凡·韦尔勃裕芝（Stefan Werböczy）用拉丁语编写完成，这是一个来自于中等贵族并且在政府位居高位的成功法学家。国王想以法典的形式颁布并且对其标注解释，虽然这部法典具有仇视农民的特性，但仍旧被那些高等贵族和达官显贵所抵制，这是因为这部法律把他们放在与低等贵族同等的地位之上。最终，这部法典还是获准签署，得以施行。现今在匈牙利，仍然可以看得到它的一些法律记录，因为这部法典高度的自治性使其在之后的几百年间反复地被启用，运用在法院的审判中，其中这部法典中的一小部分法条甚至沿用至1945年。

在欧洲中世纪的早期，由旧有的不成文习惯法向新的成文法典的过渡，最先始于基辅罗斯的大公。大家可以好好地读一读来自俄国《真理报》的三个版面（Rdz. 66）：这个《真理报》简短的报道只包含了古俄罗斯的前国家时期，即圣徒弗拉基米尔（980—1015）在信仰基督教之前的习惯法。《真理报》的扩展面引用了弗拉基米尔的儿子雅罗斯拉夫（Jaroslaw, 1016—1054）和弗拉基米尔孙子的法典。它在1120年仍旧保存完好并且展示了其过渡性特征，在公爵的领域内有关私刑法的处罚已经变为了罚金处罚。雅罗斯拉夫的儿子在1070年废除了仇杀，取而代之的是对本国经济发展更有利的刑罚体系。之后，因为莫斯科大公的权力受到蒙古统治的制约，所以，在实质上缺乏法律稳定性的习惯法又再次地在法院中适用，而俄国《真理报》的内容不再可以捕捉到有关腐败和妨碍司法公正的起诉。中世纪时期，俄罗斯的法律是最具意义的内容来源，如《普格斯夫法庭规章》（*Gerichtsbuch von Pskov*），它不是一个法律书籍而是一个法典。在这一时期的普格斯夫（Pskov）和诺夫哥罗德（Nowgorod）（Rdz. 82）一样，都是位于俄罗斯北部的城市共和国，他们彼此相离不远。俄国法律在15世纪的下半叶通过议会表决通过，在这部法律中，俄罗斯法制史上第一次对于私法和合同法作出了详细调整。这部法律在经过多次不同的修改尝试后最终在伊凡三世时代定稿。1497年，即在蒙古人统治结束之后，出现了第一个适用于俄国全境的规范性法律《伊凡三世法典》（*Sudebnik*），此法共计48章，它集中地统一了法庭行业秩序和审判程序，因为在立法者看来这些都是最首要的事情。

"整个欧洲都在追求着成文的、具有确定性的世俗法典"，这是斯登·加格纳（Sten Gagner）在1960年其著作《立法思想史研究》（*Studien zur Ideengeschichte der Gesetzgebung*）（Rdz. 302）中写的一段话。事实上，伴着12世纪前奏的这一爆炸性变革到了14世纪终曲谢幕。在13世纪，即由中世纪中期到中世纪末期的这个过渡时期是法律著作和法典编撰的伟大时代。在这时，英国的普通法则汇总了格兰维尔（Glanville）和布杜克斯顿（Bracton）这两部法学典籍（Rda. 89）。

下面简要地记述下从西班牙到俄罗斯的这一法律变革：

表 7-1　欧洲中世纪中期和晚期的重要法律著作和法典

欧洲中世纪中期和晚期的重要法律著作(RB)和法典(G)
12 世纪：Rechtsbuch des Gulathing, RB, 12 世纪第一个十年的《古拉庭法律全书》，挪威 　　　　Erweiterte Russkaja Pravda, RB, 1120 年的《罗斯卡亚真理的延伸》，俄罗斯 　　　　Rechtsbuch des Bogarthing, RB, 1140—1152 年的《布拉庭法律全书》，挪威 　　　　Rechtsbuch des Eidsivathing, RB, 1152 年后，《艾德斯瓦庭法律全书》，挪威
13 世纪：Schonisches Recht, RB, 13 世纪前期的《斯科讷法》，丹麦 　　　　Rechtsbuch des Frostothing, RB, 1215—1220 年的《福斯图庭法律全书》，挪威 　　　　Erichs seeländisches Recht, RB, 1216—1241 年《埃瑞彻斯海洋法》，丹麦 　　　　Sachsenspiegel, RB, 1220—1230 年，德国北部《萨克森明镜》 　　　　Konstitutionen von Melfi, G, 1231 年，意大利南部和西西里的《梅尔菲宪章》 　　　　Bracton's De Legibus, RB, 1230—1250，英国布拉克顿的《论法律》 　　　　Jütisches Recht (Jyskelov), G, 1241 年，丹麦《日德兰法》 　　　　Codigo de Huesca, G, 1247 年，阿拉贡、西班牙西部《韦斯卡普通法》 　　　　Westgötenrecht, RB, 13 世纪中期，瑞典《西哥特法律》 　　　　Grand Coutumier de Normandie, RB, 1254—1258 年，法国《诺曼底大习惯法》 　　　　Fuero Real, G, 1255 年，卡斯蒂利亚、西班牙《王家法令》 　　　　Especulo, G, 1255 年，卡斯蒂利亚、西班牙《思索》 　　　　Magnus Lagabötirs Landrecht, G, 1274—1276 年，挪威《马格纳斯·拉加德国家法》 　　　　Schwabenspiegel, RB, 1275—1276 年，德国北部《施瓦本法典》 　　　　Coutumes de Beauvaisis, RB, 1283 年，法国《博伟习惯法》 　　　　Ostgötenrecht, RB, 1290 年，瑞典《东哥特法律》 　　　　Upplandsrecht, G, 1296 年，瑞典《乌普兰法律》 　　　　Siete Partidas, G, 1300 年，卡斯蒂利亚、西班牙阿方索十世的《七编法》
14 世纪：Rosenberger Rechtsbuch, RB, 14 世纪前半期，波西米亚《罗森贝格尔法典》 　　　　Statuten Kasimirs d. Gr., G, 1347 年，波兰(此法流产)《卡西米尔法令》 　　　　Magnus Erikssons Landrecht, G, 1350—1351 年，瑞典《马格努斯埃里克松国家法》 　　　　Maiestas Carolina, G, 1355 年，波西米亚(此法流产)《卡罗莱法典》 　　　　Grand Coutumier de France, RB, 1385 年/1389 年，法国《法兰克习惯法》 　　　　Somme Rural, RB, 1395 年，法国《索姆河乡村习俗》
15 世纪：Gerichtsbuch von Pskov, G, 15 世纪后叶，俄国普斯科夫裁判簿 　　　　Sudebnik, G, 1497 年，俄国《伊凡三世法典》《全俄罗斯法典》 　　　　Werböczys Tripartitum, RB, 1514 年，匈牙利《伊什特万习惯》

这些国家"编撰法典的渴望"("Drang zur Kodifikation", Sten Gagnér) 主要有两个原因。第一个原因在于，这一时期出现了思想上的大规模转变，这就要求人们更多地回归理性（Rdz. 74），第二个原因在于，教会法渐渐地朝着与世

俗法学家和公爵的世俗法相匹配的方向过渡。即在判决（Decretum）与法律汇编（Gratiani）之后，又出现了成文法典《莱博塞克斯特斯法令》（Liber Extra）。与稳定和准确的教会法庭相互竞争也许是俄国《真理报》之所以不断拓展的根本原因，这是因为位于拜占庭、俄罗斯的神职人员已经有了成文法教义了。而之后出现的法律书籍和法典在中东欧（波兰、波西米亚和匈牙利）的失败都表明这一时期封建君主制的衰弱与贵族势力的强大（Rdz.75）。这些贵族的权力被局化在其本土化管辖权里，因此他们就没有兴趣在其较小的领地中制定全面的、成文化的法律和法规。

总而言之，欧洲中世纪中晚期的法律走了这样一条道路，即从较小地域内的不成文习惯法到编订法律书籍，再到编撰整个国家的通行法典，最后使其更加合理、更加稳定。大多数在立法领域内的领先国家都位于西班牙、法国和意大利，而他们都是适用罗马法的地方（Rdz.93）。紧接着就是编订英国的《英国普通法》（Common Law）、丹麦的《日德兰法典》和挪威的《马格纳斯·拉加德国家法》。没有任何一个国家像波兰那样倒退，它的贵族有意识地捍卫着他们的围栏王国。伴随着欧洲各个国家法制发展的不同速度，欧洲步入了它的法律近代史时代。就如拉斐尔阿尔塔米拉（Rafael Altamira）对西班牙所描述的那样，成文法在许多国家的发展在另外一方面也突出地显现了不成文习惯法显著的吸引力。

约翰·内格罗与其妻子之死

由于不成文的法律、法规造成的司法官员司法的不确定性，在西班牙出现了判决集锦这一类的法学著作。在英国的普通法中这些判决集锦作为判例，从而引导其他案件的判决。在中世纪的西班牙它们又被称为范茨奈斯（fazanǎs）。在这里提供13世纪在卡斯蒂利亚的布尔戈斯（Burgos）城市法庭所做的一个判决。西班牙的法律历史学家加洛·桑切斯（Galo Sanchez）对卡斯蒂利亚的法律制度是这样描述的："卡斯蒂利亚，是一个没有法典的地方，它是范茨奈斯的故乡，是一个有着自由裁判权的国家"。这位法律历史学家认为，一个没有主导规则的自由判决权有时难免太随意。就像在下面这个案例中法官迪亚戈·洛佩斯·德·法罗（Diago Lopez de Faro）作出的决定那样。卡斯蒂利亚的判例总集第261：

"判例"：约翰·内格罗（Johann Negriello）和戴娜·乌尔拉卡（Doňa Urraca）是一对夫妻，一天晚上戴娜·乌尔拉卡在街上游荡一夜，当她走过城门旁的时候，被一些人拿着石头击打了头部，导致头部破损，出血不止，她转身往家中跑，以求丈夫救助。然而，当她到达家门口之时，她的丈夫看到她的情况并没有让她进屋，后戴娜·乌尔拉卡又向城中跑去期望寻求其他救助。跑不多久，由于失血过多，最终死亡。这个女人没有死在她自己的家中，而是死在了这个城市的其他地方，有些人认为是她的丈夫杀死了她，理由是，她之所以死去是因为她的丈夫不让她进门。他丈夫不敢让她进屋，是因为他害怕自己的妻子死在家中。

根据在迪亚戈·洛佩斯·德·法罗之前的法庭判决，已经将这个男人绞死，并在将其绞死后表示，只要他和他的妻子没有做出把他们全部财产遗赠给教会的意思表示，那么他和他妻子的全部财产就要归为他们的亲属们所有，但是要向国王支付罚金。而迪亚戈·洛佩斯·德·法罗所作的判决是，他们的亲戚不需要为这个袭击或者扰乱公共安全的事件负责，因此他们不需要为此向国王支付罚金。正应如此，他们的亲戚在他们死后取得了他们的全部财产。

普通法与罗马法

这一案例一方面显示了早在这个时候就已经出现公刑法了，但另一方面，人们完全不需怀疑，就如加洛·桑切斯所说，过于自由的法律很容易造成不公正的判决。就如这一案例，卡斯蒂利亚的习惯法使这一案件中的丈夫约翰·内格罗害怕，如果他的妻子在家里死去，那么他就会被判为凶手，除非他能够证明他的妻子是另外一个人杀死的，但这显然是十分困难的。多少个因为袭击伤害而作出的死刑判决都游走于法律的边缘。此外这个案例也向我们展示了，在死刑判决后，被处死之人的继承人不必因袭击和危害公共安全之罪向国王支付罚金。那么为何这一案例中的丈夫还要因为袭击事件而被判处死刑呢？这是相互矛盾的。它暴露了习惯法的弱势所在。亚平宁山脉的东部边缘的博洛尼亚（Bologna）位于洛基山·卡诺莎城堡（Felsenburg Canossa）的广阔区域内，这里曾是德国国王亨利四世在1077年拜会教皇格列高利七世的地方，那时格列高利七世正在托斯卡纳势力强大的侯爵夫人马蒂尔德家中做客，"教皇革命"（Rdz. 77）让他们到达了权力的顶峰。也许当时伊尔内流斯就居住在这个城市的下方，但无论如何，他在此事件发生的35年后的1112—1113年曾经做过几个月侯爵夫人马蒂尔德的律师，在这时，这位侯爵夫人仍居住在卡诺莎（Canossa），但不久之后就死去了。而关于这个博洛尼亚最著名的大法学家伊尔内流斯的生平我们知道的并不多,只知道他在 11 世纪的最后几年里在这里教授法律,而这一时期不但是教皇革命,而且还是农业革命和商业革命的转折点(Rdz. 74)。而他也以他的方式来关注这个时期的变化,在法律上这是一个新的开始,这是一般成文法典(ius commune)的时代,即在古罗马法基础之上的"普通"法的时代。在意大利的北部,古罗马法的传统并没有被打破。自伊尔内流斯开始,经典的法律片段被收集,这些片段之间彼此联系而其内部最终再次统一为一体,这些都奠定了欧洲大学的基石,而博洛尼亚也成为了新兴的普通法的研究中心。

那些被伊尔内流斯收集的片段中包括《查士丁尼法典》和《学说汇纂》的部分手抄本,它们在这个时期流入意大利北部,人们称之为《圣经》手抄本。《学说汇纂》部分可以追溯到著名的 F. 手抄本,即所谓的弗洛伦蒂娜(Florentina),它保留至今,现在这个手抄本保存在佛罗伦萨的博物馆里,它是一部全套的查士丁尼《学说汇纂》,这部手抄本的原文创作于公元 533 年。在公元 9—10 世纪,法典的收集者们来到了意大利的南部,但在这里他们除了发现两个近似的抄写本外一无所获,在这两个版本提交之后,11 世纪这里又出现了一个趋于遗失的法典 S,法典 S 是第二次誊写稿,与手抄本 F. 和其他的文献相比,它是初版本,是所有《圣经》手抄本之父,伊尔内流斯从这部法典中收获良多。在 1100 年这些法律典籍又被伊尔内流斯重新归纳联系在一起,这种连接并不是表面上的而是内部的,他在课堂上对其进行了简短的说明、解释,并且还引用了这些典籍中的一些内容,这种形式被称为"注释",希腊语译为"glossa",即舌头、语言和解释。因此,伊尔内流斯和他的追随者们被称为注释法学派,这个手抄本 F. 在当时的比萨如此罕有,就像人们今天在佛罗伦萨碰见一个普通的法学教授那样。伊尔内流斯的注释法学派显现了他们高深的法学造诣,"总是那么准确,有时又是那么的简短、简洁,常常那么的精妙"(Hermann Kantorowicz)。在伊尔内流斯为他的学生授课时,其按照《学说汇纂》和《查士丁尼法典》的次序来进行的法学知识讲授取得了巨大的成功,其学生数量大规模增长,在他的追随者努力之下,这里诞生了作为法学院的欧洲第一所大学。在 1200 年学校的学生人数数以千计,这些学生中的一半都来自欧洲的核心国家。人们在这里学习罗马法和教会法,罗马法依据的是《学说汇纂》和《查士丁尼法典》,而教会法依据的则是《格拉提安的法令规范》(Dekret des Gratian)(Rdz. 87)。首先(第一步),这些罗马法的经典法学著作从西部被带到了东罗马的拜占庭帝国,接着以《学说汇纂》的方式回到了意大利;然后(第二部);从伊尔内流斯的手中传到了博洛尼亚和意大利的其他大学,最后,也就是第三步,在中世纪末期，它们由非意大利裔的学生一直传播到所有欧洲核心国家。这里出现了许多以法律为职业的人，他们不再像古罗马那样被称为"iuris consultus"或者"iuris peritus"，而是被称为"iurista"，这个新词产生于1200年，这一称号在中世纪中期末叶专门的法律行业已经站稳了脚跟。

大学是学生和教授组成的团体，是由在博洛尼亚生活的学生联合所创建的。大部分的学生都来自贵族或富裕的家庭。他们向老师支付报酬并且作为"一个自我管理合作组织"（Helmut Coing）而聚拢在一起。在他们的上面是由其共同选举出来的校长制定的规章条款。差不多在博洛尼亚大学出现的同一时期，一些大学也陆续在欧洲出现了，1150年在法国的神学院，最开始是作为一个教授大学而存在的。这种类型的大学由教会、城市或者公爵出资，最后遍布整个欧洲，也包括意大利，而意大利在中世纪的中期除了这些以教授为主的大学外，也创建了很多作为法学院的以学生为主的大学，例如摩德纳（Modena）、帕多瓦（Padua）和阿雷佐（Arezzo），医学院则在萨勒诺（Salerno）。中世纪的末期，欧洲共有66所大学，其中法国17所，德国16所，意大利13所，西班牙11所，苏格兰2所，英国2所（牛津和剑桥），丹麦（哥本哈根）、葡萄牙（里斯本）、瑞典（乌普萨拉）和波兰（克拉科夫）各一所。

注释法学派的研究终止于阿库休斯（Accursius，1182—1260），他于1234年通过对注释法学派著作的整理汇集编著了《通用注释》（*Glossa Ordinaria*）。在博洛尼亚居住的时候，阿库休斯产生了一个想法——把自伊尔内流斯之后150年间注释法学派主要法学家们的伟大成果汇成一体，而为这项工作他一共花了15年的时间。《通用注释》共有5卷，它是一个巨大的成功，而阿库休斯"作为至今为止最有影响力的法学家之一至今仍旧活在我们身边"（Hermann Lange）。他所编著的《通用注释》直到近代仍旧一直被重印，并且一直沿用到了18世纪，即总共使用了近500年的时间。没有《通用注释》，罗马法不可能这么快而集中地在欧洲这些核心国家中传播开来。注释伴随着作者的名字书写在古罗马典籍的边缘，古老典籍在每页的中间位置，围绕在其周围的是字迹相对较大的注释部分。这一用小写字母书写的注释部分彼此相连，而在此之前注释法学家们的注释通常是写在这些古老典籍的两行之间的，从阿库休斯编著《通用注释》之后，这一旧有的注释方式已经不再被使用了。事实上，此书编撰之后人们就只能使用它了，而不再简单地使用在本书尚未出现前所通用的《查士丁尼法典》的原始文本。《通用注释》的影响如此之大，以至于在接下来的半个多世纪之内，再也没有出现像它这样重要的法学著作了。

所谓的注解法学派，又称评论法学派（Kommentatoren），最先开始于1300

年，开创了中世纪罗马法制史上的新时代。这一学派的两个最主要的代表人物是巴尔多鲁（Bartolus, 1313—1357）和他的学生巴尔杜斯（Baldus, 1327—1400）。两个人都在配鲁古贾（Perugia）任教。他们也对《查士丁尼法典》的一些个别章节进行注释，但评论却是其研究的主要方式，如买卖法和侵权法并不是每个部分都与注释法学派相同。除此之外，他们又结合了意大利北部新出现的城市法规——成文法，地区（特别）法。比起注释法学派，注解法学派与法律实务联系得更为紧密，而对于一般法（ius commune）和地区特别法（ius proprium）两者之间的关系，注解法学派的法学家们也进行了许多积极而又专注的思考。而注释法学派也深知，罗马法的理论学术研究在很大程度上对于法律生活的现实起不了建设性的作用。而买卖法和侵权法在这点上就要好得多了。但是人们应当怎样在新的社会法律和法律的转换中运用罗马法这个工具并发展它呢？随着法律成为专门的职业，"一般（普通）法"在注释法学派的法学家们看来就是接近完美的法律，在法律实践工作中他们可以遵循这个精神继续前行。而地区特别法与一般法相较具有优先权。但注解法学派的法学家巴尔多鲁对此则有不同的看法，他能更好地协调适用一般法和特别法《有关财产管理的讨论》：

普通法的基本原理不允许被成文法的框架所掩盖。（第8章第7节）

此外，他在对《学说汇纂》的第一个标题"法学阶梯"（De iustitia et iure）的片段进行的评论中更明确地说出了他的想法：

所有对于成文法的诠释都立于罗马法的权威之下。（第1篇第1章第1节）

曼丽欧·贝罗模（Manlio Bellommo）在他的书中对一般法在使用和适用中的区别作出了阐述，律师们使用通行法的目的是为了更好地适用特别法。就如今天的律师那样，当他遇到一个他并不熟知的法律领域中的一个问题时，他所借用的是其在大学和在学术研讨服务中长期获得的一般法学知识。一般法作为学术方法对特别法来说是"理想之法"，这是伟大的巴尔多鲁的伟大的解决方法。不认为不公平还能走很远的人，才是法律上最具有威信的。就如关于巴尔多鲁的谚语中所说："如果不是巴尔多鲁的追随者，那就不是真正的法学家。"

经典的罗马法复兴到底有什么背景？早在1834年弗里德里希·卡尔·冯·

萨维尼（Friedrich Carl von Savigny）在他的著作《中世纪的罗马的历史》的第2版中对此就给出了答案：

> 这些城市（在意大利）现在是难以想象的富裕，人口聚集而活跃，它们的贸易是那么的具有鲜活的生命力，它们的商业促使了成熟民事法律的形成；而在这一状态下德国的民法已经不再那么适用于这里了，而十分贫乏的罗马法知识又难以拿去应急，现有的罗马法原始资料已经十分充足，人们只需要去花时间来运用这些原始资料，即通过对这些资料的科学分析研究得到一个完全能够适应这一新兴需求的法律。（第3部分，第84页，1961年）

换句话说，新理性思想的萌发和经济的转型都需要一个理性的法律，而这一需求并不仅局限于意大利北部。正因如此，罗马法在欧洲的核心国家中才得以迅速的兴起，大学在这些地方四散开来。罗马法理论的讲授不再局限于意大利，而是扩展到西班牙、葡萄牙、法国和德国。在法国，罗马法（droit écrit）的研究的中心在南部（Rdz. 84），这种法律课程在中世纪的中期就已经开始了，如在图卢兹（Toulouse）和蒙彼利埃（Montpellier），而在北部则是卢瓦尔河畔的昂热和奥尔良。在葡萄牙和西班牙是里斯本大学和萨拉曼卡大学，而德意志神圣罗马帝国由于缺乏罗马法的传统，所以直至中世纪的晚期才开始创建大学。从布拉格开始，即于1348年建立布拉格大学，紧接着在14世纪建立了维也纳、海德堡和科隆大学。但是要强调的是，直到15世纪末期，在这些德意志神圣罗马帝国的邦国中还只是教授教会法，所以德国的学生们只有在外国的大学中才可以受到普通法知识的教育。因此，数量众多的学生去往意大利和法国的南部。

天主教教会法

天主教的教会法是第一个在几乎整个欧洲都广泛传播的跨国法律制度，只有希腊——东正教的一些国家不在其内，拜占庭和俄国是这些国家中最大的。教会法在希腊语中为"kanon"，意为教堂法律的法规。它不仅存在于这些欧洲的核心国家中，在英国、在斯堪的纳维亚半岛诸国、在波兰、在波西米亚和匈牙利也同样被使用着。它是一个高度发达、复杂和一体化法律，它是在罗马法的基础之上发展而来的。在此之前更早的时候，它还有着现实的实际意义，即在这些国家的教会法庭还对世俗案件进行司法解释。在大多数的国家中，这种由教会作出司法解释的传统始于12世纪，在一些国家则始于13世纪，教会最高法庭，即终审法庭位于罗马的罗塔，这一称谓可能是由法官的长椅围绕一圈而得名的。

在"教皇革命"中，格里高利七世统治世界的目的并没有因《教皇敕令》的颁布而得以实现。但是源于此教会成为了一个跨国的组织，教皇是这一组织的头目，与之相匹配的是一个与现代化国家十分相似的行政机关和司法机关。在近代早期，所有国家的机构设置都是以它作为模板的。按照神职人员的称谓，教会所作的司法解释先始于主教法庭，再到大主教，最后到作为最高法官的教皇。在理事会之外，他们的判决——法令——就成为了教会法的主要内容。这是教会最早的司法管辖权，后来这一权力重新回到了受到教育的法学家手里，主教不再亲自对案件进行裁决，而通过其任命的法官来对案件进行裁决，这些被任命的法学家不仅要受到教会法的教育，还要学习过罗马法。教会法的起点可以追溯到前古时代的晚期，而在欧洲国家广泛分布的起始时间，各个城市各有不同。博洛尼亚在1100年，即在伊尔内流斯对罗马法进行研究的时候。与此同时，格拉提思安正在研究教会法，格拉提思安可能是在博洛尼亚居住的一个教士，有可能上过伊尔内流斯教授的法律课，他对十分混乱的教会法律资料进行整理收集，编著了有关教会法的巨著。该教会法共分为三个部分，第一个部分共101章，第二个部分是36章，第三个部分为5章。在1140年格拉提思安完成了这部巨著，并且以"奇异教教规考订"（Concordia disconcordantium canonum）为标题，德国教会法统一编订后，人们发现许多教会的规章彼此之间自相矛盾。接下来又出现了另一个被称作"格拉奇安教令集"（Concordia disconcordantium canonum）的，所以这部教会法被称为《格拉提思安法令》。与注释法学派一样，这部伟大的法律著作不仅第一次科学地阐述了教会法的基础，注释法学派在这里又被称为《格拉奇教令》，而且又把教会法庭的重要的司法解释文书按照级别逐一分类，教皇成为了其最高的代表（Rdz. 61）。在这部著作中可以看到教皇的决议，他的决议就是拥有最高效力的法律。接下来在乌尔比安所记录的第1章第4段记录了罗马教会法：

最高法院的法官决定了，即具有法律效力！

教会法和罗马法一样都可以在大学里学到。争议的问题在于，教皇的决定是否应优于教会法庭的终审判决，这些法令虽然只是一些特殊情况下的案例，但他们都有法律效力。在中世纪的末期，除了这部教会法之外又出现了由私人编订的教会汇编，即约翰·查普伊思（Jean Chappuis）所汇编的后来所称之《教会法大全》（Corpus Iuris Canonici），出现于1499—1502年，其内容是：

1. 《格拉提安法令》（Decretum Gratiani）（约1140年）
2. 《莱博艾斯特法令》（Liber Extra）。《格拉提安法令》的额外附令（Dekretalenbuch Gregors IX. außerhalb des Decretum Gratians）由罗马教皇格雷戈里九世委托编辑成书，包括《格拉提安法令》。于1234年出版，共分五部分。
3. 《莱博塞克斯特斯法令》（Liber Sextus），由教皇格雷戈里九世之后的教皇博尼法斯八世委托编辑，于1298年出版发行。
4. 《克莱门汀》（Clementinae），教皇克莱门特五世于1317年颁行。
5. 两个私人收藏的法令和决议。

以这些汇集编为榜样，这时在巴黎教书的一个法国法学家迪奥尼修斯·戈托弗霍杜斯（Dionysius Gothfredus）在1583年汇总了《查士丁尼法典》，其编撰的成果称为《民法大全》（Corpus Iuris Civilis）。这个名字一直保留至今。罗马法和教会法都有了各自法律体系，即欧洲一般成文法典（ius commune）的大部分内容，一个是适用范围更大的教会法，而另一个是适用于小范围欧洲大陆核心区域的罗马法。他们的代表人物在大学一个被称为圣教法典（Kanonisten），其他的法律（Legisten），拉丁文称作"leges"，也就是法律，即查士丁尼法。

伴随着欧洲核心国家中普通法的普遍适用，教会法和世俗法的相互作用所引起的后果对于一体化的当代欧洲——和"西方"世界的其他部分——来说就是法律和宗教的完全分离，而"政教合一的混合结构"（马克斯·韦伯）被遏制了，而世俗和宗教融合的这一法律体系在欧洲之外的其他司法区域内仍旧保留着，如中国、印度和伊斯兰（Rdz. 166—168）。政教合一的统治存在于所有的生活领域，虽然这是"教皇革命"要达到的目标，但在欧洲却失败了。政教混合或者比其更好的统治模式容易出现非理性和社会停滞的状态。当法律和宗教分开时，由此国家和教会被分开，这时理性就会有规律地逐渐加强，而社会、科学、技术的进步也就成为了可能。而其所导致的这种机遇和风险并存的后果却是人们时常喜欢争论的。随着开放社会中的民主和人权的发展，人们最终肯定会找到比不受控制的统治更好的解决办法。一般法中的理性趋势加强了，这是因为它的两个组成形式，即教会法像罗马法一样变得更为理性了。通过职业的法学家，法学知识的进修开始了。这意味着法律在一定程度上的确定性增强了，而这一点也促使了技术和科学的进步。

教会法有了长足的改进。第一，改善了教会法中常常受人责难的纠问诉讼。教皇英诺森三世在1206年发布法令，明确了针对高级神职人员的一般原则程序有了谨慎的变化，这一程序也被称为侦查程序。在以往经常采用的古老的私人起诉程序（Rdz. 68）往往都随着被告人"自证清白"即告终止，被告人不需要说明事实的真相到底是什么。特别是在法国南部，在这里无辜者（被告）只要指派他的使者——律师——向教会主教进行说明，就可以免除嫌疑。但纠问诉讼是一个与以往完全不同的诉讼程序。这一程序要求教会对被指控和怀疑的人进行初步审查，在审查之后再决定是否应该启动审判程序，而不是一味地去听任这些提出指控的人。除此之外，它还要求一个详细真实的、附带着律师对其所调查的"真相"所作出的评判，以及关于证人和被告进行听证的书面报告，以便基于此判定是否终止审判程序。这个新的纠问诉讼按今天的术语来说就是司法审查中第一个必经程序，由此，由政府提起诉讼的公诉取代了旧有的私人诉讼，而依照这一新的起诉程序，起诉人即原告必须承担举证责任。第二，在法庭的调查和判决程序中，职业律师代替了在此之前的没有经过法律训练的陪审员。第三，依据调查结果法官决定庭审程序的进行节奏，不听任发生争议双方的辩解，这种做法虽然具有严谨的素养性，但是并没有公开性、和半理性或理性的证明方法。而在那个时候，这种方法适应了法律的科学性增强的这一态势。这一新的程序最终在伟大的拉特兰宗教大会上被确定下来，刑讯由此不再作为侦查审判的手段。

但是在半个世纪后的1252年发生了一件事，即教皇英诺森四世下令使用纠问诉讼迫害"异端"（Ketzern），而这一程序经常和刑讯逼供绑在一起使用。"异端"这个贬义的称谓源于卡特里派教徒（Katharer）的自称。希腊单词 katharos 在德语的意思是纯粹的、不受欺瞒的、真实的。卡特里派教徒曾是一个基督教的宗教运动派别，其派别的一部分经过一些改变至今仍旧存在。而卡特里派教徒宗教运动的主旨是反对排场和教会的过度统治，希望通过朴素的生活代替教会和教士传播主的福音。这一派别触动了天主教这一跨国组织的核心，而回答它的就是刑讯，而天主教也并不是初次这样做（Rdz. 98）。

教会法已经做出了一定的成绩，在12和13世纪，教会刑法已经发展成了精确的罪责学说，但之后这一进步的刑法学说又被教会所遗忘了。在19世纪和20世纪，教会刑法以同样的形式又在世俗的刑法中重新地被创造了出来。在私法中，教会法认为所有形式的约定——被称为"赤裸协议"（nuda pacta）——

都为有效协议，克服了罗马合同法中有关形式要件的要求，加强了当事人订立合同的自由。而教会法在私法中的最大贡献在于，教会法要求：只有男女双方同意缔结的婚姻才是有效的婚姻。这一规定加强了妇女的权利，特别是加强了她们对抗中世纪普遍存在的强迫婚姻的权利，教会法的这一规定被称为双方真实的合意（consensus facit nuptias）。即只有在共同的意愿——男人和女人——之下的婚姻才能成立。而这一条件已经为婚姻的持续确立了保障，补充说明的一点就是，婚姻不仅必须有来自教会的祝福，而且还必须是身体上的圆满，因为有鉴于耶稣基督父母的婚姻，所以随后出现了一个对此问题的教条式难题，而这些也导致了教会法的学者们对此点问题的复杂争议持续了长达一个半世纪，直到12世纪末，教皇亚历山大三世才对此作出了最终决议：即婚姻只需要男女双方达成结婚的合意就足够了，但其前提是它要受到教会额外的祝福。

在整个欧洲，也包括有着希腊东正教信仰的俄罗斯，君主和教会对于世俗法院和宗教法院的工作分工达成了一致。教会法庭判决管辖宗教问题上的争议，而世俗法庭则管辖在世俗问题上的争端。除此之外，教会还取得了在精神领域的绝对优先权（privilegium fori）。针对神职人员或者由神职人员引发的诉讼程序要由教会法院进行判决，但这并不是在所有地方都那么容易实现的。例如，在英国就上演了一幕发生在亨利二世国王和坎特伯雷大主教托马斯·贝克特之间的风暴。最后在1164年，两人经过冗杂的妥协后，于英格兰西南部索尔兹伯里，即国王的狩猎小屋中签署了《克拉伦登合约》。但是在1170年亨利二世犯了一个错误，他使托马斯·贝克特在坎特伯雷的教堂里被人谋杀了，这一事件引起了教会广发的无休止的愤怒，而国王亨利二世也不得不放弃之前的《克拉伦登条约》，随后，托马斯·贝克特的死亡促使了教会赢得了在英国的司法优先权，但这一"司法优先权"指的仅仅是刑法上的最高审判权，并不是其他的纠纷。

宗教法庭对于有关神职事件的相关事宜具有管辖权。其适用的首先是教会内部法，即有关调节教会内部，如上帝崇拜、任命教士、教士独身主义等等；此外还有一些世俗规章，其中最重要的要数家庭法，在数百年的时间里，家庭法被打上深深的教会法的烙印，归属于宗教范畴，而这些主要是通过教会的受洗、誓言、圣餐和最后的仪式等实现的。迄今为止婚姻对于天主教徒来说就是圣礼，是一个忠于神的恩赐。由此得出的当然就是禁止离婚，因为婚姻是神赐给人们的，所以人们不能自行解除。虽然是同一个规则，但不同的国家却以截然不同的方式遵循着，一部分国家通过法律结构就能够回避这一难题。整个中世纪时期，俄罗斯几乎没有实行过与教会法有关的家庭法之中的禁止性规定，而挪威开始施行的时间也比较晚。除此之外，继承法因为与家庭法密切相连，也是教会法的一部分。针对当时现行有效的基于家庭和亲属关系的单行法继承法，教会法中的继承法采用的都是来自罗马法中的遗嘱继承和遗赠继承。这种方式对于教会的好处在于，一些人为了死后能够得到灵魂的救赎，在遗嘱中将财产赠与了教会。

世俗法对教会法的一个有问题承继就是刑法中的"纠问诉讼"，就如之前所述，这一"纠问诉讼"是教会法进步的原因之所在，但是这同时也出现了一个可怕的后果。自13世纪开始一直到近代早期这一漫长的时间里，这些借助"纠问诉讼"的异端迫害和"女巫追索"，使得成千上万的受害者被处以火刑，直至今日人们也不能算清确切的死亡人数。异端审判属于教会的管辖，但是以教会为蓝本的纠问诉讼也被世俗的司法机构所使用，而这些世俗司法机构有时甚至先于教会对受害人进行刑讯（Rdz. 98）或进行"女巫测试"，而这些都导致了近代早期一些可怕后果（Rdz. 112）的出现。然而，这一从教会法中引进的纠问诉讼的应用范围并不大，它仅局限于欧洲的几个核心国家，而这些地方往往是异教徒受到迫害的重灾区，如法国、西班牙、德国和波西米亚。原因很简单，卡特里派教徒的宗教活动只从波斯尼亚越过意大利到了这几个国家，他们还没有到达更远的地方。在英国也没有出现什么具有重大意义的诉讼程序，即世俗法只有在异端规模较大的那些地方才接受、使用纠问诉讼。也正是由于这个原因，英国人才能和斯堪的纳维亚半岛诸国的国民、波兰人一样在这一纠问诉讼中幸免（Rdz. 97/98）。唯一例外的是匈牙利，匈牙利出现了一个经过推选产生的国王，他就是来自安茹-那不勒斯的查尔斯·罗伯特，在后来，他成为了一个强大的男人，改变了很多东西，这其中当然也包含他在1314年实施的法律改革，查尔斯·罗伯特出生、成长在那不勒斯，而那里现行的法律是《梅尔菲宪章》和它的纠问诉讼程序，而这当中当然也包括着由意大利引进到匈牙利的刑讯制度。俄罗斯的刑讯制度开始于中世纪的末期，但并没有将异端侦查程序与"女巫"的追索程序（Rdz. 98）包含在内。

教会审判圣女贞德事件

法国历史上最著名的审判当属1431年在鲁昂发生的针对圣女贞德（Jeanne d'Arc，简称珍妮）的审判，这标志着英国和法国之间百年战争的结束（1337—1453）。当法国卡佩王朝的国王查理四世在1328年去世后，英国国王为了争夺法国的王位引发了这场持续百年的战争。在这时，英国的法国裔国王已经得到了广泛的支持与认可,早在1422年英国就已经有了一次成功的尝试,他们早已经登陆诺曼底并且占领了包括巴黎在内的法国北部和卢瓦尔河。当英军在1428年开始向法国南部的门户奥尔良围攻的时候,这位年轻的法国国王查理七世几乎大势已去了。

圣女贞德来自位于洛村默兹河下游洛林的一个小村庄栋雷米(Domrémy),她的父亲在这里有一大片农场,但是战争破坏了这个如田园诗般的乡村,因为在河对岸的东部驻扎着与英国联盟的勃艮第公国的军队。自从听见了来自神的长久呼唤后,珍妮就非常虔诚,于是,在1428年大天使米歇尔向她显现了神迹,她告诉珍妮必须秘密地离开栋雷米,前往相邻的沃库勒尔要塞的驻防部队指挥部,她承诺要拯救新奥尔良,带领王储查理七世到兰斯加冕为帝。因为大天使的感召,珍妮在差不多19岁的时候离开了父母,说服了指挥官,并使其派人将她送到离奥尔良所在地不远的希农,在这里,她向法国国王查理七世作出承诺:她是由上帝派来拯救奥尔良和国王的,而国王查理七世最终会在兰斯加冕。

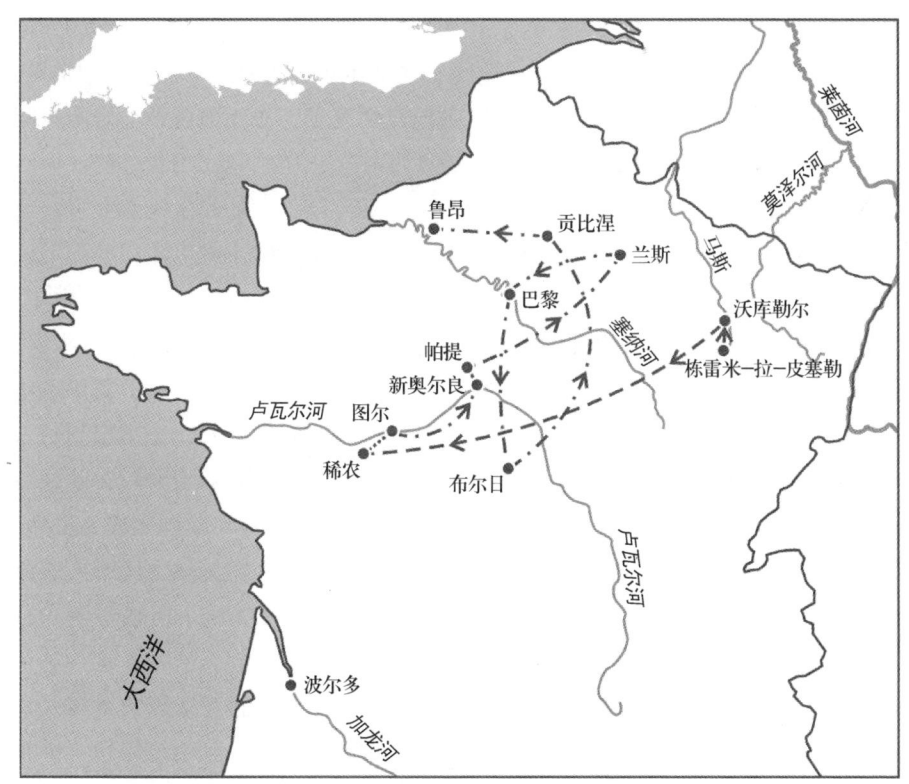

图7-9 圣女贞德在1428—1430年的线路图

这些感应和神迹在那个时候是极不寻常的，人们所能想到只有路德或者是在瓦尔特堡的魔鬼。在这里出现了一个问题：珍妮听到的召唤是来自上帝的还是来自魔鬼的？为了检验这点，国王把她带到了希农附近的普瓦捷，在那里珍妮接受了神学上的检验，结论就是她是可信的，除此之外，在对这个农家女检查时，他们都被这个没有任何根基的年轻姑娘所说服，她并没有被魔鬼附身。在国王深处绝望的情形之下，神的使者的到来对法国士兵的士气和战斗力大有裨益，他们已经准备好了向围攻奥尔良的英军作出猛烈的攻击。她带着盔甲，骑着马匹，手拿着剑和带有上帝画像的旗帜与护送她的一小队人马一起冲在了部队的最前端，奥尔良解放了，而珍妮则也随即被士兵和平民们视为神圣的救世主，这次战役发生在 1428 年的 5 月，而在 6 月的帕钛战役中，珍妮再次走在最前面，英国军队被击败了。

从沃库勒尔的栋雷米到查理七世的所在地希农，从那里她返回到图尔，然后跟随她的军队去往新奥尔良、帕钛和兰斯，之后又从兰斯继续前往巴黎，在那里战败，之后可能只身前往布尔吉，最后在贡比涅的一场战争中被捕获，被带到英国人那里，之后在鲁昂接受了宗教裁判所的严厉审判，最终被处以火刑。

通往兰斯的道路已经解放，在同年 6 月查理七世在大教堂中被膏立和加冕，而贞德就站在他的旁边，她所有的预言都已经实现了，在法国各地，她的声望达到了最高峰。这是公平的，因为没有她就没有这一切胜利，或者这些法国将军们也尽了自己的本分。如果没有她，法国士兵们就不会受到激励和鼓舞。而英国人则认为她是一个女巫，别有用心地促成了英国失败，英王随即敦促英国的军士们进军巴黎，珍妮再次一往无前，但是在 9 月的一场战斗中她却失败了，国王退守到了卢瓦尔河岸边的城堡中，而珍妮依然是最有名望的奥尔良少女，在 1429—1430 年的冬季，她在卢瓦尔河南部更远的地方继续战斗着，其中有小的胜利，也有失败，属于珍妮的奇迹逐渐消失了。1430 年 4 月，法军接到了一个消息，北部的贡比涅受到了勃艮第的威胁。虽然法国军队的主力就在此地驻扎，但是，国王仍旧派遣贞德和她的 200 名护卫队对贡比涅进行支援。虽然，贡比涅被成功地解救了，但在战斗中，在贡比涅城前，珍妮却被勃艮第人所俘虏，之后，英国人用 1 万法郎的巨款从勃艮第人那里将珍妮买了回去，在 1431 年他们把她带到了鲁昂的宗教裁判所，由主教对其进行审判。这并不是一场针对"女巫"的异端审判，这个审判从一开始就是一个政治程序。因为英国人要证明，是魔鬼派遣的"女巫"——珍妮帮助查理七世获取胜利的，查理七世并不是他父亲的合法继承人。查理七世的父亲查理六世患有精神疾病，因此查理七世的母亲——查理六世的王后在 1420 年的《特鲁瓦条约》中剥夺了查理七世的继承权,这部条约是作为英国代理人的勃艮第公爵和查理七世的母亲达成的协议。协议约定,在皇后的女儿卡塔琳娜公主和年轻的英国国王亨利五世结婚后,由亨利五世作为查理六世的继任者即法国的国王。她剥夺自己儿子的继承权,反而让自己的女儿当上英国和法国王后的做法并不是一个英国式的精明做法。在查理六世于1422年去世后,法国的公爵们反对亨利五世继承法国,选择推举查理七世作为法国国王,而法国的人民也与法国的这些侯爵们一样,支持由查理七世继承王位,由此可见,法国人民的民族意识在百年战争中就已经产生了,就在查理六世去世之际,英国于1422年入侵法国,也就是在这时圣女贞德在栋雷米第一次听见了神的呼唤。

表面上这一针对"女巫"的异端审判所纠结的是,珍妮所听见的旨意是来自魔鬼的还是来自上帝?但在本质上,是否听见了神的呼唤可能只是她的一种坚持,或者她只是个骗子。因此起诉人指控这是异端邪说(Rdz. 87),是大逆不道亵渎君主罪(crimen laesae maiestatis)(Rdz. 40),因为在教会那里皇帝就是上帝。同时,这一程序的程式化过程促进了条款的准确性,并在1431年得到印证。为了不给诉讼程序加重负担,更好地将贞德的想法呈现出来,在经过短暂的讨论之后,法官和与会者放弃了严刑逼供。判决的关键性问题在于,贞德所听见的或在此之后她所公开的那些旨意到底是来自上帝还是来自魔鬼。教会想要慢慢地说服贞德,魔鬼经常会穿着天使的外衣来诱惑那些虔诚的灵魂。虽然被告有着不变的品格和信誉,但此审判的争议还在于贞德的来路和她是否像其所说的那样童贞。

这一审判过程口口相传,同时还有成千上万本描述她的书。至今这一审判结果还不断被人们所争论着,把贞德处死在火刑架上到底是一个法律谋杀还是一个公正的判决?历史法学家们几乎并不参与此类讨论。而参与讨论的大部分都是天主教的神学家、历史学家以及大大小小的传记作家和文学家。

在很大的范围内,为了审判珍妮,英国人召开了七个听证会,听证会一些时候由60或70个法官和顾问委员会委员组成,所有的这些参与者都是高素质的神学家。身着礼服,他们情绪激动,有时还同时地用刁钻古怪的问题去为难这个没有受过教育、并且从来没有写过读过什么的乡村少女。接下来在她被关押的小房间里又出现了九个由很少的人员组成的特别听证会,在这里她的手和脚被链子锁住,以致在被讯问的后期生了病。总而言之,这一讯问一直持续了三个星期,即从1431年的2月到3月。在讯问过程中珍妮一直保持着冷静、无畏和虔诚,是那么的坦率和无懈可击。在教会的权威之下,珍妮经常采用的外交辞令并不足以应对教会接连不断抛出来的问题。当提到有关教皇卜尼法斯八世在 1302 年的《神圣诏书》(Bulle Unam Sanctam) 的相关问题时,珍妮对教皇卜尼法斯八世死亡的意义并不清楚,在这一长达 16 小时的听证会上,为了回答这个刁钻的问题,珍妮应急地撒了个谎。即便如此,只要人们对此保持中立或者心怀善意,那么就必须承认,珍妮具备十分良好的品质和绝对虔诚的信仰。即使当时出现了这么一个例外,人们也必须这样承认。但是,当人们怀着恶意时,就可能会说,她的那个应急的谎言表明她平常所说的一切都是骗人的鬼话和谎言。

一个来自教会的人证被主教派往珍妮的故乡栋米雷,去查询了解珍妮之前的生活信息。而对此普瓦捷的神学家们早已经证实过,因为这位教会证人所带来的都是有利于珍妮的信息,所以当这位教会证人带着相应的信息返回了鲁昂后,主教愤怒地说他不中用、不顶事,没有尽心地完成他的任务,并拒绝支付他往返时的餐旅费用。随后,这一报告被主教压在了手里,没有作为这一审判程序中的证据,也就是说它对最终审判起不了任何作用。

与在普瓦捷相同,珍妮的童贞在鲁昂也受到了调查,这一检查是由贝德福德公爵夫人作出的,贝德福德公爵夫人是一个英国城主的妻子,住在鲁昂,她查出来的结果同之前的调查结果是一致的:珍妮是从没被碰触过的处女。但同样这个报告也被压下了,并没有成为审判的证据,甚至在日志中也没有被提及。

主审法官皮埃尔·科雄(Pierre Cauchon)不是鲁昂的主教,而是博韦的主教。但是,谁对这一案件享有管辖权,对此虽然问题出现了——一些反对声音,但是,因为鲁昂主教位置正在空置,而贞德被捕的地方在他的教区,所以依照天主教的法律由博韦的主教皮埃尔·科雄作为这一案件的主审是理由充分的。但是,这里有几点需要认真考虑的。第一,皮埃尔·科雄曾在针对查理七世继承权所签订的《特鲁瓦合约》中扮演了重要角色。第二,皮埃尔·科雄还是英国枢密院的成员,因此他很明显是法国国王的敌人。第三,他曾以英国国王的名义向勃艮第提出以 6000 法郎的价格引渡被告,这是一笔大数目,后来又被提到了 10000 法郎。第四,他把来自栋米雷和其他关于珍妮童贞的报告都扣下了,他没有恶意吗? 只有傻瓜才会相信。

与皮埃尔·科雄一样,法国巴黎大学借助它权威性的神学理论也在这一审判中起了重要作用,和鲁昂一样,巴黎作为法国的一部分也被英国所占领,和那些抵抗英军的小地方不同,它的神学家们参与了对被告的听证和问询,并参与书写了能决定最终裁决的审判意见。这甚至是可以理解的,圣女贞德的出现,动摇了巴黎大学作为法国宗教中心的地位。因为英军的占领区和法国的其他地方一样，人们都因为珍妮打败了英国人而把其尊称为圣人。人们把能够战胜英国人的功劳归于珍妮——总的来说是正确的。所以这些大学的神学家们认为，只有通过对这个"女巫"进行审判，才能恢复他们的和教会的权威。大学的神学家们，直到今天在天主教的神学中还有一个声音，认为源于此种原因对于圣女贞德的审判是合法的。因此压下、不公开那些来自栋米雷的信息和关于珍妮童贞的报告是自然而然的，是应该这样做的。

剩下的事情我就快点说了，在公布对珍妮实施死刑时，站在火刑柱上的珍妮源于对死亡的恐惧，如教会所要求的那样宣布撤销其所说的一切言论，屈服于——《神圣诏书》——教会的权威之下。她改判为终身监禁，但是，当她又一次地回到了那个带着锁链的小屋，生病的她决定孤注一掷，推翻了之前关于撤销一切言论的说法。之后，她被再一次地带到火刑柱前，再一次地被宣告执行死刑，这时，教会的主人华丽地离场，上千人汇聚在鲁昂的旧市场中，火是由英国的士兵点燃的，珍妮最终死于1431年5月30号。

结论是什么？司法谋杀。一个基督新教的教会法历史学家赫伯特·格伦德曼（Herbert Grundmann）对此作了公正的评价："对于圣女贞德的异端审判是源于纯粹的政治因素……她听到的、知道的不应存在于异端历史之中。"

纪事编年史

1410—1412年	圣女贞德出生在栋米雷
1428年12月	她离开了她的父母
1429年1月	去往军事要塞沃库勒尔
2月	去往觐见国王的路上
3月	查理七世接收了她
3—4月	查理七世带她到普瓦捷接受审查
5月	解放奥尔良
6月	在帕缇战役中战胜英军
7月	出席查理七世在兰斯的加冕
9月	在解放巴黎的战争中战败
1430年5月	被勃艮第人在贡比涅捕获
1431年1—5月	被宗教裁判所审判,最终被烧死在火刑柱上

这时查理七世在干什么？他在珍妮被逮捕、被审判的整个期间一直忙着收回自己的政权，没有作出任何的尝试来帮助这个在军事中助他突破的女孩，这

不是一个君子的行为。在一系列的成功后,他休整了一段时间,而成功一直继续伴随着他,5年后他重新夺回了巴黎,最后在1453年夺回了除了加莱以外的所有英国在法国占领区,至此,百年战争结束了。1456年他启动了二次宗教审判程序,为珍妮平反。比起第一次,这一次的裁判带有更为浓重的政治色彩。因为这次的判决只是为了显示,作为被加冕的法国国王,他的王位不允许与一个被判为女巫的人或巫术有任何关系。查理七世作为一个成功的法国国王死于1461年,即珍妮死去30年之后,1458年,加莱再一次地回到了法国,而在很久以前珍妮就成为了法兰西民族的圣人。最后在1920年,这个在1431年被法律无辜杀死的少女被天主教的教皇本笃十五世封为殉教圣女。在很长的时间里,查理七世一直都被人所遗忘,但圣女贞德不是,她给了法国军队战胜英国军队的力量,为法国的最终胜利奠定了基础,同时她还赋予了法兰西人新的民族自信心,这也是为什么直到今天人们还仍然记得她的根本原因。

普通法

在诺曼底国王的长期统治之下,盎格鲁－撒克逊人(Rdz.66)旧有的氏族部落习惯法逐渐地因这一在英国普遍适用的新法"普通法"而消亡。这一情况与欧洲大陆的一般法(Rdz.87)类似,而与之相反的是,这一"普通法"很快地就被当地的地方法所取代。威廉一世在1066年就已经提供了建立一般法的前提条件,即建立一个紧密的中央集权国家,随着一个不怎么和逻辑的宣告"他是盎格鲁－撒克逊的国王——忏悔者爱德华(1042—1066)的继承人和接班人",国家的所有土地就都成为了威廉一世的私人财产。这个国王在丹麦统治英格兰期间曾流亡到了诺曼底,并在这里生活了一段时间,在这一时期他与诺曼底公爵威廉一世有了亲密的关系。原来盎格鲁－撒克逊贵族的土地被征用,并被分给了大约15000个来自诺曼底的威廉的追随者巴罗内的手中,而被分到的封地一般是小而散的,对于威廉一世和他的继任者来说这是十分有利的,因为这样一来,在英国就不会出现势力较大的对手,这对于这些法国人,作为外国人去统治一个连他们的语言都不能一次听明白的民族是十分必要的。

一个良好有效的中央行政机构,使得一个紧凑的封建领主制的统治结构得到了有利的补充,在1086年中央的行政机构已经把所有附庸国的土地写在了教堂的日历中。在12世纪的前半叶,最高财政机关——国库(Exchequer)——建立,这个机关也能对与税务相关的法律问题进行裁决,由此成为了帝国三个最高审判机关之一,另外两个中的一个是国王办公室,它主要针对的是特别严重的刑事犯罪，如威胁帝国的和平或者威胁国王统治等的罪行。另一个是共同上诉法院，它主要针对土地纠纷进行管辖。首先，对于贵族来说：你可以在这三个"威斯敏斯特法院"中任何一个有着管辖权的相关领域内提出诉求：

最高财政机关	国王的财政
共同上诉法院	关于土地所有权的纠纷案件
国王办公室	严重刑事案件

旧有的盎格鲁-撒克逊法院仍旧存在，此外还有百夫长和地方法院（Rdz. 68），但它们要在国王任命的治安法官和主教的领导之下行使管辖权。之后又出现了在男爵的领地中由男爵管辖之下的新庄园法院，最后在12世纪，这个法院在教皇的压力下成为了教会法院。在12到13世纪，在安茹-金雀花家族的诺曼国王统治之下，英国王室的管辖权与其他世俗管辖权不断地叠加、扩大。首先，国王们因为想要扩充自己的权力范围，所以成为了最高的司法审判官。其次，在国王的皇家法院中，王室作为原告更有利于为自己寻求权利，例如百夫长和地方法院，它们不必像以前那样，在向法院申请之后才能拖住被告或强制执行法院判决，而是改由官方收费和官方强制执法。此外，在这一程序中新的证明方式对它们来说也更为有利。

原告只需向国王的首相寻求帮助，并向其说明他想要什么，以及为什么要向某人提起诉讼，在缴纳一定的费用后——这对于财政法院不是那么重要——他就会拿到一个盖有国王名字的印章（breve）或印签（writ），"breve"是拉丁文，意为短的。而"writ"是英语，意为书信。连着的意思就是说国王的一封短信，一份声明，一个指令。而与之相随的就是有管辖权法院，一般委派的是在治安官主持下的县法院，由其传唤被告，解决争端，宣读判决，并由政府强制执行判决。在一些时候，当被告拒绝参与诉讼时，就会被拉到三个皇家法院之中的一个。这时就会出现一个额外的简短命令，说明程序应当以什么样的方式运行，不同的writ适合什么样的情形。

一些印签通常放在所颁布的一些案件的开头，随着时间的推移，首相和他的工作人员基于特定名称而将相似案件予以汇总和分类，以凸显案件本身的独有格式。首相和工作人员在很长的一段时间里都由高级神职人员和教士来担任，他们有的接受教会法的法学教育，有的接受罗马法的法学教育，而能够同时接受这两种法学教育的人会担任坎特伯雷的大主教，之后在12和13世纪，这里成立了牛津大学和剑桥大学。格兰维尔（Ranulf de Glanvill）是亨利二世之下的最高法官，也是一个政府官员，后来又成为了英国的首相，他在1190年所撰写的著作《逻辑哲学论》（*Tractatus de legibus et consuetudinibus regni Angliae*）中写道：如科学地论述的话，那么英帝国法律和习惯法在实质上仅是作为空头链条格式下的 75 个 writ，在这上面只须加上人名、日期和地点，如权利令状（writ of right），《德国民法典》（writ of detinue，第 985 条，非法占有令状），盟约令状（writ of covenant），以及之后的（对于所有合同的）违约令状（writ of assumpsit），（贷款中）的债务令状（writ of debt），等等。下面是一份一个领主针对第三人，以便对其封地上的权利进行保护的权利令状：

> 国王对男爵 W 说：我命令你，立刻恢复 N 在米德尔顿 10 亩农地上的所有权利，即 N 从你那里为了免除义务以每年共 100 先令的价钱所得到的那些权利。谁是 R，他是 X 的儿子，他没有权利去保有这些权利。如果你不这样做，诺丁汉的治安官就会这样做，因为你不接受司法审判，在这个事情上我不会听其他的任何申诉。为此签发地，格兰维尔。

N 据称收到了男爵 W 在米德尔顿的一块封地，但是这块土地被 R 扣留隐瞒了，而 R 辩称，他是男爵 W 在这块土地上的封臣，现在应当由男爵 W 在他的领主法院中判决，附带着官方传讯这块土地归 N 所有，并可附带官方执行，而男爵不能拒绝施行这一程序。如果这一情况发生，那么这一案件的管辖权将会自动转移到诺丁汉县法院的治安官那里，差不多位于米德尔顿南部 80 公里，可能是属于男爵 W 的领地。

许多不同的法令都有其特殊的程序条款，即关于程序运行的顺序、先期问题、宣讲和执行。通过这种方式，在个别的案件类型中，一些旧式的采证方式逐渐过时，如神判、决斗和自证清白等可能都被取代了。在私法领域和刑法领域中，裁判组的事实认定由 12 个陪审员来承担，印签的数量一直在不断地增加，登记在案的印签在 1300 年的要超过 400 个。在普通法中印签最初只存在于物权法，后来其扩展到债法领域，如支付欠款法令（writ of debt），依据这一模式，物的返还请求权（writ praecipe quod reddat）被创造了出来。

14 世纪末期，这个高度发展的系统变得繁琐和形式化，不少人都在抱怨它的不公正，这是因为，当他们因为一些格式的原因拒绝一个法令的时候，或者当他们因为其他方式失去了在威斯敏斯特的管辖权，他们向国王递交请愿书，恳求他，他们更希望国王的官员/法官（跟今天一样，这两者没有区别）不仅要依据普通法的条款来判决，还要依据道德和良心的戒律来裁决。国王又把这些书信递给了首相，他在法律工作人员的支持之下以国王的名义进行裁决。之后，随着一系列适当裁决的出现，在英国不仅形成了一个相对于三个威斯敏斯特法庭的新法庭，即首相法庭。而且在普通法之外又出现了一个新的法律形式，人们称为良知以及自觉性，在中世纪的中期，它又被称为公正、适当和正义。最后，它又有了新的发展。但是在发展中，它遇到了有着议会支持的三个威斯敏斯特法庭的政治冲击，首相法院的法律解释被他们称做随心所欲的裁决。针对此种争议，1626年，英国国王约翰一世作出了有利于首相法院的裁决。从那以后，法律与公正彼此和谐共处，而"公正"这个词则有意识地与亚里士多德（Rdz. 18）的衡平法和罗马人的市民法，权益在荣誉法相连。

它与罗马法的相似之处并不仅在于它的公开性，就像罗马人那样，对于一个案件，普通法的法学家们总是站在了考量的最前沿；就像罗马人那样，在进行诉讼（actio）之前首先要咨询一下令状（wirt）；就像罗马法那样，普通法就是一个诉讼行为的法律体系。或者可以看一下另一个例子，在格兰维尔之后，亨利·布拉克顿（Henry de Bracton）对早期的普通法也作出了重要的说明，即他在1240年所编著的《关于英国的成文法和习惯法》（*De legibus consuetudinibus Angliae*）。依据盖尤斯和查士丁尼罗马法的法律体系为样板，以人、物和诉讼行为为引子，英国的成文法和习惯法就是这样被构建的（Rdz. 42, 44）。在这里诉讼行为就像书中的一个部分那样被商定。而普通法就如罗马法中的诡辩术、判例法，即一个法律问题的解决不像大陆法系国家，特别是德国那样，是源自法律条文或者一般性的法律原则，逻辑性地推出结论。在判例法中人们首先要关注的是之前所作的判决，从案例到案例，这就导致了普通法和罗马法一样就是一个纯粹的法律从业者的法律，法律的发展只是由社会上一小部分——杰出人才、法律政要和那些"法律贵族们"（Wolfgang Kunkel）所推动。这些法律贵族们的知识并不是在大学里得来的，而是源于与那些法学前辈的交往。于是在英国出现了合作性的律师协会组织（Inns of Court），这在今天就如同内殿律师学院（Inner Temple）、中殿律师学院（Middle Temple）。

此外，判例法还有许多与罗马法的不同之处，在它的内容即实体法上。在普通法中，只要原告拿着它的诉状（wirt），不需要另行召开关于申请理由的听证会，被告就必须参与诉讼。而在罗马法中，在原告起诉之前，原告和被告两人必须在执政官的面前进行协商，在这时不仅仅是原告有起诉的权利，如果被告愿意，那么被告也能在这一诉讼行为中构建时效抗辩（exceptio），提出异议。在普通法中，被告的抗辩在法官启动审判程序之前就有效力。此外不同于罗马法，在普通法中，不同的诉状要依据不同的程序、规章，除此之外还有其他的阻碍，这些法令要远远大于罗马法潜移默化的影响。这些律师协会对教育体制改革有着浓厚的兴趣，它们并不把律师们放到大学中去学习，而是要对他们进行手把手的实务法律培训。如同同时期的大陆法系国家那样，他们在大学中接受的只有罗马法的理论教育。这也就是为什么在今天大家对此有着一致的看法，"普通法虽然受到了来自外部罗马法的一些影响，但是，它仍旧是一个能独立于罗马法之外的法律，能够与罗马法并行发展的法律体系"（汉斯·彼得）。普通法的建立使英国能够早于欧洲大陆的其他国家，即在他们之前就建立了一个适用于全国的统一的民法和刑法，必须补充一下，所谓的"欧洲大陆的其他国家"中不包括西西里、卡斯蒂利亚、阿拉贡和挪威（Rdz. 84）。

而苏格兰并没有跟随着它的脚步，直到18世纪之初，它还是一个独立的国家，它与法国结成联盟共同对抗英国，在14到15世纪，苏格兰的律师们在法国的大学中接受法学教育，再晚点则在荷兰。所以，在中世纪的末期，它的法律受到了罗马法强有力的影响，但苏格兰对罗马法系统性的引入则始于16世纪。

军事和司法是国家权力的支柱，在中世纪的时候还得加上教会。中世纪的国王们深知，军事秩序和司法秩序应该齐头并进地发展，随着中世纪早期的百人团出现以及他们伟大的统一，这一发展出现在了日耳曼人的国家中，存在于中东欧的城堡宪法中，存在于基辅罗斯的大公和之后的继任者莫斯科那里。在近代，沿着自己的道路，这些国家迈入军事、司法和宗教这个文明进程。

人们第一次认识到，司法的公正、正义要比繁复的立法更为重要，特别是一个统一的、中央集权的司法组织能使法律更趋向于规范化和一致性，正如普通法向我们展示的那样。从国王到由上至下的政府工作人员——这一尽最大可能的中央集权秩序在英国和俄国早在中世纪的中期就已经存在了，而在西班牙、法国和斯堪的纳维亚半岛诸国则要适于中世纪晚期。与之相对的是东中欧国家，波兰、波西米亚和匈牙利在一开始就是实行着中央集权的国家，但是，在后来随着君主控制力逐渐减弱，相对应的是，君主对司法权的掌控力也慢慢减弱，一部分的权力就这样最后流到了贵族的手中。而德国？在中世纪的早期的末期，萨克森皇帝仍然十分强大。但是自从中世纪中期之后，领主们的权力就不断膨胀，与这一变化相对应的就是，法院组织更加多样性和分散化。

法庭与诉讼程序

在中世纪的早期，**西班牙**还没有统一，它的各个地方都存续着众多的司法机关。卡斯蒂利亚这个最大、最重要的半岛国家虽然存在着国王法庭，但是很不规范，在城市和乡镇中存在着由国王任命的具有司法管辖权的巡回法官。在城市中那些推选出来的市长、镇长也作为独立的法官行使对本市或本镇的司法管辖权，而那些市议会的成员们则作为陪审员。自从《七编法》在13世纪的下半叶出现之后，一个统一的带有三级审判制的王国司法体系——即城市法院、巡回法院和国王法院已经慢慢地在托莱多从上至下地建立起来了。之后，随着收复失地运动的进展，国王的权力逐级加强，适应理性的程序法出现了，而之前存在的神裁法、决斗法和誓证法（Rdz. 65）彻底消失了。以罗马教会法的程序为模板，法官依据证人和证据调查事情的真相，但大多数都是口述的证人证言，笔录仅是特殊情形。

在中世纪的中期，**法国**仍旧留有众多不一的司法审判与管辖机构，除了在巴黎的国王法院之外，还有数量众多的公爵们的庭院法庭。在中世纪的晚期，国王取得了胜利，公爵们作为国王的封建领主被排到司法管辖之外，一个中央集权的统治已经在法国建立起来。除了一些城市，法院基本上由国王集中掌控。下级法院和国王的教务长（prèvot）负责较小的案件，而钦定执行官（bailli）则负责较大的案件。除此之外在一些自由城市仍旧保有自己的法官，此外，国王的帝国法院也产生了，它在旧时的巴黎还被称为"议会"，因为议会里的那些国王顾问都作为法官参与司法判决，此外，在帝国的一些地方还出现了高级法院，这些法院在较早的时候是公爵们的庭院法庭，如图卢兹、第戎、波尔多和雷恩，其中最为重要的法院是巴黎的夏特勒（Chatelet）最高法院。像西班牙一样，法国的程序法变得越来越理性。伴着誓证和决斗（Rdz. 68）的旧有私人起诉程序被罗马教会法的追诉程序所替代，这些程序不再是公开的、书面的、有着极其复杂段落的"章节"。在刑法中剔除了刑讯程序，在民法中与西班牙一样也保留了证言。

纠问诉讼在**德国**几乎无处不在，它既不是公开的，也不是书面化的。但是德国的法院系统确是分散的，这是因为各个领主成为了权力斗争的胜利者（Rdz. 75）。在这其中很多由国王管辖的法院逐渐消失，与法国相同，许多封建领主的庭院法庭、伯爵法庭、自由的乡村法庭仍旧采取世袭制。当教会的主教同时又是这一地方的封建领主时，自由的乡村法庭的管辖权往往会同教会法庭的管辖权相互重叠。在中世纪的末期，于1495年出现的帝国议会法庭逐渐代替了已经失去功能的国王法庭，在与其他对手的无序竞争之下，哈布斯堡王朝的国王和皇帝在维也纳成立了帝国枢密法院，或多或少地成为了南部帝国的最高法院，从而加剧了司法的混乱局面。

除了上面所提到的普通法（Rdz. 89）的法院之外，在13世纪，**英国**首先创新了刑法程序，陪审团裁决逐渐取代了在此之前经常出现的"神判"，即催促教会取消神判。与其他欧洲大陆国家不同，英国陪审团制度的确立使得刑讯制度在纠问诉讼中只起到了辅助作用（Rdz. 97）。英国人对其优于对岸国家的公民自由权感到无比的骄傲。而这一对法院举证的陪审团体系也渐渐地扩展到了民法领域。

斯堪的纳维亚半岛诸国的国王在中世纪的早期一直很羸弱，但在中世纪的中期之初，他们就逐渐强大起来，在 13 世纪，他们终于突破禁锢，成功地建立起了一个中央集权的法院秩序。在丹麦，这一中央集权的法院体系是由瓦尔德马尔二世和他的儿子埃里希五世于中世纪中期的末期即 1240—1250 年建立的，因为在丹麦内战和将近一百年的王权衰弱期还未来到之前，他们一直处于王权的最高点上。在挪威和瑞典，在中世纪末期之初的 1274 年马格纳斯·拉加德（Magnus Lagabötir）就已经制定了通行全国的国家法。以他为榜样，在 1275—1290 年的这一段期间里，瑞典国王马格纳斯·拉鲁拉斯（Magnus Ladulas）和马格努斯·埃里克森（Magnus Eriksson）也进行了相关的改革，旧有的宣誓法和神判法被淘汰出局。瑞典的发展道路和英国相似，都出现了独立于罗马法教会法的审判程序，即在事情发生之时调查已经开始。在马格纳斯·拉加德的国家法中，法官在将要对人和事进行裁判时会宣誓，要在上帝面前依据法律和自己的良心来认清事实的真相。

具体地说：在领主事务与国家事务发生冲突的时候，通常丹麦法庭要在高等贵族和国王的监控之下协商解决，在整个调解过程中国王以高等贵族主席的名义负责主持，而最终判决是由 12 个法官组成的陪审团作出，而法官则由这些贵族自行任命。这也许是参考了英国模式，丹麦的城市都有相似的国王法院，而国王则是最高法院和帝国议会的首脑。丹麦的最高法院和帝国议会于 14 世纪产生于君主制再次强盛的沃尔德马·阿特达格斯（Waldemar Atterdags）时期，帝国议会由来自高级贵族的 30 个议员组成。在挪威，随着马格纳斯·拉加德的国家法的颁布，法院出现了四个审级，从下到上分别是：领主法院（herradsding）、高等法院（lagman）、地方法院（logretta）、国王法院（Königsgericht）。领主法院在总督和国王委派的地区行政官（其他法官由他委派）的主持之下开庭，对轻微的民事纠纷进行判决。对于重要的民事纠纷则由高等法院，则要依据村庄委员会现任或卸任的主席作出的"司法解释"（Rdz. 68）作出判决，要强调的一点是，他们在此地仅仅是作为政府官员出现的。最重要的法院是国王管辖之下的地方法院，它由 36 个来自高等法院的法官选举产生的审判委员会组成，由高等法院的主席监管，而高等法院是来自 4 个法律区域的村庄委员会成员会议，它在北部的中心区是福斯图（Frostoding）和艾德斯瓦（Eidsivading），在南部则是古拉町（Gulading）和博拉町（Borgading）。从高等法院可以上诉至地方法院，而从地方法院可以上诉至奥斯陆帝国法院。**瑞典**也同样把法院划分成四个审级，分别是领主法院（häradsding）、州法院（landsding）、帝国法院（Königsgericht）、国王（König）。作为普通的下级法院，领主法院由国王委任的法官和12个由事实审法官（nämnd）组成的陪审团组成。州法院作为"国王的巡回监察法院"（konnungsraefst），由作为法院院长的高等法院和贵族组成的事实审法官组成。帝国法院由一个主教、两个其他的高级神职人员、一个高等法院，六个由国王委任的贵族组成，自从1400年开始帝国法院每年都在帝国各个区域开庭两次。在乌普萨拉（Uppsala），对判决不服的可以上诉至国王。

与斯堪的纳维亚半岛诸国的国王们在中世纪之初势力羸弱，但在此之后王权强化相反，波兰、波西米亚和匈牙利的王权则是前期十分强盛，而随后逐渐衰弱，其贵族的势力则逐渐增强。在12到14世纪，王权的衰退导致了波兰各个公国封建领主的割据状况。匈牙利王权的衰退则是始于13世纪蒙古人的入侵和其内部的王位之争，此外，还有1222年颁布的《金玺诏书》（Rdz.75），直到1301年阿帕德王族最终灭绝。同样，1306年波西米亚的普莱米斯（Premysliden）王族也同时覆灭了。为了获得王位，这两个王朝的继任者在国王的推选过程中必须向贵族们作出让步。对应这一变化的是法院体系逐渐由集中走向分散。到了中世纪的末期，这三个国家中虽然都还存在着国王法院，但是其管辖权受到了限制，中级法院和初级法院的管辖权牢牢地掌握在了当地的贵族手里。

具体地说，在波兰，皮亚斯特王朝在公国割据时期几乎把权力都转让给了贵族们，这些公爵、子爵们不在司法管辖范围之内，他们的法院因此也被由庄园贵族管辖的世袭法院所替代。只有德国人居住的城市和乡村还保有着之前的司法体系，在各公国的封建割据的末期，伟大的卡西米尔大帝（1333—1370）在这些公国们的土地上建立了一个个新的"州"，委任自己的官员来管理。此后，又在之前的帝国首都建立了各州的行政机构和州法院，由国王委任的官员和法官作为长官，这些斯塔洛斯塔与贵族陪审员在各个区域巡回审判。中世纪末期的贵族地方法院的前身就是这些国王委任的州法院。与之相同，波西米亚的城堡伯爵的司法审判权也被废除了，但要比波兰晚一些，但他们被废除的原因却是相同的，在15世纪发生的信仰胡斯教的贵族和天主教的国王之间的武装冲突使地方贵族的司法权限不断增强、扩大。除了世袭贵族法院（Patrimonail）以外，贵族的法庭在后来也享有了独立审判的权力，但这些贵族们尝试取缔德国人城市管辖权的努力却失败了。匈牙利的第一个推选国王是来自安茹－那不勒斯的查尔斯－罗伯特（1306—1348），他在成为国王之后，首先就取缔了城堡宪法，并把之前属于阿帕德王族所有的土地转让给了贵族。而法院的管辖权也继续保留了之前的分散状态。县法院的长官由国王所任命的总督来担任其头衔是城堡公爵，他的副手是4个贵族代理人，在中世纪末司法审判管辖权已经完全地转移到了这些贵族手中，但即便如此，还是有向帝国法院上诉的可能的。

程序法在**波兰**一直到中世纪的早期都保持着口述和公开的方式。在波兰直至中世纪末期还一直以原告的誓言、被告的誓证以及相对应的从犯誓词作为诉讼的主要依据。在**匈牙利**甚至还保留着"神判法"这一原始的审判方式，而这些神审中通过火和水来检验被告是否清白的方法在1314年被来自安茹的国王查尔斯－罗伯特废除了，但是在纠问诉讼中的刑讯（Rdz. 87）和"决斗法"却得以继续存留。由于受到了1348年所建立的布拉格大学的影响，在**波西米亚**，上面提到的这些古老的审判方式向着罗马—教会法中的程序法、最起码是证据法的方向发生着变化。1350年"神判法"被取消了，但是这并不是指誓词这一形式不再存在，而是指以证人和证据来澄清事实的趋势逐渐强化了。

直到中世纪的中晚期，俄国法院的相关资料还一直很零散。但可以肯定的是，德国的大公们拥有最高的司法审判权，每个大公在自己的庭院中都设有法院和巡回法官（virniki，单数为virnik），在较大的商业城市中，这些大公的巡回法官们还有固定的永久性的法庭。例外的仅有诺夫哥罗德和普斯科夫这两个城市共和国，他们的法院在议会推选出来的市长的领导之下，由公民大会选举出来的法官组成。在中世纪的末期，大公伊凡三世——依照西方的传统（恺撒、皇帝），他一些时候自称为沙皇——在1497年第一次颁布了《伊凡三世法典》（*Sudebnik*），确定了法院的审级体系。但是这个法院并不是我们现在意义上的独立、纯粹的法院。它一直致力的是，以今天的术语来说，行政和司法的统一。依据法院组织法，俄国的法院共分为三个级别：最初级的是各省省长的司法管辖权，总督（namestnik）（Rdz. 105），在城市中由他和他所任命的社区陪审员们直接判决，在乡村则由他在各个区域所委派的治安官和公众推选出来的陪审员一起裁决；而博亚尔斯的法院作为第二审级，主管它的是当时设置的各个中央当局（prikazy）（Rdz. 75）；最后一个审级则由大公和博亚尔斯共同组成。对于初审不服的，人们可以向上述两个高级别的法院进行上诉。而这两个高级的审判机关对于存在有较大争议的私人纠纷、以及可能判处死刑的刑事案件中的还可以作为一审法院进行一审裁决，各个行省的地方法院是不允许作出死刑判决的。审判程序的过程都以口述，而初级法院的庭审过程也许还可以向公众开放。证据从一开始就是由证人主导，他要对事实进行讲述、面向有关各方进行表述。除此之外，与其他地方一样，庭审中还要有誓言这一程序，在中世纪的早期还存在着以火或水作为考验诉讼当事人是否作伪证的"神判法"和"决斗法"。但是，随着教会影响的加深，这些方法逐渐地发生了改变，即在审判案件的过程中对于事实进行侦查趋势逐渐加强，只有《伊凡三世法典》还存在着"神判法"和"决斗法"这两个古老的审判方式（比照 Rdz. 81，草地争议）。

婚姻家庭，男人与女人

在整个欧洲除了世俗法院之外还存在着教会法院。**教会的司法审判权**开始于古罗马后期，是由作为基督徒的罗马皇帝们，即公元 3 世纪的康斯坦丁和 6 世纪的查士丁尼推动的结果，而在那时对于被告和原告还存在针对神职人员的裁判特权，有关此项问题的争议就要由教会法庭管辖、并作出裁决。这个教会法院的院长就是主教，最高一级的审判机构就是教皇和他的教皇法庭，教皇的法庭在 14 到 15 世纪被称为罗塔（Rota）。这一法庭裁决的不仅仅是教会内部的争议，而且还包括了世俗领域中的纠纷，除此之外，它还经常针对宗教中的一些问题进行裁决。人们把它称为"关于基督教信仰诸类事宜"，即关于基督教信仰诸类事宜，包括诸如婚姻是上帝赋予人类的圣礼，如果人们要解除婚姻关系，那么他就要被当做异端开除教籍，并且取消其向教会捐赠遗产的权利，因为在这个时候，很多基督教的信徒们都深信，通过一部分巨额财产的捐赠在死后他们的灵魂可以获得拯救（"Seelteil"）。在中世纪的末期教会和它所做司法解释在整个欧洲大行其道，你可以想象，随着教会的扩张和教会裁判特权的行使，而教会的这些特权自 11 世纪起就被这些有着基督教信仰的欧洲国家所广泛承认。首先在俄国和匈牙利（Wladimir und Stephan d. Gr.），12 世纪在英国，后来扩张到所有的欧洲国家。主教不再作为法官对案件进行审理，而是把法庭让给了其他的高级神职人员（官方的），一般情形下由阿卡杰克逊（Archiakon）作为他的第一副手。在程序方面自然是依据罗马—教会法中的纠问诉讼序（Rdz. 87）。

教会在家庭法中的影响力尤其巨大，但是，直到中世纪末，这些教会法中的规定还没有完全地在整个欧洲得以彻底的执行，毕竟，在令国王和教会们感到危险的旧有氏族公社群体和他们的土地所有权消失之后，家庭成为了人们生活的核心区域，在俄国也是如此，只有匈牙利是个例外，其直到中世纪的晚期还存在着世系与氏族社会。

教会的基本原则对妇女是十分有利的，婚姻的基础是男女双方都有合为一体的意思表示，即合意（Consensus facit nuptias），广泛地得到公认。只有在俄罗斯，家长们才可以违背子女的意愿令其结婚，但他们要小心的是，当他们的女儿源于绝望扬言要自杀时，他们可能要面临来自教会的惩处。尽管有这样的共识，父权和家长对婚姻的影响还是逐渐减弱了。违背当事人的意愿所缔结的婚姻关系在不少的欧洲国家都是不被允许的。但当这些年轻男女受到欺骗、威逼的时候也不得不同意那些他们并不愿接受的婚姻。在西班牙、德国、斯堪的纳维亚半岛诸国和波西米亚都是如此。打个比方，例如在挪威，在没有经过父母同意的婚姻中，女儿将会丧失其父母的遗产继承权，而她的丈夫也将会被教会法院判处向其妻子的父母作出赔偿。

最为严重的争议就是是否在教堂中举行婚礼。而在那时，这一争议大多发生在现在经常举办教堂婚礼的那些国家中，如欧洲大陆的核心国家和英国。反对的原因在于，在教堂发布结婚通告后，那些嫉妒之人可能会阻止婚礼的举行，这就可能给那些即将结婚的新人造成麻烦，也正源于此，许多年轻的恋人都想要避开这种公开举行婚礼的仪式。这就是所谓的秘密婚姻。在这些新人眼里，教会法的一些基本原则——如合意是婚姻的基础——让他们不知所措。人们应当怎样把在教堂中缔结的婚姻与纳妾区别开来，今天人们怎样称呼没有婚姻关系的生活伴侣？在中世纪中后期，教皇格列格雷戈理九世（1227—1241）确定了一个对教会不利的证明规则。即如果一男一女很明显地像夫妻那样居住在一起，那么就可以推定他们之间存在着有效的婚姻关系。这里出现了三个特别严重的反对声浪，直到中世纪末期，教堂结婚仪式的一些基本原则也没能在挪威、匈牙利和俄罗斯这些国家得到官方性的强制执行。古老的习俗胜过了人们对于上帝的爱。俄罗斯的可怕风俗（在婚礼圈子的乱交）与在教士的主持下举行的漫长的结婚庆典相连。只有俄罗斯的上层社会，即博尔亚斯的上层社会才在教堂举行婚礼。

在所有地方女人都要顺服男人，就像《圣经》所说的那样，如保罗给哥林多人的第一封信上（《哥林多前书》，第11章，第3、7、9段）所说：

男人是女人的头……因为他是神的形象和荣耀。而女人是男人的荣耀……并且男人不是为女人而造；女人乃是为男人而造。

男人是一家之主，对妻子有惩罚的权利，如他被允许毒打他的妻子。而依据教会法也是如此，李维斯的鞭笞（Levis verberatio）被称作时常欠揍。英国人布拉克顿（Bracton）在 13 世纪，把其描述为女人站在男人的尾巴之下。直到 18 世纪，英国伦敦帝国法院的一位法官本奇（Bench）被昵称为拇指法官，因为他以拇指的大小作为标准来进行判决，即丈夫打妻子时所用的棍子的厚度不应大于拇指的厚度。

同样，禁止离婚也被推广开来。波兰是其中的例外，在那里只要夫妻双方都同意就可以离婚。与不适当的情由相背离，在其他国家采取的是"食宿分离"原则。当女方被教会法庭宣告诸如通奸一类的事情时，教会法庭就允许男方与妻子离婚，但是，如果他们的婚姻关系仍旧存续的话，那么夫妻的任何一方都不允许再次结婚，重婚是一个刑事重罪，通奸罪是要遭受刑事处罚的，女方就是要受处罚的第一人。

人们把关于夫妻婚前财产及婚后所得财产的有关规定称为夫妻财产制。在这一方面，东欧和西欧有着不同的规定。在东欧，夫妻双方的财产状况还和之前一样，婚姻关系的缔结不改变夫与妻的财产关系。夫与妻都能保有自己的财产，并且在婚后还保有对其自身财产的处置权。在**波兰**、**波西米亚**和**俄国**仍旧实行着古老的斯拉夫的夫妻财产分离制，在**匈牙利**也是如此。但在西欧的欧洲人则生活在多种多样夫妻财产共同制和管理共同制之下。这些财产制都有一个共同点，那就是只有丈夫才有权单独地对共同财产进行处置，妻子则没有。因为西欧就财产而言丈夫的财产是夫妻财产的主要部分。而管理共同制实际上就是财产分离制，丈夫要经营两个独立的财产，一个是他自己的，一个是他妻子的。财产共同制是指所有的财产都归夫妻双方共同所有，而这又分为完全所有和部分所有两种，所谓部分所有是指婚姻缔结之后所得财产归于夫妻双方共同所有，因此人们又称这一财产制为所得共同制。而这时夫一方在实际上要对三部分财产进行管理，自己的、妻的、双方共同的，但是就像我所说的那样，丈夫一直是独自管理这些财产的。

夫权最重的就是**英国**，依据普通法的规定，女人一旦结婚那么她的全部财产都要转移给她的丈夫。自 1225 年弗艾罗思规则（Fuero Real）后，**西班牙**实行的就是夫妻财产所得共有制。像其他领域的法律一样，这一制度在**法国**也分为两个部分，在特别法的区域内对于土地和其他财产几乎全部采用的都是夫妻财产共同制，而在普通法的区域内则依据古罗马的法律规定，即参照古罗马的嫁妆制度采取的夫妻财产分离制，妻子的家人给予妻子的嫁资是为了女方今后的婚姻生活，丈夫要用它负担对妻子未来的供养。而"日耳曼"的继承权制度有力地补充了这一夫妻财产制。即在结婚时转移给丈夫的妻子嫁资，在丈夫死亡之后，男方的继承人要将其继续用做对妻子的照顾。在**德国**，在各不相同的狭小区域内经常会出现五花八门的规定。在德国的北部几乎全部都实行财产管理共同制，而在德国的南部、特别是在一些城市中，经常会出现不同类型的夫妻财产共同制。在斯堪的纳维亚半岛诸国，即在**丹麦**、**挪威**和**瑞典**实行的几乎都是相同的夫妻财产制。然而对于一个农业社会而言这并不是一个典型的夫妻财产制度，即夫一方能够独自管理妻子的家人赠与给他的地上财产，但是这片土地是不允许出卖的，以便这些耕地和农田在婚姻关系结束之后重新回到妻子娘家的手中。而在城市则是完全夫妻财产共同制，并没有相关的限制。

所有权制度和继承制

一般情况下，欧洲对于动产和不动产的相关规定是不同的。首先在财产的转让上，一部分在财产的继承上。在一些地区也存在着很大的差别，在法国南部和西班牙的卡斯蒂利亚，人们完全或者部分依照着罗马法中夫妻财产制的有关规定。但是这并没有什么实质意义，因为依据罗马法的相关法律规定，土地所有权也跟不动产一样是可以转让。这一法律与《市民法大权》（*Corpus Iuris Civilis*）相对应，因为查士丁尼废除了之前旧有的针对土地的要式买卖（Rdz. 26），而这一新的规定使得土地可以容易地转移到买主手中，但必须有着附带财产转移对象的合同约束，如购买或者是赠与。古罗马的法学家们叫做交付（Traditio）和正当的取得原因（iusta causa）。

这一规则——转让以及转让的正当理由，在英国和挪威，只要买方支付了不动产的货款，那么即使没有转让行为，这一不动产也依然归买方所有，这一规定也同样适用于其他国家。如果这一物体是不以转让所有权为目的的转移，例如租借，和我们今天一样，人们要把对该物有所有权的出借人和占有该物的租借人加以区分。在英国，人们首先把这一占有称作特殊财产所有权（special property）。他们之间的不同并不是那么显而易见的。但是当占有人的占有物被第三人拿走时，那么这个占有人就取得了对于该物的返还请求权。而在其他的日耳曼国家中，对占有行为——对动产和不动产——的要求逐渐升级。它有着许多名称，现今，法制史学家仍然采用着他们其中的一个称谓支配权（gewere），字面上的意思是要尽可能地去保管所占有之物，不仅仅是对占有物的保有。此项权利存在着一个最基本的法学理念，即物在谁的手上，谁就有权保有该物的完整。随着所有权概念的日渐清晰，在物权领域出现了两个彼此相应的权利：支配权和所有权。借款人享有对所借款项的支配权，这一支配权保护他可以对抗包括出借人在内的任何人。而出借人源于借款合同和返还协议可以像借款人提起返还请求权。但是当租借人在不经出借人许可的情形下把该物卖给他人的时候又应该怎么办呢？一旦转移到第三人手中，那么该物的原所有人（出借人）对于第三人就有些力不从心了。像罗马人的所有物返还请求权（rei vindicatio）和今天德国民法典第985条一样，源于所有权，该物的所有人在这一情形下不享有任何的诉讼请求权，而其他的第三人却具有支配权。这就有点像今天依照德国民法典第932条所说的善意第三人。善意第三人这一概念源于中世纪的一项规定，即除所有人以外的他人也能够保有该物。当租借人（占有人）把该物转交给善意第三人时，所有人也不得不把物的所有权转移给这个善意第三人。但所有人针对租借人享有——依照法学术语——损害赔偿请求权。转述为法律谚语就是"以手护手"和"汝将汝的信赖置于那边，就应于该处寻之"。

只有当支配权被"打破"之时，所有者才能对那些手拿该物的人采取措施。例如，财物被小偷给偷走了，这时该物并不是所有人自愿从其"手中"给出去的。在这一情形下，出借人就保有了他的支配权，而作为该物的所有人他可以向任何人，包括善意地从小偷或其他人手中买回该物品的人（Rdz. 93）要求返还该物。你几乎可以在所有日耳曼国家中找到支配权，即从西班牙的阿拉贡到法国南部，从德国到丹麦和瑞典，但是奇怪的是在挪威却没有这一概念，而普通法里面也没有这一概念。

所有权理念大多数都是以最重要的财产为导向的，在地面上或在土地中，由于氏族部落所有制，所以所有权这一概念在中世纪一直沿用了很长一段时间，而在那些日耳曼国家中实行的却是支配权优先制，所以直到中世纪早期仍然存留着一物多方所有的问题。不像罗马法和我们今天的法律一样，那时的人们对此还没有一个明确、清晰的概念。第一个有关所有权的明确定义可以在以罗马法为指向的西班牙卡斯蒂利亚王朝中的《七编法》中找到。只要有，它就在那里。支配权是一种权利，即只要法律、风俗和被继承人并不禁止，那么就享有对该物的支配使用权。半个世纪之后，巴特鲁斯（1313—1357）对此有了更明确、更多、更广泛的阐述：

> 什么是所有权？答案是：它是一种权利，是对于实体上的物（土地和动产或其他）的完全支配权，法律禁止的除外。（Ulp. D. 第四章,41.2, 17.1）

虽然在《七编法》中没有关于土地转让的特殊条款，但是在卡斯蒂利亚普遍存在着特殊的格式，像邻国阿拉贡那样，其依据的同样是1247年旧有的《韦斯卡普通法》（88章第二段），公证书要经全体村民的认证才能有效，而这一证书在卡斯蒂利亚一直存在。但是不同于有着日耳曼特点的阿拉贡，其土地的转让不等同于完整的"所有权"的移转。其只能在"长年累月"之后产生"法定的支配权"。这是支配权的另一个特点，所谓长年累月的意思就是一年零六个星期的时间，这是因为每六个星期法院才开庭审理一次。最后，具有继承权的亲属，在还未完全继承财产时（财产继承过渡阶段）可以有权禁止出售土地所有权，以捍卫自己的继承权。残余的氏族部落共有制仍然存续着。像阿拉贡、法国北部、德国、波兰、波西米亚和斯堪的纳维亚半岛诸国，旧有的所有权转移仍然发生着，但是以其他的方式进行——在德国要通过法院，在德国北部的城市还必须登记在财产登记簿上。在中世纪早期到晚期的这段时间里，相对这一抗辩权——法律术语：继承期待权——还出现了满足教会渴望的所谓特留份，"所有权人、持有人"在不经其未来继承人同意的情形下可以自行处置这一特留份。这一规定当然首先利于教会，为了"基督"，为了"每个生命"为了自己的灵魂。在西欧——如法国北部适用不成文习惯法的区域中——特留份数额一般占全部财产的三分之一，在南欧和北欧，如意大利的伦巴第、巴伐利亚和斯堪的纳维亚半岛诸国，其特留份数额的多少则要取决于被继承人儿子的多寡，儿子越少的，特留份自然也就越大，特留份的数额占其全部财产的一半到五分之一或六分之一不等。与此不同的是，与罗马法较亲近的卡斯蒂利亚是没有这样的规定的。

  在英国，这一情况则更加复杂，因为在这里全部的土地都属于国王所有，之后由其把这些封地分封给他的封臣。自12世纪开始，这些封地——报酬——逐渐发展成私人的"土地所有"，可以被继承，后来到13世纪的末期还可以出售，即以报酬为理由与封建领主签署协议。官方的说法是，这片封地主人的位置由买入人取代，经过封地领主的事前同意买入人成为这片土地原主人的继任者。这一命名的方式称为分封，就是法律上所说的封建制。自13世纪开始英国的法制史学家就把其称为所有权、产权。这一概念与封建主义的含义相近，但并不是我们今天所说的"所有权"，它更贴切的称谓是统治、控制权。因为土地、耕地以及他们的转让已经被编入到这里所描述的领主权利系统之中，在普通法中其一直保留到1925年，即使封建制度在那时早已经不再存在了。

  自从13世纪开始，波兰就有与此截然相反的理念，贵族们不仅享有许多私人的土地所有权，而且他们的这些土地还可以通过法院进行转让，之后再由农民和市民通过证明文件登记记载土地转移情况。波西米亚的《卡罗莱法典》(*Maiestas Carolina*) 在描绘贵族们的财产继承时写到，它们（土地）在国王同意之前就已经登记在贵族的财产明细簿上了。最晚自 14 世纪开始，在城市或者乡村的非贵族（平民）土地所有权要通过在财产登记簿上注册这一方式取得。在**匈牙利**也是一样，即国王准许之后贵族土地才能转让是例外情形。贵族们有着不受约束的土地所有权——被称之为产业——在最后还是国王赠与的财产。这里没有诸如像波西米亚的财产登记簿。土地的出卖证明必须附有国王的盖章进行公证。在波兰和匈牙利，出卖人的继承人拥有一定期限的抗辩权，在匈牙利是优先购买权，这一权利在出卖人将物品移交给买入人后仍然有效。同样的在波西米亚也是如此。在德国人居住的城市和乡村中适用的是德国的法律。那么在**俄国**呢？在俄国《真理报》和《伊凡三世法典》中我们并没有什么发现，但可以肯定的是大的和小的私人土地所有权早就已经存在了。基辅罗斯对此的处置方式是买卖和赠与，但是这要受到血缘亲属关系的限制。即财产必须经被继承人许可才能够转移，此外继承人还有对此财产的请求返还权，并且可以不止一次地要求买入人对其所受到的损害进行赔偿。与波西米亚相同，这里有着证人和证明文件，即能证明的财产转移的通常是有效的土地转让，对此，人们早在 12 世纪就经认可了。一个源于 15 世纪土地规避行为成为了焦点，它能够撤销之前的行为。在普斯科夫的法院文书中、在俄罗斯西北部诺夫哥罗德的《茵梦湖》（它是在俄国《真理报》和《伊凡三世法典》之间存在的一份刊物）中我们发现，在 15 世纪的后半叶通过证明文件取得的土地，在四五年以后成为了不良占有的一种形式。

　　在继承法中，自中世纪的中期开始，遗嘱普遍由那些本身并不大公无私的教会（Rdz. 90）作出解释。只有**俄国**是例外，新的苏维埃共和国的学者研究所得的结论是，在俄罗斯《真理报》的扩展版（92 版）中被称为最后的安排的并不是一个遗嘱（但是今天很多人仍旧是这样认为的），因为其仅仅是包括孩子在内的部分财产的再分配。俄国的法律还没有有关遗嘱的内容。而与此相反的是欧洲的另一边，在**卡斯蒂利亚**，它的《七编法》中提供了遗嘱这一继承方式，并且像古罗马（Rdz. 27）那样确立了法定继承人的优先权。但是因为所谓的强制继承权，遗嘱继承一直受到限制。直系亲属必须保留一定的继承份额，在法国，这一继承份额甚至达到了全部遗产的三分之二或者四分之三。在英国，法律不允许以遗嘱的方式转让土地所有权。在波兰也是一样，通过遗嘱的方式分配土地所有权的方式受到了越来越多的限制，直到 1505—1510 年被法律完全禁止。**匈牙利**一开始就不能像英国那样，即国王成为国家所有土地的拥有者，在城市却有不同，随着城市中商业与贸易的蓬勃发展，使得人们通过遗嘱处置财产的方式成为了可能，这一状况促使这里的男人和女人拥有了同等的继承权。

在**斯堪的纳维亚半岛诸国**，遗嘱必须像普通的所有权转移那样由百人团组成的法院宣读。**德国**也是如此，遗嘱必须经过法院公开的宣读，但遗嘱继承自13世纪以始就面临着很多阻力，马格德堡的市议员直到14世纪还拒绝承认这一遗嘱。

　　古老的"法定"继承顺序在欧洲的核心国家就是一个亲缘体系，即亲等（Rdz. 70）。其适用于法国北部的特别法地区、英国、德国、意大利的大部分地区和伦巴第，但是不适用于斯堪的纳维亚半岛诸国，这一体系被称为日耳曼体系，但在事实上它源于法兰克人。在丹麦，法定继承人的顺序是：（1）子女或孙子女，（2）父母和兄弟姐妹（同父同母的），（3）外祖父母和旁系亲属，只要前一顺位继承人存在，那么就自然地排除了后一顺位继承人的继承权。这正好能被看作是亲缘体系，但是这并不是挪威和瑞典的法定继承顺序。在挪威，法定的继承顺序如下：（1）子女，（2）孙子女，（3）兄弟，（4）姐妹，（5）父亲的兄弟，（6）母亲的兄弟，（7）父系的堂兄弟，（8）父系的堂姐妹，而父母和祖父母不能作为财产继承人。在瑞典，法定的继承顺序如下：（1）子女，（2）父亲，（3）母亲，（4）兄弟，（5）姐妹，（6）孙子女。这不是亲缘体系（参看 Rdz. 10），这一继承顺序在中世纪早期没有什么不同，男性继承人是女性继承人的两倍，即三分之二比三分之一。

　　《七编法》之后，**西班牙**的卡斯蒂利亚适用查士丁尼法的修订案即《新律118》，它规定了五个继承人顺序（Rdz. 27）：第一顺序就是子女以及子女之子女这一直系卑亲属，第二顺序是直系尊亲属和同父母的兄弟姐妹，即包括父母、祖父母（从低到高）和兄弟姐妹，第三顺序是同父异母的或异父同母的兄弟姐妹和他们的子女，第四顺序是依据亲疏程度的亲等继承顺序，即其他旁系亲属。第五顺序是其配偶，即丈夫或妻子。但是作为被引用的外国法它首先面临着来自《七编法》的巨大阻力（Rdz. 84）。《市民法》有了一个亲缘体系。

　　在东中欧**波兰**、**波西米亚**和**匈牙利**，继承顺序开始于子女到孙子女这一直系血亲体系中，当直系血亲都不存在时，在不同的方法下转到有血缘关系的旁系亲属那里。土地所有权只能由被继承人的男性血亲继承。在**俄国**原本只传给儿子们。如果没有儿子，那么土地将会收给公爵所有。依据扩展版的俄罗斯《真理报》的报道，在12世纪可能源于教会的压力，博尔亚斯的贵族们即使没有儿子，其女儿也能继承他的财产。这一做法也慢慢地在俄罗斯得到了推广。自13世纪开始，父母和近亲属也可以作为继承人继承财产。

　　在中世纪的早期，私人合同仅处于从属地位，仅在社会中扮演了一个小角色，但自中世纪中期的"农业革命"和"商业革命"（Rdz. 74）以来，这一情形发生了变化。其影响范围直到斯堪的纳维亚半岛诸国和中东欧。在蒙古统治结束之后，俄国最先在 15 世纪迎来了经济上的繁荣，但是与西欧国家相比它仍然较为赢弱。三田轮作法在俄国大范围的推广开始于中世纪的晚期或近代的早期。经济状况的改变很大程度上也影响了合同法领域。

在**西班牙**尤其是施行《七编法》的卡斯蒂利亚和法国，人们继续适用着查士丁尼罗马法中合同法，在法国北部的特别法的地区也一样依据物权法，家庭法和继承法。人们把合同法上提到了很高的水平，在买卖中沿用了罗马法的一些规则，如风险责任，物的瑕疵责任，权利的瑕疵责任等。远距离的买卖合同也能达成合意，口头合同也可以发生法律效力，只要在达成口头协议之后，合同双方能够签订书面合同（Rdz. 33，34）。

合同法

英国普通法中的合同法，自 13 世纪开始就或多或少地走了很多弯路，它有着不同种类的令状（债务令状、契约令状和违约令状），同时它还不断变换着合同的相关术语，即首先将其称作合同（contract），之后又称作契约（covenant）和承诺（undertaking），最后到了 17 世纪又重新称为合同。这一反反复复的起诉程序在今天带来的后果是，当出现不能履行合同的情形时，当事人不能要求继续履行，只能提起损害赔偿之诉。这是因为旧有的违约之诉是基于侵权的起诉模式建立的，所以在今天仍旧有许多侵权之诉。在实践中，就如我们所说的很多国家都是这样做的，即把要求继续履行之诉看作是可行之诉，在古罗马法中总会出现有关金钱赔偿之裁决。而合同当事人远距离的买卖合同在下列条件下才能有效：买房部分或全部的支付了价款，或者是有关于葡萄酒的买卖，又或者是用上帝的芬尼来缔结的契约。葡萄酒买卖的契约要在证人面前达成，并且还有与葡萄酒买卖紧密相连的群体酒会，一般来讲这些费用要由买方支付。此外，替代这一酒会的还有另外一种以救济穷人为目的的活动，即给付上帝芬尼的方式。如果物有瑕疵，可以马上采用契约令状（writ of covenant）提起诉讼。如果售卖的是偷盗的物品，那么卖方就应当承当权利瑕疵责任，当小偷被定罪时，卖方就必须向买方返还价款。

在斯堪的纳维亚半岛诸国中，随着农业的繁荣，丹麦在中世纪中后期的经济发展出现了欣欣向荣的景象，许多新兴的城市和海港陆续兴起，为欧洲周边地区基督徒的斋期所准备的盐渍鲱鱼的出口数额巨大，丹麦成为了连接东西欧之间的运转中心。这时合同法就变得越来越重要，在这一时期出现了许多与之相关的法律记录，但在日德兰这个地方却没有什么改变，这里虽有葡萄酒买卖、有石头花的买卖，但是它最终并没有什么约束力。国王马格纳斯·拉加德在1276年颁布了相对进步的国家法之后，这部法律的第七和第八部书中对于土地租赁和土地买卖都作出了详细的规定。但只在购入的这个阶段卖方才承担物的瑕疵责任。旧有的过期老房贷被现代的按揭销售（8，20，1）所取代，即使这样一些古老的行业术语仍旧保留着。购买只被理解为现金购买，因此买家只需要交付价款就可以取得物的所有权，而不需要交付这一程序（8，13，12）。因此，"购买物"与"物的转让"这两者之间没有任何区别。在有关物的权利瑕疵责任问题时，卖方通常会在重要的法律行为中找到两个担保人来证明他是该物的合法拥有者。因此，在丹麦、挪威和所有的这三个国家中，人们经常会见到很多种类的合同，如借款合同、担保合同、抵押合同、租赁合同、牛的租借合同，在城市则是房屋合同、保管合同和信贷合同。

　　德国的合同法自中世纪的中期开始，一直扮演了许多重要的角色。当然这里存在教条主义的技术，这导致了它与斯堪的纳维亚半岛诸国一样几乎没有进一步的发展。和中世纪的早期一样（Rdz. 71），所有因合同受损所提起的诉讼一直都是侵权之诉。当然它的内容也作出了一些改变，在中世纪的晚期，几乎全部都是关于损害赔偿之诉，而不是之前的补偿之诉，较之前的补偿之诉，损害赔偿之诉所赔偿的金额更多并且具有惩罚性，例如当给付迟延或者给付不能时。与斯堪的纳维亚半岛不同，与英国相似，这里存在着有约束力的远距离买卖。这种远距离买卖方式常出现在葡萄酒买卖中，在德国的南部称之为引导式买卖（Leitkauf），在古高地德语中称之为牵线（lidkop），此外，土地的售卖自中世纪的晚期开始通常情形下采取的都是上帝芬尼的购买方式，以便更好地约束买卖双方。对于偷盗物品所引起的权利瑕疵责任其做法仍与中世纪早期相同。这是一个追及（Anefang），物品缺陷责任只发生在牛的买卖上，一般情况下有这样一个说法："睁大眼睛，买卖才是买卖"，其背后所蕴含的深层含义就是在城市的市场中人们购买物品时要格外地小心。在中世纪的晚期，这一情形也表现在租借领域，而这一点与罗马法有着迥然的差异。因为租借人拥有支配权这一物权的自然属性之一，所以在房屋售出后，要保护租借人不因房屋所有权人的变更而被驱除出此房屋。即买卖不破租赁。也就是不像罗马那样"买卖破租赁"，而是"租赁先行"或是"库普用力投掷的砖块"。在中世纪的末期所有的合同都是两厢情愿的交易，这是受到教会法影响的结果，但在一些重要的合同中人们仍旧借助证人和证物作为合同的有力保障。

在所有地方都是如此——今天也是如此——买卖合同在欧洲的东中部仍然是最重要的一种合同类型。在重要的法律行为中，如德国的葡萄酒买卖的术语与波兰是相同的。葡萄酒买卖在丹麦和德国南部都称为"利特库普"。与西欧相似，关于权利缺陷责任欧洲的东中部也有相类似的规定。一个赃物的占有人必须带着证人和报案人，并且承诺此偷盗物是他通过一般的途径购买的。如果一旦证明了他是清白的，那么他就可以继续售卖这一物品。但是如果证明失败了，那么他将被人们当做盗贼一样对待，在匈牙利他甚至会被绑在绞刑架上（Tripartitum III.34.3）。借款合同是买卖合同之外最重要的一种合同，通过抵押和担保借款合同变得更为安全。债务奴役在中世纪的末期就已经被取缔了。在土地上也有抵押权（匈牙利，如 Tripartitum I,82,3），并且自 13 世纪以来至少在匈牙利还存在着买卖抵押。

在中世纪的末期俄国的债务奴役制度也被取消了，而扩展版的俄罗斯《真理报》中也只针对动产的买卖进行报道。只要售卖物品进行了交付，那么合同就成立了。一些重要的法律行为一般来说要在两个证人在场的条件下施行，与西欧交付货款的诉讼请求相同，除了交付货款之外就没有其他的前提条件了。在售卖被偷盗的赃物时不存在善意第三人。首先，原物所有人必须要求买方提供一种保证，保证所买之物是从一个人的手中，即卖家手中所获得的，这时物的原所有者将会继续询问这个卖家，继续如此，直到弄清谁是偷盗之人，之后，原所有人才允许被他发现这一被偷盗之物的最后占有者购买该物。而偷盗之人必须赔偿他所遭受的全部损失，就如同该物没有被偷时一样。一旦证明是偷盗之物，那么所有的这些买卖合同也就无效了。买家可以像卖家要求返还其之前支付的货款。而盗贼将会来到公爵的法庭，如果其偷盗的是一匹马，那么他将会被卖到国外去，要么他就必须支付金钱罚金。

俄国法律的一个特点就是公爵和自由城市中的高额利息条款。根据俄国《真理报》的报道，其年利率高达 50%，如此高额的利息我们只在古老的法律中看得到，在俄罗斯《真理报》的第 51 章中，有关基辅大公弗拉基米尔·莫诺马赫（Wladimir Monomach，1113—1125）对利息作出改变的报道并不十分清楚并且存在争议。

在由议会所制定的普科斯夫法院文书中出现了俄罗斯历史上第一个合同法，这部法对于购买、贷款、担保、捐赠、租赁、服务合同、托管都作出了较为详细的规定，此外，这时的借款合同已经没有那么高的利率了。这在信仰天主教的欧洲国家中几乎是不可能的。与东正教（拜占庭教会）不同，信仰天主教的欧洲国家至少在官方规定，天主教徒不得收取贷款利息，这一规定可以追溯到古代的希伯来法。对于贷款无利息的推行，即使虔诚的拜占庭和信仰极其虔诚的查士丁尼也碰了钉子，取得的也不过只是短暂的成功。何况对于有许多"异教习俗"而且并不那么虔诚的俄国人，取消贷款利率对他们来讲更是难上加难。同样，天主教教会为了实现贷款零利率而与现实中经济力量的争斗中也最终败下阵来。这一现实在其他法律之下促使了公司法和证券法的产生，他们产生于中世纪的中后期，在实质上也规避了天主教有关贷款零利率的规定。

商法、票据法和公司法

在中世纪是否存在一个所有国家都适用的、并且能够自行发展的一般性的商人法律？人们称之为商人习惯规则（Lex mercatoria），关于在欧洲联盟中订立一个新的贸易法律规划已经被讨论很长一段时间了。不是没有这种可能的，但是也没有什么证据证明其可行。人们也许会这样说，自从欧洲经济自12世纪开始蓬勃发展以来，已经存在了一定数目相似或类似的规章条例了，相对中世纪的中后期这一时间段来说，耶尔格·伯尔曼（Jörg Pohlmann）已经可以称为第一阶段的欧洲一体化了。这一法律只适用于欧洲的那些核心国家，但是却并不适用于英格兰。与普通法较为繁琐的程序相比，商人习惯规则对商人来说就意味着程序流程的加速。也许斯堪的纳维亚半岛诸国的人们能够接受这一规则，但是却不适用于欧洲的东中部和俄罗斯，尤其是贸易权在这里还没有开发呢。商人习惯规则或欧洲一体化意义上的贸易法的出现意味着海商法和一般性的商人法的产生，成为了大部分西欧民众们的法律，例如在香槟集市中，关于商人之间如何订立香槟合同就有着特殊性的规范，此外为了更好地保护善意的当事人，产生了地方性和跨国性的商业组织，如汉莎同业公会。海事法律主要针对以下问题进行调节，谁承担损失，怎样支付运输费用，如果船舶遭遇紧急情况，必须把货物抛往海里以避免船舶跟货物一同下沉，这被称为海损。这是整个北欧地区所通行的源于13世纪Oléron海商法的有关规章，它可以追溯到12世纪法国南部海岸的一个小岛上的古希腊（Atlantik）的海事法庭所作的判决汇集出来的判决集锦中。地中海地区在1350年就出现了一个"海上领事馆"，即巴塞罗那的海事仲裁院（consulat de mar）。

自12世纪开始还创建了其他新的经济贸易形式，银行业、票据法和新的贸易公司，最重要的有价证券就是可以互换的，它源于意大利北部城市存在的不同种类的货币，在这时商人在不同城市进行的商业贸易时，不得不把一个城市的货币换做另外一个城市的货币，而有价证券就把这一繁琐的程序变为了可能，从而省去了在这兑换货币的过程之中所带来的麻烦。在票据中要写有商人的姓名、意图兑换货币（cambio），一般来讲会有四个人来参与这一法律行为，A、B、C和D，即商人A作为D的债务人，与银行家B同在一个城市，银行家C和商人D在另一个城市，商人D作为商人A的债权人，A把货款和一定的兑换费用转给了B，之后B派往的信使就向他的生意伙伴——银行家C发出一个请求通告，要C在B的信用额度范围内将钱支付给D，从而抵消B之前应C的要求向他人支付的钱款，C接受了B的交换请求以后，签字并把这笔货款作为信息和承诺发给D。如果不考虑已经有所变化的兑换和其他功能，其工作原理和我们今天的银行转账大致相同。这一商人和商人之间的金钱兑换系统扩大了远程贸易的发展，即从欧洲核心国家和英国——在开始的时候也可能是为了减少商人由于海盗劫掠造成的损失——通过汉莎商人来往于斯堪的纳维亚半岛的诸国中。事实上，在中世纪远程贸易没有可能再向外扩展了，因为波兰直到17世纪才开放了海外贸易，即使这样在那里也有着与汉莎同盟的城市。这一异地兑换系统很快就用在了同一地点的价款支付上。

兑换系统除了这一原始的转账和运输功能外，从意大利的中世纪开始，在近代前期这一系统已经发展出了信贷业务（Rdz. 124）。当在佛罗伦萨的C把他承诺支付的票据交付给了D后，D就有了一个可以继续出售的有价证券，而这个有价证券的买受人这时就可以依据这个有价证券向C要求支付票据中的款项。在帕尔马的A已经和B——与D约定——有了协议，那么C依据这一票据继续支付这一票据上所载款项。而D在没有把票据让C兑换成款项之前可以把这一票据卖掉。也就是城市帕尔马在7月1日的1000盾，在4月1日D就从C那里拿到了这个票据，并马上把它卖给了E，这个款项金额依据帕尔马和佛罗伦萨之间的一般货币兑换比率在进行换算后，D和E所要求的兑换款项中必然包含这3个月的利率，这就意味着E向D支付的购买款项要相应的少一些。因为E在3个月后才拿到这笔钱，即在当时D所称的为100个帕尔马盾的借款合同，E直到7月1日才从C那里钱到这笔钱。而这里所包含的3个月的利率虽然与教会法的高利贷禁止性规定相违背，但是这个利息却通过以钱款兑换的手续费——让人肚子痛——即佣金的方式表现了出来。教会所指的高利贷是任何与处在逆境之人约定的利息，与罗马法的利息自由相反，教会法的高利贷禁止性规定来源于《圣经·路加福音》：

爱护你们的朋友，要善待他们，在借给他们钱的时候，不要指望他们再偿还！（第6章第35节）

这一利息禁止性规定源于古代以色列的法律，在《圣经》的旧约中很多都留下了同情的印记。

```
Zahlung          Bote bringt       Wechsels              Forderung
（支付）         （信使带来的）    （兑换）              （请求）
A----------------B-----------------C---------------------D
                 von Parma         nach Florenz
                 （从Parma）       （到佛罗伦萨）

Kaufmann,        Bankier,                                Bankier, nach       Kaufmann, Gläubiger
Schuldner        "Aussteller"                            Annahme des         des A und nach An-
des D            des Wechsel                             Wechsels            nahme des Wechsels
（商人，D        （银行家，票                             "Bezogener"         durch C auch dessen
的债务人）       据的"发行                                （银行家，票         Gläubiger als "Nehmer"
                 人"）                                   据的"承兑           des Wechsels
                                                         人"）               （商人，A的债权人，当
                                                                             C接受票据的承兑后，
                                                                             作为票据的"接受人"
                                                                             成为了C的债权人

A und B leben in Parma                                   C und D leben in Florenz
（A和B生活在帕尔马）                                     （C和D生活在佛罗伦萨）

Überweisung durch
Wechsel seit Hoch und
Spätmittelalter （中世纪中后期通过票据的转账）
```

在中世纪的中晚期，发展最好、规模最大的贸易公司可能就是 commenda（信托代理），拉丁语又称为 commendare。它同样也源起于意大利，它一开始是作为海上贸易的借贷业务而产生的，之后它又服务于国与国之间的远洋贸易，后来扩展到从法国的北部到英国的整个地中海地区。在德国它又被称为"sendeve"或"wedderlinge"，在这里一个出资人提供给企业一笔贷款，虽然

这笔贷款不允许支付利息,但是规避这个规定的出资人可以参与这个企业利润分配,这一点教会法是允许的,因为这个出资人的投资也要承担亏损和债务的风险。结果就是,这一公司的建设性业务规避了教会贷款零利率的禁令。最开始就是教会本身也喜欢从事这种交易。不仅在这里而且在票据的出卖领域,教会的高利贷禁令对相关贸易法规的发展都有很大的刺激作用。与此不同,斯堪的纳维亚半岛诸国直至 13 世纪才出现了具有这一合作特征的公司,这是一个船舶所有人和团队所有人之间形成一个共同体,即货物在其共同的账户中售卖后大家利益均沾。

侵权法

在中世纪中后期的欧洲核心国家,旧有的私刑被新出现的侵权法排除在外,损害赔偿不再隶属于刑法而是划分到了与刑法截然区分开来的私法范畴(Rdz. 72)。相对的,古老的忏悔功能不再在公刑法中起到任何作用,换句话说,私刑已经被分割成私法和刑法两个部分,准确地说:就是私法中的侵权法和公法中的刑法,这一变化印证了罗马法中所述的法律发展的一般趋势(Rdz. 39)。在 1200 年德国出现了两个新词:损害和惩罚。吃惊吗?法律也是一种语言,法律发生的变化会在语言的表达中留下印记。这种发展首先出现在 13 世纪的法国北部和德国,之后是 14 世纪的英国。而南法和西班牙则自古典时期以来一直就没有中断过古罗马法的适用。像合同法那样,它也同样地蔓延到法国的成文法地区。而西班牙的罗马法一直坚持走自己的道路,古典时期是《西哥特法》(lex Visigothorum),而在穆斯林统治时期被保留在基督律法(Liber Iudiciorum),后来被翻译成西班牙文,称为《富埃罗成文法》(Fuero Juzgo),最后到智者阿方索的《七编法》。而罗马侵权法中最重要的当属《阿奎利亚法》(lex Aquilia)和它的《不法性损害法》(damnum iuria datum)。他们在《七编法》中显现了这一变化,如 daño,即伤害被定义为恶化、亏损,一个人在合同之外(第 1 章,第 15 节,第 7 部分)所遭受的财产损失和人身伤害。他有义务支付损害赔偿金,这里面没有轻微刑事处罚的特征,其与第一章中的赔偿金相关,即如第七部分,在它之前、之后存在的都是公刑法。

在法国的北部我们甚至发现了一个小奇迹,不成文的习惯法(droit coutumier)的中间部分其实显示的就是罗马法中《不法损害法》。如 1283 年在菲利普·冯·尼尔(Philippe de Beaumanoir)所著的《巴伐利亚习惯法》(coutumes de Beauvaisis)中的第 69 章,要像一个像样的古老习惯法一样,不再有忏悔。

私刑中的补赎体系来自梅罗文加王朝统治时期,并自《萨利克法典》(lex Salica) 开始一直存续到了中世纪的晚期。这时新产生的刑事法律的影响逐渐扩大 (Rdz. 97)。自 14 世纪开始巴黎议会的司法解释就把对受害人的损害赔偿与归属于国王的金钱惩罚相区别。在同一时间,古老的《不列颠的习惯法》(Tres ançien Coutume de Bretagne) 中除了肯定这两者之间区别之外还做出了一些原则性的描述,谁带来的损失必须由谁来弥补,如 1395 年琼·布迪俚耶的乡村习俗汇编,而两者都没有引用《阿奎利亚法》,但所述的内容却是相同的。即私法和刑法彼此分离开来。

在侵权法的发展上普通法可谓独树一帜,即通过它所独有的令状,而这一方式经常在合同中应用,这样合同法和侵权法中就存在着不可分割的纠结,从而促成了 19 世纪末期,人们对侵权与合同做出的一般性区分成为了可能。大陆法系国家从很长时间开始就以罗马法学家盖尤斯(Gaius)为模板来确定侵权之诉,与大陆法系国家不同的是,关于侵权法英国人大都使用的是非法侵入令状,而它则源于私刑法,意指补赎,但是自 14 世纪开始它仅指过失。

对于德国,可以简单地援引在 1220 年和 1230 年之间出现的《萨克森明镜》:

> 一个人应当弥补因为他的过失、疏忽而对他人所造成的损害,除非这一损害是由火灾和为了确保不涨到自己膝盖高的水灾所造成的,或者他的目标是一只鸟,但是碰到或击伤的却是一个人或动物时,他不须为受害人的生命和健康忏悔,即使其行为致使受伤人死亡,但是他对此必须支付死亡赔偿金加以补偿。(国家法,第 2 本书第 14 章第 38 节)

远古时期的过失致人死亡的遗迹仍然保留着,对此必须支付死亡赔偿金。起到决定性作用的是一个新的视角——损害,它的意思仅限于补偿,而没有惩罚性的特点。死亡赔偿金在这里只能简单地理解为损害。这时人们还没能很容易地计算出芬尼和赫勒的价值。

在斯堪的纳维亚半岛诸国、东中欧地区和俄国直到中世纪的末期还一直保留着古老的私刑法,有的地方保留的时间还要更久一些。此外还存在公法性质的刑事法律。在挪威和瑞典,补赎系统的一部分向公共的刑事法律转换,如抢劫、杀人。在挪威是通过马格纳斯·拉加德的国家法(1274—1276),在瑞典是通过 1290 年《东哥特人法》(Ostgötenrecht) 的和 1296 年《乌普兰法》,在这两个方面都收到了国王马格努斯·埃里克森的新瑞典国家法(1250—1251)的保护。丹麦保留了私刑法中对于谋杀和抢劫的金钱补赎，而与此同时俄国则是用必须向侯爵支付罚款这种方式对这一金钱补赎加以补充。强盗和杀人犯被带到绞刑架对这些公爵来说是十分有力的。尽管如此，俄国除了这种私刑法之外，在俄国《真理报》中，一开始还存在着具有公法性质的刑事法律，尽管这一公法性质的刑事处罚还只是罚款。这一罚款后来愈加严苛，就如已经存在于斯堪的纳维亚半岛诸国的罚款一样（Rdz. 97）。

这里有一个问题，宠物的主人应当承担什么样的责任，在当他的宠物伤害了他人的时候。对此，古老的部落法、古希腊法与罗马法都有着不同的规定。但当宠物是由宠物的主人委托受害人照管时，那么宠物的主人通常会免于对受害人的补赎和损害赔偿。这一规定和马格德堡的相关法律十分相似。马格德堡的市议员的席位被称为上院，上院有权对城市的法庭依据法律作出的一些判决进行问询。这是一个管辖范围很大的区域，在北部经过勃兰登堡直到德意志条顿骑士团的所辖领域。在南部是萨克森公国的一些城市和图林根的一部分。在东部是劳奇兹，还有在波西米亚、摩尔维亚与波兰的一些"德国"城市。马格德堡的陪审团就是市议会的一员，在这里它也是一个法庭，但不受席位的限制也没有独立的司法审判权。作为有利可图的生意，这些陪审员们加入到案件的审判程序之中，这些陪审员一般是依据议会的提案由城市领主即当地的大主教委任的富裕的马格德堡公民。虽然马格德堡的法律没有被编撰为法典，但是在本质上它确实与《萨克森明镜》相同。在15世纪的中期这些陪审员们就遇到了一个来自小城维利奇卡（Großsalze，今天叫作 Schönebeck）的一个案件。这个小城位于易北河以西勃兰登堡州的小镇阿尔特马克，现在的萨克森-安哈尔特州。一个人的一头牛杀死了另外一个人的一匹马，之后牛被退还给他的主人，但当这头牛的主人听说发生了什么之后，立即把这头牛给撵走了。这个案例的背后其实蕴藏着《萨克森明镜》中关于动物损害赔偿的相关规定。

> 谁家的狗、野猪、马或牛，或任何一种家畜，致使他人或其他动物受伤或死亡，他的主人都应对这一损害支付相应的死亡赔偿金，或依据动物的价值进行赔付，即当其听到这一消息后从受害人手里买入该物。
>
> 但是当这个动物被人驱赶出去后，既不在其主人的家里也不在其主人的院子里，其主人也没有喂养它时，那么这个动物的主人对此就不承担任何损害赔偿义务，而受害人如果愿意，可以自行用这个动物来清偿损失。（国家法，第2卷，第40章，第1—2节）

欧洲法律史

Geschichte des Rechts in Europa

马格德堡审判员对于因动物而造成的伤害案件的判决

马的所有人艾尔哈德·纽格曼（Eylhard Nygeman）向牛的所有人汉斯·阿恩德（Hans Arnd）提起了损害赔偿之诉。但是这个起诉被驳回了。在法律上，我们能怎样比较容易地去解读《萨克森明镜》。而法院的判决文书应当如何写？此篇判决文书将提供参照。本判决文书依据马格德堡陪审团1901年在阿尔特马克镇作出的判决，并摘取第1版本第10页第21小段以供参考。在判决文书的左半部分是判决文书的原文，右半部分是判决文书的翻译：

可敬的法官和尊敬的维利奇卡法院的陪审团，我们的好朋友们。
马格德堡陪审团
向我们尊敬的好朋友先致以友好的问候。依据原告艾尔哈曼·纽曼格的指控和被告汉斯·阿恩德的质证和参与，马格德堡的陪审员做出如下宣判：

依据艾尔哈曼·纽曼格对汉斯·阿恩德提起的赔偿诉讼，案件事实已经清楚。汉斯·阿恩德的牛在维利奇卡撞上了艾尔哈曼·纽曼格的马，马在被撞的不长时间，即二到三天后死亡。而汉斯·阿恩德把这头牛重新带了回去，就像之前那样放在了家里。

与此相对，汉斯·阿恩德在对此控诉进行质证时主张，他把牛带回家里是因为他不知道他的牛把艾尔哈曼·纽曼格的马给撞了，并且他的牛一直是自由地在他的院子中活动的，因为他是一个旅店的老板，所以他的院子一直是对外敞开的。而当他从艾尔哈曼·纽曼格处得知事情的始末后，就马上把他的牛从自己的院子和领地中赶走了……。

接下来马格德堡的陪审团们所作法律判决如下：

汉斯·阿恩德所有的牛撞了艾尔哈曼·纽曼格的白马之后，在两三天后这匹被撞的马死了，因为汉斯·阿恩德作为旅店的老板，其农场一直是对外敞开的，所以这头牛在撞了这匹马后又重新回到了汉斯·阿恩德农场中。而当汉斯·阿恩德听到了他的牛把别人的马撞伤的消息后，立即把这头牛从他的农场和领地中赶了出去，而这头牛也不再回到他的家和庭院中，不再被他喂食。如果他举起手在这个神圣的法庭中宣誓，他对于艾尔哈曼·纽曼格所遭受的损失不承担过错，那么艾尔哈曼·纽曼格就可以得到这头牛用来弥补他所遭受的损失。

谁输了这场官司，谁就必须向赢得官司的这一方给付诉讼费，这一判决借鉴了外部的建议。以法律的名义。（《萨克森明镜》第1版，第10页，第21段）

刑法与刑罚

依据过劳斯拉夫人、日耳曼人和卡尔特人的氏族部落法，在中世纪的早期几乎整个欧洲地区施行的都是私刑法。除此之外还有三个地区施行公刑法，第一个就是西班牙和南法，其次是英国，再次是匈牙利。这是西班牙和南法承继罗马法的阶段，在西班牙则是通过《西哥特法典》（Lex Visigothorum）强化了罗马法的实施，依据罗马法模式西班牙的刑法与刑讯密切相连。在中世纪前期的末期，英国和匈牙利通过教会组织和其针对旧有"异教徒"邪教组织的一系列活动，刑讯制度才开始在阿尔弗雷德威塞克斯和史戴芬地区的益格鲁-撒克逊人与匈牙利的圣徒中实行。而在法兰西帝国和意大利，弗兰克斯和伦巴第的补赎体系取代了罗马法中的公刑法。而在斯堪的纳维亚半岛诸国、在东中欧和俄国却仍然保留着氏族法，即私刑法。

像其他领域一样，法律的大断代时期始于中世纪的中期，这时整个欧洲只有公刑法，在教会的影响下如同那些在中世纪的早期并不少见的案例一样。如现在的男同性恋和女同性恋。他们在世俗法院中要被当做"异端"处以火刑。因这一原因被处以死刑的人数肯定与事实不符而且数量极多，而在贵族和教会的法院中这一情形尤为糟糕。在西班牙和南法，人们都生活在十分完备的公刑法中。而在匈牙利，公刑法是自史蒂芬的圣教徒（Rdz. 72）开始才迅速地传播开来。在中世纪中期以始，英国就处在诺曼底这一外族统治之下，而在这里开始施行了普通法。在同一时间，与英国惊人的相似的是，基辅罗斯旧有的忏悔、补赎等刑罚转变为向公爵支付的罚金。在100年之后，即12世纪，在古老的法兰西帝国的疆域中即法国和德国开始实行了新的公刑法。在13世纪，公刑法最终覆盖了整个欧洲。在施陶芬王朝的皇帝腓特烈二世的统治下，西西里岛和意大利南部首先适用了公刑法，稍微晚一点即13世纪中叶，公刑法也在意大利北部的城市中适用着。在13世纪末，公刑法适用的最后一站是斯堪的纳维亚半岛诸国，即丹麦、瑞典和挪威。虽然早在两百年前俄国已经以同样的方式完成了从私人忏悔到向国王的国库中缴纳罚款的这一转变。想要更清楚地了解各国的变化，我们要看接下来的问题。

在**西班牙**，《西可特法典》通过《富罗埃成文法》继续实行着，即它的西班牙语翻译,刑法就是 1247 年在阿拉贡的《韦斯卡普通法》,在卡斯蒂利亚则通过 1265—1284 年的《七编法》,这部法律虽然并不是那么严酷,但是对于刑讯其所做的限制也十分有限。法官在量刑时极其自由,而法律规定的所谓刑事责任中也仅仅标明了最高刑(《七编法》7,31,7-9)。盗窃还跟以前一样沿用着之前私刑法的刑罚处理方式,即按照货物价值的四倍予以处罚,而肉体上的惩处则被排除在外。对于故意杀人仍旧保留着死刑判决(7,8,15)。在**匈牙利**死刑判决被频繁地使用着,如在 1100 年依据神圣的《拉迪斯劳斯法典》,当盗贼所偷盗的物品价值很高时,那么他即使是第一次作案也要被处以死刑。在一百多年前,在圣徒史戴芬的统治之下,只有对重犯才会出现这样的判决。自 1298 年以来,这些死刑判决也带来了很多的暴力案件,而与此同时,仍旧继续保留着古老的赎买体系,即被告人自身的财产损失,即其财产总额的三分之一给原告们,三分之二给法官。但这仅仅适用于贵族和富人。顺便说一下中世纪的刑罚执行方式和有关肉刑的相关刑罚,如果要对一个贵族执行死刑,就要用剑。而其他的平民则用绞刑、火刑、溺水、木桩和分尸等方式来执行死刑。如果是非死刑的肉刑,那么就要砍掉鼻子、耳朵、砍断手指和手,被烙、被鞭打、被嘲笑。

自从诺曼人统治**英国**之后,相对于公刑法,私刑法则一直处于倒退的状态,特别是对于所谓的重罪。它在令状中并没有准确的定义,是严重犯罪的一种,关于皇家巡回法院的法官自 1285 年一直单独地在维斯敏斯特法院作判决,对于公诉人,国王亨利二世于 1116 年颁布法令巡回克拉伦登(Assize of Clarendon)创建了一个特别委员会,由 12 个在百十多人中选出的陪审员组成的陪审团。它是这百十多人成员的公诉陪审团。一旦它提起公诉,那么就会在国王法院依照旧有的审判程序——誓证法和神判法来做出判决。而当誓证法——源于不知名的原因——消失之后,直到 12 世纪的末期神判法却依旧保留着。之后出现了一个小挫折。在罗马举行的拉特兰大会是中世纪最大的教宗大会,在 1215 年第四次拉特兰大会上,除了许多其他决议外还出现了禁止"神判法"的决议。虔诚的无地王约翰也宣布废除了这一审判程序上唯一的重要的证据来源。那么接下来怎么办呢?其他一些欧洲国家的回答是引进秘密纠问程序,而这一秘密纠问程序往往与刑讯密不可分。与此同时,英国人走了一条属于自己的道路,很快的就越过了之前所提的这一困境,即实行陪审员制度,直到今天,陪审员仍旧只能决定是否提起公诉,或者是在皇家法官的主持之下决定被告是否有罪。陪审团体系的设置是如此巧妙,在公诉陪审团外还有判决陪审团,而且判决陪审团的成员中不允许包括公诉陪审员的成员。陪审团制度的设置可以说是国王最

第七章 巨变：欧洲中世纪的中期和晚期（1050—1500） 355

聪明的举动了。由警长提名并在巡回法官的主持下召开。换句话说，法律的调查转移到了国王任命的官员身上，在百夫长在社区中的作用减少，如果在这里的陪审团中有代表，那么它就可能控制法律的调查，其究竟是怎么样的我会在后面说明。最高法院就是威斯敏斯特法院，它控制了普通法管辖内所有的一切。审判程序是公开的并且是口头的，有逐渐向理性靠拢的趋势，当陪审团对事实的判断摇摆不清时也采用中世纪早期的"誓证法"和"神判法"。这特别出现在刑事诉讼法领域"伟大政治自由的堡垒"（约翰·福第司秋，律师，15世纪），这与法国的附带刑讯的秘密纠问有着很大的差异。除此之外，自中世纪中期以始，大量的案件都是在诺曼王朝的统治基础——农庄中的世袭法院中解决的。当然，美丽的英国自由并不适用于那些农奴们，虽然这些农奴们理论上也能上诉到伦敦高级法院。但尽管如此，相对于欧洲大陆这里也是13世纪初自由开放的公开刑事审判程序的开始。一个独立的公诉陪审团在不用刑讯的前提下判定事实的真相，这种实例对于废除刑讯可能起到了重要作用，在英国几乎没有发生过针对"异端"的纠问诉讼（Rdz. 87）。什么是重罪？典型英国的方式是由法官通过案例来逐渐澄清的，故意杀人就属于这一范畴，而不是那些金额不大的偷盗。这些盗窃犯是用鞭子来惩处的而不是绞刑架，等等。

如上一部分关于法律典籍和法典段落的论述（Rdz. 84），**俄国**的具有公法性质的刑事法律开始于中世纪的中期的1070年，这一时期正好是诺曼人在英国建立新的统治秩序的时期。人们可以读一读俄国《真理报》第二类，如其显示的那样。在一个联合的大会上，基辅罗斯的大公宣布禁止仇杀，并把旧有的忏悔赎买"vira"，死亡赔偿金，后被日耳曼人所承继转为能收归自己腰包的罚金。除此之外，行为人必须对死者的家属进行补偿，其补偿的数额要与罚金相同（Art. 5），其他的侵权行为也是如此。如偷盗 Art. 40ff。它不存在痛苦刑（肉刑）和死刑，但在支付不能的情况下，被告可能会被流放他国。就像我们在现实中所看到的这是其刑罚的另一面。在中世纪的中期，俄国的这一原本较为温和的刑事法律随着时间的推移直到中世纪的晚期即将终结的时候变得比西欧更为严厉。而在温和和严厉之间的这一中间阶段我们现在却知之甚少。普科斯夫的法院文书中保留了一个关于死刑的高额罚金，在那时不称为"virs"，而是称作"prodasha"，但是这里没有对于死者身后人的任何补偿（赎买款或罚金）。偷盗马匹，贩卖儿童和纵火罪都被判处死刑，而只有第一种犯罪是判有罚金和赎买款的。俄国1497年编订的《伊凡三世法典》有西欧的水准，法典规定因击打致人死亡也要判处死刑，而第一次施行盗窃行为的罪犯，如果他有一个不好的名声，那么他也要被判处死刑。但如果他的声誉良好，那么他只会被判处公开的鞭刑。但是如果以后他还再犯,那么就跟纵火犯一样,也会被判处死刑。

公刑法是何时在**德国**和**法国**出现的,至今也没有一个确切的日期,大约是在俄国实行公刑法的一百年之后的 1200 年。在法国,国王是国家的首席大法官,他"尴尬"的司法管辖权一般会转交给地方的领主,但是要以国王的名义做出,而且要通过其任命的监督委员会来监督法院的审判,在一些特殊的情形下,他还可以宣布赦免。这一统一的司法体系带来了一个构想,而客观条件也能够提供一个单一的刑事法律,这些都出现在了同时期的法学典籍中。如菲利普·德·博瓦努斯 1283 年的《巴伐利亚习惯法》,他把来自其他地区的风俗、罗马—教会法和法院实践汇聚在一起。相似的还有德国,不同的是德国没有一个统一的国王,而只是那些侯爵们。就如法国显示的那样,只是早了一点,在一些法学典籍里,如艾克·冯·雷普(Eike von Repgow)在 1220 年所撰写的《萨克森明镜》,这里还包括许多城市的成文规章:

> 小偷应当被绞死,但是,如果这一偷盗案件发生在白天的村庄中,而被盗财物又小于三先令的话,那么村长必须在同一天对此案件进行处罚,对小偷的头发、皮肤(体罚、剪头发、在脸上烙下记号)进行毁损或者交付这三先令作为解决方法。(国家法,第 2 卷,第 13 章)

在这里已经叙述了有关肉刑和终身监禁的刑罚处罚方式,不只是绞刑或对皮肤和头发的损毁,还有诸如斩首、车轮、分尸、活埋、溺毙、火刑、用热水和热油浇、砍断手、手指、脚,挖掉耳朵和鼻子等的处罚,作伪证的要被剪断舌头、挖出眼睛,性犯罪的要对其绝育。与德国相似,波西米亚也是如此,因为它也是德意志神圣罗马帝国的一部分。人们可以在没有最终成行的 1355 年的马杰斯塔·卡洛琳娜(Majestas Carolina)中看到,它可以追溯到 13 世纪的法律。所有的这一切都是顺其自然地发展着,没有成文法可依据。

很快的,在 1200 年后出现第一部对这些残酷的刑罚进行规整的成文法典,即 1231 年的《梅尔菲宪章》(Konstitutionen von Melfi),这是腓特烈二世为他在**西西里岛**和**意大利南部**的帝国所颁布的诏令。即使强奸妓女也要被判处死刑,这一做法在当时并不寻常。但是,在这部法典中还没有出现诸如没收财产的刑罚和限制自由的刑罚。很快在意大利北部,即自 13 世纪的中期开始接连出现了一些与这部法律一样严酷的城市法,这是一部为了打击在城市内、郊区或城外的乡村道路上的突然袭击的这一类日益严重的犯罪所制定的法律。而在这之前这里一直适用的是日耳曼－伦巴第的私刑法。

在 13 世纪的后半叶，欧洲的刑法进程的终结出现在**斯堪的纳维亚半岛诸国**，而事实上，这一时期的波兰也被包括在内。在 1241 年，人们仍然可以在**丹麦**国王在日德兰半岛的成文法中找到在私刑法中的死刑和其他残酷的肉体刑（Jütisches）。对于那些惯盗则用绞刑来进行威吓，对于制造假币的要剁手（3，65，2，87）。损害赔偿在这里分成了两部分，一是对于受害者的补偿（补赎、忏悔），二是向国王缴纳的罚款，如同瑞典和挪威和俄国《真理报》中对 200 年前的俄国所记述的那样。**在挪威**，马格纳斯·拉加德在他的国家法（1274—1276）中，已经规定了对之前单一的补赎（向受害人赔偿）进行补充的罚款（向公爵缴纳），对于多次偷盗的惯盗处以死刑，对于小偷小摸处以鞭刑（9，1，3，和 4）。瑞典农业法标志着瑞典向残酷的现代化刑事法律迈进了一大步，而 1347 年马各纳斯·埃里克森（Magnus Erikssons）的国家法就是因为与这部法律相抵触而最终没有能够得以执行。他们从 1220 年的《西哥特法》（Westgötenrecht）扩展到到 1286 年的《东哥特法》（Ostgötenrecht）最后一直到 1296 年的《乌普兰法》，同样在这里，之前的私刑法转变成了公刑法，赔偿在这些法律中被分为三份，便于肇事人能够平均地向受害人、乡村公社和国王的支付等额的赔偿金。除了罚款之外还有被绞死的、被车碾死的、被斩首的、被投掷石块致死的，和一些通过其不称职的父母实施的肉刑。如剁手、挖眼等的其他刑罚（《乌普兰法》，Art. 30）。**波兰**法律又趋于温和，但是死刑和肉刑还一直保留着。击打致人死亡的和以偷盗作为职业的都要付出生命的代价，而法官在裁判一个人是否是惯盗的时候通常会偏听偏信。重要的是：肇事者跟受害人之间关于赔偿的协商达成合意的可以免除执行死刑和肉刑。这是私刑法的残余。

原因是什么？为什么要存在公刑法？学者们特别是德国的学者们自一百多年前就一直绞尽脑汁地思考着这一问题。最近，对于公刑法产生的原因德国法学界出现了几个主要的学说，即违背誓约论、衡平论和扩展论。这些理论在欧洲范围内不需要反复被重复。但是这一理论的弊端在于，和别的国家一样，我们只是集中关注纯粹的民族之树，而忽略了欧洲的这整片森林。人们只关注于自己所生活的这片土地，人们往往从其他方面去关注着刑法的产生，即另一个地方、另一段时间。一般来讲，在欧洲之外即在另一区域，这其实是一个简单的问题，私刑法源于氏族部落社会，在氏族部落社会之初所有的人都是平等的（Rdz. 54）。而公刑法则是在阶级社会（统治社会）中产生的，即国王们、侯爵们和小的封建领主们的统治之下产生的。此外，那些由市议会和其他人构成的城市统治也包含在内。粗略地说，公刑法是随着国家而产生，虽然不是随着国家的出现而立即出现的,但一直都是这样。此外,在公刑法出现之后的很长一段时间里私刑法也一直与其并行地存在着。国家是公刑法产生的原因,但其动机却是截然不同的。维塞克斯国王阿尔弗雷德的法典和匈牙利史蒂芬的两项法令的产生的动机是对抗古老的异教崇拜(Rdz.72)以保护君主制和国王联盟。而在意大利北部的城市中,公刑法的建立主要是为了防范商业领域中出现的危险,即对城市中日益突出的犯罪和乡村道路中出现的劫掠袭击所建立的保护机制。我们想要对每一个欧洲国家都进行逐一的调查?不需要,一般的规则仅就欧洲层面来说就已足够,因为其适用于每一种情况,没有什么特例。即刑法是借助统治而产生的,同时它也受到教会的制约,例如,教会法中对堕胎这一行为刑事处罚的发展历程。在13世纪中叶,允许堕胎的时间期限是从受孕起的40天之内,在此期限之后的堕胎行为被视为杀人,而堕胎的母亲要处以死刑,这一解决方法后来被注释法学派承继到世俗的一般成文法典中,并在中世纪法庭审判的实践中起到了重要作用。有意思的是其他几个问题。为什么刑事法律总是那么的残酷?谁是肇事者?在司法实践中刑事法律看起来怎么样?

刑事处罚的嗜血性(特别在西欧)一部分可能是因为刑事犯罪的增长,而西欧的这一情况人们自13世纪就可能发现了,在14世纪由于经济危机的出现而愈加严重(Rdz.74)。这与斯堪的纳维亚半岛诸国和欧洲的中东部一些国家的情况基本类似。在欧洲的核心国家和英国被处以死刑的比例为:一年中每十万个居民就有一人被处以死刑,这一比例远远高于我们今天的死刑比例。被处以死刑的一般都只是关于财产的犯罪,如盗窃、抢劫、诈骗等。最新的研究成果表明,肇事者不像我们今天所想的那样多出自于社会下层或那些外来的无家可归者,与之恰恰相反,他们多出自当地的中产阶级成员,即中产阶级居于肇事人员的第一位。以纽伦堡为例,犯罪嫌疑人大多是面包师、屠夫、裁缝、驾驶员等,在此当中极少数是行业的大师傅,他们大多是帮工,此外也有一些独立的商人。成文法典、法律典籍以及城市规章中的那些嗜血的刑罚条款是不断增加的刑事犯罪在法律上的反映。但这一威慑理论并不怎么成功,这一结果可能是源于法院对这类案件出奇温和的态度。又有一个新的研究表明,绞死、碾死和肉刑都是法官强制执行的刑罚,虽然这些刑罚明显地显出法官过于严苛,但是在小范围内它们大多被认为是十分必要的。所以在西欧,较之让肇事者受到刑事处罚,所有法官更为在意的是如何弥补受害人的损失。如果肇事者的经济条件允许,那么公刑法就不再适用了,法官会转而使用之前的私刑法。但这在程序上显然是不可能的,如在英国的普通法中,陪审员简单的做出决议,声称被告无罪,虽然被诉的犯罪行为很明显就是被告所做。对于重罪的判刑比例,那些可以判处死刑的重罪只占20%，而剩下80%的被告都会被无罪释放。即使是那些被法官判处有罪的也极少会被处刑，大部分——经常是陪审团的倡议——都被国王所赦免。如果一个被定罪的人向法院法庭缴付一些金钱，那么他就会被释放重新得到自由。可以说，那些犯了重罪的被告真正被执行刑罚的比例甚至要小于5%。这就是整个中世纪中期刑法适用的一般情况。法律条文是一回事，法院的真实判决则是另外一回事。一般来讲欧洲的其他国家也是如此。与侦查相对应的只有波兰，即在中世纪晚期的克拉科夫和其周边地区。这里的死刑处死率高于同时期的西欧，而这些死刑犯大多都是这个城市的公民。关于法庭的庭审档案中并没有相关的说明，城市法院不能执行死刑和肉刑，依据的是国王备忘录中的记述。

刑讯制度

刑讯在消失了700年之后突然又回来了。自公元476年西罗马帝国灭亡后，罗马法（Rdz. 40）中的那些有价值的古老刑讯在很长一段时间一直被人所遗忘，它被掩埋在日耳曼人的法律中，被淹没在与其完全不同的附带私刑、无罪宣誓和神意裁判的世界中。罗马式精确的事实调查方法对人们来说十分陌生。直到一个特例的出现，西哥特人在西班牙有一个优秀的律师公社，它在《西哥特法典》中承继了罗马法中的许多法规、条文，当然其中也包括刑讯制度。它的西班牙翻译，即《富埃罗成文法》（*Fuero Juzgo*）一直适用到中世纪的晚期。而在卡斯蒂利亚，由于《七编法》的颁布，它适用至中世纪晚期的初期。刑讯制度是《七编法》的第七卷中的一个重要组成部分。在其他的地方还没有刑讯制度时，西班牙是唯一的一个例外。教会法中也没有出现刑讯制度，因为在《格拉提安教会法》中关于刑讯的表述一直是负面的。

随后在13世纪初，即中世纪中期的末期刑讯又重新出现了。刑讯制度最先出现在**意大利北部**的城市中，为了保护生机勃勃的贸易市场，城市不仅要出台实施公刑法，而且还要通过那些在大学中受过专门法学教育的法学家们以罗马法为样本建立一个官方的刑事诉讼程序知识，这一诉讼程序要最大限度地官方化，旧有的私人提起的刑事诉讼已经不复存在了，存在的只有公诉，而公诉产生的最主要原因在于——保护在乡村道路上可能被强盗劫掠的商旅。隶属于它的，还有这些法学家在博洛尼亚大学中所学的《学说汇纂》标题为"论……问题"的部分中有关刑讯的问题。这显示了刑讯在这个时期已经是必要的审查手段了。因为在1215年的第四次拉特兰大会上，神意裁判这一日耳曼程序中最重要的举证方法被明令禁止了。除了并不是经常出现的两个证据，即证人、证言外，人们迫切地需要被告人的口供。这就需要用刑讯手段来获取。在1228年维罗纳的城市法中最先出现了刑讯制度。

西西里岛和**意大利南部**帝国的国王腓特烈二世的《梅尔菲宪章》是第二个写入酷刑的法律。它是由大学的法学家们所建议的。其中最为重要的当属出生于帝国的一个城市内文托的罗弗雷多，他早年就读于博洛尼亚，是著名法学家阿佐的学生，他在罗马法领域和教会法领域都有很高的声誉。也许就是源于他的建议，教皇英诺森三世于1206年针对神职人员的纪律程序制定了作为一般规则（Rdz. 87）的纠问诉讼程序。如意大利北部城市那样，这一程序要辅以刑讯，虽然刑讯制度只用在了严重犯罪中的那些来自社会底层（第一部，Art. 28，19）并且声誉很差的嫌疑人身上。但是后来，教皇英诺森四世为了加强对异教徒进行的纠问诉讼，"宗教裁判所"承继了这种辅以刑讯的纠问诉讼，并且像维罗纳的强盗甄别标准一样，建立起了一个对于异教徒进行甄别的侦查准则。所谓的这些"异端"能偷什么呢？十分简单，他们偷的是教会的圣礼。这是新的严刑逼供制度在意大利的开始，之后在教会法中出现了刑讯。

几乎与英诺森四世同一时间的法国国王路易九世，于1254年把刑讯制度引入了世俗刑法中，并对刑讯的适用加以限制，即严刑逼供不适用于"声誉良好的人，即使他是穷人"。1314年刑讯制度被引入到了**匈牙利**（Rdz. 87），从其被引入之处即意大利就不断地出现不要滥用的警告，在实践中法官们也极不情愿使用此种方法来取证。在14世纪的**德国**，以刑讯手段得到的口供最初在《施瓦本明镜》（1275—1276）中是有证明力的，刑讯首先出现在德国的南部，1321年到了奥格斯堡，1326年到了斯特拉斯堡，而这两个都是主教统治的城市。之后逐渐地向北部扩展，并于1387年到了汉堡，这同样也是一个主教城市。在15世纪末，刑讯制度随后在**波兰**和**波西米亚**出现，同匈牙利一样，这一制度一开始在这两个国家出现就受到了很大的阻碍和反对。最后，在中世纪末期的最后几年里刑讯制度又出现在了俄罗斯，在1497年它被伊凡三世引入到了《伊凡三世法典》中，作为俄国刑事诉讼法中最重要的证据取得渠道，它是俄国近代臭名昭著取证方式的开始。在伊凡三世的孙子伊凡四世的统治之下，这一取证方式就同对应着伊凡四世的绰号一样令人感到恐惧。以下就是刑讯的扩展图：西班牙、意大利、法国和德国、波兰、匈牙利、波西米亚和俄国。但是在西欧，这一伟大的为找出事实真相的残酷手段据说为近代的早期开启了一道曙光，当然指的并不是16到18世纪的政治迫害。

> **刑讯在中世纪的发展轨迹**
>
> 1. 意大利北部城市，首先在1228年的维罗纳。
> 2. 腓特烈二世，1231年的《梅尔菲宪章》。
> 3. 教皇英诺森四世，1252年对异教徒的纠问程序。
> 4. 法国，13世纪。
> 5. 德国，14世纪。
> 6. 波兰、匈牙利、波西米亚和俄国，15世纪。

在**英国**和**斯堪的纳维亚半岛诸国**就不存在刑讯制度，在那里人们以陪审团的表决作为认定事实的依据，即陪审员在倾听一般的证据、证人证言和提交的证明文件之后发现"真相"（Rdz. 90）。

直到现在人们争议的问题仍然是，为什么刑讯能够广泛地在欧洲地区再一次的出现呢？对此问题，之前人们的争议焦点是，这是不是罗马法的一次新的扩展，就像《法学汇纂》（D48，18）（Rdz. 40）或是一个"在纠问诉讼中形成的…不仿效其他的一个陌生模式"（施密特·爱博哈德）。可以肯定的是，罗马法在意大利的北部城市和其之后的《梅尔菲宪章》中都发挥了重要作用。因为这些新条款是由那些在博洛尼亚大学的维琴察法学院（Vicenza）或者帕多瓦法学院（Padua）接受过法学教育的法学家们参与制定的。但是，今天的人们能达成一致的是，证据法即证据取得方式发生变化的最主要背景在于，那些之前的证据取得方式，诸如无罪宣誓、神意裁判，用烧红的铁或煮沸的水进行考察、决斗——受到这一考验的被告要经过很长时间才能痊愈——（Rdz. 68）等这些"非理性"的证据取得方式重新回归了理性。在禁止神意裁判这一方面1215年的拉特兰会议起了决定性作用，它使证据的取得方式回归"理性"，证人证言和证明文书成为了刑事诉讼法中最重要的的"证据之王"，还有被告在自愿情形下难以获得的供问。但是在人们实施刑讯的一段时期之后证据取得又重新归于非理性。因为在这一制度的背后仍根植着上帝神意裁决的思想，即上帝会给那些无辜的人以力量，使其能够经受得住（酷刑的）痛苦。

法律的未来发展之路

在中世纪的中期的封建制是进一步建立在法国和德国宪法的基础之上的，因为法国的诺曼人征服了英国，所以在英国也是如此。在这三个国家中封建制达到了鼎盛，但是，因为各自不同的原因，这三个国家的发展方向却不尽相同，最终，在中世纪的末期，这三个国家的封建制也因为各自不同的原因悄无声息地消失了。在法国，导致封建制度消失的根本原因是强大的君主制。在德国则是因为君主制被侯爵贵族所组成的议会所侵蚀，与这两个国家完全不同，英国的封建制度走了一条中间道路，即强大的君主和有影响力的议会组织互相依存，开创了现代欧洲的议会制。所以在中世纪的末期封建制在各国的宪法中最终消失了。但是它留给欧洲的遗产却不仅仅如此，英国的《自由大宪章》和匈牙利的《金玺诏书》除了是欧洲议会制建立的基石外，这两个文件也记录了欧洲历史上的第一次人权呼声。它们在形式上虽然只是封建领主和其附庸之间所媾合的封建合约，但是这两个文件中对于禁止对自由人逮捕的规定却不仅仅适用于贵族和国王之间，而是适用于所有的自由民。除此之外，它们还是近代早期现代宪法的前身，因为在这两个文件中，数量众多的条款被作为一个整体进行归纳编撰，而在其之后所有的宪法也同样是用这一方式所编撰的，法律从此走向了未来。

除此之外，在欧洲还普遍存在着只有君主和贵族却没有封建法律相互制约和互为犄角的国家。最后，强大君主制的国家有西班牙、法国、英国和另外三个斯堪的纳维亚半岛国家和俄国。而由于强大的地方贵族导致的君主制衰弱的国家是三个中东欧国家。在德国呢？德国存在着一直到今天仍旧不断变化的联邦国家宪法（Rdz. 149），虽然这一变化十分轻微。在德意志罗马帝国和国王的统治之下，德国存在着数量众多的诸侯国，一些邦国很大，但许多只是小邦国，此外还有着一些独立的城市。如同其他帝国中的强大君主制那样，在这一层面上现代的国家制在各个邦国中都以自己的方式发展着。除了欧洲东部和中部的三个国家外，所有的欧洲国家在近代的早期几乎都沿着建立现代化国家的道路前进。为什么？这是自大变革开始后欧洲不断增长的经济实力的内在要求，它需要在广阔的领土中建立一个统一的国家秩序，以便使得经济的发展不受制约。这一新的国家组织形式的模板就是教会跨国的统治秩序，即教皇是中央的立法者，并且把持着行政权与司法解释权。

而由此得出的结果就是法律领域内的进一步动荡，即在欧洲的刑事法律体系中出现了进一步的变革，在中世纪欧洲的核心国家中存在着两个刑事法律体系，一个是在中世纪早期的在私人侵权领域中的私刑法，另一个就是公刑法。在一般情形下，虽然公刑法在欧洲已经出现了，但是欧洲却一直保留、适用着私刑法。那么公刑法为什么会出现，对此一直存在很多疑惑，实际上这其实很容易解释，刑法一直是伴随着国家体制的变化而变化的，有时可能并不同步，但却一直与之相伴。这一道理不仅适用于欧洲，在其他的地方也是如此。

第七章 巨变：欧洲中世纪的中期和晚期（1050—1500）

与封建制不同，农场主的庄园统治秩序在中世纪仍旧十分稳固，使得农民以及在他们之下的农奴这一欧洲社会最弱小的团体试图抵抗庄园统治的努力成为徒劳。自14世纪开始的农业危机，使得庄园制扩展到了欧洲的北部和东部地区，在北部直达丹麦和瑞典，在东部则是从波兰、波西米亚、再到匈牙利，最后直到俄国。在此之后，除了波西米亚之外，这些国家庄园的主要劳作方式仍旧是农奴集体劳作，因为这一劳作方式需要必要的监管，所以那种带有现代化耕作技术的农奴产业变得不再经济。这种庄园制一直持续到近代前期将要终结之时，经济史学家把这种处在中世纪末期的庄园经济称作农业二元论。西欧的庄园统治因为其经济运行良好，所以较为温和，这里的农民要强于东欧的那些在严苛庄园统治下生活的农民。在这些庄园统治较为温和的国家中也出现了两个意外情况，一个是英国，一个是挪威，英国的庄园经济由于供大于求的土地状况而消散，而挪威则从来没有出现过这种庄园经济，这是因为在挪威这种起伏不平的土地上不可能存在巨大的农庄。这两个国家在近代的早期只存在自由农民。就如所描述的那样，经济上的巨大变革要求奴隶制的终结。对此教会在中世纪的中期起了重要的推动作用。大多数的奴隶都是听话的农奴，但也有两个例外的国家，西班牙和俄罗斯，这两个国家的农奴几乎不从事农业生产，而是作为庄园的管家或是工匠。

与中世纪的早期相比，合同法在中世纪的中晚期在很多方面都起到了重要作用。在大多数国家中，合同法的基本含义并没有摆脱其旧有的范畴。如在德国，不包括一些城镇，所有的诉讼仍然被理解为侵权之诉。与此不同的是，同一时期的法国法律已经对侵权和合同加以区别。在整个欧洲，教会法一直推动着整个欧洲的家庭法改革，即建立禁止强迫婚姻和禁止离婚的教会婚姻、实行遗嘱制。但可惜的是这两项改革在俄国都没有成功。

中世纪中晚期的法律蕴含了更多的理性，这不仅表现在习惯法和它的新程序法中，还出现在13世纪具有普遍性的法律成文法变革之中。此外，还出现了代替旧有复杂属人原则的属地原则。理性主义自中世纪的中期开始有了长足的发展，而与理性主义密切相连的"法律的可预见性和稳定性"不仅出现在欧洲的那些核心国家中，也就是人们在中世纪的中后期所看见的法律典籍和法典中，还出现在欧洲的其他国家中，在这些国家中人们也经常能看到它们留下的印记，虽然在不同的国家中理性的表现强弱不一。但自马克斯·韦伯以来我们就已经确信，除了法律以外，理性主义对于经济发展、对于贸易生产，以至于后来的大工业和大农业生产都起到了决定性作用。正因如此，在中世纪中期以后，法律走向了现代化。

最后,最重要的是"教皇革命"在欧洲这些核心国家中的失败,使得教皇的权力被局限于其1104年与英国、1107年与法国和1112年与德国分别签署的《沃尔姆斯合约》之中。这一系列合约对所有的欧洲国家都产生了深远的影响,即神职人员和信徒,上帝和恺撒,教皇和皇帝彼此分离开来(雅克·勒高夫)。此外,它还是教会与国家、法律与宗教加速分离开来的原因。更重要的作用还在于,在欧洲核心国家的大部分区域中,罗马法和教会法以及《市民法大全》(Corpus Iuris Civilis)和《教会法大全》(Corpus Iuris Canonici)中古老的习惯法部分也被分离出来,这也是欧洲法律在今天之所以有别于中华法系、印度法系和伊斯兰法系以及氏族部落法律(Rdz. 166 – 129)的根本原因。这也使得欧洲在所有的生活领域有了进步的可能。尽管中世纪欧洲的法律有着多样性,但是仍旧存在着其独有的特性。

参考文献:

HRG = A. Erler, E. Kaufmann, D. Werkmüller (Hg.), Handwörterbuch zur Deutschen Rechtsgeschichte, 5 Bde., 1971 – 1998.

Rdz. 74.: H. Jakobs, *Kirchenreform und Hochmittelalter*, 1046 – 1215, 4. Aufl. 1999. M. Borgolte, *Europa entdeckt seine Vielfalt*, 1050 – 1250, 2002; M. Borgolte, *Christen, Juden, Muselmanen. Die Erben der Antike und der Aufstieg des Abendlandes* 300 bis 1400 n. Chr., 2006. U. Dirlmeier, G. Fouquet, B. Fuhrmann, *Europa im Spätmittelalter*, 1215 – 1378, 2003. E. Meuthen, *Das 15. Jahrhundert*, 3. Aufl. 1996. C. M. Cipolla, K. Borchardt (Hg.), *Europäische* Wirtschaftsgeschichte, 1. Bd., *Mittelalter*, 1978.

Rdz. 75.: **Portugal, Spanien, Frankreich**: W. Reinhard, Geschichte der Staatsgewalt, 1999, 66 ff., 62 ff. **England**: W. Reinhard a. a. O. S. 69 ff.; Text der Magna Charta bei D. Willoweit, U. Seif, Europäische Verfassungsgeschichte, 2003, S. 3 ff. **Deutschland**: O. Kimminich, Deutsche Verfassungsgeschichte, 2. Aufl., 1978, S. 109 ff.; Text der Goldenen Bulle bei D. Willoweit, U. Seif a. a. O. S. 71 ff. Zur Entstehung des Kurfürstenkollegs der Sieben zuletzt A. Wolf, Die Entstehung des Kurfürstenkollegs 1198 – 1298, 2. Aufl. 2000 einerseits und andererseits P. Landau, Eike von Repgow und die Königswahl im Sachsenspiegel, in: Zeitschrift der Savigny – Stiftung für Rechtsgeschichte, Germanistische Abteilung, 2008, S. 18 ff. **Italien**: W. Reinhard a. a. O. S. 59 ff.; H. Berman, Recht und Revolution, 1991, S. 190 ff. **Skandinavien**: W. Reinhard a. a. O. S. 76 ff. **Polen, Litauen**: W. Reinhard a. a.

O. 74 ff. ; *H. Küpper*, Einführung in die Rechtsgeschichte Osteuropas, 2005, S. 197 ff. **Böhmen**: *W. Reinhard* a. a. O. S. 76 ff. , ; *O. Peterka*, Rechtsgeschichte der böhmischen Länder, 1298/1933, Ndr. 1965, 1. Teil S. 135 ff. , 2. Teil S. 7 ff. **Ungarn**: *W. Reinhard* a. a. O. 76 ff. , *A. Radvánszky*, Grundzüge der Verfassungsgeschichte und Staatsgeschichte Ungarns, 1990, S. 21 ff. ; *H. Küpper* a. a. O. S. 294; Text der Goldenen Bulle bei *D. Willoweit*, *U. Seif* a. a. O. S. 26 ff. **Russland**: *L. Schultz*, Russische. Rechtsgeschichte, 1951, S. 107 ff. , dort S. 114 das Zitat zur Bojarenduma. *H. Küpper* a. a. O. S. 94 ff. Zu den vetsche: *F. Feldbrugge*, Popular Assemblies in Early Medieval Russia: The Veche in Legal History, in: M. Hofmann, H. Küpper (Hg.), Kontinuität und Wandel, Festschrift Georg Brunner, 2001, S. 165 ff.

Rdz. 76. : **Spanien**: *E. N. van Kleffens*, Hispanic Law until the End of the Middle Ages, 1968, S. 20 ff. ; *W. Reinhard*, Geschichte der Staatsgewalt, 1999, S. 66 ff. **Frankreich**: *H. Mitteis*, Der Staat des hohen Mittelalters, 3. Aufl. 1948, S. 328. 62 ff. ; *W. Reinhard*, a. a. O. S. 62 ff. **Deutschland**: *O. Kimminich*, Deutsche Verfassungsgeschichte, 2. Aufl. 1978, S. 76 ff. ; *W. Reinhard* a. a. O. S. 52 ff. **England**: *H. Mitteis* a. a. O. S. 242 ff. , 345 ff. , 443 ff. ; *K. Kluxen*, Englische Verfassungsgeschichte, Mittelalter, 1987, S. 48 ff. ; *W. Reinhard* a. a. O. S. 69 ff. Text d. Magna Charta vgl. Rdz. 75.

Rdz. 77. : M. Borgolte, (*Rdz. 74*) *S.* 75 *ff.* ; H. Jakobs (*Rdz. 94*) *S.* 16 *ff.* ; U. Dirlmeier u. a. (*Rdz. 74*) *S.* 117 *ff.* , 125 *f.* U. – R. Blumenthal, *Gregor VII. Papst zwischen Canossaund Kirchenreform*, 2001; E. Meuthen (*Rdz. 74*) *S.* 74 – 89; *sehr deutlich zum* „Investiturstreit" *zuletzt*: C. Link, *Kirchliche Rechtsgeschichte*, 2009, S. 31 *ff.* , 43 *ff.* , "päpstlicher Weltherrschaftsanspruch"; *zu den Kreuzzügen kurz und gut*: P. Thorau, *Die Kreuzzüge*, 2. Aufl. 2005.

Rdz. 78. : **Spanien**: *E. Wohlhaber*, Das Privatrecht der Fueros de Aragón, in: Zeitschrift der Savigny – Stiftung für Rechtsgeschichte, Germ. Abt. , 62. Band, 1942, . 106 ff. ; *W. Rösener*, Die Bauern in der europäischen Geschichte, 1993, S. 69 f. **Frankreich und Deutschland**: *G. Duby*, Krieger und Bauern, 1977, S. 189 f. ; *G. Duby*, Die Landwirtschaft des Mittelalters 700 – 1500, in: *C. M. Cipolla*, *K. Borchardt* (Hg.) Europäische Wirtschaftsgeschichte, Mittelalter, 1978, S. 116 ff.

W. Rösener a. a. O. S. 97 ff. **England**: *J. H. Baker*, An Introduction to English Legal History, 4. Aufl. 2002, S 307 ff. , 470 ff. ; *W. Rösener*, a. a. O. S. 109 f. **Dänemark**: *J. L. A. Kolderup – Rosenvinge*, Grundriss der dänischen Rechtsgeschichte, 1825, S. 184 ff. ; *L. B. Orfield*, The Growth of Scandinavian Law, 1953, S. 41 **Schweden**: *L. B. Orfield* a.

a. O. S. 227 f. **Norwegen**: *K. Gjerset*, History of the Norwegian People, Bd. 1, 1927, S. 449; *L. B. Orfield* a. a. O. S. 194 f. **Polen**: *S. Kutrzeba*, Grundriss der polnischen Verfassungsgeschichte, 1912, S. 8 ff. , 26 ff. ; *H. Küpper*, Einführung.

in die Rechtsgeschichte Osteuropas, 200, S. 267 ff. **Böhmen**: *O. Peterka*, Rechtsgeschichte der böhmischen Länder, 2 Bde. , 1928/33, Ndr. in einem Band mit zwei Teilen. 1965, 1. Teil, S. 52 ff. , 58 ff. , 2. Teil S. 57 ff. **Ungarn**: *A. v. Timon*, Ungarische Verfassungs-und Rechtsgeschichte, 2. Aufl. 1909 S. 146 ff. , 381 ff. , 544 ff. ; *A. Radvánszky*, Grundzüge der Verfassungs-und Staatsgeschichte Ungarns, 1990, S. 9 f. , 40 42. **Russland**: *L. Schultz*, Russische Rechtsgeschichte, 1951, S. 24 ff. , 119; *F. J. M. Feldbrugge*, The Law of Land Tenure in Kievan Russia, in: W. E. Butler (Hg.) Russian Law. Historical and Political Perspectives, 1977, S. 1 ff. ; *D. H. Kaiser*, *The Growth of Law* in Medieval Russia, 1980, S. 174 ff. ; *H. Küpper*, a. a. O. S. 108 f. **Agrardualismus**: *W. Rösener* a. a. O. S. 108 f.

Rdz. 79. ; **Allgemein**: *C. Delacampagne*, Die Geschichte der Sklaverei, 2002, S. 97 ff. **Frankreich**: *C. Verlinden*, L' esclavage dans l' Europe médiévale, 1. Bd. , 1995, S. 633 ff. ; *R. Blackburn*, The Making of New World Slavery, 1997, S. 40 ff. **Deutschland**: *T. Reuter*, Germany in the Early Middle Ages: 800 – 1056, 1991, S. 231. **England**: *F. Pollock*, *F. W. Maitland*, The History of English Law before the Time of Edward I. , 2. Aufl. 1952, S. 468; *R. Blackburn* a. a. O. S. 39 f. , 56. Domesday Book: *J. H. Baker*, An Introduction to English Legal History, 4. Aufl. 2002, S. 468; ausführlich: *D. A. E. Pelteret*, Slavery in Early Medieval England, 1995. **Spanien**: *C. Verlinden* a. a. O. S. 103 ff. ; *E. N. van Kleffens*, Hispanic Law until the end of the Middle Ages, 1908, S. 199 f. ; *R. Blackburn* a. a. O. S. 49 ff. **Russland**: *L. Schultz*, Russische Rechtsgeschichte, 1951, S. 27; *R. Hellie*, Slavery in Russia 1450 – 1275, 1982, *C. Goehrke*, Russischer Alltag, 1. Bd. , 2003, S. 282 ff. **Skandinavien**: *R. M. Karras*, Slavery and Society in Medieval Scandinavia, 1988. **Polen**: *P. Gorecki*, Economy, Society and Lordship in Medieval Poland 1100 – 1250, 1992, S. 67 ff. **Böhmen**: *C. Verlinden*, a. a. O. S. 221. **Ungarn**: *J. T. Wilson*, Sine spe Libertatis, Master Thesis, Institute of Hungarian Studies, Indiana University, USA, 1998, im Internet. Anfang der Diskussion über die **Gründe des Endes der Sklaverei im Mittelalter**: *M. Bloch* (posthum), Slavery and serfdom in the Middle Ages, 1975, S. 1 ff. ; ein sehr guter Überblick über die Literatur davor: *D. A. E. Pelteret* a. a. O. S. 4 ff. **Europäischer Sklavenhandel nach der Entstehung Afrikas durch die Europäer**: *C. Delacampagne* a. a. O. S. 131 ff. ; *R. Blackburn*, The making of New World slavery, 1997.

Rdz. 80. : **Siedlungsgeschichte für alle Länder bis auf Russland**: *H. Helbig*, Landesausbau und Siedlungswesen, in: T. Schieder, F. Seibt (Hg.) , Handbuch der europäischen Geschichte, 2Bd. , Europa im Hoch-und Spätmittelalter, 1987, S. 199 ff. **Rechtsgeschichte**: **Spanien und Portugal**: *H. Helbig* a. a. O. 208 ff. **Deutsche Ostsiedlung**: *C. Higounet*, Die deutsche Ostsiedlung im Mittelalter, 1986; zu **Polen** außerdem noch: *S. Kutrzeba*, Grundriss der polnischen Verfassungsgeschichte, 191, S. 33 ff. ; zu **Böhmen**: *O. Peterka*, Rechtsgeschichte der böhmischen.

Länder, Teil 1, 2. Aufl. 1993, Ndr. 1965, S. 59 ff. ; **Ungarn**: *A. v. Timon*, Ungarische Verfassungs-und Rechtsgeschichte, 2. Aufl. 1909, S. 116 ff. **Frankreich**: *M. Weber*, Wirtschaftsgeschichte, 1923, S. 78 f. **England**: *F. Pollock*, *F. W. Maitland*, The History of English Law before the Time of Edward I. , 2. Aufl. 1989, Ndr. 1952, S. 562 f. ; *J. Hatschek*, Englische Verfassungsgeschichte, 2. Aufl. 1913, Ndr. 1978, S. 261 ff. ; *W. O. Ault*, Village Assemblies in medieval England, in: Album Helen Maud Cam, 1960, S. 11 ff. ; *J. H. Baker*, An Introduction to English Legal History, 5. Aufl. 2002, S. 24 *B. Kümin*, Parish und Local Government. Die englische Kirchgemeinde als politische Institution 1350 – 1650, in: P. Blickle (Hg.) , Gemeinde und Staat im Alten Europa, Historische Zeitschrift, Beiheft 25, 1998, S. 210. **Deutschland**: *K. S. Bader*, Das mittelalterliche Dorf als Friedens-und Rechtsbereich, 3 Bde. , 1957; *ders*. Dorfgenossenschaft und Dorfgemeinde, 1962; ders. Rechtsformen und Schichten der Liegenschaftsnutzung im mittelalterlichen Dorf, 1973; *K. Kroeschell*, Dorf, in: HRG 1. 764 ff. , *ders*. , Deutsche Rechtsgeschichte, Bd. 1 , 12. Aufl. 2005, S. 213 ff. **Skandinavien**: *J. L. A. Kolderup – Rosenvinge*, Grundriss der dänischen Rechtsgeschichte, 1825, S. 53, 56; *F. D. Scott*, Sweden. The Nations History, 5. Aufl. 1988, S. 58. **Siedlungs-und Rechtsgeschichte Russlands**: *C. Goehrke*, Russischer Alltag, Bd. 1 , 2003, S. 86 ff. , 99 ff. , 185 ff. Die Russkaja Pravda wird zitiert nach der Fassung bei *G. Baranowski* (vgl. Literatur zu Rdz. 66) , dort zu *mir*, *verv*' und *selo* sein Kommentar S. 224 f. , 265 ff. , 349 ff. und S. 57; *L. Schultz*, Russische Rechtsgeschichte, 1951, S. 24. f. , 126 f. ; *C. Goehrke*, Die Theorien über die Entstehung und Entwicklung der "Mir", 1964 (sehr kritisch zu *mir* als Verwandtschaftsgruppe) ; *H. Küpper*, Einführung in die Rechtsgeschichte Osteuropas, 2005, S. 72 f. Mit meiner Deutung des mir und verv' folge ich der Überlegung Goehrkes 2003, S. 100 ("Vielleicht war mit der Werw…").

Rdz. 81. : *Der Fall ist beschrieben bei* C. Goehrke, *Russischer Alltag*, Bd. 1 : *Die Vor-*

moderne, 2003, S. 187 f. Zu Mehrfachberechtigungen am Land in Stammesgesellschaften: U. Wesel, *Frühformen des Rechts in vorstaatlichen Gesellschaften*, 1985, S. 215 ff.

Rdz. 82. : M. Weber, *Wirtschaft und Gesellschaft*, 2. Halbbd. , 3. Aufl. 1947, Kap. § 2, S. 528 ff. **Italien**: E. Ennen, Die europäische Stadt des Mittelalters, 3. Aufl. 1979, S. 208 ff. ; G. Chittolini, Städte und Regionalstaaten in Mitel-und Oberitalien zwischen spätem Mittelalter und früher Neuzeit, in: Res publica. Bürgerschaft in Stadt und Staat, Beiheft 8 zu "Der Staat", 1988, S. 179 ff. ; E. Pitz, Europäisches Städtewesen und Bürgertum, 1991, S. 319 ff. ; **Spanien**: E. Ennen. a. a. O. S. 74 ff. , 210 ff. ; E. Pitz a. a. O. S. 380 ff. **Frankreich**: F. Rörig, Die europäische Stadt im Mittelalter, 4. Aufl. 1964, S. 35 ff. ; E. Ennen a. a. O. S. 222 ff. ; E. Pitz a. a. O. S. 349 ff. **England**: F. Rörig a. a. O. S. 41 ff. ; E. Pitz a. a. O. S. 371 ff. ; S. Reynolds, An Introduction to the History of English Medieval Towns, 1977; **Deutschland**: O. Kimminich, Deutsche Verfassungsgeschichte, 2. Aufl. 1987, S. 90 ff. ; E. Pitz a. a. O. S. 360 ff. ; zu Magdeburg: B. Schwinehöper, Magdeburg, HRG (1984) Sp. 129 ff. ; **Dänemark**; E. Pitz a. a. O. S. 208 ff. ; I. - P. Findeisen, Dänemark. Von den Anfängen bis zur Gegenwart, 1999, S. 105; **Norwegen**: K. Gjerset, History of the Norwegian People, 1. Band, 1927, S. 464 ff. ; F. Petrick, Norwegen. Von den Anfängen bis zur Gegenwart, 2002, S. 6 ff. ; **Schweden**: N. Herlitz, Grundzüge der schwedischen Verfassungsgeschichte, 1939, S. 39; F. D. Scott, Sweden. The Nations History, 5. Aufl. 1988, S. 48 ff. ; J. - P. Findeisen, Schweden. Von den Anfängen bis zur Gegenwart, 2. Aufl. 2003 S. 80 ff. ; **Polen**: S. Kutrzeba, Grundriss der polnischen Verfassungsgeschichte, 1912, S. 39 ff. , 87 ff. ; **Böhmen**: O. Peterka, Rechtsgeschichte der böhmischen Länder, 1. Bd. 1928 (Ndr. 1965), S. 66 ff. , 2. Bd. 1933 (Ndr. 1965) S. 47 ff. ; **Ungarn**: A. v. Timon, Ungarische Verfassungs-und Rechtsgeschichte, 2. Aufl. 1909, S. 163 ff. , 589 f. ; **Russland**: O. Brunner, Neue Wege der Verfassungs-und Sozialgeschichte, 2. Aufl. 1968, S. 213 ff. , 225 ff. ; K. Zernack, Die burgstädtischen Volksversammlungen bei den Ost-und Westslawen, 1967; E. Pitz a. a. O. S 220 ff. ; C. Goehrke, Russischer Alltag, Bd. 9, 2003, S. 75 ff. , 102 ff. , 196 ff. , S. 78 die Zahlen, S. 124 f. die Straßengemeinschaften. Zum Gesetz Katharinas d. Gr. : L. Schultz, Russische Rechtsgeschichte, 1951, S. 183 f. Zu den Stadtrepubliken: J. Leuschner, Novgorod, Untersuchungen zu einigen Fragen seiner Verfassungs-und Bevölkerungsstruktur, 1980. H. - H. Nolte, Kleine Geschichte Russlands, 2003, S. 49 ff.

Rdz. 84. : **Spanien**: R. Altamira, Spain, in: A General Survey of ⋯ Continental Legal History, 1912 (Ndr. 1968) S. 607 ff. ; *E. N. van Kleffens*, Hispanic Law until the end of the Middle Ages, 1968, S. 120 ff. , dort S. 122 das Zitat Altamiras und S. 125 die Zahl der fueros; *T. M. y Valiente*, Manual de historia del derecho español, 4. Aufl. 1983 (2006), S. 167 ff. ; *M. Scheppach*, Las Siete Partidas. Entstehungs-und Wirkungsgeschichte, 1991, S. 60 ff. ; *A. Wolf*, Gesetzgebung in Europa 1100 - 150, 2. Aufl. , 2005, S. 197 ff. ; eine Ausgabe der wichtigsten fueros (u. a. auch der von Leon und der Fuero Viejo) : *E. Wohlhaupter*, Altspanisch-gotische Rechte, 1936. Zu den fueros: *R. Gibert*, Fueros, in: HRG 1. 1319 ff. ; zu den Siete Partidas eine englische Übersetzung: *P. Scott*, Las Siete Partidas, 1931 und späten Ausgaben, i. u. *E. N. van Kleffens* a. a. O. S. 171 ff. **Frankreich**: *K. Zweigert*, *H. Kötz*, Einführung in die Rechtsvergleichung, 3. Aufl. 1996, S. 74 ff. ; *A. Wolf*, a. a. O. S. 162 ff. ; *A. Rigaudière*, Introduction historique à l'étude du droit et des institutions, 10. Aufl. , S. 205 ff. , 327 ff. **Deutschland**: *H. Krause*, Gewohnheitsrecht HRG 4. ff. 277; *H. - J. Becker*, Rechtsbücher, HRG 4. 1228 ff. ; *F. Ebel*, Sachsenspiegel, in: HRG4. 1547 ff. ; *W. Trusen*, Schwabenspiegel, in: HRG 4. 277 ff. **Süditalien und Sizilien**: *H. Conrad*, *T. v. d. Lieck-Buyken*, *W. Wagner*, Die Konstitutionen Friedrichs II. von Hohenstaufen für sein Königreich Sizilien (lateinischer Text mit Einleitung und deutscher Übersetzung), 1973; *H. Dilcher*, Melfi, Konstitutionen von, in: HRG 3. 470ff. **Dänemark**: *A. Wolf* a. a. O. 319 ff. ; *L. B. Orfield*, The Growth of Scandinavian Law, 1953, S. 14 ff. ; *D. Tamm*, *J. V. Jørgensen*, Einleitung, in: D. Tamm, W. Schubert, J. V. Jørgensen (Hg.), Quellen zur dänischen Rechts-und Verfassungsgeschichte, 2008, S. 14 ff. , dort S. 38 ff. die deutsche Übersetzung der genannten hochmittelalterlichen Gesetze. **Norwegen**: *E. Hertzberg*, Scandinavia, in: A General Survey of ⋯ Continental Legal History, 1912 (Ndr. 1968), S. 549 ff. , das Zitat auf S. 552 f. ; *L. B. Orfield* a. a. O. 166 ff. ; *A. Wolf* a. a. O. S. 325 ff. ; *M. Merzbacher*, Das Landrecht des Königs Magnus Hakonarson Lagaboetir von 1274 und seine Bedeutung für die norwegische Rechtsgeschichte, 1941; zu König Lagabötir: *K. Gjerset*, History of the Norwegian People, 1. Bd. , 1927, S. 456 ff. **Schweden**: *E. Hertzberg* a. a. O. S 545 ff. ; *L. B. Orfield* a. a. O. S. 253 ff. ; *A. Wolf* a. a. O. S. 311 ff. ; die Datierung der Rechtsbücher: *K. v. Amira*, *K. A. Eckhardt*, Germanisches Recht, Bd. 1, 1960, S. 112 f. ; Texte des Westgöten - u. Upplandsrechts: *G. v. Schwerin*, Schwedische Rechte, 1935, des Ostgötenrechts: *D. Strauch*, Das Ostgötenrecht, 1971; *F. D. Scott*, Sweden. The Nations History, 1977, S. 72 ff. **Polen**: *L. Pauli*, Polnisches Recht, in: HRG 3. 1808 ff. ; *K. Tischler*, Das älteste polnische Gewohnheitsrechtsbuch, 1969; zu den Statuten Kasimirs: *S.*

Kutrzeba, Grundriss der polnischen Verfassungsgeschichte, 3. Aufl. 1912, S. 62 und *A. Wolf* a. a. O. S. 290 ff. **Böhmen**: *O. Peterka*, Rechtsgeschichte der böhmischen Länder, 1. Bd., 1982 (Ndr. 1956) S. 149 ff., 155 ff., Bd. 2, 1933 (Ndr. 1965) S. 69 f. ; *A. Wolf* a. a. O. S. 275 ff. ; *H. Küpper*, Einführung in die Rechtsgeschichte Osteuropas, 2005, S. 256 ff. ; eine lateinisch-deutsche Ausgabe der Majestas Carolina mit Einleitung: *B. - U. Hergemöller*, Majestas Carolina. Der Kodifikationsentwurf Karls IV. für das Königreich Böhmen von 1355, 1995. **Ungarn**: *A. v. Timon*, Ungarische Verfassungs-und Rechtsgeschichte, 2. Aufl. 1909, S. 305 ff. ; *O. Zarek*, Die Geschichte Ungarns, 1938, S. 261 ff. ; *A. Radvánsky*, Grundzüge der Verfassungs-und Staatsgeschichte Ungarns, 1990, S. 54 ff. ; *A. Wolf* a. a. O. S. 265 ff. ; *H. Küpper* a. a. O. S. 298 ; zu Stefan Werböczy: *B. Szabo*, Werböczy, Stephanus, in: *M. Stolleis* (Hg.), Juristen. Ein biographisches Lexikon ···, 1995, S. 650. **Russland**: Zur Russkaja Pravda Rdz. 66 mit Lit. ;. Gerichtsbuch von Skov: *L. Schultz*, Russische Rechtsgeschichte, 1951, S. 88 ff. und *H. Küpper* a. a. O. S. 68 ; jetzt am besten die vollständige Ausgabe mit Einführung, russischem Text und deutscher Übersetzung und Erläuterungen, *G. Baranowski*, Die Gerichtsurkunde von Pskov, 2008. Zu den Gründen des "Drangs zur Kodifikation": *S. Gagner*, Studien zur Geschichte der Gesetzgebung, 1960, S. 288 ff.

Rdz. 85. : *Das Urteil bei* E. Wohlhaupter, *Altspanisch-gotische Rechte*, 1936, *S. 33 ff. (spanisch-deutscher Text), das Zitat Galo Sanchez' dort in der Einleitung S. XXXVI.*

Rdz. 86. : H. Lange, *Römisches Recht im Mittelalter*, Bd. 1, *Die Glossatoren*, 1997, *dort S. 160 das Zitat Hermann Kantorowiczs.* ; H. Lange, M. Kriechbaum, *Römisches Recht im Mittelalter*, Bd. 2, *Die Kommentatoren*, 2006; *zu den unendlich vielen italienischen Lokalrechten (Statuten)* : E. Besta, *Storia del diritto Italiano*, Bd. 1, 2. Teil, 1925, *Ndr. 1969*; M. Bellomo, *Europäische Rechtseinheit. Grundlagen und System des Ius Commune*, 2005.

Rdz. 87. : **Allgemein**: *H. E. Feine*, Kirchliche Rechtsgeschichte, 5. Aufl. 1972, S. 276 ff. ; *C. Link*, Kirchliche Rechtsgeschichte, 2009, S. 35 ff. ; zur Rota: *S. Killermann*, Die Rota Romana, 2009; zur Wirkung des kan. Rechts:. *P. Landau*, Der Einfluss des kanonischen Rechts auf die europäische Rechtskultur, in: Reiner Schulze (Hg.), Europäische Rechts-und Verfassungsgeschichte, 1991, S. 39 ff. ; zur Rationalität durch Trennung von kanonischem und römischem Recht: *M. Weber*, Wirtschaft und Gesellschaft, 3. Aufl. 1947, S. 480 ff. (7. Kapitel, § 5), dort S. 480 das Zitat; **zum Aufbau des Corpus Iuris Canonici und der Zitierweise**: *F. Merzbacher*, Corpus Iuris Cononici, in: HRG 1. 637 ff. ; man benutzt es in der Ausgabe von E. Friedländer, 2 Bde. , 1879/81 oder in den vielen Nachdrucken. Ein guter Überblick über den Inhalt des kanonischen Rechts bei H. Berman, Recht und Revolution. Die Bildung der westlichen Rechtstradition, 1991, 5. Und. Kapitel. **Zur Schuldlehre im Strafrecht**: S. Kuttner, Kanonistische Schuldlehre von Gratian bis auf die Dekretalen Gregors IX. , 1935. **Russland und Eherecht**: H. Kaiser, The Growth of the Law in Medieval Russia, 1980, 165 ff. ; **Norwegen**: K. Gjerset, History of the Norwegian People, 1. Bd. , 1927, S. 346 ff. , 456 ff. , vgl. L. B. Orfield, The Growth of Scandinavian Law, 1953, S. 139 (Konkordat von Tondsberg 1277). **Zum Inquisitionsprozess**: W. Trusen, Der Inquisitionsprozess. Seine historischen Grundlagen und frühen Formen. in: Zeitschrift der Savigny-Stiftung, kanonistische Abteilung, 105 Band, 1988, S. 168 ff. **Heinrich II. , Thomas Becket und das privilegium fori in England**: J. H. Baker, An Introduction to English History, 4. Aufl. 2002, S. 128. **Zur Inquisition gegen Ketzer**: S. Grundmann, Ketzergeschichte des Mittelalters, in: K. D. Schmidt, E. Wolf (Hg.), Die Kirche in ihrer Geschichte, 2. Aufl. 1967, Lieferung G, S. 1 ff. ; G. Schwerhoff, Die Inquisition. Ketzerverfolgung in Mittelalter und Neuzeit, 2004. **Ungarn**: S. Werböczy, Tripartitum 2. 6. 12; H. C. Lea, La storia del diritto e la morale sociale, 1925, S. 526; zu Karl Robert von Anjou – Neapel, auch zu seiner Rechtsreform: T. v. Bogyay, Grundzüge der Geschichte Ungarns, 4. Aufl. 1990, S. 56 ff.

Rdz. 88. : *Biografie*: H. Nette, *Jeanne d'Arc*, 10. Aufl. 2002; *die wichtigsten Akten, auch die Protokolle der Verhöre übersetzt ins Deutsche*: R. Schirmer-Imhoff, *Der Prozess der Jeanne d'Arc*, 5. Aufl. 2001; *zum Prozess zuletzt*: G. Duby, *Die Prozesse der Jeanne d' Arc*, 1955; Wolfgang Müller, *Der Prozess Jeanne d'Arc*, 4 Bde. , 2004; G. Krumeich, *Jeanne d'Arc. Die Geschichte der Jungfrau von Orleans*, Diss. Bonn 1974; *das Zitat von Grundmann*: S. Grundmann Rdz. 87, S. 65.

Rdz. 89. : H. Mitteis, *Der Staat des hohen Mittelalters*, 3. Aufl. 1948, S. 345 ff. ; R. David/G. Grasmann, *Einführung in die großen Rechtssysteme der Gegenwart*, 2. Aufl. 1988, S. 439 ff. ; K. Zweigert/H. Kötz, *Einführung in die Rechtsvergleichung*, 3. Aufl. 1996, S. 177 ff. ; H. Peter, *Actio und Writ*, 1957, das Zitat dort S. 103; H. Peter, *Römisches Recht und englisches Recht*, 1969; S. F. C. Milson, *Historical Foundations of the Common Law*, 2. Aufl. 1981, S. 11 ff. ; J. H. Baker, *An Introduction to English Legal History*, 4. Aufl. 2002, S. 12 ff. ; P. Stein, *The Influence of Roman Law on the Law of Scotland*, in: *The Juridical Review*, S. 205 ff. ; *Das Zitat Wolfgang Kunkels*: W. Kunkel,

Herkunft und soziale Stellung der römischen Juristen, 2. Aufl. 1967, S. 58.

Rdz. 90. ; **Spanien**; *E. N. van Kleffens*, Hispanic Law until the End of the Middle Ages, 1968, S. 149, 171 ff., 204 ff.; eine engl. Übersetzung der Siete Partidas; *S. P. Scott*, Las Siete Partidas, 1931 (Ndr. 2001); *M. Scheppach*, Las Siete Partidas. Entstehungs-und Wirkungsgeschichte, 1991; **Frankreich**; *L. v. Stein*, Geschichte des französischen Strafrechts und des Prozesses, 2. Aufl. 1875, Ndr. 1968, S. 532 ff.; *A. Engelmann u. a.*, A History of Continental Civil Procedure, 1927, Ndr. 1969, S. 645 ff.; *F. Olivier – Martin*, Histoire du droit français, 2. Aufl. 1995, 2005, S. 139ff., 203 ff., 512 ff., 555 f. (weltl.), 186 ff., 479 ff. (kirchl.); **Deutschland**; *U. Wesel*, Geschichte des Rechts, 3. Aufl. 2006, Rdz. 222, S. 321 f., vgl. oben Rdz. 82; **England**; *J. H. Baker*, An Introduction to English Legal History, 4. Aufl. 2002, S. 72 ff. **Dänemark**; *J. L. A. Kolderup-Rosenvinge*, Grundriss der dänischen Rechtsgeschichte, 1825, S. 236 ff.; *E. Hertzberg*, Scandinavia, in: Various European Authors, A General Survey of Events, Sources, Persons and Movements in Continental Legal History, 1912, Ndr. 1968, S. 548 f.; *J. Danstrup*, A History of Denmark, 1948, S. 32 ff.; *L. B. Orfield*, The Growth of Scandinavian Law, 1953, S. 32; Gesetz über die Abschaffung der Feuerprobe durch König Valdemar um 1216 bei; *D. Tamm*, *W. Schubert*, *J. V. Jörgensen* (Hg.), Quellen zur dänischen Rechts-und Verfassungsgeschichte, 2008, S. 14 ff. **Norwegen**; *K. Maurer*, Altnordisches Gerichtswesen, 1907, S. 70 ff.; *K. Gjerset*, History of the Norwegian People, 1927, Teil 1, S. 461 ff.; *R. Meißner*, Landrecht des Königs Magnus Hakonarson, 1941, Einl. S. XXVI f.; *L. B. Orfield* a. a. O. S. 161 ff.; **Schweden**; *L. Uppström*, The Medieval Swedish Procedure, in: *A. Engelmann u. a.*, A History of Continental Civil Procedure, 1927, S. 203 ff.; *L. B. Orfield* a. a. O. S. ff.; *F. D. Scott*, Sweden. The Nations History, 1977, S. 64 f.; **Polen**; *S. Kutrzeba*, Grundriss der polnischen Verfassungsgeschichte, 1912, S. 60 ff., 131 ff. (weltl.), 28 (kirchl.); *W. Wasiutínski*, Origins of the Polish Law, Tenth to Fifteens Centuries, in: *J. W. Wagner* (Hg.), Polish Law Troughout the Ages, 1970, S. 44 ff.; *O. Krossmann*, Polen im Mittelalter, 2. Bd. 1985, S. 341 ff.; **Böhmen**; *O. Peterka*, Rechtsgeschichte der böhmischen Länder, 1928/33, Ndr. 1965, 1. Teil S. 36 ff., 63 ff., 144 ff., 2. Teil S. 15 f., 47 ff. (weltl.), 1. Teil S. 88 ff. (kirchl.); *H. Küpper*, Einführung in die Rechtsgeschichte Osteuropas, 2005, S. 255 ff. **Ungarn**; *A. v. Timon*, Ungarische Rechts-und Verfassungsgeschichte, 1909, S. 465 ff., 675 ff.; *A. Radvánsky*, Grundzüge der Verfassungs-und Staatsgeschichte Ungarns, 1990, S. 11 ff.; **Russland**; Text der Russkaja Pravda vgl. Rdz. 66; *L. Schultz*, Russische Re-

第七章 巨变：欧洲中世纪的中期和晚期（1050—1500） 373

chtsgeschichte,1951,S. 58 ff. ,84 ff. ,130 ff. ;*D. H. Kaiser*,The Growth of the law in Medieval Russia,1980,S. 98 ff. ,135 ff. (weltl.) ,165 ff. (kirchl.) ;*H. Küpper*,a. a. O. S. 88 ff. ,110,116 (weltl.) ,74 f. (kirchl.) **Kirchliche Gerichte** außerdem noch: *M. Kaser/K. Hackl*,Das römische Zivilprozessrecht,2. Aufl. 1996,S. 641 ff. (Spätantike u. Justinian) ;*H. E. Feine*,Kirchliche Rechtsgeschichte,5. Aufl. 1972,S. 433 ff. (England,Frankreich,Deutschland).

Rdz. 91. : **Spanien**: *R. Altamira* in: Various European Authors, A General Survey of ⋯ Continental Legal History,1912, Ndr. 1968,S. 602 ;*M. Scheppach*,Las Siete Partidas. Entstehungs-und Wirkungsgeschichte, 1991, S. 117 ff. **Frankreich**: *L. A. u. T. A. Warnkönig*, Französische Staats-und Rechtsgeschichte, 2. Bd. , Geschichte der Rechtsquellen und des Privatrechts,2. Aufl. 1875,Ndr. 1968,S. 225 ff. ;*F. Olivier-Martin*, Histoire du droit français,1948, Ndr. 2005, S. 479 ff. *J. Bart*,Histoire du droit privé, 1998,S. 277 ff. **England**:*J. H. Baker*,An Introduction to English Legal History,4. Aufl. 2002,S. 479 ff. **Deutschland**:*R. Hübner*,Grundzüge des deutschen Privatrechts,5. Aufl. 1930,Ndr. 1982,S. 661 ff. ;*H. Conrad*,Deutsche Rechtsgeschichte,1. Bd. ,2. Aufl. 1962,S. 399 ff. **Dänemark**:*J. L. A. Kolderup-Rosenvinge*,Grundriss der dänischen Rechtsgeschichte,1825,S. 59 ff. **Norwegen**:*K. Maurer*, Über Altnordische Kirchenverfassung und Eherecht,1907/1938,Ndr. 1966,S. 583 ff. ;*K. Gjerset*,History of the Norwegian People,1. Teil,1927,S. 345 ff. **Schweden**:*D. Strauch*,Das Ostgötenrecht,1971,1. 28,4. 10,5. 6,5. 9;*F. D. Scott*, Sweden. The Nation History,1977, S. 61. *D. Strauch*, Quellen, Aufbau und Inhalt des Gesetzbuches, in: Wolfgang Wagner (Hg.), Das schwedische Reichsgesetzbuch von 1734,S. 72 f. **Polen**: *W. Wasiutinski*,Origins of the Polish law,Tenth to Fifteenth Centuries,in:W. J. Wagner (Hg.),Polish Law Throughout the Ages,1970,50S. 50;*W. W. Soroka*,Main Institutions of the Polish Private Law, 1400 - 1795,in:*W. J. Wagner* a. a. O. S. 81 f. *S. Roman*,Le statut de la femme dans l'Europe oriental (Pologne et Russie) au moyen âge et aux temps modernes,in: Recueils de la societé Jean Bodin,Bd. 12,La femme, Bd. 2,1962,S. 389 ff. **Böhmen**:*O. Peterka*,Rechtsgeschichte der böhmischen Länder,1. Teil,1928,Ndr. 1965,S. 88,160; *E. Werunsky*,Die Maiestas Karolina, in: SZGerm Bd. 9,1888, S. 64 ff. ,84,101. **Ungarn**:*A. v. Timon*,Ungarische Verfassungs-und Rechtsgeschichte,2. Aufl. 1909,S. 330 ff. *C. D'Eszlari*,Le statut de la femme dans le droit hongrois,in:Recueils ⋯(wie Polen) S. 430 ff. **Russland**:*S. Roman*,wie Polen. *D. H. Kaiser*,The Growth of the Law in Medieval Russia,1980,S. 167 ff. ;*C. Goehrke*, Russischer Alltag,1. Bd. ,2003,S. 99,

131 f. ,194,215 ff. ; *H. Küpper*, Einführung in die Rechtsgeschichte Osteuropas,2005, S.75.161. Zu den **Schwierigkeiten mit "geheimen Ehen"** ; *J. A. Brundage*, Concubinage und Marriage in Medieval Canon Law, in: Journal of Medieval History, Bd. 1, 1975,S. 1 ff. ,bes. S. 8 ff.

Rdz. 92. ;*Eigentumserwerb durch Kaufpreiszahlung in* **England**;*J. H. Baker*, An Introduction to English Legal History, 4. Aufl. 2002, S. 384, in **Norwegen**: Lagabötirs Landrecht 8.13.2. **Spanien**:*R. Altamira*, Spain, in: Various European Authors, A General Survey of ⋯ Continental Legal History,1912, Ndr. 1968, S. 649 f. ; *E. Wohlhaupter*, Das Privatrecht der Fueros von Aragon, in: Zeitschrift der Savigny-Stiftung für Rechtsgeschichte,Germanistische Abteilung, Bd. 63, 1934, S. 214 ff. ; *M. Scheppach*, Las Siete Partidas. Entstehungs-und Wirkungsgeschichte,1991,S. 112 ff. ,153 ff. ;zum justinianischen Recht:*M. Kaser*, Das römische Privatrecht, 2. Abschnitt, 1975, S. 282 ff. **Frankreich**:*L. A. und T. A. Warnkönig*, *L. v. Stein*, Französische Staats-und Rechtsgeschichte, Bd. 2,Geschichte der Rechtsquellen des Privatrechts,1875, Ndr. 1968, S. 290 ff. ;*Brissaud*,A History of French Private Law,1912, Ndr. 1968, S. 288 ff. 626 ff. ; *F. Olivier-Martin*, Histoire du droit français,1948, Ndr. 2005, S. 272 ff. 427 f. Zum **Einspruchsrecht künftiger Erben**, Erbenwartrecht und Freiteil:*R. Hübner*, Grundzüge des deutschen Privatrechts,5. Aufl. 1930, Ndr. 1982,S. 328 ff. **England**; *S. F. C. Milsom*, Historical Foundations of the Common law,2. Aufl. 1981,S. 87 f. ;*J. H. Baker*, An Introduction to English Legal History,4. Aufl. 2002, S. 253 ff. ,258 ff. ,379 ff. ,dort S. 263 "ownership" an Land. **Deutschland**: *H. Conrad*, Deutsche Rechtsgeschichte, Bd. 1, 1962,S.427 ff. ;*D. Willoweit*,Dominium und proprietas, in:Historisches Jahrbuch, Bd. 94,1974,S. 131 ff. ; *R. Hübner*, Grundzüge des deutschen Privatrechts,5. Aufl. 1930, Ndr. 1982, S. 264, 734 ff. **Dänemark**: *J. L. A. Kolderup-Rossenvinge*, Grundriss der dänischen Rechtsgeschichte,1925, S. 69 ff. ,80 ff. ,90 ff. **Norwegen**: *K. Maurer*, Verwandtschafts-und Erbrecht samt Pfandrecht nach altnordischem Rechte,1980,S. 270 f. ; *R. Meißner*, Norwegisches Recht. Das Rechtsbuch des Gulathings, 1935, S. XXIX, 86, 169 f. ;*ders.*,Landrecht des Königs Magnus Hakonarson,1941,S. 161 ff. **Schweden**;*C. v. Schwerin*,Schwedische Rechte,1935,S. 23,117 ff. ,165 f. ,168,256;*D. Strauch*,Das Ostgötenrecht,1971, S. 127 f. ,287. **Polen**: *S. Kutrzeba*, Law, Slavic, in: Encyclopaedia of the Social Sciences,Bd. 9,1933, Ndr. 1949,S. 244;*W. Wasiutynski* und *W. W. Soroka* in:W. J. Wagner (Hg.),Polish Law Throughout the Ages,1970,S. 54,84 ff. ;*K. Tischer*, Das älteste polnische Gewohnheitsrechtsbuch, 1969, S. 102 f. ; *O. Kossmann*, Polen

第七章 巨变：欧洲中世纪的中期和晚期（1050—1500） 375

im Mittelalter, Bd. 2, 1985, S. 411 ff. mit Widerspruch zu Wasiutinsky und Soroka. **Böhmen**: *E. Werunsky*, Die Majestas Karolina, in: Zeitschrift der Savigny-Stiftung für Rechtsgeschichte, Germanistische Abteilung, Bd. 9, 188, S. 96 ff. ; *S. Kutrzeba* a. a. O. (vgl. Polen) S. 244. Zu den böhmischen Landtafeln: *H. Hofmeister*, Landtafeln, in: HRG 2. 1590 ff. Nichtadliger Grunderwerb: *R. Hübner*, Grundzüge des deutschen Privatrechts, 5. Aufl. 1930, Ndr. 1982, S. 264. **Ungarn**: *A. v. Timon*, Ungarische Verfassungs-und Rechtsgeschichte, 2. Aufl. 1909 S. 358 ff. , 379 ff. ; *A. Czöri*, Entwicklung des ungarischen Zivilrechts, Diss. Münster 2002, S. 33 ff. , S. 37 f. ; Zum Rückkaufsrecht der Erben in Ungarn vgl. noch Tripartitum I. 82. 3. **Russland**: *S. Kutrzeba* a. a. O. S. 244 (vgl. Polen) ; *G. Baranowski*, Die Russkaja Pravda-ein mittelalterliches Rechtsdenkmal, 2005, S. 620 ff. , 626, 647, 658, a. M. zum Testament z. B. noch *L. Schultz*, Russische Rechtsgeschichte, 1951, S. 66, ebenso *H. Küpper*, Einführung in die Rechtsgeschichte Osteuropas, 2005, S. 82 f. Sehr ausführliche Nachweise zur Übertragung von Grund und Boden verdanke ich einem schriftlichen Bericht von Günter Baranowski in Leipzig. Das Gerichtsbuch von Pskov jetzt: *G. Baranowski*, Die Gerichtsurkunde von Pskov, mit Einführung, russischem Text, deutscher Übersetzung und ausführlichen Erläuterungen.

Rdz. 93. : **Spanien**: *E. N. van Kleffens*, Hispanic Law until the end of the Middle Ages, 1968, S. 202 ; *M. Scheppach*, Las Siete Partidas. Entstehungs-und Wirkungsgeschichte, 1991, S. 136 ff. **Frankreich**: *L. A. und T. A. Warnkönig*, Französische Staats-und Rechtsgeschichte, 2. Bd. , Geschichte der Rechtsquellen und des Privatrechts, 1875, Ndr. 1968, S. 514 ff. **England**: *L. H. Baker*, An Introduction to English Legal History, 4. Aufl. 2002, S. 317 ff. , 384 ff. ; zu assumpsit und trespass: *R. David, G. Grasmann*, Einführung in die großen Rechtssysteme der Gegenwart, 2. Aufl. 1988, S. 446. **Deutschland**: *G. Gudian*, Zur Klage mit Schadensformel-Ein Beitrag zum mittelalterlichen Klagesystem, in: Zeitschrift der Savigny-Stiftung für Rechtsgeschichte, Germanistische Abteilung, Bd. 90, 1973, S. 384 ff. ; *K. O. Scherner*, Kauf, in HRG Bd. 2. 675 ff. , zu " Kauf bricht nicht Miete": *R. Hübner*, Grundzüge des deutschen Privatrechts, 5. Aufl. 1930, Ndr. 1982, S. 582 f. ; i. ü. vgl. *U. Wesel*, Geschichte des Rechts, 3. Aufl. 2006, Rdz. 227 – 232. **Dänemark**: *J. Danstrup*, A History of Denmark, 1948, S. 25 ff. ; *J. L. A. Kolderup-Rosenvinge*, Grundriss der dänischen Rechtsgeschichte, 1825, S. 99 ff. , 210 ff. **Norwegen**: *R. Meißner*, Landrecht des Königs Magnus Hakonarson, 1941, 7. u. 8. Buch. **Schweden**: *C. v Schwerin*, Schwedische Rechte, 1935 ; *D. Strauch*, Das Ostgötenrecht, 1971. **Polen**: *W. W. Soroka*, Main Institutions of the Polish Private Law, 1400 – 1795, *in*: W. J. Wagner, Polish Law Throughout the Ages, 1970, S. 73 ff., Litkup dort S. 94. **Böhmen**: B. – U. Hergemöller, Maiestas Carolina. Der Kodifikationsentwurf Karls IV. für das Königreich Böhmen von 1355, 1995. **Ungarn**: A. v. Timon, Ungarische Verfassungs- und Rechtsgeschichte, 2. Aufl. 1909, S. 402 ff.; *S. v. Werböczy*, Decretum Tripartitum, Ausg. 1973, 1. Teil, Titel 60 ff. **Russland**: H. Küpper, Einführung in die Rechtsgeschichte Osteuropas, 2005, S. 86 ff.; *L. K. Goetz*, Das russische Recht, 4. Bd., 1913, S. 152 ff., zu den Zinsen wohl unzutreffend 3. Band, 1911, S. 238, vgl. G. Baranowski, Die Russkaja Pravda-ein mittelalterliches Rechtsdenkmal, 2005, S. 476, im Hinblick auf die Unklarheit der Regelung des Wladimir Monomach sind sich beide einig: Goetz 3. Bd., S. 242 ff., Baranowski S. 482; Bürgschaft und Pfand: *C. Goehrke*, Russischer Alltag, 1. Bd., 2003, S. 155. Zur lex mercatoria.

Rdz. 94. : *die beiden Berichte von* K. O. Scherner und A. Cordes *in der Zeitschrift der Savigny-Stiftung für Rechtsgeschichte*, Germ. Abt. Bd. 118, 2001, *S. 156 ff. und S. 168 ff.*; H. Pohlmann, *Die Quellen des Handelsrechts, in*: Coing (Hg.), Handbuch der Quellen und Literatur der neueren europäischen Privatrechtsgerichte, Bd. 1, Mittelalter (1100 – 1500), 1973, *S. 801 ff., das Zitat auf S. 801*; *zu lex mercatoria und Common law*: K. Lerch, *Vom Kerbholz zur Konzernbilanz?*

Wege und Holzwege zu einem autonomen Recht der global economy, in: Rechtsgeschichte, 5. Bd., 2004, *S. 107 ff., ergänzt in*: A. Bauer u. Karl H. L. Welker (Hg.), Europa und seine Regionen, 2007, *S. 445 ff. i. ü.* G. Landwehr, *Seerecht (Seehandelsrecht)*, *in*: HRG Bd. 4. 1596 *ff.*; R. de Roover, U. Laubenberger, *Wechsel*, HRG 5. 1179 *ff.*; G. Parker, *Die Entstehung des modernen Geld-und Finanzwesens in Europa 1500 – 1730, in*: C. M. Cipolla, K. Borchardt (Hg.), Europäische Wirtschaftsgeschichte, Bd. 2, 1979, *S. 344 f.*; *Wechsel in Westeuropa und England*: O. F. Robinson, T. O. Fergus, W. M. Gordon, *European Legal History*, 2003, *S. 103*; *Skandinavien vgl.* J. le Goff, *in*: C. M. Cipolla, K. Borchardt (Hg.), Europäische Wirtschaftsgeschichte, Bd. 1, Mittelalter, 1978, *S. 54*; *Wechsel in Polen*: W. W. Soroka *in*: W. J. Wagner, *Polish Law Throughout the Ages*, 1970, *S. 94. Zur commenda*: J. B. Brissaud, *History of French Private Law*, 1912, *Ndr. 1968, S. 556*; H. Kellenbenz, *Handelsgesellschaft, in*: HRG 1. 1971 (*ebenfalls zu Skandinavien*); J. Bernard, *bei Cipolla, Borchardt a. a. O. S. 205*; O. F. Robinson, T. D. Fergus, W. M. Gordon *a. a. O. S. 103*.

Rdz. 95. : **Spanien**: M. Scheppach, Las Siete Partidas, 1991, S. 177. **Frankreich**: L. A. u. T. A. Warnkönig, Geschichte der Rechtsquellen und des Privatrechts, 2. Aufl.

1875, Ndr. 1968, S. 522 ff. , *J. Bart*, Histoire du droit privé, 1998, S. 414; *B. Auzary-Schmaltz*, *Liability in Tort in France before the Code Civil* ⋯, in: E. J. H. Schrage (Hg.), Negligence, 2001, S. 309 ff. **England**: *R. David/D. Grasmann*, Einführung in die großen Rechtssysteme der Gegenwart, 2. Aufl. 1988, S. 447; *K. Zweigert*, *H. Kötz*, Einführung in die Rechtsvergleichung, 3. Aufl. 1996, S. 607 f. ; *H. J. Baker*, An Introduction to English Legal History, 5. Aufl. 2002, S. 402 ff. **Deutschland**: *H. Holzhauer*, Privatstrafe, in: HRG 3. 1993 ff. ; *E. Kaufmann*, Das spätmittelalterliche Schadensersatzrecht ⋯, in: Zeitschrift der Savigny-Stiftung für Rechtsgeschichte, Germanistische Abteilung, Bd. 78, 1961, S. 93 ff. **Dänemark**: *J. L. A. Kolderup-Rosenvinge*, Grundriss der dänischen Rechtsgeschichte, 1825, S. 114 ff. , 218 ff. ; *L. B. Orfield*, The Growth of Scandinavian Law, 1953, S. 45. **Norwegen**: Landrecht Lagabötirs 9. 1 + 2. **Schweden**: Ostgötenrecht 3. 2 und 4. 32 pr. + 1, Upplandsrecht 8. - 14. Kapitel, 35. - 38. Kapitel. **Polen**: *W. W. Soroka* bei W. J. Wagner (Hg.), Polish Law Throughout the Ages, 1970, S. 92 f. i. v. m. S. 74 A. 4. **Böhmen**: *B. - U. Hergemöller*, Maiestas Carolina, 1995, S. 223 ff. , 237 ff. , 251 ff. **Ungarn**: *A. v. Timon*, Ungarische Rechts-und Verfassungsgeschichte, 2. Aufl. 1909, S. 412 ff. **Russland**: *L. Schultz*, Russische Rechtsgeschichte, 1951, S. 94 f. ; *D. H. Kaiser*, The Growth of the law in Medieval Russia, 1980, S. 63 ff. ; *H. Küpper*, Einführung in die Rechtsgeschichte Osteuropas, 2005, S. 80 ff.

Rdz. 96. : *Zum alten deutschen Recht*: R. Hübner, *Grundzüge des deutschen Privatrechts*, 5. Aufl. 1930, Ndr. 1982, S. 612 f. ; *griechisches Recht*: D. M. MacDowell, *The Law in Classical Athens*, 1978, S. 11 f. ; *römisches Recht*: actio de pauperie, D. 9. 1, vgl. W. Kunkel, H. Honsell, *Römisches Recht*, 4. Aufl. 1987, S. 383 f.

Rdz. 97. : *Zur Homosexualität*: G. Feustel, *Die Geschichte der Homosexualität*, 2003, S. 48 ff. **Spanien**: *F. W. v. Rauchhaupt*, Geschichte der spanischen Gesetzesquellen, 1923, S. 45 ff. , 57 ff. , 124; *M. Scheppach*, Las Siete Partidas, 1991, S. 165 ff. **Ungarn**: *A. v. Timon*, Ungarische Verfassungs-und Rechtsgeschichte, 2. Aufl. 1909, S. 412 ff. ; *K. Kovacs*, Zur Geschichte des ungarischen Strafrechts und Strafprozessrechts 1000 - 1918, 1982, S. 9 ff. ; **England**: *M. Grünhut*, Das englische. Strafrecht, in: E. Mezger, A. Schönke, H. - H. Jescheck (Hg.), Das ausländische Strafrecht der Gegenwart, 3. Bd. , 1959, S. 142 ff. ; *R. D. Groot*, Proto-Juries and Public Criminal Law in England, in: D. Willoweit (Hg.), Die Entstehung des öffentlichen Strafrechts, 1999, S. 23 ff. ; *J. H. Baker*, An Introduction to English Legal History, 4. Auff. ,2002,S. 503 ff. ,521 ff. **Russland**: *L. Schultz*, Russische Rechtsgeschichte, 1951, S. 94 f. ,133. ; *D. H. Kaiser*, The Growth of the Law in Medieval Russia, 1980, S. 62 ff. ; *H. Küpper*, Einführung in die Geschichte Osteuropas, 2005, S. 76 ff. ; *G. Baranowski*, Die Russkaja Pravda ···, 2005, Kommentar zu Art. 2 und 5, S. 339 ff. ,363 ff. **Frankreich**: *L. v. Stein*, Geschichte des französischen Strafrechts und der Prozesse, 2. Aufl. 1875, 3. Bd. *L. A. Warnkönig*, *T. A. Warnkönig*, *L. v. Stein*, Französische Staats-und Rechtsgeschichte, Ndr. 1968; *B. Auzary-Schmaltz*, Liability in Tort in France before the Code Civil ···, in: E. J. H.

Schrage (Hg.), Negligence, 2001, S. 309 ff. ; *R. Martinage*, Histoire du droit pénalen Europe, 1998, S. 6 ff. **Deutschland**: *H. Rüping*, *G. Jerouschek*: Grundriß der Strafrechtsgeschichte, 4. Aufl. 2002, S. 48 ff. **Sizilien und Süditalien**: *H. Conrad*, *T. v. d. Lieck-Buyken*, *W. Wagner*, Die Konstitutionen Friedrichs II. Von Hohenstaufen für sein Königreich Sizilien (mit deutscher Übersetzung), 1973.

F. Zechbauer, Das mittelalterliche Strafrecht Siziliens, 1908; *G. Dilcher*, Melfi, Konstitutionen von, in: HRG 3. 470 ff. ; **Böhmen**: *B. - U. Hergemöller*, Maiestas Carolina (lateinisch u. deutsch mit ausführlicher Einleitung), 1995, z. B. Kapitel 3, 34 ff. ,51 ff. , **Oberitalienische Städte**: *H. Rüping*, *G. Jerouschek*, a. a. O. S. 18 ff. Mit weiterer Literatur S. 17 f. **Dänemark**: *J. L. A. Kolderup-Rosenvinge*, Grundriss der dänischen Rechtsgeschichte, 1825, S. 218 ff. ; *L. B. Orfield*, The Growth of Scandinavian Law, 1953, S. 44 f. ; *O. Fenger*, Fejde og mandebod (mit deutscher Zusammenfassung), 1971, S. 550 ff. ; zum Jütsche Lov 2. 87 vgl. *K. v. See*, Das Jütsche Recht, 1960, S. 162. **Norwegen**: *K. Gjerset*, History of the Norwegian People, 1. Bd. ,1927, S. 460 ff. ; *L. B. Orfield* a. a. O. S. 196. **Schweden**: *Stemann*, Scandinavia, in: *C. L. v. Bar* (Hg.), A History of Continental Criminal Law, 1916, Ndr. 1968, S. 119 ff. , bes. 139 f. ; *R. Hemmer*, Die Missetat im altschwedischen Recht, 1965 (zu den Bußen); *B. Rehfeldt*, Todesstrafen und Bekehrungsgeschichte, 1942, S. 85 ff. ; *L. B. Orfield* a. a. O. S. 280. **Polen**: *R. Taubenschlag*, Das Strafrecht des polnischen Mittelalters, in: Zeitschrift für vergleichende Rechtswissenschaft, Bd. 51, 1937, S. 282 ff. ; *K. Tischler*, Das älteste polnische Gewohnheitsrechtsbuch, 1869, S. 93 ff. ; *W. Wasiutynski*, Origins of Polish Law ···, in: W. J. Wagner (Hg.), Polish Law Throughout the Ages, 1970, S. 56 ff. Zu **Eidbruchtheorie usw.** *U. Wesel*, Geschichte des Rechts, 3. Aufl. 2006, S. 341 f. zum Schwangerschaftsabbruch: *G. Jerouschek*, Mittelalter ··· in: R. Jütte (Hg.), Geschichte der Abtreibung ···, 1993,. S. 44 ff. ; *W. P. Müller*, Die Abtreibung. Anfänge der Kriminalisierung 1140 – 1650,

2000, S. 41 ff. Ein vorzüglicher Überblick zu **Kriminalität, Straftätern und gerichtlicher Praxis in Westeuropa** mit ausführlichen Literaturangaben: *M. Schüssler*, Statistische Untersuchung des Verbrechens in Nürnberg im Zeitraum von 1285 bis 1400, in: Zeitschrift der Savigny-Stiftung für Rechtsgeschichte. Germanistische Abteilung, Bd. 108, 1991, S. 117 ff. , englisch: German Crime in the Later Middle Ages …, in: Criminal Justice History, Bd. 13, 1992, S. 1 ff. Die entsprechende Untersuchung für **Krakau**: *M. Schüssler*, Verbrechen in Krakau (1361 – 1450) und seiner Beistadt Kasimir (1370 – 1402), in derselben Zeitschrift Bd. 115, 1998, S. 198 ff.

Rdz. 98. : **Allgemein**: *P. Fiorelli*, La tortura giudiziaria nel diritto commune, 2. Bde. , 1953/54; *R. C. van Caenegem*, La preuve en moyen âge occidentale, in: La Preuve, Recueils de la société Jean Bodin, Bd. VII, 1965, S. 734 ff. *E. Peters*, Folter Geschichte der peinlichen Befragung; **Spanien**: *Fiorelli* a. a. O. Bd. 1, S. 99 ff. **Kanonisches Recht**: *W. Trusen*, Der Inquisitionsprozess, in: Zeitschrift der Savigny-Stiftung, kanonistische Abteilung, Bd. 105, 1988, S. 168 ff. ; **Oberitalien, Konstitutionen von Melfi**, **Deutschland**: *H. Rüping, G. Jerouschek*, Grundriss der Strafrechtsgeschichte, 4. Aufl. , 2002, S. 37 f. , zu Roffredus: *F. C. v. Savigny*, Geschichte des römischen Rechts im Mittelalter, Bd. 5, 2. Aufl. , 1850 (Ndr. 1961), S. 184 ff. ; **Polen**: *H. C. Lea*, La storia del diritto e la morale sociale, 1925, S. 526f. ; *J. Matuszewski*, La preuve en droit Polonais du moyen âge et des temps modernes, in: La Preuve, Recueils de la société Jean Bodin, Bd. XVII, 1965, S. 591 ff. **Böhmen**: *V. Procházka*, L' Evolution du système de preuves dans le droit des peuples slaves jusqu' au XVe siécle, in: La Preuve wie Matuszewski, 1965, S. 547 ff. **Ungarn**: *H. C. Lea* a. a. O. S. 526. **Russland**: *L. Schultz*, Russische Rechtsgeschichte, 1951, S. 130 ff. , zu Iwan III. *H. Haumann*, Geschichte Russlands, 1996, S. 115 ff. **Grund für das Wiederauftauchen der Folter**: *E. Schmidt*, Einführung in die Geschichte der deutschen Strafrechtspflege, 3. Aufl. 1983, S. 9 ff. , das Zitat S. 93; *R. Lieberwirth* (Hg.), Christian Thomasius, über die Folter, 1960, S. 88 f. ; *van Caenegem* a. a. O. S. 740; *J. Gilissen*, La preuve en Europe du XVIe au debut du XIXe siécle, in La Preuve wie Matuszewski 1965, S. 789 f.

Rdz. 99. : *Zur Rationalität im Recht und ihr Verhältnis zur Wirtschaft*: M. Weber, *Wirtschaft und Gesellschaft*, 1922 und Neuauflagen, z. B. 2. Kap. § § 4, 9, 10, 13, 30 und 7. Kap. § 1; *vgl. noch* J. A. Schumpeter, *Geschichte der ökonomischen Analyse*, 1965, S. 132 f. und schon vorher F. C. v. Savigny, *Geschichte des Römischen Rechts im*

Mittelalter, Bd. 3, 2. Aufl. 1834（*Ndr.* 1961）, *S.* 84（oben Rdz. 86）und F. Engels *in Karl Marx, Friedrich Engels, Werke*（*MEW*）, Bd. 36, 1967, *S.* 167（*Brief v.* 26. 6. 1884）. *Anderer Meinung*: F. Wieacker, *Privatrechtsgeschichte der Neuzeit*, 2. Aufl. 1967, *S.* 124 *ff.*, *besonders S.* 131, 150. *Das Zitat*: J. le Goff, *Die Geburt Europas im Mittelalter*, 2004, *S.* 88.

第八章 近代的早期（1500—1800）

历史与经济

　　近代欧洲起始于1500年，先后经历了四次转折：1450年古登堡发明雕版印刷机，1453年拜占庭帝国垮台，1492年哥伦布发现美洲新大陆和1517年的路德宗教改革。这四次转折极大地改变了中世纪的欧洲，但欧洲的转变并不是一蹴而就的，而是渐进性的，将时代性特征予以留存下来。从1500年开始到1800年这一段时期被称为近代早期，这种界定在最近的50多年来在历史学界已经达成共识。这种对时代的划分十分有道理，这是因为以下的这三次革命给1800年烙下深刻的印记，它们对世界巨大的影响不输于1050年的那次革命，它们就是：一、1789年法国由封建制社会向民主制社会转变的政治革命；二、由农业社会向工业社会过渡的工业革命，它以1765年詹姆斯·瓦特发明蒸汽机为标志；三、18世纪初的第三次革命，即农业革命，以工业为基础使农业机器化成了可能。这些革命所带来的就是人们今天经常使用的一个词："资本主义"。此后的19世纪，经济、政治和社会发展步伐也随之进一步加快。

　　路德宗教改革的意义在于，基督教除了早已经分离出来的东正教外，在天主教中又再次分裂成了几个不同的教派。除了路德的学说，新出现的新教教派所依据的还有加尔文学说和茨温利学说。此外，基督教在英国还呈现出了一个特殊形式，即英格兰教会。很多欧洲的核心国家却仍然保有天主教信仰，如哈布斯堡王朝统治的奥地利、西班牙、意大利和德意志的一些邦国，如巴伐利亚。但更多的德意志邦国信仰的却是新教，此外信仰新教的国家大多都在欧洲北部，如瑞士、斯堪的纳维亚半岛诸国和英国。此外，一些国家还出现了宗教多元化的现象，即天主教和其他新教同时存在，这些国家包括荷兰共和国、波兰、波西米亚，最初还包括法国。一些有着天主教信仰的败类经常通过暴力手段迫害新教徒，特别是借助宗教裁判所对新教教徒进行疯狂的迫害，这些迫害引发了

1618—1648年大规模的"三十年战争",战争以布拉格的抛窗事件为导火索,为了自救,以免于哈布斯堡王朝天主教统治者的迫害,加尔文派和路德派贵族们攻陷了哈布斯堡王朝的城堡,并把皇帝的两个钦差和他们的秘书扔出窗外,扔到了窗外深达15米的壕沟之中,因为落在了牛粪上面,几个人才捡回了一条命。战争不断扩大,随后陆陆续续地发生了13个独立战争,随着陆续签署的10个和平协议,这一全欧洲范围内的第一次军事冲突以《威斯特伐利亚和约》的签署而宣告终结。战争带来的主要结果是:荷兰和瑞士作为两个独立的共和国被承认;德意志的各个邦国各自独立,具有了能够独立地与他国建立外交关系的权力,此外它们还可以设立常备军。

在近代早期的下半叶,自1650—1800年,各个王朝为争夺王位继承而引发的内部战争和持续不断的土耳其战争(因拜占庭帝国的覆灭而导致的)都是这一时期的主要事件。在此之后,奥斯曼帝国不断的征服了越来越多的欧洲领土。1683年,当土耳其人再一次尝试着征服维也纳时,他们在卡伦贝格战役中首次遭到了迎头痛击,战争发生的地点位于今天维也纳北部的边境地区。欧洲人与土耳其人的大规模战争一直持续到1699年,在战争英雄尤金王子的努力下,欧洲人才把土耳其人驱逐出欧洲。至1880年从匈牙利和萨尔维亚的部分地区被驱逐出去。但是在这一时期,萨尔维亚的大部分地区和希腊仍旧在奥斯曼土耳其帝国的控制之下。

这是一个知识与宗教信仰迅速分离的时代,决定人们世界观的不再是《圣经》和梵蒂冈而是科学和实践经验。科学特别是自然科学被赋予了全新的力量,就如"星"这个词在天文学的真正意义那样,17世纪无疑是自然科学的星时代。直到此时,克劳迪思·托勒密依据基督教理论在公元2世纪创立的宇宙观,即太阳、月亮和星星都围绕地球运转的地球中心说仍然是权威学说。确实,《圣经》在一开始的确是如此记述的:"起初神创造天地"并且在第四天创造了太阳、星星和月亮。但是,哥白尼在1543年看到的却是另外一回事:太阳在中心,地球和其他行星围绕着太阳运转,只有月亮才绕着我们转动,但是他对于天体的计算结果却没有证实他的这一理论,这是因为他一直认为天体的运行轨道是圆周形的,约翰·开普勒(Johann Kepler)在他的老师第谷部·赫拉(Tycho Brahe)观测记录的基础上对他们的理论加以完善,即地球和其他行星以椭圆形的轨迹绕着太阳运转。这样哥白尼的宇宙观体系被1609年的天体运行论确切证实了。他是历史上第一个以自己的观察经验所得,超出权威,超出亚里士多德、托勒密和《圣经》的人。同时这也是人类向现代科学迈进的转折点。1632年伽利略小心翼翼地同这个世界的最重要组织进行着"对话",但是第二年他就被宗教裁判所认定为异端（Rdz. 114）。而其他人包括伟大的笛卡尔也因此都闭起了嘴巴，只有艾萨克·牛顿（Isaac Newton）勇于阐述他所发现的真理，他在1687年阐述了开普顿与哥白尼的天体运行理论的正确性，特别是他所发现的万有引力理论与开普顿的行星沿椭圆形轨迹运行理论相互印证。因为牛顿居住在英国，而英国是远离教皇和宗教裁判所的一片净土，这使他免于被迫害。而他的理论打破了权威的"日心说"，也沉重地打击了天主教会。17世纪被看作数学—物理学时代，它包括了伽利略的落体定律、笛卡尔的自然数学理论。18世纪则是化学和电学的时代，在这一时期先后出现了诸如普里斯特利、卢瑟福、拉瓦锡、本杰明·富兰克林、伽伐尼和沃尔特等科学巨匠。此后随着约翰·洛克到伏尔泰再到康德的哲学启蒙运动，天主教的影响力逐步减弱。此外，这一时期随即出现了一个新的国家体制，即一个先前未知的统治权力高度集中的政治体制，即人们所说的专制主义。此外，还有路易十四（1643—1715）一系列最具程式化的艺术作品，在这个被称为"太阳王"的君主所写的回忆录中我们会发现，正如哥白尼和开普顿所遭受的那样，在这一专制体制之下，国王针对胡格诺派和其他政治力量做出的种种无情与残暴的政治手段，即使在国际法的明光之中人们也根本看不到。

在专制国家中，有国家对经济强有力的控制才能够补足多次战争所引起的巨额耗费，人们称其为重商主义，拉丁文为"mercari"，意为推进贸易。因为贸易是这个政策的核心，更好的说法是：国家的贸易收支平衡。它被看作是国家富裕的标准并使缴纳高额的国家税赋成为了可能。即出口越多越好，进口越少越好。一方面生产可出口的产品以推动出口，使金钱流入本国。另一方面建立进口限制制度，即通过禁止出口和提高关税的做法来限制进口，以防止财富流出。许多国家都是通过越来越多的法律条款来加强国家对经济的控制。如对于工人工资、对于商品质量和价格、对于买售双方进行监管，即谁被许可买卖商品，商品应该卖给谁。此外在近代的早期，美洲中部和南部的巨额金银使欧洲人攫取了巨额财富，这也正是哥伦布发现新大陆的一系列成果之一。西班牙由此获得的好处最多，特别是它自墨西哥攫取的大量白银。此外，他们还在非洲和东南亚建起了众多的殖民地。首先是大西洋沿岸的西班牙和葡萄牙在美洲建立了众多的殖民地，紧随其后的就是英国、荷兰和法国，他们通过其在海外的众多的殖民地，使自己在海外的领地超出了其本土面积，而其建立殖民地的主要目的则在于更好地收购这些殖民地的原材料和商品，这也正是欧洲国家的一个本质特点。但是，他们的这些贸易活动往往与其对殖民地原住民的屠杀紧密相连，与此同时他们的基督教信仰也随之在这些殖民地中传播开来。

在近代早期的上半叶，**西班牙**成了欧洲势力最大的国家。1518 年当查尔斯五世的外祖父，即阿拉贡的国王费迪南死后，查理五世以国家政变的方式绕过了他的母亲约翰娜，即阿拉贡国王费迪南和卡斯蒂利亚女王伊莎贝拉（Rdz. 74）的女儿，正式成为西班牙帝国的国王，而其母约翰娜早在 1506 年就患有了精神方面的疾病（"精神错乱"）。同时作为哈布斯堡王朝皇帝马克西米连一世的孙子，他在此后的第二年又顺理成章地成为了奥地利的大公，此外作为其祖父的继任者他还成了可当选德国国王的奥地利选帝侯。但很快他的弟弟费迪南德凭借着继承合同取得了奥地利的统治权。

在西班牙，国家的统一使得一个一体化的天主教信仰在此得以保存，这要归功于西班牙臭名昭著的宗教裁判所，但是查理五世的势力并没有扩展至德国，在那里他只是一个虔诚的教徒和国王，而且还是一个在与信仰路德新教的公爵们斗争中的失败者。也正是由于他的这一失败，奥格斯堡在 1555 年赢得了宗教和平，查理五世也因此遁入了修道院，他把王位传给了他的儿子菲利普二世（即席勒"唐·卡路斯"的父亲），把皇帝的荣耀留给了他的弟弟费迪南德。西班牙在欧洲的霸主地位持续了一个世纪。直到 1650 年其霸主地位才被法国所取代，1715 年路易十四统治终结后法国丧失了它在欧洲的霸主地位。西班牙于 1580 年吞并了葡萄牙，但与此同时，针对西班牙宗教裁判所的宗教政策，1581 年荷兰起义，这使得西班牙失去了其北部的七个省份，随后，这些省份成立了独立的荷兰共和国。西班牙保住了其在南部的各省，实质上它们就是今天的比利时。此外，西班牙的无敌舰队在试图入侵英国时，遭受了英军毁灭性的打击。即使如此，西班牙在海外的殖民地却没有因此受到影响，在此之后，西班牙历史上的"银船"依旧持续不断地把巨额的金和银带回了西班牙。在"三十年战争"之后西班牙逐渐走向没落，他在 1643 年的罗克鲁瓦战役中被伟大的法国军队打败，这成为了一个转折点，因为从此之后"银船"几乎不再运回各种贵重金属。葡萄牙在 1668 年取得了独立，到了 18 世纪西班牙差不多又回到了之前的农业国家状态。

自 1550 年开始，在瓦卢瓦王朝国王强有力的统治下，**法国**一直就是一个统一的国家。法国在阻碍新教的传播中遇到了困难，其血腥的高压政策并没有取得成功。瑞士的宗教改革家加尔文，其后被称为"胡格诺派"，这是由法国的单词"Eidgenossen""eygenots"变化过来的。特别是在 1650 年，胡格诺派在法国的南部势力曾一度十分雄厚，而这导致了法国内战的爆发，这一内战的高峰就是发生在 1572 年的"圣巴托罗缪之夜"的大屠杀，在这场针对胡格诺派的大屠杀中，约有 6000 人被杀害。在这一内战中，法国的王位传给了具有波旁王朝血统的纳瓦尔国王亨利四世手中,亨利四世原本为胡格诺派教徒,后来为了回到巴黎继承王位而皈依了天主教。1598年他颁布的"南特赦令"带来了宗教信仰自由,法国内战结束。而他的儿子和孙子,即路易十三和路易十四,作为哈布斯堡王朝的对手,与主教黎塞留和马萨林一起继续秉持着宽容的宗教政策,而法国也在路易十四(1643—1715)的统治之下,在《威斯特伐利亚和约》中巧妙地取代了西班牙,从而成了欧洲的新霸主。这里产生了所谓的"完美的君主制",与绝对的专制(Rdz. 101)一样,它其实并不那么完美。虽然法国同西班牙一样,通过收购贸易在北美和非洲建立了第二大殖民地,但是在路易十三死后,由于其子路易十四连绵不断的对外战争和豪华无度的宫廷开支,法国的人力和财力日渐枯竭。以致后来,法国的财政支出已经囊入了未来18年的政府预算。此外,它的宗教政策也有了变化。随着其"枫丹白露诏令"的颁布——一个国王,一部法律,一种信仰(un roi, une loi, une foi),之前的"南特赦令"也因此被废除,另外,国王还迫使400万胡格诺派教徒离开法国。这是欧洲旧时代最大的一次教派迁徙,是聪明能干之人的大流亡。而他的继任者路易十五和路易十六做得也不怎么样,这些都导致了法国君主制的危机和1788年国家银行信用的破产,进而引发了1789年的法国大革命。革命从一开始就使得《人权宣言》和君主立宪制国家的宪法宣言得到了发展,推翻了国王的统治,打响了瓦尔米的炮声。就如这个时代少数能够察觉到这一变化意义的人——歌德所说,这是一个新时代的破晓,之后,国王被判处死刑,再之后就是雅各宾派的残酷统治和新出现的两个宪法,最后直到拿破仑政变。而这一切的变化都影响着整个欧洲的历史沿革。

对于**荷兰共和国**来说,拿破仑1810年对它的吞并唤醒了荷兰人的民族意识。荷兰北部的一些省份与乌得勒支,直到弗里斯兰和格罗宁根省,在对抗西班牙人的起义中或多或少不自觉地成立了一个共和国。因为人们不会想到,以他们这样的条件竟然还妄想成为一个主权国家。17世纪中叶到1763年"七年战争"的这段时间是荷兰的伟大时代。其在商业贸易、企业和工业中取得巨大的成功,因为当地的荷兰居民仅有不超过30%的人从事着农业生产的时候,却有接近70%的人在其他国家从事商业贸易。荷兰获得了大面积的殖民地,建立了自己庞大的马车队,成为欧洲最强大的国家之一。荷兰人主要信仰加尔文派,对于宗教信仰也十分宽容。虽然通过保持中立的策略,荷兰在"七年战争"中也曾经取得过一时的辉煌,但是在此之后荷兰共和国就轰然倒塌了,随着失业率和穷人的剧增,荷兰的经济大范围地衰退,其中的原因之一就是英国在经济上的强大竞争力,此后,英国取代荷兰成为又一个欧洲霸主。

在此之前，欧洲的另一个共和国就已经建立了，与荷兰不同，它并没有试图去建立一个主权国家，这就是瑞士，即**瑞士城邦联盟**。瑞士城邦联盟逐步把它的对立面哈布斯堡王朝从瑞士城邦中驱除出去，取得了一系列军事上的成功，自1291年开始，三个著名的海滩即乌里、施维茨州和瓦尔登就已经在瑞士城邦联盟建立之前的两百年里建立了一支独立的自卫军。虽然这一军队的成立不是以建立一个国家为目的的，但最终，它确实成功地建立了一个国家。在近代的早期，瑞士只有13个"老地方"，其中的一些是之前所属的德意志罗马帝国终结的"赠予"，事实上，就如人们所说的那样，自1648年的《威斯特伐利亚和约》开始，瑞士作为一个独立的共和国已经被国际法所承认。

英国在都铎王朝（1485—1603）的统治之下变得愈加强大，在一些时候他们的专制被认为不那么绝对的正确。在亨利八世的统治之下，1534年他和他的议会表决通过了宗教改革，从此国王成了英国教会的最高领导。都铎王朝的继任者是信仰天主教的苏格兰斯图亚特王朝（1603—1704），在斯图亚特王朝统治期间，统治者的政策毫无建设性，对国会权利的削减和其不顾潮流大规模地建造天主教堂都直接导致了三次革命的相继爆发。第一次是1640—1649年的英国内战，它以国王查理一世被定罪及至最终被处死而告终，这在当时来讲是多么令人难以置信的事情。接下来，在克伦威尔的统治之下英国建立了一个共和国，但在克伦威尔死后，国会们又把在法国流亡的斯图亚特王朝的后裔查理二世当作国王接到英国。但是查理二世的儿子即詹姆斯二世在1688年再一次因为持久的苏格兰式天主教教堂的重建引发了二次革命，成了这场革命的牺牲品。这一次革命没有流血冲突，也正是因此所以被称为光荣革命。上议院的成员，来自奥兰治的威廉被国会推选为国王，随后詹姆斯二世逃往法国。第三次革命开始于1714年，最后一个来自斯图亚特家族的女王去世。国会反对由信仰天主教的最佳继任者乔治一世担任英国国王，转而拥护来自汉诺威的圭尔夫王朝的亨利八世继承王位，这一王朝直至1901年才结束了在汉诺威的统治。自1541年起，英国就和爱尔兰连接起来。此后英国国王同时又是苏格兰的国王，苏格兰人詹姆斯一世一直就想要建立一个统一的英格兰和苏格兰的属人联盟，终于在1701年即苏格兰的最后一任女王安娜的统治期间这一联盟真正地建立起来了。帝国由三个部分英格兰、爱尔兰和苏格兰组成，被称为大不列颠联合王国。

自克伦威尔时期，英国就已经承受住了来自新兴国家——荷兰的海军挑战，英国1651年的航海条例——进口货物只能用英国或货物出口国的船只运载——打破了荷兰人的中间商贸易，为英国之后崛起为世界海上霸主提供了重要的前提条件。而其他的一切仍旧保持着私人协议的方式，如同欧洲大陆的一些重商国家一样，英国远离了国家对经济的控制。私营贸易公司以西印度公司和东印度公司为代表建立了英国在海上的领导地位。在"七年战争"中，其争斗集中在殖民地——北美、加勒比、西非、印度，并在1736年的《巴黎和约》中取得了巨大的胜利。但是在之后爆发的由13个北美殖民地组成的独立战争中，它失去了一部分利益，而在接下来1783年的《巴黎和约》中北美的独立地位得到了承认。通过殖民地这种毫无风险的盈利方式，英国自1763年开始就一直在世界贸易中占有主导地位。在农业方面，英国借助流向本国的西班牙和荷兰难民，同样也走在了欧洲的前列。蔬菜的推广种植、新品种的引进、更好的施肥技术以及排水设施的改善，这些都取代了之前的三田轮作耕种方式。英国第三次成了欧洲的经济领导者和欧洲工业技术革命的领导者。

德国自1500年就成了继法国之后欧洲人口最多的国家。与农业在经济上占有巨大份额的英国和荷兰不同，德国的经济增长得益于其矿石的开采和加工以及贸易和纺织行业。直到1800年德国农民现状还与1500年相同，农民必须长时间地在土地上劳作以供养他们的领主。在维滕贝格，在1517年马丁·路德关于改革的95篇论文中，还提到人们应当怎样称呼这些所谓惬意的颠覆（umsturz），对此，1521年在帝国皇帝查理五世的沃尔姆斯国会中已经对剥夺法律保护令，即死刑判决的一种作出了解释。不久之后，信仰新教的公爵们就发现，通过收购教会被没收的大量土地财产，他们把发展握在了自己的手里，这就是所谓的"侯爵改革"。经过了一番周折，费迪南大公作为查理五世的代表在出席1529年在斯派尔举行的帝国议会时强调，要重新建立1521年的剥夺法律保护令。这次会议中的5个帝国公爵和14个帝国城市代表都对此持反对意见，之后这些反对人士被称为基督徒。因为受到了来自国王的军事威胁，所以，这些反对人士于1531年在图林根的一个小镇施马尔卡尔登签署了一个联盟协议。在米尔山——今天位于魏玛和爱森纳赫之间的高速公路上——之战中，那些与新教（基督教）撒克逊公爵莫里茨联盟的势力都受到了严重的打击，莫里茨最后只剩下了"艾伯丁线"德累斯顿。为了维护其作为选帝侯的尊严，他付出的代价就是失去了萨克森/维滕贝格中信仰新教侯爵的"欧内斯廷线"。而这也正是莫里茨联盟得以建立的真正意义所在。之后，莫里茨在一次实打实的胜利之后转变了战线，在此之后，双方战争力量的对比发生了逆转，最终使得奥格斯堡在1555年取得了宗教和平。国王们重建天主教堂的计划都相继失败，保留下来的是那些信仰新教的侯爵们提出的这样一种口号，即统治者的宗教乃人民的宗教（cuius regio, eius religio）。所有的侯爵们都能够自主地决定，在其领地内究竟信仰何种宗教。在"三十年战争"（1618—1648）这个天主教与新教的最后一场战争中,德国站在了冲突的中心,德国的大部分地区都遭到了严重的破坏,农村的人口总量减半,战争不仅摧毁了数以千计的村庄,还破坏了千余座城市。普鲁士和奥地利的重商主义推动了国家的重建,这也使得这两个国家成了德国最大的权力体。首先,他们结成联盟共同抗击法国,之后在1740年,年轻的普鲁士国王腓特烈二世突然反转身来,用最为拙劣的借口占领了西里西亚这个奥地利哈布斯堡王朝最有价值的省份。这就是所谓的二元论——普鲁士/奥地利,直到19世纪,这种二元论仍然是德国历史教科书的主题。1756年腓特烈二世引发了"七年战争",与奥地利结盟对抗他们的宿敌法国,这是继"三十年战争"后第二次整个欧洲范围内的军事行动,因为普鲁士在1740年成功突袭,1761年解放湖倍图斯堡,这些都使得普鲁士在欧洲的地位快速上升。腓特烈二世后来也被尊称为腓特烈大帝。在腓特烈大帝死后的三年法国爆发了大革命,源于二元论普鲁士和奥地利又联合在一起组成了联合政府以对抗法国。但是,德国的雇佣兵们无法阻止法国人民军占领美因茨和科隆,这些德国军队放弃了诸多德国领地。经过这两次的冲击,古老的德意志神圣罗马帝国最终崩塌了。在1803年帝国各主要邦国成员的会议上,那些丢弃了领土的国家得到了补偿,数量众多的小邦国在精神领域已经解体、分化,在这些邦国中普鲁士做得最好。1806年众多的德国侯爵们正式地从帝国中分离开来,并在拿破仑的保护之下建立了莱茵联邦。在拿破仑给德意志神圣罗马帝国皇帝最后通牒的威胁下,1806年弗朗西斯二世放弃了德意志神圣罗马帝国皇帝的宝座。这里依旧存在两个主要的德意志邦国,一个是纯粹的奥地利,另一个即之前的德国。实际上,自1804年拿破仑自称皇帝,后又被教皇加冕为法国国王后,德意志神圣罗马帝国就已经不复存在了。

在**斯堪的纳维亚半岛诸国**,在丹麦的倡议和带领下,1379年丹麦、瑞典和挪威建立了一个共同体即卡尔马联盟,丹麦国王和他们的这一统治延续了一个多世纪,直到1523年,这一联盟在年轻的瑞典贵族古斯塔夫·瓦领导的起义中才土崩瓦解。这一起义的导火索是丹麦国王以涉嫌异端的罪名处决了联盟中80多个反对者(Rdz. 103)的"斯德哥尔摩血浴"事件。古斯塔夫·瓦萨后来被选为瑞典国王,而挪威与丹麦的联盟一直持续到1814。1527年瑞典国王古斯塔夫·瓦萨在瑞典推行改革,即在国家的行政、财政和军事领域进行改革,这为瑞典之后,即在他的继任者统治时的大国位置打下了基础。1536年丹麦和依附于它的挪威共同开始着手改革。在斯堪的纳维亚半岛诸国的财政改革中有着宗教方面的原因,通过没收教会财产,这一改革为君主带来了巨大的土地利益。在瑞典被没收的教会土地占全部土地的20%,之后在17世纪的前半叶这一比例又有所增长，这特别要归功于瑞典在"三十年战争"中起的重要作用。在"三十年战争"结束后，瑞典把前波莫瑞州、德国的其他地区和德意志神圣罗马帝国中的一些重要成员国纳入了《威斯特伐利亚和约》。为了筹措这次战争和其他战争的巨额费用，瑞典的国王采取了重商主义的经济政策，特别是通过铜和铁的出口，瑞典形成了对于铜铁的垄断，瑞典铜的生产量占了整个欧洲的一半，而铁的生产量则占据了整个欧洲的三分之一，随之而来的还有其著名的武器制造产业。但即使这样，瑞典依旧是一个农业国家。

在第一次北欧战争中（1655—1600），应波兰对瑞典克朗的要求，瑞典的克朗像以前一样继续在欧洲的北部流通，格但斯克附近的奥利瓦得到了和平。只有丹麦失去了现今在瑞典最南端的斯科讷。在第二次北欧战争（1700—1721）中，为了打破瑞典在北欧的霸主地位，丹麦与萨克森—波兰、俄罗斯和普鲁士结成了联盟，并取得了最终的成功。虽然在这期间瑞典的国王查理十二世，这个战绩辉煌的将军在接近20年的时间里顶住了来自这一联盟的巨大压力，但是在政治上他却更像一个冒险家。对于他，伏尔泰和普鲁士的腓特烈二世有着极其相似的看法：他是半个伟大的亚历山大、半个愚蠢的堂吉诃德的合体。像拿破仑和希特勒一样，他也在当时俄国境内的乌克兰遭遇了"滑铁卢"，在1709年他和他的那些因为寒冬而战斗力消弱的部队在乌克兰的波尔塔瓦战役中被俄国击败。尽管如此，在九年中他一直持续地对外用兵，直到1718年在围困奥斯陆的腓特烈史登（今天的哈尔登）时英雄地死在了战壕之中。他死后留给瑞典的是一个烂摊子。在其之后签署的一系列和平条约中，瑞典在德国的大部分领地被分割出去，同时瑞典还失去了芬兰、爱沙尼亚和利沃尼亚，此外还包括后来圣彼得堡周边的地区，即因格里亚和卡累利阿。在18世纪末，得益于瑞典两个国王自由主义的改革政策，例如，在法国大革命前，与这个时期的丹麦一样废除了农奴制，瑞典又慢慢地重新收复了一些领土。

1550年改革的浪潮席卷了**波兰**，在当时波兰是一个宗教政策极其宽容的国家。在雅盖隆王朝灭绝之前不久，在1752年波兰和立陶宛共同成立了一个完整的国家一体化联盟，即波兰—立陶宛联盟，这一联盟替代了之前属人联盟，建立了一个真正意义上的联盟。在此之后荷兰逐渐走了下坡路，因为在长达两百年的时间里波兰的国王都选自不同国家。不管是来自瑞典王室的瓦萨还是来自强大萨克森的奥古斯都得要由贵族们选举产生。在雅盖隆王朝最后一任君主亚历山大的领导下，波兰就开始朝着建立一个强大的总是引发争吵的贵族共和国方向发展。在这里，面对力量雄厚的贵族们，国王的力量十分弱小，这就使得国家在内部和外部都变得越来越弱。波兰最具有灾难性的政策就是其自17世纪起施行的自由否决权（Liberum Veto），翻译成德语就是：自由地表示"我否决……"。接下来就是帝国议会，它规定，只要议会 170 个来自各个城邦的代表中有一个提出反对，那么任何议案就不可能通过，也就是说议院几乎没有表决的权利。与此同时，强大的贵族们也并没有统一起来，而波兰又位于俄罗斯和瑞典这两个新兴的、带有侵略性的近邻中间。在"三十年战争"中由于"宗教宽容"政策，波兰一直保持着中立。但是在接下来的第一次北欧战争中，它参与了反对俄罗斯的战争，这致使它丧失了重要的领地。各大贵族家族之间彼此相互争斗的无政府主义使得本应是巨人的波兰软弱无力。正因如此，俄罗斯、普鲁士和奥地利能够很简单地作出瓜分波兰的决定。第一次瓜分波兰是在 1772 年，它引起了波兰的震动，使得波兰人又紧紧地连接在一起了。最后一任波兰国王斯坦尼斯·波尼亚托夫斯基（1764—1795）是由俄国女皇叶卡捷琳娜大帝推荐选出的，在其统治期间，他一直试图对波兰进行大刀阔斧的改革，如废除自由表决权等，在 1791 年他还主张草拟了欧洲第一部宪法。法国宪法也于同年出台，但比它略晚。宪法规定波兰是英国模式的君主立宪制国家，俄罗斯和普鲁士对这一"革命"都十分震惊，紧接着 1793 年，这两个强国达成合意，着手第二次瓜分波兰，而波兰人在波兰剩余领土中反抗这两个大国的民族情绪高涨，三巨头俄国、普鲁士和奥地利都不同程度地遭到了波兰人的打击。在 1795 年第三次瓜分波兰后，波兰这个国家已经不复存在了。波兰最后一个国王波尼亚托夫斯基退位，他重新回到了圣彼得堡和他的老船长凯瑟琳身边，虽然凯瑟琳亲切地接纳了他，并没有追究他在波兰所推行的"革命"，但三年之后他就死在了圣彼得堡。那么波兰的经济又是怎样的呢？波兰在近代的早期除了是一个农业国家外几乎没有什么经济来源，只出口谷物，依靠谷物出口，波兰的贵族领主和沿海的大城市获得了巨大的利润，例如格但斯克，但是波兰的农民则承受着巨大的负担。

波西米亚 自 1471 年开始，其国王就出自雅盖隆家族，即与波兰一样，都在同一家族统治之下。而这一家族模式使得这两个国家联系在一起，1490 年匈牙利也加入到这一联盟当中。这是因为其国王是作为波兰裔被推举出来的。最后一任国王路德维希二世于 1526 年在莫哈奇战役中被土耳其打败，这一失败对匈牙利来说简直是一个灾难。之后，因路德维希二世的父亲签订的继承合同，在此之后，即在奥地利的哈布斯堡王朝统治之下，波西米亚和匈牙利再一次联合起来，它们的这一联盟一直持续到 1918 年。随之而来出现了一个宗教与政治问题，波西米亚的贵族和其他在城镇乡村的人们大多都是新教徒或胡斯教徒，但是哈布斯堡王朝的王族们却是激进的天主教徒。所以在波西米亚和匈牙利，哈布斯堡王朝采取了跷跷板政策，毕竟国王必须是由贵族们推举产生的，单一的继承肯定是不足以令人信服的。1618 年，哈布斯堡王朝的天主教复兴政策引发了布拉格抛窗事件，紧接着是全国范围内的反抗运动，在布拉格附近的白山战役中起义者们遭到了哈布斯堡王朝的血腥镇压。之后围绕着宗教改革开始了最为残酷的战争，即"三十年战争"。战争蹂躏了国土，哈布斯堡王朝把许许多多的新教徒和胡斯教派成员赶到了国外，农民被迫信仰天主教。在 17、18 世纪，捷克的斯拉夫文化在很大程度上已经消亡。很多讲着德语的天主教徒移民到这里，他们都是哈布斯堡王朝从本国引进来的，这时的波西米亚几乎全部都是天主教徒。

与波兰雅盖隆王朝覆灭后的情况如出一辙，在阿帕德王朝覆灭之后，**匈牙利**实质上由一个高级贵族即"马格南特"家族所统治，这个家族拥有着巨大的领地。由于存在着这样强大的贵族家族，所以匈牙利的国王一直弱于波西米亚，毕竟在波西米亚不存在实力如此雄厚的贵族家族。但是和波兰一样，在马格南特家族统治之下的匈牙利并没有统一起来，马格南特家族能够控制的区域也仅仅局限在它巨大的领地中，这导致了 1526 年灾难性的莫哈奇战役，在这一战役中匈牙利"华丽地"输给了苏丹苏莱曼。当皇帝查理五世在意大利北部战胜法国国王后，法国人就以法式的"华丽"来描绘这场战役，目的是为了使匈牙利不纳入哈布斯堡王朝的版图。这样，匈牙利的一部分由土耳其"无信仰"的统治者占领，而另一部分则由信仰基督的国王所统治。因为在莫哈奇战役中，匈牙利不只两次被告知土耳其拥有大规模的军队和大型火炮，但是最终匈牙利的部分地区仍旧被土耳其所占领，但是，土耳其始终没能占领匈牙利全境。这是因为在苏丹国内出现了麻烦，所以苏丹不得不尽快赶回老家。由此匈牙利被分为了三个部分，第一个部分是包括布达佩斯在内的周边地区，即匈牙利最大的中间地带，由土耳其占据，"王国的"西部地区被哈布斯堡王朝所统治，此外还有处于匈牙利东部，倡导宗教自由、稳定、独立的特兰西瓦尼亚公国。在特兰西瓦尼亚公国看来，西班牙的首要任务就是反抗哈布斯堡王朝的统治。但是之后其公爵的一次冒失性错误，即在瑞典的帮助下占领波兰的军事行动以失败而告终，之后土耳其趁机侵占了特兰西瓦尼亚公国，在得到了巨额赔款之后土耳其人才从这里撤走，在此之后，这第三个被从匈牙利划分出来的美丽的特兰西瓦尼亚公国成了哈布斯堡王朝的一个行省。1677 年马格那特家族的特尼克吕尼（Tököly）再一次发动了反对哈布斯堡王朝的起义，这只是众多反对哈布斯堡王朝的起义之一，这次起义获得了法国的帮助，借助了土耳其对哈布斯堡王朝的进攻，至 1682 年这个起义取得了初步的成功。但是在哈布斯堡王朝的皇帝奥波德发动针对奥斯曼土耳其的战争（1683—1699）后，这个皇帝很快就结束了马格纳特家族发动的这场叛乱，并且还终结了土耳其人在匈牙利的统治。著名的决定性的胜利是王子尤金在匈牙利南部的津塔战役，也就是今天塞尔维亚的北部。这场战争以土耳其人撤退并把匈牙利的全部领土转让给哈布斯堡王朝为终结。同样，马格纳特家族也不得不重新处在哈布斯堡王朝的统治之下。在匈牙利建立统治后，哈布斯堡王朝用它无比的热情广泛传播天主教。但没过多久，在一次新的起义之后它被迫在 1711 年宣布匈牙利实行宗教信仰自由，所以在匈牙利只有差不多一半的人是信仰天主教的天主教徒。

在 1598 年鲁里克王朝终结后，**莫斯科公国**的领地在北部扩展到乌拉尔山，在南部扩展到里海的伏尔加河河口，在北方还没有到达波罗的海，在西方还没到达罗斯的发源地乌克兰基辅。在中世纪晚期，基辅被波兰的雅盖隆王朝所征服，并且受其影响改信了天主教。至今仍然有 10% 的天主教徒生活在这里。在鲁里克王朝覆灭后，由于统治者的不断更迭，一个乱世就此开始了，直到罗曼诺夫王朝开始统治（1613—1917）这里之后，这一混乱的局势才最终终结。1667 年，这个王朝在与国力逐渐衰弱的波兰的战争中占领了乌克兰基辅的东部地区，在彼得大帝（1689—1725）的统治下，俄罗斯在第二次北欧战争中获取了令人垂涎的波罗的海的入海口和其周围的地区，自 1703 年开始，俄罗斯在这里开始修建其新政府的所在地圣彼得堡这个"欧洲之窗"，此外，它还修建了利沃尼亚和爱沙尼亚。这场战争还意味着，俄罗斯已经被纳入到了欧洲化的国家体系之中。彼得大帝促进了西方科学和技术在俄罗斯的发展，他在具有传奇性的欧洲旅游期间，他作为"沙皇"曾匿名在齐默尔曼荷兰船厂的工作车间工作过。随之而来的是俄罗斯的欧洲化，即"俄罗斯的历史开启了新篇章"（Heinz Duchhardt）。作为沙皇残暴武力的一部分，强迫人们剪断胡须对于沙皇们来说既不陌生也不奇怪。此外彼得大帝还要求除了农民和神职人员之外的所有俄国人都必须在一个月之内改穿西方服装。这一欧化进程——1755 年成立莫斯科大学——在更广泛的领域内被其之后的凯瑟琳大帝（1762—1796）所延续。凯瑟琳大帝是安哈尔特的德国裔公主，除了在俄罗斯推行欧洲化进程以外，她还不断地扩张领土，使俄罗斯的疆域空前广大，这时的俄罗斯已将克里米亚、高加索和西伯利亚囊入其中，在第二次和第三次瓜分波兰后，俄罗斯的领土几乎涵盖了乌克兰的整个西部地区，只剩下奥地利不在其疆域之中，这时的俄罗斯已经成为了欧洲的领导力量。但与其他的欧洲国家一样，这时的俄罗斯仍旧是一个农业国家，虽然它接受了三田轮作这一耕作方式，并在 15 世纪改良了耕作用犁，但是在农业经济方面它并没有像西欧那样的先进生产方式。在这一时期，俄罗斯的贸易不断地增长，借助俄罗斯丰富的矿藏，尤其是在乌拉尔地区的丰富矿藏，直至18世纪为止俄罗斯的铁矿石产量一直十分巨大，此外，自彼得大帝开始，沙皇们实行的重商主义促进了铁矿石出口，从而为俄罗斯带来了巨大的盈余。

在近代早期的末期，欧洲的发展一开始就烙下了19世纪的印记，它被称为**工业革命**，它发生在英国，自18世纪60年代开始，欧洲就已经奠定了工业革命的基础。因为木材的短缺，更是由于对铁制品的需求，人们需要越来越多的煤，特别是在高炉中的家庭供暖。因此矿井必须被深挖，自18世纪80年代起，排水泵的发明使得深层煤矿的开发成为了可能，此外蒸汽机的发明也大大推动了工业革命的发展。詹姆斯·瓦特于1762年发明了蒸汽机，并在不久的将来通过在实际生产领域中的运用不断改进了蒸汽机。当蒸汽机成功地在矿山领域中得以使用后，它又被用在了纺织行业。因为罗伯特·阿克莱特在同一时间也发明了动力织机。但并不是所有的欧洲人都被英国这一领先的工业革命所吸引。虽然波西米亚有着丰富的煤炭矿藏，在高炉中适用木炭使得波西米亚的高炉工艺不断地被改进。彼得大帝也命令有着丰富煤炭矿藏的乌拉尔地区冶炼木炭，终于在1800年，俄罗斯的生铁产量远远地走在了冶铁国家的前列，英国的大部分进口铁矿都来自俄罗斯的乌拉尔地区。

自18世纪初开始，欧洲核心国家的**农业革命**走在了其工业革命的前头，这一阶段的农业革命远远超出了欧洲在中世纪中期开始的农业革命。同样，这次农业革命也发生在欧洲的核心国家中，在英国和荷兰。三田轮作法中土地一年休耕的方式被新的耕种方式所取代，土地的休耕期限被延长至三到四年。通过这种方式贫瘠之地几乎全部消失了，欧洲农业可用土地面积增长了100%，三田轮作中的每一块土地不再只耕种一年，而是在一年中集中耕种。通过新作物甜菜、油菜、啤酒花、马铃薯的交换种植，土壤肥力得到了保持，此外，密集性的施肥是畜牧业大发展带来的另一个成果。自中世纪开始出现的传统耕种设备得到了进一步的改进，全部由铁制成的犁取代了之前的锋利犁，而旧镰刀也被新镰刀所取代。马匹在农业生产中的使用率大大超出了之前的牛。与新技术和自然科学为之后的工业革命提供了先决条件相似，所有的这一切都促使了农业劳动生产力的显著增长。因此，在近代早期终结之时的农业革命、工业革命和1789年的政治革命这三个革命都成为了19世纪欧洲发展的坚实基础。

此外，农业革命还带来了其他的一些东西，它和18世纪后半叶人口数量的激增有着紧密的联系，因为直到1740年欧洲人口的增长速度还一直十分缓慢，但自1750年开始欧洲的人口增长速度就迅速上升了。直至1750年为止，欧洲的居民总数达到了1.2亿到1.4亿，到了1800年欧洲居民的总数上升为1.8亿到1.9亿，也就是说在短短50年的时间里欧洲人口增长了一倍。为什么？问题的并不简单，因为欧洲各个国家都有着各自不同的发展道路。一般来说主要有两个原因：第一个就是农业革命，农业产量的增长给欧洲人提供了更好的营养以抵抗病魔的侵袭，使得欧洲人口的死亡率得以下降，人的寿命普遍提高。此外，医学取得的重大进展也是人口数量普遍增长的原因之一，因为医生们治愈了许多将死的病人。

国王，君主专制和共和制

近代早期的宪法被赋予了专制色彩，这是一个最近一直争议不断的话题，没有谁能够讲清，说到最后我们始终要弄清宪法的发展史，也就是在19世纪不可缺少的一些概念。一个始终没有达到的理想状态是：国王是唯一的、而且是全部国家权力的独一所有者，全部的国家权力指的不仅仅是处于国家权力顶端的政府、军队和行政机关，还包括了立法机关和法院，此外这一权力还不受地方议会、地方政府或国会和议会的限制。其最基本的特点主要有以下几个：设立常备军，清除机构，减小其他方面对国王权力的限制，在全国范围内设立跨越各地方的行政区域，交由国王专门委派的政府官员进行管理，把城市和乡村的自主权降到最低。此外还有与其相对应的司法审判机构，最后，通过各部长和行政机构使得中央的重商主义在全国范围内都能彻底实施，以推动贸易和商业的发展。

这一伟大的国家形式理论——与托马斯·霍布斯（Thomas Hobbes）的理论相同——是法国法学家博丹的理论，他几乎在霍布斯之前的一个世纪就已经创设这一理论了，当专制主义在欧洲已经切实被实行前，他在1576年就出版了《共和国六书》（Les Six Livres de la Republique）这部不朽之作，此书共分六个部分来讲解国家形态。共和国一词在这个时候一般指的是所有的国家，并无今天所含之意，即共和国是相对君主专制而言的一种国家形态，在共和国中由全体人民掌握国家权力。对于博丹来说，君主制是唯一正确的国家形态，这是因为，单一的国王能建立一个稳定的国家秩序，此外，如果这部书中还有其他可以称之为新理论的话，那这个新理论也就是这部书的核心，即主权。这一新的术语来自于中世纪的拉丁单词"superanus"，被认为是处于所有国家权力中较高的位置。当然，直到今天主权仍在国家权力中占有最高的地位，是无所不含、不受限制的国家最高权力，其向外依凭的是国际法，向内凭借的是国家法。虽然主权在今天因为全球化和国际法这些中间结构有了一定的毁损,如欧盟的建立,但是其基本的作用仍旧一直存在。博丹将其定义为绝对、永恒的权力(la puissance absolue et perpetuelle,第1部,第8章,第一句)。"绝对"一词在拉丁文意为绝对的、分离的、解放的,引用一下罗马法学家乌尔比安在《学说汇纂》中的一句名言:侯爵们免于法律的惩处(princeps legibus solutus est)。在1586年,博丹在拉丁文版本的这部书中写道:主权是至高无上的,是依据法律豁免公民和臣民的权力(Maiestas est summa in cives et subditos legibusque soluta potestas)。对于当时的让·博丹来说,一个强大的国王——许多国家也出现了相似的情形——就是能够从新教和天主教教徒,以及**法国**的胡格诺派教徒所引发的信仰之争和国内战争的沼泽中摆脱出来,独自解决这一问题。最先,亨利四世(1589—1610)确实在一些年后又恢复了国家秩序,并且有建立专制政府的趋势,但最后使这一设想得以实现的是他的两个继承人,即路易十三(1610—1643)和路易十四(1643—1715),他们在帝国第一部长,即主教黎塞留和马萨林的协助下,使得"全国都处在同一状态,并朝着相同的方向前进"(Heinz Duchhardt)。

但是,这一理论并不是在整个欧洲都能得以实现,例如与之相对的《自由大宪章》,在1215年英国国王被迫签署《自由大宪章》(Rdz. 75,76)之后,**英国**就迈向了向议会制国家发展的道路。强大的都铎王朝的君主也不得不接受《自由大宪章》的相关内容,议会——上议院和下议院——可以颁布法律,在这里最为著名的条例要数在与国王取得一致后,议会可以使国王批准征收税赋。在斯图亚特王朝自1603年统治英国后,英国这一传统的议会方式引发了国王和议会之间的冲突。斯图亚特王朝的君主都是苏格兰人,他们对议会这一政治体制毫无兴趣,他们最感兴趣的是,如何把英国在亨利八世统治时引入的新教赶出英国,恢复天主教在英国的影响,也就是因为这一政策,斯图亚特王朝的君主最终在1649年被判处死刑。在此之前,依据1215年的《自由大宪章》,信仰新教的议会首先做出了重要声明,即英国要走议会制和权力自由的发展道路,即1628年的《权利请愿书》(Petition of Right)。这是国王迫不得已同意通过的一项议会法案,因为在欧洲大陆战事的失利,斯图亚特的国王陷入了严重的经济困难,所以议会不得不再次重申《自由大宪章》中有关国王任意逮捕政敌或独自提高税赋的有关条款,虽然议会的这一声明并不是一个具有约束力的法律形式,只是一份针对国王的请求:请愿书。但是,由于国王没有遵循《权利请愿书》中的相关规定,所以在1649年国王被议会判处并执行死刑。在此事件之后,在克伦威尔统治之下英国成为一个议会制共和国,而苏格兰国王查理二世也成为最后一个试图恢复天主教信仰的英国君主,在1679年,在同一方式下他被迫签署了第三个文件《人身保护法》(Habeas Corpus Act),同样,这部法案也是对《自由大宪章》的重申,又一次阐明了议会成员以外的其他公民也同样享有不受任意逮捕的权利,从而保证帝国的所有臣民在遭到逮捕后的三天内必须送交法官审判,在没有经过被逮捕人同意的前提下超出这一时间的羁押是不被允许的。英国在17世纪迎来了最后一次革命(Rdz. 100),即光荣革命,斯图亚特王朝再一次覆灭,奥兰治的威廉成为了英国国王。他在1689年确认的《人权法案》(Bill of Rights)对英国来说是对议会宪法的一个突破,君主制有了一个新的基础,它不再是上帝给予君主的统治权力,即"神的恩典",而是国王和公民的联盟,这时还并不清楚,谁才是至高无上主权的承载者。约翰·洛克称其为"信托""信任关系",法律对所有人都是平等的,都要一视同仁。因为人权草案要先由议会制定,再经国王同意后表决通过,其他条例也是这样制定的。此后,国王和议会共同统治国家,国王只能与议会一起颁布法律,所以人们后来把议会中的国王(king in parliament)作为了枢密院的国王(king in council)的反义词。这里"Council"是枢密院(Privy Council)的意思,国王本身没有任何的权力,决定性的权力掌握在议会手中。议会能够批准所有的金融法案,不仅局限于国家税赋,虽然其先要由议会的下议院批复,而不是上议院。1640年反对斯图亚特王朝的革命使国王收入的76%不再依赖于议会,在最后一次1689年的光荣革命后只有3%的国王收入才依赖于议会。这就是这两次革命对于英国的影响,换一句话说众议院(下议院)能够决定的是"能否发动战争"和"怎样发动战争"。而战争的花费也要公之于众,这就是与专制政体相对的议会民主道路的开始。不仅仅如此,伟大的国家基本法中还涵盖了自由权,不存在受约束的请求即请愿,取而代之的是权利,这是现行宪法赋予公民的权利。在这里还包括只存在于少数权利人中间的自由选举权、在议会中的言论自由、免于遭遇过度的罚款和残酷惩罚的自由、在法院判决前免于遭受财产处罚和扣押的权利。通常情形下,《权利请愿书》《人身保护法》和《人权法案》这三个法案连同1215年《自由大宪章》都被看作是逐渐落实人权的开始。就如人们对《大宪章》描述的那样,它们并不完全合法(Rdz. 75)。这三个法案都是政治精英控制君主的工具,君主要么承担义务,要么就会遭到议会请愿而被废除王位,也就是说,它们在一开始并不是作为一个必要单个人的人权而存在的。

重要的英国宪法文件:

1215年　《自由大宪章》

1628 年　《权利请愿书》
1679 年　《人身保护法》
1689 年　《人权法案》

总的来说，英国通向议会民主的道路仍然很长，因为在当时的英国，其议会的议员是依据个人的财产——通过财产调查的方式——只在全国 2% 的人中选举出来的。到了 18 世纪，议会的选举范围才逐渐扩大，在下议院有两个政党，即保守党和辉格党，它们早在 1688 年英国的光荣革命之前就已经出现了，即这两个英国的主要政党产生于 17 世纪针对詹姆斯二世所发生的争议中。保守党大部分由地方贵族组成；而辉格党人则由商人和城市资本家组成。两党总是相互针对，自 18 世纪前半叶，两党在下议院互有优势，共同决定了国王政府的组成。接下来就十分简单了，因为为了取得财政管辖权，被指派任命的领导成员第一财政大臣、第一财政主管要与占有多数席位的多数派相互合作。所以，议会越过国王施行的行政行为逐渐增多，多数派的首领被委任为第一财政大臣，自 1710 年之后，他偶尔还被任命为帝国总理。自从辉格党人罗伯特·沃波尔（1721—1742）成为帝国第一任真正的总理后，为了加强政治的稳定性，国王一般会任命占有多数席位的派别党首作为政府首脑，以便维护政治的稳定，而帝国权利的中心朝着有利于众议会的方向转移，最终议会的选举结果决定了国王政府的组成，即使当其十分弱小的时候也是如此。

跟随法国的专制步伐，**奥地利的哈布斯堡王朝**很早就借助其"新兴的国家秩序"剥夺了主要由贵族统治的庄园。哈布斯堡王朝的这一政策不仅在其统治的腹地中实施着，而且就如我之前所描述的那样，这一政策还扩展到波西米亚和匈牙利的部分地区，哈布斯堡王朝所有的统治领域都被玛丽亚·特里萨通过国家改革的方式重新做出了调整，即新的中央政府和新的地方政府，这些地方政府中原有的地方议会全部被撤销，匈牙利也是如此。

紧接着实行专制统治的是**斯堪的纳维亚半岛诸国**，首先就是**丹麦**，当然也适用于**挪威**，因为在瑞典脱离卡尔马联盟独立之后，丹麦的国王自 1523—1814 年也一直是挪威的国王。他的权力越来越多地受到由高级贵族组成的帝国议会的限制和制约。这些高级贵族来自 150 个贵族家庭，丹麦差不多一半的土地都归于他们所有。当他们把发动远征的战争负担转嫁给其他地方时，1660 年哥本哈根的国王和人民在帝国议院中联合起来反对丹麦的这些贵族，并取消了这些贵族在帝国参议院的特权。丹麦和挪威建立起一个世袭君主制的绝对王权。并于 1665 年在《君王法》（*Kongelov*）中对此加以确认，这是"欧洲第一次以法律的方式确立了国王的绝对权威"（沃尔夫冈·莱因哈德），此法一直适用至1849年。1693年**瑞典**进行了宪法改革。与此同时，国民议会反对巨头为国王宣誓主权，但可惜的是这一美好的主权仅仅持续了25年。在查理十二世第二次北欧战争惨败后（Rdz. 100），查理的妹妹和她的丈夫，即卡萨尔的王储，依据"老办法"以限制王权的方式被推选为瑞典国王。这一"自由时期"直至古斯塔夫三世发动政变。与腓特烈二世相似，他实行的也是"开明"专制。古斯塔夫三世钦佩普鲁士的做法，此后，古斯塔夫的儿子继续执行着其父的国家政策，并在19世纪渐渐引入了现代的三权分立。

在欧洲，两个实行专制统治最重要的国家是**西班牙**和普鲁士，直到16世纪，德意志神圣罗马帝国的皇帝查理五世同时也是西班牙的国王仍旧没有一个固定的官邸，依然在其国土中不断地巡回着。第一次强势出现在这里的是有着法国波旁王朝血统的菲利普五世（1700—1740），以法国为模板，在他所统治的不同区域中只有一个统一的地方政府进行行政管理，一个只允许依照天主教法律进行判决的高级法院。马德里，作为卡斯蒂利亚的中心已经成为国家首府所在，而卡斯蒂利亚语也被宣布为官方语言，此外菲利普五世一直推行着重商主义的经济政策。总之，他建立了一个绝对的君主制。

普鲁士的国王腓特烈·威廉已经成为伟大的选帝侯，他打破了各个邦国原有的力量对比，有时这一力量的对比是依靠普鲁士的武力而被打破的。因为，普鲁士存续着一个有着连续四个霍亨索伦公爵的幸运王朝，这四个公爵的统治时间都很长，第一个是伟大的选帝侯（1640—1688）；接着就是腓特烈一世（1688—1713），他除了是普鲁士的公爵外，还是勃兰登堡的选帝侯，在经过德意志神圣罗马帝国皇帝的同意后他于1700年被加冕为普鲁士的国王；此外还有被称为"兵王"的腓特烈·威廉一世（1713—1740）；接着就是腓特烈大帝（1740—1786）。在伟大的腓特烈·威廉一世的统治之下，普鲁士就已经具备了完善的中央行政管理系统，开始实行专制统治了。在腓特烈二世时期普鲁士成为欧洲的强国，这个士兵国王消除了在君主和臣民之间具有独立政治力量的贵族势力，通过中央机构的重组，他还消灭和弱化了城市的自主行政，通过委任王室成员作为地方参议员和自主立法的方式，他还建立了君主专制统治。

之后还出现了三个特殊情况，即作为一个整体的德国、波兰和俄罗斯，直到1500年，**德意志神圣罗马帝国**存在着四个重要的宪法根源，1122年的关于宗教侯爵的《沃尔姆斯合约》（Rdz. 77）；1231年制定的《利于公爵法案》（Favorem Principum）；1356年规定的国王必须从七个选帝侯中推举出来的《金玺诏书》；1495年在沃尔姆斯帝国国会中签署的《永久和平法》，该法禁止帝国内各个邦国之间彼此相互仇视，为了保障该法的实施同时还建立了具有其他功能的帝国枢密法院，历任的德意志国王成为这个法院的最高法官。而能与这一法院相提并论的要数由出身于哈布斯堡王族的马克西米在维也纳建立的帝国皇室法院。在近代早期人们经常把德意志神圣罗马帝国称为"老帝国"，1512年随着10个巡回法院的建立，这一帝国枢密法院变得逐渐强大，这些巡回法院作为帝国与为数众多的较小的帝国侯爵们的连接纽带，各自带着不同的任务向国会报告各邦国动态。因为有着与其相似的前辈，所以德国被命名为"德意志神圣罗马帝国"，但在这个帝国因1517年路德宗教改革而分裂后，这一称谓就有点讽刺意味了。就如伏尔泰所嘲笑的那样，它既不神圣，也不是罗马，更谈不上帝国。随着"教随国定"（cuius regio, eius religio）原则的推动，奥格斯堡实施了宗教和平政策，之后，这个诸侯国以不可阻挡的趋势迅速崛起并最终建立起一个独立的国家。在1648年的《威斯特伐利亚和约》中，通过法律和晚一些与他国缔结的国际条约，在1654年奥格斯堡最终从帝国中分离出来，并且被允许设立常备军。另一方面还有一些促进帝国统一的事件：首先通过既定事实，自1438开始到1806年为止，德意志神圣罗马帝国的皇帝和国王都落在了哈布斯堡家族中。其次，1663年建立一个永久性的帝国议会，并设有常设机构，通过这一机构很多邦国之间的冲突都能够预先得到解决。自17世纪以来，帝国的众多邦国们都走上了专制主义的发展道路，从19世纪初拿破仑进攻德国开始到德意志神圣罗马帝国这个老帝国结束的这一期间，巴伐利亚、萨克森、符腾堡等邦国脱离了德意志帝国，转身成为了在拿破仑保护下的"莱茵联盟"，只有普鲁士一直保持着独立。那么德意志神圣罗马帝国究竟是什么时候覆灭的，就如我所写的那样（Rdz. 100），它覆灭于1806年。这一帝国究竟是什么？直到今天人们仍旧对于怎样定义它而摇摆不定，它既不是一个联邦国家也不是一个邦联国家，就我们今天关于国家的看法，这点是肯定的。1667年塞缪尔·普芬道夫（Rdz. 124）把它称为一个怪物，当然对于它也有正面的看法，如美因茨大主教卡尔·西奥多·冯·达尔贝格在1795年的《国家宪法的保障》中所论述的：

  一个历经长久的哥特式建筑，虽然没有按照固定的建筑艺术规则建造，但人们仍能在那里安居。

德意志神圣罗马帝国的宪法中最重要的里程碑
919年 帝国开始：亨利一世被推选为德国国王
1122年 《沃尔姆斯和约》

1231 年　《利于公爵法》
1356 年　《永久和平法》
1495 年　《金玺诏书》
1512 年　帝国巡回法院建立
1555 年　奥格斯堡的宗教自由政策
1648 年　《威斯特伐利亚和约》
1654 年　从帝国分离
1663 年　永久帝国议会
1803 年　帝国被分化成几块，莱茵联盟建立
1806 年　终结：弗兰茨二世放弃皇帝称号

在近代早期的这300多年里波兰逐渐覆灭，实际上，这一趋势在**波兰**的最后一个王朝雅盖隆王朝的君主权利被剥夺时就已经开始了，亚历山大（1501—1506）被迫将波兰的重要疆域割让给了俄罗斯，波兰的帝国议会——议院也随之撤离。这是波兰贵族共和国的开始。但是，这些控制帝国议会的高级贵族却经常在大企业主的领导下争吵，这就致使原本大而强的国家陷入了瘫痪状态，在雅致盖隆王朝的最后一任君主于1572年逝世后，那些自不同地方被推选出来的波兰国王的势力就越来越弱了。举个例子，萨克森王朝强大的选帝侯奥古斯都在1697年当选为波兰国王后，在波兰却几乎一言不发。因为他已深知，他想要的仅仅是一个国王的头衔以提高他的声誉。在17世纪波兰一直是一位无能为力的巨人，这不仅源于波兰贵族之间的纷争，还源于波兰议会实行的自由表决权。这一自由表决权导致了波兰在大企业主的统治之下经常发生近于内战的纷争。在18世纪，波兰这种软弱无力的无政府状态致使各列强三次瓜分波兰，简单地说就是1772年第一次瓜分波兰，1793年第二次瓜分波兰，而1795年的第三次瓜分则使得波兰最终在欧洲版图中消失。虽然在勇气可嘉的波兰国王波尼亚托夫斯基（斯坦尼斯二世，1764—1795）的统治下波兰取得了短暂的复苏，而他所创立的第一个欧洲宪法虽然充满着能使波兰复兴的希望，但最终却以失望收场（Rdz. 100）。自1797年开始，在普鲁士、俄罗斯和奥地利统治之下，波兰人高唱的"多明布鲁夫斯基——三月"：《波兰没有灭亡》在1918年成为波兰的国歌。

在**俄罗斯**，15世纪末俄国疆域中最后一个独立的城市共和国被莫斯科公国所征服，之后莫斯科公国建立了一个中央集权的国家体制。这时的俄国政府没有稳定的代理人，在城市和乡村也不存在能够称作独立的行政机关，各级政府

官员基本都听命于沙皇。沙皇通过从高级贵族中招募的智囊团即博亚尔斯来统治国家。这一集团虽然有着相当大的影响力，但是在政治上它有的仅仅是咨询功能，并不具备制衡专制王权的能力。除了专制——这一早就存在的统治方式以外，人们不可能用其他的名字来称呼它，这一直被避免提及但是仍旧被人所称的"专制"最先开始于 18 世纪彼得大帝的俄国欧洲化改革之后，这一改革使俄罗斯被纳入了欧式化国家之中。但是这并不是有着合法依据的，因为在 1500 年俄国的阿伯特·约瑟夫·沙宁（Abt Josef Ssanin）就已经提出了主权理论了，与同时代的伊凡四世（1533—1548）饱受攻击那样，这一理论经常被拿来同让·博丹的主权理论相比较。

除了这两个帝国之外，还有直到今天仍然存续的两个共和国，它们一个是共和国，一个是君主立宪制国家，即瑞士和荷兰。为了共同反抗哈布斯堡王朝的统治，**瑞士**自 13 世纪开始就组成了由这三个部分——乌里、施维茨和下瓦尔登组成的联邦。在近代的早期，它成为了一个由 13 个地方组成的联盟（Corpus Helveticum），之后这 13 个省又和两个地方，即格劳宾登州和瓦莱州结成联盟，这个复杂的结构在 1803 年借助拿破仑真正成为了一个邦联国家，1848 年又成为了一个联邦国家。它通过一个统一的决议机构，国民议会（Tagessatztung）共同决策国家事务。它的每个州都保留着各自的主权，官方来讲，各个州最重要的决策机关是由所有身强力壮的男子组成的大会。为了反抗西班牙哈布斯堡王族的镇压，荷兰以革命的方式在 16 世纪建立了荷兰共和国，这是一个由 7 个自治省联合建立起的邦联国家，这 7 个自治省分别是荷兰、泽兰、北莱茵-威斯特法伦、乌得勒支、上艾瑟尔省、格罗宁根和弗里斯兰。在外政方面，在这个由各个自治省共同建立的决策机构中，每个自治省都各有一个表决权；各自治省的内政由各省的地方大会决定，地方大会由贵族和市民组成，在弗里斯兰省和格罗宁根省的地方大会还包括农民。站在国家最高处的是荷兰总督，**荷兰**没有正式的联邦政府，荷兰总督是以个人的方式团结每个单独的自治省，所以人们又把它称作家族联盟，因为荷兰政府是由奥拉宁（Oranien）家族世袭继承，所以在 19 世纪荷兰成为了一个君主国家。相比而言，英国的君主立宪制就要有条理、有逻辑得多了。

等级制度与贵族

等级制度始于中世纪，等级的拉丁文为"status"，它主要由三个社会群体所组成，即神职人员、贵族和农民。再晚一些，城市中的公民也是其中的一个阶层。在此之后，等级制在经过了平稳的过渡后，大多数神职人员成为贵族，农民和城市公民有的成为神职人员，而当一些农民长期在城市中生活后，这些农民又转而成为城市公民。但在原则上，这些等级之间彼此并不相连，它们只是社会学上的概念而已。直到中世纪的后期才有了变化，等级才被赋予了政治上的属性，以便作为帝国议会、州议会和省联盟这些统一组织中的代表机关。作为议会民主的先驱，各等级大会代替了之前旧有的公民大会。自 14 世纪开始，各等级结构建立的诱因就是君主制国家发生了危机和麻烦，因为君主没有能力单独应对这些危机和困难，所以各国君主呼吁各等级团结起来，因为他们的君主需要帮助，比如钱财。在近代的早期等级会议最主要的任务就是税务许可。但是，谁付钱谁就拥有了决定钱款如何使用的权力，这样各个等级就成为了能够和君主针锋相对的一个政治力量。不只是财政上，还包括他们的信仰上。这时就出现了极其激烈的政治冲突，这些冲突大多数都发生在信仰新教的各等级和信仰天主教的侯爵之间，因为这些天主教侯爵只想让人们保留唯一的天主教崇拜。自 17 世纪以后，君主不断受到了来自新教各等级的回弹，通常情形下，他们都能取得成功，因为他们的影响力使其信仰逐渐自由。因此，各国君主通过施行专制主义来消弱和消灭这一等级制度。因为贵族一直是各个等级中的先驱力量，所以在中世纪前期的后半叶，专制国家中的君主为了实行专制首先就要削弱各个贵族的政治实力。各国君主主要是通过以下方式来剥夺贵族的政治实力的：国王授予贵族在军队上或法庭上的高职位，更为重要的是，通过使各个贵族拥有领地农庄的方式，使得贵族不再对国家政治感兴趣，以便阻止贵族与占国家人口大部分的农民联系在一起。

单独一点来说，所有的一切都要复杂得多，所以要做一些补充，下面澄清一下四国（法国、英国、勃兰登堡/普鲁士、丹麦）。对于其他国家的有关专制，在前面的章节中已经重点论述过了。重申的一点是，自中世纪的早期，只有一个欧洲国家在没有各等级代表的前提下实行专制主义，即俄罗斯。

如果各个等级要发表自己的政治理念和观点，一般来说并不是由一个单一的等级来做出，而是要通过各个等级的代表机构，即并不需要各个等级都在场。等级会议在西班牙只是一个纯粹的城市大会，因为贵族在西班牙收复失地的运动中并没有起到任何作用。波兰也是如此，只不过正好相反，在各个州和其下的政治等级中只存在贵族，而无平民。而其他的国家往往是神职人员和贵族掌握着等级大会，除了卡斯蒂利亚外，大多数国家多是如此。这个大会被称为国家各等级会议，虽然一些国家对等级会议的官方称呼有所区别，例如叫作帝国议会、联邦议会等，但是并没有什么实质上的区别。德意志神圣罗马帝国的帝国议会并没有固定的开会时间和特定的组织，大多是由各侯爵、富裕的贵族和帝国的各个城市的代表所组成，即帝国的各个机构，但其中并不包括社会中的各个团体机构等，或许对此的表述并不具体，但在一定程度上却已经说明一些问题了。

各个等级会议中，每个单一的等级大多数被分成两个部分，这两个部分又各自分成两半。他们被称为长凳（Bänke），房屋（Häuser）或豪宅（Kurien），也就是高级神职人员，低级神职人员，高级贵族，低级贵族。很多国家等级大会的运行模式都是以法院的罗马教会法程序为模板（Rdz. 109）的。即国王邀请，集体礼拜，在各自的等级位置上就座（全体会议），最后是国王提出的建议在英国、荷兰和匈牙利则是上议院和下议院的就职演说。为了能发表各自的不同意见，各个等级分别从长凳，房屋或豪宅中走出来，在全体会议上对于国王所提的建议提起抗辩（Repliken），而国王则针对这一抗辩做出反抗辩（Tripliken），之后退回到彼此的座位上，之后又在这个全体会议上提出一个新的针对性建议，就这样一直循环反复。一个最终决议（决定）作为会议的书面文件被记录下来，最终通过国王的批准有了法律效力。

在 16 与 17 世纪，人们主要是因为宗教信仰问题才持续与国王和侯爵们发生争议的。他们在贵族的领导下，大部分是在信仰路德新教的贵族领导下，共同反抗实施单一天主教信仰的侯爵们。这一对抗甚至得到了马丁·路德的同意，虽然依据基督教严格的戒律："人们即使是在不公正的侯爵面前也应该毫无理由地驯服。"但是如富裕的路德新教教徒对抗天主教的国王呢？这不仅是一项权利还是一项义务。因为皇帝和教皇彼此勾结，所以他们是世界末日中的怪物。在其他的国家这使得新教教徒迫切地要求建立一个新教国家的等级秩序。他们的势力越大，对此的要求就越强烈，这促使了各国原有等级制度的灭亡和衰弱，之后，原有的统治等级发展成为各个国家的公民代表大会，如英国的议会、法国的公民大会。对于这一点还有两个更为准确的例子，那就是普鲁士和丹麦。

自 14 世纪开始，**法国**就存在了一个由社会各个阶层的等级代表组成的三级会议，他们来自法国各省。分为一般三级会议（états généraux）和省三级会议（états provinciaux），每个三级会议都有三个团体，即神职人员、贵族和第三等级（le tiers état）。神职人员就是中世纪的大主教、主教和僧侣们。而贵族则包括国王们的封建领主以及他们的附庸。第三等级就是国王的各个城市代表（Rdz. 85）。省的三级会议也是如此。在中世纪早期这一情况发生了一些变化，会议人员由选举产生，神职人员推选出自己的代理人，贵族们也推出了自己的代理人，而第三等级则被允许通过选举产生，所有在城市中和乡村中居住的公民、农民都有投票权，但是候选人名单却是由其第三等级会议中的公民代表间接决定的。在 15 世纪特别是 16 世纪，国王取缔了许多省级三级会议，特别是在国家的中心区域中的一些省级三级会议已经不复存在，国王通过这种方式把帝国的权力牢牢地掌控在自己的手中。三级会议在一些省得以保留，但是只有那些新的省份才享有税收许可审批权。到 18 世纪末，法国总共保留有 17 个一般等级会议。与波旁王朝的腓特烈四世几乎全部取缔等级会议不同，法国并没有取缔等级会议，等级会议从 1614 到 1788 年只是简单地不再召开了。但是当 1789 年出现万分紧急的事件时，一切都已经为时已晚。在这次革命中，在第三等级的号召下，国王重新召开了民族大会，而其他两个等级的部分人士也加入其中。在等级大会中，第三等级要求废除贵族和封建领主的特权，确立人权，1791 年三级会议决议通过了法国第一部宪法，而这部宪法的效力一直持续到拿破仑统治法国（Rdz. 100）。

英国有其自己的中央议会，自 14 世纪初开始，英国的议会就分为两个部分。与法国的一般等级会议相同，它是一个典型的等级大会，上议院（House of Lords）的议员由国王任命的世袭高级贵族成员和教士组成。下议院（House of Commons）的议员自 14 世纪末开始就通过选举产生，他们大部分是低等贵族，被称为"Sir"，即每个县、镇选取两人，这两人要从县和镇中所有地主和自耕农中选出，而被推选的条件是他们必须有一定的固定收入。到了 18 世纪末，下议院的代表数目约占人口总数的 5%，接下来就是特权城市和自治城市的两个代表，他们中的每个都有自己的选举权，最后，牛津大学和剑桥大学也各有两个代表名额。自 1688 年光荣革命后，议会又添加了两个权限，即在国王之外还存在了一个议会之王（king in parliament），他比英国国王还要强大，而他领导的下议院成为"文明世界中最强大的政治势力之一"（鲁道夫·格奈斯特），虽然下议院离真正的议会民主还有很长的一段距离，但是这一等级制度下的议会民主仍旧是现代议会民主的根基。

勃兰登堡州议会就是他们"自然风光"的各级代表，这里并不存在一个固定的普遍性的勃兰登堡代表。自 1640 年勃兰登堡的大选帝侯开始，这里就出现了六个代表选区，即阿尔特马克（Altmark）、普里格尼茨（Prignitz）、柏林的米特尔马克（Mittelmark mit Berlin）[也被称为科尔马克（Kurmark）]、诺伊马克（die Neumark）、亨特尔鲍姆（Hinterpommern）和乌克马克（die Uckermark）。他们同其他四个"友好的"成员，即神职人员、高等贵族、低等贵族和城市一起构建了一个统一议会组织。但自 1640 年之后，他们的政治势力就被勃兰登堡大选帝侯这个在战争中取得巨大胜利的领袖不断蚕食，勃兰登堡的国家实力不断扩大，从这个意义上来说，人们可以把这一功劳归功于他的专制统治。他是当代的路易斯十四世。在他统治时期征税许可证的权利已经不再下放到各个地方，而高级贵族对其领地内庄园的统治权利及其在议会中的议席也被其用军事手段打破并剥夺，这些高级贵族之前几乎都在议会中占据多数席位，霍亨索伦王朝还无知地把这种状态视为他们的成功，但实际上这个国家已经离州等级制度越来越远了。而腓特烈二世对于这些贵族的抗议几乎并没有什么回应，虽然直到18世纪末期，这些贵族还保留着较小的一些影响力，例如可以任命州参议员和占领区的法官，在19世纪早期的斯坦·哈登伯格的改革中，人们依旧能够在生活中发现他们存续的一些痕迹。

在中世纪的晚期，**丹麦**的各个地方公民议会被中央国民等级议会即帝国议会所取代，因为在相对于第一次农奴制来说的"第二次农奴制"中，丹麦的自由民数量大规模减少（Rdz. 78）。三个等级一般来讲只包括神职人员、贵族和市民。在克里斯托夫三世的父亲发起的对波罗的海国家的军事征服失败之后，战争的巨额花费致使克里斯托夫三世在1619年不得不接受推选国王。帝国参议会有30个来自高等贵族的成员即参赞组成，由他们来推选未来的国王，并且在很大程度上他们还能参与政府的决策。而国会与枢密院就是30年后丹麦的宪制情况，为了全面征服丹麦，在签订了《威斯特伐利亚和约》后瑞典再一次侵袭丹麦，在瑞典占领丹麦的大部分地区即将要成功之时，丹麦国王腓特烈三世（1648—1670）在哥本哈根市民帮助下，借助荷兰共和国的船队最终保住了丹麦这一独立国家。但是由于这一战争成本过高，很多之前独立承担战争费用的城市拒绝支付这笔费用，特别是那部分和瑞典人合作的大贵族们相当被动，而那些神职人员却支持城市的大贵族。这些都导致了1660年在哥本哈根的帝国议会中，国王领导了一场反对实力贵族的斗争。最终通过三个决议丹麦结束了这一纷争：首先，贵族必须与其他两个等级一样，以自己的方式承当相应的战争费用；其次，为了保障第一个决议能够得以实行必须解散帝国的参议会；最后，必须在丹麦建立一个世袭君主专制制度。这一专制制度于1665年通过国王法案最终确立了下来，《国王法》（*Kongenslov*）是帝国议会1660年自行解散后的一个合乎逻辑的结果。至此，在丹麦再也不存在等级制度了，而一个专制的君主制最终再一次在丹麦建立了。

斯德哥尔摩惨案

当丹麦的女王马格纳特被推选为瑞典的女王，之后又于1387年成为挪威的女王后，丹麦借助其强大的军事力量在1389年最终建立起了最高统治——卡尔马联盟。在统治瑞典一个世纪后，由于瑞典民族抵抗运动的兴起，丹麦在瑞典的统治走向了没落，站在抵抗运动最尖端的要数瑞典贵族斯文·斯图雷（Sven Sture）家族，其家族成员自1470年做瑞典行省的"执政官"开始就成为瑞典的真正统治者。当然，由于与其他势力雄厚贵族的纷争，他们并没有取得最终的成功，通过国王推选这一方式消除了丹麦对于瑞典的宗主权。最终，丹麦国王克里斯汀二世打破了这些瑞典贵族们的势力，1520年克里斯汀二世击败了瑞典最后一个贵族家族，而此家族的年轻人也在其中的一场战斗中死去。克里斯汀二世作为胜利者在同年9月占领被视作丹麦敌人的斯德哥尔摩，并在此年的11月加冕为王。和国王一起参加这一庆典的除了神职人员和高级贵族之外，还有斯德哥尔摩的市长和市议会的成员，庆典持续了很多天。但在11月7日的一个星期三发生了之后被称为"斯德哥尔摩惨案"的事件。在历史上，这个惨案与其后在1572年发生的巴黎惨案（被称为巴塞洛缪惨案），及其之后的胡格诺大屠杀（Rdz. 100）一样影响深远。

在瑞典的史前，斯文·斯图雷家族在这片大陆上有着一些敌人，如教会的高级神职人员，包括在乌普萨拉古斯塔夫的大主教特罗勒（Trolle）。他被斯文·斯图雷家族围困在其城堡中长达一年，之后，特罗勒的城堡被攻陷后，他在城堡中被囚禁长达两年。直到克里斯汀二世攻陷斯德哥尔摩后才释放了他。丹麦的国王克里斯汀二世在老家丹麦还是十分受欢迎的，他因为针对贵族强化了农民和市民的基本权利。但是同时他又是一个残酷的有着绝对实力的政客，他对在政治上的反对派毫不留情。而他的这一习惯也同样适用于斯德哥尔摩，斯德哥尔摩的市长和市议会议员、甚至是神职人员和贵族都是他的敌人。通过签署特赦证书，这些曾经的敌人已经向他交出了这个城市，他既不该对他们进行刑事迫害，也不该让他们支付战争赔款，其中的一些赔款还是因对特罗勒主教的城堡毁损所做的赔偿。虽然特罗勒主教和其他人作为见证人在这份特赦证书上签了字，但是斯德哥尔摩人被欺骗了，因为特罗勒主教仅仅是作为一名证人签了字，他并没有作出任何承诺。在此之后，为了教会，国王克里斯汀二世作为西方的强权人物，依据天主教法规可能也作出了相似的承诺。因为依据天主教的教会法，这不仅仅是损害赔偿请求这么简单，教皇雷奥十世以天主教会的禁令相威胁，向斯文·斯图雷家族和其跟随者提出要求，要求他们释放特罗勒并重新修复他的城堡，但是教皇的请求并没有得到这个家族及其追随者的回应，正因如此，教皇在1519年宣布了针对他们的禁令。对此斯文·斯图雷家族和它的跟随者们早有预料，所以为了共同抵御天主教会，早在1517年他们就建立了一个注定要失败的联盟。这一联盟由16个帝国参议会成员、市长和斯德哥尔摩城市参议组成。重要的一点是，依据瑞典的国家法，主教应慈悲地对那些年复一年、日复一日没有悔改的叛教者进行祷告，并向国王表示必须对他们做出进一步的处理。

在国王克里斯汀二世加冕仪式庆典的第三天，即1520年11月7日，斯德哥尔摩的大门被士兵们所关闭，众多的高级嘉宾都不被允许走出斯德哥尔摩，所有的这些人都必须集结在一个大厅之内，这时这个大厅以法庭的形式出现在国王和帝国参议员面前，而其中的某些人对此几乎毫不知情。刚开始会议好像只是关于对特罗勒大主教的赔偿进行的谈判。为了使国王自己能从其之前所承诺的特赦书中开脱出来，国王克里斯汀二世使用了"异端"这一词，这是因为依据天主教的法律特赦书不适用于异端，于是在他的计划中就附带了这一关键词，国王克里斯汀二世要把他的全部敌人都聚集在这里并杀掉他们，"异端"受到了死亡的威胁。刚开始国王针对了1517年他们所签署的南部联邦证明文件以他们为异端为理由提起了起诉书，第二天一早，一个由14个神职人员组成的团队对他们进行审讯，他们被问及南部邦联做法是否是反对天主教会的异端邪说时，经商议后他们说"是"，除此之外他们援引了针对大规模的流亡而制定的瑞典的国家法。这是一个判决还是一个简单的回答？对此学者们讨论至今，就像我刚才提到的，许多人对当天的这一审判都没有充分的认识。所以，它只是一个观点，并不是一个正式的判决，但这对于国王克里斯汀二世来说已经足够，在11月8日的下午，不仅是1517年南部联邦的参与者，还有斯文·斯图雷家族的跟随者们都以异端的罪名在没有正式判决的情况下被处死。到底有多少人被屠杀，至今为止并没有一个准确的数字，保守的估计应该是不少于80人，这些人中的大多数都是这一地方的大人物，在斯德哥尔摩皇宫附近发生的这次屠杀的主要原因在于，他们在古斯塔夫·瓦萨的带领下共同反对丹麦国王克里斯汀在瑞典称帝，而1531年古斯塔夫·瓦萨取得了最终的胜利，卡尔马联盟解散，瑞典赢得了独立，而古斯塔夫·瓦萨也被推选为瑞典国王（Rdz. 100）。同一年，原丹麦国王克里斯汀二世因为其对于农民和市民的友好政策也不得不放弃了丹麦，丹麦贵族的强势最终迫使他流亡荷兰，在1531年他又返回了丹麦，但是不久之后就被抓获，并被流放到新西兰凯龙的军事要塞中关押起来，在1559年死在了那里。这时斯堪的纳维亚半岛诸国都成为信仰路德新教的国家，而审判异端的纠问程序也不复存在。

农场主庄园制、地主制和自由农民

等级会议的出现使得欧洲的封建领主制度在近代早期就已经消逝了，但是封建主义却并没有终结，封建领主对于农奴的统治只是减半或者减少了。欧洲的土地改革被分为两个部分：在**西部是农场主庄园制，在东部是地主制**。就像人们所称的那样，一些地方仍旧由自由农民来耕种。

比较起来，西部的农场主庄园制相对比较温和，而东部的地主制则十分严苛。两部分之间的边界，在北部是易北河，在南部是紧挨着维也纳的多瑙河。一般来讲，实行**农场主庄园制的地方是德国西部、奥地利的中心地带、意大利的一部分、法国和西班牙、丹麦和瑞典的北部**。而实行地主制的国家有：**德国东部、欧洲的中东部，即波兰、波西米亚和匈牙利，此外还有俄国**。而那些在自己的土地上生活的自耕农一般都存在于荷兰共和国、挪威和瑞士。而英国的情况很特殊。

所谓的农场主庄园制，意味着地主——贵族、高级贵族、宗教领主们自己承担全部或几乎全部的风险（通过一个或多个土地管理者），他们通常十分令人厌恶领导佃农劳作来生产经营他们的土地。而这些佃农要么仅有极其微小的一块土地，要么就是些无地耕种的劳动者，但不论是哪种佃农都挣扎在生存的边缘。因为粮食价格的攀升和越来越多向西方出口，自1500年开始，东中欧的这些地主们的财产总量就开始成规模地增长、扩大。而国家或多或少也带走了部分农民，对于此，这些地主们作为上级，所有人要求国家给予一定的赔偿，但最终国家只支付了很少的一部分。在中世纪晚期的东欧，一个小村庄平均有15个小农场，而地主自主经营的土地差不多有三个庄园的大小。到了16世纪，地主所属的耕种面积翻了一番，差不多是一个村庄可用土地面积的五分之二，这导致了佃农的劳作强度持续增加。在17和18世纪，地主对这些佃农的奴役变得更加糟糕。农民们被地主强迫耕种，有的地方甚至用上了鞭子来强迫农民在土地上一周耕作五到六天，这使很多农民没有时间耕种自己的土地。而这些地主乡绅们还拥有着司法管辖权和治安管理权。这一情形出现在易北河东部的德国、波兰、波西米亚和匈牙利。在俄罗斯，一开始只存在一些小地主，之后，随着沙皇权力的不断增强，博亚尔斯的大农场被一些新的所有者——农民、商人和大农场主所取代。粮食出口在这当中不起任何作用，这是因为俄罗斯在这个时候还没有取得波罗的海的入海口。但是新的政府管理机构比旧时的更为专制，自1497年就开始的强制劳动到了16世纪变成了完全的强迫劳动并且被固定了下来。随着波罗的海入海口的打通，俄罗斯的粮食出口变成了可能，也正因如此，在17到18世纪，俄罗斯的农民一直处于苦不堪言的状态，特别是在彼得大帝和叶卡捷琳娜二世统治的时期，在这一时期，农民们必须用自己一半的劳动时间来耕作其领主的土地，差不多一周要有三天或更多。

农民们在西欧或中欧的农场主庄园制中的负担相对较小。其负担的大小因国家与国家的不同、地区与地区的差异，也不尽相同，实质上都是以现金或实物的方式来上缴给农场主。到了中世纪的早期，在农场主自主经营的土地上，强迫劳动的经营方式重现了，农民一年必须在这片农场主自主经营的土地上劳作40天到50天。这样来说西欧、中欧的农民负担确实要小于东欧，但是其出产的粮食产量则要远高于东欧，即使在18世纪农业革命（Rdz. 100）之前也是如此。这也说明西欧的这种农业经营模式确实要比东欧要好得多。农场主征收十分之一税，即农民收入的十分之一，这样许多农民不再耕种教会的土地而转过来耕种这些领主的土地，之后其领主要向其上面的君主再缴纳一部分税收。在18世纪农民差不多要向其领主缴纳25%到40%的收入所得。在法国也是如此，在近代早期，西班牙的领主在这一阶段甚至要更加严苛，许多之前已经被人们所遗忘的领主权力在这时被重新提及。

与此相对，在整个西部地区还存在着**自由农民**，但其数量很少。例如在丹麦，90%的土地都被大大小小的贵族庄园所覆盖，而他们在土地上的权力也逐渐扩大。虽然处于丹麦的统治之下，但是**挪威**仍旧保有许多自由民，这是因为在挪威这种崎岖的土地上不可能建起大规模的庄园。同时，在**荷兰**共和国和**瑞士**共和国中也保有许多拥有自己土地的自耕民。在瑞士，即1291年乌里、施维茨和下瓦尔登这三个州结成的联盟。在荷兰共和国中有很多小型的或中型的农民，他们的数量在18世纪又继续增长，而那些在内陆省存在的大面积庄园农场在改革的过程中也逐渐消失了，这些大农场被城市资产阶级所瓜分和买入，他们不是农民，而是以现代化的生产方式运营的土地所有人。即是资本主义的农业生产，但不是像**英国**那样带有消极后果的生产方式。英国的农民是欧洲中世纪早期最自由的农民。但是随着时间的逝去，这些农民渐渐地又失去了自己的土地，要么变成了无地的佃农，要么到城市中去讨生活。在中世纪末期，很多拥有大量土地的封建农场主都放弃了自己的庄园，转而通过转租土地和售卖的方式，自17、18世纪开始就驱使这些自由佃户租种这些土地，特别是在18世纪末的克伦威尔战役后农民的负担越来越重后。土地所有人的庄园被那些用篱笆围绕着田野、草原，围绕着耕地，遍布着成群牛羊的村庄所替代。机械纺织致使机械对羊毛的大量需求带来了更高的效益和利润，就如我所说的，这是资本主义的特殊情况，这表明，在19世纪欧洲大陆所谓的农奴解放运动之前，英国实际上就已经实现了农奴的解放（Rdz. 132）。

对于东欧和西欧之间的区别有着很多解释，地主制的经营体制能够在欧洲的东中部（Rdz. 100）出现的一个重要原因就是逐渐强大的贵族形成了与君主相互抗衡的势力，他们能做一切他们想要做的。例如在波兰、在波西米亚，而匈牙利的农民状况也没有好到哪里去。俄国农民的艰难困境是俄国落后的状况和农业生产水平低下这两个原因共同造成的，所以俄国的农民必须只有比西欧的农民更加努力工作，才能够有足够的产出交给他们的领主。整个东欧城市水准的降低的原因在于，波罗的海的海外贸易随着美洲新大陆的发现使得东欧城市贸易不断地衰退、迁移。与东欧城市的贫穷和衰弱相对，西欧的城市则十分富有。东欧的强大贵族们禁止农民脱离自己的掌控，西欧的领主们相对来讲就比较温和，这使农民向城市迁徙成为了可能，最后，源于重商主义和军事原因，西欧君主的绝对专制政策促使他们更有兴趣致力于保留农民的强势地位。像东欧一样，西欧的君主也致力于把农民起义消灭在萌芽之中，即使当普鲁士和奥地利的努力失败之后也是如此。基本上农民的生活状况在法国大革命之前的18世纪就已经有了很大的改善。但来自贵族和农场主庄园制的阻力仍旧很大，此后，在19世纪的一开始西欧就出现了"农奴解放运动"（Rdz. 132）。

村庄一体化和城镇一体化

这些在中世纪（Rdz. 80，82）作为村庄和城镇自然而然出现的社区组织与近代早期的发展有着很大的区别。依据专制国家相互对应的两种生产方式——农场庄园制和地主制，欧洲的组织法变得丰富多彩、错落有致。为了平衡削弱与贵族势力紧密相连的农场庄园制和地主制，专制国家不容忍其他独立自主的决策方式。不同于中世纪自发创立的具有活力的乡村，近代早期的乡村组织是以一个新的方式出现的。在这一发展终结后，在1800年，一个具有三个基本因素的现代意义上的国家建立起来了。沃尔特·耶利内克（Walter Jellinek）在他1900年的《国家的一般理论》这部书中描述了现代国家建立的三个基本要素：国家政权、固有领土和国家公民。即在18世纪末和19世纪初，当封建地主庄园制消逝后——在俄罗斯则试探性地开始于1861年——所谓的国家公民仍旧由臣民组成，但是没有了中间一级，即领主和自发成立的社区组织。而这些社区组织在现代国家的意义上就是"国有化",虽然现代的政府组织是由公民选举产生,但是在财政上要由政府予以补贴和资助,并且要受到国家的监督。

现代意义上的国家首先出现在 17 世纪的**法国**。一个世纪之后,在 1700 年,这一方式又出现在法国裔波旁王朝统治下的**西班牙**,波旁王朝在西班牙施行了其在老家法国所使用的国家运行体系。城市的推选被取消了,国家的政府都被国王所占据,而国家的各个社区也成为政府统治的工具。在贵族统治的压迫下,**波兰**乡村和城镇自发的自治行政管理消失,只有一些例外,在这里最重要的要数富裕和强大的格但斯克,它是维斯瓦河口连接东西贸易的最大港口,大部分粮食都在这里进行交易,即从贵族那里运来的谷物在当时的价钱出奇地高。

奥地利和**波西米亚**都属于**德意志神圣罗马帝国**的邦国,在这两个地方的城市和乡村中两种体系自发地处在了对立面,即公国的专制体制和封建农奴制。和其他地方一样,波西米亚有数量众多的自由民,而这些自由民在哈布斯堡王朝的财政中占有重要地位,借助国王的政府税收很容易就能限制这些乡村社区的自治权。一般来说,德国的农奴制已经消失不见了。那么在城市的情况又是怎么样呢?自 17 世纪开始大公们就控制着城市市长和参议员的选举,有时他们甚至自己充任市长一职,奥地利的大公一直尊重城市市民的意见。帝国自治城市即使处在大公的领地上也能依旧保有它的独立性。在哈布斯堡王朝国王和皇帝的保护下,这些自治城市依然屹立不倒。但包括乡村在内,它们仍旧十分弱小。波西米亚最大的城镇就是布拉格,它的治安官由城市的市民自己选举产生,自 1526 年哈布斯堡王朝统治以来,布拉格的这一规则一直没有什么改变。但是由于 1620 年在白山战役中的惨败,哈布斯堡王朝的国王派遣行政官员占据了城市议会中的所有议席,并且监控他们的行政活动,这已经"说明"(自 1651 年)国王或多或少地已经控制这一城市。

但是,这些在**匈牙利**是不可能发生的,既没有出现在匈牙利三分的时候,即自 1626 年的莫哈奇到 1697 年的津塔,也没有出现在哈布斯堡王朝战胜土耳其统治匈牙利全境后。在匈牙利的领土范围之内,武装的匈牙利人组成了一支强势的军事力量,加上哈布斯堡王朝的支持,所以匈牙利的城市避免了如波西米亚那样的中央集权型模式。而在匈牙利被三分的时候,大多数城市都陷入了封建土地制的束缚之中,中世纪乡村中自发的自治已经消失殆尽。

斯堪的纳维亚半岛诸国的发展并不平衡,与德国一样,90% 的**丹麦**农民生活在农场主庄园制之中,领主颁布由乡村大会制定的乡村规则,而乡村大会的席位每年替换一个。领主对于共同的工作进行决议,即强制人们采用三田轮作法的规则耕种还是放牧。全部这些不可能没有一定程度的自治。在 1660 年君主专制制度施行之前，城市的自治就越来越多地受到了限制，之后甚至市长和市议员的任命都跳过了国王。这一情况同样适用于**挪威**，在19世纪之前挪威一直处在丹麦的统治之下，但是其乡村社团却一直是独立自由的，这是因为挪威崎岖的地形致使在这里不可能存在需要大面积平原的农场主庄园制。保存最好的社区（城市）自治的是**瑞典**，专制主义在这里受着继承顺序、立法和军事体系的保护等的限制，这里的城市和乡村有着很大程度的自治权。领主法院（Häradsding）作为法院受限于其角色，地方的行政机构越过了教会、组织，即使所有的市民都出席教会组织，最终，地方的行政机关仍旧要由国王任命的行政官来做决定。对此，在瑞典担任过几年国王法庭宫廷史官的塞缪尔·普芬道夫（Sammuel Pufendorf）（Rdz. 124）也十分纳闷，在欧洲史的拉丁文版本中，1704年他是这样记述的："在挪威，农民几乎处在第一阶层。他们所享有的自由比任何其他帝国中的农民都要多。"

在**荷兰**和**瑞士**这两个共和国中，乡村和城镇的自治社区没有遭到任何阻碍，他们至今仍旧保留着这一点。这里没有专制国家，没有农场主庄园制，只有自由的城市和农民。

对于近代早期**英国的法律**来说，乡村自发的自治机关理念十分陌生，与欧洲大陆相似，英国认为没有什么必要来限制乡村自治，但是，教会团体的自治机关要处于皇家中央行政体系之下。教会团体作为地方行政的一种方式，不仅出现在许多村庄中，也出现在了许多城市中。在一些生活领域中，他们甚至能自行做出规定进行调整。很多较大的城市很少有权力自己去推选城市市长和市议员。

俄罗斯（的城市和乡村）在近代的早期不仅存在着依靠农奴劳作的封建地主制，而且其社区自由也一直处在整个欧洲的最底端。这种自治方式改变了乡村和城市的结构，他们在法律上没有任何区别，只是在学术用语上才有所不同：村庄（mir），在乡下的一个村庄，县镇（posad），在城市中的社区，他们都要按照新的行省划分在总督、副总督、一个高级贵族即民事行政负责人博伊尔、法官和军事指挥官的共同领导之下。在17世纪他们被省长（Woiwoden）一职所取代，省长只是短时间的一个称谓，他领取的是国家政府给予的工资，不像那些教区牧师那样从公民手中获取报酬。此外，在乡村和城镇中还存在着下级自治的行政体系，由选举产生的社区主席斯塔洛斯塔（starost）主要负责村庄的相关事宜，诸如改变家族大小、重新分配小农场和集体征收税赋等事务。在1785年，叶卡捷琳娜大帝以德国西部城市为模板给予了这些行省一定的自治权，省长被废除，代之以公民推选出来的法官，但是其管辖权限却是极其有限的。而那些我们今天所提到的与维护社会安全和秩序相关的重要任务却掌握在国家任命的治安官手中，即市长（gorodnitschij）手中。所有的一切，即乡村和城镇自发的自治体系在近代的早期看起来并不怎么好，处在近代早期向19世纪社区"国有化"的过渡时期。

习惯法与成文法

三个重要的欧洲核心国家，即法国、德国和西班牙，它们的法律来源也有着很大差异。**西班牙**一方面保留了习惯法，即许多在中世纪收复失地运动中发现的地方性法律，而西班牙的大部分人口都在其适用范围之下，这些被称为法庭法（Foralrecht）；另一方面，西班牙还组织了立法活动，首先通过柯尔特斯等级会议编订草案，之后再通过国王进行颁布，其大部分都是关于造船、定制豪华礼服或者面包价格等的规章法令，在德国人们称之为治安条例。之后科尔斯特和国王试图把这些多样性的习惯法汇集编撰成适合司法实践的统一法典。最终，一个法律汇编（recopilatiónes）完成了，作为法律颁布，即1505年的《莱耶斯·牛城法令》（Leyes de Toro der Cortes）和1567年菲利普二世的《新法律汇编》（die Nueva Recopilación）。但这些法律有许多不足之处，很多原有的立法目的都没有达到，这两部法律汇编没有能够系统地对法律进行整理编撰，只是把之前的旧律简单放在了一起而已。两部法律一开始只罗列了有关司法管辖权的范围，之后是《七编法》的有关内容，最后才是一些新颁布的法律，而这些新法必须不断地去更新修改，所以那些律师只能遵循其在大学中所学到罗马法的知识处理实际案件的审理、判决工作（Rdz. 107）。

如同我在中世纪历史中所描述的那样（Rdz. 84），**法国**被分为两个部分。在北部的习惯法区域和在南部的成文法区域。在16世纪北部的习惯法在国王的干涉下变得十分突出，成为罗马法的强劲对手，给予了普通法系发展的机会，为其之后与南部的罗马法彼此相连、最终形成一个统一的法兰西民族法律体系提供了必要的前提条件。之后，19世纪初拿破仑订立法典，即从1804年的《法国民法典》到1810年的《法国刑法典》（Rdz. 138，135）。在刑法中一些王室规章成为法典编撰的疑难问题。路易十四1607年的《刑事罪刑条例》成为刑事诉讼法的一部分，它为法院的刑事司法解释带来了一些规章，并最终成了1791年法兰西民族大会的刑法（Rdz. 135）。

在**德国**，法国北部的习惯法并没有受限于其狭小地方边界，它在德国法律中起到了重要作用，即像《萨克森明镜》那样适用于广阔的土地。巴伐利亚和吕贝克的城市法律，符腾堡的《施瓦布明镜》不断扩大着法律适用的范围，应用在了更为广大的地域之中。公爵们的这些习惯在 1495 年被明确记录在帝国枢密法院章程的第一节中（Rdz. 111）。这个独一无二的伟大法律从此适用于整个德意志神圣罗马帝国，并于 1532 年在雷根斯堡的帝国国会上被采纳通过，查理五世的法院章程是用德语书写完成的。它不仅是一项刑事诉讼程序法规，还是一个切实的实体刑法（Rdz. 111）。这一法律以科学的拉丁文书写就是"*Constitutio Criminalis Carolina*"（《卡洛林娜刑事法典》），领主们的立法地位日益加强，他们一般都认可罗马法中的一句话：该会议的决定具有法律效力（quod principi placuit, legis habet vigorem）（Ulp. D. 1. 4. 1pr.），侯爵们决定的事情在不经领地内等级会议同意的前提下仍然具有法律效力。首先，治安管理条例在第一个层面上主要是关于牛的买卖、肉类和面包的价格以及着装等的规范，此外还有其他许多日常生活规则，更远的还有诸如子女如何满足其父母要求的相关规定。在 18 世纪，公爵独自全权负责颁布一项新法典完全是一件十分自然的事情，例如 1753 年的《巴伐利亚公务员法规》（*Codex Maximilianeus Bavaricus Civilis*）和 1794 年的《普鲁士法典规》（*Allgemeine Preussische Landrecht*）（Rdz. 126）。

英国在这方面仍旧保持着其与众不同的特性。除了由中央所控制的法院外，相较于地区的习惯法，一般法没有什么发展空间。英国不时的由国王和议会颁布实施法律、法规，但是他们并没有像欧洲大陆那样扮演了重要角色，成文法的巨大影响直到 19 世纪才在英国显现出来。

斯堪的纳维亚半岛诸国也分为了两个部分，一部分是丹麦及其统治之下的挪威，另一部分则是瑞典。首先，在**丹麦**和**挪威**，自 13 世纪开始，这两个国家的氏族部落法律仍旧保有着法律效力，在丹麦是被一分为三的斯堪尼亚半岛（自 1658 年归属于瑞典），还有以哥本哈根为首府的西兰岛，以及"大陆"上的日德兰半岛。在**挪威**则有由国王马格纳斯·拉加德颁布的国家法。之后，在近代的中期，即 1683 年丹麦国王颁布了适用于整个丹麦的统一成文法典，它包括了私法、刑法和程序法，即《丹麦法典》（*Danske Lov*）。之后 1687 年它的挪威语版本在挪威开始适用。自 1660 年君主专制实施之后，许多的法律专业委员会都在为此法的编撰做着准备，而此法的法律效力一直持续到 19 世纪。在**瑞典**，几乎只有国王马格努斯·埃里克森在 1340 年颁布制定的《国家法》，大部分的地方法律条款都被这一法律所承继并且付诸实施，但并不是全部都被此法所承继，一大部分的瑞典人依旧生活在当地习惯法中。就像国王查理十一世一样，丹麦在近代的早期即 1686 年已经计划要编撰一部统一的成文法典了，1734 年这一决议首先在常驻的帝国议会中表决通过，并且得到了国王的批准。《瑞典帝国法典》（*Sveriges Rikes Lag*）分为了九个部分，从私法中的贸易法、程序法到刑法。在有着冒险政策的查理十二世统治下它们推迟了几乎半个世纪才得以施行，原因之一就是他在国外有着很多辉煌的军事行动。

除了**波西米亚**外，东欧各国几乎都保持着适用习惯法的习惯。1500年在波西米亚的贵族阶级对于所有的不成文习惯法第一次进行了整理和编撰，即从私法到程序法再到刑法。即所谓的《瓦迪斯瓦夫·舍勒国家法》，这是一个十分玩世不恭的名字，因为作为贵族法律，这一法律实际上是针对贫弱的波兰雅盖隆王朝的国王弗拉迪斯拉夫而制定的，而国王弗拉迪斯拉夫对这部法律并没有过多的说法。这是一部真正的法典，不再是习惯法。起初它并不公正，在白山战役（Rdz. 100）后，1626年随着新的国家法的颁布，哈布斯堡王朝进行了一系列的立法活动，这部法律不再适用，例如1707年波西米亚的《颈部法庭条例》。它被称为"Josephina"，是比查理五世1532年的《卡洛林娜刑事法典》（*Constitutio Criminalis Carolina*）更为严格的法令（Rdz. 111）。

在各个地方习惯法都不尽相同的典型国家当属**波兰**，而波兰的这一司法现状导致了当地贵族法庭十分随便地就做出司法解释，而波兰的这一司法现象不仅出现在私法领域还出现在刑法领域。波兰唯一的议会帝国，议会（众议院）只就程序法方面进行立法，即1523年的《议会程序准则》（*Formula Processus*），众议院吸收借鉴了1532年德国的《卡洛林娜刑事法典》制定了一部程序法和刑法（Rdz. 111）。在一般情形下，贵族议会适用自由否决权，即使如此，在一些特殊情形下，议会也颁布一些法案，例如1510年的颁布的一些条例，即只有在作为继承人的子女和孙子女同意的前提下，被继承人出卖不动产的行为才发生法律效力。或是1577年的一个条款，即天主教徒的婚礼必须在教堂由牧师主持。

1514年斯特凡·韦尔勃裕芝在其书第三卷本中的序章中第2节第一条中写道："所有的法律都是由法典和习惯法所组成的，即由成文法和不成文法组成。"是的，作者深知在他的故乡匈牙利，习惯法的适用远远地超过他在书中所记述的。在整个近代也是如此，任何要编撰法典的伟大尝试都被高级贵族们阻止了，这些高级贵族想要在他统治的地区自行决定，即制定什么样的法律以及法院怎样进行判决。所以韦尔勃裕芝的第3卷本直到19世纪仍然是匈牙利成文法重要的法律来源之一，它一些残留条款直到1945到1949年才失效。阻碍出现在帝国议会中，自安茹-那不勒斯（1387—1437）的西吉斯蒙德政府的统治终结后，这一法律的一些基本规则才得以实施。与之前国王阿帕德统治时的立法者不同，这时的法律制定是国王和帝国议会共同作用的结果，即就如英国的规则那样,国王在议会之中(Rdz. 101,102)。帝国议会由上议院和下议院组成,上议院主要由高级贵族、巨头作为代表,他们能制止一切对其权力构成威胁的事项。即使是哈布斯堡王朝的国王——在莫哈奇战役后自1526年成为了匈牙利的国王——也碰了满头包。在莫哈奇战役之后,即1526年,哈布斯堡王朝的国王成为匈牙利的国王,曾在1786年重新夺回布达佩斯。这一战役是针对土耳其人的第一次胜利,可以说取得了一定的成功。维也纳法庭的主席、红衣主教利奥波德在1787年要求在匈牙利恢复天主教并提交了相关的政策提案,1656年利奥波德三世颁布的《刑法》由德文翻译成拉丁文(Rdz. 111)。这一法律针对了匈牙利各等级的敌对组织,并适用于所有土耳其曾经占领的法院。直到19世纪的中期这部法律的部分仍然普遍地在西班牙适用着。

在近代前期的前半叶,**俄国人**仍旧生活在不成文的习惯法中。虽然伊凡四世在1550年颁布了一部"可怕的"法律,即"sudebnik"。但事实证明这是不够的。首先是阿列克谢·米哈伊洛维奇,这一位来自罗曼诺夫众议院的第二个沙皇,依据俄国《真理报》的相关报道,他第一次将数量众多极其重要的诸多现行法律整理集合在一起,并于1649年将其作为法律予以颁布,即俄国通行国家法(Uloženie)(这部法律对于罐、碗,如拉丁文"satura",一盘水果,花香及其他不同的实物都作出了一些规定),之后,一些之前适用的不成文习惯法也被切实地书写出来,法典还包括之前沙皇颁布的一些法律。法典的编撰使得法律有了一定程度的确定性。自彼得大帝(1682—1725)以来,俄国的沙皇就有一个制定新的伟大法典的计划。这一计划最终在19世纪,即1832年得以最终完成。

结论是什么?在近代的早期欧洲还存在着数量众多的习惯法。不仅在英国,几乎整个欧洲的君主都有这样一个冲动,即把各个地方的习惯法规集合在一起,制定一部适用于全国的法律,特别是在1650年这一变革的中间时代。法律编撰的目的无疑是强化自己的皇权以抑制地方的顽固势力,普通法的编撰几乎在所有地方都以不同的速度呈上升趋势。除此之外,欧洲大陆的核心国家在此之后还有其他的法律来源,即那些写入法典仍旧适用的习惯法,这些习惯法在普通成文法典中得到了继续的适用。

成文法典

成文法典——私法以及刑法的开端——在中世纪仅限于欧洲大陆的核心国家。在近代早期,成文法的适用范围仍然十分狭窄,适用的中心只限于荷兰、德国和意大利，在这些地方，成文法典的适用范围不断地扩大，而法国、西班牙和奥地利则没有一般法适用的土壤。自1500年开始，成文法在瑞士就不再起任何作用了，与之前相同，英国、斯堪的纳维亚半岛和东欧诸国在近代早期都不在成文法的影响范围之内，同样，作为德意志神圣罗马帝国的一部分，波西米亚也不属于成文法的适用范围。由于这里的律师和法官都受过成文法教育，所以自17世纪瑞士就开始承继德国成文法的一些法律体系，并于1734年颁布了法典，但是在潜心研究后，瑞士人就再次发现，这部法典在语言上仍旧很难融入瑞典国内的相关法律。换句话说，今天我们常常会高估成文法对于当时欧洲的意义。

在近代的早期，成文法有了两个研究方向，意大利式（mos italicus）和法国式（mos gallicus）：第一个是古老的意大利式研究方式，它的代表人物是巴图鲁斯和巴尔杜斯，研究的重点是罗马法的实际适用，即怎样平衡罗马法和特定的区域法律之间的关系（Rdz. 86）。第二个是复杂的**法国**的研究方式，它是16世纪的人文主义法学运动，这一运动和许多伟大的人物联系在一起，从尧姆·布德［Guillaume Budé（Budaeus）］到弗兰克茨·胡特曼［François Hotman（Hotomanus）］，再到雨果［Hugo Doneau（Donellus）］和雅克·亚斯［Jacque Cujas（Cuiacius）］。它的中心在布尔大学（Bourges）。它并不局限在普通法领域，人文主义针对的是古典文化的复兴，使世俗的人性不再依赖于教会的教条主义。这些人文主义法学家们试图通过公元1世纪和2世纪的经典判例，把有着基督教印记的罗马法重新复兴起来，把公元4世纪的查士丁尼民法大全从尘封的状态中解放出来（Rdz. 44）。在法学研究中，他们经常使用"优雅的法理"这一类具有欺骗性的词句。他们把语言学——古籍学作为现实的法学。他们中的代表人物会十分明确地讲出这些法学问题，但是他们的政治目标常常被藏匿其中，即随着罗马法和特别法在实践中的平衡，成文法被重新启用了，习惯法和国王法典的融合为法兰西民族制定独立、统一的法律体系创造了更多的空间。成文法又重新恢复了其在法国的影响力。

德国和意大利并没有施行集权式的国有化，所以还保有古老的意大利式成文法的研究方法。在**德国**，在地方的本土法之外，人们赞成全面承继罗马法。随着1495年帝国枢密法院的建立，在德国全境，普通法已经完成了它的适用进程。在帝国枢密法院的院规第三条中有这样的规定，法官在审理案件时必须发如下誓言：

> 对我们国王和皇帝的皇家法院必须忠实、勤奋，要依据帝国的一般法

律，要依据侯爵、法院和领主们切实、具有容忍力的规章、法规和习惯法，无论高低都要依据其最公平的方式平等地去对待。

首先，所谓的一般性法律就是成文法，在其之后的就是各个领主领地中的习惯法。当事人双方必须在法庭面前依据与自己相对应的地方法律提起诉讼，但是律师们并不经常这样做，因为和法官一样，他们在大学时学的都是罗马法的相关知识，所以在这时候经常用普通法来判决案件。依据哈雷大学塞缪尔书中的标题，人们称之为《潘德克吞的现代运用》（Usus Modernus Pandectarum，第三版，1690—1704）。这个标题十分难翻译，而希腊语中把《学说汇纂》称为"Pandekten"（潘德克吞），其所依据的是，《学说汇纂》依照一般顺序把各个单独的法律领域——购买、拥有、占有、继承和遗赠——连接在一起。如有疑问就可以依据当地的地方法，对于萨克森人来说这个地方法就是《萨克森明镜》，罗马法的适用就像在自己领地的地毯上铺的一张网。就如巴图鲁斯和巴尔杜斯所提出的理论那样，罗马法只不过比本地域中的法律更为详细而已。

荷兰自从在16世纪赢得了独立之后，就存在了其独有的城市市民文化（Rdz. 100），接下来，荷兰建立的起莱顿大学很快就被印上了古罗马的标志，经济上的成功促使着与其相适应的罗马荷兰法律在整个荷兰共和国中的运用。在荷兰，罗马法的适用并没有因为荷兰各个地方的差异而遭受任何影响。他们依照的是1631年格劳秀斯编撰的《荷兰法典总则》（Inleidinge tot de Hollandsche Rechtsgeleerdheid）。以这部法律为基础，其他行省参照约翰内斯关于《法学汇纂》（Commentarius ad Pandectas，第二版，1698—1704）的评论，作为司法实践的判决依据。可以说，荷兰是除了德国和意大利之外受到普通法影响最大的国家。

"我们这些同盟并不是要向巴图鲁斯和巴尔杜斯追寻什么"，这是16世纪早期一个法官一段真实的话语，在13和14世纪即在早期的罗马法继受后，从15世纪开始**瑞士**就已经有区别于德意志神圣罗马帝国的各个邦国了，即瑞士不再将德意志神圣罗马帝国的帝国枢密法院作为它的最高终审法院，瑞士的这一做法导致了城市中十分严重的经济和销售危机。与荷兰相对，瑞士这个国家有着深刻的农业烙印。与之前相同，瑞士不再保有特殊的城市文化，所以也就没有适合职业律师生存的空间，瑞士在近代早期已经不再是成文法领域的一员了。

与其他德意志神圣罗马帝国的各个邦国不同，在整个中世纪时期普通法在**奥地利**一直也没有传播开来，这是因为这里神职人员的法学教育远不如意大利，此外学习法学的人也十分稀少。在近代早期《帝国枢密法院组织法》中的第三条在奥地利并不适用，因为维也纳的帝国皇室法院替代了帝国枢密法院的地位。在 17 和 18 世纪，奥地利的律师们跳过了这一审判系统，以德国法、尤其是以现代的惯用方式（Usus Modernus）为样板，以罗马法为工具，推动能够满足各个地方需要的统一立法进程。到了 18 世纪他们以自然法为途径加速推动了普通法在奥地利的发展，之后在 1811 年（Rdz. 126）促使完成了瑞士《普通民法典》（ABGB）的编撰。那么这是奥地利近代早期的普通法吗？读者得自己去做判断。

西班牙的情形十分奇特，这里的人们观察到，自中世纪以来罗马法和当地人生活的地方法之间就存在一个所谓的"戏剧冲突"（Eugen Wohlhaupter），在近代早期即 1505 年，西班牙就通过了一个已经确立下来的《科尔斯特决议》（den Leyes de Toro）。在这部法案中，法律渊源的等级制被明确地确定下来。摆在首位的是科尔斯特决议和国王法案，第二位的是地方性的法律规章，最后的是在罗马法影响下编订的《七编法》，但这部决议并不是罗马法，也不是成文法。在这之后，国王又重复确认了法律适用的先后顺序。然而不久之后，那些受大学教育的律师们就开始接受这些他们在大学中所学到的罗马法了，这些律师们起到的只是一个辅助功能，国家法律仍旧排在首要地位。与此同时，西班牙国内还经常出现反对这一"陌生"法律适用的抗议活动。"在整个西班牙的法律继受史中始终不断地出现着反对的声音"（Eugen Wohlhaupter）。结果呢？西班牙从来不是一个完全的成文法国家，而罗马法也从来不是其成文法的一部分。

普通法

英国最高法院的司法解释是从一个一个案子中慢慢发展而来的。但在此过程中它一直是被旧先例慢慢地拖着走的，例如侵权法。直到 17 世纪，英国的侵权令状中也没有明确故意与过失的区别。对应这一令状的很多案件逐渐扩大了其本身的种类（Rdz. 112），以罗马法为模板衡平法院的合理判例自 16 世纪开始被称作权益（aequitas），填补了旧法的一些硬性规定，随着权益的出现，诸如预防不作为之诉、禁止令，在一些特殊情形下，具体表现为代替一般性的损害赔偿金之诉提起实物履行之诉，如不动产所有权的转移。

在 16 世纪，英国处在了都铎王朝和斯图亚特王朝的统治之下，这些罗马法、普通法面临着将要消声匿迹的危险。国王渐渐地有了专制主义的倾向，与旧法令体系相似，英国的法律程序并不是那么混乱和繁琐，人们想要据此编撰一部与之相适应的法典，但是由于强大统一的律师协会（Rdz. 89）的反对，这一想法并没有被付诸实施。因为律师协会与英国议会之间紧密相连，使得他们在普通法的抗争中取得了成功。近代末期威廉·布莱克斯通（Willian Blackstone）在他的《评英国法律》第四卷（1765—1769）中对此作出了评述：这是一个伟大的成功。威廉·布莱克斯通一直在牛津大学担任教授，开始时他在这所大学中讲授普通法，在当时这些普通法并不在牛津、剑桥这些大学中讲授，而只是在律师内部法庭中讲授，在大学中讲授的仅是罗马法和教会法。威廉·布莱克斯通讲授的普通法取得了巨大的成功，同时他的这些讲座和评论也开始成为大学普通法学教育的基础。但在他生命的尽头他受到了哲学家边沁的指责，"他的四部书使他成为阻碍法律改革的保守派敌人"。事实上这是19世纪改革旧有制度的前夕，如民事诉讼法改革，法院章程改革。但是为什么在边沁以前，没有人提起过对旧有的复杂法律制度的改革呢？"部分的答案是，在威廉·布莱克斯通之前没有人对这一体系进行完整的论述。"（S. F. C. Milsom）

法院和诉讼法

欧洲各国的司法管辖制度保留着其多彩的样貌，许多在欧洲中世纪独立于国王的法院在近代的300年里不得不受到国王们的控制，受到专制统治控制的不仅仅是这些拥有独立管辖权的法院，还包括教会、自治的城市、封建庄园主。而君主们行使的不仅仅是我们今天意义上的司法管辖权，同时它还具有政府和行政管理的双重功能。与中世纪不同的是，它很少面对面直接地同军队相关。在德国有时这一司法管辖的机关还被称作政府，这是因为直到近代晚期才开始出现分权的相关理论（Rdz. 124）。在这当中最混乱的莫过于法国和德国。为了对抗那些顽固捍卫中世纪司法框架的势力，法国向中央集权国家迈进的路程十分艰辛，而德国就越加复杂，一方面有抱负的德国侯爵们希望国家独立，另一方面当侯爵所在的国家不断强大的同时，与他们在自己的领地之内实现统一的司法管辖权相对的是，各邦国的司法内部十分弱小。

法国的最高法院是位于巴黎的皇家议会（Rdz. 90），但是法国财政不能负担人数众多并又一直不断增长的法官队伍。所以国王就把这些法官们安置到与议会同等地位的其他领域中，在18世纪末共有18个议会，而他们被理解为统一的皇家最高终审机构。

这些最高法官的位置是可以买卖和继承的，这一传统一直保留至对其有着强烈控诉的法国大革命，但十分怪诞的是，这一传统制度的优点就是法官享有的司法独立,这是因为虽然这些法官理论上可能被国王开除,但是国王却必须为此付出大量的金钱,而因为法国的财政危机国王们是没有能力来支付这笔费用的。最基层的法院就是国王任命的地方法院的教务长(prévots),在其之上就是地方高级法院,它的首脑是治安警官(baillis)与教务长一样,也以法院的诉讼费为生。此外还有陪审员,他们的日常费用则由国王支付。这个有问题的体系还有其他的两个特征。

一方面,它是独立于国王的司法机构,在16世纪封建农场主庄园场制瓦解之后它却依旧存续。分封这些农场主的公爵们为了更好地控制其附庸,一般都占据这一封地的法官一职,之后也一直作为国王的地方法官存在。另一方面,在一些有争议的司法实践中,这些法官也一直受到国王们的任意干涉。国王们改变审判程序,提出判决意见,或者干脆自己作出裁决,扰乱一切其不可预知的风险。

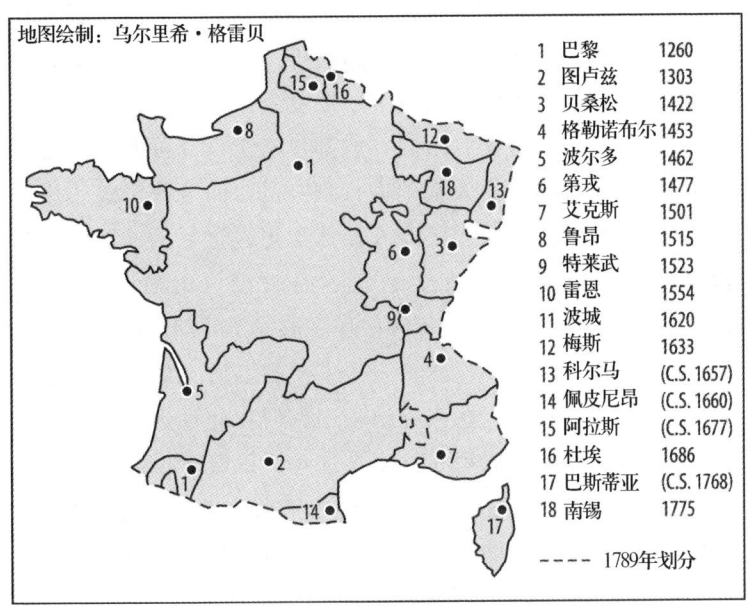

图 8-1 法国在 18 世纪的 18 个议会

资料来源:近代法国宪法法院,2003 年,第 36 页。

从程序法上看来要更好一些,即当人们从有序性这个角度来分析的话。在国王的安排下,在法国发生的所有的案件都要受到民事诉讼法和刑事诉讼法约束,以书面的方式订立统一的罗马—教会法程序,以不公开方式——即以律师口头听证会的形式,借助路易十六 1667 年的民事法令规范全国的民事诉讼程。早在法国大革命哨声开始之前的 1780—1788 年,路易十六已经快速地废除了宗教裁判所的杀手锏刑讯了。与其他的专制国家相似,宗教裁判所的程序符合"专制国家权力的精神,在臣民那里,国家权力仅仅被看作是宗教裁判所法官侦查行为的一个不太成熟的客体"(爱博哈德·施密特)。

直到1806年末,帝国枢密法院——1527年在斯派尔,1693年在韦茨拉尔——和维也纳的帝国皇家法院(Rdz. 90)一直是**德国**的最高法院。两个法院中影响最大的是帝国枢密法院,它促进了德国法律一定程度上的统一,强化了帝国的凝聚力。一般情形下,最低审级的基层法院有:世袭法院(对此直至今天也没有一个最终结论)、各种不同的村庄法院和城市的基层法院。中等审级法院是各个地方有着不同名称的省级法院。例如在普鲁士它被称为政府或市议会,在公爵的影响下,部分市议会出现在那些自由的帝国城市中,它被看作是公爵庭院法院的上一级法院。中等和高等审级的法院被那些在大学中专门学习法律的职业律师所占据,在刑事司法中一般只有一个职业律师。司法管辖权中的低等审级法院,即世袭法院、乡村法院和城市基层法院对于轻微罪行,如轻微伤害案件进行管辖;司法管辖权中的高等审级法院管辖的则是对那些严重罪行,可以判处死刑的案件。在城市一般就是市议会,在乡村就是有着不同称呼的公爵地方法院。判决后人们一般都没有上诉的可能,这是因为几乎所有的案件都是以被告的口供为基础进行判决的,而这些口供又几乎都是通过刑讯这一方式获取的,而犯罪嫌疑人显然不想再重复一次刑讯的痛苦。在民事诉讼领域,在17世纪,莱比锡大学的教授贝内迪克特·卡普佐夫(Benedikt Carpzov)所发明的萨克森诉讼程序取代了欧洲核心国家在中世纪所适用的繁琐罗马—教会法程序。虽然一些重要的事情"如在任何情形下都适用于所有案件"还没有被写入这一诉讼程序,但在此诉讼程序中规定:所有的事实在开始时就必须同时展现在这里。这一诉讼箴言很快就在诉讼实践中得以实施了。刑事诉讼程序必须是书面的、不公开的,此外在纠问原则下,为了更好地对疑难案件进行勘验和发送文件,所以规定要由律师学院对这些案件进行判决。诉讼中并没有提供一个能够让嫌疑人进行充分抗辩的可能。一切都取决于法官的判断力和洞察力,对被告来说这是十分不利的,因为在这一纠问程序中被告是没有上诉可能的。

法院制度和**普通法**诉讼程序中的基本原则并没有改变,同古老的罗马人一样,英国人也有着传统的公民意识。除了三个威斯敏斯特法院之外,在16世纪又出现了第四个新的最高法院,即衡平法院,伴随着中世纪以来的法律意识。在衡平法院中被创设的法律被称作公平(Rdz. 89),被认为是刚性法律体系,即普通法的一种平衡。就像一个世纪后德国的萨克森诉讼条例一样,在16世纪人们忽视了诉讼程序法的重要作用，起先在审判中，法官并不是依据法律的推理来进行判决的，依据民事诉讼和刑事诉讼法的规定，法官是依据陪审团确定的事实来进行审判的。即先确定实际发生了什么，才开始基于此种认知进行法律辩论，确定如何对这一犯罪事实进行判决。最终在 1731 年议会废除了拉丁语和哥特式的书写方式，借此普通法淘汰了形式主义，这一形式主义在 1533 年还导致了一个杀人犯被从绞刑架中释放了，因为在起诉中一个字母被拼错了，即"quidem"被写成了"quidam"，也就是"一定"被误写成"至少"。

除了英国外，德国、法国、斯堪的纳维亚半岛诸国和西班牙也建立起了一个与英国类似的统一国家法律制度。国王是帝国的最高法官，在帝国法院之下还有两个或多个下一级法院。所有的法官都由国王或其任命的官员担任，（大多数）法官的报酬都由国王来支付，在西班牙、丹麦和丹麦统治之下的挪威，民事诉讼程序和刑事诉讼程序要依据教会——罗马法中的相关程序法。西班牙的诉讼程序是书面的、不公开的，中世纪的口头形式已经消亡。而瑞典则保留着自己独有的法律诉讼程序。

准确地说，在**西班牙**，位于马德里的理事会即皇家法院是最高级别的终审法院，与法国相同，西班牙也有两个有着同等权力的法院，一个是位于马德里北部的巴利亚多利德，另一个位于其南部的格拉纳达。中等审级的法院是位于各个行省的高级法院（chancellerias）。而下级法院由各个城市的镇长作为法官单独审理。自丹麦实行君主专制开始，**丹麦**的国王在 1660 年代替了由高级贵族主导的帝国议会，成立了自己的最高法院（höjesteret）。国家法院和领主法院仍和中世纪晚期一样，分别作为中级法院和高级法院在国王的控制之下行使司法管辖权。在丹麦统治之下的**挪威**一共有五个审级，所有的这些法院都在丹麦国王的控制之下，其从下到上分别是：（1）领主法院（Herradsding）；（2）郡法院（Lagding）；（3）郡区法院（logretta）（Rdz. 90）；（4）教会法院（overhofret）、高等法院（Oberhofrat），代替之前挪威国王的皇家法院是在丹麦省长主持下位于奥斯陆的高级参议会；（5）最后是位于丹麦哥本哈根的皇家法院。**瑞典**保留了中世纪就开始存在的三审制，和之前一样，它也在国王的控制之下（Rdz. 90）：（1）区法院（häradsding）；（2）国家法院（lagmanding），之前是"landsding"；（3）皇家法院（hofrätt）。在城市中，替代区法院（häradsding）存在两个审级，较低的审级是工会法庭（kammersrätt），是在议员领主和市民主持之下的工会法庭，较高审级的是在市长主持之下的市议会（radhusrätt）。自 16 世纪的古斯塔夫·瓦萨统治瑞典之后，法官由国王单独任命，各个行省对此不再具有影响力。陪审团（Nämnd）的作用也发生了改变，它不再负责对整个案件的事实进行确认，因为这一功能已经转移到法官评审委员会手中，评审委员会将对案件作出法律性的评判、判决。评审委员会主席主持会议并宣布判决结果。在17世纪查理十一世的统治之下，法官失去了其司法审判地位，司法审判权转而由公民代表来担当。国家的公职人员有义务处理自己办公室职责范围内的行政事务，不再像之前那样把这些事务都扔给自己的代理人办理。皇家法院不再是绕着疆域迁移的巡回法院，1614年斯德哥尔摩设立了固定的皇家法院。但是诉讼法几乎没有什么改变，保留了自由的证据评判，在陪审团中甚至可以进行口头的谈判，只是不像之前在自由的天空之下进行谈判，而是固定在一个建筑物之中。（公开的方式已经被排除在诉讼之外了吗？）

在中世纪的**波兰**就已经飘忽不定的地方法院代替了贵族法院和之前一直被无地的贵族所管辖的古鲁德法院（Grodgerichte）。在刑事诉讼中，地方法院与斯塔洛斯特一起针对领地上的案件进行裁决。在16世纪，波兰的大部分城市失去了之前的自治权力，和农民一样，对其具有管辖权的是新领主建立的世袭法院。在1578年雅盖隆王朝灭亡之后，即波兰第一次成功推选出国王后，波兰全境又建立了官方的法院法庭，每年都由各省选出贵族法官，因为这些贵族法官的任期极短，所以在审判中这些贵族法官只处于从属位置，起决定性作用的是当地贵族法官的司法解释。审判程序继续采取口头和公开的方式。

中世纪末期的**波西米亚**皇室伯爵法院以贵族地方法院的形式仍旧存续着，此外这里还存续着——大部分依据德国法——城市法院，布拉格的王室枢密法院还管辖着封建领主之间发生的争议，但是其适用范围却是日益萎缩的。为了镇压新教起义，皇帝费迪南一世在1548年建立了一个皇家上诉法院。它首先对市法院的裁决进行管辖，自1628年白山战役之后，它又成为了地方法院的上诉法院。之后，这一法院还负责民事诉讼程序和刑事诉讼程序。这时的诉讼程序很简单：书面起诉、官方的正式指控、口头和公开审判、依据法官多数进行判决。在1628年以前，对法院的判决，被告人是没有上诉权利的。在刑事诉讼中，自1656年开始，奥地利的费迪南三世就采用了查理五世1532年（Rdz. 110, 111）颁布的最严的《卡洛林娜刑事法典》版本。

在**匈牙利**哈布斯堡王朝统治的那部分地区，匈牙利被分为三个部分，即哈布斯堡王朝统治的地区、土耳其统治的地区和特兰西瓦尼亚公国（1526—1699）。在民事诉讼和刑事诉讼范畴，匈牙利有三种类型的法院，即封建领主对其领地中的农民享有的世袭制的司法管辖权，像波西米亚还有各城市中的自治法院以及各县的法院，而县级法院自从中世纪的末期开始就一直牢牢地掌握在高级贵族的手中。这一县级法院一直存续着，随着诉讼案件的增长这一县级法院的管辖权限也在不断扩大。哈布斯堡王朝的国王们在这一时期并没有提供一个最高级别法院。在又一次统一西班牙并最终在此建立一个稳固的统治之后，哈布斯堡王朝的国王于1711年在布达佩斯建立了一个皇家教廷。它分为两个部门。第一个就是皇家法院（Königliche Gerichtstafel），它是所有下级法院的上诉法院，这个法院一直保留至今。第二个就是赛普特威利阿尔塔上诉法院（Septemviraltafel），即在皇家法院之上的上诉法院，由两个部门组成。与自1628年哈布斯堡王朝在波西米亚的做法相似，在匈牙利的哈布斯堡王朝也最大可能地对司法解释施加影响。自安茹－那不勒斯的第一任国王（1308—1342）开始，凡是涉及贵族的刑事案件或者情节十分严重的刑事案件就都要在县法院依据罗马—教会法的相关审理程序进行审理，即不公开、以书面方式、采取纠问原则（《韦尔勃裕芝》第三卷，Werböczy, Tripartitum 2, 6, 12）。也许在那个时候在民事诉讼中一直采用的就是复杂繁琐的罗马—教会法的相关程序规定。无论如何，在整个近代时期它一直适用着，并且同萨克森程序法在德国相似，它并没有很快被其他程序所替代。

在**俄罗斯**，其司法管辖权一直保留着自1497年在《伊凡三世法典》中就已经存在的三个部分，即各省总督的司法管辖权、在莫斯科的中央政府机关的司法管辖权、沙皇在民事和刑事诉讼中的司法管辖权（Rdz. 90）。与英国、西班牙和斯堪的纳维亚半岛诸国相同，俄国也存在着一个统一的国家法院组织体系。在16世纪俄罗斯又出现了一个特殊的非国家性质的诉讼程序。因为俄罗斯劫匪强盗的日益猖獗，莫斯科建立了一个新的中央行政机关，其主要作用就是对抗匪患。这一机关并不是依靠政府当局或者法院，而是依靠当地农民组织的自卫组织而建立起来的，有点像500年以前诺曼底国王早期在英国所做的那样。同一时期的俄国《真理报》对这一组织的描述为：他们（这些当地农民）形成十户联保，并互相承担责任（Rdz. 80）。自16世纪中期，一个治安区中差不多有1700个这样联保团体组成的数量众多的乡村社区，其被称为"guba"。特别针对在乡村中横行的强盗团伙，从当地的贵族中选取"长老"作为这一治安区的治安长官和刑事法官，当然它对于一般的小偷和强盗也有管辖权。而这一治安长官就如我们上述所说的要对莫斯科地区的盗窃、抢劫等治安秩序问题负责，而这就意味着他可能要承担与其职位相适应的责任。这一治安官甚至还有权力与陪审团一起做出死刑判决，而在此之前只有莫斯科的法院才有判处死刑的权力。在《伊凡三世法典》中伊凡三世对刑事诉讼法的有关规定在实质上是与西欧的"纠问主义"相映照的。当然对此人们不必必须持有以下这一观点，诸如伊凡三世是有意识地承继了西欧模板才建立了诉讼法。在这一时期，这一诉讼法只是简单地存在于专制统治的氛围之中。同样的，俄罗斯第一次实施刑讯制度是在 1497 年，而西欧的刑讯制度明显要比它早得多。

刑讯制度

除了英国和斯堪的纳维亚半岛的诸国外，在中世纪末期刑讯制度已经在欧洲广泛地适用了。而英国的刑讯制度则始于近代早期，即在都铎王朝和斯图亚特王朝统治的时期即 1540—1640 年。在**英国**差不多有 100 个这样类似的案例，其中有 81 个是有据可查的。其中绝大多数都是涉及皇位之争的所谓谋逆案件，当然其中也有一些普通的刑事案件，如盗窃和谋杀等。大多数犯罪嫌疑人都是在皇家法院、枢密院或者国王本人的安排下被带到伦敦塔中进行刑讯的，其所用刑讯的方式和手段也与欧洲大陆诸国大致相同。英国借助着小范围的高等级委员会，即枢密院（Privy Council）小心翼翼地掌控着刑讯这一制度，以便防止这一危险的工具落入普通的司法部门和其下设的司法机关手中。在 1640 年刑讯制度就像其开始时一样，同样也以非正式的方式终结了。而刑讯终结的实质原因在于：一方面这一制度使无辜之人备受折磨，另一方面通过这一方式人们并没能从那些有罪之人那里得到一些新的线索。受到德国 1532 年《卡洛林娜刑事法典》的影响，**丹麦**、**挪威**和**瑞典**在 16 世纪开始使用刑讯制度。因为其君主明确警示要谨慎和克制地使用刑讯，所以刑讯制度在斯堪的纳维亚半岛的诸国并没有被过度地使用。

1532 年针对**德国**颁布的《查理五世刑事法院条例》（Diese Peinliche Gerichtsordnung Kaiser Karls V）是欧洲五个主要的刑讯法令之首。其他的四个分别是 1537 年**法国**的《赦令》（Ordonnance Royal）、1567 年**西班牙**的《新法律汇编》（Nuova Recopilación）、1570 年菲利普二世在**西班牙统治荷兰时期**颁布的条例，此外还有 1670 法国再次颁布的《大赦令》（Grand Ordonnance），其中这一《大赦令》"最大程度上汇集了有关刑讯的诸项条款，是世界罕见的，由世界上权势最大之人所施行"。通过**波兰**参议会的表决，德国 1532 年颁布实施的《卡洛林娜刑事法典》也在同一年被波兰所承继。

近代早期的这三个世纪是一个比中世纪更加残忍、可怕的时代,它的残忍可怕并不局限在那些施行刑讯这一法律制度的国家中,而是蔓延了整个欧洲。只有英国好一些,因为它的刑讯制度仅持续了百年时间。在这一时期,中世纪那些不人道的酷刑又添加了些新方法,诸如在人的骨骼上和拇指上旋转螺丝,以便粉粹这一部分的身体。此外还有关于酷刑的一些法律论著,这些论述把残忍的刑罚带入到科学体系中,它们一般都是由拉丁文写成的大手册,它们通过新的印刷技术在整个欧洲大范围扩散开来,此外这些手册中还附有很多生动的图片。而两个意大利人的著作也是它最重要的组成部分,即伊波利托·马尔西利(Ippolito Marsigli)在1532年所著的《逻辑哲学论》(*Tractatus de quaestionibus*)和普洛斯波罗·法尼那茨(Prospero Farinaci)在1614年所著的《刑事犯罪实践理论》(*Praxis theoretica criminalis*)。此外还有1558年弗拉门·朱斯·德·达摩霍德(Flamen Joos de Damhouder)所著的《刑事实用事宜》(*Praxis rerum criminalium*)和1635年德国贝内迪克特·卡普佐夫(Benedikt Carpzov)的《撒克逊帝国的实用刑事章程》(*Practia nova Imperialis Saxonica rerum criminalium*)。

但是,所有的事情都有其存续的时间,荒唐的事情也是如此。由于强大的反对声浪,刑讯制度最多只持续到18世纪中期到18世纪末或19世纪的早期。它首先受到了来自鹿特丹的人文主义者让·路易·比韦斯(Jean Louis Vives)的抨击,他是伊拉斯谟的学生,在1522年他在评论圣奥古斯都的《上帝之国》中写道:在帝国建立后的漫长时间里,如果你足够强大,那么你就会起来反对刑讯,相反赞成刑讯的,其所说的必然毫无价值。总而言之,他所作的评论就是为了反对刑讯制度,他认为刑讯制度要么就是无稽之谈,要么就是毫无意义。从这时开始,刑讯制度渐渐地不再在司法实践中应用了。在他之后,信仰新教的米歇尔·蒙田(Michel Montaigne)在其1580年的《测试》(*Essais*)一书中也对刑讯制度加以批判。此外,哲学家皮埃尔·贝尔(Pierre Beyle)在1686年、孟德斯鸠在1748年《论法的精神》中、德国的约翰内斯·韦耶(Johannes Weyer)先生、于利希的公爵医师、兰根的基督徒施沛,都对刑讯制度予以了抨击,此外,一位神学家和诗人在1631年针对迫害"女巫"的活动匿名书写了《小心那些针对神奇事件的刑事诉讼》(*Cautio Criminalis contra sagas*)一书,还有1701年的克里斯汀·托马斯(Christian Thomasius)这个任职于新普鲁士哈勒大学的教授和法学家也强烈的反对刑讯制度。到了1705年几乎整个欧洲都反对刑讯这一制度,最终,借助这一巨大的力量,1764年来自米兰年仅26岁的律师切萨雷·贝卡利亚（Cesare Beccaria）书写了《论犯罪与刑罚》（Dei delitti e delle pene）一书，此书被翻译成多种欧洲的主要语言，给整个欧洲都带来惊人的影响。

而结果就是刑讯制度被最终废除了，首先完全废除此项制度的是**普鲁士**的腓特烈二世，其又被称为腓特烈大帝，他于1740年废除此项制度的时候十分小心，保留了在"大的谋杀案件"中法官有使用刑讯权利的特例。1754年这一特例也被废除了，但是，禁止刑讯只是法院的内部秘密而已，为了能使犯罪嫌疑人自己供述其所犯的罪刑，法院准许办案人员把嫌疑人关在之前用于刑讯的密室之中，以刑具对其进行恐吓和威胁，但是也仅仅是恐吓和威胁而已，办案人员必须适可而止，不能对嫌疑人真正地施以酷刑。首先，这要归功于克里斯汀·托马斯这个就职于普鲁士哈勒大学的最著名律师在1705年所著的著作，其次还要归功于在德国出版的一系列书籍，如1767年德意志神圣罗马帝国的邦国巴登-杜拉赫出版的切萨雷·贝卡利亚的著作，1769年梅克伦堡出版的切萨雷·贝卡利亚的著作，等等。奥地利在1776年废除了刑讯制度，最后一个废除刑讯制度的是巴登州的南部地区，直到1831年这个地区才废除了这项制度。在费尔巴哈伟大的刑法学家约翰·安瑟伦·费尔巴哈（Johann Anselm von Feuerbach）的推动下，1806年巴伐利亚也废除了刑讯制度，同时约翰·安瑟伦还是1813年巴伐利亚《刑法典》的作者。马克西米连·约瑟夫一世（Maximilian I Jeseph）在1806年被推选为巴伐利亚的国王后，要求法官遵循这样一个准则："只有当错过犯罪嫌疑人时，费尔巴哈才乐于承担责任"。在德国之外最先废除刑讯制度的国家是丹麦，其于1770年废除了刑讯制度。最后废除刑讯的国家是希腊，废除年份是1827年。之后关于刑讯废止的有关法律理论人们走了近百年。但是，刑讯制度到了20世纪死灰复燃了，并且一直存留至21世纪。自1917年俄国十月革命胜利后，在苏维埃社会主义共和国中再一次使用了刑讯。在十月革命的20年之后其又出现在由法西斯统治的意大利，自1933到1945刑讯逼供又出现在了纳粹德国，自"二战"后法国人在阿尔及利亚、在以色列也使用了刑讯。最后，那个与欧洲有着密切关系的国家——美国在2001年的9月11日之后也采用了刑讯。在法律上是否要使用它，德国有着很多争议，这无疑是一个漫长而又令人伤感的事情（Rdz. 150）。

表 8-1 刑讯制度的废除

德　国		其他的欧洲国家	
普鲁士	1740\41	丹麦	1770
巴登-杜拉赫	1776	瑞典	1772
梅克伦堡	1769	匈牙利	1776
不伦瑞克	1770	波兰	1776
萨克森	1770	托斯卡纳	1786
石勒苏益格-荷尔斯泰因州	1770	法国	1780\81
奥地利	1776	伦巴第大区	1789
巴伐利亚	1806	那不勒斯	1789
符腾堡	1809	比利时	1794
萨克森-魏玛	1819	荷兰联合王国	1798
汉诺威	1822	瑞士	1799\1851
科堡-哥达	1828	俄罗斯	1801
巴登-巴登	1831	西班牙	1808
（在 1771 年之前属于巴登-杜拉赫）		西西里岛	1812
		挪威	1814
		葡萄牙	1826
		希腊	1827

刑事法律

欧洲中世纪的大多数严苛刑法在近代早期仍旧遍布于整个欧洲，甚至比中世纪更为严苛，它不仅出现在那些实行专制统治的国家中，即作为这些国家君主的特别威慑工具，以便保障国家的和平统治，使其军队不受威胁。丹麦和挪威在 1500 年的时候还部分地沿用着私刑法，直至 16 世纪初期才开始广泛地适用公刑法，但是在其 1660 年引用专制主义之后，其公刑法的适用迅速达到了一定的水准，刑事处罚的方式也更加多种多样，但是国家与国家之间的刑事处罚种类却大致相同，其差异十分微小，各国几乎都存在以下几类刑罚：诸如死刑、杖刑、鞭打、戴枷游街、流放与罚金，即要交出自己的全部财产等。在 16 世纪，刑罚的种类又有所增加，一般都是些直至耗尽生命才得以解脱的刑罚，诸如在橹舰上做苦力或者是与其类似的一些强制劳动，例如修建堡垒或者在所谓的现代监狱中进行强制性劳动。这时不仅出现了很多新的刑罚，而且出现了越来越多针对不当行为的处罚。例如穷人被当作罪犯来看待，乞丐、流浪者和吉普赛人在被烙以标记后要被关进监狱或者在橹舰上做苦力。而死刑的执行方式通常有两种，即用绞刑架绞死犯人或者用剑砍掉其头颅。此外还有其他执行死刑的方式，诸如把犯人绑在柴堆上的木桩中，然后用火活活地烧死犯人，或者把犯人溺死在烧沸的水中，或者用热油将其浇死，活埋。此外还有新的车轮法和四分法，所谓车轮法是将人绑在大轮子上，通过转动使犯人的身体粉碎。而四分法是指将身体分成四份切割并将四份的肢体放到四个地方的街道上。死刑犯被捆绑在一个大轮上，用铁棒先后打破犯人四肢，将其两个胳膊和腿铐分别与四匹马相连，从而驱赶马匹撕裂这四个部分。所有的这一切都是为了威慑公众，这些损害人身体的处罚又被推广开来，诸如砍掉犯人手脚，割断舌头、耳朵，缝合鼻孔，用烧红的铁在人的前额和脸颊上烙下印记号。这些刑事处罚几乎无处不在。在近代早期这些"恐怖剧场"在等级社会中不断地上演。贵族和神职人员则可以免受这些残酷的刑罚，对他们执行死刑的方式只是用剑刺死，不存在肢解、殴打、鞭打和嘲笑。

当然，随着时间的推移，这些刑罚变得更为温和。但是，其改变的并非是刑法本身，而只是法院在实际判决执行中变得更为温和。和今天不同，那时法院所涵盖的权力领域要远远大于今天。受到专职律师的影响，当时的时代精神更为人性化，自16世纪到18世纪以来，判处死刑的数量有了显著的回落。摧残人身体的刑罚在18世纪几乎已经消失。俄罗斯是唯一的例外。18世纪出现了反对肉刑等残酷刑罚的运动，抨击这些非人道的刑罚，这里出现了许多伟大的名字，孟德斯鸠、伏尔泰和贝卡利亚，在18世纪末这甚至导致了一些变化，下面仅仅是对一些细节作出的一些评判。

西班牙，是除了意大利以外唯一遵循古罗马刑事法律传统的国家，在近代的早期，他们创立了一个一般性的法律基础，即1567年的《新法律汇编》（*Nueva Recopilación*）（Rdz. 106），这部法律中的条款要比当时的法国和德国温和得多，不像这两个国家那样残忍。其死刑的执行方式"只有"两种，即绞刑和火刑。在17世纪人们一般不会使用绞喉，即用铁链子将人勒死这一刑罚，来处死贵族，只有平民才会被处以此种刑罚以代替之前的绞刑。在西班牙，早在16世纪早期就经常用在橹舰上做苦力来代替执行死刑，这可以说是这个国家的一项新发明。橹舰是当时最快的一种商用舰船，它经常在地中海沿岸行使，因为波罗的海的大浪，这种橹舰并不适合在波罗的海沿岸行使。这种处罚方式一方面要比其他那些强制劳动处罚轻，因为这些橹舰经常会在港口中停留很长时间。而另一方面，橹舰航行的时候有着极其严格的纪律，这致使很多被判刑的人很难在船上幸存很久。这些损害人身体的肉刑早在13世纪的《七编法》中就被明令禁止了。而《新法律汇编》作为《七编法》的现行附属法却忘了将那些在《七编法》中禁止使用的砍掉手脚或者缝合鼻孔的这些刑罚去掉。好在这些肉刑在 16 世纪就已经被在橹舰上做苦工这一处罚方式所替代，到了 17 世纪这些肉刑就渐渐消失了。到 18 世纪到橹舰上做苦工的刑罚也被废除了。但鞭笞刑作为肉刑的一种直至 18 世纪还一直沿用着，就如它在中世纪适用于西哥特人那样。到 18 世纪的后半叶，法院又频繁不断地作出死刑判决，当然通过一些特殊的无明文规定的情由，死刑可以减至其他刑罚，即当《七编法》规定的一些特殊的情由发生时，可以减刑。

像西班牙的《新法律汇编》那样的法律条文在**法国**是不存在的。法国只存在一些附带有刑事法律点滴的诉讼程序法规。最早的《弗朗西斯一世法典》产生于 1539 年，它是在国王的一个宫殿中颁布的，这座宫殿位于法国皮卡第大区的一个叫的维莱科特雷的城镇。在这一法典的基础上路易十四在 1670 年订立了《刑事法规》，这部法律继续保留了法官在司法领域中的巨大权限，像亨利二世 1564 年颁布的法令那样，即乞丐和流浪汉要被判处到橹舰上去服苦役，此项法规仍旧沉溺于国王所颁布的那些单一的法令，它包括很多残忍的死刑，诸如肢解刑、使人痛苦的肉刑，但是这些残酷的刑罚随着时间的推移逐渐减少和消失。到了 16 世纪，在对死刑犯执行火刑时，行刑人会在火焰还没有烧到犯人之时就秘密地将其勒死。但是，从德国那里继受而来的轮刑在 17 和 18 世纪却越加残酷。为了实现宗教信仰自由，路易十四在 1685 年废除了《南特赦令》后，很多新教教徒从原来的被指控异端而被判处死刑改为被判处在橹舰上服苦役。这一刑罚方式的改变并不意味着刑事处罚向温和的方向转变，它更多的还是出于经济利益的考量。总的来说在 1789 年法国大革命以前，法国仍旧是一个刑罚较为严苛的国家。

英国在都铎王朝统治期间（1485—1603），集权的中央政府使其具有了与刑事犯罪行为抗争的巨大能力。在亨利八世统治期间，即 16 世纪的上半叶，被判处死刑的人数达到了英国历史的最高水平。在都铎和斯图亚特王朝的统治期间，刑事案件的司法管辖权归属于臭名昭著的星室法庭（Court of Star Chamber），又称作闭门议会（Court of Star Chamber）。闭门议会是一个古老的针对刑事和民事案件的特殊法庭，此会议在一个密封的房间里召开，而房间的天花板上装饰着金灿灿的星星。对于那些抨击君主的作家和记者，该法庭并不处以死刑，而是依照其罪刑处以切割类的刑罚，如切掉鼻子、砍掉手或者割掉耳朵等。在近一个世纪的时间里，这个特殊法庭都是这样做的，直至其在 1641 年被解散。这个特殊法庭一直受到人们的强烈批评。英国的刑法十分残酷，但是与西班牙相似，它并不像欧洲大陆的那些国家那样的严苛，这个特殊法庭只是一个小插曲而已。到了 18 世纪仍旧有 166 个死刑的执刑方式。但在此期间英国法院在司法实践中确实作出了改变,在16世纪每年10万个公民中要有20个人被判处死刑,但是到了17世纪10万人中只有10人,到了1700年10万人中仅有5人,也就是说在英国,被执行死刑的公民人数所占的比例在这200年的时间里降低了75%。

自16世纪一个伟大的法典出现在**德国**之后,直到1806年德意志罗马帝国灭亡之前,这部法典一直是帝国唯一重要的法典。它就是1532年由国王和帝国议会表决通过的《查理五世刑事法院条例》,德语称为"Peinliche Gerichtsordnung Kaiser Karls V.",拉丁语称作"Constitutio Criminalis Carolina"(《卡洛琳娜刑事法典》),简称"CCC"或"卡洛琳娜"。一方面它保障了刑事法律的统一性和稳定性,即把这些统一性和稳定性带入到中世纪随意性的刑讯制度中,例如,只有当有人在犯罪现场看见犯罪嫌疑人穿着血衣和持有凶器,或犯罪嫌疑人售卖被害人的财物,或是持有这些赃物但是不能证明这些赃物是依合法的方式所购得的时候,才允许对此犯罪嫌疑人进行刑讯。此外,它还是一部刑法典,部分地完善了中世纪不太精准的刑事法律条文。但是其制止刑讯制度的目标至少在其后200年的追索"女巫"行为中并没有显现出来(Rdz. 113)。刑事法律中的刑事实体法的主要内容在原则上并没有什么改变,如其137条规定谋杀和杀人行为要处以轮刑,124条中规定叛国罪要处以四分刑,116条规定同性性交行为要处以火刑,但在司法实践中这些法定的刑罚在实施时可能会温和一些。17世纪出现的那些刑事法学理论也适时地帮助了法典的实施,其中最重要的代表人物要数莱比锡大学的教授贝内迪克特·卡普佐夫,他是欧洲最著名的刑法学家,他1635年所写的《萨克森帝国实用刑事章程》,不仅汇纂了萨克森地区所有的刑事法律,还汇纂了欧洲所有国家的刑事法律法规,对于欧洲的其他国家有着巨大的影响。他承继了意大利"法无明文规定不为罪"(Lehre der poena extraordinaria)的法学理论,把无理由的处罚作为特殊情形,严厉的刑罚规则在其之下变得越加温和。此外他还表示,几乎每个犯罪行为都有其区别于其他犯罪行为的本质特征,所以必须依据"法无明文规定不为罪"这一规则来对其进行处罚。那些严重毁损人们身体的刑罚极少被使用,同时那些残酷的行刑方式也逐渐减少,自17世纪开始人们大多数用剑和绞刑架来处决人犯,但是德国处决人犯的数量仍旧居高不下。但自17世纪开始这一数量持续显著地下降了。

奥地利也有同样的情形,在费迪南德三世1656年订立的《新刑事法院条例》中,费迪南继续沿着《卡洛琳娜刑事法典》的方向发展。但是那些残酷的死刑执行方式很快的就流于表面化了。《特里萨刑事法典》(Constitutio Criminalis Theresiana)、《玛利亚特里萨刑法典》(Kriminalgesetz Maria Theresias)在1768年仅仅在内部明确表示,应当强制执行判决,"以防止那些可怜的罪人受到冤枉"。这表明，它或多或少地远离了中世纪的那些残酷刑罚，《特里萨刑法典》几乎已经谨慎地迈出了它的第一步，例如不再对那些未婚先孕的妇女予以惩处。但是对于叛国行为仍旧保留着将犯人身体分成四份这一残酷刑罚。

荷兰共和国也好不到哪里，在对死刑和肉刑的执行中，它被烙下了更加残酷和严苛的烙印。随着数量众多的死刑判决，18世纪前半叶，荷兰的刑罚甚至越加严苛，1730—1732年这三年间举行了大规模对同性恋的迫害运动，在这一运动中276人被判处有罪，其中73人被处以火刑。在18世纪的后半叶法院仍旧十分严苛，但是三分之一的罪犯被各州的州长所赦免。在18世纪，荷兰通过更好地照顾贫困者和调整国家结构等诸多政策，使得其刑事犯罪比例远远低于其他国家。其城市和农村社区都十分便于管理，在70年里只出现了一个强盗团体，这一团伙中的531人被定有罪，其中243人被处以绞刑和轮刑。

与德国的情形相似，改革使得**瑞士**的刑法变得更加严苛，各州仍旧保留着天主教信仰，国家和教会越过了彼此之间的束缚，存留了各个州之间的差异。因受到苏黎世的影响，茨温利的刑法变得更为温和，日内瓦的加尔文教则有些严苛。总的来说，由于瑞士适用着众所周知的死刑和肉刑，所以整个国家的刑罚仍旧是严苛的、残酷的，当然其残酷程度有着逐渐减弱的趋势。自17世纪开始，用剑砍掉头部的死刑处决方式还是十分普遍的，在1500年苏黎世和施维茨每年尚有572人被执行死刑，到了1700年只有149人被执行死刑。

在16世纪的上半叶，**丹麦**还处于从私刑法到公刑法转变的过程当中，所有的故意杀人和盗窃都会被判处死刑，此外乞丐和流浪者也会被处罚。自1660年丹麦实施君主专制后，1668年从《丹麦法典》开始刑罚变得更为残酷和严厉。在接下来的一个世纪中，刑法中毁损人身体的刑事处罚愈加残酷、凌厉。平衡这一凌厉惩处的是国王大范围的赦免，所以犯人要受到何种刑罚处罚一般都只能在赦免之时才能确定下来。一直在丹麦统治之下的挪威1687年也订立了相应的刑法典。

在16世纪之初，整个**瑞典**依旧继续施行私刑法，自1527年革命之后，瑞典以旧约为基础确立了严苛的公刑法，而这些刑事法律在17世纪变本加厉地愈加严苛。路德教派严格的赡养父母法令造成的后果是，如果子女得罪了父母，那么子女就要受到鞭笞刑的处罚。在1734年的《帝国刑事法典》中对此并没有作出什么改变。这部法典完全保留了"一个完整的古老的列车"（Dieter Strauch），它保留了残酷的刑罚，它规定了68种可以判处死刑的罪行，对于贵族和神职人员，农民在刑事诉讼中不再像之前那样总是处在不利地位，可以说这种实质性的改善是农民针对等级社会结构的部分成功。

在**波兰**中世纪一直存在的较为温和的刑事法律（Rdz. 97）在 1532 年被其议会的表决废除，替代它的是德国的《卡洛林娜刑事法典》，在 1559 年其被翻译成波兰语，即"Bartholomäus Groicki"，在波兰被瓜分的前夕，波兰的最后一任国王斯坦尼斯瓦波尼亚托夫斯基于 1768 年施行了显著的刑事法律改革。这次改革并不是我们现代意义上的刑事批判，而只是针对封建等级结构的一次改革，如废除了贵族的司法豁免权，即当一个贵族杀死一位农民时，这名贵族要被判处死刑。

近代早期的**波西米亚**仍旧保留着中世纪时期的刑事法律。哈布斯堡王朝在镇压了波西米亚起义军的叛乱之后，在 1626 年颁布了一个新的国家条例，借助它哈布斯堡王朝继受了这一立法方式，这部条例包含了许多刑事法律规定，这些法律不仅只针对那些"叛逆的臣民"，还特别针对那些乞丐、流浪汉和终日无所事事之人。追随着波西米亚国王刑事法院条例的脚步，约瑟夫一世在 1707 年颁布了第一部《约瑟菲娜法典》（*Josefina*），这部法典的大部分法律条款都与奥地利 1656 年所颁布的《费迪南德法典》相匹配。即在这两个国家中实现了法律一体化。但从本质来说，波西米亚的现行法律改变很少，这是因为《费迪南德法典》在实质上就是《卡洛林娜刑事法典》。换句话说，它只是中世纪刑事法律的继续，只不过要比中世纪时更有条理一些。

直到 1687 年，**匈牙利**近代早期的刑事法律还有着中世纪习惯法中刑事法律的烙印，而其刑法因此也较为温和（Rdz. 97）。借助哈布斯堡国王颁布的刑法典，匈牙利的天主教徒抵制了波西米亚的路德新教和胡斯教派。但是到了 1686 年，由于布达佩斯被收复，即匈牙利在与土耳其的战争中第一次取得胜利之后，匈牙利的新刑法典也相继出现了。维也纳枢密院的首脑红衣主教利奥波德要求简化《费迪南德法典》，并将其翻译为拉丁文。为了对抗匈牙利的等级势力，他编订了《刑事法律实践》（*Praxis Criminalis*）一书，并宣布在所有原土耳其统治的匈牙利地区法院中都要适用。但在实际的司法实践中，这部法律的应用却越加严苛。而且很快以后，法典的部分条款被广泛地适用于匈牙利的其他地方。

13 到 15 世纪，即蒙古人统治**俄罗斯**的时期，正是私刑法终结和公刑法开始的时期，即在中世纪末期公刑法在 1497 年第一次出现在了《伊凡三世法典》之中，它的大部分条款都是有关的程序法规。这一刑事法律是在 1550 年法院笔录的基础上于 1555 年订立的《强盗法令》（*Räuber-Prikaz*），此外还有 1649 年的《国家法》（*uloženie*）（Rdz. 106）。伊凡三世的这两个恐怖法令随着时间的推移变得越来越严苛，直至彼得大帝的统治时期，即 1717 年能够被判处死刑的罪刑增加了 122 个，既出现在其军事秩序领域中，同样也适用于民事、刑事法律领域之中，这是因为俄国的大多数男人都是军人。总体而言，它是所有残酷、摧残人身的刑罚与行刑方式的大集合。在近代早期俄罗斯的刑法是这些欧洲国家中最残酷的，除此之外，俄罗斯还大规模地驱逐囚犯，强迫他们在严寒的西伯利亚做苦工，此外，自彼得大帝时期就建立起的秘密警察制度，也是前苏联NKDW"值得尊重的祖先"（伊莎贝尔·冯·玛德达里亚加）。

欧洲刑法一部分来自于中世纪，另一部分则来自于外部。对其的批判首先始于17世纪的自然法学派和18世纪的思想启蒙，但是这些都没有带来很大的影响。这些冲破中世纪禁锢的思想带来了两个结果，第一个就是使得整个欧洲都仔细聆听着他们彼此之间的联系，第二个就是1762年卡拉斯案例和1765年米兰年轻的法学家切萨雷·贝卡利亚所写的《论犯罪与刑罚》一书。

让·卡拉斯（Jean Calas），62岁，是一个和蔼可亲富有正义感的布店老板，他是胡格诺派的教徒，但是在他信仰天主教的儿子马克·安托万自杀后，在1762年他被城市法院判处了死刑，最终死于轮刑。而其被判处死刑的原因仅仅是因为作为新教教徒他也想让他的儿子放弃天主教信仰而改信新教，而法院认为他的这一想法谋杀了他的儿子。让·卡拉斯家族的朋友把这件事情告知了正在日内瓦小湖附近的城堡中居住的伏尔泰，伏尔泰在对此事件作了详细和准确的了解后，质疑法院对于让·卡拉斯判决的公正性。他认为这个案件是典型的源于宗教信仰的司法谋杀。他旧有的抗争精神因此又重新焕发了生机。作为法国有影响的作家，伏尔泰开始准备为受害者恢复名誉，以这个因宗教信仰引发的案件为题材，他在1736年书写了措辞十分激烈的文章，他的努力最终取得了成功。1765年坐落于巴黎的最高法院撤销了原判决，并宣布让·卡拉斯是无辜的。这是对这个不幸家庭的慰藉，这是伏尔泰在整个欧洲的胜利，他欢呼雀跃着。

以1763年伏尔泰所写的随笔为基础，当时年仅26岁的切萨雷·贝卡利亚在1764年写下了106页的论文，而凭借着这篇论文他马上就变得和伏尔泰同样的出名，并且他以举例的方式对于欧洲的刑法现状作出了评述，为欧洲的刑法带来了巨大的影响。这部书很快就被翻译成法语、英语和其他语言，在欧洲的任何地方都可以看到人们在读它。在书中作者呼吁废除刑讯制度、废除死刑，选择与犯罪行为相适应的惩罚方式，这是刑法程序的人性化，使刑事诉讼程序从之前的秘密转为公开，从而使得被告人能有更多为自己辩护的机会。他所书写的《论犯罪与刑罚》一书，又继续得到了孟德斯鸠的支持（Rdz. 127），孟德斯鸠完善了自然法学派中两个伟大的代表人物格劳秀斯（Hugo Grotius）和塞缪尔·普芬道夫（Rdz. 124）的刑法学理论。

胡果·格劳秀斯在其1652年所著的《战争与和平法》(De iure belli ac pacis)，是一部描写战争与和平的法律书籍。刑罚被其定义为"邪恶的激情，以及为邪恶而行动"。刑罚是邪恶的，因为在人们做出一些邪恶的事情时，它又使人们承受苦难。他的这一说法轰动一时，这部书的意思是说要公开舍弃中世纪开始的刑法与宗教相连的现状，但是，直到18世纪，格劳秀斯的这一理论才开始付诸实践，即刑罚"要从宗教基金会中彻底地分离出来"（埃伯哈德·施密特），塞缪尔·普芬道夫在1672年对它的描述是"法律的自然性和国家性"，这是关于自然法和国际法的有关论述。他引用了格劳秀斯的一段话，更加详细地确定了刑罚的目的和方式，因为作为刑罚暴力的持有人，司法权要从国家权力中分离出去。而这正是格劳秀斯在自然法学派的体系中所没有提到的，因为对于他来说社会契约是至关重要的，普芬道夫从这里得出如下结论，国家必须保障社会安定，从而使国家的人民免受刑事犯罪的危害。刑罚也不是神的报复和处罚，而是为了阻止人们犯罪的有利手段，也就是我们今天所说的"一般威慑"，以及针对特定案例的"特定威慑"，这是普芬道夫神奇的刑罚理论。所以当通过其他温和的方式也能达到这一威慑作用或者比其更有效时，严苛的刑罚显然就是不公正的。反之如果刑罚过于温和，没有达到对于犯罪行为所应作的处罚时，就会使得其他人重复犯罪。"这是对于未来十分有意义的刑罚理论"（埃伯哈德·施密特）。

孟德斯鸠男爵并没有从法律的角度来看待这一问题，更多的是从政治角度。在其1721年的著作《波斯人信札》(Lettres Persanes) 中他诙谐地批判了专制制度。之后在其1748年的所著的《论法的精神》(De l'ésprit des lois) 中，他清晰地阐明了要对"再次陷入暴政"的统治形式进行约束，即通过三权分立的方式来限制权力。国家的权力要分为三个部分：政府的行政权（国王）；立法权（公民通过议会来实现）；司法解释权（国王任命的法官只依照法律中的规定来判决、不受其他权力的限制的独立司法权）。通过对于不同国家类型的比较，孟德斯鸠十分明确地阐述了自己的刑法理论。他认为在专制主义的国家中，野蛮的刑罚会激发犯罪分子内心的恐惧，以致毁灭他们。而君主立宪制和民主制却是基于其他的准则，而恪守法律就是它们的美德之一。在专制主义下存在了很多野蛮的刑罚，但只有当犯罪嫌疑人的行为对社会的安全构成威胁时才可以适用死刑。此外，防范犯罪行为远远比追究犯罪责任更为重要，所以要把预防犯罪放在刑事立法的首位。

贝卡利亚在拜读了孟德斯鸠的著作之后，在米兰的小范围内进行了广泛的讨论，而让·卡拉斯这一案例则激发了他书写这长达106页的论文，以这一论文为基础又相继出现了三部涉及这个 69 岁老人言行的著作。而这些都导致了 18 世纪末欧洲刑事法律思想的变革。其他三部著作的作者分别是胡果·格劳秀斯，塞缪尔·普芬道夫和查尔斯·孟德斯鸠，此外还有为了让·卡拉斯恢复名誉，挽救其家人而充满激情地与现行判决斗争的伏尔泰。最后，就是这个小作者切萨雷·贝卡利亚，其结果就是在 18 世纪，让·卡拉斯事件迅速地在欧洲范围内被传播、报道。

在孟德斯鸠与贝卡利亚著作的影响之下，**西班牙**自 18 世纪 70 年代以来，其死刑判决的数量就开始不断地回落。这些著作不仅出现在这时的西班牙，还出现在**荷兰**和**瑞士**。**法国**在 1789 年大革命刚刚开始之后就在国民大会中发表了《人权宣言》。法律只能确定一些刑罚，而这些刑罚的绝对性和公开性是十分必要的（Rdz. 8）。法国于 1791 年颁布了《刑法典》（Code péna），新刑法典完全废除了残酷的行刑方式和肉刑，死刑却得以保留，以贝卡利亚的思想为基础，《人权宣言》使得自由刑成为最重要的一种刑罚。但在 1793—1794 年雅各宾派的恐怖统治之下，新刑法的适用曾一度被中断，此后它适用了将近 20 年的时间，直至 1810 年《拿破仑刑法典》的颁布。这部法典的基本思路则被《拿破仑刑法典》所继受，但是刑罚手段却愈加严苛。在**奥地利**，与一年以前他的弟弟托斯卡纳大公利奥波德所做的相同，约瑟夫二世在 1787 年《犯罪与刑罚的通行法典》中也废除了死刑。但是，由于法国大革命带来的统治危机，这两个国家很快就通过其他方式迅速恢复死刑，但是判决死刑的罪行受到了限制，例如，死刑不再适用于同性恋，同性恋要被关进监狱、感化所或是施行一顿笞刑。约瑟夫二世的刑法典——尽管其中的一些仍旧十分严苛——可以说是当时欧洲第一个最具现代意义的刑法典。这部刑法典区分了刑事实体法和官方程序诉讼法，随后在 1788 年他又颁布了《刑事法院组织法》，并将此法分为两个部分。但这部法律仅适用于**波西米亚**，并不适用于**匈牙利**，因为在匈牙利，这部法典与原有的匈牙利宪法相悖，即法典中反对贵族特权的相关规定最终使得该法典并没有在匈牙利得以适用。在**丹麦**和**挪威**，由于其王储弗雷德里克成为摄政王，所以在 1789 年关于盗窃和藏匿赃物的法规中，这位摄政王描述了两个基本的法律规则：刑罚应当温和，应如公共的安全所约定的那样；而刑罚的目的就是为了能够预防犯罪，即特别威慑。为了达到这一目标，哥本哈根的最高法院宣布废止肉刑，即不再允许对犯人施以肉刑。在**瑞典**，作为贝卡利亚的追随者，国王古斯塔夫三世希望颁布适合瑞典的《刑法典》。但是，因为帝国反对派的力量过大，所以回应他的只有法院的相关司法解释，即便如此，在他在位期间（1771—1792），瑞典的死刑判决比例从 27% 降到了 11%。这个时候的**波兰**已经被瓜分，它的原有领土分别在奥地利、普鲁士和俄罗斯这三个帝国的统治之下。对那个年代来讲**普鲁士**是有些超前的，因为国王腓特烈二世不只是个开明的国王，还是一个开明的哲学家。他在相关著述中已经要求罪与刑要彼此适应。在1751年他废除了针对偷猎者的死刑处罚。借助在轮刑行刑前对犯人施行绞杀，轮刑在实践中已经越加温和了。在**俄罗斯**，凯瑟琳大帝（1762—1792）在阅读完孟德斯鸠和贝卡利亚的著作后，着手实施编订新刑法的伟大工程——《圣谕》（*Nakaz*），由一个较大规模的委员会给出意见、进行商讨，但是由于多种原因这一新法并没有实现。即使如此，女王仍旧颁布了很多单行性法律、法规，此后，刑事司法管辖权改变了原有的发展方向，刑事司法管辖权的周边氛围为之一变。在许多下级法院的判决中，她的《圣谕》与法典的地位等同，适用于下级法院的判决之中。而这一切的一切，也仅仅是人类向人权迈进的一小步而已。

监狱和收容所

监狱制度即自由刑是一种很古老的刑罚，差不多有4000年的历史，人们在古埃及和美索不达米亚、古以色列和古希腊都能找到它的影子。它并不仅是被告在判决之前被关押的一个外部建筑，而且还是一个强制执行判决的地方，附有惩罚的意味，但是几乎并不存在于罗马法中，在《学说汇纂》中，对此乌尔比安只有四句话：

> 在行省省长的司法解释中，罪犯被关进监狱或者带着镣铐被关进监狱十分常见。但是这是不被允许的，这是因为一些刑罚是被禁止使用的。把人关进监狱就是属于这一范畴，人被固定在某处并不是对他的惩罚。
> （D48,19,8,9）

现今人们已经获悉，早在公元前3—前2世纪的古罗马城堡中，就有治安法官以监禁的方式来处罚罪犯的情形，或者比这还要晚一些，但这是十分罕见的，把人关进监狱的这一刑罚最先出现在中世纪早期的那些欧洲核心国家中，首先出现在**意大利**。公元8世纪伦巴第国王的法典中有如下规定：盗窃者要监禁两到三年，如果是重犯，则要对其进行鞭打并在其脸上留下烙印。法典不仅适用于意大利全境，而且还不断地向意大利以外的地区延伸，直至中世纪的末期，此法典中的一些规定还成为意大利北部和中部诸多城市抵制犯罪行为的有效措施。监狱的规模随着罪犯人数的增长而不断扩大，和其他严厉的制裁相比，这些新情况使得自由刑站在了罗马法对立面，即正如乌尔比安在《学说汇纂》的第48、19、8、9页中所说的：地方的法律章程应优先适用（Rdz. 86）。教皇博尼八世在1298年所发布的法令作为教会法的一部分对此也持有相同的看法。这里之所以用"虽然"这一词，是因为其所提出的观点以乌尔比安的学说为基础。《莱博赛克斯特斯法令》(*Liber Sextus*)：

> 虽然我们知道，犯人被逮捕之后首先就要将其投入监狱，而不是将其定罪，但是我们并不反对这样做，如果……（第5章第9节第3段）

因此，监禁刑最先只是对神职人员内部的惩处，但是在教会法的司法解释中它很快就成为惩处世俗犯罪的一种方式，在此之后到了中世纪末期，它又逐渐成为欧洲核心国家刑事法律中的一种刑罚，如在**西班牙**、**法国**、**德意志神圣罗马帝国**的一些城市和**奥地利**。在**英国**，自益格鲁－撒克逊统治时期自由刑就已经出现了，在**俄罗斯**则始于中世纪的晚期，第一次官方的正式规定是1555年的强盗防御组织（Räuberprikaz, Rdz. 111），其普遍处于刑法体系的边缘地带，只针对一些中小罪行。与现代这种大机构性质的监狱不同，那时的监狱只是小小的无人照顾的小黑屋，部分监狱还位于对人有着致命危险的高塔或市政厅的地窖之中。直到近代的早期，欧洲的监狱也没有什么改变，但监禁刑几乎在整个欧洲范围内蔓延开来。在**斯堪的纳维亚半岛诸国**、**在波西米亚**和**匈牙利**都有它的身影，它可能还在**波兰**出现过。

到了16世纪它又被注入了很多新的东西，即现代意义上人们所说的"自由刑"。它最早起源于**英国**，1555年在伦敦的泰晤士河边，在旧时为亨利八世所建城堡的一片空地上建立了一个收容所（Bridewell），这一封闭的机构收容那些乞丐、无业游民、无所事事的闲人和其他的吟游诗人。他们被逮捕后被收容所的督察员安顿到这个由市政府掌控管理的收容所中，以应对日益增多的贫困人口。因为在这一时期，英国的贫困人口暴增，究其原因就是英国著名的圈地运动，封建领主们为了获得能给他们带来更多利益的羊毛，把农民从土地中赶走，把农民赖以为生的耕地变作了牧场，摧毁了农民的生活（Rdz. 100）。因为在这个时候人们就已经意识到，贫困是滋生犯罪的土壤。这个收容所既保障了社会内部的安定，又为穷人们提供一个避风的港湾。但是，被收容所收容的人员必须工作，他们有着严格的纪律要求，通过精神关怀成为纪律严明并勤劳的英国人，他们必须生产手套和丝袜、刀和刷，还要学会用织布机织布。到了1609年几乎每个县都建立起这样的机构了。它被称为改造之家（houses of correction）、完善之家，或者更简单地被称作收容所。很多年轻的罪犯为了减轻严厉刑罚进入这里，此外还有很多犯有轻微过错的罪犯。所以它成为救济穷人的组织，成为保障国家内部安全稳定的监狱。

40年后，**荷兰**紧随其后，在1595年，荷兰在阿姆斯特丹一个旧修道院里以英国的收容所为模型建立了一个类似的机构。虽然对荷兰所建的这个机构是否是收容所一直有着争议，但是其与英国建立收容所的目标却是相同的，即通过劳动来改造罪犯。它被称作"Tuchthuis"，用德语来说就是监狱，男人要从事染色工作，而女人则必须要做针线和织物。与英国式的监狱不同，荷兰法院从一开始就判决这些犯人到监狱服刑，之后，其他的犯罪嫌疑人才陆续来到这里。与英国相同，阿姆斯特丹的监狱又来了第三类人，那些极其缺乏管教的年轻人，他们的父母在缴付一定的金额后把他们送到这里来。在阿姆斯特丹他们被带到和其他监狱分开的部门，即隔离监区。之后，在荷兰的很多城市都很快建立起了类似的机构，不同于英国，欧洲大陆的许多国家都以荷兰为模板建立了相似的机构，如**丹麦**（1605年在哥本哈根）、**德国北部**（1609年在不来梅，1671年在莱比锡）、**法国**（1613年在里昂）、**西班牙**（1622年在马德里）、**瑞典**（1624年在斯德哥尔摩）、**奥地利**（1671年在维也纳）、**波西米亚**（1737年在布拉格）、**匈牙利**（1773年在塞格德）和凯瑟琳大帝时期的**俄罗斯**（1775—1781年在圣彼得堡）。但渐渐的，就像旧时代的监狱那样，这些教养所的状况越来越恐怖，最终它们变成了纯粹意义上的监狱机构，比之前的监狱还要严苛的机构。监狱很快就不再是通过劳动让这些犯人受到教育的机构了，而只是通过劳动对犯人进行剥削。这些监狱、教养所成了"学习犯罪的学校"，因为许多人在离开这里之后没过多久就重新犯罪。到了18世纪末期，欧洲许多国家的监狱和教养所已经不堪重负，而英国的情况则更为糟糕，就在这时约翰·霍华德（John Howard）出现了。

题外话

约翰·霍华德（1720—1790），现在我们对他的生平知道的并不多，关于其生平的书一般都很短。所以在本书有了这样一个稍微详细些的题外话。

他是一个富有的英国地主。1773年成为贝德福德郡的一位警长，此地位于牛津大学和剑桥大学之间。当他第一次看到市监狱时他吓坏了。之后他在英国和欧洲大陆开始了漫长的旅行。英国作家和政治家埃德蒙·伯克（Edmund

Burke)在1781年的一次讲话中提到:

> 他跑遍整个欧洲,并不是为了观看那些辉煌的宫殿,也不是为了领略教堂的威严,更不是为了去测量各种伟大的古迹遗存,他既没有好奇心去收集那些现代的艺术品,也没有去收集古币或者那些较为古老的手稿,而是深入到地牢的深处,那些带有传染病病毒的患者那里,检查医院的住宿条件,查看那些囚犯所受到的痛苦和折磨,考察犯人的贫困程度,所受到的压迫和屈辱,让那些遗忘者记起、照料那些被虐待的人,拜访那些刑满释放者,把不同国家人的痛苦加以比较,整理在一起。

在整理归纳后,霍华德的报告于1777年出版,"在英国和威尔士的监狱中进行初步观察,之后再参照一些外国的监狱状况"。此外,他还做了大量的补充性描述,最后,此书在1791—1792年的第四版是他的朋友编辑发行的,因为在一年前,他已经在去往俄国考察研究的路上去世了。

约翰·霍华德的报告很快就尽人皆知,并且迅速地在欧洲大陆上广泛传播开来,它被翻译成多种语言,成为19世纪一系列刑罚制度改革(Rdz. 137)的一个主要因由,这些改革担负了这一时代的精神,当然这也包括针对监狱制度的改革,其首先借助的就是法国大革命。这并不是一个巧合,法国大革命以攻占巴士底狱这一国家监狱中的革命风暴为始,在中世纪的早期,他们以1789年的《人权宣言》为口号,推动了废除旧有残酷刑罚的改革。文章的第八章这样写道:"法律只能对那些一定的、显然必不可少的罪刑予以惩罚",就如孟德斯鸠与贝卡利亚所描述的那样。两年后即1791年,《刑法典》满足了霍华德的要求,废除了那些残酷的刑罚,在更广泛的范围内监禁成为最重要的刑罚。

在有了一些初步的想法后,约翰·霍华德在他的书中首先描绘了法国、瑞士、德国和两个低地国家的监狱现状,用他们来与英国可怕的监狱状况进行对比。对他来说,荷兰的监狱模式是其他国家学习的样板,人们应当照此去改善监狱状况:

> 在这些联盟的行省中的监狱是那么的安静,大多数是那么的整洁,访客很难相信,他正处在一个监狱里,每个监狱都设有医生,由一名外科医生负责,在这里的犯人一般都很健康。

为了与英国的监狱作比较，他开始对德国的监狱进行描述，用来衬托英国监狱的种种乱象：监狱中满是污秽与恶臭，不幸和危险的热病在这里蔓延，犯人发着高烧，随着时间的推移更多的犯人就这样死去，而这些传染病被监狱的工作人员和犯人带到了监狱之外。关于德国的报告：

> 德国人了解得很清楚，保持监狱的整洁卫生是十分必要的，所以在建造监狱时，他们采取了一个聪明的办法，即把监狱建在河流的附近，如策勒、汉诺威、汉堡、不来梅、科隆、美因茨和德国的其他地方。与荷兰相同，这里的一切都是井然有序的，这里没有出现过监狱热症，监狱一直保持着足够的通风，没有位于地下的地牢，在冬天有火炉取暖，囚犯在这里是健康的。

他只对于汉堡监狱中的密室刑讯有过强烈的谴责，认为这比英国的监狱还差劲。而法国脏乱的监狱与英国更是如出一辙，他记述了许多法国监狱的状况，但唯独没有提到在巴黎的巴士底狱。与傲慢的英国人相比，法国人一直非常有礼貌，让他可以看见监狱中的一切，如里昂的监狱，但是可惜它并不典型：

> 我看到很多在地牢中生活的囚犯，地牢虽然很大，但从其他方面看却不比巴黎好多少，在四个悲惨的圣约瑟夫监狱中，在1776年的6月共有29个刑事犯，这里是如此的热，很多犯人只穿了一件衬衫，有一些还生病了，没有看起来健康的人，在监狱的其他九个房间中关押着128个犯人，其中有22个妇女，这表明，这座监狱并没有把男犯和女犯分开，霍华德认为不仅要把男女囚犯分开关押，而且还要设立单独的监狱房间。

霍华德的报告中有88页描绘了欧洲大陆的监狱情况，接下来的330页集中描绘了英国监狱的现状。他先从伦敦讲起，那里有一个大型的纽盖特监狱，这个古老的建筑一直是疾病和传染病的发病源头，它带来了很多死亡案例，这些疾病不仅在监狱内部爆发，还出现在监狱之外。因此在霍华德报告出现的前几年这里又新建了一个监狱，但对于它，霍华德的报告却是这样描述的："狭小的房间一个连着一个，储藏库2.7米到1.8米不等，最高的高达2.7米。在监狱的外墙中仅有一个宽约45厘米的小窗户，此外监狱的床架与兵营是一样的，这就是这个监狱所能提供给犯人的全部，即使是强悍的罪犯，在看到这个恐怖的监狱单间时也会满脸恐惧。"

他列举了伯明翰这个城市中一个规模不大的监狱的状况：

　　监狱的外院差不多7米乘7米高，监狱长的办公室在街道的一侧，分为两个房间，8层深，在用稻草铺的床铺上。院子的右边是两个很小的为女犯提供的卧室，在院子的左侧是监狱主管的马厩和一个为男犯和女犯准备的白天活动场所，但没有窗户。此外还有为私人债务人谈判准备的一个自由空间。一般要在这里待40天。这是一个很大的房间，有着45厘米宽的正方形窗户，此外还有一到两个房间。在这个小庭院中有一个陈旧的水坑，在水坑的附近游荡着监狱长的鸭子，一般来说家禽是极其常见的噪声源，但是这些却出现在这样一个狭窄的庭院中，整个监狱是那样的令人厌恶。

不同于这个省其他的典型监狱：对康沃尔郡朗塞斯顿的一个县级监狱，霍华德是这样描述的：

　　虽然这所监狱是在一个城堡的废墟上建立起来的，但是它十分小，房子和院子总共是16米乘14米这么大，这栋建筑覆盖的面积还不到其土地面积的一半，监狱的房间或者说是走廊差不多7米乘2米，有60个长50厘米、宽60厘米的窗户。对着窗户分布着3个地牢，它长约2米，高约2.7米，有一个2.4米，还有一个不到1.5米，最后是女牢。所有的这些房间都是那样的令人难以忍受，没有烟囱，没有河流，也没有水。监狱底部是阴冷潮湿的泥土，没有医务室，庭院中没有稳固的外部防护，所以监狱方极少允许囚犯外出。事实上，整个监狱是那样的杂乱不堪，监狱长自己居住在另外的地方。有一次我发现，两到三个囚犯被用链子绑在一起，他们的食物要通过房间地板上小小的洞口送出，就连警卫也会经常得危险的监狱热病。在我第一次拜访这个监狱的时候，这所监狱的监狱长、他的助理还有所有的囚犯都还在这里。但是听说几年前，这座监狱的许多囚犯都死了，在一个夜晚，监狱长和他的妻子也死去了。

14年后，即1791—1792年这个报告的第四版出版，它共分为两卷，因为在对监狱进行考察后，霍德华又对欧洲的医院的状况进行了考察。他对医学十分感兴趣。在这期间他拜访过欧洲的许多国家，丹麦和瑞典的监狱状况和英国相似，都是那样令人厌恶。在波兰也是如此，而西班牙除了规模较大的马德里监狱外，其他监狱的状况也十分堪忧。虽然路易十四对于监狱作了一些改变，但是在法国除了巴黎的监狱好一些以外，其他地方的监狱，如里昂监狱，就像我所描述的那样没有什么改进，而波尔多的监狱状况最为恐怖。意大利的监狱状况都很良好，只有威尼斯和那不勒斯的监狱不是很好，威尼斯的监狱仅仅只是管理上过度严苛而已，但那不勒斯的监狱却是令人难以忍受的。俄罗斯各个地区的监狱状况有着很大的不同，圣彼得堡的状况良好，但大部分地方都十分糟糕。在瑞士一切都是那样的井井有条，在德国，其监狱情况与1777年不同，霍德华只考察了南德的监狱。奥格斯堡、维尔茨堡和曼海姆的监狱状况良好，但是在纽伦堡市政厅地下的拜罗伊特监狱却是非常糟糕的，可以说它是欧洲最差的监狱之一。总而言之，和之前相同，两个低地国家的监狱是其他国家监狱的样本，这个报告所述的情况一直延续至19世纪（Rdz. 137）。

"女巫追索"以及纠问诉讼

女巫信仰、魔法和巫术已经在欧洲存续很长时间了，它们在任何时候都出现过，在古希腊和古罗马时期就已经出现。当人们意识到巫术会造成伤害的时候，这些巫术、魔法的实施者就要受到处罚。在公元3世纪，古罗马就用火刑来对抗巫术。中世纪还出现了"女巫"审判风暴，但是在很长时间里，这一"女巫"审判活动都没有在欧洲起到什么特殊作用，而"女巫"审判运动的结束则意味着近代早期之光已经降临。在16到18世纪出现了蔓延整个欧洲的大范围的**"女巫"迫害运动**（Hexenverfolgungen），这一运动的中心地区就是德意志神圣罗马帝国和它的边界地带，如波兰和瑞士。之后这一迫害运动的范围不断扩大，紧随其后的是法国，它承继了罗马法，强制用火刑的方式来执行死刑判决。其受害人数远远超过了20世纪对犹太人的大屠杀，平民被杀害了。依据之前的统计约有数以百万的人死于这场迫害运动，但是今天统计的数字是10万人，而实际的受害人数可能比这多也可能比这少，大多数的受害人都是妇女，而其中的大部分还是老年妇女，大部分的受害人都处于社会底层。

有无数关于"女巫"迫害恶潮的图书，甚至近期也出现了关于此类描述的书刊。与之前不同，现在描绘这场"女巫"迫害恶潮采取的是可信的研究方式，但是它很少出现在法律历史书中，一般出现在互联网上，或是关于女巫迫害的专有百科全书中（historicum. net）。

自16世纪到18世纪欧洲各国因巫术而被处决的人数			
德国	30000	波西米亚	1000
瑞士	10000	奥地利	900
波兰	10000	匈牙利	500
法国	4000	西班牙和意大利	500
英国	2000	荷兰	低于150
斯堪的纳维亚半岛诸国	2000	俄罗斯	低于50
洛林、勃艮第和西班牙、荷兰总共至少约70000人			

当探寻这场灾难的原因时，人们可以找到很多答案。此项运动受害者最多的地区——德国和法国——存在一个法律声明，当然这一声明不能完全、完整地回答这个问题。原因很简单，世俗法院从教会法那里承继了"追诉程序"（纠问主义）（Rdz. 90）。没有这一程序不可能有数量如此众多的牺牲者。而"纠问主义"中的那些书面的、不公开的审查原则，特别是它的刑讯制度，就是这场灾难的元凶。而**德意志神圣罗马帝国**之所以作为这场灾难的中心地带是因为，德意志神圣罗马帝国中的各个小邦国的侯爵们承受不了众多的人口带来的生存压力，因为他们没有像法国那样辽阔的地域。

这是一个不源于刑事案件的刑事诉讼，它是近代早期欧洲法制史上最黑暗的一页，人们极少通过某人背离正统的天主教信仰来指责他就是异端，但是法律上却可以指责巫术、指责背离正统的天主教信仰而与魔鬼达成协议。而在整个德意志神圣罗马帝国中，法官主要通过1532年的《卡洛林娜刑事法典》的两个法条来进行判决：一个是《卡洛林娜刑事法典》的第109条：

> 如果某人通过使用巫术的方式导致人们受到伤害或者损失，应该对他处以生命刑直至死刑，并且这样的刑罚应该能够减少这种行为的实施。如果某人确实需要巫术，并且没有造成任何人伤害的，应该减少使用刑罚，具体根据情况来看……

法官一般都是在供认的基础上作出判决，没有其他任何的证据来佐证。而被告人所谓的供认一般都是通过刑讯或者是在恐惧之下所提取的口供。最早确定巫术定义的是1478年多米尼加入印斯提托里斯（Institoris）和斯普林格，他们在臭名昭著的《锤击女巫》一书中明确判定一个人是否适用巫术的四个先决条件：魔鬼契约、与魔鬼性交、黑魔法、女巫的安息日。即是否与魔鬼订立了合同，是否与魔鬼有性交的行为，是否伤害了人、动物或物品，当这些都不能准确地评判时，那么嫌疑人的范围就会扩大，即所有那些带有邪恶巫锤即女巫安息日的危险之人。女巫们都是夜晚聚集在一起，她们偷偷地飞走，飞到山顶，在这里她们总是自称自己，所以当刑讯时必须讯问出她们的姓名，当她们受到痛苦时就会如实"供述"了。"女巫"招供出来的大多数仅仅是她的熟人而已，这些人被称作可疑者。有的人叫不出某人名字，她仅仅是出于报复的目的而招供，例如市长的妻子等。如果被叫出了姓名那么就成为嫌疑人，法官会自动自觉地依据《卡洛林娜刑事法典》第 44 条来对其进行判决。如果怀疑某人是女巫，那么在没有任何证据的情形下，嫌疑人也会被刑讯，因为巫术被称为"刑讯之罪"，即与叛国罪一样严重的罪行。而刑讯通常意味着判处死刑，但是仍旧有许多令人惊喜的女人，其中也包括一些年老的妇女，她们在如此残酷的刑讯中坚持了下来，从而证明她们是无辜的，而之后她们必须被无罪释放。德国有关迫害女巫的主要法律文书逐渐向欧洲的各个国家传播开来，要么是通过直接继受《卡洛林娜刑事法典》，如波兰和奥地利，要么就是间接地通过一些刑法的经典著作，如荷兰朱斯·德·塔姆霍德（Joos de Damhouder）1554 年的《实证犯罪论》（*Praxis rerum criminalium*），或是欧洲著名作家德国人贝内迪克特·卡普佐夫在 1635 年所著的《诺瓦实证论》（*Practica nova*，Rdz. 111）。但是在实践中，各个国家彼此之间存在着巨大的差异。**英国**因被陷害为女巫被判处死刑的人数相对较少，这是因为一般情形下，法官都是在无刑讯的基础上公开宣判的。**斯堪的纳维亚半岛诸国**也是如此。而**俄罗斯**因为其东正教的信仰，拒绝接受《锤击女巫》这部书。最令人吃惊的是**西班牙**和**意大利**，在那里受到"女巫"迫害恶浪的受害者也十分少，但是那里有十分完整的附有刑讯的追诉程序，当然这里启动诉讼程序的此类案件数量也很多。在 1580—1650 年的这段时间里，斯堪的纳维亚半岛诸国有将近 3500 个此类判决，意大利的数目则更多。但是这些判决明显较轻，并且没有引用《卡洛林娜刑事法典》中的相关法条。他们的追诉程序在法律上比一般的相关规定更加严谨、准确，并且没有那么多的刑讯。

此外，一些公开的抗议也起到一定的作用，最早开始反对这一"女巫"迫害恶浪的是荷兰医生**约翰·韦耶**，他是利希侯爵的私人医生，这位侯爵的城堡位于杜塞尔多夫。他在 1563 年写了一部著作，名为"巫师的巫术"（*De praestigiis daemonum*），但是这部书所造成的影响很快就因为专制主义（Rdz. 101）的伟大哲学家**简·博丹**（Jean Bodin）对于"女巫"迫害的猛烈抨击而减弱。博丹的著作 *De la Démonomanie des sorcières* 简单地翻译就是《关于女巫的魔鬼工作》。这一关于"女巫"迫害的新异议产生了巨大的影响。**弗里德里希·施佩·冯·兰根**（Friedrich Spee von Langenfeld），一个教士、诗人，同时还是帕德博恩大学的教授，他在1631年所著的《刑法的谨慎对待》（*Cautio criminalis*）一书中，呼吁德国的侯爵们废除刑讯制度。随着新普鲁士哈勒大学的教授、法学家克里斯汀·托马斯乌斯（Christion Thomasius）（Rdz. 124）1705年所著《女巫的罪行》（*De crimine magiae*）一书的发行，叫停"女巫"迫害的时机已到，突破已经到来。在这部书中**克里斯汀·托马斯乌斯**抨击了"与魔鬼性交"这个鉴定"女巫"的第二个标准。托马斯乌斯教授，可能还有他的学生是这样解释的："这是绝对不可能发生的事情，魔鬼仅是一个灵体，灵体和肉体的性交行为是不可能发生的。"为此，国王腓特烈·威廉一世在其统治期间即1714年废除了在**普鲁士**的"女巫追索"制度。随后德意志神圣罗马帝国的其他邦国也废除了此项制度。而法国和英国已经在很长一段时间内都没有关于"女巫"的审判和判决了。欧洲最后一次火刑的行刑是在1782年的瑞士，此后，猎巫运动在近代早期销声匿迹了。

这一时期**纠问诉讼**的受害者要少得多，**在意大利和西班牙的异端迫害运动**并不严重，而臭名昭著的西班牙宗教裁判所也远没有我们今天所想的那样血腥，随着西班牙收复失地运动的结束，天主教在西班牙要想立住脚，面临三个难题：犹太人、摩尔人和新教教徒，而这一问题直到18世纪一直存在着。在中世纪收复失地过程中幸存下来的基督徒、穆斯林和许多犹太人都想在最大程度上彼此"和平相处"。在教会的巨大压力之下，有许多犹太人被迫受洗，而穆斯林也是一样，当时他们被称为摩尔人。但是许多人仍旧表示了对于犹太人和穆斯林建立"地下组织"的担忧，有时这些担忧是必要的。人们千方百计地到处寻找那些隐藏在受洗之下的犹太教徒和穆斯林教徒，很多人都因此受到了谴责。数以千计的人被带到了当局宗教裁判所的监狱中，对此并没有确切的人数统计。据估计自1480到1530年的这段时期内仅卡斯蒂利亚就有1500至2500个人被判处死刑。人们也知道这是不对的，所以这些死刑判决并没有全部执行，被判决死刑的很多人得到了赦免，往往只支付一些相应的金钱或者干脆缴纳一定的罚金就可以了，对于教会来说这也是一种成功。他们经常被判处穿上悔罪的长袍，即火刑服（sanbenito）。它是一个由灰色坯布做成的长袍，在胸前的位置有一个用巨大的红色或白色的布制成的十字架，类似于在阿道夫·希特勒统治之下德国的犹太人所遭遇的不公正待遇。此外还有诸如被判处短期监禁或在一定期间在橹舰上服劳役等刑罚。诉讼审理程序几乎是一致的，这是一个漫长的审讯过程，在单一的案件中几乎没有什么指控理由，审讯是秘密进行的，极少借助刑讯，但即便如此，很多人仍旧在法院审判之前就死去了，这是因为教会所谓的运行良好的宗教裁判所，实际上卫生条件十分糟糕。在法院判决后，突如其来出现的是"ein Autodafé, auto da fé"，新的信仰，即在大多数情况下与其他的那些被判有罪之人共同庆祝回归基督。宗教国家在看台的中央举行的大型审判活动并不少见，城市为布置大型供审判使用的广场看台要耗时一个月，之后审判大会开始，人们在教堂做完礼拜后走入这个广场，数以百名教会的参加者排成了长长的一排，台下是数以千计的观看者，台上是百余名的受审者。在马德里这个审判大会是由国王主持的，先宣读这些罪人的名字，然后做祈祷，之后燃烧一些柴堆。意大利的仪式却不是这样，16 到 18 世纪宗教裁判所主要防御的是路德新教，从 18 世纪末的情况来看，这两个国家取得了一个好结果，就如人们今天所看到的那样，天主教在这两个国家中得以保存。而意大利的伽利略是其中最耀眼的牺牲品。

对伽利略提起的指控

在《圣经》上，摩西的继任者约书亚曾在与巴勒斯坦部落的战争中向上帝祷告，他命令太阳和月亮都停下来，直到将敌人击败（约书亚记，第 10 章，第 12 到 13 节）。结果呢？事实并非如此，不是像其所描述的那样，即地球是整个世界的中心，太阳围绕着地球转。《圣经》教会的这一宇宙观来源于公元 2 世纪希腊的天文学家托勒密。之后出现了开普顿和哥白尼，他们发现太阳是静止不动的，而地球和其他的行星们则是一起以椭圆形的轨道绕着太阳运行。哥白尼的理论对于神职人员来说是很不恰当的。但是，对于新教教徒开普顿来说，他的学说在布拉格是没有什么危险的。但对于另外一个人，意大利的哲学家和哥白尼的追随者布鲁诺来说，16 世纪在罗马建立的宗教裁判所的火刑是个致命的威胁。伽利略是当时欧洲最伟大的学者，他致力于物理、机械和天文学的研究。在此期间，他阅读了开普顿于 1609 年补充书写的著作，并认可了他的理论。同时伽利略也知道，他必须极其小心地说服那些毫不妥协并气焰嚣张的人们，即佛罗伦萨托斯卡纳大公那里著名的数学家或天文学家们接受他的观点。

1616 年发生了一个小插曲，即梵蒂冈因伽利略出版的《星空信使》一书对他进行的调查，但幸运的是，在这个小插曲中他毫发无损地存活了下来，在此之后的很长时间里他都保持着沉默。在 1632 年他的新书《关于托勒密和哥白尼两大世界体系的对话》(*Dialogo*) 需要教皇审查机关的许可印刷。教皇的审查机关由三位教士组成，他们主要针对书刊宇宙观的正确性进行讨论。一个聪明人赞成哥白尼和开普顿的观点,一个傻子对托勒密的宇宙观坚信不疑,而第三个人被那个聪明人所说服。这时的伽利略已经68岁了,并且为在罗马教会已经许可的前提下,在自由、开明的教皇乌尔班八世的护佑下,在他身上不可能发生什么。伽利略和教皇乌尔班八世彼此了解,而且伽利略知道教皇对他的印象十分不错,但是,因为很多原因教皇乌尔班八世正步履维艰。因为"三十年战争"的中心就是关于天主教会存在的问题,而教皇乌尔班八世已经在这个问题上走得太远,在法国,他与红衣主教黎塞留和他的自由派新教徒政策紧密相连,此外他又与大面积信仰新教的异端瑞典搅在了一起。在梵蒂冈的保守派不再保持沉默,已经对他实施过一次暗杀。因为这已经是他是否能够存活的问题了,所以乌尔班八世再也不能继续支持"异端"伽利略了。因此,他把伽利略引渡到了意大利,虽然伽利略居住地的大公试图阻止教会这样做,但是失败了,所以这位伟大的学者,老迈的病人踏上了去往梵蒂冈的艰辛之路,宗教裁判机构对其诉讼始于1633年,而这些伽利略都知道并且对此怀有很大的恐惧。

伽利略被拘捕后,教会并没有把他带到监狱中关押,而是将其安置在了宗教裁判所所在的宫殿房间之中,他还配有一个仆人,此外,他还能从其居住地大公的使馆那里获取食物。折磨他的不仅是其被称为罪人的这一事实,还有他对刑讯威胁的恐惧。他提出要重新改写《关于托勒密和哥白尼两大世界体系的对话》,但是这部书宗教裁判所早已经仔细地读完了一遍。在四个月的等待期间他一直生活在恐惧中,这个危险机构的侦查活动一直是秘密进行的,被告什么也不知道或者说几乎对案件的进展一无所知。高级法官仔细地对将要进行的刑事诉讼进行着准备。伽利略被提审了四次,对他的主要指控是他隐瞒了1616年梵蒂冈对他的警告,这个审理过程可能是伪造的,伽利略对于法官描述的事实内容毫无印象。

在四个月后即1633年的6月,伽利略被宣判,那时他已经病得很重了,他站在法官面前,评审团以7票对3票表决判定伽利略:"在这个神圣的聚会中,你已经被证明是非常可疑的,这个虚假的并且和神圣《圣经》相悖的学说违反了真实的教义和信仰。"这个指控只能说他欺骗了书籍审查机关的工作人员,并没有指控他是异端。伽利略的著作被列为禁书,对他的惩罚是"依据我们的司法裁量权,我们判处你终身监禁,为了忏悔你所犯下的罪行,在三年内你每周要依照诗篇做七个忏悔诗篇"。这位老人必须跪下来,一只手放在《圣经》上,宣读他的誓言:

我叫伽利略,是佛罗伦萨已故的文森佐·伽利略的儿子,今年70岁

(实际上是69岁),现在跪在法庭主教的面前。这是一个有着很高声望的红衣主教,是反对异端运动中普通追诉程序的执行者,眼前显现着圣洁的福音,我以自己的名义发誓:"我一直相信,现在相信,在上帝的帮助下未来所有的人也会相信,神圣的天主教会和罗马教会的使徒们所持有的、所确定的、所讲授的一切都是正确的。源于法律的神圣性和法律命令(1616 U. W)我被委托,宣布完全地放弃我的错误观点——即太阳是中心、是不动的,地球不是宇宙的中心、是运动的。我不被允许成为这个学说的代表,也不能作为这个学说的支持者,或者以其他任何一种方式口头地或书面地讲授这一学说。因为我所解释的这个学说和神圣的教义相违背,而我却把它写下并印刷,在书中我并没有怀疑反对这个学说,也没有附加什么相反观点,所以我被怀疑为异端……我是伽利略,我以自己的名义起誓。"

这只是一个妥协,法官知道它说明不了什么,但是天主教会的权威却能够因此得以保存,老人被羞辱了。对伽利略的监禁改为了软禁,他被允许在他位于佛罗伦萨的乡村别墅中生活,他虔诚的女儿一直在为他祈祷,并一直记录着他所说的话语。他所著的第一个大型的物理教科书绕过了关于宇宙观的问题,出版于1638年,这时伽利略已经双目失明,这个在晚年备受打击的老人于1642年去世,享年77岁。1992年,教皇约翰·保罗二世在梵蒂冈的学院前公开表示,"因为误解的原因,对伽利略作出了不公正的判决",仅仅如此而已。

伦普什·利百加、玛丽·霍尔于1590—1594年在诺德林根所遭遇的"女巫"追害事件

位于施瓦布附近的诺德林根市是巴伐利亚保存最好的中世纪古城市,该城市外围由圆形结构的城墙组成,城墙负责主体防御功能;城市中共有16座塔、5座城门,市中心矗立着古老的市政厅,美丽的楼梯环绕市政厅周围。在市政厅广场周围至今仍然保留着很多古老建筑。在1590至1594年间,这些建筑中曾经发生过一系列的追索"女巫"的悲剧。这些悲剧的发生使得整个城市充满了恐惧、谣言,整日人心惶惶。为了恢复城市的稳定、祥和和秩序,市议会以维护社会秩序为名要求市法院开始严厉打击造谣惑众者。

早在1589年,市法院先后逮捕了三名妇女,几经审讯后最终将她们无罪释放。进而法院法官的活动更加无所顾忌,随意抓捕、拘禁。第一个受害者是伦普什·利百加,她是城市行政官员的妻子,是六个孩子的母亲,她于1590年4

月被当作女巫而逮捕。之后,这些法官们开始对她展开刑讯以使其"供述"曾经冒充女巫而散播谣言,扰乱人心。随后,将她关押在监狱塔中。在被刑讯前她偷偷地给她的丈夫写了一封信,信中写道:

> 我亲爱的宝贝,不要忧虑。即使有人数千遍地指证我,即使所有的魔鬼把我撕裂,我也是无辜的。无论他们如何严苛地讯问我,无论他们是否要把我撕碎,我都没有什么可指认的。天父啊,倘若我真的有罪,请让我永远、永远不能来到上帝的面前,如果我在紧急的情况下陷入了困境,那么天上就没有上帝。你在我的面前什么也隐藏不了:你所听到的是真实的,我是无辜的,为了上帝的信仰,请不要让我陷入这样的困境。

在接下来的两次的刑讯中她都挺了过来,她没有"供认";而在第三次漫长而又残酷的折磨中,她实在忍受不了,不得已作了小小的让步,但是也同样没有"招认"什么。之后,她又偷偷地给她的丈夫写信,信中说:

> 我珍爱的宝贝,我虽然如此的无辜,但是却必须与你离婚,只要上帝一直永远这样被指控,那些人需要我供述出别人,必须有一个人。虽然我就像天上的上帝一样的无辜,但是仍然被他们残酷地折磨着,如果我必须要知道一些事情的话,我希望在天上的上帝拒绝我的要求,哦,你最心爱的宝贝,我如何显示我的真心!哦,我那些贫穷的孤儿们!天父,如果能给我点什么,那么就让我去死吧!哦,亲爱的,我是无辜的,他们是用暴力把我从你那里夺走的,而这些却要上帝来承担。如果我是魔鬼的话,那么上帝就不是仁慈的。哦,为何他们要对我这么不正义?为什么上帝不愿意倾听我的诉求?赐予我些东西吧,我希望用我的灵魂起誓。

她的丈夫抱着怀疑的态度拿着最后的申请书去往市政厅,怀着希望和请求:

> 大能无畏的主啊,请你对抗那些不怀好意之人,我的妻子正承受着酷刑的折磨。我希望和相信,他们所指责的都是毫无依据的,他们没有查看我们的生活,他们几乎什么也没有调查过。我可以用我的良心来证明,我的妻子是一个多么诚实的人,我的妻子在任何时候都敬畏神,她待人谦和,诚实,积极和虔诚,而那些魔鬼在任何时候都是令人反感和满怀敌意的……(S.372)

人们至少应当让她们当面指证,保障她们作为基督徒的辩护权,但是没有成功,这激发了法官的"热情",他们不断用残酷的刑讯手段迫害这些嫌疑人,直到这些嫌疑人"供认"他们想要的证词为止。1590年9月9日,这名妇女被活活烧死,与其类似的悲惨遭遇者至1594年为止共计35个。这其中只有一个超凡的妇女存活了下来,她是唯一的一个、也是最后一个在这场迫害活动中坚持了下来的人,她叫玛丽·霍尔,是旅店老板的妻子,自1593年10月到1594年2月这段时间,她受到了56次极其残酷的刑讯,仍然不招认。这使得法官们面临了极大的麻烦和困难。就像其展示的那样,在这个城市中他们感到了人们从不安到愤怒,甚至有一封来自雷根德堡帝国议会的信件要求市议会释放这些妇女。法官别无选择,这个勇敢但又不幸的妇女最终从塔中被释放,但要被终身监禁,和伟大的伽利略十分类似。即使这样法官却最终收了手,因为两个主要的法律工作人员在一年的时间里突然死去,对此诺德林根的人们认为这是上帝的审判。而迫害女巫运动的追诉程序也因为这个伟大女人玛丽亚·霍尔超凡的英雄气概而终结。

家庭法,男人与女人

最终,人们在近代早期怀着不同的预期,图书印刷为教育和科学带来了意想不到的高潮,自然法学派学说的传播和启蒙运动的开展带来了思想上的革命,即使这样,男人与女人之间的关系却并没有什么改变,欧洲还没有向着男女平等的道路上前行,法律也仍然是中世纪时期所撰写的那些法律(Rdz. 91)。在法律史上甚至认为,近代早期男人的权力地位要强于中世纪时期。在这300年的时间里对此还有一个一般性的解释,即人们从心里边认为女人天生就劣于男人,就像亚里士多德所描述的和《圣经》中所安排的那样。虽然对此也有反对意见,但是这一反对观点在当时只是边缘学说而已。在15世纪之初,差不多在1405年,意大利人,在巴黎居住的著名作家克里斯蒂娜·德·皮桑(Christine de Pizan)就写了一本反对"自卑"的书《妇女之城》(1986)。这部书在16世纪的后半叶引起了人们广泛的讨论,这次讨论被称作"女士的来源"。在这次活动中出现了第一个女权主义者,英国女作家简·昂格尔(Jane Anger),其在1589年出版了《对于妇女的保护》(*Protection for Women*)。哲学上关于女人本性的争论并没有完全反映在法律上。伟大的自然法学家之一塞缪尔·普芬道夫在1672年就提出了一个问题,即由男人来统治世界是否真是源于人类的自然本性,而他对此问题的答案就是"不是"。在结婚时新娘的默示在法律上的解释就是她同意缔结这一婚姻，在他的长篇论述中他已经对于默示的意思表示作出了十分清楚的表达，即在他带着长长的假发套图片的标题页，他说"（这种情况）在将来应当有所改变"［《自然法学派的精神》(Ius naturae et gentium) 第6卷，第一章，第 11 和 12 节］。但它还需要很漫长的时间。

直到近代早期人们依旧认为丈夫是妻子的头，丈夫除了可以决定所有的家庭事务——除东欧外——还可以决定所有的财产问题。此外，丈夫还有一定的惩处妻子的权力，如在现实中喜欢看到的那样，丈夫打妻子几个巴掌是现实中经常可能出现的。欧洲只在结婚和离婚的问题上有了一些改变，禁止离婚的教义依然是天主教徒所应当谨守的，路德新教也是如此，但是一些特殊严重的情由除外，例如通奸，在一些时候通奸的男方也要受到惩罚。例如在《卡洛林娜刑事法典》的第 120 条中规定，如果夫或妻一方的行为有违上帝的禁令，那么另一方就可以申请解除婚姻关系，反之亦然。类似于之前的俄罗斯，婚姻关系的变更只能通过位于特伦托天主教会的大型评审会决定。1563 年的一项法令禁止"秘密结婚"（Rdz. 91），男女双方单独达成缔结婚姻的合意（consensus facit nuptias）这一古老的罗马法规已经不足以能够缔结婚姻关系了。通过这一法规，中世纪教会阻碍妇女自由选择婚姻的缔结方式。而这一缔结婚姻的合意现在必须是在神灵面前，有两个见证人在场的情形下以公开方式表达出来的。在有着天主教信仰的国家里这条规定相当于国家强制性法律，基督新教在 17 和 18 世纪为了更好地对教徒予以控制，也遵循着这一教会强制性条例。此外，这一在天主教和基督新教中适用的结婚仪式渐渐地发展，形成了民事婚姻的必要程序，即婚姻要在国家机关缔结。随着法国大革命风暴的影响，这一方式因 1792 年颁布的法令而一度中止，这个充斥着革命的国家不再有基督教信仰了，拒绝接受教会的所谓证明。当法国在 19 世纪的革命中又一次作出改变的时候，民间婚姻仍旧保留着这一传统，并且将这一传统扩展到了其他国家。

所有权与占有权

欧洲核心国家的所有权法也发生了改变，中世纪的所有权取得被罗马法中占有权优先所代替。普通法在**法国**，在**德国**，在**奥地利**和**瑞士**都适用，所有权法的特征以及所有权的学术名称也都发生了相应的变化。例如之前存在的土地权中继承人对未来遗产的请求权，特别是那些还活着的被继承人（Rdz. 92）售卖土地必须经过其将来法定继承人同意的条款已经被废除。代替这一条款的是特留份，即在被继承人的遗嘱（Rdz. 118）中应保留其法定继承人的部分财产。

在法院和在学术上人们已经区分了占有和所有,而巴特鲁斯扩展了所有权的概念,使得所有权涵盖了处置权(Rdz. 92)。借助封地权人们详细地解释了这一权利的限制,它分为两个部分,一部分是领主的最高所有权(dominium directum);一部分是附庸的低级所有权(dominium utile)。这在罗马法中是不可能存在的。与罗马—查士丁尼法不同,这里土地的转让不再只是简单的交付(traditio),而是要像赠与和买卖一样有正当取得的原因(iusta causa)。土地的转让必须有证明文件,此外还要在法院备案讲明此事。在**奥地利**,自18世纪的早期开始,土地的转让必须在土地登记表上登记后才能发生法律效力。例如,依据波西米亚样式编制的贵族土地一览版。远离之前支配权(取得)的相关规定——依据不同地方的不同特点——确立了第三人善意取得的可能性。但是在结果上它却与中世纪支配权(所有权取得)的相关条款相印证。依据这一条款该物的所有权人有权直接针对——以租借的方式——其已交付该物之人主张权利。如果这个人在没有征求所有权人同意的前提下以出卖或其他方式将物转让给第三人,那么第三人可以凭借支配权(rechte)(正当取得)而免于遭受原所有权人的追诉,原所有权人只能向租借该物之人依据他们之间的租借合同提起赔偿损失之诉,原所有权人不具备要求第三人返还该物的诉讼请求权。这就是与原有条款不同的一些变化,如果旧条款仍旧适用,返还交付物之诉在原则上还是可行的,人们凭借的不再是正当取得,而请求返还之诉要受到当地法的限制。今天的人们适用的是善意取得。

罗马法几乎在所有的领域中都与地方法同时出现,古老的关于取得的法律保护也被罗马法中的取得实效所代替,即在善意取得人取得动产的一年时间后,此善意取得人才能真正成为该动产的所有人,才能对抗该动产的原所有人(即因将物转移给他人而失去该物的人)提起请求返还该物之诉。与**法国**在普通法领域的规定不同,法国所有人的返还请求权的诉讼时效长达30年。自18世纪开始已经确定了对不动产的善意取得。在18世纪早期这里又发生了一些变化。对于动产所有权的转移实行的是所谓的合意原则,即在没有交付该物或者支付价款之前,在买卖合同签订的同时买房人已经取得了对该物的所有权。这要追溯到格劳秀斯和塞缪尔·普芬道夫的自然法学派(Rdz. 126)。他们的学说被在法国北部影响极大的基恩·多玛(1625—1696)所著的民事法律手册所承继,之后又被1804年的《拿破仑民法典》(第1138和1583条)所承继,直到今天仍旧适用。

在近代早期,这一理论开始适用于不动产领域,在当时普通法的领域里,罗马法的适用范围不断地扩大,土地买卖中的交付——古老的转易契——已经慢慢地不再作为象征性的行为而举行了（Rdz. 70），取代它的是证明文件。但是依据罗马法要求，即在《查士丁尼法典》中创立了要式买卖（mancipatio）后（Rdz. 26. 40），一个有效的所有权转移不仅仅要求有效的买卖合同，即取得的正当原因（iusta causa），对于不动产的转移它还应额外具备交付行为（traditio）。所以在买卖的证明文件中已经加入了一个虚构的交付行为，即拟制交付（traditio ficta）。简单地说就是，土地所有权随着证明文件的签署已经转让给他人了，即买卖物所有权已经转移。在这种方式下，不动产的出卖在实行合意原则的领域内要比动产的出卖花费更多的时间，所以 1804 年的《拿破仑民法典》把所有的物都放在一起进行调整，不论是动产还是不动产。

合意原则在**英国**——因其判例法的原因——自 1500 年就已经存在了，只有在公开的市场或集市中购买才能称之为不动产的善意取得，因为所有人能够自行地验证这个物是否是购买得来的。对于土地所有权的转移则沿用着中世纪的转让条款（Rdz. 92）。

源于不同的因素，**西班牙**、**斯堪的纳维亚半岛诸国**、**波兰**、**波西米亚**和**匈牙利**的所有权法在近代早期几乎没有什么改变。这些国家基本上保留了中世纪晚期的一些规定。只有**俄罗斯**有了一些变化，在近代的早期之初，继承人可以自行处置那些其由贵族那里继承的不动产所有权（votčina），但这一行为要受到其对沙皇尽忠义务的约束，特别是在军事领域。谁拥有的财产数目越多，谁就要对军人、军事物资和食品供应承当越多的责任。为了能保障这些不动产所有人更好地履行义务，随着时间的推移，所有权人的自由处置权受到了限制。所以，所有权卖给了那些可以承担这一义务的继承人，因此女性继承人的继承权又一次被剥夺了。此外，沙皇的政府官员要承担一定的服务义务，即他们只享有无处置自由的所有权（pomestje），在所有权人的自由处置权被限制的时候，在对沙皇服务义务领域的严格约束已经慢慢地放宽了。缴付服务要么就要在一定的时期承担，要么就要承担一辈子，而所有人的这些财产既不能出卖也不能继承。最后在所有人死亡后所有的一切又重新归为沙皇所有，但之后，法律上又放松了对于寡妇和孩子财产继承权方面的限制。在 17 世纪，出卖或其他的方式都变成了可能。"votčina"与"pomestje"（承诺）之间渐渐地没有了区别，同样，农奴的地位也发生了改变，最晚自 1649 年的《俄国通行国家法》（Uloženie）之后，所有权人已经能够自由地处置自己的土地了，但是伴随着这片土地的义务也必须一并转移给买入人。城市中土地的买卖也是如此，也要与相关的义务一起共同转让给买入人。

西班牙的所有权已经对应了之前存在的罗马法中的基本自由所有权。在斯堪的纳维亚半岛诸国中并没有所谓的取得。在欧洲的中东部，即波兰，波西米亚和匈牙利所有权制度的发展因为政治上的原因已经停滞不前。所有权在1500—1800年这三百年的时间里不仅在法国、德国、瑞士、奥地利和英国有了长足的发展，而且在偏远的俄罗斯也有着一定程度的发展，即变得越来越强大。

继承法

遗嘱在近代的早期已经在整个欧洲推行开来，先是覆盖了**德国**全境，最后直到**英国**和**俄罗斯**。最后，站在遗嘱继承背后的是教会，遗嘱对被继承人家庭造成的危险通过罗马法中的特留份制度抵消了。此外，《查士丁尼法典》继承法修正案的第118条（Rdz. 27）在一些国家中被改变，甚至被当地的亲缘继承系统所取代（Rdz. 70, 92）、取缔了，但这只是一些个别的现象。

在**西班牙**，相对于地方法，中世纪的市民法（fueros）渐渐失去了它存在的意义，在卡斯蒂利亚施行的先是1567年的《新法律汇编》(*Nueva Recopilación*)，然后是《七编法》中的法定继承，再然后是修正案118条，对于兄弟之间的继承有了改变，在阿拉贡亲缘体系中长辈（父母、祖父母）的继承权被排除在法定继承顺序之外。遗嘱继承得到进一步的扩展，但在阿拉贡和卡斯蒂利亚，遗嘱继承受到了严格的限制，被继承人子女的特留份份额大大提高，即子女的特留份份额高达被继承人财产总额的五分之四，但是余下的这一部分，被继承人可以自由的处置，而被继承人往往会把这笔财产交给他的配偶或教会。

在**法国**，当部落原始的亲缘体系融入了普通法后，继承法变得比之前更加混乱。总体而言，子女或孙子女（或其后裔）有优先继承权，如果被继承人没有后代，那么第一顺序继承人是他的父母、祖父母和其他的长辈，之后首先是他的旁系亲属，如兄弟姐妹，叔叔和阿姨等。这些被继承下来的家庭财产、宝物在同一个旁系亲属中极少会被分割，因为这些都是从被继承人的父亲、母亲手中得到的，这是《查士丁尼继承法》的一个基本原则，尽管稍作修改。在一般的普通法领域，罗马法的影响力越来越强。在遗产的处置方面，在地区法领域中的规定几乎和西班牙相同，被继承人只能对其财产的五分之一进行处分。而在普通法领域当中，诸如《查士丁尼修正案》第118条规定，子女必须继承遗产的三分之一以上，甚至可以继承四分之三以上。

在**英国**，其亲缘的继承体系已经消失，禁止遗嘱继承被保留了下来，但从中世纪开始人们就通过一些可用的可能性绕开了这一禁止性规定，如在被继承人生前就把他的全部财产或部分财产交给信托人，这个信托人在被继承人死后再把这些财产转交给被继承人指定的受益人。这一制度因 1540 年的《遗嘱法令》（Statute of will）而被废除，取而代之的是遗嘱制度。自遗嘱继承开始以来，被继承人的财产一般都会被分为三份，一部分给子女，一部分留给遗孀，最后一部分被继承人可以通过遗嘱自由处置。家庭预留特留份的权利就这样令人惊奇地消失了，但是如果看一下这个国家很多地方的教会给出的司法解释，或许人们就不会那么惊讶了，特留份制度直到 1724 年最后在伦敦消亡，自此开始英国成为除俄罗斯以外唯一一个订立遗嘱完全自由的国家。

在**德国**所有的地方都实行着遗嘱继承制，但是遗嘱的订立还是要受到特留份的限制（Rdz. 27）。法定的亲缘继承在很多方面都受到了罗马法的影响，而随着查士丁尼修正案 118 条的颁布，罗马法中有关继承的制度已经相当地接近当地的亲缘继承。此外对于那些年老的德国人来说，这一继受还给他们带来了明显的好处，即代位继承制度，这是十分公正的，如被继承人的一个孙子的父亲，即他的儿子在此之前就已经去世了，依据代位继承制度，这个孙子就不会因为他叔叔的存在而被排除在继承人之外，但是，与其相应的 1500—1521 年的帝国法律不能有效地施行。

与德国相似，**奥地利**的亲缘继承体系也是以这种方式作出了改变，到 18 世纪的上半叶，奥地利旧有的继承体系完全被《查理六世刑事法典》和玛丽亚·特雷莎（Maria Therisias）所完成的新的修正案所代替。自 16 世纪开始，查士丁尼修正案 118 条关于特留份的制度已经通过罗马法渗入到奥地利的多个城邦中。

在**瑞士**的各个地区，子女与孙子女都被列为法定第一顺位继承人，此外罗马法中的代位继承也适用于瑞士。被继承人的父母和其父母的后代都不享有继承权。亲缘次序继续有效，归属于它的还有罗马法的亲等体系。早在 13 世纪瑞士就已经确定了遗嘱继承要保留被继承人法定继承人的特留份，在瓦利斯群岛这一特留份的份额是全部财产的三分之一。在瑞士的西部对于子女的特留份依据《查士丁尼法典》的有关规定为全部财产的三分之一或者一半，或者与《法尔奇蒂亚法律》（lex Falcidia）相应为全部财产的四分之一（Rdz. 27）。而未亡配偶的继承权大多数由继承合同来确定。

在**斯堪的纳维亚半岛诸国**，法定继承的有关规定几乎没有什么变化，只有**丹麦**实行了罗马法中的代位继承制度。遗嘱继承被特留份制度所限制，被继承人至少应留有全部财产的一半作为法定继承财产的份额。在**瑞典**，被继承人子女的特留份为十分之九，而其他亲属的特留份则为三分之二。

在**欧洲的东中部**，继承法和所有权法都没有什么变化，在波兰，这种停滞不前状况发生的原因在于,自 1572 年雅盖隆王朝覆灭后,波兰的众议会由于共和制在立法上陷于瘫痪,而各行省都为贵族所控制,波兰贵族们在判例上的一个主要目标就是防御发生各种变化。在**波西米亚**和**匈牙利**,其继承法和所有权法停滞不前的原因是与哈布斯堡王朝之间的冲突,所以他们在继承法中并没有什么相应的名称或者是并不想叫什么名称。尤其是在匈牙利,由贵族巨头们发起的民族独立运动声势很大,所以对于如何改善继承法他们毫无兴趣。

在东欧,只有**俄罗斯**的继承法在近代的早期有所变化,其发展不仅表现在所有权领域,而且还体现在继承法领域。15 世纪开始,俄罗斯就已经确立了遗嘱继承制度,起先遗嘱继承的范围还仅限于对于子女的赠与,之后,发展到近代早期已经成为没有任何限制的遗嘱自由权。而这一遗嘱订立自由权只在 1679 年的一部法律中有了轻微的限制,即对于从家族那里得到的财产被继承人不能通过订立遗嘱的方式赠与他人,但是俄罗斯并不存在特留份制度。法定的财产继承保留了中世纪晚期的相关规定,儿子先于女儿继承财产,女儿享有继承权的前提条件是被继承人没有儿子。直到 20 世纪的初期,最小的儿子也享有取得财产的权利,被继承人的父母只能继承少量的财产。

在近代早期,欧洲大陆核心国家的继承法受到了罗马法的巨大影响,而罗马法的遗嘱继承也影响了其他国家。继承法的一个巨大变革在于,不同于被继承人对财产的处置权,在继承法中被继承人对于财产处置的自由度远远强于其生前。这是因为《查士丁尼法典》中规定的特留份明确了遗嘱继承和法定继承相互间的界限,而法定继承中引入的代位继承则使继承法变得越加的公平。斯堪的纳维亚半岛诸国的特留份份额仍旧很高,最后,只有俄国和英国对于遗嘱继承不设限制或仅仅设有轻微的限制。继承法把家庭法和所有权法联系在一起,与现今一样,这两种法律在近代早期已经能够和谐相处了,例外的只有俄罗斯和英国,这是否只是意外而已?英国是世界上第一个走向资本主义的国家,而俄罗斯则走向了截然相反的另一条道路。

合同(一)

教会法最大的成果之一就是确立了单纯的合意是合同订立的基础,这被称为合意原则(Rdz. 87)。与其相对的就是经典罗马法中要式要求,即多种有限制的合同格式,即我们经常所说的诺诚性合同(kannteverträge)、事实合同(Realverträge)、口头合同(Verbalverträge)、书面合同(Litteralverträge)和合意合同(Konsensualverträge)(Rdz. 33)。乌尔比安在《学说汇纂》中规定无原因

第八章　近代的早期（1500—1800）　459

的合同无义务，即一个单纯的合意不产生任何债务。这不符合中世纪早期的象征行为和中世纪中晚期的其他形式手续要求（Rdz. 71，93）。完全不考虑形式要件，在中世纪早期，合同义务的履行通常只能通过侵权损害之诉。一个经典的例子出现在近代早期的英国。这里有一个相当经典的箴言，即"合同只有在侵权时才存在"，这句话一般适用于所有早期的法律，当然这也适用于古罗马法。那些在中世纪中期的末期就早已经描述的基本原则，诸如"基于承诺而引发诉求"，这一切通过天主教法都被克服了，但源于此人们可以说"一个诉求是由一个单纯的承诺所引发的"（Johannes Teutonicus，1215）。这是一个伟大的"法律义务和道德准则的美妙结合"（Peter Landau）。只有英国因为斯莱德案（Rdz. 120）几乎被划成了曲线。最美妙的要数阿方索十一世在1386年在为**西班牙/卡斯蒂利亚**制定法案时的阐述，在1567年颁布的《诺瓦汇编》（*Nuova Recopilación*）中也引用了这句话：

　　某人为了完成某项行为而作出的承诺、订立的合同或其他的行为使这个人背负了义务，即他已经作出了给付承诺。

参照罗马法模式的西班牙合同法在中世纪中晚期几乎没有什么改变。和普通法区域的**法国**一样（两个都可以参照 Rdz. 93），即在所有适用罗马法的地区，其之前适用的古罗马合同法中的要式要求已经被教会法中的合意原则所取代，之后，那些没有形式要求的合同——合意协约（nuda pacta），约定意思（nudae promissiones）——也是有效的，既在法院中也能发生相应的法律效力。

在1575年，**荷兰**北部正陷于战火之中，在六年后最后一个决定性的战役中它最终战胜了西班牙，在困苦中荷兰建立了一所大学，从而开启了辉煌的罗马—荷兰法的科学时代，之后在这里出现了众多伟大的名字，如格劳秀斯、科内利斯·范·宾克尔舒克（Cornelis van Bynkershoep）和约翰内斯·埃特（Johannes Voet）（Rdz. 125）。例如，他们在买卖法领域如德国和法国废除了旧有的地方法的基本原则，即使买入人所买之物有严重瑕疵，买入人仍必须支付借款，也就是所谓的"闭上眼睛，买就是买"。随着法律的不断转变（Rdz. 33），对方，即卖出人也必须承当罗马法中物的瑕疵责任。在**德国**，当地的买卖法被罗马法所取代，有时他们甚至比罗马法走得更远，"房子的新买家作为该房屋的新所有人可以强迫原来租住该房的租房人搬走"，即代替之前的"买卖不破租赁"施行了"买卖破租赁"（Rdz. 35，93）的新原则。在**荷兰**的法学家们并不想走那么远。依据我们现今的学术用语（参看《德国民法典》第571条），在这里新所有权人必须接受先前所有权人与他人订立的旧合同,就如本地法的有关规定,他们这样做的原因完全不同,这一原因本质上是以注释法学派的罗马法和巴特鲁斯为依据的,他们想要保护租户的权利。因为在**德国**,并不是全部的地方性法规都被继受的罗马法所替代。在合同法中,通常情形下人们依据的是罗马法,但是在细节上经常会偏离当地的实际情况,这些以拉丁文书写的罗马法不得不用德语来重新编订。虽然在商事法中大范围地承继了罗马法的内容,但是教会法中的合意原则在这里仍旧适用。[例如史塞克:《潘德克吞理论的现代运用》(Stryk, Usus Modernus),第1版,第2章,第14节,第1条之后]

奥地利的各个邦国在中世纪还继续存留着当地的地方法规,罗马法最先在17世纪才对奥地利的法律产生一定的影响,但是到了18世纪,其所继受的罗马法再一次被自然法所覆盖,奥地利于1811年编撰的民法典,即AGBG起到了决定性作用(Rdz. 124, 126),依照现在法律史学的研究,奥地利邦国的一些单一、地方性的买卖法是不成文的。最晚不超过17世纪合意原则就已经成为奥地利买卖法中的基本原则,就如**瑞士**在中世纪晚期那样。针对"买卖就是买卖",罗马法中物的缺陷责任已经成为个别地方的法律规章了。在德国,中世纪物权法中的租和赁已经转化为了简单的债务关系,不同地方的地方法对此的反应各不相同。要么人们就选择生活在"买卖不破租赁"之下,要么就生活在"买卖破租赁"之下(欧根·胡贝尔),此外,还有一些与之相关的"出租条款",以便他们能够接受罗马法的解决办法,但是要通过这些不同的规定保护租客的权益。

英国的合同法一直比较繁杂,与中世纪相同,这时的人们同样不能仅凭借合同就提起诉讼(Rdz. 93),在卖家先期给付时,卖家只有凭借债务令状(writ of debt)或者是买家附带盟约令状(writ of covenant)的正式庄严承诺才可以。但是,因为存在不确定性的债务令状,这种起诉经常会受到繁琐的约束,而在这时的合同诉讼程序中,被告有义务必须向法院表明,他没有作出这样的宣誓。一般来讲,正式的庄严承诺对很多人来说往往过于困难,所以在15世纪的很多城市中又出现了违约令状(writ of assumpsit),"Assumpsit"是它的拉丁文,意为"某人已经接受",即某人要承担付款义务,这是以买方为了缔结买卖合同而作出的承诺为基础的,即买方一旦许诺他就将实际支付。这是一个明确的声明,但又不像盟约那样复杂,而据此人们就可以提起侵权损害之诉,而这一侵权损害之诉所基于的不是双方缔结的合同,而是有约束力的承诺和不履行承诺的违法行为,而这一不履行承诺的行为被看作是欺诈行为。这一做法一直保留至16世纪,关于此种问题皇室法院发表了一种观点,对于违约,在没有特殊承诺的情形下，人们仍可以提出价款支付之诉。关于此种问题的司法解释，威斯敏斯特法院给予了猛烈的抨击，法院认为，简单地说，没有承诺那么一切就都没有可能，此外，如果违约是损害赔偿之诉的话，那么价款就不可能包含在损害之中，而这一争议问题的转折点就是1602年出现的斯莱德案（Slade's case）。

1602年的斯莱德案

在英国的法律史学研究中，这是一个被人讨论最多的案件，这个案件的真实细节和具体的起因直到今天人们仍不清楚，人们知道的只有它的结果和过程。斯莱德是一个农民，在1596—1597年他把他收获的小麦和黑麦以英镑结算的方式出售给莫利。而莫利很可能是粮贩子，1597年斯莱德拿着违约令状向皇家法院起诉莫利，要求他支付货款16英镑，此外，要求其额外赔偿40英镑以补偿其所遭受的损失。如果莫利确实以欺诈的方式没有支付货款，那么这一损害赔偿之诉是可行的。莫利辩称在普通法上诉法院的司法解释中，他"并没有明确表示接受"，也就是并没有承诺什么。当时英国的两个最好的律师分别作为这一案件的原告代理人和被告代理人，为双方各自的被代理人辩护，而他们彼此对对方都没有什么好感。为莫利辩护的律师名叫爱德华·柯乐，是前英国律政司和司法部部长，后来成为上诉法院的首席大法官。请注意，另外一个为斯莱德主张权利的律师是今天著名的、被誉为哲学家和政治家弗朗西斯·培根。

陪审团最终判决如下：在事实上，莫利确实以16英镑的价钱买入了斯莱德的谷物，但是并没有对此作出承诺。如果法院想从前的案例那样做出有利于斯莱德的判决，那么斯莱德仅仅只能拿到其谷物的货款即16英镑，因为他提出的那40英镑的损害赔偿没有足够的证据来证明。皇家法院的法官处于一个两难的境地，他们想要判决莫利支付16英镑的价款，但是1585年一个新的上诉法院建立了，其由普通法上诉法院和财政部法院的法官组成。它们撤销了皇家法院作出的判决，一切又都回到了原处。所以，为了赢得推脱这个案子的时间，这两个法院的法官坐下来进行了谈判。谈判持续了近五年的时间，而在这期间至少有三次他们在大厅里与其他的财政大臣们为了找到这个案子的一个正确的解决方案进行了深入的讨论。讨论是怎么进行的，对此我们并不清楚，或许这只是一个拖延战术或一个希望，希望能耗死这两个互不相让的对手。

无论如何，在五年后皇家法院又一次作出了与之前相同的判决，只不过这次判决并没有被撤销。1602年莫利被判处支付斯莱德16英镑的货款，最终斯莱德胜诉了。这是英国合同法历史上最重要的判决，从此之后，口头合同在没有额外违约承诺的前提下也同样具有法律效力。虽然违约只是侵权侵害的一个法定情由，但在这时已经出现了基于合同提起的诉讼，而不是基于侵权。此外在实际上，这个判决还意味着中世纪彷徨不定的古老债务令状的最终终结，但保留了售卖人先期交付的必要性。斯莱德案件并不只是英国法制史上最重要的判决，此案件判决的意义还在于，这是英国普通法中合同和侵权相互区别、分离的开始。此后，人身损害令状成为侵权最重要的法定情由之一，而合同针对的是违约。

合同（二）

在斯莱德案件之后，据此，违约之诉也在租赁合同、借款合同、服务合同以及其他的合同领域中得到了应用。此外还出现了附条件的合同，皇家法院的司法解释指出，只有在附条件的前提下合同才是可撤销的，这就意味着必须要有尽可能多的充足理由合同才能被撤销。这一规定一直保留至今。足够的法定情由存在于对待给付中，对此大陆法系国家至今仍旧与英美等普通法系国家有着很大区别。合同的有效并不基于双方当事人的合意，即合意原则，而是以双方当事人的相互信任为基础，即我相信你，因为你也相信我。而双方并不需要完全对等，伴随着错综复杂的关系链，合同双方也有可能出现一方巨大而另一方弱小的情况。最简单的合同案例就是买卖，买卖当然是有效的合同，因为物的给付约束着货款的支付。一般来说，自18世纪开始，合同就不再像以前那样被称为交易或保证了，在这一时期的教科书中我们还发现，拉丁语单词"contractus"来自于"contrahere"，意为结合在一起，建立起一个连接。在普通法中就是：给付与对待给付。

直到17和18世纪，中世纪**斯堪的纳维亚半岛诸国**的合同法才发展成为"现代"意义上的法律（Rdz. 93）。除了这些中世纪的法律著作外，还有丹麦、挪威与瑞典这三个国家分别于1241年，1274—1276年和1350—1351年编撰、颁布的法典。这些法律太老旧了，根本没有区分买卖和转让，所谓的买卖也只是现金买卖而已。借助于克瑞斯地安四世的法律改革，现代意义上的法律始于1683年，紧接着就是1688年适应瑞典的现代法律，最后就是1734年瑞典帝国法典（Rdz. 106）。因为丹麦和挪威的法典都是以自己国家的语言写成的，所以我不太了解，而瑞典的法律带有很深的罗马—教会法烙印，如合意原则。在买卖中，严格限制买受人的日耳曼法被罗马法中的产品瑕疵责任所替代，这里还出现了一个不寻常规则"买卖破租赁",在阿道夫·古斯塔夫的统治之下,模仿德国大公们,自1648年瑞典开始制定一般法法典。但是丹麦呢?和瑞典一样,它也朝着近似德国法的方向发展,这是一种趋势。约翰内斯·洛克森纽斯(Johannes Loccenius)在这里成功地著有一本关于一般法的书籍,这部书有三个版,即1648年版、1653年版和1673年版。所以丹麦、瑞典和挪威三国的法律规定很可能十分相近。特别是来自于历史学家克努特·格汉塞特(Knut Gjerset)的相关介绍"由丹麦国王颁布的适用挪威的有关法律和那里人的基本趋势是格格不入的"。

欧洲中东部地区的法律一直处于停滞状态,**波兰**、**匈牙利**和**波西米亚**的合同法与中世纪没有什么两样(Rdz. 93),受到天主教法律的影响,这三个国家的合同法采取的都是合意原则。除了土地买卖合同中要求登记外几乎没有什么其他的格式条款。在波西米亚皇帝费迪南德的绪论中,明确地强调了1626年已修改的国家条例。在私法中所有的"老传统"都被保留下来,在国家条例第二章中有关于合同的这一较大章节中并没有很多新的规定。在匈牙利,1514年的《斯特凡·韦尔勃裕芝》第3卷是私法的重要来源,司法领域中的培训已经展开,在这里合同法只被视为边缘学科。

与欧洲东中部的国家不同,在近代早期**俄罗斯**在法律上作出了一些调整和改变,其中最重要的是1649年的《俄国通行国家法》(Rdz. 106),自此之后,土地的买卖和其他一些涉及"重大款项"的合同要求由来自莫斯科和省会城市的书记员以书面的形式写成。这些书记员在公开登记中应该是作为"这个行为的见证人"出现的(第10节,§251)。在借款合同中随着借款数额的增加最多可要求六个见证人在场。此外在第10章的诉讼法中还订立了一些有关合同法的相关条款,虽然相对于侵权法来说这些条款还不成体系。例如在按揭留置权方面,规定了一些有关欺诈和合同形式要求的条款,即合同必须以公开、书面的方式订立才具有法律效力,此外法典中还规定要对那些骗子和恃强凌弱之人施以公开鞭刑,此外,对于那些时效超过15年的借款合同和劳动合同中的损害赔偿,此法典也有相关的规定。而合同法的其他方面却并没有什么进展,仍旧沿用着中世纪有关物品来源瑕疵责任的有关规定(Rdz. 93)。一部1550年颁布的法院文书《伊凡三世法典》对于在买卖法中的物品来源瑕疵情由作出了一些补充性的规定:如果没有抓到小偷,那么出卖人就必须要提供一个担保。在中世纪只有以马匹为标的物才存在物品来源瑕疵责任。也就是说,与欧洲的中东部相同,俄国在近代的早期依旧适用着那些古老的法律。

侵权法

在**斯堪的纳维亚半岛诸国**、在**中东欧**和**俄罗斯**，这些国家私刑法中的罚金制度仍然适用了一段时间。之后，就像中世纪晚期的欧洲核心国家那样，私刑法的罚金制度被具有强大应用力的公刑法所取代，之前的罚金仅成为私法侵权领域中针对实际损害的一种赔偿。随着私刑法与公刑法彼此分离，私法领域的侵权法在近代早期的末期逐渐成为了整个欧洲国家的一般原则。在俄罗斯这一原则最晚始于1649年的《俄国通行国家法》。

侵权法在欧洲的核心国家中不断地扩展，并且与影响力较大的《阿奎利亚刑法典》有了很准确的区分和界定（Rdz. 39），它的部分内容也受到了教会法的影响。在西班牙，早在16世纪之时，萨拉曼卡大学的**尼奥·戈麦斯**（约1500—1570）就确立了一个规则：在所有的刑事案例中，除了要对被告定罪，即作出相应的刑事处罚外，对于受害者还要附加民事私法领域中的损害赔偿之诉，即刑事附带民事之诉。他的这一做法在整个欧洲国家引起了巨大共鸣，今天，与此相应的请求权就处于《德国民法典》第823条第二款。

历史上对于侵权法的各个条款作出重大贡献的当属**胡果·格劳秀斯**，格劳秀斯的影响并不只局限于他的故乡荷兰的北部，而是整个欧洲。他是第一个全面制定包括合同在内损害赔偿规则的人。1625年他制定了一般性法律条款《战争与和平法》。在此书的第2卷第17章第七条中对于合同法作出了一些规定：

> 合同应得到充分的履行，对此，我们就有了这样的问题，依据自然法什么样的行为是有过错的不当行为，任何的过错行为和不作为在这里都被称作不当，所谓不当就是指人们背离一般情形或者特殊情形做出的某种行为。源于过错原则在自然法中出现了一些义务，即要赔偿那些因过错行为造成的损失。

人们把它称为一般性条款，因为这是侵权法被归纳总结而形成的单一条款，而这一条款与之前古罗马的《阿奎利亚刑法典》因财产损害所规定的赔偿，与罗马法中因盗窃而出现的盗窃诉权，或者是安东尼奥·戈麦斯关于惩罚性行为实施后果的侵权类相关条款都有很大的不同。

格劳秀斯的巨大影响首先在**荷兰**和**法国**得以显现。他切实地影响了法国当时的律师们，如让·多马（Jean Domat）在他1689年主要著作《自然秩序中的民事法律》（*Les lois civiles leur ordre naturel*），他的学生罗伯特·波蒂埃于1761—1778年所著的《条约义务》（*Traités des obligations*）。而波蒂埃对《拿破仑民法典》的编撰产生了重大影响，迄今为止《拿破仑民法典》的第1383条仍旧承继着格劳秀斯所订立的规则。之后在19世纪它还成为了欧洲其他国家编撰民法典的榜样。这里有两个遵循格劳秀斯理论编撰的自然法学派法典，其中一个是1794年普鲁士的普通国家法第1章，第6节，第1段等等，另一个是奥地利一般民事法典的第1297条。

在**德国**，损害赔偿的有关问题被研究、运用得更为精细，特别是德国现代法律对损害赔偿的运用（Rdz. 119，125）。通过对损害赔偿基本原则作出的司法解释，古罗马的《阿奎利亚刑法典》中残存的私刑法被进一步地废除了。德国的侵权法在完全突破纯粹的、单一的损害赔偿制度的基础上，对侵害人的不同行为、方式作出准确的说明，如区分了故意和过失之间的区别。但是，损害赔偿在英国的实施进程却十分艰难。依据斯莱德案件，与合同违约相对的是（Rdz. 120），在英国因侵权损害提起的还仍旧主要是侵权令状。早在中世纪，对于过失致人损害而引起的私刑法罚金体系已经弃之不用了，到了近代的早期，故意致人损害的情由也不再适用于此种罚金体系。对于间接伤害，普通法中的侵权之诉被依据旧有案例的判决（action on the case）所补充（Rdz. 123）。

1697年托马斯起诉约翰案

这是英国普通法实行的百年里作出的法庭判决的归纳总结，个字母"v."是拉丁语对"versus"的缩写，即面对、对象之意。英国1697年对托马斯起诉约翰案作出的判决就是这许多案例中的一个。在这年的4月6日，杜松赛特县城荒野中的树苗被点燃，烧毁了大农场主托马斯面积巨大的用于放养的草场。杜松赛特位于英国的南部，是多切斯特市的首府。火是由约翰点燃的，他是一个低等贵族地主。他点火的目的只是为了把他所有的一部分草场转变为农田。这一场突如其来的风暴波及了他的邻居托马斯的大面积土地。托马斯则是一个高级贵族领主，因为约翰的这场火灾，托马斯圈养的那些羊失去了生存的草场，所以托马斯向法院提起了损害赔偿之诉，要求约翰支付40英镑的损害赔偿金，这在当时是一个大数目。多切斯特市的法院在6月份对此案件作出了判决，即约翰须向托马斯赔偿18英镑，这一争议最后上诉到位于伦敦的皇家法院，在著名的首席法官约翰·霍尔特（John Holt）的主持之下，此案最终于1697年的11

月23日作出了终审判决,法院判决约翰支付给托马斯31英镑。

这并不是一个普通的侵权令状,而是一个需要依照先前判例提起的诉讼,被称作类案诉讼（action on the case）。就如阿奎利亚法之诉（actio legis Aquiliae,以罗马的《阿奎利亚法》为依据的诉权）,侵权令状要求侵害行为的发生要以特定受害人的人身、财产为指向。而间接损害案件在罗马法中则是一个推定诉权,即以事实为基础的诉权（actio in factum）（Rdz. 39）。所以,依据侵权令状为模板,普通法中出现了依照先前判例提起的诉讼。在一百年后,当威廉·布莱克斯作为普通法上诉法院的法官时,他举了一个例子（Rdz. 108）：

> 如果我朝着高速公路投掷一个木梁,这就是一个违法的行为,如果一个人挡了一下并且受了伤,那么对此只能依照先前的判例提起诉讼,因为它只是一种间接伤害。但是,如果当我是有针对性的向一个特定的人投掷木梁并且砸到这个人时,那么这个人就可以用侵权令状来起诉,因为这是一个直接的伤害。（Scott v. Shepherd, 1773）

自中世纪开始,依照先前判例提起的诉讼（action on the case）已经有了很大的发展,但是在这里也出现了关于疏忽（negligence）的问题,即过失。这一问题特别表现在间接伤害领域,这是因为致使伤害发生的人并不总是要对他所造成的伤害负责,只有当他能预见他的行为将会导致什么样后果的时候,即故意为之之时,他才要对此伤害负责。如果有一个人在某个地方遗落了一把刀,不久之后,发现这把刀的人拿着它杀害了另一个人,在这个案例中,这个遗失刀具的人不可能预见接下来会发生什么,即不可能预见捡到该刀的人会杀人。这个问题随着时间的推移不断地在一个又一个案例中得到了解决。就像之间提起的托马斯诉约翰的着火案中,疏忽、过失,必要的注意情形下的疏忽就成为了原告和被告方争议的焦点,就如约翰的律师所辩称的那样,约翰是在自己的土地上引起的火灾,所以只能认定是过失行为。他辩解称：在家里放火和在一片开阔地放火是不同的,如果火是在自己的家里点的,那么这个火就属于"自己的火"（sein Feuer）,而点火的人就应该控制火的走势,使之能在自己的控制之下。但如果火是在一片开阔地上点燃的,那么这个火就不再是自己的,而是脱离掌控的火。当这个火造成灾难时,他就不应再对将要发生的这一切负责。因为这场灾难将不再是他的疏忽,而是上帝的责任。

对于这个律师的辩解之词,大多数的法官和首席法官都是不予认可的。他们认为,火点在开阔地上还是点在家里在本质上并无差异。决定被告应该赔偿损失的关键问题在于，无论处于哪种情形下，只要伤害人是在处置自己财产的过程之中点的火，那么这场火灾就是他所造成的，因为人们在对自己的财产作出处置时不能伤害他人的财产。如果他是在一个正常的情形下将火点燃的，那么他就必须证明火对其邻居所造成的损害并不是由于他的疏忽所导致的。也就是说，只有当伤害人对这场灾难并不能预见的情形之下，或者当伤害人已经做了所有的必要注意措施之后仍不能预见灾难发生时，伤害人才不必赔偿他所造成的伤害。毕竟火是极其危险的。法官认为这个案件中的火灾是由约翰的疏忽所导致的，而约翰并没有找到能够驳斥这一观点的佐证。因此他被判处要支付受害人一定的赔偿金，对此，皇家法院所判处的损害赔偿数额还要高于多切斯特市法院所作的判决。

在普通法中，这个案件的判决还是简洁合理的，因为在这个案例中，法官的判决言简意赅地绕过了约翰究竟是在哪里点火的这个问题，即法官并没有纠缠于点火的地点。此外，也并没有对是谁亲自点的火——即火是约翰自己点的还是他让他土地中的雇工点的——进行追究。与此不同，今天德国的现行法律关于此种情况的相关规定十分复杂，通过"事物辅助人"这一概念的创立，德国的法律作出了有利于对他人造成伤害之人即损害人（《德国民法典》第831条）的相关规定。

商法、公司法以及票据法

自从欧洲人于1492年和1498年相继发现了美洲和印度的海上航线，欧洲来往于这两个地方的货物贸易相比中世纪有了巨额增长。随着美洲当地金、银的大规模生产和那些来自美洲的"银船"运输，欧洲金银的拥有量有了显著的增长，但是，相对于因为贸易增长所需的必要数量的金属货币来说，金银的供给仍旧不充足。所以银行的借贷产业——通过交换——变得越来越重要，这使得贸易公司的数目和规模有了显著的增长。与之相对应的是商法的进一步发展，首先是意大利的律师们，虽然来往于地中海与北欧之间的商业贸易不再像之前那样的重要，但是自16世纪开始这里就出现了专门的商法文献，迄今为止，商法仍旧归属于私法的范畴。这项领域的第一个著作是来自安科纳的本韦努托·斯特拉卡（Benvenuto Stracca）于1553年所著的《市场贸易逻辑理论》（*De mercatura seu mercatore Tractatus*）。而近代早期最有价值的一部书则是由时任市法官和吕贝克市长的约翰内斯·马考德（Johannes Marquard）于1662年所写的《政治逻辑原论——中世纪商人法》（*Tractatus politico-juridicus de iure mercatorum et commerciorum singulari*），直到18世纪这部书仍然还是商法领域中最重要的标准书籍。法律的不断发展并不仅得益于法学的科学研究，而且还得益于商事法院的司法解释，特别是在热内亚的罗塔，这里法官的圆桌形长凳和梵蒂冈很相似，此外还有荷兰的法院，荷兰法院作出"超出地域限制的判决适用于整个欧洲"（Helmut Coing）这一规定。之后，自17世纪开始，各个国家强化了关于商事行为的立法活动，商法国家化的一个简单理由在于：专制国家通过加强对本国经济的管理，要达到逐渐强化其重商主义政策的目的，而法国就是这一政策的先驱，因此毫无意外的是，法国在这一时间里颁布了最全、最好的商事法律，即1673年由路易十四颁布的《商事法律》（*Ordonnance de commerce*）。在所有颁布的商事法律中，各个国家都特别着眼于票据法的制定与颁布。票据法的数目令人咂舌，朱利叶斯·戴德（Julius Dedekind）在其1834年的著作《票据法史》中称当时的欧洲共有210个票据法，其中91个是德国颁布的，而其中的大多数票据法都是在近代早期出现的。

票据（Rdz. 94）在整个欧洲大面积地运用开来，从西班牙到斯堪的纳维亚半岛诸国再到俄罗斯，16世纪意大利律师发明的背书票据大大地提高了票据在使用中的安全性。任何人都有持有这一背书票据的可能，只要当票据的原持有人在把票据转让给他人的时候，在票据的后面作出简短的说明。"Dorso"，意大利语，意为背面。任何在票据上写下背书的人都表示同一个意思，即他们和第一个票据债务人也就是承兑人一样，对其之后的背书人承担票据范畴内的责任。背书票据可以在荷兰、法国、英国、波兰和德国的各邦国中使用，但是并不适用于所有地方。

支票也是在意大利首次被发明的，它是一个对银行家的书面指示，即从出票人的财产中拿出特定的钱款用以支付支票上所签发的数额。直到今天口头支票仍然是可行的，但前提是双方必须同时去银行办理此项业务。支票的使用在实际上意味着货物流通速度的加快。支票自16世纪在意大利出现以来，其使用的范围逐渐从意大利扩展到西欧的大部分地区。英国的第一张支票出现在17世纪，在英国，作为皇家法院的首席法官，曼斯菲尔德勋爵把商法，特别是商法中的票据法和支票法引入了英国的普通法体系之中，从而使得英国成为了"商事法律之父"。

16和17世纪的票据不再像中世纪那样仅具有转账功能。同时，它还是规避教会法中禁止向借款人收取利息即高利贷禁令的一个工具。票据的使用根源于商业贸易运输过程的漫长，针对此种问题，经常在各城市往来的那些持有不同货币的两个银行家把商业借贷行为组织起来，客户从他们中的一个银行家那里获取贷款，贷款的利息则隐匿在票据的手续费中，使得借贷利息能在教会容忍的范围之内（Rdz. 95）。这一程序经常不断地重复使用着，贷款的期限不断延长，贷款的平均期限约为一年，年利率为12%。当利息禁令被解除后，这种不具备金钱往来作用的票据以及相关信息在此之后作为银行的贷款业务公开建立起来了，就像它之前所要达到的目的一样。

高利贷禁令或**利息禁令**在近代早期之初的欧洲还广泛地应用着。加尔文对它持有反对意见，在信仰新教的那些国家中，它早在16世纪就已经被废除了，取而代之的是伴有法定最高利率限制的信贷系统。在英国，其议会准许的最高贷款利率为10%，在德国，其帝国议会规定贷款利率不能高于5%。荷兰于1658年放宽了利息禁令，利息禁令在西班牙、法国、意大利仍旧保留着。直到教皇本笃十四世于1745颁布的允许在大多数情形下废除利息禁令的诏令，有鉴于不断扩大的信贷市场这一诏令显然没有什么实际意义。

在很长一段时间里，欧洲并没有清晰地确定商业公司的不同类型。但是，在欧洲的核心国家中有两种最基本的公司形式。来自于中世纪的《康曼达契约》（commenda）不断地发展成为今天所说的承担**有限责任的两合公司**，而一部分的两合公司在当时就已经有了如此称呼，即一个或多个商人以他或他们的全部财产承担责任而建立起的公司，与此同时参与公司投资的另外一个人——有限合伙人——仅需要以其向公司的投资款项来获取利益和承担损失。在15世纪的后半叶，这种投资方式在意大利各个商业城市的立法中被称作"阿珂曼迪塔"（accommandita）。在德国它被称为"模式公司"（Stell Gesellschaft），在法国被称为"社会康曼迪特"（societé commandite），自1673年开始法国就通过相关法律对公司进行了调整。另一个公司形式就是以罗马法中的公司为模本建立起来的"societas"，它还被称为"Kompanie"，"company"或者是"societé"，今天的德国称它为**无限责任公司**，这一公司由多个商人集结而成，不接受任何所谓的投资，这些商人共同对公司进行管理、拥有共同的公司账户，一般都是家族企业，通过特殊的约定，公司的这些商人在实施某项行为时要受到一定的限制。这是近代早期最常见的一种公司形式，它比有限合伙公司更为常见。这一公司形式还出现在中东欧地区以及俄罗斯，这一公司的每个合伙人都要以自己的全部财产对公司负全责，并在彼此间找到平衡，但最常见的公司形式还是个人独资企业。

这一时期最重要的创新是股份制公司的建立，首先就是针对殖民地贸易和海上贸易所建的大型**资合公司（股份公司）**，最早的大型资合公司就是1600年英国所建的东印度公司，1602年荷兰紧随其后在东印度也建立起了同样的公司。为了这一个大型企业的建立，公司以股权售卖的方式聚集起大量的资本，并产生了垄断性的商业贸易，以建立军事基地的方式保障贸易的安全。而东印度公司的这些来自英国的商业资本则掌握在少数人手中，即掌握在贵族大股东手中。而荷兰所建的公司则是由许多分散的小股东组成。为此荷兰人依据拉丁文的"actio"发明了股票这一单词，但是并不取其原本的含义"诉权"，而是指商事活动中的"参与"之意。这个新的公司形式几乎扩展到了整个欧洲，直到斯堪的纳维亚半岛诸国、中东欧和俄罗斯。自19世纪开始这一类型的贸易公司就成为了工业化发展的重要引擎。

国际公法

国际条约和仲裁法院自远古时代开始就已经出现了，并存在着一些有关正义之战的构想，但是这些理念都缺乏具体、详细的实施办法。在之后的中世纪，教会在国际舞台上扮演了重要角色，发动其所谓的以"神圣之战"作为正当理由的十字军东征。总之这时的国际条约缺乏了一般意义上国际法的内涵。此外，源于罗马法的《万民法》（ius gentium），从字面意思上看来好像是国际法，但是对于罗马人来说，《万民法》并不属于国际法范畴，它仅仅意味着罗马人法律中的一些条款同样也适用于其他所有国家的人民，诸如奴隶制、给予奴隶自由、买卖和租赁等等（Rdz. 29）。到了近代早期的前期所有的一切都发生了改变，万民法有了两种含义，它是由科英布拉大学神学教授**弗朗西斯科·苏亚雷斯**（Francisco Suarez, 1548—1617）所创立的。他区分了万民法的两种形式，一种是万民法中的国际性，即国家与国家之间相互关系的法律，也就是国家法；另一种是万民法中的国内性，即一个国家在其领土范围内共同适用的法律，也就是罗马人旧有的《万民法》，苏亚雷斯是16世纪西班牙神学家这一团体的一员，他被称为后经院哲学家。为了针对欧洲殖民者在美洲的野蛮行为，如对美洲印第安人的种族灭绝政策和在美洲与其他地方的掠夺活动，他发展了受教会所约束的通行性国际法，制定了相关的法律条文。对此，萨拉曼卡大学的神学院教授**弗朗西斯科**（Francisco de Vitoria）解释说："我热衷于石南目就如哥伦布热衷于寻找美洲那样，这些石南目对他人或许毫无意义，但是它们对于彼此来说却是最重要的。"他进而阐述了宗教信仰的不同不是发动战争的正当理由，即宗教战争理论。被苏亚雷斯称作国际法的"ius gentium inter se"，在17世纪经常被称为"ius gentium"，也就是公法。自18世纪它又被称为万民法，它首先在法国被称作"droit des gens"，即国际法，如1758年居住在法国的瑞士人艾默里奇·瓦特尔就发表了一个直至 19 世纪仍旧被认为最经典的国际法经典理论，即成文国际法。

尽管西班牙的经院哲学已经到了末期，而人们的宗教信仰也因宗教改革的出现而不断地分裂，但是，在近代早期的前两个世纪中，在人们眼中，国际法的适用依旧是基于一个共同的基督教帝国。但是自 17 世纪中期之后，随着各国专制统治的加强，人们不再认为国际法是基于统一的基督教信仰而产生的，而是欧洲各个国家间相互联系的结果。

三十年混乱和恐怖的宗教战争最终切断了宗教信仰和教会之间的联系，这一改变出现在了荷兰人**胡果·格劳秀斯**的经典之作《战争与和平法》，这部书是现代自由法学派（Rdz. 126）的标志性经典著作，这部著作的副标题为"Ius naturale et gentium"，即自然属性的国际法。格劳秀斯，这个神奇的小子，出生于 1583 年，他在莱顿攻读了 11 年的法学，之后成为荷兰共和国的高级官员。在荷兰的宗教和政治冲突中，格劳秀斯因为站在了旧贵族一边，所以在 1618 年他被判处终身监禁，三年后，在其妻子的帮助下，格劳秀斯从监狱中逃了出来，此后流亡到法国，并在这里写下了他最著名的著作，之后，在驻巴黎的瑞典大使帮助下，想要重新回归祖国的格劳秀斯在 1645 年死在了去往荷兰的船舱之中。他的国际法理论是在西班牙后经院哲学和流亡英国的意大利人阿尔贝利哥·真提利斯（Alberigo Gentili，1552—1608）的基础上创立的。格劳秀斯在书中的引言部分就阐明了其国际法与宗教信仰分离的想法，即第 11 条：所有条款都将保持其客观的有效性，

> 即使我们接受那不可能之亵渎之事——诸如上帝不存在或不关心世人之事。

从此可以看出，虔诚的格劳秀斯比晚期的经院哲学走得更远，因为，在他看来人世俗的自然属性就能决定什么是合法的。而他的此种言论也使他登上了教会禁书的黑名单。而其他方面格劳秀斯也比他的那些西班牙前辈们走得更远，如正义战争。他在书中阐述了正义战争必须要遵循的一定原则与法规，诸如禁止杀害战俘和平民。而他的这一观点也普遍地被西班牙人广泛接受，即如果战争中的一方是正义的，而战争的另一方也是如此认为的，那么这个战争就是正义之战，那么它就被命名为正义战争中的交战双方（Bellum iustum ex utraque parte），即双方的正义战争。在印第安人的脑子中，他们反抗欧洲殖民者入侵的战争是正义的，他们站在了正义的一方，而欧洲征服者却不这么认为，以他们

角度看来，他们对于印第安的侵占是为了基督教的传播。印第安人发起的战争是为了防卫非法入侵者的侵略，防卫是格劳秀斯提出的标志一场战争是否是正义之战（Bellum iustum）的三个理由之一。另外两个理由分别是自救和惩处。例如收复失地运动或向非正义的他方展开的报复战争。关于所谓的双方都是正义的战争（Bellum iustum ex utraque parte），格劳秀斯的观念已经超出了同时代法学家们很多。此外，格劳秀斯还对战争的正义性作了明确的阐述。首先，一场正义的战争要求发起战争的一方正式的——无论什么样的理由——向另一方提交战争声明，格劳秀斯把《战争宣言》称作正式开战。开战之后，双方还必须遵守战争法的相关条款。同时对于中立国家——"非交战国"——的行为，格劳秀斯也做出了一些基本原则上的规定，而他的这些基本原则直到今天仍是现代中立条约的重要开端。到了18世纪，格劳秀斯的追随者们又进一步改进了他的观点。在实践中尽管格劳秀斯规定的战争规章经常被打破，但正如今天一样，他的理论仍然是一个令人印象深刻的新的国际法律体系，而这一体系的伟大之处还在于，它的相关规定与私法的介入、单一人的刑事处罚紧密地联系在一起。在格劳秀斯看来，和平的权利是每个自由公民都应遵循的，是理性自然法的基本原则，如国家彼此间的权力。在国家视角下的战争权力——惩处——对应的是私法领域中的民事侵权法律，即作为对非正义的报复。此外还有自救和防卫，最后，对于国家和人民的和平最为重要的就是合约。

在这个"国际法之父"逝世后的六年，欧洲出现了"国际法危机"，此危机开始于**托马斯·霍布斯**，他是一个曾在牛津大学学习和生活的英国哲学家，其生卒年为1588—1679年。他同时也是伟大的自然法学派的代表人物之一（Rdz. 226），与格劳秀斯相同，他也曾流亡法国并在那里写下了他的著名著作。在1640年即英国内战爆发前他逃到了法国，他以做家庭教师的方式来赚钱维持生活。在英国，在他生命的最后时期他服务于德文郡伯爵，他在法国停留的时间里，曾经是之后成为法国国王的查理二世的老师。他的著作《利维坦》（Leviathan）出版于1651年，迄今为止仍旧是政治哲学中的规范性著作。霍布斯是专制国家中的经院哲学家。源于其所生活的时代，他认为国家要配备绝对的权力。因为在国家建立之前人们都处于"自然状态"（Rdz. 126），这就意味着人们彼此之间并没有任何秩序，完全处于"人人相互为敌的战争"状态，没有任何的上级管控，没有任何的法律。所以国家间并不存在国际法，或者说国际法不是法律，它没有上级组织的管控，违反其规章并不能被法院所惩处。人们称为法律的强制性理论，即任何规章只有在法院强制力保障实施的前提下才可以称为法律。与此理论相对的就是承认理论，即规章就是法律，即当规章被法律界作为法律普遍认可时它就是法规,这两种相对的观点至今仍旧在法学界被不断地争议着。但无论如何,德国的律师们都一直遵循着霍布斯当时的观点,即认为不存在所谓的国际法,例如塞缪尔·普芬道夫和克里斯汀·托马斯乌斯。而对此持有不同意见的是**克里斯蒂安·沃尔夫**(Christian Wolff)(Rdz. 126)。他发现了相对于国家存在的"最大共同体"(civitas maxima),一个最高的、普遍存在的政治共同体。作为法律它在国际法中被广泛地认可,承担着国家法的相关义务。据此,国际法的权威们在一百年的时间里不断踏着霍布斯的步伐,不断地扩大、重新建立完整的国际法体系,在这里作出突出贡献的是沃尔夫最出色的学生艾默里奇·瓦特尔(Emmerich Vattel),他在其著作《国际法》(Les droit des gens)中论述了18世纪和19世纪的欧洲君主法院,因为此书用语简单,具有很强的可读性,所以它引起了整个欧洲的共鸣,国际法也因此得到了普遍、广泛地认可。

在近代早期的后半叶,国际法的理论和实践不断向前发展,它对现代的国家边界作出了规定,即三海里界限为领海,在此之外的海域是所有国家船舶都可以自由航行的公海。此外,中立法理论也被继续展开、发展着。

现代固定的国家疆域构成是"法国在其专制政权成熟时期的创造"(Wilhelm Grewe)。所谓的国家疆域指的并不只是一个国家的自然疆域,如河流、山区和沿海这样在中世纪相互混杂、模糊不清的自然边界,而是在土地测量、土地绘制和制图技术进步的基础上确立的准确的国家边界。法国从1750—1789年绘制了第一个准确的国家边界地图,此图共183页,绘制比例为1∶86400。而其他国家和相关的边界协定也紧随其后,但是这时各国的海域地图还并不精确。起初,人们在1700年左右一直持有这一观点,即国家领土的疆域在海上的大小取决于其国家权力的代表——大炮究竟射程有多远,也就是说国家海疆的大小随着这个国家武器技术的改变而改变。巴图鲁斯和巴尔杜斯早在14世纪就已经确立了不依据火炮而是依据经历的海域法则,即100或60海里不等。

在18世纪末期三海里界限区域已经设定,与其共同实施的还有在公海可以自由航行的这一基本原则。此外在18世纪,三个法学家确立了中立的原则性条款:即中立国对于交战的双方必须同等对待,不偏颇于任何一个国家。这三个法学家分别是自1774年一直担任荷兰最高法院主席一职的荷兰人科尔纳留斯·宾克斯胡克(Cornelis Bynkershoek)、自1747年开始就是萨克森选帝侯的高级官员的瑞士人艾默里奇·瓦特尔(Emmerich Wattel)、拥有德国血统的丹麦外交官马丁·希布纳(Martin Hübner),他的主要著作是1759年出版的《中立国船只扣押》(De la saisie des Bâtiment neûtre),这是一本关于没收中立国船只的书。对于中立原则规定得最为详细、精确的是瓦特尔，因为，作为一个瑞士人他十分熟悉与中立国相关的实际问题，如在一些国家发行交战国双方的债卷，战争中的战利品在中立国领域内的售卖，以上这些都属于国际法管辖的范畴。

自然法、法哲学和政治哲学

较早的时候希腊的古典自然法（Rdz. 18）一直被罗马法学家所忽略，自奥古斯丁（公元354—430年）信仰基督教之后，它才得以继续发展。到了中世纪的晚期，随着托马斯·冯·阿奎那的推动，希腊古典自然法发展到了最高峰，这是一个保守的、稳定的自然法，甚至如亚里士多德那样，它也持有奴隶制合法的这一观点，虽然在这时并没有这一学说的生存空间。此外，这一学说还被**西班牙后经院哲学国际法**批判、约束着。在战争法中取消宗教与战争之间的联系是自然法学派巨大变革的开始，但直到这时它也仅是神学或者哲学而已。在此之后它能被归为法学首先要得益于17到18世纪出现的**经典自然法**，即近代的自然法学，从此自然法从宗教中分离了出来，就如格劳秀斯对其所描述的那样，这种分离是为了克服宗教信仰的分裂。这个以人人平等为前提的世俗自然法为专制主义提供了基本的科学依据，成为法学院的基础学科，甚至成为天主教会的基本理论，改变了欧洲各领域中的法律环境。这是具有挑战性的自然法学派。

> 它喋喋不休地争论着农奴和奴隶的问题，并将其延伸到了对其产生原因和土地的救济上，通过僵化的行业协会具有强制力和毫无意义的贸易限制，与其紧密相连的劳动生产力得到了解放……与科学理论自由相同，宗教信仰自由也因此而实现。它推动了刑讯制度的废除，引领刑事诉讼朝着合法的程序轨道发展。（卡尔·博格伯姆：《法学和法哲学》第1版，1891年，第215页）

这一新兴学科最重要的先驱就是17世纪的胡果·格劳秀斯、塞缪尔·普芬道夫，霍布斯和洛克。此外还有18世纪的克里斯汀·托马斯乌斯和克里斯蒂安·沃尔夫、查尔斯·孟德斯鸠、卢梭和切萨雷·贝卡利亚。这些人都来自古老的欧洲核心国家，只欠缺了来自西班牙的代表人物：他们分别来自荷兰、英国、德国、法国和意大利，而西班牙的后经院哲学这时才刚刚起步。而此种学说的代表人物也不可能出现在受压制性天主教会政策制约的国家中，格劳秀斯、普芬道夫和其他自然法学派的代表人物在这些国家是被禁止的。这一情况直到 18 世纪末期才发生了一些变化。

胡果·格劳秀斯巧妙地运用了嵌套式的方式阐明了自然法学派的两个方面：一个就是在国家层面，特别是国际法；另一个是在公民层面，也就是私法和刑法。就如博丹所描述的那样（Rdz. 101），作为共和国的荷兰并不热衷于建立绝对的君主主权。格劳秀斯几乎阅读了所有的书籍，当然这其中也包括博丹的著作，但是他并不喜欢博丹。对格劳秀斯来说博丹的著作都是单一的、平面的，博丹并没有充分地从全局角度来看问题。格劳秀斯完全不可能谈及国家这一概念，如果格劳秀斯以明确的称呼来定义国家的话，那么国家将会被其称为公民协会、社会、联邦制或者多个邦国的联盟（civitas、societas、res publica oder im Plural von gentes），当国家必须存在的时候，如在战争法中，它就是至高无上的权力（summa protestas）或者官方机构（summum imperium）。那么公民呢？答案十分简单，他们是人（homines）。就像格劳秀斯在这里阐述的那样，对此问题一定要谨慎对待，因为在一个国际条约最开始的简短条款中，格劳秀斯就能对这整个条约了如指掌，即：

> 因为自然法之母是人本身的自然属性，这一属性让我们谋求一个相互合作的社会，即使当我们没有失去什么的时候……（《战争与和平法》，1625 年，导言第 16 条）

格劳秀斯可能早已经猜到，博丹能带来什么，而之后的托马斯·霍布斯又能够为自然法带来什么。上面的箴言已经表明，格劳秀斯已经预见了霍布斯所提及的自然状态，而直到今天，人们才从有关前国家社会情况的研究中有所了解。格劳秀斯是如何在单一的状态下建立起自然法学派学说的？什么是自然法学派？自然法学派的一般性理论在于：以历史的构建素材为基础，以格劳秀斯渊博的知识为依据，以来自不同国家、不同阶段的哲学家、历史学家、法学家和诗人、以及《圣经》《罗马法大全》和《教会法大全》为证人和证言。如果人们继续的追本溯源就会发现自然法这一具有挑战性的进步并不特别。对此，人们可能已经探讨过、思考过，因为，如果忽略男人和女人之间细小的差异的话，人类在本质上都是一样的。无论如何，"当许多人在不同的时间、不同的地方论述一个相同的道理，而在此之后人们又能接受这一论述的话，那么这个道理就是一个普遍的原则"。（引言第11条）。

在格劳秀斯这部共56章的著作中，他首先用了16章的篇幅记述了私法历史中的自然法体系，其中有两章最重要论述是关于刑法自然性的。在私法中，格劳秀斯从婚姻法和继承法中的财产问题一直延伸到合同与侵权，在其关于合同法的论述中人们发现了首个有关法律行为一般性学说；第二卷第11章是关于要约和承诺以及能够在原则上导致合同无效的过错行为的相关规定，当然，导致合同无效的过错方要向信赖合同有效的另一方承担损害责任。诸如此类等等，都是一些具有普遍价值的学说。

与格劳秀斯相同的是，**托马斯·霍布斯**也从人类的自然属性出发来解释法律，但是他不像格劳秀斯那样回顾各个国家和《圣经》时代历史，而是站在他所处的时代，参照两个国家，即他的祖国英国与北美来解释法律。在他逃到巴黎之前，英国就卷入了一场混乱的内战中。这一时期，不断出现了来自北美的一些关于英国殖民者对待所谓野蛮人（savage people）的可怕报道，如北美的原住民必须交出自己的土地。这里（英国）和那里（北美）都没有保障和平的政府，只有不断向外开战的政府，由此他第一次建设性地提出了人类原始的自然状态（naturall condition）这一学说，他的这一伟大的发现有其自身的说服力，这部书的名字叫《利维坦》：

> 没有人能够在如下所述的状态下工作，因为这是不值得的：没有农业生产，没有交换，没有舒适的住房，没有具有较高工艺水平的工具，没有地域的划分，没有时间概念，既没有艺术也没有社交活动，所有的只是千倍的苦难、对暴力死亡的恐惧以及层出不穷的危险，这样孤独、贫穷、未开化和短暂的人生。（1651年，第13章）

源于此，霍布斯得出了"第一自然法规"："寻求和平并永远地追求它"。而自然法规的第二条就是：每个人都必须放弃一切给和平带来危险的东西，首先就是暴力。在社会契约的服从协议中人们首先把狼的自然属性转让给了头狼，让头狼来保护他们之间内部的和平与秩序。因此，国家是自然状态下产生的必然结果。霍布斯认为国家是一个怪兽，即《圣经》中描述的怪兽"利维坦"，它经常喷火，十分可怕。"当它飞起之时，即使势力强大者也会感到十分震惊，在恐惧之下他们不知道是进去还是出来……它是所有傲慢动物之王"。国家的所有权自然要归属于立法机关。而下面这一政治学和法律理论中的著名短语造就了历史,即其书1688年的拉丁文版本的第26章:

绝对的权力和确切的真理将确定了法律将可能是什么。

法律作为当权者的命令意味着主权者说什么就是什么,这一理论当然与格劳秀斯的论点背道而驰。与霍布斯理论的不同之处在于,格劳秀斯一直追寻着法律条文内容的公正性,他在理性精神的指引下把这些承袭下来的财富不厌其烦的汇编出来,以便所有人都能认同,因为它们是真实的,是确实存在的。而霍布斯的回答则是"不",他走入了反面,他认为法律是主权者的命令,是在必要时由国家强制力保障实施的。自此在法律上就出现了认可理论和强制理论,而这两种理论:格劳秀斯于1625年创设的认可理论,霍布斯于1651创设的强制理论,也一直沿用至今。

1672年**塞缪尔·普芬道夫**出版了《论自然法和万民法》(*De iure naturae et gentium*),即关于自然和国家的法学著作,他是欧洲第一个讲授自然法的法学教授,1661年任教于海德堡大学,1668年就职于瑞典隆德大学,1677年,在斯德哥尔摩他出任了瑞典国王的宫廷史学家,1688年后他转职至柏林大选帝侯的旗下,并于1694年在柏林亡故。他融合了格劳秀斯和霍布斯的理论,他为自然法带来了完整的由八卷书组成的明确的学说体系,此外,他还对一些法律规章作出了补充和澄清,特别是在私法领域他作出了诸多贡献。依据普遍的自然法学派理论,私法由系统性的罗马法组成。他从霍布斯那里承继了自然状态思想,用格劳秀斯关于法的社会性理论来对其进行补充,阐述了人们订立协约的基本原因:即单一人的力量过于弱小,而人与人联合起来力量就会强大,所以国家是借助社会契约才存在的,而不是霍布斯所谓的服从协议。在私法和国际法方面,他实质上依据的是格劳秀斯的理论;而他政治理论的一部分却是源于霍布斯的有关思想。他的法学体系正逐渐地从个体的合同法与家庭法领域走入国际法和政治法领域。依据其书第一卷中的引言,他在该书第二卷的一开始就对"人"作为"法律主体"的这一概念进行了描述,他是历史上第一个定义"人"为"法律主体"的法学家。在这部书中,他还第一次提出了一般性的人权理念,即人权(dignatio),他在其书的第2卷,第1章,第5条作出了如下论述:

人类应享有最高的人格尊严,因为他有一个灵魂,一个出类拔萃的灵魂,这种出类拔萃借助的是人的理解之光,是人判定事物的能力,是人的自由决断,是人对多种艺术的了解。

这是法学体系的核心思想,是从伦理自由中得出的人权。因为这里的所有人都拥有这一人格尊严,所有人的法律属性和自然属性都是平等的。在该书第三卷的一开始,普芬道夫就论述了如上内容,而接下来他所论述的就是什么是人与人之间的普遍联系,即契约论这一具有普遍性的学说,对于此种理论,他比格劳秀斯的研究更为精确。接下来就是所有权法和继承法(第4卷),各种单一的、不同种类的合同(第5卷),作为一个小型社会的家庭(第6卷),伟大的国家(第7卷),该书的第八卷记述了指向公民的国家权力。之后就是刑法,最后则是有关国家与国家之间的法律,即国际法。这是一个十分清楚的法学体系,比起格劳秀斯在著述中把私法、刑法、国际法彼此交织在一起的复杂体系要好得多。而他的著述也特别为当今政治法这一法律样式的出现奠定了基础。借助这一体系自然法实现了达到普遍秩序这一目标,而这一法律领域的一般秩序持续了一百多年的时间。普芬道夫的这一法学体系为各个大学法学院所承袭。

另一个伟大的经典自然法的代表人物就是哈勒的**克里斯汀·托马斯乌斯**。在1678年他在莱比锡用德语作了学术演讲,他是第一个用德语在大学课堂上讲课的人,而这一事件在当时被看作是一桩丑闻,因为用德语宣讲是闻所未闻的一件事,在长达三百多年的时间里拉丁文一直是大学的科学用语。用拉丁文来授课是传统,而用德语来授课则是一场语言革命,因为,在授课的同时要对很多的拉丁文作出解释。在这个用德语来讲授的课堂上他没有穿着传统的长袍,穿的是一件时髦的丝绸西服。此后,他又出版发行了第一本德语科学期刊——《德语月刊》(*Teutsche Monate*),期刊中对同事陈腐老旧的状态作了一些尖锐的批判。所以,他后来在哈勒建校,成为了哈勒大学的创建者之一,这所大学是当时德国最时髦的大学,而此事发生的1694年也同时成为了"普鲁士自然法诞生的开始"(威廉·狄尔泰)。他撰写的论文十分成功地抨击了刑讯制度和"女巫"迫害运动(Rdz. 110, 113),腓特烈二世这样评价他:"托马斯乌斯,女性要感谢你,你既能够在和平中老去,也能够在和平中死亡。"

另一个自然法学的推崇者就是哈勒的**克里斯蒂安·沃尔夫**,一个数学家和哲学家。因为无神论主张,他受到了大学神学院的指控,在1732年,在死亡的威胁下他被腓特烈·威廉一世驱逐出国。之后他来到了马尔堡,这是当时欧洲最著名的地方。之后,国王又想让他返回祖国,因为"他(国王)必须重新要回这个家伙",但遭到了这个家伙(克里斯蒂安·沃尔夫)的拒绝,当1740年腓特烈二世接替父亲成为国王的同时也向他提出了相同的请求,这回他欣然接受了,并且欣喜地重新返回了哈勒。在伟大的自然法体系之后,克里斯蒂安·沃尔夫建立了数学、逻辑学体系,同时撰写了详细、浩繁的著作《自然法的科学论证法》(Ius naturae methodo scientifico pertractatum),此书共分八卷,编著于1740—1748年,共6600页,此书基本上遵循了普芬道夫的法学体系。对于当时的各种关系来说,此书所包含的范畴大得出奇。即使如此,凭借精准的自然科学模板沃尔夫创立了"法律判决逻辑推理方案和一般性概念"(Franz Wieacker),沃尔夫为法学未来的发展带来了深远的影响,从而成为了19世纪德国概念法学之父(Rdz.138,141)。

除了托马斯·霍布斯之外,政治国家法的理论学家还有约翰·洛克、查尔斯·孟德斯鸠和卢梭,他们都对未来法律的发展了作出了巨大的贡献。除了这些人之外还有之前已经提到(Rdz.111)的**切萨雷·贝卡利亚**,他的新刑法是紧随自然法学派"自然状态说"之后的"社会契约论"的坚实基础,贝卡利亚的学说同约翰·洛克十分相似,即源于社会契约,人们要遵循国家法律的惩处,但是国家的惩处不是任意的,要受到一定的限制,其书第2章写道:

> 任何惩处,只要不具有不可避免的必要性,在伟大的孟德斯鸠看来就是专制。

国家只有在绝对必要的前提下才允许对公民实施处罚。所谓的必要就是指要让公众远离伤害,而复仇和报复并不具备这一点,所以不是必要的方式。国家的惩处只能是一般的、具体的防御,应具有普遍性的威慑,应是对被新惩处的单一罪犯的威慑,应通过这一惩罚方式使这些罪犯能够改过自新。因为社会的安定要比严厉的惩处重要得多,正因如此,贝卡利亚倾向于把罪犯关进监狱这一惩处方式,此种方式最大的好处在于,与其相伴的刑期能够使贝卡利亚所要求的"犯罪和惩罚之间的特定关系"得到最好的斟酌。源于此,贝卡利亚一直呼吁废除死刑,以终身监禁来代替死刑判决。而全部这些都需要人性化的刑事诉讼程序的推动，即由公开审理调查和重视证据的诉讼制度代替旧的秘密审讯和刑讯制度。之后他的想法在 18 到 19 世纪得到了贯彻。

第一个指明人民民主道路的就是**约翰·洛克**，在 1690 年其所著的《再论政府》（*The Second Treatise of Government*）中，他继续发展了霍布斯及其自然状态理论，但是对于人类的初始状态他有着与霍布斯截然不同的看法：他眼中人类的自然状态是有别于绝望的另一种状态，这里没有强大的怪物，只有伴随着权力分立和讲究人权的温和君主制，这其实要比塞缪尔·普芬道夫的描绘更为精确。但这一国家的人民遵循的是一个服从契约吗？答案是"是"，但是为什么人们在初始状态下的那些权力却由一个人代为行使呢？答案就是：这是为了保障社会秩序和个人权利的实行，其书第 7 章第 93 条写道：

> 它意味着人们对于如此愚蠢的事仍旧奉行着，他们虽然试图去防范那些能够伤害他们的貂和狐狸，但是幸运的是，这时的他们已经处于了安全状态，因为他们即将要被狮子所吞食。

也就是说，人们向国家转让的不是生命权、自由权和财产权，他们仍旧保有先国家社会下的人权。所以君主也不是绝对的主权者。人们享有立法权，为此一个议会被推选出来，它不仅能同国王并列存在，而且是高于国王的国家最高权力机构。然而，议会又应当怎样选出来呢？

"谨慎的洛克"（列奥·施特劳斯）对此表述的非常不清楚。但至少还没有一个对于所有人来说都具有普遍性和平等性的选举权。这和公民主权相去太远，议会应该是他们的代表，以洛克的话来说就是"为了公共利益作出应有的贡献"。谁的生活富足，谁才能被允许去参选，所以只有地主和贵族才有选举权，洛克的权利分立理论在**查尔斯·孟德斯鸠**那里得到了拓展。在孟德斯鸠 1748 年所著述的《论法的精神》中，除了洛克所提到的两个国家权力机关，即议会和政府外，还应包括第三个国家权力机关，即司法机关也应被包含在内。这就是立法权、执法权和司法权，《论法的精神》第 11 版第 6 章写道：

> 所有的一切都将会失去，即在当一个或同一人，或者侯爵们、贵族们或群众组织的实体运作这三个权力（pouvoirs）的时候：颁布法律，付诸行动，决断犯罪和私人纠纷。

这里存在一个不言而喻的要求，那就是要遵循司法独立原则，使司法权不受君主的控制，要求法官依据法律而不是依据君主意愿进行判决。在同一个章节中还有一个名言，一个能使国王乐于平静下来的名言：

> 在这三个我们已经提及的权力机构之下，司法解释在一定程度上等于零。

即就如这本书不久之后所描述的那样，法官只是嘴上说着法律而已。此后，这一现实状况促使了一个直到今天仍然继续运转的司法注释学说的发展，这一构想来自于纯粹的逻辑司法三段论。在法国大革命期间，洛克和孟德斯鸠的权力分立学说遭遇了卢梭理念的冲击，在卢梭 1762 年的《社会契约论》（*Le contrat social*）中，他严肃地论述了国家主权。不同于洛克的谨慎，不同于孟德斯鸠男爵确定的折中方向，他的理论没有什么所谓的服从契约，只有国家建立之初的社会契约。其书的第一句话就像军号一样已经掷地有声了：

> 人生而自由，却又时时处在枷锁之中。自认为主宰一切的人，反而更像是一切的奴隶。怎么形成这种变化的呢？我不清楚，但我自信可以解答是什么让这种变化变成合法的。

怎么办？人民应把这一秩序掌握在自己的手里，在议会的框架内最小限度地颁布自己的法律。他的观点与洛克和孟德斯鸠并无本质差异，不同之处仅在于后两人没有论述直接的民主政体，即像古典时期（Rdz. 5）那样的全民公决。《社会契约论》第 3 卷，第 15 章写道：

> 无论如何，只要是一个民族选出了自己的代表，他们就再也不是自由的了，他们本身也就不复存在了。

虽然卢梭这一直接民主理论在法国大革命中不断地被重复使用着，在 1794 年，人们还是把卢梭的棺木移到了位于巴黎的万神殿中。卢梭的作用在今天看来更像是一个主观情感的抒发，其狂飙的突进性甚至超过在其之后出现的那些思想家们，即 20 世纪的赫尔德、歌德和席勒。

自然法、法哲学和政治哲学		
1583—1645	胡果·格劳秀斯	1625 年《战争与和平法》
1688—1679	托马斯·霍布斯	1651 年《利维坦》
1632—1694	塞缪尔·普芬道夫	1672 年《论自然法和万民法》
1632—1704	约翰·洛克	1690 年《再论政府》
1655—1728	克里斯汀·托马斯乌斯	1705 年《自然法和万民法的基石》
1679—1754	克里斯蒂安·沃尔夫	1740—1748 年《自然法》
1689—1755	查尔斯·孟德斯鸠	1748《论法的精神》
1712—1778	让·雅克·卢梭	1763《社会契约论》
1738—1294	切萨雷·贝卡利亚	1764《论法律和刑罚》

直接民主一直是不可取的，人们对民主的普遍设想是，在立法上必须要设立一个中间机构，即议会和公民选举出来的代表。当议会成员被选举出来之后，虽然在一些必要的时候，这些议员会作出与公民多数相背离的决定。但什么是必要的什么又是不必要的呢，一般来讲所谓必要的是指诸如税法这类的决议。此外，直接的民主在大规模社会上是起不了什么作用的。当我们再一次地审视一下这些激进的话语，如卢梭《社会契约论》第 3 卷第 15 章，那么，人们对于一些宪法史学家将卢梭的理论称作拌嘴的这一说法就不足为奇了。此书最为特别之处在于他所描述的那个玄密奥妙的公意（volonté générale），借助公意，卢梭想要在法律上将全民公决中多数与少数这一问题解释清楚。在少数派经常被多数派胁迫去做一些事情的时候，什么又是这些少数派想做的事情呢？当少数派切实已经考虑好要做某事、想要干什么的时候，他们常会被多数派所制约，这是现实中经常发生的事情。对于直接的民主卢梭也认为是不能施行的，因为这一方式过于激进了。在洛克和孟德斯鸠的学说中公民的社会言论到此为止。

伴随着这些伟大的设想，欧洲呼吁施行自然法的要求无处不在。但是自然法的发展轨迹在欧洲各国是完全不同的。从科学角度来说，自然法发展最成功的当属欧洲的这些核心国家，例外的仅有西班牙和英国；在司法实践中，自然法又影响着荷兰。自然法对于刑法、刑事诉讼和刑讯制度发展所起的作用在前面我已经作出了相关介绍，它们的进步一部分要得益于自然法的成功，而一部分要得益于时代精神转化的成功，自 16 世纪开始这一时代精神就已经向着人性化的方向迈进了。德国在立法方面的成功范例有巴伐利亚、普鲁士和奥地利。而法律变革中最难的当属政治理论，虽然在近代的晚期，这一领域中又出现了一些成就,通过革命波兰获得了较小的成功,法国(Rdz. 128)的成就则要大一些,但这两个只是简短的个案而已。

在**西班牙**,具有侵略性的天主教专制禁止自然法学派的相关书籍出版发行。只有在查理三世(1757—1789)谨慎改革的这一期间里,马德里大学的课堂上才可以教授自然法。但是有关自然法学的教材却是用西班牙语编订的,怀着害怕法国大革命蔓延的恐惧,在查理四世(1789—1808)的统治时期自然法再一次被禁止讲授,之后,西班牙的自然法很快被其他学说所取代。

在**法国**,其普通法(droit commune)和成文法(droit écrit)之间的法律争端引发了一个由自然法带动的强烈的修法激情。对此影响最大的就是让·多玛,他的主要著作《在自然秩序中的私法》(Les loix civiles dans leur ordre naturel)出版于1689—1694年,共三册。此书以罗马法为理论基础并与哲学紧密相连,法律上依据的是笛卡尔严谨的逻辑学,他把格劳秀斯自然法理性作为样本,但是与格劳秀斯学说截然相反的是,这部书受到了基督教启示录的制约。此书共有68个版本,对《拿破仑民法典》的订立产生了一定的影响。

在**英国**,因为普通法对立法体系性和一般性概念的规避,使自然法对于普通法的影响大打折扣。自然法只在其一些单一的案件,即只在1765—1770年的《英国法的黑石评论》(Blackstones Commentaries on the laws of England)(Rdz. 108)中遗留下些许痕迹。

在**荷兰**,格劳秀斯也在罗马—荷兰法中留下了印记(Rdz. 107),他的《荷兰法导论》(Inleidinge)是第一本系统阐述罗马—荷兰法的书,而自然法在这里扮演了一个十分重要的角色,特别是合同法领域中一般性学说的阐述。

和法国一样,**德国**也有与之相同的法律分裂时期。在1672年普芬道夫的自然法著作出版后,很快,几乎所有的大学都开始讲授此书。而当托马斯乌斯和之后的沃尔夫在1694年创建了哈勒大学后,哈勒大学就成为了法学的中心,而它的影响则一直辐射到南部的巴伐利亚,在1765年这里以相对弱势的自然法为基础编著了《巴伐利亚民法典》(der Codex Maximilianeus Bavaricus Civilis)。接下来在1794年普鲁士也颁布了《普鲁士法典》,这是第一部伟大的自然法法典(上述两个法典都在Rdz. 127)。在**奥地利**,维也纳大学是自然法学派的中心。这所大学中,卡尔·安东·冯·马提尼(1726—1800)和他的学生与继任者弗朗茨·冯·采乐(1751—1828)教授自然法。而正是在他们研究工作的基础上,1811年奥地利也颁布了自己的《民法典》(Rdz. 127)。

瑞士传播自然法方面发挥了重要作用,让·芭比瑞斯(Jean Barbeyrac),即洛桑大学和格罗宁根大学的教授,把格劳秀斯和普芬道夫的拉丁文著述翻译成法语，并以沃尔夫式的写作方式对艾默里奇·瓦特尔的论述作了精简。这些工作的重大意义不仅体现在自然法在法国的传播上——在《拿破仑民法典》中有一些有关克里斯蒂安·沃尔夫的著述——而且对自然法在整个欧洲的传播也是贡献良多。因为在这一时期法语明显比拉丁文更为简单易懂。第三个作出突出贡献的法学家是让-雅克·布拉马其（Jean-Jacques Burlamaqui），他在日内瓦大学讲授自然法，大名鼎鼎的卢梭就是其杰出弟子之一。

自然法在政治领域中的第一次伟大实践是1789年8月26日在**法国**国民大会上颁布的《人权宣言》，紧接着在1791年的9月3日，法国在巴黎决议通过了孟德斯鸠三权分立的君主立宪制宪法纲领。而先于它同年的5月3日，带有一些君主制特征的第一个欧洲宪法在波兰率先颁布了（全部源于 Rdz. 128）。

那么整体平衡性呢？很不错，要比本节一开始卡尔·博格伯姆（Karl Bergbohm）描述的还要好。自然法的优势体现在以下几个方面：首先，自然法突破性地带来了普遍的平等和自由；其次，自然法不仅仅消除了刑讯制度，而且通过贝卡利亚对于刑事诉讼的前瞻性改进，它还推动了刑事实体法的发展；此外，自然法不仅实现了宗教认知领域和科学理论领域中自由，甚至在1789年8月26日的欧洲，它还实现了普遍意义上的人权。但这也仅仅是人权的开始，就如我之前所提到，它仅出现在法国而且并不成熟（Rdz. 128）。

自然法的法典编撰

首先，自然法和其一般性的体系要求适用于所有将专制主义作为理想法制的国王们；其次，在巴伐利亚、普鲁士和奥地利都出现了实行开明专制的公侯——约瑟夫·马克思三世、腓特烈二世、玛丽亚·特里萨和她的儿子约瑟夫二世。他们都信仰自然法的理性、都秉持着启蒙运动的信念，即"政府理性的、合乎道德规范的行为能够创造一个更美好的社会"（弗朗茨·维克）。之后借助自然法，国王们极其自觉地想要成为一个独立的立法者，以便实现其统治疆域中法律的统一，而国家法律的分散性不仅是他们施行专制统治的绊脚石，还阻碍了经济在统一地域内的发展。接下来孟德斯鸠出现了，在《论法的精神》一书中他对此进行了阐述，即（立法的）精神必须以每个国家的特性为依据。

所以，立法这项任务交给了那些十分有能力的国家公仆，巴伐利亚的民法典之父科瑞特迈耶（Kreittmayer）、普鲁士的卡迈尔（Carmer）、维也纳的采乐（Zeiller），之后他们分别于1756年、1794年和1811年完成了自然法典的编撰。他们是"革命行为的变形体"（弗朗茨·维克）。就如将这些法律从中世纪带到近代并在这里作了补充那样,他们淘汰了由罗马法、地方性法律、教会法、法律典籍和法典构成的法律混合体。这一现象并不奇怪,因为这些改革与法国大革命相互衔接,法国大革命要求一般性的统治,而法律改革则要求使这些分散在各地的 362 个地区性法律统一起来,他们之间相互推动,共同促成了成文法典(droit écrit)的最终订立。法国大革命后,人们把制定统一的、全国性法律的任务交给了国民大会的一个委员会。但是大革命的继续发展却使这一变革落空了。随着 1799 年法国宪法(Konsulatsverfassung)的出台它就更加悄无声息了。之后的拿破仑将这一任务承接了下来,在 1800 年他下令成立由四名委员组成的小型"民法起草委员会"。起草委员会按期完成了民法草案的编订,经大理院和上诉法院研究修改后这部草案提交参政院讨论修改。围绕这部民法草案参政院共召开了 102 次讨论会,拿破仑亲自主持并参加公议的共 97 次。所以这部法典直到今天仍然保留着手写稿,虽然在谈论会上人们对其仅作了一些改变,但是它已经不再归属于我们眼中的自然法法典范畴,它成为 19 世纪最受人推崇的成文法典(Rdz. 138)。

《**巴伐利亚民法典**》颁布于 1756 年,是由巴伐利亚选帝侯约瑟夫·马克思三世男爵(Kreittmayr)制定完成的。对此他写道:"人们在民法典编撰的过程中,尽可能地不要逆着潮流而上。"此法典在形式上遵循的仍旧是盖尤斯和查士丁尼(Rdz. 22)的罗马法立法体系。虽然,在法律内容上经常援引格劳秀斯、普芬道夫、托马斯乌斯和沃尔夫的法学理论,但是其仍旧只是旧有许多巴伐利亚法的归纳和总结,法典中消除了他们彼此间的矛盾之处,用明确、清晰的德语书写出来。但它只是其他两部法律的前奏,并被附以自然法法典的名称。

1794 年《**普鲁士法典**》。很早之前,普鲁士就有关于制定统一法典的计划了,1746 年国王腓特烈二世将这一立法任务交给他的总理科塞济(Cocceji),要求其以自然法的理性为基石,制定一部通俗易懂的一般性法典。因为当时正好处在七年战争之初,所以这个计划一直被搁置。最后,老国王于 1779 年旧事重提。因为一个司法丑闻国王解雇了当时的总理,转而任命卡米希尔·冯·卡迈尔(Casimir von Carmer)作为总理的接任者。这个新总理与其他的两个法学家卡尔·戈特利布·斯维尔和费迪南德·克莱恩共同居住在位于柏林的一座别墅中。他们三个都是那样训练有素,他们都十分精通克里斯蒂安·沃尔夫的自然法。正是在这所别墅中一个新的法案被孕育出来,1787 年这部草案被公之于众,供民众讨论,之后作出了一些修改,在 1792 年这部法典就应当生效,但是,因为腓特烈二世的继任者威廉三世和其保守派的顾问拒绝颁布这一"平等法典"。所以这部法典在重新修订之后,随着 1793 年第二次瓜分波兰,一些波兰地区成为了普鲁士的新国土,而这些新领地也应当被划归为普鲁士法律的适用范围。所以在 1794 年颁布了普遍适用于所有普鲁士疆域的统一的《通行法典》。

参照和遵循普芬道夫和沃尔夫自然法体系的 19199 个段落是一个浩繁的工作:从单一的私人法上升到了与其他人订立的合同法;此外还有领主和其附庸的领地法;接下来的婚姻法和亲属法也成为了一个统一的整体;封建农场主庄园制、市民和贵族的现状以及教会和学校也都被归为"国家权利和义务"范畴,但篇幅很短;接下来从监护制和救济机构的相关制度开始,直到国家的刑事法律,这部分内容的篇幅很长。即国家仍旧继续维护着稳定的封建结构。但是在刑法方面,这部法典虽然借鉴了贝利亚的新刑法,但是却仍旧存留着残酷的轮刑和火刑。但是应该注意的是这部法典与巴伐利亚的民法典的不同之处,在此法典的婚姻法领域中丈夫不再享有惩罚妻子的权力,同性恋者也不再被判处火刑,而"只"是去往教养所而已。虽然此法典无一不遵循着"法律的语言规范"(莱因哈特·科泽勒克),即从封建社会向资本主义社会迈入,用清晰、简单的德语编著的这部法典附带着永无穷尽的细节,所有的一切都是那么生动无比。法律颁布后的社会和之前相比并没有什么不同。这部法典是"旧有的欧洲社会与法律制度留下来的一个了不起的遗迹"(托克维尔)。但是换句话说,这部法律从颁布的那一刻起就已经过时了,但是,这部法律附带着一些特殊的法律条款,诸如领主法、地主制,却一直适用到 19 世纪。这部法典中附有隐藏性术语特色的语言和其先进的、归纳性的立法模式都具有现代法典的特性。

虽然和《普鲁士法典》不同,1811 年**奥地利的《一般民法典》**所调整的法律关系仅局限于私法领域,但与之相似的是,它也是历经了漫长的时间才得以颁布施行的。1753 年,奥地利女王玛丽亚·特里萨首先着手订立民法典,为此她成立了一个订立法律草案的立法委员会。这个立法委员会尽可能地将奥地利所有的地方法都留存起来,用以作为订立一般性法律(ius commune)的参考,使之成为理性的一般性法律的补充。但是,因为其所订立的这个立法草案过于庞大并且生僻难懂,所以她又成立了第二个立法委员会。该委员会草案的第一部分"人法和家庭法"在 1787 年由她的儿子约瑟夫二世颁布施行。但是,因为该法受到了很多批评,所以皇帝利奥波德二世在三年后又设立了第三个立法委员会,这个委员会由维也纳大学专门研究自然法的教授卡尔·安东尼的指导,他的学生弗朗西斯·冯·采乐(Franz von Zeiller)做具体的工作。在法国大革命之后,与普鲁士一样,奥地利也面临着政治上的危机,所以带有"Zeiller"

印记的立法草案被修改了三次。之后，这部法律于 1811 年被在这一时期还是奥地利国王的弗朗西斯一世颁布施行，即在玛丽亚·特里萨主张订立法典的半个世纪后。

这部法典要比《普鲁士法典》更为先进，其 1502 个段落中包含了多于 9000 条的私法条款。法典的编撰者取代了详细的决疑论，代之以简短的抽象性语言。它包括三个部分：第一部分主要涉及的是人身权利的"人法"和"婚姻法"；第二部分是"物权法"，基本上是有关所有权与占有权以及合同与侵权行为的相关规定。第三个部分出现了欧洲立法史上第一个"总则"部分，这是自然法学派创立的，即由克里斯蒂安·沃尔夫的学生所创立的，关于权利和义务、以及权利与义务的撤销和废止、时效和因时效取得的一些相关规定。几乎一个世纪之后的《德国民法典》在最开始的开篇中就设立"总则"，并且较之更为精细（Rdz. 138）。《奥地利民法典》（缩写为 AGBG）是一个很好的法典，其在 19 世纪和 20 世纪加以补充后一直沿用至今，已经有 200 年的历史了。

宪法与人权

与英国和法国的"宪法"（constitution）相同，"宪法"（Verfassung）一词有着悠久的历史，这一词的最初意思仅是物或身体所处的一个状态。在 18 世纪初，它的法律含义只有一个，即政治协约（Staatsverfassung）。最初，它只作为一个单纯的历史发展状态。例如古老的德意志神圣罗马帝国在多个世纪的更迭中所签署的一系列条约，如 1122 年的《沃姆斯宗教合约》。1356 年的《金玺诏书》等。人们把它称为宪法的实证性概念，它的现代化概念出现在 18 世纪的后半叶，即美洲殖民者为了争取独立而与英国君主所作的斗争。现代意义上的宪法有如下几点含义：第一，它源于人民群众。第二，他必须以书面的方式写在一个单一的文件上。第三，国家的诸项权力在原则上不能因为国家权力的占有者而有所改变，反过来说，这些国家权力的享有者有义务遵守宪法的相关规定，不能与之相悖。第四，宪法要受《人权宣言》的制约。

人权起源于英国，最早出现在 1215 年的《自由大宪章》的第 39 条，即自由权中（Rdz. 75），而英国 1679 年颁布的《人身保护法》进一步加强了对于人权的相关保护措施（可比照：你应该保有一个自由的身体），1679 年的《人身保护法》中作出了如下保障：逮捕实施后最晚三天内必须有法官签署的逮捕令。这是针对斯图亚特王朝国王查理二世摇摆不定的政策，强大的英国圣公会要求国王作出的一个保障，因为国王查理二世对于当时的天主教会十分同情。而第一个受一般人权宣言制约的宪法出现在美国。

在**美国**，人权宣言开始于1776年1月到6月这一期间相继出现的新罕布什尔州宪法、南卡罗来纳州的宪法、弗吉尼亚州的宪法，以及弗吉尼亚人权宣言中的几种基本权利：生命、自由、财产、幸福与安全。同年6月，州议会决定13个英国殖民地脱离英国宣布独立，现在，"独立"一词被美国人称为对生命、自由和幸福的追求，也就是人权宣言，即生命、自由和追求幸福的权利。这时，通过八个前殖民地宪法的颁布，这八个省也陆续地脱离英国，宣布独立，最后一个宣布独立的是马萨诸塞州，即在同年10月。随着第一部联盟宪法的颁布，1777年"美利坚联合王国"作为一个松散的邦联国家成立了，在1782年与英军的战争中获取了决定性的胜利后，美国于1787年颁布了第二部宪法，这部宪法标志美国成为了一个总统制的强大联邦国家。这份宣言一开始就满怀信心写道："这是一个人民联盟国家"，其宪法是由人民所订立的。就如联邦德国于1949到1990年实行的基本法序言部分所提及的那样，"它是德国的人民……所赋予"，美国的这部宪法并不来自上层组织，而是来源于下层群众。

在欧洲，1789年7月26日**法国**爆发了针对君主制的大革命，同年8月，法国国民大会表决通过了《人权宣言》。而《人权宣言》的发布就像小号一样吹响了整个欧洲，以"人生而自由，都享有平等权利"为开篇，此《人权宣言》共有17条。与美国的《人权宣言》相同，它的身上也出现了一个小问题。美国《独立宣言》中写道："我们认为这些真理是不言自明的，即所有人都生来平等，从造物主那里他们获取了若干不可剥夺的权利，包括生命、自由和对幸福的追求。这是由当时年仅33岁的托马斯·杰斐逊所撰写的名言。托马斯·杰斐逊是一个有着2000亩土地和超过100个奴隶的大农场主。所以，和州议会的其他成员一样，他完全忘记了其他那些贫苦生灵的自由和平等，就如法国《人权宣言》颁布后的13年时间里法国人忘记妇女也同样有着人权一样。为此，在两年后法国发生了抗议活动。奥兰普·德·古热（Olympe de Gouge），是一个既聪慧又美丽的女人，她居住在巴黎，撰写小说和戏剧。她最重要的作品是1791年出版的《妇女和公民权利宣言》，其书也像1789年颁布的《人权宣言》那样分为17条，在第10条中她写道："女人既然有登上断头台的权利，那么她们就必须享有登上讲台的权利。"而在美国，关于奴隶制的争议要晚很多，而奴隶制争议是引发美国1861—1865年内战的根本原因。但是，在北方胜利后对黑人的歧视却并没有消除，并且一直持续到现今的21世纪。而法国的妇女也等待了很久。在奥兰普·德·古热的著作发行两年之后，1793年她登上了断头台，和那些男人们一样被处决了。

继《人权宣言》后,直至1800年法国共颁布了四个宪法。第一个是1791年的国民议会决议,以孟德斯鸠的学说为蓝本,规定法国要实行君主立宪制。国王是政府权力的所有人,这个由国民大会选举出来的男性公民既是立法者,同时还是独立的法官。而由国民大会推选出来的男性公民可以通过流放、逮捕的方式自行处理法律事务,而1793年的1月这个大会处死了国王。同年6月,法国的第二个宪法经国民议会决议通过,雅各宾派是"非常民主的"。但是,这个宪法从来没有生效过,它一直被拖延至法军与那些与革命为敌的俄罗斯、普鲁士和奥地利的战争结束之后。国民大会委员会接管了政府。首先乔治·丹东统治了三个月,之后他被马克西米连·罗伯斯庇尔替代,罗伯斯庇尔以人民为名的恐怖统治一直持续到1794年。之后1795年出现了第三部宪法,它是由国民大会委员会——对以人民为名滥用权力的回答——制定的。人民对此已经十分厌倦了,而他们的权利也完全地受到限制,但即使如此,参与表决的人数仍旧十分少。这就是法国1795年的第三部宪法,"它只是个任命官员的工具,民主之门已经关闭"(Jacques Godechot,1998年)。因为这部宪法规定,只有那些富裕的公民才有选举权。议会和其两院由这些富裕公民中所选出的那个更为富有的候选人把持,两院选取政府,而这个由五名成员组成的领导团队没起到什么作用,两年内发生了三次政变,因为高额的战争耗费这个国家濒临破产的边缘。1799年雾月的18日,拿破仑发动了雾月政变,在11月9日,这并不是一个德国日期,第四部法国宪法出台了,在三名领事那里拿破仑一世把所有的权力都囊括在手。

法国四部宪法(至1800年)	
1791年君主立宪制宪法	由国民议会决议通过
1793年民主的"雅各宾派"宪法	由国民议会决议,但并没有生效
1795年的第三部宪法	由国民大会的一个委员会决议,并通过全民表决
1799年的第四部宪法	由拿破仑钦定的委员会决议,最终由全民表决

参加第四个宪法公决的公民多达300万,远远多于第三个宪法参加表决的人数,有300万到400万的法国公民弃权,不参与表决。人们对此不再厌烦,同时赞成军事独裁统治。在1800年之后,法国又相继出现了两个由人民公决的宪法,最后一个宪法出现在1804年。凭借这部宪法拿破仑成为"能够世袭的法国皇帝",直到1814年法国的革命和民主第一次在此成功地安家落户。

在法国之前,另外一个欧洲国家也颁布了宪法。1791年5月的《**波兰宪法**》比法国的《人权宣言》早了四个月。这是在荷兰第一次被瓜分之后订立的宪法，出现在国王斯坦尼斯·波尼亚托夫斯基（1765—1795）的统治期间，它是波兰借助其自身经济和文化的繁荣反抗俄国强权的最后一次努力。这部成文宪法由众议院决议通过，宪法中既包含了孟德斯鸠的三权分立学说，又保留了封建制和农奴制，总之这部宪法和波兰的自由主义走得很远。此外，宪法还规定俄罗斯和普鲁士的军队必须服兵役，但同一年这个由国王亲自参与、编订的宪法就被撤销了。

除此之外还有一个宪法的前身，这是人们最近才了解知道的。东欧的第一部人权法案出现在北部，同样也是以孟德斯鸠的学说为范本。在1770年，亚历山大·开普勒是罗维莎市的市长，罗维莎市是位于瑞典统治下芬兰赫尔辛基东部海湾的一个小港口。他写道："**瑞典公民的一般的权利**"，国王应当保障所有臣民通过法律手段得到保护的权利，而不应是通过其他臣民才能享有受保护的权利，所谓的其他臣民是对贵族而言。"任何人都应该处于这样一种状态，即自己管治自己，只要被瑞典的成文宪法和我们的誓言(对国王 U. W.)所许可。"就如孟德斯鸠所说，"人们有自由做一切法律所准许的事情"（《论法的精神》，第11卷，第三章）。

再晚一些参照革命性法国人的模式，**德国**很早就施行了宪政，在法国占领德国期间，1792到1793年的美因茨共和国就出现了第一个民选议会。而德意志神圣罗马帝国的各邦国中还广泛地传播着诸多宪法草案，他们大多数写于德国南部。其中一些依据雅各宾派式样所订立的宪法草案十分激进，如1793年约瑟夫·伦德尔（Joseph Rendler），和1798年的一个传播十分广泛、政府急于跟踪调查的一个匿名文件"共和国宪章草案，即草案的订立者在德国想怎样的适用它"，这一草案以1795年的宪法和《人权宣言》为基石，以三权分立为原则。它延续了将近半个世纪，直到1848年三月革命后（Rdz. 131）与之相近的宪制在德国才真正得以实行。

法　律

像中世纪的欧洲人那样，近代的欧洲人仍然继续生活在基督教王国之下，没有人注意到一个新的时代已经开始。但君主最能感受这一变化，他们或是与新的政治团体，即议会民主制的前身一起进行着统治或是做一些有建设性的事。而现代意义上的民主制就最先出现在这一政治团体中，这一民主制一直持续地在英国得以运用，并且延续了很长时间；突然适用这一体制的是1789年的法国，但民主制在这里被迫中断了很多次。而其他实施民主制的一些君主自17世纪开始就朝着专制的道路前进。在这当中，三个国家的君主与其他君主不尽相同，他们分别是俄国、德国和波兰的君主：俄国在近代早期到近代晚期的这段时间里实施的都是专制统治，其专制统治的时间可能还会更长一些。德意志神圣罗马帝国有着他们自己的皇帝，但是皇帝的王权仅仅在哈布斯堡家族统治期间才相对强一些，皇帝名誉上的疆域中包括大量的由不同诸侯统治的各个割据政权，这些邦国中的大部分国家实施的也还是君主专制制度。最后就是波兰，它自1500年即雅盖隆王朝统治时期就已经开始走向没落，之后它又遭遇了1795年三次瓜分波兰事件。

对于农村和城市的自治政府来说，这个时代看起来并不好。一方面，欧洲在这三百年里继续存续着地主制和领主制。在这一时期，农村的自治组织也进一步消失了，他们中的一部分成为了城市的各个社区，为现代化的城市做好了准备。就像格奥尔格·耶里内克（Georg Jellineck）在19世纪所表述的那样，国家是由国家的公民、国家的疆域和国家的权力组成的，即国家三元论。城市的自主权的出现意味着专制统治的结束。这是自19世纪以来，农村和城市自治组织向着"国家化团体"过渡的必要阶段。

在近代的早期，欧洲各国还存续着许多地方性的习惯法，只有英国是个例外。但是你总会感到，欧洲各国的君主们都有着将各地不同的法律统一在一起的迫切要求。特别是在17世纪的中期，编撰统一的法典对于强化君主的王权、取代地方的顽固势力、促进经济发展都十分重要。法律在欧洲各地以不同的速度广泛地传播着。大陆法系的欧洲核心国家还有其他的法律来源，即科学，此外实践的作用也不可小觑。普通法是以罗马法为基础而制定的，但其效用在欧洲却略有萎缩。在近代早期的末期，1765—1769年的《黑石评论》（*Blackstones Commentaries*）为英国的普通法引进了十分简洁的方式。随着普通法的不断发展，它在欧洲大陆上已经建成了一个具有和谐性的法律体制了。

在17世纪欧洲的核心国家中已经出现了与经典自然法背道而驰的悖论。一方面，借助平均主义，以托马斯·霍布斯的《利维坦》为模型鼓吹的专制统治，对此，格劳秀斯、普芬道夫、托马斯乌斯和克里斯蒂安·沃尔夫都可以不费吹灰之力将其驳倒。所有人都是平等的，他们与公爵们一样，都可以同样的方式获取同等的生存与发展机会。另一方面，伴着平等而来的还有自由理念，其中最伟大的莫过于普芬道夫、约翰·洛克、孟德斯鸠以及紧随其后激进的卢梭了，他明确地提及了人的人格尊严。

经典自然法是"人的形象在法律上转变"（Ernst Wolfgang Böckenförde）的最主要根源，经典自然法是源于宗教改革后的信仰分裂而产生的。它使得自中世纪就开始出现的宗教与法律的分离变得更为完美，宪法中不再出现君主制的君权神授理论了，就像普鲁士的腓特烈二世所称的那样，君主是"国家的第一个仆人"。借助西班牙的后经院哲学，国际法已经从宗教中分离出来。欧洲殖民者对美洲土著印第安人发动的战争不会因为其所谓的传播基督教而作为正义之战被人们所认可，维多利亚、巴斯克斯和莫利纳是这样解释的：宗教信仰的差异不能成为发动战争的正当理由。胡果·格劳秀斯用一句话结束了中世纪以来宗教对刑事法律的制约。刑罚作为一种反应，导致其出现的仅是简单的犯罪行为。这是"他们从宗教中得出的激进的解决方法"（迪普·施密特），而后果就是普芬道夫将刑法和国家绑在了一起，即刑法必须保护社会免于受刑事犯罪行为的侵害。刑罚不再是神的报复，而是具有实用性功能的一种处罚方式，所以刑罚必须适度，既不能过严也不能过轻。

就像书中所描述的那样，欧洲中世纪的相关刑法直到近代早期仍然继续适用着。虽然人文主义和科学兴起，但是如下情形在近代早期仍旧普遍存在：刑罚过于严厉、残酷，"女巫"的追索程序，刑事诉讼中的刑讯。而当笛卡尔在1637年出版《关于正确的理性要求和科学的研究方法》之时，恰恰是德国第二次"女巫"迫害运动的高峰。在这一时期，即使英国也使用着谨慎的刑讯制度。如果没有中世纪宗教裁判所的"纠问诉讼"，在近代，相对于作为刑罚客体的臣民来说，笛卡尔的这一理论更为符合君主专制要求，那么刑讯制度和"女巫"迫害运动就不可能出现和发生。但是，死刑以及令人毛骨悚然的肉刑的行刑数量和残暴程度都在逐渐减少、减弱。自然法推动了"女巫追索"程序和刑讯制度的废除，自然法通过其在近代创造的"刑罚相适原则"，使得中世纪时期的诸种刑法在近代早期的三百年实践中被最终取缔和废止。

私法领域也发生了一些变化，在欧洲的核心国家中，所有权在这一时期变得更为强大也更为灵活，如俄国，但是，在英国几乎没有出现这一变化。由于千差万别的原因所有权制度在西班牙、斯堪的纳维亚半岛诸国和东中欧没有丝毫的改变。在教会的影响下，遗嘱继承在欧洲得以广泛使用，但是，被继承人因死亡情由处置财产的自由度并没有很大的进步，其被新兴的特留份制度有效地限制着。只有在英国和俄罗斯被继承人才是完全自由的、不受特留份制度的制约。

在合同法方面，相对于罗马法和中世纪其他法律中对于合同订立的严格格式要求，教会法中的合意原则在整个欧洲得以普遍实行。随之而来的是英国普通法——斯莱德案——的判决。格式条款——相对罗马法——仅仅运用在不动产的买卖中。私刑法在近代早期的末期已经完全被附有损害赔偿的私法性质的侵权法和国家权力下的公刑法所代替。像《圣经》所吩咐的那样，中世纪女人处于从属地位的现状在近代早期仍旧存留着。与此相对，由于解禁了教会的利息禁令，商法变得更具现代性；借助背书这一方式票据变得更为安全；支票和新的贸易公司也在这一时期出现了。由大型公司组成的股份有限公司的出现更是加快了货物流通，首先表现在海外贸易领域。

中世纪的"封建"农奴制继续存续着，而农奴制在中世纪早期终将结束之时由西欧不断地扩展到东欧，因为法国大革命的原因农奴制在法国才彻底被废除。自由农民一般只存在于荷兰的北部、瑞士和德国的一些地方。而英国施行的资本主义则是欧洲的一个特殊情形，在英国，失去土地的劳动者生活在庞大的农场中，自由的农民从此不再存在了，他们都被那些大地主们驱赶到城市中去。

新旧世界在法律上的第一次相互制约迎来了18世纪末与近代早期的争鸣时代。在宪法方面，来自欧洲核心国家的普芬道夫、洛克和孟德斯鸠等的学说理论出现在美洲的英国殖民地中，同时在这里也产生了活生生的、现实的人权宣言，即美利坚合众国的现代宪法。而美国的这一实践经验又重新反哺到了法国，这是通过在1785—1790年这段时间担任美国特使（在当时还没有大使这一名称）的托马斯·杰斐逊以个人的方式实现的，他同时也是1776年美国《独立宣言》的制定者。在1789年他和拉法耶特侯爵（Marquis de Lafayette）写下了法国大革命的《独立宣言》，成为整个欧洲的号角。而之后，他成为美国的第三任总统。在法国，直到1800年为止一共出现了四部宪法，它们虽然各不相同，但是至少每次宪法的制定都留有了单独的证明文件。近代的早期离未来还有一段不短的路程，这四部宪法中的第一部宪法是通过中央政府常设大会即1791年的国民大会进行表决的，而这一大会的组成人员是以民主的方式从全部的法国（男性）公民中选举产生，符合全部法国人的所有诉求，与英国自1215年《自由大宪章》颁布后稳步发展的古老的议会相比，法国的这个大会要嘈杂喧嚣得多，但是直到1804年，即拿破仑帝国开始时，这一大会才真正地鼓舞着更多的法国人进行全民公投。

参考文献：

HRG = *A. Erler*, *E. Kaufmann*（Hg.），Handbuch zur deutschen Rechts geschichte, 5 Bände, 1971 - 1998; 2. Aufl. hg. v. *A. Cordes*, *H. Lück*, *D. Werkmüller* seit 2004.

Rdz. 100.：G. Vogler, *Europas Aufbruch in die Neuzeit* 1500 - 1650, 2003; H. Duchhardt, *Europa am Vorabend der Moderne* 1650 - 1800, 2003; *Zur Schweiz immer* noch am Schönsten: A. Heusler, *Schweizerische Verfassungsgeschichte*, 1920 (Ndr. 1968), *zu den genannten drei Stationen* S. 52 *ff*. , 143 *ff*. , 247 *ff*. ; C. M. Cipolla, K. Borchhardt (Hg.), *Europäische Wirtschaftsgeschichte*, *Sechzehntes und siebzehntes Jahrhundert*, 1979; dieselben (Hg.), *Die industrielle Revolution*, 1976 (*ab* 1700, U. W.), *zum Bevölkerungswachstum hier* A. Armangaud S. 14 *ff*. , *zur Agrarrevolution* P. Bairoch S. 297 *ff*. , *zur industriellen Revolution* S. Lilley S. 119 *ff*. und D. Landes, *Der entfesselte Prometheus. Technologischer Wandel und industrielle Entwicklung in Westeuropa von 1750 bis zur Gegenwart*, 1973.

Rdz. 101. : **Absolutismus allgemein**: zuletzt und mit weiterer Literatur U. Seif; Absolutismus, in: HRG 2. Aufl. 1. Lieferung 2004, S. 30 ff. ; vgl. noch D. Willoweit, Deutsche Verfassungsgeschichte, 6. Aufl. 2009, S. 160 ff. (§ 23); das Zitat *Bodins* von 1576 im 1. Buch, 9. Kapitel, erster Satz, in späteren Ausgaben ist es das 8. Kapitel, so auch die lateinische Ausgabe von 1586. Man benutzt ihn heute in der deutschen Ausgabe *Jean Bodin*, Sechs Bücher über den Staat, 2 Bde. , 1981/86. **Frankreich**: W. Reinhard, Geschichte der Staatsgewalt, 1999, S. 62 ff. ; P. C. Hartmann, Französische Verfassungsgeschichte der Neuzeit (1450 – 2002), 2003, S. 17 ff. ; G. Vogler, Europas Aufbruch in die Neuzeit 1500 – 1650, 2003, S. 142 ff. ; H. Duchhardt, Europa am Vorabend der Moderne 1650 – 1860, 2003, S. 176 ff. , das Zitat S. 179; J. – L. Harouel, J. Barbey u. a. , Histoire des institutions de l'époque franque à la Révolution, 11. Aufl. 2006, S. 415 ff. **England**: K. Kluxen, Geschichte Englands, 5. Aufl. 2001, S. 469 ff. , 549 ff. , 585 ff. ; A. Lyon, Constitutional History of the UK, 2003, S. 207 f. , 241 f. , 254 f. , 273 f. ; E. Wicks, The Evolution of a Constitution, 2006, S. 11 ff. , 53 ff. ; Text der Magna Charta: D. Willoweit, U. Seif, Europäische Verfassungsgeschichte, 2003, S. 3 ff. ; der Petition of Right: J. Brand, H. Hattenhauer, Der europäische Rechtsstaat. 200 Zeugnisse seiner Geschichte, 1994, S. 45; des Habeas Corpus Act und der Bill of Rights: Willoweit, Seif a. a. O. S. 215 ff. und 236 ff. **Österreich mit Böhmen und Ungarn**: O. Kimminich, Deutsche Verfassungsgeschichte, 2. Aufl. 1987, S. 262 ff. ; W. Brauneder, Österreichische Verfassungsgeschichte, 8. Aufl. 2001, S. 63 ff. , 79 ff. ; W. Reinhard a. a. O. S. 57 ff. , 79 f. , H. Duchhardt a. a. O. S. 253 ff. ; O. Peterka, Rechtsgeschichte der böhmischen Länder, 2. Teil, 1933 (Ndr. 1965) S. 135 ff. ; A. Radvánsky, Grundzüge der Verfassungs-und Staatsgeschichte Ungarns, 1990, S. 64 ff. **Skandinavien**: J. Danstrup, A History of Denmark, 1948, S. 67 ff. ; das dänische Königsgesetz von 1665 in deutscher Übersetzung bei D. Tamm, W. Schubert, J. V. Jörgensen (Hg.), Quellen zur dänischen

Rechts-und Verfassungsgeschichte, 2008, S. 34 f. ; *K. Gjerset*, History of the Norwegian People, 1928, 2. Bd. , S. 228 ff. ; *F. D. Scott*, Sweden, The Nation's History, 1977, S. 211 ff. ; *N. Herlitz*, Grundzüge der schwedischen Verfassungsgeschichte, 1939, S. 99 ff. ; *W. Reinhard* a. a. O. S. 74 ff. , S. 75 das Zitat zu Dänemark; *H. Duchhardt* a. a. O. S. 282 ff. **Spanien**: *W. Reinhard* a. a. O. S. 66 ff. ; *H. Duchhardt* a. a. O. S. 361 ff. **Preußen**: *O. Kimminich* a. a. O. S. 255 ff. ; *W. Reinhard* a. a. O. S. 57; *D. Duchhardt* a. a. O. S. 270 ff. **Deutsches Reich**: *O. Kimminich* a. a. O. S. 165 ff. ; *D. Willoweit* a. a. O. S. 106 ff. Der Spott Voltaires bei: *P. Mansel*, Der Prinz Europas. Prince Charles – Joseph de Ligne 1735 – 1814, 2003, S. 22. **Polen**: *S. Kutrzeba*, Grundriss der polnischen Verfassungsgeschichte, 1912, S. 146 ff. ; *W. Reinhard* a. a. O. S. 79; *G. Vogler* a. a. O. S. 203 ff. ; *H. Duchhardt* a. a. OS. 300 ff. **Russland**: *L. Schultz*, Russische Rechtsgeschichte, 1951, S. 155 ff. ; *H. Küpper*, Einführung in die Rechtsgeschichte Osteuropas, 2005, S. 125 ff. ; *H. – H. Nolte*, Kleine Geschichte Russlands, 2003, S. 52 ff. ; zu Josef Ssanin und Iwan IV. (den Schrecklichen): P. C. Mayer – Tasch im Vorwort zur deutschen Ausgabe *Jean Bodin* a. a. O. S. 10 in der Anmerkung. **Zur Schweiz**: immer noch am schönsten: *A. Heusler*, Schweizerische Verfassungsgeschichte, 1920, Ndr. 1968, zu den genannten Stationen S. 52 ff. , 143 ff. , 247 ff.

Rdz. 102. : **Allgemein**: *W. Reinhard*, Geschichte der Staatsgewalt, 1999, S. 261 ff. **Frankreich**: *P. C. Hartmann*, Französische Verfassungsgeschichte der Neuzeit (1450 – 2002), 2003, S. 38 ff. *J. – L. Harouel, J. Barbey, E. Bournazel, J. Thibaut – Payer*, Histoire des institutions de l'époque franque à la Révolution, 11. Aufl. 2006, S. 506 ff. **England**: *R. v. Gneist*, Englische Verfassungsgeschichte, 1882, S. 383 ff. , das Zitat auf S. 667; *G. A. Ritter*, Das britische Parlament im 18. Jahrhundert, in:

D. Gerhard (Hg.), Ständische Vertretungen in Europa im 17. und 18. Jahrhundert, 1969, S. 398 ff. ; *D. L. Keir*, The Constitutional History of Modern Britain 1485 – 1951, 1953, S. 42 ff. ; *W. Reinhard* a. a. O. S. 219 f. ; *H. Duchhardt*, Europa am Vorabend der Moderne 1650 – 1800, 2003, S. 203 ff. **Brandenburg/Preußen**: *P. Baumgart*, Zur Geschichte der kurmärkischen Stände im 17. und 18. Jahrhundert, in: D. Gerhard (Hg.), Ständische Vertretungen im 17. und 18. Jahrhundert, 1969, S. 131 ff. **Dänemark**: *J. Danstrup*, A History of Denmark, 1948, S. 36 ff. , 67 ff. ; *L. B. Orfield*, The Growth of Scandinavien Law, 1953, S. 18 f. ; *W. Reinhard* a. a. O. S. 75.

Rdz. 103. : S. Ekdahl, *Das Stockholmer Blutbad* 1520, in: *A. Demandt* (Hg.), *Macht und Recht. Große Prozesse in der Geschichte*, 1990, S. 133 *ff.* ; *F. D. Scott*, *Sweden*,

欧洲法律史

The Nation's History, 1977, S. 101 ff. ; J. Danstrup, *A History of Denmark*, 1948, S. 50 ff.

Rdz. 104. : A. de Maddalena, *Das ländliche Europa* 1500 – 1750, in: C. M. Cipolla, K. Borchardt (Hg.), *Europäische Wirtschaftsgeschichte*, Bd. 2, Sechzehntes und Siebzehntes Jahrhundert, 1979, S. 171 ff. ; P. Bairoch, *Die Landwirtschaft und die industrielle Revolution*, in: C. M. Cipolla, K. Borchardt a. a. O. , Bd. 3, *Die industrielle Revolution*, 1976, S. 297 ff. ; W. Rösener, *Die Bauern in der europäischen Geschichte*, 1993, S. 137 ff. ; zu den englischen enclosures noch: B. Moore, *Soziale Ursprünge von Diktatur und Demokratie. Die Rolle der Grundbesitzer und Bauern bei der Entstehung der modernen Welt*, 1974, S. 40 ff. L. B. Orfield, *The Growth of Scandinavian Law*, 1953, S. 41 f. , 194 f. , 177 ff.

Rdz. 105. : **Allgemein**: W. Reinhard, Geschichte der Staatsgewalt, 1999, S. 235 ff. ; P. Blickle(Hg.), Gemeinde und Staat im Alten Europa, Historische Zeitschrift, Beiheft 25, 1998; P. Blickle (Hg.) Landgemeinde und Stadtgemeinde in Mitteleuropa, 1991; C. Tilly, W. P. Blockmans (Hg.), Cities and the Rise of States in Europe A. D. 1000 to 1800, 1994. **Frankreich**: P. C. Hartmann, Französische Verfassungsgeschichte der Neuzeit, 2. Aufl. 2002, S. 51 f. ; J. – L. Harouel, J. Barbey, E. Bournazel, J. Thibaut – Payen, Histoire des institutions de l' époque franque à la Révolution, 11. Aufl. 2006, S. 508 ff. **Spanien**: W. L. Berneker, Spanische Geschichte, 2. Aufl. 2002, S. 82 f. ; P. F. Albadajedo, Cities and State in Spain, in: C. Tilly, W. P. Blockmans a. a. O. S. 168 ff. **Deutschland**: T. Riis, Towns and Central Government in Northern Europe from the Fifteenth Century to the Industrial Revolution, in: The Scandinavian Economic History Review, Bd. 29, 1981, S. 38; W. Reinhard a. a. O. S. 242, 244; D. Willoweit, Deutsche Verfassungsgeschichte, 4. Aufl. 2001, S. 197 ff. ; H. Baltl, G. Kocher, Österreichische Rechtsgeschichte, 7. Aufl. 1993, S. 141 f. **Böhmen**: O. Peterka, Rechtsgeschichte der böhmischen Länder, 2. Teil, 1928, Ndr. 1965, S. 108 ff. , 162 ff. **Ungarn**: E. C. Hellbling, Österreichische Verfassungs-und Verwaltungsgeschichte, 1956, S. 255 f. ; A. Radvánszky, Grundzüge der Verfassungs-und Staatsgeschichte Ungarns, 1990, S. 60 ff. , 84 ff. **Dänemark**: W. Reinhard a. a. O. S. 242; Logstrup, Gutsherrschaft und Dorfgemeinschaft im 18. Jahrhundert in Dänemark, in: U. Lange (Hg.), Landgemeinde und frühmoderner Staat, 1988, S. 15 ff. ; T. Riis a. a. O. S. 37 f. **Norwegen**: T. Riis a. a. O. S. 39; P. Blickle a. a. O. S. 5 f. ; W. Reinhard a. a. O. S. 241 f. **Schweden**: N. Herlitz, Grundzüge der schwedischen Verfassungsgeschichte, 1939, S. 72 ff. , 114 ff. , 182 ff. ; L. B. Orfield, The Growth of Scandinavian Law, 1953, S. 286; T. Riis a. a. O. S. 39; P.

Blickle a. a. O. S. 5 f. ; *W. Reinhard* a. a. O. S. 242 f. ; das Zitat: *S. Pufen dorf*, Introductio Ad Historiam Europeam, 1704, S. 598. **Schweiz**: *W. Reinhard* a. a. O. S. 242, 242 ? (s. S. 3 Mitte) ; **England**: *D. L. Keir*, The Constitutional History of Modern Britain 1485 –1951, 1953, S. 126 f. , 314 f. ; *B. Kümin*, Parish and Local Government, in: P. Blickle a. a. O. S. 210 ff. ; *W. Reinhard* a. a. O. S. 243, 246. **Russland**: *L. Schultz*, Russische Rechtsgeschichte, 1951, S. 124 ff. , 190 ; *C. Goehrke*, Russischer Alltag, Bd. 1, 2003, S. 286 ff. , 316 ff. ; *H. Küpper*, Einführung in die Rechtsgeschichte Osteuropas, 2005, S. 104, 136.

Rdz 106. : W. v. Rauchhaupt, *Geschichte der spanischen Gesetzesquellen*, 1923, S. 168 *ff.* ; A. Perez Martin, *Spanien, in*: *H. Coing* (Hg.) ,*Handbuch der Quellen und Literatur der neueren europäischen Privatrechtsgeschichte*, 2. Band, 2. Teilband, 1976, S. 228 *ff.* **Frankreich**: *L. A. und Th. A. Warnkönig*, Geschichte der Quellen des Privatrechts, 2. Band der Französischen Staats-und Rechtsgeschichte, 2. Aufl. 1875, Ndr. 1968, S. 73 ff. ; *K. Zweigert*, *H. Kötz*, Einführung in die Rechtsvergleichung, 3. Aufl. 1996, S. 76 ff. **Deutschland**: *W. Ebel*, Geschichte der Gesetzgebung in Deutschland, 2. Aufl. 1958, Ndr. 1988, S. 68 ff. ; *G. K. Schmelzeisen*, Polizei-und Landesordnungen, 1969. ; *H. Krause*, Gesetzgebung, in: HRG 1, 1971, Sp. 1614 ff. **England**: *J. H. Baker*, An Introduction to English Legal History, 4. Aufl. 2002, S. 204 ff. ; **Dänemark und Norwegen**: *L. B. Orfield*, The Growth of Scandinavien Law, 1953, S. 14 ff. ; *D. Tamm*, Dänemark, in HRG 2. Aufl. , 1. Band, 2006, Sp. 918 ff. ; das Danske Lov von 1683 in deutscher Übersetzung: *D. Tamm*, *W. Schubert*, *J. V. Jörgensen* (Hg.) , Quellen zur dänischen Rechts-und Verfassungsgeschichte, 2008, S. 94 ff. **Schweden**: *L. B. Orfield*, a. a. O. S. 252 ff. **Böhmen**: *O. Peterka*, Rechtsgeschichte der böhmischen Länder, 2. Teil, 1933, Ndr. 1965, S. 69 f. , 136 f. ; *H. Lück*, Böhmen, in: HRG1, 2. Aufl. 2005, Sp. 637. **Polen**: *W. W. Soroka*, Historical Studies of Polish Law, und Main Institutions of Polish Private Law 1400 –1795, in: *W. J. Wagner*, Polish Law Throughout the Ages, 1970, S. 24 ff. , 81, 84 f. **Ungarn**: *A. v. Timon*, Ungarische Rechts-und Verfassungsgeschichte, 2. Aufl. 1909, S. 604 ff. ; *A. Radvánsky*, Grundzüge der Verfassungs-und Staatsgeschichte Ungarns, 1990, S. 59 ff. ; "Ferdinandea" : *G. Beli*, *I. Kajtar*, Österreichisches Strafrecht in Polen ⋯ in: Zeitschrift für neuere Rechtsgeschichte Bd. 16, 1994, S. 325 ff. ; *H. Küpper*, Einführung in die Rechtsgeschichte Osteuropas, 2005, S. 301 ff. ; **Russland**: *L. Schultz*, Russische Rechtsgeschichte, 1951, S. 136 ff. , 196 ff. ; *H. Küpper* a. a. O. S. 110 ff. , 145 f.

Rdz 107. : **Böhmen**: *S. v. Bolla*, Hergang der Rezeption in den böhmischen

Ländern, in: L' Europa e il Diritto Romano. Studi in memoria di Paolo Kaschaker, Bd. 1,1954,S. 391 f. ,389 ff. **Schweden**: *D. Strauch*, Quellen, Aufbau und Inhalt des Gesetzbuchs, in: W. Wagner (Hg.), Das schwedische Reichsgesetzbuch von 1734,1986, S. 105 f. **Frankreich**: *M. Bellomo*, Europäische Rechtseinheit. Grundlagen und System des Ius Commune,2005,S. 212 ff. **Deutschland**: *M. Bellomo* a. a. O. S. 224 ff. **Italien**: *M. Bellomo* a. a. O. S. 215 ff. **Niederlande**: *R. Zimmermann*, Römisch-holländisches Recht-ein Überblick, in: R. Feenstra, R. Zimmermann (Hg.), Das römisch-holländische Recht. 1992,S. 9 ff. **Schweiz**: *C. Schott*, Wir Eidgenossen fragen nicht nach Bartele und Balde ··· , in: K. Kroeschell (Hg.), Gerichtslauben-Vorträge, 1983, S. 40 ff. ; *G. Wesenberg, G. Wesener*, Neuere deutsche Privatrechtsgeschichte, 4. Aufl. 1985, S. 107 f. **Österreich**: *G. Wesenberg, G. Wesener* a. a. O. S. 103 ff. ; *H. Baltl, G. Kocher*, Österreichische Rechtsgeschichte, 7. Aufl. 1993, S. 155 f. **Spanien**: *F. W. v. Rauchhaupt*, Geschichte der spanischen Gesetzesquellen, 1923, S. 175 ff. , 192 ff. ; *E. Wohlhaupter*, Das germanische Element im altspanischen Recht und die Rezeption des römischen Rechts in Spanien, in: Zeitschr. d. Savigny-Stiftung für Rechtsgeschichte, Romanistische Abteilung, Bd. 66, 1948, S. 211 ff. , die Zitate S. 211, 227. ; *A. Pérez Martin*, Spanien, in: H. Coing (Hg.), Handbuch der Quellen und Literatur der neueren europäischen Privatrechtsgeschichte, Bd. 2, 2. Teilbd. , 1976, S. 228ff.

Rdz. 108. : **Equity**: *R. David, G. Grassmann*, Einführung in die großen Rechtssysteme der Gegenwart, 2. Aufl. 1988, S. 451 f. ; *K. Zweigert, H. Kötz*, Einführung in die Rechtsvergleichung, 3. Aufl. 1996, S. 184 ff. ; *J. H. Baker*, An Introduction to English Legal History, 4. Aufl. 2002, S. 105 ff. **Tudors und Stuarts und römisches Recht**: *R. David, G. Grassann*, a. a. O. S. 450 f. ; *K. Zweigert, H. Kötz* a. a. O. S. 191 ff. ; *J. H. Baker* a. a. O. S. 217 ff. **Blackstone**: *K. Lerch*, Blackstone, in: M. Stolleis (Hg.), Juristen. Ein biographisches Lexikon von der Antike bis zum 20. Jahrhundert, 1995, S. 87 ff. ; *J. H. Baker* a. a. O. S. 190 f. ; das **Zitat von Milson**: *S. F. C. Milson*, Historical Foundations of the Common Law, 2. Aufl. 1981, S. 7.

Rdz. 109. : **Frankreich**: *R. Holtzmann*, Französische Verfassungsgeschichte, 1910, S. 343 ff. ; *P. C. Hartmann*, Französische Verfassungsgeschichte der Neuzeit (1450 – 2002), 2. Aufl. 2002, S. 33 ff. ; *F. Olivier-Martin*, Histoire du droit français des origine à la Révolution, 2. Aufl. 2005, S. 512 ff. ; *J. – L. Harouel, J. Barbey u. a.* , Histoire des institutions de l' époque franque à la Révolution, 11. Aufl. , 2006, S. 361 ff. , 510 ff. **Deutschland**: Gerichtswesen: *E. Döhring*, Geschichte der deutschen Gerichtspflege seit

1500,1953,S. 8 ff. ; *G. Buchda*, Gerichtsverfassung, in: HRG Bd. 1, 1971, Sp. 1563. Zivilprozess: *F. Wieacker*, Privatrechtsgeschichte der Neuzeit, 2. Aufl. 1967, S. 185 f. ; *G. Buchda*, Gerichtsverfahren, in: HRG Bd. 1, 1971, Sp. 1558 ff. Strafprozess: *Eb. Schmidt*, Einführung in die Geschichte der deutschen Strafrechtspflege, 3. Aufl. 1983, S. 194 ff. ; *W. Sellert*, *H. Rüping*, Studien-und Quellenbuch zur Geschichte der deutschen Strafrechtspflege, Bd. 1, 1989, S. 262 ff. **England**: *J. H. Baker*, An Introduction to English Legal History, 5. Aufl. 2002, S. 81 ff. ,105 ff. Zum unbeweglichen Formalismus des Common Law sehr gut, *M. Weber*, Wirtschaft und Gesellschaft, 7. Kapitel, § 4 am Anfang(3. u. 4. Aufl. 1947 u. 1956, S. 457 f.), wiedergegeben bei K. Zweigert, H. Kötz, Einführung in die Rechtsvergleichung, 3. Aufl. 1996, S. 190 f. **Spanien**: *F. W. V. Rauchhaupt*, Geschichte der spanischen Gesetzesquellen von den Anfängen bis zur Gegenwart, 1923, S. 186 f. , 207, 210 f. **Dänemark**: *J. L. A. Kolderup-Rosenvinge*, Grundriß der dänischen Rechtsgeschichte, 1825, S. 300, 308 f. ; *L. B. Orfield*, The Growth of Scandinavian Law, 1953, S. 32 f. **Norwegen**: *E. Hertzberg*, Scandinavia, in: A General Survey of ··· Continental Legal History, 1912, Ndr. 1968, S. 559 f. ; *K. Gjerset*, History of the Norwegian People, 2. Bd. 1927, S. 175 ff. ,559 f. ; *L. B. Orfield* a. a. O. S. 169. **Schweden**: *L. Upström*, Sweden, From the 1500s···, in: A. Engelmann u. a. (Hg.), A History of Continental Civil Procedure, 1927, Ndr. 1968, S. 833; *N. Herlitz*, Grundzüge der schwedischen Verfassungsgeschichte, 1939, S. 72 ff. ,114,120 ff. ; *D. Strauch*, Quellen, Aufbau und Inhalt des Gesetzbuchs, in: W. Wagner (Hg.), Das schwedische Reichsgesetzbuch von 1734, 1986, S. 100 ff. **Polen**: *S. Kutrzeba*, Grundriss der polnischen Verfassungsgeschichte, 1912, S. 131 ff. , 188 ff. , 231 f. ; *H. Küpper*, Einführung in die Geschichte Osteuropas, 2005, S. 271, 279 f. **Böhmen**: *J. F. Schmidt von Bergenhold*, Geschichte der Privatrechts-Gesetzgebung und Gerichtsverfassung im Königreiche Böhmen, 1866, S. 77 ff. ; *O. Peterka*, Rechtsgeschichte der böhmischen Länder, Bd. 2, 1933, Ndr. 1965, S. 49 f. ,9 f. ,153; *R. Martinage*, Histoire du droit pénal en Europe, 1998, S. 23. **Ungarn**: *A. v. Timon*, Ungarische Verfassungs-und Rechtsgeschichte, 2. Aufl. 1909, S. 472; *E. Hellbling*, Österreichische Verfassungs-und Rechtsgeschichte, 1956, S. 238; *A. Radvánsky*, Grundzüge der Verfassungs-und Staatsgeschichte Ungarns, 1990, S. 70 f. ; *K. Kovácz*, zur Geschichte des ungarischen Strafrechts und Strafprozessrechts 1000 – 1918,1982, S. 72 ff. ; *H. Küpper* a. a. O. S. 104, 116 f. ; **Russland**: *L. Schultz*, Russische Rechtsgeschichte, 1951, S. 130 ff. ,136 ff. ,148 f. ; *H. Küpper* a. a. O. S. 104, 116 f. ; *C. Goehrke*, Russischer Alltag, Bd. 1, 2003, S. 286 ff. (sehr anschaulich zu einem Fall eines guba-Ältesten).

Rdz 110. :**England**: *J. H. Langbein*, Torture and the Law of Proof. Europe and England in the Ancien Régime, 1977, S. 73 ff. **Dänemark**: *J. L. A. Kolderup-Rosenvinge*, Grundriß der dänischen Rechtsgeschichte, 1825, S. 308. **Norwegen**: *K. Gjerset*, History of the Norwegian People, Bd. 2, 1927, S. 175 ff. **Schweden**: *van Caenegem*, la prevue au moyen age occidental, in: Recueils de la Societé Jean Bodin, Bd. XVII, La Preuve, 1965, S. 739 A. 2. **Polen**: *C. Schmidt*, Polnische Forschungen zur Geschichte von Kriminalität und Strafjustiz, in: A. Blauert, G. Schwerhoff (Hg.), Kriminalitätsgeschichte, 2000, S. 197. **Widerspruch**: *M. Schmoeckel*, Humanität und Staatsraison. Die Abschaffung der Folter in Europa und die Entwicklung des gemeinen Strafprozess-und Beweisrechts seit dem hohen Mittelalter, 2000, S. 112 ff. **Abschaffung**: *E. Peters*, Folter. Geschichte der peinlichen Befragung, 2003, S. 108 ff. **Vorsicht Friedrichs II.** :*M. Schmoeckel* a. O. S. 19 ff.

Rdz 111. :**Spanien**:*R. Pike*, Crime and Punishment in 16th – Century Spain, in: Journal of European Economic History, Bd. 5, 1976, S. 689 und *dieselbe*, Penal Practices in Early Modern Spain, in: Criminal Justice History, Bd. 5, 1984, S. 45 ff. **Frankreich**: *L. v. Stein*, Frankreich 1500 bis zur Revolution, in: v. Bar u. a. (Hg.), A History of Continental Criminal Law, 1916, Ndr. 1968, S. 259 ff. ; *A. Laingu*, *A. Lebrigre*, Histoire du droit pénal, 2 Bde. 1970; *A. Soman*, Criminal Jurisprudence in Ancien – Régime France ···, in: L. A. Knafla (Hg.), Crime and Criminal Justice in Europe and Canada, 1981, S. 43 ff. ; *R. Martinage*, Histoire du droit pénalen Europe, 1998, S. 6 ff. *C. Brandt*, Die Entstehung des Code pénal von 1810 ···, 2002, S. 5 ff. **England**: *M. Grünhut*, Geschichte und Quellen des englischen Strafrechts, in: E. Mezger, A. Schönke, H. – H. Jes chek (Hg.), Das ausländische Strafrecht der Gegenwart, Bd. 3, 1959, S. 145 ff. ; *J. A. Sharp*, The History of Crime in late Medieval and Early Modern England: A Review of the Field, in: Social History, Bd. 7, 1982, S. 187 ff. , das Zitat auf S. ; *derselbe*, Crime in Early Modern England 1550 – 1750, 2. Aufl. 1999; *J. H. Baker*, An Introduction to English Legal History, 4. Aufl. 2002, S. 521 ff. ; Zur Sternenkammer und den Zahlen der Hinrichtungen: *Martinage* a. a. O. S. 37 ff. **Deutschland**: *H. Rüping*, *G. Jerouschek*, Grundriss der Strafrechtsgeschichte, 4. Aufl. 2002, S. 43 ff. , zu **Preußen** S. 81 f. **Österreich**: *F. Hartl*, Grundlinien der österreichischen Strafrechtsgeschichte bis zur Revolution von 1848, in: G. Mathè, W. Ogris (Hg.), Die Entwicklung der österreichisch-ungarischen Strafrechtskodifikation im XIX. – XX. Jahrhundert, o. J.

(1997),S. 13 ff. **Toskana**：*Rüping*，*Jerouschek* a. a. O. S. 81. **Niederlande**：*G. A. van Hamel*，*Inleiding tot de studie van Nederlandsche Strafrecht*（auf Englisch），in：v. Bar u. a. (Hg.) a. a. O. ,S. 306 ff. ；*H. Diederiks*，Patterns of Criminality and Law Enforcement during the Ancien – Règime：The Dutch Case,in：Criminal Justice History,Bd. 1, 1980,S. 158；*Martinage* a. a. O. S. 58 f. **Schweiz**：*H. Pfenninger*，Das Strafrecht der Schweiz（Englisch），in：v. Bar u. a. (Hg) a. a. O. ,S. 297 ff. ；*L. Calten*，Rechtsgeschichte der Schweiz,3. Aufl. 1988,S. 37 ff. **Dänemark** und **Norwegen**：*J. L. A. Kolderup – Rosenvinge*，Grundriß der dänischen Rechtsgeschichte,1825,S. 289 ff. ,326 ff. ；*F. Marcus*，Geschichte des Strafrechts in Dänemark,in：E. Mezger,A. Schönke,H. – H. Jeschek (Hg.),Das ausländische Strafrecht der Gegenwart,Bd. 1,1955,S. 73 ff. ；*A. Andenaes*，Geschichte des Strafrechts in Norwegen,in：

Mezger,Schönke,Jeschek a. a. O. ,Bd. 4,1962,S. 269；*L. B. Orfield*,The Growth of Scandinavian Law,1953,S. 45 f. ,196 f. **Schweden**：*J. L. A. Kolderup – Rosenvinge*, aus dem Grundrids af den denske Retshistorie,3. Aufl. 1860（Englisch），in：v. Bar u. a. a. a. O. ,S. 295 f. ；*L. B. Orfield*,a. a. O. S. 280；*T. Sellin*,The Penalty of Death, 1980,S. 24 f. *D. Strauch*,Quellen, Aufbau und Inhalt des Gesetzbuchs,in：W. Wagner (Hg.),Das schwedische Reichsgesetzbuch von 1734,1986,S. 93 ff. ,das Zitat S. 94. **Polen**：*L. Pauli*,Zur Geschichte der peinlichen Halsgerichtsordnung Kaiser Karls V. in Polen und der Ukraine, in：Festschrift Nikolaus Grass, Bd. 1, 974, S. 123 ff.；*C. Schmidt*,Polnische Forschungen zur Geschichte von Kriminalität und Strafrecht,in：A. Blauert,G. Schwerhoff (Hg.),Kriminalitätsgeschichte,2000,S. 197,*Martinage* a. a. O. S. . **Böhmen**：*O. Peterka*,Rechtsgeschichte der böhmischen Länder, Bd. 2,1933,Ndr. 1965,S. 138,173；*F. Hartl* a. a. O. (Österreich) S. 14. **Ungarn**：*K. Kovácz*,Zur Geschichte des ungarischen Strafrechts und Strafprozessrechts 1000 – 1918,1982,S. 15 ff. ；*G. Beli*,*I. Kaitár*,Österreichisches Strafrecht in Ungarn：Die "Praxis Criminalis" von 1687, in：Zeitschrift für Neuere Rechtsgeschichte,1994, S. 325 ff. **Russland**：*L. Schultz*,Russische Rechtsgeschichte,1951,S. 136 ff. ,149 ff. ,196 ff. ；*I. de Madariaga*,Penal Policy in the Age of Catherin II. ,in：La Leopoldina,Bd. 11,1990,S. 497 ff. , das Zitat S. 505；*H. Küpper*, Einführung in die Rechtsgeschichte Osteuropas, 2005, S. 118 ff. ,158 f. **Grotius**,**Pufendorf**,**Montesquieu**：*Eb. Schmidt*,Einführung in die Geschichte der deutschen Strafrechtspflege,3. Aufl. 1983,S. 152 ff. ,215 ff. **Beccaria**：der Text：*Cesare Beccaria*, Über Verbrechen und Strafen, übers. v. Alfl, 1988（Insel Taschenbuch), und übers. v. Th. Vormbaum,2005（Berliner Wissenschafts – Verlag）；i. ü.

G. Deimling (Hg.) , Cesare Beccaria, 1989. **Der Fall Calas**; *G. Brandes*, Voltaire und sein Jahrhundert, Bd. 2, 1923, S. 243 ff. ; *J. Orieux*, Das Leben des Voltaire, 2. Bd. , 1968, S. 248 ff.

Rdz 112. ; **Allgemein**; *J. Dunbabin*, Captivity and Imprisonment in Medieval Europe 1000 - 1300, 2002; P. Spierenburg, The Body and the State; Early Modern Europe, in; *N. Morris*, *D. J. Rothman* (Hg.) , The Oxford History of the Prison, 1995, S. 44 ff. **Altertum und Mittelalter**; *E. M. Peters*, The Prison before the Prison, in; N. Morris. O. J. Rothman a. a. O. S. 3 ff. **Gefängnisstrafen der tresviri capitales in Rom**; *W. Kunkel*, Untersuchungen zur Entwicklung des römischen Kriminalverfahrens in vorsullanischer Zeit, 1962, S. 72. Das **Gesetz Liudbrands**; *W. Sellert*, Studien-und Quellenbuch zur Geschichte der deutschen Strafrechtspflege, Bd. 1, 1981, S. 71. **England mit Bridewell**; *C. Harding*, B. Hines, K. Ireland, P. Rawlings, Imprisonment in England und Wales, 1985; zum Bridewell auch T. Krause, Geschichte des Strafvollzugs, 1999, S. 30 ff. , immer noch anschaulich F. Dolesch v. Dolsberg, Die Entstehung der Freiheitsstrafe, 1928, S. 92 ff. Und zuletzt sehr ausführlich; W. G. Hinkle, A History of Bridewell Prison 1553 - 1700, 2006. **Zuchthäuser in den Niederlanden und Deutschland**; T. Krause a. a. O. ; , dort auch zum Gefänsgnis in der FNZ; *H. Rüping*, *G. Jerouschek*, Grundriß der Strafrechtsgeschichte, 4. Aufl. 2002, S. 86 ff. , dort auch Angaben über Gründung von Zuchthäusern in anderen Ländern. **Österreich**, **Böhmen**, **Ungarn**; *H. Stekl*, Österreichische Zucht-und Arbeitshäuser 1671 - 1920, 1978. **John Howard**; *C. Harding u. a.* , a. a. O. S. 112 ff. , dort S. 113 das Zitat von Edmund Burke. **Französische Revolution und Code pénal** 1791; Erklärung der Menschenrechte mit Art. bei *W. Heidelmeyer*, Die Menschenrechte, 4. Aufl. 1997, S. 56 ff. , Code pénal 1791; *R. Martinage*, Histoire du droit pénal en Europe, 1998, S. 63 ff. ; *B. Basdevant - Gaudemet*, *J. Gaudemet*, Introduction historique auf droit XIIIe - XXe siecles, 2. Aufl. 2003, S. 358 ff. **Exkurs**; *John Howard*, The State of the Prisons in England and Wales with ⋯ an Account of some Foreign Prisons, 1777; *John Howard*, The State of the Prisons in England and Wales with ⋯ an Account of some Foreign Prisons and Hospitals, 4. Aufl. 1792, Ndr. 1973; John Howard, Prisons and Lazarettos.

Bd. 1, The State of the Prisons in England and Wales usw.

Rdz 113. ; **Antike**; *J. H. Lipsius*, Das attische Recht und Rechtsverfahren, 3 Bde. , 1905/15, Ndr. 1984, S. 365; *D. M. MacDowell*, The Law in Classical Athens, 1978, S. 197; *T. Mommsen*, Römisches Strafrecht, 1899, Ndr. 1990, S. 639 ff. ; *D. Liebs*, Strafprozesse wegen Zauberei, in: U. Manthe, J. v. Ungern-Sternberg (Hg.), Große Prozesse der römischen Antike, 1997, S. 146 ff. **Hexerei allgemein**: *P. Levack*, Hexenjagd. Die Geschichte der Hexenverfolgungen in Europa, 3. Aufl. 2003, dort S. 181 ff. die Zahlen; für das Zentrum **Deutschland**: *G. Schormann*, Hexenprozesse in Deutschland, 3. Aufl. 1996; *H. Rüping*, *G. Jerouschek*, Grundriss der Strafrechtsgeschichte, 4. Aufl. 2002, S. 139 ff. **Inquisition**: *H. Kamen*, The Spanish Inquisition. An Historical Revision, 1997, deutsch (der Ausgabe 1965) Die spanische Inquisition, 1980. Die spanische und italienische in einer kurzen Übersicht: *G. Schwerhoff*, Die Inquisition. Ketzerverfolgung im Mittelalter und Neuzeit, 2004, S. 59 ff.

Rdz. 114. : Der "*Dialogo*" : G. Galilei, *Dialog über die beiden hauptsächlichen Weltsysteme, das platonische und das kopernikanische*, übers. u. erl. V. E. Strauß, 1891, Ndr. 1982; A. Fölsing, *Galileo Galilei-Prozeß ohne Ende. Eine Biographie*, 1983; P. Redondi, *Galilei-der Ketzer*, 1889; H. – W. Schütt, *Der Prozess gegen Galilei* (1633), in: A. Demandt, *Macht und Recht. Große Prozesse in der Geschichte*, 1991, *S.* 155 *ff.* ; R. Kippenhahn, *Die Gesetze des Kosmos vor Gericht. Aburteilung und Bestrafung des Galileo Galilei*, in: U. Schultz (Hg.), *Große Prozesse*, 1996, *S.* 157 *ff.*

Rdz. 115. : W. G. Soldan, H. Heppe, *bearb. v.* S. Ries, *Geschichte der Hexenprozesse*, 1986, *Bd.* 1, *S.* 360 *ff.*

Rdz. 116. : **Verstärkte Machtstellung des Mannes**: *P. Mikat*, Ehe, in: HRG 1. 829. **Christine de Pizan und die querelle des Dames**: *E. Koch*, Maior dignitas est in sexu virili. Das weibliche Geschlecht im Normensystem des 16. Jahrhunderts, 1991, S. 219 ff. Zu Christine des Pizan als Schriftstellerin: *M. Zimmermann*, Salon der Autorinnen, 2005, S. 70 ff. und *dieselbe*, Wege in die Stadt der Frauen 1996. **Spanien**: *F. W. v. Rauchhaupt*, Geschichte der spanischen Gesetzesquellen, 1923, S. 178 f. , 202. **Frankreich**: *J. Bart*, Histoire du droit privé, 1998, S. 51 ff. **England**: *J. H. Baker*, An Introduction to English Legal History, 4. Aufl. 2002, S. 479 ff. **Deutschland**: *R. Hübner*, Grundzüge des deutschen Privatrechts, 5. Aufl. 1930, Ndr. 1982, S. 659 ff. **Schweiz**: *H. Legras*, Grundriss der schweizerischen Rechtsgeschichte, 1935, S. 177 ff. **Dänemark**: *J. L. A. Kolderup-Rosenvinge*, Grundriss der dänischen Rechtsgeschichte, 1825, S. 186 f. , 275, 320. **Polen und Russland**: *S. Roman*, Le statut de la femme dans l'Europe orientale (Pologne et Russie), in: Recueils de la societé Jean Bodin, Bd. 12, Teil 2, 1962, S. 392 ff. **Ungarn**: *C. d' Ezlari*, Le statut de la femme dans le droit Hongrois, in: Recueils (wie Polen u. Russland) S. 428 ff.

Rdz. 117. ; **Spanien**: *F. W. v. Rauchhaupt* (*Rdz. 116*) S. 192 ff. ; *H. Coing*, Europäisches Privatrecht, Bd. 1, 1985, S. 305. **Frankreich**: *J. Brissaud*, A History of French Private Law, 1912, Ndr. 1968, S. 300 ff. ; *J. Bart*, Histoire du droit privé, 1998, S. 268 f. ; das **Konsensprinzip** bei Grotius, Ius belli ac pacis, 1625, z. B. 2. 8. 25, bei S. Pufendorf, De iure naturae et gentium, 1672, z. B. 4. 9. 8, J. Domat, les loixciviles, Bd. 1, 1689, 2. Kap. § 2 Nr. 8 : "la vente transfert la propriété", zur Entwicklung allgemein *M. W. Gordon*, Studies in the transfer of property by tradition, 1970, S. 172 ff. **England**: *J. H. Baker* (Rdz. 116) S. 383 ff. **Deutschland**: *R. Hübner* (Rdz. 116) S. 264 ff. ; *F. Wieacker*, Privatrechtsgeschichte der Neuzeit, 2. Aufl., 1967, S. 237 f. **Österreich**: *R. Hübner* a. a. O. S. 267 ; *H. Hofmeister*, Landtafel, in : HRG 2. 1590 f. ; *H. Baltl*, *G. Kocher*, Österreichische Rechtsgeschichte, . 7 Aufl. 1993, S. 155. **Schweiz** : *H. Legras* (Rdz. 116) S. 203 ff. **Dänemark, Norwegen** : *J. L. A. Kolderup-Rosenvinge* (Rdz. 116) S. 69. **Schweden** : *D. Strauch*, Quellen, Aufbau und Inhalt des Gesetzbuchs, in : Wolfgang Wagner (Hg.), Das schwedische Reichsgesetzbuch von 1734, 1986, S. 74 ff. **Polen** : *W. W. Soroka*, Main Institutions of the Polish Private Law, 1400 – 1795, in : W. J. Wagner, Polish Law Throughout the Ages, 1970, S. 85 ff. **Böhmen** : *J. F. Schmidt von Bergenhold*, Geschichte der Privatrechts-Gesetzgebung und Gerichtsverfassung im Königreiche Böhmen, 1866, S. 371. **Ungarn** : *A. Czöri*, Entwicklung des ungarischen Zivilrechts, Diss. Münster, 2002, S. 39 ff. **Russland** : *L. Schultz*, Russische Rechtsgeschichte, 1951, S. 116 ff. ; *H. Küpper*, Einführung in die Rechtsgeschichte Osteuropas, 2005, S. 120 f.

Rdz. 118. ; **Spanien** : *A. Perez-Martin*, Spanien, in : H. Coing (Hg.), Handbuch der Quellen und Literatur der neueren europäischen Privatrechtsgeschichte, Bd. 2, Teilbd. 2, 1976, S. 239 ; *H. Coing*, Europäisches Privatrecht, Bd. 1, 1985, S. 615. **Frankreich** : *J. Bart*, Histoire du droit privé, 1998, S. 353 ff. , *P. Ourliac*, *J. – L. Gazzaniga*, Histoire du droit privé français, 1985, S. 333 ff. **England** : *J. H. Baker*, An Introduction to English Legal History, 5. Aufl. 2002, S. 248 f. , 386 f. **Deutschland** : *H. Coing* 1985 a. a. O. , 25. und 27. Kapitel. **Österreich** : *G. Wesener*, Geschichte des Erbrechts in Österreich seit der Rezeption, 1957. **Schweiz** : *H. Legras*, Grundriss der schweizerischen Rechtsgeschichte, 1935, S. 157 ff. ; L. Carlen, Rechtsgeschichte der Schweiz, 3. Aufl. 1988, S. 47 ff. **Skandinavien** : *J. L. A. Kolderup-Rosenvinge*, Grundriß der dänischen Rechtsgeschichte, 1825, S. 88, 203 ff. , 283, 323 ; *D. Strauch*, Quellen und Inhalt des Gesetzbuches, in : Wolfgang Wagner (Hg.) Das schwedische Reichsgesetzbuch von 1734, 1986, S. 74 ff.

Polen: *H. Küpper*, Einführung in die Rechtsgeschichte Osteuropas, 2005, S. 279.
Böhmen: *J. F. Schmidt von Bergenhold*, Geschichte der Privatrechts-Gesetzgebung und Gerichtsverfassung im Königreiche Böhmen, 1866, S. 371; **Ungarn**: *A. Csöri*, Entwicklung des ungarischen Zivilrechts, Diss. Münster, 2002, S. 39 ff. **Russland**: *L. Schultz*, Russische Rechtsgeschichte, 1951, S. 65 f., 116,; *H. Küpper*, Einführungin die Rechtsgeschichte Osteuropas, 2005, S. 121, 116 f.; ein Testament aus dem 15. Jahrhundert bei *C. Goehrke*, Russischer Alltag, Bd. 1, 2003, S. 230 f.

Rdz 119. : **Vertrag entsteht aus Delikt**: *U. Wesel*, Frühformen des Rechts in vorstaatlichen Gesellschaften, 1985, S. 345 f., *M. Kaser*, Das römische Privatrecht, Bd. 1, 1971, S. 147. **Johannes Teutonicus und das Zitat Peter Landaus**: *P. Landau*, Der Einfluss d. kanon. Rechts ⋯ in: R. Schulze (Hg.), Europäische Rechts-und Verfassungsgeschichte, 1991, S. 55. **Spanien**: F. W. v. Rauchhaupt, Geschichte d. spanischen Gesetzesquellen, 1923, S. 188, 202 f.; *H. Coing*, Europäisches Privatrecht, Bd. 1, 1985, S. 400 f. **Frankreich**: L. A. und T. A. Warnkönig, Geschichte der Rechtsquellen und des Privatrechts, in: L. A. und T. A. Warnkönig, L. v. Stein. Französische Staats-und Rechtsgeschichte, Bd. 2, 2. Aufl. 1875, Ndr. 1968, S. 522 ff., *H. Coing* a. a. O. S. 398 ff. **Niederlande**: R. Feenstra, R. Zimmermann (Hg.), Das römisch-holländische Recht, 1992, darin: *R Zimmermann*, Römisch-holländisches Recht-Ein Überblick S. 9 ff. und ders., Der Kaufvertrag, S. 181 ff., außerdem *E. Schrage*, Locatio-conductio, S. 258 ff. **Deutschland**: *U. Wesel*, Geschichte des Rechts, 3. Aufl. 2006, Rdz. 247, 255. **Österreich**: *M. Rintelen*, Landsbrauch und gemeines Recht im Privatrecht der altösterreichi-schen Länder, in: Festschrift Steinwenter, 1958, S. 78 ff.; *H. Baltl*, Einflüsse d. röm. Rechts in Österreich, in: Ius Romanum Medii Aevi (IRMAE), Teil 5. 7, 1962; *G. Wesener*, Zur Bedeutung d. österr. Landesordnungsentwürfe d. 16. u. 17. Jhs. f. d. neuere Privatrechtsgeschichte, in: Festschrift N. Grass, Bd. 1, 1974, S. 613 ff.; *G. Wesenberg, G. Wesener*, Neuere deutsche Privatrechtsgeschichte, 1985, S. 103 ff.; *H. Baltl*, österreichische Rechtsgeschichte, 7. Aufl. 1993, S. 156. **Schweiz**: *E. Huber*, System und Geschichte des schweizerischen Privatrechts, Bd. 4, 189, S. 835 f., 853 f., 858 ff. **England**: *J. H. Baker*, An Introduction to English Legal History, 4. Aufl., S. 317 ff., 329 ff.

Rdz. 120. : S. F. C. Milsom, *Historical Foundations of the Common Law*, 2. Aufl. 1981, *S.* 349 *ff.*, *J. H. Baker a. a. O.* (*Rdz. 119*) S. 344.

Rdz. 121. : J. H. Baker *a. a. O.* (*Rdz. 119*) S. 347 *ff.*, zur consideration S. 339 *ff.* Und K. Zweigert, H. Kötz, *Einführung in die Rechtsvergleichung*, 3. Aufl. 1996, *S.* 384

ff. ; **Skandinavien**: *D. Strauch*, Quellen, Aufbau und Inhalt des Gesetzes, in: Wolfgang Wagner (Hg.) , Das schwedische Reichsgesetzbuch von 1734, 1986, S. 64 ff. , 82 ff. , dort S. 65 zu Johannes Loccenius; *L. B. Orfield*, The Growth of Scandinavian Law, 1953, S. 15 f. ; *K. Gjerset*, History of the Norwegian People, Bd. 2, 1927, S. 268. **Polen**: *W. W. Soroka*, Main Institutions of Polish Private Law 1400 – 1795, in: W. J. Wagner (Hg.) , Polish Law Throughout the Ages, 1970, S. 92 ff. **Böhmen**: Vernewerte Landesordnung deroselben Königsreichs Böhmen, 1640. **Ungarn**: *A. v. Timon*, Ungarische Verfassungs- und Rechtsgeschichte, 2. Aufl. 1909, S. 401 ff. ; *T. Giaro*, Europäische Rechtsgeschichte ⋯, in: Ius Commune 1994, S. 15 f. **Russland**: *L. Schultz*, Russische Rechtsgeschichte, 1951, S. 153, zum Sudebnik 1550: S. 136 ff. ; *C. Meiske*, Das Soborne Uloženie von 1649, Bd. 1, 1985, S. 143 ff. (10. Kap. § § 196 f. , 227, 245 ff. , 251 ff. , 253, 256 ff. , 272 ff.) ; *H. Küpper*, Einführung in die Rechtsgeschichte Osteuropas, 2005, S. 122.

Rdz. 122. : **Russland**: *C. Meiske*, Das Soborne Uloženie von 1649, 1985, 10. Kapitel, S. 86 ff. , z. B. § § 209 ff. , 281 ff. **Antonio Gomez**: *H. Coing*, Europäisches Privatrecht, Bd. 1, 1985, S. 505 ; *R. Feenstra*, Das Deliktsrecht des Hugo Grotius ⋯, in: R. Feenstra, R. Zimmermann (Hg.) , Das römisch-holländische Recht, 1992, S. 430. **Hugo Grotius**: *R. Feenstra* a. a. O. S. 429 ff. **Frankreich**: *K. Zweigert*, *H. Kötz*, Einführung in die Rechtsvergleichung, 3. Aufl. 1996, S. 619 f. ; *J. Bart*, Histoire du droit privé, 1998, S. 414 ff. ; *B. Auzary-Schmaltz*, Liability in Tort in France before the Code Civil, in: E. O. H. Schrage (Hg.) , Negligence, 2001, S. 309 ff. **Deutschland**: *U. Wesel*, Geschichte des Rechts, 3. Aufl. 2006, S. 395 f. **England**: *J. H. Baker*, An Introduction to English Legal History, 4. Aufl. 2002, S. 401 ff.

Rdz. 123. : *Der Fall bei* J. H. Baker, S. F. S. Milson, Sources of English Legal History. Private Law to 1750, 1986, *S. 559 ff. Zur action on the case*: K. Zweigert, H. Kötz, Einführung in die Rechtsvergleichung, 3. Aufl. 199, *S.* 607 *f.* , *dort auch das Zitat Blackstones. Zur* **negligence**: *J. H. Baker*, An Introduction to English Legal History, 4. Aufl. 2002, S. 406 ff.

Rdz. 124. : **Allgemein**: *P. Rehme*, Geschichte des Handelsrechts, in: V. Ehrenberg (Hg.) , Handbuch des gesamten Handelsrechts, Bd. 1, 1913, S. 178 ff. ; *H. Coing*, Europäisches Privatrecht, Bd. 1, 1985, S. 521, dort das Zitat; *K. O. Scherner*, Die Wissenschaft des Handelsrechts, in: H. Coing (Hg.) , Handbuch der Quellen und Literatur der neueren europäischen Privatrechtsgeschichte, Bd. 2, Teilbd. 1, 1977, S. 797 ff. , bes. S. 866 ff. (Nationalisierung) ; *J. L. U. Dedekind*, Abriß einer Geschichte der Quellen des

第八章　近代的早期（1500—1800）　　507

Wechselrechts und seiner Bearbeitung in sämmtlichen Staaten Europas für Juristen und Kaufleute, 1834. **Wechsel**：*P. Rehme* a. a. O. S. 221；*G. Parker*, Die Entstehung des modernen Geld-und Finanzwesens in Europa 1500 – 1730, in：C. M. Cipolla, K. Borchardt（Hg.）, Europäische Wirtschaftsge-schichte, Bd. 2, 1979, S. 344 ff.；*W. W. Soroka*, Main Institutions of the Polish Private Law 1400 – 1795, in：W. J. Wagner（Hg.）, Polish Law Throughout the Ages, 1970, S. 95；*H. Küpper*, Einführung in die Rechtsgeschichte Osteuropas, 2005, S. 164. **Scheck**：*L. Goldschmidt*, Universalgeschichte des Handelsrechts, 1891, Ndr. 1973, S. 324 ff.；*G. Parker* a. a. O. S. 344, 346 f. **Lord Mansfield**：*K. Lerch*, Murray, Sir William, Lord Mansfield, in：M. Stolleis（Hg.）, Juristen, 1995, S. 448 f.；*J. H. Baker*, An Introduction to English Legal History, 4. Aufl. 2002, S. 50, 85, 191, 351. **Handelsgesellschaften**：*H. Kellenbenz*, Technik und Wirtschaft, in：C. M. Cipolla, K. Borchardt a. a. O. S. 151, dort auch S. 327；*H. Glamann*, Der europäische Handel, in：C. M. Cipolla, K. Borchardt a. a. O. S. 327；*H. Coing* a. a. O. S. 464 ff., 525 ff.；*W. W. Soroka* a. a. O. S. 95；*H. Küpper* a. a. O. S. 165.

Rdz. 125.：A. Nussbaum, *Geschichte des Völkerrechts*, 1960, S. 67 – 205；W. G. Grewe, *Epochen der Völkerrechtsgeschichte*, 2. Aufl. 1988, S. 163 – 498, *das Zitat auf* S. 374.

Rdz. 126.：**Allgemein**：*E. Bloch*, Naturrecht und menschliche Würde, 3. Aufl. 1999, S. 59 ff. **Grotius**：*W. J. M. van Eysinga*, Hugo Grotius. Eine biographische Skizze, 1952；*F. Wieacker*, Privatrechtsgeschichte der Neuzeit, 2. Aufl. 1967, S. 287 ff. am schönsten：*A. Nussbaum*, Geschichte des Völkerrechts, 1960, S. 113 ff. **Hobbes**：eine deutsche Übersetzung des Leviathan：Reclam-Universalbibliothek（RUB）Nr. 8341 – 51 i *R. Tuck*, Hobbes, 1989；*H. Münkler*, Thomas Hobbes, 1993；**Pufendorf**：*F. Wieacker* a. a. O. S. 306 ff.；*B. Geyer, H. Goerlich*（Hg.）, Samuel Pufendorf und seine Wirkunggen bis auf die heutige Zeit, 1996；*F. Palladini, G. Hartung*（Hg.）, Samuel Pufendorf und die europäische Frühaufklärung, 1996. **Thomasius**：*E. Bloch*, Christian Thomasius, ein deutscher Gelehrter ohne Misere, Anhang in：ders., Naturrecht und menschliche Würde, 3. Aufl. 1999, S. 315 ff.；*F. Wieacker* a. a. O. S. 315.；*K. Luig*, Thomasius, Christian, HRG Bd. 5, Sp. 186 ff. **Wolff**：*F. Wieacker* a. a. O. S. 318 ff.；*St. Buchholz*, Wolff, Christian, HRG Bd. 5, Sp. 1511 ff. **Locke**：*U. Thiel*, John Locke, 3. Aufl. 2000；eine deutsche Übersetzung des Second Treatise："Über die Regierung" RUB 9691（3）. **Montesquieu**：*P. Kondylis*, Montesquieu und der Geist der Gesetze, 1996；eine deutsche Ausgabe seines Buchs：Vom Geist der Gesetze, 1965, RUB 8953（6）；zum Richter als Mund des

Gesetzes oder "Subsumtionsautomat: *R. Ogorek*, De l' Esprit des légendes oder wie gewissermaßen aus dem Nichts eine Interpretionslehre wurde, in: Rechtshistorisches Journal 2, 1983, S. 277 ff. , jetzt wieder in: dieselbe, Aufklärung über Justiz, Bd. 1, 2008, S. 67 ff. **Rousseau**: *C. Landgrebe*, "Ich bin nicht käuflich". Das Leben des J. - J. R. ,2004; *R. Wokler*, Rousseau,2004. **Beccaria**: vgl. Lit. zu Rdz. 111. **Spanien**: *F. T. y Valiente*, Manual de Historia del derecho Español, 4. Aufl. 2003, S. 393 f. **Frankreich**: *H. Thieme*, Das Naturrecht und die europäische Privatrechtsgeschichte, 2. Aufl. 1954, S. 2 ff. ; *F. Wieacker* a. a. O. S. 27. **England**: *H. Thieme* a. a. O. S. 32 ff. ; *F. Wieacker* a. a. O. S. 278 f. **Niederlande**: *R. Zimmermann*, Römisch-holländisches Recht, in: R. Feenstra, R. Zimmermann (Hg.), Das römisch-holländische Recht, 1992, S. 27 ff. ,57 f. **Deutschland**: *H. Thieme* a. a. O. S. 23 ff. ; *F. Wieacker* a. a. O. S. 277 f. **Österreich**: *F. Wieacker* a. a. O. S. 277, 335 f. **Schweiz**: *H. Thieme* a. a. O. S. 29 ff.

Rdz. 127. : **Allgemein**: *F. Wieacker*, Privatrechtsgeschichte der Neuzeit, 2. Aufl. 1967, S. 322 ff. , die Zitate S. 323 (verkürzt) und S. 324. **Codex Maximilianeus Bavaricus civilis**: *F. Wieacker* a. a. O. S. 326 f. ; *H. Schlosser*, Grundzüge der neueren Privatrechtsgeschichte, 9. Aufl. 2001, S. 112 ff. , dort das Zitat von Kreittmayr S. 114 (Schlosser ist der beste Kenner dieses Gesetzes); Textausgabe: Freyherrn von Kreittmayr, Compendium Codici Bavarici civilis ⋯ 1768, Ndr. 1990. **Preußisches Allgemeines Landrecht**: Die immer noch beste Darstellung ist *R. Koselleck*, Preußen zwischen Reform und Revolution, 2. Aufl. 1975, S. 23 - 149, dort S. 143 das Zitat Tocquevilles; Textausgabe mit ausführlicher Einleitung: *H. Hattenhauer*, Allgemeines Landrecht für die Preußischen Staaten, 1994; *F. Wieacker* a. a. O. S. 327 ff. **Österreichisches Allgemeines Bürgerliches Gesetzbuch**: *F. Wieacker* a. a. O. S. 327 ff. , *A. Fijal*, *W. Ellerbrock*, Das österreichische ABGB ⋯, in: Juristische Schulung 1988, S. 519 ff. ; *W. Brauneder*, Das österreichische ABGB ⋯, in: Festschrift G. Wesener, 1992, S. 67 ff.

Rdz. 128. : **Allgemein**: *H. Mohnhaupt*, *D. Grimm*, Verfassung. Zur Geschichte des Begriffs von der Antike bis zur Gegenwart, 2. Aufl. 2002. **USA**: *J. Heideking*, *C. Mauch*, Geschichte der USA, 5. Aufl. 2007, S. 35 ff. **Frankreich**: *P. C. Hartmann*, Französische Verfassungsgeschichte der Neuzeit, 2003, S. 58 ff. **Olympe de Gouges**: *L. Doormann*, "Ein Feuer brennt in mir": Die Lebensgeschichte der Olympe de Gouge, 1993; *K. H. Burmeister*, Olympe de Gouge. Die Rechte der Frau 1791, 1999; *O. Blanc*, Marie-Olympe de Gouges, 2003. **Polen**: *H. Küpper*, Einführung in die Rechtsgeschichte Osteuropas, 2005, S. 277 ff. **Schweden/Finnland**: *J. Nordin*, Von fremder Unterdrückung zur

"Freiheitszeit", in: G. Schmidt, M. van Gelderen, C. Snigula (Hg.), Kollektive Freiheitsvorstellungen im frühneuzeitlichen Europa, 2005, S. 277 ff. **Deutschland**: *H. Scheel*, Die Mainzer Republik, 3 Bde., 1975/89; *H. Dippel*, Die Anfänge des Frühkonstitutionalismus am Ende des 18. Jahrhunderts, 1991. **Die Texte: amerikanische Unabhängigkeitserklärung**: *J. Brand*, *H. Hattenhauer* (Hg.), Der Europäische Rechtsstaat. 200 Zeugnisse seiner Geschichte, 1994, S. 72. **Virginia Bill of Rights** 1776: *F. Hartung*, *G. Commichau*, *R. Murphy*, Die Entwicklung der Menschen-und Bürgerrechte von 1776 bis zur Gegenwart, 6. Aufl. 1998, S. 70; **Verfassung der USA** 1787: *D. Willoweit*, *U. Seif*, Europäische Verfassungsgeschichte, 2003, S. 255 ff. **Polnische Verfassung** 1791: *Willoweit*, *Seif* a. a. O. S. 281 ff. **Französische Erklärung der Menschenrechte** 1789: *Brand*, *Hattenhauer* a. a. O. S. 78 ff. **Französische Verfassungen** 1791, 1795, 1799: *Willoweit*, *Seif* a. a. O. S. 292 ff. ; **Französische Verfassungen** 1791, 1793, 1795, 1799: *D. Gosewinkel*, *J. Masing*, Die Verfassungen in Europa 1789 – 1949, 2006, S. 165 ff.

第九章 19世纪

历史与经济

罗杰马丁·加尔:"这是一个什么样的世纪!它始于革命却以靖而中止。"(Quel siècle ! Il commence avec la révolution et finit par l'affaire.) 19世纪就是这样一个时代,在一开始,它被烙下了欧洲自由与平等的伟大革命思想,但是在这一世纪的终结却陷入关于德雷福斯上尉叛国罪这一事件的泥沼之中(Rdz. 145)。罗杰·马丁加尔甚至这样划分19世纪,它以1789年的法国大革命开始,最终于1906年德雷福斯上尉沉冤得雪而宣告终止。在今天它被称为现代。之后,1995年霍布斯鲍姆在《短暂的20世纪》作出了这样的描述:20世纪起决定性作用的仅有75年的时间,即以第一次世界大战为始,终结于1991年的苏联解体;而与之相较,19世纪无疑是十分漫长的世纪,它以大革命为始并以第一次世界大战结束为止。这种看法是正确的,一个时代并不只是依据世纪来确定的。在19世纪这一章中,我一些时候以1789年的法国大革命为开始,以1914年的第一次世界大战为终止。但在一般情形之下,我们仍然可以从容地以通常的时间计算标准为始。依据这一标准,那么第一个年度就应该是留有拿破仑胜利、征伐、重新订立欧洲新秩序以及最后走向失败印记的1814—1815年,而之后召开的维也纳大会就是战后各大国政治力量平衡的开始,是一场"欧洲音乐会",虽然在此期间也被几个短暂的战争打破过,但是毕竟这次会议维持了一段时间的和平与安宁。但这一伟大的团结无形地结束于1890年德皇威廉二世解雇德国首相俾斯麦,虽然接下来又迎来了一个长达四分之一世纪的和平时间,但是这种和平仅是一个假象,欧洲各国的分歧日渐突出,最终导致了1914—1918的世界大战。除了政治平衡之外,这个时期的重要主题还有宏大的经济繁荣、民间企业的存在,以及实现资本主义的"东方问题"。随着土耳其越来越孱弱,奥斯曼帝国的北部和西部地区陆续或被俄罗斯征服,或成为一些新的独立民族国家。总而言之，这一时期涌现出许多新兴的民族国家，他们分别是：希腊、比利时、意大利、德国，紧接着是塞尔维亚、黑山、罗马尼亚和保加利亚，借助法国大革命的榜样作用，这些国家的专制政体要么软化，要么通过宪法、人权和民主以不同的方式废除了专制主义。与几个世纪之前相比，欧洲各国的版图变化得更为频繁和广泛。

法国大革命和拿破仑的占领不仅淘汰了法国本土的旧有秩序，还促使了欧洲的核心地区与东中欧地区政治和领土疆域的重组。拥有着不同传统的地区结合在一起成为新的国家，而一些统一的国家则被分裂了。拿破仑征服欧洲所带来的新的宪法体系与制度，虽然仅有部分在短时间内存在过，但是这些给欧洲的未来带来了深远的影响。他淘汰了旧有的德意志罗马帝国，仅有英国和俄罗斯在这一场革命中得以保存。法国在1793年与第一次欧洲联盟，即英格兰、荷兰、西班牙、普鲁士和其他国家联盟的战争中，被看作是将这些国家的人民从其领主的压迫中解放出来的人民的战争，即从斯海尔德河和莱茵河到阿尔卑斯山和比利牛斯山脉的这些受压迫的人民的战争。意大利被划分为五个女儿共和国。1805年拿破仑击败了在奥斯特利茨的摩拉维亚的奥地利人和俄罗斯人。1806年普鲁士人不得不放弃其在耶拿和奥尔时代特一半的领土。在这时，拿破仑的对手只有瑞典和英国。为了对阵英格兰，使英格兰的经济彻底崩溃，他命令欧洲的各内陆国家联手形成贸易壁垒，共同打击英格兰的经济贸易。但是最终这场贸易战以失败而告终。1808年他的兄弟坐上了西班牙国王的宝座。而这一事件引起了由欧洲范围内的学校组织的人民起义，因为法国人已经走得越来越远，在其所占领的土地上对其人民进行经济剥削。最后，在1812年拿破仑又犯了一个小错误。因为沙皇拒绝参加大陆国家对英格兰的贸易封锁，所以拿破仑调动50万人向俄罗斯进发。俄国人从边界一直撤退到国家的内陆地区。以拿破仑的实力应该能够攻陷俄罗斯，但是俄罗斯寒冷的冬天却令拿破仑的军队不得不撤退。从而开始了针对法国侵略者的民族解放战争。这一民族之战的高潮是1813年的莱比锡战役，而这一战役也标志了拿破仑在德国统治的结束。一年半后，由英国、奥地利、普鲁士、俄罗斯和其他国家的人组成的反法联军攻入了巴黎。拿破仑被废黜，但是皇帝的称号却保留了下来，其统治疆域仅限于其被放逐的厄尔巴岛。在1815年维也纳会议召开时他又重新返回了法国，重新集结部队，最终被反法联军击败在滑铁卢。在1821年拿破仑在大西洋的一个岛屿——圣赫勒拿岛去世。

1814—1815年的**维也纳会议**为纷繁复杂的欧洲确立了新的均衡，这次会议的口号是在未来的时间里休养生息。在此之后，各个国家内部又重新建立了与自由宪法相对立的旧有的君主专制统治秩序。对于整个欧洲的均衡来说，其最主要的立足点就是遏制法国，虽然法国又一次成为波旁王朝，但是其潜在的危险并没有消失。之后，在法国的鼻子尖底下，一系列中型的君主专制国家在欧洲陆续建立了：荷兰王国；法国北部的共和国和其南部即之前哈布斯堡王朝的一个行省联合起来，成为后来的比利时；在法国东部的普鲁士逐渐强大，拥有了莱茵河附近的广大地区。在南部的意大利各国则在奥地利的势力范围之下。不同于普鲁士和奥地利，通过德意志联盟的建立，之前德意志帝国的"二元论"最终覆灭了，德意志仅仅成为一个松散的邦联国家，而不是一个联邦国家，换句话说，它仅仅是德意志各个公侯的联盟。

首先，自维也纳会议召开之后，1830年法国的**七月革命**又一次把君主专制这个问题摆在了欧洲各国的面前，在法国的议会中主张自由主义的反对派反对法国波旁王朝君主的诸项专制决策是这场革命的诱因，他们之间的冲突导致了巴黎的巷战和法国各省的起义。但在象征反对波旁王朝政策的金融资产阶级代表人物拉法耶特的支持下君主专制政体得以保留，而他的建议只是替换了能够让革命者接受的国王宝座上的人而已。其次，路易十世退位，而来自奥尔良的路易·菲利普公爵在议会的支持下被推选为摄政官。选举改革与之相连，在改革之前只有不到0.3%的成年男子有选举权，改革之后这一比例增加到2.8%，而路易·菲利普被称为"平民国王"，是大资产阶级利益的代言人，他的统治一直持续到1848年的大革命。

在同一年，法国的七月革命促使欧洲很多国家，如波兰、德国、比利时、甚至是英国积极回应和响应了选举改革，波兰和德国回应的是军事上的动荡，而在新成立的荷兰王国则出现了布鲁塞尔的八月起义，而其起义的背景是南部的天主教对于北部的新教的不公正待遇，为了支援起义人士，法国的军队也加入其中，出现了自1815年开始的第一次对外关系的动荡。在1831年由五个大国，即英国、俄罗斯、奥地利、普鲁士，以及——在1818年又回来的——法国召开的伦敦会议上，欧洲的均衡又一次重新建立起来了。根据国际法，法国南部的一部分，即**比利时**被承认为一个独立的王国。这里出现了一部宪法，成为许多欧洲国家的模版（Rdz. 131）。

在此前不久，多年与土耳其人的战斗中产生了希腊王国。起义开始于1821年，并且取得了初步的成功。但在之后土耳其军队又进行了反攻，其与希腊起义军的战争进入了焦灼状态。希腊以基督为名，而且又作为西方文化的渊源，所以自1827年开始，希腊军队就得到了欧洲各主要国家——英国、俄罗斯和法国的支持，并最终赢得了自由。1829年土耳其被迫承认希腊独立，1830年巴伐利亚的公爵成为希腊的国王。

而自由、民主、平等的这种精神自 1789 年被从瓶子里倾倒出来之后，虽然在 1815 年受到了短暂的回压，但是，自由民主的精神并没有松散下来。在君主专制的大伞之下，社会中的自由主义派别一直追求着进一步的自由与平等、宪法与人权。所以，之后又爆发了一场大规模的"**1848 年的欧洲革命**"。同样，这次革命还是开始于巴黎。接着慢慢蔓延到了控制波西米亚的奥匈帝国、意大利和德国。在丹麦，巨大的人群聚集在哥本哈根的国王宫殿所在地，而其要求国王结束绝对的君主专制的要求取得了成功。比利时和荷兰的改革运动也不断的加速。只有英国没有什么变化，但不管怎样，在民主这条大路上俄罗斯是背道而行的。

1848 年的月底，法国所谓"平民国王"的军队对那些反对国王禁止集会自由政策示威者的扫射成为法国革命的开端。第二天，工人和市民在巴黎市区设置了 1500 个路障，而随后国民警卫队的士兵也加入到他们中来。第三天，法国又一次成为民主共和国。在国王路易·菲利普退位后，紧接着法国出现了一个新的临时政府，之后，依据一般意义上的（男性）选举法，一个新的法国国会就此产生。这个国会在同年的 12 月份选取了路易·拿破仑，他成为了任期四年的法国总统。他是伟大的拿破仑一世的侄子，但是依据宪法规定，他在第二次选举的时候将丧失被选举权。所以，为了在总统的宝座上待得更久一些，他试图对法国宪法进行修改。但是国民议会却并不愿意这样做，因此他要了一个花招，在 1851 年，即四年总统的任期即将届满前，他把全民大选选举总统的期限延长到 10 年，又过了一年，他成了可以世袭的皇帝，拿破仑三世。他的皇位一直延续到 1870 年，即因在与德国的战争中惨败而被迫下台。大革命虽然失败了，但是它给欧洲的许多国家带来了很多深层次的影响。在这些国家中，革命不仅仅局限于使国家迈入民主化进程，更多的是为了国家统一和民族独立。此外在法国，引起关注的还有一些社会问题，如工人的处境。

在法国革命的一周之后，**匈牙利**爆发了革命，为了从奥匈帝国独立出来，匈牙利的这场革命一直持续到 1849 年的 8 月。为了均衡欧洲的政治势力，俄国的军队出军与奥匈帝国的军队共同镇压了这场起义。但是 10 天之后，在维也纳又出现了起义浪潮，奥匈帝国的皇帝为了平息起义，颁布了所谓的农奴解放诏书。但在同年的 10 月，起义士兵遭到了迪施格雷茨公爵部队的镇压，最终公爵宣告占领维也纳，革命终结。皇帝在 1849 年颁赐《君主立宪制宪章》（*oktroyierte*），一年之后，普鲁士也同样颁布了宪法。但与普鲁士不同的是，这部宪法在 1851 年因与神的恩典相冲突而又一次被废除了。同样，在**意大利**和**波西米亚**

以争取民族统一为目的的起义活动也因军事镇压而宣告终结，最终1848年8月维尼妥投降。而哈布斯堡王朝再一次恢复了其和平有序的统治。1848年12月，奥匈帝国的皇帝弗兰茨·约瑟夫重新回到了维也纳，他的统治一直持续到1916年。

1848年3月18日"**柏林的巷战**"开始了，19日普鲁士的国王命令士兵退出这座城市。同奥地利人一样，普鲁士国王放弃了与起义者的军事冲突，紧接着，自由主义派的部长进行选举。和其他国家一样，所有**德意志**男性公民共同选举了德国**国会**。同年5月在美因河畔法兰克福的圣保罗教堂，德国国会开始就任。在1849年3月国会通过了一个排除奥地利、以普鲁士马首是瞻的"**小德意志宪法**"，并选取普鲁士的国王作为德意志帝国的皇帝。而这个宪法在4月也宣告破产，同样的这次革命也在军事镇压下宣告失败，相较于由民众的代表来选举自己，国王更喜欢由神来赐予自己皇帝的殊荣。同样的，这里的革命也以失败而告终，但还是取得了一定成就。普鲁士的国王在1850年颁布了《君主立宪制宪章》。同时，就如其他德意志邦国一样，普鲁士国王的统治也不再那么牢固了。

君主专制统治在1948年这个可怕的年份又一次在欧洲弥漫着，而法国在1850年也有了皇帝，终于欧洲这个音乐会又像之前那样维持着外部的和谐。而在1853—1856年发生的**克里米亚战争**是土耳其与俄罗斯的第一次交战。

奥斯曼土耳其帝国，在征服了君士坦丁堡之后，在几百年的时间里势力范围达到了前所未有的高度。它的疆域从克里米亚到北非，从巴尔干到也门，此外还扩展到了伊拉克。进入16世纪，随着土耳其第二次围攻维也纳的失败，它的领土扩张趋势也已宣告终结。尤其是1683年，土耳其围攻巴尔干半岛而徒劳无功，使奥斯曼土耳其帝国财政枯竭，军队耗尽，从此这个帝国开始走向没落。随后，在博斯普鲁斯海峡遭遇了奥斯曼土耳其帝国的第一次惨败，并逐渐丧失了越来越多的领土。土耳其今天的领土区域范围，完全是由于在第一次世界大战时期土耳其站在了德国一边的缘故。故在1918年，胜利的盟军把它的领土局限于今天的区域。

与土耳其完全不同，19世纪的俄罗斯是欧洲最强大的国家，在1812年拿破仑撤出俄罗斯之后，1814年俄罗斯战胜了这个欧洲的解放者，成为欧洲大陆上的主导国家，虽然俄罗斯在科技、经济和政治形态上都很落后，但它却是欧洲大陆上唯一稳定的大型君主专制国家。它不断扩张着它的疆域，芬兰、摩尔多瓦、阿塞拜疆及其他国家都被囊括到它的版图之中。在1853年它占领了由土耳其长期占据的多瑙河上的摩尔达维亚和瓦拉几亚，也就是后来的罗马尼亚。而这就是土耳其向其宣战的原因所在。

为了制约俄国,使其势力不再继续膨胀,在俄罗斯打败土耳其后,英国和法国对克里米亚战争进行了干预,随后,首都位于都灵的撒丁·皮埃蒙特王国加入了土耳其一边,成为其伙伴。而奥地利东部的部队则排开了阵势与俄罗斯军队对决。只有普鲁士出于对俄罗斯人的善意而保持中立性。在战争中,俄罗斯的军队表现出极大的弱点。因为从俄国到克里米亚没有铁路。因此俄国没有能力把足够的部队再带到克里米亚。在土耳其,经过英国、法国和撒丁长达11个月的围攻,俄罗斯塞瓦斯托波尔的要塞港口最终被占据了。这场战争使俄罗斯失去很多领地。虽然俄罗斯一直对巴黎合约不屑一顾,但是这却是一个耻辱,特别是巴黎和约中——适用于所有——关于在黑海禁止给养军事舰队的禁令。欧洲又恢复了最初的均衡。克里米亚战争使得"欧洲诞生了一个全新的政治格局"(洛萨胆)。由俄罗斯、奥地利和普鲁士在1815年建立的牢固的"神圣同盟"已经终结。取而代之,一个短期的协议由此形成,而欧洲音乐会的影响削弱,尤其是俄国在欧洲的影响大不如前,奥地利也好不到哪里去,它被孤立了,一方面由于这场战争的原因,奥地利之前和俄罗斯的紧密关系土崩瓦解,而另一方面它与英国或法国还没有建立一个新的同盟关系。而这一态势为意大利和德意志民族国家的建立创造了有利的条件。

由于法国和撒丁王国一直是联盟关系,在克里米亚战争中法国和撒丁王国的协同作战直接促成了**意大利的统一**。1859年它们成功地打败了奥地利,终止了奥地利在意大利的统治,迫使奥地利不得不放弃伦巴第地区,仅余下威尼斯。以酬谢为名,拿破仑三世则应获得尼斯和萨沃伊,这是其与撒丁王国国王维克托·伊曼纽尔的著名首相凯沃尔在此之前的商议。在南部,凯沃尔与拿破仑三世之间的这一协议遭到了意大利伟大的自由主义战士朱塞佩加里波第——不仅是抗议双方割让他的家乡尼斯而已——的反对。这位伟大的自由主义战士组织过"数千量火车上的伙夫",并从波旁王朝的手里解放了那不勒斯西西里岛。之后,除了威尼斯和由拿破仑三世出兵保护的教皇国之外,意大利全境大致赢得了统一。于是在1861年以维克托·伊曼纽尔即撒丁王国为核心建立了意大利王国。"威尔第解放之曲"这个名字,后被拼写为"Vittorio Emanuele re d'Italia",而维克托·伊曼纽尔这个撒丁王国的国王成为意大利的国王。1866年的德国战争中,在普鲁士的边界,普鲁士战胜了奥地利,取得了奥地利手里的威尼斯。最后,教皇国搬到罗马。而拿破仑三世的部队也不得不离开教皇国,以便对德作战。1871年罗马正式成为意大利的首都。

正是1871年,在普鲁士的主导之下**德意志民族国家**正式建立。而最终德国悲哀地被分为两大帝国，即奥匈帝国和1871年新成立的德国。与奥地利相比这个新建立起来的国家占据了很多优势，虽然奥匈帝国幅员辽阔，但是工业革命的高端发展主要集中在了普鲁士这个地区。普鲁士不但掌握着现代化的技术，而且普鲁士的军事力量也十分强大。除此之外，普鲁士人没有像奥地利人那样处于欧洲的包围圈当中而被孤立。更为重要的是，在克里米亚战争中，普鲁士人一直保持着善意的中立，使得普鲁士与沙皇之间保持着良好的友谊关系。最后，与奥地利不同的是，它有着一个极其优秀的政治家普鲁士首相俾斯麦和一个英明的领导者毛奇。所以在经历了三次战争之后，1871年普鲁士完成了德国的统一大业。这三次战争分别是：1864年德国——丹麦之战、1866年的普奥战争和1870—1871年的普法战争。

第一次，普鲁士联合奥地利共同对抗丹麦，因为1863年丹麦违反国际公约，丹麦国王把德意志的两个公国石勒苏益格和荷尔斯泰因纳入了自己的版图，成为了两公国的公爵。在弗伦斯堡北部丹麦被击败，并同意将石勒苏益格和荷尔斯泰交给普鲁士和奥地利作为共同所有，成为联合管理人。由于奥普两个公国对于国家未来的发展在意识形态上的分歧，不久之后普奥战争就爆发了，在北波西米亚，普鲁士在赫拉德茨、克拉洛韦战胜了奥地利，对于布拉格的问题俾斯麦采取了温和的外交政策，这样，奥匈帝国实际上没有遭受什么领土上的损失，还和原先一样。而石勒苏益格、荷尔斯泰因、汉诺威、黑森－卡塞尔、那桑和法兰克福都纳入了普鲁士的版图之内，此外，德意志联合体解散，最重要的是，建立了北德意志联邦，这样一个普鲁士领导下的统一的北德意志联邦正式建立了，普鲁士要做的第一步就是把奥地利从德意志这个民族国家中剔除出去。其南部边界是主线。它尚缺萨克森州、巴登符腾堡州和巴伐利亚州。妨碍俾斯麦统一德国大计的最主要对手就是法国。虽然俾斯麦想要建立一个统一的德意志民族国家，但是作为法国皇帝的拿破仑三世当然不希望在其东部边境中存在一个统一、强大的德意志国家。所以到了的1870—1871年，爆发了普法战争，而普鲁士又一次取得了胜利，例如，在卢森堡西部的色当战役中，拿破仑三世被抓获。随后他的法兰西帝国土崩瓦解，代之以法兰西第三共和国。俾斯麦强迫第三共和国接受苛刻的和平条款，巨额的赔款、割让阿尔萨斯和洛林。而萨克森州和德国南部各州也同意纳入德国的版图。1871年1月，普鲁士国王威廉一世（他脾气暴躁，自我感觉良好，自认为对法国人特别仁慈）在凡尔赛宫被加冕为德国皇帝。但是这时他被加冕称帝，没有谁推选他，就像他所想的那样一切都是上帝的恩典，而不是像1849年那样源于人民。

由于如此强势的帝国首相、众多新征服的领土，这个新的德意志帝国对于欧洲力量对比均衡带来的潜在的改变，在当时其他大国很有可能结成同盟来抵制德国的统一步伐。但是，在1878**年召开的柏林会议**这最后一个大型的欧洲音乐会上俾斯麦却取得了成功，在这次会议上，德国被称欧洲各国的和事佬与诚实的中间人。这次会议召开在1877—1878年俄罗斯—土耳其战争后，在这次战争中，俄国人侵入康斯坦丁堡，而出于欧洲力量均衡的考量这一做法是其他欧洲国家所不能接受的。俄罗斯的一系列作为都使得欧洲的力量均衡被彻底打乱了：入侵圣·斯特凡诺（土耳其南部首都），尤其是试图建立从黑海到爱琴海这一巨大疆域的保加利亚王国，以"实现疯狂的泛斯拉夫梦"（温弗里德·鲍姆格哈特）。大国们商议对和平条约进行更正，而对此进行更正的应该就是柏林会议的主持人俾斯麦。庞大的保加利亚被分为三个部分：一个独立的国家，一个划分给土耳其，一个由这些大国共同管理。而波斯尼亚和黑塞哥维那则作为补偿以"填补"奥地利的损失。罗马尼亚、塞尔维亚、黑山独立。英格兰则获得塞浦路斯。此种决议唯一的缺点是这些大国从来没有考虑过弱小的巴尔干人民的利益。而德国则作为这笔交易"诚实的中间人"被这些大国忽略了，从而确保了德国的和平。正如一位王储在内部报告中写的那样，"东部的溃疡公开留存着"。

通过对于欧洲的历史进行描述，我们再来补充介绍一下一些重要国家的详细信息。

我们需要借助"游击战争"这个术语来阐述以下事实，这种阐释一直受到英国人吹捧。1813年西班牙人驱除拿破仑的统治，迎回了他们的国王斐迪南。然而，他的接班人即女儿伊丽莎白二世（1833—1868）更倾向于君主专制宪法下的独裁统治。她的这种主张引起了社会的躁动，最终她不得不宣布退位。在寻找接班人问题上，德法两国发生战争。法国坚持抵制由西班牙所确立的理想接班人，即一个信仰天主教的霍亨索伦·锡格马林根家族的王子，由于法国的抵制，西班牙出现了一个短暂的共和国时期。但之后不久，1875年发生了一次军事政变。这次政变使得波旁王朝复辟成功，于1876年恢复君主立宪制。这次复辟不但没有使西班牙国力增强，相反导致它日渐衰微，以至于其众多殖民地诸如古巴、波多黎各和菲律宾等地丧失，并在1898年与美国的战争中一败涂地。

1871年建立起的法兰西第一帝国并没有颁布宪法，因为**法国**的君主专制政体仍然很强大，所以直到1875年，国民议会才以多数票表决通过了议会民主制作为其政体。而19世纪80年代发生的经济危机却强化了君主专制和激进势力，并妨碍了稳定政府的确立。在19世纪的最后几年，特别是德雷福斯事件的发生，使得法国国内的政治势力出现了严重的两极分化。虽然对日益频发的社会主义运动深表恐惧，但是共和党人在 1898 年的选举中仍旧保持着自己的中间立场。

英国早在 19 世纪之交的之前就在战争中反对拿破仑的入侵，在地中海地区，英国的海军上将纳尔逊于 1799 年在尼罗河就击败了法军的舰队，并于 1805 年在特拉法将法国军舰彻底摧毁。其和普鲁士军队决定联合起来，并于 1815 年在滑铁卢彻底打败了拿破仑，取得了种种胜利。在维也纳会议上，英国获取了原属法国和荷兰的广大海外殖民地，成世界上最大的殖民国家。国内政治一如往常，由于工业革命的巨大发展，选举法和劳动保护法律得到了修改，其中最重要的是 1847 年颁布的《十小时—比尔法案》以及一天最多工作 10 小时的劳动保护法。自从维多利亚女王统治时期（1837—1901）开始，英国走上了稳定的君主立宪制体制，这种政治体制一直保持到今天。从此，维多利亚女王又多了一个绰号，即"欧洲的祖母"。这是一种事实，诸如，德国最后一任皇帝威廉二世就是维多利亚女王的孙子。

德国在 19 世纪的上半个世纪还是一个欠发达的农业国家，但自 50 年代的工业革命后，德国飞跃式地发展起来。但是这也加剧了德国国内社会的紧张局势和社会民主的高涨，尽管 1883—1889 年俾斯麦通过了社会立法。他被威廉二世解雇开始于 1890 年，因为威廉二世站在了皇帝"个人统治"的道路上。这终结了所谓的"欧洲演唱会"，而这一解雇行为带来了外交政策上的致命后果，因为威廉二世的这种统治是一个跳跃性的发展，而他的第一个决定就是一个巨大的错误。其与俄罗斯在 1887 年签署的互相在战争情形下保持中立的保障合约并没有延续下去。而俄国与法国共同组成联盟，这一实力巨大的联盟联合起来共同对抗德国和奥地利这个俾斯麦一直以来的噩梦也变成的现实。在其执行一场"灾难"（托马斯·尼佩代）的过程中，直接导致了第一次世界大战这个"极端时代"的开始（埃里克·霍布斯鲍姆）。

丹麦，因为与拿破仑结盟，所以在基尔以和平的方式失去了挪威。作为失去芬兰的补偿，挪威被划分给了瑞典，芬兰在 1808 年被俄罗斯所占领。国王作为专制君主的绝对权力在法国大革命的影响下于 1849 年被废除，代之以有着君主立宪制和普选内容的新宪法。由于在对普鲁士和奥地利战争中惨败，丹麦施行了严格的中立政策，在第一次世界大战中也沿用着这一政策。在 19 世纪终将结束之时，这个国家在 1891—1992 年颁布了一系列诸如养老、失业和医疗保险的法律，成为一个社会福利国家。

由于查尔斯十三世的加入，**瑞典**的君主专制结束于 1809 年，从而开始了君主立宪政体。之后，在 1866 年，代替繁琐帝国大会的四级制度，瑞典开始施行了两院制的政治体制。随着工业化的深化和快速发展，在 1889 年新建立的社会民主党的领导下的劳工运动蓬勃发展，它促使了瑞典普选的开始，在 1909 年全民普选终于在众议院开始实施了。

与瑞典建立君和国的**挪威**早在 1814 年就已经颁布了自由主义宪法，在瑞典国会强烈的反对声浪中，挪威—瑞典国王的势力越来越弱，自 1874 年以来自由主义在选举中的胜利导致了严重的宪法冲突，到了 1884 年的年末议会制度已经占了上风。政府不再由国王任命和解散，而是由挪威的议会任命和解散。在 19 世纪末期挪威的经济还欠发达，到了 1914 年挪威已经有了 500 万的居民，但是在 50 年代，有差不多 100 万的挪威人移民到了美国。

奥地利在 19 世纪最大的失败是 1866 年与普鲁士的战争，这场战争使得奥地利这个多种族国家中民族主义反对势力逐步加强，而其最强的反对势力则来自匈牙利，这引起了 1867 年的"均衡"。人们把这称作两个最强的国家通过损害其他国家的利益而达成的妥协。**匈牙利**在某种程度上一直称不上一个独立国家，通过君和国它一直与奥地利联系在一起。奥地利的皇帝同时也是匈牙利的国王，在对外政策上它们保持一致，有着共同的军队和必要的军费，在这个领域决定权属于奥地利，而每十年奥地利和匈牙利都会针对财政问题进行商谈。其他的国家事务则由双方分别决定，地理上分开两个国家的是多瑙河的一个支流莱塔河。因此，人们称西半部为内莱塔尼亚（Cisleithania），首都维也纳，是德意志人占主导地位的地区。也正因如此**波西米亚**也归属到这个地区当中。东部的莱塔河地区则是匈牙利，在处理其他事务时匈牙利人占有统治地位。而因为双方议会力量的薄弱，使得双方都是官僚主义的独裁国家。而内莱塔尼亚在内政方面的问题实际上一直是永恒的民族问题，这不仅仅存在于波西米亚，而是关系在学校、行政和司法领域是否能用本民族语言的问题，而这些在宪法中则是需要慢慢实施的。自 1848 年开始到 1913 年为止，奥匈帝国一直由皇帝弗兰茨·约瑟夫统治，和英国的维多利亚女王类似，这同样也是一个极为漫长的统治。

不论是依据领土面积也好还是人口数量也好，**意大利**被称作一个大国，不仅在于其强大的经济实力。意大利从一开始直到今天就一直存在南北分裂的情况。由于教皇国的吞并和一些国家因为教皇对其的谩骂，意大利的国内政策自 1870 年开始在很长一段时间里都不堪重负。他们称自己为"梵蒂冈囚徒"，天主教禁止人们参加全国范围内的大选。男性选民的比例在 1882 年从原先的 22%上升到 30%。1861 年的宪法照搬了撒丁-皮埃蒙特王国 1848 年的宪法，实行君主立宪制。不断变化的政府在当时已经使人习以为常了，没有政党的小型团体寡头政治使得意大利派系林立。社会暴动不断被镇压下去，从而导致了日益严重的马克思主义反对势力，也导致了1990年刺杀国王翁贝托。随后，意大利开始了一系列内部的政治改革，诸如罢工的权利，工人的保护和社会保障。

在19世纪，**波兰**一直存续着被普鲁士、奥地利和俄罗斯一分为三的状态，以独立为目的的起义——当时的华沙大公国——在1830—1831年遭到了俄罗斯军队残酷的镇压，同样的情况还发生在1864年的加利西亚、克拉科夫和奥地利的利沃夫，还有1848年的普鲁士的波森，同时又一次出现在俄罗斯的波兰国会上。

与普鲁士大败拿破仑之后的反应相同，**俄罗斯**在其克里米亚战争惨败之后，着手进行了一系列的改革。专制主义统治和之前相比要温和得多，和普鲁士类似，俄国也开始进行所谓的农奴解放运动，在最低限度内农民免费得到了自有地，但是这些自有地完全满足不了农民的基本生活需要。但是如果要取得更多的自有地农奴就必须支付一定数额的土地出让金，而这笔出让金要远远高于市场价，而且土地转让的期限为半个世纪，也就是说这片土地最终还得回到其领主手里。接下来就是司法改革，其保守的方法就是给予各个行省和城市自由管理权，但是最重要的是施行义务兵役制的军队改革，而这种义务上层社会人士可以很自由地买到手。在19世纪90年代出现的城市工人运动的规模很小而且十分分散。一个恐怖的民意党团体在1881年成功谋杀了沙皇亚历山大二世，这个团体很快被消灭，而团体成员也被施以死刑，其中就包括列宁的大哥。之前相对宽松的政策又恢复到了原来的状态。

在**经济**方面，农业和工业革命在欧洲大陆上不断扩展开来，工业领域中不断涌现出新技术。煤炭、纺织、钢铁工业被新兴的化学、电学和光学工业所补充。欧洲的人口（Rdz. 100）继续保持着无以伦比的增长速度。这不仅在于欧洲人口绝对数量的大幅度提高，还表现在增长比例的稳步上升。在1800年差不多是180万人到1.9亿人，到了1850年这个数字增长到了2.26亿，到了1900年欧洲人口到了4.01个亿。以下是欧洲几个主要国家的人口数量（以百万计）：

表9-1 欧洲主要国家1800—1900年的人口数量

	1800年	1850年	1900年
法国	26.9	36.5	40.7
德国	24.5	31.7	50.6

(续表)

	1800 年	1850 年	1900 年
奥匈帝国	23.3	31.3	47.0
意大利	18.1	23.9	33.9
西班牙	11.1	15.3	18.6
英国	10.9	20.9	36.9
比利时	3.0	4.3	6.7
荷兰	2.2	3.1	5.1
瑞士	1.8	2.4	3.3
丹麦	0.9	1.6	2.6
挪威	0.9	1.5	2.2
瑞典	2.3	3.5	5.1
俄罗斯	—	—	112.0

除了之前提到的18世纪所谓的人口增长原因外，还增加了一个原因即天花疫苗的接种，自1800年这种疫苗接种已经普及。早在1830年瑞典主教和诗人以赛亚（Tegner）对人口增长就归纳出三个主要原因："和平、天花疫苗和土豆"。

这一农业革命在不同国家的起点时间各不相同：荷兰和比利时是在1690年，英格兰则是在1690—1700年，法国是1750—1760年，瑞士为1780—1790年，德国和丹麦1790—1800年，奥地利、意大利和瑞典在1820—1830年，俄罗斯和西班牙1860—1870年。传统的农业产业和其产业中70%—80%的农业人口在西班牙、匈牙利和俄罗斯继续存续着。

"如果要对工业革命说点什么，那就是棉花"（埃里克·霍布斯鲍姆）。英国工业革命的主要城市有曼彻斯特和伯明翰。其次，即工业革命的第二个主线才是冶铁和炼钢，而这两种产业的最重要的发明也出现在英国，如普德、贝塞麦、托马斯、西门子/马丁对工业技术所作的创新。而1830年的利物浦、曼彻斯特，1835年的纽伦堡、菲尔特等地铁路的建设，也为工业革命注入了最强的动力。在19世纪即将终结之时，欧洲的铁路网络总长几乎接近240000公里，途经德国、俄罗斯、法国、奥地利和英格兰。

在工业化进程的第一个阶段，技术上的发明并不那么复杂，而手工业更多地要依靠简单的专业技能和实践经验。但自19世纪中期以来，科学加入到了工业领域，新兴的电气、化工、医药和光学行业则完全依赖于科学的发展。而这时英国已经被其他欧洲国家所超越，特别是富于专业技术的德国，而其中最为突出的要属普鲁士。在被拿破仑战败之后，普鲁士在科学研究领域狠下功夫，并且建立了研究自然科学的伟大实验室，很快，具有学术水准的工程师和化学家在中等专业学校中培训人才，而英格兰直到1873年，还没有特别建立对工业化进程起重要作用的有机化工专业。在这方面我的概述还不够全面，因为，新的电子工业和其他新兴产业我还没有提及，工业化的发展仅局限于欧洲这十个国家和美国：

表9-2　19世纪工业化进程排名

排名	1810年	1860年	1900年
1	英国	比利时	英国
2	比利时	英国	美国
3	美国	美国	比利时
4	法国	瑞士	瑞士
5	瑞士	法国	德国
6	德国	德国	法国
7	奥地利	奥地利	瑞典
8	瑞典	瑞典	奥地利
9	意大利	西班牙	西班牙
10	俄罗斯	意大利	意大利
11	西班牙	俄罗斯	俄罗斯

资料来源：保罗贝罗·奇在奇波拉、博尔夏特：《工业革命》，1976年，第311页。

这里还没有国民生产总值和人民生活水平增长的相关数值的记述。这时不仅有火车，而且还有轮船和汽车、发电站、电车和机车、电话、灯泡、无线电报务、水务和公寓中的自来水等等。工业革命取得了巨大的成功。社会的福利支出也取得了不错的承继。在19世纪结束之时，这些在工业化国家生活的工人生活得还不赖。

宪　法

到了19世纪，成文宪法已经在欧洲存在了百年时间，虽然法国的君主制和共和制混乱地互相更迭，但是法国仍不失为欧洲各国的榜样。除了英国和俄罗斯，几乎每个独立自主的欧洲国家都经历过一个或多个的政体变换。这种政体变换首先体现在君主立宪制的政治形态上，即自从《人权法案》签订之后，英王完全处于议会民主制度框架之下，这点与1791年法国的第一部宪法规定的相同。其次体现在开创了另外一种政体，即人们所理解的君主制政体，这种政体由国王来委任政府，国王和议会共同颁布法律，而这个议会一般由上下两个议院组成。上议院的成员由国王独自任命，下议院的成员则由公民选举产生。尽管这种政体在学术上一直存在着很多争议，学界没能给出一个明确的界定，但可以肯定的是，在这些争议的说法中存在着一个共性的特征，即这种政体中存在着共同立法、人民选举、政府组建由国王任命这三种特征。

所以，首先在国王和议会共同立法上，尤其如在1791年的法国宪法中所体现的那样，国王处于弱势地位，而这背后蕴藏着孟德斯鸠的三权分立学说，即政府单独行政，由议会立法，而司法解释权掌握在司法机关手中。在这一宪法框架之下不可能生效，因为障碍是无处不在，但在这里它只有死路一条，宪法框架之下的国王在原则上应该只有颁布法律这一项权力，但是依据这一宪法的规定，他还享有两次否决权。但是，如果第三次国民议会否决了它，该法律就会生效。在19世纪最常见的君主立宪制国家中，国王的王权相对强大。即当他不同意颁布某种法律时，这一法律必然无效。在这里君主专制原则取得了胜利，就像人们针对孟德斯鸠男爵所说的那样。换句话说，19世纪欧洲各国的国王比法国1791年宪法要强大得多。

其次就是人民普选。大多数国家的议会下议院都是由人民选举产生，一些时候也像1791年的法国国民大会那样，所有的议员全部由人民选举产生。而宪法在一开始就重复了1789年的《人权宣言》："人们生来是而且始终是自由平等的。"

所有成年的法国男人都有选举权，但是在19世纪欧洲的所谓民主离一般意义上的民主还有一定的距离。虽然在宪法中多次提到了平等与自由（Rdz. 132），但公民的选举权取决于公民的财产和他上缴给国家的税收。这被称作选举权审查，而这种审查方式（Census）是罗马共和国时依据资产的多少，在全民大选中根据资产等级分类进行，划分七种不同的组别参与选举，即进行等级分类。穷人没有政治权利，所以有选举权的产业工人的数量并没有增多。在19世纪末期，一些国家给予了所有的成年男性以一般意义上的选举权。因为这种改变，使得在19世纪拥有选举权的人口（不包括妇女和儿童）占到总人口比例的25%。因为经历的时间很长，所以可靠的数字已经很难查找。沃尔夫冈·莱因哈德（Wolfgang Reinhard）在其《欧洲宪法史》中认为，欧洲各国有投票权的人口比例如下：

1830年欧洲各国有选举权的人在成年人口中所占比例：法国为0.5%，匈牙利为1%，比利时为1.1%，英国为2.1%，荷兰为3.5%，挪威为8.5%，瑞典为9%。1870年，意大利为2%，比利时为2.2%，荷兰为2.9%，瑞典为5.6%，奥地利为5.9%，匈牙利为6.5%，挪威为7.5%，英国为8%，丹麦为15%，法国、西班牙和瑞士是22%到26%。

1910年，匈牙利为6.2%，意大利为8.3%，荷兰为14%，丹麦为17%，英国为18%，瑞典为18%，奥地利、比利时、德国、西班牙、瑞士为21%到26%，法国为29%，挪威为33%。

最后就是由君主来组建政府，英国是君主立宪制国家的范例。早在18世纪，英国的政府就施行了议会制，即在英王任命政府官员时要遵循下议院多数的意愿。英国的首相要么是辉格党，要么就是托利党，而他们同时也是国会的议员。所以，在19世纪的上半叶，法国的政体在波旁王朝和路易·菲利普王朝的统治之下继续发展着，而在19世纪的下半叶中，在比利时北部的荷兰、挪威和希腊的君主立宪制政体也不断地发展进步着。

本书只对君主立宪制政体的整体作简要的介绍，在介绍过程中只针对一些主要国家作进一步的精确阐述。

在拿破仑失败后波旁王朝复辟，而**法国**的宪法经历了一个高度多元化发展的道路。1814年的宪法和（七月革命后）1830年的宪法惊人的相似，都是强势君主之下的君主立宪制政体，都倾向于在议会制下组织政府。这一政府组成形式通过表决通过，由国王任命的各部部长可能也是国会上下两院的议员。国王占据两院，更为重要的是众议院是由具有审查选举资格的公民选举产生的。因此，国王能够与英国一样出于同样的原因（Rdz. 101）在众议院中势力最大的党派中任命首相。这显示出了1830年前在波旁王朝和路易·菲力普统治之下法国的一般做法。

在1848年三月革命之后法兰西第二共和国的宪法就是一个怪胎。在这部宪法中，一方面模仿美国，有一个由人民选举产生的强大总统，而另一方面，一院制的议会也由人民选举产生，并且并没有如美国一样建立一个当两者发生冲突时的均衡机制。路易·拿破仑以压倒性多数当选，而国民议会也并没有因此而相持不下。路易·拿破仑从当选开始就有一个目标，那就是和他的叔叔一样成为法兰西帝国的皇帝，而通过1851—1852年的政变他取得了成功，即通过全民公投在1848年的大选中以绝对多数当选为总统。法兰西第二帝国的宪法类似于他的叔叔之前的宪法。其政治实践活动的第一步就是把法国变成了一个警察国家，之后，这个独裁帝国崩溃，自由主义者们试图在法国建立一个议会制的政体，而在 1870 年大败于德国后，由于法兰西第三共和国的建立，这种议会制的君主立宪制也从此烟消云散。与前两个宪法，即同 1789 年和 1848 年的宪法相比，法兰西第三共和国的宪法相对稳定。

第三帝国的全民大选使得支持君主制政体的保守派取得了胜利，并且直接导致了 1871 年巴黎左派势力的起义，这次起义很快就被军队镇压下去了，因为君主派不能达成一致，所以在 1875 年法国建立了一个"临时"共和国。之后的 1789 年，由于共和派在大选中取得了胜利，所以 1875 年宪法的基本原则最终生效了。它由三个"基本法"组成，第一个就是依据各省的选举结果成立参议院；第二个就是通过全民公决的方式组成众议院以团结国会；第三个就是选举出一个强势的总统作为君主的替代者。之后 1884 年的宪法改革规定禁止向君主制政体转化，禁止总统重新把持在议会制原则之下组织政府的这项职能。而法兰西第三共和国的统治一直持续到 1940 年阿道夫·希特勒军队占领法国。

西班牙的宪法也是反反复复的，即使在西班牙对抗法国的解放战争中或是费迪南七世重新回归西班牙的这段时期也是如此。1812 年科尔特斯在卡迪斯正式颁布了《自由宪章》(*Liberale Verfassung*)，正式开创了一个由弱势国王主导下的君主立宪制政体，宣告了科尔特斯统治时期的到来。这其中的原因，一方面是西班牙正处于法国占领中，且获得法国的极大支持；另一方面源于英国舰队的军事保护。当费迪南重新返回西班牙时，宣布废除了这部宪法，并重新恢复了君主专制统治。紧接着，1830 年军事叛乱后，费迪南不得不承认 1812 年的宪法，即君主立宪制。但在三年后，在法国军队的帮助下，费迪南又重新施行君主专制统治，直到 1833 年去世。在皇位继承人的争夺中，费迪南的女儿伊莎贝拉继承皇位，而他的遗孀成为摄政王，并于 1834 年废除了君主专制统治，这是出于与斐迪南兄弟们对抗的需要。为获取自由保守党的支持而孤立斐迪南兄弟，她以 1830 年法国宪法为蓝本，制定新的西班牙宪法，并通过皇家法令的形式确定西班牙实行君主立宪制。在这次君主立宪制体制中，她成为幕后的女主，总理纳尔瓦埃斯实行独裁政权统治。事实上，在这次君主立宪体制中总理的权力要比在自由民族主义科尔特斯通过的新宪章中的权力大得多。正是这一极其保守的政策，恰好使得伊莎贝拉于 1868 年被一场自由革命所推翻。随后，全民公选得以启动，科尔特斯赢得大选。科尔特斯于 1869 年以 1812 年宪章为模板再一次颁布了新的西班牙宪法，但是在王位继承人上该项法令却没有提到。这也恰好为 1870 年所发生的德法战争提供了诱因。最终西班牙向前迈了一步，但是时间很短。1875 年波旁王朝又一次复辟了，在阿方索十三世的统治之下。第二年又恢复到了 1834 年的宪法现状上，即由国王统治的君主立宪制。这部宪法非正式地存续了近半个世纪，直到 1931 年。

英国最重要的一次变化就是 1832 年的改革法案。总的来说，英国的不成文宪法的诞生是英国历史上众多伟大时刻之一。在众多的矛盾纠结中，英国的下议院得以建立，特别是选区分界也得以实现。为了抵制日益壮大的城市，即辉格党退出强大的城市选区，而进军保守党的堡垒农村选区，夺取本不该属于自己的限额。变革的压力来自工人阶层，它与要求对选区进行合理分界的市民形成联盟，双方承诺共同改善他们的困境。在法国七月革命后，高涨的情绪一直在这个国家的天空流动着。在 1813 年的选举中，辉格党赢得了众议院的多数席位并决定作出与其自身相适应的改革法案，但是这却受到了上议院的反对，第一次尝试就这样失败了。在这一年上议院第二次拒绝此法案的终结，这些谨慎英国人的革命情绪高涨：纵火，抢劫，释放囚犯。在伦敦，托马斯·阿特伍德（Thomas Attwood）谈到了是否要武装起义。他是最激进的抗议运动组织者，而对此响应的是汉普斯特德前的一百万人。这是一个威胁。事实上，他想通过和平方式解决纠纷。而他的目的也已经达到了，这一做法使得那些封建领主极度恐惧。最后，当那些富裕的市民大量提款和出售证券时，他们放弃了原定计划，因为他们发现，这可能会给整个银行体系带来风险。最终上议院勉强同意了这一方案，而愤怒的国王对此也无能为力。换句话说，英国正在延续其逐渐变化的伟大传统，虽然曾经在危险的灾难中划过，但最终的结果令双方都很满意。改革法案极大地改善了选举的区域划分，但是这并不是一个真正合理的解决方案。选举前的审查并没有废除，但是不管怎样，英国在无条件的全民公选道路上迈了一大步。选民人数增加了一倍以上，通过这一成功事件众议院终于取得了最终决定焦点政治事件的权利。上议院决定不再继续其之前一直反对下议院的做法，比较正规、合理地利用现有否决权，而英国的国王几乎已经被忽略不计了。

德国要落后英国数个英里。随着 1806 年德意志神圣罗马帝国的解体，德意志各个联邦国中的各个大公的专制统治权力达到了巅峰，他们享有完全的主权。德国既不是一个国家，也不是一个联邦国家，依据 1815 年维也纳会议确定的联邦法案，是一个邦联国家，被称为"德意志人的联盟"。是一个松散的主权国家联合体，更确切的说就是主权公国。当然，1815 年的联邦法案作为"宪法之屋"适用于所有德意志邦国，直到 1830 年，38 个德意志邦国联盟成员中有 15 个邦国还在履行法案中的义务，即各德意志邦国应是一个议会两院制相对弱势而公爵统治实力相对强大的君主立宪制国家。最关键的问题所在还是德国的南部，即 1815 年的符腾堡、1818 年的巴伐利亚州和巴登。他们实际上没有什么重大意义，其主要是各德意志邦国的公爵"整合工具"（沃尔夫冈·莱因哈德）。在军事上强大的普鲁士很容易就担负起来了，直到 1848 年它还是一个无宪法的专制国家。1830 年的七月革命给宪政运动注入了新的动力。和德国不一样，萨克森州、黑森－卡塞尔、不伦瑞克、汉诺威州等其他各州也实行了类似的君主立宪制。对此，格奥尔格·毕希纳在《黑森州信使》中写道："德国的宪法中到底有什么？没有任何东西仅仅是一束空心的秸秆，为什么这些王侯对这些无动于衷呢？"整个社会状况和 1848 年相比没有什么本质不同。先进的工业化进程使得城市中工人阶级力量不断增强，而经济危机的困境也随之而来，在这些邦国的公爵们看来，这种因为工业革命造成的危机要比 1830 年的大得多。他们首先倒退回去，在大多数邦国中都建立了开明的政府，宪法也是自由的宪法，选举权审查制度被一般性的选举权所取代，在普鲁士，许可建立国家层面上的宪制国民大会。其中，德意志的两个邦国的国民大会都在 5 月份开始工作，一个是在美因河畔法兰克福的德意志联合会，另一个是普鲁士的柏林。但不久，公爵们又苏醒过来，觉得必须留有自己的军队，只有士兵才能帮助他们对抗民主派。随后，同年 12 月普鲁士国王解散制宪国民大会。但在法兰克福圣保罗教堂的德意志联合会却没有被解散，相反他们继续完成制宪工作。翌年 3 月，除奥地利之外成立了"小范围的德意志"宪法决议，该决议是将普鲁士国王确定为"德意志皇帝"，并以该名义颁布德意志君主立宪制宪法。随即该宪法受到腓特烈·威廉四世的婉言拒绝。正如黑森州的大公所写道的，他们向普鲁士国王提供了一个"猪冠"（Wurstprezel），这顶桂冠并不是上帝的恩典，而是梅茨格的杰作。因此，革命失败了。然而，在普鲁士的国王解散议会的同时颁布了由本国家制定的宪法，即"oktroyierte"，因为在保皇派看来，他们之前的专制统治太过冒险，他们以《圣保罗宪法》（*Paulskirchenverfassung*）为目标，在 1850 年遵循国会的要求客客气气地改变了德国的政体。而德国的君主立宪制一直持续到第一次世界大战结束，成为德国特有的宪法类型。首先，为了统一北方的德意志邦国，普鲁士赢得了 1866 年普奥战争的胜利，1871 年针对法国的战争胜利后，普鲁士国王为威廉一世，他正式成为德意志联邦帝国"德国的皇帝"（Rdz. 130）。俾斯麦建立了帝国议会的普选制度，因为他知道，广大的农民会选择保守派的。第一个议院是由地方领主选举出的参议员，总体而言，普鲁士的军事专制才是德国的宪法。

奥地利实行专制主义的时间要长于普鲁士。而国王斐迪南一世的反应也比普鲁士人要快，在 1848 年的 4 月份他就通过了《君主立宪制宪章》，即从国家宪法上确认奥地利是"不可分割的君主立宪制"国家的宪法,而匈牙利,包括其君主制在内确认了它的自治性。但是到了1851年他的儿子及继承人弗兰茨·约瑟夫却推翻了这部宪法,一切又恢复到原位。而由匈牙利人保卫匈牙利独立的运动也被其军事镇压了。从此开始了历时九年的"新专制"年代。其在解放意大利战争中的军事失败促使了1860—1861年准议会的建立,即"帝国参议院"制度,由各州议院间接选举出上议院以便同皇帝共同立法。被普鲁士战败带来的不仅仅是所谓的匈牙利"均衡"(Rdz. 130),帝国皇帝所颁布的"基本法"还使得政体有了一定的改善,即人们可以称之为君主立宪制国家。虽然在1873年奥地利才第一次直接通过公民而不是州议会来选举众议院,但直到1907年奥地利才开始通过男性公民直接选举众议院。

在1798年法国军队占领瑞士后,**瑞士**就想要以法国为蓝本建立一个统一国家,但是由于其固有的习惯,这一梦想不了了之。所以在1803年,拿破仑提供给这个国家一个邦联国家宪法。其最高的国家机关是由各州(Rdz. 101)代表组成的国会。在拿破仑帝国倒台之后,瑞士作为一个独立国家在维也纳会议上得到了承认,之后,这个邦联国家的各州达成合意,瑞士重新由古老的贵族统治。七月革命导致了瑞士国内严重的动乱。瑞士的大多数州都实行了普选,在选举了议会之后,再由议会选取政府成员。但是,这种自由浪潮也引发了宗派危机。1845年,七个信仰天主教的农业保守州组成了一个武装联盟,即特殊联邦。1847—1848年,这个武装联盟与其他占据多数优势的自由工业派各州爆发了战争。在自由工业派胜利之后,1848年瑞士建立了一个适度集中的联邦国家。它的国会是两院制的联邦议会,上下两院一个是通过普选产生的国民议会,一个是由各州的代表所组成的国民参议院。联邦大会选举政府,其中的七个参议员组成联邦委员会作为国家的最高权力机关,而联邦总统只是这个委员会的主席而已。瑞士成为了19世纪唯一的一个民主国家。虽然其宪法经过了140次的修改,但是这种国家政权组织形式却一直保留至今,从1874—1999年年末瑞士一直朝着富裕联邦更多权限的方向努力着。

维也纳会议使得**荷兰**的北部和南部实现了统一,荷兰北部决议不实行旧有的共和国体制,将国体改为在现今城市主人这个王朝统治之下的君主立宪制。这并不是一个伟大的变化。而其实行的议会两院制——三级会议——是一个没有壁垒的民主政体。上议院由国王委任的贵族组成,下议院则由各省通过选举产生的议员组成。在法国1848年革命后,荷兰1815年的宪法迅速作了修改,变得更为民主。两院都要由选举产生,和之前宪法的下议院的产生方式相同,上议院也要由各省选举产生。国王和议会之间在1866—1867年发生了宪法冲突，三级会议实现了议会制的基本原则，荷兰国王依据众议院多数的意愿组织其政府。

在比利时，针对统一王国争取独立的斗争给了国民大会自由决议的可能性。1831年一部宪法诞生了，在这部宪法中主权在民（Art. 25）与君主立宪制（Art. 26）紧密地结合在一起。这是非常难得的一部宪法，它以1789年的法国宪法为蓝本，是之后1849年丹麦宪法和1864年希腊宪法的蓝本。打从一开始，自由派的国王就想以英国的君主立宪制为蓝本，推崇其由议会来影响政府组成的这种议会制民主原则，但最终没有被宪法所吸收并规定出来。

在1848年法国大革命后，实行专制主义的**丹麦**就不再平静了。国王辞退了原先的保守派内阁大臣，取而代之的是一个联合政府，还有一个由人民普选而产生的国民议会，其决议以1831年的比利时为榜样，在1849年的基本法中确定了君主立宪制的国家体制。帝国议会由两个议院组成。下议院，直接由普选产生；而上议院，虽然也是由普选产生的，但方式却不同，是间接选举出来的，而这种选举方式经常致使保守派被推选出来。在丹麦，与德国战争的失败导致了政治极其僵化与非常自由的制度之间的矛盾。因此，与此相对应1866年基本法作出了一些修改。上议院的候选人一部分由国王提出，另一部分则由当地地主和富裕的城市平民提出。它导致了1901年议会制下的左派取得了压倒性的胜利。从那以后，国王只能在下议院占多数席位的党派成员中组成政府。

瑞典在1808年和俄国的战争失败后，丧失了三分之一的领土和在其之下的芬兰全境，而其实践尚浅的专制主义统治也走向了末路。在第二年的等级会议上瑞典国王被罢黜，在其合法继承人的宝座前，委员会在两周的时间里起草了新的宪法，即1809年的"政府改革"。新国王不得不接受它，而它也在瑞典的四个等级——僧侣、贵族、农民和市民——赞同之下得以颁布。一个独一无二的事件出现在了19世纪的宪法史中，即君主统治与有着300年历史的等级会议复杂地联系在一起，而这显然是三权分立的现代理念。而1866年的宪法改革则使得这一情况有了改变。一位年轻聪明并且充满活力的首相，路易·德·吉尔（Louis De Geer）以威胁要辞职的方式促请古斯塔夫二世。之前由四个等级构成的国会在瑞典被取消了，取而代之的是适应时代的由人民普选产生的两院制议会，从此瑞典成为一个正常的君主立宪制国家。

挪威希望维也纳会议不接受将其国家的统治权转让给瑞典的决议。1814年国会推选出了一个宪法起草委员会，同年5月宪法正式颁布，丹麦王储应当成为挪威的国王。但是在此之后，挪威屈服于瑞典的军事威胁，推选了丹麦国王作为这个国家的国王，与其形成了一个君和国，但却保留了其5月份制定的宪法,但是在11月份,由于之后与丹麦结成了联盟,所以使得宪法必须作出一些修改。这个宪法是欧洲最进步的一部宪法,作为一个君主立宪制国家,与其他国家相比,挪威的国会——国民议会——享有了更多的权利,而国王在立法中只享有暂缓否决权。也正是因为这一条款,触发了一个争端,即在1884年,由国王支持的政府不去执行经过挪威国会三次表决通过的一项法律,而这使得挪威议会制的基本原则被打破了,即国王必须任命一个自由派的领袖充任政府首脑。所以说宪法是自由的宪法,它具有约束力。依据宪法第二条的规定,挪威的宗教信仰为新教路德宗,这是好的,但是其最后一句话是"犹太人将被从天国中剔除出去"。也就是说要犹太人滚出挪威,而这种论调竟然出现在了宪法中!虽然在1851年它从宪法中被删除,但是犹太仇恨主义却继续在挪威存续着。在第二次世界大战德国人占领挪威期间,挪威的犹太人心甘情愿被自己国家的警察逮捕,并运到奥斯威辛集中营。

1861年,**意大利**成功统一,皮埃蒙特-萨丁尼亚国王维克多·伊曼纽尔和其著名总理本森·凯沃尔(Benso Cavour)发动了一场上层运动,加里波第派被挫败,意大利的国王伊曼纽尔在1848年简单地将皮埃蒙特-萨丁王朝的宪法即《阿尔贝蒂诺宪章》(Statuto Albertino)普及到全国,使之成为整个意大利的宪法。这部宪法沿袭了1830年的法国宪法,确定了意大利是君主立宪制国家。此外,其还明确规定,总理应当是两院以外的国会议员,并允许在波旁王朝和意大利的路易·菲利普统治下将意大利逐渐过渡到议会制政体。该宪法一直沿用至1946年,正式地在墨索里尼法西斯统治期间作为一种补充性法律。

19世纪的**希腊**是否仍然保留着其古希腊的民主主义传统?在其1822—1823年为争取自由而与土耳其人的战争中,希腊实际上已经确立了本国的宪法。依据宪法规定,希腊是一个完全的民主共和体制,没有任何君主专制的倾向。它的第一个国家元首是1828年开始成为希腊总统的约翰·斯特里亚斯(Johannes Kapodistrias),1831年,因其违反了1827年的希腊宪法实行独裁统治而被谋杀。在希腊的"保护国"英国国内局势动荡之际,法国和俄罗斯在1832年推选巴伐利亚王子奥托(Otto)作为希腊的国王。而这对于为了自由斗争10年的希腊人来说并不是一个理想的结果,特别是奥托在此之后一直在希腊推行专制统治,而希腊作为君主立宪制国家的宪法也直到在其反对派的强压之下才最终被承认。即便这样,奥拓仍旧坚持要获取更多的权力,最终1862年希腊第二次起义后,奥拓被迫逊位离开希腊。接着,三个大国又拟定了有着丹麦和德国王室血脉的王子乔治作为奥拓的继任者,但是在1864年国会将一部宪法摆在了他的面前。

这部宪法就如比利时语所说的,即第22条,"一切的权力都源于国家"。在这部宪法中两院制被废除,贵族派掌握了政权。希腊人称之为"皇家民主",毫无疑问希腊是当时欧洲的自由国家之一。1875年自由派民主党人推行了政府组成议会制的原则。可能一切又回到了以前,在19世纪的新希腊,"民主"一词比在其他地方都更容易理解,就如两千五百年前的希腊,系由"人民"(demos)和"统治"(kratos)组合而成今天的"人民民主"。

在一些单独的问题上**俄国**是没有什么问题的,它是欧洲唯一的一个在19世纪仍然施行专制统治的国家,其在1832年编撰的伟大法典《俄国法律汇编》(*Svod zakonov*)在1835年正式生效。它由亚历山大一世发起并完成于尼古拉一世统治时期,其编订的初衷在于"俄罗斯帝国应当是一个法制国家",其不仅涵盖了各等级在行政、司法和立法等国家法律中的权力,而且还包括了私法、刑法和商事等方面的法律。实质上,迈克尔·斯佩兰斯基(Michael Speranskis, 1772—1839)这位亚历山大一世领导下的国务大臣的本职工作就是尼古拉一世立法委员会的负责人。俄罗斯的这部法典共15卷,42000条,它几乎涵盖了俄国所有的现行法律。其第一条这样写到:

> 俄罗斯全境的统治者是一个不受任何限制的独裁君主,他的最高权力不能因恐惧甚至是良心而遭到反对,能吩咐他的只有上帝。

现在我们知道了什么是真正的专制,俄国沙皇的这种专制权力一直持续到1906年,而在事实上这种权力则一直维持到了1917年的十月革命。

人 权

这个世纪不是一个能够实现人权的世纪,**法国**1789年8月的革命(Rdz. 128)时产生的《人权宣言》强而有力的号角声在这个世纪迅速地安静下来,虽然在1791年和1793年的宪法第一次将人权正式记录下来,但可惜的是这两个宪法都没有最终发生法律效力。而1795年的宪法则只是一个更为迂腐与陈旧的工具而已,在1799年拿破仑时期的宪法中人权则又陷入了沉默。已经不存在所谓的人权了。在1814年的波旁王朝宪法中人权被所谓的"法国公法"所取代。这是1795年宪法的巨大倒退,没有丝毫意义,更多的是为了实现自己的权力而要求公民为了国家稳定而多负担的一种责任。此外其还是一种权利,即直接与君主统治权益相适应的法律面前人人平等。除此之外,作为对抗贵族以强化皇权的工具，或者是为了促进经济的财产担保权益的法律，还有1830年"市民王"路易·菲利普的七月王朝时期制定的宪法。

在波旁王朝"1814年宪章"中，人权成为其他君主立宪制国家的蓝本，如1815年的荷兰宪法、1848年的意大利皮埃蒙特-萨丁王国宪法和一些德意志邦国宪法。自1818—1833年这段时间内，巴伐利亚、巴登、符腾堡州、黑森州、萨克森、布伦瑞克和汉诺威这些德意志邦国都陆续制定了本国的宪法，因此被称为宪政国家。在保守派作家冯·赞伯（v. kotzebue）被自由派学生刺杀身亡后，通过德意志邦国的卡尔斯巴德法令的颁布，这些一直被人们所忽视的基本权利的重要性才被人们所着重关注。这些学生违背了州宪法所保障的新闻自由权。

即使是**英国**这个基本权利的诞生之国，在1800年也因为对于革命潮流的畏惧而受到暂时的限制。在1794—1795年和1798—1801年，1679年签署的人身保护补充法案被废除，而依据这项人身保护法令的规定，犯罪嫌疑人在被拘捕的三天内必须被带到法官那里受到审判。同样1694年被废止的报刊和书籍的审查制度也重新在1798年死灰复燃。这一时间很短，不久之后，一切又恢复到了之前的样子。

在波旁王朝统治之前，1814年的**挪威**宪法中继续存留着人权。和法国的人权不同的是，挪威的人权是极其自由的，决议都由人民普选产生的国民议会做出。不同于法国，君主立宪制政体在这里要比议会制更好一些。因为有着这些，所以挪威人从心里上抵制维也纳会议由瑞典来统治本国的这一决议，希望由丹麦的王储来统治挪威，由此出现了当时最自由的宪法。与波旁王朝类似，在人权方面他们更多地被局限在目录之中，因为挪威人将丹麦的王储当作救世主，用以对抗以军事强迫为手段实行统治的瑞典，所以他们对其并没有更多的要求。因为丹麦直到1848年仍然是一个君主专制国家，所以其宪法中对于人权的描述仅限于说明而已。**瑞典**自1809年起就是一个君主立宪制国家，所以对于接受这一宪法没有丝毫的障碍。其中挪威宪法中最主要的条款，即不受审查的新闻自由权也与瑞典的"政府"改革相应。挪威和瑞典的宪法之所以与"法国宪章"不同也表现在此。

希腊的宪法看起来也不怎么样。其当选的执政者斯特里亚斯在1827年干脆废除了宪法。而在他被刺杀之后，他的继任者，即来自维特尔斯巴赫家族的国王奥托在希腊实行了长达十年的专制统治。1844年由于军事政变，这位国王被迫接受君主立宪制，但是，奥托并没有遵守自己的誓言，而是把手伸进新闻自由，进一步对那些有思想的官员和法官进行迫害，直到在1862年的第二次军事政变中被推翻。之后，希腊人在 1864 年的宪法中对他的继任者乔治一世规定了相应的条款，即基本法第 18 条"希腊人的公权力"中的一段，而这一段话远远超出了当时的欧洲各国，不仅出版和印刷自由不受审查，而且还赋予了希腊人民集会和结社的自由，而国王乔治一世（1863—1913）也是一个自由派国王，他一直保留了民众的这种权力。

在希腊宪法之后的是 1831 年的**比利时**宪法，在 19 世纪这个令人感到伤心、失望的人权历史上，比利时的宪法无疑是一个希望。它是在针对北部的君主制政体起义后，即在 1830 年 10 月的独立期间到第二年 6 月推选国王利奥波德的这段时间，由自由选举出来的国民大会确立下来的决议。宪法的一开始就把人权放在了国王和议会之前，中心意义就是公民享有三个基本的政治权利，即新闻、结社和集会自由，这三个基本权利是不受限制的，和今天一样，其只对露天的集会有所规定，即要求警察维护集会秩序，保障安全。而这时，这些权利还没有被称之为人权或者基本权利，而只是以"比利时人的权利"为标题。

1848 年的革命是人权发展的一个巨大转折点，不仅是在**法国**而已，其在 11 月份起草的宪法中的成功可以与 1789 年 8 月法国大革命相比拟，在社会基本权利这方面补充了法国大革命。

"共和国必须保障公民人身、家庭、宗教信仰、工作、财产上的基本权利，每个人都应享有不可缺少的受教育权利；借助兄弟般的支持，它必须保障每个公民必要的生活需要，在其能提供帮助的范围之内提供给他们工作，当其没有工作能力，或者没有家庭之时给予其最基本的直接的生活保障。"

但是，不久之后路易·拿破仑统治了法国，虽然他在其 1852 年的新宪法中重申了"1789 年已经公布的伟大原则"，但是也就只是如此而已。并没有格外地对其有所发展，也没有加以强调，更像是一种义务而已。这是因为他更想像他的大伯父那样成为皇帝，而他伟大的伯父在没有人权的时候也过得很好。所以在荣耀终结之前的四年，附带宪法（1866 年 7 月 18 日）的参议会决议第 2 条中这样写道：

> 严禁评论、出版或发行有关宪法争议和以修宪为目的任何讨论。无论是在期刊出版的画面上，还是在语言上的攻击，或者是不定期的著作中，应如在 1852 年 2 月 17 日法令的第 9 条的第一段中已经概括描述的那样。

如此，人权在法国已经毫无意义。在1875年法国第三共和国的三个宪法中对此也没有提及，只是代之以行政法律（Rdz. 133）。1789年那嘹亮的号角并不只是一次简短的提示，它在哪里？它的道路又在哪里？而这种情形一直延续到1940年。

同样的情形也出现在了**德国**，1849年法兰克福国民大会决议通过了《保罗宪章》（*Paul skirchenverfassung*），在巨大的变革之下继续沿袭着1789年法国人权法案，其下节条目为"德意志公民的基本权利"。从这时起，在德国，人们把术语中的人权和基本权利加以区分。基本权利就是由宪法所保障的人权。在1849年对其加以补充，即在侵犯基本权利的时候，可以通过帝国法院对其进行宪法申诉。以填补法国人权的不足。但是，随着普鲁士国王的回绝一切都已终结。在其1849—1850年颁布的宪法中虽然有着近似的条目，在第20条中如此规定："科学及其有关于它的学术研究是自由的"，也就是说这只是一个强制性的义务责任而已，这是《保罗宪章》的大退步。在1850—1851年法定的出版和集会自由或多或少地被取缔，这些法律均要严苛于卡尔斯巴德法令。为了那些政治团体，依据宪法所享有的结社自由也因为帝国议会社会保障法的出现而被剔除在外。最后，德国法律诞生了，它不仅是如其主要的代表人物保罗·拉班德所说，而且就如同《君主立宪制宪章》中所说的那样，这就是"普鲁士人的权利"，因为其没有对象（客体），所以称不上"权利"二字；而其他更科学、更具体一些的解释是：他们是"已经过时的行政中罪刑法定原则"，也就是行政法（Rdz. 133）。1871年的帝国宪法并没有提及这些基本权利，关于保障其实施的相关内容只在德意志邦国的宪法中有所涉及，例如，普鲁士，是所有的全部吗？"事实上，它只是一个凄凉的资产负债表而已。"（克劳斯·克罗格）

与普鲁士相似，**奥地利**三月革命的结果就是制宪会议解散，而上面所说的1849年3月《君主立宪制宪章》中的一节"帝国公民的权利"则要比"普鲁士人的权利"更为尖刻。但是，在与普鲁士的战争失败之后，这个创造奇迹的哈布斯堡家族的皇帝弗兰茨·约瑟夫在1867年颁布了一个"关于国民基本权利的根本大法"。在同一天，其继续与"建立的一个帝国法院"联系起来。最初的20条中都是一般性的强制性条款。而其中最奇特的是帝国法院，它也对公民因"一些由宪法加以保障的基本政治权利"受到伤害而提出的诉讼予以判决。而一般情形下其采用的都是1849年的《保罗宪章》。人们将其放在了头顶之上。这是欧洲第一个违宪法庭。奥地利在皇帝弗兰茨·约瑟夫的统治之下。与德国法律体系不同，法院一般都会直接依据现行的有关国家公民权利的法律，并在判决下显示法院的权威。

这同样也适用于**波西米亚**，它比起邻居布拉格**匈牙利**更有革命的能力。在 1848 年的四月，波西米亚的等级议会颁布了一部宪法。这部宪法虽然没有承认公民的集会和结社自由，但是却赋予了公民出版、印刷、科学研究和宗教信仰自由。在俄国人的帮助下，波西米亚对抗哈布斯堡王朝的起义取得胜利，并于胜利之时，即 1849 年，正式颁布该宪法。但是，在奥地利被普鲁士打败之后，这部宪法中有关内政的问题终于在 1866 年发生了法律效力。

在**意大利**，**撒丁岛－皮埃蒙特王朝**的国王查尔斯·阿尔伯特对于在其首都都灵 2 月的暴动反应十分迅速。在 1848 年的 3 月他颁布一部结束其专制统治的宪法，即《阿尔贝蒂诺宪章》，后来，它成为整个意大利的宪法。它是以法国波旁王朝"1814 年的宪章"为蓝本制定的。因此，这部法律中缺乏公民的自由权利。

与他们相比，**丹麦**的情况完全不同。其国王在首都的暴动中很快败退下来，通过由人民普选产生的国民大会，国王的专制统治结束了。它没有像奥地利和普鲁士那样强大的军队。大会在 1849 年 6 月 5 日决议通过了一部基本法，至今，丹麦人仍旧庆祝这个宪法颁布日。不像都灵那样"由上至下"的宪法，丹麦的宪法是一部"从下而上"的宪法，也正因如此，所以其宪法中的人权不仅仅是一个名称或者是一个标题，而是深深印刻着法国 1789 年《人权宣言》的烙印。基本上是以比利时宪法为榜样制定的。

瑞士 1848 年的宪法并不是法国二月革命推动的结果，而是自由州在与特别联邦战争（Rdz. 130）胜利的结果，所以在人权中起不了什么巨大的作用，更多的只有在 1874 年的宪法中才可以一窥究竟。

在**西班牙**，其从 1806—1876 年的六个宪法使得公民的基本权利逐渐扩展开来。在一开始，宪法中基本上只包含人身保护令原则，即必须在法官的命令下才可以进行逮捕的一种规则。1837 年迎来了新的公民基本权利，诸如新闻和出版自由出现了，为了保障判决的执行和财产权益，1869 年，也就是在 1868—1874 年这个"革命年"的期间里，宪法从一开始就显著地扩大了公民基本权利的享有范围，在其他方面，一个更详细的人身保护原则出台了，此外宪法还保障了公民家宅的不可侵犯。即使在波旁王朝复辟之后，所有的这一切公民基本权利仍旧存留在了 1876 年的宪法之中，但是在这个宪法中有一个"有点不透明的一般性条款"（沃尔夫冈·沃尔布里奇），即能够使公民的基本权利适应保守政治统治的宪法第 14 条。最后就是**俄国**，在整个 19 世纪，它一直坚持着君主专制统治，怎么可能给予人民人权？

只有通过间接的方式，即**解放农奴**，就如19世纪的末期德国所说的那样，而这正与人权紧密相连。解放农奴第一层次是经济原因，即由于资本主义紧随整体改革的农业改革。而农奴制之所以在法国被废除，不仅是虽然适应了平等与自由权利的颁布，同时也是1789年8月2日《人权宣言》发表的必然结果，即在国民大会于8月4日和11日分别作出的解开农民身上的领主束缚和全面废除封建主义的决议后。这两方面都推动了19世纪相类似的一系列改革。这不仅是社会历史的重大变革之一，即为了实现公民社会的资产阶级最终变革，而且还是伴随着有着自有土地和所有权的农民在其资本主义农业市场经济的突破。部分解放农民的活动走入了歧途，因为此种改革使得数量众多的小农业生产者、佃农和短工在此种农业改革之后仍旧大量存在，或者更加依赖于大农场主。受益者只是那些中上阶层的农民而已。例如，法国在1793年决议要无条件废除封建特权，在封建统治范围内的农民在战争中要面对的是那些旧有势力联盟。贵族和地主的补偿就是所有事情的核心所在，而这就是自由的代价。

以**德国**为例，在普鲁士在耶拿－奥尔施泰特战胜法国后就着手进行改革。在农业方面，1807年普鲁士国王颁发诏书要求废除农民的依附关系，而这意味着应当向农奴主们支付巨额的赔偿金。很多农民都不能承担这笔费用，所以对此作了一些细微的修改，如同德意志南部和西部各邦国们，即1808年的巴伐利亚州、1817年的符腾堡、1831年的汉诺威和1832年的萨克森。仅在1848年的革命之后，才通过了以较小的补偿取得自由的法律，而之后建立的养老金存储和国家津贴则使得这一法律的实施变得更为容易。而其他**一些欧洲国家**既与之相似又与之有着些许不同。大部分国家从颁布法律废除农奴制开始到最终实现农奴制的废除都有一段很长的时间差，例如普鲁士用了50年的时间。而经常处于欧洲末尾的俄国则在1861年，由于克里米亚战争战败才促使沙皇颁布了废除农奴制的法令进行改革。在**英国**则没有任何问题，因为早在18世纪这里就遍布了自由农，与欧洲大陆相同，在一个世纪之后这里也实现了资本主义的农业经济（Rdz. 104）。

行政管辖权、行政法与法治国家

19世纪是通过成文宪法废止专制主义的时代，大多数国家的主要政体都是君主立宪制，三权分立的原则不断地扩展着人权，或多或少地写在每部宪法中。而这又与法官的独立裁判紧密相连，在18世纪还广泛统一的司法与行政已经分割开来，与两者相关的仅是法律与正义。而这种结合对法官来说是没有丝毫问题的。但是行政呢？因为它看起来是另外一种情况，它是国王政府的一部分，所以其有着更强的政治导向，并且有很大的可能在不合理的时候干预公民的权利。虽然与法院一样这里有着管辖权的问题，谁说自己的权利受到非法侵犯，可能就会对上一级的政府抱怨，而之后就会出现君主，他们大多数通过官方和国家的参议院对该问题进行咨询，最后作出最终裁决。在德国人们称其为行政法律支持。但这对自由派来说是不够的。几乎在整个欧洲，他们都呼吁要通过独立审判权的法院对行政决议进行审查。对此，1849 年的德国《保罗宪章》的第 182 款就有相应的规定：

> 停止行政救济，一切侵害权利的行为都要由法院来判决。

也就是说宪法并没有什么法律效力。但是违宪的请求权却保留了下来，这些请求权在**法治国家**的这个原则之下确立起来，法治国家是德国在 18 世纪的末期发明的一个概念，它首先出现在了普鲁士一般邦法（Rdz. 127）的起草者费迪南德·克莱因（Ferdinand klein）的文件之中。康德也曾经对法治国家作出了一般性阐述，即如果没有这个名词的指导，那么在通过宪法、三权分立和人权，去废除君主专制统治的这些政治进程中就缺乏前进的导向，法治国家也就不可能这么快就成为他们行动的口号；而另一方面，"法治国家"这个名词还并存于君主立宪制政体之下，只是在这里的行政、司法审查请求权要受到一些限制，此后，作为一个名称而言它是成功的。19 世纪的欧洲法治进程中，各个国家所采取的方式不尽相同。尽管，大部分的欧洲国家并没有贴上法治这个标签，但法制确实是整个 20 世纪上半叶的欧洲大事。同样在希特勒的非正义国家走向末路、佛朗哥结束在西班牙的独裁统治，第二个希腊文明的东方集团崩溃的过程中在，这些国家的法治的进程当中必然包含着一些旧有的含义。在英国，法治被称为"法律的一般规则"（rule of law），这个规则并不是一个行政法律，而是英国普通法中一个十分普遍的组成部分。

在那里很长时间以来法治国家就不是一个问题，自中世纪后期，英国的太平绅士——治安法官（justices of the peace），开始越来越多地管理着地方的行政事务，就连下级法院也处于其管辖范围之内。当地贵族不断发展，逐渐成为地方的实权派，为了能够抵制地方任意性的司法行为，创制了第三法庭，又称王座法庭（Court of King's Bench）。该法庭通过接手一系列上诉，对地方司法权加以控制，这些上诉成为对单独个体进行法律救济的工具，即通过调取案卷令状（writs of certiorari）、移审令状（writs of prohibition）、禁令（writs of mandamus）、训令和人身保护令（writs of habeas corpus）等方式完成。在19世纪，这些地方的太平绅士被剥夺了大部分的职能权限，这些职能转移到新的行政机关手中。但是，通过英国高等法庭（King's Bench），附带这些令状的法律救济方式得以实现，而英国高等法庭是以维多利亚女王的板凳而得名。1875年，王座法庭与民事诉讼法庭（Common Pleas）和英国财政部合并在一起，组成了英国最高法院，而英国旧有的法律准则继续适用。借助着一般的常规法院，使得英国的法律救济得到了保障，其甚至可以针对行政。

法国走了一个与之相反的道路，在法国大革命之后，国民大会以孟德斯鸠（Rdz. 126）的理论为基础在1791年确立了三权分立原则，在这一原则的指导之下禁止法院依据法律裁决行政事务，也就是说，司法和行政在暴力下合二为一，而这两个只能是本应当相互分开的，原因可能在于议员们一直不信任由君主所控制的法院。因此一个条款生效了：行政监督只能通过行政机关。在各个部门都设置行政监察机构，即省级行政法院（Conseil de préfecture）来裁决行政上诉。省级行政法院由省长和行政官员组成的委员会来组成。最高的行政审判机关是国务院，即行政法院（Conseil d'État），它由国家领导人的咨询机构组成。之后这一行政法院成为了未来欧洲各国行政法院之母。首先它并不是一个真正的行政法庭，它的组成人员可以自由裁量本国的国家元首的去与留。1872年国务院有了一个法律，关于设置一个有司法管辖权部门，它能独立行使司法管辖权并且"以法国人民的名义"向法律负责。所以，行政法院的行政救济职能以一种独立管辖权的方式向司法管辖职能转化，虽然县议会的存在仍旧是整个国家自我控制体系当中的一种特征，但实际上，它不想让法院来对其进行监督、审查，这种政权组织方式被人们称为中央集权。

与英法不同，**德国**寻找到了第三条道路。在1800年法官是完全独立的，依据法国的模式，德国的法官被剥夺了对于行政争议案件的管辖职能，并将之转移给行政当局。但是德国这么做的动机与法国完全不同，它并不是为了保护行政机关免受君主立宪制下法官的侵犯，而正是相反，是为了在君主立宪制的行政体制下维护法官的独立审判权。因此，与法国相同的是行政救济系统的内部监察不断发展，借助《保罗宪章》废除他们的行动失败了，自由派的呼声越来越高，特别是黑森州法官奥托·贝尔（Otto Baehr），以及柏林大学的教授和政治家鲁道夫·冯·格内斯特（Rudolf von Gneist），他们在1864年和1872年撰写了《法治》一书。1863年在巴登就开始有了第一个行政法院。接下来是1875年较小的大公国黑森州在达姆施塔特建立的行政法院。普鲁士在柏林创建了高级行政法院，在其之下的县、区级管辖区内也创设了相同的行政救济机构，但是这些行政法院没有法国的那样自由。即在上是独立的法院，在下是内部的行政监督。因此它不断地发展。到 1900 年，符腾堡州、巴伐利亚州、安哈尔特州、不伦瑞克州、萨克森州和其他的邦国已经加入进来，只有汉堡、不来梅、梅克伦堡和绍姆堡－利珀没有设立行政法院。

这就是欧洲主要的三大行政监督体系，其他的欧洲国家以此为例，如下：

英国模式：**挪威**　　　1818 年

　　　　　丹麦　　　1849 年

　　　　　瑞典　　　19 世纪后半叶

（瑞典之所以较晚的原因在于，自 1809 年起，瑞典就在"政府模式"下设立了调整它的监管专员，其由帝国议会推选，并且由其确保法院和行政机关依法裁决。之后丹麦和挪威分别于 1952 年和 1962 年也遵循这一方式。）

　　　　　意大利　　1845 年

法国模式：**荷兰**　　　1814 年

（但是，由于受到君主专制的阻碍，并没有独立的行政法院管辖权。）

　　　　　希腊　　　1835 年

（但是，在 1844 年由于国家政体向君主立宪制政体的过渡，法治主义原则这个国家被废除了，采取"比利时模式"。）

　　　　　西班牙　　1888 年

　　　　　意大利　　1889 年

（之后在 1865 年它又依照了"英国模式"。）

德国模式：**奥地利**和**波西米亚**　1875 年

　　　　　匈牙利　　1896 年

　　　　　瑞士　　　在 19 世纪初，一些州设立了行政法院，但是不久就取消了。

比利时模式：**希腊**　　1844 年

只有**比利时**找到了解决这一问题的答案，即应当怎样监督行政机关。在它从荷兰分离后，其 1831 年宪法的第 93 条是这样规定的：一般情形之下由普通法院负责管辖行政争议案件，但是对于在特殊行政领域出现的争议，由特别行政法院依照法律进行裁决，这是一个介于英国模式和法国模式之间的折中办法，最后进行裁决。

俄国又是什么情况呢？在沙皇统治即将结束之前的 1916—1917 年，一个现代化的、带有多个审级的行政管辖权设立了。1911 年由彼得·格瑞斯（Peter d. Gr.）记录了有关 19 世纪下半叶所有参议院提出的上诉决议案。投诉要么来自私人，要么是来自在 1864 年克里米亚战败之后所建立的行政自治机构。这个行政法院对于涉事者权利的保护远远少于对有罪的官员或州长的保护。具有较高社会地位和成功安稳职业的参议员怀着极大的信心进行裁决，所以他们是每个司法机构的预备役，在终场哨声响起之时就已经存在了。这也出现在了**波兰**，在整个 19 世纪许多国家的行政法院体系都适用于波兰，即其归属于普鲁士、奥地利和俄罗斯的那些地区。

在法律史当中经常看到，实体法产生不久，新的程序法紧随其后应运而生，诸如行政法与行政管辖权。这种状况最早出现在法国，通过其司法机关的自身努力去带动程序规则的产生，进而也推动了学术文献的发展。这里需要对行政司法、提出司法救济的原告、直至国家参事院的司法管辖权（juridiction contentieuse）以及没有约束力的上诉等进行严格的区分。在法国，行政法院和司法法院分属两个独立的裁判系统，并各自享有对既定种类案件的管辖权。这两种法院对案件的管辖权分配遵照自愿管辖原则（juridiction gracieuse），即法律赋予国家参事院以法国人民的名义，基于自愿而对其认为属于自己管辖的上诉案件独立行使审判权力。同样，法国行政法院对于其认为该上诉案件属于自己管辖的，且认为应该行使审判管辖权的，行使审判权力。这里需要说明的是，行政诉讼案件的上诉是没有任何约束力的，上诉人可以一直上诉到国家参事院和行政法院那里，其间不受任何限制。或者当事人不服行政机关的决定，可以直接向行政法院起诉，无须经过行政部长的裁决。和今天相同，人们也要区分国家一般性的贸易主权和特殊情况，如一个人单独的经济行为，如铁路的运营。在一般情形下，一般的民事法院就对其有管辖权；而在行政诉讼管辖权方面所设立的缜密规则令人咋舌。在诉讼管辖、起诉、预审、庭审乃至判决等依次递进的诉讼进程中严格遵循列举原则（Enumerationsprinzip）。法国行政诉讼中涉及诉讼管辖的基本规则便有数十条，涉及方方面面，既有职权管辖，又有地域管辖；既有指定管辖，也有移送管辖。不同类型的管辖还适用不同的原则，各原则之中又存在例外。学理及判例还往往借用对术语的解释扩大或缩小原则的适用范围或排除某些例外。需要注意的是，并不是所有的行政行为都被质疑，仅在其侵犯公民的权利，在专门的行政管理领域，甚至只是法律上已经标明了起诉的可能性而已，如警察条例或建筑条例等。此外，行政行为仅是一些个别情形下针对特定公民的行政管理领域。一个条例有可能是针对不限定的多个主体，而此时上诉人并不是弱势群体,诸如此类。

相关的科学文献记载始于本世纪上半叶,而这些记载主要源于司法实践中,诸如以两个国家参事院成员,也是高级法官,和一位律师于 1818 年和 1846 年分别出版的有关司法管辖权方面的著作。他们分别是约瑟夫 – 玛丽·冯·格然多(Joseph-Marie de Gérando)、路易·德·科尔默南(Louis de Cormenin)和路易 – 安托万·马卡雷尔(Louis-Antoine Macarel)。最先在本世纪末作出了系统性阐述的是爱德华·拉斐尔(Edouard Laferrière)所写的《行政法院及诉讼总论》(*Traité de la juridiction administrative et des recours contentieux*,1887—1888 年,第 2 卷,以及莫里斯·奥里乌(Maurice Hauriou)1892 年所写的《巴黎的行政法律》(*Précis du droit administratif*),他们在大学建立了行政法的科学体系。

大约在同一时间的**德国**,斯特拉斯堡大学的教授奥托·迈耶(Otto Mayer)在他 1895—1896 年出版的两卷著作《德国行政法》一书中还设计了一个新的行政法体系,直到今天,它依然是德国行政法学的基础。他接纳了来自法国法律的行政行为——只是名称相似而已(马库斯·恩格特)——这一概念和一些其他的内容。国家只允许行政行为在法律基本原则的范围内干涉公民的权利,与法国一样,如果法律在这一领域给予公民以保护,那么公民也可以对此提起诉讼。列举原则(Enumerationsprinzip),与今天广泛适用的一般性条款不同,依据这一原则,如果你的权益受到侵犯,那么你就能一直提起诉讼。在奥托·迈耶之前,1891 年在意大利出现了与此阐述十分相似一本小书。即巴勒莫大学的教授维特·艾曼纽勒·奥兰多(Vittorio Emanuele Orlando)所写的《行政管辖的基本原则》(*Principii di diritto amministrativo*)。在法国法律基本原则的基础上更为强烈。因此这两个人也分别成为了这两个国家的行政法之父。与**其他的欧洲大陆国家**相似,19 世纪的**奥地利**行政法一直欠发达。直到 20 世纪这种情形才有所改变。而**英国**则早在 17 世纪下半叶到 18 世纪上叶的普通法中就已经建立起了其独有的行政法律体系。

一般法院

19 世纪对欧洲来讲完全是一个司法世纪,不仅是通过宪法和行政的法院审查,准确来说重要的就是司法改革,这一改革发生在所有的欧洲国家中,通过法国的准备,这是其革命的成果。只有**瑞士**是个例外,因为其各州都享有强大的自治权,使得它动弹不得。

法国的司法改革开始于国民大会颁行法律的 1790 年,终止于 1800 年作为执政官的拿破仑统治之下的法律补充。不同于旧制度下法国种类繁多的封建法院机构，在1790年的司法改革后法院机构变得更为简单、清晰。他们的基石是行政、司法以及在一定区域中选举出来的太平绅士的职权互不干涉。这些太平绅士不需要有什么法律知识，他们的任务只是，在私人纠纷还没有起诉到法院之前，尝试进行调解。在旧时代它源于针对专业法官的怀疑论。首先，法院的第一审级，即在农村和城市地区拥有管辖权的地方法院（tribunaux），此外，巴黎的最高法院（cour de cassation）是终审法院。这个终审法院能撤销原判或将其发回重审，但是却不能独自对案件进行判决。之后，拿破仑又设立一个上诉法院（cours d'appel）作为第二审法院。在刑事案件中，从第一审到第二审再到三审，在地方法院中必须要有三个法官进行判决，如果此案上诉到上诉法院，必须有5个法官外加一个有着12名陪审员的陪审团共同审理、判决。

这些都是一些很基本的想法，在19世纪的进程中这些想法不断地推广扩大，司法与行政分离，法院的组织结构简化，一般来讲，实行三审终身制，消除了世袭管辖权，保障了法官的独立和任期，法官和庭审委员会依据的只是法律，司法内阁终结。

法国独立之后，**荷兰**、**比利时**继续适用着法国模式。**希腊**在1833年也承继了这个模式，在1864年，这一模式又适用于沙皇亚历山大二世统治下的**俄国**；在**西班牙**的独裁统治者伊莎贝拉被推翻后的短暂的自由时期，即1870年，对西班牙产生了深远的影响，在**意大利**也是如此，只是有一些扭曲而已。在意大利统一之前，这里有五个州都承继了法国模式，而之后这一模式在意大利全国适用。唯一不成功的就是，在都灵、佛罗伦萨、罗马、那不勒斯和巴勒莫的最高上诉法院被撤销了，在其他地域他们简单地继续存续着，毕竟，它至少在首都罗马是唯一的，其管辖的范围是刑事案件。

和近代早期相同，**德国**的法院组织仍旧像一团乱麻一样混乱不清。在1800年，通过法官独立裁判权的确定，使得司法与行政分割开来。在1848年革命的深刻影响下，**普鲁士**已经决议取消了世袭管辖制，并在刑事案件中引入陪审团制度，并在1850年的宪法中确定了法官的不罢免原则。1871年，德意志帝国的成立，使得制定一部统一的司法条例规范成为了可能。虽然一个由25个联邦成员国参与的洽谈十分困难，但是，1877年法院组织法和其他的"帝国法律"——刑事和民事诉讼法得以颁布。确定了复杂的四级审级制度，这是因为各个州，即原各德意志邦国不愿意放弃他们的终审权。所以直到今天，德国的各审级法院分别是地方法院、州法院、州最高法院，还有位于莱比锡的帝国法院。自从西德，即联邦德国成立后，在莱比锡的联邦法院就被位于卡尔斯鲁联邦法院所代替。有趣的是，德语单词"Gerichtsverfassung"就是"法院组织法"，因为法院组织（Gerichtsorganisation）和一般的宪法（Verfassung）实际在政治上一直是紧密相连的。人们怎样看待法国的司法改革或是在伊莎贝拉倒台后承继法国模式的西班牙。

对于 1848 年的革命，**奥地利**的反应与普鲁士如出一辙，在第一次受到惊吓后颁布了 1849 年的法院组织法，但是，在 1852 年，与法官的独立审判权和陪审制度被废止相同，司法与行政的分离原则也在同一年又一次被废弃了。奥地利在 1867 年败于普鲁士，所有的这一切又重新被启用。不像德国那样晚，早在 1781 年约瑟夫二世统治时期法院就分为四级，即基层法院、州法院、被称为上诉法院的州高级法院和位于维也纳的最高法院——每个地方的法院都设有元老院。在**匈牙利**，由于各方势力没有达成一致，而最终没有产生法院系统，奥地利的最高法院（GVG）一直存续着，直到 1876 年才开始建立起司法和行政相分离的制度。

丹麦和**挪威**早在 19 世纪之初，即 1805 年和 1814 年就已经对此有所反应，他们的法院建立起了三审终审制度。第一审级一直被称为国王的基层法院（herred）。和其他法院一样，位于哥本哈根的高级法院以陪审团形式裁决的是刑事案件，与在克里斯蒂娜（奥斯陆）的挪威最高法院不同。自 1795 年开始，这两个国家就建立了仲裁委员会，这并没有受到法国的影响。在**瑞典**，从 1734—1849 年一直适用着帝国法典中的法院组织法，即瑞典三个级别的法院分别是地方法院、高等法院和斯德哥尔摩的最高法院，之后仅发生了一些改变。1820 年还有三个上诉法院，斯德哥尔摩的高等法院（Hofgerichte）、延雪平的日德兰上诉法院（Jütland），还有克瑞斯安的上诉法院（Schonen）。所以在 1849 年高等法院法院被撤消了。现在，又只剩下了三个审级的法院。与丹麦和挪威相同，陪审团制度一直适用在刑事案件中，但这里并没有仲裁委员会。

即使是强调传统的**英国**，在 19 世纪也有了些许新变化的痕迹，这其中最大的改变是 1873 年的高法院司法法令（*Supreme Court Judicature Act*），它使得一个老问题迎刃而解。威斯敏斯特法院极端混乱，而英国皇家法院（King's Bench）也一直依据严格的普通法条款进行判决，人们也并没有看到财政部法院（Exchequer）按照公平原则履行司法解释义务，而是与之背道而驰。正因如此，人们建立了最高审判法院（Supreme Court of Iudicature），它主要由高等法院和一个上诉法院共同构成。在高等法院，财政部法院、民诉法院和英国皇家法院结合在一起，当然其中也包括他们的工作人员，所以一个统一的司法解释成为了可能。而上诉法院是针对高等法院的上一个审级，在这里，刑事案件的上诉直到今天仍旧是不可能的。在 1876 年，第三审级最终是上议院法院，即在其首席大法官的主持之下，和其他大法官一起审理案件，这些法官作为非世袭的贵族在上议院被委任，这些上议院高级法官是国民议会的一个组成部分。三权分立原则被打破的这种情形终于在 2009 年被弥补过来，2009 年 10 月 1 日新的最高法院（Supreme Court）成立了，这个法院彻底地从上议院中分离开来，并且有了自己的办公大楼。而法院的 12 个大法官也不再被称为"judges"，而是与他的美国同行一样被称作"justices"。

刑　法

19 世纪之初就有两个重要的法律出现在欧洲的刑法法制史中，他们一个是法国 1810 年的《拿破仑刑法典》（Code pénal），一个是 1813 年的《巴伐利亚王国刑法典》（Strafgesetzbuch für das Königreich Baiern）。两个法典的起草者都是名声鹊起的人物。法国刑法典的起草者是立法者拿破仑，而巴伐利亚刑法典的起草者则是安赛尔姆伟大的法学家费尔巴哈。两部法典是 19 世纪上半叶刑法法制史的核心。

在**法国**的旧政权中，严苛的刑事法律决定了在没有明确法律的情形下法官的判决或多或少都会带有随意性，在启蒙运动代表人物孟德斯鸠和贝卡利亚的精神的推动之下，由国会于 1791 年通过《拿破仑刑法典》最终颁布。在经过长时间的讨论后国民议会成员仍旧决定保留死刑，但是引入了缓刑的刑罚体系。1810 年的《拿破仑刑法典》是拿破仑法律思想的体现，对拿破仑来讲是一个温和的刑法。因为，对于皇帝和专制君主来说，国家的稳定是放在首位的，那么需要的应该是一部严苛的刑法典。此外，拿破仑想要使这个刑法成为一个更为精准的法律，他的这部宪法确实是十分出色的。例如，依据刑罚的轻重将其分为三大部分，即重罪、轻罪和逾越，这种分类不只是一个对刑事处罚的正式划分，而且还确定不同违法后果的不同刑事处罚，例如对于犯罪未遂如何处罚，以及法院的管辖权。而随着能够判处死刑的罪刑数目的又一次增长，旧制度的一些糟粕又被重新启用了。当然随着一个新的定罪范围的确定，即一种犯罪行为法官可判的最高刑和最低刑，严苛的刑罚变得柔和一些。此外，在这部法典中，同性恋被排除于刑事处罚之外。一般说来，在当时的那种其他君主镇压自由派的政治形势下，这一刑法中确定的新罪行是好的。所以，1822 年**西班牙**也采纳了这部刑法典。因为**比利时**在 1810 年归属于法国，所以比利时一直沿用《拿破仑刑法典》。在 1811 年**荷兰**被法国占领后，这部刑法典同样一直适用于荷兰。在拿破仑战败后，这两个国家合为一体，在保留《拿破仑刑法典》的同时，也对其作了根本上的修改，荷兰直到今天一直适用着修改过的1866年刑法典，而比利时自1867年独立后又重新颁布了一个法律，因为对于它来说，《拿破仑刑法典》中的刑事处罚过于严苛了，他们需要一个完全温和的刑法典。

在一些时候，《巴伐利亚王国刑法典》要比法国《拿破仑刑法典》更为严苛一些，其只是能够判处死刑的罪刑数量要少一些而已。而且定罪量刑都比较准确，这是伟大的法学家费尔巴哈的功绩，而这位伟大的法学家一直沿着法治的道路迈进。1801年他在其刑法教科书中是这样用拉丁文表述的："nulla poena sine lege"，即法无明文规定不为罪。法律政策的结果对于他来说就是对于法律作出准确的阐述，即1813年在这部巴伐利亚刑法典中，他对于犯罪行为的构成作出了精确的描述，这是刑法的伟大转折，例如，盗窃，在《拿破仑刑法典》中也是如此称呼的，即拿破仑刑法典第379条：

> 如果一个人意在欺骗而得到了不属于他的财物，那他就犯了偷窃罪。

而在罗马法（Paul. D. 47. 2. 1. 3）中关于此种犯罪的措辞却是模糊的。而费尔巴哈的表述则更为精确，巴伐利亚刑法典第209条：

> 谁独自控制了本不归自己所有的不动产，虽然没有对该物的所有人施以暴力，但其占有此不动产的目的却是为了将这个不动产归为己所，那么这就是盗窃罪。

在这里既没有所谓的耻辱刑也没有像拿破仑那样的羞辱刑。这部法律还采纳了《拿破仑刑法典》中关于不对同性恋进行刑事处罚的规定，同样的，费尔巴哈还从《拿破仑刑法典》那里吸纳了罪行的三分法和其产生的法律后果，并尝试着对其下定义，同《拿破仑刑法典》相似，对于法官而言，在对罪犯进行定罪时量刑范围的扩大缓解了严苛刑罚的适用。这是这个时代最先进的刑法典，其一直适用到1861年，同时它不仅是德意志其他邦国（1839年的符腾堡、1849年巴登）制定刑法典的蓝本，而且还被其他欧洲国家所采纳，首先是属于**瑞士**的三个州，即1819年的圣加仑、1821年的巴塞尔和1827年的卢塞恩，其次是1834年的**希腊**，而**挪威**在1832年承继了《拿破仑刑法典》之后，其1842年的刑法典则深受巴伐利亚刑法典的影响。

奥地利人1803年颁布的刑法典针对一系列违法行为启用了死刑这个早在

1787年就被约瑟夫二世废除的刑罚。同时鞭笞刑、羞辱刑和耻辱刑也出现了，其刑罚的轻重总的来说和《拿破仑刑法典》、1813年的《巴伐利亚王国刑法典》差别不大。到了1848年鞭笞刑、羞辱刑和耻辱刑又一次被废除。1852年，旧有的1803年刑法典有了新版本，这个新版本只作了较小的修改，被看作是一个过渡性的解决方案，但是就是这个被称为过渡性的解决方案的新版本却一直沿用至1974年，当然，在此期间内通过附则作了大量的修改和补充。在**匈牙利**，至1866年奥地利在意大利统一战争中战败为止，《奥地利刑法典》一直在此适用着。之后，匈牙利有了一定的自主权，由地方法官会议决议，匈牙利适用一个温和的囊括旧有刑事案例的混合刑法体系，即将德国的法学与1852年的奥地利刑法典编撰在一起，在1864—1865年编成了一个叫《保罗手记》的手册。在1866年的"均衡"之后，国会在1878年颁布了《匈牙利刑法典》，这部刑法典与德国1871年的刑法典十分的类似。波西米亚在1918第一次世界大战之前一直在奥匈帝国的统治之下，而奥地利刑法典在**波西米亚**一直适用至1918年。

在**瑞士**，其各州的法典都是参照它邻居的模式订立的，在19世纪的上半叶，上面已经提到的三个州——圣加仑、巴塞尔和卢塞恩——的法典也就是依据1813年《巴伐利亚王国刑法典》编订的；日内瓦则在1810年以《拿破仑刑法典》为参照订立了法典；而艾尔高州则是以1803年的《奥地利刑法典》为蓝本编订的法典；而在提契诺州，上述的三种法典类型都有效。到了19世纪的下半叶，由于德国1871年刑法典的影响越来越强。它就有了一个完全独立的刑法典。为了保护联邦政府及其机构，借助位于洛桑的联邦法院，依据1848年宪法的规定，各州的刑法要受到一定的约束。各州在订立刑法时仍旧可以保有一定的自主权。

法国1830年的自由派革命对法国刑法的发展影响巨大。人们难以承受严苛的1810年《拿破仑刑法典》，所以1832年对刑法典作了一些修改，法典仍旧保有其政体结构和清晰的语言风格，羞辱刑和绞刑被废除，能够判处死刑的罪行种类大幅度减少，特别是废除了对于严重经济犯罪的刑事处罚，额外增添了减轻刑事处罚的情节，给予了法官更广阔的量刑余地。《拿破仑刑法典》是人性化的法典，它的形式影响了西班牙、挪威和普鲁士。

以《拿破仑刑法典》为蓝本，**西班牙**在1822年颁布了西班牙刑法典，此后，在1848年的三月革命的前不久，其又以1832年修改的《拿破仑刑法典》为模板颁布了一个新的刑法典。原有的严苛的刑法典变得更为温和。与法国不同的是，西班牙对政治犯的处罚格外严厉，政治犯是可以判处死刑的新罪行。在1848年之前的很长时间里，西班牙的激进自由派一直爆发动乱。自1848年的三月革命之后，革命势力对西班牙统治者的威胁越来越大，所以对政治犯的处罚在 1850 年的《西班牙刑法典》中规定得更为严苛，特别是对于革命预备行为的处罚，也就是我们今天刑法所说的犯罪前移。最后，自由派革命废黜了莎贝拉二世，而许多严苛的刑罚也不再使用了。1869 年，科尔特斯颁布了附有个人很多新权利的新宪法，除其他事项外法律还保障了公民的宗教信仰自由。因此 1870 年必须颁布一个新的刑法典。这部法律不仅废除了对于叛教的天主教教徒的惩罚，使得政治犯"正常化"，而且刑法整体具有人性化，遏制了死刑判决，废除了枷锁。在 1929 年之前，这部法典在形式上并没有什么改变，它几乎已经 70 岁了。

在**挪威**，其 1687 年颁布的残酷、严苛的刑法典已经被一个新的法典所取代，所有能够致残的肉刑都被废除，此外包括侮辱刑和死刑执行中对人的折磨在内的刑罚也被废止。这是由 1814 年的新宪法所推动的刑法改革，在 1813 年《巴伐利亚刑法典》和 1832 年《拿破仑刑法典》的影响下，《挪威新刑法》颁布于 1842 年。在 1866 年和 1872 年的两次刑法改革中它变得越来越温和。

经过 25 年的精心准备，最好的刑法典在 19 世纪的中期终于在**普鲁士**出现了，这就是 1851 年的刑法典，这部刑法取代了之前的普鲁士一般法，从法国《拿破仑刑法典》那里采纳了犯罪行为三分法，尝试订立一般性的法律条款，超出了费尔巴哈对于一些犯罪行为概念的准确描述，确立了较为合适的刑罚体系，把死刑适用的范围局限在了一个很小的区域之内，其中既没有 1832 年的《拿破仑刑法典》中设立的——包括家庭财产在内的——没收财产处罚，也没有驱逐出境和强制劳动的苦役折磨。

我们上面援引了费尔巴哈在巴伐利亚刑法典第 209 条中对于偷窃所作的定义，对此，普鲁士刑法典的第 144 条中作了最终的修订，只在 1998 年作了一些的扩展：

意图盗窃他人动产，非法占为己有或使第三人占有的。

在 1870 年**德国**统一之后，依据俾斯麦的理念，同性恋是可受刑事处罚的犯罪行为，整个德国都要对同性恋再次处以自由刑，而在此之前德国的巴伐利亚州、图林根州、萨克森州、符腾堡州和其他德意志邦国都已经废除了对同性恋实施刑事处罚的做法，而这也成为 1871 年帝国刑法典的基本原则。

在**丹麦**和**瑞典**，他们 1683 年的《丹麦刑法典》(*Danske Lov*) 刑法典是极其野蛮的，之后于 1734 年订立的帝国刑法典自 18 世纪末变得越来越温和。自 19

世纪之初两个国家就开始致力于新的法典的编撰工作，1864 年瑞典编撰完成一部法典。在普鲁士 1851—1866 年的刑法典的影响之下，在丹麦，肉刑已经被废除了，而死刑仅限于谋杀，并且在丹麦死刑很少被执行，只保留监狱和看守所作为刑罚的执行方式。

19 世纪的后半叶是一个现代化的刑法典"爆炸性地"（Reneé Martinage）出现的一个时代，他们从法国模式中分离开来，以目前不同种类的先进刑法科学理论为基础。在法国，它开始于拿破仑三世统治时期，即 1863 年焕然一新的《法国刑法典》（Code pénal），接下来，1864 年的**瑞典**、1866 年的**丹麦**、1867 年的**比利时**、1870 年的**西班牙**、1871 年的**德国**、1878 年的**匈牙利**、1889 年的**荷兰**和**意大利**也相继颁布了刑法典。

英国的情况如何呢？早在 1861 年它就已经有了一个伟大的立法，即《法律兼并法》（consolidation act），在这部法律中死刑判决只局限于谋杀这一罪行。不成文的英国刑法，即普通法（commen law）自 19 世纪的上半叶开始就越来越多的受到了成文法条款的影响，出现了些许法规（Status），但这相对于大陆法国家而言，仅仅是一些不够全面的法典编撰，他们一直是一些单行法，其中当然也包括 1861 年的这部法律。它们或多或少地处于法学家、哲学家杰里米·边沁（1748—1832）发达的实用主义原则的影响之下。与贝卡利亚相同，对于成文法他认为，为了更好地震慑犯罪行为，罪刑应当要依据犯罪行为的严重程度进行裁决，不能过严也不能过松，如果不这样做，那么刑事处罚就不会产生作用。

像贝卡利亚要求的那样，在 19 世纪**死刑**已经在一些国家被废除了，首先就是 1849 年在**瑞士**弗莱堡州，其后 1862 年在**希腊**、1870 年在**荷兰**、1889 年在**意大利**，19 世纪末在**瑞士**联邦管辖的纳沙泰尔州也废除了。在其他国家中，虽然其法典中仍旧有死刑这一刑罚，但是**比利时**自 1862 年起，**挪威**自 1865 年，**丹麦**自 1892 年，**瑞典**自 1890 年，要么法官不判决死刑，要么就是法官的死刑判决没有强制执行。而肉刑自 19 世纪末开始在欧洲就已经完全消失了，代之以监禁或罚款。

这些变化中还包括对于流产的处置问题，在近代的早期，流产行为的刑事处罚范围十分广泛，几乎涵盖了整个欧洲。例如 1532 年的《德国刑事秩序法》（deutschen Peinlichen Gerichtsordnung），第 132 条就规定：如果是一个男人执行了这件事，那么就应当砍头，如果这个怀孕的女人想这么做，那么就应当被淹死。这些都与在此之前中世纪晚期西班牙七编法的情况相似。在 19 世纪，几乎所有刑法的自由刑领域都发生了变化。

在**俄国**，肉刑并没有完全消失。1649 年《俄国通行国家法》（uloženie）和 1717 年颁布的军事条例（Rdz. 111）中的残暴刑罚在 1832 年的一般法典，即《俄国法律汇编》（Svod zakonov）的刑事法律部分继续沿用着。这部刑法典不仅让人难以理解，而且也缺乏系统性的体系。所以俄国沙皇想要一部新的法典。1864 年这部新法典颁布了，名字还是《俄国通行国家法》，与《俄国法律汇编》不同的是，这部法典受到了 1813 年《巴伐利亚王国刑法典》和《拿破仑刑法典》的影响，它更为系统，而且刑罚也更柔和一些。但是，封建结构一直存在着，罪犯的社会地位越低，处以的罚金越多。在多达 2224 条的法典中，"这个诡辩法典订立者的梦想是，这部法律可以将将来的、所有可以想到的犯罪都包含在内"（A. M. Jakovlev）。除了数量众多的死刑和将人流放到西伯利亚的流刑外，还有鞭笞刑。而鞭笞刑在 1863 年已经被改革派沙皇亚历山大二世废除（Rdz. 137），对于流浪汉的鞭笞刑则在 1904 年才被废除。1864 年开始实施拿破仑的刑事诉讼法（Rdz. 137）。俄国的那些太平绅士有了判刑可多可少的活动余地，而这使得他们能够作出比较温和的判决，《俄国通行国家法》一直适用到 1917 年，即沙皇统治结束时期，这部刑法典也可以说是整个欧洲最严苛的刑法典。

刑事诉讼法

在刑事诉讼的历史存在三种可能性：私人诉讼、纠问诉讼、国家检控程序。最早的诉讼程序就是自诉程序，它出现的基础是私人告诉，而受害方或受害方家属作为原告提起的诉讼。后来是，针对刑事违法行为提起诉讼的范围扩大了，所有的人都能够作为原告。例如，在古希腊和罗马。这种诉讼程序的缺点在于，有些案件由于没有原告而不能启动诉讼程序，因为没有原告就没有法官。纠问诉讼程序不断地发展，这一诉讼程序起源于罗马帝国时期，并且在中世纪晚期和近代早期明确地确立下来。法院本身既可以充当原告也可以是裁判者。社会监察氛围越来越紧张。诺伯特·埃利亚斯（Norbert Elias）是这样描述这种诉讼程序在人们日常活动中的作用的：这种所谓的"文明程序"就是人们内部的相互监察。在刑事诉讼程序中这种诉讼会有很多困难，作为国家法官的这个人具有原告与法院的双重身份。此外，这种诉讼经常与不公开审理和严刑逼供连接在一起。在近代早期的这种诉讼程序没有建立起信任机制，法院失去了像旧时代法院那样的中立形象。因为旧时代的法院立在了原告与被告的中间，这样被告就可以为自己辩护，虽然这个古老的举证方式对我们今天来说是那么的格格不入。此外，纠问诉讼还缺乏原告和辩护人之间争议的公开。所以在19世纪之初出现了原告起诉程序，这种程序将旧时代的私人诉讼与纠问诉讼中的官方引导结合在一起，这种诉讼方式是**拿破仑**1808年颁行的《刑事诉讼法》，发明了监察官制度，拿破仑这种伟大的立法成就堪比《拿破仑民法典》。由监察官提起诉讼，法官保持中立，即不再像之前那样是原告一方了。拿破仑发明的这种体系在今天已经扩展至整个欧洲，在19世纪这种新的体系已经在整个欧洲大陆广泛使用了，只有英国是例外。

英国的一切都与欧洲大陆国家不同。自中世纪早期开始，这里就有一个附有古老的神证法，即如决斗方式的私人诉讼程序。但是，这个诉讼程序很快就不再发挥作用，而其被正式废除则是在1819年，废除得这么快，没有什么残留在英国这个岛屿上。自百年以来，代由这种古老诉讼程序的是由原告依据特定规则提起的诉讼，即依据1215年由约翰·拉克兰签署的大宪章第39条中的保障原则，"任何自由人不得被捉拿，因拘……除非受同等人之合法判决……我们亦不可以充当军队或派军队攻击他"。这里的同等人之合法判决是源自14世纪开始的起诉书的法令（bill of indictment），即判决由一个乡村或一个行政区的大陪审团（grand jury eines county oder borough）作出，或者是一个县、一个城市或是一个自治城镇，这个陪审团至少要由12个陪审员组成，但最多不得超过24个陪审员。原告有了之后，初审和终审都是由12个陪审员组成的陪审团（petty oder trial jury）作出判决的。虽然一些疑难案件在伦敦需要在威斯敏斯特法院、一般是帝国法院的法官主持之下作出裁决。在大规模的原告陪审团和小规模的判决陪审团的监督之下，审判一直是公开的、口头形式的自由证据质证。作为欧洲大陆参观者的光辉榜样，这种公正的审判方式一直受到称赞，而在这时的欧洲大陆还在遵行着书面秘密审判的方式。英国刑事诉讼程序的基本结构在整个19世纪并没由发生变化，直到1933年才被废除。

在大革命之后，**法国**的纠问诉讼程序也同样地被废止了。以人民和自由的名义，法国以英国为蓝本建立了陪审团制度。他们以公开和口头的方式判决案件，这就是著名的12个陪审员，但与英国不同的是，法国只有一个陪审团，它既是原告陪审团也是审判团。人们又回到了之前的纠问诉讼程序之中，而法院也成为了政治革命法庭，这个法庭不比之前的秘密法庭好多少。新的拿破仑《刑事诉讼法》的出现推动了这些法庭的废除。但是拿破仑想要成为人民的君王，所以又有了一个回旋的时机，但是这时它仅仅是作为判决陪审团而存在的。之后由于程序法规的作用，这种陪审团制度不复存在。之后，原告通过国家的政府机关提起诉讼，接下里，政府机关应当对各有利弊的证据进行检验。检察官制度出现以后，由于其能够很好地解决问题，所以一直沿用至今。这只是一方面，另一方面，因为法院处在了中立地位，所以在之前的纠问诉讼程序之中毫无立足之地的被告不再如此了。判决结果是陪审团和三个职业法官共同作出的。陪审团仅对"事实问题"作出决断，对诉讼程序起引导作用的法官决断"法律问题"。这是一个有问题的但又几乎没有可能的区别。但重要的是第一次有了一个新原则。法官作出最终判决，在判决中，对于原告法官没有施加任何的影响。法官的判决是以检察官和辩护人公开质证的证据为基础的。这就是1808 年的《刑事诉讼法典》(Code d'instruction criminelle)。

这种自由派体系在 19 世纪上半叶也适用于欧洲的其他五个国家中，**比利时**自其 1808 年起就适用这个制度，因为当时它还在法国的统治区域，但之后一直将该法作为本国法来适用。之后就是**荷兰**王国，自其 1815 年开始建立的同时就承继这个诉讼体系。自 1834 年开始它适用于**希腊**。在**意大利**王国还没有统一之前，这个诉讼体系就开始被意大利的一些邦国所采纳，自 1865 年后它适用于意大利全境。此外**瑞士** 16 个州中的 9 个州也采用这种诉讼体系，其他州则直到 1848 年革命后才全部采用这一诉讼体系，因为这一年的革命需要有一定的突破。一些公国的公爵们也作出了让步，满足自由派的要求，废除了纠问诉讼，采取公开口头的审理方式，陪审团陪审，通过检察官提起诉讼。**丹麦**在 1849 年，而更多的**德意志邦国**也采用了这种诉讼方式，**普鲁士**在 1849 年，1877 年整个**德意志王国**都承继了这个诉讼体系。**奥地利**在 1850 年引进了这一诉讼方式，但是在第二年又很快地废止了这一诉讼体系。和其他的一些国家一样，在这种情形下纠问诉讼对其更有利。之后，奥地利在与普鲁士战争失败后的 1867 年又一次重新的启用了这一诉讼体系。**波西米亚**作为哈布斯堡帝国的一部分也是如此。就如 19 世纪的**波兰**，其在被普鲁士、奥地利、俄国瓜分的三个地域适用着这些占领国家的法律那样。1848 年的革命在四个国家中并没有留下什么印记，所以直到很晚才废除了纠问诉讼程序，转而采用新体系。这些国家是：**俄国**在 1864 年，**西班牙**在 1882 年，**挪威**在 1890 年，此外，还有与奥匈帝国分离的**匈牙利**在 1897 年。与民法典相比它的扩展范围更大，影响更远。只有**瑞典**是不同的，在 19 世纪它没有像其他国家那样承继"诉讼法典"(Code d'instruction)的模式，这里有一些小的细节。

在**荷兰**，刑事陪审法庭在 1872 年又一次被废除了，只留下公开审判，口头辩论和通过检察官起诉，人们能够将其称为 1808 年《刑事诉讼法》的核心。而其仍旧确定了今天的日常实践活动，而在刑事陪审法庭中这些是特殊情况。

丹麦最先在1819年引入了纠问诉讼程序，直到这时老旧的私人诉讼（刑事自诉）仍广泛存在于斯堪的纳维亚半岛。丹麦最重要的刑事诉讼法也许就是其在1845年在纠问诉讼中设置的检察官，虽然纠问诉讼没有进一步的公开化也没有进一步的非书面化，但是至少将原告与法院区分开来——为之后现代化的公开诉讼作好准备。丹麦1849年的宪法确定了公开和口头的诉讼程序和刑事陪审法庭制度。所以说丹麦是斯堪的纳维亚国家中第一个采纳《刑事诉讼法》诉讼方式的国家。

德国在1848年大革命前只有符腾堡州废除了纠问诉讼程序。此后，为了一个公开的和口头的刑事诉讼，开始由检察官提起诉讼，但是这里仍然缺少刑事陪审法庭。大革命带来了新刑事诉讼法的突破，即其附带了刑事陪审法庭制度，拜仁州在1848年，普鲁士于1849年，之后是汉诺威、巴登，以及符腾堡，它们都附带了由12个陪审员组成的陪审法庭。而萨克森在1855年作为改革的最后一站并没有附带刑事陪审法庭。直到1877年德意志帝国的刑事诉讼法订立，德意志帝国的一些州仍旧沿用着纠问诉讼程序，即梅克伦堡和不来梅的三个汉萨城市、汉堡和吕贝克。你必须想到这一点，纠问诉讼程序在俾斯麦建立统一的德意志帝国后又沿用了六个年头。

西班牙在1872年已经废除了纠问诉讼程序，在伊莎贝拉倒台到波旁王朝复辟的这段很短的时间里，即1868—1874年之间，纠问诉讼程序曾经一度被替换成与"诉讼法典"非常类似的附有刑事陪审法庭的诉讼体系。但是，阿方索十二世很快的就恢复了旧的诉讼程序，刑事诉讼也是如此。但在他的继任者阿方索十三世统治时期，新的诉讼程序与君主立宪制都重新恢复。国会由自由派多数选举产生，随后，国会在1882年正式废除了纠问诉讼程序。自此之后，西班牙就有了国家刑事诉讼程序，即附带公开审判、口头质证，以及检察官制度的刑事诉讼程序。在1888年对于严重的犯罪还设立了刑事陪审团制度，它由12个陪审员组成，对于是否有罪的问题进行决断，此外，还有三个职业法官，由他们来确定罪刑。

与丹麦类似，**挪威**旧有的刑事自诉程序也是很晚以后才被纠问诉讼程序所取代，即直到1827年。在1890年，挪威就开始实行陪审员制度和新的诉讼程序。

直到保持"均衡"的1867年以前，**匈牙利**一直适用着奥地利的纠问诉讼程序。但在此之后不再采纳奥地利法律中刑事诉讼法的相关规定，因为人们在议会中不能达成一致，所以匈牙利的法律有点乱。一个临时解决方案是自1872年编订的"黄皮书"，由司法部长撰写的法典草案在此之后成为了司法机关的办事章程。又过了一个25年，匈牙利终于颁布了一个适当的法律，1897年的刑事诉讼条例附有现代国家的刑事起诉程序。在匈牙利只有检察官是不够的。以英国大陪审团制度为蓝本，检察官的起诉要受到独立法官的审核。审核的独立法官有两个，他们被称为诉讼元老院。对于一些严重犯罪案件还设有陪审团。自1872年开始刑事诉讼程序就采用公开和口头方式了。

瑞典是保有刑事自诉程序——1734年的帝国法典——时间最长的国家。直到19世纪末也没有废止这一诉讼程序。自1866年后，在一些特殊的案件中我们可以看到纠问诉讼程序的一鳞半爪。比较一下挪威和丹麦，对于斯堪的纳维亚国家关系来说，这是一个进步。

监狱与教养所

自1780—1880年这一期间，欧洲所有国家的监狱的平均状况有着很大的差异。这里经常是杂乱不堪而且令人忽视的，充斥着噪音、恶臭，以及令人难以忍受，甚至可以危及健康和生命的卫生状况。此外，它往往是复杂和混乱的拘禁地。这个地方不扮演任何角色，既不是审查机构，也不是私人监禁，不同的是从这个国家到那个国家，从这个地方到那个地方——这里是有罪的人、穷人、老人和孤儿的庇护所，也是羁押乞丐和流浪者之地。百年之后，新的监狱才是真正监禁犯人的地方，那里很安静、干净、单一，而且功能齐全。审查事项归属于一个古老的、较小地方的机构。那些穿着统一制服的囚犯使得新建筑的恐怖性不断的加大，一些人甚至带上了面具以阻碍囚犯之间的联络，目的就是为了防止这些囚犯在将来再一次犯罪。

随着肉刑在19世纪被废除，监禁成为了刑事处罚的主要制裁方式。在一些国家实行严格的监禁制度。作家切萨雷·贝卡利亚1764年的著作《论犯罪与刑罚》为监狱制度的发展做好了准备，即监狱是刑事处罚体系的核心，因为他认为，在这里人们可以依据所犯罪刑的轻重用数字准确地确定所受刑罚的长短。与此持有同样观点的还有作家约翰·霍华德，他在1777年《国家的监狱》（此书1792年为最后一版）这本书中，描绘了英格兰的监狱的不人道状态，并且在很大一部分中也介绍了欧洲大陆的监狱状况（Rdz. 112）。在18世纪末这种情况就开始有了一定的改变——在美国，虔诚的贵格会在宾夕法尼亚州，1790年又到了费城（在华盛顿和纽约之间），一个小型监狱秉持着单独监禁、单独工作的理念建立起来了。这个监狱与许多上帝崇拜的理念连接在一起，仅单独就外面而言，囚犯应当成为好人，在刑满释放之后能够像正常人那样生活，并且在将来不再犯罪。这是一种理念，就像我们今天所说的那样，特殊的威慑力。从一开始这一理念就不可能实现，因为直到今天，虽然美国各地增加了那么多这样的机构，但是仍旧有许多囚犯必须住在一个房间里。

所以，人们开始在脑海中不断地作出自己的构想，在**奥本**（远在纽约的北部）建立一所监狱，这座监狱中囚犯至少在晚上被隔开来。这在一开始就引起了很多困难。直到1895年人们发现了一个共同工作体系的构想，据此囚犯们白天保持缄默，到了晚上单独监禁。这种体制的适用使得美国近百年来一直成为这方面的范例，根据缄默体系（silent system），谁最先在工作中说话，谁的嘴就会被封上。

在费城，人们一直还有单独监禁和独自工作的理念。在这座城市的东部建立了一个最大的监狱，即**东部监狱**（Eastern Penitentiary）。这座监狱中的每个房间都很大，罪犯在这个房间内既可以生活也可以工作。这是一个禁闭体系（solitary system）。七个一层的房间翼角设置了一个放射状的中央大厅监督系统，这是由英国人杰里米·边沁开发的全景敞视系统。在中央大楼的负责人可以在这座建筑的中心地区将所有的这七个监视画面收入眼帘。1892年这座监狱完成了两层建筑。这只是一个理念，这里用禁闭体系，那里用缄默体系。这些都并没有使囚犯痛改前非，囚犯的再次犯罪率依然居高不下。

与奥本和费城相同，欧洲也建立了新的系统，特别是一些附带米歇尔·福柯的全景敞视系统的监狱，他们被称为"图表以一种理想方式形成的权利机制"。但不幸的是，这是不可能的，每个国家都有每个国家的不同。报告的质量参差不齐，而且相互矛盾，这些信息在一些国家并不存在，或是以斯堪的纳维亚和斯拉夫语书写，而这对我来说是难以读懂的。最好描述的是三个国家的具体情况，即法国、英国和德国。因此，他们的演示文稿位于中间，接下来还有对于一些国家的补充说明。

与刑法和刑事诉讼法相同，欧洲的监狱发展也是以拿破仑为始。在法国刑法典颁布半年后，1810年的皇帝发布诏令。在**法国**，一个新的中央监狱体系开始构建，而这个体系应当与以往的完全不同。首先，要有良好的卫生环境，其次，劳动作为改良性的刑事处罚。这些都与美国相似。这就是革命所承诺的关心穷人，关照大范围的公民机构，为此国王预计出资1100万法郎，这在当时是一笔巨款，八年的时间有八个中心监狱完工了，在世纪之交总共建造了19个这样的监狱，这里的一些也采用的是全景式的构造方式，而这些监狱一般都用来关押重刑犯。那些短期监禁和审前拘留仍然是那些旧的小监狱，即"Départements"，这次改革又引发1830年、1848年和1871年的三次改革，或多或少的都是革命的结果。1804年法国人——在"市民王"路易·菲力浦的统治

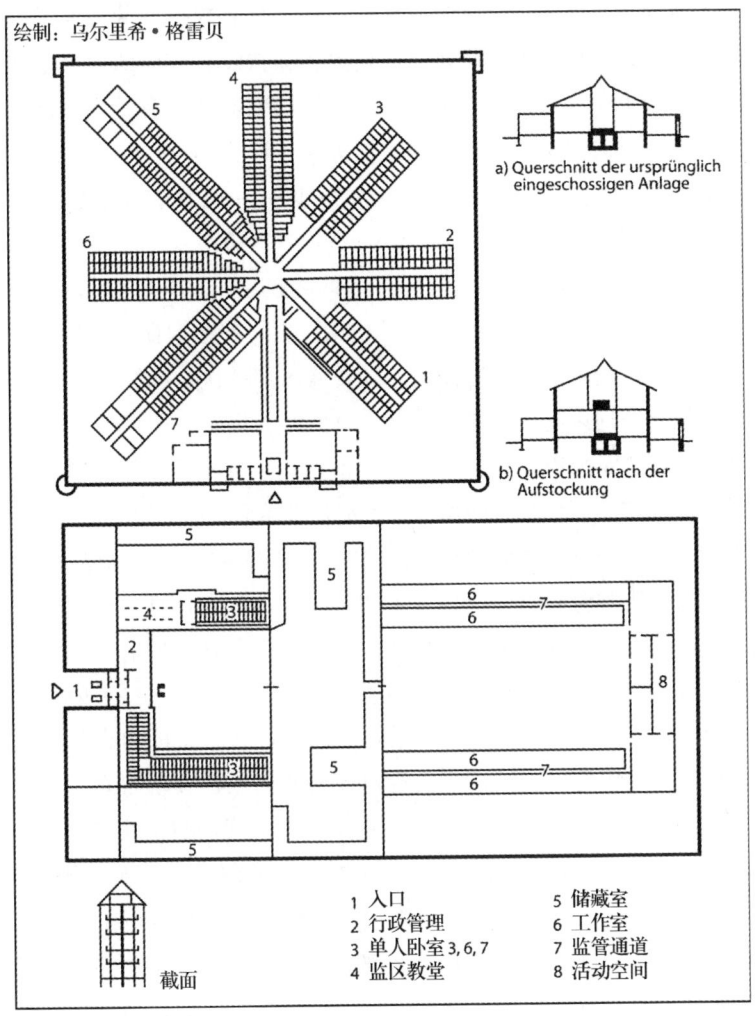

图 9-1 监狱构造图（一）

之下进行的第二次改革——采纳了奥本体系。在第一时间将犯人完全隔离，之后，白天在缄默体系下工作，晚上在单间中与其他囚犯分离开来。人们意识到，隔离体系也不是没有危险的，批评家们认为这是暴力的不人道，这个批评并不完全错误。但即使这样，这一体系在整个 19 世纪一直使用着。第三次改革发生在 1848 年，其将放浪不羁的年轻人放在农村的监禁所，将危险的成年囚犯流放到海外。这些做法适应了第二帝国时期新的政治高压策略。最后一次改革发生在 1875—1885 年。自 1871 年开始资产阶级政府开始统治法国。首先，囚犯被安置在监狱的单间之中，但在 1885 年，对于屡犯者又开始将其流放海外，因为囚犯出狱后的再次犯罪率大幅度增加。同样在 1885 年，这种新的高压政策附上了两个很人性的新措施，一个就是对那些初犯并且表现良好的犯人予以提前释放的假释制度，另一个是囚犯从监狱中走出去，在没有围墙的社会中被特定组织监督，国家给予这些辅助者以津贴。1875 年的法案并没有受到干涉。但是在实践中却并没有付诸实施。把这些囚犯被关在一起，不仅仅是因为隔离的可怕后果是他们不想承受的，而且还有经济上的原因——监狱单间的造价太过高昂，并且监狱经常人满为患。

在 1776 年美利坚合众国建立之后，将罪犯驱逐到海外殖民地的刑罚就没有可能实现了。但是**英国**在 1778 年却走了出来，它将那些刑期较长的囚犯运往澳大利亚，这里有新南威尔士州殖民地。以费城东部的国立监狱为蓝本，在 1840 年政府在伦敦北部地区的**本顿维尔**建立了一个大型监狱，它完成于 1842 年，一个中央建筑和共 520 个单间的五角星形的尾翼。与费城相似，在中央监控即主楼的监督员可以监察五个角翼的动向。但本顿维尔只是去往澳大利亚的中转站。一个特殊的，即以一种新颖的带有具体的威慑力的方式出现了，这是一种原则，囚犯的良好的行为和监察力会获得一定的奖励。那些在监狱中表现最好的一部分囚犯，在抵达澳大利亚后会马上被释放。如奥本和费城的监狱，囚禁的一开始囚犯在白天与黑夜都被隔离开来，过了一段时间之后，在白天囚犯们一起工作，到了夜间单独监禁。这种单间监禁与层级递进式系统的组合备受欧洲大陆关注，之后被广泛模仿。德国这个没有殖民地的国家也在学习它。之后，英国又建造了一些其他的监狱。在 1875 年驱逐出境这项刑罚被正式废除之前，刑期少于 14 年的被苦役（penal servitude），即被附带强制劳动的监狱服刑所替代。此后，监狱成为了一个地方，一个所判刑罚被强制执行的场所。而这种特殊的递阶式刑罚体系一直保留着。在 19 世纪的后半叶乐观主义精神终结了，即人们借助这一乐观情绪实现囚犯的改造，囚犯的犯罪复发率非常高，在监禁的震慑中，越来越多的人还是走入了监狱，特别是在 1865 年的监狱法出台之后，即监禁判决附加高强度的劳动，冰冷的床板，苛刻的生活条件。这是肉刑的再一次启用，一个残暴的监狱制度，如六个小时的高强度奔跑与长时间的饥饿相结合，摧残了囚犯的健康，虽然这里仍旧存续着递接式体系，但是监狱的改进措施少得可怜，例如，在晚上床垫代替了坚硬的木板。

自 19 世纪 30 年代到 19 世纪后半叶为止，**德意志**仅有很少的邦国施行监狱改革，而且只是几个地方的一些机构而已，并不是大范围的改革。1834 年的美国奥本模式，是为德国在梅克伦堡 - 什未林的国家研究所提供了模板，而伦敦的本顿维尔监狱的建筑也成为了 1848 年巴登布赫萨尔监狱和 1849 年普鲁士在柏林的莫阿比特监狱效仿的范例，其后三个或四个的类似监狱也陆续建造了。

但是，这些都缺少最重要的一点。本顿维尔监狱建立的动机是形成具体的威慑，促使犯人能够改过自新。其原因在于，在德国，费尔巴哈的"自由主义"威慑理论一直占据上风，正因如此英美体系的动机论被阻碍了，德国更倾向于一般预防理论。"德国的刑事犯度过了完整的刑期，常年在严格隔离之中，所以，服刑期满对他们很残酷，因为这意味着囚犯被释放到野外，是的，囚犯会说：要被赶出去"，这是埃伯哈德·施密特对一些德意志邦国的监狱的描述，即那些标榜美国奥本或英国本顿维尔监狱模式的邦国。唯一的例外是在慕尼黑监狱。在那里自30年代起，作为监狱管理者的乔治·迈克尔·奥伯迈尔（George Michael Obermeier）就开始作一些尝试，建立一个带有囚犯分类的改造体系，并在实践中执行。此外，在1860年后，巴伐利亚、奥尔登堡、符腾堡和汉诺威都开始向单独监禁这一监狱体系过渡，并且附带劳动改造，但是监狱的状况并没有得到改善。很多德国监狱并没有施行改革，正如普鲁士的司法部长阿尼姆（Arnhim）在1779年所描绘的那样，监狱是"住宿的生活的葬礼之地"，在1871年统一的德意志帝国，监狱也没有作出什么改变。因为在德国，监狱事务仅属于各州管理。

本顿维尔的监狱模式得到进一步的扩展。同样的机构还出现在了**荷兰**、**比利时**、**丹麦**、**瑞典**、**奥地利**和**匈牙利**，再晚一些，自1869年是西班牙，颁布了相应的法律来调整。但是，是否能够在这些地方真正地得以实现呢？这种监狱模式在其他国家中并没有得以批准，因为建设和日常的维护费用太过昂贵了。因此，本顿维尔模式的推广因费用问题而流产，但是，重复犯罪率的高发使得单独监禁的效力问题受到了质疑，除此之外，单独禁闭也被质疑过于残酷，只有比利时的单独监禁体系是完善的，并没有给囚犯带来严重的心理伤害。

意大利的情况相对更确切一些。在1861年统一之前，各邦国的监狱体系各不相同，个别国家在这段时间中也作了一些改善。所以，撒丁－皮埃蒙特在一开始选择了美国的奥地监狱的缄默体系，以此为例建立了两所监狱，之后又向费城东国立监狱模式过渡。在维克托·伊曼纽尔之后，本嗖·安沃尔在1852年成为了总理大臣，而他正是禁闭体系的支持者。在伦巴第大区，例如，西西里岛或那不勒斯，一切仍然是旧的，没有什么改变。在意大利统一之后由安沃尔所确立的单独监禁这一原则得以保留。但是虽然对此作出了巨大的努力，但是却始终没有真正的得以实现。在1898年，差不多5800个监狱间中住着26000个囚犯。当1889年新刑法废除了死刑后，代替死刑的就是终身监禁（ergastolo）。这些囚犯的监狱生涯始于6年的严格禁闭，但是在一开始这一刑罚就与白天的共同劳动相照应。1891年的刑法最终确定，单独监禁只适用于终身监禁和被判15年徒刑的囚犯。

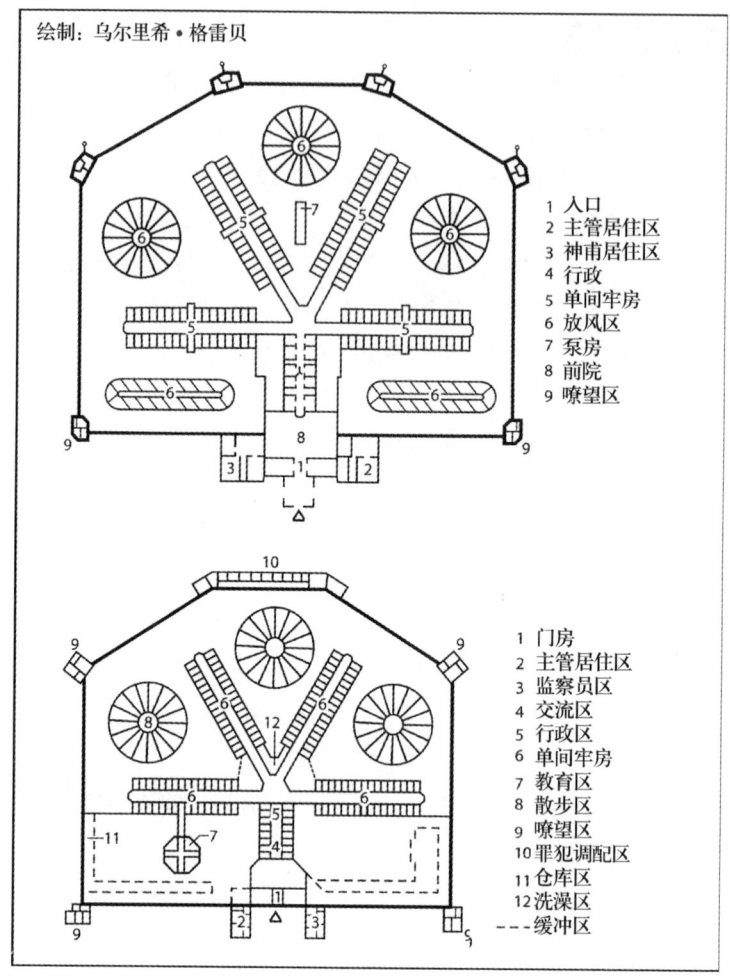

图 9-2 监狱构造图 (二)

只有**俄国**还保留着让西欧的改革者毛骨悚然的鞭笞刑，后来出现了改革者亚历山大二世，他听从了俄国顾问的意见，在1863年宣布废除了这一近代早期以来的不人道残余。现在就只有监禁或罚款这两种刑罚了。看在上帝的份上！要么有很长一段时间在远离家庭的监狱生活，不在家里劳作，要么就要支付他们所负担不起的款项？不，与其这样，农民们不如选择施行鞭笞刑。事实上，鞭笞刑的废除并不像沙皇顾问所想的那样人性化。新的监狱制度并不像想象中的那样简单，即在如此庞大的帝国建造所需的监狱。既不想让暴力犯罪留在圣彼得堡，又不想将之留在当地的各省。所以他们不得不这样做，因为较之监狱来说，鞭打要便宜得多，对于整个国家都是如此。

在 19 世纪末，人们找到了就如学术上所说的有意义的"新制裁方式"。即缓刑与假释，他们在今天的运用效果仍旧不错，起到了特别的威慑作用。此外，这两项措施的应用明显减少了囚犯的人数，而初犯者"真正"服刑的情形极其少见，他们不是必须去监狱。替代监狱服刑的是一定时间内在监察之下的缓刑。在 1888 年比利时是第一个施行这项制度的国家，这也可能是比利时能够有足够的单独牢房的原因之一。接下来**法国**在 1891 年，**挪威**在 1894 年，**意大利**在 1904 年，**丹麦**在 1905 年，**瑞典**在 1906 年，**西班牙**在 1908 年也相继施行这一措施。在德国，这一制度并没有在法律上被确立下来。有期徒刑在赦免之后转化为缓刑。在普鲁士州和萨克森州是自 1895 年开始实行的，到 1903 年除了梅克伦堡－什未林、罗伊斯老线（格赖茨）和罗伊斯新线（施莱茨，格拉）之外，德国的所有州都适用了这一制度。

对于刑事拘留的假释，即提前从监狱中被释放出来，开始于 19 世纪 30 年代对于**法国**青少年的赦免诏书，自 1850 年开始有了法律依据。自 1873 年开始这项制度在**丹麦**也适用于成年人。但这个信息并不像缓刑执行得那样好。在**德国**，这一制度自 1862 年开始也适用于成年人。自 1910 年起，这项制度开始适用于"整个欧洲"。

一般私法

和其他法律领域相同，私法上 19 世纪也是许多国家法律诞生的时代，这些法律中，对其他国家——不只是欧洲国家——影响最大的莫过于 1804 年颁布的《**法国民法典**》（*Code civi*）了，它是由法国的书面习惯法、自然法、大革命衍生出来的法律，并不只是源于拿破仑。在 19 世纪中，国王再一次站在了法制史的巅峰，一个军人成为欧洲最伟大的立法者。这部法典是其五个法典的第一个，也是其中最重要的一部法典。有三个我们前面已经提到了：1804 年的《刑事诉讼法》、1810 年的《拿破仑刑法典》以及在同一年颁布的《监狱条例》。其他的两个分别为 1806 年的《民事诉讼法》（*Code de procédure civile*）和 1807 年的《拿破仑商法典》（*Code de commerce*）（Rdz. 140，142）。

1791 年颁布的宪法推动了一个适用于全体法国人的现行私法典。1793 年和 1794 年的两个民法草案都被全国大会否决了，它们一个太长，一个又太短。1796 年的第三个宪法草案还被宪法委员会的立法机关提出了 500 个意见。之后，在拿破仑 1799 年的政变结束后，他立即组织了一个立法委员会来起草第四个草案，这个草案在四个月内就完成了，之后就开始面临来自国家参议院的问询，拿破仑作为第一执政官列席了这个会议，这是在打败奥地利后的一个短暂的休息时间，但是很快的拿破仑就要投入到与英国人的战争之中。尽管如此，差不多一半多的会议都是他自己来引导召开的，借助高超的聪明才智和正确的问题切入点，他常常能够找到更好的描述方式，并且对于法律的内容产生了影响。借助法律实践和近两百年的科学探讨，特别是在自然法学派的多马和培养一批罗马法学生的波蒂埃的贡献之下，一些基本规则被确立了。之后的革命为它打开了一条成功之路，就如革命实施的推动者拿破仑在其被流放的圣赫勒拿岛说的那样："我真正的荣耀不在于我赢了40场战争的胜利……而是在于我的民法典能够永远存续。"事实上，拿破仑使这部法典远远地超过了三个自然法法典，而拿破仑也经常这样说。实际上这是不正确的，因为自然法学派在拿破仑民法典中没有起到那么重要的作用。这部法律和那些自然法法律也不同，《拿破仑民法典》与欧洲建立起来的资本主义社会秩序是完全一致的。它与巴伐利亚这部很快就过时的《巴伐利亚民法典》与在其颁布之前就存在的普鲁士通行条例、与同样也必须适应新的社会关系的《奥地利民法典》也不同的是，它所调整的是一个新的公民社会关系，是一部附加了更多的缔约自由权、更加强化所有权人地位的法律。它是"一个文体和语言的杰作"（茨威格特/科茨），是"本世纪最成功的法律书籍"（弗朗茨·维克）。亨利·贝勒，他又被称作司汤达，是法国最伟大的作家之一，他在其最著名的小说《帕尔马的卡尔特修道院》（Kartause von Parma）中是这样描述的：每天早饭后，他都会阅读民法典中的几段，为了给自己的作品找到一个合适的基调。这是他一贯的笑话之一。其传记作者对此进行了核查，并且找到了相关的证据。这种情况在德国民法典中是完全不可能存在的。

这部法典共分三部分共有2228条，第一部分是人的权利，第二部分是物权法，第三部分是继承法、合同法和侵权法。其背景很容易地就再次转到了盖尤斯和查士丁尼的制度体系之中。由于波蒂埃的存在，一些罗马法的内容加入到这部法典中，特别是在债法。而格劳秀斯也成为一些条款的代言人，即当买卖合同一旦成立时，即使卖出人没有交付标的物，买入人也是该标的物的所有人。并且将其与善意取得相连。例如强制执行。它是否真的是一个自由的民法，对此是有争议的。为了要更简单地来阐明此事，我们举一个德国法律史的研究的最重要论点为例，其在1991年是这样表述的：该法典著名的关于合同自由的第1134条并不被自由派所认可，而是带有与其相反的理念，他们的国家被"中央集权，重商主义"所制约。第1134条：

在法律框架之内订立的合同，它的效力在其所约定的范围之内，就像法律一样。

为什么这就是中央集权？因为在这个条款中"法律"这个词出现了两次。这可能就是中央集权，也只是这样。即使是古代罗马法，人们可以谴责的也很多，尽管如此，那些伟大的合同法法学家确实没有将"中央集权"这个概念界定清楚。一个合同的内容是合同参与者之间的律法，当然有时候因为其违反法律而导致无效，在今天也是如此。一个极端自由主义者在1991年曾经对违法性合同进行研究，随后对这个违法性合同进行阐述，并于两年后即1993年，以"自由派的合同自由"为题目发表文章，在文章中他"充分肯定了《法国民法典》第1134条的解释，并得出没有哪个结论能有法国民法典所做表达更清楚了"的结论，所有的都清楚了吧？都清楚了。因为这个法典同样也是革命的成果。据此公民自由与平等的自由主义纲领得以执行。

归属于这一法典家族的还有比利时、荷兰、意大利、德意志地区、瑞士东部和南部的各州，以及波兰和一些松散的邦国，甚至还包括西班牙。自法国民法典颁布以始，其就适用于**比利时**，因为在当时，比利时属于法国。在其从法国分离出去，并于与荷兰结成联邦之后，这部民法典在此依然有效。因为在此不久之后，**荷兰**的北部很快就被拿破仑完全吞并了，法国民法典自1811年开始在这里生效。这是美丽的古老罗马—荷兰法（Rdz. 107）的终结，在从法国统治中解放出来之后，法国民法典在其新的王国中仍然适用了很长时间。自1814年开始，委员会就开始起草新草案，因为比利时的插入使得法典的前期起草工作中断。一个新的民法典，即《荷兰民法典》（*Burgerlijk Wetboek*）才在1838年得以颁布。这部法典不仅在风格上沿袭了法国民法典，而且其大部分的内容也是从法国民法典中照搬下来的，原因很简单，因为法国民法典就是法典中的范例，而且人们已经习惯于它了。只有一部分承继了荷兰人的古罗马—荷兰法，如物权法中的所有权取得。对于它来讲，简单的债务合同订立不充分，诸如一些国家的民法典中有关买卖的规定、要求，标的物必须转移给买主后，合同才能正式成立，这是传统的罗马法原则，1838年的这部法典历经多次修改，一直沿用到1992年。

自1796年拿破仑征服**意大利**，1804年加冕为王，1805年在此施行他的民法典，即意大利语的"法国民法典"。在拿破仑的统治结束后，在拿破仑失败后又重新建起的大部分国家仍然将这部拿破仑法典作为自己的立法典范，同样，意大利统一之后，其1865年的民法典也仍旧以法国民法典为样板，甚至也采纳了法国民法典确立的民事强制结婚制度，即结婚必须在国家机关办理登记手续得到许可，这一禁止性规定的实施在信仰天主教的法国和意大利遇到了诸多困难和起伏（Rdz. 139）。**德国莱茵河左岸地区**，即从亚琛途径科隆和美因茨最后到达凯泽斯劳滕的这片区域在1801年成为了吕纳维尔和平区，其处于法国和当时还存续的德意志罗马帝国的法语区中间。因此，在1804年民法典颁布之初就适用于此地。在维也纳会议之后，他们被划到了普鲁士和巴伐利亚，以及另外两个较小的德意志邦国中。这些邦国都试图在这片区域废除这部法律，改而适用自己邦国的法律，但是却遭到了当地人民巨大的反对声。11年的时间已经使人民习惯了这种现代法治，他们不愿意再接受那些已经辞职的新领主旧有规章。所以与莱茵河右岸的**巴登州**相同，法国民法典在这片区域一直沿用到1900年，即德国民法典正式颁布。巴登自1810年作为一个享有主权的大公国之后，将法国民法典翻译成德语，称为"巴登通行民法典"，但在这个法典中加入了许多保护贵族权益和加重农民负担等来自封建法律的内容，在1871年战胜法国之后，法国的**阿尔萨斯**也加入到这片区域中来。直至1900年为止，这里一直沿用着法国的民法典，直到1918年德国民法典在这里生效。

一个值得关注的事件是民法典在**波兰**的发展。在拿破仑战争时期，自1808年开始法国民法典就适用于拿破仑所创建的公国华沙，其是在1807—1809年由之前从普鲁士和奥地利分离开的区域组成。之后的维也纳会议又将其解散，代之以仅有"普鲁士"地区的小型"波兰"，即一个在沙皇领导下与俄国相连的君和国。其首府与之前相同仍旧是华沙，国家仍旧适用着民法典，法典只是应世俗贵族和宗教贵族便于重新建立农奴制的要求作了修改，此外在婚姻法（Rdz. 139）方面其也作了一定的修改。私法的核心得以存续，在1918年波兰作为一个共和国独立后该民法典也一直沿用着，直到第二次世界大战波及这个人民共和国才终止。这个民法典在波兰有着140年的历史。

西班牙的民法一直处在各自为政的态势，甚至在一些地方一直存续着部族习惯法（fueros）。1805年，西班牙还在波旁王朝统治之下，在法国入侵之前人们一直想要试图重新编撰民法典。但这部民法典却是"一个可怕的由不相同的部分和不协调的条款组成的整体"（弗朗西斯科·马丁内斯·马哈那，1754—1833）。自1821年起编撰一个统一的民法典计划再一次提上日程。这项计划是一项复杂而又艰巨的工程，不久之后该计划受到种种阻碍，最终不得不放弃。而部族习惯法在整个西班牙区域内进行不断的扩张。在波旁王朝新保守党政府的统治时期，即1889年，保守党政府仍旧颁布了一部《西班牙民法典》（*Codigo civil*）。毫无疑问，这部民法典是以拿破仑的民法典为范本的。尤其是在债法领域当中,西班牙民法典第1091条就是法国民法典第1134条合同自由条款的西班牙语翻译。但是,人们只能将西班牙民法典看成民法典家族的一个边缘法典,因为国家的法律一体化并没有完全建立起来。依据其第12条,古老的部族习惯法在很多条款中都具有优先权,尤其是在北方,例如,在加泰罗尼亚与巴萨。除此之外,该法律还明确确立了天主教的教堂婚姻。

英国的法律一直在改动,通过司法法令(Judicature Act),在1873年实现法律和公平的完美结合。在司法实践中公平优于法律,法律还废除了旧有的复杂令状体系(writ-System),自此人们不再需要从70到80个令状中选择特定一种来提起诉讼,从而避免了因为错选令状而导致诉讼程序不能进行的情况发生。此后,所有的诉讼程序都是在一个传唤令状(writ of summons)的促动之下而提起。在传唤令状中有附加说明事实理由的原告起诉书,古老的"行动法律思

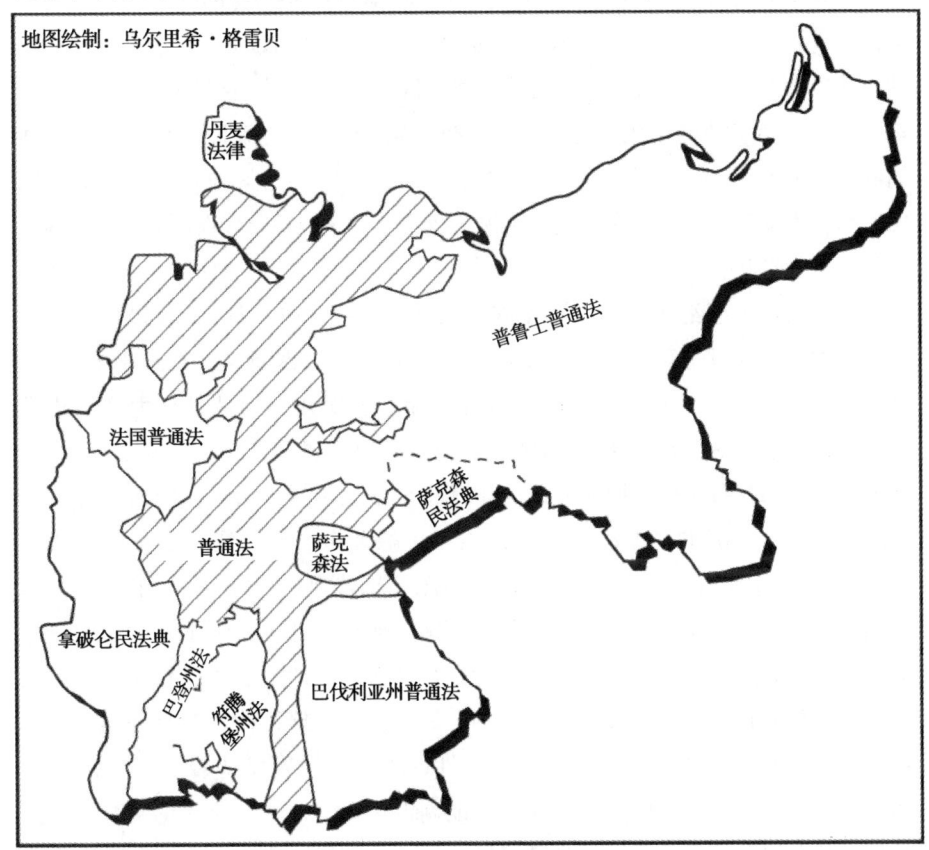

图9-3　1899年12月31日之前的德意志帝国现行法律纲要

资料来源:1896年德国法律和法院地图,1996年(见Diethelm Klippel),这里是确切的信息。

想"的残余至今仍存留在英国法学家的头脑之中,在论文思想之中,在法庭判例之中。英国法院的发展一直秉承着普通法的最重要原则——判例法,直到今天其仍然是以先例为基础而工作。虽然在19世纪法典变得越来越重要,但是在英国却一直只有单行法,并没有编撰一部完整的法典,例如1833年关于女子嫁妆的嫁妆法(Dower Act)、1836年《婚姻法》(Marriage Act)被引入到民事婚姻领域;在土地所有权领域,1837年的《继承法》(Wills Act)中废除了长子继承权。

德国私法的四分五裂状况让人叹为观止。在德国民法典生效之前不久的19世纪末期,很多德意志邦国都适用着本邦国的普通法,一些地方还适用着旧的符腾堡州或巴伐利亚州的普通法,甚至普鲁士1794年颁布的普鲁士一般邦法在其各个省份的效力强度也千差万别。即使不考虑民法典本身的差异,在石勒苏益格-荷尔斯泰因州仍然适用着《丹麦民法》(Jütsche Lov),在弗里斯兰适用的是弗里斯兰法,在旧撒克逊地区仍旧沿用着古老的《撒克逊明镜法》(Sachsenspiegel),在萨克森王国则适用着其1863年颁布的萨克森民法典,在巴登适用的是其1810年颁布的与其相匹配的民法典。在莱茵河左岸地区则沿用着法国民法典,不同的地方法典由当地的特殊法所补充,这是一个完全混乱但错落有致的法典分布状况。

为什么自本世纪初开始,法学院只教授古罗马法和寺院法,可以这么说,这样的教学方式只是简单的学科基础而缺乏直接的实践意义。在这里的早期,弗里德里希·卡尔·冯·萨维尼一直在传播着他所建立的被其称为"历史学派"的思想。这一流派产生于1814年,与次相对应德国各州统一立法的要求,海德堡著名的教授尤斯图斯所写的著作《论全国通用的民法对德国的必要性》。仍然在同一年,萨维尼提出了与此论点相反的著作《论立法和法学的当代使命》。他是一个富有的贵族,让人印象深刻,同时也是一个成功的、有影响力的新柏林大学教授。他的研究并不局限在德国。他在国外也找到了其学说的追随者,法律并非是基于人的理性和自然性,与传播广泛的自然法思想相悖,而是一个"民族精神"默默活动成长的产物,最开始"民族精神"只是法学的一个课题而已,即"透过这个附有内在必然性的素材,一直保持着青春与活力"。概念纲要也归属于此,只有这样才有可能制定法律。接着一个理论出现了。萨维尼和其在柏林的同事卡尔·弗里德里希·艾希霍恩(Karl Friedrich Eichhorn)主要研究"日耳曼"和中世纪的德国法律,共同创办了历史法学杂志。这是仔细研究和复兴的结果吗?德国的民族精神已经在几个世纪的时间里慢慢地建立起来了,只是通过萨维尼被提取出来并保持新鲜而已,在《潘德克吞理论的现代应用》(*Usus Modernus*) 当地的添加中，这一纯粹化的古罗马法中得以恢复。在逻辑上它可能不是很有说服力，但它却成功了。这是因为罗马法中带有很多合理性的理念，其中的所有权自由和合同自由是自由资本主义市场经济最好的工具。所以出现了**潘德克吞法学**（Pandektenrecht）。这个名称来源于罗马法教科书的标题，萨维尼的学生在德国全境都是如此叙述的，即从在柏林的普赫塔和戴恩堡，在海德堡的瓦格柔，在慕尼黑阿恩特和波润次，在莱比锡的闻晒德影响最大。潘德克吞是查士丁尼法典最重要的部分《学说编纂》（Rdz. 44）的希腊文音译。人们需要一个新的名称。只简单地称其为"罗马法"并不怎么好听。

潘德克吞法学的重要教课书

格奥尔格·弗里德里希普赫塔，柏林，Lehrbuch der Pandekten（课本 – 潘德克吞），1838 年。

卡尔·阿道夫·冯·瓦格柔，海德堡，Lehrbuch der Pandekten（课本 – 潘德克吞），第三卷，1839/45 年。

路德维希·阿恩特，慕尼黑，Lehrbuch der Pandekten（课本 – 潘德克吞），1850 年。

阿洛伊斯·波润次，慕尼黑，Lehrbuch der Pandekten（课本 – 潘德克吞），第二卷，1857/71 年。

伯恩哈·闻晒德，莱比锡，Lehrbuch der Pandekten（课本 – 潘德克吞），第三卷，1862/70 年。

海因里·戴恩堡，柏林，潘德克吞，第三卷，1884/87 年。

普赫塔：第三版，瓦格柔：第七版，阿恩特：第十四版。
波润次：第二版，闻晒德：第九版，戴恩堡：第八版。

德国的潘德克吞法学是当时欧洲法学的巅峰之作，此外，它还对其他国家产生了巨大的影响，其严谨的体系性和高超的概念运用能力尤其令人钦佩，所以，它又被称为**概念法学**。其体系的特点在于，在一开始的民法典"总论"中以条款的方式明确了权利能力、行为能力和法律行为等基本法学概念，这些基本概念将适用于之后的四个分则中，即物权法、债权法、家庭法和继承法。而这被称为潘德克吞法学体系。19 世纪下半叶颁行的两个独立的私法典都承继了潘德克吞这一体系，即 1863 年的萨克森民法典，它还有一个不同的顺序。还有就是 1896 年公布并在整个德国都适用的德国民法典，其之后在 1900 年 1 月 1 日正式生效。这两个法典无论是在体系上，还是在文体风格和内容上都是潘德克吞法典的后代，都是 19 世纪典型的巅峰之作，是"一个雄伟的法典，穷人和富人一样，都被禁止在桥下睡觉，在街上乞讨，偷取面包"（安那托·法郎士）。

这是几滴"社会主义的机油"。1889 年奥托·冯·基尔克提出了几点建议,软化租赁法以解决在旧有德国法律的框架下出现的问题,即如果房东将正在出租的房屋卖给他人,那么租赁人将会怎样。依照古罗马法为榜样,在潘德克吞法学中没有给予租赁人任何保护,即房屋的新所有人可以立刻将租赁人赶出房间。这就是所谓的"买卖破租赁"。但是在德国民法典中的规定正好与之相反,即"买卖不破租赁",《德国民法典》第 571 条:

> 所出租的住房在交给承租人后,被出租人让与给第三人的,取得人代替出租人,加入到在出租人的所有权存续期间因使用租赁关系而发生的权利义务中。

一个小亮点出现在这部民法典上,物权法上最大的创新是一般性的土地簿登记制度的施行,即土地所有权的转移、以土地为抵押物的抵押贷款以及其他地上权利。对于这些行为在土地登记簿上的登记在中世纪的一些德意志邦国中就应经存在了,在这时它们被称为城市登记簿。在土地登记簿上的登记一般来说只具有证明的性质,并不是合同有效的法律基础。从 19 世纪开始,土地登记

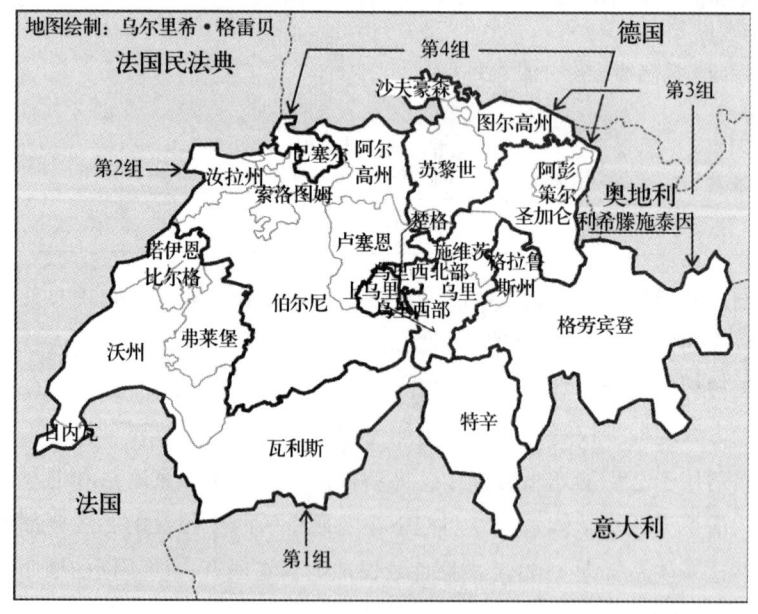

图 9-4 瑞士分别实行不同改革措施的四组州

第 1 组:法国民法典;第 2 组:奥地利民法典;第 3 组:潘德克吞法;
第 4 组:无法典编撰的国家

体系在德国的各邦国逐步有了新的发展。之后作为《德国民法典》的新条款，这一体系在整个德意志帝国中得以全面的实施。

奥地利民法典是这样制定的，即通过司法解释来逐步适应 19 世纪已经变化的法律关系。它需要将来不被修改，这一法典最重要的变化是土地登记簿制度的实施，即因 1871 年的法律而改变的，但是这部法典并没有很准确地描述登记的含义，而是以"公开簿"来替代"登记簿"，并将其作为土地所有权转让、按揭贷款等的前提条件。

欧洲范围内的法典编撰热潮也激发了瑞士各州的法典编撰步伐。它分为了三组：第一个开始较早，位于**瑞士**的东部和南部，保留着法国民法典的原则。第二组位于瑞士的中心地区和北部，承继了 1830 年订立的奥地利民法典。第三组自 1855 年开始于瑞士西部，只有部分受到了德国潘德克吞法的影响，它们的第一部教科书是普赫塔、瓦格柔和阿恩特分别于 1838 年和 1835 年出版的著作。而此外的第四组则是那些没有什么改变仍旧适用着旧有法律的地区，它们一个是巴塞尔北部边界的乡村和城市，另外一个是从东部边界到乡村中间相邻的各州，即阿彭策尔、圣加仑、施维茨、乌里和瓦尔登。

在瑞士东部和南部地区这第一组中，日内瓦是在从法国统治中解放以后就一直继续沿用着法国占领之前的民法典，而其他州则是以法国民法典为样板，在 1819 年和 1855 年这段时间里分别颁布了民法典。即从沃州开始，再到提契诺州，弗里堡州，最后到瓦莱州和纳沙泰尔。在瑞士北部和中部的第二组"民法典"是以奥地利的民法典为基础而制定的，包括 1830 的伯尔尼、之后的卢塞恩与索洛图恩，直到 1855 年的阿尔高州。正是在同一年瑞士的西部州成为了第三组，一开始出现的是有很高赞誉的苏黎世《私法法典》，以它为模板，其他的六个州的法律也采用了相同的名字，首先是 1859 年的尔高州，然后是格劳宾登州、沙夫豪森、下瓦尔登和最后 1874 年的格拉。

1874 年是一个特殊的年份，正是在这一年，瑞士联邦立法委员会在私法领域中对 1848 年的瑞士宪法进行了补充，并不是全部，但其中"包括了商法与票据法的责任问题"，1881 年的责任法开始适用于整个国家，于法国不同，德国和其他的国家并不想将商法从私法中分离开来。在法国民法典、奥地利民法典、德国潘德克吞法学和 1861 年德国商法典（Rdz. 124）法条的影响下出现了一个独立的瑞士法典，它包含了债法总则的相关条款，例如合同的订立和履行，一些类别合同的特殊债权，即对于动产的物权法：公司法、票据法、支票法。瑞士民法发展的第一部是 1907 年公布、1912 年生效的瑞士民法典，1898 年的第二次宪法修改使得瑞士民法典的订立成为了可能，瑞士民法典是由瑞士著名的法学家欧根·胡贝尔（1849—1923）起草的、他是苏黎世，巴塞尔和哈勒大学的教授，其任职最长的大学是伯尔尼大学，在此任教直到他去世为止。他是一个历史法学派的信仰者。他提请回顾各州立法的模型，特别是苏黎世的潘德克吞法学这一类别，同时各州的不成文习惯法也在其考虑的范畴之内。瑞士民法典至今仍旧由四部分组成，分别是人法、家庭法、继承法和财产法，并不涵盖法典的一般总则。在胡贝尔看来，德国的民法典实在是太抽象了，令人难以理解。他想制定的是一部简单明了并且能够让各州的非专业法官都能理解的法典。他这种令人钦佩的做法取得了成功，即不非得那么准确。瑞士民法典订立与1881年颁布的一般责任法共同标志了瑞士在私法领域的统一。

与欧洲这些国家不同，斯堪的纳维亚半岛的民法在19世纪的变革很小。在19世纪的丹麦、挪威和瑞典并没有编纂成文法典。尽管这些国家有一些谨慎的尝试，但是其旧有的法典在本质上未变，即1683年的《丹麦刑法典》，1687年的《挪威刑法典》，以及1734年的《瑞典帝国法典》。在这三个国家，不论是法院还是法学研究领域，确立的都是与古老法典中的法条相类似的契约自由，应当遵守契约。在《丹麦刑法典》中还包括一则关于买卖中"公正的价格"必要性的条款。这一公正价格（iustum Pretium）学说是中世纪的注释法学派（glossators）和教会法学（Rdz. 86，87）共同发展的成果。与此相反，安德斯·奥斯特（1778—1860）这个"丹麦法典之父"却认为，这种均衡性的价值关系没有存在的必要。此外，这三部法律也分别作出一定的修改。在20世纪仍旧保留着私法上一些基本原则，但随后，首先是丹麦的法律统一，这些法律已经从根本上作出了改变（Rdz. 156）。

希腊的私法基础仍然是拜占庭时期的法律，即1345年啥姆门保罗斯（Harmenopoulos）的教科书《法律手册》（*Hexabiblos*）。在过去的一段时间其一直有一个令人称道的想法，即并不是马上继受西欧的法律，而是留有本身所特有的。其古老的《法律手册》一直沿用至1946年希腊新民法典生效。当然，其司法解释在解释古罗马—拜占庭法中发挥了重要作用，在这里，德国的潘德克吞法学也显示了其巨大的影响（Rdz. 143）。希腊法院被公认是潘德克吞法学的直接代表，而这对拜占庭法学来讲是完全陌生的，即合同订立的形式自由、一般合同自由等等。

当1848年的革命在**匈牙利**失败后，一切又都恢复了原状。贵族保有着其特权和自1514年就开始生效的《伊什特万习惯法典》（*Werböczys Tripartitum*）。但是之后一切都来了，1852年国王弗朗茨·约瑟夫将1811年的奥地利民法典适用在了匈牙利。而该法典中的"法律面前人人平等"的理念在匈牙利引起了革命浪潮。贵族的阻力仍旧强大。但是奥地利民法典却在这里生效了，它适应了奥地利向现代化国家迈进的道路。但是在一些方面还是备受争议的。当国王在1861年与意大利的战争中失败之后，维也纳最高法院在奥地利的管辖权也宣告终结了，代替它的是匈牙利自己的最高法院。但是，其面临的困扰仍旧很多，旧的封建社会的统治秩序不可恢复。一个很荒谬的事情发生了，一个由弗朗西斯召开的会议中人们达成了妥协。它决议一个由最高法院认可的"临时司法条款"，正式地确定了依据奥地利民法典生活，这是其一个明智的决定，但是由于民族主义原因，这个计划泡汤了。虽然在实际上很多案件都还是依据奥地利这一民法典，但是却是由匈牙利独自对其进行阐述。可以说，在1867年的"均衡"后，一个新的匈牙利民法典就应该能够颁布施行。但是因为匈牙利臭名昭著的内部纠纷，匈牙利民法典直到第二次世界大战结束之时也没有成形。私法的发展仍旧停留在法院的司法解释中，当《伊什特万习惯法典》和习惯性法规中都没有相应的法律条款，在19世纪末期的匈牙利法官通常会在德国的潘德克吞法学中寻找相关的解决办法，即在匈牙利版本的潘德克吞教科书中去搜寻1879年的文策尔、1880年的兹林、1892年的赫尔茨泽格。因此，1917年德国法学家恩斯特·海曼（Ernst Heymann）称匈牙利私法是一个"有点倔强的发达德国特别法"。匈牙利第一部新民法典是1959年的社会主义民法典。

俄罗斯的私法是1832年《俄国法律汇编》（*Svod zakonov*）（Rdz. 131）的一部分，它是该法典的前10卷，共分四个部分，即家庭法、物权法、债权法和继承法，共2334条。与整部法典编撰的情况相同，该部分的法律极其混乱无序。债法最不成功，买卖合同被放置在物权法中调整，缺少委托和不当得利的相关规定，其他部分也不完全。在物权法中没有对所有权与占有加以区分。这部法典只是对之前所有的旧有法律的一个概括，这部法律就像沙皇尼古拉想的那样，带来更多的法律确定性，对当时的司法实践来说是足够用了，其一直适用到沙皇帝国土崩瓦解为止。

整个私法的发展与缔约自由的扩展是紧密相连的。首先，其来源于**契约自由**原则的执行，在实践上，虽然它主要针对的是消除手工业者的行会制度。通过新的行业法规的颁布执行，这一改革最终在19世纪的后半叶取得了成功。条款中的自由主义也影响着商家和厂家。商人自中世纪所建立起的行会已经全部解散。在18世纪末期，英国的工厂首先建立了一个新风格的经营模式，到了19世纪的后半叶，欧洲大陆的工厂也迎头赶上，这一新的贸易法规并不是缔约自由原则的唯一基础。是的，除其之外还有第二个基础，即国家经济的重商主义也逐步并全面地退出了历史舞台（Rdz. 100），例如有关的条款被废除了，即谁、在哪里、卖的是什么、货物的质量怎样、以什么样的价格、卖给谁等的限制被取消了。关键词是"亚当·斯密""自由市场""自由放任""放任"。就这一条款而言，在近代早期的欧洲各国有着这样那样的强大调节工具。但到了19世纪末期所有的一切都消失了。缔约自由原则的第三个基础在于，作为民法典的内容之一，缔约自由不得不强制施行。其中最早的要数1804年《法国民法典》的第1134条了。但是并不是全部的法典都那么清晰和明确。其他一些法典的契约自由是默示的、间接地含在了条款之中，这些条款一般都是前提条件并同时缩小范围，即如有例外该合同就宣告无效，所谓的例外诸如"违反公序良俗"或者违反法律的禁止性规定，或者具有高利贷特征。

不受限制的契约自由的问题在于，经济实力较强的一方常常会支配经济实力较弱的一方，例如新兴的工厂主相对于那些新出现的产业工人。工人的薪金也因所谓的"自由协议"而被压低，就如1810年普鲁士的雇工条例中所描述的那样。那些工人之所以能够在"自由协议"中同意其雇主的薪金和工作条件，是因为他们没有其他的选择。契约自由成为了"一个自由的狐狸在一个自由鸡窝中的自由"（罗杰·嘉侯），在不同的欧洲国家其方式也截然不同，特别是那些产业化先进性较高的国家。伟大的经济繁荣是由数百万人的痛苦所换取的，雇主则任其支配。

"不受制约的契约自由会自取灭亡，一个可怕的武器握在强者手中，而一把钝刀却在弱者之手，契约自由成为了一方压制另一方的手段，是精神和经济优势上的无情剥削"，这段话出自柏林的奥托·冯·基尔克，他是德国私法教授。这段话是1889年他对第一个德国民法典草案的批评。这一批评收效不大，德国民法典与法国民法典和其他大多数的法典一样，并没有订立限制契约自由的相应条款。换句话说，这是高度的非社会化，这种情况也出现在租赁领域，只有基尔克可以实现一些小的改进，直到今天这仍然重要（§571）。之后，在19世纪已经找到了解决问题的方法，除了法典之外还可以通过劳动法这一特殊法。劳动法与其他法律不同，它一直作为一般私法的契约自由限制。在接下来形成和发展的描述中，一些细节性的问题在这一世纪（Rdz. 141）变得清晰起来。

家庭法，男人与女人

法国的革命也为欧洲的家庭法带来了深远的影响。虽然1789年的《人权宣言》只针对男人，但是法国国会认为，至少在家庭中至少以平等和自由为准，不单单是男性的平等与自由。所以国会在1792年的9月20日颁布法律，即承认婚姻应是男人和女人之间的私人契约。这一自然法思想与教会法相悖，即男女双方在进行婚姻登记之前要举行结婚仪式的规定相悖。即国会要推行强制性民事婚姻。但在此之后，宗教婚姻也是可以的。在国家的法院看来，婚姻作为一个私人契约当然是可以解除的。因此废除了教会禁止离婚的禁令，甚至宣布在男女双方达成一致之时可以协议离婚。几个世纪以来，以平等为名对妇女的压迫终于终结，在私人契约中，妇女和其丈夫都是具有平等权利的当事人。男性暴力（原则上）也称父权终结了。当然一些家长制的残余保留了下来，如妻子要冠以夫姓（婚姻姓氏）。"当然"她是其丈夫的。如果当夫妻双方对于孩子的教育问题（日常的生活细节或者孩子的教育和工作）达不成一致之时，谁能最终决定？当然是夫一方。最后，女方还可以在婚姻持续期间独自处置自己的财产，因为在巴黎男方对女方的行动一目了然。由男女双方独自、自由地决定谁处置双方财产，所以至今为止的夫妻财产制中都是男性享有对所有财产的处置权，其中当然也包括女方的财产。1792年的法律适用了12年。虽然革命一开始是那么的美好，但是女性在19世纪一直处于从属地位。就如《圣经》所说，但是为什么？

因为拿破仑来了，在其1804年的民法典中只保留了家庭法中的自由原则。即民事婚姻缔结自由和离婚自由。为了稳定婚姻所以在离婚上设置了一些小限制，但施行的仍然是宽松的政策，只有平等不见了。为此，皇帝在国务委员会的审议工作上作了这样的表述：

> 自然使我们的妻子成为了我们的奴隶。丈夫有权这样对他的妻子说：夫人，你不应该出去，夫人，你不应去剧院看戏，夫人，你不应注视这个人，总之，女士，你是完全属于我的，不论身体还是灵魂。

"婚姻权利"（puissance maritale）又一次出现了，丈夫统治之下的妻子，自婚姻缔结伊始妻子就失去了民事行为能力，不能再处置自己的财产，只有服从的义务。只有处罚取消了，在1816年波旁王朝统治之下的法国曾经很快地取消了离婚自由，之后在1884年的法兰西第三共和国时期离婚自由又重新恢复了。天主教国王不再信任民事婚姻，但是它却一直存在而且越来越多。在法国民法典扩展区域的其他国家情况又将如何呢？

民事婚姻在新成立的王国**荷兰**又适用了很多年，强制性的民事婚姻甚至有宪法的地位。但在此之后1838年的审判法在很大程度上限制了离婚行为。由于一个极其有利的干预才使一个之前想离婚的**比利时**人幸免于难。当荷兰的近邻法国完全废除了离婚自由的时候，荷兰民法典中的家庭法并没有改变什么。与**莱茵河的右岸**，即将来成为普鲁士领土相同，在莱茵河畔左岸的德国领土中还继续持有着家庭法的核心原则。**普鲁士**在其 1794 年订立的《普鲁士一般邦法》中对于强制性的民事结婚和民事离婚都作了相关的规定。在此之前，在**巴登州**发现了国王与教会妥协的痕迹，在 1811 年神职人员的任务之一就是作为国家的婚姻登记机关缔结婚姻。在天主教徒众多的南方，没有离婚，一般只是夫妻的食宿分离。但在信仰新教的北方，《法国民法典》则存在 1804 年所许可的离婚。

同以前一样，**瑞士**的 26 个州的做法千差万别。这里只有一些提示，在天主教信仰的地方只有强制性的宗教婚礼并禁止离婚。在信仰新教的地方则是多种多样的处置方式，自然所有的地方在 1804 年之后与其他的欧洲国家相同：在家里，丈夫是妻子和子女的主人。在 19 世纪的上半叶惩处妇女的相关法律几乎已经消失，只存在于波兰和意大利的法典之中。

在 1814 年，强制性民事婚姻立即被**意大利**人废除，天主教的基本原则，即包括强制性的天主教婚礼和离婚禁止又一次在婚姻法中被确立下来。在天主教的**波兰国会**（Rdz. 138）中民事婚姻和离婚被剔除出去，在众议院，这两个条款正式地在民法典中被废止则是在 1825 年。在 1830—1831 年的起义后，沙皇尼古拉一世在 1836 年依据宗教基本原则颁布了一个新家庭法。这一法律基本上主要涉及的是夫妻财产制，其中有很多对于波兰妇女的新的歧视性规定。

在信仰天主教的**奥地利**，奥地利民法典中规定了强制性的宗教婚礼以及禁止离婚，例如一方有通奸行为，这时夫妻只可以从餐桌和床上分离开来，即可以不在一张床上睡觉也不在一个餐桌上吃饭。此外法律还规定妻子是丈夫的附庸，没有体罚权，但是父亲对子女独立地享有父权。

与瑞士相同，**德意志各邦国**的规定也是互不相同的，这里只谈普鲁士王国。在这时，普鲁士已经成为一个庞然大物，如果不考虑奥地利，那么其人口总量差不多占德国总人口数的一半。之后，它变得越加强大。在普鲁士统治区域施行的是强制性的民事婚姻制度和离婚自由原则。在信仰天主教的德意志地区施行的是教堂婚姻和离婚禁止原则。在信仰新教的其他非普鲁士的德意志邦国都废除了强制性的教堂婚姻，1863 年的萨克森民法典也是如此规定的。自 1861 年其仅在汉堡的夫妻才可以自由选择用何种方式结婚，即想到教堂还是想到婚姻登记部门。到了 1875 年，帝国议会要求全部州都必须施行强制性的民事婚姻，这是自由主义者的伟大胜利。但在离婚方面各州的规定都不尽相同，萨克森州自 1863 年开始就与普鲁士的规定相似，在其他大多数信仰新教的各州中对离婚都作出了十分严格的限制，即只有在通奸和恶意离弃的情形发生之时才可以离婚。这一情形一直持续到 1900 年《德国民法典》生效。男性在家庭中占有主导地位，是其妻子与子女的领导者，而妻子和子女必须服从他。在霍亨·索伦的王国中也是如此。虽然《普鲁士一般邦法》作出了一些改变，语言中有意识地存在不太明确的表述，如"丈夫是家庭成员的头"（II, I, 184），因为其在问询中有很多不同的意见，一些"大棒保守派"认为头是指挥棒的意思，即丈夫不仅是家中仆人与孩子的领导者，还是与妻子进行谈判时的主导者。所以其成为"大棒保守派"。因为对这句话的理解众多，所以《普鲁士一般邦法》将所有的这些解释都公开。但是丈夫对于妻子的体罚权在 19 世纪的上半叶或早或晚就已经消失了。

其在**英国**的情况，人们知道的也并不准确。在普通法教义中妻子的地位被虚拟为其与丈夫是一体的，即"unity of person"，这一原则的法律后果就是，相对于妻子丈夫享有附带指令性质的的单独决定权，妻子则必须听从丈夫的安排，否则将要受到处罚。这一男性针对妻子的殴打最终正式终结于 1891 年的一个针对丈夫提起的诉讼，即在女王统治下的杰克逊（R. v. Jackson）。谁知道在此期间发生了什么？在整个 19 世纪，任何情形之下，英国的父亲都是独自的、完全的施行其带有惩罚权性质的"父权"。另外，这里的家庭法也是自由的，而这并不是完全源于边沁著作的影响，在这里婚姻被看作是一种私人契约，其与法国人，普鲁士人以及自然法的看法是相同的。英国的教会垄断着婚姻的缔结，而结婚的等级时间不再那么漫长。1836 年《英国婚姻法案》（*Marriages in England Act*），以及《出生、死亡和结婚登记法案》（*Registration of Births, Deaths and Marriages Act*）陆续颁布。而且也可以在国家的婚姻登记机关以登记的方式缔结婚姻。当然也规定了离婚的法律后果。英国的教会法庭并不承认离婚，只认可男女双方不在一个床上睡觉也不在一个餐桌上吃饭的行为。此外，只有在一方死亡之后婚姻关系才终结，另一方才可以与他人缔结婚姻，即才有再婚的可能。最大的转折出现在 1875 年，即《诉讼离婚法案》（*Matrimonial Causes Act*）。一个小的威斯敏斯特法庭正式成立，它是一个专门处理离婚和诉讼离婚的法院。这是英国教会法庭对于家庭事务管辖权的终结，这个法院判决是否离婚。诚然这并不是免费的，人们必须支付一些费用，但不论怎么说，这还是一般离婚法在英国的开始。

在 19 世纪的**丹麦**、**挪威**和**瑞典**仍旧适用着古老的法典，即 1683 年的《丹麦刑法典》、1687 年的《挪威刑法典》，以及 1734 年的《瑞典帝国法典》。也就是强制性的教堂婚礼和与丈夫对其妻子和子女的绝对支配权。与挪威和瑞典不同的是，丹麦是不能离婚的，男女双方只能分餐桌、分床。

希腊的家庭法不适用哈姆门保罗斯的教科书，而是适用正统教会对于拜占庭教会法所作的司法解释：如果选择在教堂当中进行婚姻缔结，是禁止离婚的；该法并不完全如天主教徒那样，丈夫对其妻子和子女有支配权。**西班牙**、**匈牙利**和**俄罗斯**也是如此，它们都没有受到革命自由主义潮流的影响。它不作任何改变，也不需要再重复去做。

在 19 世纪欧洲，从总的结果看来妇女的生存状况是糟糕的，但是，在法律层次上妇女组织对这种现状进行了抱怨和批评。虽然在这个领域很多人被逮捕了，但是不论怎样家庭法在欧洲的核心国家已经有了显著的改变。这是法国大革命和自然法法学的成果，并不只是借助民事婚姻和离婚自由权的设立，也不再源于《圣经》的妇女抵制运动，而是如普鲁士那样，借助于自然法的确立，即边沁和拿破仑的这些努力。从此以后法律和宗教彻底分离开来，《圣经》是很难改变的，但是自然法却一直在变化着。在下一个世纪，即 20 世纪，自然法开始走向了男女平等的道路，而这不仅体现在家庭法中。

民事诉讼法

许多欧洲大陆国家民事诉讼法的转折点，同样也是始于《拿破仑民法典》。在 1790—1791 年的**法国**大革命时期，国民等级会议取消了不令人喜欢的起诉官和检察官。即起诉官准备书面的诉讼材料，而检察官则出席法院的审判，这种法律界的双向组成方式一直存在于欧洲的核心国家之中，在英国也是如此，而且自中世纪以来这种情形就十分普遍。而这种诉讼程序来源于罗马教会法。自 1790—1791 年之后，原告和被告就可以在法庭中自行的协商，或者通过简单的律师进行诉讼，就如我们今天知道的那样，这个律师（avoués）是原告或被告一方的代理人。其大部分都是之前的起诉官和检察官，借助 1806 年的拿破仑《民事诉讼法典》（*Code de procédure civile*）原有的双边原则又一次施行了，还有一些 1696 年路易十四（Rdz. 109）的形式主义描述。虽然有着一些弱点，但是这一诉讼法典仍然是欧洲在这一领域内最先进的法典，因为这部法典维护了司法和行政分离，确定了法庭中口头和公开化的庭审方式，明确了法官司法裁判的独立性，它替代了之前的程式化证据规则，转而建立了自由的法官质证的证据制度。它不仅与在前一年颁布的法国民法典的自由主义特征相适应，而且与无处不在的逐渐显现出来的资本主义社会特性相契合。此法典的缺陷在于两位可以指定代理人的当事人过于强大，而法官的地位则较为弱小。所以这样一个诉讼法典模式适应了法国民法典中的契约自由原则。而同样危险的仍然是强势的一方凌驾于弱势一方之上，特别是强大的律师使得这个可能性加大，因为为了能够获取客户更多的报酬，律师往往会拖延案件的审理时间。所以在拿破仑颁布的一系列法典中这部法典无疑是最弱的一部，拿破仑这位皇帝极少参与到这部法典的审议之中。

拿破仑这一民事诉讼法法典体系的成员首先是那些在 1815 年之前被法国征服的一些国家。即比利时、荷兰、适用法国法律的德国地区和意大利。这部法典很早就被意大利所承继，之后在俄国，其又在沙皇亚历山大二世的统治下的立法改革中被采纳。法国这部民事诉讼法典对 1877 年订立的德国民事诉讼法典有着十分巨大的影响，同样对于匈牙利也是如此，它也是这部诉讼法典的继受者。以下是一些国家的细节问题：

1806 年，《法国民事诉讼法典》一经颁布就在**比利时**生效，其之前是属于法国的。在其与荷兰王国的北部统一起来后，这部法典同样也在此颁布生效，并且在 1830 年比利时从中分离出去之后一直作为现行法沿用着，直到 20 世纪。到了 20 世纪，与法国相同，此法典的修正案因其弱点并没有取得成功。

在 1810 年拿破仑征服荷兰后，**荷兰**便成为了法兰西帝国的一个组成部分。自 1811 年开始，荷兰开始适用《法国民事诉讼法典》，同样在其 1815 年与比利时联合起来成为了一个王国后，以及之后又从其中独立出来为止一直沿用着这一法典，直到 1838 年荷兰颁布了其自己的民事诉讼法典，即《荷兰民事诉讼法典》（*Wetboek van Burgerlijke Regtsvordering*），与此同时《荷兰民法典》（*Burgerlijk Wetboek*）（Rdz. 138）也决议通过了。荷兰的这部新的民事诉讼法典是以《法国民事诉讼法典》为基础编撰而成的，而且对 1806 年的这部民法典作了一些荷兰式的改善。而荷兰的这一民事诉讼法典一直沿用至 20 世纪。

在大多数适用法国法律的**德国**地区，在 1815 年之后一直沿用着《法国民事诉讼法典》。因为这里的人们已经习惯了该法典中规定的公开审理和口头诉讼程序了。他们不想回到之前的那种不公开的秘密审理和书面诉讼的德国一般民事诉讼中了。所以在莱茵河左岸与右岸的这些普鲁士的领土中，在黑森，在巴伐利亚的普法尔茨地区，人们直到 1877 年的德意志帝国民事诉讼法颁布施行以前一直适用着《法国民事诉讼法典》。

《法国民事诉讼法典》开始适用于整个**意大利**，甚至于在法国结束在意大利统治之后，在几乎所有的意大利邦国一直沿用着这部法典。它是几乎所有意大利邦国编撰新的民事诉讼法的基础，同样也是 1865 年统一的意大利王国所颁布的《意大利民法典》（*Codice di procedura civile*）的基础。

以此为蓝本，**希腊**在 1835 年颁布施行了自己的民事诉讼法，该法律继续沿用了公开审判和口头审判原则，并且经过了慕尼黑教授乔治·路德维希·毛雷尔的进一步修改和加工，这位教授是当时奥托国王政府的成员之一。

1832 年的《俄国法律汇编》是**俄国**之前所有法律条文的大汇合，其中的诉讼法律是以 1793 年的普鲁士法为样板所作的补充。这就意味着其依旧遵循着旧有的秘密审判和书面审判方式，而且法院在诉讼中仍然占据着非常强势的地位。在其司法改革中，亚历山大二世又转向了另一边。即以法国民法典为样本在 1864 年所颁行的民事诉讼条例，此条例承继了法国民法典中的公开审判和口头审判原则，以及法院以当事人双方的自由处分为基础所确立的证据提请原则。这一法律直到沙皇统治终结之时也只有一些微小的变化。

直到 19 世纪中期，德意志各邦国的民事诉讼法分别以不同的方式维持着近代早期的一般诉讼法的基本原则。其有三个重要基本原则：即不公开原则、书面诉讼原则，以及程序两分原则。在普鲁士的诉讼法中，法院在诉讼中占据着特别重要的角色。在诉讼程序的第一步就是当事人双方陈述事实，第二步开始于法院的"证据中间判决"，最后一步，当事人双方对于现有的重要事实和必要证据提出请求。书面诉讼的缺点在于，双方当事人和他们的律师不能出席法庭的审理，争论只是一个备案行为而已。举证和质证并没有在一个活跃的氛围中讨论。原告和被告互不相见，只是诉讼程序中的主体而已，"任由匿名的权利摆布"（伊丽莎白·科赫）。此外，大量的书面语需要大量的时间。所以德国的自由主义者要求，要像法国民事诉讼法一样施行公开审理和口头审理原则。但是，要弥补法国诉讼法的缺陷，而对此争议很大。1850 年颁行的汉诺威《民事诉讼法》极大地影响了德国程序法的发展，其是由阿道夫·莱茵哈特编撰完成的。莱茵哈特后来成为普鲁士的司法部长，为 1877 年颁行的德意志帝国民事诉讼法作了准备。汉诺威的民事诉讼法施行的是口头审判和公开审判原则，还有附带"证据中间判决"的二分法和关于举证的正式规则。但莱茵哈特为 1877 年的民事诉讼法作准备之时，他放弃推行法国民法典中的自由评断证明，弥补了法国法律的不足之处。所以在柏林，其是 19 世纪欧洲大陆最好的民事诉讼法。紧密地将诉讼法——在刑事和民事诉讼程序中——与一个国家的政治基础结构相连，是人们可以找到的一个很有意义的推定方式。当历史不太真实的时候，通过其秘密的审判程序，人们就可以了解这个时代，而"听任的匿名权利"就是君主专制国家统治的一个标志。与此相反，公开审判和口头审判原则的确立适应的是一个成熟的资本主义社会的自由主义思想。德国刑事和民事最高法院在 1879 年曾是莱比锡的帝国法院。

匈牙利最终在本世纪初承继了德国的诉讼法，但是仍然以已经完全过时的 151 年的《斯特凡·韦尔勃裕芝》第三卷为基础。在 1848—1849 年的匈牙利起义被镇压后，1852 年奥地利在这里颁行民事诉讼法，这一民事诉讼法是在其 1781 年的法院组织法的基本原则上订立的。同样适用不公开审判和书面审判原则，以及"证据中间判决"等规则，虽然其并不完全像第三卷那样古老，但是却并不属于这个时代，这一法典，即"AGO"，在 1861 年因为"均衡"原则马上被废除了。而古老的《斯特凡·韦尔勃裕芝》又重新回归到匈牙利这片土地上。在 1868 年其又以西部加利西亚的"AGO"为基础颁行了新的民事诉讼法，而这部法律和奥地利的法律并没有什么本质的不同。之后在 1893 年，匈牙利以 1877 年的德国民事诉讼法为基础颁行了现代化的民事诉讼。

民事诉讼法在**英国**一开始就是口头的，但是到了 19 世纪却发生了一些本质上的变化。通过 1873 年的司法行动（Judicature Act）（Rdz. 138），人们不再需要致力于复杂的传票体系中的特定令状类型，人们只需要持有一个能够普遍适用的起诉令状就可以启动诉讼，不需要再负担因为选择的令状类型有误而出现的不能启动诉讼程序这一风险。

在重大的政治变革及其所带来的影响之下，斯堪的纳维亚、瑞士和西班牙仍然继续维系着原有的诉讼法。它们基本上和旧有的诉讼法一样。在这里仅作一些简要的介绍：

丹麦 1683 年颁行的《丹麦刑法典》直到 20 世纪为止一直是丹麦诉讼法的基础，首先是口头聆讯和官方调查（审查的基础），其次，法院有负责跟踪事实调查的职责，不仅仅是将调查责任推给当事人（当事人原则处置，处置原则）。1749 年口头审讯方式已被严格限制。在 1849 年的基本法（Rdz. 131）中，司法机关已经从行政机关中分离开来，又一次在民事诉讼中设立了公开审判和口头审判原则。与丹麦有相似的地方是，直到 18 世纪末期，挪威民事诉讼中也同样设立口头审判，只是口头审判受到不同程度的限制。进入 19 世纪后，尤其是在《挪威刑法典》颁行之后，这种情况才得到改变。而在挪威 1814 年从丹麦独立后转而在瑞典的统治之下的这段时期，书面诉讼一直在诉讼程序中占据着首要地位，直到 19 世纪末期。**瑞典**仍旧沿用着古老的程序法，即 1734 年的帝国法典，其在 200 年之后被新的诉讼法所取代。审查程序采用口头和公开的方式。但在 19 世纪的实践中一直是书面诉讼程序更多一些。与丹麦和挪威不同，瑞典采取的是当事人处分原则。民事诉讼时当事人双方的协商。

瑞士的民事诉讼法是胡乱拼凑而成。其各州订立的法律规则既不是近代早期的也不是 19 世纪的，十分不明确。其诉讼法是"按照当地传统和习惯"

订立的（格哈德·戴恩），还包括个别州。很难将其划为民事诉讼法这个"家庭"的一员（Rdz. 138）。这里有受一般诉讼法影响的地区和受法国诉讼法影响的地区。在这些区域内还有广泛的变化。在本世纪初，其诉讼法依据的是古老的口头诉讼的基本原则。在斯堪的纳维亚诸国的书面诉讼方式占据主导地位之时，瑞士的一部分邦国已经在适用精简的诉讼法程序了。同样公开诉讼的基本原则在这里也施行着。官方的和当事人审查原则都有不同程度的扩展。

对于**西班牙**的诉讼法人们研究的很少，但是我们可以说，就如西班牙的一般私法（Rdz. 138）一样，西班牙的民事诉讼法也没有什么进展。虽然在部族习惯法中作了许多努力与尝试，但是西班牙的专制主义最终失败了。在19世纪人们仍然是依据已经适用500年古老的《七编法》提起诉讼。与此同时19世纪的手册发挥了一定的作用，其上有书面诉讼程序的一些模糊图像，虽然不太清楚，是否有证据中间判决。在经过许多长尝试之后，1855年一个法律颁布了，即《西班牙民事诉讼法》（Ley de eniuciamento civil），此法至少规定在重要的证据程序中采用公开原则，但是其中还有被说服的书面审查方式和许多的文书工作。1881年的修正案并没有带来太多的批评。而论述的主要观点是，西班牙是欧洲唯一一个仍旧徘徊在中世纪罗马—教会诉讼法水平的国家。

在19世纪末期，**奥地利**的诉讼法可以说是欧洲最发达的民事诉讼法，要强于德国。在经过漫长的让人难以理解的适用着不公开诉讼和书面诉讼以及证据中间判决的一般诉讼程序后，终于在法典形式上倾入了1781年的一般法院组织法，即"AGB"，它适用了100多年的时间，在多次的尝试后取得了一个惊人的成绩。其中有一个不为人认知的私人助理，即弗兰兹·克莱因（Franz klein），他是安东门·格尔（Anton Menger）的学生，他对德国民法典的反社会性作了尖锐的批评。弗兰兹·克莱因的工作则显示了程序法的重大政治意义。19世纪八九十年代的奥地利立法带有鲜明的社会立法特征，一直走在了德国俾斯麦（Rdz. 141）的前面。如果在德国立法的背景是选举的成功和社会的民主，那么在奥地利就不仅是维克多·阿德勒（Victor Adler）所创立的社会民主党的崛起，还有卡尔·卢克尔（Karl Lückl）的基督教社会党，而这个政党利用了小资产阶级的反犹太情绪。这也为阿道夫·希特勒留下了深刻的印象。而奥地利保守派的司法部长格哈夫·施波恩认识到了弗兰兹·克莱因的伟大天才，并于1891年任命他从事起草新民事诉讼法的任务。1893年民事诉讼法草案完成，1895年这个新的民事诉讼法颁布施行。它是欧洲最现代化的法律，确立了公开诉讼和口头诉讼原则，其与法国的民事诉讼法和1877年的德国民事诉讼法程序完全不同。因为与实体私法的契约自由相同，其当事人处分原则对于双方当事人来说是自由主义的意识形态。弗兰兹·克莱因对于民事诉讼法的作用是这样表述的，它能使一个争议迅速且尽可能公平地得到解决，这是非常重要的。所以民事诉讼法应该与"实体中的真理"达成一致。所以应该精简程序，即由法官来决定诉讼的进程，而不是当事人。即官方处分原则对决当事人处分原则。因为在1872年，鲁道夫·耶林（Rudolf von Jhering）在其著名作品《关于权利的争议》（Kampf ums Recht）中是这样描述的，诉讼不是私人的事，而是政府的责任，而"违背自然的被动法官"对于群众中的弱者来说是最不可靠的。就如他的老师安东·门格尔所描述的那样。此外，还有来自德意志帝国的尖锐抗议，例如，阿道夫·莱茵哈特，其正在准备1877年的德国民事诉讼法典。在克莱因民诉法草案中，草案中禁止"私法条文的所有权性，而据此实体法的真理果实才被禁止，那些只有在刑事诉讼花园才蓬勃发展的，只有往外去瞄"。他不愿意看到社会的问题，这个奥地利新法在实践中马上证明了自己，并且在奥地利之外获得了很多的肯定。

劳动法

随着产业化进程和资本主义经济的发展，劳动法成为一个独立的法律部门。首先，具有依赖性的雇佣劳动成为整体经济与社会的基础。与古希腊的地租相比，买卖规则设立存在着很多不同，并且也与中世纪和近代早期的劳动关系不同。同时对于契约自由（Rdz. 138）进行限制是十分必要的，其目的在于防止雇主依仗其强大的谈判实力在签订或续签劳动合同时使得雇工签订其完全无法承受的相关条款，形成一种政治上的误导。是否提供工作的是谁，谁就能主导？亚当·斯密在他的《国富论》一书中就对于这种不平等的订约权利问题作出了阐述。在这部书中亚当·斯密描述了一个理念，国家应从重商主义的经济控制策略和19世纪的这种自由市场经济中撤离出去。为了平衡单一个体工人的劣势地位他提议建立工会。而工会就应当具有与雇主相同的订约能力，甚至以威胁或组织罢工等方式实现公平、合理的劳动待遇。在衡量社会情况，国家很快就成为工会这一组织的剪刀手。在19世纪几乎所有国家的工会都被取缔，在19世纪60年代，这一联合禁令被废止了。而英国则早在1825年就已经废除了这一禁令，即为了要保障最低限度的公平，其甚至通过订立保护劳工内容的立法进行干预，因此，劳动法的订立是法定的对契约自由的限制。直到今天，我们的劳动法中仍然有很大一部分篇幅是关于劳动关系中契约自由的限制。自第一次世界大战之后，出现了企业联合体的集体协议，而工会（Rdz. 159）也随之而来。

在19世纪人们将其称为工厂法或劳动者保护法，即"factory legislation, droit social und législation ouvrière"。在意大利其又被称为社会立法（legislazione sociale）或奥德劳动立法（legislazione operaia）。而且，几乎到处都开始了对于童工的立法。在19世纪初开始并一直扩展开来，特别是在纺织行业，这里有三个原因：第一，童工很便宜。其次，许多工薪阶层家庭如果没有这一收入来源可能就不复存在了。第三，有人认为孩子们比年长的劳工更善于应用新技术。同时还有三个原因来解释国家为什么限制童工：教育政策、道德和军事原因。首先，学生的受教育权利不应该因为过度的劳动而受到阻碍。第二，是避免青少年对于性的忽视，因为这些童工经常是一起住在一个工厂中的。最后一个但并非是最不重要的原因是过度的劳动会侵害这些孩子们的健康，而导致军事无能的比例大幅度增长。所以针对童工的立法不是巧合的，例如普鲁士，当其认真听取冯·霍恩的报告后，即在此报告中其将童工作为军事无能程度增加的重要原因，普鲁士就将此工厂立法延伸到其所有的领域。

正如预期的那样，劳动法已经在**英国**出现了。因为在这里开始了产业化进程。英国是欧洲大陆的一个领导者和榜样，虽然与其20世纪的发展相比，它的劳动法只是一个开端而已。其开始于1820年。它是第一个法定限制在羊毛和棉花产业儿童的日常工作时间不得超过12小时的国家，此外，该法律还禁止儿童在夜班工作。1819年其全面地禁止9岁以下儿童进行生产劳作。1833年这项工作禁令从整个纺织行业扩展到所有产业。并且该法案还规定11岁以下的童工每天的最高工时不得超过9小时。1847年时童工保护立法的巅峰，其规定在所有工厂中，18岁以下的未成年人和妇女一天的工作时间不得超过10个小时。1878年童工的最小年龄普遍提高到11岁，1891年规定妇女在分娩后的头四个星期不得工作。但对于男性的工作时间并没有加以限制。

根据亚当·斯密的理论，工会应与企业家就工作条件问题进行自由谈判。但是在1799年碾磨机生产管理者向国会寻求帮助，因为他们认为他们的工人是受到《国富论》的启示后联合起来，并以这种方式强迫资方增加工资。这种行径与新的自由有所偏离，因此，企业家协会请求国会应该对工会作出处罚，并且禁止工会发起胁迫性的集会来勒索企业家协会。然而，国会并没有完全支持企业家协会的请求，对工会和企业协会各打五十大板。这起禁令自产生之日起，其效力便大打折扣。与工人工会不同的是，企业家在禁令中实际并没有被处罚，部分对工会的禁令实际在执行上便处于无效状态，其原因在于工人的集会往往是"被许可"的,且在工人协会支持之下,要求企业家在工人生病或失业时进行援助,并在工人死后对其家人进行援助。本身禁令许可工人们在获取极低的工资待遇的情况下,可以选择以脚来投票,可以选择大批量地集中撤离,而在这种情形下对其提供支持的是"失业救济金",然后工人们再去找那些待遇较好的工作。因此在1824—1825年废除了对工会的禁令,但是在刑事上限制了纠察队和法院的苛刻判决。直到1871年《工会法》(Trade Union Act)获得通过。最终工会和罢工权得到了承认,尽管在很久之前就已经在刑事政策中存在着反叛(conspiracy)这样一种罪名,以及有组织犯罪的罪名,而事实上刑事检控方很少给这些策划组和参与者定罪。总的来说,现在的一切做法都是以和平方式实现的,正如亚当·斯密1776年在苏格兰爱丁堡的提议那样。

除了童工保护法之外,在一开始起重要作用的还有卡车体系,"卡车"(truck)这个单词,不仅仅是载重卡车的意思,工厂的老板在支付工人工资的时候只有部分是现金,另一部分就是给付工人的食品和其他物件,而这些物品的价格经常是虚高的。1831年的《卡车法案》(Truck Act)对此的解释是,所有的都是非法的,无效的。就如其他国家之后所用的卡车招数一样。而这一点我们在下面不再谈及。

> 英国对于产业工人的保护逐渐扩展到欧洲大陆,后来蔓延到美国,加拿大和澳大利亚等国。人们可以理直气壮地肯定英国的劳动保护法这一处理方式,这是对于人类的重视,其与古罗马法中所有权和债权的取得和转化方式同样的重要。(库尔特·埃伯特)

在德国,普鲁士是欧洲大陆第一个接受这一主张的国家,大部分德国工业区都在这里,即鲁尔工业区的莱茵省,西里西亚和萨尔。在维也纳会议取得莱茵省之后,普鲁士马上就在此发布了禁止八岁以下的儿童在工厂工作的禁令。1839年这项禁令扩展到所有普鲁士的工厂和矿产行业。而且将最低工作年龄提高到九岁,并且规定童工每天的最高工作时间为八小时并禁止夜间工作。这是对大量的年轻男子失去军事能力的应对策略。1853—1855年这一规定又进一步改善了童工的权益。1840年巴登和1865年的萨克森州也相继颁布了类似的法律。

普鲁士在获取莱茵省之后,依据普鲁士法律,在刑法中的禁止结社的条款适用了很长时间。对于动机问题在柏林历经了很长时间的讨论,有必要在整个王国都适用吗?本身是并不需要的,因为在这里没有工会或熟练工联盟以及罢工。但后来在1844年爆发了西里西亚纺织工人起义，所以以刑法典为模板，禁止结社这一条款写在了1845年的普鲁士行业条例中。在法国的影响下，1808年德国的巴伐利亚州颁行此法，1836年在符腾堡州，1850年这个禁止性条款在萨克森州得以颁行。源于人权和政治原因，这一禁止性条例并不在检察官和法院的考量和执行中适用。因此在1869年北德意志邦联的贸易法规废止了该项条款。此后建立工会和罢工不再受到刑事处罚。自1871—1872年后，这一条款在德国南部国家也得以适用，也就是在整个德意志帝国。不过，因为工人运动愈演愈烈，所以行业条例中的自由主义也很快就消失了，其理由就是依据刑法典中其他条款，即因罢工权利的"滥用"而受到了刑事追诉。最后在社会民主党和工会活动的压制之下，在柏林关注社会福利的皇帝的两次尝试之下，在1878年颁行了"社会福利法"。"为什么总是朝我来，"皇帝提出了这样的疑问。这一法律失败了，工人之间的联系变得越来越密切了，并且专注于许可纯粹的"工会性质的"团体产生，如同英国的教育团体和辅助团体等。附加"大棒"的政策不再奏效。因此，社会福利法在1898年后就不再延长了。

　　基于这一原因，俾斯麦在此之前就已经作了附加"胡萝卜"的尝试，即其最终成功设立的**社会福利立法**。他们的主要目的就是社会民主，以策略智取工会。1883年的医疗保险，1884年的职业意外伤害保险，1889年对丧失工作能力的劳工或超过70岁的老人给付退休金。为所有工人提供强制保险制度，资金来自劳工和企业家的捐款。但不幸的是，它对应的确是一个伟大的人道主义的改善机制，但是却并没有实现其固有的政治目的。胡萝卜也没有什么作用，因为应当这样。工会应当更加强大，社会民主也应如此，特别是在选举中。所以皇帝威廉二世希望更广泛的对工人提供保护。但是俾斯麦却对此提出了反对，正如他不想继续延长社会福利法的适用期限那样。这是他之所以在1890年辞职的两个最主要的原因。1891年行业条例的修正案正式通过颁行。其条例的一开始就是对于女性劳动者的保护，她们每天的最长工作时间为11小时，在其分娩前后四周禁止其夜间工作。这又是一个人道主义的改善工作条件的条例。但是其又一次的错过了设立此项条例背后的目的。而社民党在选举上的不断成功减弱了皇帝对于颁布劳工保护法令的兴趣。俾斯麦的社会立法和不断加强的11小时工作时间的限定获得了长期的"成功"。社会民主党和工会变得愈加强大，确实是这样。在这些措施的影响下，他们的态度有了改变。他们并不想推翻皇帝的统治，而是想要保护它。1914年的这一事件已经很明显地表明了他们的立场，即社会民主党在国会中同意战争决议，而且社会民主党和工会这两者还保持着非常支持的态度。在1918年帝国土崩瓦解而谢德曼的共和国宣告成立后，在施廷内斯－雷各尼协议（Rdz. 147）中，无论是社会民主党还是工会都在将要爆发共产主义革命的危险时刻转身离开，保存了他们的国家。从那时起，共产党人发出疑问：到底"谁背叛了我们？是社会民主党人。"

此外，德国不只有外在的劳工保护法和结社禁令，自1849年开始普鲁士设立了非商业法庭以解决雇主与雇员之间发生的纠纷。今天人们称其为劳动法庭。它由数目相同的来自雇员与雇主双方的评审员来评议。由雇主主持，即它是个业余法庭。

1890年这种方式推行到了整个德意志帝国。法庭庭长由国会或地方议会选举产生。这一方式与结社禁令一样，都是从法国进口而来。

革命和过多的战争推迟了**法国**的工业化进程，它的工业化发展状况要比英国落后半个世纪。因此，它的工厂立法要稍晚于德国。1841年在纺织行业童工的工作时间受到了限制。只有13岁以上才能被允许上晚班。依据年龄的不同设定了不同的最高劳动时间的限制，即从8到12小时不等。1874年所有的工业领域雇工的最低年龄被提高到了12岁，16岁以下的未成年人禁止在夜晚工作。自1863年开始，11小时的最高劳动时间开始适用于儿童，青少年还有妇女，并且他们还被禁止在夜间作业。对于男人是不存在劳动时间限制的。

为了获取更多报酬而在巴黎发动的武装罢工发生之后，法国在1791年禁止建立一般性的工人协会和企业家联盟，经国民议会决议，对那些罢工的工人处以特别严重的惩罚，而作出这一决议的议会中没有工人，就是那些最激进的雅各宾派代表的也只是资产阶级。刑事判决依据1810年的《法国刑法典》，并且有了些许减弱，它一直适用至第三共和国1884年的法律颁布后。这一法律颁布后，工会得到了广泛的认可。法院的司法解释和集体协议对于所有的单一劳动合约都有效，这在当时的德国是完全不可能的，这是法官的伟大成就。

除了工会以外，在1887年还存在了劳动力交流机构（die bourses du travail），即"职业介绍所"，在工业城市。他们是工会的地方组织，负责对劳动者进行职业培训、职业介绍、为单一劳动者提供保护权益的代表人，其在城市中有固定的办公场所和财政补贴。

虽然在19世纪这100年里，法国对于工人和工会都持有长期强硬的立场，但在拿破仑时期，即1809—1810年，却建立了劳动法院，即由劳资调解法院（Conseils de Prud'hommes）这个议会中的正人君子创建完成，它是整个欧洲劳动法院的蓝本。由一个门外汉法院来判决工人和雇主之间的纠纷，其九个法官中有五个是企业家，四个是工头，即工人代表，他们处在管理岗位上能够阅读和书写。

在第一个关于童工的工厂法在单个州如苏黎世颁行以后，1815年图尔高州也开始颁行。**瑞士**是成功的，在其1874年关于确定联邦权限的宪法颁行之后，瑞士联邦政府成功的颁行了欧洲最好的劳动保护法，此法也对奥地利奥利政府统治期间编订的法律产生了巨大的影响。这就是瑞士1877年的工厂法。此法规定所有劳工每天的工作时间不得高于11个小时，当然也包括男性劳工。只有在特殊的条件下才上晚班，并且必须在劳动者同意的前提下才被允许。此外，此法还规定了特别保护妇女和未成年人权益的相关条款。

瑞士并没有禁止工人联盟的成立。这里成立了许多由德国和法国的难民组成的社团。瑞士工会的历史开拓者"常在黑暗中"（埃里希·格鲁纳）。第一带有工会活动性质的工人协会是在19世纪的前半叶，即在印刷业和钟表业建立的。地方或州范围内的第一次罢工是在19世纪的后半叶。1880年瑞士工会正式建立。

奥地利的劳动保护开始于1842年，即以禁止9岁以下儿童成为童工为始，这虽然仅是大法官的一个提案，但是"几乎被视为法律"（西奥迈耶－马利，1977）。之后又确立了9岁到12岁儿童每天最高劳动时间为10小时的规定。由于这一规定尚未成为成文的社会立法的一部分，所以在1885年伯爵塔弗提议修订商法典，而这使得奥地利成为了继瑞士之后，欧洲大陆法律制度最先进的国家。即男性和女性劳工的最长劳动时间为11小时，禁止14岁以下的儿童到工厂劳作，禁止儿童，未成年人和妇女上夜班。通过在维也纳的示威活动其于1869年强制通过，并在第二年类似的工会结社自由也被确立下来，就像德国1869年的行业条例。

在其他的一些国家中，工厂立法只局限于**童工保护法**。**意大利**最早的相关立法是1843年萨丁岛－皮埃蒙特法的立法，之后该法在意大利统一后于1886年适用于意大利全境，在此之后是1872年的**匈牙利**、1873年的**西班牙和丹麦**、1874年的**荷兰**、1881年的**瑞典**，**比利时**则在1884—1989年，**挪威**在1892年。在亚历山大三世统治之下的**俄国**的1884—1885年的立法，一直维持无效，即一直未适用过。而**希腊**则既没有工业也没有工厂法。劳动保护法在不同国家的保护情况是非常不同。工作的禁令在意大利适用于9岁以下的儿童，甚至还是在1886年，在西班牙和丹麦是10岁以下的儿童，12岁以下的工作禁令则适用于比利时、荷兰、挪威、瑞典和匈牙利。每天最长工作时间从西班牙的5个小时一直到比利时和丹麦的12个小时。儿童夜间工作的禁令从西班牙的15岁以下到在丹麦的19岁以下。工会**联盟禁令**的解除在丹麦是1850年，在比利是1866年，最后在意大利是1893年。在俄国的整个沙皇统治时期这一禁令一直延续着。这些国家都仿照拿破仑的式样建立了**劳动法庭**，直到 19 世纪末，除了德国以外，在西班牙是 1873 年，在意大利是 1893 年，在荷兰是 1897 年。

自从俾斯麦的 1883—1889 年的社会福利法立法以来，对于德国来说，**社会福利法**是与劳动法紧密相连的法律，它一直作为一个改善工人的生活条件附加工具。在 19 世纪，这一社会立法方式只对少数几个国家产生了影响，其影响程度远远比不上接下来的 20 世纪。

以俾斯麦在德国施行的**社会福利立法**以及强制保险为样板，其他的几个国家，如奥地利、英国、法国、丹麦也颁布了类似的法律，但是类似尝试，像意大利的却失败了。因为在意大利与**奥地利**不同，塔弗政府统治下的奥地利与俾斯麦模式有着相同的背景。在这里这一条例的施行不只是关于社会民主党与工会策略的胜利，同时也是卡尔·劳一格的基督教社会党的胜利，这一党派因着其反犹太主义的口号而发动聚集了中产阶级。经过长时间的谈判，在 1887 年国会成功通过了意外伤害保险制度，在 1888 年通过了由工人和雇主共同缴纳一定金额的医疗保险制度。而养老金保险制度是 20 世纪才刚刚开始的。在**英国**，对于特定危险职业设立的附带《工人赔偿法案》(Workmen's Compensation Act) 的强制保险制度于 1898 年颁布施行了。这一新制度替代了之前施行的工人针对其雇主提起的艰难的损害先前索赔。同年在**法国**，也颁行了类似的工伤赔偿法。在此之前的 1894 年颁行了针对采矿业工人的意外伤害赔偿法。与英国类似，1898 年特殊的工伤赔偿法也发展到了**丹麦**。一个如德国的一般性法律也在**意大利**得以施行。这些制度大范围的在欧洲推广开始于 20 世纪。

商法、公司法以及票据法

随着工业化进程的推进，交通设施的建设不断完善，通过铁路、轮船和电子消息传输的建立变得更快，更安全。自 1837 年始出现了摩斯密电设备，自 1876 年后出现了电话。这促进了一个巨大的贸易热潮，这一热潮是使所有国家的贸易达到了历史上前所未有的发展水平。对于在欧洲大陆的贸易法来说，19 世纪是一个编撰法典的时代。在**德国**，它始于 1794 年的《**普鲁士一般邦法**》。存在于近代早期的虽然还有意大利的商事条例和西班牙城市中的商事条例，以及路易十四的《贸易法》(Ordonnance de Commerce)。但是这些法律并没有带来什么，只是一些完全的法律条例而已。在这方面，一般法中的商事法律共有 2000 个条款，2 部分，8 个标题，即从 475 条到 2464 条，这是商法历史上的第一部法典。它开始于关于商人性质的一般规则，委托书，贸易辅助人的授权书，商事手册和买卖的利息等，之后还包括少量的商业公司，再以后就是票据法，海事法和保险法，最后以商业运输中务工人员为结尾。总体来说这部法律还是有一些古老，是市民专门职业法的一部分，位于第 7 个标题"农民"和第 9 个标题"官员"之间。

然后就是**法国**。法国一如既往地与拿破仑密切相关。当人们将他的五大法典看作是一体的时候，他的商事法律如同在普鲁士一样，仍然是一个近似伟大的法典一部分，但是，这是一个真正的商事法典。与普鲁士一样，其 648 条中涉及了很多商事领域，但是其他的一些不仅有很多相关的条款，而且还涉及了商事法律的特殊领域。并不是专门职业法。1807 年的《拿破仑商法典》，其部分与普通法十分相似，但是还不是这个时代商事立法的高峰，例如它经常是以 1673 年的奥迪那单（Ordonnance）为基础的，而其海事法甚至是逐字逐句的引述此法典的。但与普鲁士法不同的是，它还是带来了一些重要的创新，例如，除了普通合伙和有限合伙企业没有出现在普通法以外，还第一次创立了股份公司的相关法律条款，在其精准的 12 段中，即有公司的组成形式，自 19 世纪以来，就成为了经济发展的最重要的引擎。所以法国《拿破仑商法典》确实是第一部很好的商法典，具有划时代的意义，而其重大的现实意义远远超出了法国的国界。其明确区分了三种形式的商业公司。在无限的商业公司中所有的合作伙伴，即合伙人都对公司的债务承担无限责任。有限合伙企业则由负责的合伙人承当无限责任，而其他合伙人仅对其出资份额承担责任。而在股份制公司中，无论是合伙人也好，还是股票持有人也好，都不需要承当责任，只有这个公司作为法人以自己的资产承担责任。

首先，法典仍旧适用于那些拿破仑征服过的国家，即**比利时**、**荷兰**、**德意志区域中的莱茵河左岸与右岸**、**瑞士**的一些州、**意大利**的大部分地区和**波兰王国**。然后，就是其完全自愿地传播开来。在德国，与 1808 年的法律（Rdz. 138）同时，并没有归属于法国的**巴登州**颁布了一个德国的修正"附录"。在它的基础上，1829 年在**西班牙**、1835 年在**希腊**分别颁行了商法典。在大多数法国曾经征服的国家中，仍旧自愿的推行这法国的这部商法典，即在德国的领土上，普鲁士的莱茵省、莱茵黑森、莱茵普法尔茨、之后的阿尔萨斯。而在荷兰也是如此，仍旧作为其 1838 年新订立的《商法典》（*Wetboek van Koophandel*）的基础，在比利时和波兰王国也是如此。意大利人首先废除了所有法国人的法律，但是，在 1842 年，撒丁－皮埃蒙特王国又重新的采纳了《拿破仑商法典》，之后，其在 1865 年适用于整个意大利王国。

因为**英国**普通法的判例法特色，所以英国人并没有编撰成文的商法典，而英国的商法即由法官的司法解释构成，首先一个就是17世纪的《票据法》（*bill of exchange*）这个由违约令状（writ of assumpsit）（Rdz. 119－121）进一步发展而来的法律。到了18世纪，就是由王座法院（King's Bench）的首席大法官曼斯·菲尔德勋爵（1756—1788）的司法解释而形成的一般商人条例，而他也被誉为"英国商法之父"。而股份公司的历史，有限责任公司可能或多或少自1720年之后才有其相关的立法。由于奴隶贸易公司的财务丑闻议会颁行了《泡沫法案》（*Bubble Act*），即《泡沫法》。私人基金会必须缴纳较高的罚金，虽然这一法案在1825年被废除了，但是要想设立私人基金会只能通过皇室特权或国会个别认可。此外，针对股东如何对自己公司的债务承担责任的这一问题，他们经过了长时间的艰难讨论。其讨论终结于1855年《有限责任公司法案》（*Limited Liability Act*）的颁行，根据此项法令他们不必承担赔偿责任。这是一个突破。在经济的压力下，1862年颁行《公司法》（*Companies Act*）后，如果能够满足法律所规定的建立和组织公司的特定条件，那么就可以自由地建立资合公司。这个法定的与"规范"紧密连接的设立自由原则，也成为了大陆法系国家立法的典范。

商事法典同样也始于**法国**，不管怎么说，法国仍是商事法律的发展领导者。特别是在拿破仑三世统治之下的第二帝国存续的这近20年的时间，即1852—1870年。这一时期最重要的法典就是以英国为蓝本在1867年颁行的关于有限责任公司改革的相关法律。直到这时这类公司的数量一直非常低，主要的原因是国家对其限制十分严苛，即法国1807年商法典的发牌制度。应当保护公众免受不健全的法律制度的影响。法制改革核心就是废除这一原则，并依据自由主义的规范体系引入建立自由原则。这意味着，首先，要订立一个精确的法律规例以确立股份公司的建立条件。其次，要与英国一样，这一企业都要披露有关其经济状况的年度报告。第三，明确这一企业的执行组织和其股东大会组织的相关条例。之后，公司的建立不再需要政府机构的审批许可，只需要在商事登记机关简单的注册登记就可以了。所以在19世纪的最后那三分之一个世纪中法国的经济快速的发展，即新的法律使得大量的新公司得以建立，而其最终发展成为"高度工业化"的大型公司。紧随法国法律改革之后的是1873年的比利时，1882年的意大利和1885年的西班牙。在**荷兰**、**波兰**和希腊仍然存续着产权制度。而受到法国商法典影响的德国区域自20世纪中叶以来逐渐摆脱了原有的旧法，改之适用德国新商法典，其部分仍旧受到法国商法典以及其1867年的商法修正案和1862年英国商事法律的影响。

由于经济原因，德国一般性统一法典的准备始于商法领域，但只有普鲁士和巴登有自己的商法，其分别于 1794 和 1808 年相继编订完成。此外德国的各邦国还各有 59 个票据法，其中大部分的票据法都是根据本地的不同情况而设定的。票据是厂家、商人和手工业者最重要的借贷手段。在日益一体化的经济空间中，这些旧有的票据法无疑阻碍了票据非凡能力的发挥。所以在 1847 年所有德意志邦国的代表在莱比锡会晤，而超过 30 个席位的代表决议编订德国统一票据法条例草案，联邦议会同年采用了这一法案，紧接着这一法案在每个德意志邦国得以通过，成为现行的有效法律，成为平行法。1869 年它从一个普通法变成了北德意志联邦唯一通行的法律，在德意志帝国统一后，它在 1872 年成为了整个德意志帝国，即其下属各州所通行的帝国票据法。

以同样的方式，1861 年德意志各邦国共同决议通过了一个综合性的商法典，即"HGB"。这部法律承继了法国商法典的几种公司组成模式，但是其规定得更为详细，虽然在普鲁士的推动之下，其对于股份公司设立了特许经营制度（发牌制度）。与其相适应的平行法是 1869 年的北德意志邦联和 1872 年德意志帝国的通行条例，然而，这个商法典在其公司法这部分对股份公司的相关规定已经在北德意志联邦中作出了一些改变。以英国和法国为模板，其从旧有的发牌制度向现代自由主义的规范体系转变。普鲁士也作出了相应的改变。其结果就是，在这个德国的"创立年"中，通过规范系统众多的新的股份制公司得以建立，而其中也有不少因一时发热而新创立的公司因破产而终结。所以 1884 年在商法典之外一个新的股份法颁行了，这部法律加大了创建公司的条件难度，改善了股东参与公司运作的权利。

最后，德国的法学家取得了成功，即在商人联盟的问询后，20 世纪末在成功之上又创造了另一个成功，这就是在 19 世纪得以新发展的公司组成形式——有限责任公司，即"GmbH"，由 1892 年的法律进行调整。通过责任限制的结合，这一法律结束了资合公司和人合公司之间的差距，强化了企业的个人积极性。可以这么说，股份公司是对于实力较小的企业公司而设立的，即那些中型及小型企业。公司的领导者通常是其小股东中的一个或多个人。到了 20 世纪这一公司形式推广到了整个欧洲，先在英国的私营有限公司（private limited company），后于 1906 年在奥地利，后来几乎适用于所有国家，在法国即有限责任公司（société à responsabilité limitée）。

与《普鲁士的一般邦法》不同，**奥地利** 1811 年的《普通民法典》（ABGB）并没有有关商事法律的条款。在几次法案失败以后，1850 年在这里通过了德意志邦国联盟的德国通行票据法。在 1863 年，奥地利的《普通商法典》（ADHGB）作为一般商法典颁布施行。这一哈布斯堡王朝颁行的法典承继了法国商法典中企业类型。但是有关股份公司的相关条款则没有承继法国、德国以及英国所设立的规范体系，其继续沿用着特许经营的原则。然而1889年其设立的"分享调控"规则则表明，奥地利的公司法变得更为温和，正在向着英国自由主义制度的方向发展。即使已经满足法定的公司创立条件，仍然必须持有由管理机构所签发的许可，简单的商业注册在奥地利是不够的。公司的创立不得不经过批准，它只是事实上的规范体系，但更为复杂。

在19世纪的上半叶，**匈牙利**还没有商事法典，一方面一些草案并没有被通过，而另一方面奥地利的立法者保持了沉默。票据法直到19世纪末期才在匈牙利起了一定的作用。1850年通过皇帝的谕令奥地利式的德国通行票据条例在匈牙利正式颁行。但是这并不是1863年的商法典。在任何情况下，匈牙利帝国议会在1867—1875年的"均衡"后承继了德国商法典，并在第二年中又承继了德国的票据法。

在没有自己编撰的商法典的情形下，瑞士仍旧保留着其旧有的商法，斯堪的纳维亚半岛的商法也较为古老，更古老的商法则适用在俄国，下面就是一些简短的细节：

瑞士商法的杂乱程度一言难尽。其梦想制定的适用整个国家的商事立法尝试失败了。因此，各州有其各自适用的法律。在瑞士有三个州承继的是法国的商法典（日内瓦、伯尔尼汝拉州、弗里堡州），其他州只承继了法国商法典中的票据法（纳沙泰尔州、沃州、瓦莱州、提契诺州）。一些州还制定了自己的票据法，例如，阿尔高州、阿彭策尔州、巴塞尔城市州、圣加仑州和格劳宾登。一些州则简单地依据了相邻州的票据法。而德语区各州的商法则以不同的方式从一些私人的法典中继受而来的（卢塞恩、索洛图恩州、高州、格劳宾登州）。苏黎世的适用的1853—1854年由私人所编订的债法中则能找到法国商法典中企业法的相关条例，即普通合伙、有限合伙企业和股份公司。

丹麦、**挪威**和**瑞典**的商法在19世纪仍旧适用着，而其很多条款仍旧保有他们最后一部法典的相关规定，即1683年的《丹麦刑法典》（*Danske Lov*）中的相关条款，1687年的挪威法典，即《挪威法典》和1734年的《瑞典帝国法典》。紧接着一些商法出现了，即丹麦的票据法和瑞典以法国商法典为模板所编订的公司法。在**北欧法律一体化**的范围内，同德国类似，他们走得很远，直到19世纪的末期才制定而来相关法律。通过立法委员会他们作着准备。1880年一个平行法，即通行的票据法在这三个国家适用了，此法包括了商业登记、公司和授权书的相关规定，并分别于1887年、1889年和1890年在瑞典、丹麦和挪威颁行。而之后的海事法则分别于 1891 年、1892 年和 1893 年颁布施行。

俄国也没有属于自己的商法典，其与普鲁士有些相像的是，其 1832 年编撰的伟大法典《俄国法律汇编》中有一个部分是商人职业规章，只是在实质上这只是古老的俄罗斯法规。其 2958 条中的大部分是对于个别地区的详细规范。其票据法的相关规定十分简单，就如公元 500—1500 年之间的中世纪所规定的那样，其只是针对客商可能遭遇打劫的保护措施。它没有设置可以自由流通的票据背书制度。只有在公司法中人们才能找到法国商法典对其的一部分影响，即开放的贸易公司、有限合伙企业和股份公司，只是其公司法仍以特许权制度紧密相连。

自然法、实证主义、历史法学派和潘德克吞法学

这个世纪已经不再是属于自然法的伟大时代了，它曾经是普鲁士、奥地利的法律，只有一部分分布在其他国家的民法典之中，并随着民法典的不断扩展广泛地在许多国家适用。现在，虽然这些法典仍然在继续适用着，但是自然法的理论或多或少有些多余，不可否认的是，它在有些时候还会显现其独特的作用，即当人们对那些含糊不清或不完整的法律条款怀有疑问的时候，它是解决这一问题的背景知识。所以在法国人们将对这一学术流派的应用称为释经学（école de l'exégése）。这个词来自古希腊的"注释（Exegese）"一词，意为讲述或讲解。与其相对应的是拉丁语的"interpretatio"一词，意为解释，即解释法律，对法律进行解释。对于释经学来说，法律就是正义。谁应用法典，对其解释，谁就是"法律的奴隶"（赫尔穆特·寇宁）。对于学说（école）的解释是以法律为基础，它是一个"已经确定的"因素。法学的成功是由法学给定的"积极"的因素所组成的，被称为**实证主义**（Positivismus）。这一理论之父就是——他还健在的那个时候——法国社会学家奥古斯特·孔德，还有就是这一实证主义的法学分支释经学。它在本世纪上半叶，不仅在出现在法国，而且出现在编撰民法典的其他国家，即**比利时**、**荷兰**和**意大利**，以及附有《普通民法典》这一民法典的**奥地利**。

在德国别样的实证主义出现了。因为和其他国家一样，这里也没有一般的通行法典，虽然其拼凑起来如补丁的私法已经完成（Rdz. 138）。但在这里已经发明了一个非常微妙的研究方法，它建立了一定范围内的法律统一性，对此我已经作过一些介绍。即历史法学派创始人弗里德里希·卡尔·冯·萨维尼和其创设的潘德克吞法学（Pandektenrecht）。法律是民族精神的行为长达几个世纪

沉淀的的结果。法学的任务在于，将给定的材料进行整理、筛选，使其概念化，并将其有体系地组织起来。所以就出现了**潘德克吞法学**，它是古罗马法的翻拍。而萨维尼用德语以教科书为媒介对此项学说进行表述，此书中运用了新的体系和高超的概念化语言，是欧洲法学的巅峰之作，也是欧洲最成功的法理学著作。**概念法学**（Begriffsjurisprudenz）与历史研究方法紧密相连，法律的高精准度在这里有惊人的影响。虽然这时的法国、奥地利和其他地方已经有相应的法典了，当然其中一些地方适用的还只是封建习惯法，如匈牙利和俄罗斯。"潘德克吞法学已经种下一切了"（托马斯·格奥），甚至是普鲁士一般邦法，这部法律并没有受到德国法学家的赞誉，即在柏林大学任教授的萨维尼。海因里希·戴恩堡的"普鲁士私法教材"（1871—1880）的第三卷开始对潘德克吞的法学进行阐释，直到 1900 年 1 月 1 日德国民法典生效为止。以下将潘德克吞学说的传播和其理由简单作个介绍。

在 19 世纪的中叶，法国民法典在**法国**受到自由主义经济学家的严厉批评。认为其是已经过时的"中央集权"，国家调控过多，不适合自由的市场经济的发展，因为这部法典中所有权人的社会义务过多而契约自由却过少。因此，在历史学派的影响和其潘德克吞学说的影响下，法国的法学开始将这个释经学向更自由的解释法学方向倾斜，在这个新思潮中，不同于之前的法典，所有权和契约自由成为法典的基奠。早在 19 世纪 30 年代末，通过将德国的此类书籍翻译成法语这一转变的准备工作已经完成。这就是 1808 年海德堡教授卡尔·所罗门·撒迦利亚（Karl Salomon Zachariae）的《法国私法典手册》，在 1839 年他的两个来自斯特拉斯堡的同事——卡尔·奥布里（Karl Aubry）和弗里德里希·卡尔·劳（Friedrich Karl Rau）将这部法典手册转为了法文"Cours de droit civil français"，至此之后，它就作为私法最重要的典籍之一得以适用，撒迦利亚是萨维尼的学生所创立的潘德克吞法系的先驱。

与法国相似，潘德克吞法学也影响了**荷兰**的学术界，其 1838 年颁行的《民法典》（Burgerlijk Wetboek）是追随着法国民法典所编订的。但在 1886 年的一个委员会上决定以德国民法典的第一部草案为伟大蓝本，也制定一部潘德克吞式的新的民法典草案，之后，其 1980 年最终通过的《新法国民法典》（Nieuwe Burgerlijk Wetboek）中，潘德克吞法学的影响仍旧"大，非常大"（简·洛金）。

于法国法学相比，**意大利**的法学受潘德克吞的影响更加巨大。首先，意大利人承继了拿破仑法典中的释经学理论。在意大利统一之后，与法国的释经学相比人们更多的采纳了潘德克吞法学理论。这里边自然有民族主义的罗马法承继这方面原因。罗马法毕竟是意大利本民族的法律，所以潘德克吞法学成为了意大利现行法的理论基础,而且很快的潘德克吞法学就和意大利自己的古罗马法研究相互结合。

在**奥地利**,追随着1818年颁行的《普通民法典》,无民族精神的注释学也与1808年的法国民法典一样传到了这里。在19世纪中叶后情况有了改变,两个人出现了,他们带动了奥地利法学的转折。一个是维也纳的教育部长格非·图恩(Gephi Thun)和在这一变革中他发现的维也纳的年轻法学家约瑟夫·昂格尔(Joseph Unger)。1848年的革命就是这次变革的导火索,而很多学生参与其中。这就是图恩学生改革的原因。在法学家的眼里这就意味着远离沉闷的训诂学,向德国历史法学派中的潘德克吞法学过渡。所以,他一直在寻找能够肩负其这一重任的开拓者,其敏锐的眼光发现了年轻的天才约瑟夫·昂格尔,在1857年约瑟夫被任命为大学教授。这时,即1856年约瑟夫·昂格尔——当时只有28岁——已经出版了其著作"奥地利一般私法体系"的第一卷,这部书成为了奥地利历史法学派和其潘德克吞法学的经典著作。之后,其向数量众多的法学专业学生重新诠释了《普通民法典》,和德国的萨维尼一样,这个匈牙利人一直在整理编辑着。在19世纪70年代,奥地利民法典,即《普通民法典》的潘德克吞化被真正的"历史研究法"所取代,而旧有的法典仍被其作为渊源而得以承认。相较于潘德克吞学说,人们从这里能够借鉴到更好的解决问题方法。

在**瑞士**,历史法学派和其潘德克吞学说只在边缘地带发挥了一些作用。各州仍然存续着自己的法学传统,他们不想要使其法典过多的概念化。萨维尼在苏黎世只有一个最出色的学生弗里德里希·路德维希·凯泽(Friedrich Ludwig Kaiser),在20岁的时候他成为其家乡政治学院的一个教授,但是他只是因个人的兴趣而教授古罗马法,并不是致力于将现行法律潘德克吞化或者在瑞士编撰一部新法典。作为一个有着政治头脑的法学家他太聪明了。虽然多年以来他一直在柏林教授罗马法,但是,1855—1856年苏黎世的法典对其讲座的"每小时学费"(皮尔·卡罗尼)产生了影响。之后,潘德克吞法学对于瑞士1881年的现行债法的实际适用问题发挥了重大作用,与此同时,其也对1912年欧根·胡贝尔的民法典的订立具有很大借鉴的价值,使其能在自己的国家蓬勃发展。

在1876年的"均衡"之后,匈牙利的立法尝试已经失败。只留有1517年的《伊什特万习惯法》和其他匈牙利的习惯法。法官经常会对于新出现的问题束手无策,这时只有依据有**匈牙利**的法学家所撰写的潘德克吞的教科书来解决问题,即这些书中的几个(Rdz. 138)。因此,匈牙利的法律主要是借助德国的潘德克吞学说来改进的,并促使其迈入现代化的。在亚历山大三世的统治之下,1886年**俄国**与柏林的法学院签署了关于培训俄国法学家的合约。这里柏林大学教授组织了一个特别的研讨会来教授潘德克吞法学。海因里希·戴恩堡也是这些教授中的一员，其有关潘德克吞法学的书籍已被其中的一个俄国留学生翻译成俄文。他们的影响力如此之大，在彼得堡参议院的司法解释机构中，即俄国最高法院，就在对1832年订立的《俄国法律汇编》所作的司法解释中，潘德克吞法学很快地就发挥了显著作用。这时希腊现行的哈姆门保罗斯的《法律手册》来自古罗马的拜占庭时期，所以这里的人们很容易就接受了潘德克吞法学，因为他径直回到了古罗马法。对于19世纪的**希腊**私法影响最大的是瓦格柔和戴恩堡关于潘德克吞法学的权威书籍。雅典的最高法院实际上是以瓦格柔的著作为其判决裁定的依据，与其他德国的书籍一样，他的书也被翻译成希腊语。**波兰**一直在普鲁士、奥地利和俄罗斯的统治之下，其法律的潘德克吞形式上的现代化也与其他国家一样，受制于其主权的国家。

在斯堪的纳维亚半岛诸国，德国的影响力在19世纪上半叶已经到达了**丹麦**——因此很可能也到达了**挪威**，**瑞典**则是最后一个。在丹麦的代表人物是安德斯·萨地额·奥斯特（Anders Sardöe Örsted），他是这个国家在这个世纪最伟大的法学家，同样他还是高级官员和政治家。在萨维尼的影响下，他激烈地拒绝了自然法，引导了这次转折，他更多地强调考虑罗马法。法院在实践中适用《丹麦法典》和《挪威法典》时，应保有怎样的科学态度，直到现在也没有一个很切实的说法。在瑞典，对于潘德克吞法学对瑞典法学的巨大影响也只有一个很笼统的描述而已。

说了这么多欧洲大陆国家的相关情形，那么**英国**的情况究竟怎么样呢？萨维尼和他的潘德克吞法学在这里被少数的明智法学家所推崇，潘德克吞法学的一部分也被翻译成英语。但是潘德克吞法学几乎还没有对英国的普通法产生影响。要英国像欧洲大陆那样推行法律的潘德克吞化是不可能的，他们对于普通法系独立的发展有着极大的自信。即使是约翰·奥斯丁，他的法理分析这一基本的法学学说也没有带来要让普通法更成体系的想法。虽然他非常钦佩萨维尼，并惊奇于潘德克吞这一法学的精确度，但是却不能将德国模式带入英国。他曾经逗留在德国很长时间并且很好地修习过潘德克吞法学的相关知识，对于他来说，托马斯·霍布斯和边沁的实用效力观仍旧是他一直要坚守的。只有在普通法的一些细微之处才可以一窥萨维尼和其潘德克吞法学的一些痕迹，例如，占有权说的"占有权取得"是源于古罗马法的（Rdz. 26），此外，与大陆法系一样，萨维尼的名著《占有权论》在普通法中也占有十分重要的地位。

国际公法

与其在普通法中的作用相比,约翰·奥斯汀更多的是在19世纪的国际法中发挥了作用。他的法理分析这一一般性理论,简要地说有两个实质上的基本渊源,即托马斯·霍布斯和边沁的理论。他从霍布斯那里承继了法学的一般理论,即主权作为法律被颁布了:权威而不是法律(Auctoritas non veritas facit legem)(Rdz. 126),在这里他发表了其著名的命令理论(command theory)。法律是作为立法者的命令而出现的。

> 法律的正义,或所谓法律的正义,都是命令。[《法理讲座》(Lectures on Jurisprudence),第1卷,第79页]

能在普通法系的法官法中间已经是个不起的理念了。从萨维尼那里承继出来的理念使他可以拒绝自然法,接下来就是法学家和哲学家边沁的紧张的改革诉求,即希望通过编订一个取代旧的普通法的新法典来达到人们"最大多数的最大幸福"的愿望,为此,奥斯汀发明了"编纂"这一单词。

> 每一个现行法的颁行都是一个主权者针对一个人的主权行为,而这个人就是处在此主权者相对于他所颁行的法律关系之下的人。
> 这就是他的"实证主义",从这一理论中得出这一结论,即国际法并不是法,只是国家联合体的共同观点和想法的总和。
> 所谓的国际法是国家间常用观点和想法组成的,这并不是法律,人们可以用更正确的名称来称呼它。[《实证主义讲座》(Lectures on Jurisprudence),第1卷,第226页]

他并不是国际法的反对者,国际规则的价值他是认可的,但是他更倾向于在某些时候所下的定义"能做得更好一些"(阿瑟·努斯鲍姆)。不过即使这样,其国际法中的实证主义中"国际"这个词还是从边沁那里找到的更进一步的解释。直到海因里希·特惠普来(Heinrich Tehüpp)了。这个德国宪法和国际法学家在他最早的一部著作——1899年的《国际法和国家法》中找到了合理解决这一困境的办法,即国际法的二元主义学说。之后,人们必须区分这两种法律的区别。一个是国家的法律,即是一个单一国家内部的法律;另一个是国际法，各国彼此之间的权利。两个法律之间的区别源于两个法律不同的法律渊源，国家法是法典或者习惯法，其渊源是"一个国家的法律意愿"，换句话说就是一个单一国家的意志。而国际法的基础却是"协约""公约"，是很多国家的共同意志，没有高于各个国家之上的立法机构能够颁行法律，也没有所谓的法院，就像史前社会一样（Rdz. 54），法律也可以从共同的信念中产生，适用一个规则，而且必须遵守这项规则。人们在之前的约翰·奥斯汀的相关著作中就可以找到这一类似的不完整的国际法理念。

与海因里希·特惠普的"公约"学说相对比，在19世纪，自然法（Rdz. 125）在国际法中的基础性地位已经被大幅度增加，甚至被国际会议和条约所取代。以书面协定签署条约的方式已经不断扩展，并在19世纪的下半叶达到了顶峰。这些条约是强大国际运动的开始，是一个国际法新时代的开始。即从自然法到公约。

借助科学技术的发展，国际法的书面化一直在不断尝试着。这包括1865年建立的一般电讯报协会和1874年创设的一般邮政联盟，四年后万国邮政联盟在伯尔尼的办公室建立起来了，然后是1906年的世界无线电通信公约和1909年的国际机动车交通公约。此外，经常还有一些国家订立双边贸易协定以及法律行政援助和引渡双边协议。会议和条约之网是如此紧密，并没有给国际习惯法以更多的生存空间。然而，就如今天一样，公约并不是一直被遵循的，国际法常常没有什么必然的法律后果，但并非总是如此。通过仲裁法院来解决国际争议的案例不断增加。公约不仅仅在数量上增长，而且在实践中它们很大程度上得到了履行。国际法这台机器开始正常工作。这是国际法的重大转折，即从自然法的法学理论到国际公约得以广泛实现的新时代。

国际仲裁管辖权适用中的最著名案例就是英国和美国之间的阿拉巴马州纠纷案。在美国1861—1865年的内战期间，英国违反了其作为中立国家的相关义务，即英国允许英国的造船厂为美国的南部联邦建造其参战战舰"亚拉巴马"。人们同意设立仲裁庭解决这一国际纠纷。1872年仲裁庭作出裁决，判处英国必须向美国支付1.55亿美元，所以事件就这样解决了。

朝着建立一个通行的国家法庭迈进的第一步就是，1899年在第一次海牙会议中设立常设的国际仲裁法庭。这里设置的是一个附有仲裁员的官方名单的行政中心，而这些仲裁员都有外交官衔。

在瑞士贵族子弟亨利·杜南（Henri Dunant）贵族全力推动之下，战争行为中的人道主义得到了长足的进步。他亲眼目睹了30000名法国人和奥地利人之间的可怕战争，战争发生在1859年加尔达湖的索尔费里诺的南部。在这场战争中数千伤员要么痛苦地死去,要么被残忍地活埋,因为能够轻松的救治他们的医生没有给予任何帮助。1862 年他撰写了《纪念索尔费里诺德》(*Un souvenir de Solferino*),这是给国家联合体这一国际组织的一个建议,要求他们为在战争中受伤或生病的士兵提供医疗救护,即改善战地武装部队伤者病者境遇之《日内瓦宣言》,之后在1863 年在他的家乡日内瓦组织了一个大型国际会议,几乎所有欧洲国家的代表都出席了这一大型会议,此次会议的结果就是1864 年的《日内瓦公约》。一个国际组织就此成立,并将瑞士国旗的颜色倒过来成为了该组织的标志。红十字在白色的国旗中。它之后成了世界上最主要的人道主义机构之一。

人道机构的倡导者除了亨利·杜南之外还有两名俄罗斯沙皇,在19 世纪末,他们为一个伟大的国际条约的签署,即战争期间的人道主义法的确立提供了有力的支持,即1907 年的海牙章程。该章程的草案初创于1874 年,由改革派沙皇亚历山大二世主持。他安排欧洲各国在布鲁塞尔召开会议,签署《陆战法规和惯例》。这一决议的起草者是来自爱沙尼亚的德国裔贵族,一位国际法法学家和外交家弗里德里希·冯·马丁(Friedrich von Martens),他是莫斯科大学和圣彼得堡大学的教授,同时也是俄罗斯外长王子哥尔查科夫的顾问。他创立了三个原则作为这一协约的基础。第一,战争不能凌驾于法律之上。第二,有禁止战争的行为和活动。最后,必须尽可能避免平民在战争中受到的伤害。但是1874 年这一协议并没有被这些国家认可。

1899 年,俄国的最后一任沙皇在海牙和平会议中又作出了第二次尝试,这时海牙国际仲裁庭正式成立。沙皇尼古拉二世与德国皇帝威廉二世是十分要好的朋友(他们用"亲爱的尼基"与"亲爱的威利"这一称呼交流),沙皇希望他的好友停止英国与德国之间的军备竞赛。最重要的结果是在1874 年的协议草案又被重新提了出来,49 个国家的代表已经通过了这一协议,并且在1907 年的第二次海牙和平会议上该协议得以启用。马丁是俄罗斯的代表。其《关于战争法规和惯例的国际宣言》,今天被称为海牙陆战规则,在第一次世界大战之前这一公约被大多数国家所认可,所以弗里德里希·冯·马丁成为人道主义的战争法之父。但是这一国际公约在不远的短短20 世纪中被数千次地破坏,比19 世纪的情形更为糟糕,而该协议直到今天也只是零星地被遵循着。

世纪诉讼：阿尔弗雷德·德雷福斯案

阿尔弗雷德·德雷福斯（Alfred Dreyfus），1859年出生在梅尔豪森，是阿尔萨斯一个古老家族的犹太人。他的父亲是一个成功的纺织工业家，1871年在阿尔萨斯战争中陷落在德国之手时离开了这里，之后他将自己的生意搬到了离此不远的法国贝尔福这一地区。他的儿子阿尔弗雷德当然也来到了重要的军事学校，在1890年他与一位富有的犹太钻石商人的女儿露西阿达玛缔结连理，在34岁的时候他成为一位炮兵军官，这在巴黎是一个不错的职业，有着很好的前途。他是一个幸运的人，有着爱他的妻子，有着自己的孩子和他的国家。但是到了1894年一场灾难发生了。一个世纪性的审判，审判程序一直持续到1906年，反对阿尔弗雷德·德雷福斯的人与支持他的人相互争论不止，先后有四个。

事件的起因是德国驻巴黎大使馆中的一位臭名昭著而又鲁莽的武官，施瓦茨·科彭（Schwartzkoppen）中尉。他与一个叫埃斯·特哈齐（Esterhazy）的法国步兵营的指挥官勾结起来，以支付巨额报酬的方式要求其提供法国的军事情报，这位法国指挥官因为当时负债累累所以答应了下来。在一封写给施瓦茨·科彭的匿名信中，这位法国指挥官将法国新防卫状况和其他的一些情报出卖给德国。这一封信很快就成为著名的照会（bordereau），在1894年9月的一天，施瓦茨·科彭将它撕成了六份并投入到他的废纸桶内，被一个以清洁女工身份作为掩护的法国秘密特工人员捡了起来。将其汇报给法国的情报机构，最后将这一情况通告给了战争委员会的一个部门。这个部门深知，一定是自己部门的组成人员将这一情报透露给德国人的，将被撕成六片的文件重新整理起来。他们得出了一个结论，这一结论带有军队的偏见，即那些贵族主义的、民族主义的、君主主义的、反共和主义和反犹太的思潮。这一部门的大多数人都是贵族出身，而德雷福斯则是刚刚被晋升的资产阶级中的一员，而且还是犹太人。所以虽然还有很多的疑点，但德雷福斯在10月15日还是被逮捕了。

两个月后，在巴黎的军事法庭上，他以叛国罪被指控。控告人不再那么十分肯定，但德雷福斯的回答却是一直如此，他是无罪的。而秘密机关的服务人员约瑟夫·亨利已经预见，这一"秘密档案"的错误性应当被证明。在一个刑事法庭上，法庭的法官在法庭中在没有向被告告知相关信息的情形下，判决德雷福斯终身流放。他被流放到恶魔岛（Ile du Diable）上，即今天在南美洲海岸法属圭亚最小的一个岛屿，这个岛之所以命名为"恶魔岛"是因为这里是麻风病人的聚集地。德雷福斯刚刚来到这个岛屿的时候，住在大石头上的一间小屋中,直接朝向石滩,在晚上这里的海潮声浪常常使得他难以入眠。他一直遭受疾病的折磨,而且他还不能与这个岛上看守自己的武装警卫有任何的联系,只有他的妻子写给他信件。

他的妻子露西·德雷福斯动员他的哥哥马修,第二年,马修用这个工业家族的资产来帮助他弟弟康复,并资助一小群坚定、正直且乐于帮助德雷福斯的人。如果没有马修的资助,德雷福斯早在恶魔岛上不治身亡了,这个岛屿就是法国当今研究导弹系统的一个卫星站,与库鲁海岸的远程空间研究所有10公里远。对于法国公众来说这个案件已经尘埃落定,对此人们不再发表看法。

马修·德雷福斯将视角转向了监狱的负责人,即他的弟弟在被判刑之前被刑拘的那个监狱。这个监狱的负责人不相信德雷福斯这个一直以直立姿势示人的人有罪,马修又求助于马蒂厄·伯纳德·拉扎尔(Matthieu Bernard Lazar),他是一个年轻的前卫作家。这个年轻人接受了这个任务,决定彻查此事,但这些都是秘密进行的。后来,马修的朋友告诉马修,拉扎尔在这个案件中起到了至关重要的作用。选择拉扎尔是完全正确,他了解历史,并且理解批评的根源。不久他就知道发生了什么事,全力投入到了对德雷福斯案件的调查中,并且将带有敌意的人群纳入其中,逐渐在全国组织了一个支持德雷福斯的小范围的智囊团。

经过调查以后,这一事件完全向着对德雷福斯有利的方向发展着,首先在1896年官方的军事情报负责人加入到了这个队伍中,即上校乔治·皮卡特(George Picquart),他后来逐渐成为扭转德雷福斯案件的英雄。通过正常的渠道,他从施瓦茨·科彭中尉的废纸桶里找到了被撕碎的三十多页信件草稿,这些信件都是用很小的蓝色纸书写而成的,而这些信件都是施瓦茨·科彭寄给埃斯特·哈齐的,而且信件的内容都是关于要求他提供比以前更准确的信息。他要求将之前发现的被撕成六片的信件,即照会,与埃斯特·哈齐的写作样本进行比对,他既没有对笔迹鉴定人员说什么,也没有告诉他们是谁书写的。鉴定结论为"绝对相同"。现在,他知道了埃斯特·哈齐就是那个叛徒,而德雷福斯完全是被误判了。但是为德雷福斯洗清罪行并不是一件容易的事情,他甚至向法国的军事总参谋部报告了他的发现和已知的事实,而这样做的结果就是,他很可能会很快结束他的职业军旅生涯。当然,简单地保持沉默很容易,但是他还是决定这么做。于是,他写了一个"秘密纸条"交给了军事参谋长,并告知战备部长。但是这两个人商量之后,却决定将乔治·皮卡特隔离开来。

在德雷福斯的这些支持者公开不完整指控后,参谋总部犯了一个错误。他让报纸摘录提及乔治·皮卡特,并且提起了"秘密档案"中的细节。这是德雷福斯支持者的胜利。首先，有证据证明在上军事法庭之前：被告和辩护就都被愚弄了。其次，一个银行家挺身而出了，他在报纸上认出了照会上的笔迹和他的一个客户埃斯特·哈齐的笔迹相同。而乔治·皮卡特被指控向外界提供相关信息，并将这些信息转给各省的电台，最后到了突尼斯。为了使总参谋部和其部长保持安静，聪明的亨利又补充了一个证据，这个证据甚至比第一个更为直接。从截获的一封信中表明，一个意大利的武官在施瓦茨·科彭的一封信中，假冒德雷福斯的笔迹，从而将德雷福斯称作肇事者。

德雷福斯的支持者的人数越来越多。许多教授都加入到这个支持行列钟来，此外还有法朗士和左拉、《费加罗报》，以及新成立的《晨曦》。拿着证据反对埃斯特·哈齐的人数也在增加。最后，1898年总参谋部不得不重新在巴黎的军事法庭将埃斯特·哈齐作为被告指控。而法庭的官员和法官们知道他们不得不这样做，即埃斯特·哈齐被无罪释放。外界有很多对他的赞誉，口号是"犹太人的死神"。这只是一个小的灾难。现在，德雷福斯再一次成为唯一的罪魁祸首。在两天之后，在1898年的1月13日，左拉在《晨曦》的头版头条撰写了一篇公开致法兰西共和国总统费利克斯·福尔的信，而《晨曦》的主编乔治·克列孟梭（George Clemenceau）巧妙地将标题改为了"J'accuse"，即"我控诉"。这篇文章就像一颗炸弹一样命中目标。这份报纸平时的销售额是30000份，而这版却销售了200000份。这是"政治知识分子的诞辰，他们怀有民众的勇气和道德的权威，谴责那些国家和社会中的非正义"（延斯·伊沃恩格斯）。这是针对法国总参谋部、军事法院法官以及那些专家的控诉。左拉知道将要发生什么，而且也期许事情的发生。他很可能以诽谤罪被提起刑事诉讼。他想要在正常的司法面前揭露军事法庭法官的不公正。很快左拉就被控告有罪。民族主义者很快就占据了统治地位。政府和总参谋部很明显地控制了法院。左拉被定罪了，被吓坏的陪审团以最高刑判处左拉一年监禁。最高上诉法院将这一案件委派给位于凡尔赛宫的巡回法庭审理，但是审判结果却与巴黎的军事法庭几乎相同，只是刑期有所减少。到了晚上，左拉逃亡英格兰，即在1898年的7月中旬。

这时正好一个新政府被选举出来。总理布里松（Brison）与国防部长卡瓦尼亚克（Cavaignacs），这两个人都是强烈反对德雷福斯的人，而卡瓦尼亚克在众议院中引用了亨利所伪造的第二个文件。这是一个转折点。而卡瓦尼亚克的文件整理人员在灯下发现这是一份伪造的文件并且告知了卡瓦尼亚克。但是这一情况却被卡瓦尼亚克所忽略，并没有将其告知布里松。之后，意大利政府也表明这封信是伪造的。一切的伪装都坍塌了。他所做的伪装"以国家利益"悄然崩塌，接着乔治·皮卡特就被拘捕，并只能在暗处生活。布里松强迫卡瓦尼亚克辞职，尽管法国国内反对德雷福斯的情绪日益高涨，但是德雷福斯的妻子露西提请再审德雷福斯案，同年9月末，再审申请在内阁以微弱的多数票表决通过。这是成功的司法前提。反对德雷福斯的浪潮也在众议院里一浪高过一浪。政府首脑布里松必须辞职。继任者是查尔斯·杜佩（Charles Duppy），是起动雷福斯案再审的激进反对者。但是他也不能停下德雷福斯案件的再审步伐。通过军事法庭起诉上校乔治·皮卡特的形式，只有总参谋部在试图阻止再审程序的发生，而其向上校乔治·皮卡特提起起诉的原因是，他与其律师向外作出的文件是伪造的意思表示。军事法庭确认文件是真实的，并判处上校乔治·皮卡特犯有叛国罪。

但是，最高上诉法院刑事庭的法官的再审程序走得太远了，他们已经决定了对德雷福斯案件进行再审。并且以以前的所谓"秘密档案"为证据，并邀请乔治·皮卡特上校作证人。民族主义者以内战相威胁。他们的势力非常强大。刑事审判庭分析了秘密文件后遇到的下一个阻力却是来自于审判庭内部。民事庭上诉法院的首席法官指责他的同事们同情德雷福斯的支持者，并且最高法院的院长要求司法部长同意撤回该刑事法庭的再审，将这一案件转移由最高院的三个审判庭共同审理，即在民事、刑事和起诉庭。在1899年的1月末，国民大会的政府颁行了一个立法草案，而参议院和众议院决议通过了此草案。1899年的2月16日，即也是共和国总统、德雷福斯的激进反对者费利克斯·福尔死的那天。他的继任者是埃米尔·路贝，一个温和派共和党人。而民族主义者所发动的政变也失败，同年3月份，刑事诉讼程序在统一的法庭中开庭审理，审判一直持续到5月下旬。法庭的法官合力的对露西·德雷福斯提交的证据进行了甄别，确认了之前原告所提交的文件确系伪造。同年6月，该法院宣布撤销1894年巴黎军事法庭对德雷福斯的判决，并将此案转交到位于诺曼底的雷恩军事法庭。在第二天，左拉从其流亡之地伦敦回到了巴黎，而乔治·皮卡特上校也被从拘禁中释放出来，德雷福斯也离开了那个如蒸笼似的岛屿，在7月1日被转移到雷恩军事监狱。

因为最高民事法庭的法官是以其正义感为判决的指向的，所以他们不像军事法庭的法官那样。这也是人民民主的共和国与军队中、政府中、教会中，以及法国国家内部普遍的反民主的民族主义者的对决，尤其是在巴黎，但是这件事情已经将人们完全划分为两大阵营。1898年2月12日的费加罗报中，就有对其作出精准描述的两个画面。第一个场景：一个由10人组成的良好的民主家庭中，户主表示不愿谈论这件事。第二个场景：桌子和椅子在空中乱行，家里吵得一塌糊涂，家里人正在对此进行争吵。德雷福斯的反对者是军队、教堂、贵族中的民族主义，他们同君主与反犹太主义者勾结起来，共同对抗共和民主。而支持德雷福斯的这一阵营中则是法国的科学家、作家和民主政治家，他们将逐渐占据上风。

因为查尔斯·杜佩政府对那些胆大的、日益出现的民族主义者的同情，所以其在众议院所占席位太多。所以众议院迫使查尔斯·杜佩辞职，取而代之的是勒内·瓦尔德克－卢梭（René Waldeck-Rousseau）。他是合适人选，是共和国的守卫者。此外，德雷福斯这一敏感事件也因此而告一段落。但是事情还没有得到解决，因为阿尔弗雷·德雷福斯又一次来到了军事法庭，而他的对手——军队的势力仍然非常强劲。

雷恩的诉讼开始于1899年8月初，与其在巴黎的胜利不同的是，在这一诉讼中，德雷福斯的支持者并没有作充分的准备，而与此相对的又恰恰是精力充沛的民族主义者。几乎整个总参谋部以及部长们，如卡瓦尼亚克（Cavaignacs）都作为军方的私人代表站了七个军事法院的法官面前。审判中双方剑拔弩张。最终作出了如下判决：德雷福斯被控"叛国罪因为情有可原"所以被判处十年徒刑。这就到了1899年的9月。其中有两名法官抵制了来自总参谋部的压力，并作出了无罪释放的表决。太可笑了！难道叛国还有情有可原的吗？

瓦尔德克·卢梭决定终结这一政治事件，他分了两个步骤。首先，共和国总统特赦德雷福斯。这应该是一个普遍的大赦，即所有与此案有关联而被判刑的人都被特赦，既包括德雷福斯的支持者也包括其反对者。第二天，他与德雷福斯的律师进行了商谈，而这个律师应当能表示其当事人的意见，总统要求他们撤回对原判决的起诉。因此，它是直到这年的年底才有了消息。德雷福斯撤回上诉，总统赦免了他。第二步，国民大会也通过了一项大赦法。这样交战的各派总算能够挽回彼此的面子。两者都是军事法庭的判决，而赦免和大赦也正展示着它们的意义。1900年的法国需要在安静的气氛下筹备伟大的巴黎世界博览会，这里会有新地铁，一个由美丽的新艺术风格装饰的车站。

德雷福斯曾经在瑞士住过一段时间。而马修正在小心地为他康复的弟弟寻找一条新的道路。他与伯纳德·拉扎尔（Bernard Lazare）和其他人一起找到了支持者吉恩·饶勒斯（Jean Jaurès），这是国民大会中的一个有影响力的政治家。在1903年的4月他在这里发表了一个伟大的讲话。在埃米尔·库姆斯统治下的政府，共和派人士瓦尔德克－卢梭委任路易·安德烈，从一开始他们就对这一案件的所有相关材料进行调查。这对总参谋部来说是一个毁灭性的打击。共和必须得到强化，德雷福斯可以要求政府重新对他的案件进行审理。而司法部长也对此表示赞同，在1906年的7月12日最高上诉法院得出了最终的判决结论，即"所有对于阿尔弗雷德·德雷福斯的指控都毫无依据"。德雷福斯终于因为被证清白而无罪释放。如果没有进一步的军事法院的管辖，这一判决依法来说是可能的。同年7月，政府决定德雷福斯和乔治·皮卡特回到陆军。德雷福斯被委任为少校，而乔治·皮卡特则被委任为准将。国会的决议十分快速。

1906年7月20日，这是一个凄美的场面，德雷福斯被颁发荣誉奖章，这发生在巴黎军事学院，露西在窗口，她的少校则站在一群军人中间，就如其1894年在这个大院落被逮捕时一样，她不想再看到同样的事情了。一年后，德雷福斯申请退休，但在1914年他还是参加了与德国的战争，即法国成功的防御战凡尔登战役。他又重新回到了巴黎，致力于照顾他的家人，照顾妻子露西和他们的孩子，并将之前的一切遗忘。但是，他能做到吗？他的健康被毁了。夜晚之时经常做噩梦。露西也经常听到他的哭声。尽管如此，他活到了73岁，在1935年他被埋葬在蒙帕纳斯公墓。10年后，在1945年，他的妻子露西也跟随他埋葬在这个家庭墓穴之中。

法律的文明进程

在三次革命的基础上，即农业革命、工业革命和政治革命的基础上，"漫长的19世纪开始了"。与这三次革命相应的就是在19世纪中人们权利的改变。它脱离了近代早期所有的封建遗迹。在欧洲大陆上成文宪法的编撰逐步地向外扩展，逐渐增加了诸如三权分立和议会等原则，即在19世纪即将结束之时，通过对于所有男性公民的全民公选，使得民主思想在一些国家中得到了强化。但是离实现人权还有很长的路要走。"农奴解放"是农业革命的最终结果，但是妇女的法律地位几乎没有什么变化，还是那么坏。强制性的民事婚姻出现在法国，出现在新教国家，自1875年起还出现在德意志帝国，而这一规定竟然是教会与国家法律分离后的产物。男人对自己妻子的统治地位不再源于《圣经》，而是源于自然法则中男性的优越性，即社会生物学。而信仰天主教的这些国家，普遍适用的是禁止离婚原则。

在19世纪，法国对欧洲法学的发展有着非凡的影响力。可以肯定地说，拿破仑这个军事天才也是欧洲历史上最伟大的立法者，在欧洲的历史上他是可以与组织编撰查士丁尼民法大全的查士丁尼大帝相提并论的。但是拿破仑与查士丁尼大帝却有着些许不同。拿破仑是直接参与法典的编撰的，即在法律的内容和语言上都发挥着作用。而查士丁尼大帝更像是一个"司法部长"，只是组织法典的编撰。他们的区别类似于他们的军事征服,查士丁尼致力于在地中海地区重新恢复古罗马帝国的荣光,而拿破仑则几乎征服了整个欧洲大陆。查士丁尼倚靠的是其帝国中的将军,而拿破仑则是自己站在士兵之前身先士卒。他们共通的只是冷酷无情、雄心勃勃和残酷。拿破仑是位名副其实的立法者,这不仅是因为他的民法典和其他四个法典,还在于其1810年颁行的有关监狱系统的法令。甚至在他之前,在法国革命后不久,他的国家就已经成为欧洲各国中司法权和行政权分离的典范。对于行政法律,他更致力于行政司法管辖权的发展和新的行政法的编订。

通过司法管辖权的确立和行政法的颁布,行政权逐渐合理化,通过与司法部门的分离行政权获得了独立地位。但结果却是它们日益泛滥。为了更好地适应刑法的发展,近代早期的肉刑被废除了,代之以自由刑和罚金,而这些也使得刑法学更趋于科学性、高度的理性和更大的纪律性,特别是监狱系统得到了改进,成为独立的个体,将其与对穷人、老人以及孤儿的关怀分离开来。监狱的卫生条件得到改善,其中包括囚犯有了自己的制服。旧时代的刑法实践带有很强的公开性特征,而且部分刑罚执行手段十分残忍。在刑法这一领域又出现了一些其他情况,不公开化,行政化。通过这些手段对刑事犯罪行为加以影响,在19世纪末出现了"新的制裁"方式,这当然是更大的成功,即假释和缓刑。在刑事诉讼中,之前的纠问诉讼已经被更符合时代发展的国家检控诉讼所取代,此外还引入了检察官制度。这是拿破仑在立法方面的伟大贡献。但迫害密度却有所增加。从中世纪到近代,行政和刑事司法的发展可以在《文明的进程》这部书中得到答案,这是诺伯特·埃利亚斯1939年的著作,这部书是描述公民在工业社会中的工作时的内心感悟。此外,这个世纪还是很多人反对宪法的时代。宪法的确立为下一个世纪西方民主国家自由与平等的确立提供了前提条件,同时也是人类文明的一部分。拿破仑的民法典的颁行开辟了欧洲各国私法典编纂的先河,与其相应的是公司法的颁布,特别是适应工业革命的三种公司形式的确立,这里当然也包括股份公司的确立。公司法的编撰开始于拿破仑三世的统治时期,即从特许经营体系到规范经营体系的过渡时期,此后这一法律部门为其他国家所效仿。这使得欧洲大陆核心国家在19世纪的最后30多年中生产力水平有了很大的提高。即在潘德克吞法学的研究道路中,一般性民法典的理性得以强化,法国民法典也正是如此。这是德国的法学力量。而因民法中的一些基本原则,即契约自由原则所导致的社会困境也因为劳动法的颁行而得以解决,即保护了劳工的基本权益。通过一系列国际协议的签署使得国际法朝着文本化的方向迈进,国际法旧有的以自然法为基础的体系已经消亡。而一件事情的发生将 19 世纪带向终结。即通过德雷福斯审判而显示出来的政治正义。此外，左拉在 1989 年 1 月 13 日所撰写的《我控诉》是知识分子政治的诞生，在这一事件中知识分子全程参与了政治活动。

参考文献：

Hdb. = *H. Coing*（Hg.），Handbuch der Quellen und Literatur der neueren europaischen Privatrechtsgeschichte, dabei Hdb. III. 1 = 3. Band, 1. Teilband, 1982, III. 2 = 3. Band, 2. Teilband, 1982, III. 2. = 3. Band, 2. Teilband, 1982, III. 3. = 3. Band, 3. Teilband, 1986, III. 4 = 3. Band, 4. Teilband, 1987. III. 5 = 3. Band, 5. Teilband, 1988 – **HRG** = *A. Erler*, *E. Kaufmann* u. a.（Hg.），Handworterbuch zur deutschen Rechtsgeschichte, 5 Bande, 1971/1998.

HRG2 = A. Cordes, H. Luck, D. Werkmuller（Hg.），Handworterbuch zur deutschen Rechtsgeschichte, 2. Aufl., seit 2004.

Rdz. 130. : **Roger Martin du Gard** schrieb. Jean Barois¨, seinen Roman uber die Dreyfus-Affare, 1913, **Eric Hobsbawm** 1995 uber das kurze 20. Jahrhundert in:. Das Zeitalter der Extreme¨. . **Das lange 19. Jahrhundert**¨ erschien als Buch zum ersten Mal 2001 im Titel des 13. Bands des Handbuchs der deutschen Geschichte von Gebhardt, den *Jurgen Kocka* geschrieben hat fur die Zeit von 1806 bis 1918. Franz Bauer im Reclam – Verlag beginnt 2004 in seinem Buch mit demselben Titel im Jahr 1789 und endet 1917. E. Fehrenbach, Vom Ancien Regime zum Wiener Kongress, 4. Aufl. 2001; D. Langewiesche, Europa zwischen Restauration und Revolution 1815 – 1849, 4. Aufl. 2004; L. Gall, Europa auf dem Weg in die Moderne 1850 – 1890, 4. Aufl. 2004; W. Baumgart, Europaisches Konzert und nationale Bewegung. Internationale Beziehungen 1830 – 1878, 1999（dort S. 417 der Bericht Bismarcks uber die Berliner Konferenz an den Kronprinzen）; J. Osterhammel, Die Verwandlung der Welt. Eine Geschichte des 19. Jahrhunderts, 2009; D. S. Landes, Der entfesselte Prometheus. Technologischer Wandel und industrielle Entwicklung in Westeuropa von 1750 bis zur Gegenwart, 1973; C. M. Cipolla, K. Borchardt（Hg.），Europaische Wirtschaftsgeschichte, Bd. 3, Die Industrielle Revolution, 1976.

Rdz. 131. : **Die Zahlen der Wahlberechtigten** in den verschiedenen Landern: W. Reinhard, Geschichte der Staatsgewalt, 1999, S. 431. **Frankreich**: P. C. Hartmann, Franzosische Verfassungsgeschichte der Neuzeit, 2. Aufl., 2003, S. 88 ff.; W. Reinhard,

Geschichte der Staatsgewalt, 1999, S. 415 ff. ; B. Chantebout, Droitconstitutionnel, 20. Aufl. 2003, S. 137 ff. , ; die Verfassungstexte bei: D. Gosewinkel, J. Masing, Die Verfassungen in Europa 1789 – 1949 (deutsche Ubersetzungen) , 2006, S. 281 ff. **Spanien**: W. Reinhard a. a. O. S. 417 f. ; W. L. Berneker, H. Pietschmann, Geschichte Spaniens, 4. Aufl. 2005, S. 239 ff. ; die Texte der Verfassungen bei Gosewinkel/Masing a. a. O. S. 503 ff. **England**: K. Kluxen, Geschichte Englands, 5. Aufl. 2001, S. 549 ff. ; E. Wicks, The Evolution of a Constitution. Eight Key Moments in British Constitutional History, 2006, S. 65 ff. **Deutschland**: O. Kimminich, Deutsche Verfassungsgeschichte, 5. Aufl. 2005, S. 28 ff. ; D. Willoweit, Deutsche Verfassungsgeschichte, 5. Aufl. 2005, 28 ff. Zur. Militarmonarchie"vgl. T. Nipperdey, Deutsche Geschichte 1866 – 1918, Bd. 2, 1992, S. 201 ff. Die Texte er Verfassungen: E. R. Huber, Dokumente zur deutschen Verfassungsgeschichte, Bd. Iu. 2, 3. Aufl. 1978/86. **Osterreich**: E. C. Hellbling, Osterreichische Verfassungs – und Verwaltungsgeschichte, 2. Aufl. 1974, S. 357 ff. , 374 ff. ; W. Brauneder, Osterreichische Verfassungsgeschichte, 8. Aufl. 2001, S. 137 ff. ; die Texte der Verfassungen: Gosewinkel, Masing a. a. O. S. 1457 ff. **Schweiz**: L. Carlen, Rechtsgeschichte der Schweiz, 3. Aufl. 1988, S. 91 ff. ; W. Reinhard a. a. O. S. 424 ; R. P. de Mortanges, Schweizerische Rechtsgeschichte, 2007, S. 183 ff. ; die Verfassungstexte seit 422: Gosewinkel, Masing a. a. O. S. 422 ff. **Belgien**: S. J. Gilissen, Die belgische Verfassung von 1931, in: W. Conze (Hg.) , Beitrage zur deutschen undbelgischen Verfassungsgeschichte im 19. Jahrhundert, 1967, S. 38 ff. , 62; der Text der Verfassung: Gosewinkel, Masing a. a. O. S. 1305 ff. **Niederlande**: E. v. Raalte, The Parliament of the Kingdom of the Netherlands, 1959. S. 15 ff. ; W. Reinhard a. a. O. S. 418 f. Die Verfassungstexte: Gosewinkel, Masing a. a. O. S. 867 ff. **Danemark**: J. Danstrup, A History of Denmark, 1948, S. 102 ff. , 125 f. , 133 ; B. Orfield, The Growth of Scandinavian Law, 1953, S. 23 ff. ; W. Reinhard a. a. O. S. 423 f. Die Texte der Verfassungen: Gosewinkel, Masing a. a. O. S. 1653. **Schweden**: N. Herlitz, Grundzuge der schwedischen Verfassungsgeschichte, 1939, S. 194 ff. , 243 ff. ; F. D. Scott, Sweden. The Nations History, 1977, S. 296 ff. , 387 ff. ; die beiden Verfassungstexte: Gosewinkel, Masing a. a. O. S. 624 ff. **Norwegen**: K. Gjerset, History of the Norwegian People, Bd. 2, 1927, S. 423 ff. , 536 ff. ; T. K. Derry, A history of modern Norway, 1973, S. 9 ff. , 51 ff. ; die Texte der beiden Verfassungen von 1814: Gosewinkel, Masing a. a. O. S. 699 ff. **Italien**: D. Schidor, Entwicklung und Bedeutungdes Statuto Albertino in der italienischen Verfassungsgeschichte, 1977; W. Reinhard a. a. O. S. 425 f. ; der Text der Verfassung: Gosewinkel,

Masing a. a. O. S. 1375 ff. , die Erganzungsgesetze des Faschismus; D. Willoweit, U. Seif,Europaische Verfassungsgeschichte,2003,S. 721 ff. **Griechenland**; G. Daskalakis, Die Verfassungsentwicklung Griechenlands, in; Jahrbuch des offentlichen Rechtsder Gegenwart; Bd. 24, 1937, S. 266 ff. ; P. Tzernias, Neugriechische Geschichte, 3. Aufl. 1999,S. 86 ff. ; die Texte der Verfassungen auch aus der Zeit des Freiheitskampfs; Gosewinkel,Masing a. a. O. S. 1009 ff. **Russland**; H. Kupper, Einfuhrung in die Rechtsgeschichte Osteuropas,2005,S. 150 ff. , dort S. 151 das Zitat aus dem Svad zakonov; zu dieser Kodifikation; G. Baranowski, Russlands Gesetzgebung im Spannungsfeld von Bewahrung und Modernisierung; der Svod zakonov von 1832, in; Jorg Wolff (Hg.), Kulturund rechtshistorische Wurzeln Europas,2005,S. 277 ff.

Rdz. 132. ; **Allgemein**; F. Ermacora, Menschenrechte in der sich wandelndenWelt, Bd. I,1974,S. 71 ff. ; W. Heidelmeyer, Die Menschenrechte,4. Aufl. 1997,S. 20 ff. ; F. Hartung in; F. Hartung, G. Commichan, R. Murphy (Hg.), Die Entwicklung der Menschen-und Burgerrechte von 1776 bis zur Gegenwart, 6. Aufl. 1998, S. 18 ff. ; M. R. Ishay,The History of Human Rights,2004,S. 117 ff. (zusozialen Grundrechten und Rechten von Minderheiten); P. Brandt, M. Kirsch, A. Schlegelmilch (Hg.), Handbuch der europaischen Verfassungsgeschichte im 19. Jahrhundert, Bd. I, 2006. Die Verfassungstexte; D. Gosewinkel, J. Masing (Hg.) Die Verfassungen in Europa 1789 – 1949,2006, deutsche Ubersetzungen, im Folgenden zitiert Gosewinkel, Masing. **Frankreich**; F. Hartung a. a. O. S. 15 ff. , Texte der Verfassungen bei Gosewinkel, Masing S. 15 ff. Niederlande; Text der Verf. bei Gosewinkel, Masing, S. 340 ff. **Niedlande**; Text der Verf. bei Gosewinkel, Masing S. 867ff. die. Grundrechte" in Art. 162ff. **Deutschland**; K. Kroger, Grundrechtsentwicklung in Deutschland von ihren Anfangen bis zur Gegenwart,1998, das Zitat S. 45; Verfassungstexte bei E. R. Huber, Doku mente zur deutschen Verfassungsgeschichte,Bd. 1 und 2,3. Aufl. 1978,1986. England; F. Ermacora a. a. O. S. 157 f. ; G. Niedhart in; P. Brandt, M. Kirsch, A. Schlegelmilch a. a. O. S. 186 ff. K. Kluxen, Geschichte Englands,5. Aufl. 2000,S. 375,493. **Norwegen**; F. Hartung a. a. O. S. 23, Text d. Verf. bei Gosewinkel, Masing S. 702 ff. **Schweden**; Text der Regierungsform bei Gosewinkel, Masing, S. 81 ff. , 100 ff. ; Texte der Verfassungen bei Gosewinkel, Masing S. 1009. **Osterreich**; W. Brauneder, Die historische Entwicklung der modernen Grundrechte in Osterreich,1987,S. 13 ff. ; Verfassungstexte bei Gosewinkel, Masing S. 1461 ff. **Ungarn**; Text der Verfassung bei Gosewinkel, Masing S. 1412 ff. Italien; Verfassungstext bei Gosewinkel, Masing S. 1375 ff. **Danemark**; J. Danstrup, A History of Denmark,

1948, S. 102 ff. ; Verfassungstexte bei Gosewinkel, Masing S. 1653 ff. **Schweiz**: Verfassungstexte: Gosewinkel, Masing S. 440 ff. **Spanien**: K. - P. Sommermann, Der Schutz der Grundrechte in Spanien nach der Verfassung von 1978, 1984, S. 30 ff. , dort S. 40 das Zitat von Wolfgang Vollbrecht; W. L. Bernecker, H. Pietschmann, Geschichte Spaniens, 4. Aufl. 2005, S. 239 ff. , 271 ff. , 278 ff. ; Verfassungstexte bei Gosewinkel, Masing S. 498 ff. **Bauernbefreiung**: J. Blum, The End of the Old Order in Rural Europe, 1978, S. 356 ff. ; W. Rosener, Die Bauern in der europaischen Geschichte, 1993, S. 221 ff.

Rdz. 133. ; **Rechtsstaat**: H. Maier, Zur Fruhgeschichte des Rechtsstaats in Deutschland, in: Neue politische Literatur, 7. Jg. , 1962, S. 234 ff. , dort S. 241 Anm. 19 zu E. F. Klein; U. Scheuner, Die neuere Entwicklung des Rechtsstaats in Deutschland, in: E. v. Caemmerer, E. Friesenhahn, R. Lange (Hg.) , Hundert Jahre deutsches Rechtsleben, Bd. 2, 1960, S. 229 ff. **England**: E. G. Henderson, Foundations of English Administrative Law. Certiorari and Mandamus in the Seventeenth Century, 1963 ; E. H. Riedel, Kontrolle der Verwaltung im englischen Rechtssystem, 1976, S. 174 ff. (vorher sehr gut zu den einzelnen writs); J. F. McEldowney, Administration Law in England in the 18th and 19th centuries, in: E. V. Heyen u. a. (Hg.) , Verwaltung und Verwaltungsrecht in Frankreich und England, 1996, S. 32 ff. , dort auch: G. K. Fry, The Development of British Public Administration: a Reassessment of the Dicey Interpretation, S. 233 ff. ; T. Olechowski, EuropaischeModelle der Verwaltungsgerichtsbarkeit im 19. Jahrhundert, in: M. F. Polaschek, A. Ziegenhofer (Hg.) , Recht ohne Grenzen, Grenzen ohne Recht, 1998, S. 137 ff. ; T. Olechowski, Die Einfuhrung der Verwaltungsgerichtsbarkeit in Osterreich, 1999, S. 12 ff. , 23 ; J. H. Baker, An Introduction to English Legal History, 4. Aufl. 2002, S. 24 ff. , 135 ff. ; J. Schwarze, Europaisches Verwaltungsrecht, 2005, S. 133 ff. ; **Frankreich**: F. Burdeau, Histoire du droit administratif, 1995, T. Olechowsk11998 a. a. O. S. 140 f. ; H. - J. Sonnenberger, C. Autaxier (S. 4 oben) , Einfuhrung in das franzosische Recht, 3. Aufl. 2000, S. 61 ff. ; J. L. Halperin, Histoire du droiten Europe, 2004, S. 100 ff. ; J. Schwarze a. a. O. S. 97 ff. **Deutschland**: W. Rufner, Die Entwicklung der Verwaltungsgerichtsbarkeit, in: K. G. A. Jeserich, H. Pohl, G. - C. von Unruh (Hg.) , Deutsche Verwaltungsgeschichte, Bd. 3, 1984, S. 909 ff. ; T. Olechowski 1998 a. a. O. S. 142 ff. ; U. Stump, Preusische Verwaltungsgerichtsbarkeit1875 - 1914, 1980. **Norwegen**: N. Herlitz, Elements of Nordic Public Law, 1969, S. 228 ; J. - L. Halperin a. a. O. S. 101 (¨Ubernahme des belgischen Modells¨). **Danemark**: P. Meyer, Danemark, in: E. V. Heyen (Hg.) , Geschichte der Verwaltungsrechtswissenschaft,

1982, S. 19 ff. ; O. Krarup, Verzerrungen des positiven Rechts durch Theorieimporte, in: E. V. Heyen (Hg.) Konfrontation und Assimilationnationalen Verwaltungsrechts in Europa, 1990, S. 183ff. ; J. - L. Halperin a. a. O. S. 101 ; J. Schwarze a. a. O. S. 152 ff. **Schweden**: L. B. Orfield, The Growth of Scandinavian Law, 1953, S. 265 ; N. Herlitz a. a. O. S. 177, 228, 189ff. ; J. - L. *Halpérin* a. a. O. S. 101. **Niederlande**: J. P. de Jong, Französische und deutsche Einflusse auf die Ausgestaltung des niederlandischen Vewaltungsrechtseinflusses im 19. Jahrhundert, in: E. V. Heyen (Hg.), Konfrontation und Assimilation, 1990, S. 173 ff. ; J. - L. Halperin a. a. O. S. 101 ; J. Schwarze a. a. O. S. 176 ff. **Spanien**: J. Schwarze a. a. O. S. 187 f. **Osterreich**: E. C. Hellbling, Osterreichische Verfassungs - und Verwaltungsgeschichte, 2. Aufl. 1974, S. 393 ff. T. Olechowski 1998 a. a. O. S. 147 ff. und ders. 1999 a. a. O. **Bohmen**: T. Olechowski 1999 a. a. O. S. 243 **Ungarn**: T. Olechowski 1999 a. a. O. S. 180. **Schweiz**: K. - J. Kuss, Gerichtliche Verwaltungskontrolle in Osteuropa, 1990, S. 99 ff. ; M. Muller, Verwaltungsrecht. Eigenheit und Herkunft, 2006, S. 83. **Belgien**: Y. Chapel, Belgique, in E. V. Heyen (Hg.), Geschichte der Verwaltungsrechtswissenschaft in Europa, 1982, S. 6 ; J. - L. Halperin a. a. O. S. 101 ; J. Schwarze a. a. O. S. 146 ff. **Griechenland**: A. Gerontas, Das griechische Verwaltungsrecht, 1993, S. 24f. ; J. - L. Halperin S. 101, die Texte der Verfassungen von 1864 ff. jeweils Art. 101 bei D. Gosewinkel, J. Masing (Hg.), Die Verfassungen in Europa, 2006, S. 1064 ff. **Italien**: Z. M. Nedjati, J. E. Trice, English and Continental Systems of Administrative Law, 1978, S. 52f. ; J. Schwarzea. a. O. S. 122 f. , J. - L. Halperin a. a. O. S. 101. **Russland**: K. - J. Kuss, Gerichtliche Verwaltungskontrolle in Osteuropa, 1990, S. 66ff. ; P. Liessem, Verwaltungsgerichtsbarkeit im spaten Zarenreich, 1996 ; die Selbstverwaltungsorgane ; H. Naumann, Geschichte Russlands, 1996, S. 358 f. **Polen**: T. Olechowski, 1999 a. a. O. , S. 256 ; W. Witkowski, A. Wrzyszcz, Modernisierung des Rechts auf preusischem Boden in: T. Giaro (Hg.), Modernisierung durch Transfer im 19. und fruhen 20. Jahrhundert, 2006, S. 257 ff. **Verwaltungsrechtswissenschaft. Frankreich**: F. Burdeou, Histoire du droit administratif, 1995, S. 107 ff. , 329 ff. Otto Mayer: M. Stolleis, Geschichte des offentlichen Rechts in Deutschland, Bd. 2, 1992, S. 403 ff. ; zu Begriff oder Bezeichnung des Verwaltungsakts bei ihm M. Engert, Die historische Entwicklung des Rechtsinstituts Verwaltungsakt, 2002, S. 51 f. mit Anm. 118. **Vittorio Emanuele Orlando**: M. S. Giannini, Profili storici della scienza del diritto amministrativo, in: Quaderni Fiorentini per la storia del pensiero giuridico moderno, Bd. 2, 1973, S. 239 ff.

Rdz. 134. ﹔**Schweiz**﹕G. Dahlmanns, Hdb. III. 2, S. 2760 f. **Frankreich**﹕G. Dahlmanns, Hdb. III. 2, S. 2534 ff. ﹔B. Basdevant – Gaudemet, J. Gaudemet, Introductionhistorique au droit XIIIe – XXe siecles, 2. Aufl. 2003, S. 344 ff. Niederlande﹕G. Dahlmanns, Hdb. III. 2, S. 2606 f. **Belgien**﹕G. Dahlmanns, Hdb. III. 2, S. 2584 ff. **Griechenland**﹕Meyers Konversationslexikon, 6. Aufl. , 8. Bd. , 1905, S. 310, vgl. aber M. Tsapogas, Das griechische Privat-und Staatsrecht im langen neunzehnten Jahrhundert, in﹕T. Giaro (Hg.) , Modernisierung durch Transfer im 19. Ud fruhen 20. Jahrhundert, 2006, S. 243 (unzutreffend). **Russland**﹕N. Reich, Hdb. III. 2, S. 2291 ff. ﹔H. Kupper, Einfuhrung in die Geschichte Osteuropas, 2005, S. 116ff. **Spanien**﹕(umstritten), J. – M. Scholz, Zum Forschungsstand der Neueren Rechtsgeschichte Spaniens und Portugals, in﹕Zeitschrift fur Neuere Rechtsgeschichte, 1980, S. 164 ff. ﹔J. – M. Scholz, Hdb. III. 2, S. 2465 ff. und S. 2421 zur ley organica von1870 (GVG) und dem Einfluss der Verfassung von Cadiz 1812 und deren Artike 261, dessen Text bei D. Gosewinkel, J. Masing, Die Verfassungen in Europa 1789 – 1949, 2006, S. 531﹔zur ley organica auch noch﹕F. T. Valiente, Manual de historia del derecho espanol, 4. Aufl. 2003, S. 526. **Italien**﹕C. Calisse, A History of Italian Law, 1928, Ndr. 1969, S. 210﹔A. Guarneri, Italie, in﹕(ohne Hg.) La circulation du modele juridique francais, 1994, S. 81ff. **Deutschland**﹕E. Kern, Geschichte des Geschichtsverfassungsrechts, 1954, S. 86 ff. **Preusen**﹕E. Kern, a. a. O. , S. 63 ff. **Osterreich**﹕E. C. Hellbling, Osterreichische Verfassungs-und Verwaltungsgeschichte, 2. Aufl. 1974, S. 383 ff. G. Dahlmanns, Hdb. III. 2, S. 2708, 2718, ff. **Ungarn**﹕J. Zlinsky, Hdb. III. 2, S. 2821 f. ﹔A. Radvánszky, Grundzüge der Verfassungs- und Staatsgeschichte Ungarns, 1990, S. 120 ff. **Danemark**﹕L. B. Orfield, The Growth of Scandinavian Law, 1953, S. 31 ff. ﹔D. Tamm, Hdb. III. 4, S. 226 f. **Norwegen**﹕L. B. Orfield a. a. O. , S. 264﹔N. Regner, Hdb. III. 4, S. 318 f. **England**﹕K. Zweigert, H. Kotz, Einfuhrungn in die Rechtsvergleichung, 3. Aufl. 1996, S. 195 f. ﹔J. H. Baker, An Introduction to English Legal History, 4. Aufl. 2002, S. 49 ff. ﹔A. Lyon, Constitutional History of the United Kingdom, 2003, S. 351f.

Rdz. 135. 0﹕**Frankreich**﹕J. – M. Carbasse, Introduction historique au droit penal, 1990, S. 330 ff. ﹔R. Martinage, Histoire du droit penal en Europe, 1998, S. 76 ff. , 82 f. , 87 f. ﹔C. Brandt, Die Entstehung des Code penal von 1810 und sein Einfluss auf die Strafgesetzgebung der deutschen Partikularstaaten des 19. Jhs. am Beispiel Bayerns und Preusens, 2002﹔der Code penal 1810, frz. u. deutsch, in﹕W. Schubert (Hg.) , Der Code penal des Konigreichs Westphalen von 1813 mit dem Code penal von 1810 im Original und in deutscher Ubersetzung, 2001, S. 127 ff. Spanien: M. Barbero Santos, Kriminalpolitische Grundlagen des Sanktionensystems des spanischen Strafrechts seit 1848, in: Zeitschrift f. d. gesamte Strafrechtswissenschaft, Bd. 75, 1975, S. 425 ff. ; E. Gimbernat Ordeig, Das spanische Strafrecht, in: E. Mezger, A. Schonke, H. – H. Jescheck (Hg.), Das auslandische Strafrecht der Gegenwart, Bd. 6, 1982, S. 315 f. ; Martinage a. a. O. S. 77, 79. **Belgien**: W. P. J. Pompe, Das niederlandische Strafrecht, in: Mezger, Schonke, Jescheck a. a. O. Bd. 5, 1976, S. 19 f. ; Martinage a. a. O. S. 78, 83. **Niederlande**: Pompe a. a. O. S. 19 f. **Bayer. StGB**: Eb. Schmidt, Einfuhrung i. d. Geschichte d. deutschen Strafrechtspflege, 3. Aufl. 1983, S. 261 ff. ; Martinage a. a. O. S. 66; C. Brandt a. a. O. S. 258 ff. **Griechenland**: G. A. Mangakis, Das griechische Strafrecht, in: Mezger, Schonke, Jescheck a. a. O. Bd. 3, 1959, S. 261 f. ; Martinage a. a. O. S. 80. **Osterreich**: F. Nowakowski, Das osterreichische Strafrecht, in: Mezger, Schonke, Jescheck a. a. O., Bd. 3, 1959, S. 425 ff. ; H. Baltl, G. Kocher, Osterreichische Rechtsgeschichte, 7. Aufl. 1993, S. 186, 239; Martinage a. a. O. S. 79 f. , 83. **Schweiz**: H. F. Pfenninger, Das schweizerische Strafrecht, in: A. Mezger, A. Schonke, H. – H. Jescheck a. a. O. , Bd. 2, 1957, S. 186 ff. ; die Einzelheiten sehr ausfuhrlich bei H. Pfenninger, Das Strafrecht in der Schweiz, 1890, S. 163 ff. , 234 ff. , 302 ff. , 533 ff. , 679 ff. **Ungarn**: K. Kovacz, Zur Geschichte des ungarischen Strafrechts und Strafprozessrechts 1000 – 1918, 1982, S. 33 ff. **Norwegen**: L. B. Orfield, The Growth of Scandinavian Law, 1953, S. 197; J. Andenaes, Das norwegische Strafrecht, in: Mezger, Schonke, Jescheck a. a. O. , Bd. 4, 1962, S. 269 ff. ; Martinage a. a. O. S. 82. **Preusisches StGB**: Eb. Schmidt a. a. O. S. 314 ff. ; Martinage S. 84. **Deutschland 19. Jahrhundert**: H. Ruping, G. Jerouschek, Grundris der Strafrechtsgeschichte, 4. Aufl. 2002, S. 219 ff. ; T. Vormbaum, Einfuhrung in die moderne Strafrechtsgeschichte, 2009, S. 53 ff. **Deutschland Reichsstrafgesetzbuch**: Eb. Schmidt a. a. O. S. 343 f. ; zur Strafbarkeit der **Homosexualitat**, G. Feustel, Geschichte der Homosexualitat, 2003, S. 87 ff. ; **Danemark**: Orfield a. a. O. S. 46 f. ; F. Marcus, Das Strafrecht Danemarks, in: Mezger, Schonke, Jescheck a. a. O. , Bd. 1, 1955, S. 73 ff. ; Martinage a. a. O. S. 82. **Schweden**: Orfield a. a. O. S. 281; Martinage a. a. O. S. 80, 82. **England**: M. Grunhut, Das englische Strafrecht, in: Mezger, Schonke, Jescheck a. a. O. , Bd. 3, 1959, S. 150 ff. , 241 f. Italie: E. Dezza, Beitrage zur Geschichte des modernen italienischen Strafrechts, 2004. **Russland**: L. Schulz, Russische Rechtsgeschichte, 1951, S. 226 ff. ; A. M. Jakovlev, Uberblick uber die Strafrechtsgeschichte (Russland, Sowjetunion), in: Mezger, Schonke, Jescheck a. a. O. , Bd. 6, 1982, S. 172

ff. ; H. Kupper, Einfuhrung in die Rechtsgeschichte Osteuropas, 2005, S. 158 ff. Zum Schwangerschaftsabbruch in der Fruhen Neuzeit und im 19. Jh. ; W. P. Muller, Die Abtreibung. Anfange der Kriminalisierung 1140 - 1650, 2000, S. 112 ff. ; L. Leibrock - Plehn, K. Stukenbrok, E. Seidler, in; R. Jutte (Hg.), Geschichte der Abtreibung, 1993, S. 68 ff. ,91 ff. ,120 ff. ; J. - L. Halperin, Historie des droits en Europe, 2004, S. 165.

Rdz 136. ; M. Grunert, Das englische Strafrecht, in; E. Mezger, A. Schonke, H. - H. Jescheck (Hg.), Das auslandische Strafrecht der Gegenwart, Bd. 3, 1959, S. 142 f. ; J. Bentley, English criminal justice in the 19th century, 1998, S. 65 ff. , 131ff. , 139 ff. ; J. H. Baker, An Introduction to English Legal History, 4. Aufl. 2002, S. 505 ff. **Frankreich**: A History of Continental Criminal Procedure with Special Referency to France, 1913, Ndr. 1968, S. 462 ff. ; J. M. Carbasse, Introduction historique au droit penal, 1990, S. 329 f. , J. - L. Halperin, Histoire des droits en Europe de 1750a nos jours, 2004, S. 363; der deutsche Text des ″ 22im Code d'instruction criminelle bei W. Sellert, H. Rupping, Studien-und Quellenbuch zur Geschichte der deutschen Strafrechtspflege, Bd. 2, 1994, S. 77 f. **Belgien und Niederlande**: J. - L. Halperin a. a. O. S. 56. **Griechenland**: T. Giaro, Westen im Osten. Modernisierungost europaischer Rechte bis zum Zweiten Weltkrieg, in; Rechtsgeschichte, Bd. 2, 2003, S. 129. **Italien**: E. Dezza, Beitrage zur Geschichte des modernen italienischen Strafrechts, 2004. S. 135 ff. ; J. - L. Halperin a. a. O. S. 363. **Schweiz**: H. F. Pfenninger, Das Strafrecht der Schweiz, 1890, S. 234, 236, 342; H. F. Pfenninger, Das schweizerische Strafrecht, in; E. Mezger, A. Schonke, H. - H. Jescheck (Hg.), a. a. O. , Bd. 2, 1957, S. 187. **Danemark**: E. Hertzberg, Scandinavia, in; Various European Authors, A General Survey of Events, Sources, Persons and Movements in Continental Legal History, 1912, Ndr. 1968, S. 563; E. Esmein a. a. O. S. 592 f. ; L. B. Orfield, The Growth of Scandinavian Law, 1953, S. 47. **Deutschland**: Eb. Schmidt, Einfuhrung in die Geschichte der deutschen Strafrechtspflege, 3. Aufl. 1983, S. 327 ff. ; W. Sellert, H. Rupping a. a. O. S. 26 ff. **Osterreich**: E. C. Hellbling, Osterreichische Verfassungs-und Verwaltungsgeschichte, 1956, S. 355; H. Baltl, G. Kocher, Osterreichische Rechtsgeschichte, 7. Aufl. 1993, S. 203, 218; J. - L. Halperin a. a. O. S. 56, 363. **Russland**: L. Schultz, Russische Rechtsgeschichte, 1951, S. 212 ff. ; A. M. Jakovlev, Das sowjetische Strafrecht, Uberblick uber die Strafrechtsgeschichte, in; E. Mezger, A. Schonke, H. - H. Jescheck (Hg.), a. a. O. , Bd. 6, 1982, S. 173 f. ; T. Giaro a. a. O. S. 130, 132; J. - L. Halperin a. a. O. S. 56. **Spanien**: F. W. v. Rauchhaupt, Geschichte der spanischen Gesetzesquellen, 1923, S. 291

ff. ; J. – L. Halperin a. a. O. S. 56. **Norwegen**: E. Hertzberg a. a. O. S. 563 ; A. Esmein a. a. O. S. 593 ; L. B. Orfield a. a. O. S. 198. **Ungarn**: K. Kovacz, Zur Geschichte des ungarischen Strafrechts und Strafprozessrechts1000 – 1918, 1982, S. 77 ff. **Schweden**: E. Hertzberg a. a. O. S. 563 ; A. Esmein a. a. O. S. 593 ; L. B. Orfield a. a. O. S. 283.

Rdz. 137: **Allgemein**: N. Morris, David J. Rothman, The Oxford History of the Prison. The Practice of Punishment in Western Society, 1998 (= OHP) , R. Martinage, Histoire du droit penal en Europe, 1998, S. 94 ff. ; J. – L. Halperin, Histoire du droit en Europe de 1750 a nos jours, 2004, S. 356 ff. ; **zu Philadelphia und Auburn** David J. Rothman in : OHP, S. 100ff. Das Zitat von **Michel Foucault** in. Uberwachen und Strafen ¨, 1977, S. 264. **Frankreich**: P. O῀Brien, The Promise of Punishment. Prisons in Nineteenth – century France, 1982. **England**: W. J. Forsythe, The Reform of Prisoners 1830 – 1900, 1987 ; R. McGowen, The Well – Ordered Prison, England 1780 – 1865, in OHP S. 71ff. ; S. McConville, The Victorian Prison, England1865 – 1965, in : OHP S. 117 ff. **Deutschland**: Eb. Schmidt, Einfuhrung in die Geschichte der deutschen Strafrechtspflege, 3. Aufl. 1983, S. 350 ff. , das Zitat S. 351 ; T. Krause, Geschichte des Strafvollzugs, 1999, S. 72 ff. **Ausbreitung Pentonvilles** P. O῀Brien, The Prison on the Continent, in : OHP S. 181 ; R. Martinage, Histoire du droit penal, 1998, S. 98 ; J. – L. Halperin, Histoire du droit en Europe de 1750 a nos jours, 2004, S. 357f. **Italien**: D. Melossi, M. Pavarini, The Prison and the Factory, 1977, S. 84ff. ; *R. Martinage* a. a. O. S : 97 f. ; *J. – L. Halpérin* a. a. O. S. 353 ff. Russland : P. O῀Brien a. a. O. S. 191. **neue Strafen** ¨: P. O῀Brien a. a. h O. S. 189 ff.

Rdz. 138. : **Frankreich**, Code civil : F. Wieacker, Privatrechtsgeschichte der Neuzeit, 2. Aufl. 1967, S. 339 ff. , das Zitat S. 344 ; K. Zweigert, H. Kotz, Einfuhrung in die Rechtsvergleichung, 3. Aufl. 1996, S. 82 ff. , 96 ff. das Zitat auf S. 90 ; Stendhal und der Code : L. Strachey, Franzosische Paradiese, 2002, S. 75 ; anderer Meinung A. Burge, zweihundert Jahre Code Civil des Francais : Gedanken zu einem Mythos, in : Zeitschrift fur Europaisches Privatrecht, 2004, S. 5 ff. ; J. – L. Halperin, Histoire des droits en Europe, 2004, S. 46 ff. , 63 ff. Die Schrift von 1991 : A. Burge, Das franzosische Privatrecht im 19. Jahrhundert, vgl. S. 64 ff. ; der Aufsatz von 1993 : Th. Mayer – Maly, Vertragsfreiheit, in : HRG, 5. Bd. , Sp. 855ff. , das Zitat Sp. 857. Die Zeit nach dem Erlass des Code civil : E. Holthofer, Hdb. III. 1, S. 863 ff. **Belgien**: E. Holthofer HdbIII. 1, S. 1069 ff. **Niederlande**: E. Holthofer, Hdb. III. 1, S. 1191 ff. ; O. M. van Kappen, Zum Einfluss des Code civil in den Niederlanden, in : Reiner Schulze (Hg.) , Franzosisches Zivilrecht in Europa wahrend des 19. Jahrhunderts, 1994, S. 177 ff. **Italien**: F. Ranieri, Hdb. III. 1, S. 177 ff. **Deutsche Gebiete mit Code civil**: B. Dolemeyer, Hdb. III. 2, S. 1440 ff. **Polen**: A. Lityn ski, Die Geschichte des Code Napoleon in Polen, in: Reiner Schulze (Hg.) a. a. O. S. 253 ff. **Spanien**: J. - M. Scholz, Hdb. III. 1, S. 397 ff.; B. Clavero, Der Code Napoleon und die Konzeption des Rechts in Spanien, in: Reiner Schulze (Hg.), a. a. O. S. 271ff.; K. Zweigert, H. Kotz, Einfuhrung in die Rechtsvergleichung, 1. Aufl. 1996, S. 105f.; F. T. yValiente, Manual de historia del derecho espanol, 4. Aufl. 2006, S. 536 ff. **England**: W. R. Cornish, Hdb. III. 2, S. 2217 ff.; K. Zweigert, H. Kotz a. a. O. S. 196 f.; J. - L. Halperin, Histoire du droit en Europe de 1750 a nos jours, 2004, S. 58. **Deutschland**: F. Wieacker, Privatrechtsgeschichte der Neuzeit, 2. Aufl. 1967, S. 377 ff., 464, 468 ff.; B. Dohlemeyer, Hdb. III. 2, S. 1421ff.; der. Flickenteppich" sehr deutlich; Deutsche Rechts-und Gerichtskarte, 1896, Ndr. hg. u. m. Einleitung von D. Klippel, 1996; sachsisches BGB: C. Ahcin, Zur Entstehung des burgerlichen Gesetzbuchs fur das Konigreich Sachsen von 1863/65, 1996; zum Grundbuchsystem des BGB: F. Hess, Grundbuch, in: HRG2, 2 Sp. 569 ff. **Osterreich**: W. Kundert, Hdb. III. 2, S. 1809 ff.; H. Hofmeister, Zur Entwicklung des Eigentumserwerbs an Grundstucken und des Grundkredits unter besonderer Berucksichtigung der preusischen Gesetzgebung von 1872, in: H. Coing, W. Wilhelm (Hg.), Wissenschaft und Kodifikation im 19. Jahrhundert, Bd. 3, 1976, S. 346 ff. **Schweiz**: E. Huber, System und Geschichte des Schweizerischen Privatrechts, Bd. 4, 1893, S. 185 ff., 204 ff.; E. Holthofer u. B. Dolemeyer, Hdb. III. 2, S. 1159 ff., 1925 ff. R. P. de Mortanges, Schweizerische Rechtsgeschichte, 2007, S. 229 ff. **Danemark**: I. Drubeck, Hdb. III. 4, S. 32 ff.; zum iustum pretium H. J. Wallraff HRG 2. 503 ff.; zu A. S. Orsted: D. Tamm in: M. Stolleis (Hg.), Juristen, 1995, S. 466 ff. **Norwegen**: G. Sandvik, Hdb. III. 4, S. 395 ff. **Schweden**: N. Regner, Hdb. III. 4, S. 235 ff. **Griechenland**: P. J. Zepos, Greek Law, 1949, S. 46 ff., 64 ff. Und Hdb. III. 5, S. 486 ff., 533; M. Isapogas, Das griechische Privat-und Staatsrecht im langen 猛爺. Jahrhundert, in: T. Giaro (Hg.), Modernisierung und Transfer im 19. und 20. Jahrhundert, 2006, S. 243 ff. **Ungarn**: H. Slapnicka, Osterreichisches Recht auserhalb Osterreichs, 1973, S. 78; J. Zlinsky, Hdb. III. 2, S. 2125 ff.; E. Polay, Die Pandektistik und die privatrechlichen Kodifikationen in Ungarn, in: Index. Quaderni camerti di studi romanistici, Bd. 16, 1988, S. 189ff.; A. Csori, Entwicklung des ungarischen Zivilrechts, Diss. Munster, 2002, S. 51 ff. T. Giaro, Westen im Osten, in: Rechtsgeschichte, Bd. 2, 2003, S. 131 f. Das Zitat Ernst Heymanns: E. Heymann, Das ungarische Privatrecht und der Rechtsausgleich mit Ungarn, 1917, S. 94. **Russland**: L. Schultz, Russische Rechtsgeschichte, 1951, S. 218 ff. ; N. Reich, Hdb. III. 2, S. 2287 ff. ; H. Kupper, Einfuhrung in die Rechtsgeschichte Osteuropas, 2005, S. 160 f. ; G. Baranowski, Russlands Gesetzgebung im Spannungsfeld von Bewahrung und Modernisierung, in: J. Wolff (Hg.), Kultur-und rechtshistorische Wurzeln Europas, 2005, S. 280 ff. **Vertragsfreiheit**: K. Scherrer, Die geschichtliche Entwicklung des Prinzips der Vertragsfreiheit, 1948; H. Steindl, Gewerbefreiheit, Hdb. III. 3, S. 3527 ff. (allg., Deutschland, Osterreich, Schweiz, Italien, Ungarn) ; P. S. Atiya, The Rise and Fall of Freedom of Contract, 1979 (England) ; J. - L. Halperin, Histoire des droits en Europe de 1750 a nos jours, 2004, S. 107 ff. , 111 ff. Das Zitat **Otto von Gierke**: O. v. G., Die soziale Aufgabe des Privatrechts, 1889, S. 28.

Rdz. 139. : **Frankreich**: E. Holthofer Hdb. III. 1. , S. 956 ff. ; U. Vogel, Gleichheit und Herrschaft in der ehelichen Vertragsgesellschaft 7 Widerspruche der Aufklarung, in: U. Gerhard (Hg.), Frauen in der Geschichte des Rechts, 1997, S. 284 ff. , dort S: 286 f. das Zitat Napoleons; J. Bart, Histoire du droit prive, 1988, S. 473 ff. ; B. Basdevant-Gaudemet, J. Gaudemet, Introduction historiqueau droit XIIIe – XXe siecles, 2. Aufl. 2003, S. 353 ff. , 386 ff. **Niederlande**: E. Holthofer Hdb. III. 1, S. 1320 ff. **Belgien**: E. Holthofer Hdb. III. 1, S. 1110 ff. **Schweiz**: E. Huber, System und Geschichte des Schweizerischen Privatrechts, Bd. 1, 1886, S. 233 ff. , 418 f. , Bd. 4, 1893, S. 331, 342 ff. **Italien**: P. Ranieri Hdb. III. 1, S. 324 ff. **Polen**: J. Gwiazdomovski, Le statut de la femme en Europe orientale a l'epoque contemporaine, in: Recueils de la Societe Jean Bodin, Bd. 12, La Femme, 1962, S. 694 ff. **Osterreich**: E. Holthofer Hdb. III. 2, S. 1804 f. ; O. Lehner, Familie – Recht – Politik, 1987; U. Vogel a. a. O. S. 280 ff. , 302 ff. **Deutschland**: S. Buchholz Hdb. III. 2, S. 1626 ff. ; S. Weber – Will, Die rechtliche Stellung der Frau im Privatrecht des Preusischen Allgemeinen Landrechts von 1794, 1983, S. 65 ff. (zur Ambivalenz des Gesetzes) ; U. Vogel a. a. O. , S. 265 ff. ; B. Dolemeyer, Frau und Familie im Privatrecht des 19. Jahrhunderts, in: U. Gerhard (Hg.), Frauen in der Geschichte des Rechts, 1997, S. 663 ff. **England**: P. H. Pettit, Parental Control and Guardianship, in: R. H. Graveson, F. R. Crane (Hg.), A Century of Family Law, 1957, S. 59 ff. ; D. Mendez da Costa, Criminal Law, ebenda S. 180 (R. v. Jackson) ; A. K. R. Kiralty, Matrimonial Tribunals and their Procedure, in: ebenda S. 297 ff. ; W. R. Cornish Hdb. III. 2, S. 2266 ff. (Eheschliesung und Scheidung) ; J. H. Baker, An Introduction to English Legal History, 4. Aufl. 2002, 147 S. 483 (R. v. Jackson), S. 39 f. (Eheschliesung, Scheidung, Stellung d. Ehefrau). Danemark: I. Dubeck Hdb. III. 4, S. 39 ff. **Norwegen**: G. Sandvik Hdb. III. 4, S. 339 ff. **Schweden**: N. Regner Hdb. III. 4, S. 339 ff. **Griechenland**: A. P. Christophilopoulos, Hellenikon ekklesiastikon dikaion, 2. Aufl. 1965. **Spanien**: F. W. v. Rauchhaupt, Geschichte der spanischen Rechtsquellen, 1923, S. 259ff. ,274 f. ; J. - M. Scholz Hdb. III. 1, S. 594 ff. ; F. T. y Valiente, Manual de historia del derecho espanol, 4. Aufl. 2003, S. 545, 552 f. **Ungarn**: J. Zlinsky Hdb. III. 2, S. 2185 ff. ; A. Czori, Entwicklung des Ungarischen Zivilrechts, 2002, S. 80 f. ; H. Kupper, Einfuhrung in die Rechtsgeschichte Osteuropas, 2005, S. 311 f. **Russland**: W. G. Wagner, Marriage, Property and Law in Late Imperial Russia, 1994.

Rdz. 140. : **Frankreich**: G. Dahlmanns Hdb. III. 2, S. 2489 ff. ; E. Koch, Code de procedure civile und deutsche Zivilprozessreform, in: R. Schulze (Hg.), Franzosisches Zivilrecht in Europa wahrend des 19. Jahrhunderts, 1994, S. 162 f. ; B. asdevant – Gaudemet, J. Gaudemet, Introduction historique au droit XIIIe 7 Xxe siecles, 2. Aufl. 2003, S. 396 ff. **Belgien**: G. Dahlmanns Hdb. III. 2, S. 2581 ff. **Niederlande**: G. Dahlmanns, Hdb. III. 2, S. 2603 ff. **Deutsche Gebiete franzosischen Rechts**: E. Koch a. a. O. S. 168 f. **Italien**: F. Ranieri Hdb. III. 2, S. 2331 ff. **Griechenland**: P. Zepos Hdb. III. 5, S. 531 ; K. E. Beys, Die Ausstrahlung des deutschenzivilprozessualen Denkens auf das griechische Recht der Privatstreitigkeiten, in: W. J. Habscheid (Hg.), Das deutsche Zivilprozessrecht und seine Ausstrahlung auf andere Rechtsordnungen, 1991, S. 3031. (vgl. G. Dahlmanns Hdb. III. 2, S. 2636 ff.) ; A. Pantelis, Les influences allemandes et francaises sur evolution juristique en Grece, in: J. Jurt, G. Krumeich, T. Wurttemberger (Hg.), Wandel von Recht und Rechtsbewusstsein in Frankreich und Deutschland, 1999, S. 190. Russland: L. Schultz, Russische Rechtsgeschichte, 1951, S. 211 ff. ; F. B. Kaiser, Die russische Justizreform von 1864, 1972, S. 451 ff. ; N. Reich Hdb. III. 2, S. 2294 ; H. Küpper, Einführung in die Rechtsgeschichte Osteuropas, 2005, S. 171. **Deutschland**: E. Koch a. a. O. S. 157 ff. ; F. Wieacker, Privatrechtsgeschichte der Neuzeit, 2. Aufl. 1967, S. 465 f. ; G. Dahlmanns Hdb. III. 2, S. 2615 ff. **Ungarn**: J. Zlinsky Hdb. III. 2, S. 2819 ff. ; J. Nemeth, Das deutsche Zivilprozessrecht und seine Ausstrahlung auf die osteuropäische Länder, in: W. J. Habscheid (Hg.), Das deutsche Zivilprozessrecht und seine Ausstrahlung, 1991, S. 265 ff. **England**: W. R. Cornish Hdb. III. 2, S. 2217ff. ; K. Zweigert, H. Kötz, Einführung in die Rechtsvergleichung, 3. Aufl. 1996, S. 194. **Dänemark**: I. Dübeck, Hdb. III. 4, S. 146 ff. **Norwegen**: G. Sandvik Hdb. III. 4, S. 341 f. **Schweden**: N. Regner, Hdb. III. 4, S. 317 ff. **Schweiz**: G. Dahlmanns Hdb III. 2, S. 2755 ff. , **Spanien**: J. M. Scholz Hdb. III. 2. , S. 2403 ff. ; F. T. y. Valiente, Manual de historia del derecho español, 4. Aufl. 2003, S. 520 ff. **Österreich**: G. Dahlmanns Hdb. III. 2, S. 2699 ff. , das Zitat Adolf Leonhardts dort S. 2733 ; zu Franz Klein: J. Esser, Franz Klein als Rechtsoziologe, in: (ohne Herausgeber) Festschrift zur Fünfzigerjahrfeier der österreichischen Zivilprozessordnung 1898 - 1948, 1948, S. 35 ff. ; zu Anton Menger: B. Döhlmeyer, Anton Menger, in: M. Stolleis (Hg.), Juristen. Ein biografisches Lexikon von der Antike bis zum 20. Jahrhundert, 1995, S. 422 f.

Rdz. 141: **Beginn des Arbeitsrechts**: z. B. F. Metiz, Probleme der Geschichte des Arbeitsrechts, in: Zeitschrift für Neuere Rechtsgeschichte, Bd. 2, 1980, S. 47 ff. einerseits und andererseits T. Mayer-Maly, Die Entwicklung des österreichischen Arbeitsrechts, in: Zeitschrift für Arbeitsrecht und Sozialrecht, Bd. 12, 1977, S. 3 ff. ; derselbe Hdb. III. 3, S. 3638 ff. Dieser wunderbare Mann T. M. - M. , liebte zum Beispiel auch die ewige "Wiederkehr von Rechtsfiguren", in: Juristenzeitung 1971, S. 1 ff. , denn für ihn war das Recht ein himmlisches (christliches?) Kind, das von oben kommt. Zur griechischen. **misthosis**: J. H. Lipsius, Das attische Recht und Rechtsverfahren, Bde. 3, 1905/15, Ndr. 1984, S. 760 f. **England**: B. L. Hutchins, A. Harrisson, A History of Factory Legislation, 1903, Ndr. 1970; J. B. Cronin, R. P. Crime, Labour Law, 1970, S. 303 ff. ; B. Hepple, The Making of Labour Law in Europe, 1986, S. 143 ; T. Mayer - Maly Hdb. III. 3, S. 3650 ; M. Kittner, Arbeitskampf. Geschichte. Recht. Gegenwart, 2005, S. 168 ff. Das Zitat **Kurt Ebert**, Die Anfänge der modernen Sozialpolitik in Österreich, 1975, S. 37 unter Hinweis auf Stephan Bauer 1923. **Deutschland**: T. Mayer - Maly Hdb. III. 3, S. 3686 ff. ; M. Stolleis, Geschichte des Sozialrechts in Deutschland, 2003, S. 52 ff. ; M. Kittner a. a. O. , S. 131 ff. ; G. Neusser, Arbeitsgerichtsbarkeit, HRG I. 277 f. **Frankreich**: W. Abendroth, Sozialgeschichte der europäischen Arbeiterbewegung, 1965, S. 56 ; P. Virton, Histoire et politique du droit de travail, 1968; G. Engels, Die Entwicklung des französischen Rechts der Koalitionen, 1972 ; P. Schöller, Die Entstehung der "Bourses du Travail", 1982 ; T. Mayer - Maly Hdb. III. 3, S. 3688 ff. ; M. Kittner a. a. O. S. 158 ff. **Schweiz**: E. Gruner, Die Arbeiter in der Schweiz im 19. Jahrhundert, 1968, S. 228 ff. , 504 ff. ; K. Ebert, Die Anfänge der modernen Sozialpolitik in Österreich, 1975, S. 37 ff. ; T. Mayer - Maly, Hdb. III. 3, S. 3677 ff. **Österreich**: K. Ebert a. a. O. ; T. Mayer - Maly, Die Entwicklung des österreichischen Arbeitsrechts, in: Zeitschrift für Arbeitsrecht und Sozialrecht, Bd. 12, 1977, S. 3 ff. ; derselbe Hdb. III. 3, S. 3716 ; *H. Hofmeister*, Ein

Jahrhundert Sozialversicherung in Österreich, 1981, S. 70 ff.; M. Kittner a. a. O. S. 237 ff. **Italien**: V. Sellin, Die Anfänge staatlicher Sozialreformen im liberalen Italien, 1971, S. 71 ff., 170; B. Hepple, The Making of labour law in Europe, 1986, S. 144, 203f. 207; T. Mayer – Maly Hdb. III. 3, S. 3735 ff.; G. Pera, Diritto del Lavoro, 6. Aufl. 2000, S. 7 ff. **Ungarn**: T. Mayer – Maly Hdb. III. 3, S. 3725 ff.; K. Ebert a. a. O. S. 45. **Spanien**: T. Mayer – Maly Hdb. III. 3, S. 3740 f. **Dänemark**: B. Hepple a. a. O. S. 143, 202 ff.; I. Dübeck Hdb. III. 4, S. 136, 140; K. Ebert a. a. O. S. 45. **Schweden**: K. Ebert a. a. O. S. 46; N. Regner Hdb. III. 4, S. 310. **Norwegen**: K. Ebert a. a. O. S. 46; G. Sandvik Hdb. III. 4, S. 425 ff. **Niederlande**: A. N. Molenaar, Arbeidsrecht, Bd. 1, 1953, S. 103 ff.; K. Ebert a. a. O. S. 46; T. Mayer-Maly Hdb. III. 3, S. 3732 ff. **Belgien**: B. Hepple a. a. O. S. 203 ff.; T. Mayer-Maly Hdb. III. 3, S. 3729 ff. **Russland**: K. Heller, Die Anfänge fabrikgesetzlicher Regelungen im kaiserlichen Russland, in: Vierteljahresschrift für Sozial- und Wirtschaftsgeschichte, Bd. 67, 1980, S. 177 ff.; N. Reich Hdb. III. 2, S. 2305. **Griechenland**: P. J. Zepos, Hdb. III. 5, S. 473 ff. (schweigt).

Rdz. 142. ; **Allgemein**: P. Rehme, Geschichte des Handelsrechts, in: V. Ehrenberg (Hg.), Handbuch des gesamten Handelsrechts, Bd. 1, 1913, S. 227 ff. **Preußen**: der Text des ALR bei H. Hattenhauer, Allgemeines Landrecht für die Preußischen Staaten von 1794, 2. Aufl. 1994. **Frankreich**: A. P. Schioppa, N. Horn Hdb. III. 3, S. 3152 ff. und 3188 ff. **Belgien**: E. Holthöfer Hdb. III. 3, S. 3277 ff. **Niederlande**: E. Holthöfer Hdb. III. 3, S. 3419 ff. **Deutsche Gebiete französischen Rechts**: P. Rehme a. a. O. S. 234. **Schweiz**: C. Bergfeld Hdb. III. 3, S. 3085 f. **Italien**: P. Schioppa Hdb. III. 3, S. 3209 ff. **Polen**: L. Pauli Hdb. III. 3, S. 3506 ff. **Baden**: C. Bergfeld Hdb. III. 3, S. 2855 ff. **Spanien**: K. O. Scherner Hdb. III. 3, S. 3473 ff.; M. Frey, Die spanische Aktiengesellschaft im 18. Jahrhundert und unter dem Código de Commercio von 1829, 1999. **Griechenland**: P. J. Zepos Hdb. III. 5, S. 487. **England**: B. C. Hunt, The Development of the Business Corporation in England 1800 – 1867, 1936, Ndr. 1969; W. R. Cornish Hdb. III. 2, S. 2239 ff.; J. H. Baker, An Introduction to English Legal History, 4. Aufl. 2002, S. 50, 85, 191, 351 (Lord Mansfield), 369 f. (Wechsel). **Deutschland**: C. Bergfeld, W. Wagner Hdb. III. 3, S. 2853 ff.; A. Cordes, Aktiengesellschaft, HRG, Bd. 1, Sp. 132 ff. **Österreich**: W. Ogris, Die Rechtsentwicklung in Österreich 1848 – 1918, 1975, S. 71 ff.; C. Bergfeld, W. Wagner Hdb. III. 3, S. 3042 ff.; S. Kalls, C. Burger, G. Eckert, Die Entstehung des österreichischen Aktienrechts, 2003. **Ungarn**: J. Zlinsky Hdb. III. 3, S. 3512 ff.; H. Küpper, Einführung in die Rechtsgeschichte Osteuropas, 2005, S. 315 f. **Schweiz**: C. Bergfeld, W. Wagner Hdb. III. 3, S. 3084 ff., 3123 ff. **Dänemark**: I. Dübeck Hdb. III. 4, S. 79 ff. **Norwegen**: G. Sandvik u. a. Hdb. III. 4, S. 406 ff. **Schweden**: N. Regner Hdb. III: 4, S. 283 ff. **Nordische Rechtsvereinheitlichung**: D. Tamm Hdb. III. 4, S. 6 ff. **Russland**: L. Schulz, Russische Rechtsgeschichte, 1951, S. 224 f. ; N. Reich Hdb. III. 2, S. 2290 f. ; 2305 f. ; H. Küpper a. a. O. S. 164 f.

Rdz. 143. : **Frankreich**: A. B. Schwarz, Rechtsgeschichte und Gegenwart, 1960, S. 34 ff. ; H. Coing, Europäisches Privatrecht, Bd. 2, 1989, S. 29 ff., das Zitat S. 382 ; A. Bürge, Das französische Privatrecht im 19. Jahrhundert, 1991, S. 150 ff. **Deutschland**: vgl. Lit. Rdz. 138 ; T. Giaro, Europa und das Pandektenrecht, in: Rechtshistorisches Journal, Bd. 12, 1993, S. 526 ff., das Zitat S. 328. **Niederlande**: E. Holthöfer Hdb. III. 1, S. 1284 ff. ; J. H. A. Lokin, Het NBW en de pandektistiek, in: Historisch vooruitzicht, BW-krant jaarboek 1994, S. 125 ff., das Zitat S. 125. **Italien**: A. B. Schwarz a. a. O. S. 46 f. ; P. Beneduce, "Germanisme, la terrible accusation" ···" in: R. Schulze (Hg.), Deutsche Rechtswissenschaft und Staatslehre im Spiegel der italienischen Rechtskultur während der zweiten Hälfte des 19. Jahrhunderts, 1990, S. 105 ff. ; C. Salvi, La giusprivatistica fra codice e scienza, in: A. Schiavone(Hg.), Stato e cultura giuridica in Italia dall' unita alla repubblica, 1990, S. 233 ff.

Österreich: *A. B. Schwarz* a. a. O. 33 f. ; *W. Ogris*, Der Entwicklungsgang der österreichischen Privatrechtswissenschaft im 19. Jahrhundert, 1968; *derselbe*, Die historische Schule der österreichischen Zivilistik, in: Festschrift Hans Lentze, 1969, S. 449 ff. Schweiz: *A. B. Schwarz* a. a. O. S. 64 f. ; *P. Caroni*, Die Schweizer Romanistik im 19. Jahrhundert, in: Zeitschrift für Neuere Rechtsgeschichte, 16. Bd., 1994, S. 243 ff., das Zitat S. 271. Ungarn: *E. Polay*, Die Pandektistik.

und die privatrechtlichen Kodifikationen und Kodifikationsversuche, in: Index. Quaderni camerti di studi romanistici 16. Bd., 1988, S. 189 f., 192 ; *T. Giaro*, Westen im Osten, in: Rechtsgeschichte, Zeitschrift des Max-Planck-Instituts für europäische Rechtsgeschichte, Bd. 2, 2003, S. 131. Russland: *G. Ajani*, Diritto dell Europa orientale, 1996, S. 68 ff. ; *M. Avenarius*, Das russische Seminar für römisches Recht in Berlin (1887 − 1896), in: Zeitschrift für Europäisches Privatrecht, 1998, S. 893 ff. ; *T. Giaro* a. a. O. S: 132. Griechenland: *A. B. Schwarz* a. a. O. S. 66 ; *P. J. Zepos*, La science du droit au cours du dernier siècle: Grèce, in: M. Rotondi (Hg.), Inchieste di diritto comparato, 6. Band, La science du droit au cours du dernier siècle, 1976, S. 369 f. ; *A. Pantélis*, Les influences allemandes et françaises sur l'évolution juridique en Grèce, in: J. Jurt, G.

Krumeich, T. Würtenberger (Hg.) , Wandel von Recht und Rechtsbewusstsein in Frankreich und Deutschland, 1999, S. 171 f. Skandinavien allgemein: *A. Gambaro* in: A. Gambaro, R. Sacco, Sistemi Giuridici Comparati, 1996, S. 394 ff. Dänemark: *E. Wolf*, Große.

Rechtsdenker der deutschen Rechtsgeschichte, 2. Aufl. 1944, S: 495; *F. Dahl*, Geschichte der dänischen Rechtswissenschaft, 1940, S: 34 ff. ; etwas zurückhaltender: *D. Tamm*, Örsted, A. S. , in: M. Stolleis (Hg.) , Juristen, 1995, S. 467. Schweden: *J. – O. Sundell*, German Influence on Swedish Private Law Doctrine 1870 – 1914, in: Scandinavian Studies in law, Bd. 35, 1991, S. 237 ff. England: *A. B. Schwarz* a. a. O. S. 47 ff. ; *P. Stein*, The character and the influence of the Roman civil Law, 1988, S. 223 ff. , 238 ff. Für Belgien und Spanien findet sich keine Literatur über den möglichen Einfluss des Pandektenrechts. Zu Belgien wird es möglicherweise so gewesen sein wie in den Niederlanden, in Spanien vielleicht nicht.

Rdz. 144. ; A. Nussbaum, *Geschichte des Völkerrechts*, 1960, *S. 206 ff.* , *über das Schicksal Henri Dunants S. 251 f.* , *der Alabama-Fall S. 242*, *das Zitat über John Austin S. 260*; W. G. Greve, *Epochen der Völkerrechtsgeschichte*, 2. *Aufl.* 1988, *S. 499 ff.* ; *die Zitate von John Austin*: Lectures on Jurisprudence or the Philosophy of Positive Law, 1. Bd. , 5. Aufl. 1885; *die von Heinrich Triepel*: Völkerrecht und Landesrecht, 1899, S. 9, 68 ff.

Rdz. 145. ; J. – D. Bredin, *L'Affaire*, 2. Aufl. 1993 (das Standardwerk) ; V. Duclert, *Die Dreyfus-Affäre*, 1994; G. R. Whyte, *The Dreyfusaffaire*, 2005; J. I. Engels, *Kleine Geschichte der dritten französischen Republik* (1870 – 1940), 2007, *S. 81 f.* , *das Zitat S. 83*; *der Artikel Zolas vom 13. 1. 98 in l'Aurore*: E. Zola, *Die Dreyfus-Affäre. Artikel-Interviews-Briefe*, hg. u. kommentiert v. A. Pagès, 1998, *S. 102 ff.*

第十章 20 世纪

经济发展与历史背景

英国历史学家埃里克·霍布斯鲍姆①在他关于20世纪世界历史的著作中以极端的历史时期为标题,描述了从第一次世界大战开始到1991年苏维埃政权解体,这个短暂的时期。在这个时期之内共分为几个阶段:首先是从1914年到第二次世界大战结束,这一段时期称为灾难的历史时期;第二个阶段从1945—1975年,这30年被称为黄金历史时期;第三个阶段是1975—1991年山崩时期。该书于1994年成稿,同年出版。这是一本重要的讲述欧洲国家历史变迁与欧洲国家间矛盾与冲突的书,该书共分两个部分,前一部分是从1914年开始一直叙述到1945年这段时期;后一部分是从1945年到2010年。自从拿破仑战败后,整个欧洲曾经出现过一段战争空白期,然而一百年后却发生了第一次世界大战,这是20世纪的本源性灾难,并且这不仅仅意味着欧洲世界意义终结的开始,而

---

① 埃里克·约翰·欧内斯特·霍布斯鲍姆(Eric John Ernest Hobsbawm, 1917年6月9日—2012年10月1日),英国历史学家及作家。霍氏是英国著名的左派史家,自就读大学期间即活跃于英国共产党,直至该党于1991年解散为止都是共产党员。与威廉士、汤普森等马派学生交往甚密;在1952年麦卡锡白色恐怖气焰正盛之时,更与希尔等人创办著名的新左史学期刊《过去与现在》。马克思主义者的政治背景虽令霍氏的教职生涯进展艰辛,但却使他与国际社会间有着更广泛的接触经验及更多的研究机会,从而建立了他在国际上的崇高声誉。霍氏的研究时期以19世纪为主,并延伸17、18和20世纪;研究的地区则从英国、欧洲广至拉丁美洲。除专业领域外,霍氏也经常撰写当代政治、社会评论、历史学与社会学理论,以及艺术、文化批评等。他在劳工运动、农民叛变和世界史范畴中的研究成果,堪称当代史家的顶尖之流,影响学界甚巨。而其宏观通畅的写作风格,更将叙述史学的魅力扩及一般阅听大众。如《新左派评论》名编辑安德森所言:霍氏不可多得地兼具了知性的现实感和感性的同情心。一方面是个脚踏实地的唯物主义者,提倡实力政治;另一方面又能将波西米亚、土匪强盗和无政府主义者生活写成优美哀怨的动人故事。

且也意味着属于血洗历史时期的正式开始，导致超出想象的大量人口的死亡（乔治·凯南）。这个历史背景性的问题一直处于争论中。自从1914年6月在萨拉热窝奥匈帝国的王位继承人被刺杀之后，德国和奥地利开始了放荡不羁，俄罗斯也是一样。德国军队从比利时开始进攻法国。原本德国皇帝并不想扩大战争，但是由于英格兰基于比利时中立国家受到侵犯为由而加入到战争中，战争一发不可收拾。战争的核心问题是欧洲部族国家间所发生的群殴性战争，以及战争之后矛盾冲突解决规则的产生。德国、奥匈帝国和土耳其为中心的同盟国相互支持，而对方是以英格兰、法国和俄罗斯组成的协约国。双方在英格兰区域内展开了大战，最后导致整个欧洲的近乎所有国家都参加进来了，只有西班牙、斯堪的纳维亚瑞士和荷兰没有介入。1914年7月28日，奥匈帝国向塞尔维亚宣战。7月30日俄国动员，出兵援助塞尔维亚。8月1日，德国向俄国宣战，接着在3日，向法国宣战。8月4日，德国入侵保持中立的比利时；同日，英国考虑到比利时对自己国土安全的重要性，和早前为了确保比利时的中立而在1839年签署的《伦敦条约》，于是向德国宣战。8月6日，奥匈帝国向俄国宣战。8月12日，英国向奥匈帝国宣战。

1914年8月2日，德军出兵中立国卢森堡，以取得卢森堡的铁路网。8月3日，德军对比利时不宣而战。至8月9日，德军成功攻占比利时全境，并在驱逐比利时境内的法军回法国境内。8月21日，德军兵分五路攻向法国北部，法军失守，被迫后撤。9月3日，德军已进逼巴黎，法国政府被迫撤退至波尔多。9月5—12日，德军与英法联军在巴黎近郊马恩河以南巴黎至凡尔登一线爆发马恩河战役，结果两败俱伤，德军只得转入战略防御，固守安纳河一线，战斗开始演变为阵地战。接着，双方爆发了奔向海边的运动战，结果英法联军大败。德军成功夺取法国东北部的广阔领土，但始终不能截断英法两国的运输线。随后双方再爆发佛兰德会战，但双方均无重大成果，结果战事进入胶着对峙状态。

战事僵持至1915年春，英法联军趁德军主力集中在东面战线，发动了香巴尼和阿杜瓦两轮攻势。但因为沿用旧战术，而且欠缺强大火力掩护，结果被德军成功抵挡，己方反而伤亡惨重。该年4月德军反击，并首次使用毒气，使双方的损失更为惨重。结果1915年的西面战线，英法联军死伤百万人，德军亦死伤61万人，但战事仍然胶着。

1916年2月，东面战线的压力稍为降低，德军主力再次移师西线，与法军爆发凡尔登会战。结果在激战七个多月后，德军仍不能攻取凡尔登。而英法联军为了制衡德军，在该年7月初在索姆河一线与德军爆发索姆河战役，战况更为惨烈。英军虽然在这场战争里首次使用坦克，但在双方伤亡共约120万人后，战事仍未有重大突破,并持续至该年11月,西线再次变为胶着对峙状态,不过协约国开始掌握战争的主动权。1917年2月3日,美国威尔逊总统在国会宣布与德国断交。1917年2月24日,美国驻英大使佩奇收到齐默曼电报,称如果墨西哥对美国宣战,德国将协助把美国西南部还给墨西哥,于是美国以此为借口,在该年4月6日向德国宣战。1917年4月,法军于西线开展春季攻势,与德军在兰斯和苏瓦松之间进行会战,历时共一个月,但法军在伤亡10万人后却仍未有进展,引起了法国士兵的骚动。战事再度胶着,而法军因内部骚动,无力防御,只得由英军负责西线防御。在该年下半年,美国提供的装备到达欧洲,英军于是再在西线猛攻,但在损失100多万人后,仍无法改变战事的胶着状态。最后进攻于1918年,东面战线因俄国发生十月革命并退出战争而结束,德军立即集中于西线,意图在美军到达欧洲之前,于1918年夏季打败英法两国,以扭转局势。

1918年3—7月,德军接连于西线发动五次大规模的攻势,头两次攻势在损兵14万后仍无所获。而美军则已到达欧洲,使协约国兵力大增。该年5月底,德军发动第三次攻势,这次成功突破法军的防线,进逼至距巴黎仅37公里之地,但并不能歼灭英法联军的主力,而己方则损失13万人。在6月9日至6月13日这五天,德军发动第四次攻势,企图将德军在亚琛和马恩河的两个突出点接连起来,以集中兵力攻击巴黎,但并未能成功。7月15日,德军不死心,发动第五次攻势,但在损失15个师后,因无所获,己方军力反而消耗殆尽,只得撤退至兴登堡防线,从此只能作消极防御。1916年冬,俄国内部各种矛盾加剧,首都莫斯科的罢工人数更达至百万人以上,结果,俄国二月革命在1917年3月8日爆发,令沙皇尼古拉二世退位。但亚历山大·克伦斯基领导的临时政府仍然继续战争,但又被德奥联军击败。结果俄国工人及农民忍受不了,在1917年11月(儒略历10月),由布尔什维克领袖列宁领导了一场武装起义,推翻了临时政府之资本主义政权,建立了苏维埃政府和第一个社会主义国家,史称十月革命。列宁其后与德国签署《布雷斯特－立托夫斯克条约》,并宣布退出第一次世界大战。

1918年11月3日奥匈帝国同协约国达成了停火协议。德军在前线不断溃败,经济陷入危机,政治动荡。为了防止革命爆发,1918年9月30日德国皇帝威廉二世宣布施行国会制政府,答应在普鲁士改革三级选举制。10月4日成立了议会制民主政府,任命自由派巴登亲王马克西米利安为帝国首相,并邀请社会民主党的谢德曼参加政府。这些措施并未能阻止革命的爆发。10月,德国海军司令部下令远洋舰队出海作战,引起了11月3日基尔港水兵起义,德国各大城市如汉堡、莱比锡、不来梅、慕尼黑等相继发生起义,建立了工兵代表苏维埃;11月初,柏林工人也建立了苏维埃。11月8日,斯巴达克联盟号召在柏林举行总罢工和武装起义。11月9日参加游行示威的社会党人挤满了德国大街。基尔水兵哗变,陆军占领了指挥部。革命热情支配着德国人民,德皇马克西米利安·亚历山大·弗里德里希·威廉二世已被迫退位,踪影全无。上午11点30分,德军司令给总理官邸打电报通知说,威廉将立即退位。中午,德国总理、巴登亲王马克西米利安宣布皇帝正式退位。12点30分,总理在办公室接见社会民主党领导人弗里德里希·艾伯特和德国社会民主党右翼首领之一菲利普·谢德曼(Philipp Scheidemann),并把政府权力移交到由社会民主党主席弗里德里希·艾伯特组成的联合政府手中。下午2时,德国社会民主党右翼首领之一菲利普·谢德曼站在总理宫邸的宫前,向人群宣布成立德国共和国。下午3时,军事司令部给总理官邸打来一封电报说:"为避免流血,威廉二世陛下愿意放弃德国皇位,但决不放弃普鲁士国王头衔。"下午3时30分,总理官邸拍给军事司令部的电报说:没有必要再注意威廉二世的行踪,因为他退位的消息已于午间宣布。下午4点,斯巴达克斯党领袖卡尔·李卜克内西宣布:自由的社会主义德意志共和国诞生了。社会民主党邀请独立社会民主党共同组成人民全权代表委员会,宣布建立自由德意志共和国,艾伯特和哈塞并列为委员会主席。11月10日举行的柏林工兵代表苏维埃大会批准了艾伯特政府,会上还选出了柏林苏维埃执行委员会。11月12日,人民全权代表委员会发布《告德国人民书》,宣布了施政纲领。11月11日,马蒂亚斯·艾茨贝格尔(Matthias Erzberger)代表艾伯特政府接受协约国所强迫给德国的苛刻的停战协定,并签署《贡比涅停战协定》,结束了第一次世界大战。

斯巴达克联盟在十一月革命中要求全部政权归苏维埃,建立社会主义共和国,而社会民主党把持的人民全权代表委员会却积极准备召开国民会议。12月16日至21日举行的全德苏维埃第一次代表大会,通过了于1919年1月19日召开立宪国民会议的决定,在国民会议召开前全部立法行政权归艾伯特政府掌握。斯巴达克联盟反对此决定并退出独立社会民主党,于12月30日建立德国共产党。艾伯特政府决定对共产党人实行镇压。1919年1月4日,政府罢免了左派独立社会民主党人埃喜荷恩的柏林警察总监职务,导致了1月5日柏林工人的武装起义,要求推翻艾伯特政府,起义遭镇压。1月15日,德共领袖卡尔·李卜克内西和卢森堡被害。1月19日举行国民议会选举。2月6日,国民议会在魏玛召开,通过魏玛宪法,建立魏玛共和国。艾伯特任总统、谢德曼任总理。4月13日,慕尼黑工人在共产党的领导下发动起义,建立了巴伐利亚苏维埃共和国。政府集结军队，于5月1日攻入慕尼黑。至此，十一月革命结束。

拿破仑战争失败后，各地君主于1814年10月至1815年6月在维也纳举行维也纳会议（Wiener Kongress），其目的是想在欧洲合作中通过大国的平衡政治（die Politik des Gleichgewichts der Großmächte）促成一个相互的安全体系。正因要解决法国大革命和拿破仑时代所遗留的问题，虽然参与国都有自己的意见及兴趣，但他们也有共同目标，就是维持世界和平，确切地说是欧洲各个君主国的和平与安全。于是在会议中确定几大原则，包括：正统原则，承认1789年前法国及其他各封建君主是正统王朝，恢复他们的统治权力、政治制度及所属领土，若原有君主被拿破仑推翻，可由其兄弟或亲属代替为世袭君主。于是法国的路易十八、西班牙的费迪南德七世、荷兰的奥伦治王室、两西西里王国的费迪南多一世、教皇国的教皇皆恢复统治。补偿原则，重整版图的过程中失去领土的国家及对拿破仑力战有功的国家均给予补偿。势力均衡原则，确保在重整欧洲版图的过程中无一国家可取绝对的优势以如拿破仑般主宰欧洲。围堵法国原则，增强法国周边国家的力量，以围堵法国，防其扩张。恢复原况原则，回复1792年欧洲政治文化、领土分配。上述后三个原则皆是领土分配的准则，而会议的领土决定很多都是此三项原则所综合产生的，而无法简单归纳为某单一原则下的产物。

会议成为大国平衡政治的一个先例，且也形成势力均衡的局面，使法国不能再称霸欧洲，增加贸易机会，成为了日后欧洲国家解决纷争的榜样，然而，列强忽视了民族和自由主义的发展。例如在正统原则中，恢复原来欧洲统治家族出身的正统君主的王位，但由于没有限定复辟的君主不可行使旧制度，令许多国家再次建立专制的统治，人民的权利和自由因而得不到保障，自由主义看似被镇压，但实际上，由于人民曾经推翻专制统治而获得自由，令人民更加渴望重获自由的权利，所以自由主义的发展并没有下降，反而慢慢地上升。在会议中，统治者任意交换领土和人民，例如比利时和芬兰要并入别国。

神圣同盟并非维也纳会议的直接内容，但与维也纳会议相关。它是亚历山大一世的产物，在这个同盟中多个欧洲君主同意维持基督教原则。虽然大多数会议上的政客嘲笑这个同盟，所有欧洲君主还是同意它。没有参加这个同盟的有教宗庇护七世——他不肯与这么多新教徒参加这样一个同盟，奥斯曼帝国苏丹马哈茂德二世——他对基督教原则不感兴趣，和英国国王乔治四世——他只有在议会同意的情况下才能参加这样一个同盟（但他以汉诺威国王的身份参加了这个同盟）。后来神圣同盟与欧洲的保守势力，尤其是梅特涅的政策，连到了一起。为了保证目前条约的执行、巩固各国之间的联系，以及维持目前四位君主之间的密切友好关系我们决定定期举行会议……以达到维持各国富强和维持欧洲和平的目的。这一条导致了一个欧洲协调会议系统的建立和后来许多会议的召开。此外，在拿破仑时期被合并的民族，如德意志和意大利再次被分割，民族主义也应该被减弱。然而，列强低估了民族主义的力量。由于人民曾被团结起来，维也纳会议后又再被四分五裂，民族主义也没有因而减弱，反而像自由主义的发展般缓缓上升，等待时机，爆发革命，争取应有的权利。维也纳会议也为后来（1818—1825）确立了会议制度，这也是维也纳会议有效性的体现，因为各国明白要维持欧洲的和平与安全，就应避免战争的发生，所以致力定期召开会议。而这时期共开了五次会议，分别是1818年的亚琛会议、1820年的特洛波莱巴会议、1821年的莱巴赫会议、1822年的维罗纳会议和1825年的圣彼得会议。各会议的目的主要是压制1820年代的革命，如意大利革命、西班牙革命、希腊独立运动等。会议中分别由君主派兵镇压各地革命，例如奥地利派兵平定意大利革命。他们希望维持和平，但是各国发展自身利益被威胁，渐渐比共同目标大，开始出现纷争，互相反对，例如英国和法国对俄国，普鲁士和奥地利的意见分歧，并干涉别国内政，而随着列强意见不合而导致会议制度的结束，即英国的退出，反而更加激起人民的革命之心，乘机反抗，所以这时的自由主义和民族主义的发展速度较快。这个会议之后也确实恢复了一些平静，尽管这种平静不是最好，但是还可以接受。

维也纳会议经常受到19世纪和现代历史学家的批评。它忽略了民族主义和自由主义的趋势，低估了资产阶级和工人阶级对政治和社会保障的要求，间接促成日后欧洲的革命浪潮；并且牺牲许多小国利益以保持大国的均势并恢复欧洲旧有秩序，而所谓的欧洲协调合作常规架构目的也只是在欧洲大陆建立一个顽固的保守系统。事实上，英国辉格党反对党在会议结束时就已经提出了这些批评。维也纳会议成为通过压制法国大革命所提出的自由主义和民权来换取和平和稳定的保守系统的一部分。20世纪内也有许多历史学家赞成会议所取得的成就，如对战败国的处理手法较宽容、建立欧洲协调的合作常规架构、废除奴隶买卖、开放国际河流，皆对重建和平及欧洲社会之进步有所贡献，他们认为这个会议的决定使得近一百年（从1818—1914年）中没有发生席卷整个欧洲的战争。在这些历史学家中也包括亨利·基辛格，他的博士论文的内容就是维也纳会议。

然而，1918—1919年的类似于维也纳会议的和平会议却没有产生类似的成功效果。在人们为维护世界和平、寻求国际合作作出不懈努力的同时，第一次世界大战后促成的国际联盟也在进行中。在之前的1899年和1907年在荷兰海牙曾先后召开过的两次国际会议，都讨论了如何争取和平、避免战争的发生。第一及第二次海牙会议（Hague Kongress）虽未能达成有效协议，解决军备竞赛的问题，但却成立了一个常设的海牙仲裁法庭（Hague Tribunal），以调停国际纠纷为目的。这是20世纪初全球争取持久和平与倡导国际合作的开端，也为后来国际联盟的成立奠定了基础。紧接着1918年美国总统威尔逊倡议成立一个有效的国际组织，来调解、仲裁国际关系。结果，根据1919年巴黎和会的协议，1920年1月国际联盟成立了。其组织包括：会员大会、理事会及秘书处等，先后参加的国家共63个。国际联盟的宗旨是：促进国际合作，维持世界和平与安全。根据加盟国的协议，其目标包括下列各项：解决国际争端，以防止战争；维护世界和平，开展国际合作；尊重各国的独立、主权和领土界完整；推动各国裁减军事装备；如会员国受到攻击，他国决以行动声援；设立国际法庭，各会员国须接受其裁决。国联成立后，对改善成员国的社会、经济状况曾作出贡献，也调解过一些国际争端。国联虽然取得一些成绩，但就维护世界和平这一主要目标而言，其使命并未达成。凡遇强国侵略弱国，国联都无能为力。应该说1920年的国际联盟曾经是一个多么富有意义的创新，但是最终却失败了。协议本身并无执行力，它的一切生命掌握在大国手中，是大国之间用以瓜分和凌辱弱国的工具。此时一个大国可能联合英国、法国甚至也可能是德国，但这只是为了进攻或者防御。协议之后可能又有新的灾难性后果发生，诸如国际联盟及和平协议之后仅仅21年又发生了新的灾难——第二次世界大战爆发。

苏维埃政权的产生应该是具有划时代意义的结果，并且也是灾难性历史时期的延续，更是世界革命和资本主义选择的开始。俄罗斯对自己的古老的战争体系所作的准备是完全不充分的，尤其是尼古拉二世自继位以来所做的如下措施最终导致其王权的灭亡。具体如下：

尼古拉二世在1894年上台，然而，他上台后不但要解决俄国原先存在的问题，更要解决随历史运行而产生的一连串新问题。

首先，在政治方面，尼古拉二世面对着日益酝酿的反对势力。在19世纪和20世纪初出现了很多革命团体，例如土地与自由社、社会革命党和社会民主党等，而其中社会民主党的布尔什维克在列宁领导下，保持着激进党的性质，主张社会主义革命，成立无产阶级专制。他通过其著作及在国外发行的报纸《火花报》，传播了他的思想。当时列宁主义在农民中间传播甚广，成为一种转变的力量，对沙俄政权构成威胁。尼古拉二世希望透过战争争取民族光荣，削弱人民对革命运动的支持，并使革命分子一致对外，但此举却间接导致沙俄政权崩溃。首先，尼古拉二世在1900年加入八国联军，大败中国，虽然俄国在战争中取胜，然而革命活动却没有因而减少，因低下阶级人民生活仍然困苦。在1904年尼古亚二世向日本宣战，次年俄国战败，民众不满情绪升级，爆发游行示威，更导致"血腥星期日"事件而引致了1905年革命。再者，尼古拉二世并没有改变其希望利用战争而削弱革命势力的态度，在1914年加入第一次世界大战。然而，俄在第一次世界大战中接连战败，军队死亡人数激增，国内人民生活困苦，终引发了1917年的二月革命，把沙皇推翻。尼古拉二世虽然加入第一次世界大战，希望瓦解革命势力，然而，俄国参加第一次世界大战却造成了罗曼诺夫皇朝崩溃的致命因素，而列宁更认为第一次世界大战是加速革命化进程的巨大力量。可见尼古拉二世利用战争手段以图解决反对势力的策略彻底失败，更导致了沙皇政权的倒台。

在1905年的革命中，尼古拉二世以让步方式颁布《十月宣言》，引入宪政，建立国务院和国家杜马两院，同时又成立了大臣会议，作为内阁政府。虽然革命分子的要求在这次让步中已得以实现，但并未能成功压制革命运动，而第一届、第二届的国会皆由自由主义力量操控，其后尼古拉二世修改选举权，令第三届、第四届国会皆操控在保守人士手中，令革命分子更为不满。另外，虽然杜马的权力有限，但它提供了公开争辩的场所，亦成为训练政治家的场所。这种假立宪的让步方式不能再满足既得利益者的渴求，使他们诉诸革命来争取，可见尼古拉二世运用让步的方式来解决革命问题亦是失败的。尼古拉二世将各类革命者关禁、处决或放逐；亦派政治警察控制学校、大学、报社和司法机关；亦严禁罢工，一些罢工的领导会被捕和放逐；知识分子的研究亦被置于政府的严密监视内。然而，这些手段并未使尼古拉二世成功处理反对势力问题，反令高压下的俄国人民更感到不满，更甚的是有些自由主义者本来是支持尼古拉二世的，他们只是希望建立一个立宪政府，但尼古拉二世错误地拒绝了他们的要求，使他们最后转向革命派的阵营。可见尼古拉二世的高压手段对于处理反对势力问题弄巧成拙，不但令问题得不到解决，反而令反对势力日益扩大。

其次，在社会方面，农民及工人生活困苦是尼古拉二世所面对的社会问题。俄国农业生产力低，农业失收和作物偿还赎地费造成1892年、1898年、1901年等年份的饥荒；农民又遭受到政治上的镇压；经济上偿还赎地费造成贫困；社会上则由于解放后土地皆集中在公社手上变得不公，加上随着人口增加，贫富悬殊，农民缺乏土地的情况十分严重。尼古拉二世任用斯托利平解决此问题，斯托利平取消赎地费、公社，准许土地自由买卖，又成立农民银行，帮助有需要的农民。虽然农业改革不无成效，但改革却引起了农民的不满。如农民银行为农业作出了借贷，却对农民造成新的债务。而政府鼓励农村人口流入城市，则未能解决农村贫困问题。更重要的是农民与城市的工人建立了紧密的联系,并逐渐接受马克思主义思想的熏陶,支持革命。

在20世纪初,俄罗斯工人数目达250万人,然而,其工作环境异常恶劣,农民从农村涌入地市,使失业问题更趋恶化;工人无权罢工,亦不得组织工会。这些情况均令工人十分不满,终在1905年爆发革命,争取更多利益。尼古拉二世为解决工人问题,宣布给予工人组织工会及罢工等权利。然而,1905年革命后,工人生活改善不大,工作环境差,工时长,工资低,居住环境恶劣,工会遂成为工人议政的地方,加上俄工厂规模较大,导致工人集中,在1905年革命时,曾出现工人苏维埃组织,有助于团结工人,因此工人就成为推动革命的重要力量。

其三,在经济方面,俄国经济落后,工农业生产低,尼古拉二世的改革亦不能成功解决此问题。俄国农业生产落后,仍以力耕为主,加上土地不足,但人口急剧上升,导致耕种问题出现,生产量每况愈下。另外,俄国工业化程度低,煤铁矿产量低,铁路不足,令其经济远较中西欧国家落后。为此,尼古拉二世在1893年任用微德为财政大臣,向法国借贷,兴建西伯利亚大铁路及里海大铁路,又对新生工业实行保护政策及补贴。尼古拉二世又在1906年任斯托利平为首相,成立农民银行,帮助有需要的农民,又鼓励发展私人企业,吸引外资。虽然此举令俄国经济似乎得以蓬勃发展,然而,俄国的经济问题远不是这些有限的改革所能解决的。经济的改革仅仅使最富裕的阶层获得了利益,而工人、农民生活仍然困苦,农民银行的借贷变相造成农民新的债券。而在1915年,更有572个工厂因缺乏原料、燃料和人手而倒闭,更甚的是所需的粮食及物资更拖垮俄国的经济发展,工业、农业陷于停止状态。

其四,在军事方面,俄国军事实力弱,军心思变,尼古拉虽在"一战"时亲自上前线督师,但仍不能解决此问题。俄国的军力实力与当时欧洲大国如德国、英国等相比,实力逊色得多,而日俄战争的败绩,以及俄罗斯军队每每战败,均证明了俄国军事实力弱。而连番失败,更造成工业及社会的重大损失,如出现饥荒等问题,士兵对此更感抱怨。尼古拉二世眼见军心开始思变,俄国更在战场中接连失势,于是亲自上前线督师。然而,尼古拉二世不熟军事,更被迫负上战败的责任。沙俄政权得以维持,主要靠军队作为支柱,而尼古拉二世的军事失败,令军心思变,从1905年的支持沙俄镇压革命,转变至在1917年的革命中支持革命分子。

其五,在教育方面,俄国的文盲率高,教育水平低,而尼古拉二世对此问题亦未有改善。在20世纪初,俄国人民中文盲占多数,识字的人仅有21%,每千人当中只有66.5人受过普通教育,而在其他欧洲国家,每千人中受教育人数,德国为157.4人,英国为142.3人,法国为176人,这都可见俄国在当时教育水平落后,大大阻碍了国内经济以及政治的发展。为此,尼古拉二世推行全民教育,以缩小社会精英与群众的差距。然而,尼古拉二世旨在利用教育控制民众思想,只希望他们拥有一般的知识,而不是要他们有独立思考和批评的能力。

其六,在外交方面,俄国在外交中失利,尼古拉二世亦不能解决此问题。在1904—1905年的日俄战争中,俄国连连战败,例如波罗的海舰队被毁,暴露了海陆军的弱小,甚至沙俄的无能,令俄人对沙俄专制政体失去信心,成千士兵逃至德国和奥地利。尼古拉二世面对着外交失利的问题,决心挽回荣耀,于是在1907年与英、法签订《三国协约》,希望藉此挽回民族光荣。然而,这却并未为俄国带来民族光荣,反而令俄国陷于第一次世界大战,更甚的是俄国在第一次世界大战争中连连战败,外交屡屡下跌,终令俄人不满,起来推翻沙俄政权。可见尼古拉二世并未能成功解决外交上接连失利的问题,终在第一次世界大战期间被人民推翻。

总而言之,尼古拉二世对于其所面对的政治、经济、社会、军事、教育及外交等问题均不能成功地予以解决,引起人民的不满,甚至支持革命分子。结果,尼古拉二世最终在1917年二月革命中被推翻,沙俄政权亦告崩溃。随后在德国的帮助之下,列宁从瑞士的流亡地返回俄国并带领工人开始了革命运动,并于1917年10月带领工人武装冲入冬宫(Winterpalais)推翻了临时政府,并接收政权,组建苏维埃政权。从此开始了共产主义的布尔什维克反对社会民主的孟什维克,通过土地分配制将大地产或大领主的土地分配给农民。

1917年,俄国十月革命胜利之后,由于原来俄国属于协约国一方而与同盟国处于交战状态,为了退出战争,新成立不久的苏维埃政府在提出的和平建议被协约国拒绝后,便与同盟国的德国进行和平谈判。

1917年12月3日,谈判开始,德国提出了把波兰、立陶宛、爱沙尼亚的局部和拉脱维亚、白俄罗斯的全部割让给德国并赔款30亿卢布的苛刻条件,这引起了布尔什维克党内严重的分歧。列宁主张接受德国的条件,签订和约,为新生政权争得喘息机会,季诺维也夫、索柯里尼柯夫、斯大林、阿尔乔姆、斯塔索娃、斯维尔德洛夫等六名中央委员支持列宁;以布哈林为代表的"左派共产主义者"反对签订和约,主张对帝国主义继续世界大战,中央委员布勃诺夫、乌里茨基、洛莫夫支持布哈林、托洛茨基则主张停战,复员军队,但不与德国签约(即"不战不和"),中央委员克列斯廷斯基、捷尔任斯基、越飞支持托洛茨基。

1918年1月2日，苏维埃政府召开中央和地方负责人会议。60人出席的会议上，赞成布哈林主张的32人，赞成托洛茨基主张的16人，赞成列宁主张的仅15人。最终，列宁的主张因处于少数而未能被通过。

1918年1月24日，苏维埃政府召开中央会议，重新表决签约的问题。托洛茨基的主张以9票对7票的多数通过，列宁的主张仍然没有被多数所接受。

1月30日，布雷斯特谈判恢复。作为外交人民委员（即外交部长）、谈判代表团团长，托洛茨基临行前与列宁约定：如果德国下了最后通牒就让步签约。结果德国果然向苏俄下了最后通牒，托洛茨基向列宁电报询问对策，列宁立即覆电坚持：接受德国条件，立即签约。但是托洛茨基没有接受列宁的建议，而是发表了拒绝签约的声明，率团离开布雷斯特。结果，德国开始对苏俄大举进攻。

2月18日，在十分紧急的情况下，苏俄中央委员会举行了紧急会议。会上，列宁的主张又以6∶7的票数被否决。随后，中央又连夜开会，经过激烈的争论，托洛茨基转而支持列宁，会议结果以7票赞成、5票反对、1票弃权的结果通过了列宁的提案。苏维埃政府连夜通知德国方面，同意签约。

但是，德国在得到通知后没有停止进攻，并于2月23日提出更加苛刻的条件。苏俄党中央又召开有15名委员参加的紧急会议。会议中，大多数委员表示不赞成列宁的主张。列宁只得提出，如果这种空谈继续下去，他就要辞职，退出政府和中央委员会。布哈林对此毫不在乎，斯大林也未发生动摇。托洛茨基不同意列宁的意见，但为了防止列宁辞职和党的分裂，他的态度发生变化。在他的影响下，出现了4票弃权。结果列宁的主张以7票赞成、4票弃权、4票反对获得通过。同日在苏维埃中央执行委员会上再以116∶85（26票弃权）之多数通过。托洛茨基被解除了外交人民委员的职务，改由格奥尔基·契切林接任。

2月24日，苏维埃政府重新派出了谈判代表团与德国进行谈判，最终签订《布雷斯特－立托夫斯克和平条约》（Frieden von Brest-Litowsk）。自从1918年的《布雷斯特－立托夫斯克和平条约》开始，布尔斯维克进行了多年针对白军（Weiße Armee）的内战，内战开始于顿河哥萨克（Kosaken am Don），最终于1922年以布琼尼、铁木辛哥的红军（Rote Armee）第一骑兵军获胜而结束。最终取代了沙皇所代表的富人集团统治而建立了苏维埃社会主义共和国，简称"UdSSR"。这个政权彻底排除了反对派，成为一个苏维埃联盟（Sowjetunion），一个真实的一党制国家（Einparteienstaat）。1924年列宁去世，他的继任者斯大林接管这个始终不很发达的农业国家。从1928—1933年俄工业获得了巨大的飞跃，而工人的生活条件越来越恶劣。

越来越多的国家反抗者不断地被镇压，也不断地被投入到古拉格（GULAG）刑事犯集中营当中去。古拉格（俄语：ГУЛаг；罗马语：GULag）是苏维埃政府的一个机构，负责管理全国的劳改营。其俄语全称为"Главное Управление Исправительно—Трудовых Лагерей и колоний"，简称"ГУЛАГ"，意思为劳造营管理总局。根据安妮·阿普尔鲍姆的著作《古拉格：一部历史》中之叙述，古拉格是苏维埃的国家政治保卫总局、内务人民委员部的分支部门，执行劳改、扣留等职务。1973年，"古拉格"一词透过亚历山大·索尔仁尼琴发表的著作《古拉格群岛》传到西方，"古拉格"一词在西方开始指苏联的劳改营和所有形式的苏联政治迫害。在1917年之前，俄罗斯就有劳改营的存在，这些劳改营被称为"卡托加"，后来成为苏联领导人的斯大林和捷尔任斯基曾在卡托加服过苦役。十月革命爆发，布尔什维克夺取了俄罗斯的权力。1918年，苏维埃俄国建立了其第一个劳改营，此后劳改营的数量在苏维埃俄国和后来的苏联大幅度增长，1930年4月25日，国家政治保卫总局发布了第130/63号命令，宣布建立劳改营管理局，10月改名为劳改营管理总局（俄语缩写为"ГУЛАГ"，音译为"古拉格"）。古拉格不一定关押罪犯和政治犯，轻微的犯罪或者是讲关于苏联领导人的笑话的人也会被关入古拉格。由于饥饿、劳动强度过大、遭受非人待遇等，1930年至1940年间，古拉格里面有50多万劳改犯死亡。1956年2月25日，时任苏共中央第一书记的赫鲁晓夫在苏联共产党第二十次代表大会上发表了《关于个人崇拜及其后果》的政治报告，斯大林的罪恶被揭露出来，1960年1月25日，苏联内务部发布了第020号命令，正式关闭了古拉格系统。关于1918年至1960年间在古拉格服过苦役的人的数量和死于古拉格的人的数量是一个存在着很大争议的问题。根据一份1993年发表的对苏联时代的档案的研究报告，在1934年至1953年间，有1053289人死于古拉格。俄罗斯官方媒体的一篇报道指出总共有超过1500万人被收入古拉格服苦役，超过150万人死于古拉格。同时在苏维埃政权中产生了大量的腐化堕落的行政管理者，这些管理者在其行为能力方面基本属于无能力的行政行为人。整个国家的经济发展在这些人的管理之下，自从1936年开始走向衰落，最为明显的是在1941年整个经济近乎于腐烂。

欧洲其他国家在民主自由方面首先获得了广泛的传播，尤其是在"一战"中，这种民主活动获得了极大的发展。除了苏维埃政权之外，所有的欧洲政权在"一战"之后纷纷发展成民主制的政府，就连土耳其也是如此。在1920年整个欧洲完全属于政治自由主义，然而好景不长。直到第二次世界大战欧洲又再次返还原路。诸如在匈牙利的霍尔蒂从1920年开始，意大利的墨索里尼从1922

年，波兰的毕苏斯基从 1926 年，奥地利的多尔富斯从 1932 年，德国的希特勒从 1933 年，西班牙的佛朗哥从 1939 年，希腊的梅塔克萨斯从 1936 年，他们以不同的形式脱离了民主制度。"一战"后那种残暴性法律获得不断的提升，这种提升似乎是面对社会革命危险而作出的一种回复，显然这些在苏维埃政权已经成为事实。这些是不容辩解的，尽管曾经有德国的历史学家在 20 世纪 80 年代曾经试图通过一些个别的一直持续没有间断的实行自由、民主制度的国家，诸如英国、瑞典以及瑞士，还有一直处于德国占领军控制下的法国、比利时、丹麦、荷兰和挪威等国家去反驳这个事实，但是这些国家相对于整体欧洲而言毕竟是少数，就整体欧洲而言，这段时间里先后由民主制政体国家向独裁制政体转变。

随着 19 世纪晚期到 20 世纪初期自由民主思想在英国不断地发展，尤其是在工人阶级当中影响尤为深刻，那些刚刚得到选举权的城市无产阶级需要一个新的政党，来代表他们的利益和需求。一些工会成员也有意进入政治领域，加上在 1867 年和 1885 年，选民范围被扩大，自由党开始同意一些有着工会背景的人自愿组织政党，并且允许参加竞选。另外，在同一时间，英国出现了几个小型的社会主义者群体，也有意影响政策。当中有独立工党，由知识分子和广大中产阶级组成的社会民主联盟和苏格兰工党。同期，英国社会主义者开始陆续进入地方政府。在 1889 年，一个由费边主义者和自由主义者组成的"进步党"控制了第一次伦敦议会选举。这是英国第一个受社会主义者影响的议会，地方政府购买了由私人企业提供的公共服务。陆续兴建了英国首批公共房屋，并且在公共服务（如消防安全领域）上陆陆续续地投入更多的资源。另外，政府兴建了很多的公园和公共浴场，改善了伦敦市内的污水排放系统，平整拓宽了道路。1892 年，独立工党党员弗雷德·乔伊特（Fred Jowett）当选为布拉德福德议会的议员，这是第一个社会主义者当选议员。在当选议员几个月后，他在市内创办了独立工党支部。作为议员，他参与了几项重大的社会改革，且这些改革最终得到其他地方政府效仿。这些改革突出体现在学生以及改善贫民生活条件等方面，1834 年乔伊特积极推动贫民法令的通过，他透过这些努力，在社会上获得了大量的支持者，尤其是底层的支持者。

1895 年大选，独立工党派出了 28 个候选人，但是只赢得了很微弱的选票。在党魁基卡·哈迪（Keir Hardie）倡导下，工党其他左翼团体组成联盟，终于在 1898 年西汉姆议会（West Ham）选举中获胜，工党第一次成为过半数席位的议会大党。在工党的推动下，英国地方政府进行了一系列的公有化改革，以改善工人工作的安全与环境，提高工人的工资。同时政府引入了最低工资制和八小时工作制制度，而且每年有两个星期的定期假期。但是在两年后，工党失去了强势地位。1899 年，唐克斯特混合铁路职员协会（Amalgamated Society of Railway Servants）建议工会联盟议会，召开一次特别会议，整合所有左翼团体，并派出候选人争取国会议席。议案在议会的各阶段投票中均获得通过，从 1900 年 2 月 26 日开始。会议有工人阶级和左翼团体出席，而协会则代表议会中三个成员工会。1900 年 2 月 27 日，工党正式成立，同年大选有两名议员成功晋身下议院。在 20 世纪 20 年代初期的大选中工党取代了自由党的地位。并于 1924 年第一次组阁执政，成立工党政府（Labour-Regierung），麦克唐纳任首相兼外交大臣，内阁成员多数是工人出身。工党执政期间，对内通过了"惠特利住宅计划"，增加国家补助金用于住宅建设，还改善了保障制度，增加养老金和失业补助，废除了保护关税的原则。在外交上，1924 年 2 月同苏联建立外交关系并签订贸易协定。1924 年的伦敦会议上，麦克唐纳从中调停，使法、德接受道威斯计划。工党政府执行的这些较激进的政策受到保守党和自由党的攻击。他们以坎贝尔案为借口反对麦克唐纳，说他有同情共产主义的嫌疑，麦克唐纳被迫于 1924 年 10 月辞职，第一届工党政府结束。

工党于 1929—1931 年间第二次执政，两次执政都是少数派政府。

社会主义法律的属性

社会主义法律，首先是指苏维埃政府法律。在东欧这些社会主义国家，自从"二战"之后处于斯大林的统治之下，这些国家的法律基本结构并没有根本的改变。在西方学术界里曾经争论，这个法律是否是一个独立的法域？除此之外，这个法律同西方法律也有些共性，也有宪章模式、也有立法、规定以及其他更多的共性。东欧集团的司法是让人们相信，他们的法律同资本主义国家的法律基本上是不同的。因此，从这一事实来说，社会主义法律是属于自己的法域，这些可以从他们的历史当中获得解释。1917 年十月革命产生了社会主义国家，这些国家按照卡尔·马克思和弗里德里希·恩格斯的观点，是由无产阶级和工人阶级发展起来的工业国家。列宁领导的苏维埃政权发展的结果是产生一个落后的农业国，其原因是由于缺少这个无产阶级。因此，他认为通过他的共产主义政党即布尔什维克来代替无产阶级就能实现工业的大发展、社会大进步。他代表的不是现实的无产阶级的利益，而是他的政党的领导角色，并致力于中央集权秩序的形成与维护，这些是在针对白军所进行的内部战争中形成的。它必须通过武装革命夺取政权，推翻先前的统治阶级。在这一点上马克思和恩格斯同样意识到了，只有通过革命的手段才能实现一个没有等级之分的共产主义社会的终极目标。但是他们也意识到这个目标不是立刻就能实现的，必须是分阶段的，必须是通过斗争才能实现的。他们把这些称为无产阶级专政（Diktatur des Proletariats）。列宁接受了这个方案，并且做出了最好的典范。他严格地遵循马克思和恩格斯的理念，并在执行当中回答了如何通过无产阶级专政来实现这个目标的实践性问题。马克思和恩格斯曾经说过无产阶级专政的工具也许是国家，因为这个国家是统治阶级的工具。革命之前，国家是资本者对阶级统治进行维护的工具，革命之后，这个国家也是一个工具，但是由处于统治地位的工人阶级用这个工具去实现一个无阶级的社会。就如同恩格斯所说的，在这个社会当中，国家将成为一种多余，并且应该寿终正寝。对于无产阶级专政的中间状态的国家组织架构而言，马克思和恩格斯已经清楚地构思出来了。巴黎公社首先开创了无产阶级在战场上去寻求自身解放、用暴力革命夺取政权的伟大范例，而且率先为建立无产阶级专政的民主政权进行了实践探索。公社是旧式国家政权的直接对立物。它是真正按照民主原则选举产生和行使权力的。公社委员会是由巴黎各个区域进行普选选出代表组成的，其中大多数是工人，或是公认的工人代表。这些委员对选民负责，接受选民的监督，不称职的，随时可以撤换。公社作为一种新型的人民政权，不是议会式的，而是同时兼管立法和行政的工作机关。公社明令宣布，废除作为资产阶级压迫工具的常备军、旧式警察和法庭，用武装的人民和人民的革命机关取而代之；公社还宣布教会与国家相分离，以着手摧毁奴役群众的精神压迫工具。人民代表组成的公社，不再是剥削阶级及其代表人物的私有物。公社的一切公职人员，都是人民的勤务员，不得以权谋私。公社规定它的一切公职人员，从上至下，只领取相当于工人工资的薪金，即年薪不高于工人工资。公社的公职，只能用于为人民服务，并接受群众的监督和批评，防止有人用以追求升官发财的自私目的，防止他们由社会公仆变为社会主人。公社的这种权力构成和运行的民主机制，以及它在被敌人围困条件下所采取的许多反映工人阶级、人民群众的利益和要求的社会经济的政策措施，"给民主共和国奠定了真正民主制度的基础"。"公社的真正秘密就在于：它实质上是工人阶级的政府，是生产者阶级同占有者阶级斗争的结果，是终于发现的，可以使劳动在经济上获得解放的政治形式。"这种尝试建立无产阶级专政的实践经验，是国际共产主义运动的宝贵财富，至今还有启发和借鉴意义。马克思和恩格斯根据1871年巴黎公社的经验，将《共产党宣言》作了一次必要的修改，以至于它成为后来的苏维埃的宪章，后来人们把这个宪章称为苏维埃共和国宪章。它的架构应该是按从低到高的顺序进行的，其中存在着间接性与居间性特性。在这个国家的最底层阶段应该是广大最基层的居民和企业统一按照地域进行选举代表，作为最基层的国家管理机关，是各区普选选出的城市代表组成的。这些代表对选民负责，随时可以撤换。其中大多数自然都是工人，或者是公认的工人阶级的代表。从这个层面讲，整个国家的大量意见来自于金字塔的最底层。然后是向上一个较高阶层的区域进行传达和反映，只存在一些与该区域相对应的意见获得选择。在这个阶层当中，只有少量的意见获得进阶。一切公职人员完全由选举产生并完全可以撤换。但是这个"仅仅"，事实上意味着两类根本不同的机构的大更替。在这里恰巧看到了一个"量转化为质"的例子：民主实行到一般所能想象的最完全最彻底的程度，就由资产阶级民主转化成无产阶级民主，由国家（即对一定阶级实行镇压的特殊力量）转化成一种已经不是原来意义上的国家的东西。一切公职人员毫无例外地完全由选举产生并可以随时撤换，把他们的薪金减到普通的"工人工资"的水平，这些简单的和"不言而喻"的民主措施使工人和大多数农民的利益完全一致起来，同时成为从资本主义通向社会主义的桥梁。这些措施关系到对社会进行的国家的即纯政治的改造，但是这些措施自然只有同正在实行或正在准备实行的"剥夺剥夺者"联系起来，也就是同变生产资料资本主义私有制为公有制联系起来，才会显示出全部意义和作用。

马克思认为这个政权不同于议会式政权，他应当是工作的机关，兼管行政和立法的机关。普选制不是为了每三年或六年决定一次，究竟由统治阶级中的什么人在议会里代表和镇压人民，而是应当为组织在公社里的人民服务，正如个人有选择的权利为任何一个工厂主服务，使他们能为自己的企业找到工人、监工和会计一样。摆脱议会制的出路，当然不在于取消代表机构和选举制，而在于把代表机构由赋闲制的变为为民服务的工作机构。苏维埃不应当是议会式的，而应当是工作的机构，兼管行政和立法的机构。在苏维埃里，坚决杜绝社会党人的部长先生们用空谈和决议来愚弄轻信的农民。在政府里，不断地更换角色，一方面为的是依次让更多的社会革命党人和孟什维克尝尝受到压迫的"甜头"，另一方面在苏维埃用来代替资产阶级社会贪污腐败的议会的那些机构中，发表意见和讨论的自由不会流为骗局，因为议员必须亲自工作，亲自执行自己通过的法律，亲自检查实际执行的结果，亲自对自己的选民直接负责。代表机构仍然存在，然而传统的议会制这种特殊的制度，这种立法和行政的分工，这种议员们享有的特权地位，在这里是不存在的。没有代表机构，我们不可能想象什么民主，即使是无产阶级民主；而没有议会制，我们却能够想象和应该想象，除非我们对资产阶级社会的批评是空谈，除非推翻资产阶级统治的愿望不是我们真正的和真诚的愿望,而是象孟什维克和社会革命党人,像谢德曼、列金、桑巴、王德威尔得之流的那种骗取工人选票的"竞选"词句。马克思在谈到既为公社需要、又为无产阶级民主需要的那种官吏的职能时,拿"任何一个工厂主"雇用的人员来作比喻,即拿雇用"工人、监工和会计"的普通资本主义企业来作比喻。马克思没有丝毫的空想主义,就是说,他没有虚构和幻想"新"社会。相反,他把从旧社会诞生新社会的过程、从前者进到后者的过渡形式,作为一个自然历史过程来研究。他以无产阶级群众运动的实际经验为依据,竭力从这个经验中取得实际教训。他向公社学习,就像一切伟大的革命思想家不怕向被压迫阶级的伟大运动的经验学习而从来不对这些运动作学究式的训诫一样。

我们工人自己将以资本主义创造的成果为基础,依靠自己作为工人的经验,建立由武装工人的国家政权维护的最严格的铁的纪律,来组织大生产,把国家官吏变成我们委托的简单执行者,变成对选民负责的、可以撤换的、领取微薄薪金的"监工和会计"(当然还要用各式各样的和各种等级的技术人员)——这就是我们无产阶级的任务,无产阶级革命实现时就可以而且应该从这里开始做起。在大生产的基础上,这个开端自然会导致任何官吏逐渐"消亡",使一种不带引号的、与雇佣奴隶制不同的秩序逐渐建立起来,在这种秩序下,日益简化的监督职能和填制报表的职能将由所有的人轮流行使,然后将成为一种习惯,最后就不再成其为特殊阶层的特殊职能了。马克思认为苏维埃政权的公职,只能用于为人民服务,并接受群众的监督和批评,防止有人用以追求升官发财的自私目的,防止他们由社会公仆变为社会主人。苏维埃政权的这种权力构成和运行的民主机制,以及它在被敌人围困条件下所采取的许多反映工人阶级、人民群众的利益和要求的社会经济的政策措施,给民主共和国奠定了真正民主制度的基础。苏维埃政权的真正秘密就在于:它实质上是无产阶级的政府,是生产者阶级同占有者阶级斗争的结果,是终于发现的,可以使劳动在经济上获得解放的政治形式。

马克思和恩格斯认为,工人阶级和无产阶级的历史使命是进行社会主义社会革命。透过19世纪中叶各国的革命运动经验,马克思和恩格斯开始思考无产阶级、政党以及革命运动的关系问题。马克思和恩格斯一致认为,无产阶级在革命中具有积极的主动性,但是不可避免地在革命运动中具有盲动性的天然缺陷,而共产党或者革命者的作用并非如同各种空想社会主义流派所主张的那样,仅仅是一个政客、一个鼓动家,只停留在革命运动的边缘地带,只是通过理论宣传向无产阶级宣扬真理,而不是参与实践。相反,无产阶级的政党应当密切地参与阶级斗争,帮助并引导无产阶级通过自己的历史实践找到革命的道路。无产阶级的政党又不能同发挥雅各宾主义的领头作用,或者布朗基主义密谋组织的作用,更不能自以为高高凌驾于人民群众之上,代替无产阶级搞革命。无产阶级政党作为为无产阶级解放而进行革命斗争的先锋队,换言之,为了广大被统治阶级的普遍利益,不能被异化为一个高居无产阶级之上的不巧的精神领袖或者开明君主的形象。马克思和恩格斯认为,广大被压迫者即贫民和工人阶级倾向于通过他们自身的阶级斗争实践来实现无产阶级的总体性。无产阶级的政党不是总体性的异体化身,而是作为无产阶级和工人运动终极目标的总体性和阶级斗争历史进程的每个组成阶段之间的理论和实践的调节者。

总而言之,无产阶级政党不是资产阶级和空想社会主义者的最高救世主的现实继承者;它是为了解放所有被压迫的劳苦大众而进行革命斗争的,他们是无产阶级的先锋队,也是唤醒广大贫困劳动人民并支持其革命斗争而非政治斗争并建立无产阶级专政的工具。它的作用不是代替或超越无产阶级和工人阶级进行行动,而是指导并引导无产阶级和工人走向自我解放的革命道路,走向社会主义社会革命。

列宁在十月革命之前撰写了关于俄国社会民主党组织问题的文章,尤其关注的是无产阶级政党如何组织、怎么办的问题,并提出无产阶级专政,其架构是社会主义革命运动的集中制原则。具体的组织概念和理论原则之间的形式性质和历史根源各不相同,具体如下:

首先,无产阶级的革命意识具有主动性与自发性的属性,这两种属性从无产阶级的早期斗争实践中可以突然体现出来。运动发起之时激情澎湃,遇到挫折和困难的时候消极气馁甚至是绝望。诸如1871年3月18日,巴黎人民起义后建立的公社,虽然它仅仅存活了72天,但是它充分说明了工人阶级创造新世界的历史主动性、谋求自身解放的革命首创精神、大无畏的革命英雄主义和英勇的献身精神。巴黎公社是无产阶级能够在战场上寻求自身解放,用暴力革命夺取政权的伟大范例,而且率先为建立无产阶级专政的民主政权进行了实践探索。尽管如此,我们必须注意到工人阶级存在无自觉性和无组织性的弱点,特别强调无产阶级专政必须有马克思主义的理论武装,有无产阶级正确的领导,反对对工人运动自发性的崇拜。同时列宁认为,单靠工人运动本身自发的发展,只能形成工联主义意识,无产阶级的自觉意识、科学社会主义意识只能从外面灌输进去。这是无产阶级组织成为独立于资产阶级政党而成为新型的无产阶级政党,并使工人群众作为一个阶级来行动的首要条件。对工人运动自发性的任何崇拜,对自觉成分即对马克思主义和无产阶级政党领导作用的任何轻视,都是加强资产阶级思想体系对于工人的影响,都会导致无产阶级事业的失败。

其次,无产阶级的革命具有高度的理论性,没有革命的理论,就不会有革命的运动,没有革命理论,就不会有坚强的社会主义政党,因为革命理论能使一切社会主义者团结起来,他们从革命理论中能取得一切信念,他们能运用革命理论来确定斗争的方法和活动方式。所以,只有以先进理论为指南的党,才能实现先进战士的作用。不言而喻,这里所谓革命理论和先进理论,就是指无产阶级政党的马克思主义的理论体系。只有工人阶级的政党,即共产党,才能团结、教育和组织成无产阶级和全体劳动群众的先锋队,也只有这个先锋队才能抵制这些群众中不可避免的种种行为狭隘性或行会偏见的传统恶习,并领导全体无产阶级的一切联合行动,也就是说在政治上领导无产阶级,并通过无产阶级领导全体劳动群众。列宁强调说:"不这样,便不能实现无产阶级专政。谁要是仅仅承认阶级斗争,那他还不是马克思主义者,他可能还没有走出资产阶级思想和资产阶级政治的圈子。用阶级斗争学说来限制马克思主义,就是割裂和歪曲马克思主义,把马克思主义变为资产阶级可以接受的东西。只有承认阶级斗争、同时也承认无产阶级专政的人,才是马克思主义者。

所有这些最终都对苏维埃政权的法律产生影响,或者确切地说他们最终的结果落实到法律上。在西方,法律是国家法律,但是在苏维埃政权的国家,法律却是政党的,由这个政党产生法律,由这个政党确定经济和社会秩序。这些甚至是部分不同于西方的法律,也包括功能的不同,苏维埃政权是通过政党政治和国家政治去实施监督,而不是通过法律。在东欧社会主义国家中的法律,仅仅是扮演着一种从属性的角色或者是配角,没有像在西方那样扮演着重要的主角。在极端的情况下,甚至可以不遗余力地废除或推迟甚至是亵渎法律,就像在斯大林时期的三十年的肃清。

宪 法

这个激进的年代对宪法也产生了影响,在此之前在欧洲的历史当中从来没有在一些个别国家当中产生如此大量的完全不同的宪法。这个纪录被俄国苏维埃政权所保持,其从1906年一直保持到1993年。在此我们需要注意的是下面这17个国家的宪法已经有一个世纪基本上没有改变,诸如:英国、法国、比利时、荷兰、丹麦、挪威、瑞典和瑞士。尽管法国、比利时、荷兰、丹麦和挪威在"二战"时受到德国占领军的控制与干扰,但是仍然没有改变。他们在最近的整个世界当中进行着持续不间断的民主发展。而在西方诸如意大利、西班牙、德国、奥地利、希腊以及东部的俄罗斯苏维埃联邦社会主义共和国、匈牙利、波兰和捷克斯洛伐克这些新的国家产生了专政或者强大的独裁政体。英国继续发展它的议会制民主，自从1911年开始，贵族上院不再对金融财经问题参与投票决定，并且其他立法投票确定的事项改由民主选举产生的下院来确定。1918—1928年，普通选举法对于男人和妇女都适用，1998年苏格兰自治，威尔士和北爱尔兰于1999年开始对上院的组成结构进行改制。由《1999年上议院法案》（*House of Lords Act 1999*）所进行的革新，世袭贵族的席位予以废除，仅保留若干席位给国务重臣，以及另外由选举产生的92席贵族代表，对于新的改制正处于协商之中。荷兰的议会制直到第二次世界大战开始时，通过君主立法才被允许，而"二战"结束后却被改变。自此以后荷兰议会又像早前一样被分成两院，即上院和下院。上院有150个席位优先负责处理立法，下院有75个席位。自从1917—1922年开始普通选举法对男人和妇女都适用。原则上，君主和政府的职权是作为执行权，具体执行议会的授权，这在1983年和2002年新修改的宪法当中有规定。事实上，这些只是阻止君主权力的膨胀。

丹麦于1901年引入议会制，在20世纪抛弃君主制民主。1915年丹麦民主制爆发，产生第一个议会，之前完全由国王控制的国家，改成由大地产和富有的城市市民参与管理。现今丹麦的议会是由国民选举产生，同时妇女也可以行使选举权和被选举权。早期这两院是平等的，没有上下之分，在称呼上分别是"国民议会"（Folketing）和"参议员议会"（Landsding）。国民议会主要包括独立的农民、工人和商人，以及受过教育的知识分子阶层（即社会的自由派势力）。从1866年至1915年，投票支持参议员议会的权利仅限于最富有的阶层，并且这些成员由国王任命，因此，他们主要是代表地主阶级和其他保守派。从1915年参议员议会实行新的选举法，并对年龄作出限制。自从1953年开始，这个两院系统被确定为一院制度，即只有国民议会，作为普遍的议会，负责选举政府和确定立法。

在欧洲一直保留的一个古老的直到今天还在发挥作用的书面记录性成文宪法——《挪威宪法》是1814年产生的，1884年获得议会原则上通过。公元14世纪末，野心勃勃的丹麦女王通过武力威胁，最终迫使挪威向其称臣，在随后将近四百年左右时间，挪威一直成为丹麦的附庸国，但丹麦对挪威一直实施怀柔政策，同意其保留相当程度的自治权，尽管曾经有挪威人零星的起义反抗，但整体对丹麦并没有持有敌意。1814年，以北欧大不列颠自居的瑞典，和当时的英格兰、俄国、普鲁士组成联军打败拿破仑，随后便要求当时同拿破仑站在同一阵线的丹麦，必须割让挪威领土，作为战败阵营的献礼，挪威的命运，遂从原本被丹麦统治，一夕间又变成瑞典的附属地，总计挪威王国前后有五百多年是受制于他国统治。挪威现行的宪法，即是当年为谋求国家独立地位，反对瑞典吞并而制定的《埃兹伏尔宪法》（Eidsvolls），该宪法以当年宪法签署地命名。在瑞典强行占领挪威期间，该宪法尽管一直不能付诸实践；但是对挪威人而言，至少进一步具体化了挪威人的自我认同。让他们的国民相信自己既不属于丹麦，也不归于瑞典，而是一个独立的国家。日后挪威的国庆节并非定于脱离瑞典统治、重新取回国家主权的 6 月 17 日（1905 年），而是（1814 年）5 月 17 日宪法出炉的那一天。宪法在位于当时的挪威首都克里斯蒂安尼亚（Christiania，即现在的奥斯陆）以北的小镇埃兹伏尔（Eidsvoll）召开的、带有制宪性质的挪威国民大会（Riksforsamlingen）上获得通过，并于 5 月 17 日签署生效。其中缘由就在于此。这部宪法被视为当时世界上立场最激进的民主宪法之一。而宪法的签署日期 5 月 17 日也成为现在挪威的国庆日。公元 10 世纪左右，挪威受基督教影响，逐渐从部族社会发展成为一个正式的国家，但碍于自然资源稀少，相比于邻国丹麦、瑞典而言，挪威国力自然是很柔弱的。这就是一种文明时代的讽刺，中古世纪的挪威海盗曾让欧洲人闻风丧胆，然而文明社会下的挪威，却是让人蹂躏的弱者。丹麦和瑞典一直当挪威是个不需要独立存在的国家，为了同日耳曼和法兰克人及其他部族列强抗衡，丹麦将挪威视为自己帮手，期望统一北欧。而瑞典时时刻刻对挪威虎视眈眈，挪威长期成为两强争夺的俎上肉。在很长一段时间里挪威人的国格基本上被丹麦和瑞典所践踏，偶尔在本土文学、音乐和艺术中寻求慰藉。宪法的出现，除了代表挪威人追求独立地位的企图，也同时确立了挪威人的信仰价值，当年近百名年轻法学家冒着被瑞典军队逮捕的危险，躲在一处钢铁厂的地下室秘密制定宪法。宪法内涵兼采美国、法国及瑞典宪法精神，在自由、平等和民主的实践上，重点削弱及限制王室和贵族权力，此种宪政设计对封建体制被摧毁及现代民主制度的建立发挥巨大的核心作用。尽管当时的瑞典国王借着武力优势，让挪威人的宪法存而不行，但其宪法思想内涵比当时北欧最进步的瑞典宪法更具有进步性和现代性。由此在瑞典产生这样一种现象，形式上瑞典宪法具有统治权，但在实质思想上却是由挪威人宪法所统治。挪威人守护这部宪法，就像守护国家最后一线生机，它也证明了挪威人的智能和胸襟确实不亚于其他大国，也许羸弱的武力，让他们无从扭转遭瑞典侵占的事实，他们却能透过文学、音乐和宪法的交流，让穷兵黩武、初期祭以高压统治的瑞典，一步步软化非占领挪威无法表现国力的心态，同时认清挪威人未必是一个见到大国崛起就会放弃自我、趋炎附势、争相靠拢的民族。挪威的处境愈受瑞典国内和平主义者的尊敬与同情，1905 年，挪威见时机成熟，不畏瑞典王室吓阻，径行依照当年立宪者签署的宪法举行独立公投，在高达 85% 的投票率下，挪威人以 377149：184 的压倒性票数，自行决议结束和瑞典的联盟关系（名为联盟，实为并吞）。瑞典国王一度打算出兵否决投票结果，所幸在瑞典和平主义者劝阻下，避免了两国之间又一次血腥杀戮的历史。

挪威脱离瑞典统治已超过百年，制定宪法则超过两百多年。随着挪威民主政治的发展，1814 年宪法中的一些内容开始显得落后于时代。例如行政权虽然一直按照宪法由国王享有，但是通过一系列修正案，这一权利被逐渐地转移到了国王的国务委员会（statsråd，即内阁）手中。无独有偶，原先国王有权任命阁员，而全体阁员也只向国王本人负责。阁员人选也不能从议会中选取。在 1870 年代议会制确立之后，内阁开始通过大选产生。国王只有权任命议会多数党或多数派的成员为内阁阁揆或阁员。而内阁也只对议会负责，一旦不信任案在议会中获得通过，内阁只得总辞职。在 1814 年后，宪法还历经了多次其他方面的修正。最近一次的修正案于 2006 年 2 月 20 日通过。在第二次世界大战后恢复和平与宪政规则的时期里，挪威社会各种力量就如何修正宪法，以避免战时五年内的悲剧重演进行了激烈的争论，但是最终挪威并未因此修正宪法。在立宪以来漫长的时间里，挪威宪法的核心内容经受住了种种严峻的考验。在立法实践中，相应的修正之处和实际文本中的改动还有很多。其中最重要的当属删除"犹太条款"（Judenparagrafen）。该条款即为先前宪法的第二条，是为先前丹麦统治的遗迹。这一条款规定："福音路德宗仍为本国的国教。信奉国教的居民也应教育他们的子女信仰此宗教。不准设立耶稣会和隐修性质的修会。禁止犹太人信奉国教。"其中的最末一句于 1851 年被取消。最近一次、也是第二次删除条文出现在 1897 年。在此之前宪法中的第十二条规定，国务委员会中的半数以上成员必须为国教会成员。这一规定在此之前一直备受争议。1898 年，挪威宪法中引入了男性公民的普遍选举权。1913 年，挪威又通过修正案，在宪法中规定全体国民都享有普选权。1814 年的一系列事件和当年制定的宪法在挪威的民族认同中占据了相当重要的地位。因此，为了尽可能维持宪法文本的延续性，改动的内容在遣词用句上都尽量与原始文本的风格相仿。在 1814 年，丹麦语仍是挪威普遍使用的书面语言。而现在挪威语的两大分支——书面挪威语（Bokmål）和新挪威语（Nynorsk）——要到 19 世纪末期才发展成熟。1903 年，挪威对宪法的文字进行了微调，根据 1814 年后正字法的变化更改了一些词语的拼写。但是在总体上，更改后的宪法的文本仍然以比较保守的 19 世纪丹麦文为主。

近年来的所有宪法修正案在文字上都尽可能地模仿1903年修改后的宪法版本，这使得宪法文本的语言构成非常独特。例如在现行宪法中，虽然现在"环境"一词的常见涵义已经较19世纪发生了很大的变化，但这一词语仍然按古雅的拼法写作"milieu"，而非现代挪威文和丹麦文中的"miljø"。与此同时，尽管"萨米（的）"（samisk）这一族群名称直到20世纪70年代才开始普及，"萨米人"在宪法中还是被表述为"den samiske Folkegruppe"（意即萨米族群）。而在1814年和1903年版本的宪法中，相应的表述则是现在被认为带有贬损意义的"拉普人"（lappisk）。有人认为挪威是唯一一个将外语作为宪法语言的国家，其实这种说法并不确切。严格说来，除了使用拉丁语的梵蒂冈之外，挪威是唯一一个使用拉丁语言修改法律和起草新法律的国家。甚言之，如果严格按照宪法的原文，挪威王国的官方名称也并非现在常用的"Kongeriket Norge"（书面挪威语）或"Kongeriket Noreg"（新挪威语），而应该是丹麦文形式的"Kongeriget Norge"。在挪威宪法第二条当中明确了要求实现完全的政教分离，挪威宪法将最高司法权授予了挪威的最高法院。但在19世纪最高法院却常常被议会当作政治工具加以利用，以达到其操控政府的目的。不过自1927年之后，最高法院就再也没有对政府提出过弹劾。2004年，几位议员向议会递交报告，并提出了一份宪法修正案，以调整最高法院的法律基础，从而达到减小其政治偏向的目的。2007年2月20日，该修正案在议会中以全票获得通过。之后最高法院的法庭不再如同此前那样，由最高法院法官及占议会人数四分之一的挪威上议院全体议员组成，将由五位常设的挪威最高法院（Norges Hochgericht）法官以及六位由议会指派的非专业法官共同构成。

附：挪威王国宪法[①]

（一八一四年五月十七日）

第一章 政体和宗教

第一条 挪威王国是自由、独立和不可分割的国家。其政体是世袭君主立宪政体。

第二条 全体国民均有自由信奉宗教的权利。

福音派基督教路德教为国教。信奉基督教路德教的国民应当培养其子女信奉基督教路德教。

---

① 资料来源：T. K. Derry, A history of modern Norway, 1973, S. 9 ff. , 51 ff. ; die Texte der beiden Verfassungen von, 1814；中文参阅孙谦、韩大元：《欧洲十国宪法》，中国检察出版社2013年版。

第二章　行政权、国王和王室

第三条　行政权属于国王。

第四条　国王必须信奉福音派基督教路德教，并维护基督教路德教。

第五条　国王人身不可侵犯，不受谴责或指控。实行内阁责任制。

第六条　王位继承法规定父亲嫡长子继承王位，即只有合法婚姻所生男嗣才有资格继承；还规定按世系的远近和长幼的序列继承。

在考虑继承人选时，也应把先王的遗腹子包括在内，他一出生，就应确定他在继承序列中的应有位置。任何一位有资格继承挪威王位的王子出生后，应将其姓名和诞生日期通知在其出生后挪威议会举行的第一次会议并载入议会议事录。

第七条　如果没有可以继承王位的后嗣，国王可以向挪威议会提出继承人选。议会如不同意国王的提名，有权另行选举继承人选。

第八条　国王成年的法定年龄由法律规定。国王达到成年后，应立即将此事通告全国。

第九条　达到成年的国王执政时，应立即向挪威议会作如下宣誓："朕保证并宣誓：朕将遵照挪威王国的宪法和法律治理国政，愿无所不知的全能的上帝真诚帮助我。"

如果议会当时正处于闭会期间，国王应向内阁作书面宣誓，并应在此后举行的议会第一次会议上作正式宣誓。

第十条　（已被废止）

第十一条　国王应居住在王国境内，如未经议会同意而一次在国外逗留超过六个月，即以本人自动放弃王位论处。

未经议会以三分之二多数票同意，国王不得接受任何其他王位或政权。

第十二条　国王亲自指定由年满三十岁的挪威公民组成的内阁人选，内阁由首相和至少七名成员组成。

在内阁成员中，信奉国教者应占过半数。

国王在非常情况下，按照他认为适宜的方案，确定内阁成员之间的分工。

在非常情况下，国王可以邀请其他挪威公民参加内阁会议，与内阁正式成员一起共商国事，但不得邀请议会议员参加上述内阁会议。

丈夫和妻子，父母和子女，或兄弟和姐妹不得同时在内阁任职。

第十三条　国王在国内出巡期间，可以委托内阁处理政务。内阁以国王的名义并代表国王施政。

内阁成员应忠诚地遵循本宪法的规定，以及国王以敕令下达的具有宪法效力的具体指示。

内阁审议事项均由表决决定,如果投票结果是赞成与反对的票数相等,首相(或首相缺席时,则为出席阁员中地位仅次于首相的阁员)拥有投两票的权利。

内阁应将审议事项的表决结果呈报国王。

第十四条 (已被废止)

第十五条 (已被废止)

第十六条 国王对一切有关国教仪式和公开礼拜,以及有关宗教事务的会议和集会发布指示,并保证使公立的宗教教师遵循上述规定。

第十七条 国王有权颁布或撤销有关商业、关税、贸易、工业和治安等法令,但上述法令必须符合挪威议会通过的宪法和法律(如第七十七、七十八和七十九各条之规定),上述法令临时生效,直至下届议会产生为止。

第十八条 议会所规定的各项捐税,照例由国王委派专人征收。

第十九条 国王对国家财产的管理、特许权和专利权的控制实施监督,并确保按照议会所规定的、对社会最有利的方式进行管理。

第二十条 国王在内阁会议上有权对已判决的罪犯实行赦免,罪犯可以在接受国王赦免或甘愿服刑之间作出选择。

如果是下议院向王国宪法法院提起的诉讼,则除死刑而外,不得对所判处的其他任何刑罚实行赦免。

第二十一条 国王根据内阁的建议遴选任命文职、教会和军职官员。被任命的官员应宣誓或依法免予宣誓,则正式声明:遵守宪法,效忠国王。王子不得担任文职官员。

第二十二条 国王在听取内阁意见后,可以不经过法院裁决而直接罢免首相、内阁成员、政府机构官员、外交或领事馆官员、主要文职官员、教会神职人员、团长、其他军种指挥官、要塞司令官和舰队指挥官。被免职的官员应否授予退休金,由下次议会会议决定。在此期间,免职人员领取原薪的三分之二。

其他官员,国王只能令其停职,并立即交付法院起诉;如裁定不予起诉,不得免除他们职务,也不得违背本人意愿调动职务。

凡达到法定限制年龄的官员,不须经过法院裁决,均可免职。

第二十三条 国王可以向他认为成绩卓著应予表彰的人员授勋,并明令宣布,但不得授予与各该职务不相称的头衔或称号。任何人不得因为获得勋章而可以不履行公民的共同义务和责任,也不得因之而可以优先获得政府职务。经国王同意而被解除职务的官员可以保留其原有职务的称号和头衔。但上述规定不适用于内阁成员。

今后，不得授予任何人世袭的人身特权或混合特权。

第二十四条　国王可以随意挑选和遣散王室成员和宫廷随从。

第二十五条　国王为王国陆海军统帅。未经议会同意，陆海军部队不得扩编或缩编。非经议会同意不得调动王国陆海军为外国服务，也不得调外国军队进入王国，但为抵抗敌人进攻的外国援军除外。

地方部队和不能划为前线部队的其他军队，未经议会同意，绝不准在王国境外使用。

第二十六条　国王有权调集军队，为保卫王国和谋求和平进行战争、缔结和废除条约、委派和接受外交使节。

涉及重大问题的条约，尤其是按照宪法规定必须由议会通过新的法律或决议方可履行的条约，在议会表示同意之前，不具有约束力。

第二十七条　除由于法律障碍而不得出席者外，全体内阁成员必须出席内阁会议。必须有过半数内阁成员出席，内阁才可作出决定。

不信奉国教的内阁成员不得参加有关国教教会事项的审议。

第二十八条　有关任命官员和其他重大事项的提议应由分管的内阁成员向内阁提出，并由该内阁成员按照内阁的决定迅速办理。但是，纯粹涉及军事指挥的事项，内阁可根据国王的决定而不予讨论。

第二十九条　如果内阁成员由于法律障碍不能出席会议和提交本部门的审议事项，则由国王委托其他内阁成员代为提交。

如果由于法律障碍而使出席的内阁成员不够过半数，则按法定人数的需要，委托其他人士，不分性别，参加内阁会议。

第三十条　凡内阁审议的事项均应记入会议记录，内阁决定需要保密的有关外交事务的审议情况应另行记入会议特别记录。上述规定同样适用于内阁决定须予保密的有关军事指挥的审议事项。

凡出席内阁会议人员，有义务坦率地表达自己的意见，国王应当倾听意见。但最终得由国王根据本人的判断作出决定。

任何内阁成员如认为国王的决定与政府体制或王国法律不符或不利于王国，则有责任对国王的决定提出强烈抗议，并将本人意见记入会议记录。如果内阁成员对国王的决定不表示异议，即视为同意国王的决定，应对随后的决定以及下议院向王国宪法法院提出的弹劾负责任。

第三十一条　国王作出的任何决定均须有副署始得生效。有关军事指挥的决定应由提出此项议案人员的副署；其他的决定由首相副署。如首相缺席，则由出席阁员中地位仅次于首相的阁员副署。

第三十二条 国王缺席期间，由政府作出的决定应以国王名义制定，并由内阁签署。

第三十三条 （已被废止）

第三十四条 最有资格继承王位的人，如系现任国王之子，称王储。其他有资格继承王位的王室成员称王子、公主。

第三十五条 王位继承人年满十八周岁，即有资格列席内阁会议，但没有表决权，也不负责任。

第三十六条 王子婚姻必须获得国王认可，未经国王和议会以三分之二多数票同意，也不得接受其他王位和政府职务。

王子违犯本条规定，本人及其后裔均丧失继承挪威王位的权利。

第三十七条 就个人而言，王子和公主，除国王或由国王指定对王子和公主进行审讯的人员外，不对任何人负责。

第三十八条 （已被废止）

第三十九条 如果国王逝世而王位继承人未成年，内阁应立即召集议会。

第四十条 在议会举行会议对国王未成年时的政府作出规定以前，由内阁依照宪法负责管理王国事务。

第四十一条 如果国王不在国内，或因病不能处理政务，如王储已成年，应临时授予国王权力，领导政府。否则由国务委员会负责处理王国政府事务。

第四十二条 （已被废止）

第四十三条 在国王未成年期间，代表国王领导政府的监护人由挪威议会选举产生。

第四十四条 王子如按第四十一条之规定领导政府，须向议会提交如下书面宣誓："我保证并宣誓：我将遵照宪法和法律来领导政府，愿无所不知的全能的上帝真诚帮助我！"

如果议会正处于休会期间，则书面宣誓应交付给内阁，由内阁转交给下次议会会议。

以前曾作过宣誓的王子不必再行重复。

第四十五条 王子或监护人领导政府的使命结束后，应立即向国王和议会提交一份政府工作报告。

第四十六条 如果上述人员未按照第三十九条之规定立即召集议会，最高法院有绝对的责任于四星期后敦促发布召集议会命令。

第四十七条 如果先王未曾遗留书面指示，对未成年国王的教育教养事宜，由议会确定。

第四十八条　如果王室男性后裔绝嗣而没有指定王位继承人，由议会选立新国王，同时，由内阁根据第四十条之规定行使行政权。

第三章　公民资格和立法权

第四十九条　人民通过议会行使立法权。挪威议会由上议院和下议院组成。

第五十条　凡在选举年年满二十周岁的挪威男女公民均有选举权。

但是，有关在投票日尚侨居国外但符合上述条件之挪威国民应有选举权的问题，由法令加以规定。

第五十一条　有关选举登记人员以及有选举权的选民登记事宜的实施细则由法律规定。

第五十二条　（已被废止）

第五十三条　凡属于下列情况之一，即丧失投票权利：

甲、因犯罪而被判刑者，但法律另有规定者除外；

乙、未经政府同意而受雇于外国政府者；

丙、（已被废止）

丁、因买卖选票或多次投票而违犯选举法者；

戊、被宣布为无能力管理本人事务者。

第五十四条　选举每隔四年举行一次，于同年九月底结束。

第五十五条　选举按法律规定的方式进行。有关选举权的争端由选区官员调停，如果对选区官员的决定不服，可以向议会提出上诉。

第五十六条　（已被废止）

第五十七条　议会当选议员的总名额为一百五十五名。

第五十八条　每一郡设一选区。王国各选区的代表名额分配如下：

东福尔郡八名；奥斯陆市十五名；阿麦什胡斯郡十名；海德马克郡八名；奥普兰郡七名；布斯克吕郡七名；西福尔郡七名；泰勒马克郡六名；东阿格德尔郡四名；西阿格德尔郡五名；罗加兰郡十名；霍达兰郡十五名；松——菲尤拉纳郡五名；默勒——鲁姆斯达尔郡十名；南特伦德拉郡十名；北特伦德拉郡六名；诺尔兰郡十二名；特罗姆斯郡六名；芬马克郡四名。

第五十九条　每个市设立独立的分选区。每个分选区可单独地举行选举。根据直接选举法，上述选举只对整个分选区的正式议员和候补议员候选人进行投票。

实行比例选举制，其适用规则以及有关选举的具体规定，在遵守宪法规定的前提下，由法律规定。

第六十条　允许合格选民委托他人投票，其范围和方式由法律规定。

第六十一条　凡在王国居住十年以上并享有选举权者，均有资格当选为议员。

第六十二条　政府机构官员以及法院的服务人员、雇工和领取养老金者，不得被提名为议员候选人。上述规定同样适用于外交机构和领事馆的一般工作人员。

内阁成员如不放弃内阁席位，不得担任议会议员。

第六十三条　任何当选的议会代表应当无条件同意当选，除非该选举在当选代表有选举权的选区之外进行，或当选代表因受议会认为有效的障碍而不得当选。如果当选代表已经出席议会选举后每次的常会，他未必在下届议会选举中同意当选。

如果当选代表未必同意当选，应在法律规定的期限内，并按法律规定的方式作出是否同意当选的声明。任何人，即使在某届议会当选为代表后每次常会都出席，也不得强迫他在下届议会选举时同意当选。

由两人或更多选区推选的代表应在法律规定的时间期限内声明所接受的选区。

第六十四条　当选代表应备有证书，证书的合法性应提交议会鉴定。

第六十五条　根据法律规定，出席议会的每一个正式代表和候补代表有权向财政部领取下列补贴：一、出席议会的往返差旅费；二、至少十四天休假的单程（从议会回家）差旅费；三、治病的医疗费用。

根据法律规定，凡出席议会会议的正式代表和候补代表还有权领取会议津贴。

第六十六条　任何议会代表在议会开会期间以及往返议会途中不受逮捕，但因公开犯罪而被拘捕者除外；也不得因其在议会所发表的意见而受追究。任何代表都应遵守议会的规章制度。

第六十七条　按上述办法选出的代表组成挪威王国议会。

第六十八条　议会通常于每年十月的第一周的工作日在王国首都召集，除非因敌人入侵或传染病流行等紧急情况，国王可以指定在王国其他城市召集议会。上述决定必须及时公开宣告。

第六十九条　在非常情况下，国王有权召集议会特别会议。

第七十条　国王在他认为适当时可以随时终止上述议会特别会议。

第七十一条　无论出席常会或特别会议，议员的任期均为连续的四年。

第七十二条　如果议会特别会议在议会常会即将召开之际仍在进行，前者必须在后者召集前结束。

第七十三条　议会应在大选后召开的第一次议会常会上任命全体议员的四分之一组成上议院，其余的四分之三组成下议院后，本届上议院成员保持不变，除非上议院议席出现空缺，必须提出特别任命补缺。

两院会议分别举行，并任命各自的议长和议院秘书。各院至少有各自二分之一的议员出席才能召开会议。至少有三分之二的议会议员出席，始得审议有关参改宪法的法律草案。

第七十四条　议会组成后，国王或国王委派的代表应立即主持议会开幕式并发表演说介绍国情并提出他希望特别注重的事项。国王出席会议时，议会不审议任何事项。

议会开始活动后，首相和内阁成员有权出席议会会议以及两院会议，并有如同议会议员的权利参加在公开会议上进行的活动，但无表决权。征得有关议院的同意，他们也可以参加只在秘密会议上进行的审议活动。

第七十五条　议会的职责和权利：

（一）制定和废除法律；规定赋税、关税及其他应征收的公共费用，其有效期至第二年十二月三十一日为止，除非新议会常会明确宣布继续有效；

（二）开设王国信用贷款；

（三）监督王国财政；

（四）规定为应付国家支出所需之拨款；

（五）决定国王及王室成员的年律数额，并确定王室的属地，但属地不得由房地产构成；

（六）要求向议会提交内阁议事录以及一切政府报告和文件；

（七）要求向议会通报由国王代表国家与外国政府签订的条约和协定；

（八）有权召集任何人赴议会商讨国事，但国王和王室成员除外，上述例外规定不适用于担任政府职务的王室王子；

（九）审核暂行的薪俸和年金表册，并作出议会认为必要的改变；

（十）任命五名审计员负责每年审查国家会计账目和公开发表的国家财务报表。上述账目必须在议会拨款年度期届满前六个月内提交审计员，并按规定设置审查通过国家会计账目的机构；

（十一）授予外国人以国籍。

第七十六条　任何法律草案应由下议院议员或由政府通过内阁成员首先在下议院提出。

如果该项法律草案被通过，即送交上议院或同意或否决；如果上议院否决，应将该项法律草案连同所提意见送回下议院，下议院考虑这些意见后，或终止该法案，或作出修改，或不作修改再送交上议院。

如果下议院两次将法律草案送交上议院后，均被否决，议会两院应举行联席会议审议，以有效票的三分之二多数票处理该项法律草案。

两次审议之间应至少有三天的间隔。

第七十七条　如果下议院通过的法律草案由主议院或议会全体会议批准，应呈交国王认可。

第七十八条　如果该项法律草案获得国王认可并签字，即成为法律。

如果该项法律草案未获国王认可，必须退回下议院，并宣布目前不宜同意。下次议会不得再将该项法律草案呈交国王。

第七十九条　任何法律草案，如两次被先后两届议会的常会——其间至少有两次议会常会的间隔——未加修正地通过，并且在此期间即该项法律草案前一次通过与后一次通过期间，议会从未通过任何与之相抵触的法案，那么应该将该项法律草案呈交国王，并附上一份请愿书，请求国王给予确认，可以议会经过充分酝酿为由，经过充分酝酿，认为该项法律草案符合国家利益。

在这种情况下，即使国王在议会解散之前未表示同意，该项法律草案也成为法律。

第八十条　议会会议可以根据议会认为需要而延长。在议会完成其使命后，由国王宣布解散，同时，国王对尚未处理的法律草案（参看第七十七至第七十九各条）宣布国王陛下是否同意的决定。凡是国王未曾明确表示同意的法律草案应视同国王表示不同意。

第八十一条　任何法律（第七十九条所述及的除外）都应以国王陛下的名义制订，盖有挪威王国国玺，并写上下列文字："朕，××，昭告全国：挪威议会（×年×月×日）的下列决议业已呈朕（以下为决议正文）。朕已予同意并批准，如同朕同意并批准由朕亲手制定并加盖国玺之法律。"

第八十二条　（已被废止）

第八十三条　议会可以要求最高法院就法律疑问提供法律意见。

第八十四条　议会会议公开举行，会议事项应印成文件，但经多数议员决定须举行秘密会议者除外。

第八十五条　凡接受指使扰乱议会的自由和安全者，以叛国罪论处。

第四章　司法权

第八十六条　王国宪法法院对下议院对内阁成员、最高法院法官以及对议会议员利用职权的犯罪行为所提出的弹劾作出初审判决和终审判决。

下议院根据本条提出弹劾的具体规则，由法律规定。宪法法院可以追诉的期限不得少于十五年。

王国宪法法院的法官由上议院正式议员和最高法院常任法官兼任。第八十七条各款规定，适用于王国宪法法院在各种具体情况下的组成。王国宪法法院由上议院议长主持。

在王国宪法法院受理案件结案前，如果兼任王国宪法法院法官的上议院议员作为当选议员的任期届满，可以辞去宪法法院的席位。如由于其他原因而不再担任议会议员，则应辞去王国宪法法院法官的职务。上述规定，同样适用于兼任王国宪法法院法官的最高法院法官离退职的情况。

第八十七条 王国宪法法院的法官席由十四名上议院议员和七名最高法院法官组成。被告和代表下议院的起诉人，在遵守上述规定的前提下，有权对担任王国宪法法院法官的上议院议员和最高法院法官人选提出异议。双方有权按对等比例对上议院的人选提出异议，但是，如果被提出异议的人选无法平分为完全相等的两部分，则被告一方有权多分一名。上述规定同样适用于对最高法院的人选提出异议。如果涉讼的被告不止一人，则应按法律规定的办法集体地行使异议权。如果（双方）没有按照所允许的范围行使异议权，上议院和最高法院的人选分别超出十四名和七名，则以抽签来决定撤掉多余的人选。

当诉讼进入判决阶段时，宪法法院法官人数应为十五名，多余的法官应撤出，以抽签的办法决定筛选；在负责作出判决的十五名法官中，上议院至多占十名，最高法院五名。

在任何情况下都不得以抽签的办法使王国宪法法院主席和最高法院院长退出审理。

如果王国宪法法院虽未能按以上各款所规定的上议院和最高法院兼任法官的名额组成，但是，只要宪法法院的法官不少于十名，仍可对案件进行审理并作出判决。

有关王国宪法法院组成方式的进一步细则，由法律另行规定。

第八十八条 最高法院的判决为终审判决，但是，向最高法院提起诉讼的权利得受法律规定限制。

最高法院由一名院长和不少于四名其他成员组成。

第八十九条 （已被废止）

第九十条 对最高法院的判决不得上诉。

第九十一条 未满三十周岁，不得被任命为最高法院法官。

第五章 一般规定

第九十二条 凡符合下列条件之一,并且会讲挪威语的挪威男女公民,均有资格被任命为国家官吏:

(一) 在王国出生,其父母当时都是挪威国民;

(二) 在国外出生,彼时其父母当时不是他国国民;

(三) 今后将在王国定居十年;

(四) 已由议会授予挪威国籍。

但是其他的人可以被任命为大学、中学教师、医生和驻外国领事。

第九十三条 为了保卫国际和平与安全,或者为了促进国际秩序的安定和国与国之间的合作,如获得四分之三多数票赞成,议会可以同意。挪威王国所发起或加入的某一国际组织,在有限的职能范围内,有权行使依照本宪法规定通常属于挪威当局行使的权力,但不包括修改本宪法的权力。要作出上述表示同意的决定,至少须有三分之二的议员,并投票亦即改变或修改本宪法所需的法定人数出席会议。

上款的规定并非因为挪威是某一国际组织的成员而适用,国际组织的决定,除根据国际法所规定的义务外,对挪威王国不具有约束力。

第九十四条 议会的第一次常会,如果来不及,则第二次常会应就颁布新的民法典和刑法典作出规定。同时,国家现行法律只要不与本宪法或在此期间所颁布的暂行条例相抵触,应继续有效。

在下届议会以前,现行各种常规确定的税应照常征收。

第九十五条 在国家新法典实施以后,不得准予豁免、庇护、延期支付或赔偿。

第九十六条 非依据法律及法院判决,不得定罪量刑,严禁刑讯逼供。

第九十七条 任何法律都不具有追溯效力。

第九十八条 凡已向法院交纳规定费用者,不应再为同一事项而向财政部交纳任何费用。

第九十九条 非依据法律并按照法定手续,任何人不受逮捕和监禁。擅自逮捕人和非法拘禁人的有关官员应对受害者负责。

政府无权使用军队对付王国国民,除非依照法律所规定的方式,即,如遇到任何集会扰乱社会治安,经民政当局宣读相关法令中有关暴乱的条款三遍后,仍拒绝立即解散时。

第一百条 新闻出版自由。任何人,不论其写作内容如何,均不得因其所出版或发表的著作而受惩处,但蓄意和明显地表示本人或煽动他人反对法律,藐视宗教、道德或宪法权力、对抗法令,或对人进行诬告和诽谤者除外。任何人有权对管理国家或任何其他问题坦率地表达自己的意见。

第一百零一条　今后不得授予任何人限制贸易和工业自由的永久性的新特权。

第一百零二条　除因刑事案件外，不准搜查私宅。

第一百零三条　不得给予破产的债务人逃避债务的庇护权。

第一百零四条　禁止没收土地和货物。

第一百零五条　如因国家利益的需要，而要求任何人交出其动产或不动产供公共使用，国库应给予充分的补偿。

第一百零六条　教会封地地产的买价及收益只能用于教士的福利和促进教育事业。慈善机构的财产只能用于本身的福利。

第一百零七条　自主地产权和长子继承权不应废除。关于这些权利继续为国家最大利益和农业人口的最佳利益服务的具体条件，应由第一届或第二届议会予以规定。

第一百零八条　今后不再封授伯爵、男爵或管家等称号。

第一百零九条　挪威王国每一个公民，不问出身或财产，在一定时期均有同等义务保卫祖国。

本原则的实施及所受限制，均由法律规定。

第一百一十条　为每一个有劳动能力的人创造能够自食其力的条件是国家义不容辞的责任。

第一百一十一条　挪威国旗的形式和颜色由法律决定。

第一百一十二条　如果经过验证之后，说明挪威王国宪法的任何部分需要更改，这类提案必须在大选后的第一、第二或第三次议会常会上提出，并公开印发。但是，要留待下次大选后的第一、第二或第三次议会常会来决定所提出的修正案是否采纳通过。但是，这种修正案决不能同本宪法所包含的原则相抵触，只能在不改变宪法精神的前提下对某些具体条款进行修改，并且需要获议会议员三分之二多数的同意和支持。

按上述方式通过的宪法修正案应由议会议长和议会秘书签署，然后呈送国王印文公布，作为挪威王国宪法的组成部分。

瑞典 11 世纪初形成王国。建立初期，国王由贵族推举产生。随着封建化的发展，王权逐渐扩大。15 世纪下半叶，在反对丹麦干涉的运动中，尤其是 1435 年时，贵族、教士、自由民和农民于阿尔博加举行了一次聚会，并由此组成了议会。1523 年，议会选举反丹麦统治的民族英雄古斯塔夫一世·瓦萨为瑞典终身国王,从此实行王位世袭制。随后,建立和发展了中央集权制度,曾几度实行君主专制制度。1527年,瑞典现代史上第一名国王古斯塔夫·瓦萨修改了议会架构,使国会包含来自四个等级——贵族、神职人员、资产者和农民——的代表。瑞典一直实行国民等级代表制,直至1865年才废除旧有的四院制国会。1809年议会通过《政府文约》,对国王权力作了一些限制。同时又规定,国王是国家的唯一统治者,具有与议会共同行使立法权,以及任免内阁首相和大臣的权力。1919年对该法进行修正,削弱了国王的权力,使内阁对议会负责。第二次世界大战后,王权进一步衰落。1974年议会通过《政府文约》,取消了国王干预政府工作和参与立法等权力,国王实际上成为虚位元首,仅是国家统一的象征,在内阁主持下,代表国家履行礼仪性活动。1810年、1812年和1866年议会又分别通过《王位继承法》《出版自由法》和《议会法》。这些法律对王权都作了不同程度的限制,逐步确立了瑞典王国的君主立宪制。1865年,议会实行两院制,由拥有155名议员的第一议院和拥有233名议员的第二议院组成。第一议院由各省和市的议员间接选出,第二议院则由全民普选直接选出。瑞典于1905年开始确定君主立宪制政体,这一年也是挪威脱离瑞典统治的第一年。1907到1911年开始实施议会民主制原则,并同期开始实施普选,即由全体国民中的男性和女性公民共同投票选举。然而,瑞典于1917年确立议会制时,瑞典议会才正式成为现代意义上的议会。1975年开始通过解散贵族议院方式废除两院议会制(Zweikammersystem),并建立一院式国会制(Einkammerparlament)。并设有350个议席。巧合的是,在1973年的议会选举中,亲政府党派共取得175席,而反对党派也共得到175席。因此,议会投票经常出现正反双方相等票数的情况,致使需要以抽签作最终决定。为避免这种情况,议席于1976年由350席减少至349席。1974年,议会通过了新的《政府文约》,规定该文约和《王位继承法》及1949年的《出版自由法》为瑞典王国的根本法,从而确立了现行的政治制度,即君主立宪制国家,政权组织形式采用议会内阁制,国家结构形式为单一制,并实行多党制。政权组织形式采用议会内阁制。实行三权分立,由议会、内阁和法院分别行使立法权、行政权和司法权。议会是立法机关,议员通过普选产生,每三年改选一次。议会主要职权有:制定法律;决定税收和公共资金的使用;监督政府行为和国家行政。议会设立审计局、议会司法专员等专门机构,行使财政和行政监督权。审计局负责审查财政和公共资金的使用,议会司法专员负责监察行政官员腐败和低效率行为。内阁每年必须向议会报告工作。议员可对内阁提出质询,以及对大臣提出弹劾,但不会造成政府危机。议会设主席团、常设委员会以及秘书处等。议会设有宪法、司法、外交、国防、社会保险等16个常设委员会。宪法委员会从宪法和法律角度，审查政府的各项条例、决定，监督政府成员履行职责的情况；其他委员会负责审查相应政府部门提交议会的各项议案，起草修正案并向议会提出立法建议。

首相通常为多数党或政党联盟的领袖，由议长提名，经议会批准任命，再由首相任命各部大臣。无内阁大臣和非内阁大臣之分。首相的主要职权是组阁并领导内阁，确定和协调部的工作；行使广泛的行政任命权，以及宪法赋予的其他权力。重大决策均经内阁讨论决定。《政府文约》规定，内阁及其政策必须得到议会的信任。内阁受议会委托管理国家，并对议会负责。政府有立法提案权。法律草案大多由政府任命的调查研究委员会草拟，再由政府提交议会审议。政府各部规模较小，主要负责法律、方针、政策的调查研究和起草工作。另设有行政委员会和部附属机构主管行政执行事务。20世纪80年代末，共设300多个行政委员会。此外，议会设置的瑞典银行、国债委员会，以及被称为半行政机构的某些国营企业，也负有行政事务管理责任。全国设平行并相互独立的普通法院和行政法院两大法院系统，但两者职权未明确划分。高级法院和最高行政法院的法官由首相任命。检察总长和首席检察官隶属于内阁。政府司法部主管司法行政，但不得干涉法院独立审判。瑞典的行政法院设立较早，随着"福利国家"制度的推行，政府管理社会经济事务的广泛，行政法院的作用更显得重要。它与议会督导制度相互配合，监督政府行政，这是瑞典司法制度的重要特点之一。瑞典是欧洲唯一的一个单一制国家。1809年通过的《政府文约》，以及后来相继通过的几个《地方政府法》都赋予地方一定的自治权。1977年通过新的《地方政府法》规定，省和市为两级地方自治政府，在中央政府的统一领导下，具有管理地方事务的立法权、行政权，包括征收地方所得税，规划地方事业的开发和发展。中央政府各行政委员会在各省设代理机构。省、市自治机关分别设议会，它们之间无领导隶属关系，内政部任命省长。市不设市长，省、市镇议会选举执行委员会及其主席，并设各种专门委员会。省、市议会均由选民直接选举产生。瑞典在1865年后曾实行有财产限制的普选，只有达到法定年龄并有一定财产的男子才有选举权。1909年起纳税的成年男子均有选举权。1921年选举权扩大到妇女。1974年新的《政府文约》和《议会法》规定，凡年满18岁的男女公民均有选举权和被选举权。议员选举实行比例代表制。全国划分成28个选区。候选人全部由政党提名。各政党按得票比例分配议席。议席分固定议席（310个）和调节议席（39个）。调节议席是为保证更好地体现得票与议席的比例关系。《政府文约》规定，议会席位应在政党中分配。每个议员都有政党身份。议会中五个政党形成了两个轮流执政的政党集团，即社会民主工人党、左翼党——共产党组成的社会主义集团,温和联合党、中央党、自由党组成的非社会主义集团。瑞典的政党格局比较稳定,被称为"稳定的多党制"。议长与议会内各党党魁会谈后,会提名一位首相,然后进行投票。若反对票少于半数(175票),则通过提名,否则提名被否决;即议会可以在不投赞成票的情况下通过首相任命。首相当选后,须任命内阁成员,并向议会宣布。新内阁自议会召开首次会议起履行职责,议长向君主宣告议会已经选出新政府。议会可以对政府内任何一人进行不信任投票,以迫令他辞职。不信任投票须得到绝对多数(175人)投赞成票方可通过。不信任投票的对象是首相的时候,即表示不信任整个政府。若投票通过,内阁可以召开大选,否则议会重新提名新首相。瑞典国会由16个委员会和欧盟专责委员会组成。当中较特别的是外务委员会,是由国家元首即国王直接领导的。

最受争议的是第二次世界大战之后的西德和奥地利,自从1990年之后整个德国形成了稳固的民主。而在这当中最受争议的是魏玛宪法,这个宪法尽管第一次产生了德国民主制度,但是他的柔弱地位(Schwachstelle)却是个问题。他的柔弱地位是相对于帝国总统的强势地位而言的,个中缘由也一直在争议当中。十一月革命推翻了霍亨索伦王朝的反动统治,德皇威廉二世逃往荷兰。11月10日清冷的早晨,威廉二世在荷兰国境的一个车站内,等候将他载往逃亡地的特别列车。此后他再也不曾回到故国。1918年下半年,德国败局已定。军事上的失败,使德国的政治、经济危机进一步加深。11月3日,基尔港的8万水兵拒绝执行出海同美军作战的命令,举行武装起义。起义水兵在工人的支持下,迅速占领各个战略据点,控制全城,并建立起全国第一个工兵代表苏维埃。德国历史上有名的十一月革命拉开帷幕。11月9日,柏林的工人和士兵举行总罢工和武装起义,推翻了霍亨索伦王朝的反动统治。德皇威廉二世逃往荷兰。卡尔·李卜克内西在皇宫的阳台上向工人和士兵发表演说,号召人们为建立社会主义共和国而斗争。然而,革命果实被右翼社会民主党所篡夺。在柏林起义的当天,他们立即和中间派联合组成人民全权代表苏维埃政府,宣告成立自由德意志共和国,把左派斯巴达克团排除于政府之外。11月11日,艾伯特政府与协约国缔结《康边停战协议》,第一次世界大战正式宣告结束。随后,艾伯特政府即着手解除工人武装,镇压革命。次年1月4日,政府突然宣布罢免同情革命的左派独立社会民主党人艾赫戈伦柏林警察总监的职务。这一挑衅行为激起工人的极大愤慨。1月6日,柏林工人发动总罢工,有20万人参加,并举行武装起义。11日,政府军政部长诺斯克率领反革命武装——志愿团冲入柏林。工人们浴血奋战,英勇抵抗,但由于力量对比悬殊,起义失败。1月15日,德国无产阶级的革命领袖李卜克内西在卢森堡惨遭杀害。

艾伯特政府镇压了革命之后,于 2 月在魏玛召开立宪会议,通过魏玛宪法,宣布成立资产阶级联邦共和国。艾伯特任总统,谢德曼任总理。在这次立宪会议上主要思考的是如何通过一部新的宪法来解决德国当时的困境,这是新政府的首要目标,更是制宪会议的主要工作之一。从魏玛宪法设计的背景角度看,在当时的德国存在着三个因素。第一政治主张因素,即社会民主党(SPD)和独立社民党(USPD)等左派力量政治主张相互指责,要考虑如何能够使这些政治主张融入到新宪法当中并能够获得实现。第二是宪法的技术设计因素,即如何将这些政治力量透过宪法制度设计来平衡各方力量。第三是宪法的政治目标因素,先前的苏维埃革命的政治目标对宪法的政治目标的影响。在这样的背景下,废除君主体制与建立以议会民主为原则的宪政体制是当时社会发展的必然结果。与盟军建立和平谈判的前提是德国必须对其整体实施改革。德军统帅部与德皇威廉二世先前所完成的十月宪政改革是以君主立宪的原则为改革方向,但这种改革不能被德国工人阶级所接受,尤其是在威廉二世被赶跑之后,这种君主立宪制改革宣布彻底失败。新的政府建立必然需要依据国会多数而建立,德国国内的改革力量虽然分成议会民主与社会主义共和两派,但是在相互竞争后,社民党与德国陆军统帅部合作顺利,取得领导政治改革的地位,议会民主也成为制定新宪法的必然原则。既然议会民主是制宪时的唯一选项,那么值得辩论的就是如何定位国家元首的问题,这个问题也是魏玛宪法成为日后所谓总统与宪法之间的地位问题。帝制的废除加上社会主义苏维埃革命的失败,新的国家元首便设计为总统一职。而就当时的国际环境而言,设计一个总统制的宪法由总统来领导政府是难以实现的。在国际上,以英法为首的国家强调新的政府必须代表人民,取得国会的信任,否则战争还将会持续。在国内的社会结构,南部诸邦的分离运动,尤其是面对普鲁士与德国的关系,都使单一的总统制宪法难以被支持。再加上社民党当时的改革原则,也是建立一个以议会民主为基础而非以总统为核心的宪政架构。虽然如此,将总统一职设计为没有实权的象征性角色,也不符合当时德国所面临的客观条件。德国当时面临险峻的国际环境,加上国内各种政治力量的分歧与冲突,如果设计一个如同英、法(第三共和国)的议会制宪法,必须在联合内阁里透过共识来建立行政权的权威。这不仅在分歧众多的政党体系之下极为困难,也无法符合当时的迫切需要。在制宪会议针对总统一职该如何定位的辩论时,赞成强势总统的一方就认为,设计一个强势而且由所有德国人民直接选举所产生的总统,不仅可以在内在形式与实质上都代表德国的统一,更可对外代表德国和列强展开和平谈判。为了解决德国在国际上的困境,也为了加速稳定国内的政局,维持国家的统一与完整,在德皇退位、君主体制崩溃后,以民选总统一职作为国家元首,并赋予一定的权力,遂成为设计宪法时不得不然的选择。另外值得一提的是,魏玛共和是因为战败间接导致而成立。帝国瓦解不是因为议会民主的改革压力,反而是因为帝国瓦解才给了议会民主实践的机会。在这样的情况下,保守的、军方的、维系帝国传统的力量并未在社会上溃散,新共和反而是过去的改革派和军方合作下的产物。因此,各方力量妥协的结果遂成为设计强势总统制宪法的背景与结构性因素。在这个情况下,新宪法的设计基于议会制的基础,另外设计一个具有代表性、具有一定权力的强势总统,既可满足改革派对建立议会民主的要求,也没有根除保守力量对维系行政权威的渴望。这就是新宪法在条文与外观上具有当代所谓强势总统制色彩的背景。强势的总统和弱势的国会在宪法当中表现非常明显。诸如第25条规范的是总统解散国会的权力以及举行新国会选举的期限。它规定,总统可以解散国会,但出于同一理由只能解散一次。新选(Neuwahl)最迟在解散后的第60天举行。也就是说,总统与国会在某一问题上发生不可调和的冲突时,只有一次呼吁民众来支持他的机会与权利。总统不能因此无休止地解散国会与举行新选,直到他得到一个满意的国会为止。这可以防止总统滥用其国会解散权。

第43条第1款规定,总统任期为七年,可以连选连任。第2款规定,在其7年任期未满之前,国会有权提议通过举行全民公决罢免总统。前提是国会的罢免决议必须获得三分之二多数的支持。国会罢免决议的通过即意味着总统的罢免。如果罢免决议在全民公决中被否定,就意味着总统被重新选举,那么国会必须解散并举行新的国会选举。可以说,本条第2款是针对第25条总统的国会解散权设定的。不过相比之下,国会的权力略小一些,因为总统一人就可以决定解散国会并举行新选,而国会必须以三分之二多数才能罢免总统,在一般情况下难以达到。

第48条涉及总统的紧急令权力,可以说是魏玛宪法中臭名昭著的条款。其第1款规定,如果某一州不履行国家宪法与法律规定的义务,总统可以借用武力强迫其履行。第2款规定,在国家公共安全与秩序受到干扰或威胁的时候,可以采取必要的措施,以重建公共安全与秩序。如果有必要,可以动用军队进行干涉。为此目的,总统还可以宣布宪法第114条(人身自由)、115条(住所的不受侵犯权)、117条(通信秘密)、118条(言论与新闻自由)、123条(集会自由)、124条(结社自由)以及153条(财产权)所规定的人民基本权利在一定时段内部分或全部失效。人们一般只强调上述授予总统近乎独裁权力的第

1、2款，而忽视了第48条还有一个国会权力的第3款，它规定，总统在行使第1、2款的权力时，必须立刻通知国会，国会有权取消其紧急令。因此，针对总统最有力的武器，国会也有同等的对抗权力。

第54条规定，按第53条由总统任命的总理与部长，必须获得国会的信任。即他们的任命本身不必获得国会的通过，但如果国会以决议方式明确表示其对总理或某个部长不信任，总理或部长则必须下台。第59条还规定，国会有权向国家法院控告总统、总理与部长，指控他们有过失，触犯了宪法与法律。控告提案必须至少有100名议员签字，必须有修改宪法的多数（即三分之二多数）的支持方能通过。值得注意的是，总统却没有控告国会违宪与违法的权利。

魏玛宪法设定的立法途径有国会立法、人民公决立法与总统紧急令立法。一般情况下，立法权属于国会。但是第73条第1款却规定总统对国会的立法权有干涉权，总统可以在国会通过一项立法后的一个月内决定将其提交人民公决表决。

可以看出，在魏玛宪法设计的总统与国会之间，表面上是地位平等，但实质存在着强势与弱势的对比：总统可以解散国会，但国会也可以罢免总统并且向国家法院控告他违宪与违法；总统有权任命总理与部长，但国会可以罢免总理与部长；国会享有立法权，但总统可以安排人民公决推翻国会立法；总统可以颁布紧急法令，但国会也可以取消其紧急法令。当国会与总统发生对抗时，宪法设计了一套政治决斗程序，试图通过决斗解决两者之间的对抗。每当一方对另一方作出了沉重乃至致命的打击后，如在国会罢免了总统或者在总统解散了国会以后，都必须转向人民，呼吁人民通过公决或者大选作出最后裁决。人民倒向哪一方，哪一方便获得胜利。要么是国会获得了与自己相一致的新总统，要么是总统获得了与自己相一致的新国会多数。决斗过后，两者又开始相处，直到下一场冲突与决斗。总之，魏玛宪法对国会或总统都没有明显的偏袒，它要确立的恰恰就是这样一种势均力敌、难分难解的二元制。弗洛图斯于1919年1月3日在国民议会中针对新宪法的想法提出报告时就指出，未来的新宪法是以一个发展并巩固的议会民主（Entwicklung und Festigung einer parlamentarischen Demokratie）为目标的宪法。然而，基于法国第三共和国实施议会制后的混乱经验，使得弗洛图斯对议会制的设计也有所调整。弗洛图斯认为，当代的民主有两种外显的模式，一是由人民选举的总统，并由总统领导政治（美国形式的总统制），一是由人民选举国会，政府向国会负责（英国形式的议会内阁制）。而混合这两种模式，可以避免政党的尖锐对立与增加妥协的机会。在这个想法之下，弗洛图斯主张设计一个代表人民、具有政治权力的总统，同时搭配一个必须向国会负责的政府。对弗洛图斯而言，政权的两个极端分别是一个没有权力限制的君王，以及没有组织的散民，而理想状态是两者的折中。其中，总统一职可以设计为具有元首、人民的公仆与直接民主的代表三个特征。总统由人民直选，具有民意基础并落实直接民主，可以任命总理与官员以扮演政治上的领导角色。虽然如此，议会民主的落实，由总统任命的总理与政府，必须向国会负责，经由国会的多数决定其去留。而当政府与国会出现冲突时，由人民直选的总统可以代表人民扮演解决政治冲突的角色，因此赋予其解散国会或发动公民投票的权力。由此可知，弗洛图斯对于总统的想象，是一个在议会民主之上，代表人民提出仲裁的角色。但实际上解决政治冲突的机制，无论是解散国会改选或发动公民投票，仍是由直接民意来决定。魏玛宪法具体设计出来之后，弗洛图斯在国民议会的报告中再度指出，总统是一个超脱党派的个人角色，由人民直接选举产生。为了避免如法国第三共和国实行议会内阁制的混乱，这个人民直选的总统有权力代表人民解散国会。同时，国会也能据其民意基础，要求总统任命的总理与政府向其负责，如此便兼具抗衡与妥协的精神，可以避免政治上的混乱或僵局。弗洛图斯将总统想象为政治运作之上的裁量者角色，其原意在于只有当代表行政权的内阁政府与代表立法权的国会发生冲突时，总统才能依据宪法赋予的权力来解决政治上的僵局。因此，总统由人民直接选举产生，既可以避免由国会间接选举所造成无法超脱党派的限制，也能因为全民直选让总统获得更直接的正当性，并进一步落实民主的精神。不仅在总统的正当性上有如此考虑，在拥有的权力上弗洛图斯也是依据将总统想象为裁量者的角色来设计。当政治上出现僵局、冲突时，被想象为政治裁量者的总统，其最重要的权力例如解散国会或发动公民投票，其实都不是赋予总统作出最后政治决断的权力，而仅是让总统有权将纷争诉诸人民决断，以避免政治上的僵局或对立的恶化。1919 年的魏玛宪法，是一部希望以议会民主为原则的宪法，同时辅以一个足以与国会相制衡的总统。这个总统通过民选产生，代表德国的完整与统一，加上赋予部分的实权，希望总统能够在议会体系失效时，成为预备的权威与领导。在宪法中将总统设计为对抗议会绝对主义（Parlamentsabsolutismus）的角色，使得魏玛宪法具有一强势总统制和弱势议会制的特征。《巴黎和约》对德国采取了不公平对待，使整个社会反对民主，倡导集权。尤其是在巨额的战争赔款，承认战争所有罪责，割让波森与西普鲁士一带，使德国东普与西普分裂等这些外在环境的压力之下，整个社会民众痛恨民主也反对民主（antidemokratische），人民更期盼有个集权的政府，有个强权式的人物，能够领导人民洗雪这些屈辱，赢得德意志的尊严，希望回到苏维埃社会主义联盟社会。因为这种集权是国际社会压迫的结果，是《巴黎和约》所创造的，《巴黎和约》破坏了欧洲势力的均衡。尽管它建立了很多小的民族国家，诸如波兰、捷克、匈牙利等，可是，这些小国在其国力和保护自身安全能力上显然是很薄弱的，无法自保，当大国无力保护之时，就会被侵略国吞并。《巴黎和约》不仅严重削弱了欧洲的均势力量，而且也埋下了国家与国家的仇恨，这些仇恨深深地埋在德国人民的心里。同时《巴黎和约》又引发了各国严重的经济危机，尤其是德国的经济金融危机，严重的失业，巨额的金融通货膨胀等。这些客观上造就了整个德意志人民的极权主义发展。广大德意志民众不承认自己的国家是战败，心存报复，为极权、"二战"与快速复兴埋下伏笔。1932年11月6日，在魏玛共和国举行的最后的大选中，社会主义工人党获得的选票比在1932年7月31日的大选中少了200万张，而共产党人则增加了60万张选票，从而获得了高达100个帝国议会席位。共产党（KPD）的成功引起了对内战的恐惧，而这种恐惧成为希特勒最强有力的盟友，尤其是在保守的执政者中。正是由于他们向兴登堡总统说情，才使得希特勒能在1933年1月30日被帝国总统任命为帝国总理，领导一个保守势力占上风的内阁。于是极右国家社会主义工人党领袖阿道夫·希特勒上台，希特勒的独裁与集权，是通过民主选票"选"出来的。在啤酒馆政变失败后，希特勒取得权力过程中的每一次成就，都是用合法程序确认过的。是选民给了国家社会主义德国统一工人党足够的票数，使它成为国会中第一大党；是其他党议员自愿的合作，给了希特勒所需要的在议会中的多数。最后一次有意义的投票发生在1933年8月19日，在兴登堡总统病逝后不久，由全民投票来决定，是否把总统的权力授给希特勒总理。这次投票并不是极其重要的，在此之前的3月23日，国会自杀性的《消除痛苦法》已经消除了独裁的法律障碍，在7月14日，一党制被写入法律；反对派正在被消灭，军队进行了效忠宣誓，在德国国内，已没什么能阻止国家社会主义工人党在行政和司法上的集权。但在这最后一次确认中，德国人仍然有机会表达他们的愿望，自由地，也是安全地。德意志人民需要集权式的领导者，而集权式领导者又要为整个德意志民族奋斗。所有德意志人民用最合法的手段民主选举产生了一个集权式的国家元首希特勒。希特勒的目标是为整个日耳曼民族奋斗，他的上台不是为了个人私利，而是为了国家，为了整个民族的荣辱与兴衰奋斗，在个人的品性上，没有任何重大的缺陷。他过着一种纯洁的生活，在道德上没有不光彩的记录；他不追逐财富，是正在腐化着的德国物质主义的抵抗者。他不嗜烟酒，还是个素食者，除了为德国人民服务，似乎没有任何其他的强烈欲望。他在"一战"中得过一级铁十字奖章，饱尝过饥饿的滋味，住过监狱，和人民共患难过；而他对绘画和音乐这两种艺术的爱好，证明他除了是勇敢的战士，还是一个优雅的文明人。比这一切都重要的是，他拥有领袖所需要的一切品质，他的果敢和智慧，是得到公认的，他不可思议的本能、敏锐的直觉，是连他的对手也佩服的，而他无比伦比的个人魅力，是每一个德国人都感受过的。他像是天意的化身，在德意志民族最多灾多难的时候降临，率领他们走出埃及；是从黑格尔到尼采的德国哲学家所预言所梦想的英雄，德意志甚至人类的拯救者。就如同他所言：我不能辜负你们的信赖，因为你们的信任使我有无穷的力量，能够担当起这个国家。民主制度使得我们这个帝国走向衰败，民主制度使得我们这个民族被人践踏，民主制度使得我们接受耻辱和赔款，我们不是失败者，我们是昂扬的骑士，我们必须砸碎让我们痛苦的民主制度，我们必须集权，只有集权才能让我们每一个德意志骑士有着荣耀。我们德意志民族有着尊严，我们要集中我们所有权力物质和意志来修复我们自己，砸碎强加给我们屈辱，踢开我们的负担，让我们的战靴踏上敌人的头颅。在1933年，虽然这些还没有尽成事实，前景已开始出现，希特勒的经济政策，使经历过"一战"后的不幸岁月和1929年开始的恐慌的德国开始繁荣，计划中的社会主义性质，既没有激烈到让大企业家、金融家恐慌，又给了下层人民相当的慰藉。工人得到工作，严格管理下的农民免于破产，并把产品卖出了满意的价格。在1933年3月23日由德国帝国议会（Reichstag）以三分之二多数通过授权法案（Ermächtigungsgesetz）。该法案明确授权总理阿道夫·希特勒和他的内阁具有立法权，可以通过任何法例，而不需要议会的同意。授权法案的正式名称是"解决人民和国家痛苦的法例"（Gesetz zur Behebung der Not von Volk und Reich）。希特勒于1934年废除各个州制度、议会制度和联邦制度（Föderalismus），并将制约其权力的法律制度废除，而成为一个名副其实的个人独裁者（Diktatur），从此德国成为希特勒眼中的不受任何限制的中央之国（Zentralstaat），即第三帝国。希特勒认为，他的第三帝国是继"神圣罗马帝国"的"第一帝国"与威廉一世和俾斯麦创立的"第二帝国"之后的第三帝国。"第三帝国"一词源于意大利末世神学家、佛罗伦萨教派创始人尤阿兴姆·菲奥雷斯（Joachim von Fiores）与其他中古世纪神学家对《圣经》经文的解释，原初意义是指"圣父之国"（Reich des Vaters）、"圣子之国"（Reich des Sohnes）之后的"圣灵之国"（Reich des heiligen Geistes），即上帝拯救世界后，完美、无尽止、由圣父、圣子、圣灵统治、以基督为王的第三阶段神国（Reich）。1934年8月2日，兴登堡去世，希特勒成为元首兼帝国总理。1934年8月19日举行全民公投，希特勒正式以"元首"（Führer）的称号成为德国的最高统治者（Reichskanzler）。在20世纪30年代席卷世界的"大萧条"

中，德国保持了经济的稳定性，国内失业率降低，另一方面资金则大量用于军事。这段时期，德国大力扩建包括高速公路在内的基础设施。德国经济的复苏在另一层面提升了政府在民众心中的地位。其他所有的政党都已经被长期禁止活动，直到1945年5月8日这个政权倒塌为止。

战后整个国家被盟军划分成四个军事占领区，原来的专制形式被彻底清除，替代的是由选举产生的总理制度（Ministerpräsidenten）。1945年5月8日，纳粹德国因败于第二次世界大战而无条件投降，结束了希特勒12年的个人独裁统治。同年6月，美、英、法、苏发表《柏林宣言》（*Berliner Erklärung*），宣布接管德国的最高统治权，且分四区占领德国，各区的最高权力则由身兼该区军政府长官—军事总督（Militärgouverneur）的最高司令官行使。1945年8月，美、英、苏三国领袖签署《波茨坦协议》（*Potsdamer Abkommen*，法国在事后加入签署），确立了占领德国的政策的基本原则。其中，政治方面的基本原则主要有：民主化、去除国家社会主义、去军事化、瓦解国家社会主义工人党及其组织、严格管制教育以及政治权力的去中央集权化与发展地方自治、建立联邦制等十项基本原则。英、法、美三国联军占领德国的目的不在消灭或奴役德国人民，而是要在民主的基础上改造德国的政治，以促成德国在国际上能够共同维护国际和平与安全。在军政府的指导下，美、英、法三国占领区分别完成由下而上的地方政府重建工作，各邦的邦政府陆续成立。1948年7月，美、英、法三国驻德总督转交给占领区内各个邦总理《法兰克福文件》，并且训令其最迟在同年9月1日以前召开制宪会议，尽快制定出一部本州宪法。在《法兰克福文件》中，占领当局要求德方制定一部符合民主、联邦制与基本人权保护三项基本原则的民主宪法（eine demokratische Verfassung），且新宪法必须经由总督批准才能生效，而制宪会议则于制宪完成后立即解散。后西德各个州总理会同三国总督多次协商将制宪会议改为立法会议（Parlamentarische Rat），制定西德各州共同的基本法（Grundgesetz）。1948年9月1日，在有限的自主权下，立法会议如期在波恩召开，时任英国占领区基督民主联盟（简称"基民党"，CDU）主席的阿登纳（Konrad Adenauer）被选为会议主席。这是自从1949年5月8日，德国战败投降后四年里，首次在立法会议正式通过德意志联邦共和国基本法。同年5月12日，美、英、法占领当局批准基本法，并且同时宣布，将在（同年）9月颁布《占领法》（*Besatzungsstatus*）。《占领法》系基本法的上位法，该法除了将国防、外交与外贸等事务的权力继续保留给占领当局之外，同时规定基本法的修改法案必须得到占领当局明确的同意后才能生效；法律在正式呈送到占领当局后，若21天内无异议，方能生效。同月23日，《基本法》正式公布，并于24日正式生效,于是德意志联邦共和国正式成立。1949年8月14日,举行联邦众议院选举(Bundestag),同年9月7日,联邦大会(Bundesversammlung)选举特奥多尔·豪斯(Theodor Heuss)为联邦总统(Bundespräsident),随后众议院以绝对多数票选举阿登纳为联邦总理(Bundeskanzler)。同月20日,阿登纳经总统正式任命为总理后,随即组成新政府,战后德国正式建立起精英竞争型的民主。然而联邦德国基本法的制定与民主政体的缔造,毕竟是英、美、法占领当局强制催生,并非来自于广大德意志人民的授权与同意。如何获取广大德意志民众对民主政府面前的支持是摆在当时西德政府面前的首要任务。

魏玛宪法所留给德国人最大的经验和警示就是要在未来的宪法设计和民主制度安排中反思:

如何防止民主选票被滥用,如何防止有预谋的利用民主、利用民主自由权而扼杀民主,这就需要一种预警性措施和一种警戒性设计,以保障联邦德国自由性的、民主性的基本秩序(freiheitliche demokratische Grundordnung)免于内部的阴谋家的破坏与颠覆,故而称之为预防性的民主(Wehrhafte Demokratie),或者称之为斗争性民主(Streitbare Demokratie)、警戒性民主(Warnungsdemokratie),其目的是作为一种宪法特别保护机制以防止个体或组织对宪法将产生可能的破坏。从民主的哲学价值角度看,民主的基本哲学价值实际存在于价值相对论,所有的政治问题实际上都属于各个政客各自的主张不同,而"价值"一词本身就是一个相对的概念。在民主宽容的环境下,则价值相对主义能够宽容各种不同的价值理念。而德国魏玛共和国时期就是采取价值相对主义原则,其对于价值绝对主义的思想往往采取了比较宽容的态度,就如德国社会主义国家工人党。正是相对于这一点而言,在第二次世界大战后,德国国内学者提出了预防性的民主(Wehrhafte Demokratie)这个概念,其目的是对于持绝对政治主张而不宽容他人意见的政党,予以警戒并对其作出适当的限制,而对于部分极端的政党(如极左或极右派)则通过对其采取预防性措施,诸如强制要求其解散,以此作为对宪法安全秩序的保障。故在设计德国《基本法》第20条第4项的规定时,明确提出对于任何试图推翻德国宪法秩序的,在别无其他可能的救济途径时,任何人实际上都具有抵制权。这里的抵制权行使的对象并非仅仅限于国家公权力机关,同时亦适用于任何着手或预备破坏宪法秩序的个体行为等。此类抵制权系为人民在特殊情况下行使的紧急权,同时也是维持或恢复宪法秩序的必要紧急权力,因此可作为一补充性原则,在缺乏其他合法途径时为之。

因此在设计预防性民主的时候,主要考虑如何预防多数民主原则被滥用的问题,这种考虑在《基本法》中的制度建构表现在两方面:第一,永久性的黄金条款的确立；第二，法律功利主义的排斥与法律实证主义（Rechtspositivismus）的限制。在政体上《基本法》明确规定德国是联邦制度，在价值取向上《基本法》在开篇就明确规定《基本法》的基本价值就是对人的尊严予以最上位的法律保护。在运行上坚持最基本的民主秩序底线，绝对不容许破坏，更不能作任何更改。这些永久性的黄金条款，既是《基本法》发展方向，同时也是提出所有法律法规时，各个政党、各个民间团体及所有国民在与《基本法》相处时，必须遵守的基本底线和原则。任何政府、政党、各个民间团体及国民个体都在《基本法》的控制之下，按照自由民主的基本秩序去组织各自的活动。各级政府必须维护基本人权，联邦政府必须维护国民主权，各个公权力组织运行必须坚持权力分立，各级政府必须是负责任的政府，必须坚持依法行政，必须保障司法独立、多党制度以及各个党派平等，这些自由民主的基本秩序是《基本法》不可或缺的组成部分，是不容被修改与剥夺的，同时也是《基本法》职责所在。在建构这个自由民主的基本秩序过程中必须坚持多元性、排除单一寡头性原则，坚决杜绝威权体制、独裁体制以及极权体制的存在。同时《基本法》是针对在第三帝国时期存在的工具性实证法压榨自由民主秩序的情况，尤其是政党透过制定某种政党工具法而侵害多数民主抉择的民主制度的情况。《基本法》明确规定制定法产生的基本原则，即尊重自然法原则，兼容并包，坚持多重性民主理解原则，坚决制止政党立法、政府立法原则，坚决制止政党或政府透过制定法律压榨民众原则，坚持国民主权优越于多数票决原则，坚决防止多数票剥夺少数国民人权。坚持审判维护《基本法》宪法法律权威原则，坚持审判法律适用与法律解释安全原则，坚决制止案件不同判、诉权阻止原则。坚持审判过程中一诉一审，下级审与上级审独立分离原则。民众有权逐级上诉，各个法律、各个政府、各个政党不得设定阻碍原则，对国民法律救济持最大化原则；坚持自由主义的法治国与多元主义并重的原则，少数固然必须服从多数，多数更要尊重少数原则；坚持防止自由权滥用，凡滥用自由权，尤其是出版、集会、结社等自由权，以攻击自由民主的基本秩序的，《基本法》应该剥夺该基本权。对反民主的政党须经由联邦宪法法院宣告违宪并处以党禁处分，各个政府公务员必须对宪政体制忠诚；无其他救济方法的情况下，任何德国人皆有正当防卫权。德国这些《基本法》律起草者们深刻地领悟到了理性的制度设计是自由民主秩序的基本、必要保障。这种预防性的理性设计既能创造一种良性而稳定的制度，同时也能保障《基本法》律秩序的生成与发展。这种法律秩序的生成以及健康的发展必然导致国民对制度信任，而不是对某个政党或者某个威权式的政治人物的依赖，国民信赖制度，国家整体必然走向健康发展，国民对威权式人物依赖，必然走向极端。因此，魏玛共和国留下的政治经验教训就是如何引导国民走向法律制度信赖，而尽可能地避免、预防国民走向对威权式人物的依赖，尽可能地争取人民对法律制度的支持、认同与理解，增加法律制度的正当性与稳定性，短期内创造出巩固民主的有利因素。然而，长期而言，必须在产出效果的有利基础上，再进一步创造制度效果（rechtsystem effekt），令人民喜欢并且认同法律制度本身。亦即唯有法律民主文化的出现，法律政治制度与其所存在的社会取得结构的同构性与和谐性，则即使在经济成长衰退或面临经济危机，导致对制度的信任出现间歇性降低的时候，法律民主制度依旧持续运作与发展，这就表示这个国家的法律制度和民主制度已经巩固了。

1961年东德政府环绕西柏林边境修筑了边防系统，以将其与东德领土分割开来。最初以铁丝网和砖石为材料，后期加固为由瞭望塔、混凝土墙、开放地带以及反车辆壕沟组成的边防设施。东德政府称此墙为反法西斯防卫墙（Antifaschischer Schutzwall）或强化边境（Befestigte Staatsgrenze），其目的是阻止东德居民逃往西柏林。柏林墙的建立是冷战期间美国和苏联两大阵营之间冲突导致的，它是"二战"后德国分裂和冷战的重要标志性建筑，也成为分割东西欧的铁幕的一个象征。柏林墙修筑前，约有250万东德居民逃离东德，他们中的许多人通过西柏林前往西德和其他西欧国家。柏林墙修建后，在1961—1989年间，这类逃亡被大幅限制下来，约有5000人在此期间尝试翻越柏林墙。1960年起东德边防军将其视为非法越境并向越境者开枪射击，1982年《开枪射击令》（*Schießbefehl*）下达后被合法化。据截至2009年的统计，死亡人数约在136至245人之间。1989年东欧国家发生了一系列政治变动，东德邻国波兰和匈牙利政府的政策也发生了变化。在数周的抗议活动后，1989年11月9日东德政府宣布允许公民申请访问西德以及西柏林，当晚柏林墙因故在东德居民的压力下被迫开放。随后数周中欣喜的人群凿下柏林墙作为纪念品，1990年6月东德政府正式决定拆除柏林墙。柏林墙的倒塌为结束统一社会党专政以及两德统一铺平了道路，一年后的1990年10月3日，两德最终统一（deutschen Staatlichen Einheit）。1999年德国决定迁都柏林，并正式确定联邦共和制，西德的《基本法》是整个德国的基本法。

欧洲一体化与欧洲法

早在16、17世纪，欧洲各个部族城邦国家发展之初，针对各个部族城邦国家间的冲突战争，欧洲一体的思想就已经萌芽。在此后的二三百年中，随着欧洲战事不断，一体的思想也日渐丰富发展起来。空前规模的"一战"更是刺激、推动了欧洲一体化的历史进程。拿破仑在1812年发动侵俄战争前，曾雄心勃勃地宣称："我们应当有一部欧洲法典，一个欧洲的最高法院，一种统一的欧洲货币，统一的度量衡，统一的法律。应当由我把欧洲的各国人民变成统一的人民，巴黎要成为世界的首都。"一些法国历史学家为此判定，欧洲之父当拿破仑莫属。法国外长德维尔潘撰文说，历史已验证了拿破仑对未来"大欧洲家庭"的预见。"一战"后的各种欧洲一体化组织、运动中，以奥地利的理查德·尼古拉斯·冯·康登霍维－凯勒奇（Richard Nikolaus Coudenhove-Kalergi）伯爵所倡导的泛欧洲运动（Paneuropa-Bewegung）最为著名，他在这个运动当中提出了欧洲一体化国家的理念（die Idee der Vereinigten Staaten von Europa）。他在《泛欧洲》（Paneuropa）一书中提出了一个一体化的欧洲国家（Vereinigten Staaten von Europa）的设想。并强调这个一体化欧洲国家建立的目标不是一个虚无主义的、神性化的、一种纯粹是道德消遣性的活动，相反，这个一体化活动本身是一种非虚无主义的、非神性的和非道德消费性的活动（nihilismus, atheismus and nonmoral verbraucherbewegung），这个一体化国家是一种欧洲基督教的联合体。它独立于所有政党存在，但有着自己的原则，并以此对政治家、政党和其他机构作出正当评价。这些原则为：自由主义（liberalismus）、基督教义（christentum）、社会责任（soziale Verantwortung）、为了整个欧洲主义（pro-Europäismus）。在凯勒奇看来，战后世界上形成了美、苏、英联邦等洲际规模的一体化邦联国家，如果欧洲各个部族城邦国家要想从根本上阻止自身持续不断的衰落趋势，能够在国际上的竞争中产生优势力，那就必须走一体化的国家道路，成立一个"泛欧州的一体化的联邦国家"。到"二战"结束前，凯勒奇一共召开了五次"泛欧洲一体化运动"大会，邀请欧洲各界精英共商欧洲一体化发展大计。"泛欧"运动形成了积极而广泛的社会影响，为日后欧洲一体化的正式启动打下了坚实的思想舆论基础。在欧洲联合运动的有力推动下，1929年9月，时任法国外长的白里安在国际联盟会议上提出，建立"某种欧洲联邦"，并于1930年6月向欧洲的26个国家正式提交了备忘录。这是"欧洲"思想第一次上升到民族国家政府的层面，因而在欧洲联合的历史上，白里安的"欧洲计划"具有里程碑式的意义。但从两次世界大战间欧洲各国总的政策走向上来看，欧洲并未脱离分裂、战争的轨道。因此，"欧洲计划"最终只能不了了之，没有继续上升为欧洲各国的共同政策。1939年9月，纳粹德国闪击波兰，第二次世界大战爆发。对于欧洲国家来说，"二战"基本上是"一战"的延续。欧洲列强争霸世界的野心及长期以来积蓄的矛盾，依旧是战争爆发的原因。一战后，德、意等国极度不满《巴黎和约》的安排，认为自己受到了歧视，急于通过内部独裁和外部黩武来翻盘，妄图重建欧洲和世界的"新秩序"，则是战争爆发的近因。"二战"不仅是"一战"的延续，"二战"后的历史进程也是"一战"后历史进程的深化和扩大。"一战"后出现的新苗头、新景象、新浪潮经过"二战"的洗礼，终于发展成为不可逆转的时代洪流。"二战"以后，殖民地半殖民地国家迎来了民族解放的高潮，纷纷独立，昔日的殖民老爷们被彻底扫地出门。1945年以后的欧洲进一步衰落，彻底丧失了世界霸权。然而危机孕育着新机遇，挑战带来了新动力，欧洲的民族国家决心通过一场变革来挽救自身的命运。1946年9月19日，刚经历了残酷"二战"的英国前首相温斯顿·丘吉尔（Winston Churchill），在瑞士苏黎世大学作了《欧洲的悲剧》演讲，他说道：温斯顿·丘吉尔是战后第一位提出欧洲一体化思想的当权者，不是欧洲大陆的欧洲人，而是一位岛国的欧洲人。他这一著名的激情演讲，重新鼓吹欧洲一体化的重要。在演讲中他首先提及欧洲人，"欧洲是人类大部分文化、艺术、哲学与科学的发源地，然而也就是欧洲引发了一系列令人恐怖的战争，这些战争毁灭了和平，而且威胁着人类的未来"。人文荟萃地方，倒成了争斗恶杀最激烈的去处。之所以西欧有世界火药库之谓为何？他接着指出，民族纠纷是欧洲战争的根源，"二战"后，"黑暗的时代仍可能重现"，"我们必须建立一个类似美国的欧洲合众国。只有这样，亿万辛劳的人民才能重新获得使生活具有价值的快乐和希望。这个过程很简单，所需要的一切只是欧洲人民的决心"。在讲话中，丘吉尔敦促欧洲人不再重复过去的恐怖，要向前看。我们必须重新建立欧洲大家庭，一个或许可以称为欧洲合众国的地区性机构。作为第一步，应该建立一个欧洲委员会。美国、英国和英联邦国家必须作新欧洲的朋友和赞助人，必须为它的生存权奔走呼号！我们必须建立一个欧洲合众国！1949年，10个欧洲国家签署了《伦敦条约》（Treaty of London），组成欧洲议会，其总部设在斯特拉斯堡。该机构致力于促进欧洲民主和人权发展和社会、文化和法律方面的共同响应机制，同后来成立的欧洲人权法院共同对将近46个成员国发挥着重要的影响作用。

1953年和1961年分别缔结了《欧洲保障人权和自由公约》（European Convention on Human Rights and Fundamental Freedoms，简称《欧洲人权公约》）和《欧洲社会宪章》（European Social Charter）。由于欧洲人权公约是欧洲国家最早签署的地区性人权公约，其执行和实施对欧洲人权的推动十分重要。现时欧洲议会有41个成员国。

《欧洲保障人权和自由公约》，在1950年由欧洲议会颁布，并于1953年缔结。它是"二战"以后，尤其是在纽伦堡审判以后，欧洲国家为防止伤害人类的惨剧在欧洲重演，在人权保护的问题上达成共识的结果。订立公约的目的在于在整个欧洲范围内促进和发展对人权和公民自由的保护。1959 年为保证公约的执行，在法国的斯特拉斯堡还专门设立了欧洲议会成立欧洲人权法庭（European Court of Human Rights）。负责审理欧洲区域内发生的针对国家违反《欧洲人权公约》的投诉涉及人权的案件。《欧洲人权公约》对缔约国（包括其立法机关和所有公职人员）具约束力，但对私人（包括私人机构）的行为则没有约束力。该公约只适用于由国家行为导致的侵犯人权案件。任何个人和组织对于其他个人和非国家机构性质的组织所实施的侵犯人权的行为均不得在欧洲人权法院提起诉讼，其救济方式仅限于在国内法院提起侵权之诉。为了弥补这一不足，公约的第一条规定："缔约国要在其司法管辖的范围内确保公约所确定的权利和自由得以实现。"因此，如果缔约国未能通过立法将公约的有关条款制定为国内法并由此导致个人侵犯他人人权案件发生的话，受害人可以以该国家为被告提起诉讼。另外，缔约国之间也有权对侵犯人权的事件相互在人权法院提起诉讼。在以往的诉讼案件中，有关程序的要求十分繁琐，欧洲人权委员会、欧洲人权法院、欧洲部长会议都可能介入诉讼。尤其是对个人提起诉讼有许多限制。一般的案件处理起来会持续五年甚至更长的时间。为了解决这个问题，在 1994 年，当时的欧共体制定了新的程序规则，该规则于 1998 年 11 月 1 日起生效执行。该规则规定：（1）原来的欧洲人权委员会以及旧的欧洲人权法院由现在的欧洲人权法院取代，新的人权法院将既决定是否接受诉讼请求也决定对案件的实体处理。所有案件均由欧洲人权法院处理并作出决定。部长会议将不再扮演原来的调停人角色。（2）个人的诉讼请求权是成员国公民的固有权利，允许本国公民前往斯特拉斯堡提起诉讼是《欧洲人权公约》签署国的强制性义务。（3）新的人权法院设有多个审判庭，这些审判庭可以同时开庭审理不同的案件。每个法庭一般由 7 名法官组成。在实际操作中，法庭又可以分为三类：第一类是三人委员会，由三名法官组成；第二类是法庭，一般由 7 名法官组成；第三类是大法庭，由 17 名法官组成。三人委员会有权对诉讼申请作出最终裁决，并作出驳回起诉的决定。当然，驳回起诉的决定必须由三人委员会一致通过方能生效。如果三人委员会未能一致作出驳回起诉的决定，则该案将被移送至法庭审理。法庭将对个人提起诉讼的案件作出是否受理案件的决定，或对成员国之间提起的诉讼作出是否受理案件的决定。如果法庭审理的案件所涉及的问题十分重要，例如案件涉及对公约条款的解释或者未来的判决结果可能与从前类似案件的判决结果相左，法庭将把案件移送大法庭审理。一旦法庭作出了判决,除具有法定情形以外,当事人向大法庭上诉的可能性很小,而且上诉要在最初判决发出后三个月内提出。对大法庭作出的裁决则不得提出上诉。(4)人权法院现在还可以行使调查权。它可以雇用专家和委托专业人员进行调查。调查权对人权法院处理复杂疑难案件帮助很大。另外,在案件处理的过程中,调解仍然是解决纠纷的重要方式。以调解方式结案的,对外公布时只公布案件事实的简述和调解的结果,这样可以避免由于公布案件的全部情况对被诉国家产生不利影响。一旦决定案件将开庭审理,情况将会大不一样。除了例外情况以外,庭审将公开进行,有关文件资料也将被公之于众。(5)人权法院必须对所作出的裁决说明理由,持反对意见的法官有权另行发表意见。(6)一旦欧洲人权法院查明侵权成立,将作出包含赔偿等内容的、有利于起诉方的判决。《欧洲人权公约》第14条注明,任何人在享有公约订明的权利上,不应受到任何歧视:任何人都不应因为性别、种族、肤色、语言、宗教、政治或其他信仰、国籍或社会出身、跟一个少数民族的关系、财产、出生或其他身份的原因,在享有此公约列明的权利和自由方面受到歧视。上述条款虽未说明禁止基于性倾向的歧视,但其中所说的其他身份表明公约禁止的歧视包括其他未列明的歧视。因此,欧洲人权法庭也曾多次在涉及性倾向歧视的诉讼中进行裁决。譬如,1999年欧洲人权法庭在卢思提-比努恩和贝克特对英国一案及另一宗诉讼中,裁定英国禁止同性恋者入伍的规则侵犯了同性恋者的基本人权,因为欧洲人权公约第8条保障私人和家庭生活获得尊重的权利,而性倾向是私人生活一部分,因此国家不能基于一个人的性倾向而阻止他享有跟其他人平等的权利。2000年新增的《欧洲人权公约》第12号议定书的弁言说明,反歧视的原则并不阻止国家为促进全面和有效的平等所采取的措施,只要这些措施有客观和合理的理由。换句话说,一些为促进弱势社群有效地获得平等机会的积极措施并不会被禁止。

确实,欧洲一体化实际上直接推动了东西德的统一,并最终促成联邦德国的成立。先后经历了三个重要的历史阶段,第一个阶段是产生了东西德统一的决定性基础,这里包括1949年德意志联邦共和国成立和1951年的欧洲煤钢联营建立(Gründung der Montanunion),标志着欧洲一体化的正式启动,欧洲联合进程向着更高一级迈进和发展。

第二个阶段是1955年联邦德国收回主权结束占领管制状态和1957年的《罗马条约》签署成立欧洲经济共同体和欧洲原子能联盟。《罗马条约》共有6大部分248条,并附有11份议定书和3个专约,以及若干清单。《罗马条约》在序言中开宗明义地强调它的目的是:消除分裂欧洲的各种障碍,加强各成员国经济的联结,保证它们的协调发展,在欧洲各国之间建立更加紧密的联盟的基础等。与一般国际条约不同，《罗马条约》是无期限的，而且没有规定退出条约的程序，却有欢迎其他欧洲国家参加共同体的条款。这表明欧洲经济共同体的倡导者要把六国共同体看作一个更加广泛的欧洲一体化进程的基础和起点。《罗马条约》涉及的内容极其广泛，其中心内容是建立关税同盟和农业共同市场，要求逐步协调经济和社会政策，实现商品、人员、劳务和资本的自由流通。关于工业品关税同盟，条约规定在12年过渡时期内分三个阶段逐步取消成员国的现有一切关税和贸易限制。条约规定了对一些特殊商品允许采取例外措施，制定了保护条款，同意对发生国际收支不平衡的成员国，可以对第三国，甚至在较小程度上对成员国实行贸易限制，或者对那些有经济困难的部门或地区实施保护措施。关于农业共同市场，条约规定共同市场应扩大到农业和农产品的贸易，但对共同农业政策，只是规定了一些原则，要求在过渡时期结束前制定这项政策。至于具体细则，规定在条约实施后两年内再草拟。条约还规定：在过渡时期结束前应实现人员、劳动和资本的自由流通。此外，对运输政策、贸易政策、经济发展趋势政策、国际收支政策的接近和一致，对国内税率、竞争规则、财政收入等也作了规定。在社会政策方面，条约要求各成员国之间在社会问题上密切合作。决定设立欧洲社会基金，作为欧洲共同体的社会政策的一部分，旨在改进共同体内工人就业的机会和帮助工人流动。条约还决定设立欧洲投资银行，其主要任务是促进萧条地区的经济和促进工业企业的现代化和改造，以及对单独一国不易举办的新工业企业提供资金。《罗马条约》与一般只规定参加国的权利和义务的国际条约不一样，它规定建立一个拥有一定独立权力的缔约国联合组成的共同体，设置了一套具有一定权限的共同体机构，这套机构是实现条约规定的目标和各项政策措施的组织保证，也提供了欧洲经济共同体所特有的政治发展的可能性。《罗马条约》确定的共同体主要机构有：部长理事会、执行委员会、欧洲议会、欧洲法院。条约还规定设置一系列附属机构和专门机构，有经济政策委员会、预算委员会、运输委员会、货币委员会等，以利于开展共同体各方面的工作。

在1957年3月25日，《欧洲煤钢联营条约》成员国签订《罗马条约》，决定成立共同市场及原子能共同体。后来，根据《1965年布鲁塞尔条约》（Merger Treaty），在1967年将《欧洲煤钢联营条约》及欧洲经济共同体合并到统一架构内。如今，欧洲原子能共同体已经在欧洲联盟架构内。欧洲原子能共同体成立目的为核子能源联营及分销共同市场，并可出售剩余核子能源至境外国家。最初欧洲煤钢共同体提议扩展其权力以涵盖其他种类的能源。但是欧洲煤钢共同体的主席让·莫内（Jean Monnet）认为需要另一个组织去处理核能。一个由路易斯·阿曼德（Louis Armand）负责的关于对欧洲核能使用的研究认为，基于煤的衰竭和减少对石油的依赖，核能是需要发展的。比、荷、卢三国关税同盟和德国都认为需要一个共通的市场，而法国则基于保护主义而予以反对。最后让·莫内提议一个分开的原子能源经济组织以联合各国。

第三阶段是1990年东德和西德走向国家统一以及1992年有关的欧洲联盟的《马斯特里赫特条约》（Vertrag von Maastricht über die Europäische Union）签署。

1949年西德政府将法国作为平等的成员国（als gleichberechtigtes Glied）确定在基本法的序言中，并同时确定要维护欧洲的一体化及欧洲与世界的和平（Frieden der Welt）。1955年结束占领体制，联邦德国恢复主权之后，再次使西方大国作出了承诺，支持德国通过和平的方式统一，承认联邦德国是全体德国人民的代表。1955年联邦德国与苏联建交。为了避免此举引起承认两个德国，使分裂状态合法化，阿登纳政府提出了"哈尔斯坦主义"，宣称联邦德国今后要把与它有正式关系的国家同民主德国建立外交关系视作"不友好的行动"，因为"这种行动适合于加深德国的分裂"。从20世纪50年代中期开始，东西方就一系列问题展开对话。苏联极力主张承认两个德国，建立欧洲集体安全体系。阿登纳唯恐西方大国以牺牲德国统一为代价来换取冷战的缓和，于是以各种方式反对抛开德国统一去谈欧洲安全，或把实现欧洲安全放在德国统一之前。1955年四大国首脑日内瓦会议前夕，阿登纳访美，强调德国统一必须是建立欧洲安全体系的前提。他说："要是我们在重新统一的问题上不能叫苏联人作出让步，那我们也绝不可对苏联人作出丝毫让步。"之后，阿登纳担心所谓"日内瓦精神"使西方陶醉，从而把德国统一与欧洲安全脱钩，并置于次要地位。他一再向美国陈述他的"极大忧虑"，强调"拖延解决恢复德国统一是十分危险的"，促使美国就其态度作出澄清。1956—1957年东西方裁军谈判出现了一个高潮。阿登纳于1957年再次访美，促使美国重申，在达成裁军协议之前，必须解决德国统一问题。同年又在柏林发表美英法德四国宣言，重申裁军—安全—重新统一的关联。阿登纳说，他要"把盟国约束在一条我们可以接受的路线上"。从1958年起，赫鲁晓夫试图迫使西方在德国和柏林问题上让步，由此发生柏林危机，而西方承认德国分裂现状的倾向也日益明显地表现出来。1959年，以强硬著称的杜勒斯提出，在西柏林通道问题上，可以考虑把东德作为苏联的代理人来与之打交道。在同年四大国外长会议期间，美国代表赫脱表示，在德国土地上存在的两个国家中，任何一个都不能谋求有权代表全体德国人民和以整个德国的名义讲话。1961年，美国的"冷战英雄"克莱将军说，在估计德国局势时，应该从存在两个德意志国家这个事实出发。此时美国关注与苏联缓和关系，并就柏林通道问题达成一项安排，以免苏联经常威胁西方在西柏林的权利。而德国统一问题却日益被放到东西方关系议程中的次要地位上去了。这种倾向的发展使阿登纳忧心忡忡，但他无法阻止这种倾向。迫于形势，他只好退求其次，要求柏林通道问题的谈判不要与整个德国问题联系在一起，以免损害德国统一的目标。欧洲一体化核心人物、时任法国政府顾问让·莫内提出一个伟大的理念（große Idee），为把欧洲变成一个自由、繁荣与和平的空间作出了决定性的贡献。1957年提出了欧洲建设史上的一个关键方案，即由六国建立一个欧洲经济共同体。不久之后，经济共同体就涵盖了经济生活的主要领域。但是这个方案具有更远大的目标，因为正如经济共同体条约前言所说，它的目标在于"为越来越变得狭隘的欧洲各国人民的团结奠定基础。"尽管在1965年发生了体制危机——它有助于减少经济共同体的超国家性质——共同市场的建设依然顺利展开，并且在经济方面取得立竿见影的显著成绩。共同体成立的头几年还在农业、交通运输、外贸和地区凝聚等方面诞生了一些共同政策。一体化的成功推动了一些欧共体之外的国家加入欧共体。1973年元旦，欧共体有了三个新会员国：英国、爱尔兰和丹麦。法国在"二战"中受到破坏，当时政府领导人戴高乐察觉，一旦经济无法复苏，法国便难以恢复以往的强大，于是任命莫内为新成立的经济计划局主任，负责重建战后经济。莫内当时一方面对法国所推行的市场经济信心不大，一方面也觉得长久以来重视民族国家的欧洲经济走向已不适合于现代，他认为在欧洲开创一个共同经济市场才能解决问题，因此便向当时法国外长罗贝尔·舒曼（Robert Schuman）提出这个建议，罗贝尔·舒曼便发表了《舒曼计划》（Schuman-Plan），促成罗贝尔·舒曼计划的诞生。

《舒曼计划》是促使欧洲煤钢共同体形成的一个重要宣言，在舒曼的主张里，建议欧洲的统合可从煤钢等战略物资的统合开始做起，煤钢是战略物资，若交由跨国家的组织管辖，便可维护和平，这两项也是工业发展的重要资源，若进行统合对经济发展也大有帮助。适用对象主要是西德与法国两国，这两国从19世纪以来，一直有解不开的仇恨，这仇恨是引起20世纪战争不断的渊源，若进行煤钢整合，对于德、法的和解则大有帮助。这个理念提出后，德法两国均热切赞同，尤其是德国，当时仍处于同盟国的管辖下，面对法国的不信任，若能因此平等参与国际组织，对德国的外交与经济均有正面积极的意义。他说服欧洲人相信在繁荣、和平和民主中团结起来的生死攸关的必要性。欧洲共同体到1951年发展成六个成员国，分别是德国、法国、比利时、卢森堡、意大利、荷兰。20世纪70年代，欧洲受到国际货币危机和石油冲击的双重打击。面临严重经济困难的会员国各自设法应对，多次危及共同体的统一性。后来逐步形成以每季度举行的欧洲理事会（Europäische Rat）为象征的共商应对危机措施的机制。尽管遇到经济危机，九国似乎决心继续甚至深入政治合作。但是除了在货币领域得以重建合作，政治合作方面结果甚微。欧洲的政治建设须等待更为有利的时机方能实现。80年代中叶，欧洲领导人决心同前几十年间对欧洲一体化的怀疑态度决裂。在密特朗、科尔、德洛尔三人的推动下，出现了重新推进欧洲建设的局面，目标是完成1957年开始的经济一体化。实现单一市场这个前景，将在此后的近十年内调动欧共体各机构和各国的积极性。于是欧共体的政策在环境、卫生以及社会和领土凝聚力等领域得以发展。1989年发生了以前谁也不敢想象的事件，柏林墙被渴望自由的东德人推倒了。不久之后，整个苏联集团瓦解了，把欧洲大陆重新统一的前景放在欧洲人面前。1991年12月9日至10日在荷兰的马斯特里赫特举行的第46届欧洲共同体首脑会议上，经过两天的辩论，最终通过并草签了《欧洲经济与货币联盟条约》和《政治联盟条约》，合称《欧洲联盟条约》。这一条约是对《罗马条约》的修订，它为欧共体建立政治联盟和经济与货币联盟确立了目标与步骤，是《罗马条约》成立的基础。《马斯特里赫特条约》的主要内容：

（一）货币联盟第一阶段：期限为1990年7月1日至1993年，要求实现资本的自由流通，真正实现统一市场，并使经济政策完美地协调起来。第二阶段：从1994年1月21日开始，主要是建立欧洲中央银行的雏形——欧洲货币机构。该机构主席由各成员国中央银行总裁以外的人士担任。第三阶段：最早于1997年1月开始，最晚于1999年1月1日生效，将逐步建立"真正的"统一货币和独立的欧洲中央银行，该银行由欧洲理事会（Europäische Rat）和成员国中央银行总裁理事会任命的管理委员会领导，英国和丹麦获得不进入第三阶段的权利。

（二）共同外交与安全政策将取代"欧洲政治合作"：在欧共体最重要的领域内采取的"共同行动"仍须一致通过，但也采用特定多数投票（实施共同行动）的原则。欧洲联盟的武装机构——西欧联盟"将执行欧洲联盟在防务方面作出的议定"。条约最终规定制定共同防务政策。

（三）欧洲公民身份：欧洲公民身份的主要内容是，联盟侨民无论居住在欧共体的哪个成员国，在欧洲选举和市政选举中都有选举权和被选举权。承认任何公民有在欧洲议会请愿的权利。

（四）补充性：采取补充性是为了解决欧共体与其成员国分权的微妙问题。欧共体仅在专属自己的领域内，"在成员国无法令人满意地实现考虑采取的行动的目标时"进行干预。

（五）欧洲议会：在制度方面，欧洲议会通过投票任命欧共体执行委员会，任命接受公民诉状的调停者，并可能成立调查委员会。在立法方面，扩大合作程序。在欧洲议会与欧洲理事会发生分歧时，通过调解程序共同决策。

（六）执行委员会：欧共体执行委员会职能不变；但是由于任命方式改变，它的合法地位增强。

（七）司法与内政：需要一致通过的政府间合作今后将涉及与"共同利益"有关的问题（避难、移民、签证、警察）。

（八）协调基金：设立该基金是为了在环境和基础设施方面援助最贫困的地区。

（九）新领域：欧共体在恪守补充性原则的同时，可以在一些新领域（教育、公共卫生、职业培训等）进行干预；欧洲理事会可以建议成员国通过一些公约。

（十）社会政策：由于英国反对，条约附件中有两项特别议定书涉及此事，签字国保证推动社会欧洲发展，促进就业，1992年以来，丹麦对《马斯特里赫特条约》否决；法国以微弱多数勉强通过，英国推迟全民公决。

《货币联盟条约》是1992年2月7日由欧共体12国外长和财政部长正式签订的。

该条约规定，在欧盟内部要求实现资本的自由流通，真正实现统一市场，并使经济政策完美地协调起来。条约规定：最迟于1999年1月18日在欧共体内发行统一货币，实行共同的对外与防务政策，扩大欧洲议会的权力。

条约的目标是要在密切协调成员国经济政策和实现欧洲内部统一市场的基础上，形成共同的经济政策。具体内容是：统一货币，制定统一的货币兑换率，建立一个制定和执行欧共体政策的欧洲中央银行体系。2002年1月1日，15个成员国采纳了欧元，为德国、法国、意大利、荷兰、比利时、卢森堡、爱尔兰、希腊、西班牙、葡萄牙、奥地利、芬兰、斯洛文尼亚、马耳他和塞浦路斯15国。瑞典、丹麦和英国目前为止都决定暂时不加入欧元区（Euroland）。欧元的硬币和纸币于2002年1月1日开始流通，欧元区国家各自的硬币和纸币于2002年的前两个月退出流通。《政治联盟条约》最早在1990年4月由法国总统密特朗与德国总理科尔共同提出。其目标为：实行共同的外交、防务。大会政策，进一步扩大欧共体超国家机构的权力，扩大欧洲议会的权力，使其由原来的咨询和监督机构变成部分的权力机构。建立共同外交与安全政策，在欧盟最重要的领域内采取的"共同行动"仍须一致通过，但也采用特定多数投票（实施共同行动）的原则。欧洲联盟的武装机构——西欧联盟"将执行欧洲联盟在防务方面作出的议定"。条约最终规定制定共同防务政策。

《政治联盟条约》确定了政治联盟的基本目标。为便于推行共同外交与安全政策，条约在决策方式上规定对某些决定可采取特定多数制，这是对至今实行的每项决定必须一致通过这一规定的重要补充。条约还准备把西欧联盟变为一个地区性防御机构，作为政治联盟的组成部分，实施与防务有关的决定。在防务问题上，由于英国反对建立欧洲独立财务体系，主张西欧联盟只作为北约的补充，而法德则主张把西欧联盟作为欧共体的防务机构，结果条约规定，把西欧联盟建设成欧共体的防务机构，负责制定欧洲的防务政策，同时与北约保持一定联系。条约还规定用五年时间让西欧联盟与北约把包括后勤在内的各项工作统一起来。

《经济联盟条约》确定了经济和货币的最终目标，规定至迟于1998年7月1日成立欧洲中央银行，并于1999年1月1日实行单一货币。按原先计划，如到1996年，有7个国家符合规定的经济标准（通膨率在5%以下，财政赤字不超过国民生产总值的3%，公共债务不超过国民生产总值60%），便于1997年实行单一货币，但须由12国多数表决通过。条约规定，如届时达到上述标准的不到7国或多数表决未能通过，那么达到标准的国家至迟于1999年1月1日放弃本国货币而实行单一货币，其他国家待达到标准后参加。实行经贸联盟的目标意味着成员国把货币决策管理的自主权转让给欧洲中央银行，这个超国家机构将承担起行使成员国货币主权的职能，以确保价格稳定及实现统一大市场在经济增长和就业方面的整体利益。《马斯特里赫特条约》是欧洲一体化进程中取得的一次突破性的进展，它表明欧共体将朝着一个经济、政治、外交和安全等多种职能兼备的联合体方向发展。因此，《马斯特里赫特条约》在欧洲一体化进程中具有里程碑的意义。

2001年签署《尼斯条约》，该条约草案是在欧盟《赫尔辛基条约》基础上进行全面修改后形成的文件。草案涉及欧洲一体化建设和东扩进程等各方面的问题。在机构改革问题上，草案确认了欧盟内部"强化合作机制"的原则；在欧盟委员会组成和委员名额分配上，明确了欧盟在达到27名或更多的成员以后，欧盟委员会只能设置少于27名委员的规定；在欧盟理事会内表决票数的分配上，作出了基本按成员国人口多少分配表决票数的规定，还把使用"有效多数制"表决提案的范围扩大到50多个领域，以提高欧盟的决策效率。此外，《尼斯条约》草案还确定了欧盟扩大到27个成员国后各国在欧洲议会中占有的席位数量，为今后接收新成员国作好了安排。欧盟部长理事会的投票权是在"组"的基础上确定的，即按照人口总体上的相似将成员国划分为几组。在总数为87票的加权票上,爱尔兰目前拥有3票,和芬兰、丹麦的票数相同。会议也认为可能对在欧盟部长理事会的加权投票制度中,对各国的票数重新分配。包括根据《阿姆斯特丹议定书》,对那些失去提名第2名欧盟委员会成员的国家进行补偿。在谈判期间数种重新平衡机制获得考虑,大致可分为两类:简单的重新平衡。对于现在的成员国和新成员国均给予新的加权票;双重多数制,即除了加权票的重新平衡之外,引入一致机制,保障有效多数票代表欧盟人口的足够比例。新条约规定,从2000年1月起,欧盟现在成员国的加权票如下:

表10-1　欧盟成员国加权票数分布

国家	人口(万人)	票数
德国	8312	29
英国	5927	29
法国	5918	29
意大利	5746	29
西班牙	3955	27
波兰	3862	27
罗马尼亚	2164	14
荷兰	1587	13
希腊	1064	12
匈牙利	1038	12
捷克	1030	12
比利时	1025	12
葡萄牙	999	12
瑞典	893	10
奥地利	814	10
保加利亚	774	10
丹麦	532	7
斯洛伐克	527	7
芬兰	518	7
立陶宛	368	7
爱尔兰	363	7
拉脱维亚	267	7
斯洛文尼亚	197	4

（续表）

国家	人口（万人）	票数
爱沙尼亚	157	4
塞浦路斯	60	4
卢森堡	44	4
马耳他	38	3

条约规定，从 2000 年起在欧盟 15 国作出的决定，按多数国家原则，应当保证在总数 345 票中，有 258 票赞成（多数比例原则），占总人口的 62%（多数人口原则）。

《尼斯条约》的内容包含两部分以及四个议定书；此外，还有加入政府间会议的 24 个宣言、三个以上国家的备忘录以及最终条款。第一部分主要包含两条修正条文，第一条修正欧盟条约，包含终止破坏欧盟基本原则的条文、共同外交与安全政策、国际协议、强化合作、司法合作的基础；第二条修正《欧洲共同体条约》，包含扩大条件多数决定、建立社会保护委员会、会员国议会与欧洲政党政治、执委会（包含成员与主席的角色）、其他机构（法院、审计院、欧洲经济社会委员会、区域委员会）、欧洲投资银行、公报；第三条修正欧洲原子能共同体条约；第四条修正煤钢共同体条约；第五条修正会员国欧洲中央银行体系与欧洲中央银行议定书；第六条修正各委员会的特权与豁免权议定书。第二部分是第 7 至 13 条条文，主要是订立修正过渡与最终的条文。四个议定书的内容分别有：（1）欧盟处理欧洲议会、执委会的组成成员与扩大条件多数决；（2）会员国法院与第一审法庭议定书；（3）终结欧洲煤钢共同体条约之重要财政议定书；（4）欧洲联盟条约第 67 条议定书（各会员国在签证、庇护权、移民、人员自由流通方面的行政合作）。《尼斯条约》对机构的均衡发展、加强机构合作都有调整。除增加对机构改革的讨论，一些寻常的非机构议题则被删除。其内容包括，理事会：调整加权投票的方式，新的加权投票以 25 至 27 个会员国为基础数，来重新分配计票；执行委员会：改变执行委员会成员结构，增加主席的权力，改变主席的提名方式；司法体系：分配新的任务给欧洲法院与第一审法庭；议会：扩大合作程序与调整未来会员国代表席次。其他机构的改革，如审计院、欧洲经济与社会委员会与区域委员会的组成与提名方式之调整；强化合作：《尼斯条约》在强化合作的系统上赋予弹性，减少限制条件，扩大适用范围；条件多数决：在新条文之中扩大条件多数决。其他的改革是有关于安全与防御政策、刑法合作、政党政治等内容，都订立在宣言与议定书之中。2004年的新政府间会议，要对欧盟未来的发展进行深入、广泛的讨论。新政府间会议的成员包括国家级议会代表、公众意思、候选国代表。这个对于未来发展的讨论有四点特殊处：（1）精确划分欧盟与会员国的责任归属；（2）会员国在欧盟的基本权力；（3）简化条约；（4）欧盟结构中的会员国国家级议会的角色。

《尼斯条约》在《欧洲共同体条约》中，主要针对欧洲联盟公民权与社会保护条款的规范、共同商业政策、结构基金与凝聚基金，以及第三国的经济，财政及科技合作事项等的条款进行变革。《尼斯条约》修正后的欧共体条约，赋予公民享有在各会员国境内自由迁徙与居住的权利，若条约未提供必要的权利时，理事会得依据《欧洲共同体条约》合作决策程序制定相关条款，以促进人员的自由流通。同时欧盟条约规定，会员国的公民基本权利受到严重破坏时，理事会可以作出宣告。在共同商业政策方面，欧共体的职权范围曾引发不少争议。经《阿姆斯特丹条约》的调整，《尼斯条约》的再次修正，首次将共享权限明文纳入条约中，就文化与视听服务、教育服务、社会与人体健康服务等贸易的协议，规定属于共同体与会员国的共享权限。在社会政策方面，依《尼斯条约》修正后的欧共体条约规定，除就包括社会安全与劳工的社会保护、终止劳动条约的劳工保护、劳资权益的代表与劳工集体防卫权以及合法居住在共同体领土的第三国家人民的受雇条件等事项仍须采取一致决外，其他事项得依合作决策程序的规定制定相关指令。另一个重要的变革是，为促进会员国相互间以及会员国与执行委员会就社会保护政策的合作，欧共体创设社会保护委员会，监督各会员国与共同体的社会情势与社会保护政策的发展，促进信息、经验、优良事例的交流，并进行准备报告、汇集意见等事项。此外在结构基金与凝聚基金方面，理事会就执委会的提案，经咨询经济暨社会委员会与区域委员会及得到欧洲议会同意后，以一致表决方式决定各结构基金的任务、目标的优先顺序与结构基金的组织与分配等事项，在多年度财务观点以及跨机构协议自2007年1月《欧洲共同体条约》就欧共体政策方面的对外关系明示职权，在有助于民主发展与巩固一般原则、法治原则、尊重人权与基本自由的目标，且对会员国的实现具有互补性质，并符合共同体的发展政策等前提要件，扩及到与第三国的经济，财政及科技合作事项。理事会依据执委会提案，经咨询欧洲议会后以条件多数决方式采取必要的措施。共同体与会员国须基于各自的职权，与第三国与相关国际组织进行经济、财政及科技等合作事项。就前述共同体合作的规划须为共同体与第三者协议的内容，且须依《欧洲共同体条约》规定进行协商与决定。

欧盟扩大过程中组织机构内部的改变，由于无法确定申请国加入欧盟的时间与先后顺序，所以有关欧洲议会的席次、执委会的成员，以及重新界定部长理事会条件多数决的方式，皆是由第五次扩大前欧盟的15个会员国来作决定。《尼斯条约》界定了欧盟扩大在制度上改变的原则与方式。这些原则及方式明确在扩大议定书和附加的宣言书中，事实上欧盟扩大宣言中的统一市场是欧盟现有会员国与申请加入国在协商期间即确定下来的。而新成员在欧洲议会的席次、部长理事会所分配的投票数和条件多数决的适用方式，都将确定在接受条约的内容里。该扩大议定书及相关的宣言限于当时已展开加入协商的12个国家，会员国于加盟会议就欧洲议会的席次分配、部长理事会的票值权重、经济暨社会委员会的组成、区域委员会的组成所通过的共同市场，将以联盟27国为架构基础。《尼斯条约》对执委会成员和投票比重所作的改变将自2005年开始适用，而欧洲议会的新成员则是在2004年的选举后开始运作。遂在此之前，就申请加入国在欧洲议会的人数、部长理事会中分配的票数及条件多数决的门坎皆必须明定在接受条约之中，且申请国一加入欧盟后即可适用这些规则。这些皆是基于平等原则，改变现有体制所暂定出来的规则。

部长理事会，部长理事会的秘书长兼任共同外交暨安全政策高级代表，副秘书长则协助秘书长负责总秘书处的运作；秘书长及副秘书长应由部长理事会以条件多数决的方式任命。部长理事会决定总秘书处的组织。部长理事会以条件多数决的方式决定执委会的主席及委员，欧洲法院的主席、法官、辅佐法官及书记官长，以及第一审法院的法官与书记官长的薪资、津贴与退休金。部长理事会应经由同样条件多数决的方式决定任何取代报酬的支付。《尼斯条约》附款的扩大宣言中声明，在《尼斯条约》重新分配欧盟理事会的条件多数决表决权数，预计在2005年1月1日生效。会员国与准会员国表决权数如表10－1，包括原有的会员国以及预计加入的准会员国，总票数为345票。理事会的条件多数票决在一般提案须获得258票通过（总票数345票的74.1%），以取代原有表决门坎87票中62票（总票数的71.2%）才能跨过条件多数决的表决门坎20票。其次，还必须符合表决机制中所谓人口安全网的额外规定，亦即要使一项提案获得通过，其得票所代表的人数必须达到欧洲总人口数比例的62%以上。再者，由执委会提案时，须有169票且取得二分的一以上会员国数的支持；其他提案则需三分之二会员国支持。这种三重多数表决机制设计主要目的在于维持可调节的少数，三个大国必须至少要争取一个小国的支持，才能通过条件多数决，同时经由二分之一或三分之二会员国家的要求，将最低杯葛议案的票数规定在91票中23票，使小国也能透过集体力量来杯葛不利于他们的法案。

尼斯高峰会议延缓决定欧洲执委会的人数限额。决议自 2005 年起每个会员国派任一名执委会委员，届时无论欧盟有多少成员，现有二名代表的大国（英、法、德、义）均须缩减一名委员的提名。在一开始可能会出现 27 名委员的情况，但尔后必须缩减至少于会员国数，再以公平轮替的方式，透过选举来产生执委会的委员。一旦欧盟增加至 27 个会员国时，则将由部长理事会以一致决的方式来决定：执委会委员的确实人数，基于平等的原则，建立一套轮替的制度，让每一位委员皆得以充分反应，呈现不同区域的特性与公民的意见。《尼斯条约》修改了执委会的提名方式（《欧洲共同体条约》第 214 条）。部长理事会应寻求各会员国政府或国家元首的同意，以条件多数决的方式提名其所欲任命为执委会主席的人；该项提名应经欧洲议会的同意。部长理事会以条件多数决方式与被提名的主席的同意，结合各会员国的提议，草拟其所欲任命为执委会委员的提名名单。该主席同意委员名单以前，必须先和各个政府展开政治性的接触，以确保新的执委会将以和谐平衡的方式来执行职务。经上述程序被提名的执委会主席与委员应全体经欧洲议会投票同意，经欧洲议会同意后，执委会的主席与委员由部长理事会以条件多数决方式任命。

现今的欧盟组织结构如图 10-1 所示：

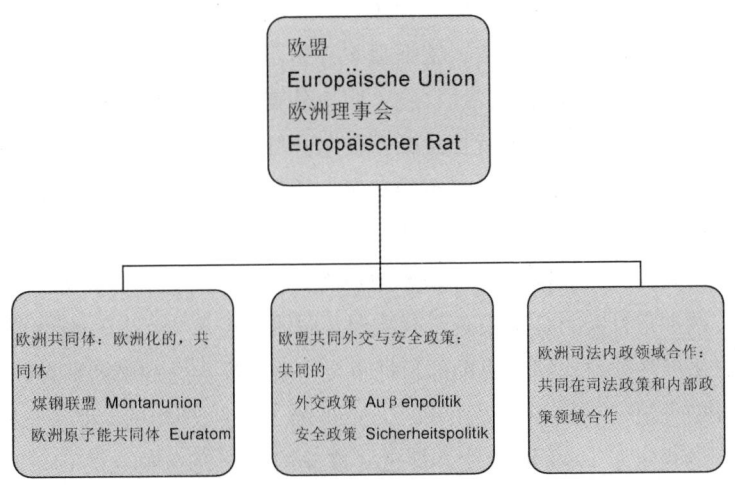

图 10-1　欧盟三大支柱组织结构

图 10-1 所示的欧洲联盟三大支柱，即：首先是在原先着重经济领域整合的三个欧洲共同体，将其目标锁定在经济政策与货币统合方面，此为一个已有 40 年传统且具有超国家特质的共同体，也是一统欧洲的中心支柱，除了扩张它在教育、环保、消费者保护、公共卫生及交通网等各方面的整合职权

外，进而巩固、深化为欧洲经济暨货币联盟。其次是共同外交与安全政策（GASP），主要目的在促使会员国于国际政治事务和国防安全上的合作，实现共同国防。第三是司法与内政事务（ZBJI Justizpolitik und Innenpolitik），满足内部大单一安全空间的期望与要求，企图将成员国在治安方面逐渐形成的政府间合作予以体制化。

欧洲联盟的成立与运行，根据的法律系统为《欧洲共同体法》，《欧洲共同体法》的主要法源包括四个基础条约（《欧洲煤钢共同体条约》《欧洲经济共同体条约》《欧洲原子能共同体条约》《欧洲联盟条约》）、《单一欧洲法》《阿姆斯特丹条约》《合并条约》《卢森堡预算条约》《第二预算条约》《入会条约》等。根据基础条约的设计，欧洲联盟有五个主要的组织：部长理事会、欧洲执行委员会、欧洲议会、欧洲法院、欧洲审计院。除此之外，尚设有几个重要机构：如政治指导性机构（像是欧盟高峰会议）、自主性机构（不受欧盟五大机构管辖）、咨询性机构（协助五大机构的运作）。以下主要针对欧盟高峰会议与欧洲联盟五大机构进行介绍。欧盟高峰会议，由欧洲联盟会员国元首、政府首长、外交部长以及欧洲联盟执行委员会主席与一名委员共同组织而召开定期会议，虽然他们不能直接参与欧洲联盟共同政策的制定，但由于出席的代表均为各国首长，使得欧盟高峰会议的各项决议，影响力甚大，具有指标作用。部长理事会，欧洲联盟的立法机构，依据提案性质不同，由各会员国派出不同部长出席会议，若是一般性或综合性议题，则由外交部长出面，等于是各国部长出席组成的高层会议。欧洲执行委员会，是欧洲联盟的行政组织，在其行政、决策、政策推动方面都扮演举足轻重的角色。欧洲议会有立法权，但需要与部长理事会一同分享，由欧洲人民直接选举产生。欧洲法院是欧洲联盟最高司法机构，是所有有关欧洲共同体的诉讼案的最终判决法院，法律位阶超过各会员国的法院。欧洲审计院，负责检查所有欧洲共同体的收入与支出的账目是否合法、合理、合乎经济效益，同时协助部长理事会与欧洲议会进行预算审查。

欧洲中央银行（Die Europäische Zentralbank），是根据1992年《马斯特里赫特条约》的规定于1998年7月1日正式成立的一个完全独立的货币联盟组织（Organ der Währungsunion），其前身是设在法兰克福的欧洲货币局。欧洲央行隶属于欧洲共同体，其具有独立的法人资格（Rechtspersönlichkeit），其总部设在德国的美因茨河边上的法兰克福。欧洲央行的首要职能是根据欧洲共同体条约第105条规定，维护欧元区货币的汇率稳定（Preisstabilität），其次是管理主导贴现率及最低利息率（Leitzinses）、货币的储备和发行以及制定欧洲货币政策（die Regulierung derGeldmenge）；第三是对银行系统的监督。其职责和结构以德国联邦银行为模式，独立于欧盟机构和各国政府之外。

欧元区的货币政策通过欧洲中央银行体系予以实施。欧洲中央银行体系由欧洲中央银行和欧盟所有成员国包括尚未加入欧元区的成员国中央银行组成。在欧元区内，欧洲中央银行是最高货币权力机构，其总部设在德国的法兰克福，工作人员约500人。各成员国中央银行是欧洲中央银行不可分割的组成部分，负责执行欧元区货币政策的日常工作，但欧洲中央银行体系的所有活动必须接受欧洲中央银行决策机构的监督和管理。

《马斯特里赫特条约》对欧洲中央银行决策机构的设置作出了明确的规定。欧洲中央银行行长理事会（EZB-Rat）和执行董事会是欧洲中央银行的两个主要决策机构。行长理事会负责制定欧元区的货币政策和实施货币政策的指导纲要，其主要职责是确定欧元区的货币政策目标、主要利率水平和中央银行体系准备金数量等。目前，行长理事会由执行董事会成员和欧元区成员国中央银行行长组成，每个成员拥有一份表决权，采用简单多数表决法决定要实施的货币政策，欧洲中央银行行长担任行长理事会主席，并且拥有在表决中出现赞成票和反对票相等时作出最后裁决的权力。执行董事会主要负责货币政策的实施。执行董事会由欧洲中央银行行长和其他五位成员组成，任期八年，期满后不得连任。

由于不是所有的欧盟成员国都在1999年1月1日参加欧元区，欧洲中央银行还设立了由欧洲中央银行行长理事会和尚未参加欧元区的中央银行行长组成的第三个决策机构，即总务理事会，负责协调欧盟内欧元区和非欧元区的货币政策。

欧盟东扩到27国后，现行的一国一票制将使欧洲中央银行行长理事会变得十分庞大，难以进行迅速有效的决策，为此，欧洲中央银行将采用"三速"投票模式，按照成员国的经济总量和人口分配投票权，5大国德国、法国、英国、意大利和西班牙为4票，也就是说每5年有一国没有投票权；14个中等国家如比利时、奥地利、瑞典、芬兰、波兰等共8票，即14国中每年8个国家有投票权；8个小国如塞普路斯、爱沙尼亚、立陶宛、卢森堡等为3票，即每年3个国家有投票权。执行董事会的6名成员有永久投票权。

欧洲央行委员会的决策采取简单多数表决制，每个委员只有一票。货币政策的权力虽然集中了，但是具体执行仍由各欧元国央行负责。各欧元国央行仍保留自己的外汇储备。欧洲央行只拥有500亿欧元的储备金，由各成员国央行根据本国在欧元区内的人口比例和国内生产总值的比例来提供。

保持价格稳定和维护中央银行的独立性是欧洲中央银行的两个主要原则。

根据《马斯特里赫特条约》的规定，欧洲中央银行的首要目标是"保持价格稳定"，与德国规定的德国中央银行的首要任务是"捍卫货币"如出一辙。虽然欧洲中央银行有义务支持欧元区如经济增长、就业和社会保障等的其他经济政策，但前提是不影响价格稳定的总目标。

和其他国家的中央银行相比，欧洲中央银行是一个崭新的机构。为增强欧洲中央银行的信誉，《马斯特里赫特条约》从立法和财政上明确规定了欧洲中央银行是一个独立的机构，欧洲中央银行在指定或更换行长理事会成员以及制定和执行货币政策时，不得接受任何机构的指示和意见，在更换欧洲中央银行行长和理事会成员时，必须得到所有成员国政府和议会的一致同意。同样，《马斯特里赫特条约》也规定任何政府和机构有义务尊重欧洲中央银行的独立性，不得干预欧洲中央银行货币政策的制定和实施。在财政上，欧洲中央银行对成员国的财政赤字和公共债务实行"不担保条款"。

《马斯特里赫特条约》也规定，欧洲中央银行有责任对其实行的货币政策进行说明。欧洲中央银行每周发表综合财务报告，每月发布中央银行体系活动报告。有关中央银行体系的活动和货币政策年度报告必须提交欧洲议会、欧盟理事会和欧盟委员会。欧洲中央银行执行董事会成员要求出席欧洲议会有关委员会的听证会。欧盟理事会主席和欧盟委员会的成员可以参加欧洲中央银行行长理事会会议，但没有表决权。欧盟理事会主席可以在欧洲中央银行行长理事会上提出动议，供欧洲中央银行行长理事会审议。

欧洲联盟制宪的道路并不平坦，尤其是在 2005 年，当时有四国举行了公投，即西班牙、法国、荷兰和卢森堡，结果竟在法国和荷兰未能过关，给予欧盟莫大震撼。原先准备就《欧盟宪法条约》举行公投的其他六国，捷克、丹麦、爱尔兰、波兰、葡萄牙和英国，立刻刹车停办。法国和荷兰在全民投票中否决了《欧盟宪法条约》之后，整个欧盟便陷入了整个区域性的制宪危机，这种危机产生的直接后果便是整个欧盟的机构改革便处于停滞状态。为了挽回花费三年时间才谈判出来的《欧盟宪法条约》当中主要的改革共识，后来各方亟思补救之道，在 2007 年轮值主席德国总理梅克尔的斡旋努力下，由德国主导提出新方案，不再以制定欧洲宪法为主要诉求，转而整合修订现有条约，即欧盟各国元首随后同意根据欧盟现有的《罗马条约》和《马斯特里赫特条约》进行修改并制定一个改革条约取代《欧盟宪法条约》。将《欧盟宪法条约》中最具代表性的标志诸如"宪法"一词的表述从条约中删除，同时删除了并且放弃了容易让国民联想到超国家（Superstaat）性质的欧洲联盟的国旗和国歌。尽量保留《欧盟宪法条约》的核心宗旨，并且对以往对各个生效的条约仅仅以汇总的方式予以抛弃，而采用一种传统上的各个不同时间产生的条约予以对照的方式，以期尽可能减少各个国家的《欧盟宪法条约》反对者对欧洲联盟条约的改革疑虑。改革条约不是宪法，基本上不一定需要全国人民同意，只要获各国国会批准即可。如此可省却等待 27 国公投全部过关的繁复过程。这种做法最大的好处之一，就是各成员国有更大弹性来决定如何批准新约，大幅降低新约遭公民投票封杀的风险。

随后 2007 年 3 月欧盟领导人借助于纪念欧盟成立 50 周年的有利时机，由各国首脑在德国的柏林共同签署宣言。这个宣言称为柏林宣言，后来被称为简化版的《欧盟宪法条约》，为《里斯本条约》（ertrag von Lissabon）的诞生奠定了坚实的基础。此后，政府间会议架构下举行的谈判当中，各成员国均采取了妥协的态度，尽量满足英国、爱尔兰、丹麦、波兰、奥地利、意大利等国的特别要求。这一系列的妥协最终使《里斯本条约》在 2007 年 10 月份正式获得欧盟各国领袖一致批准。改革条约订立的目的：

1. 该条约为改革条约以替代之前没有生效的《欧盟宪法条约》。
2. 改革条约重视民主协商、精简组织内部架构，并且强化以及提高组织本身之决策力，主席可强制要求成员国在联合国的投票意向。
3. 确立欧盟的国际法人地位，即是将《欧洲共同体条约》与《欧盟条约》两者结合，拉近欧盟机构与人民之间的距离；尤其是欧盟主席的制度化以及外交代表的设立，将进一步使欧盟在全球国际事务上的决策更具统一性及影响力。

应该说《里斯本条约》的诞生以及最终落实标志着整个欧盟终于走出了制宪危机的阴云，并开始新的征程，同时也使欧盟各国在联合国层面上的有关国际议题的讨论产生了一个强制性的共同的外交决策。经过先前的法国和荷兰公投失败后，各个会员国领袖深刻领悟到了公投的不可预测性，为了避免这种不可预测性，各国领袖一致同意，除了爱尔兰必须依法举行公投，其余 26 个会员国都不愿再冒公投失败的危险，以《里斯本条约》不同于《欧盟宪法条约》为理由纷纷收回《里斯本条约》经由全民公投后生效的承诺。另外一点尤为重要的是，《里斯本条约》的落实更为欧盟的机构改革创造了条件和局面，2007 年 12 月 13 日欧盟理事会最终签署了《里斯本条约》。随后各国纷纷透过全面的投票程序，来促使《里斯本条约》在本国生效。爱尔兰选民于是成了 27 个会员国中唯一有权透过选票否决《里斯本条约》的欧盟选民代表。对于其余 26 个会员国内反对《里斯本条约》的选民而言，爱尔兰民众 不负众望地于 2008 年 6 月以53.4%反对、46.6%赞成，否决了《里斯本条约》。这次否决再次给《里斯本条约》增加了变数，应该说这个过程也是曲折中求生存的过程。2008年爱尔兰公投后的几个月，金融风暴席卷全球。经济发展曾经傲踞欧盟之冠的爱尔兰遭受严重打击，成为欧盟第一个宣布陷入严重经济衰退的会员国。在此经济衰退的背景下，对于欧盟高层所提出之爱尔兰就《里斯本条约》举行二次公投的提议，爱尔兰政府从原本的 坚决抗拒逐渐趋于软化；2008年年底的民调也出现了爱尔兰选民可能改变心意的迹象。爱尔兰政府与欧盟于是积极展开协商，针对最敏感的执委会执委人数问题，爱尔兰人民最关切的中立、堕胎以及税制自主权问题进行谈判，目的就是希望获致能让爱尔兰选民心安的法律保证，以期在二次公投中扭转欧盟尴尬的困境。爱尔兰将就里斯本条约进行二次公投的态势在2008年年底逐渐明朗。

最为关键的是2009年这一年。2009年10月2日爱尔兰选民在各界瞩目下透过公民投票以67%比33% 的大比例数使欧洲联盟《里斯本条约》从失败中走向复活。12月1日该条约正式生效，从此标志着欧洲联盟各个运作基础从《尼斯条约》时代步入到《里斯本条约》时代。

在2009年10月举行公投之前，欧洲议会于6月举行全面改选。延续以往投票率下滑的趋势，2009年欧洲议会投票率再创新低。在爱尔兰第一次《里斯本条约》公投中于反对阵营扮演了功不可没角色的团体派出了多位候选人参与这次欧洲议会选举，结果却近乎全军覆没，预示《里斯本条约》在爱尔兰的第二次公投可能会有不同于首次公投的结果。此外，德国宪法法院虽然于6月对《里斯本条约》作出不违宪的解释，却在长达147页的解释文中指出德国国会对德国行政部门在欧盟理事会当中投票行为的监督权不足。德国国会旋即于8月召开特别会议通过了增强德国国会监督行政部门在欧盟理事会投票行为的立法。随着德国《里斯本条约》批准程序完成，排除了条约生效之主要变量之一，欧盟各界焦点再次转回到即将举行公投的爱尔兰。由于有了上回因爱尔兰政府倡导不足而导致失败的经验，爱尔兰政府以及支持《里斯本条约》的学者、智库、团体积极展开反击，除了大肆宣扬爱尔兰政府在布鲁塞尔所取得之有关中立、堕胎、税制以及执委人数等各项保证外，对于反对阵营不惜依赖谎言来获取胜利的做法也严厉加以抨击。最重要的是，在金融风暴所带来的普遍恐慌氛围中，这些足以令不少爱尔兰选民对《里斯本条约》回心转意。

赢得了爱尔兰选民的支持后，《里斯本条约》仍然欠缺捷克总统的签字。尽管捷克国会早已对《里斯本条约》进行批准，但是对于欧洲整合抱持深切怀疑态度的总统克劳斯（Klaus）却表示除非捷克能够获得免除条约在公民基本权利部分的义务，否则将拒绝签字。在此同时，与克劳斯立场相同的捷克国会议员亦一再要求宪法法院就《里斯本条约》进行解释，企图阻挠条约的通过。随着爱尔兰公投过关，捷克成为条约生效唯一的障碍，会员国终究还是愿意向克劳斯的坚持低头，同意捷克免除条约在公民基本权利部分的义务，而捷克宪法法院也于11月宣布《里斯本条约》并未违宪，让欧盟终于等到克劳斯的签字，《里斯本条约》于12月1日正式生效。

《里斯本条约》通过全面整合修订各项条约（包括1997年的《阿姆斯特丹条约》与2001年的《尼斯条约》），以期取代之前没有生效的《欧盟宪法条约》，因此也称《欧洲联盟改革条约》。正像葡萄牙总理苏格拉底担任政府间会议主席期间所说：这项条约显示欧洲整合计划仍然继续前进，我们对前景充满信心。欧盟执委会主席巴洛索也同样表示：《改革条约》是一项伟大的成就，欧洲民众要求看到成果，要求欧盟以实际行动改善他们的生活。

《里斯本条约》长达250页，内容广泛复杂，最受瞩目的是增设两项新职：相当于欧盟虚拟元首的欧盟高峰会议主席（President of the European Council），简称欧盟主席；相当于欧盟外交部长的欧盟外交事务暨安全政策高级代表。在英国与法国推动下，欧盟轮值主席制度受到大幅修改。以往每半年轮值一次的主席位置主要含括首脑理事会（European Council）主席以及部长理事会（Council of the European Union）中九种例行会议组成之主席。里斯本条约生效后，首脑理事会主席（President of the European Council）改为常任，任期两年半，可以连任一次；部长理事会中对外关系理事会的主席（High Representative for Foreign Affairs and Security Policy）亦改为常任，并同时兼任执委会副主席。其他要点还包括：精简欧盟执委会组织、修改成员国投票表决计算方式，以及扩大欧盟执委会、欧洲议会与欧洲法院的职权。

欧洲议会立法权大幅提升：在欧盟每一次的条约改革中，欧洲议会皆是赢家；《里斯本条约》也不例外。以往欧盟立法程序依政策议题领域区分为协商、同意、合作、共决程序。《里斯本条约》将其中欧洲议会享有最充分影响力的共决程序普及至几乎所有议题领域，并将此一普及于多数议题的共决程序更名为"一般立法程序"，而其他三种立法方式则合并为"特殊立法程序"。

最具争议的问题之一，就是欧盟部长理事会，这个组织与欧洲议会同为欧盟最高立法机构，在其投票表决程序上如何衡平大国与小国之间的利益冲突？这就需要对那种对小国完全有利的有效多数票的表决程序进行改革。将有效多数票表决程序简化为双重多数票的表决程序，亦即议案若要过关，投赞成票的成员国数目至少是欧盟全体的 55%（15 国），而且其人口总数要占全体的 65%，即理事会投票方式依然包括一致决及多数决两种。但以往多数决是依照一套复杂的条件多数决计票方式，《里斯本条约》将其简化为双重多数决：每个会员国都拥有一票；当表决结果达会员国数 55%、欧盟总人口数 65% 时即为通过。双重多数票表决程序对大国较为有利，德国、法国、英国、意大利、西班牙五大国的人口加起来，就占了欧盟约 62.6%。因此以波兰为首的小国集团群起反对，双方一度僵持不下，最后各让一步，双重多数机制从 2014 年 11 月启动，但设有 2 年 5 个月的新旧机制并用缓冲期，而且各个小国还可以结合为阻挡少数，暂时阻挡议案过关。

此外，《里斯本条约》也将适用多数决的议题领域与适用一般立法程序的议题领域加以统一：只要在理事会是依照多数决方式表决的议题，在接下来的立法程序中必然依照一般立法程序。因此包括移民、刑法、警察事务在内，会员国政府都失去了否决权；同时欧洲法院亦就此获得这些议题的管辖权。

在涉及国家内政的议题上，《里斯本条约》较受关注的做法是赋予 2000 年《欧盟基本权利宪章》法律约束力，要求全体成员国遵循。但英国与波兰等国深怀戒心，不希望欧盟的欧洲法院借此干涉其内政，因此协商取得一定程度的豁免权。

此外为了平息成员国对于丧失主权的忧虑，《里斯本条约》也让各国国会扮演更重要的角色。日后欧盟各机构在推动法案立法之前，需在八星期之前知会各国国会，让他们表达意见。而且法案通过之后，如果有三分之一成员国的国会提出异议，欧盟就必须重新审议。

最后一个高度争议性问题是：未来欧盟的定位到底是一个国际组织，还是一个超级国家？此时的欧盟成为一个独立的国际法主体（Völkerrechtssubjekt），不同于之前仅仅限定在一个单一欧洲国家间的议会和政府首脑性组织。《里斯本条约》增设了欧盟高峰会议主席（欧盟主席）与欧盟外交事务暨安全政策高级代表（欧盟外长）两个新职，扩大欧盟执行委员会、欧洲议会与欧洲法院的权限，并增列了许多共同政策目标，似乎让欧盟越来越有国家的架势。但是就整体而言，未来欧盟的型态仍然比较接近国际组织，各成员国仍然是不折不扣的主权国家。欧盟主席顶多只是一个虚拟元首，而所谓的欧盟外长也只能执行得到成员国一致同意的政策。

但是，关键在于《里斯本条约》的内容与先前的《欧盟宪法条约》相似程度高达90%到95%。内容包括设立一名任期两年半的欧盟主席，取代目前欧盟主席由各国轮值六个月的方法，并设立一名欧盟外长，以期赋予欧盟更大的外交权。按照罗伯特·舒曼在1959年5月9日所作的政府声明，也就是所谓的舒曼计划中所表述的：欧洲应该按照联邦制的原理（föderalistischer Grundlage）进行国家间的组织，而法德联盟（Eine französisch-deutsche Union）为此创造了一个本质的元素。这是一种联盟构想，这种联盟就应该从煤钢同盟产生的时候开始。一个联盟就是一种联邦制国家，这些国家是来自独立的州。按照古老的耶林内克（Georg Jellineks）的国家学说（Allgemeinen taatslehre），一个统一的国家必须具备三个元素，即国家的国民、国家国土和国家权力，这个学说今天停留在国际法当中。在欧洲各个国家当中实行联邦制的国家是德意志联邦、奥地利联邦和瑞士联邦，但是欧盟与这些国家的联邦有所不同。他们尽管都使用欧元，但是这是一种延伸性的货币主权，这种主权属于国家权力，除此之外他们在其内部执行申根政策。接近80%的有关经济生活的法律条文在其共同体内部的所有成员国中执行，而这些原本属于一个国家议会来完成的立法，也同样属于国家权力。尽管如此，欧盟仍然不属于联盟，也不是联邦制国家。这些成员国始终是条约的执行者，这可以从国家法任何一个时期的声明上看出。

综观整个欧洲联盟至今的发展可知，整合的程度越高，各会员国转让主权的程度就越大，1993年《欧盟条约》所规定三个支柱的结构，就可确认各自整合速度的快慢以及其程度的难易。如今，《里斯本条约》又要将这三个支柱的结构合而为一，以便达到加强决策效果的目的，因而引起了一些人士对于欧盟侵犯会员国主权的疑虑。这些疑虑在德国引发了争议，尤以德国国会左派党（Die Linke）以及基社党（CSU）议员（Peter Gauweiler）为代表，甚至将向德国联邦宪法法院申请审理《里斯本条约》是否违宪的诉讼。他们认为，依照《里斯本条约》的规定，欧洲议会的职权扩大，将导致德国联邦议院的权力被削减，有损《基本法》所规定的民主以及权力分散原则。在理事会中，有效多数票表决的范围扩大，也将影响德国政府的政权，比如对外派兵以及社会事务，还有内部安全与罪犯追缉等。同时，欧盟还获得法人的地位，德国的主权可能因此受损，其中尤以外交权为甚，而《基本人权宪章》也有侵权之嫌，因为该宪章将具有法律的拘束力。最后，《里斯本条约》将欧盟理事会纳入体制，并定位为欧盟的最高决策机关，但其民主的合法性不足，等等。总而言之，《里斯本条约》的内容侵犯了德国《基本法》的民主原则。

针对此案，德国联邦宪法法院在 2009 年 6 月 30 日作出判决，其中明白表示，德国执政联盟在国会所提与《里斯本条约》相关的同意法（Zustimmungsgesetz）合宪。但是，扩张及强化联邦议会与联邦参议会参与欧洲联盟事务之法律（Begleitgesetz，后简称协同法），则因未享有充足的参与权（Beteiligungsrechte）而被判为违宪，必须修定后德国总统才能签署。在《里斯本条约》经由各国的法定程序通过之后，还必须由立法转为国内法，在德国称为"Begleitgesetz"，因而这就有协同与转换的意义，其中又包括整合责任法（Integrationsverantwortungsgesetz），修改基本法，联邦政府必须强化之会联邦议会，加强联邦与各邦之间的合作。依照判决认为：欧盟乃由各主权国家依照条约的方式来组成，所以还是由各会员国的宪法机关来负责整合的进程，故其主权并未受损。因此，德国宪法法院再来将欧盟定位为国家集团（Staatenverbund）。早在 1993 年，德国宪法法官（Paul Kirchhof）就首次在对于欧盟条约的判决文中正式提出，这主要是因为欧盟是由主权国家所组成，但又具有部分超国家的特质，因而并不是一般所认定的联邦（Bundesstaat）与邦联（Staatenbund），但又同时兼具两者的内涵。所以，欧盟乃属介于联邦与邦联之间的一种国家联合体，是一种自成一格（sui generis）的特殊组织。但是，欧盟虽不是邦联，但是它却有超过一般联邦国家的特权，比如欧盟可以制定具法律约束力的命令（Verordnung, decree）与方针（Richtlinie, guideline），各会员国都必须遵守。这些命令与方针的制定是否符合民主原则，一直处于争论阶段，因为部长理事会既是行政机关又是立法机关。还有，在国防政策方面，《里斯本条约》也规定，将会逐步向共同的国防政策发展。而在货币发行权方面，欧元早已上路，欧洲中央银行早已驾临各国的中央银行，这些事实都没有在联邦宪法法院的判决中得到解决。

此外，联邦法院以普通国际法中的国家标准——主权、人民与领土这三要素作为认定欧盟属性。在主权方面，各个成员国主权仍由各成员国所掌握，因而欧盟与一般的国家相去甚远。在人民方面，判决认为，欧盟区内并无统一的欧盟人民而只有各会员国的人民，并以此来作为其凝聚多数意见的合法性基础，也就是各国选举欧洲议会议员。判决认为，欧洲议会不同于一般国家议会那样对行政机关予以监督和制衡，促进政党与政权的不断轮值，因此从这个角度讲尽管《里斯本条约》增强欧洲议会的权限，但目前仍无法取代各国议会的角色与功能。况且，各国的欧洲议会议员所代表的民意基础也不同，比如法国与德国约是 85 万人，而马耳他则只有 6 万多。因此，欧洲议会不是欧盟的代议机关，而只是一个超国家的代表机关。

最后，欧盟虽然已具法人地位，但仍无领土主权，而这些都还由各成员国所拥有。基于这些特征，德国联邦宪法法院认为，欧盟在这三方面都距离一般国家的情况甚远，因而并未侵犯德国的宪政权力。此次判决也强调，由于德国基本法（23条1款）中规定，德意志共和国为实现欧洲之联合（Zur Verwirklichung eines vereinten Europas），参与欧洲联盟之发展，而欧洲联盟系以民主、法治国、社会与联邦原则以及补充性原则为其义务，且提供与本《基本法》相当之基本权利保障。联邦对此得依据须经联邦参议院同意之法律托付主权。欧洲联盟之成立以及其条约依据与相当规定之修改，而本《基本法》依该规定之内容应予修改或补充，或可能修改或补充者，本《基本法》第79条第2项及第3项之规定准用。故德国联邦宪法法院以为实现欧洲之联合及实现欧洲的和平秩序为目标进行整合（Europarechtsfreundlichkeit）。因此《里斯本条约》并不违背基本法的民主原则。况且，与欧盟条约不同，《里斯本条约》拒绝建立一个欧洲联邦，故也符合德国《基本法》的规定。但是，宪法法院同时也规定，要对未来欧盟法是否违反德国的宪法予以检验，以及是否按照欧盟的规定施行，这也就是有关协同法违宪因而必须修改的部分。

欧洲通过《里斯本条约》的政治经济意义是因应欧盟目前面临困境的一个计划。在建立统一欧洲的同时，针对所有国家须让出部分国家主权的争议、各国利益的调和，《里斯本条约》中许多具体措施将有助欧盟运作与决策，将成为未来整合的推动力。但《里斯本条约》中仍因若干国家特殊利益考量而有所妥协让步，并留下许多灰色地带，将为统合的进程带来很多不确定性。

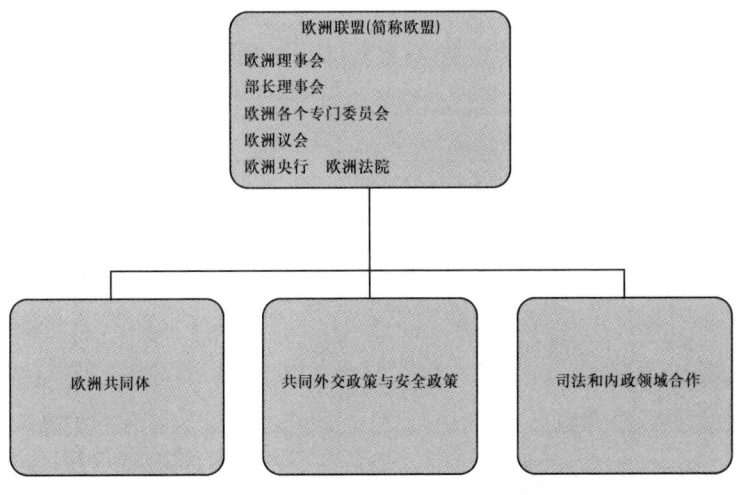

图10-2　《里斯本条约》中的欧盟架构图

表10－2　欧洲整合时间表

1849年8月21日	胡果（Victor Hugo）在和平大会倡导有关欧洲合众国的理念
1876年1月5日	康拉德·阿登纳（Konrad Adenauer，1876—1967）诞生于莱茵河畔的科隆
1923年	理查德·尼古劳斯·冯·英二郎（Richard N. Coudenhove-Kalergi）伯爵在维也纳出版《泛欧洲》（Pan-Europe）一书
1925年10月15日	《洛迦诺公约》签署
1931年3月24日	德奥提出关税同盟计划
1940年6月16日	英、法联盟（Union franco-britannique）计划
1944年7月1—22日	《布雷顿森林协议》（Bretton Woods）以国际货币基金（International Monetary Fund, IMF）为第二次世界大战后国际通货运作的机制重点，美元可自由兑换成黄金，以保证世界货币秩序。
1944年9月4日	荷、比、卢通过关税同盟条约
1945年2月4—11日	罗斯福、丘吉尔与斯大林在雅尔塔举行协商会议
1945年7月17日—8月2日	波兹坦会议
1946年9月19日	丘吉尔在瑞士苏黎世大学发表鼓吹成立欧洲合众国（但英国不包括在内）的演说
1947年1月	在伦敦成立欧洲委员会（Comité pour l'Europe）
1947年5月14日	欧洲委员会改名为统一欧洲运动（Mouvement pour l'Europe unie）
1947年6月5日	美国国务卿马歇尔（George Marshall）在哈佛大学毕业典礼发表援助欧洲经济复建的计划，即马歇尔计划
1948年4月16日	欧洲经济合作组织成立于巴黎
1949年4月4日	总部设于比利时首府布鲁赛尔的北大西洋公约组织（NATO）成立，又称大西洋公约（Pacte atlantique）
1949年4月28日	国际鲁尔管理公署（Autorié internationale de la Ruhr）成立
1949年5月5日	欧洲理事会（Europäische Rat）成立于法国东部的斯特拉斯堡
1950年5月9日	法国外长舒曼（Robert Schuman）发表欧洲煤钢共营的有名宣言
1950年6月20日	法、德、义、荷、比、卢等六国代表开始在巴黎进行创立欧洲煤钢共同体的协商

(续表)

1950年8月10日	舒曼向欧洲理事会的咨询大会阐明其欧洲煤钢共同体的计划
1950年10月24日	勒内·普利文(René Pleven)提出欧洲联军的计划
1951年4月18日	欧洲煤钢共同体的六个原始会员国于巴黎签署成立条约,又称《巴黎条约》(Le Traité de Paris)
1951年5月10日	在各会员国国会议决《巴黎条约》前先在欧洲理事会的咨询大会讨论
1951年5月11日	欧洲理事会咨询大会以80票赞成、7票反对(社会民主党)、9票弃权通过《巴黎条约》的签署。英国未能加入煤钢共同体
1951年10月31日	荷兰下院以60票对6票绝大多数通过《巴黎条约》的签署
1951年12月12日	法国国民大会以377票对235票通过《巴黎条约》的签署
1951年12月21日	国际鲁尔管理公署撤除
1952年1月14日	西德联邦国会以377票对235票、3票弃权,通过《巴黎条约》的签署
1952年2月1日	西德联邦参议院以全体一致(42票)通过《巴黎条约》的签署
1952年2月5日	比利时上院以102票赞成、4票反对、58票弃权,通过《巴黎条约》的签署
1952年2月19日	荷兰上院以52票对2票通过《巴黎条约》的签署
1952年3月17日	意大利参议院以148票对97票通过《巴黎条约》的签署
1952年4月2日	法国上院以182票对32票通过《巴黎条约》的签署
1952年5月13日	卢森堡众议会以47票对4票通过《巴黎条约》的签署
1952年5月27日	欧洲防卫共同体(Communauté européenne de défense,简称CED)在巴黎成立
1952年7月24日	欧洲煤钢共同体创始会员国外长在巴黎聚会,宣布从1952年7月25日起《巴黎条约》正式生效
1952年7月25日	《欧洲煤钢共同体条约》生效,依其第97条规定,有效年限为50年
1952年8月10日	最高管理公署与欧洲法院正式成立,总部暂时定在卢森堡
1952年9月8—10日	欧洲煤钢共同体的部长特别理事会首次在卢森堡举行。决议请求欧洲煤钢共同体共同议会对欧洲政治共同体的成立进行草拟

（续表）

1952年9月10日	欧洲煤钢共同体共同议会首次大会于法国的斯特拉斯堡举行，西德总理阿登纳以六个创始会员国名义提议准备设立欧洲政治共同体（Communaut é politique européenne）
1952年9月10日	保罗－亨利·斯巴克（Paul Henri Spaak）当选为欧洲煤钢共同体共同议会主席
1953年3月19日	德国联邦国会通过欧洲防卫共同体条约
1954年8月30日	法国国会拒绝批准荷、比、卢、义、德、法等六国签署的《欧洲防卫共同体条约》
1954年10月21日	西欧联盟（Western European Union）成立
1954年10月23日	《巴黎条约》正式结束对西德的占领
1955年6月1—2日	欧洲煤钢共同体六个创始会员国在意大利墨西拿（Messina）聚会，委托比利时外长保罗－亨利·斯巴克成立委员小组进行欧洲整合研究
1956年4月21日	保罗－亨利·斯巴克发表研究报告，建议成立欧洲经济共同体（俗称欧洲市场）
1956年5月29—30日	六国代表在威尼斯开会通过保罗－亨利·斯巴克的建议，成立欧洲经济共同体
1957年2月13日	从1957年2月欧洲经济合作组织理事会开始进行自由贸易区（Zone de libre-échange）的设立
1957年3月25日	欧洲煤钢共同体六个创始会员国在罗马签署成立欧洲经济共同体暨欧洲原子能共同体的条约，故又称《罗马条约》
1958年1月1日	欧洲经济共同体与欧洲原子能共同体两条约生效。共同体机关协议生效，欧洲煤钢共同体的共同议会、法院及经济暨社会委员会合并成为欧洲煤钢共同体、欧洲经济共同体及欧洲原子能共同体三大共同体的共同机构
1960年1月4日	英、葡、挪、丹、瑞典、瑞士与奥地利等七国在瑞典京城斯多科尔摩签署欧洲自由贸易协议（European Free Trade Agreement，EFTA）；因英、丹、葡、瑞典、奥地利等先后加入欧洲联盟，目前只剩下瑞士、挪威、冰岛及列之登斯坦四会员国
1960年9月20日	成立欧洲社会基金（Fonds social européen）
1961年7月18日	欧洲经济共同体政府首脑在波恩表示有意成立政治联盟（Union politique）

(续表)

1961 年 7 月 31 日	英国、爱尔兰及丹麦申请加入欧洲共同体
1963 年 1 月 14 日	法国总统戴高乐否决英国申请加入欧洲共同体
1963 年 1 月 22 日	在巴黎签署《法德合作条约》(*Traité de l'Elysée sur la coopération franco-allemande*)
1963 年 7 月 20 日	欧洲经济共同体在雅温得与 18 个非洲国家签署合作协议
1963 年 7 月 2 日	德国联邦国会于 5 月 16 日通过《法德合作条约》，法国国会也于 6 月 14 日通过，7 月 2 日正式生效
1965 年 4 月 8 日	欧洲三个共同体的共同机关合并条约生效
1965 年 6 月 30 日	法国抵制欧洲共同农业政策的财政与欧洲会议的预算职权而触发不参与欧洲共同体各项会议达六个月的危机
1966 年 1 月 29—30 日	卢森堡协议(The Luxembourg Compromise)达成协议，该协议仅就共同体达成一致意见
1967 年 4 月 11 日	英国、爱尔兰、丹麦第二次申请加入欧洲共同体，挪威也申请加入
1967 年 11 月	法国再度否决英国、爱尔兰、丹麦及挪威加入欧洲共同体的申请案
1968 年 7 月 1 日	欧洲经济共同体提早 18 个月完成关税同盟(Customs Union)
1969 年 2 月 1—2 日	欧洲共同体会员国家元首暨政府首长于海牙举行高峰会议，议决接受英国、爱尔兰、挪威与丹麦的申请加入案，并讨论有关欧洲政治合作、成立欧洲经济暨通货同盟以及欧洲联盟的议题。雷蒙·巴尔(Raymond Barre)任欧洲执行委员会副主席，20 世纪 80 年代担任内阁总理的瓦勒里·季斯卡·德斯坦(Valéry Giscard-d'Estaing)，提出经济暨货币同盟的报告
1969 年 12 月 2 日	六个欧洲经济共同体创始国宣布经济暨货币同盟为欧洲整合的正式目标，并正式由皮埃尔·维尔纳(Pierre Werner)主持一个由资深专家组成的研究小组，研究如何在 1980 年前施行经济暨货币同盟，并提出相关的报告
1970 年 10 月	皮埃尔·维尔纳提出建议成立经济暨货币同盟报告书。建议在十年内，当各货币之间的汇率差异降低，资金全部自由化且货币比价无可变动后，创立一个欧洲单一货币(monnie européenne unique)

(续表)

1970 年 4 月 22 日	欧洲共同体六个创始会员国签署修改欧洲议会的预算权
1971 年 3 月 22 日	通过经济暨货币同盟。六个创始国同意在十年内分成两个阶段完成货币同盟。可惜因为美国决定让美元自由浮动而货币同盟计划终于功败垂成
1972 年 1 月 22 日	英国、爱尔兰、丹麦及挪威签署加入欧洲共同体条约
1972 年 4 月 24 日	实施在《布雷顿森林协议》架构下,规定六个创始国的货币汇率在上下 2.25% 限内浮动,即通称的欧洲蛇洞内汇率浮动的机制
1972 年 9 月 26 日	挪威举行公民投票拒绝加入欧洲共同体
1973 年 4 月 6 日	欧洲货币合作基金(Fonds européen de coopération monétaire)成立
1974 年 12 月 9—10 日	欧洲共同体会员国国家首脑暨政府首长在巴黎聚会,同意创设欧洲国家首脑暨政府首长理事会(Conseil Européen des chefs d'Etat et de gouvernement)
1975 年 6 月 5 日	英国公民投票同意加入欧洲共同体
1975 年 12 月 29 日	伦纳德·延德曼斯(Tindemans)提出有关欧洲联盟的报告书
1977 年 10 月	欧洲执行委员会罗伊·哈里斯·詹金斯(Roy Harris Jenkins)主席主张各会员国在勠力达成货币稳定之余,采取新的方法完成经济暨货币的同盟
1978 年 4 月	法、德两国在布雷门(Bremen)欧洲高峰会议上再度呼吁进行欧洲货币合作,成立欧洲货币制度(European Monetary System, EMS)以取代汇率浮动的机制
1979 年 3 月	施行欧洲货币制度,创立欧洲通货单位(European Currency Unit,简写为 ECU,法国古货币 Écu 正好与 ECU 同样的拼音)。ECU 是一个由共同体的货币组成"一个货币篮子"的货币单位,取代欧洲记账单位(Unité de compte européenne)。英镑不加入欧洲货币制度的汇率机制
1979 年 6 月 7—10 日	欧洲议会议员首度普选诞生
1981 年 1 月 1 日	ECU 替代欧洲计账单位
1981 年 1 月 1 日	希腊加入欧洲共同体
1983 年 2 月 7 日	共同体财政改革委员会提出绿皮书

(续表)

·1984 年 2 月 14 日	欧洲议会通过斯皮内力(Spinelli)报告书
1984 年 6 月 25—26 日	在法国的枫丹白露王宫,欧洲国家首脑暨政府首长理事会决议成立欧洲市民的欧洲委员会(Europe des cityoens)、有关制度委员会(Comité Dooge)
1985 年 4 月 17 日	欧洲科技计划(Projet Eurêka)除了欧共体 12 个会员国参加外,另外也有其他七个欧洲国家加入(奥地利、瑞士、挪威、瑞典、冰岛、芬兰及土耳其)共 19 国
1985 年 6 月 14 日	有关 300 多项建议完成单一市场的白皮书发表
1985 年 12 月 2—3 日	在卢森堡举行的欧洲国家首长暨政府首长理事会通过成立欧洲单一市场法案(Acte unique)
1986 年 1 月 1 日	西班牙及葡萄牙加入欧洲共同体
1986 年 2 月 17—28 日	《欧洲单一法案》签署,1992 年 12 月 31 日完成单一市场
1987 年 7 月 1 日	《欧洲单一法案》开始生效
1988 年 6 月 24 日	在汉诺威举行的欧洲高峰会议创立一个由欧洲执行委员会雅克·德洛尔(Jacques Delors)主席主持的经济暨货币同盟研究委员会(Comité pour l'étude de l'Union economique et monétaire)。各会员国中央银行总裁也列席该研究委员会
1989 年 4 月	雅克·德洛尔研究委员会主张进行较紧密的经济暨货币的协调,创建单一货币,成立一个欧洲中央银行,并以三阶段迈向经济暨货币同盟(EMU)
1989 年 6 月	马德里欧洲高峰会议决议从 1990 年 7 月 1 日开始经济暨货币同盟的第一阶段,与此同时资金流动完全自由化
1989 年 9 月 19 日	欧洲共同体与波兰签署和约
1989 年 11 月 28 日	欧洲共同体与苏联签署有关贸易暨合作和约
1989 年 12 月 8—9 日	斯特拉斯堡欧洲高峰会议召开第一次欧盟政府间会议以便修改条约,建立经济暨货币同盟并深入探讨政治议题
1990 年 6 月 19 日	《申根协定》(Convention de Schengen)旨在渐次消除国境关卡的管制,原则上在 1993 年 1 月 1 日生效
1990 年 7 月 1 日	开始进入经济暨货币同盟第一阶段
1990 年 12 月 14—15 日	在罗马举行的欧洲国家首脑暨政府首长理事会讨论有关协助俄罗斯及东欧国家、有关欧洲议会会址的问题

(续表)

1991年7月1日	瑞典申请加入欧洲共同体
1991年10月22日	成立欧洲共同体与欧洲自由贸易协会间的自由贸易区，从1993年起称为欧洲经济空间（Espace économique européen）
1991年11月22日	欧洲共同体与匈牙利、波兰及捷克斯洛伐克签署协定
1991年12月9—10日	马斯特里赫特欧洲高峰会议通过欧洲联盟条约（Treaty on European Union），即《马斯特里赫特条约》。英国却不加入经济暨货币同盟第三阶段，以缓冲方式在1999年1月1日不加入单一货币
1992年2月7日	欧洲联盟条约签署
1992年6月2日	丹麦拒绝《马斯特里赫特条约》的签署
1992年9月20日	法国以51.04%的公投通过欧洲联盟条约
1992年12月11—12日	在爱丁堡举行的欧洲国家首脑暨政府首长理事会达成有关丹麦的妥协，通过1993—1997年共同体的预算及确定斯特拉斯堡为欧洲议会的会址
1993年1月1日	欧洲联盟条约第一阶段开始生效
1993年5月	上次丹麦公投反对欧洲联盟条约，5月再次公投通过，但与英国一样不加入经济暨货币同盟第三阶段
1994年1月	开始经济暨货币同盟第二阶段。成立欧洲货币机构（Institut monétaire européen，即欧洲中央银行的前身），并建构鼓励遵守趋合基准条件的程序机制
1995年5月	欧洲执行委员会发表进入单一货币过程三阶段的绿皮书所必经的详细步骤
1995年6月	坎城欧洲高峰会议再次决议进入单一货币的三阶段，并要求欧洲执行委员会及欧洲货币机构确定绿皮书所必经的步骤
1995年12月	马德里欧洲高峰会议决议称新的单一货币单位为欧元（Euro）并采纳至迟在2002年1月1日引入欧元新纸币及铸币货币整合三阶段的过渡时期步骤
1996年12月	都柏林欧洲高峰会议主要研议稳定货币的公约、欧元的法定地位
1997年6月	阿姆斯特丹欧洲高峰会议，签署《阿姆斯特丹条约》，修正以前的欧洲整合有关条款

(续表)

1997 年 12 月	卢森堡欧洲高峰会议,成立欧元审议会(Conseil de l'Euro)。确立有关就业的指导方针。推进欧洲联盟扩大运作
1999 年 1 月 1 日	欧元于 1 月 1 日正式诞生
2000 年 8 月 1 日	欧元于 1999 年 1 月 1 日创建时与美元汇率约等于 1.07,然而 2000 年 8 月 1 日,欧元与美元汇价却只剩下 0.9205,4 月底为 0.8888,10 月中旬为 0.8555
2000 年 12 月 7—8 日	欧盟尼斯高峰会面临棘手的扩大编制问题。欧洲联盟 15 个会员国领袖与申请加入欧盟的十二国领袖在尼斯开会,共同研讨可能是欧盟历史上最棘手的问题,即因欧盟的东进策略,要将原来在 1957 年为六个国家设计的机构进行改革,扩大编制后拥有 27 个成员。目前欧盟的 15 个会员国,共 3.75 亿人口,现在申请加入欧盟的国家在往后几年顺利加入后,欧盟将扩大为 27 国(不包含土耳其),共约 4.8 亿人
2001 年 1 月 1 日	希腊成为欧元区第 12 个会员国
2001 年 3 月 23—24 日	欧洲联盟十五国举行高峰会,讨论经济成长率及亚洲和平(韩国、中东)。欧盟将继续推动高科技及生物科技,以超美追日
2001 年	签署《尼斯条约》
2004 年	爱沙尼亚、拉脱维亚、立陶宛、波兰、捷克、匈牙利、斯洛伐克、斯洛文尼亚、马耳他和塞浦路斯加入
2004 年 10 月	欧盟 25 国首脑在意大利签署了《欧盟宪法条约》。根据有关规定,《欧盟宪法条约》将在所有成员国批准后于 2006 年 11 月 1 日正式生效
2005 年	西班牙、法国、荷兰和卢森堡,全民公投结果竟否决了《欧盟宪法条约》
2007 年	罗马尼亚、保加利亚加入欧盟
2007 年 12 月 13 日	欧盟理事会最终签署了《里斯本条约》
2008 年 6 月	爱尔兰公民投票以 53.4% 反对、46.6% 赞成,否决了《里斯本条约》
2009 年 10 月 2 日	爱尔兰公民投票以 67% 比 33% 的大比例通过欧洲联盟《里斯本条约》。12 月 1 日该条约正式生效

（续表）

2009年11月	捷克宪法法院宣布《里斯本条约》并未违宪，《里斯本条约》于12月1日正式生效
2013年	克罗地亚加入

附：德意志联邦共和国基本法[①]

1945.5.23公布　1955.3.15施行　1994.10修订　1995.11.3修订
1997.10.20修订　1998.3.26修订　1998.7.16修订　2000.11.29修订
2001.11.26最新修订

序言

我德意志人民，认识到对上帝与人类所负之责任，愿以联合欧洲中一平等分子之地位贡献世界和平，兹本制宪权力制定此基本法。

我巴登－符腾堡（Baden-Wurttemberg）、巴伐利亚（Bayer）、柏林（Berlin）、布兰登堡（Brandenburg）、不莱梅（Bremen）、汉堡（Hamburg）、黑森（Essen）、梅克伦堡－前波莫瑞（Mecklenburg-Vorpommern）、下萨克森（Niedersachsen）、北莱茵－威斯伐伦（Nordrhein-Westfalen）、莱茵兰－伐尔兹（Rheinland-Pfalz）、萨尔兰（Sarrland）、萨克森（Sachsen）、萨克森－安哈特（Sachsen-Anhalt）、什勒斯维希－霍尔斯坦（Schleswig-Holstein）及图林根（Thueringen）各邦之德意志人民依自由决定完成德国之统一与自由。因此，本基本法适用于全体德意志人民。

第一章　基本权利

第一条

一、人之尊严不可侵犯，尊重及保护此项尊严为所有国家机关之义务。

二、因此，德意志人民承认不可侵犯与不可让与之人权，为一切人类社会以及世界和平与正义之基础。

三、下列基本权利拘束立法、行政及司法而为直接有效之权利。

第二条

一、人人有自由发展其人格之权利，但以不侵害他人之权利或不违犯宪政

[①] 附文内容为译者所加，资料来源：台湾地区"司法院"：《德国联邦宪法法院裁判选辑（十）》，朱建民、陈冲、张桐锐、林子平等译，2008年。

秩序或道德规范者为限。

二、人人有生命与身体之不可侵犯权。个人之自由不可侵犯。此等权利唯根据法律始得干预之。

第三条

一、法律之前人人平等。

二、男女有平等之权利，国家应促进男女平等之实际贯彻，并致力消除现存之歧视。

三、任何人不得因性别、出身、种族、语言、籍贯、血统、信仰、宗教或政治见解而受歧视或享特权。任何人不得因其残障而受歧视。

第四条

一、信仰与良心之自由及宗教与世界观表达之自由不可侵犯。

二、宗教仪式应保障其不受妨碍。

三、任何人不得被迫违背其良心，武装服事战争勤务，其细则由联邦法律定之。

第五条

一、人人有以语言、文字及图画自由表示及传布其意见之权利，并有自一般公开之来源接受知识而不受阻碍之权利。出版自由及广播与电影之报导自由应保障之。检查制度不得设置。

二、此等权利，得依一般法律之规定、保护少年之法规及因个人名誉之权利，加以限制。

三、艺术与科学、研究与讲学均属自由，讲学自由不得免除对宪法之忠诚。

第六条

一、婚姻与家庭应受国家之特别保护。

二、抚养与教育子女为父母之自然权利，亦为其至高义务，其行使应受国家监督。

三、唯在养育权利人不能尽其养育义务时，或因其他原因子女有被弃养之虞时，始得根据法律违反养育权利之意志，使子女与家庭分离。

四、凡母亲均有请求社会保护及照顾之权利。

五、非婚生子女之身体与精神发展及社会地位，应由立法给予与婚生子女同等之条件。

第七条

一、整个教育制度应受国家之监督。

二、子女教育权利人有权决定其子女是否接受宗教教育。

三、宗教教育为公立学校课程之一部分，唯无宗教信仰之学校不在此限。宗教教育在不妨害国家监督权之限度内，得依宗教团体之教义施教，教师不得违反其意志而负宗教教育义务。

四、设立私立学校之权利应保障之。私立学校代替公立学校者，应经国家之许可并服从各邦法律。私立学校如其教育目的与设备及教导人员之学术训练不逊于公立学校，并对于学生不因其父母之财产情况而加以区别者，应许可其设立。如其教导人员之经济上与法律上地位无充分保障者，不得许可。

五、私立国民学校唯有教育行政机关认其设立具有特殊教学利益时，或经儿童教育权利人之请求以之作为乡镇公学（Gemeinschaftsschule）、宗教潜修或理想实践学校（Bekenntnis-oder Weltanschauungsschule）时，而该乡镇（Gemeinde）又无此类公立国民学校时，始得准其设立。

六、先修学校（Vorschule）禁止设立。

第八条

一、所有德国人均有和平及不携带武器集会之权利，无须事前报告或许可。

二、露天集会之权利得以立法或根据法律限制之。

第九条

一、所有德国人均有结社之权利。

二、结社之目的，或其活动与刑法抵触，或违反宪法秩序，或国际谅解之思想者，应禁止之。

三、保护并促进劳动与经济条件之结社权利，应保障任何人及任何职业均得享有。凡限制或妨碍此项权利为目的之约定均属无效；为此而采取之措施均属违法。依第十二条之一项，第三十五条之二、三项，第八十七条之一第四项，以及第九十一条所采之措施，其主旨不得违反本项所称结社保护并促进劳动与经济条件所为之劳工运动。

第十条

一、书信秘密、邮件与电讯之秘密不可侵犯。

二、前项之限制唯依法始得为之。如限制系为保护自由民主之基本原则，或为保护各联邦之存在或安全，则法律得规定该等限制不须通知有关人士，并由国会指定或辅助机关所为之核定代替争讼。

第十一条

一、所有德国人在联邦领土内均享有迁徙之自由。

二、此项权利唯在因缺乏充分生存基础而致公众遭受特别负担时，或为防止对联邦或各邦之存在或自由民主基本原则所构成之危险，或为防止疫疾、天然灾害或重大不幸事件，或为保护少年免受遗弃，或为预防犯罪而有必要时，始得依法律限制之。

第十二条

一、所有德国人均有自由选择其职业、工作地点及训练地点之权利，职业之执行得依法律管理之。

二、任何人不得被强制为特定之工作，但习惯上一般性而所有人均平等参加之强制性公共服务，不在此限。

三、强迫劳动仅于受法院判决剥夺自由时，始得准许。

第十二条之一

一、男性自年满十八岁起，有在军队、联邦边境防卫队或民防组织服事勤务之义务。

二、任何人基于良心理由而拒绝武装之战争勤务者，得服代替勤务。其期限不得逾兵役期限，其细则以法律定之，该法律不得有碍良心判断之自由，并应规定与军队及联邦边境防卫队无关之代替勤务之机会。

三、应服兵役而未受征服第一、二项所称之任何一项勤务者，得于防卫情况时依法服事以防卫为目的之民事勤务，包括保护平民；至于公法上之勤务，则仅限于为警察之警戒勤务或仅能藉公法勤务始能完成之公共行政事务。本项第一段所称之工作，得为武装部队中类同公共行政之补给事务；至于被指派担任补给平民之工作，仅于生活上急切需要或为保障其安全时，始得允许。

四、在防卫事件中，民事卫生及医疗事务，以及固定地点之军事医护组织中民事勤务之需要，如无从以自愿方式支应时，则十八足岁至五十五足岁之妇女得依法受征服事该项勤务，（但）绝对不得课予其从事武装勤务之义务。

五、防卫事件发生前，第三项所称之勤务仅得依第八十条之一第一项之标准为之。为准备第三项所称之勤务而有特别知识及技能之需要时，得依法强制参加训练活动，但本项第一段之规定不适用之。

六、防卫事件发生时，第三项第二段所称范围之劳动力如不能以自愿方式支应时，则为确保该项需要，得依法限制德国人民之自由、业务执行或工作地点。防卫事件发生前，适用第五项第一段之规定。

第十三条

一、住所不得侵犯。

二、搜索唯法官命令，或遇有紧急危险时，由其他法定机关命令始得为之，其执行并须依法定程序。

三、根据事实怀疑有人犯法律列举规定之特定重罪,而不能或难以其他方法查明事实者,为诉追犯罪,得根据法院之命令,以特别设备对该犯罪嫌疑人包括其住所在内进行监听。前开监听措施应定有期限。前述法院之命令应由三名法官组成合议庭(Spruchkoerper)裁定之。遇有急迫情形(bei Gefahr im Verzuge),亦得由一名法官裁定之。

四、为防止公共安全之紧急(dringend)危险,特别是公共危险或生命危险,唯有根据法院之命令,始得以设备对住所进行监察。遇有急迫情形,亦得依其他法定机关之命令为之;但应立即补正法院之裁定。

五、仅计划用以保护派至住所内执行任务之人而为监察者,得依法定机关命令为之。除此之外,由此获得之资料,只准许作为刑事诉追或防止危险之目的使用,唯须先经法院确认监察之合法性;遇有急迫情形,应立即补正法院之裁定。

六、联邦政府应按年度向联邦议会报告有关依前三项规定执行监察之情形。由联邦议会选出委员会根据该报告进行议会监督。各邦应为同样的议会监督。

七、除上述情形外,除为防止公共危险或个人生命危险,或根据法律为防止公共安全与秩序之紧急危险,尤其为解除房荒、扑灭传染疾病或保护遭受危险之少年,不得干预与限制之。

第十四条

一、财产权及继承权应予保障,其内容与限制由法律规定之。

二、财产权负有义务。财产权之行使应同时有益于公共福利。

三、财产之征收,必须为公共福利始得为之。其执行,必须根据法律始得为之,此项法律应规定赔偿之性质与范围。赔偿之决定应公平衡量公共利益与关系人之利益。赔偿范围如有争执,得向普通法院提起诉讼。

第十五条

土地与地产、天然资源与生产工具,为达成社会化之目的,得由法律规定转移为公有财产或其他形式之公营经济,此项法律应规定赔偿之性质与范围。关于赔偿,适用本基本法第十四条第三项第三、四两段。

第十六条

一、德国人民之国籍不得剥夺之。国籍之丧失须根据法律,如系违反当事人之意愿时,并以其不因此而变为无国籍者为限。

二、德国人民不得引渡于外国,在符合法治国原则的情况下,得以法律就引渡至欧盟会员国或国际法庭为其他规定。

第十六条之一

一、受政治迫害者,享有庇护权。

二、由欧洲共同体之成员国或由一个保障关于难民法律地位之协约或欧洲人权公约有其适用之第三国入境者，不得主张第一项所定之权利。欧洲共同体成员国以外，符合第一句所定要件之国家，须经联邦参议院同意之法律定之。在第一句所定之情形，终结居留之措施不因对其提起法律定之。在第一句所定之情形，终结居留之措施不因对其提起法律救济而停止执行。

三、基于法律状况、法律适用及一般的政治关系，而显示出有保障人民不受政治迫害及非人道或侮辱性处罚或处置之国家，得以须经联邦参议院同意之法律规定之。由此等国家入境之外国人，除其举出确受政治迫害之事实外，推定为未受迫害。

四、在第三项所定情形及申请庇护为显无理由可视为显无理由者，终结取留措施之执行仅于对此等措施之合法性有显著之怀疑时，始得经由法院中止之；审查范围得受限制且事后之请求应不予考虑。其细节以法律定之。

五、欧洲共同体成员国相互间及其与第三国所缔结之国际条约，系尊重于缔约国内应予适用之有关难民法律之协约与欧洲人权公约，而所缔结之国际条约中规定审查庇护申请之管辖与庇护决定之相互承认者，第一项至第四项之规定不得与之抵触。

第十七条

人民有个别或联合他人之书面向该管机关及民意代表机关提出请愿或诉愿之权利。

第十七条之一

一、有关兵役及代替勤务之法律得规定，对于军队及代替勤务之服役人员于服役或从事代替勤务之期间，限制其以语言、文字及图型自由表示及传布意见之基本权利（第五条第一项）、集会自由之基本权利（第八条）及请愿之权利（第十七条），但得规定许其联合他人提出请愿及诉愿。

二、有关国防及保护平民之法律得规定限制迁徙之基本权利（第十一条）及住宅不可侵犯权（第十三条）。

第十八条

凡滥用言论自由，尤其是出版自由（第五条第一项）、讲学自由（第五条第三项）、集会自由（第八条）、结社自由（第九条）、书信邮件与电讯秘密（第十条）、财产权（第十四条）或庇护权（第十六条之一），以攻击自由、民主之基本秩序者，应剥夺此等基本权利。此等权利之剥夺及其范围由联邦宪法法院宣告之。

第十九条

一、凡基本权利依本基本法规定得以法律限制者,该法律应具有一般性,且不得仅适用于特定事件,除此该法律并应具体列举其条文指出其所限制之基本权利。

二、基本权利之实质内容绝不能受侵害。

三、基本权利亦适用于国内法人,但以依其性质得适用者为限。

四、任何人之权利受官署侵害时,得提起诉讼。如别无其他管辖机关时,得向普通法院起诉,但第十条第二项后段之规定不因此而受影响。

第二章 联邦与各邦

第二十条

一、德意志联邦共和国(Bundesrepublik Deutschland)为民主、社会之联邦国家。

二、所有国家权力来自人民。国家权力,由人民以选举及公民投票,并由彼此分立之立法、行政及司法机关行使之。

三、立法权应受宪法之限制,行政权与司法权应受立法权与法律之限制。

四、凡从事排除上述秩序者,如别无其他救济方法,任何德国人皆有权反抗之。

第二十条之一

国家为将来之世世代代,负有责任以立法,及根据法律与法之规定经由行政与司法,于合宪秩序范围内保障自然之生活环境。

第二十一条

一、政党应参与人民政见之形成。政党得自由组成。其内部组织须符合民主原则。政党应公开说明其经费与财产之来源与使用。

二、政党依其目的及其党员之行为,意图损害或废除自由、民主之基本秩序或意图危害德意志联邦共和国之存在者,为违宪。至是否违宪,由联邦宪法法院决定之。

三、其细则由联邦立法规定之。

第二十二条

联邦国旗为黑、红、金三色。

第二十三条

一、德意志共和国为实现欧洲之联合,参与欧洲联盟之发展,而欧洲联盟系以民主、法治国、社会与联邦原则以及补充性原则为其义务,且提供与本基本法相当之基本权利保障。联邦对此得依据须经联邦参议院同意之法律托付主权。欧洲联盟之成立以及其条约依据与相当规定之修改，而本基本法依该规定之内容应予修改或补充，或可能修改或补充者，本基本法第七十九条第二项及第三项之规定准用之。

二、联邦议会参与欧洲联盟事务；各邦经由联邦参议院参与欧洲联盟事务。联邦政府应广泛且尽速向联邦议会与联邦参议院提出报告。

三、联邦政府于其参与欧洲联盟立法之前，应予联邦议会有表示意见之机会。联邦政府于进行协商时应考虑联邦议会之意见。其细节以法律定之。

四、联邦参议院参与相关之内国措施或各邦对其有管辖权者，联邦意思之形成应有联邦参议院之参与。

五、在联邦专属立法之领域涉及各邦之利益者或其他联邦有立法权之情形，联邦政府应考虑联邦参议院之意见。事项之重点涉及各邦之立法权，其机关之设置或其行政程序者，联邦意思之形成于此范围内对于联邦参议院之意见应予以具决定性的考虑；在此应维护联邦之国家整体之责任。会导致联邦增加支出，减少收入之事务，应经联邦政府同意。

六、德意志共和国依其欧洲联盟成员国之地位所负责法律之履行，如事项之重点涉及各邦之专属立法权者，应由联邦转让于由联邦参议院所指定之各邦代表。此等法律之履行须有联邦政府之参与与表决；在此应维护联邦之国家整体的责任。

七、第四项至第六项之施行细则以须经联邦参议院同意之法律定之。

第二十四条

一、联邦得以立法将主权转让于国际组织。

一之一、各邦于其行使国家权能与履行国家任务之权限范围内，经联邦政府之同意，得将主权托付于周边国际组织。

二、为维护和平，联邦得加入互保之集体安全体系；为此，联邦得同意限制其主权，以建立并确保欧洲及世界各国间之持久和平秩序。

三、为解决国际争端，联邦得加入普遍性、概括性、强制性国际公断协议。

第二十五条

国际法之一般规则构成联邦法律之一部分。此等规定之效力在法律上，并对联邦领土内居民直接发生权利义务。

第二十六条

一、扰乱国际和平共同生活之行为，或以扰乱国际和平共同生活为目的之行为，尤其是发动侵略战争之准备行为，均属违宪。此等行为应处以刑罚。

二、供战争使用之武器，其制造、运输或交易均须经联邦政府之许可。其细则由联邦法律定之。

第二十七条

所有德国商船形成统一商船队。

第二十八条

一、各邦之宪法秩序应符合本基本法所定之共和、民主及社会法治国原则。各邦、县市及乡镇人民应各有其经由普通、直接、自由、平等及秘密选举而产生之代表机关。于县市与乡镇之选举，具有欧洲共同体成员国国籍之人，依欧洲共同体法之规定，亦享有选举权与被选举权。在乡镇得以乡镇民大会代替代表机关。

二、各乡镇在法定限度内自行负责处理地方团体一切事务之权利，应予保障。各乡镇联合区在其法定职权内依法应享有自治之权。自治权之保障应包含财政自主之基础；各乡镇就具有经济效力的税源有税率权（Hebesatzrecht）即属于财政自主之基础。

三、联邦有义务使各邦之宪法秩序符合基本权及第一项、第二项之规定。

第二十九条

一、为保障各邦得依其面积与产能有效履行其任务，联邦领土得重新调整。联邦领土之重新调整应斟酌地方团结性、历史文化关联、经济上之合目的性以及国土规划上之需求。

二、发布重新调整联邦领域之措施应依据须经公民复决之联邦法律。相关各邦得陈述意见。

三、各邦中由其分出领域或部分领域而组成新邦或组成重新划定领域之邦者，公民投票于此等各邦举行（相关各邦）。公民投票应对于相关各邦是否维持现状或组成新邦或重新划定领域之问题进行表决。公民投票于将来之领域或其邦籍会随之改变之相关各邦领域或部分领域全部，皆以多数赞成改变者，为通过组成新邦或组成重新划定领域之邦。相关各邦有一邦之领域以多数反对改变，为不通过；但其一部分领域以三分之二之多数决定改变邦籍者除此等领域全体以三分之二之多数反对其改变外，原反对改变之公民投票对其无拘束力。

四、在一领域散及数邦且拥有超过一百万人口之相关连而有一定范围之移民与经济区中，经其联邦议会选举权人十分之一之公民表决要求整体区域应有统一之邦籍者，应以联邦法律于两年内决定是否依第二项之规定改变邦籍，或于相关各邦举行民意测验。

五、此民意测验应针对是否同意于该法中所提议之改变邦籍。该法得提出不同，但不超过两项之民意测验提议。多数赞成改变邦籍者，应于两年内以联邦法律规定是否依第二项改变邦籍。民意测验所提出之提议获得符合第三项第三句及第四句规定之同意者，应于民意测验后两年内颁布建立所提议新邦之联邦法律，此联邦法律不须经公民复决。

六、公民投票及民意测验以投票数之多数为多数，但须达联邦议会选举权人四分之一。关于公民投票、公民表决及民意测验之其余细节，以联邦法律定之；此法律得规定公民表决于五年内不得重复举行。

七、各邦领域之其他改变得由相关各邦以国家邦约为之，或改变邦籍之领域其人口不超过五万人者，得依须经联邦参议院同意之联邦法律为之。细节以须联邦参议院及联邦议会多数议员同意之联邦法律定之。该法律应规定须经相关乡镇及县市陈述意见。

八、各邦对于其领域或部分领域之重新调整得不依第二项至第七项之规定，而以国家邦约规定之。相关乡镇及县市得陈述意见。国家契约应于任一相关各邦经公民复决。国家契约涉及各邦之部分领域者，公民复决得仅限于此部分领域内举行；第五句下半句之规定不适用之。公民投票以投票数之多数决定之，但须达联邦议会选举权人四分之一；细节以联邦法律定之。国家契约须经联邦议会同意。

第三十条

国家权力之行使及国家职责之履行，为各邦之事，但以本基本法未另有规定或许可者为限。

第三十一条

联邦法律优先于各邦法律。

第三十二条

一、对外关系之维持为联邦之事务。

二、涉及某邦特殊情况之条约，应于缔结前尽早谘商该邦。

三、各邦在其立法权限内，经联邦政府之核可，得与外国缔结条约。

第三十三条

一、所有德国人民在各邦均有同等之公民权利与义务。

二、所有德国人民应其适当能力与专业成就，有担任公职之同等权利。

三、市民权与公民权之享有，担任公职之权利及因担任公务而取得之权利，与宗教信仰无关。任何人不得因其信仰或不信仰某种宗教或哲学思想而受歧视。

四、国家主权之行使，在通常情形下，应属于公务员之固定职责，公务员依据公法服务、效忠。

五、有关公务员之法律,应充分斟酌职业公务员法律地位之传统原则而规定之。

第三十四条

任何人执行交付担任之公职职务,如违反对第三者应负之职务上之义务时,原则上其责任应由国家或其任职机关负之。遇有故意或重大过失,应保留补偿请求权。关于损害赔偿及补偿请求,得向普通法院提起诉讼。

第三十五条

一、联邦及各邦之机关应相互提供法律上及职务上之协助。

二、为维护或恢复公共安全或秩序,遇有重大事件,如一邦之警察无协助即不能或甚难完成其任务时,得请求联邦边境防卫队人员或设备之协助。遇有天然灾害或重大不幸事件,一邦得请求他邦警力、其他行政机关、联邦边境防卫队或军队人员或设备之协助。

三、天然灾害或重大不幸事件如危及一邦以上之地区时,如为有效处理所必要,联邦政府得指示邦政府利用他邦之警力,或指挥联邦边境防卫队或军队单位支持警力。联邦政府依本项前段所采之措施应随依联邦参议院之要求或于危险排除后迅即取消。

第三十六条

一、联邦最高机关之公务员应以适当比例选自各邦。联邦其他机关之公务员,原则上应选自其任职之联邦。

二、军事法律应对联邦之区分为邦及各邦之特殊地方环境,加以注意。

第三十七条

一、邦如未履行其依本基本法或其他联邦法律对联邦所负之义务,联邦政府得经联邦参议院之同意,采取必要措施,以联邦强制之法,强令该邦履行其义务。

二、为执行联邦强制,联邦政府或其委任机关有对各邦及其机关发布命令之权。

第三章 联邦议会

第三十八条

一、德意志联邦议会议员依普通、直接、自由、平等及秘密选举法选举之。议员为全体人民之代表,不受命令与训令之拘束,只服从其良心。

二、凡年满十八岁者有选举权,成年者有被选举权。

三、其细则由联邦法律规定之。

第三十九条

一、联邦议会依下述规定选出，任期四年。其任期至新联邦议会集会时为止。新选举应于任期开始后四十六至四十八个月间举行。

二、联邦议会应于选举后三十日内集会。

三、联邦议会议决其会议之结束与再开。议长得提前召开会议。有议员三分之一或联邦总统或联邦总理要求时，议长有义务提前召开会议。

第四十条

一、联邦议会选举议长、副议长及书记。联邦议会自行制定议定规则。

二、议长管辖议会大厦并在大厦内执行警察权。在联邦议会大厦范围内，非经议长许可，不得搜索或扣押。

第四十一条

一、审查选举为联邦议会之责。联邦议会有权决定其议员是否丧失议员资格。

二、不服联邦议会之决定，得向联邦宪法法院提出抗告。

三、其细则由联邦法律规定之。

第四十二条

一、联邦议会应公开举行会议。但经议员十分之一之建议或经联邦政府之请求，得以三分之二多数决议举行秘密会议。此项建议之决议应以秘密会议为之。

二、联邦议会之决议，除本基本法另有规定外，以投票之过半数决定之。联邦议会内之选举，议事规则得另为规定。

三、联邦议会及其委员会公开会议之翔实报告，对外不负责任。

第四十三条

一、联邦议会及其委员会得要求联邦政府任何人员列席。

二、联邦参议院议员、联邦政府总理与阁员及其委派之人员，均得列席联邦议会及其委员会之一切会议。上述各人有随时陈述之权。

第四十四条

一、联邦议会有设置调查委员会之权利，经议员四分之一建议，并有设置之义务，调查委员会应举行公开会议聆取必要证据。会议得不公开。

二、证据调查准用刑事诉讼程序之规定。书信、邮政及电讯秘密不受影响。

三、法院及行政机关有给予法律及职务协助之义务。

四、调查委员会之决议不受司法审查。但法院对调查所根据之事实得自由评价及定断。

第四十五条　联邦议会应设一委员会，掌理欧洲联盟事务，联邦议会得授权该委员会执行联邦议会依本法第二十三条相对于联邦政府之权利。

第四十五条之一

一、联邦议会应设一外交委员会及一个国防委员会。

二、国防委员会并应享有调查委员会之权利。如经其委员四分之一之建议，有对特定事项进行调查之义务。

三、第四十四条第一项，于国防事项不适用之。

第四十五条之二

联邦议会应委派一防卫专员，以确保人民之基本权利，并协助联邦议会施行议会监督权。其细则由联邦法律规定之。

第四十五条之三

一、联邦议会应设一请愿委员会，掌理人民依本法第十七条向联邦议会所提出请求与诉愿之处理。

二、关于审查诉愿之委员会权限以联邦法律定之。

第四十六条

一、议员不得因其在联邦议会投票或发言，对之采取法律或惩戒行为，亦不对联邦议会以外负责。但诽谤不在此限。

二、非经联邦议会之许可，议员不得因犯罪行为而被诉追或逮捕，但在犯罪当场或次日补逮捕者不在此限。

三、此外，非经联邦议会之许可，不得对议员之个人自由加以其他限制或根据本基本法第十八条对之采取行为。

四、对议员采取任何刑事诉讼程序及本基本法第十八条所定之任何行为，任何逮捕拘禁及对其个人自由之任何其他限制，如经联邦议会要求，应即停止。

第四十七条

议员对其以议员资格交付事实之人，或以议员资格承受事实之人，及其事实本身，有拒绝做证之权。在此拒绝做证权限内，并不得扣押文件。

第四十八条

一、竞选联邦议会议员之人，有请求给予竞选必要假期之权。

二、任何人不得妨碍其就任或执行议员之职务。并不得因此预告解职或免职。

二、议员有要求适当报酬以维持其独立之权，议员有搭乘国家交通工具免费旅行之权。其细则由联邦法律规定之。

第四十九条（一九七六年八月二十三日废止）

第四章　联邦参议院

第五十条

各邦经由联邦参议院参与联邦立法、行政及欧洲联合事务。

第五十一条

一、联邦参议院由各邦政府任命及征召之各该邦政府委员组织之,此等参议员得由各该邦政府之其他委员代表之。

二、每一邦至少应有三个投票权;人口超过二百万之邦应有四个投票权;人口超过六百万之邦应有五个投票权;人口超过七百万之邦应有六个投票权。

三、每邦得派与其投票权相同之参议员。各邦之票只能集体投之,并只能由出席之参议员或其代表投之。

第五十二条

一、联邦参议院自行选举议长,任期一年。

二、议长召集联邦参议院。遇有至少两邦代表或联邦政府请求召集,议长必须召集。

三、联邦参议院至少须有投票权过半数始得决议。联邦参议院自行制定议事规则,并举行公开会议,但得举行非公开会议。联邦参议院为欧洲联合事务,得成立欧洲议院,其决议视为联邦参议院之决议。本基本法第五十一条第二项及第三项第二句之规定,准用之。

四、各邦政府之其他委员或受托者得参加联邦参议院各委员会。

第五十三条

联邦政府总理及阁员有参加联邦参议院及其委员会辩论之权利,如经要求,并有参加之义务。联邦总理及阁员有随时陈述之权利。联邦政府应随时向联邦参议院报告联邦事务之处理。

第四章之一　联席委员会

第五十三条之一

一、联席委员会由三分之二联邦议会议员,及三分之一联邦参议院参议员组织之。联邦议会议员之选任应依各党派之比例定之,且不得隶属于联邦政府。每一邦由其所指定之参议院议员一人为代表;此等参议员并不受任何指示之拘束。联席委员会之设立及其程序由议事规则定之,该议事规则须经联邦议会议决,并须参议院之同意。

二、联邦政府就其国防事件之计划应通知联席委员会。联邦议会及其委员会依第四十三条第一项之权利不受影响。

第五章　联邦总统

第五十四条

一、联邦总统由联邦大会不经讨论选举之。德国人民凡具有联邦议会选举权而年满四十岁者，均有被选举权。

二、联邦总统任期五年，连选以一次为限。

三、联邦大会由联邦议会议员及各邦民意代表机关依比例代表制原则选举与联邦议会议员同数之代表组织之。

四、联邦大会至迟应于联邦总统任期届满前三十日集会，遇有联邦总统于任期届满前缺位，至迟应于缺位后三十日集会。联邦大会由联邦议会议长召集。

五、联邦议会任期届满后，本条第四项第一段之限期，应自联邦议会第一次集会起算。

六、得联邦大会代表过半数票者，当选为联邦总统。如两次投票无人获得过半数票，第三次投票得票最多者当选。

七、其细则由联邦法律规定之。

第五十五条

一、联邦总统不得兼任政府官吏，并不得为联邦或各邦立法机关议员。

二、联邦总统不得从事任何其他与职务相关的商业或执行业务，并不得为营利事业之董监事。

第五十六条

联邦总统就职时，应于联邦议会及联邦参议院议员集合之前宣誓，誓词如下："余谨宣誓：愿全力促进德国人民幸福，增进德国人民利益，排除德国人民灾害，维护基本法及联邦法律，尽忠职守，公平待人。愿神保庇。谨誓。"宣誓得免除宗教誓词。

第五十七条

联邦总统因故不能视事或任期未满缺位时，由联邦参议院议长代行其职权。

第五十八条

联邦总统之命令须经联邦总理或联邦主管部长副署始生效力。本规定不适用于联邦总理之任免、本法第六十三条所定联邦议会之解散及第六十九条第三项所定之要求。

第五十九条

一、联邦总统在联邦国际关系上代表联邦。联邦总统代表联邦与外国缔结条约。联邦总统派遣并接受使节。

二、凡规定联邦政治关系或涉及联邦立法事项之条约，应以联邦法律形式，经是时联邦立法之主管机关同意或参与。行政协议适用有关联邦行政之规定。

第五十九条之一（一九六八年六月二十四日废止）

第六十条

一、除法律另有规定外，联邦总统任免联邦法官及联邦文武官员。

二、联邦总统代表联邦就个别案件行使赦免权。

三、联邦总统得以此等权力委托其他机关行使。

四、本基本法第四十六条第二项至第四项之规定，适用于联邦总统。

第六十一条

一、联邦议会、联邦参议院得以联邦总统故意违反本基本法或任何其他联邦法律向联邦宪法法院提出弹劾。弹劾案之动议至少须联邦议会议员四分之一或联邦参议院投票权四分之一之赞同，始得提出。弹劾案之决议以联邦议会议员三分之二或联邦参议院投票权三分之二之多数决定之。弹劾公诉由弹劾机关委托一人行之。

二、联邦宪法法院如认定联邦总统故意违反本基本法或任何其他联邦法律，得宣告其解职。弹劾程序开始后，联邦宪法院得以临时命令决定停止其行使职权。

第六章　联邦政府

第六十二条

联邦政府由联邦内阁总理及联邦内阁阁员组织之。

第六十三条

一、联邦总理经联邦总统提名由联邦议会不经讨论选举之。

二、得联邦议会议员过半数票者为当选。当选之人由联邦总统任命之。

三、提名之人未能当选时，联邦议会得于投票后十四日内以议员过半数选举一人为联邦总理。

四、联邦总理如在限期内未能选出时，应立即重新投票，以得票最多者为当选。当选之人如获得联邦议会议员过半数之票，联邦总统应于选举后七日内任命为联邦总理。当选之人如未得此过半数票，联邦总统应于七日内任命为联邦总理或解散联邦议会。

第六十四条

一、联邦内阁阁员经联邦总理提名由联邦总统任免之。

二、联邦总理及联邦内阁阁员就职时应于联邦议会之前为本基本法第五十六条所定之宣誓。

第六十五条

联邦总理应决定政策方针并负其责任。在此政策方针范围内,联邦阁员应各自指挥专管之部而负其责任。联邦阁员意见发生争执,由联邦政府解决之。联邦总理应照联邦政府所定而经联邦总统核可之处务规程处理政务。

第六十五条之一

国防部长对武装部队有命令指挥之权。

第六十六条

联邦总理及联邦阁员不得从事任何其他与职务相关的商业或执行业务,未经联邦议会之同意并不得为营利事业之董监事。

第六十七条

一、联邦议会仅得以议会过半数选举一联邦总理继任人并要求联邦总统免除现任联邦总理职务,而对联邦总理表示其不信任。联邦总统应接受其要求并任命当选之人。

二、动议提出与选举,须间隔四十八小时。

第六十八条

一、联邦总理要求信任投票之动议,如未获得联邦议会议员过半数之支持时,联邦总统得经联邦总理之请求,于二十一日内解散联邦议会。联邦议会如以其议员过半数选举另一联邦总理时,此项解散权应即消减。

二、动议提出与选举,须间隔四十八小时。

第六十九条

一、联邦总理任命联邦阁员一人为副总理。

二、联邦总理或联邦阁员之职位,在任何情形下,应随新联邦议会之集会而终止,联邦阁员之职位亦随联邦总理之职位因其他原因终止而终止。

三、联邦总理经联邦总统之要求,联邦阁员经联邦总理或联邦总统之要求,应继续执行其职务至继任人任命时为止。

第七章　联邦立法

第七十条

一、本基本法未赋予联邦立法之事项,各邦有立法之权。

二、联邦与各邦管辖权之划分应依本基本法有关专属立法与共同立法之规定决定之。

第七十一条

联邦专属立法事项，各邦唯经联邦法律明白授权并在其授权范围内，始有立法权。

第七十二条

一、竞合立法事项，各邦仅于联邦不制定法律以行使其立法权，并就其未行使之范围内，始有立法权。

二、在联邦领域内建立等值之生活关系，或在整体国家利益下为维护法律与经济之统一，而认以联邦法律规范为必要者，联邦有立法权。

三、联邦法律已不具有第二项所定之必要性者，得依联邦法律之规定，以邦法律代替之。

第七十三条

联邦关于下列事项有专属立法权：

（一）外交及国防，包括平民保护。

（二）联邦国籍。

（三）迁徙自由、护照、移民及引渡。

（四）通货、货币及铸币、度量衡及时间与历法之规定。

（五）关税与通商区域之划一、通商与航海协议、货物之自由流通及国外贸易之支付，包括关税保护与边界保护。

（六）航空运输。

（六之一）完全或大部分属联邦所有财产之铁路（联邦铁路）之运输，联邦铁路之铺设、保养或经营，以及使用联邦铁路费用之征收。

（七）邮政及电讯。

（八）联邦与联邦政府直辖公法团体服务人员之法律地位。

（九）工业财产权、版权及发行权。

（十）联邦与各邦相关事项之合作：

1. 刑事警察事项。

2. 保护自由民主之基本秩序、联邦或一邦之持续与安全。

3. 防止在联邦境内使用暴力或准备使用暴力而危及德意志联邦共和国外在意义之行为。

以及联邦刑事警察机关之设置及国防犯罪之扑灭。

（十一）联邦所使用之统计。

第七十四条

一、下列事项属于共同立法范围。

（一）民法、刑法及判决执行、法院组织、司法程序、律师、公证及法律咨询。

（二）人口状况事项。

（三）集会、结社。

（四）外侨居留、居住权。

（四之一）武器法及炸药法。

（五）（一九九四年十月二十七日废止）

（六）难民及被逐人之事项。

（七）公共福利

（八）（一九九四年十月二十七日废止）

（九）战争损害及回复。

（十）战争伤患及战争遗族之扶助以及以往战俘之照顾。

（十之一）军人墓地、其他战争受害者及暴政受害者之墓地。

（十一）有关经济（矿业、工业、能源供应、手工业、贸易、商业、银行与证券交易、民间保险）之法律。

（十一之一）为和平目的核能之生产与利用，为满足上述目的装备之设立与操作，因核能或放射线外泄及放射性物料处理所产生危险之防护。

（十二）劳动法，包括企业组织、劳工保护与职业介绍，及社会保险，包括失业保险。

（十三）学术补助之整顿及科学研究之促进。

（十四）有关本基本法第七十三、七十四两条列举各事项之公用征收法律。

（十五）土地、地产、天然资源与生产工具之转移公有或其他形式之公营经济。

（十六）经济权力滥用之防止。

（十七）农林生产之促进、粮食供应之保障、农林产品之输出输入、远洋与海洋渔业及海岸防御。

（十八）地产交易、土地法（但不含拓路受益费法）与农地租佃制度、住宅制度、政府给予垦殖与家园制度。

（十九）防止人畜传染疾病之措施，医师与其他医疗业及医疗商执照之许可，药品、麻醉药品、毒药之贩卖。

（十九之一）医院之经济保障及医院病人看护规则之整顿。

（二十）食品、刺激性饮料、生活必需品、饲料、与农林苗种交易之保护，树木植物病害之防止，及动物之保护。

（二一）远洋与沿海航运、航业补助、内陆航运、气象服务、海洋航路，及用于一般运输之内陆水道。

（二二）陆路交通、汽车运输及长途运输公路之修建保养。

（二三）非属联邦之铁路，但山岳铁路不在此限。

（二四）垃圾处理、防止空气污染及防止噪音。

（二五）国家责任。

（二六）人工受精、遗传讯息之研究与人为改变及器官与组织之移植。

二、前项第二十五款之法律应经联邦参议院之同意。

第七十四条之一

一、如联邦未依第七十三条第八款为专属立法，对于处于公法勤务及信赖关系之公务员，共同立法得延伸其范围至彼等之薪给。

二、前项之联邦法律需要联邦参议院之同意。

三、依第七十三条第八款所制定之联邦法律，如规定薪给结构或衡量之标准，包括官职之评鉴或其他薪额上下限等而有第一项联邦法律之性质时，亦需要联邦参议院之同意。

四、第一、二项之规定亦适用于邦法官之薪给。第九十八条第一项之法律适用第三项之规定。

第七十五条

一、联邦根据本基本法第七十二条，关于下列事项对于各邦之立法有颁布通则之权；(本基本法) 第七十二条第三项之规定，准用之。

（一）除第七十四条之一另有规定外，有关各邦、各乡镇及其他公法团体服务人员之法律地位。

（一之一）高等教育之一般基本原则。

（二）出版之一般法律关系。

（三）狩猎事宜、自然景观之保护与乡村及风景之维护之保存。

（四）土地分配、区域计划与水土保持。

（五）户口登记与身份证证明事项。

（六）保护德国文化资产免于外流。本基本法第七十二条第三项之规定，准用之。

二、通则仅于例外情形得作细节或直接规定。

三、各邦应于联邦颁布通则后，依其所定之期间内，颁布必需之邦法律。

第七十六条

一、法案应由联邦政府、联邦议会议员或联邦参议院提出于联邦议会。

二、联邦政府之议案应先提交联邦参议院。联邦参议院有权于六周内对此议案表示意见。联邦参议院如基于重大理由,特别是考虑到范围而要求延期者,期间最长为九周。联邦政府如认为其提交联邦参议院之议案系例外特别紧急事件,则于三周后,或如联邦参议院依第三句提出延期之要求,则于六周后,纵联邦参议院之意见尚未送达;但于收受联邦参议院之意见后,应即转送联邦议会。关于修改基本法之草案与依本基本法第二十三条或第二十四条之托付主权,表示意见之期间为九周;第四句之规定不适用之。

三、联邦参议院之议案应由联邦政府于六周内提出于联邦会。联邦政府于提出时应附具其见解。联邦政府如基于重大理由,特别是考虑到范围而要求延期者,期间最长为九周。联邦参议院如认为其议案系例外特别紧急事件,期间为三周,或如联邦政府依第三句提出延期之要求,则为六周。关于修改基本法之草案与依本基本法第二十三条或第二十四条之托付主权,此期间为九周;第四句之规定不适用之。联邦议会应于相当期间内审查此议案并作成决议。

第七十七条

一、联邦法律应由联邦议会通过。联邦议会通过后应立即由联邦议会议长提交联邦参议院。

二、联邦参议院得于收到法律决议三周内,请求召开联邦议会议员与联邦参议院参议员所组成之委员会,联席审查该议案。此项委员会之组织与程序,由议事规则规定之,议事规则由联邦议会议决并经联邦参议院同意。奉派参加此项委员会之联邦参议院参议员不受指示之拘束。如某一法律需要联邦参议院之同意,联邦议会与联邦政府均得请求召开委员会。如委员会建议修改联邦议会通过之法律决议,联邦议会应重新决议。

二之一、法律须经联邦参议院同意者,如未依第二项第一句请求召开联席委员会,或调停程序并未建议修改法律决议即告终结,联邦参议院应于相当期间内为同意之决议。

三、遇有法律不须联邦参议院同意之情形,如本条第二项所定程序业经完成,联邦参议院得于二周内对联邦议会所通过之法律提出异议。异议期限之起算,在第二项末段之场合,自接到联邦议会重新通过之决议时开始;在所有其他情形,则自收到第二项所谓委员会之主席通知,委员会之程序自告知完结时开始。

四、联邦议会通过之法律如经联邦参议院同意,或不依第七十七条第二项行事,或不于第七十七条第三项限期内提出异议或撤销其异议,或其异议为联邦议会所拒绝,即为成立。

第七十九条

一、本基本法之修正应以法律为之，此项法律应明文表示修正或增补本基本法之文句。国际条约其主题为和平解决、准备和平解决或取消占领体制或其宗旨在增强联邦共和国防务者，为阐明本基本法之规定不与此等条约之缔结及生效相抵触起见，仅须对本基本法原文就该项阐明解释作一补充规定已足。

二、此项法律需要联邦议会议员三分之二及联邦参议院投票权三分之二之同意。

三、本基本法之修正案凡影响联邦之体制、各邦共同参与立法或第一条与第二十条之基本原则者，不得成立。

第八十条

一、联邦政府、联邦阁员或邦政府，得根据法律发布命令。此项授权之内容、目的及范围，应以法律规定之。所发命令，应引证法律根据。如法律规定授权得再移转，授权之移转需要以命令为之。

二、除联邦法律另有规定外，联邦政府或部长关于利用联邦邮政与电讯设施之原则与费用、利用联邦铁路设施之费用之征收原则及关于铁路之建设与经营等，所发布之命令，以及根据联邦法律所发布之命令，而该法律需经联邦参议院之同意，或该法律为各邦受联邦之委托而执行，或其执行属各邦本身之职务者，应经联邦参议院之同意。

三、联邦参议院对于须经其同意之命令，有提案权。

四、邦政府基于联邦法律之授权而得发布命令者，各邦亦得基于法律颁布邦法规。

第八十条之一

一、有关国防包括平民保护，在本基本法或一联邦法律中规定，仅得依本条之规定发布命令时，则除防卫情形外，仅得于联邦议会确认已进入紧急情况，或其特别允许时，始得为之。遇有第十二条之一第五项前段及第六项二段场合，紧急情况之确认及特别允许需要所投票数三分之二之多数。

二、基于第一项命令所为之措施，如经联邦议会要求，应予撤销。

三、违反第一项所为之命令，如系基于并依照国际机关经联邦政府同意在条约之范围内所为之决定，亦得允许。依本项所采之措施，如经联邦议会议员多数要求，应予撤销。

第八十一条

一、遇有本基本法第六十八条场合，联邦议会未被解散，如其不顾联邦政府业经宣布某一法案为紧急议案而拒绝通知,联邦总统得以联邦政府之请求,并经联邦参议院之同意,宣布该议案为立法紧急状态。某一法案如经联邦总理连同第六十八条所定信任动议一并提出而联邦议会拒绝者,亦同。

二、联邦议会如于立法紧急状态宣布后再度拒绝该法案或虽通过而其措辞为联邦政府宣布不能接受者,该法案如经联邦参议院同意应视为已成立。联邦议会如于该议案重行提出后四周内不予通过,亦同。

三、联邦总理任期内,凡经联邦议会拒绝之任何其他法案,均得于立法紧急状态最初宣布后六个月内,依本条第一、二两项通过之。上项期间届满后,在同一联邦总理任期内,不得再宣布立法紧急状态。

四、本基本法不得以根据本条第二项所制定之法律予以修正或全部或局部废止或停止。

第八十二条

一、依本基本法规定所制定之法律,经副署后,应由联邦总统缮成正本,并公布于联邦公报。命令由发布机关签署,除法律另有规定外,应公布于联邦公报。

二、法律与命令均应明定生效日期。如无此项规定,应于联邦公报刊行之日终了后第十四日生效。

第八章 联邦法律之执行与联邦行政

第八十三条

除本基本法另有规定或许可外,各邦应以执行联邦法律为其本身职务。

第八十四条

一、各邦以执行联邦法律为其本身职务时,除经联邦参议院同意之联邦法律另有规定外,各邦应规定设立机关及行政程序。

二、联邦政府经联邦参议院之同意,得发布一般性行政规程。

三、联邦政府应监督各邦依现行法律执行联邦法律。为此联邦政府得派驻委员于各邦最高机关;经各邦最高机关之同意,或各邦最高机关不予同意而经联邦参议院之同意,并得派驻委员于各下级机关。

四、各邦执行联邦法律,如联邦政府认为欠缺不足而未能克服时,联邦参议院以联邦政府或有关邦之请求应决定是否违法。对联邦参议院此项决定得上诉于联邦宪法法院。

五、联邦政府为执行联邦法律,得于特殊场合,经联邦立法授权发布个别指令,此项联邦立法应经联邦参议院之同意。除联邦政府认为情况紧急外,此等指令应对各邦最高机关发出。

第八十五条

一、联邦法律如经联邦委托各邦执行，设立机关应为各邦之事项，但联邦法律经联邦参议院同意另有规定者，不在此限。

二、联邦政府经联邦参议院之同意，得发布一般性行政规程。联邦政府得规定公务员及雇员之统一训练。中级机关首长之任命，应经联邦政府之同意。

三、各邦机关应服从联邦最高主管机关之指令。除联邦政府认为紧急者外，此等指令应对各邦最高机关发出。各邦最高机关应确保指令之执行。

四、联邦监督之范围，应包括执行方法是否合法与是否适宜。联邦政府为此得要求提出报告与文件，并得派驻委员于各机关。

第八十六条

联邦如由联邦自设行政官署或由联邦直属之公法团体或机构执行法律，除法律有详细规定外，联邦政府应发布一般性行政规程。除法律另有规定外，联邦政府应规定设立机关。

第八十七条

一、外交事务、联邦财务行政及本基本法第八十九条所定之联邦水路与航运行政，属联邦直接行政事务，由联邦政府下级行政机关执行。依联邦法律得设置联邦边境防卫官署、警务新闻中心、刑事警察局，为维护宪法并防免在联邦领域内使用暴力企图伤害德意志联邦共和国外交利益之行为或其预备行为，并得设置联邦调查局。

二、社会保险主体，其管辖范围超过一邦之领域者，为直属联邦之公法团体。社会保险主体，其管辖范围超过一邦，而未超过三邦之领域，如对其监督之邦由有关各邦自行决定者，为直属邦之公法团体。

三、此外，凡联邦有立法权之事项，均得依联邦立法，设立独立之联邦中央机关及联邦直属之新公法团体与机构。联邦有立法权之事项如获得新职权，遇有迫切需要场合，经联邦参议院及联邦议会过半数之同意，得自设联邦中下级机关。

第八十七条之一

一、联邦为国防而建立武装部队，其兵力数量及编制原则应于预算案中表示之。

二、为国防目的以外之武装部队，仅于本基本法明白规定时始得设置。

三、在防卫事件及紧急状况时，武装部队如因执行其防卫任务有必要，有权保障民有财产并监管交通管制。此外在防卫事件及紧急状况时，如为支持警察之措施，亦得交付武装部队保障民有财产；在此情形，武装部队应与该主管机关共同为之。

四、为防止对联邦或一邦存在或自由民主基本秩序之紧急危险，如有第九十一条第二项之情形，而警力及边境保卫队已不足应付时，联邦政府得派武装部队支持警察及边境保卫队，以保障民有财产并对抗有组织之武装叛乱分子。如经联邦议会或联邦参议院之请求，武装部队之指派应即中止。

第八十七条之二

一、联邦国防部队行政，应由其本身具有下级行政机构之联邦自设行政机关掌管之，其职权为管理关于人事及武装部队物质需要之直接供应事项，但有关伤病官兵之救济或营建工程等事项，除经联邦参议院同意之联邦立法规定者外，不得交由联邦国防部队行政机关管理之。授权国防部队行政机关干预第三人之权利之立法，亦须获得联邦参议院之同意，但有关人事之法律，不在此限。

二、有关国防，包括征兵及保护平民联邦法律，经联邦参议院之同意，得规定其全部或一部由本身具有下级行政机构之联邦自设行政机关执行之，或由各邦以联邦代理机关之资格执行之。如此类法律系由各邦以联邦代理机关之资格执行，经联邦参议院之同意，得规定依第八十五条授与联邦政府及联邦最高主管机关之权力全部或一部移交联邦高级机关行使之；遇此情形，并得规定各该机关依第八十五条第二项第一段发布一般性行政规程，无须联邦参议院之同意。

第八十七条之三

依第七十四条第十一款之一公布之法律，经联邦参议院之同意得规定该等法律由联邦委托各邦执行。

第八十七条之四

一、空运行政属联邦直接行政。关于采行公法或私法之组织形式，由联邦法律定之。

二、经联邦参议院同意之法律，得将空运行政之职权委托各邦代管之。

第八十七条之五

一、联邦铁路之铁路运输行政属联邦直接行政。铁路运输行政之任务得以联邦法律转让予各邦成为其固有事务。

二、超过联邦铁路范围之铁路运输行政任务而由联邦法律转让予联邦者，由联邦履行之。

三、联邦铁路以私法形式之经济企业营运。此经济企业之活动包含铁路之铺设、保养与经营者，属联邦财产。联邦转让依第二句对此企业之股份者，应依据法律为之。联邦应保留此企业之多数股份。细节以联邦法律定之。

四、联邦应保障于建构及维持联邦铁路法律以及不涉及铁路旅客运送之铁路网运输服务时，考虑公众福祉，尤其运输之需要。细节以联邦法律定之。

五、第一项至第四项所定之法律，须经联邦参议院同意。关于联邦铁路企业之解散、合并与分裂，联邦铁路转让予第三人以及联邦铁路之停止营运或有铁路旅客运送效果之法律规定，需经联邦参议院之同意。

第八十七条之六

一、联邦应依需经联邦参议院同意之联邦法律，保障邮政与电讯勤务之适当与充分。

二、前项所定之勤务为私经济活动者，应由以德国联邦邮政之特别财产成立之企业实施。邮政与电讯领域内之高权任务，应由联邦直接行政履行。

三、涉及以德国联邦邮政之特别财产所成立企业之个别任务，联邦得不依第二项第二句之规定，而根据联邦法律，以直属联邦之公法团体的法律形式履行。

第八十八条

联邦应设置一货币及发行币券之银行为联邦银行。其权限与任务于欧洲联合体范围内，得托付于具独立性，但须保证其独立性，且以确保价格稳定为其优先目标之欧洲中央银行。

第八十九条

一、联邦为前德国国有水路之所有人。

二、联邦应由其自设之机关管理联邦水路。凡超过一邦领域之内河运输职务及法律赋予联邦之海洋运输职务，均由联邦行使。联邦得应要求将一邦领域内之联邦水路，以委任行政委托该邦代为管理。水路如经过数邦，联邦得将其管理委托有关各邦同意之一邦。

三、联邦管理、修建及新建水路时，应与各邦共同确保农田水利之需要。

第九十条

一、联邦为前德国国有高速汽车道路及前德国国有公路之所有人。

二、各邦或依各邦法律有管辖权之自治团体，应代联邦管理联邦高速汽车道路及其他长途运输之联邦公路。

三、联邦应各邦之请求，得自行接管各该领域内之联邦高速汽车道路及其他长途运输之联邦公路。

第九十一条

一、为避免威胁联邦或一邦自由基本秩序或存在之紧急危险，一邦得要求他邦警力及其他行政机关或联邦边境保卫队之人力设备协助。

二、遭受紧急危险威胁之邦，如本身不拟或不能制止危险时，联邦政府得将该邦之警察及他邦警力置于其指挥下并得指派联邦边境保卫队单位。此种指挥于危险排除后应即撤销或应联邦参议院之请求而随时撤销。该种危险如扩及一邦以上，为有效制止而有必要时，联邦政府得指挥邦政府，在此情形，本项前段不受影响。

第八章之一 共同任务

第九十一条之一

一、各邦执行其任务，如此等任务具整体意义而联邦之参与对改善生活水准有必要时，下列情形联邦应予协力：

（一）大学包括大学医院之建立与新建。

（二）地方经济结构之改善。

（三）农业结构与海岸防御之改善。

二、有关共同任务之细节由经联邦参议院同意之联邦法律定之，该法律应包括执行上之一般原则。

三、该法律应就共同计划大纲有所规定，大纲中拟议之事，需要在其领域实施之邦同意始得接受。

四、在第一项一、二款之情形，联邦应负担每一邦之一半支出，在第一项三款之情形，联邦至少应负担一半；其对每一邦之资助应属一致。其细节以法律定之。其资金之筹划则留诸联邦及各邦预算案中规定之。

五、如经请求，应将共同任务之执行情形通知联邦政府及联邦参议院。

第九十一条之二

联邦及各邦经由协议得对教育计划及超地区经济研究计划之推动，共同进行，其费用之分摊于协议中定之。

第九章 司法

第九十二条

司法权付托于法官；由联邦宪法法院、本基本法所规定之各联邦法院及各邦法院分别行使之。

第九十三条

一、联邦宪法法院审判下列案件：

（一）遇有联邦最高机关或本基本法或联邦最高机关处务规程赋予独立权

利之其他关系人之权利义务范围发生争议时，解释本基本法。

（二）关于联邦法律或各邦法律与本基本法在形式上及实质上有无抵触或各邦法律与其他联邦法律有无抵触、发生歧见或疑义时，经联邦政府、邦政府或联邦议会议员三分之一之请求受理之案件。

（二）之一关于法律是否符合本基本法第七十二条第二项之要件发生歧见，而由联邦参议院、邦政府或邦议会所提起之案件。

（三）关于联邦与各邦之权利义务，尤其关于各邦执行联邦法律及联邦对各邦行使监督，发生歧见之案件。

（四）关于联邦与各邦间、邦与邦间或一邦内之其他公法上争议，而无其他法律途径可循之案件。

（四之一）任何人声请其基本权利或其依第二十条第四项、第三十三、三十八、一百零一、一百零三及一百零四条所享之权利遭公权力损害所提起违宪之诉愿。

（四之二）乡镇及乡镇联合区由于依第二十八条之自治权遭法律损害而提起违宪之诉愿，该法律如系邦法，则须系无从在邦宪法法院提起者。

（五）本基本法规定之其他案件。

二、此外，联邦宪法法院应受理联邦立法指定受理之其他案件。

第九十四条

一、联邦宪法法院由联邦法官及其他法官组织之。联邦宪法法院法官半数由联邦议会、半数由联邦参议院选举之。此等法官不得为隶属于议会、联邦参议院、联邦政府或各邦类似机关之人员。

二、联邦宪法法院之组织与程序及在何种情形其判决具有法律效力，应由联邦法律规定之。该法律得规定提起违宪诉愿以先进行其他法律程序而无从救济为前提，并得规定一特别受理程序。

第九十五条

一、为一般法律事件、行政、财务、劳工、社会法律事件，联邦设立联邦最高法院、联邦行政法院、联邦财务法院、联邦劳工法院及联邦社会法院为最高之法院。

二、该法院法官之选任，由依事务性质；由其所系的联邦部长会同司法官选任委员会共同决定，该委员会由各邦之该管部长与联邦议会选举同额之委员组织之。

三、为维护司法统一，第一项所称之各法院应组成一联席会议，其细节以联邦法律定之。

第九十六条

一、联邦为工商业法律保护事件，得设置一联邦法院。二、联邦得设置管辖武装部队之军事法院为联邦法院，此等法院仅于防卫事件或对派驻国外或在战舰上服役之武装部队成员，行使刑事管辖权，其细节由联邦法律定之。此等法院业务范围属联邦司法部长监督，其专任法官应具有充任法官之资格。

三、第一、二项所称法院之最高法院为联邦最高法院。

四、对服事公法勤务之人员，联邦得设置联邦法院以处理惩戒程序及诉愿程序。

五、对第二十六条第一项及国家保护之刑事程序，得以经联邦参议院同意之联邦法律规定，将联邦管辖权委由邦法院行使之。

第九十七条

一、法官应独立行使职权，并只服从法律。

二、正式任用之法官非经法院判决，并根据法定理由、依照法定程序，在其任期届满前，不得违反其意志予以免职，或永久或暂时予以停职或转任，或令其退休。

法律得规定终身职法官退休之年龄。遇有法院之组织或其管辖区域有变更时，法官得转调其他法院或停职，但须保留全薪。

第九十八条

一、联邦法官之法律地位，应由联邦特别法律规定之。

二、联邦法官，如于职务上或非职务上违反本基本法之原则或各邦之宪法秩序时，联邦宪法法院经联邦议会之请求，得以三分之二之多数，判令其转任或退休。如违反出于故意，得令其免职。

三、各邦法官之法律地位，应由各邦特别法律规定之。除第七十四条第四项另有规定外联邦得颁布规范性章则。

四、各邦得规定各邦法官之任命应由邦司法部部长会同法官选任委员会决定之。

五、各邦得根据本条第二项制定各邦法官规程。现行之各邦宪法不受影响。法官弹劾案件由联邦宪法法院审判。

第九十九条

邦内之宪法争议，得由各邦立法交由联邦宪法法院审理，而关于各邦法律适用之终级审判，亦得借此由第九十五条一项所称之各最高法院审理。

第一百条

法院如认为某一法律违宪，而该法律之效力与其审判有关者，应停止审判程序。如系违反邦宪法，应请有权受理宪法争议之邦法院审判之；如系违反本基本法，应请联邦宪法法院审判之。各邦法律违反本基本法或各邦法律抵触联邦法律时，亦同。

二、诉讼进行中如关于国际法规则是否构成联邦法律一部分及其是否对个人产生直接权利义务（本基本法第二十五条）发生疑义时，法院应请联邦宪法法院审判之。

三、某一邦宪法法院解释本基本法时，如欲推翻联邦宪法法院或他邦宪法法院原有之判决，该宪法法院应请联邦宪法法院审判之。

第一百零一条

一、非常法院不得设置。不得禁止任何人受其法定法官之审理。

二、处理特别事件之法院，唯根据法律始得设置。

第一百零二条

死刑应予废止。

第一百零三条

一、在法院被控告之人，有请求公平审判之权。

二、行为之处罚，以行为前之法律规定处罚者为限。

三、任何人不得因同一行为，而依一般刑法多次受罚。

第一百零四条

一、个人自由非根据正式法律并依其所定程序，不得限制之。被拘禁之人，不应使之受精神上或身体上之虐待。

二、唯法官始得判决可否剥夺自由及剥夺之持续时间。此项剥夺如非根据法官之命令，须实时请求法官判决。警察依其本身权力拘留任何人，不得超过逮捕次日之终了。其细则由法律定之。

三、任何人因犯有应受处罚行为之嫌疑，暂时被拘禁者，至迟应于被捕之次日提交法官，法官应告以逮捕理由，加以讯问，并予以提出异议之机会。法官应实时填发逮捕状，叙明逮捕理由，或命令释放。

四、法官命令剥夺自由或延续剥夺期间时，应实时通知被拘禁人之亲属或其信任之人。

第十章 财政

第一百零四条之一

一、除本基本法另有规定外，联邦及各邦各负担执行其任务所发生之支出。

二、各邦受托处理联邦之事务时，由联邦负担因此而生之支出。

三、准许金钱支出并由各邦执行之联邦法律得规定金钱支出由联邦负担一部或全部。该法如规定联邦负担一半或一半以上，须系由联邦委托而执行者。该法如规定各邦负担四分之一或四分之一以上之支出，则须经联邦参议院之同意。

四、联邦得对各邦及乡镇之重大投资提供财务协助，此等投资须为消除对整体经济均势之障碍，平衡联邦领域内不同之经济力量或促进经济成长所必要者。其细节，尤其促进投资之种类，由经联邦参议院同意之联邦法律或依联邦预算法之行政协议定之。

五、联邦及各邦负担其机关内产生之行政支出，并在相互关系上负责有秩序行政。其细节由经联邦参议院同意之联邦法律定之。

第一百零五条

一、联邦对关税及财政专卖有专属之立法权。

二、赋税收入之全部或一部如划归联邦或遇有本基本法第七十二条第二项须定之情形时，联邦对其余之赋税有共同立法权。

二之一、对地方性之消费税与交易税，如其不属联邦法律所定税收之同一种类时，各邦有立法权。

三、税收之全部或一部系用于各邦或乡镇时，有关之联邦法律须经联邦参议院之同意。

第一百零六条

一、专卖收入及下列税收应归联邦：

（一）关税。

（二）未依第二项划归各邦、未依第三项划归联邦与各邦共有或未依第六条划归乡镇之消费税。

（三）运输税。

（四）资本交易税、保险税及汇票税。

（五）一次财产税及为平衡财政负担而课征之平衡税。

（六）所得税与法人税之附加税捐。

（七）欧洲共同市场范围内之税捐。

二、下列税收应归各邦：

（一）财产税。

（二）遗产税。

（三）动力车辆税。

（四）未依第一项划归联邦或未依第三项划归联邦与各邦共有之交易税。

（五）啤酒税。

（六）赌场税。

三、所得税、法人税及加值型营业税归联邦与各邦共有（共有税），但以所得税之税收未依第五项、加值型营业税之税收未依第五项之一划归乡镇者为限。所得税与法人税之收入由联邦与各邦各分得二分之一。营业税应由经联邦参议院同意之联邦法律规定联邦与各邦划分之比例。此种划分并应遵循后列原则。决定联邦与各邦就加值型营业税之分配时，应对各邦自一九九六年一月一日起，因所得税法对儿童之照顾导致税收减少之情形，并予考量。其细节以联邦法律依第三句定之。

（一）在经常收入之范围内，联邦与各邦均有同等之请求权以支应必要之支出。至于支出之界限，应斟酌一多年之财政计划予以定断。

（二）联邦及各邦之预算需要应予协调，以达成合理之平衡，避免过重之税负并确保联邦境内一致之生活水准。

四、如联邦与各邦之收支关系发生重大变化，则联邦与各邦对营业税之划分比例应重新调整；依第三项第五句于决定联邦与各邦就加值型营业税之分配时应考量之税收减少，就此毋庸斟酌。如各邦因联邦法律而增加支出或减少收入，则此增加之负担，可依经参议院同意之联邦法律以财政津贴予以平衡，但以短期者为限，在该法律中应规定此项财政津贴之估计原则及分贴各邦之原则。

五、乡镇获得所得税收入之部分，其比例由各邦依各乡镇居民缴纳所得税成绩之原则予以分配。其细节由经联邦参议院同意之联邦法律定之。（该联邦法律）得规定由各乡镇决定乡镇分得部分之税率。

五之一、乡镇自一九九八年一月一日起获得加值型营业税收入之部分，由各邦根据地方与经济需求分配予其乡镇。其细节由经联邦参议院同意之联邦法律定之。

六、土地税与非加值型营业税之收入归属乡镇，地方性之消费税与奢侈税之收入归属乡镇或依邦立法所定之标准归属乡镇联合区。乡镇有权于法定范围内决定土地税与非加值型营业税之税率。邦无乡镇者，土地税、非加值型营业税及地方性之消费税与奢侈税之收入归属邦。联邦及各邦得借征收而分得营业税之收入。征收之细节由经联邦参议院同意之法律定之。依邦立法所定之标准，土地税和非加值型营业税，以及乡镇就所得税与加值型营业税收入分得部分，得作为征收之估计基础。

七、共同税之总收入中各邦分得部分，应由邦立法决定一定百分比用以挹注乡镇及乡镇联合区。其余则由邦立法决定邦税收入是否以及在何种程度内挹注乡镇（乡镇联合区）。

八、联邦如在各别邦内或乡镇（乡镇联合区）内筹办特别事业，引起超额支出或减少收入（特别负担），而不能期待各邦或乡镇承受此一特别负担时，应由联邦作必要之调整，斟酌此项调整时，并应考虑邦或乡镇因筹办此种事业所生对第三人之补偿支付及财政上之利益。

九、本条所称各邦之收支亦适用于乡镇（乡镇联合区）之收支。

第一百零六条之一

各邦自一九九六年起，为公共旅客运送之需要，得自联邦租税收入获得一笔款项。其细节以须经联邦参议院同意之联邦法律定之。本款项于依本基本法第一百零七条第二项测定财力时，应不予考虑。

第一百零七条

一、邦税之收入及所得税、法人税收入各邦分得部分，在财税机关于各该领域税收之范围内（地方收入），属于各该邦。经参议院同意之联邦法律，就法人税及薪资税，应详细规定地方收入，划分之种类与范围。该法律并得规定因其他税收所生地方收入之划分与范围。营业税各邦分得部分，由各该邦依其人口数为准而分享，其中一部分，至多为各邦分得部分之四分之一，得由经参议院同意之联邦法律规定作为补助款，以补助邦税、所得税及法人税收入以每一居民计低于各邦平均数之邦。

二、各邦间互异之财力，应借法律确保其有合理之平衡，在此并应注意乡镇（乡镇联合区）之财力与财政需要。该法律并应规定要求补助各邦请求权之条件与有补助义务各邦之补助责任，以及补助数额之给付标准，该法律亦得规定，由联邦以自有经费补助资弱之邦，以支应其一般财政需要之不足（补助款）。

第一百零八条

一、关税、财政专卖、联邦法律所定之消费税包括输入营业税以及欧洲共同市场内之税捐，应由联邦财政机关管理之。此等机关之组织应由联邦法律定之，如设置中级机关，其首长之任命应咨询各邦政府。

二、其余各税由各邦财政机关管理之，此等机关之组织、人员之训练等由经参议院同意之联邦法律定之，如设置中级机关，其首长之任命应得联邦政府同意。

三、各邦财政机关处理划归联邦收入之税，系受联邦委托而为，并适用第八十五条第三、四项之规定，但该条中之联邦政府于此应以联邦财政部长代替之。

四、经联邦参议院同意之联邦法律得就税务管理规定联邦与各邦之合作，就第一项所称之税规定邦财政机关之管理，就其余之税规定联邦财政机关之管理，借使税法之执行得以改善或减轻。至仅抯注乡镇（乡镇联合区）之税，其原系邦财政机关之管理权，得由各邦将全部或一部交由乡镇行使。

五、联邦财政机关所采用之程序由联邦法律定之。至邦财政机关或第四项后段情形各乡镇所采之程序，则由经参议院同意之联邦法律定之。

六、财政管辖区域由联邦法律统一定之。

七、联邦政府得颁布一般性管理规则，如各邦财政机关或乡镇亦负有管理义务，并应经联邦参议院之同意。

第一百零九条

一、联邦与各邦在财务管理方面应自给自足，互不依赖。

二、联邦与各邦在财务管理方面应考虑全面经济均势之需要。

三、经由参议院同意之联邦法律，得就预算法、配合景气之财务管理及多年财政计划树立对联邦与各邦共同有效之原则。

四、为消除对整体经济均势之障碍，经联邦参议院同意之联邦法律得规定：

（一）区域性法人及目的性团体所受贷款之最高金额、条件与时间。

（二）免除联邦及各邦在德意志联邦银行保持无息存款（景气平衡准备金）之义务。发布此等命令之授权仅得赋予联邦政府。该等命令需要联邦参议院之同意，惟如经联邦议会请求应予取消；其细节由联邦法律定之。

第一百十条

一、联邦之一切收支应编入预算案，联邦企业及特别财产仅须列其收入或支出，预算案应收支平衡。

二、预算案应为一会计年度或依年别分数会计年度，于第一会计年度开始前以预算法订定之。预算案之某些部分，亦得规定系就年别而适用于不同时间。

三、前项第一段之法律案，以及预算法及预算案之修正案，由联邦议会送交联邦参议院；参议院有权于六周内（修正案则于三周内）表示其意见。

四、预算法中仅能容纳与联邦收支及该法当时之有关规定。预算法得规定其条款于次一预算法公布时或依第一百十五条之授权于较晚之时始告失效。

第一百十一条

一、会计年度终了，如下年度预算案尚未以法律确定，联邦政府在此项法律生效前，有权为下列之必要支出：

（一）维持合法成立之机关并执行合法决定之措施。

（二）履行合法成立之联邦债务。

(三) 在上年度预算核定之经费范围内, 继续营建工程、购置及其他工作, 或为此继续给予补助。

二、如特别立法所定税收、输入及其他来源之收入或流动资金准备金, 不敷本条第一项支出, 联邦政府得以信用借款方式筹募上年度预算最后总额四分之一之必要经费, 以处理当前政务。

第一百十二条

超过预算或预算外之支出, 应得联邦财政部部长之同意。此项同意, 惟有在不可预料且属不可避免之必要情形下, 始得给予。其细则由联邦法律定之。

第一百十三条

一、法律如增加联邦政府所提预算案中之支出或增列新支出或将来不免有新支出时, 应得联邦政府之同意。此于减少收入或将来不免减少收入之法律亦适用之。联邦政府得请求联邦议会决议废止该等法律。在此情形, 联邦政府应于六周内向联邦议会表示意见。

二、联邦政府得于联邦议会议决法律后四周内请求联邦议会重新决议。

三、法律依第七十八条业已成立, 联邦政府曾于事先着手第一项三、四句或第二项之程序时, 始得于六周内表示拒绝同意, 逾期视为业已同意。

第一百十四条

一、联邦财政部长应于次一会计年度中, 为免除联邦政府责任, 将收支及资产负债提于联邦议会及联邦参议院。

二、联邦审计局, 其成员享有法律上之独立性, 审查账目及预算执行与资产管辖之经济性与正确性。除联邦政府外, 审计局应每年直接向联邦议会及联邦参议院报告。其余联邦审计局之职权由联邦法律定之。

第一百十五条

一、信用贷款及为未来会计年度之支出而为之保证或其他担保, 须具有依数额而定之联邦法律授权。信用贷款不得超过预算案中所估投资支出之数额; 例外情形仅限于为消除整体经济均势之障碍时, 始得准许, 其细节由联邦法律定之。

二、关于联邦之特别财产得依联邦法律排除第一项之适用。

第十章之一 防卫事件（防卫情况）

第一百十五条之一

一、联邦领域遭受武装力量攻击或此种攻击迫切威胁, 此种防卫状况之确定, 由联邦议会经联邦参议院之同意决之。此种确定系基于联邦政府之请求,并应有三分之二之投票数,其中并至少应包括联邦议会议员过半数。

二、如情势急迫须采取立即行动,而联邦议会因不可克服之困难而无法适时集会或未达法定人数时,则由联席委员会以三分之二之投票数决定之,其中至少应包括该委员会成员过半数。

三、该项确定应由联邦总统第八十二条于联邦公报中公布之。如此一做法不能及时完成,则以其他方式公布,但嗣后如情势许可应补载于联邦公报。

四、如联邦领域遭受武装力量攻击,而该管联邦机关无法立即依第一项前段予以确定,则该确定视为已决定并自攻击时生效。联邦总统应于情势许可时立即公布此一时间。

五、如防卫情况:确定业经公布而联邦领域已遭受武装力量攻击,联邦总统得经联邦议会同意就此状况之存在作国际法之宣告。在第二项之情形,则以联席委员会之同意代之。

第一百十五条之二

防卫情况一经宣布,武装部队之命令指挥权移归联邦总理。

第一百十五条之三

一、防卫情况发生时,属于各邦立法管辖范围之事件,联邦亦有共同立法权。

二、防卫情况期间,如情形有必要,联邦法律得就防卫情况:

(一)暂行规定不依第十四条三项二段征收之赔偿。

(二)法官如未能于正常有效期间内行使职权,则就剥夺自由决定违反第一百零四条第二项三段及三项前段之时限,但最高不得逾四日。

三、如为防止当前或迫切攻击所必要,防卫情况发生时经参议院同意之联邦法律,得就联邦及各邦之行政与财政事务违反第八章、第八章之一及第十章而作规定,借以保障各邦、乡镇及乡镇联合区之生存能力,尤其是有关财政事务。

四、依第一项及第二项一款所定之联邦法律,为执行准备,甚至得于防卫情况发生前适用之。

第一百十五条之四

一、防卫情况时之联邦立法,第二、三项之规定得违反第七十六条第二项、第七十七条第一项二段及第二至第四项、第七十八条以及第八十二条第一项而适用。

二、联邦政府认为紧急之法律案,应于送交联邦议会之同时送交联邦参议院。联邦议会及联邦参议院应即共同讨论该项议案。如一法律以联邦参议院之同意为必要，则该法律之成立须经其多数之同意。其细则以联邦议会通过并经参议院同意之议事规则定之。

三、此等法律公布适用第一百十五条之一第三项后段之规定。

第一百十五条之五

一、防卫情况发生，如联席委员会以至少过半数成员投票数之三分之二决定，联邦议会因不可克服之困难而无法适时集会或表决，则由联席委员会取代联邦议会及联邦参议院之地位，并统一行使其权利。

二、联席委员会不得立法修改本基本法或使本基本法全部或一部失效或排除适用。联席委员会不得依本基本法第二十三条第一项第二句、第二十三条第一项或第二十九条制颁法律。

第一百十五条之六

一、防卫情况发生时，如情势有必要，联邦政府得：

（一）指派边境防卫队至整个联邦领域。

（二）对联邦行政机关及邦政府发布命令，如其认为紧急，并得直接对各邦官署发令，联邦政府得将此项权力转交其所指定之邦政府成员。

二、依第一项所采之措施应即通知联邦议会、联邦参议院及联席委员会。

第一百十五条之七

联邦宪法法院及其法官之宪法地位及宪法职权之行使不得侵害。如联邦宪法法院之意见亦认为保全其职权能力有必要时，联席委员会始得立法修改有关联邦宪法法院之法律。此项法律制颁前，联邦宪法法院得采取保全其能力之必要措施。就前二段所为决议须经联邦宪法法院多数出席法官之同意。

第一百十五条之八

一、防卫情况期间届满任期之联邦议会或各邦人民代表会，应于防卫情况结束后六个月始告任满。防卫情况期间任满之联邦总统或其提前缺位而由参议院议长代行职务时，应于防卫情况结束后九个月始告任满。防卫情况期间任满之联邦宪法法院成员，应于防卫情况结束后六个月始告任满。

二、如有必要由联席委员会选举新联邦总理，则由其成员以多数选举之；联邦总统并得推荐人选。联席委员会仅得以三分之二多数选出继任之方式对联邦总理提出不信任案。

三、在防卫情况存续下，联邦议会不得解散。

第一百十五条之九

一、如联邦主管机关不能采取排除危险之必要措施，而依情势不得不在联邦之部分领域内采取立即独立之行动，则各邦政府或由其指定之官署或其委任人有权于其该管范围内采取第一百十五条之六第一项之措施。

二、依第一项所采措施得随时由联邦政府废止之,其由各邦官署及下级联邦官署采取者,各邦总理亦得随时废止之。

第一百十五条之十

一、依第一百十五条之三、第一百十五条之五及第一百十五条之七所制颁之法律,以及依该等法律所发之命令,于其适用期间使相对之法律失其效力,但不得对抗依前开各条早先所制颁之法律。

二、联席委员会制颁之法律及依该等法律所发之命令,至迟于防卫情况结束后六个月失其效力。

三、含有违反第九十一条之一、第九十一条之二、第一百零四条之一、第一百零六条及第一百零七条规定之法律,至迟于防卫情况结束后第二会计年度终了时失效。此等法律于防卫情况结束后得由经联邦参议院同意之联邦法律予以修正,藉以配合第八章之一及第十章之各项规定。

第一百十五条之十一

一、联邦议会得随时经联邦参议院同意废止联席委员会之立法。联邦参议院亦得要求联邦议会作此决议。联席委员会或联邦政府为排除危险所采之措施,得经联邦议会及联邦参议院之予以废止。

二、联邦议会经联邦参议院之同意得随时以由联邦总统公布之决议宣告防卫情况结束。联邦参议院亦得要求联邦议会作此决议。防卫情况如其确定之前提要件已不存在,应即宣告其结束。

三、和平条约之缔结由联邦法律决定之。

第十一章 过渡及最后条款

第一百十六条

一、除法律另有规定外,本基本法所称德国人,系指具有德国国籍之人,或于一九三七年十二月三十一日以后,以难民或被放逐者而具有德国血统之资格,或以其配偶或后裔之资格准许进入前德国(Reich)领土之人。

二、前德国国民一九三三年一月三十日至一九四五年五月八日期间,因政治、种族或宗教理由,被剥夺国籍者及其后裔,得申请恢复其国籍。此等人如一九四五年五月八日以后在德国设有住所并未表示相反意思者,视为未丧失其国籍。

第一百十七条

一、法律与本基本法第三条第二项抵触者,在未经依照本基本法该项规定调整以前,仍继续有效,但不得超过一九五三年三月三十一日。

二、由于目前房荒而限制迁徙自由之法律,未经联邦法律废止前,仍继续有效。

第一百十八条

巴登、乌尔腾堡-巴登、乌尔腾堡-霍亨左伦各邦领域之重新调整,得不照本基本法第二十九条之规定,而依有关各邦之协议为之。倘协议不成立,该项调整应由联邦法律规定之,此项法律须规定人民复决。

第一百十八条之一

柏林与布兰登堡领域之重新调整,得不依本基本法第二十九条之规定,而由此二邦经由其选举权之参与,以协议为之。

第一百十九条

关于难民及被逐者事项,尤其关于彼等分配于各邦事项,在联邦立法有所规定前,联邦政府经联邦参议院之同意,得发布具有法律效力之命令。遇有特殊场合,联邦政府得发布个别指令。除迫切危险外,此项指令应对各邦最高机关发出。

第一百二十条

一、联邦应负担占领费用,并依联邦法律细则规定负担因战争而引起之其他国内外费用,如此等战争后延费用迄至一九六九年十月一日已由联邦法律规定者,则由联邦及各邦共同依该联邦法律规定之战争后延费用,迄至一九六五年十月一日已由各邦、乡镇(乡镇联合区)或其他代行邦及乡镇功能之团体所付出,则联邦对于此等费用,纵系在前开时间以后者,亦不负责。联邦负担社会保险补助费,包括失业保险及失业救济。本项关于联邦与各邦就战争后延费用分摊之规定并不影响有关战争赔偿请求权之法律规定。

二、联邦承担支出之同时,应拨给收入。

第一百二十条之一

一、实施平衡负担之法律,经联邦参议院之同意,得规定在平衡受益方面一部分应由联邦执行,一部分应由各邦受联邦之委托执行;依第八十五条授与联邦政府及联邦最高主管机关之权力,应全部或部分委任联邦平衡局行使。联邦平衡局在行使该项权力时,无须联邦参议院之同意;除紧急情形外,联邦平衡局之指令应对各邦最高机关（邦平衡局）发出。

二、第八十七条第三项第二段之规定，不受本条规定之影响。

第一百二十一条

本基本法所称联邦议会议员及联邦大会议员之多数，为其法定议员名额之多数。

第一百二十二条

一、联邦议会集会后，法律应专由本基本法所承认之立法机关议决通过。

二、立法机关，及备立法咨询之机关，其职权因本条第一项而终止，应随时解散。

第一百二十三条

一、联邦议会集会前业已存在之法律，如不抵触本基本法，应继续有效。

二、前德意志国家缔结之条约，其规定事项。依本基本法属于邦立法职权者，如仍有效并不违背一般法律基本原则，在新条约由本基本法认定有权缔约之机关缔结前或在该条约由本所定理由另行废止前，仍继续有效，但保留利害关系人之权利与异议。

第一百二十四条

有关联邦专属立法事项之法律，在其适用范围内为联邦法律。

第一百二十五条

有关联邦共同立法事项之法律，如有下列情形，在其适用范围内为联邦法律：

（一）如一律适用于一个或两个以上占领区。

（二）如涉及一九四五年五月八日以后修改前德国法律之法律。

第一百二十五条之一

一、因基本法第七十四条第一项或第七十五条第一项之修改，而使联邦对该事项已不得再颁布联邦法律者，原已颁布之联邦法律仍得作为联邦法律而继续有效。此等法律得以邦法律代替之。

二、依据至一九九四年九月十五日仍为有效之本基本法第七十二条第二项所制定之法律，仍得作为联邦法律而继续有效。此等法律得依联邦法律之规定，以邦法律代替之。在此同一时点前所颁布之联邦法律，或依本基本法第七十五条第二项已不得再颁布，而前已颁布之法律，亦同。

第一百二十六条

法律是否继续以联邦法律施行，发生歧见，由联邦宪法法院判决之。

第一百二十七条

本基本法公布后一年内,(美英)联合区经济管理局法律,如依第一百二十四条或第一百二十五条继续以联邦法律施行,联邦政府得经有关各邦政府之同意,将其推行于巴登、大柏林、莱茵兰-伐尔兹、乌尔腾堡-霍亨伦各邦。

第一百二十八条

本基本法第八十四条第五项所称发布指令之权,如根据现行有效法律仍然存在,在法律另有规定前,此等指令权继续有效。

第一百二十九条

一、法规如继续以联邦法律施行,其定有发布命令或一般性行政规程及采取行政行为之授权者,此项授权应移归目前主管该事项之机关。如有疑义,联邦政府应以联邦参议院之同意决定之;此项决定应予公布。

二、法规如继续以各邦法律施行,其定有此项授权者,应由各邦法律所定主管机关行使之。

三、上述第一、二两项所称,如授权修改或补充法规或授权发布法规代替法律者,其授权应失效。

四、法规所指规程如已失效或所指机关如不复存在,应适用上述第一、二两项规定。

第一百三十条

一、行政机关及其他公共行政机关或司法机关,未依各邦法律或邦际条约设立者,应属于联邦政府;西南德国铁路联营处及法国占领区邮电管委员会亦同。联邦政府经联邦参议院之同意,应规定上述各机关之移转、解散或清理。

二、上述各机关人员之最高惩戒官署,为联邦主管部部长。

三、公法团体不直接受邦之监督,且非根据邦际条约而设立者,应受联邦最高主管机关之监督。

第一百三十一条

凡于一九四五年五月八日任公职之人,包括难民及被放逐者,因公务员规程或俸给规程以外之原因离职,迄今未任职或未就任与其以往地位相当之职位者,其法律地位由联邦立法规定之。凡于一九四五年五月八日有权领退休金或受其他救济之人,包括难民及被逐者,因公务员规程或俸给规程以外之原因未再领此项退休金、救济金或相等之物者,亦同。除各邦法律另有规定外,在联邦法律施行前,不得提出法律上之请求权。

第一百三十二条

一、本基本法施行时，业经任为终身职之公务员（Beamte）及法官，如其个人资历或专门技能，不适于所任职务，得于联邦议会第一次集会后六个月内，令其退休或另候任用或转任俸给较低之其他职位。雇员（Angestellte）勿须预算而解雇者，亦适用此项规定。雇员依其服务条件，须预告始得解雇者，如其预告限超过俸给规程所定者，得于上述同一期间内废止之。

二、前项规定，对于不受"肃清纳粹主义与肃清黩武主义"法律影响之公务人员或公然反对纳粹主义之公务人员，不适用之。

三、受上述影响之人，得依本基本法第十九条第四项采取法律途径。

四、其细则由联邦政府以命令规定之，此项命令应经联邦参议院之同意。

第一百三十三条

联邦继承（美英）联合区经济管理局之权利义务。

第一百三十四条

一、前德意志国家之财产，原则上属于联邦所有。

二、此项财产，如原系主要用于行政职务，此项行政职务，依本基本法不属于联邦之行政职务，应无偿移交今后执行该项职务之主管机关；如依其现在之用途，系用于依本基本法今后应由各邦履行之职务，而其用途且非属于暂时性质，应无偿移交各邦。联邦亦得将其他财产移交各邦。

三、以往由各邦及各乡镇（乡镇联合区）交由前德意志国家使用之财产，如联邦不需要作为自己行政职务之用，应无偿交还各邦及各乡镇（乡镇联合区）。

四、其细则由联邦法律规定之，此项联邦法律应经联邦参议院之同意。

第一百三十五条

一、一九四五年五月八日至本基本法生效之日，某一领域如由一邦转为另一邦，原属于该邦领域内之财产，应移交该领域现在所属之邦。

二、现已不复存在之邦及其他公法团体之财产，如原系主要用于行政职务或现在主要用于行政职务，而其用途且非属于暂时性质者，应移交现在执行此项职务之邦或公法团体。

三、现已不复存在之邦不动产连同附属物，应移交该不动产现在座落所在地之邦，但已属于本条第一项所指之不动产者，不在此限。

四、联邦之重大利益或某一地域之特别利益有所需要时，联邦立法得另行规定而不受本条第一项至第三项之限制。

五、此外财产之合法继承与清理，如在一九五二年一月一日以前未能依照有关各邦或公法团体协议解决者，应由联邦立法规定之，此项立法应经联邦参议院之同意。

六、前普鲁士邦参与之私法企业，应移转于联邦。其细则由联邦法律规定之，此项联邦法律得另行规定。

七、依本条第一项至第三项应归属于某一邦或某一公法团体之财产，如在本基本法施行时，业经有权处分者依邦法律或基于邦法律或以其他方法处分者，该项财产之转移应视为在处分之前业已完成。

第一百三十五条之一

第一百三十四条第四项及第一百三十五条第五项所保留之联邦立法，得同时规定下列债务全部或一部不予履行：

（一）前德意志国家前普鲁士邦及其他已不存在之公法团体之债务。

（二）联邦及其他公法团体因依第八十九条、第九十条、第一百三十四条及第一百三十五条移转财产所生之债务，以及上述权利主体因第一项所述权利主体所采措施所负之债务。

（三）各邦及乡（乡镇联合区）于一九四五年八月一日以前，为执行占领国家之规定或为排除因战争而生之危急状态，在其为前德意志国家所托付之行政职权范围内所采措施而生之债务。

第一百三十六条

一、联邦参议院应于联邦议会第一次集会之日举行第一次会议。

二、第一任联邦总统选举前，其职权应由联邦参议院议长行使之。行使联邦总统职权之联邦参议院议长，无解散联邦议会之权。

第一百三十七条

一、公务员、公务机关雇员、职业军人、暂时性之志愿军人及法官，于联邦、各邦及各乡镇中之被选权，得由立法予以限制。

二、德意志联邦共和国第一届联邦议会，第一届联邦大会及第一任联邦总统之选举，应适用制宪会议所通过之选举法。

三、联邦宪法法院设立前，本基本法第四十一条第二项所赋予职权，由联合经济区德国高等法院行使之，此一高等法院，依其诉讼规则审判。

第一百三十八条

巴登、巴伐利亚、乌尔腾堡－巴登－霍亨左伦各邦公证现有体制之变更，应得各该邦政府之同意。

第一百三十九条

为"解救德国人民肃清国社主义及黩武主义"制定之法规，不受本基本法规定之影响。

第一百四十条

一九一九年八月十一日德国宪法第一百三十六条、第一百三十七条、第一百三十八条、第一百三十九条及一百四十一条之规定，为本基本法之构成部分。

第一百四十一条

本基本法第七条第三项第一段，不适于一九九四年一月一日邦法规已另有规定之邦。

第一百四十二条

在不违反本基本法第三十一条之原则下，邦宪法之规定如符合本基本法第一条至第十八条保障基本权利者，仍继续有效。

第一百四十二条之一（一九六八年六月二十四日废止）

第一百四十三条

一、统一条约第三条所定领域内施行之法律，由于情况之不同而无法完全符合基本法秩序，至一九九二年十二月三十一日，得与本基本法之规定相违反。于此等违反，不得有抵触本基本法第十九条第二项之情形，且应符合本基本法第七十九条第三项所揭示之原则。

二、与第二章、第八章、第八章之一、第九章、第十章及第十一章相违反之规定，至一九九五年十二月三十一日仍为合法。

三、除前二项之规定外，统一条约第四十一条及其执行规定，于其规定在统一条约第三项所定领域内对财产权之干预已不得被撤销时，得持续有效。

第一百四十三条之一

联邦对于联邦铁路由联邦直接行政转变为私经济企业所生之一切事务，有专属立法权。本基本法第八十七条之五第五项之规定，准用之。

第一百四十三条之二

一、德国联邦邮政之特别财产依联邦法律之规定改组为私企业之法律形式。联邦对于一切因此所生之事务有专属立法权。

二、联邦于改组前既得之专属权，得依联邦法律之规定于过渡期间授与由德国联邦邮政局与德国联邦电讯局所成立之企业。联邦于法律生效后五年得其对德国联邦邮政局之衍生企业所持之多数资本释出。细节以需联邦参议院同意之联邦法律定之。

三、在德国联邦邮政服务之联邦公务员，应保障其法律地位与雇主之责任而于私企业继续工作。雇主之权能由此企业实施。细节以联邦法律定之。

第一百四十四条

一、本基本法应经本法初期施行之德意志各邦之民意代表机关三分之二之认可。

二、本基本法遇有第二十三条第一项所列举各邦中任一邦或各该邦中任一邦之一部分，受有限制不适用时，该邦或该邦之一部分，有依照第三十八条派遣代表出席联邦议会及依照第五十条派遣代表出席联邦参议院之权。

第一百四十五条

一、制宪会议应在大柏林代表之参加下举行公开会议，通过本基本法，签署并公布之。

二、本基本法自公布期满时生效。

三、本基本法应刊登联邦公报。

第一百四十六条

在完成德国之统一与自由后适用于全体德意志人民之本基本法，于德意志人民依其自由决定制定之宪法生效时失其效力。

参考文献：

Rdz. 147.：*E. Hobsbawm*, Das Zeitalter der Extreme. Weltgeschichte des 20. Jahrhunderts, 1998. *T. Nipperdey*, Deutsche Geschichte 1866 – 1918, Bd. 2, S. 758 ff. (Erster Weltkrieg); *W. E. Bernecker*, Europa zwischen den Weltkriegen 1914 – 1945, 2002; *J. Dülffer*, Europa im Ost-West-Konflikt 1945 – 1990, 2004; *T. Judt*, Geschichte Europas von 1945 bis zur Gegenwart, 2006; *D. S. Landes*, Der entfesselte Prometheus. Technologischer Wandel und industrielle Entwicklung in Westeuropa von 1750 bis zur Gegenwart, 1973; *J. Pinder*, Europa in der Weltwirtschaft 1920 – 1970, in: C. M. Cipolla, K. Borchardt (Hg.), Europäische Wirtschaftsgeschichte, Bd. 5, 1986, S. 377 ff. zur globalen Finanzkrise zuletzt: *H. – W. Sinn*, Der Kasino-Kapitalismus-Wie es zur Finanzkrise kam und was jetzt zu tun ist, 2009.

Rdz. 148：K. Westen, *Die sozialistischen Rechtsordnungen*, in：R. David, G. Grasmann (Hg.), *Einführung in die großen Rechtssysteme der Gegenwart*, 1988, S. 221ff. ; H. Küpper, *Einführung in die Rechtsgeschichte Osteuropas*, 2005, S. 417ff.

Rdz. 149. ：*Allgemein*：W. Reinhard, *Geschichte der Staatsgewalt*, 1999, S. 406ff. **England**：A. Lyon, Constitutional History of the United Kingdom, 2003, S. 306ff. ; E. Wicks, The Evolution of a Constitution, 2006, S. 83ff. **Niederlande**：M. Erbe, Belgien, Niederlande, Luxemburg. Geschichte des niederländischen Raumes, 1993, S. 252ff., 294；C. A. J. M. Kortmann, P. P. T Bovend' Eert, Dutch Constitutional Law, 2000, S. 29ff., 81 ff., 84ff. Text der Verfassung 1983, 2002：Verfassungen der EU-Mitgliedstaaten, 6. Aufl. 2005, S. 437ff. (dtv, Beck). **Dänemark**：N. Herlitz, Elements of Nordic Public Law, 1969, S. 38ff. ; I. Dübeck, Einführung in das dänische Recht, 1996, S. 47. Text der Verfassung 1953：Verfassungen ⋯ (dtv Beck), S. 41ff. **Norwegen**：K. Gjerset, History of the Norwegian People, 2. Bd., 1927, S. 577ff., *L. B. Orfield*, The Growth of Scandinavian Law, 1953, S. 174ff. Text der verfassung：*D. Gosewinkel, J. Masing*, Die Verfassungen in Europa 1789 – 1949, 2006, S. 702ff. **Schweden**：N. Herlitz, Grundzüge der schwedischen Verfassungsgeschichte, 1939, S. 277ff. ; *derselbe*, Elements of Nordic Public Law, 1969, S. 84；*T. Bergman*, Der schwedische Verfassungskompromiß von Torekov, in：F. U. Pappi, H. Schmitt (Hg.), Parteien, Parlamente, Wahlen in Skandinavien, 1994, S. 199 ff. Die Verfassung von 1975：Verfassungen ⋯ (dtv, Beck) S. 683ff. **Schweiz**：*R. P. de Mortange*, Schweizerische Rechtsgeschichte, 2007, S. 183ff., 194ff., 247f. ; Text der Verfassung von 1874 in der Fassung von 1945：*D. Gosewinkel, J. Masing* a. a. O. S. 457 ff. Der Text der Verfassung von 1999 1n der Fassung von 2003：Wikipedia, Bundesverfassung Schweiz, Weblink Wikisource Bundesverfassung der schweizerischen Eidgenossenschaft. **Belgien**：M. Erbe a. a. O. ; *A. Alen*, Der Föderalstaat Belgien (mit dem Text der Verfassung von 1993/94), 1995；C. Hecking, Das politische System Belgiens, 2003；Text d. Verfassung 2002：Verfassungen ⋯ (dtv, Beck) S. 1 ff. **Deutschland**：U. W., Geschichte des Rechts, 3. Aufl. 2006, Rdz. 278, 296, 327f. Text d. Weimarer Verfassung：*D. Gosewinkel, J. Masing* a. a. O. S. 806ff. ; des Grundgesetzes：Verfassungen ⋯ (Beck, dtv) S. 57 ff. **Österreich**：E. C. Hellbling.

Österreichische Verfassungs-und Verwaltungsgeschichte, 2. Aufl. 1974, S. 400 ff. ; *W. Brauneder*, Österreichische Verfassungsgeschichte, 8. Aufl. 2001, S. 187 ff. ; die Verfassungen von 1920/29 und 1934：*D. Gosewinkel, J. Masing* a. a. O. S. 155 ff. ; neueste Fassung 2002：Verfassungen ⋯ (dtv, Beck) S. 459 ff. **Italien**：F. Bonini, Storia costituzionale della Repubblica (1948 – 1992), 1993; *C. Ghisalberti*, Storia costituzionale d'Italia, 2. Aufl. 2002, S. 341 ff.; *H. Ulrich* (Hg.), Verfassunggebung, partitocrazia und Verfassungswandel in Italien vom Ende des II. Weltkriegs bis heute, 2001; *S. Köppl*, Italien: Transition ohne Reform? ···, 2003 *P. Kindler*, Einführung in das italienische Recht, 2. Aufl. 2008, S. 29 ff., 34, 58 f. Die wichtigsten faschistischen Änderungsgesetze bei *D. Willoweit*, *U. Seif* (Hg.), Europäische Verfassungsgeschichte, 2003; S. 721 ff.; Die Verfassung von 1947/48 in der Fassung von 2003: Verfassungen ··· (dtv, Beck) S. 289 ff. **Frankreich**: *P. C.*

Hartmann, Französische Verfassungsgeschichte der Neuzeit (1450 – 2002), 2. Aufl. 2003, S. 115 ff.; *B. Chantebout*, Droit constitutionnel, 20. Aufl. 2003. Verfassung von 1946: *D. Gosewinkel*, *J. Masing* a. a. O. S. 360 ff., die von 1958 in der Fassung 2005: Verfassungen ··· (dtv, Beck) S. 169 ff. **Griechenland**: *P. C. Spyropoulos*, Constitutional Law in Hellas, 1995, S. 25 ff.; *P. Tzernias*, Neugriechische Geschichte, 3. Aufl. 1999, S. 106 ff. S. – *S. Spiliotis*, Die Metaxas-Diktatur in Griechenland ···, in: E. Oberländer (Hg.), Autoritäre Regime in Ostmittel- und Südosteuropa 1919 – 1945, 2001, S. 403 ff.; *D. Tsatsos*, Die neue griechische Verfassung, 1980; der Text der Verfassungen von 1911, 1926: *D. Gosewinkel*, *J. Masing* a. a. O. S. 1066 ff., der von 1975: Verfassungen ··· (dtv, Beck) S. 197 ff. **Spanien**: *W. L. Bernecker*, *H. Pietschmann*, Geschichte Spaniens, 4. Aufl. 2005; S. 303 ff., zur Verfassung von 1978: *A. Lopez Pina* (Hg.), Spanisches Verfassungsrecht, 1993, dort S. 555 ff. ihr Text in deutscher Übersetzung, ebenso in: Verfassungen ··· (dtv, Beck) S. 789 ff.; die Verfassung d. Republik von 1931: *D. Gosewinkel*, *J. Masing* a. a. O. S. 599 ff., dort S. 627 ff. auch die wichtigsten faschistischen Verfassungstexte, ebenso bei *D. Willoweit*, *U. Seif* a. a. O. S. 827 ff. **Russland**: Zur zaristischen Verfassung *H. Küpper*, Einführung in die Rechtsgeschichte Osteuropas, 2005, S. 172 ff.; *A. Andreeva*, Russlands langer Weg in den Rechtsstaat, 2002, S. 38 ff.; Text: *D. Gosewinkel*, *J. Masing* a. a. O. S. 1794 ff. Zur Verfassung 1918: *H. Küpper* a. a. O. S. 473 ff., der Text: *N. Henke*, *W. Wirantaprawira*, Verfassung (Grundgesetz) der Union der Sozialistischen Sowjetrepubliken vom 7. 10. 1997, 1981, S. 105 ff. Verfassung von 1923: *H. Küpper* a. a. O. S. 481 ff.; Text: *N. Henke*, *W. Wirantaprawina* a. a. O. S. 113 ff.; Stalin-Verfassung 1936: *H. Roggemann*, Die Staatsordnung der Sowjetunion, 1971, 1. O. O., Einleitung, S. 1 ff.; *H. Küpper* a. a. O. S. 511 ff.; ihr Text: *Roggemann* a. a. O., 1. O. O., Text S. 1 ff. und *N. Henke*, *W. Wirantaprawira* a. a. O. S. 131 ff. Brechnew-Verfassung 1977: *M. Finke* (Hg.), Handbuch der Sowjetverfassung, 2 Bände, 1983 (mit Text und ausführlichem Kommentar); nur der Text: *N. Henke*, *W. Wirantaprawira* a. a. O. S. 139 ff. Die Gorbatschow-Verfassung der Sowjetunion: *G. Brunner*, *C. Schmitt*, Die sowjetische Verfassungsreform vom Dezember 1988, in: Osteuropa Recht, 1989, S. 77 ff.; *H. Küpper* a. a. O. S. 574 ff.; der Text: *D. Frenzke* in: Osteuropa Recht 1991, S. 105 ff.; zur russischen Verfassung bis 1993: *T. Schweisfurth*, Die Verfassung Russlands vom. Dezember, in: Europäische Grundrechte Zeitschrift 1994, S. 473 ff., der Text: *H. Roggemann*, Die Verfassungen Mittel-und Osteuropas, 1999, S. 777 ff. Zum Verbot der russischen Kommunistischen Partei und dem Prozess vor dem Verfassungsgericht: *A. Nussberger*, Ende des Rechtsstaats in Russland?, 2007, S. 12 ff. **Polen**: *J. K. Hoensch*, Geschichte Polens, 3. Aufl. 1998; *E. Oberländer*, Die Präsidialregime in Ostmitteleuropa ⋯ a. a. O. und *J. Kochanowski*, Horthy und Pilsudski-Vergleich der autoritären Regime in Ungarn und Polen, in: E. Oberländer (Hg.), Autoritäre Regime in Ostmittel-und Südosteuropa 1919 – 1944, 2001, S. 3 ff., S. 14 ff.; *H. Roggemann*, *S. Lammich*, Die Verfassung der Volksrepublik Polen, 1979, S. 8 ff.; *G. Freytag*, Die Verfassung der Republik Polen vom 2. April 1997 imSpiegel der gesamteuropäischen Verfassungsstandards, in: Recht in Ost und West, 1998, S. 1 ff.; *H. Küpper* a. a. O. S. 598 ff., 655 ff.; *M. Liebscher*, *F. Zoll* (Hg.), Einführung in das polnische Recht, 2005, S. 11 ff. *L. Garlicki*, Constitutional Law, in: S. Frankowski (Hg.), Introduction to Polish Law, 2005, S. 1 ff.; Wortlaut der Verfassungen 1921 und 1935: *D. Gosewinkel*, *J. Masing* a. a. O. S. 383 ff., der von 1952/76: *H. Roggemann*, *S. Lammich* a. a. O. S. 83 ff., der von 1997: *H. Roggemann*, Die Verfassungen Mittel-und Osteuropas, 1999, S. 675 ff. und Verfassungen ⋯ (dtv, Beck) S. 545 ff. **Tschechoslowakei, Tschechische und Slowakische Republik**: *J. K. Hoensch*, Geschichte der Tschechoslowakei, 3. Aufl. 1992i zur Entwicklung der Verfassungen seit 1918 mit dem Text der Verfassungen von 1992: *K. Schmid*, *V. Horsky* (Hg.), Das Ende der Tschechoslowakei 1992 in verfassungsrechtlicher Sicht, 1995; der Text der Verfassung von 1920: *D. Gosewinkel*, *J. Masing* a. a. O. S. 1828 ff.; der von 1960 und 1968: *H. Roggemann*, Die Verfassungen der sozialistischen Staaten, 1980, S. 455 ff.; der slowakischen und der tschechischen Republik 1992: Verfassungen ⋯ (dtv, Beck) S. 715 ff., 831 ff. **Ungarn**: für die Zeit 1918 – 1944: *A. Radvansky*, Grundzüge der Verfassungs-und Staatsgeschichte Ungarns, 1990, S. 133 ff.; *J. Kochanowski*, Horthy und Pilsudski ⋯, in: E. Oberländer (Hg.), Autoritäre Regime in Ostmittel-und Südosteuropa 1919 – 1944, 2001, S. 19 ff. Für die Zeit 1945 – 1989: *T. Kneif*, Die Entwicklung des Verfassungsrechts in Ungarnseit 1945, in: Jahrbuch des öffentlichen Rechts 1959, S. 359 ff. ; *H. Küpper*, Verfassungssysteme, in: M. Hatschikjan, S. Troebst (Hg.), Südosteuropa, 1999, S. 228 f. ; *H. Küpper*, Einführung in die Rechtsgeschichte Osteuropas, 2005, S. 593 f., seit1989: *K. Hiller*, Neue Verfassung für Ungarn?, in: Recht in Ost und West 1998, S. 74 ff. ; *H. Küpper* a. a. O. 1999 S. 230. Der Text der Verfassung von 1949 in derFassung von 1972: *H. Roggemann*, Die Verfassungen der sozialistischen Staaten, 1980, S. 539 ff. ; der Text von 1989/90: *H. Roggemann*, Die Verfassungen Mittelund Osteuropas, 1999, S. 1032 ff. und Verfassungen ··· (dtv, Beck) S. 861 ff. **Deutsche Demokratische Republik**: U. W., Geschichte des Rechts, 3. Aufl., 2006, Rdz. 310; Text der Verfassung 1949: Deutsche Verfassungen, hgg. von *R. Schuster*, 17. Aufl. 1985, S. 189 ff., von 1974: dort S. 217 ff., von 1968: S. 243 ff., von 1974: *H. Roggemann*, Die Verfassungen der sozialistischen Staaten, 1980, S. 89 ff. **Rechtsstaat**: Die Verfassungen von Spanien bis Polen in: Verfassungen ··· (dtv, Beck) jeweils in Art. 1 oder 2; in Deutschland: *Maunz-Dürig-Herzog*, Kommentar zum Grundgesetz, Art. 20, Abschnitt VII, S. 252 ff. ; *K. Stern*, Staatsrecht, Bd. 1, 2. Aufl. 1984, S. 764 ff., in Frankreich: *J. Chevalier*, l' état de droit, Revue du droit Publicet de la Science Politique, 1978, 1. Bd., S. 313 ff. ; in Italien: *G. de Vergottini*, Diritto costituzionale comparato, 4. Aufl. 1993, S. 261 ff.

Rdz. 150. : **Marbury and Madison**: *R. Kent Newmyer*, John Marshall and the Heroic Age of the Supreme Court, 2001 ; *U. W.*, Der Gang nach Karlsruhe, 2004, S. 19 ff. **England**: *C. Stark*, Der demokratische Verfassungsstaat, 1995, S. 35 ff. ; Bonham's Case: *J. H. Baker*, An Introduction to English Legal History, 4. Aufl. 2002, S. 210 f. ; Edward Coke: *K. Lerch*, Coke, Sir Edward, in: M. Stolleis (Hg.), Juristen, 1995, S. 132 ff. **Niederlande**: *W. Weber*, Generalbericht ···, in: C. Starck, A. Weber (Hg.), Verfassungsgerichtsbarkeit in Westeuropa, Teilbd. 1, 2. Aufl. 2007, S. 317. **Österreich**: *R. Walter*, Die Organisation des Verfassungsgerichtshofes in historischer Sicht, in: Festschrift Hellbling, 1971, S. 731 ff. ; *E. C. Hellbling*, Österreichische Verfassungs-und Verwaltungsgeschichte, 2. Aufl. 1974, S. 393 ff. ; *W. Brauneder*, Österreichische Verfassungsgeschichte, 8. Aufl. 2001, S. 160 ff. ; *K. Korinek, A. Martin*, Die Verfassungsgerichtsbarkeit in Österreich, in: C. Starck, A. Weber a. a. O., S. 67 ff., dort im 2. Band, S. 61 ff. die heute geltendenVorschriften. **Schweiz**: *W. Haller*, Das schweizerische Bundesgericht als Verfassungsgericht, in: C. Starck, A. Weber a. a. O. S. 11 ff. ; die Verfassung von 1874 bei*D. Gosewinkel, J. Masing*, Die Verfassungen in Europa 1789 – 1949, 2006, S. 437 ff., Art. 113. **Norwegen**: *R. Slagstad*, The Breakthrough of Iudicial Review in theNorwegian System, und *E. Smith*, The Legitimacy of Iudicial Review of Legislation-A Comparative Approach, in：E. Smith（Hg.）, Constitutional Review under Old Constitutions, 1995, S. 81 ff. und S. 363 ff. **Dänemark** und **Schweden**：*N. Herlitz*, Elements of Nordic Public Law, 1969, S. 236 ff.；*W. - M. Mors*, Verfassungsgerichtsbarkeitin Dänemark, 2002；*A. Weber*, Generalbericht ···, a. a. O. S. 317 f.；die Vorschrift der schwedischen Verfassung von 1975：Verfassungen der EU-Mitgliedsstaaten, 6. Aufl. 2005 （dtv, Beck）, S. 706. **Deutschland**：*J. Menzel*（Hg.）, Verfassungsrechtsprechung. Hundert Entscheidungen des Bundesverfassungsgerichts in Retrospektive. 2000；*U. Wesel*, Der Gang nach Karlsruhe. Das Bundesverfassungsgericht in der Geschichte der Bundesrepublik, 2004. **Italien**：*A. M. Sandulli*, Die Verfassungsgerichtsbarkeit in Italien, in：H. Mosler（Hg.）, Verfassungsgerichtsbarkeit der Gegenwart, 1962, S. 292 ff.；*J. Luther*, Die italienische Verfassungsgerichtsbarkeit ···, 1990；*J. Luther*, Die Verfassungsgerichtsbarkeit in Italien, in C. Starck, A. Weber a. a. O. S. 149 ff. **Frankreich**：*P. C. Hartmann*, Französische Verfassungsgeschichte der Neuzeit（1450 - 2002）, 2. Aufl. 2002, S. 151 f.；*M. Fromont*, Der französische Verfassungsrat, in：C. Starck, A. Weber a. a. O. , S. 229 ff. **Griechenland**：*W. Skouris*, Die Überprüfung staatlicher Akte auf ihre Verfassungsmäßigkeit in Griechenland, in：C. Starck, A. Weber a. a. O. S. 289 ff. **Spanien**：*W. Boucsein*, Verfassungssicherung und Verfassungsgerichtsbarkeit in der zweiten spanischen Republik（1931 - 1936）, 1977；*F. RubionLlorente*, Die Verfassungsgerichtsbarkeit in Spanien, in：C. Starck, A. Weber a. a. O. S. 165 ff. **Belgien**：*L. - P. Suetens*, Die Verfassungsrechtsprechung in Belgien. Der Schiedsgerichtshof, in：Jahrbuch des öffentlichen Rechts der Gegenwart, 1987, S. 135 ff.；*J. Delpérée*, Der belgische Schiedsgerichtshof, in：C. Starck, A. Weber a. a. O. S. 259 ff. **Polen**：*G. Brunner, L. L. Garlicki*, Verfassungsgerichtsbarkeit in Polen, 1999；*M. Liebscher, F. Zoll*（Hg.）, Einführung in das polnische Recht, 2005, S. 31 ff.；die neuen Kompetenzen in Artikel 79 und 188 ff. der Verfassung von 1997 bei *H. Roggemann*（Hg.）, Die Verfassungen Mittel-und Osteuropas, 1999, S. 691, 718 ff. **Ungarn**：*G. Brunner, L. Sólyom*, Verfassungsgerichtsbarkeit in Ungarn, 1995；*G. Brunner, L. L. Garlicki* a. a. O. S. 19 f. **Tschechoslowakei, Tschechische Republik**：*P. Holländer* in：G. Brunner, M. Hofmann, P. Holländer （Hg.）, Verfassungsgerichtsbarkeit in der Tschechischen Republik, 2001, S. 13 ff. *J. Osterkamp*, Verfassungsgerichtsbarkeit in der Tschechoslowakei（1920 - 1939）, 2009. **Russland**：*T. Mortschakova*, Das Verfassungsgericht der Russischen Föderation ···, in：*J. C. Traut*（Hg.）, Föderalismus und Verfassungsgerichtsbarkeit in Russland, 1997, S. 26

ff. ; *V. A. Krjažkov*, *L. V. Lazarev*, Verfassungsgerichtsbarkeit in der Russischen Föderation, 2001, dort S. 297 ff. auch zur Verfassungsgerichtsbarkeit in den "Subjekten der Russischen Föderation"; *A. Nußberger*, Ende des Rechtsstaats in Russland?, 2007 (S. 2 f. zum russischen Rechtsnihilismus); *A. Nußberger*, Rechtsund Verfassungskultur in der Russischen Föderation, in: Jahrbuch des öffentlichen Rechts der Gegenwart, 2006, S. 35 ff. (zur Tschetschenien-Entscheidung des russischen Verfassungsgerichts S. 42 ff.)

Rdz. 151. : *Wegen der Zweiteilung der Beschreibung nicht in der Reihenfolge des Texts, sondern alphabetisch, nur die Menschenrechtskonvention am Schluss*: **Belgien**: *D. Pieters*, Belgien, in: E. Grabitz (Hg.), Grundrechte in Europa und den USA, Bd. 1, 1986, S. 1 ff., 74 ff. ; *F. Delpérée*, Belgique, in: A. Weber (Hg.), Fundamental Rights in Europe and North America, Teil A, 2001, B 1 ff. ; *F. Delpérée*, Der belgische Schiedsgerichtshof, in: C. Starck, A. Weber (Hg.), Verfassungsgerichtsbarkeit in Westeuropa, Bd. 1, 2. Aufl. 2007, S. 259 ff., 264 ff. **Dänemark**: *P. Germer*, Dänemark, in Grabitz 1986 a. a. O. S. 85 ff., 111 f. ; *R. Gralla*, Positivität und Konvention ···, in: Jahrbuch des öffentlichen Rechts der Gegenwart, 1989, S. 299 ff. ; *W. - M. Mors*, Verfassungsgerichtsbarkeit in Dänemark, 2002, S. 130 ff. **Deutschland (Bundesrepublik und DDR)**: *K. Kröger*, Grundrechtsentwicklung in Deutschland, 1998, S. 46 ff. **England**: *A. Lyon*, Constitutional History of theUnited Kingdom, 2003, S. 452 ff. ; *M. Baum*, Der Schutz verfassungsmäßigen Rechts im englischen common law, 2004; *M. Verbeet*, Die Stellung der Judikative im englischen Verfassungsgefüge nach dem Human Rights Act 1998, 2004; *E. Wicks*, The Evolution of a Constitution, 2006, S. 131 ff. ; *B. Schirmer*, Konstitutionalisierung des englischen Verfassungsrechts, 2007, dort S. 453 ff. der Text des Human Rights Act. **Frankreich**, zur Zeit vor 1971: *K. Stahl*, Die Sicherung der Grundfreiheiten im öffentlichen Recht der Fünften Französischen Republik, 1970, S. 129 ff. Für die Zeit danach: *E. Savoie*, Frankreich, in: E. Grabitz (Hg.) a. a. O. S. 247 ff. **Griechenland**: *J. Jliopoulos*, Grundrechtsschutz in Griechenland, in: Jahrbuch des öffentlichen Rechts der Gegenwart, 1983, S. 395 ff. **Italien**: *L. Monaco*, Italien, in: E. Grabitz (Hg.) a. a. O. S. 363 ff. ; *J. Luther*, Die Italienische Verfassungsgerichtsbarkeit, 1990, S. 76 ff. ; *J. Luther*, Die Verfassungsgerichtsbarkeit in Westeuropa, Bd. 1, 2. Aufl. 2007, S. 154 ff. **Niederlande**: *M. de Blois*, *A. W. Heringa*, Niederlande, in: E. Grabitz (Hg.) a. a. O. S. 511 ff. **Norwegen**: *R. Slagstad*, The Breakthrough of Judicial Review in the Norwegian System, in: E. Smith (Hg.), Constitutional Justice under old

Constitutions,1995,S. 81 ff. **Österreich**:*F. Ermacora*,Procedure et techniques de protection des droit fon-damentaux,und *T. Öhliger*,Objet et Portée de la protections des droit Fondamentaux,in:L. Favoren (Hg.) ,Cours constitutionnelles et droit fondamentaux,1982, S. 187 ff. und S. 335 ff. ; *W. Brauneder*, Österreichische Verfassungsgeschichte,8. Aufl. 2001,S. 218. 237,261,269;*H. Schäfer*,Austria,S. 1 ff. , in:A. Weber (Hg.)a. a. O. ; *G. Brunner*,Der Zugang des Einzelnen zur Verfassungsgerichtsbarkeit im europäischen Raum,in:Jahrbuch des öffentlichen Rechts der Gegenwart,2002,S. 206,214, 235. **Polen**:Zu den Grundrechten 1921/35 die Verfassungen bei *D. Gosewinkel*,*J. Masing*,Verfassungen in Europa 1789 – 1949,2006,S. 385 ff. ; zu denen seit 1947:*A. Preisner*,Sozialistische Grundrechtskonzeption,in:G. Manssen,B. Banaszak (Hg.) ,Grundrechte im Umbruch. Das Beispiel von Polen und Deutschland,1997,S. 9 ff. Zur "Verfassungsklage":*G. Brunner*,Entwicklung der polnischen Verfassungsgerichtsbarkeit in rechtsvergleichender Sicht,in:G. Brunner, L. Garlicki (Hg.) , Verfassungsgerichtsbarkeit in Polen,1999,S. 48 ff. ; *G. Brunner* 2002 a. a. O. S. 219 ff. ;*L. Garlicki*, Constitutional Law,in:S. Frankowski (Hg.) ,Introduction to Polish Law,2005,S. 11 ff. **Russland** für die Zeit vor 1991:*G. Brunner*,Die Grundrechte im Sowjetsystem,1963;*K. Westen*,Die Rolle der Grundrechte im Sowjetstaat,in:R. Maurach,B. Meisner (Hg.) , Jahre Sowjetrecht,1969,S. 78 ff. Für die Zeit nach 1991:*G. Brunner* 2002 a. a. O. S. 224 ff. ;*A. Nußberger*,Ende des Rechtsstaats in Russland? 2007,S. 25 ff. **Schweden**:*G. Hahn*,Die Grundrechte der schwedischen Regierungsform in der Fassung der Grundrechtsnovelle von 1976, in: Archiv des öffentlichen Rechts, 1977, S. 576 ff. ; *C. H. Bergh*,Grundrechtsschutz im schwedischen Verfassungsrecht, in: Europäische Grundrechte-Zeitschrift,1980,S. 579 ff. ;zum Ombudsman und seiner Geschichte in Schweden z. B. *K. Heeden*, European Ombudsman, 2000, S. 79 ff. **Schweiz**:*A. Rakow*, Die Entwicklung der Grundrechte und ihr Einfluss auf die Abfassung des Grundrechtekatalogs, in:W. Kählin (Koordinator) ,Switzerland,in:A. Weber (Hg.) 2001 a. a. O. ,CH S. 7 ff. ; *G. Brunner* 2002 a. a. O. ,S. 206 f. ,214 ;*R. Pahud de Mortange*,Schweizerische Rechtsgeschichte,2007,S. 191 f. **Spanien**:*K. – P. Sommermann*,Der Schutz der Grundrechte in Spanien nach der Verfassung von Spanien von 1978,1984,zur Geschichte im 20. Jahrhundert dort S. 41 ff. ; *J. M. Prats-Canut*,Spanien,in:E. Grabitz (Hg.) 1986 a. a. O. S. 651 ff. ,dort zur Geschichte im 20. Jahrhundert S. 657 ff. Die Zahl der Verfassungsbeschwerden bei *G. Brunner* 2002 a. a. O. S. 214. **Tschechoslowakei**, **Tschechien**:1918 bis 1939und 1945 bis 1948:*G. Brunner*, *M. Hofmann*, *P. Holländer*,

Verfassungsgerichtsbarkeit in der Tschechischen Republik, 2001, S. 15 f. ; 1948 bis 1989: *W. Kahl*, Das Grundrechtsverständnis der postsozialistischen Verfassungen Osteuropas, 1994, S. 19 ff. Seit 1989: *W. Kahl* a. a. O. S. 48 ff. **Ungarn**: 1945 bis 1989: *G. Brunner*, Das Regierungssystem, Verfassung und Verwaltung, in: K. - D. Grothusen (Hg.), Ungarn, S. 246 ff. ; *G. Brunner*, Zur Wirksamkeit der Grundrechte in Osteuropa, in: Der Staat, 1970, S. 203 f. Seit 1989: *W. Kahl* 1994 a. a. O. S. 43 ff. ; *G. Brunner*, *L. Sólyom*, Verfassungsgerichtsbarkeit in Ungarn, 1995, S. 50 ff. ; *G. Brunner* 2002a. a. O. S. 219, 230. **Europäische Menschenrechtskonvention**: Den besten kurzen Überblick über alle Probleme, auch über die Geschichte, gibt *C. Grabenwarter*, Europäische Menschenrechtskonvention, 3. Aufl. 2008 (Kurzlehrbuch). Die ausführlichste Darstellung ihrer innerstaatlichen Wirkung: *R. Blackburn, J. Polakiewicz* (Hg.), Fundamental Rights in Europe, 2001, S. 103 ff. Ein guter umfangreicher Kommentar: *J. Frowein*, *W. Peukert*, Europäische Menschenrechtskonvention, 2. Aufl. 1996. Der Text der Konvention: Menschenrechte, Beck-Texte im dtv, 5. Aufl. 2004, Nr. 29.

Rdz. 152. : **England**: Die Lehre von **Dicey** zuletzt in *A. V. Dicey*, Introduction to the Study of the Law of the Constitution, 10. Aufl. 1959, S. 183 ff., 204, jetzt in deutscher Übersetzung *A. V. Dicey*, Einführung in das Studium des Verfassungsrechts, 10. Aufl. 2002, S. 261 ff., 274. Im Übrigen: *E. H. Riedel*, Kontrolle der Verwaltung im englischen Rechtssystem, 1976 ; *J. Schwarze*, Europäisches Verwaltungsrecht, 2. Aufl. 2005, S. 133 ff. (= Text der 1. Aufl. 1988) ; *G. Kleve, B. Schirmer*, England und Wales, in: *J. - P. Schneider* (Hg.), Verwaltungsrecht in Europa, Bd. 1, 2007, S. 35 ff., dort S. 35 das Zitat von Lord Diplock und S. 176 ff. die neue englische Literatur zum Verwaltungsrecht. **Schweden**: *N. Herlitz*, Elements of Nordic Public Law, 1969, S. 177 f. **Dänemark**: *N. Herlitz* a. a. O. S. 226 f. ; *P. Meyer*, Dänemark, in: E. V. Heyen (Hg.), Geschichte der Verwaltungsrechtswissenschaft in Europa, 1982, S. 19 ff. ; *O. Krarup*, Verzerrungen des positiven Rechts durch Theorieimporte ···, in: E. v. Heyen (Hg.), Konfrontation und Assimilation nationaler Rechte in Europa (19./ 20. Jh.), 1990, S. 183 ff. ; *J. Schwarze*, a. a. O. S. 152 ff. **Norwegen**: *N. Herlitz* a. a. O. S. 227. **Frankreich**: *G. Langrod*, France, in: E. V. Heyen (Hg.) 1982 a. a. O. S. 67 ff. ; *F. Burdeau*, Histoire du droit administratif, 1995, S. 465 ff. ; *J. Schwarze* a. a. O. S. 97 ff. **Niederlande**: *H. v. d. Brink*, Niederlande, in: E. V. Heyen (Hg.) 1982 a. a. O. S. 125 ff. ; *C. Holterhus*, Niederlande, in: *J. - P. Schneider* (Hg.) a. a. O. S. 441 ff. **Spanien**: *J. Schwarze* a. a. O. S. 187 ff. ; *S. Díez Sastre, K. Weyand*, Spanien, in: *J. - P. Schneider* (Hg.) a. a. O. S. 304

ff. **Italien**: Z. M.

Nedjati, J. E. Trice, English and Continental Systems of Administrative Law, 1978, S. 52 f. ; J. Schwarze a. a. O. S. 122 ff. **Deutschland**: U. W. , Geschichte des Rechts, 3. Aufl. 2006, S. 505 ff. , 562 ff. ; zur Ausschaltung der Verwaltungsgerichtsbarkeit 1939: T. Olechowski, Die Einführung der Verwaltungsgerichtsbarkeit in Österreich, 1999, S. 250. **Österreich**: E. C. Hellbling, Österreichische Verfassungs-und Verwaltungsgeschichte, 2. Aufl. 1974, S. 374 ff. , 445 ; T. Olechowski a. a. O. S. 244 ff. **Schweiz**: M. Müller, Verwaltungsrecht. Eigenheit und Herkunft, 2006, S. 75 ff. **Belgien**: Z. M. Nedjati, J. E. Trice a. a. O. S. 51 f. ; J. Schwarze a. a. O. S. 146 ff. **Griechenland**: T. Panagopoulos, Griechenland, in: E. V. Heyen a. a. O. 1982, S. 81 ff. ; A. Gerontas, Das griechische Verwaltungsrecht, 1983, S. 22 ff. , 105 ; E. Spiliotopoulos, Droit administratif Héllenique, 1991, S. 278 ff. , 409 ff. ; J. Schwarze a. a. O. , S. 160 f. **Verwaltungsrechtswissenschaft**: Berichte über 13 Länder bei E. V. Heyen a. a. O. 1982. Zu **Ernst Forsthoff**: F. Herrmann, in: M. Stolleis (Hg.), Juristen. Ein biographisches Lexikon ···, 1995, S. 212 f. Zur Entwicklung in Frankreich bis 1970: F. Burdeau a. a. O. , S. 255 ff. , in Deutschland: M. Stolleis, Geschichte des öffentlichen Rechts in Deutschland, Bd. 3, S. 206 ff. , 351 ff. Zur Deutschen Demokratischen Republik: M. Stolleis, Sozialistische Gesetzlichkeit. Staats-und Verwaltungsrecht-swissenschaft in der DDR, 2009. **Russland**: Für die Sowjetzeit: K. – J. Kuss, Geschichte der Verwaltungs-kontrolle in Osteuropa, 1990, S. 167 ff. ; H. Küpper, Einführung in die Rechtsgeschichte Osteuropas, 2005, S. 485 ff. , 518 ff. , 545 ff. Für die Zeit danach: M. Hartwig, Gerichtliche Kontrolle der Verwaltung ···in Russland, in: O. Luchterhand (Hg.), Verwaltung und Verwaltungsrecht im Erneuerungsprozess Osteuropas, 2001, S 345 ff. , die beiden Zitate S. 346 und 370. **Polen**: Für die Zeit 1918 bis 1945: T. Olechowski a. a. O. S. 242, 256 f. Die Zeit von 1980 bis zum Ende des Ostblocks: K. – J. Kuss a. a. O. S. 293 ff. ; E. V. Heyen, E. Eggert, Deutsche Literatur zum polnischen Verwaltungsrecht, in: Die Öffentliche Verwaltung, 2004, S. 780 ff. Das Zitat: J. K. Hoensch, Geschichte Polens, 3. Aufl. 1998, S. 332. Die Entwicklung nach dem Zusammenbruch des Ostblocks: T. Diemer-Benedict, Das polnische Gesetz über das Hauptverwaltungsgericht vom 11. Mai 1995, in: Osteuropa Recht, 1996, S. 160 ff. ; E. V. Heyen, E. Eggert, a. a. O. S. 734 ; F. E. Schnapp, Rechtsschutzgewährleistung und Rechtsschutzsystem in der polnischen Verfassung, in: Die öffentliche Verwaltung, 2004, S. 324 ; B. Wiesner, A. Stolz, Vergleichendes Verwaltungsrecht in Ostmitteleuropa, 2004, S. 412 ff. M. Liebscher, F. Zoll, Einführung in das polnische Recht,

2005, S. 62 ff.

Ungarn: Für die Zeit 1918 – 1949: *K. - J. Kuss* a. a. O. S. 97 ff. ; 1949 bis 1989: *K. - K. Kuss* a. a. O. S. 37 ff. Seit 1989: *H. Küpper*, Die Justizreform in Ungarn, in: Osteuropa Recht, 1998, S. 251 ff. ; *H. Küpper*, Justizreform in Ungarn, 2004, S. 29 ff. **Deutsche Demokratische Republik**: *K. - J. Kuss* a. a. O. , S. 431 ff. ; *U. Wesel*, Geschichte des Rechts, 3. Aufl. 2006, S. 528 ff. ; zum Eingabensystem: *F. Mühlberg*, Bürger, Bitten und Behörden – Geschichte der Eingabe in der DDR, 2004. **Tschechoslowakei, Tschechien**: Für die Zeit 1918 bis 1939: *T. Olechowski* a. a. O. S. 255 f. (ebenso 1939 bis 1945); *M. Hofmann*, Gerichtliche Kontrolle der Verwaltung ···, in: O. Luchterhand (Hg.) 2001 a. a. O. S. 373 ; 1945 bis 1989: *K. - J. Kuss* a. a. O. S. 366 ff. Seit 1989: *M. Hofmann* a. a. O. S. 374 ff. ; *P. Bohatka*, Tschechische Republik. Justizwesen, in: Wirtschaft und Recht in Osteuropa, 2002, S. 215 f. ; *D. Hendrych, J. Grospic˘*, Das Verwaltungsverfahren und die Verwaltungsgerichtsbarkeit in der Tschechischen Rebublik, in: H. Hill, R. Pitschas (Hg.), Europäisches Verwaltungsverfahrensrecht, 2004, S. 245 ff.

Rdz 153. : **Ausweitung des Strafrechts**: sehr allgemein und eindrucksvoll, aber nicht immer leicht verständlich ist *J. - M. Silva Sanchez*, Die Expansion des Strafrechts, 2003 (spanisch: la expansión penal, 1999). **Spanien**: *M. Barbero*, Kriminalpolitische Grundlagen des Sanktionensystems des spanischen Strafrechts seit 1848, in: Zeitschrift für die gesamte Strafrechtswissenschaft, 1975, S. 397 ff. , das Zitat auf S. 436 ; *E. Gimbernat*, Das spanische Strafrecht, in: E. Mezger, A. Schönke, H. - H. Jeschek (Hg.), Das ausländische Strafrecht der Gegenwart, Bd. 6, 1982, S. 315 ff. Zum Schwangerschaftsabbruch: *W. Perron*, Spanien, in: A. Eser, H. - G. Koch (Hg.), Schwangerschaftsabbruch im internationalen Vergleich, Teil 1, 1988, S. 1621 ff. Jugendstrafrecht: *M. Barbero* a. a. O. S. 417 ; *J. L. de la Cuesta*, Spanien, in: H. - J. Albrecht, M. Kilchling (Hg.), Jugendstrafrecht in Europa, 2002, S. 415 ff. Der Text des Strafgesetzbuchs Francos von 1944 auf deutsch: *A. Quintano-Ripollés*, Das spanische Strafgesetzbuch vom 23. Dezember 1944, 1955 ; der des von 1995: *M. Hoffmann*, Das spanische Strafgesetzbuch, 2002. **Frankreich**: Zur Homosexualität und zum Ehebruch: *J. - L. Halpérin*, Histoire des droits en Europe, 2004, S. 165, 308. Strafaussetzung zur Bewährung und Milderung der Strafen: *K. Sessar*, Die Entwicklung der Freiheitsstrafe im Strafrecht Frankreichs, 1973, S. 57 ff. , 71 ff. , 138 ff. Abschaffung der Strafkolonien und Zwangsarbeit: *M. - H. Renaut*, Histoire du droit pénal, 2005, S. 114 f. Erleichterung des

Schwangerschafts-abbruchs: *T. Wüst-Reichenbach*, Frankreich, in: Eser, Koch a. a. O. S. 498 ff. und die Erweiterung der Frist: *Y. Mayaud*, Code pénal (Kommentar), 104. Aufl. 2007, S. 440 ff. Abschaffung der Todesstrafe: *R. Hood*, *C. Hoyle*, The Death Penalty, 4. Aufl. 2008, S. 47. Jugendstrafrecht: *A. Maguer*, *S. Müller*, Frankreich, in: Albrecht, Kilchling a. a. O. S. 157 ff. Der Code pénal, Stand 1962: *A. Götz*, *E. Göhler*, Der Code pénal, Textausgabe mit Übersetzung, 1963. **England**: *M. Grünhut*, Das englische Strafrecht, in: Mezger, Schönke, Jescheck a. a. O. Bd. 3, 1959, S. 133 ff.; die Länderberichte zu Großbritannien bei A. Eser, B. Huber (Hg.), Strafrechtsentwicklung in Europa, Bd. 1 – 5, 1985 bis 1999. Der Criminal Justice Act 1948: *A. Künemund*, Das englische Gesetz über Kriminalrechtspflege von1948, 1952 (mit Einleitung von R. Sieverts). Todesstrafe: *R. Hood*, *C. Hoyle* a. a. O. S. 42 ff. Schwangerschaftsabbruch: *B. Huber*, Großbritannien, in: Eser, Koch a. a. O. S. 623 ff. Jugendstrafrecht: *A. Herz*, England und Wales, in: Albrecht, Kilchling a. a. O. S. 81 ff.

Belgien: Der deutsche Text des Strafgesetzbuchs ist schon älter, also *H. Grützner*, Das belgische Strafgesetzbuch, 1958, aber dort eine gute kurze Schilderung der Entwicklung des Strafrechts von *J. Marchal* S. 1 ff. Ehebruch: Eser, Huber a. a. O. Bd. 4. 1, 1990, S. 8. Schwangerschaftsabbruch: *F. Tulkens*, *M. van de Kerchove*, Belgien, in: Eser, Huber a. a. O. Bd. 4. 1, 1993, S. 12. Todesstrafe: *Hood*, *Hoyle* a. a. O. S. 41, 405. Regional unterschiedliches Jugendstrafrecht: *J. Put*, Belgien, in: Albrecht, Kilchling a. a. O. S. 1 ff. Regionalisierung allgemein: *H. Schäfer*, Belgien, in: Eser, Huber a. a. O., Bd. 2. 1, 1988, S. 14 ff.

Niederlande: *W. P. J. Pompe*, Das niederländische Strafrecht, in: Mezger, Schönke, Jescheck a. a. O. Bd. 5, 1976, S. 22 ff., 120 f. Schwangerschaftsabbruch: *H. – J. Scholten*, Niederlande, in: Eser, Koch a. a. O. S. 1004 ff. Jugendstrafrecht: *A. M. Kalmthout*, Niederlande, in: Albrecht, Kilchling a. a. O. S. 225 ff. Deutscher Text des StGB: *K. Toebelmann*, Das niederländische Strafgesetzbuch, 1959. **Deutschland/Bundesrepublik**: *H. Rüping*, *G. Jerouschek*, Grundriß der Strafrechtsgeschichte, 4. Aufl. 2002, S. 258 ff.; *U. Wesel*, Geschichte des Rechts, 3. Aufl. 2006, S. 478 ff., 507 ff., 577 ff.; *T. Vormbaum*, Einführung in die moderne Strafrechtsgeschichte, 2009, S. 137 ff. **Österreich**: *F. Nowakowski*, Das österreichische Strafrecht, in: Mezger, Schönke, Jescheck a. a. O. Bd. 3, 1959, S. 415 ff.; *H. Balte*, *G. Kocher*, Österreichische Rechtsgeschichte, 7. Aufl. 1993, S. 312 f.; Schwangerschaftsabbruch: *A. Dearing*, Österreich, in: Eser, Koch a. a. O. S. 1094 f.; *E. Gindulis*, Der Konflikt um die Abtreibung, 2003, S. 127 ff. Jugendstrafrecht: *M. Löschnig-Gspandl*, Österreich, in: Albrecht, Kilchling a. a. O. S. 269 ff. Homosexualität: *K. Neuwirth*, Gleicher als gleich, in: U. Floßmann (Hg.), Sexualstrafrecht, 2000, S. 191 ff. Und *E. Foregger*, *E. Fabrizy*, Strafgesetzbuch, Kurzkommentar, 9. Aufl. 2006, § 209, Ehebruch dort § 194. Änderungen 1987: *F. Höpfel*, Österreich, in: Eser, Huber a. a. O. Bd. 3, 2, 1990 S. 823 ff. **Italien**: *F. Antolisei*, Manuale di diritto penale, Parte generale, 70. Aufl. 2003, S. 21 ff. , dort S. 785 ff. zur Strafaussetzung zur Bewährung: *A. Pagliaro*, Die Reform des italienischen Strafrechts, in: H. - H. Jescheck (Hg.), Strafrechtsreform in der Bundesrepublik Deutschland und Italien, 1981, S. 27 ff. ; *J. Bosch*, Italien, in: Eser, Huber a. a. O. , Bd. 1, 1985, S. 435 ff. Die antisemitischen Gesetze: *B. Mantinelli*, Kurze Geschichte des italienischen Faschismus, 1998, S. 118 ff. Schwangerschaftsabbruch: *J. Bosch*, *A. Menger*, Italien, in: Eser, Koch a. a. O. S. 830 ff. Jugendstrafrecht: *G. Morgante*, Italien, in: Albrecht, Kilchling a. a. O. S. 205 ff. Reform der Beschimpfungen von 2006: *Antolisei* a. a. O. , Parte speziale II, 50. Aufl. 2008, S. 724 ff. und 222 ff. Der Codice Rocco mit deutscher Übersetzung (Stand 1969): *R. Riz*, Das italienische Strafgesetzbuch vom 19. Oktober 1930…, 1969. **Griechenland**: *G. A. Mangakis*, Das griechische Strafrecht, in: Mezger, Schönke, Jescheck a. a. O. , Bd. 3, 1959, S. 262 ff. ; *D. D. Spinellis*, Die Entwicklung des griechischen Strafrechts in den letzten dreißig Jahren, in: Zeitschrift für die gesamte Strafrechtswissenschaft, 1983, S. 179 ff. ; *S. M. Kareklas*, Griechenland, in: Eser, Huber a. a. O. Bd. 4. 1, 1995, S. 555 ; *M. Liadi*, Griechenland, in: Eser, Huber a. a. O. Bd. 5. 2. , 1997, S. 978. Schwangerschaftsabbruch: *G. Evangelos*, in: Eser, Koch a. a. O. S. 584 ff. Jugendstrafrecht: *A. Chaidon*, Griechenland, in: Albrecht, Kilchling a. a. O. S. 194 ff. Das StGB 1950 in deutscher Übersetzung: *D. Karanikas*, Das griechische Strafgesetzbuch von 1950, 1953. **Schweiz**: *H. F. Pfenninger*, Das schweizerische Strafrecht, in: Mezger, Schönke, Jescheck a. a. O. , Bd. 2, 1957, S. 149 ff. ; *R. P. de Mortange*, Schweizerische Rechtsgeschichte, 2007, S. 231 ff. Schwangerschaftsabbruch: *E. Gindulis*, Der Konfklift um die Abtreibung, 2003, S. 147 ff. Jugendstrafrecht: *B. Barkmann*, *B. Stump*, Schweiz, in: Albrecht, Kilchling a. a. O. S. 361 ff. **Dänemark**: *F. Marcus*, Das Strafrecht Dänemarks, in: Mezger, Schönke, Jescheck a. a. O. Bd. 1, 1955, S. 73 ff. ; F. Marcus, Das dänische Strafgesetzbuch vom 15. April 1930 in der Fassung von 1939, 1953 ; *K. Cornils*, *V. Greve*, Das dänische Strafgesetz, 2. Aufl. 2001 (mit einem historischen Überblick auch für die Zeit nach 1955). Jugendstrafrecht: *K. Cornils*, Dänemark, in: Albrecht, Kilchling a. a. O. S. 27 ff. **Norwegen**: *L. B. Orfield*, The Growth of Scandinavian Law,

1953,S. 197 f. (auch zum Jugendstrafrecht) ; *J. Andenaes*, Das norwegische Strafrecht, in：Mezger,Schönke,Jescheck,Bd. 4,1962,S. 263 ff. Zum Schwangerschaftsabbruch：*United Nations*, Abortion Policies, Bd. 2,1993,S. 179 ff. **Schweden**：Orfield a. a. O. S. 281 f. ; *G. Simson*, Grundzüge der schwedischen Kriminalreform, 1966 ; *I. Agge, H. Thornstedt*,Das schwedische Strafrecht, in：Mezger, Schönke, Jescheck a. a. O. Bd. 5, 1976,S. 279 ff. Schwangerschaftsabbruch：*K. Cornils*, *B. Wiskemann*, Schweden, in：Eser,Koch a. a. O. S. 1401 ff. Jugendstrafrecht：*R. Haverkamp*, Schweden, in：Albrecht, Kilchling a. a. O. S. 337 ff. Das Gesetz von 1962 / 65：*G. Simson*, Das schwedische Kriminalgesetzbuch von 1962, 1976. **Russland**, **Sowjetunion**：Die beste Beschreibung der Entwicklung gibt *F. - C. Schroeder*, in seinem Buch "Das Strafrecht des realen Sozialismus. Eine Einführung am Beispiel der DDR",1983,S. 18 ff. und 33 ff. und in der Einführung zur Übersetzung des StGB 1996, *F. C. Schroeder*, *T. Bednarz*, Strafgesetzbuch der Russischen Föderation ···,1998,S. 5 ff. Zur Todesstrafe zuletzt：*Hood, Hoyle* a. a. O. S. 23. Schwangerschaftsabbruch：*T. Sargulidze*, *U. Schittenhelm*, *in*：*Eser*, *Koch* a. a. O. S. 1551 ff. Jugendstrafrecht：*A. Pergataia*, Jugendstrafrecht in Russland und den baltischen Staaten,2001,S. 7 ff. Das StGB1926 in deutsch：*W. Gallas*, Strafgesetzbuch der Russischen Sozialistischen Föderativen Sowjet-Republik,1953 ; das von 1960：*T. Pusylewitsch*, Strafgesetzbuch der Russischen Sozialistischen Föderativen Sowjet-Republik, 1964 ; das von 1996：siehe oben *Schroeder*, *Bednarz* 1998. **Polen**：Der deutsche Text der Gesetzbücher von 1969 und 1997：*G. Geilke*, Der polnische Strafkodex, 1970, und *E. Weigend*,Das polnische Strafgesetzbuch,1998. Dort jeweils in den Einleitungen die Beschreibung der Entwicklung seit 1918, ebenso wie bei *I. Andrejew*, Das polnische Strafrecht,in：Mezger,Schönke,Jescheck a. a. O. ,Bd. 6,1982,S. 13 ff. ,zuletzt *A. Zoll*, Die Reform des materiellen Strafrechts in Polen, in：A. Eser, J. Trappe (Hg.), Strafrechtsentwicklung in Osteuropa,2005,S. 20 ff. und *S. Frankowski*, Criminal Law, in：ders. (Hg.), Introduction to Polish Law,2005,S. 341 ff. Schwangerschaftsabbruch： *E. Weigend*, Polen, in：Eser, Koch a. a. O. S. 1161 ff. , das Zitat S. 1192. Jugendstrafrecht：*Andrejew* a. a. O. S. 36 f. ；*A. Gaberle*, Polen, in：Albrecht, Kilchling a. a. O. S. 303 ff. **Tschechoslowakei**, **Tschechien**：Die Texte der Gesetzbücher in deutscher Übersetzung：*E. Schmied*, Das Tschechoslowakische Strafgesetzbuch ··· 1950,1952 ; in der Fassung von 1956：*E. Schmied*, Das Tschechoslowakische Strafgesetzbuch,1958 ; das von 1961 ：*E. Schmied*, Das Tschechoslowakische Strafgesetzbuch, 1964. In den Einleitungen zu diesen Texten sehr gut die Beschreibung der Entwicklung seit 1918. Die

Veränderungen bis 1999 erkennt man in der englischen Übersetzung: *Czech Republic*, Criminal Code, Translation and Commentary, 1999. Bei *Schmied* auch die jeweiligen Regelungen des Schwangerschaftsabbruchs und des Jugendstrafrechts. Genaue Berichte über die Veränderungen von 1988 bis 1997 : *J. Musil u. a.* , Tschechoslowakei, Tschechien, in: Eser, Huber a. a. O. , Bd. 4. 2, 1994, S. 1491 ff. und Bd. 5. 2, 1999, S. 1303 ff. Schwangerschaftsabbruch 1987 : *United Nations*, Abortion Politics: A Global Review, Bd. 1, 1992, S. 102 f. Die neue Regelung des Jugendrechts: *H. Vàlkova*, Tschechische Republik, in: Albrecht, Kilchling a. a. O. S. 437 ff. **Ungarn**: *M. Toth*, Einführung in das ungarische Strafrecht, 2006, S. 24 ff. , zum Jugendstrafrecht S. 151 ff. Zu Károly Csemegi: *K. Gönczi*, in: M. Stolleis (Hg.) , Juristen, 1995, S. 145. Schwangerschaftsabbruch: *S. Lammich*, *F. Nagy*, in: Eser, Koch a. a. O. S. 1665 f. Die Gesetze in deutscher Übersetzung: der Kodex Csemegi: *E. Rosenfeld*, Das ungarische Strafgesetzbuch, 1910 ; nach dem Stand von 1950 : *L. Mezöfy*, Der Ungarische Strafkodex, 1960 ; das StGB 1961 : *L. Mezöfy*, Der Strafkodex der Ungarischen Volksrepublik, 1961. Das StGB 1978 : Das ungarische Strafgesetzbuch, in: Jahrbuch für Ostrecht, 1980, S. 183 ff. Das Jugendgerichtsgesetz 1913 : *R. Vambéry*, Ungarisches Jugendgerichtsgesetz, 1913. **Deutsche Demokratische Republik**: *F. – C. Schroeder*, Das Strafrecht des realen Sozialismus. Eine Einführung am Beispiel der DDR, 1983 ; *H. Rüping*, *G. Jerouschek*, Grundriss der Strafrechtsgeschichte, 4. Aufl. 2002, S. 332 ff. ; aus der Sicht eines DDR-Juristen: *E. Buchholz*, Strafrecht im Osten. Ein Abriss über die Geschichte des Strafrechts der DDR, 2008, *Vormbaum* a. a. O. S. 218 ff. Jugendstrafrecht: *H. T. Schmidt*, Entwicklung und Gestaltung des Jugendstrafrechts in der DDR, in: Zeitschrift für die gesamte Strafrechtswissenschaft, 1972, S. 353 ff. ; *F. – C. Schroeder* a. a. O. S. 150 ff. **Gefangenenzahl in Deutschland** 1995 / 2006 : *Vormbaum* a. a. O. S. 268.

Rdz. 154. : L. Gruchmann, *Justiz im Dritten Reich*, 2. Aufl. 1990, S. 823 ff. , 956 ff. ; H. – U. Thamer, *Brandstifter und Ordnungshüter. Der Reichstagsbrand und die Folgen*, in: U. Schultz (Hg.) , Große Prozesse, 1996, S. 313 ff. ; *Die Begründung der Urteile zur Rückwirkung in*: F. K. Kaul, *Geschichte des Reichsgerichts*, Bd. 4, 1971, S. 341 ff. Zum Justizterror 1993 / 45 : U. Wesel, *Geschichte des Rechts*, 3. Aufl. 2006, S. 497 ff. , 507 ff. (*Rdz. 298, 304*) mit weiteren Nachweisen. Van der Lubbe: J. van Soer, *Marinus van der Lubbe und der Reichstagsbrand*, 1983. Torgler: W. Weber, A. Herbst, *Deutsche Kommunisten*, 2. Aufl. 2008, S. 940 ff. G. Dimitroff: S. Blagojewa, *Georgi Dimitroff*, 1954.

Rdz. 155 . : R. Conquest, *Am Anfang starb der Genosse Kirow*, 1970, dort S. 125 zur

Bedeutung der Todes Gorkis für den ersten Prozess;O. Filip,"…*wie räudige Hunde erschießen*",*in*:*U. Schultz*(*Hg.*),*Große Prozesse*,1996,*S.* 332 *ff.*;W. Hedeler,*Chronik der Moskauer Schauprozesse 1936,1937 und 1938*,2003;D. Rayfield,*Stalin und seine Henker*,2004,*dort S.* 251 *ff. zu Jagoda und S.* 353 *ff. Zu den Prozessen in der ganzen SU*,*dazu noch*:C. Goehrke,*Russischer Alltag*,*Bd.* 3,2005,*S.* 201 *ff. Art.* 58 *des StGB* 1926 *in*:W. Gallas,*Strafgesetzbuch der Russischen Sozialistischen Föderativen Sowjetrepublik*,1953,*S.* 16 *ff. Zu Kamenew*,*Sinowjew*,*Bucharin und Kyrow*;ohne Verf.,"*Unpersonen*",*wer waren sie wirklich?* "(Ostberlin,übers. aus d. Russ.) 1990. Zu Radek:J. Steffen,A. Wiemers,*Auf zum letzten Verhör*,1977,*dort S.* 72 *sein Witz mit Stalin*.

Rdz. 156 . :***Allgemein***:Das Zitat zu den Allgemeinen Geschäftsbedingungen:*H. Großmann-Doerth*,Selbstgeschaffenes Recht der Wirtschaft und staatliches Recht,1933. Die EG-Richtlinie 85/374 zur Produzentenhaftung in:Amtsblatt der Europäischen Gemeinschaften,1985,Nr. 210,S. 29 ff.,die EG-Richtlinie 93 / 13 zu Allgemeinen Geschäftsbedingungen in:Neue Juristische Wochenschrift,1993,S. 183 ff. **Spanien**:*I. C. Iban*,Einführung in das spanische Recht,1995,S. 166 ff.;*F. T. y Valiente*,Manual de historia del derecho Espanol,4. Aufl. 2006,S. 550 ff.;*K. Adomeit*,*F. F. und G. Frühbeck*,Einführung in das spanische Recht,3. Aufl. 2007,S. 38 f.,76 f.,122 ff.,124 ff. Der Text des Gesetzes:*W. Peuster*,Codigo Civil. Das spanische Zivilgesetzbuch. Spanisch-deutsche Textausgabe,2002. **Frankreich**:*K. Zweigert*,*H. Kötz*,Einführung in die Rechtsvergleichung,3. Aufl. 1996,S. 92 ff.;*J. – L. Halpérin*,Histoire du droit privé français depuis 1804,1996,S. 117 ff. Mieterschutz:*R. Maus*,Traité théoretique et pratique de la Legislation des Loyer 1918 – 1924;*F. Maguin*,Juris Classeur Bail à Loyer,1948;*M. Ferid*,*H. J. Sonnenberger*,*Das französische Zivilrecht*,*Bd.* 2,2. *Aufl.* 1986,*S.* 224 *ff.*(bis zum Gesetz von 1982);*C. Pisani*,Das französische Mietrecht:Wohnraummiete,in:J. Stabentheiner(Hg.),Mietrecht in Europa,1996,S. 97 ff.;*U. Hübner*,*V. Constantinesco*,Einführung in das französische Recht,4. Aufl. 2001,S. 194 f. Die Gesetze bis im Kommentar von Dalloz zum Code Civil,35. Aufl. 1935,nach Art. 1778,dievon 1948 bis 1989 dort in der 104. Aufl. 2005,hinter Art. 1769. Allgemeine Geschäftsbedingungen:*Hübner*,*Constantinesco* a. a. O. S. 108;zur Zeit vor 1995:*H. J. Sonnenberger*,Das französische Recht der Allgemeinen Geschäftsbedingungen,in:Recht der Internationalen Wirtschaft,1990,S. 165;der Text des Gesetzes im Kommentar von Dalloz 2005 am Ende von Art. 1135. Produzentenhaftung:*C. Lem*,Die Haftung für fehlerhafte Produkte nach deutschem und französischem Recht,1993;*Hübner*,*Constanti-*

nesco a. a. O. S. 202 f. ; *F. Endrös*, Frankreich, in H. J. Kullmann, B. Pfister (Hg.), Produzentenhaftung. Ergänzbares Handbuch zur gesamten Produkthaftpflicht (Loseblattsammlung, U. W.), 1980 ff., Nr. 4700, 2004, S. 1 ff. **Belgien**: *K. Zweigert*, *H. Kötz* a. a. O. S. 99. **Niederlande**: F. Bydlinski, T. Mayer-Maly, J. W. Pichler (Hg.), Renaissance der Idee der Kodifikation, 1991; *E. Hondius*, Das neue Niederländische Zivilgesetzbuch, in: Archiv für die civilistische Praxis, 1991, S. 378 ff. ; *A. Hartkamp*, Das neue Niederländische Bürgerliche Gesetzbuch aus europäischer Sicht, in: Zeitschrift für ausländisches und internationales Privatrecht (RabelsZ), 1993, S. 664 ff. Zu E. M. Meijers: *R. Feenstra*, in: M. Stolleis, Juristen, 1995, S. 420 f. **England**: *Zweigert*, *Kötz* a. a. O. S. 197 f. ; *D. Henrich*, *P. Huber*, Einführung in das englische Recht, 3. Aufl. 2003, S. 103 ff. Allggemeine Geschäftsbedingungen: *A. – K. Ponick*, Die Richtlinien über missbräuchliche Klauseln in Verbraucherverträgen und ihre Umsetzung im Vereinigten Königreich, 2003, dort S. XXXIV ff. der Text der Regulation. Produzentenhaftung: *Zweigert*, *Kötz* a. a. O. S. 613 f. (zur negligence S. 173 ff.); *S. Hill-Arning*, *W. C. Hoffmann*, Produkthaftung in Europa, 1995, S. 173 ff.; *D. J. Ibbetson*, The Tort of Negligence in the Common Law, in: E. J. H. Schrage (Hg.), Negligence, 2001, S. 261 ff. Der 1. Teil des Consumer Protection Act, englisch und deutsch, bei *Hill-Arning*, *Hoffmann* a. a. O. S. 293 ff. Mieterschutz: *R. Megarry*, *J. Colyer*, *T. M. Fancourt*, Rent Acts: With Assured Tenancies, 12. Aufl. 1999 (am Anfang mit historischer Übersicht). **Dänemark, Norwegen, Schweden**: *L. B. Orfield*, The Growth of Scandinavian Law, 1953, S. 60 f. ; *S. Jörgensen*, Allgemeine Vertragsbedingungen und Verbraucherschutz im dänischen Recht, in: Versicherungsrecht, 1983, S. 45 ff. ; *T. Wilhelmsson*, Control of Unfair Contract Terms and Social Values: EC and Nordic Approaches, in: Journal of Consumer Policy, 1993, S. 435 ff. ; *J. N. Ebersohl*, Vertragsfreiheit und Verbraucherschutz in der schwedischen Gesetzgebung der letzten Jahrzehnte, 2003 ; *C. Sinding*, Grundzüge der Produkthaftung in Dänemark, in: Produkthaftungspflicht International, 1990, S. 112 ff. (S. 112 zur Rechtsprechung der dänischen Gerichte von 1989 einerseits); *C. Bloch*, Produkthaftung in Schweden, Norwegen und Dänemark, 1993 (S. 76 ff. Zur Rechtsprechung der dänischen Gerichte vor 1989 andererseits). **Deutschland/Bundesrepublik**: *H. Schlosser*, Grundzüge der neueren Privatrechtsgeschichte, 10. Aufl. 2005, S. 191 ff. ; *U. Wesel*, Geschichte des Rechts, 3. Aufl. 2006, Rdz. 286 (Dampfpreisfall), 287, 300, 335, 336 (Hühnerpreisfall), 337. Die Rechtsprechung des Reichsgerichts zu jüdischen Deutschen: *B. Rüthers*, Die unbegrenzte Auslegung, 6. Aufl. 2005 (Standardwerk). Die EG-

Richtlinie 99/44 in: Amtsblatt der Europäischen Gemeinschaften 1999, L Nr. 171, S. 12 ff. **Österreich**: Zu den 3 Novellen 1914/16: *B. Dölemeyer*, Österreich, in: H. Coing (Hg.), Handbuch der Quellen und Literatur der neueren europäischen Privatrechtsgeschichte, 3. Bd., 2. Teilbd., 1982, S. 1782 ff.; Mieterschutz: *U. Flossmann*, Österreichische Privatrechtsgeschichte, 5. Aufl. 2005, S. 16, 258 f. Das Zitat: *W. Ogris*, Zur Geschichte und Bedeutung des österreichischen Allgemeinen Gesetzbuches, in: Liber Memoralis François Laurent 1810 – 1887, 1989, S. 386 (mir nicht zugänglich, deshalb zitiert nach *E. Hondius* a. a. O. (oben Niederlande) S. 379. Zu § 864a: *P. Rummel*, Kommentar zum Allgemeinen Bürgerlichen Gesetzbuch, Bd. 1, 3. Aufl. 2000, § 864a, S. 1294 ff. *A. Reischauer*, Produkthaftung in Österreich, 1986; *T. Barchetti, L. Formanek*, Das österreichische Produkthaftungsgesetz, 1988. **Schweiz**: Bürgschaftsrecht 1941: § 497 Obligationenrecht. Mieterschutz: *P. Gauck, P. Higi*, Obligationenrecht (Kommentar), 3. Aufl. 1994, Teilbd. V. 2. b, Vorbem. Zu Artt. 253 ff. Rdz. 24 ff. *P. Forstmoser*, Die rechtliche Behandlung von Allgemeinen Geschäftsbedingungen im schweizerischen und deutschen Recht, in: Recht und Wirtschaft heute: Festgabe zum 65. Geburtstag von Max Kummer, 1980, S. 99 ff. Produzentenhaftung: *H. Honsell*, Schweizerisches Haftungsrecht, 3. Aufl. 2000, S. 166 ff. **Italien**: Die beste Darstellung der Entstehung und Entwicklung des Codice Civile von 1942 bis heute ist *R. Rübesamen*, Das italienische Zivilgesetzbuch, 2000, i. ü. *G. Cian*, Fünfzig Jahre italienischer Codice Civile, in: Zeitschrift für Europäisches Zivilrecht, 1993, S. 120 ff.; *P. Kindler*, Einführung in das italienische Recht, 2. Aufl. 2008, S. 105 ff.; deutsche Übersetzungen: *H. J. Becker*, Ialienisches Zivilgesetzbuch (1942), 2. Aufl. 1968; *S. Patti*, Codice Civile Italiano, Das italienische Zivilgesetzbuch, 2007 (italienisch und deutsch). Zu den Allgemeinen Geschäftsbedingungen: *D. Heeschen*, Italienisches Verbrauchervertragsrecht, 2007, S. 6 ff. (im Codice Civile), S. 81 ff. (im Codice del Consumo). Zur Produzentenhaftung: *G. Rizzati*, Produkthaftungspflicht in Italien, in: H. v. Boehmer (Hg.), Deutsche Unternehmen in Italien, 1993, S. 274 f.; *P. Kindler* a. a. O. S. 290, 296. Zum Mieterschutz: Mussolini 1923: *B. Mantelli*, kurze Geschichte des italienischen Faschismus, 1998, S. 66; i. ü. *P. Pedrazzoli*, Das Mietrecht in Italien, in: J. Stabentheiner (Hg.), Mietrecht in Europa, 1996, S. 97 ff. **Griechenland**: *G. J. Plagianakos*, Die Entstehung des griechischen Zivilgesetzbuches, 1963; *K. Zweigert, H. Kötz* a. a. O. S. 154 f. Der deutsche Text: *D. Gogos*, Das Zivilgesetzbuch von Griechenland (1940), 1951. **Russland**: *N. Reich*, Sozialismus und Zivilrecht, 1972; außerdem zum ZGB 1964:

K. Westen, Die sozialistischen Rechtsordnungen, in: R. David, G. Grasmann (Hg.), Einführung in die großen Rechtssysteme der Gegenwart, 2. Aufl. 1988, S. 337 ff. N. Horn, Die Rolle des Privatrechts in der Transformation von Wirtschaft und Gesellschaft in Mittelosteuropa und Osteuropa, und E. A. Suchanow, Das Privatrecht in der modernen russischen Zivilgesetzgebung, beide in: N. Horn (Hg.), Die Neugestaltung des Privatrechts in Mittelosteuropa und Osteuropa, 2002, S. 3 ff. und S. 129 ff. Der Text des ZGB 1964: D. Frenzke, Das Zivilgesetzbuch und das Ehe-und Familiengesetzbuch der Russischen Sowjetrupublik, 1988; der des ZGB 1994/95: H. Roggemann, W. Bergmann, Zivilgesetzbuch der Russischen Föderation (Erster Teil) von 1994, 1997 und Zivilgesetzbuch der Russischen Föderation (zweiter Teil) von 1995, 2000. **Polen**: W. Glatz, Die Entwicklung des polnischen Zivilrechts, 2000 (seit 1918); B. Kordasiewicz, Länderreferat Polen, in: N. Horn (Hg.), Die Neugestaltung des Privatrechts in Mittelosteuropa und Osteuropa, 2002, S. 55 ff. (auch für die Zeit seit 1918). M. Liebscher, F. Zoll, Einführung in das polnische Recht, 2005, S. 106 ff.; A. Brozowski, Civil Law, in: S. Frankowski (Hg.), Introduction to Polish Law, 2005, S. 37 ff. Der Text des ZGB 1964 auf deutsch: W. Vogel, Das Zivilgesetzbuch der Volksrepublik Polen, 1965. **Tschechoslowakei, Tschechien**: F. Korkisch, Das Privatrecht Ost-Mitteleuropas in rechtsvergleichender Sicht, in: Zeitschrift für ausländisches und Internationales Privatrecht (RabelsZ), 1958, S. 201 ff. (ZGB1950); K. Westen a. a. O. S. 415 ff. (ZGB 1964); A. Verny, Die Entwicklung des Zivilrechts der Tschechischen Republik, in: Horn 2002 a. a. O., S. 89 ff.; zum Mieterschutz in Tschechien: H. – B. Wabnitz, P. Holländer (Hg.), Einführung in das tschechische Recht, 2009, S. 111. **Ungarn**: A. Czöri, Entwicklung des Ungarischen Zivilrechts, 2002, S. 88 ff.; A. Harmathy, Die Entwicklung des Zivilrechts in Ungarn, in: Horn 2002 a. a. O. S. 115 ff. **Deutsche Demokratische Republik**: I. Markovits, Sozialismus und bürgerliches Zivilrechtsdenken in der DDR, 1969; J. Eckert, H. Hattenhauer, Das Zivilgesetzbuch der DDR vom 19. Juni 1975, 1995; I. Markovits, Gerechtigkeit in Lüritz: eine ostdeutsche Rechtsgeschichte, 2006.

Rdz. 157.: *Das Urteil von 1932*: Appeal Cases 1932 Rdz. S. 562 ff. Zur Entwicklung der negligence: D. J. Ibbetson, *The Tort of Negligence in the Common Law*, in: E. J. H. Schrage (Hg.), Negligence, 2001, S. 229 ff. Zum Fall: R. F. V. Heuston, Donoghue v. Stevenson in Retrospect, in: Modern Law Review, 1957, S. 1 ff. Aus der deutschen Literatur: Zweigert, Kötz a. a. O. (***Rdz.*** *156*), S. 613 f.

Rdz. 158.: **Russland**: Zu Friedrich Engels 1884: U. Wesel, Geschichte des Rechts,

3. Aufl. 2006, Rdz. 9 und 23; i. ü. : *F. Korkisch*, Das neue Ehe-und Familienrecht der Sowjetunion, in: derselbe, Fragen des ostmitteleuropäischen Rechts, 1979, S. 355 ff. (ein Aufsatz von 1972 mit der Entwicklung von 1917 bis 1968); *D. Frenzke* (Hg.), Das Zivilgesetzbuch und das Ehe-und Familiengesetzbuch der Russischen Volksrepublik, 1988 (Text des Gesetzes 1968 mit den deutlich gemachten Änderungen 1979/87). Das Recht seit 1995: *S. Solotych*, Länderbericht, in: R. Süß, G. Ring (Hg.), Eherecht in Europa, 2006, S. 1041 ff. **Skandinavien**: *H. Munch-Petersen*, Main Features of Scandinavian Law, in: The Law Quarterly Review, 1927, S. 366 ff. **Schweden**: *L. B. Orfield*, The Growth of Scandinavian Law, 1953, S. 291; *A. Agell*, Die vermögensrechtlichen Wirkungen der Ehe in Schweden, in: U. Blaurock (Hg.), Entwicklungen im Recht der Familie und der außerehelichen Lebensgemeinschaften, 1989, S. 83 ff. **Dänemark**: Orfield a. a. O. S. 50; das Gesetz von 1925: *D. Tamm*, *W. Schubert*, *J. V. Jörgensen* (Hg.), Quellen zur dänischen Rechts-und Verfassungsgeschichte, 2008, S. 164 ff. **Norwegen**: *H. Schmidt-Horix*, Das eheliche Güterrecht in Deutschland und Norwegen, 1981, S. 21 ff.; zum Namens-und Scheidungsrecht der drei Länder, z. T. mit historischen Bemerkungen die Länderberichte in: *Süß*, *Ring* a. a. O. **Tschechoslowakei, Tschechien**: *J. F. Haderka*, Über einige Fragen der Gleichheit im heutigen tschechischen Familienrecht, in: B. Verschragen (Hg.), Gleichheit im Familienrecht, 1997, S. 220; *P. Bohata*, Das neue Familienrecht ⋯ in der Tschechischen Republik, in: Jahrbuch für Ostrecht, 1999, S. 38 ff. **Polen**: *H. Küpper*, Einführung in die Rechtsgeschichte Osteuropas, 2005, S. 590 f.; *I. Ludwig*, Länderbericht, in: Süß, Ring a. a. O. S. 951 ff. *M. Liebscher*, *F. Zoll*, Einführung in das polnische Recht, 2005, S. 337 ff.; *E. Skowronska-Bocian*, Family and Succession Law, in: S. Frankowski (Hg.), Introduction to Polish Law, 2005, S. 85 ff. **Ungarn**: *E. Weiss*, Länderbericht, in: Verschraegen a. a. O. S. 249 ff. und Länderbericht in: D. Henrich, D. Schwab (Hg.), Eheliche Gemeinschaft, Partnerschaft und Vermögen im europäischen Vergleich, 1999, S. 399 ff.; *A. Czöri*, Entwicklung des ungarischen Zivilrechts, 2002, S. 118 ff. **Deutsche Demokratische Republik**: *Autorenkollektiv*, Familienrecht, Lehrbuch, 3. Aufl. 1981, S. 44 ff. (zur Entwicklung seit 1945). **Deutschland und Bundesrepublik**: *D. Schwab*, Gleichberechtigung und Familienrecht im 20. Jahrhundert, in: U. Gerhard (Hg.), Frauen in der Geschichte des Rechts, 1997, S. 790 ff. **Frankreich**: *M. Ferid*, *H. - J. Sonnenberger*, Das französische Zivilrecht, Bd. 3, 1987, S. 115 ff.; *J. - L. Halpérin*, Histoire du droit privé français depuis 1804, 1996, S. 206 ff., 300 ff.; *U. Hübner*, *V. Constantinesco*, Einführung in das französische Recht, 4. Aufl. 2001,

S. 194 f. **Niederlande**: *D. van Dijk*, Der politische Werdegang des Niederländischen Bürgerlichen Gesetzbuches 1992, in: F. Bydlinski, T. Mayer-Maly, J. W. Pichler (Hg.) , Renaissance der Idee der Kodifikation, 1991, S. 27 f. ; *W. A. M. Cremers*, Burgerlijk Wetboek, 4. Aufl. 1950, Artikel 160 ff. einerseits und *F. Nieper, A. S. Westerdijk*, Niederländisches Gesetzbuch, Bd. 1, 1996, Artikel 81 ff. andererseits. **England**: *R. Ellger*, England, in: P. Dopffel (Hg.), Kindschaftsrecht im Wandel, 1994, S. 395 f. ; *D. Henrich, P. Huber*, Einführung in das englische Privatrecht, 3. Aufl. 2003, S. 122 ff. **Italien**: *R. Clerici*, Länderbericht, in: Verschraegen a. a. O. S. 103 ff. ; *M. G. Cubeddu Wiedemann, A. Wiedemann*, Länderbericht, in: Süß, Ring a. a. O. S. 641 ff. ; *P. Kindler*, Einführung in das italienische Recht, 2. Aufl. 2008, S. 174 ff. **Österreich**: *R. Kulms*, Länderbericht, in: Dopffel a. a. O. S. 9 ff. ; *U. Flossmann*, Österreichische Privatrechtsgeschichte, 5. Aufl. 2005, S. 67 ff. **Belgien**: *V. Hustedt, B. Sproten*, Länderbericht, in: Süß, Ring a. a. O. S. 279 ff. **Spanien**: *I. C. Ibán*, Einführung in das spanische Recht, 1995, S. 207 ff. ; *G. Garcia Cantero*, Länderbericht, in: Verschraegen a. a. O. S. 125 ff. ; *E. Hunzel*, Länderbericht, in: Süß, Ring a. a. O. S. 1195 ff. **Griechenland**: *N. Papantoniou*, Grundzüge des griechischen Familienrechts, in: H. Fenge, N. Papantoniou (Hg.), Griechisches Recht im Wandel, 1987, S. 7 ff. ; *D. Stamatiadis, S. Tsantinis*, Länderbericht, in: Süß, Ring a. a. O. S. 550 ff. **Schweiz**: *T. Geiser*, Länderbericht, in: Verschraegen a. a. O. S. 73 ff. Der Vergleich des alten und neuen Rechts ist leicht möglich in der Ausgabe des ZGB von *W. Schönberger und P. Gauch*, 37. Aufl. 1988, in der beide Fassungen enthalten sind. **Die Wende z Rdz. 159. : u Kollektivverträgen**: *A. Jacobs*, Collective Self-Regulation, in: B. Hepple, P. O' Higgins (Hg.) , The Making of Labour Law in Europe, 1986, S. 193 ff. ; ebenfalls dazu und zum **internationalen Arbeitsrecht**: *T. Ramm*, The New Ordering of Labour Law 1918 – 1945, in: B. Hepple, P. O'Higgings a. a. O. S. 227. **Whitley-Councils**: *J. B. Cronin, R. P. Grime*, Labour Law, 1970, S. 370 ff. **Stinnes-Legien-Abkommen**: *E. R. Huber*, Deutsche Verfassungsgeschichte, Bd. 5, 1978, S. 768 ff. ; *G. D. Feldmann, J. Steinisch*, Industrie und Gewerkschaft 1918 – 1924. Die überforderte Zentralarbeitsgemeinschaft, 1985; der Text des Abkommens: *E. R. Huber*, Dokumente zur deutschen Verfassungsgeschichte, Bd. 4, 3. Aufl. 1991, S. 22 ff. **Philipp Lotmar**: *J. Rückert*, Philipp Lotmar (1850 – 1922), in: H. Heinrich, H. Franzki, K. Schmalz, M. Stolleis (Hg.), Deutsche Juristen jüdischer Herkunft, 1993, S. 331 ff. **Hugo Sinzheimer**: *H. – P. Benöhr*, Hugo Sinzheimer (1875 – 1945), in: H. Heinrich, H. Franzki u. a., a. a. O., S. 615 ff. ; *R. Erd*, Hugo Sinzheimer

(1875 – 1945), in: Kritische Justiz (Hg.), Streitbare Juristen, 1988, S. 282 ff. **Otto Kahn-Freund**: *B. A. Hepple*, Fifty years of Labour Law and Social Security in Great Britain, in: M. G. Rood u. a. (Hg.), Fifty years of Labour Law and Social Security, 1986, S. 102 f. und *Wikipedia*, Otto Kahn-Freund. **Gewerkschaften: England**: *A. J. M. Sykes*, Die Gewerkschaftsbewegung in Großbritannien, in: H. Rühle, H. – J. Veen (Hg.), Gewerkschaften in den Demokratien Westeuropas, Bd. 2, 1983, S. 1 ff. ; *B. A. Hepple* a. a. O. S. 105 ff. ; *G. A. Rubin*, The Historical Development of Collective Labour Law: The United Kingdom, in: M. van der Linden. R. Price (Hg.), The Rise and Development of Collective Labour Law, 2000, S. 291 ff. **Frankreich**: *G. Engels*, Die Entwicklung des Rechts der französischen Koalitionen, 1972, S. 14 ff. ; *W. Jäger*, Gewerkschaften und Linksparteien in Frankreich, in: Rühle, Veen a. a. O., Bd. 1, 1983, S. 24 ff. ; *N. Olszak*, The Historical Development of Collective Labour Law in France, in: van der Linden, Price a. a. O. S. 141 ff. **Belgien**: *B. S. Chlepner*, Cent ans d'Histoire Sociale en Belgique, 1958, S. 27 f., 19 ff., 111 ff. ; *R. Blanpain*, Fifty years of Labour Law in Belgium, in: Rood u. a., a. a. O., S. 55 ff. **Deutschland**: *M. Kittner*, Arbeitskampf. Geschichte. Recht. Gegenwart, 2005, S. 178 ff. **Österreich**: *F. Klenner, B. Pellar*, Die österreichische Gewerkschaftsbewegung. Von den Anfängen bis 1999, 1999, S. 64 ff. **Spanien**: *C. Kasten*, Spanisches Arbeitsrecht im Umbruch. Von der Franco-Diktatur zur Demokratie, 1999, S. 33 ff. **Italien**: *R. Steiert*, Gewerkschaften in Italien, in: Rühle, Veen a. a. O., Bd. 1, S. 115 ff. ; *T. Treu*, Fifty years of Italien Labour Law, in: Rood u. a., a. a. O. S. 121 ff. **Dänemark**: *M. Eysell*, Die Gewerkschaftsbewegung in Dänemark: Geschichte, Struktur und Politik, in: Rühle, Veen a. a. O., Bd. 2, S. 412 ff. **Schweden**: *N. Elvander*, Die Gewerkschafts-bewegung in Schweden: Geschichte, Programm, politische Beziehungen, in: Rühle, Veen a. a. O., Bd. 2, S. 329 ff. ; *S. Edlund, B. Nyström*, Developments in Swedish Labour Law, 1988. **Norwegen**: *G. Sandrik*, Norwegen, in: H. Coing (Hg.), Handbuch der Quellen und Literatur der neueren europäischen Privatrechtsgeschichte, 3. Bd., 4. Teilbd., 1987, S. 426 f. ; *K. B. Meyer*, Der Wandel der Arbeitsbeziehungen in Dänemark und Norwegen, 2005, S. 83 ff. **Griechenland**: *N. Ventouris*, Die griechischen Gewerkschaften, in: Rühle, Veen a. a. O., Bd. 1, S. 371 ff. ; **Schweiz**: *H. P. Tschudi*, Geschichte des schweizerischen Arbeitsrechts, 1987, S. 28 ff. *R. P. de Mortange*, Schweizerische Rechtsgeschichte, S: 250 ff. **Polen**: *B. Heleczyn ski*, The Law in the Reborn State, in: W. J. Wagner (Hg.), Polish Law Throughout the Ages, 1970, S. 171 (1918 – 1945); *P. Chwaliz*, Die Transformation des polnischen Arbeitsrechts und die Gewerkschaften,2007,S. 18 ff. (1945 – 1989),S. 74 ff. (seit 1989); *U. Florek*,Labour Law,in:S. Frankowski (Hg.),Introduction to Polish Law,2005,S. 275 ff. **Tschechoslowakei**, **Tschechien**:*M. C. Dermott*,The Czech Red Unions 1918 – 1929,1988 (1918 – 1939); *J. Kosta*, Gewerkschaften im Wirtschaftssystem der CSSR, in: ohne Verf. ,Sozialismus zwischen Restauration und Erneuerung,1983 (1945 – 1989);*A. Gerauer*,Arbeitsrecht in der Tschechischen Republik,1999,S. XXIII,4 f. (seit1989). **Ungarn**:*A. Weltner*,Fundamental Traits of Socialist Labour Law with Special Regards to Hungarian Legislation,1970,S. 76 ff. (seit 1945);*J. Radnay*,Die arbeitsrechtliche Gesetzgebung in Ungarn in der Transformationsphase,in:K. Adomeit u. a. (Hg.),Das Arbeitsrecht im Übergang vom Sozialismus zur Marktwirtschaft,1996,S. 36 ff. **Russland**: *I. Deutscher*, Die sowjetischen Gewerkschaften, 1969; *A. Scharf*, Das Arbeitsrecht der Russischen Föderation und der Republik Belarus,1999,S. 35 ff. ;*H. Küpper*,Einführung in die Rechtsgeschichte Osteuropas,2005,S. 498 f. ,526 f. ,556 ff. **SBZ**,**DDR**:*J. Heilmann*,Das Arbeitsrecht der Sowjetischen Besatzungszone (1945 – 1949),1973,S. 99 ff. ; *W. Thiel*,Arbeitsrecht in der DDR. Ein Überblick und der Versuch einer Wertung, 1997,S. 58 ff. ,112 ff. ,150 ff. **Arbeitsgerichtsbarkeit allgemein**:*T. Ramm*,Workers Participation, the Represantation of Labour and Special Labour Courts, in: B. Hepple (Hg.),The Making of Labour Law in Europe,1986,S. 270 ff. **Frankreich**:T. Ramm a. a. O. ;*H. Michel*,*L. Willemez*,les prud'homme. actualité d'un justice bicentenaire, 2008. **Belgien**:T. Ramm a. a. O. S. 272. **Italien**:T. Ramm a. a. O. S. 272 f. ;*P. Passaniti*,Storia di diritto del Lavoro, Bd. 1 ,2006,S. 355 ff. **Polen**:*B. Heleczyn ski* a. a. O. S. 152;*M. Matey*, Labour Law and Industrial Relations in Poland, 1988. S. 132 ff. ; *R. Sieg*,*M. Prujszczyk*,Arbeitsrecht in Polen,1996,S. 101 ff. **Spanien**:*C. Kasten* a. a. O. S. 38 ff. ;*F. T. y Valiente*,Manual de historia del derecho,4. Aufl. 2006,S. 611 f. ;*M. K. Römermann*,Kündigungen und Kündigungsschutz im Francismus,2007,S. 44 f. Gegenwart:mündliche Auskunft von *Sven und Anna Stürmann* in Valencia. **Deutschland**, **Bundesrepublik**:*S. Sawall*,Die Entwicklung der Arbeitsgerichtsbarkeit,2007;die Kritik O. Kahn-Freunds wieder abgedruckt bei *T. Blanke*,*R. Erd* u. a. (Hg.),Kollektives Arbeitsrecht,Bd. 1 ,1975,S. 247 ff. **Österreich**:*F. Kudera*,Die Entwicklung der Arbeitsgerichtsbarkeit in Österreich,in:Das Recht der Arbeit,1997,S. 341 ff. **Schweiz**:*H. – P. Tschudi*, Geschichte des schweizerischen Arbeitsrechts, 1987, S. 82 ff. ; *M. Rehbinder*,Schweizerisches Arbeitsrecht, 14. Aufl. 1999, Rdz. 254 f. **England**:*R. W. Rideout*,Industrial Tribunal Law, 1980; T. Ramm a. a. O. S. 274. **Dänemark**, **Norwegen**,

Schweden: *B. G. de Montgomery*, British and Contintal Policy, 1922, S. 329 ff. ; *L. B. Orfield*, The Growth of Scandinavian Law, 1953, S. 51 f. , 204, 292; *G. Ring*, *L. Olsen-Ring*, Einführung in das skandinavische Recht, 1999, S. 216. **Niederlande**: *J. J. M. van Ven*, Social Law in the Netherlands, in: M. G. Rood a. a. O. S. 149.

Griechenland: *K. Kerameos*, *G. Kerameus*, Arbeitsrecht in Griechenland, in: M. Hennsler, A. Braun (Hg.), Arbeitsrecht in Europa, 2. Aufl. 2007, S. 205. **Russland**: *H. Niedermeier*, Die Regelung von Arbeitsstreitigkeiten im Ostblock, in: Barton u. a. , Das Arbeitsrecht im Ostblock, 1959, S. 24 f. ; *F. Kunz*, *H. Wolf*, Sowjetisches Arbeitsrecht (übers. aus d. Russischen), 1974, S. 295 ff. , Konfliktkommissionen und ordentliche Gerichte: *G. Geilke*, Einführung in das Sowjetrecht, 1983, S. 263; Gegenwart: *K. Hegewald*, Arbeitsrecht in Russland, in: Hennsler, Braun (Hg.), Arbeitsrecht in Europa, 2007, S. 1219. **Tschechoslowakei**, **Tschechien**: *P. Tröster*, Individuelles Arbeitsrecht in der Tschechischen Republik, in: R. Richardi (Hg.), Individuelles Arbeitsrecht in Osteuropa, 2000, S. 270. **Ungarn**: *G. Garancsy*, Labour Law Relation and its Termination in Hungarian Law, 1973, S. 46 ff. ; G. Brunner, Das Regierungssystem, Verfassung und Verwaltung, in: K. – D. Grothusen (Hg.), Ungarn, 1987, S. 240 f. ; *M. Pajor-Bytowski*, Arbeitsrecht in Ungarn, 1998, S. 139 ff. **Deutsche Demokratische Republik**: *S. Sawall* a. a. O. S. 298 ff.

Rdz. 160. : A. Nussbaum, *Geschichte des Völkerrechts*, 1960, *S. 278 ff.* ; W. Grewe, *Epochen der Völkerrechts-geschichte*, 2. *Aufl.* 1988, *S. 677 ff.* , *dort S. 731 ff. Zum Briand-Kellog-Pakt*; K. Ipsen, *Völkerrecht*, 5. *Aufl.* 2004, *S. 38 ff.* , *dort S. 444 ff. zu den internationalen Organisationen*; B. Kemper, C. Hillgruber, *Völkerrecht*, 2007, *S. 7 ff.* **Zur UNO**: F. Cede, L. Sucharipa-Behrmann (Hg.), Die Vereinten Nationen, 1999; zu ihr und den sie umgebenen Organisationen: *M. Herdegen*, Völkerrecht, 7. Aufl. 2008, S. 269 ff. **Änderung des Kriegsrechts zum Recht bewaffneter Konflikte**: *Ipsen* a. a. O. S. 1210 ff. **Völkerrechtswidrigkeit des 3. Golfkriegs**, **Irak-Kriegs**: *P. Kunig*, Das Völkerrecht als Recht der Weltbevölkerung, in: Archiv des Völkerrechts, 2003, S. 327 ff. *J. Quigley*, The Ruses for War, 2007, S. 367 ff. ; **Asymmetrie der Kriegsführung**: *H. Münkler*, Der Wandel des Krieges. Von der Symmetrie zur Asymmetrie, 2006 (für ihn beginnt die Asymmetrie schon mit der Niederlage der Römer in der Schlacht im Teutoburger Wald gegen die Germanen unter Hermann dem Cherusker, aber ein sehr intelligentes Buch). **Kosovo**: *H. v. Heinegg*, Casebook Völkerrecht, 2007, S. 218 ff. ; *J. Quigley*, S. 349 ff. Zur **Geschichte der humanitären Intervention**: *M. Swatek-Evenstein*, Geschichte der

"Humanitären Intervention", 2008. **Afghanistan**: *H. v. Heinegg* a. a. O. S. 190 ff., 356 ff.; *J. Quigley* a. a. O. S. 359 ff. **Guantanamo**: *K. Kögler*, Rechtlos in Guantánamo?, 2007; *L. Fisher*, The Constitution and 9/11, 2008. **Die UNO-Charta und der NATO-Vertrag** in: *R. Randelzhofer* (Hg.), Völkerrechtliche Verträge, 11. Aufl. 2007, Nr. 1 und Nr. 5.

Rdz 161. : J. J. Heydecker, J. Leeb, *Der Nürnberger Prozess*, 1958/95; T. Taylor, *Die Nürnberger Prozesse*, 1994; H. Quaritsch, *Nürnberger Zeugen*, in: *Rechtshistorisches-Journal*, Bd. 14, 1995, S. 569 ff.

Rdz 162. : G. Hankel, G. Stuby (Hg.), *Strafgerichte gegen Menschheitsverbrechen*, 1995; H. Ahlfeld, *Geschichte der völkerrechtlichen Strafgerichtsbarkeit im 20. Jahrhundert*, 1999; F. Neubacher, A. Klein (Hg.) *Vom Recht der Macht zur Macht des Rechts?*, 2006, dort S. 102 und S. 117 die Zitate von Hans-Peter Kaul und Thomas Weigend; G. Werle, *Völkerstrafrecht*, 2. Aufl. 2007; G. Hankel (Hg.), *Die Macht und das Recht*, 2008. Die Verhaftung Radovan Karadzic'zs: *Frankfurter Allgemeine Zeitung* 23. 7. 2008, S. 1; der Haftbefehl gegen Omar al-Baschir: *Süddeutsche Zeitung* 5. 3. 2009, S. 1; zum Darfur-Konflikt: H. Elliese, *Die Darfur-Krise im Sudan und das Völkerrecht. Eine Herausforderung für die Vereinten Nationen (UN) und den Internationalen Strafgerichtshof (ICC)*, in: *Verfassung im Recht und Übersee*, Bd. 40, 2007, S. 199 ff.

Rdz 163. : H. – J. Seeler, *Geschichte und Politik der europäischen Integration*, 2008; T. Oppermann, C. D. Classen, M. Nettesheim, *Europarecht*, 4. Aufl. 2009, dort S. 1 ff. auch zur historischen Entwicklung und S. 57 ff. zur Europäischen Union nach dem Vertrag von Maastricht; *Text des Vertrags von Maastricht*: *Europa-Recht (Beck-Texte im dtv)* 22. Aufl. 2007, S. 1 ff.; Jean Monnet, *Erinnerungen eines Europäers*, 1978, zur Bergtour S. 367 ff., das Zitat aus dem Schuman-Plan S. 376; Egon Bahr, *Von Fremdbestimmung zur Souveränität*, in: H. Hamm-Brücher, N. Schreiber (Hg.), *Demokratie, das sind wir alle*, 2009, S. 72 ff.; zu Europol: I. Schubert, *Europol und der virtuelle Verdacht*, 2008; zum Verhältnis EuGH/deutsches BVerfG: U. W., *Geschichte des Rechts*, 3. Aufl. 2006, S. 597, dazu jetzt deutlich das BVerfG gegen den EuGH im Urteil von 2009 zum Vertrag von Lissabon in: *Neue Juristische Wochenschrift* 2009, S. 2267 ff. Zum Vertrag von Lissabon: J. P. Terhechte, *Der Vertrag von Lissabon* ···, in: *Europarecht* 2008, S. 143 ff., A. Hatje, A. Kindt, *Der Vertrag von Lissabon* ···, in: *Neue Juristische Wochenschrift* 2008, S. 1761 ff.; der Text des Vertrags von Lissabon: *Vertrag über die Europäische Union (Beck'sche Textausgaben)*, hg. v. D. – E. Khan, 2. Aufl. 2010, S. 1 ff. G. Jellinek, *Allgemeine Sta-*

atslehre,3. Aufl. (5. Ndr.) 1976,S. 394 *ff.* ; *die Vereinbarung des Europaparlament mit der Kommission vom Februar 2010 über eigene Gesetzesinitiativen*:Süddeutsche Zeitung 10. 2. 2010 Seite 7; *die 80% des Anteils von Gemeinschaftsrecht an nationalem Wirtschaftsrecht*:H. Lecheler,*Einführung in das Europarecht*,2000,S. 148 *mit Nachweisen in Anm.* 12;*das genaue Zitat Pufendorfs in deutscher Übersetzung bei* U. Wesel,*Geschichte des Rechts*,3. Aufl. 2006,S. 361,*lateinisch*:Severinus de Monzambano,*De Statu imperii Germanici*, 1667, 6. Kapitel, § 9; Carl Schmitt, *Der Begriff des Politischen*, Neuausgabe 1963, S. 10; *zu Carl Schmitt jetzt endlich umfassend*:R. Mehring, *Carl Schmitt. Aufstieg und Fall*,2009.

Rdz. 164. :*Allgemein*:A. Bahar,*Auf dem Weg in ein neues Mittelalter? Folter im 21. Jahrhundert*,2009;*zur Diskussion über die Rettungsfolter in Deutschland*:J. P. Reemtsma,*Folter im Rechtsstaat?*,2005;U. Wesel,*Geschichte des Rechts*,3. Aufl. 2006,S. 580 *f.* ; G. Frankenberg, *Staatstechnik. Perspektiven auf Rechtsstaat und Ausnahmezustand*,2010,S. 274 *ff.*

第十一章　欧洲法律史的回顾与比较

简短的回顾

　　任何一个民族，任何一个文化，要想真正理解他们的法律，必须透过比较的方式去完成。而这种比较首先表现在透过现实与过去的比较。其基本脉络就如同本书所走过的路径，起始于古希腊，穿越罗马，途径中世纪及近代早期，最后到19世纪和20世纪的现代。古希腊作为立法合法性理论与法律哲学的开创者，而罗马作为世界性法律实践模式的奠基者，奠定了所有权及契约制度的基础，在中世纪的核心欧罗巴确立了封建采邑制度，日耳曼法律传承了罗马帝国部分精髓。除此之外，本书还挖掘出大量的习惯法，诸如在博洛尼亚所诞生的天主教及12到15世纪在众多法学著述和立法当中留存了罗马法法律文化的精神，这些为罗马法的再生提供了基础。在近代早期产生了专制制度的国家，并与封建采邑制度完成了制度性的交替。在英格兰地区也包含法兰西帝国的民主制度，其有迅速发展的趋势。同期在古典自然法理论当中产生了平等、人权的理念，这些元素最终推动了第一部制定性宪章的诞生。但是在刑法领域却表现得不尽如人意，近代早期在核心欧洲施行的刑法已经完全超越了中世纪的残酷与无情。在私法领域当中，遗嘱贯穿于整个欧洲私法发展进程当中，在它的合同法当中通过确立共识原则，最终排除了中世纪纯粹的形式主义原则。直到进入19世纪，人们才从制度上彻底清除了近代早期所形成的诸如庄园制和农奴制等封建贵族残余制度，取而代之的是将宪法带入民主政治生活当中，并以其渐进性方式增加分权制和议会民主制原则，以期排除传统主流的君主制。随后欧洲的行政法诞生，并且刑法步入了文明化道路，即逐步废除了讯问程序，并建立了国家控诉程序。契约自由原则不断扩张，在私法领域当中产生了《拿破仑民法典》和德国潘德克吞法学派。进入20世纪，在宪法领域当中除了出现几例灭绝人性的专政和独裁政体的个别灾难外，民主制在欧洲其他国家获得广泛的发展。终于在20世纪末废除专政，取而代之是全面实现民主、法治、宪法救济、尊重人权，并且积极发展行政法，尽管英格兰政体属于君主制，但是同样积极发展民主、法治、宪法救济和人权尊重。在刑法领域积极废除死刑，并在废除专政政体的基础上开始清除野蛮蔑视人性的刑罚，尤其是在20世纪末期这些野蛮灭绝人性的原则、程序和手段方式方法已经基本彻底消除，总体上欧洲刑罚体系已经步入非死刑性的轻刑化道路。在私法领域当中，开始从社会整体的控制角度考虑，对19世纪产生的契约自由予以限制。婚姻法上全面开始实施民事结婚自由和离婚自由，并且在婚姻上男女平等的原则。尽管如此纷繁，但是所有的这一切都已成为历史。为了更好地理解欧洲属性特征，我们将通过简短的外部回顾作为补充。因为对与欧洲法产生的同期其他法域内的法律进行比较，我们才能从另外的一个角度再一次认识欧洲，认识欧洲法律。我们在此通过简短而又精练的描述，即对中国、印度和伊斯兰法律精髓进行简短的阐释。应该说中国和印度对欧洲法律的产生和发展影响很少，至少在形式上可以说是微乎其微。至于说非洲那就是根本没有，因为在那里至今还保留着欧洲殖民后的部族法残余。在澳大利亚和北美洲实施的普通法，在中美洲和南美洲是西班牙法和葡萄牙法。

中国法律

中国法律自从公元前2世纪的汉朝开始，就大范围地受儒家思想的影响。在公元前123年，汉武帝建立新的学术机构，即国家儒学，命令排除其他学派的干扰，唯独遵循儒家的学术理念治国，即罢黜百家，独尊儒术。经过持久而深远的调整，于公元前2世纪产生了中国式的君主制，这种君主制度一直持续到1912年中华民国推翻帝制后。中国式的君主制度对于它的法律而言是非常重要的，因为它为法律的产生创设了一个重要的原则，那就是明确地标明它是整体国家文化原则，这与欧洲的部族法律、城邦法律是不同的。孔子生活在公元前500年，与古希腊哲学家泰勒斯·冯·米利都和毕达哥拉斯是同时期的人。孔子所研究的是一个非常古老的概念，即在世界秩序当中所存在的统一与和谐。在地球之上和天空之下，始终运行着一个永远不变的规则，这个规则对人类同样也是适用的。世界上所有的人都应该和谐地生活，不能背离太阳、月亮和星辰及地球上的动物和植物界的自然规则，更不能破坏自然，打破和谐。如果不遵循这个自然规则将是很危险的，必将导致自然灾害和疾病的发生。应该说这是一种自然宗教思想，这种思想在其他部族社会当中经常会发现。同样，这种思想在争端及矛盾冲突的解决当中是作为最高的基本原理，并应该以该原理为根据确定规避冲突发生的原则。其哲学思想完全融合了君王的治国理念的思想，因为君王是作为整个国家的道德典范，并且该思想需要同世界秩序相一致。君王的权威是建立在宽容与公道基础之上的，并且他是站在国家公仆的层面，以德行王化的方式确立自己的权威。这样的好君王应该是天、地、人共同融合的，并保证其和谐统一，如果君王在道德上招致否定，那将必然导致失序，甚至可能导致朝代更迭。因此，这些是改朝换代最合法的根据。由此产生一个历史性问题，即君主如何保障和谐秩序的良性循环？这由此产生了儒家思想中的核心概念——"礼"。应该说"礼"这个词是很难翻译的，人们也只能作简单的描述。"礼"意味着仪式性的举止（rituelle Verhalten）、穿着上的规则、结婚和丧葬的仪式、祖宗祭祀、精神崇拜，以及官吏拜见君王、下级官吏拜见上级官吏的官仪，儿子对父亲行施跪拜的家礼，年轻人遇见老年人的礼仪，公共交往彼此之间的规则。这些不分宗教、不分伦理和道德，但是也是非常重要的，与律法完全相对。与"礼"直接对应的是"法"，"礼"和"法"在儒学当中是相对的。在整个国家体制当中君主和他的官吏都应该尽可能地遵循"礼"，而不是"法"。这里的"法"首先意味着刑法。这种礼法关系背后隐藏着一个重要的问题，这个问题从汉代就已经开始讨论了。中国人自从公元5世纪开始思考，如何将众多的省集合在一起形成中央统治，且这种统治能够长期稳定地成为一个国家而不是各个省邦。难道是靠尽可能多的律法吗？"法"其次意味着市民法。同样法家学说就认为治国就应该尽可能运用残酷的刑律，他们的后来追随者开始研究法，在欧洲文献当中称其为合法性，即研究酷刑的合法性依据。按照儒家观点，治国的首要之道是通过一个属于礼的道德义务来制约政府和行政，尽可能地减少使用刑律或者使用轻刑。这曾经是孔子的观点，后被汉武帝所借鉴，从而开始了在中国法制史上展开减法和减少酷刑的适用运动。在儒家思想中，这个法律仅仅扮演着一种从属角色，基本上仅仅指代刑法和按照我们的术语是税法和税收管理法的东西。这个法律是自上而下垂直指向的，不是像欧洲私法那样直接指向每一个平行的主权者（subjektiven Rechten），并以此对抗他人。在出现争议的时候，首先是争执者之间相互协调，或者在村或镇生活领域内由村镇长者进行调停。人们应该自我调解，应该容忍一些不法行为，尤其是一些破坏安宁的行为。社会的安宁相比法律的执行更为重要。针对他人提起诉讼行为往往可能被蔑视，并且几乎不可能是以原告的身份直接提出对他人刑法判决请求的，诸如基于应予惩罚的违约。甚至可以说基本上没有市民法。这一切直到19世纪下半叶，欧洲影响开始逐步渗透，也就是共产主义思想和资本共产主义进入中国。这些思想进入中国所产生的直接后果是对孔夫子儒家法律思想的藐视,因为在那里孔夫子及其思想被看作陈旧过时和机械的。那里的法官简直如同欧洲中世纪的屠夫一样,野蛮、无知、贪婪跋扈,视法律为其谋取个人私利或者是榨取当事人甚至是律师财和色的工具,他们公然玷污法律,亵渎法律的灵魂,甚至为了提高小集体的政绩公然数据造假,诸如法官调解案件数、法院对生效判决执行案件数。甚至是根本就没案件,有些法官虚假制造案件以期填补个人的百分之八十以上的调解率。执行案件更多是以一种非文明的手段去执行。这种情况在东南亚邻国当中也同样发现,尽管这种观点也许有些偏激,但事实永远是事实。这些国家有东亚的日本、韩国和蒙古,南亚的越南、老挝和柬埔寨,总计约有 15 亿人口。

印度法律

土著印度人的祖先是雅利安移民,这些人是早期雅利安贵族①,他们最终在印度的西北部定居下来,也就是今天印度和巴基斯坦交界的地方。在公元前 3000 年,产生最早的国家。而印度的宗教产生于公元前 12 世纪,同期,在欧洲产生了希腊史诗《伊里亚特》(Ilias)和《奥德赛》(Odyssee)。② 古老的印度法

---

① 雅利安人和德拉威,这两个词是梵文前身,但在目前的意义,他们是现代的结构,在 18 和 19 世纪发明。术语"Dravide"或"达罗毗荼"表示南亚的一个语族与泰米尔语、泰卢固语、卡纳达语和马拉雅拉姆语的四个主要语言,主要通行于印度南部,部分在斯里兰卡。所谓"雅利安人"有两个含义,它来自梵文,意思是"高贵"。其具体指向包括两方面的内涵:一方面透过"雅利安人"这一术语期望记录雅利安人自己族群政治和种族仇恨的政治史,另一方面期望指代印欧语系语言的发现者和印欧比较语言学的创制者。在杜登,雅利安人被描述为:"(贵族)这个梵文术语,一方面指代史前使用这一语言的人民群体,雅利安语通行于印度、伊朗以及北欧种族群体当中,并成为纳粹种族意识的核心要素,如拉贾拉姆和弗劳利是典型的土著雅利安理论的极端代表;另一方面指代的是人们根据一定的精神和世俗法律规则而选择的一种属于自己的居住方式。"

② 在西方文学史上,希腊史诗《伊利亚特》和《奥德赛》是现存最早的精品。一般认为,这两部史诗的作者是西方文艺史上第一位有作品传世的天才、饮誉全球的希腊诗人荷马。荷马史诗的历史背景是历时十年、规模宏伟、给交战双方造成重大创伤的特洛伊战争。像许多重大事件一样,这场战争,用它的血与火,给文学和艺术提供了取之不尽的素材。英雄们的业绩触发了诗人的灵感,给他们安上了想象的翅膀,使他们在历史和现实之间找到一片文学的沃土,在史实和传闻之上架起五光十色的桥梁,用才华的犁头,耕耘在刀枪碰响的田野,指点战争的风云,催发诗的芳草,歌的香花。久逝的岁月给特洛伊战争蒙上了一层神秘的色彩。包括希罗多德和修昔底得在内的历史学家们一般都不否认这场战争的真实性,虽然对它进行的年代,自古以来便没有一种统(转下页)

欧洲法律史

Geschichte des Rechts in Europa

（接上页注文）

一的定说。按希罗多德推测，特洛伊战争进行的年代约在公元前1250年左右，而根据记载，希腊人攻陷特洛伊的时间应在公元前1298—前1290年间。近代某些学者将破城时间估放在公元前1370年左右。希腊学者厄拉托塞奈斯（Eratosthenes，生于公元前275年）的考证和提法得到一批学人的赞同——他的定取是公元前1193—前1184年。大体说来，西方学术界一般倾向于将特洛伊战争的进行年代拟定在公元前13到前12世纪，即慕凯奈（或迈锡尼）王朝（公元前1600—前1100年）的后期。《伊利亚特》共二十四卷（系后人所分），15693行，各卷的长度从429到999行不等。史诗《伊利亚特》虽然取材于特洛亚战争的传说，却从希腊联军围攻特洛亚九年零十个月后的一场内讧写起，并且写到赫克托尔的葬礼就结束了。引起这场战争的金苹果的神话，在它描写海伦和帕里斯时有所提及，木马计和特洛亚的陷落，则见于《奥德修纪》《奥德赛》（The Odyssey）中奥德修对往事的回忆。《伊利亚特》的头一句是"阿喀琉斯的愤怒是我的主题"。希腊联军大将阿喀琉斯性烈如火，他有两次愤怒的表现。史诗写道，战争已经打了九年零十个月，还是胜负难测，这时希腊联军因瘟疫发生内讧。瘟疫是联军统帅阿伽门农拒绝归还一个女俘所引起的，因为这个女俘是太阳神阿波罗祭司的女儿，阿波罗的祭司请求阿伽门农归还他的女儿，受到拒绝，就祈求阿波罗惩罚希腊联军。这场瘟疫蔓延下去就会使希腊联军一败涂地，因此阿喀琉斯要求阿伽门农把这个女俘归还，免得瘟疫继续蔓延。阿伽门农在很不情愿的情况下归还了这个女俘，却不公正地夺走了原来分配给阿喀琉斯的另一个女俘，作为他自己损失的补偿，阿喀琉斯在愤怒之下拒绝参战。在希腊联军中，只有阿喀琉斯才是赫克托尔的对手，因此他拒绝参战就必然引起希腊联军的失利。希腊联军在此情况下抵御不了特洛亚军队的反攻，只好退而固守海滨的战船，在那里构筑了防守性的壁垒。阿伽门农这时后悔自己对阿喀琉斯不公，只好派奥德修和另一位希腊将领去向他求和。可是他愤怒未消，坚决不答应回到战场。阿喀琉斯只是在特洛亚军队已经突破希腊联军的壁垒纵火焚烧他们的战船的十分危急的情况下，才把他的盔甲和战马借给他的好友帕特洛克罗斯，让帕特洛克罗斯前去应敌。帕特洛克罗斯虽然击退了特洛亚军队的攻击，但终为赫克托尔所杀，因此阿喀琉斯借给他的盔甲也丢掉了，这盔甲原是他的母亲忒提斯女神请匠神制造的。战友之死与盔甲被丢引起阿喀琉斯的第二次愤怒，而使他与阿伽门农和解，并且在他母亲请匠神给他制造了一副新盔甲之后，重新回到战争，最后杀死了赫克托尔，取得了决定性的胜利。《伊利亚特》叙述了特洛伊战争第十年（也是最后一年）中几个星期的活动，特别是"阿喀琉斯（Achilles，古希腊传说中勇士）的力量"。史诗以阿喀琉斯和阿伽门农（Agamemnon）的争吵开始，以赫克托尔的葬礼结束，故事的背景和最终的结局都没有直接叙述。伊里亚特和奥德赛都只是更宏大的叙事诗传统的一部分，此外还有许多不同长度、不同作者的叙事诗作，只不过只有一些片段流传下来。《伊利亚特》是荷马史诗中直接描写特洛亚战争的英雄史诗。希腊联军主将阿喀琉斯因喜爱的一个女俘被统帅阿伽门农夺走，愤而退出战斗，特洛亚人乘机大破希腊联军。在危急关头，阿喀琉斯的好友帕特洛克罗斯穿上阿喀琉斯的盔甲上阵，被特洛亚大将赫克托尔杀死。阿喀琉斯悔恨已极，重上战场，杀死赫克托尔。特洛亚老国王夜入阿喀琉斯大帐要回儿子尸体。史诗在赫克托尔的葬礼中结束。《伊利亚特》的主题是赞美古代英雄的刚强威武、机智勇敢，讴歌他们在同异族战斗中所建立的丰功伟绩和英雄主义、集体主义精神。《伊利亚特》塑造了一系列古代英雄形象。在他们身上，既集中了部落集体所要求的优良品德，又突出了各人的性格特征。阿喀琉斯英勇善战，每次上阵都使敌人闻风丧胆。他珍爱友谊，一听到好友阵亡的噩耗，悲痛欲绝，愤而奔向战场为友复仇。他对老人也有同情之心，允诺白发苍苍的特洛亚老王归还赫克托尔尸体的请求。可是他又傲慢任性，为了一个女俘而和统帅闹翻，退出战斗，造成联军的惨败。他暴躁凶狠，为了泄愤，竟将赫克托尔的尸体拴上战车绕城三圈。与（转下页）

是土著印度人法（Hindu-Recht），直到今天为止百分之八十的印度居民还是土著居民（Hindus）。同中国一样，印度的文化思想也是一种自然宗教（Naturreligion），同时它的文化思想又不同于中国，因为它的文化思想不是对整个世界适用，即对天和地以及有生命的和无生命的自然适用，而是仅仅对有生命的生灵（Lebewesen）适用。它是一种永恒的世界轨迹（Lauf der Welt），并且像中国一样受等级秩序（hierarchischen Ordnung）所束缚，它从植物开始最终到最高等级的神仙，而人类生活在这个秩序的中间。对人类进行的重要划分就是分成四个阶层。最高阶层是婆罗门（Brahmanen），包括神职人员、学者、国王的顾问和法官；其次是刹帝利（Kstatsiyas），包括武士；第三个阶层是吠舍（Vaisyas），包括农民和商人；最后一个阶层是首陀罗（Sudvas），这一阶层是需要为其他阶层服务的，属于奴隶阶层。这种等级属性永远流淌于从出生到死亡甚至包括重生这一整个历程当中，且是永远不可更改的，因为人的灵魂是变动的。人们要想改变他的等级，就必须遵循着因果报应这一规律或者说业律（karma），在每一个人的生命当中都存在着业律。只有这样他才有可能在重生的时候提升自己的等级。这个业律是生命引导的结果，他根据这个结果对自己进行评判，就像他按照一个法则（dharma）一样。因此，业有三种含义：一者，造作（Kräftigung）；二者，行动（Stärkung）；三者，做事（Festigung）。在佛陀未出世之前的古印度，人们对业的解释为"做事情"。他们认为因为有欲，故有种种的欲向与欲望，我们的意念就有意志与方向，因为欲向就会造业，有业故有果报。佛教用语中的"业"特别有"造作"之意。我们起心动念，对于外境与烦恼，起种种心去做种种行为。行为可分为身、口、意，指用身体去做，用口去讲或心里在想，这些都是行动，称为造作，也称为业。这样的一个造作过程，就会招感到将来的果报，从果报来看它的原因，就有所谓业的因；从业的因

（接上页注文）

之相比，特洛亚统帅赫克托尔则是一个更加完美的古代英雄形象。他身先士卒，成熟持重，自觉担负起保卫家园和部落集体的重任。他追求荣誉，不畏强敌，在敌我力量悬殊的危急关头，仍然毫无惧色，出城迎敌，奋勇厮杀。他敬重父母，挚爱妻儿，决战前告别亲人的动人场面，充满了浓厚的人情味和感人的悲壮色彩。《伊利亚特》结构严谨，布局精巧。它以"阿喀琉斯的愤怒"作为全书的主线，其他人物、事件都环绕这条主线展开，形成严谨的整体。史诗善于用动物的动作，或用自然景观、生活现象作比喻，构成富有情趣的"荷马式比喻"。例如书中写到阿喀琉斯退出战斗，赫克托尔打得希腊军队四处奔逃，史诗用了这样的比喻："好像一只野蛮的狮子攻进牛群，吃了一头而吓得其余的纷纷逃窜。"其中有名句"我的生命是不能贱卖的，我宁可战斗而死去，不要走上不光荣的结局，让显赫的功勋传到来世"，史诗节奏强烈，语调昂扬，既适于表现重大事件，又便于口头吟诵。《伊利亚特》高超的艺术手法常为后人所称道。

到业的果报,就有所谓的业力,既是说由业力与外缘配合形成果报。(1)业因:我们造作时,所做的行为,以及所做的事,称为业因。然而真正的业因是烦恼,如果没有它,我们就不会造作,故烦恼才是造作(业)的真正之因。(2)业力:我们造作的行为会形成一股力量,将来使我们承受各种果报。比如说我们骂人一分钟,这一行为(业因)一分钟后就已消失,但他有力量存在着,到将来有因缘时,它就形成果报,此称为业力。业力本身没有控制者,没有主宰者,是行为本身形成的力量。比如说天下雨,大地自然被它淋湿,它有一股令草木旺盛的力量存在着;我们造作各种行为之后,自然会形成一股力量,将来我们就得要承受各种果报,此为自然界的现象。(3)业果:即是业报。我们过去造业,因缘成熟,就形成果报,称为业报。有了业因,就形成业力,但未必既有果报,因为业力形成果报,要依赖外在的因缘来引发,所谓因缘成熟,既是业力(一般人所说的业因)与众缘配合,而形成果报的;如果没有众缘,就不可能形成果报。故经中常说:"若经千百劫,所作业不亡,因缘会聚时,果报还自受。"这是佛教中一个很著名的偈语,它的意思是:我们所做的行为(业因),形成了业力,它需要众缘来引发,才会形成果报。如果业因没有形成果报,它的势力可延续到千百劫之久,等到因缘会聚成熟时,我们必定要承受那个果报。业可分为很多种类。

后来这种等级制度不断地扩充它的意义,演变成为每一个人的礼俗规则(Vorschriften des Ritus),根据等级属性和年老程度来确定适用不同的礼俗规则,在这个日常的生活礼俗当中确定人们应该做什么或者哪个阶层的人不得做什么的内涵。从此每个人都根据自己的等级属性和生命阶段去不断地拓宽生活方式,那么这种生命导引(Lebensführung)的路径和方法就是规则(Regeln)。

印度法律的起源是《吠陀》(Veden)①,《吠陀》是世界上最古老的宗教经文之一。印度古《吠陀》经,是印度上古时期一些宗教和法律(Hindu-Recht)文献的总称,在印度历来被认为圣典,是印度古代流传下来的典籍,称作神圣

---

① 吠陀(Veda)是用于祭祀的赞歌,具有对祭祀仪式的规定、祭式及赞词的意义,作更详尽记述的成为梵书。那时的教义,确立了婆罗门教三纲:吠陀天启、婆罗门至上、祭祠万能。(1)吠陀天启是古代传下来的宗教赞歌,看作神的启示。(2)婆罗门至上是神的启示,分人类为四种阶级:祭司的婆罗门,武士(王)的刹帝利,自由工商的吠舍——都是雅利安人,享有宗教的再生权。非雅利安的原住民,成为被奴役的首陀罗,死了完事,名为一生族。严格的阶级,出于神的意思;作为祭师的婆罗门,地位最崇高。(3)祭祠万能是神与人的关系,依于祭祠,祭祠为宗教的第一目的。进而以为,天神、人、世界,一切因祭而存在;天神也不能不受祭祠的约束。此外,一般人民的低级信仰:息灾、开运、咒诅、降伏咒法,后来集为阿婆婆吠陀。

的知识或神的启示，完成于公元前1500—前1000年之间，是印度文化的渊源。在印度传统中，有关宇宙的神秘知识称为吠陀，印度把那些记述了吠陀知识精华的圣书，都称为吠陀经。"吠陀"，是梵文"Veda"的音译，也译为导引，意为"知识"或"光明"，即求知宇宙人生的智慧。"导引，亦名吠陀，此云智识，由此生智。"四吠陀向来被视为天启圣典，不仅为古代印度人所信崇，及至近世，印度人亦认其有最高威权。婆罗门教徒之宗教信仰、道德法律均以吠陀为依归。"Veda"本来不是书面文字，而是宇宙间的声波，自存于宇宙之间。吠陀文献的总体包括《奥义书》都被奉为天启的圣典，是印度最早的宗教和法律思想根本。《吠陀》经是宗教的知识根源和一切圣名的基础，是世上仅存最古老传统文化的活经文。《吠陀》经为古圣哲于甚深禅定中，直接得到启示，把这些声音记忆起来，代代口传，不见文字，从而把这些宇宙间的智慧流传下来。《吠陀》经在书写之前是靠口传保存下来的，以保传其声音之显示。吠陀先知们就是这样，设法用口述的形式保持他们传递知识的完整性。直至近世，才把它们印为书籍。至于今日，人们在诵读本集时还保留着来自印度早期沿袭下来的特殊音调和节奏。吠陀经是古梵文创作的颂神诗歌，崇拜天地日月风云雷雨，以及山川庶物等自然万象，对之歌咏赞颂，这些诗歌也赞颂传统受崇拜的诸神，其实这些神大多代表自然现象。他们认为凡是祭祀神祇，禳灾祈福等事，都用《吠陀》赞颂来歌咏它，就可得到感应。作为3000年前的梵文诗歌叙事诗，《吠陀》经典内容包罗万象，涵盖了宗教仪式、祭式、医术、科学、音乐舞蹈、建筑、军事、天文、地理、人文、百科等知识，应有尽有。它本来就是物质宇宙的说明书。成千上万部《吠陀》经典的内容，都是用诗记载的，这些诗严格遵守诗歌的结构及韵律、格律的规则，而且包含各种主题的信息：从医疗、农业到对高等星球和低等星球上的时间概念；从瑜伽和冥想的技巧，到居士的注意事项，以及素食佳肴的食谱；从对政府组织机构的详细解释，到对兴建和装修庙宇或住房给予一流的指导。吠陀经中包含了戏剧、历史、深奥的哲学，以及有关礼仪的简单课程、军事礼节的介绍和乐器的用法。然而，从传统上来说，最重要的是：《吠陀》文献极为科学、详尽地解释了"个体灵魂与神的关系和从与他的各种关系而来的强烈快乐"，以及对神的奉爱。梵音吟唱除了敬神仪式，也成为冥想、集中意识的必要手段。总之，《吠陀》经典提供不可多得的印度人知识之源。《吠陀》多面相的知识，成为印度人的行为准则、思考模式，《吠陀》经典和印度历史是不可分割的，举凡宗教典仪祭式、医学知识（Ayurveda）、音乐创造、宇宙秩序、人和自然环境等等宗教人文科学，无不涉及，是深深地影响着后代印度人在宗教、艺术、音乐、科学、哲学发展的最重要原素。《吠陀》经典对印度近现代社会产生了重要影响，很多哲学流派奉《吠陀》为"最高权威"，很多印度人认为现代科学和一切真理都源于吠陀。

吠陀向来被视为天启（Sruti）圣典，不仅为古代印度人所信奉，即使是在今天，印度人仍然视《吠陀》为最高权威的代表。《吠陀》本集分为四大部，分别是《梨俱吠陀》（Rg-Veda）、《沙磨吠陀》（sama-Veda）、《耶柔吠陀》（Yajur-Veda）、《阿达婆吠陀》（Atharva-Veda），内容多是祭祀时颂扬诸神的颂词。该经文是以自然现象为信仰对象，神是至上的权威，天神的启示不仅是宗教与生活的圣典，同时也是解释自然所有规律的依据。在《梨俱吠陀》当中包含着规律或戒律（Rta）的概念，此概念被认为是与业有关的。苏伦特拉纳特·达斯古普塔（surendranath Dasgupta）认为在规律中可以发现蕴含着业的思想痕迹，同时这个思想在一定程度上对印度业的思想产生决定性的影响。宇宙的一切现象都依据戒律的作用而运转，戒律的作用能使世界的运行依据一定的规律。人世间的道德同样受到戒律的规范，它是执行善恶行为因果报应的力量，善恶的惩罚与奖赏是由规律的保护神（Rtasya gopā）来执行的，善恶的准则是以祭祀行为的有无和准确程度来作为赏罚的依据。戒律代表了现象界的自然律与人世间的道德律背后的统治原理，且两者之间的秩序是相互关联的，如果一方破坏了原有的秩序，则另一方会产生无秩序、非真理或不相适应的状态。此时的戒律即会处罚现象或行为制造者，并使之恢复到原来的规律上。戒律的作用即是维护原来的规律，使失序的状态恢复到原来的规律状态。《梨俱吠陀》的规律思想说明了此时将神的力量和人的行为结合起来，并以此来解释宇宙现象。神与人之间必须透过祭祀仪式进行沟通，善恶的赏罚则是依据祭祀行为的有无和适当程度来作为判断的标准。至于婆罗门、刹帝利、吠舍、首陀罗，是诸阶层的守护神，这些神祇是规律的保护者，具有赏善罚恶的执法力量。诸神对于遵守规律的人，活着的时候可以使其获得长寿健康和财富，死后可以将其送到正义的天神世界。相反对于破坏规律的人，以降病、添加灾害、减财的方式予以惩罚，死后将其投入黑暗的地狱当中进行拷打折磨。在此阶段已经产生了恶行必然遭受到相应的恶果来回报的因果报应概念，业已经开始萌芽。规律思想包括了自然、道德和祭祀三者的结合，而其中以祭祀为中心枢纽，祭祀的规律直接影响到自然界和人世间的规律，整个吠陀思想可以说是由祭祀所开启，随着祭祀程序的进行不断地展开的。

《梵书》是介于《吠陀》和《奥义书》之间的中间时期，梵书承袭了《梨俱吠陀》中的规律概念中祭祀业的观念以及《阿达婆吠陀》中的保存业的观念与善恶因果规律的业观念，继而逐渐发展成为精致细密的祭祀仪礼轨迹。《梵书》的主要内容是详细记载有关祭祀中的仪式、祭祀的由来、祭祀的意义和价值，除了规定仪式进行时的每一个动作外，且将祭祀仪式活动中的动作赋予意义，达到祭祀仪礼程序化活动的精确无误，以此借助于祭祀行动所产生的最大效用。此种仪式借由献祭所产生的神秘力量来实现欲求，从献祭中找到了宇宙运转的秩序和规律，这种规律被称为活动规律。此时仍弥漫着祭祀至上、祭祀万能的思想，认为神、人与世界都是基于祭祀而动，因祭祀而得以存在，如果没有祭祀就连神都会面临死亡，并认为天界的福乐并非是永恒的，在天界上也有再死的现象存在，为了避免再次死亡，也同样必须举行特别的祭祀并修行各种善行，如此才能达到不死的境界。祭祀仪式不仅包含了人生观，也包含了世界观，此时祭奠成为宗教的第一目的。此时《梵书》已经形成了善恶因果报应观念、天国与地狱的思想，此二种思想是轮回思想的起源，而其后所发展出来的转生的业的力量，最终成为印度特有的业报轮回思想。

《奥义书》成于公元前800—前300年，之后成立的是新奥义书。通常认为《吠陀》是作业之道，而《奥义书》是重视知识之道，《吠陀》中多是阐释天神所启示的祭祀规定和行为规范，强调唯有依循此种规定，人才能够获得解脱或投生到一个善处，此时所重视的是作业之道。而《奥义书》的内容是注重以真实的知识启示世人，并以此知识才能获得解脱，此时所依重的是知识之道，已经脱离了《吠陀》的天启祭祀仪式行为，此阶段也同时反映出对祭祀万能的理论质疑，提出着重从哲理方面思考未来。《奥义书》的业报轮回思想承袭了《吠陀》和《梵书》，继而结合了灵魂转生的信仰与善恶行为业力轮回，形成了灵魂轮回思想。《奥义书》的业力的形成与"规律"（Rta）一词有着密切的联系，"规律"一词同时代表宇宙规律、祭祀规律与道德规律。《奥义书》虽然继承了《吠陀》和《梵书》的规律业力观念，但是认为行为善恶因意志取向而定，并非在身体的举止上，死后灵魂亦依意志取向的业力轮回。人充满欲望（kama），如他所欲求，他的意志（kratu）也将如此，如他意志所想，而实践其行为（karman），如其行为所做的将收其相应之果。《奥义书》追寻的最高境界和目标是梵我合一（Brahman tmaikyam）。大梵是宇宙的唯一真理与创世的源泉，大梵与自我（ātman）是同源合一的。《奥义书》的内容讨论人的自我与宇宙本体两者之间的关系。业力轮回、瑜伽及解脱，这些概念学说直接或间接地奠定了后世婆罗门哲学思想基础，更影响了印度的宗教以及整个印度思想生活的发展。

印度法律史其实就是达摩佛法（dharma）史或者说是佛法史，将宗教道德伦理结合在一起成为一个不可分割的统一体。印度教（Veda Dharma，永恒的宗教）在中文称呼上可以称为印度教、佛教或佛法，它不是纯粹的西方意义的宗教，或者按照上面所说的它是一种自然宗教，其本质是借助于它而将传统印度文化具体呈现，甚至可说是传统印度文化的代名词。印度教不仅是宗教的，也是哲学的及社会的思想及活动。与其称印度教为宗教，不如称它为文化更为恰当。"法"（Dharma）一词即是印度教的同义词，它是印度教的唯一目的，是印度教徒生活的唯一指导准则以及共通的社会生活方式。法思想所蕴含的社会伦理意义可由四方面加以理解：（1）法的意义，在重生的时候等级的进阶，婆罗门梵（Brahmanen）是最高等级，能够进阶为最高等级是所有其他三个阶层的人的终生愿望，因此这个也可说是期望的汇聚点或人生的灯塔，对生命的导引（Lebensführung）功效；（2）哲学的意义，指以真实的绝对知识消除无知，亦即发现及感悟真实个体自我本心（Ahman）即是宇宙的本体（Brahman）或所谓自然宇宙与个体的我的本心同一；（3）道德生活的意义，指律己与修行个人道德，及善尽责任与义务；（4）社会制度的意义，指修行群体责任与义务，律己本心。

总体概况来说，印席教追求并完成人生四大目标——修或忍（Faden）、本性（kama-sutra 情与欲）、进阶（Leitfaden）。法通过修行达到等级属性进阶的功效，即是印度教徒终生所向。由此可知，修行与本性是法的显性问题，依照社会律法制度而生活是法的规范与准则，进而通过宗教与哲学作为基础的道德与精神修养即是法的内涵。印度法（Hindu-Recht）中的法包含宗教的、哲学的、伦理的、社会生活四种层面与意义，几乎涵盖人一生的全部活动，不论生理、心理、心灵、精神及生活。它调和入世与出世，含纳现实的及理想的个人及群体生活，融合种族属性与族群特征，吸收及同化传统的与非传统的宗派及思潮，借此整合印度次大陆或南亚族群文化。因此，印度教法思想寓意深远，不仅具有实质的及实用的个人道德、社会伦理及宗教哲学意义与内涵，也具有整合印度多元文化的意义与目的。具体而言在《奥义书》中明确将法（dharma）的意义限定在两个范畴，即个人生活和群体生活上的结构属性和规范机能属性。就个人及群体生活上的结构属性而言，指采取活动及其方式的结构范式，这种结构范式指明个人生活或群体生活的位阶。在此位阶下的法概念，引入与个人所属位阶相关的各种不同责任与规定，诸如婆罗门法、刹帝利法、吠舍和首陀罗构成了个人生活的四个不同的位阶，即人生的四期，在这个四期当中，出生和成长阶段是学习梵知识的学生（梵行者），成家之后成为一家之主，舍弃感情挂链而住进山林者称为舍离一切，而住于森林者称为隐遁者。在家庭法中，从个人的责任角度讲，根据个人所选定的角色分为：丈夫法、妻子法、子女法等；

或透过个人与他人某种关系而衍生的角色,如:兄弟、姊妹、儿女等。其次,责任与规定也与参与祭祀中所扮演的角色相关。某些责任通用于各不同族群或社群,吠陀教授法规定主体资格即婆罗门、刹帝利、吠舍才能够有资格学习及诵读《吠陀》,教授的地域要求必须居住于婆罗门教授家中,教授的仪式要求必须举行吠陀祭祀、布施及苦行。这些责任与规定,在古《奥义书》中受到基督推崇。法的另一层面为规范机能属性,此点更加重要。此种规范的机能在于它能够划清人类与兽类之间的不同。此点应该说与德国法律哲学当中所强调的法律规范的人格提升机能类似,即法律规范设定的首要机能在于它能够划清拥有高贵人格的人和没有高贵人格的人(Mensch,此类人仅仅是有别于低级动物而言的)之间的区别。人的修炼路径就是不断地提升自身的人格进而完成人格的进阶(Person-Leitfaden),基于此每个人都需要约束其情欲、本能、欲望、感受及情绪等,以使人能够在不是仅仅为了自己(nur um selbst)而去生活(zu leben),因此禁止个人自私地为其个人或其所属群体而去生存,成为人格提升的首要目标。以此种规范的人格提升机能融于日常生活的规范之中而体现在人类生活的法概念上,被视为戒律(Rta)的呈现,这种人格中心论的观点不仅将戒律视为主宰万物的宇宙律则,并将戒律比作使整个生存世界位序化的生命气息。法具有两个维度:个人的及社会的。前者寻求将各个不同位阶的个人生活加以规范,而后者则是有关社会生活的导引,尤其在这种等级制度中的等级进阶。这类规范有两类:普遍性的强制性义务的规范和特指而具体性的规范。它们能够确保即使低位阶层的个人及社会中某些族群,能够有尊严地走向进阶路径,其进阶生存机会不至于受到否定。法的概念是为确保公正(法)的分配进阶机会,而排除非公正性或非正当的手段获取进阶机会,以及永远维护因果报应这一律的最高有效性,以赏善罚恶的方式方法号召人们遵守、奉行法,被视为有助于使人进阶成为梵的方法,而梵正是万物的根源。总之,法的重要性有两方面:使个体的人格超越其自身所拥有的动物性,以及经由持续的正当活动,使人格提升至神世界而于死后不受轮回再生。古《奥义书》由人格中心论观点讨论法,不论个人生活或群体生活,都具有结构性及规范性两重属性。这两重属性都与吠陀传统密切相关,且无条件地忠于吠陀,并以吠陀作为人类生活唯一来源。其范围广泛,从人的本性及命运涉及人的自我——此世界或他方世界、此生或来生。它与活动(karma,业)有着密切的关联性,而业即是有关赏善罚恶及轮回过程的理论。在古《奥义书》中虽未清楚说明,法是导引人的生命真正解脱之道,但法当然与灵魂永生不朽相关——亦即,法的概念为此世及此生的人的灵魂自我的延伸。古《奥义书》主要在于遵循《吠陀》的历史传统并作具体的责任规定或具体的祭祀仪式等，唯有在克尽责任之后才可舍弃自身世俗欲望而向上人格进阶，至于祭祀则是世俗与出世生活必须走的路与必须完成的责任。

当代印度教的法律概念、制度或生活规范可说由《古奥义》书获得启发，经由后世历史文化的变迁演变，已完备地涵盖宗教、哲学、伦理、社会生活等四方面生活主要目的，不仅涵盖人的生理、心理、生活、心灵与精神的全部，包括人格进阶与人格否定的生活范畴。可说是一种系统性的人格自我评价与自我否定教育的理念观。但意义与内涵广泛的法，在今天印度教中已经分属于不同领域，比如其哲学意义与内涵主要论证于正统六派哲学理论及概念，而社会意义、内涵与制度主要载录于《摩奴法典》（Kodex des Manu）及各法经（Dharma）之中，至于伦理意义、内涵与规范则普遍并存于上述哲学的、宗教的及社会的三大领域中。对于一般印度教徒而言，法的普遍性与重要性主要在于宗教的、社会的与伦理的三方面，其根据即是《摩奴法典》。此文献虽成于公元100—200年间，但它的主要部分却在公元前300年间就已经陆续散布于各个法经之中。《摩奴法典》不仅是印度民法、刑法、习俗法、宗教法的依据，也是数千年来引导印度人社会生活的重要指导书，是印度社会生活的基石。《摩奴法典》至今仍是当今印度法律、家庭、个人伦理、社会生活的根本基础，主要内容是有关种姓、家庭、宗教、习俗、宗族法、土地法、遗产、税金等的具体规定，在面临种姓、族群或社群之间的争执与纠纷时特别有用。现今印度法律主要仍根据或参照该法典而制定，虽然未必完全依照它而执行。一般而言，村镇比城市更具传统性，因而该法典在村镇更具有传统性及权威性。事实上，在现今印度生活中，参照西方民主与法治精神而制定的印度宪法还不如《摩奴法典》的传统规定来得具体有效，例如印度宪法虽明定所有印度人民一律平等，不分种姓、部落与性别，但事实上这类不平等现象仍根深蒂固地存在于现今，难以消除，而此类不平等待遇的依据即是出自于各法经与《摩奴法典》。《摩奴法典》规定种姓的义务与内婚制、婚前必须考察前七代身家状况、种姓的罚款及借贷规定、家庭的责任、宗教信仰与实践（如赎罪、苦行）等，这类规定仍然奉行于今日广大印度教徒之间，甚至大部分印度民众之间。规定与惩罚，这两者是该法典的主要手段，目的在于维系社会秩序，保障各族群的利益与纯净的血统，确保各族群职能正常运作。但尤其重要者在于，以印度教的宗教思想与信仰作为这种规范性的社会教育，其背后的重要基础。这正说明现今印度教徒的社会伦理生活为何难以脱离其宗教信仰，因为任何人都须依照《摩奴法典》规定而实践社会伦理生活，并以此作为达成他们在宗教上获得最后救赎的普遍手段。简言之，法的哲学涵义在后世已转而成为具体的社会意义与宗教意义。

现行的印度法指印度的法律惯例与法律制度。概括印度法的历史是一些有案可查的接受与移植的判例。一些外国法曾被"引进"了印度次大陆，例如应卧亚印度人的要求，接受了葡萄牙民法；又如印度独立后颁布的《遗产税法》（1953）、《著作权法》（1957）、《商船运输法》（1958），实质上都是英国模式的翻版。我们从英国—穆斯林法和印度法中可以看到，外国法常常被移植到本地的法律中来。由外国政府介绍进来的法律制度，或是因为它们适应当时的潮流，或是因为它们适应新的需要，所以很容易为印度人所接受。1947年印度的独立加速了上述进程。印度的制度起源于3000年以前的《吠陀》和同时代的非雅利安人的习惯。它是通过混合、比较和分析逐渐形成的。在公元8世纪阿拉伯人入侵以后，有些地区，特别是北方，引进了伊斯兰法。孟买、加尔各答、马德拉斯高等法院执行的《剩余财产法》是英国的普通法；有时候则借助于英国有关的成文法，如代表原东印度公司法院的所有其他管辖区实施的《剩余财产法》。该法院自1781年以来，当印度还没有成文法或人法准则的时候，曾将正义、平等、公道作为法律规则的补充。葡萄牙人和法国人在各自的殖民地实行殖民统治（Kolonialherrschaft）。在英属印度，适用英国的某些成文法，而有一些直到现在仍然有效。各地政府都根据当地情况制定它们的法律。在1860—1882年间，印度通过的著名的盎格鲁—印度法典，不但反映了英国法与盎格鲁—印度法模式的影响，而且也反映了法国法与美国法的影响。在那个时期，特别是在马德拉斯高等法院曾经广泛地引用罗马法（民法）和大陆司法理论，从而使印度能够从最适合用的法律中获益，但是经过法典编纂及其他的影响，这个渊源不久就干枯了。印度为解释宪法，引进了一些美国原则，并按英国和其他地方的判例法制定了福利与工业方面的成文法。西方的影响还表现在如何对待人法方面。

一般说来，印度的法律是一种适用于总人口85%的人法，并且成为印度文明中司法方面的主要成果。信奉印度教的人，并非是指严格的宗教正统性，它所强调的是种族胜过教义。印度自独立以后，致力于编纂统一的民法典（宪法第44条），而废除了人法，以便在实际上尽可能地把不同的印度学派与适用于不同社会的习惯统一起来。现代印度的法律是由1955年的《印度婚姻法》和1956年通过的《印度未成年人和监护法》《印度继承法》《印度收养法》《赡养法》所组成的。在1955—1956年以前，凡是能证明一种习惯是充分确定的、延续的、年代久远的而且不是与公共利益准则相抵触的，印度人就有权要求不受人法的约束。如今在习惯方面所允许的范围是很窄的。这种变更的一个例子是1954年的《特别婚姻法》，其中规定任何配偶不论其社会地位如何，都可以按西方文明的方式结婚，他们的离婚和继承方面的人法也由此自行不再适用。此外，在新的离婚法中还规定，夫妻分居一年并又等了一年后，享有双方协议离婚的权利。另一方面，自从1861年颁布了《印度刑法典》以来，印度的刑法变化极小。麦考莱（Thomas Babington Macaulay）对法典提出的原草案仍然保留下来作为法典的核心。该草案并非仅以当代英国法为基础，它有许多定义和特点是英国法所没有的，甚至英国法以后的发展也未出现这些定义和特点。但是，印度法院为了解释法典的条文，常常参考英国的判决。不管法典的文字解释是多么严谨，还是有许多违法者能够逃之夭夭，印度仅在限界的地方对它作了修改。考虑到该法典与1861年以前印度实施的刑法相一致的这种极其罕见的情况，这是很值得注意的。对比之下，1898年的《刑事诉讼法典》则是一个货真价实的英国—印度混合物，以后经过了进一步修改以适应印度的特殊情况和舆论要求。

伊斯兰法律

伊斯兰法是"伊斯兰教法"的简称，是在中世纪政教合一的阿拉伯国家形成和发展起来的，关于穆斯林在宗教、道德和社会生活各方面所应遵循的准则的总称。根据伊斯兰教义，它是真主"安拉"对穆斯林的命令，是安拉对穆斯林的宗教、政治、社会生活的安排，在政教合一的政体中，伊斯兰法无疑是伊斯兰国家至高无上的法律。公元6—7世纪，阿拉伯半岛尚处于原始公社解体阶段，由于外族的入侵，农业衰落，人民生活穷苦，为改善境况，阿拉伯各阶层从不同的利益出发，都要求尽快实现民族的统一，宗教领域反对多神教，提倡一神教，要求人们放弃对各自部落保护神的崇拜转而信仰唯一的真主安拉。公元630年，"先知"穆罕默德打败麦加贵族，使整个阿拉伯半岛皈依伊斯兰教，并在穆斯林公社的基础上建立了统一的阿拉伯国家，伊斯兰法由此逐渐成型于公元632年，穆罕默德去世。其继任者称"哈里发"，倭马亚王朝（公元661—750年）建立后哈里发职位改为世袭，历任哈里发不断对外扩张，至8世纪中叶形成地跨亚、非、欧的阿拉伯帝国，统治帝国的各项制度也逐渐完备，伊斯兰法的体系最终形成。这一时期，作为伊斯兰法最高渊源的《古兰经》已经定型；专门记录穆罕默德言行的"圣训"（endgültige Botschaft an die Gläubigen）已经开始传述；教法学也已经出现，并形成了一些早期教法学派。到阿巴斯王朝（公元750—1258年），"圣训"在法律事务中的地位日益重要，并开始被汇编整理；早期教法学派经过一段时间的发展，最终形成了以哈乃斐、马立克、沙斐仪、罕百里为代表的四大教法学派；"公议""类比"等教法学家常用的创制法律手段成为伊斯兰法的重要渊源；政府的行政命令成为对伊斯兰法的重要补充。伊斯兰法学四大源泉依次为：《古兰经》、"圣训"（endgültige Botschaft an die Gläubigen）、"公议"和"类比"。《古兰经》是伊斯兰教唯一的根本经典。它是穆罕默德在传教过程中陆续颁布的"安拉启示"的汇集，共有114章，6236节。《古兰经》除制定宗教礼仪、穆斯林义务外，还对杀人、婚姻、借贷、财产继承等事项作出了原则规定，由于其具有最高效力，故是教法学者推演法例的首要依据，同时具有立法精神和准则的性质。"圣训"是穆罕默德的语言、行为或认可，是对《古兰经》有关律例的原则规定的解释和补充，因此，"圣训"被认为是仅次于《古兰经》立法依据之一。语言"圣训"是指穆罕默德所说的言辞；行为"圣训"是指穆罕默德曾做过的行为；认可"圣训"是穆罕默德对某位圣门弟子的言行在了解之后，对该行为的赞同或默许。"公议"原指伊斯兰社会全体一致同意的意见。早期的"公议"一般是指哈里发处理案件、重大问题时通过集体协商所作出的决议，后来发展为教法学家根据经训精神创制律例时的一致意见，被誉为伊斯兰第三源泉。穆罕默德启示："我的民族不会赞同某一错误的事情。"穆罕默德归真后，启示已经中断，唯一能保护不会出现错误的依据就是穆斯林学者以经训为依据的"公议"。"类比"，随着伊斯兰教的广泛传播和阿拉伯帝国疆域的扩大，经、训明文规定的律例已经不能完全适应社会发展的需要，为了更好地解决社会矛盾，教法主持者对所遇到的新问题，同经、训中相类似的条文或案例加以比较，进行逻辑分析，制定出新的法例，称为"类比"。类比必须是经、训和"公议"对某一事务无明确说明的情况下才能适用，要观察问题的原因和属性，再与原因和属性相同的《古兰经》、"圣训"和"公议"所判断的律例进行对比。

公元前1800年，希伯来人亚伯拉罕率领其族人定居于美索不达米亚平原西北部（今伊拉克一带）。大约在公元前1600年之后，希伯来人为了逃荒而进入埃及，定居于尼罗河三角洲，受到埃及法老的奴役。公元前1250年左右，希伯来人在摩西的带领下逃出埃及。这便是今日众人熟知的《出埃及记》。经过一段颠沛流离的生活，他们在公元前1200年左右进入今日的巴勒斯坦——所谓的圣地。公元前1025年，扫罗建立了以色列王国。到了公元前970年左右，大卫王与其子所罗门王（King Soloman）开创了希伯来人的盛世，外拓疆土，内修圣殿。但在所罗门王死后，国家便陷入了分裂的状态，不久相继被亚述、巴比伦、波斯与亚历山大所征服。虽经短暂复国，后于公元70年，犹太又被罗马所征服，成为罗马的一部分。自此希伯来人（犹太人）便开始了颠沛流离的寄居式的生活。希伯来宗教的发展从多神崇拜，到唯一信奉上帝耶和华（Yahweh），耶和华拥有生杀予夺权，成为具有无上威权的唯一真神。在此同时，宗教的伦理基础从公元前7世纪的摩西十诫开始认识到上帝并不是自然的一部分，而是超越自然的存在。人类作为自然的一部分，可以通过神意来主导自然。这种超越的神学观对于西方人的伦理认识产生了重大的意义。它意味着人类可以通过纯粹的和抽象的概念去理解上帝，同时人具有随意改变自然的能力。从公元前750到前550年左右，宗教的先知们在国家沦丧混乱之际，更加坚信一元神的信仰，更注重正义的价值，而不在意典礼祭祀仪式。在进入后期放逐时代，人们更注重的是末世信条，并寄希望于弥赛亚与千禧年的到来。这种将希望寄于将来的想法，是促使犹太人在颠沛流离之时还能坚守信仰的重要原因。

总体而言，希伯来人对世界的重要意义，在于它的宗教观念构成了基督教的母体。其中一元神信仰与超越自然的观点对于西方世界尤其重要。与此相对的是耶稣的教义，其掺杂了新旧两种元素。一种元素是，它继承了犹太教长久以来对弥赛亚的期待，而宣称应许天国的到来。但另一方面，这个天国的本质却和过去的犹太传统不同：它的核心是伦理而非政治，它的对象扩及社会下层民众（包括妓女、罪犯），这对于既得利益者而言是不容许的。另外一个元素就是耶稣教义核心内容是专研基督教的伦理性质，而蔑视当时所留存下的基督宗教仪式。由此触怒了耶路撒冷以大祭司为代表的宗教领袖，因此他们将耶稣逮捕，控告他亵渎神灵，自称为犹太之王，将他判死刑后，移交给罗马总督比拉多（Pilate），将他以钉十字架的方式处死。此后耶稣复活，这个死而复生的经历，使得他的门徒相信他忠实于他们，坚信耶稣是上帝之子，并将此神迹四处宣扬。他的门徒保罗大胆地否认耶稣仅仅是犹太教徒的救世主，认为仁慈的上帝差遣他唯一的儿子耶稣来到人间，是为了要他替全体人类赎罪。耶稣的门徒将耶稣的地位，由犹太人的弥赛亚，扩大为普世的救主，同时强调人的原罪与神的救赎。因此，基督教不再是犹太教的一个教派，而发展成为一个新宗教。保罗的做法使基督教从此以后不仅能吸引少数犹太人，而且甚至还吸引整个罗马帝国千百万非犹太人。如果说耶稣宣称上帝的王国马上就要降临，那么保罗则为这一种通过基督与教会神职人员，进而实现个人得救的宗教奠定了基础。在保罗之后，基督教发展了礼仪（包括圣餐礼），使教徒更加接近基督，同时也形成了管理圣事的长老组织。这种组织被赋予了超自然的权利，这使得神职人员与俗人的距离日渐遥远，埋下了日后欧洲史上政教相争的种子。

"伊斯兰"（Islam）一词原意为顺从，即顺从真主意志的宗教。早期伊斯兰民众主要生活在公元前7世纪的阿拉伯半岛，这里幅员辽阔，但是自然条件比较恶劣，土壤贫瘠，终年干旱少雨，绝大部分地区是沙漠和草原，唯有南部的也门相对适合农业耕种。此时北方的拜占庭和波斯两大帝国为争夺西亚霸权，展开旷日持久的战争。公元525年，拜占庭盟邦衣索比亚人攻占半岛南部也门地区，灭阿拉伯的希米亚王国。后来，波斯军队又驱逐衣索比亚人，占领了也门。这些入侵使阿拉伯南部的农业文明遭到彻底毁灭性的打击，定居该地的人口大量北迁，重新返回游牧或半游牧部族生活状态。同时战争因素导致波斯湾和两河流域的商路阻断，这更加重了伊斯兰各个部族的经济负担。在其内部麦加商人发放高利贷盘剥贫苦民众，贫富差距增大。由于干旱的沙漠气候和人口增长的压力，游牧部族几乎时时处于饥饿状态，为了争夺水源、牲畜和牧场，陷入相互攻击和仇杀之中，唯一的生存之道便是组成团队。

因此，这些游牧者都以血缘和亲戚关系为基础，组成了一支高度自治的团队部族，他们因为有着共同的祖先（或者是虚拟的神话传说）紧密结合在一起，彼此也以某个先祖的子民相称，诸如巴努·卡乐普（Bani Kalb）部族或巴努·阿萨德（Bani Asad）部族。这些部族又和其他部族组成规模较大但较为松散的组织部族联盟。为了防止部族太过扩张无法管理，大小部族都不断重组。对各部族乃至所有的盟邦而言，绝对忠诚是必要的，唯有集结部族联合之力，个人的生存才有保障。由此团体或集体主权取代所谓个体自主性与个体主权，也就从这时起阻断了个体主权的发展。集体主权高于任何个体，凡事必须以团体的利益为最高。为了保卫部族整体生存安全，部族的首领必须随时对外来之敌予以残酷的反击。那时的阿拉伯半岛不存在一个集权制的中央管理政体，也没有共同的宪法，维持整个阿拉伯半岛的基本的安定与和平仅仅依靠的是的报复性自然法则，血债血偿，也就是部族间的相互报复。杀人的行为不能用道德标准来衡量，只有不能屠杀自己的人和自己的盟友的禁约。任何部族内部人不能违背这种禁约。部族中若是有人遭到攻击或者杀害，则被害人的族人们对凶手本人和他的族人展开报复；如果未能为被害人报仇雪恨，那么这个部族的长老就很难对其部族进行统治，同样这个部族整体也将受到其他部族的蔑视，那以后这个部族将失去朋友，同时其他部族也可能认为这个部族的人可以任意践踏，完全可以不用考虑遭到报复。任何个别的部族人所实施的任何行为都可能牵连到部族的整体。假如杀人者实施行为后而跑得无影无踪，那么可以不一定要凶手本人偿还，只要是凶手所属部族中的任何一个成员都可以替代凶手而偿还。这就像现代民法当中物的替代性偿还。由此可以清楚地看到，在部族共同体的观念中，行为的个人其实无关紧要，同族之人皆可能受到影响。当然这也有势力平衡的作用；被侵犯的一方固然有所损失，但是侵犯的一方也会被同等削弱。这种做法固然让各族群维持势均力敌，同时却也阻碍了大一统阿拉伯帝国的形成。阿拉伯人民非但未能将有限的资源集中运用，反而陷入无穷无尽的暴力循环，报复没有一定的标准与制约，血债血偿衍生更多的血债，冤冤相报何时了。沙漠生活的稳定性、冒险性和各部分的分散孤立性，使多神自然崇拜成为当时阿拉伯人的宗教观。商业重镇麦加城（Mecca）既是一个商业中心，同时也是宗教中心，城内有一座圣殿，即著名的科尔白（Kappa）古庙，又名卡巴天房，许多阿拉伯部落都以该古庙为祭祀圣地。庙内供奉着形形色色的偶像，其中最特别的，也是最重要的，是一块被尊为神奇之石的黑色陨石，它受到了同教派门徒的崇拜。库赖什（Kurashi）部控制着这一古庙并支配着麦加地区的经济生活。公元570年在麦加城诞生了一个小孩，这个小孩名叫穆罕默德（Muhammad），他成为改变阿拉伯半岛命运的人。公元610年穆罕默德偶然在麦加城外山区听到来自天上的声音，这个声音告诉穆罕默德，他叫安拉（Allah），是至高无上的造物主，在这个天上除了安拉之外，没有任何神存在，并告诉穆罕默德，你是神的最后一位先知，你有责任将神的讯息传达给你的同胞们。这一次偶然间的神秘的宗教体验改变了穆罕默德的一生，也最终改变了这世界许多地区的面貌。从此穆罕默德开始在麦加地区传承一元神宗教论。当时，阿拉伯人信奉多神，安拉只是众神中的一位，没有什么特殊的。穆罕默德公开传布一元安拉神的信仰，就引起他们的讪笑和攻击，传教的工作在起步时进行得并不顺利，只有少数一些人主要是近亲投入他的门下。不顺的原因，除了绝对的一元神论对于阿拉伯人符合常识外，统治麦加地区的库赖部中居主导地位的人物，则害怕接受这一新宗教可能会被剥夺天房控制权，继而威胁麦加在原本阿拉伯信仰体系中所拥有的核心地位，所以对穆罕默德进行排挤和打压。公元622年，穆罕默德及其信徒被迫迁往位于麦加城北部的麦地纳（Medina，喻为先知之城），并控制了此地，在那里实行以宗教引导政治的神权统治。到麦地纳后，穆罕默德成功地调解了该城原有部落间的争端，建成了威望。他开始将自己的主张付诸社会实践，以穆斯林的外迁人士麦加迁士（muhājirūn）和麦地纳本地人麦加辅士（ansār）为基本力量，组建起安拉民族宗教公社乌马公社（Ummatullah），并制定宪章，作为处理内部和外部事务的准则。为了巩固新生政权，穆罕默德指挥乌马公社，以战争筹集财富和武器。他率领追随者袭击在麦加城外行走的库赖什（Quraysh）商队，库赖什人奋起抵抗，但穆罕默德的追随者在宗教热情的鼓舞下，最终击败了顽强的库赖什人。公元630年，穆罕默德以胜利者的姿态重回麦加城,他下令毁弃所有的偶像,独独保留了科尔白神庙内那块黑色陨石作为伊斯兰教的主要圣物,科尔白神庙成为圣地,麦加则是圣城。进入公元 7 世纪的时候,穆罕默德的弟子将其生前言行整理抄录成册,形成伊斯兰教最重要的经典《古兰经》,共 30 卷,114 章。他从倡导一元的安拉神,并极力维护独尊安拉真主的角度出发,借助于犹太—基督宗教的诸如摩西十诫、耶和华西奈山上的告诫等宗教观念对当时阿拉伯半岛的种种社会问题予以解答,逐步形成一套比较完整的教义体系。《古兰经》简述了伊斯兰教的基本宗教原理,又解答了广泛的社会立法和伦理问题;既展现出一个博大精深的宗教理论体系,又表现了穆罕默德破旧立新、改造社会的宏伟构想和务实主张。《古兰经》不仅是一部宗教经典,也是阿拉伯社会的政治、经济、司法、军事体制的理论基石,其中还记述了许多流传于阿拉伯半岛的犹太教、基督教神话和岛内各部落的神话、传说、谚语等。它同时也能反映出早期阿拉伯社会的政治、经济、军事和法律等活动,具有极重要的历史价值。

伊斯兰教是"天启宗教",在很多伊斯兰国家,其法律制度都是以伊斯兰教法(Scharia)为基础。如伊朗、沙特阿拉伯、巴基斯坦、阿联酋、埃及和苏丹等。

伊斯兰教法是穆斯林的万全之法,根据穆斯林法学家穆罕默德·沙菲仪(Mohammed al Schafi'i)的**理论观点,认为伊斯兰教法总体包含着《古兰经》"圣训""公议""类比"四大法源,并以这四大法源为基础建构伊斯兰教的法律规范及其体系**。体现安拉意志的法度和具有伊斯兰文化特点的伊斯兰法系无论在法的阿拉伯语文形态、宗教信仰、民族心理素质所具有的共同文化形态上,还是在法的表现形式、逻辑结构以及立法和审判方式上等都具有共同性。《古兰经》作为第一法源,出自伊斯兰教自身,是一部"作归顺者的向导、恩惠和喜讯"的经典。《古兰经》规定了伊斯兰教的基本教义,确立了伊斯兰教的基本信仰和必须履行的各项宗教义务及善行。伊斯兰教的基本信仰是"认主独一"的"伊玛尼"正信,它包括六大信仰:信安拉、信天使、信经典、信使者、信后世和信前定。伊斯兰教规定的宗教义务是以"念、礼、斋、课、朝"五功为主体的基本功课。善行是在认主独一和承认穆罕默德是真主的使者,同时又要谨守五功的基础上要求穆斯林必须抑恶扬善、操行正道的伦理道德行为的准则。基本信仰、基本宗教义务和善行三者构成了伊斯兰教的基本教义。《古兰经》是真主降示给人类的最后一部经典,它规定了伊斯兰教的基本教义和信仰基础,是伊斯兰教法最根本的立法依据和最主要的法律渊源。"伊斯兰"(al-Islam),意为"和平""顺从",即顺从和信仰宇宙独一的主宰安拉及其意志,以求得两世的和平与安宁。信仰伊斯兰教的人被称为"穆斯林"（Muslim），指顺从安拉及其意志的人，或称为"顺从者"。阿拉伯语中伊斯兰教法原意为"沙漠中通向水源之路"。伊斯兰教法就是指路者，将人们引向真主，即他们的本源。在《古兰经》中，伊斯兰教法仅仅出现过一次，其意思是"常道"。《古兰经》共计30卷，114条，6200余节。《古兰经》的全部启示是安拉先后在麦加和麦地纳降示给先知穆罕默德的。在麦加降示的篇章，多以教义为主题，占全经的三分之二；在麦地纳降示的篇章多以教律和有关社会问题的主张为主题，占全经的三分之一。在《古兰经》中具有法律内涵的律例约有600多节，占全经的十分之一，而其中关于教义、礼仪制度的教律，约有400余节；关于社会立法的律例约有200余节。《古兰经》教律涉及民商、刑事、婚姻家庭、遗产继承、司法及审判程序、国家体制、国际关系、战争与和平等各个领域。

关于婚姻家庭律例，《古兰经》限制伊斯兰教以前的一夫多妻制的习俗，提出了以一夫一妻制为原则，在丈夫能公平对待各房妻子的情况下以纳妻四房为限的规定；禁止近亲结婚并具体规定了九种禁婚的情况；规定聘仪是缔结婚姻关系必备的条件；关于休妻、离异以及待婚期限和守制作出规定；废除蒙昧时期溺死女婴和残酷处置妇女，尤其是处置遗孀命运的陋习等。

关于遗产继承律例，《古兰经》规定了以"份额继承制"即法定继承制为基础来处分亡人遗产的原则，在清偿亡人生前债务后，男子和女子都有权"享受父母和至亲所遗财产的一部分"和"各人应得法定的部分"。（4：7）同时也可以遗嘱方式处分遗产，但亡人生前必须"为双亲和至亲而秉公遗嘱"。（2：180）《古兰经》规定不得随意更改遗嘱；严禁侵吞孤儿财产，劝诫人们团结互助，以部分遗产周济远亲、孤儿、贫民。同时规定女性享有法定份额继承权。

关于民商律例，《古兰经》提倡正当的商业活动，允许通过合法经营获取利润，禁止放债取利和放高利贷，主张公平交易、等价交换，禁止弄虚作假、投机取巧、欺行霸市等不正当竞争行为，鼓励恪守商业道德，信守契约合同。民商律例涉及贸易、契约、利息、信贷、债务、信托、抵押、担保、租赁、雇佣关系等领域。

关于刑事律例，《古兰经》规定了"固定刑罚"（Hudud，侯杜德）为主要刑罚规范。固定刑即"法度刑"（Hadd，罕代）是"安拉的法度""安拉的定制"，必须遵守。固定刑罚的方式有鞭刑、断手刑、削足刑、以石击毙刑、绞刑等。适用于固定刑的有六大罪：酗酒、偷窃、私通、诬陷私通、抢劫、叛教；固定刑的刑罚权是"安拉的权利"，世人无权更改。

伊斯兰法律的第二法源"圣训"（Sunna）是先知穆罕默德传教、立教的言行，尤其是穆罕默德所作有关生命的内涵方面的见解和意见（über Leben und Meinungen）的记录（Sunnah），这些言行一些是出自穆罕穆德对《古兰经》的理解或者是对于真主安拉告诫的感知，一些是对自己和同时代的人的经历的一种感悟，而穆罕默德将安拉的告诫同对当时基督教教义及《古兰经》的理解结合自身经历和见闻而总结出来的一些具有实践操作性的方略和思想，因此又被门徒们称为行为、常道。"圣训"是伊斯兰教仅次于《古兰经》的基本经典，是对《古兰经》基本思想的阐释，也是对伊斯兰教的全部教义、教律、教制、礼仪和道德的全面注释和论述，成为后来各教法学家立法创制的第二渊源和立法依据。"圣训"包括了先知对《古兰经》经文涵义、寓意的阐述和解释，有先知与其弟子谈论有关教义、教法的律例和道德教诲，有先知举行宗教功课及从事某项社会活动的行为侧记以及先知以真主启示的方式发表的言论——被称为"神圣的言语"等内容。"圣训"按内容可划分为四大类：关于穆斯林与真主的关系；穆斯林必须履行的宗教义务和基本功课，即功修（ibadat）；社会人际关系及穆斯林的社会义务，即教律（Muamalat）；伦理道德规范（Akhlag）。关于求知和文化教育，有麦尔里夫（Ilm, Marifah）"尔林"与"麦尔里法"。这些所有的，在今天我们称为立法素材（Gesetzesmaterialien）。**在技术层面上讲，"圣训"在众多的传述当中能够按照一定的规则筛选出真实的传述，进而将这些真实的传述模式化成为模范言行，最后汇集成典籍的内涵，这也是后世在立法技术层面上掌握的技术。**

伊斯兰法的第三个法源补充"公议"（Idschma），即为普遍公认的法律学说，这种学说是由该领域中相对较为权威的法学家们对该问题不断讨论最终达成一致性的意见或判断，此可称为学界的"公议"，需要注意的是这种"公议"不是社会公众或媒体的议论，因为这种议论限定在专业权威的基础之上。德国法学上称之为"通说"（h. M.）。这个法源是在先知逝世后的法学派沙菲仪（Schafi'i）通过对紧随其后两百多年的法学研究工作挖掘整理并最终确立的一项基本原则，是对《古兰经》和圣训中无明文规定的有关宗教和社会行为所作出的符合经训原则的一致性的决定或判断，是伊斯兰教徒必须遵守的行为准则，若违反公议则被视为违反教法。公议作为伊斯兰法第四大渊源，不仅决定对经训原文的选择和释义，也对援例是否有效具有决定意义，为法学家提供了权威的理论根据。

伊斯兰法的第四个法源是"类比"或司法推理推断（juristische Schlussfolgerungen），即欧洲法学中在对法律法规进行具体的阐释（Auslegung）和适用（Anwendung）时进行的普通论证（Argumentation）的一种方法方式，诸如类比手段（Analogie）。中文术语称之为"比论""援例"，伊斯兰法称之为"戈亚斯"（Giyas），是指经过对法规的解释和法规的适用进行比较论证后最终推导出结论的一种方法。通常是从普遍性情况推出特定所指的情况，从已知的前提或因事物间的相似性或本质联系推导出未知的判断或结论。在《古兰经》和"圣训"当中，如果出现没有明文规定的情况时，将遇到的新问题依照比较论证推导等方式得出判断或结论，从而形成新的训例。对于真主的经典和先知的训示中未曾提到的事情，你应先去了解与本事实相类似的事例，然后进行比较、论证，最后推导出结论。适用"类比"需要遵循的原则是：在无经训的明文规定时可以适用；适用的行为或情况必须是以"类比"的经训原文或已知的公议为前提，通过比较与原判例的联系找出共同的最相似的元素；取得的判断或结论必须符合经训本真意图的结论；一项"类比"必经权威法学团体的"公议"核准，即取得社会的公认，成为真正的而非谬误的判例，并在后续应成为普遍遵循的律例，不可随意更改。

今天人们把当时的法学称为古典时期的伊斯兰法学，也正是这些学说，成为当时宗教权威，并以神的名义收录于伊斯兰法律当中。由此又产生另外一个问题，即在不同的法学院可以看到不同的学者研究不同的伊斯兰领域当中的法，在这些研究中存在着相互冲突的观点。这些观点不同程度地影响了伊斯兰法律的宗教权威。尤其是在进入10—11世纪后，对伊斯兰法律的研究非常之多，且形式上非常混乱，并导致伊斯兰法律的衰落。直到进入20世纪后，人们才将研究限定在相当严格的形式，并借助于西方科学的研究成果来推动伊斯兰法律的重建与发展。这方面首推的是德国学者约瑟夫·沙赫特（Joseph Schacht，1902—1969），他后来加入英国国籍，先后就读于弗罗茨瓦夫大学和莱比锡大学，在弗莱堡和科尼斯堡大学取得教授席位，于1934年前往开罗和牛津两地大学教授伊斯兰法律。他从西方研究者的角度，研究伊斯兰古典法律理论，并发现这样一种事实：伊斯兰法律是在300多年间碰撞与冲突的结果，它的发展同社会政治和经济改变有着紧密的联系。

欧洲法律

通过上述对三个法域的描述，我们将清楚地发现欧洲法律的一个特征。它与其他法域所不同的是它属于部族法（Stammesrechten），且它的这种部族法是通过宗教与法律、教会与城邦国家的分离实现的。这种情况的出现最早开始于古典时期，在古典时期的雅典，希腊法是由201—501名固定的陪审员在他们的民主法庭当中通过投票将法律适用到大部分案件中，当然这些案件是与宗教相分离的。他们的民主机构的设置有它的宗教和文化性，尽管如此，宗教在它的法律中还是扮演着重要的角色，是不可或缺的程序，诸如针对阿那克萨戈拉、苏格拉底与亚里士多德等以亵渎神灵（Asebie Gottlosigkeit）的罪名进行审判的程序。在那里每天都在举行着数量众多的程序，这些程序几乎成为希腊人民生命中的一部分。然而到了罗马法中，这些程序就根本不存在了，只有在对偷窃神庙贡品财物的人以亵渎神明（sacrilegium）的罪名予以惩罚时才举行。对于罗马共和国时期和古典时期而言，宗教与法律的分离明确是通过律法或制定法（ius）和神法（fas）两个概念的界定来完成的。这个律法或制定法的规范明确要求法律与宗教相分离。如果有例外，就是一个宗教戒律——神法，这个是受到了律法的影响，即在表述方式上的影响，总之这毕竟是很少见的。同样早期的罗马共和国授予贵族称号的时候是几乎没有什么宗教文化，只有到了帝国时期这种状况才发生改变。在没有进入帝国时期时，在意大利之外君王需要忍受宗教崇拜。基督教引进罗马之后，尤其是公元381年的狄奥多西统治时期，基督教正式成为城邦宗教，尽管如此宗教与城邦仍然保持分离状态，也只有在稍后的10年产生的一个刑法禁令被宣布为古老的非基督文化。只有到早期拜占庭东罗马帝国时期，君王才将城邦与教会建立了紧密的联系。进入中世纪的早期，基督教遍布整个欧洲，并同新的王国建立了紧密联系，尽管如此，各地的教会势力还是很弱，君王对世俗的影响是非常大的。在核心欧洲范围内，日耳曼法有规则地将罗马法和部族法整合在一起，此时教会的影响被排除在法律之外，这也包括斯堪的纳维亚、波兰、波西米亚和俄罗斯的习惯法。只有在盎格鲁－撒克逊法律当中才能发现教会的影响，公元1000年的施特梵皇帝颁布的法令中存在着教会对刑法的影响，通过刑法手段对教会提供保护。中世纪早期的君王和教会之间还处于紧密合作、互相提携的状态。进入中世纪中后期，教会与城邦开始了最后的分离，从此带上了欧洲特征。

1075年开始了所谓的授职权之争（Investiturstreit）。亨利四世就任国王后，致力于加强王权。然而德意志诸侯们势力强大，并不愿服从他的命令，罗马教会则享有不受世俗政权管辖的特权。亨利四世决定与这两者同时对抗。1075年，亨利四世与教会的冲突表面化。他坚持要控制德意志和**意大利**北部所有主教的叙任权，并拒绝让得到教皇支持的米兰大主教就职，为此与教皇格里高利七世发生激烈冲突。格里高利七世决心使教皇的权力凌驾于世俗统治者之上。1075年年底，格里高利七世警告亨利四世不要干预教廷事务，否则将受到逐出教会的惩罚。这就爆发了一场形式为授职权之争的皇帝和教皇之间的公开冲突。

1076 年 1 月，亨利四世宣布废黜教皇格里高利七世。在给教皇写的信中，亨利四世写道："我，亨利，以国王及全体主教的名义，向你宣告——下台吧！下台吧！在时代的洪流里毁灭吧！"作为报复，格里高利七世于 1076 年 2 月 14 日将亨利四世驱逐出天主教。按照天主教廷规定，被处罚者如不能在一年之内获得教皇的宽恕，他的臣民都要对他解除效忠宣誓。德意志大部分诸侯表示，如果亨利四世不能在一年之内恢复教籍，他们就不再承认他的合法性。亨利四世没有足够的兵力来制服反叛的诸侯，他不得不向格里高利七世低头。1077 年 1 月 25 日，亨利四世赶到格里高利七世的驻地卡诺莎城堡，据说在城堡外的冰天雪地中赤脚站立了三天；以恳求教皇格里高利七世原谅他的一切罪过。格里高利七世，明知亨利四世不可能信守他的承诺，但终于取消了驱逐亨利四世出教廷的处罚。"卡诺莎事件"使罗马教廷权力达到顶峰。此后，"卡诺莎之行"在西方世界成了忍辱投降的代名词。亨利四世没有咽下他受到的耻辱。在诸侯没有借口反对他之后，他迅速讨伐叛乱者，将反叛诸侯们打败，并抓获了新选出的新国王士瓦本公爵鲁道夫。亨利四世命人将鲁道夫的一只手砍下。格里高利七世认识到情况有变，于 1080 年再次将亨利四世驱逐出教会，亨利也再度宣布废黜教皇，并任命一名新教皇克莱芒三世。1084 年，亨利四世率领军队占领了罗马，在那里接受了克莱芒三世的加冕。格里高利七世弃城逃到了萨来诺，他向**西西里**的诺曼人求援。结果诺曼人确实赶走了亨利四世，但他们同时洗劫了罗马。1085 年，格里高利七世在流亡中死去。亨利四世的日子也不好过，他面临着一连串的麻烦。继任教皇与**德国**其他诸侯勾结，1090 年，亨利四世为此再度进攻意大利，但未能取胜。1093 年，他的长子**康拉德**发动叛乱。1105 年，他的幼子亨利发动叛乱。这次的叛乱取得了成功，新国王**亨利五世**上台。亨利四世被儿子亨利五世监禁，但后来成功逃脱，不久后去世。亨利四世的去世并不代表着神权和世俗政权政治斗争的结束。卡诺莎之行所埋下的仇恨种子，一直影响着以后几代神圣罗马皇帝和天主教教皇。1122 年，百年的权力之争让双方都感到精疲力尽，于是签订了《沃尔姆斯宗教协定》。协定规定：德意志境内的主教由教士自由选举产生，不受皇帝干涉；这种选举必须在皇帝的监督下才能有效。主教在领地上的权力由皇帝来授予，以权标作为其象征，宗教权力由教皇授予，以指环作为其象征。自此，神圣罗马皇帝与天主教皇的权力之争才告一段落。

同期在核心欧洲大陆也开展了法律与宗教分离运动，罗马法和天主教教会法同时并存于大陆法之中。除了核心欧洲之外，其他国家的法律也是世俗的习惯法或者制定法同天主教教会法并存。在英格兰是天主教教会法与大陆法同时并存。尽管天主教在欧洲大陆范围内对世俗法的发展产生重要的影响，但是这种影响不是来自于他的宗教内涵，而是源于他的司法优势。诸如在合同法中反对罗马格式限定而执行天主教普通的形式自由（allgemeine Formfreiheit）。在家庭法当中天主教发挥了重大的宗教影响力，这种影响力一直持续到现代早期。通过他的神职人员在教会里主持结婚仪式被认为是圣事，这种仪式最终被写入家庭法当中。另外一个天主教所遗留下来的对世俗法所产生的影响是曾经体现在刑事法律中的审讯程序（Inquisitionsprozess）。相对于中世纪早期的控告程序，连同它的神判（Gottesurteilen）即神汉巫婆审判（Ketzer-und Hexenprozesse）以及刑讯逼供而言，它已经是很大的进步。这些直到18世纪的启蒙才开始被清除。

自从17世纪和18世纪的自然法开始在欧洲展开了法律理性论战，尤其是19世纪的德国潘德克吞法学派的诞生以及欧洲大陆超过20多个国家开始了潘德克吞化。而宗教与国家、宗教与法律的分离，宗教与法律的理性组合理论随着欧洲科学、经济、技术的迅速发展而发展。这些发展对整个西方，尤其是美国产生了巨大的影响。法律与宗教的分离意味着法律可以不受任何阻挠地全方位发展，人们把这也称之为进步。

英国在这个过程中扮演着重要的角色，它被作为宪章发展的典范。1215年5月，英国贵族正式取消他们对国王的效忠，并拒绝国王约翰所提双方诉诸仲裁之议，随即进兵伦敦。伦敦市民为贵族打开城门，国王约翰终于妥协。约翰告诉贵族，你们如果设定一个时间地点会面，我将很愿意接受你们所提出的法律要求和特权。贵族们最终定于6月15日与国王约翰商谈。这一天贵族们罗列了一张清单，在清单中记载了他们所要求的事项，这些事项被称为贵族条款（the Articles of the Barons）。最终国王约翰同意了这些条款，随后，依这些条款制作成宪章形式。6月19日，国王约翰盖上国玺，并向全国公布。这场政治纷争最终以这种和平谈判的方式结束。这份清单后来被编入法典全书当中，成为英国法律主体的一部分，后世称这些为《自由大宪章》（*Magna Carta*）。国王约翰所同意的宪章条款一共63条，虽无严谨的组织，却是一部非常讲求实用的文件，完全以解决问题为出发点，用辞务实，逐条列明补救权力滥用的具体办法及相关救济措施，并列明了公正执行法治的问题、对官员权限约束的问题、自由人与政府之间关系的问题。在限制权力滥用问题上，大宪章通过至少15个条款制约各个封建阶层权力滥用，诸如通过制定继承费的上限，并只允许监护人从未成年继承人的土地中取得合理的利益，来保护继承人对付贪婪的与不称职的监护人。监护人如糟蹋继承人的财产，将丧失监护权。此外对王族经费支出作出限制，包括国王被俘时的赎救、国王长子获授骑士爵位、国王长女结婚。

并规定非经全体国民共同质询,不得征收其他任何税费,而且这些税费的数量必须合理。在法治的实施问题上,通过对收取捐税设定特定程序,要求在严格遵循程序的前提下开展合法收税,要求国王及王族成员行政官员遵守诉讼程序。大宪章特别注意司法机构,而且周密明述应如何设置法庭,遵守何种程序,以及如何量刑施罚。在这方面,大宪章对后世成为一种象征,而且对英美法治观念作出极为重要的贡献,诸如地方案件应在地方审理,罪罚相当,罚款不得危及自由人维持生计的能力等等,这种规定使所有人包括罪犯,都获得应有的权利,坚持不应以报复的态度或过度的压迫手段去执行刑法的原则。对后世最具有意义的是大宪章中最著名的第39条。这一条宣布非经所有贵族们的合法审判,或本国法律的审判,对任何自由人不得拘捕、监禁、没收财产、剥夺法律保障、放逐,或使他们受任何方式的伤害,而国王同样不得对任何自由人起诉或假手他人对其控诉。第39条有两层意义:一为本质,一为程序。本质上,它认识到,一个人除非经过审判,证明确实犯了法律认定为罪行的某一行为,否则不得将他判刑。在程序上,这个条款也要求,所谓合法审判不能只是形式,必须是真实的审判,而不是空洞的应付。这意指审判必须在一个够资格的法庭中遵循公认的诉讼程序而进行。只有这样才能保证本国法律得以实现。在大宪章中的"本国法律"一词中,我们可以找到正当的法律程序(due process of law)这个概念的根源,而正当的法律程序这一概念正是现代法学的基础之一。美国宪法第五修正案说非经正当法律程序,任何人不得被剥夺生命、自由或财产,其正当法律程序就是指本国法律而言。第40条又陈述了另一个重大原则:司法不是一种可以卖给出价最高者的东西,而应该是所有阶层的人都能公平得到的东西。第40条说:国王将不对任何人出售权力和司法,亦不对任何人拒绝或延误权力和司法。简而言之,法治就是使国王也要遵守法律。从此之后,这一条也被视为司法行使的准则。随后产生了1628年的《权利请愿书》(*Petition of Right*)、1679年的《人身保护法》(*Habeas Corpus Act*)、1689年的《权利法案》(最后扩充为《人权法案》)、1776年的美国《独立宣言》和1779—1799年法国《人权宣言》及后续的法国宪法,这些都是教会与国家分离的结果。

文献参考:

Rdz. 165.: Zu vorstaatlichen Atammesrechten in *Afrika, Amerika und Australien*; U. esel., *Frühformen des Rechts in vorstaatlichen Gesellschaften*, 1985, und: *Geschichte des Rechts*, 3. Aufl. 2006, S. 19 ff.

Rdz. 166. : *Allgemeine Geschichte* : J. Gernet, *Die chinesische Welt*, 1988, *wo ebenfalls zwischen Legalisten und Nichtlegalisten unterschieden wird. Zum Recht* : Tung-Tsu-Chü, Law and Society in Traditional China, 1965; D. Bodde, C. Morris, *Law in Imperial China*, 1967; O. Weggel, *Chinesische Rechtsgeschichte*, 1980; R. Herzog, Staaten der Frühzeit, 1988, S. 198 *ff.* ; G. Gerke, *Die Schlichtung im chinesischen Recht*, 1992; Y. Lin, *Origins of Chinese Law*, 1998; *zum heutigen europäischen Recht* : Y. Bu, *Einführung in das Recht Chinas*, 2009. *Zu Naturreligionen in Stammesgesellschaften* : U. Wesel, *Frühformen des Rechts*, 1985, S. 171 ff.

Rdz. 167. : J. Jolly, *Recht und Sitte* (: *der Hindus*, U. W.), 1896, *engl. Hindu Law and Custom*, 1928, *Ndr.* 1975; R. Lingat, *les sources du droit dans le système traditionel de l' Inde*, 1967, *engl. The Classical Law of India*, 1973.

Rdz. 168. : *Den Koran benutzt man am einfachsten in der Übersetzung von* Max Henning, 1991 (*Reclams Universal-Bibliothek*). J. Schacht, *The Origins of Muhammadan Jurisprudence*, 1950, 2. *Aufl.* 1967; J. Schacht, *An Introduction toIslamic Law*, 1964; N. J. Coulson, *A History of Islamic Law*, 1964; G. Wiedensohler, *Grundbegriffe des islamischen Rechts*, *Rabels Zeitschrift* 1979, S. 632 *ff.* ; M. Rohe, *Das islamische Recht*, 2009 *ff.*, dort S. 167 *ff.* sehr ausführlich zur Weiterentwicklung im 19. und 20. Jahrhundert.

Rdz. 169. : **Griechenland** : *D. M. MacDowell*, The Law in Classical Athens, 1978, S. 192 ff. **Rom**, *sacrilegium* : *T. Mommsen*, Römisches Strafrecht, 1899, Ndr. 1990, S. 760 ff. ; *ius* und *fas* : *M. Kaser*, Das römische Privatrecht, Bd. I, 2. Aufl. 1971, S. 29; F. Wieacker, Römische Rechtsgeschichte, I. Abschnitt, 1978, S. 275 f. **Frühes Byzanz** : G. Ostrogorsky, Geschichte der byzantinischen Staaten, 3. Aufl. 1963, S. 22 ff. **Einfluss des kanonischen Rechts auf das Weltliche** : *P. Landau*, Der Einfluss des kanonischen Rechts auf die europäische Rechtskultur, in : R. Schulze (Hg.), Europäische Rechts-und Verfassungsgeschichte, 1991, S. 29 ff. Zur **Geschichte des Sozialstaats in** Deutschland : *M. Stolleis*, Geschichte des Sozialrechts in Deutschland, 2003.

Rdz. 170 : *Das* **Urteil des Landesarbeitsgerichts Berlin-Brandenburg** : NeueZeitschrift für Arbeitsrecht-Rechtssprechungsreport 2009, S. I ff. Die **h. M. Zu** § 626 **BGB** z. B. im Standardwerk von *G. Straub* u. a. , Arbeitsrechts-Handbuch, II. Aufl. 2005, § 125 Rdz. 117. Der **Bienenstichfall** : Bundesarbeitsgericht in : Neue Juristische Wochenschrift 1985, S. 284 f. ; gegen diese h. M. z. B. J. Klueß (Richter am LAG Berlin-Brandenburg), Geringfügige Vermögensdelikte-keine Zwangsentlassung, in : Neue Zeitschrift für Arbeitsrecht, 2009, S. 337 f. ; dagegen sehr empört *V. Rieble* (Professor für Arbeitsrecht an der Univ. München), Barbara E. : Ein Lehrstück über den Umgang mit der Justiz, in: Neue Juristische Wochenschrift 2009, S. 2201 ff. ; auf der Seite von Rueß: *K. Hennemann* (Arbeitsrichter in Mannheim, bisher auf der Seite von h. M.), "Ein barbarisches Urteil von asozialer Qualität", in: Betrifft Justiz, 2009, S. 56 ff. Die **Zulassung der Revision durch das Bundesarbeitsgericht** in: Neue Juristische Wochenschrift 2009, S. 2763 ff. **Allgemein zur herrschenden Meinung**: *U. W.* , h. M. , in: derselbe, Aufklärungen über Recht, 1989, S. 14 ff. **Homer**: Einst wird kommen der Tag, Ilias 4. 164. Urteil des Bundesarbeitsgerichts vom 10. 6. 2010, Aktenzeichen 2 AZR 541/09: Die Kündigung vom 22. 2. 2008 1st unwirksam.

索 引

人 名

A

阿伯特·约瑟夫·沙宁 Abt Josef Ssanin, 401, 495

阿道夫·莱茵哈特 Adolf Leohardts, 576, 579

阿道夫·希特勒 Adolf Hitlers, 8, 389, 447, 525, 537, 578, 632, 661-663

阿尔贝利哥·真提利斯 Alberigo Gentili, 471

阿尔弗雷德·德雷福斯 Alfred Dreyfus, 510, 517, 597-602, 604

阿尔卡迪奥 Arcadio, 213

阿尔米尼乌斯 Arminius, 172

阿卡·劳伦缇雅 Acca Larentia, 71, 72

阿库休斯 Accursius, 313

阿拉贡 Aragon, 200, 205, 263, 268, 271, 280, 294, 301, 305, 309, 330, 339, 340, 354, 384, 456

阿里斯托芬 Aristophanes, 2, 30, 62

阿斯克勒庇俄斯 Asklepios, 48, 49

阿佐 Azo, 360

埃贝·赫兹·伯格 Ebbe Hertz berg, 305

埃德蒙·伯克 Edmund Burke, 502

埃弗雷姆 Jefrem, 291-293

埃弗斯塔奥易斯·罗麦斯 Eustathios Romaios, 144, 150, 151, 153-155

埃克·冯·雷普高 Eike von Repgow, 302, 303

埃里克·约翰·欧内斯特·霍布斯鲍姆 Eric John Ernest Hobsbawm, 510, 518, 521, 620

艾尔哈德·纽格曼 Eylhard Nygeman, 352

艾默里奇·瓦特尔 Emmerich Vattel, 471, 473, 474, 484

艾萨克·牛顿 Isaac Newton, 383

艾斯图夫 Aistulf, 228

爱德华·拉斐尔 Edouard Laferrière, 301, 310, 541

安德斯·萨地额·奥斯特 Anders Sandöe Örsted, 192, 227, 511, 568, 593

安东尼奥·戈麦斯 Antonio Gomez, 464

安东·门格尔 Anton Menger, 578, 616

安那克萨哥拉斯 Anaxagoras, 27

安塞吉斯 Ansegisus, 241

奥丁 Odin, 183, 184

奥多尔·豪斯 Theodor Heuss, 664
奥古斯都 Augustus, 68, 70, 71, 81, 82, 99, 100, 106, 119, 122, 172, 174, 178, 181, 210, 264, 275-277, 295, 389, 400, 427
奥兰普·德·古热 Olympe de Gouge, 488
奥勒留 Marcus Aurelius, 101
奥诺里奥 Onorio, 213
奥图二世 Otto II, 228
奥托·贝尔 Otto Baehr, 538
奥托·迈耶 Otto Mayer, 484, 541, 584
奥维德 Ovid, 178

B

巴尔杜斯 Baldus, 314, 418
巴尔多鲁 Bartolus, 314
巴克基利得斯 Bacchylides, 27
巴列奥略 Paläologen, 146
巴努·阿萨德 Bani Asad, 787
巴努·卡乐普 Bani Kalb, 787
巴图鲁斯 Bartolus, 417, 418, 473
柏拉图 Plato, 2, 11, 12, 21, 24, 29, 30, 46-48, 50, 57-59, 62, 63, 97, 179
保罗·基尔霍夫 Paul Kirchhof, 690
贝罗瑟克 Beloosero, 291, 292
贝内迪克特·卡普佐夫 Benedikt Carpzov, 422, 427, 432, 446
本丢·彼拉多 Pontius Pilatus, 133
本森·凯沃尔 Benso Cavour, 515, 530
本韦努托·斯特拉卡 Benvenuto Stracca, 467
彼得·冯·罗森伯格 Peter von Rosenberg, 306
彼得·格瑞斯 Peter d.Gr., 540
波提切利 Gallery Sandro Botticelli, 79

伯利克里 Perikles, 29, 33
布鲁诺·斯泰尔 Bruno Snell, 2
布鲁图斯 Lucius Junius Brutus, 80, 88

C

查尔斯·德·孟德斯鸠 Charles de Montesquieu, 427, 430, 435-438, 441, 474, 479-482, 484, 489-491, 493, 523, 538, 544
查尔斯·杜佩 Charles Duppy, 600, 601
查理曼王 Charlemagne, 221
查士丁尼大帝 Justinian, 30, 63, 230, 602

D

大卫王 King David, 785
戴都良 Tertullianus, 239
戴克 Dike, 74, 99, 140
戴娜·乌尔拉卡 Doňa Urraca, 310, 311
德维纳嘉·伊娃斯库克斯卡嘉 Derewnja Iwaschkowskaja, 292
德尔斐 Delphi, 46
德拉古 Draco, 29, 64
德谟克利特 Democritus, 27, 62
狄奥多西大帝 Theodosius der Große, 212, 213
狄奥尼索斯·伊希格斯 Dionysius Exiguus, 241
迪亚戈·洛佩斯·德·法罗 Diago Lopez de Faro, 310
地米斯托克利 Themistokles, 32
第谷部·赫拉 Tycho Brahe, 2, 62, 382, 516

E

厄菲阿尔特 Ephialtes, 30, 33
恩培多克勒斯 Empedocles, 27
恩斯特·海曼 Ernst Heymann, 569, 613

F

菲迪亚斯 Phidias, 30
菲利普·德·博瓦努斯 Philippe de Beaumanoir, 356
菲利普·谢德曼 Philipp Scheidemann, 582, 622, 623, 636, 657
费独特·费丽穆 Fedot Filimonow, 292
费多 Kritobulos, 48, 307
冯·格特弗里德·本 von Gottfried Benn, 16
冯·赞伯 v. Kotzebue, 532
弗拉基米尔 Wladimir, 202, 204, 215, 308
弗拉基米尔·莫诺马赫 Wladimir Monomach, 345
弗拉门·朱斯·德·达摩霍德 Flamen Joos de Damhouder, 427
弗兰克茨·胡特曼 François Hotman, 417
弗朗茨·冯·采乐 Franz von Zeiller, 483, 484, 486
弗朗西斯科·德·维多利亚 Francisco de Vitoria, 492, 518, 519, 538
弗朗西斯科·苏亚雷斯 Francisco Suarez, 470
弗雷 Freyr, 16, 184, 193, 291, 292, 314, 353, 358, 360, 437, 597, 601, 602, 632
弗雷德里克·肖邦 Frédéric Chopins, 16
弗雷德·乔伊特 Fred Jowett, 632
弗里德里希·冯·马丁 Friedrich von Martens, 596
弗里德里希·卡尔·冯·萨维尼 Friedrich Carl von Savigny, 10, 315, 564, 565, 590-594
弗里德里希·卡尔·劳 Friedrich Karl Rau, 591
弗里德里希·施佩·冯·兰根 Friedrich Spee von Langenfeld, 427, 447
弗罗林·库尔塔 Florin Curta, 182
弗洛茨克·斯洛文斯科 Volotschok Slowenski, 291, 292
福斯图卢斯 Faustulus, 71-73, 77

G

格奥尔格·耶里内克 Georg Jellineck, 491
格哈德·迪尔希尔 Gerhard Dilcher, 186, 304, 369, 378
格林渥德 Grimwald, 228

H

哈姆门保罗斯 Harmenopoulos, 146, 147, 574, 593
海威尔·达 Hywel Dda, 170
海因茨·杜希哈特 Heinz Duchhardt, 392, 395, 493-495
海因里希·冯·特莱斯克 Heinrich von Treitschke, 180
汉斯·阿恩德 Hans Arnd, 352
汉斯·彼得 Hans Peter, 768
荷马 Homer, 1, 2, 7, 21, 23, 62, 773-775
贺拉斯 Horaz, 178
赫尔曼·朗格 Hermann Lange, 313
赫尔墨斯 Hermes, 1
赫拉克利特 Herakleitos, 59
赫莫根尼安 Hermogenian, 159

亨利·布拉克顿 Henry de Bracton, 329
亨利·杜南 Henri Dunant, 595, 596
胡果·格劳秀斯 Hugo Grotius, 121, 418, 435-437, 454, 459, 464, 465, 471, 472, 474-478, 482, 483, 485, 491, 492, 560
胡果·雨果 Hugo Doneau, 417

J

基卡·哈迪 Keir Hardie, 632
吉恩·饶勒斯 Jean Jaurès, 601
加洛·桑切斯 Galo Sanchez, 310, 311
简·昂格尔 Jane Anger, 172, 173, 452, 592
简·博丹 Jean Bodin, 394, 395, 401, 446, 475
娇德 Jord, 184
杰里米·边沁 Jeremy Bentham, 420, 548, 554, 573, 574, 593, 594

K

卡尔·奥布里 Karl Aubry, 591
卡尔·博格伯姆 Karl Bergbohm, 474, 484
卡尔·弗里德里希·艾希霍恩 Karl Friedrich Eichhorn, 564
卡尔·马克思 Karl Marx, 25, 163, 293, 299, 317, 363
卡尔·所罗门·撒迦利亚 Karl Salomon Zachariae, 591
卡洛林 Carolingian, 192, 221, 415, 426, 432, 434, 445, 446
卡米希尔·冯·卡迈尔 Casimir von Carmer, 484, 485
卡斯帕·海蒂欧 Kaspar Hedio, 4
卡西米尔 Kasimir d.Gr., 266, 305, 309, 333
凯奥斯岛的西摩尼得斯 Simonides of Ceosi, 27

凯勒斯神 Ceres, 89
凯帕斯丁 Kaiphas, 133
坎塔拉 Cantana, 64
康斯坦丁 Armenopoulos, 143, 145, 152, 335, 517
科尔纳留斯·宾克斯胡克 Cornelis Bynkershoek, 473
科内利斯·范·宾克尔舒克 Cornelis van Bynkershoep, 459
克里斯蒂安·沃尔夫 Christian Wolff, 55, 57, 307, 398, 473, 474, 478, 479, 482-487, 491, 523, 527, 535
克里斯蒂娜·德·皮桑 Christine de Pizan, 452
克里斯汀·托马斯乌斯 Christian Thomasius, 447, 473, 474, 478, 482, 483
克努特·格汉塞特 Knut Gjerset, 463
库尔班 Kurjan, 291-293

L

拉斐尔·阿尔塔米拉 Rafael Altamira, 301
拉奇斯 Ratchis, 228
莱斯罗·泡利 Leslaw Pauli, 305
莱因哈特·温斯库司 Reinhard Wenskus, 165
赖库尔戈斯 Lycurgus, 64
勒内·瓦尔德克－卢梭 René Waldeck-Rousseau, 601
雷纳夫·德·格兰维尔 Ranulf de Glanvill, 327
李特普兰国王 King Liutprand, 228
理查德·尼古拉斯·冯·康登霍维－凯勒奇 Richard Nikolaus Coudenhove-

Kalergi, 667

利奥皇帝 Kaisers Leo, 151

露克莱蒂娅 Lucretia, 71, 77-81

卢克莱修 Lukrez, 178

鲁道夫·冯·格内斯特 Rudolf von Gneist, 538

鲁道夫·耶林 Rudolf von Jhering, 10, 579, 689

陆休斯·塔克文苏珀布斯 lucius Tarquinius Superbus, 77

路西帕斯 Leucippus, 27

路易-安托万·马卡雷尔 Louis-Antoine Macarel, 541

路易十四 Ludwigs XIV, 383-385, 395, 413, 431, 444, 468, 574, 585

路易斯·阿曼德 Louis Armand, 672

路易·德·吉尔 Louis De Geer, 529

路易·德·科尔默南 Louis de Cormenin, 541

罗贝尔·舒曼 Robert Schuman, 673, 689, 692, 693

罗伯特·波蒂埃 Robert Pothier, 465, 560

罗姆斯 Remus, 72, 73, 77, 647

罗慕洛 Romulus, 71-73, 75, 77, 95, 230

罗萨里 Rothari, 228-230, 233, 235

洛克里·伊壁犀斐利 Locri Epizephyrii, 64

M

马蒂厄·伯纳德·拉扎尔 Matthieu Bernard Lazar, 598, 601

马蒂亚斯·艾茨贝格尔 Matthias Erzberger, 623

马丁·希布纳 Martin Hübner, 473

马尔斯 Mars, 71

马格鲁斯·拉格提尔 Magnus'Lagabötirs, 304, 305

马格纳斯·拉加德 Magnus Lagabötir, 332, 344, 350, 357, 414

马格纳斯·拉鲁拉斯 Magnus Ladulas, 332

马格努斯·埃里克森 Magnus Eriksson, 305, 350, 357, 414

马杰斯塔·卡洛琳娜 Majestas Carolina, 356

马克斯·韦伯 Max Weber, 25, 163, 293, 299, 317, 363

马克西米连·约瑟夫一世 Maximilian I. Jeseph, 428, 434

马其顿皇帝菲利普 mazedonischen Könige Philipp, 24

迈克尔·斯佩兰斯基 Michael Speranskis, 531

迈乐土司 Meletos, 47

麦尔库尔 Merkur, 174, 183, 185

曼丽欧·贝罗模 Manlio Bellommo, 314

曼尼 Magni, 166, 172, 184, 192, 198

米歇尔·蒙田 Michel Montaigne, 427

摩迪 Modi, 185

摩西 Moses, 4, 448, 785, 786, 789

莫里斯·奥里乌 Maurice Hauriou, 541

莫泽 Justus Möser, 178

穆罕默德·沙菲仪 Mohammed al Schafi'i, 789, 791

N

诺伯特·埃利亚斯 Norbert Elias, 549, 603

诺夫哥罗德 Nowgorod, 273, 299, 308, 334, 341

O

欧里庇得斯 Euripides, 30, 62

P

帕比尼安 Aemilius Papinianus, 99, 119, 149

帕雷奥罗 Palaiologen, 143

帕威尔·乌坎 Pawel Rukin, 292

丕平 Pepin, 192, 193, 214

皮埃尔·贝尔 Pierre Beyle, 427

皮埃尔·科雄 Pierre Cauchon, 324

品达 Pindar, 27, 60, 62

普布利乌斯·昆克蒂利乌斯·瓦卢斯 Publius Quinctilius Varus, 172

普拉克希特斯 Praxiteles, 30

普鲁塔克 Plutarch, 31, 159

普罗克皮奥斯 Prokopios, 160

普罗泰哥拉 Protagoras, 28, 62

普洛斯波罗·法尼那茨 Prospero Farinaci, 427

普斯科夫 Pskov, 299, 309, 334, 341

Q

乔治·凯南 George F. Kennan, 621

乔治·克列孟梭 George Clemenceau, 599

乔治·路德维希·冯·毛雷尔 Georg Ludwig v. Maurer, 179, 576

乔治·路德维希·毛雷尔 Georg Ludwig Maurer 即 乔治·路德维希·冯·毛雷尔 Georg Ludwig v.Maurer

乔治·迈克尔·奥伯迈尔 George Michael obermeier, 557

切萨雷·贝卡利亚 Cesare Beccaria, 428, 430, 435-438, 441, 474, 479, 482, 484, 544, 548, 553

琼·博丹 Jean Bodin, 394, 395, 401, 446, 475

琼·布迪俚耶 Jean Boutillier, 350

琼·布泰耶 Jean Boutille, 302

R

让-雅克·布拉马其 Jean-Jacques Burlamaqui, 484

让·芭比瑞斯 Jean Barbeyrac, 483

让·多马 Jean Domat, 464, 560

让·卡拉斯 Jean Calas, 435-437

让·路易·比韦斯 Jean Louis Vives, 427

让·莫内 Jean Monnet, 671-673

让·雅克-卢梭 Jean Jacques-Rousseaus, 474, 479, 481, 482, 484, 491

瑞亚·西尔维亚 Rhea Silvia, 71

S

撒鲁斯特 Sallust, 159

塞克图斯·塔克文 Sextus Tarquinius, 69, 77, 78, 80-84, 99

塞缪尔·普芬道夫 Sammuel Pufendorf, 399, 412, 435-437, 452, 454, 473-475, 477-480, 482, 483, 486, 491-493

塞普蒂米乌斯·塞维鲁 Lucius Septimius Severus, 106, 149

扫罗 Saul, 785

色诺芬尼 Xenophanes, 46

圣女贞德 Jeanne d'Arc, 320, 321, 323-326

施密特·爱博哈德 Eberhard Schmidt, 361, 422

施特凡·韦尔勃裕芝 Stefan Werböczy,

415, 425, 577
斯登·加格纳 Sten Gagner, 308
斯芬克司 Sphinx, 50
斯露德 Thrud, 185
斯特凡·韦尔勃裕芝 Stefan Werbőczy, 307
斯图亚特王朝卡尔一世 Stuart-Königs Karl I, 17
斯文·斯图雷 Sven Sture, 406, 407
苏格拉底 Sokrates, 21, 44, 46-50, 53, 58, 62, 687, 793
苏伦特拉纳特·达斯古普塔 surendranath Dasgupta, 778
苏维托尼乌斯 Suetonius, 159
梭伦 Solon, 29, 31, 32, 37, 44, 52, 53, 58, 64, 103
所罗门王 King Soloman, 785
索福克勒斯 Sophokles, 30, 62, 158

T

塔西陀 Tacitus, 159, 174
泰勒斯·冯·米利都 Thales von Milet, 25, 771
特奥弗拉斯图斯 Theophrast, 50
提比略乌斯 Tiberinus, 73
提布鲁斯 Tibull, 178
托蒂·李维 Titus Livius, 82, 94, 102, 159, 160
托马斯·阿特伍德 Thomas Attwood, 526
托马斯·霍布斯 Thomas Hobbes, 394, 507

W

威廉·布莱克斯通 William Blackstone, 420

威廉·狄尔泰 Wilhelm Dilthey, 10, 478
维特尔斯巴赫 Wittelsbach, 532
维特·艾曼纽勒·奥兰多 Vittorio Emanuele Orlando, 541
温斯顿·伦纳德·斯宾塞·丘吉尔 Winston Leonard Spencer Churchill, 668, 692
沃尔德马·阿特达格斯 Waldemar Atterdags, 332
沃尔夫冈·坤科尔 Wolfgang Kunkel, 134-136, 155, 329, 371, 377, 502
沃尔夫冈·莱因哈德 Wolfgang Reinhard, 398, 523, 527
沃尔夫冈·沃尔布里奇 Wolfgang Vollbrecht, 535
沃尔特·耶利内克 Walter Jellinek, 410
乌尔比安 Domitius Ulpianus, 99, 116, 120, 149, 236, 316, 395, 438, 439, 458
乌勒尔 Ullr, 185

X

西塞罗 Marcus Tullius Cicero, 46, 95, 120, 159, 178
希波克拉底 Hippocrates, 28, 62
希波吕托斯 Hippolytus, 238
希芙 Sif, 184, 185
希罗多德 Herodot, 2, 3, 28, 62, 158, 159, 773, 774
希米斯 Themis, 74
夏龙达斯 Charondas, 64
修昔底德 Thucydides, 2, 28, 30, 63, 159

Y

雅恩莎撒 Jarnsaxa, 184

雅克·德·阿布来热 Jacques de Ableige, 302
雅罗斯拉夫 Jaroslaw, 308
亚伯拉罕 Abraham, 785
亚里士多德 Aristotle, 12, 21, 29-33, 40, 42, 46, 50, 56-59, 62, 63, 179, 262, 329, 382, 452, 474, 793
亚历山大大帝 Alexander der Große, 20, 24, 86
亚瑟·杜克 Arthur Duck, 17
尧姆·布德 Guillaume Budé, 417, 527
耶尔格·伯尔曼 Jörg Pohlmann, 262, 270, 278, 346
耶和华 Yahweh, 786, 789
耶梦加得 Jörmungandr, 185
伊波利托·马尔西利 Ippolito Marsigli, 427
伊索里亚 isaurischen, 144
伊娃斯科·赛斯塔库 Iwaschko Schestakow, 291, 292
伊维斯科·乌坎 Iwaschko Rukin, 292
伊西多尔·塞维尔 Isidore of Seville, 165
尤阿兴姆·菲奥雷斯 Joachim von Fiores, 662
尤里乌斯·凯撒 Julius Caesar, 175
约翰内斯·埃特 Johannes Voet, 459
约翰内斯·巴西亚努思 Johannes Teutonicus, 459, 505
约翰内斯·洛克森纽斯 Johannes Loccenius, 463
约翰内斯·马考德 Johannes Marquard, 467
约翰内斯·韦耶 Johannes Weyer, 427, 446
约翰·安瑟伦·费尔巴哈 Johann Anselm von Feuerbach, 428
约翰·保罗二世 John Paul II, 212, 450
约翰·查普伊思 Jean Chappuis, 317
约翰·福第司秋 John Fortescue, 355
约翰·霍尔特 John Holt, 465
约翰·霍华德 John Howard, 440-443, 553
约翰·开普勒 Johann Kepler, 382, 490
约翰·内格罗 Johann Negriello, 310, 311
约翰·斯特里亚斯 Johannes Kapodistrias, 530, 532
约瑟夫－玛丽·冯·格然多 Joseph-Marie de Gérando, 541
约瑟夫·伦德尔 Joseph Rendler, 490
约瑟夫·马克思三世 Max III Joseph, 484, 485
约瑟夫·沙赫特 Joseph Schacht, 792

Z

札尔寇克斯 Zaleucus, 64
芝诺 Zeno, 30, 59, 194
朱利叶斯·戴德 Julius Dedekind, 468
朱斯·德·塔姆霍德 Joos de Damhouder, 446

术 语

11 人咨询委员会 hoi endeka, 42
1965 年布鲁塞尔条约 Merger Treaty, 671
1999 年上议院法案 House of Lords Act 1999, 639

A

阿波罗多罗斯 Apollodoros, 48
阿达婆吠陀 Atharva-Veda, 778
阿德里安法典 Codex Hadrianaus, 241
阿尔贝蒂诺宪章 Statuto Albertino, 530, 535
阿奎利亚法 lex Aquilia, 99, 125, 349, 350, 466
阿奎利亚法之诉 actio legis Aquiliae, 466
阿拉里克罗马法辑要 Brevium Alarici regis, 237
阿里乌派 Arianism, 195
阿塔罗斯柱廊 Στοάτου Ἀττάλου, 39
阿提卡海上联盟 Der attische Seebund, 32
阿维拉那集 Collectio Avellana, 241
埃尔韦拉理事会 Council von Elvira, 239
艾琳女皇法律 Gesetz der Kaiserin Irene, 151
爱尔兰法律札记 Senchas Mar, 170
安德罗米尼亚 Andromenes, 45
安全保证功能 Sicherungsfunktion, 151
安提俄克教会 Antioch, 239
安提约基雅 Antiochia, 139, 142
昂得加文汇编 Collectio Andegavetis, 241
奥德赛 Odyssee, 2, 773, 774
奥古斯都尤里安的通奸法 lex Julia de adulteriis, 152
奥古斯它宪章 Liber Augustalis, 304
奥维尼亚法 Lex Ovinia, 91
奥义库司 oikos, 53, 54

B

巴尔多鲁谚语 Nemo iurista nisi Bartolista, 314
巴伐利亚公务员法规 Codex Maximilianeus Bavaricus Civilis, 414
巴伐利亚习惯法 Coutumes de Beauvaisis, 302, 349, 356
巴黎的行政法律 Précis du droit administratif, 541
巴萨里斯 basileus, 144
巴西尔法律全书 τὰ βασιλικά, 150
巴西利卡 Basilica, 93, 139
百夫长 hundreds, 174, 289, 327, 355
百人陪审法官团 die Hundertschaften der Richter, 42
百人团 Zenturie, 92, 166, 330, 342
柏拉图的政治 Platon political, 59
柏林宣言 Berliner Erklärung, 663, 685
拜占庭 Byzantine, 5, 8, 11, 13, 15, 39, 68, 70, 138-146, 148-150, 152-155, 160, 188-190, 201, 202, 204, 205, 208, 213-215, 242, 265-267, 271, 310, 312, 315, 346, 381, 382, 568, 574, 593, 787, 793
拜占庭的法律汇编 Basiliken, 150
拜占庭的封建主义 Byzantinische Feudalismus, 140, 143
拜占庭式 Byzantine, 138, 139, 204
保管 depositum, 58, 127, 144, 338, 344
保民官 tribunus, 70, 82, 89, 90, 92
报复性刑罚 spieg, 70, 82, 89, 90, 92
北欧形式的斯拉夫克尔特日耳曼种族 nordeuropäische slavokeltogermanische Rasse, 181
贝鲁特法学 Beirut-Jura, 149
背叛宪章 Verfassungsumsturz, 44
本源性活动 Ursprungsakt, 61
编年史 annalen, 159, 171, 174, 325

编撰法典的渴望 Drang zur Kodifikation, 309

变态 Metamorphose, 182

波茨坦协议 Potsdamer Abkommen, 663

波斯人信札 Lettres Persanes, 436

伯罗奔尼撒战争 Katastrophe des peloponnesischen Krieges, 28, 30, 33, 46

勃艮第法典 Lex Burgundionum, 234

勃艮第罗马法典 Lex Romana Burgundionum, 234

不法性损害法 damnum iuria datum, 349

不列颠的习惯法 Tres ançien Coutume de Bretagne, 350

不受限制的独裁 die unbeschränkte Willkür, 132

布拉克斯顿 Bracton, 308, 309, 337

布列斯特-立托夫斯克和平条约 Frieden von Brest-Litowsk, 622, 630

部族成员共同体法或人民法 Volksrecht, 242

部族大会 Curia, 91, 92, 168, 174, 208, 210, 235, 243

部族法 Stammesrechten, 174, 199, 226, 227, 235, 244, 771, 792, 793

部族国民会议 Volksversammlung, 236

部族会议 Comitia Tributa, 69, 83

C

裁判所 tribunal, 229, 278, 322, 325, 360, 381, 383, 384, 422, 447-449, 492

裁判特权 privilegium fori, 335

采邑制 lehenswesen, 192, 217-220, 222, 223, 770

参议会的共识 commune consilium regni nostri, 277

参议员议会 Landsding, 639

查士丁尼法典 Codex Justinians, 98-100, 121, 144, 145, 151, 152, 188, 243, 312-314, 317, 455-458, 565

查斯丁尼的注释 Kodifikation, 137, 149, 370, 606, 613, 760, 764

差序关系 Rangunterschiede, 220

忏悔金的条目 Bußgeldkatalog, 227

忏悔赔偿金 Bußleistungen, 43

成文法 droit écrit, 13, 31, 62, 64, 65, 74, 236, 288, 301-303, 308, 310, 312, 314, 317, 329, 349, 353, 356-358, 363, 413-419, 483, 485, 548, 568, 783

成文法教义 Nomokanon, 310

承租之诉 actio conducti, 130

诚信 ex fide bona, 105, 106, 110, 111, 120, 169, 254, 278

诚信与善良原则 ex fide bona, 127

城邦法 Partikularrechten, 29, 38, 54, 110, 120, 147-149, 162, 217, 771

城堡城市 poblaciones, 294

程式化的仪式 ein formaler Akt, 53

程式化模式 die Schriftformel des Formularverfahrens, 109

赤裸协议 nuda pacta, 318

出卖城邦 prodosis, 44

出卖物交付抗辩 die exceptio rei venditae et traditae, 119

出身共同体 Abstammungsgemeinschaft, 164

出生自由 ingenui, 124, 125

初级的三学科 Trivium, 205

传统派 ancients, 229
从罗马建城开始 *Ab urbe condita libri*, 102
村庄委员会 fylkesdinge, 332
撮合通奸 graphé proagogeias, 45

D

达成合意 consensus, 127, 343, 357, 390, 528
达摩佛法 dharma, 779
大国的平衡政治 die Politik des Gleichgewichts der Großmächte, 624
大陆法 ius commune, 329, 330, 350, 462, 491, 548, 584, 587, 593, 794
大逆不道亵渎君主罪 crimen laesae maiestatis, 323
大主教 Patriarchen, 148, 212-215, 240-242, 265, 270, 274, 276, 277, 279, 316, 319, 327, 351, 399, 403, 406, 407, 793
待选法官 iudicum selectorum, 106
丹麦法典 *Danske Lov*, 414, 433, 568, 593
盗窃神庙圣物 hierosylia, 45
德国帝国议会 Reichstag, 662
德拉孔立法 Drakons Gesetze, 31
德拉孔律令 *die Gesetzen des Drakon*, 43
德摩斯梯尼时代 Das Zeitalter des Demosthene, 43
狄奥多里科告示 *Edictum Theodorici*, 234
狄奥多西法典 *Codex Theodosianus*, *Theodosian Code*, 149
狄奥尼索斯汇编 *Collectio Dionysiana*, 241
狄奥尼索斯会议法令集 *Collectio-versio Dionysiana canonum conciliorum*, 241
狄奥尼索斯教令集 *Collectio decretalium Dionysiana*, 241

迪奥尼修斯·戈托弗雷杜斯 Dionysius Gothofredus, 317
抵押 pignus, 31, 55, 112, 127, 151, 170, 344, 345, 566, 790
地方法院 county courts (logretta), 327, 332-334, 421, 422, 424, 542, 543
典当 commodatum, 13, 127, 129, 164, 244
定金 Die Arrha, 56, 585, 730
东部监狱 Eastern Penitentiary, 554
东部罗马帝国国教 Christentum zur Staatsreligion gemacht, 212
东哥德堡法典 *Ostgötenrecht*, 305
东哥特人法 *Ostgötenrecht*, 350
斗争性民主 Streitbare Demokratie, 664
独裁的圣像 Inkarnation der Willkür, 132
独裁治安法官 magistratus, 92
独立的文化统一体 selbstständige kulturelle Einheit, 205
独立工党 Independent Labour Party, 632
对话录 *Dialogue*, 46, 171
对物之诉 actio in rem, 112, 113
对于妇女的保护 Protection for Women, 452
多利安人 Dorian, 64

E

俄国法律汇编 *Svod zakonov*, 531, 549, 569, 576, 590, 593

F

法定诉讼模式 Legisaktionenverfahren, 109, 113
法尔奇蒂亚法律 *lex Falcidia*, 457
法官裁断法 Richterrecht, 150

法官城邦 die Stadt der Richter, 37
法官或职业法官阶层 brithem, 170
法国大革命 die franzoesische Revolution, 15, 276, 385, 389, 410, 420, 421, 431, 437, 441, 453, 481, 483, 485, 486, 493, 510, 511, 518, 529, 533, 538, 574, 624, 625
法国习惯法大全 Grand Coutumier de France, 302
法经 Dharma, 301, 489, 524, 528, 782, 790
法理概要 Iustiniani Institutiones, 63, 145
法律的书写性原则 Schriftlichkeit des Rechts, 227
法律的续造 Die Rechtsfortbildung, 108
法律的正义 legal justice, 59, 594
法律的自然性和国家性 De iure naturae et gentium, 436
法律汇编 Gratiani, 150, 168, 245, 310, 413, 430, 549
法律判决 Rechtsprechung, 98, 144, 352, 479
法律上的归属 dominium proprietas, 113
法律上的融合 Mischung, 229
法律实证主义 Rechtspositivismus, 665
法律事件 a libellis, 38, 108, 727
法律手册 Hexabiblos, 454, 568, 593
法律提案 Antragstell von Recht, 35
法律之王 Nomos basileus, Nomos als koenig, 60
法庭成文规则 Gerichtsgesetz, 237
法庭面前人人都平等 allgemeinen Gleichheit vor dem Gericht, 150
法庭章程 Gerichtsverfassung, 105
法学汇纂 Commentarius ad Pandectas, 10, 361, 418
法学教科书 NOMOS Procheiros, 150
法学阶梯 De iustitia et iure, 100, 127, 144, 314
法学研究秩序 Studienordnung, 150
法秩序 Rechtsordnung, 60, 61, 112, 330, 664, 702, 708, 728, 743
反法西斯防卫墙 Antifaschistischer Schutzwall, 666
返还嫁资之诉 actio rei uxoriae, 123
范茨奈斯 fazaňas, 310
防止立法会议的滥用 gegen den der gesetzgebenden Versammlung, 35
非法占有令状 writ of detinue, 328
非婚生子女 nothos, 53, 54, 117, 170, 701
非罗马化 Entromanisierung, 190
非限定性解释 unbegrenzte Auslegung, 150
吠陀 Veden, 776-779, 781, 783
封地 bocland (feudum), 215, 217-220, 222, 224, 245, 274, 276, 277, 289, 303, 326, 328, 340, 421, 454, 653
佛教 buddhistisches, 188, 775, 776, 780
佛罗伦萨的博物馆 Bibliotheca Laurentiana, 312
弗艾罗思规则 Fuero Real, 302, 337
弗艾罗思特权 Fuero Viejo, 301
弗拉基米尔的洗礼 Taufe Wladimirs, 215
弗洛伦蒂娜 Florentina, 312
父权 Väterlichen Gewalt, 122, 123, 125, 151, 232, 336, 571-573
父权解放 emancipatio, 122
妇女监护人 tutor mulieris, 122
妇女之城 Livre de la Cité des Dames, 452
富埃罗成文法 Fuero Juzgo, 237, 301, 349,

359

G

高等帝国法庭的判决文集 von griechisch peira, die Probe, 150

高等法院 lagman, 42, 154, 216, 269, 332, 333, 423, 543, 742, 783

高贵的亲族 Verwandtschaftsgruppe, 165

高级的四学科 Quadrivium, 205

高卢战记 Bellum Gallicum, 159, 166, 167, 171, 175, 177

高尚劳务 dieste hoeherer Art, 130

戈提娜城邦法 das Rechts der Stadt Gortyn, 29

戈提娜的碑文 die Inschrift von Gortyn, 29

戈提娜立法 das Gesetz von Gortyn, 31

格拉奇安教令集 Concordia disconcordantium canonum, 316

格拉奇教令 decretum gratiani, 316

格拉提安的法令规范 Dekret des Gratian, 312

格兰维尔 Glanville, 327-329

个案正义 Einzelfallgerechtigkeit, 150

个体立法 die einzelne Gesetzgeber, 31

个体主权侵犯 Beeinträchtigung individueller Rechte, 180

个体主义表述 abstrakten Individualismus, 113

工党政府 Labour-Regierung, 633

工会联盟议会 Trade Union Congress, 633

公共利害关系的伤害 Verletzung öffentlicher Interessen, 180

公共起诉人 graphé phonon, 43

公共刑罚法 öffentliches Strafrecht, 43, 44

公民大会 Volksversammlung, 30, 83, 88, 90, 91, 296, 300, 334, 402, 403

公诉 graphe, 43, 45, 47, 65, 318, 354, 355, 359, 715

功修 ibadat, 791

共和国六书 Les Six Livres de la Republique, 394

共同体 Gütergemeinschaft, 7, 84, 87, 142, 143, 161, 164, 165, 170, 180, 218, 220, 232-235, 242, 243, 245, 282, 287, 289, 291, 349, 388, 473, 670, 671, 673, 674, 678, 679, 681, 682, 685, 689, 692-698, 705, 708

古代教会法令 Statuta ecclesiae antique, 241

古典部族社会 antike Stammesgesellschaften, 160

古典时期 der klassischen Zeit, 7, 22-24, 29, 30, 32, 36, 43, 50, 55, 99-101, 124, 127, 138, 142, 149, 152, 153, 160, 165, 167, 188, 211, 226, 349, 481, 792, 793

古典资本主义 ein-antiker-Kapitalismus, 25

古老的国民法 Volksrecht, 235

古老的乡村殖民地区域 die alten dörflichen Siedlung, 23

关于基督教信仰诸类事宜 res spiritualibus annexae, 335

关于女巫的魔鬼工作 De la Démonomanie des sorcières, 446

关于英国的成文法和习惯法 De legibus consuetudinibus Angliae, 329

归属 die Zuordnung, 12, 71, 112-114, 118, 120, 122, 157, 160, 161, 191, 219, 269, 276, 292, 319, 350, 414, 431, 457, 467,

477, 485, 519, 540, 544, 553, 561, 564, 586, 679, 731, 742
规范主义 Normativismus, 60
诡辩学者 Die Sophisten, 44, 46
贵族条款 the Articles of the Barons, 795
贵族统治 regiert der Adel, 29, 70, 82, 138, 166, 215, 397, 411, 528
国际法 Les droit des gens, 383, 386, 394, 395, 436, 470-475, 477, 478, 492, 512, 594-596, 603, 626, 652, 685, 688-690, 704, 707, 729, 735
国家参事院的司法管辖权 juridiction contentieuse, 540
国库 Exchequer, 91, 145, 353, 653
国民大会 Die Volksversammlung, 31, 32, 33, 34, 35, 36, 43, 44, 31-36, 43, 44, 179, 180, 437, 484, 485, 488, 489, 493, 523, 527, 529, 533-536, 538, 541, 600, 601, 693
国民议会 Folketing（Tagessatzung）, 53, 398, 401, 489, 513, 517, 523, 524, 528, 529, 532, 544, 583, 623, 639, 659, 660
国务委员会 statsråd, 571, 641, 646

H

海事仲裁院 consulat de mar, 347
海牙会议 Hague Kongress, 595, 626
海牙仲裁法庭 Hague Tribunal, 626
合意 Consensus facit nuptias, 7, 97, 98, 115, 128, 151, 319, 336, 453-455, 458-460, 462, 463, 492
合意性契约 locatio-conductio, 127
合作保护组织 behetrias, 287
和解程序 Einigung der Parteien, 106

核心君主制度 zentralistische Monarchie, 143
核心欧罗巴 Kerneuropa, 100, 154, 189, 770
荷兰法典总则 Inleidinge tot de Hollandsche Rechtsgeleerdheid, 418
荷马时代 die Zeit Homers, 22
衡平法 epieikeia, 110, 329, 419, 422
红衣主教 Bischof, 168, 169, 416, 434, 449, 450
笏板投票机 psephoi, 39
划界 Vorteilen, 61
皇帝的秘书长 drungarios, 147
恢复先前状态 restitutio in integrum, 126
婚生子女 gnesios, 53, 117, 170, 701
婚姻双方的情投意合 consensus facit nuptias, 151
获得占有 habere licere, 128
获取酬金 honorarium, 130

J

基督教 christliches, 5, 7, 8, 11, 12, 17, 24, 57, 63, 70, 93, 131, 132, 138, 141, 145, 152, 164, 167, 168, 175, 182, 188, 192, 195, 200, 201, 204, 205, 210-215, 220, 222, 224-228, 230, 232, 237-240, 253, 254, 263, 265, 279, 285, 308, 318, 335, 381-383, 387, 403, 417, 453, 471, 472, 474, 483, 490, 492, 578, 585, 624, 640, 642, 643, 667, 786, 789, 793
基督教的同化 Einheit der Christenheit, 8
基督教化 Christianisierung, 188, 193, 205, 240, 266
基督教教义 das Christentum, 213, 791

基督君王帝国 christliche Königreiche, 191
基辅罗斯 Kiewer Rus, 201, 204, 210, 273, 291, 299, 301, 308, 330, 341, 353, 355
纪元划分 Epocheneinteilungen, 188
继承费 reliefs, 795
祭祀婚礼 confarreatio, 122
加罗林王朝 Carolingian, 228
嫁资 dos, 123, 337
嫁资法律关系 Dotalrecht, 123
嫁资合算 collatio dotis, 123
监察官 Ädilen, 70, 82, 92, 93, 169, 550
监督与平衡 checks and balances, 81
交付 Traditio, 50, 56, 109, 114-119, 127-129, 131, 232, 338, 344, 345, 347, 356, 454, 455, 462, 560, 644, 646, 710, 712, 724
教皇的二元格局 Dualismus, 144
教会财物 Kirchengut, 170
教会法 ius ecclesiasticum, 13, 15, 97, 100, 148, 192, 224, 228, 236-242, 300, 309, 310, 312, 315-320, 325, 327, 331, 332, 335-337, 344, 347-349, 358-360, 363, 364, 403, 406, 420, 423, 439, 445, 458-460, 464, 468, 485, 492, 568, 571, 573, 574, 794
教会法大全 *Corpus Iuris Canonici*, 317, 364, 475
教会法汇编 *Decretum Gratiani*, 241, 242
教会委员会 churchwarden, 289
教律 *Muamalat*, 300, 790, 791
教牧书信 *Pastoral Epistles*, 238
教随国定 cuius regio, eius religio, 399
教学理论 Didaktiker, 127
教宗会议决议 Konzilsbeschlüsse, 239

教祖 Patriarchen, 213
街道社区 ulicˇane, 299
解负令 Seisachtheia, 58
解决人民和国家痛苦的法例 Gesetz zur Behebung der Not von Volk und Reich, 662
介入能力 auctoritatis interpositio, 61
借贷契约 locatio-conductio, 57, 58, 128
金玺诏书 *Goldenen Bulle*, 266, 270, 272, 276, 306, 333, 362, 398, 400, 487
金字塔形的封建等级制 Lehnspyramide, 220, 274
近西班牙 Hispania Citerior, 166
进化主义 darwinistisches, 188
经济整合理论 Integration der Wirtschaft in die Politik, 25
精神飞跃 geistigen Aufschwung, 205
精英文化 Hochkulturen, 11, 12
警戒性民主 Warnungsdemokratie, 664
具体的秩序思想 Konkretes Ordnungsdenken, 60
具有持续发展的元素 eigenständiger Fortentwicklung, 227
绝对优先权 privilegium fori, 319
军队指挥官 Prätoren, 82, 92
军团 Armeekorps, 82, 85, 86, 88, 92, 124, 143, 148, 172, 201, 202
军团大会 Zenturien, 91, 92
军团管理体制 Themenverwaltung, 143
君王法 *Kongelov*, 397
均质可见的大地之法 nomos von land, 62

K

卡罗莱法典 *Maiestas Carolina*, 306, 309,

340

卡洛林娜刑事法典 Constitutio Criminalis Carolina, 414, 415, 424, 426, 432, 434, 445, 446, 453

卡洛琳王朝的卡尔大帝 Karls des Großen, 242

卡特里派教徒 Katharer, 318, 320

科尔斯特决议 den Leyes de Toro, 419

克吕尼隐修院 Cluny, 215

空间间隔法 Zwischenraumrecht, 52

L

拉芬纳 Ravenna, 141

拉特兰会议 Lateran Councils, 251, 252, 361

莱博塞克斯特斯法令 Liber Extra（Liber Sextus）, 310, 317

莱耶斯·牛城法令 Leyes de Toro der Cortes, 413

滥用提案权 Strafverfahren gegen Antragsteller, 35

梨俱吠陀 Rg-Veda, 778

礼俗型社会 Gemeinschaft, 245

李维斯的鞭笞 Levis verberatio, 336

里普利安法典 Lex Ribuaria, 235

里斯本条约 ertrag von Lissabon, 685-691, 699, 700

理智 Logos, 9, 10, 59, 63

历史集 Historien, 171

立法会议 Parlamentarische Rat, 34-36, 90, 663

立法会议的滥用 Die graphé nomon me epitedeion theinai, 35

立法权的滥用 graphé nomon me epitedion theinei, 45

立法思想史研究 Studien zur Ideengeschichte der Gesetzgebung, 308

立法团 Nomotheten, 35

立法注释 Kommentare, 144, 154

立即可见的形式 Offenbarkeitsform, 61

利维坦 Leviathan, 472, 476, 482, 491

利于公爵法案 Favorem Principum, 398

例授法 Stipulation, 151

两院议会制 Zweikammersystem, 654

列举原则 Enumerationsprinzip, 540, 541

领地城堡 Flächenstaaten, 215, 216, 218

领主法院 herradsding, 328, 332, 333, 412, 423

律师委员会 hoi tetterakonta, 38

律师协会组织 Inns of Court, 329

伦巴德的法官判解意见例 Edictum der Langobarden, 228

伦巴德罗萨里法令 Edictum Rothari der Langobarden, 227, 228

伦敦条约 Treaty of London, 621, 668

轮换原则 Rotationsprinzip, 209

论法的精神 De l'ésprit des lois, 427, 436, 480, 482, 484, 490

论犯罪与刑罚 Dei delitti e delle pene, 428, 435, 553

论自然法和万民法 De iure naturae et gentium, 477, 482

罗马法 droit écrit, 10, 13, 17, 51, 56-58, 62-64, 70, 71, 74, 95-102, 104, 111, 113, 115, 117, 118, 120, 121, 126-128, 130, 131, 134, 145, 147-151, 153, 154, 168, 174, 177, 188, 195, 199, 220, 226-230,

234, 236, 237, 240, 242, 243, 300-303, 307, 310, 312-317, 320, 327, 329, 330, 332, 338-340, 343, 344, 348-351, 353, 359-361, 364, 395, 413, 414, 417-420, 438, 439, 444, 453-460, 462, 464, 466, 469, 470, 474, 475, 477, 483, 485, 491, 492, 545, 560, 561, 564-566, 581, 591-593, 770, 783, 793, 794

罗马父权家长制 patria potestas, 151

罗马嫁资扣除法 Abzugsrechte, 123

罗马天主教教皇 Papst in Rom, 143, 200, 214

罗马万民法 Jus Gentium, 63

罗萨里法令 Edictum Rothari, 228, 235

罗斯受洗 Taufe des Großfürsten Wladimir, 205

逻辑哲学论 Tractatus de legibus et consuetudinibus regni Angliae (ractatus de quaestionibus), 327, 427

M

马格纳斯·拉加德国家法 Magnus Lagabötirs Landrecht, 305, 309, 310

马克思主义的奴隶主社会理论 Theorien von der marxistischen Sklavenhaltergesellschaft, 25

马其顿人的文艺复兴 mazedonischen Renaissance, 144

马赛克式的习惯法 Tomasz Giaro, 13

马斯特里赫特条约 Vertrag von Maastricht über die Europäische Union, 672, 674-676, 682-684, 698

玛利亚特里萨刑法典 Kriminalgesetz Maria Theresias, 432

买卖婚礼 coemptio, 122

买卖破租赁 Kauf bricht Miete, 130, 131, 344, 459, 460, 463, 566

买卖契约 emptio-venditio, 55, 56, 115, 119, 128

买受人风险 periculum est emptoris, 129

买主之诉 actio empti, 129

蛮族法 leges Barbarorum, 99, 245

没有统治的社会 Societies without rulers, 162

玫瑰城堡法典 Rosenberger Rechtsbuch, 306

梅尔菲宪章 Konstitutionen von Melfi, 304, 309, 320, 356, 360, 361

盟约令状 writ of covenant, 328, 460

面子价金 lógn- enech, wörtlich Gesichtspreis, 169

民法大全 Corpus Iuris Civilis, 63, 100, 101, 145, 150, 317, 417, 602

民防团 possadnik, 299

民选执政官 Prätoren, 98

民选制度 vetsche, 273

民主城邦形式的基本原理 Grundlage der demokratischen Staatsform, 33

民主的两重属性 die zweite Eigenschaft der Demokratie, 33

民主宪法 eine demokratische Verfassung, 640, 663

民主宪章 die demokratischen Verfassung, 24

民族大迁徙 Völkerwanderung, 160, 167, 188, 189, 197, 200, 235

民族或邦民 nationes oder civitates, 167

摩奴法典 Kodex des Manu, 782

穆提南集 Collectio Mutineusia, 241

N

拿破仑民法典 Napoleons Code Civil, 454, 455, 465, 483, 484, 550, 560, 574, 770

拿破仑刑法典 Code péna Napoleons, 437, 544-547, 549, 559

内殿律师学院 Inner Temple, 329

尼西亚信经 Nicaean credo, 240

拟制买卖 mancipatio, 243

农奴制度 Leibeigenschaft, 142

农社理论 Theorie Markgenossen, 177

农神庙 Templum Saturni or Aedes Saturnus, 27, 93

农作 die Landwirtschaft, 9, 26, 183, 263, 267, 268, 281

女继承人 epikleros, 52

女巫的罪行 De crimine magiae, 447

挪威国民大会 Riksforsamlingen, 640

挪威最高法院 Norges Hochgericht, 543, 642

诺成性合同 emptio-venditio, 119

诺曼底大习惯法 Grand Coutumier de Normandie, 302, 309

O

欧罗巴 Europa (Ευρώπη), 1-3, 5, 7, 8, 11-14, 16, 46, 57, 68, 100, 132, 157, 188, 189, 205

欧盟部长理事会 Council of the European Union, 676, 677, 687

欧盟高峰会议主席 President of the European Council, 687, 688

欧洲保障人权和自由公约 European Convention on Human Rights and Fundamental Freedoms, 668

欧洲煤钢联营建立 Gründung der Montanunion, 670

欧洲人权法庭 European Court of Human Rights, 669, 670

欧洲宪法史 europaeischen Verfassungsgeschichte, 523

欧洲一体化国家的理念 die Idee der Vereinigten Staaten von Europa, 667

欧洲议会 Council of Europe, 277, 362, 668, 669, 671, 674-676, 678-682, 684, 686-690, 696-698

欧洲主义思想 europäisches Denken, 46

P

帕尔马的卡尔特修道院 Kartause von Parma, 560

潘德克吞法学 Pandektenrecht, 15, 565-569, 590-593, 603, 770, 795

潘德克吞化 Pandektisierung, 592, 593, 795

判决无罪 Freispruch, 48

判例法 case law, 121, 127, 242, 329, 455, 587, 783

陪审法庭 dikasteria, 37, 551, 552

佩兰法典 Tripartitum, 307

票据法史 Geschichte des Wechselrechts, 468

姘居 Konkubinat, 152

平民保民官 Tribune plebis, 90, 92, 93

平民议会 concilium plebis, 91, 92

平民议会决议 Volksentscheidung, 91, 92

普遍性预防 Generalprävention, 153

普鲁士法典规 Allgemeine Preussische

Landrecht, 414
普世主义 Universalismus, 182
普斯科夫法庭规章 Gerichtsbuch von Pskov, 308, 309
普通成文法典 ius commune, 416
普通的形式自由 allgemeine Formfreiheit, 795
普通法 commen Law (droit commune), 130, 200, 278, 281, 300, 302, 303, 305, 309, 310-312, 314, 315, 317, 326, 328-331, 337, 339, 340, 343, 346, 350, 353-355, 413, 416-420, 422, 423, 453, 454, 456, 459, 461, 462, 465-467, 483, 491, 492, 537, 539, 541, 543, 548, 564, 573, 586-588, 593, 594, 655, 704, 706, 710, 771

Q

七编法 Siete Partidas, 284, 302, 305, 309, 331, 339, 341-343, 349, 354, 359, 413, 419, 430, 431, 456, 548, 578
欺骗国民 apaté ton demon, 44
其他原告提出抗辩 exceptio legis Plaetoriae, 126
奇异教教规考订 Concordia disconcordantium canonum, 316
骑士阶层 equites, 37, 88, 92, 107, 166
起诉书 libellus, 38, 109, 407, 550, 563
前城邦法 vorstaatliches Recht, 162, 163
前期教会法 ius canonicum, 242
强盗法令 Räuber-Prikaz, 434
强势的部落主义 Dietmar Willoweit, 270
侵犯伦理性行为 Sittlichkeitsdelikte, 152
钦定执行官 bailli, 331

青少年 minores viginti quinque annorum, 126, 559, 580, 583
轻微违法行为 geringeren Vergehen, 31, 34, 180
请求裁决返还原物之诉 arbitrium de restituendo, 113
酋长秩序 kephale Ordnung, 164
区隔分化的社会 segmentäre Gesellschaft, 160, 161
区域特别法 ius proprium, 314
躯体物证 corpus, 113
去除权 ius tollendi, 51
全民法官 krites, 146
权力的分割 separation of powers, 81
权力架构 Machtmechanismen, 69, 83, 208
权利令状 writ of right, 328
权利请愿书 Petition of Right, 395-397, 796
权益 aequitas, 126, 211, 329, 419, 460, 531, 532, 535, 541, 562, 581, 583, 584, 603, 679
缺乏社会性 Unsozial, 104

R

人类道德的形塑和世界建构 Menschen- und Weltbild, 188
人类自然法 humane Naturrecht, 120
人权法案 Bill of Rights, 396, 397, 490, 523, 534, 796
人身保护法 Habeas Corpus Act, 396, 397, 487, 532, 796
人身依附关系 Personenverband, 216-220, 282
人身依附型城邦 Personenverbandsstaat, 215, 218, 219

人为约定的 conventional, nomikon, 63
人文主义 humanistisches, 158, 188, 417, 427, 492
日德兰法典 Jyske Lov, 300, 304, 310
日耳曼化 Germanisierung, 181, 182, 193
日耳曼血统 Germanisches Blut, 181
荣誉法 ius honorarium, 119-121, 329
儒家思想 Konfuzianismus, 771, 772
瑞典帝国法典 Sveriges Rikes Lag, 462, 568, 573, 589

S

撒克逊帝国的实用刑事章程 Practia nova Imperialis Saxonica rerum criminalium, 427
萨宾评注 libri ad Sabinum, 119, 120
萨克森明镜 Sachsensiegel, 274, 301-303, 309, 350-353, 356, 413, 418
萨拉米斯海战 Die Seeschlacht bei Salamis, 32
萨利克法典 lex Salica, 13, 177, 178, 192, 226, 227, 235, 245, 350
僧侣统治制度 Hierarchie, 148
沙磨吠陀 sama-Veda, 778
善意占有人之诉 actio Publiciana, 119
商人习惯规则 Lex mercatoria, 346
商事法律 Ordonnance de commerce, 468, 585-588
社会民主的孟什维克 sozialdemokratischen Menschewiki, 629
社会契约 societas, 128, 436, 476, 477, 479, 481, 482
社会契约论 Le contrat social, 479, 481, 482
社群社会 die Gesellschaften, 16, 21, 27
申辩 Apologie, 47
神汉巫婆审判 Ketzer-und Hexenprozesse, 795
神判 Gottesurteilen, 328, 332, 334, 335, 354, 355, 795
神人 Heroen, 74, 149
神圣诏书 Bulle Unam Sanctam, 324
审查程序 Kognitionsprozess, 109, 577
生活律令 Lebensgesetz, 61
生杀权 ius vitae necisque, 168, 175
圣保罗宪法 Paulskirchenverfassung, 527
圣父之国 Reich des Vaters, 662
圣教法典 Kanonisten, 317
圣经手抄本 Vulgathandschrift, 312
圣灵之国 Reich des heiligen Geistes, 662
圣索菲亚大教堂 Hagia Sophia, 139, 145
圣像运动 Bilderstürmern, 139, 144
圣训 endgültige Botschaft an die Gläubigen, 784, 785, 789-792
圣子之国 Reich des Sohnes, 662
时效抗辩 exceptio, 329
时效取得 usucapio, 116, 487
实际持有 possessio, 113
实证犯罪论 Praxis rerum criminalium, 446
使徒宪章律典 Apostolic Constitutions, 238
世界的主人 die Herren der Welt, 181
市场贸易逻辑理论 De mercatura seu mercatore Tractatus, 467
市民法 ius civile, 17, 28, 37, 54, 115, 117-121, 329, 338, 342, 456, 772
市民法大全 Corpus Iuris Civilis, 364
事实结构 Straftatbestand, 152

事实抗辩的接纳 Exceptiones causa cognita accomodatae, 110

释放性自由 liberti, 125

收容避难 das Asyl, 153

授权法案 Ermächtigungsgesetz, 662

授职权之争 Investiturstreit, 793

书面典籍化的形式 in schriftlicher Form, 227

枢密院的国王 king in council, 396

舒曼计划 *Schuman-Plan*, 673, 689

赎罪 Buße, 43, 44, 169, 232, 239, 242, 243, 782, 786

双方真实的合意 consensus facit nuptias, 319

双重多数决 double majority, 688

司秤人 libripens Waagenhalter, 114, 115, 117, 118

司法法 Juristenrecht, 98, 104, 540, 543, 563

司法教义学 juristisch dogmatische, 150, 151, 154

司法推理推断 juristische Schlussfolgerungen, 791

私人刑罚 strafrechtlichen graphé moicheias, 43, 45, 180, 227

诉权 Aktionenrechtlich, 31, 37, 38, 112, 117, 118, 127, 424, 464, 466, 470, 665

诉讼 actio, 10, 37, 38, 42, 43, 51, 55, 56, 64, 65, 100, 102-106, 108, 109, 110-113, 119-122, 133, 148, 151, 222, 231, 235, 236, 243, 253, 318-320, 323, 327, 329-331, 332, 334, 335, 339, 343-345, 352, 353, 355, 359-361, 363, 413, 414, 418, 420-426, 431, 433, 435, 437, 444-447, 449, 454, 460, 462, 463, 466, 474, 480, 482, 484, 492, 534, 538, 540-542, 549-554, 559, 563, 573-579, 597, 599-601, 603, 644, 651, 669, 670, 682, 689, 704, 706, 710-712, 729, 742, 772, 784, 796

损害赔偿之诉 actio noxalis, 55, 122, 125, 129, 343, 352, 461, 464, 465

梭伦立法 die Gesetzgebung des Solon, 31, 102

所有权的取得 De adquirendo rerum dominio, 56, 101, 243

所有权返还之诉 rei vindicatio (die rei vindicatio), 113, 119

所有物返还请求权 rei vindicatio, 129, 339

T

他的主人 sui iuris, 351

他人权 alieni iuris, 121, 122

唐克斯特混合铁路职员协会 Amalgamated Society of Railway Servants, 633

陶片放逐制 der Ostrakismus, 35

特里萨刑事法典 *Constitutio Criminalis Theresiana*, 432

特萨龙尼安集 *Collectio Thessaloniensis*, 241

特殊财产所有权 special property, 338

提多书 *Titus*, 238

提摩太前书 *1 Timothy*, 238

天理自然的 natural, physikon, 63

条顿堡森林战役 Teutoburger Wald, 172, 175

条件多数决 qualified majority voting, 678-

681, 688
条约义务 Traités des obligations, 465
通奸 graphé moicheias, 2, 43-45, 53, 123, 152, 153, 239, 337, 453, 572
通用注释 Glossa Ordinaria, 313
同源血亲 cognati, 162
同宗族内通婚戒律 Endogamiegebot, 162
统治之王 Nomos als king, the nomos, sovereign of all, 60
图里乌斯王朝 Servius Tullius, 87
土地保有者副本体系 copyholder system, 281
土地空间的夺取 Entwindung, 61

W

万民法 ius gentium, 104, 120, 121, 470, 482
威尼斯的第三次拉特兰大公会议 Beschluss des Konzils, 227
韦尔勃裕芝·斯特凡 Tripartitum Stephan Werböczys, 463,577
韦斯卡普通法典 Codigo de Huesca, 302, 309
违法收取地租 der díke karpou, 51
违约令状 writ of assumpsit, 328, 343, 460, 461, 587
维护领地城堡的统治秩序 die Aufrechterhaltung von Herrschaft und Ordnung, 216
维也纳会议 Wiener Kongress, 511, 512, 518, 526, 528, 529, 532, 562, 581, 624, 625
伪艾西多尔教令集 Collection pseudo-Isidoriana seu Decretales pseudo-Isdorianae, 241
伪造行为 Quasifälschung, 153
委托 Mandat, 31, 35, 51, 109, 126, 128, 130, 192, 212, 236, 307, 317, 351, 450, 569, 586, 636, 643, 645, 648, 655, 670, 694, 715, 721, 723-725, 730, 732, 738
委托关系 Klientelverhältnis, 169
问答式契约 stipulatio, 127
乌普兰法 Upplandsrecht, 305, 309, 350, 357
巫师的巫术 De praestigiis daemonum, 446
无产阶级专政 Diktatur des Proletariats, 634, 637, 638
五百人会议 in einer Versammlung von 500, 33-35
物的返还请求权 writ praecipe quod reddat, 129, 328, 338
物和土地的所有秩序 Eigentum, 61
物质性的生存 Dasein, 62

X

西班牙教规集 Hispana/Collectio Hispana chronlogica/Collectio Isdioriana, 241
西哥特法典 Lex Visigothorum, 226, 234, 237, 353, 359
西哥特国王钦达思文斯 Chindaswinth, 237
西哥特罗马法 Lex Romana Visigothorum, 13, 234, 237
希腊的正典 kanon, 242
希腊时代 die mykenische Zeit, 24, 49, 59, 141, 265
希腊文化 die mykenische Kultur, 21, 22, 27, 93, 145
希腊正统的基督教 griechisch-orthodoxen

Christentum, 141

习惯的正义 conventional justice, 59

习惯法 coutume, 13, 83, 89, 129, 144, 210, 228, 234-237, 240, 242, 243, 245, 300-306, 308-311, 326, 328, 340, 349, 363, 364, 413-418, 434, 491, 559, 562, 568, 569, 578, 591, 592, 595, 770, 793, 794

先行者 antecessores, 149, 178

现代派 moderni 149, 178

宪章咨询 Verfassungsfragen, 33

献祭 Weihgeschenken, 48, 779

乡村区域 Poblaciones, 287, 288

消费借贷 mutuum, 127

小心那些针对神奇事件的刑事诉讼 *Cautio Criminalis contra sagas*, 427

亵渎神殿 Gotteslästerung, 132, 133

亵渎神灵 Asebie Gottlosigkeit, 44, 45, 47, 81, 133, 786, 793

亵渎神明 sacrilegium, 793

亵渎圣灵罪 asebeia, 44, 97

新法律汇编 *Nueva Recopilación*, 413, 426, 430, 431, 456

新封地建制主义 neue feudalism, 217

新欧洲 neue Europa, 188, 190, 205, 668

新庄园法院 manorial courts, 327

信托代理 commenda, 348

星室法庭 Court of Star Chamber, 431

刑法的谨慎对待 *Cautio criminalis*, 447

刑法典 *Code péna*, 102, 179, 245, 413, 428, 432-434, 437, 441, 464, 465, 544-549, 554, 568, 573, 577, 582, 583, 589, 652, 784

刑事法律实践 *Praxis Criminalis*, 434

刑事法律中的审讯程序 Inquisitionsprozess, 795

刑事犯罪实践理论 *Praxis theoretica criminalis*, 427

行政法院及诉讼总论 *Traité de la juridiction administrative et des recours contentieux*, 541

行政管辖的基本原则 *Principii di diritto amministrativo*, 541

行政管辖权 Verwaltungsgerichtsbarkeit, 536, 540

行政上分立的国土 separate kingdom, 228

行政执行官 Magistratur, 92

选举财政官 Quästoren, 92

选票程序与轮换原则 Losverfahren und Rotationsprinzip, 33

学说汇纂 *Digesta (Pandectae)*, 63, 150, 312, 314, 359, 395, 418, 438, 439, 458

血亲 cognationes, 50, 92, 162, 164, 167, 176, 223, 233, 342

巡回克拉伦登 Assize of Clarendon, 354

殉难者 Märtyrer, 214

Y

雅典城邦议会 ekklesia, 237

雅典的非城邦市民 in Athen wohnenden Fremden, 53

雅典宪章 *Verfassung der Athener*, 29, 31, 32, 36, 57

要求返还所有物之诉 rei vindicatio, 51

要式程式化的仪式要求 Formalakt der mancipatio, 117

要式口约 die expensilatio, 127

要式买卖的模式 die mancipatio, 114

要式物 res mancipi, 115, 125

耶柔吠陀 Yajur-Veda, 778
野蛮法 das Vulgarrecht, 13, 149, 150, 154
野蛮人 Barbaren, 3, 47, 157, 476
一个复杂的宪政体系 a complex constitution, 81
一院式国会制 Einkammerparlament, 654
伊凡三世法典 Sudebnik, 308, 309, 334, 335, 341, 355, 360, 425, 434, 463
伊里亚特 Ilias, 773, 774
伊索寓言 die Ekloge der isaurischen Kaiser, 152
伊特拉斯坎 etruskischem, 21, 68, 69
仪式 Formalakt, 22, 30, 42, 43, 53, 55, 70, 77, 95, 105, 110, 112, 114-116, 118, 122, 123, 125, 142, 143, 161, 168, 169, 214, 222-224, 238, 244, 276, 319, 336, 407, 448, 453, 571, 644, 701, 772, 776-779, 781, 782, 786, 795
仪式性的举止 rituelle Verhalten, 772
仪式性交易 förmliche Geschäfte, 151
移转所有权 hoc aere aeneaque libra, 115
议会程序准则 Formula Processus, 415
议会绝对主义 Parlamentsabsolutismus, 660
议会中的国王 king in parliament, 396
异性部族通婚戒律 Exogamiegebot, 162
异族人 Fremde, 55, 160
引导式买卖 Leitkauf, 344
印度教 Veda Dharma, 779, 780, 782, 783
英国的普通法 commen Law, 308, 310, 358, 468, 491, 593, 783
英国法的黑石评论 Blackstones Commentaries on the laws of England, 483

赢得一个新生 von Neuem geboren werden, 131
永久告示 edictum perpetuum, 108
尤列克法典 Codex Euricianus, 234
犹太高等法庭 obersten jüdischen Gerichtshof, 132
犹太条款 Judenparagrafen, 641
有关财产管理的讨论 Tractatus de procuratoribus, 314
有关法律效力 Gesetzeskraft, 236
有关金钱赔偿之裁决 condemnatio pecuniara, 343
有关日耳曼民族起源及地理分布讨论 de Origine et situ Germanorum liber, 171
预防性的民主 Wehrhafte Demokratie, 664
原告的请求 Intentio, 42, 106
远西班牙 Hispania Ulterior, 166
约瑟菲娜法典 Josefina, 434

Z

再论政府 The Second Treatise of Government, 480, 482
在自然秩序中的私法 Les loix civiles dans leur ordre naturel, 483
早期父权家长 parterfamilias, 168
早期教会法 ius canonicum, 238
灶神庙 Aedes Vestae, 94
债务令状 writ of debt, 328, 343, 460, 462
占有意图 animus, 116
战争服务 für den Kriegsdienst, 216
战争与和平法 De iure belli ac pacis, 436, 464, 471, 475, 482
争诉程序 die litis contestation, 106
正当的法律程序 due process of law, 796

正当的取得原因 iusta causa, 338
政治复辟 das Verbot der Rückkehr zur
　　Tyrannis, 44
政治逻辑原论——中世纪商人法
　　Tractatus politico — juridicus de iure
　　mercatorum et commerciorum
　　singulari, 467
支付欠款法令 writ of debt, 328
支配权 gewere, 122, 338-340, 344, 454,
　　573, 574
执掌铜质的秤 Waage libram, 115
执政官 die Archonten (Prätor), 11, 23, 30-
　　34, 37-39, 47, 50, 54, 69, 70, 80, 82-85,
　　87, 89-93, 104-109, 117, 119-121, 123,
　　126, 127, 171, 174, 329, 406, 542, 560
执政官告示 edictum praetoris, 108
直系亲属族群 agnatischen
　　Verwandtschaftsgruppen, 43
制定法 Gesetzesrecht, 91, 92, 98, 101, 149,
　　243, 459, 564, 654, 665, 717, 793, 794
制度化的权力 institutionalisierte Macht,
　　162, 163
治安法官 magistratus, 92, 289, 297, 327,
　　438
秩序 nomos, 5, 7, 27, 43, 45, 46, 54, 59-62,
　　101, 133, 147, 149, 160, 162-164, 173,
　　177, 181, 207, 220, 222, 229-231, 242,
　　243, 254, 265, 274, 278, 280, 282, 290,
　　308, 330, 332, 355, 362, 363, 394, 395,
　　397, 403, 413, 425, 434, 450, 472, 476,
　　478, 480, 481, 510-512, 533, 548, 560,
　　569, 625, 633, 636, 638, 652, 658, 664,
　　665, 668, 691, 692, 701, 704-708, 710,
　　717, 724, 725, 730, 771, 772, 775,
　　777-779, 782
秩序应该优先于法 Ordnung vor Recht, 60
中殿律师学院 Middle Temple, 329
中立国船只扣押 De la saisie des Bâtiment
　　neûtre, 473
仲裁法官 Schiedsrichter, 29
重罪 maximum scelus (Todsünden), 242,
　　284, 337, 354, 355, 358, 359, 422, 544,
　　704
主的训导 Didaché, 238
主教 episkopos (episcopus), 5, 8, 12, 13, 93,
　　97, 100, 143, 144, 148, 168, 173, 178,
　　183, 191, 192, 199, 210-215, 220, 227,
　　232, 238-242, 251-253, 266, 270, 272,
　　276-280, 295, 298-300, 315, 316, 318,
　　319, 322-326, 331-335, 345, 346, 360,
　　381-387, 390-392, 395, 396, 398, 402,
　　403, 406, 407, 415, 416, 433-435, 445,
　　447-450, 453, 459, 463, 474, 475, 483,
　　487, 512, 517, 519, 521, 528, 547, 562,
　　563, 571, 572, 574, 602, 770, 793-795
主教公告 Erlasse von Bischöfen, 240
属于自己的法律秩序 Lexnomos, 63
注解法学派 Kommentatoren, 313, 314
注释性律文 libri ad edictum, 119
专制政权 katalysis ton demon, 44, 473
庄园制度 Grundherrschaft, 152
自己忏悔 eigene Bußen, 153
自然的正义 natural justice, 59
自然秩序中的民事法律 Les lois civiles
　　dans leur ordre naturel, 464
自然状态概念 naturall condition, 476
自身的主人 sui iuris, 121
自由村落共同体 Dorfgemeinschaft, 142

自由大宪章 Magna Carta, 269, 272, 275,
　　277, 362, 395, 396, 487, 493, 795
自由生活之民 ius Theuthonicum, 288
自由宪章 Liberale Verfassung, 525
自由性的、民主性的基本秩序 freiheitliche
　　demokratische Grundordnung, 664
自愿管辖原则 juridiction gracieuse, 540
宗亲 agnati, 162, 226
宗徒规戒 Didascalia apostolorum, 238
宗主教 Erzbischöfe, 212, 213
宗族秩序 Verwandtschaftliche Ordnung,
　　160, 177
宗座出缺 sede vacante, 212
总督 namestnik, 106, 133, 134, 147, 332,
　　334, 401, 412, 425, 663, 786
总理制度 Ministerpräsidenten, 663

走进永恒生命 ins ewige Leben, 131
租赁 locatio-conductio, 55, 58, 120, 127,
　　130, 131, 305, 344, 345, 459, 460, 462,
　　470, 566, 570, 790
族群社会 die Stammesgesellschaften, 43,
　　114
族裔的形成与宪政 Stammesbildung und
　　Verfassung, 165
最大共同体 civitas maxima, 473
最高法院 Areopag, 32, 33, 90, 144, 278,
　　296, 316, 331, 332, 355, 419, 420, 422,
　　423, 435, 437, 473, 538, 542-544, 569,
　　576, 593, 600, 642, 646, 650, 651, 667,
　　727, 728
最高行政长官 Konsuln, 92, 121

ⓒ Verlag C. H. Beck oHG, München 2010
The translation of this work was financed by the Goethe-Institut China
本书获得歌德学院（中国）全额翻译资助

图书在版编目（CIP）数据

欧洲法律史：从古希腊到《里斯本条约》/（德）乌维·维瑟尔（Uwe Wesel）著；刘国良译．—北京：中央编译出版社，2016.6
书名原文：Geschichte des Rechts in Europa：Vonden Griechen bis zum Vertrag von Lissabon
ISBN 978-7-5117-2982-8

Ⅰ.①欧… Ⅱ.①维… ②刘… Ⅲ.①法制史–欧洲 Ⅳ.①D950.9

中国版本图书馆 CIP 数据核字（2016）第 065938 号

欧洲法律史：从古希腊到《里斯本条约》

出 版 人：葛海彦
出版统筹：刘明清
责任编辑：贾宇琰　王　琳
文字校对：朱瑞雪
责任印制：尹　珺
出版发行：中央编译出版社
地　　址：北京西城区车公庄大街乙5号鸿儒大厦B座（100044）
电　　话：（010）52612345（总编室）　　（010）52612341（编辑室）
　　　　　（010）52612316（发行部）　　（010）52612317（网络销售）
　　　　　（010）52612346（馆配部）　　（010）55626985（读者服务部）
传　　真：（010）66515838
经　　销：全国新华书店
印　　刷：山东鸿君杰文化发展有限公司
开　　本：787毫米×1092毫米　1/16
字　　数：974千字
印　　张：54
版　　次：2016年11月第1版第2次印刷
定　　价：198.00元

网　　址：www.cctphome.com　　邮　　箱：cctp@cctphome.com
新浪微博：@中央编译出版社　　微　　信：中央编译出版社（ID：cctphome）
淘宝店铺：中央编译出版社直销店（http：//shop108367160.taobao.com）　（010）52612349

本社常年法律顾问：北京嘉润律师事务所律师　李敬伟　问小牛
凡有印装质量问题，本社负责调换。电话：（010）55626985